Richard J. Evans

Das Dritte Reich

Richard J. Evans

Das Dritte Reich

Band 1

AUFSTIEG

Aus dem Englischen von HOLGER FLIESSBACH
und UDO RENNERT

Büchergilde Gutenberg

Die Originalausgabe erschien 2003
unter dem Titel »The Coming of the Third Reich«
bei Allen Lane/The Penguin Press, London

Die Übersetzung erfolgte aus dem Autorenmanuskript.
Holger Fliessbach übersetzte das Vorwort und Kapitel 1 bis 4.
Udo Rennert übersetzte Kapitel 5 und 6.

Lizenzausgabe für die Büchergilde Gutenberg,
Frankfurt am Main, Wien, Zürich,
mit freundlicher Genehmigung
der Deutschen Verlags-Anstalt, München
www.buechergilde.de

Gestaltung und Satz: DVA/Brigitte Müller
Gesetzt aus der Sabon und der Frutiger
© Karten: Peter Palm, Berlin
Druck und Bindung: Bercker Graphischer Betrieb, Kevelaer
ISBN 3-7632-5433-1

Für Matthew und Nicholas

Inhalt

6. Hitlers Kulturrevolution

Vorwort

I

Dieses Buch ist der erste Band einer dreiteiligen Geschichte des Dritten Reichs. Es berichtet von seinen Ursprüngen im Bismarckreich, im Ersten Weltkrieg und in den ersten Jahren der Weimarer Republik und beschreibt, wie die Nationalsozialisten durch eine Verbindung aus Wahlerfolgen und massiver Gewalt in den Jahren der Weltwirtschaftskrise von 1929 bis 1933 an die Macht kamen. Zentrales Thema des ersten Bandes ist die Frage, wie es den Nationalsozialisten gelang, in kurzer Zeit und anscheinend gegen sehr geringen Widerstand der Bevölkerung eine Einparteiendiktatur in Deutschland zu errichten. Der zweite Band befaßt sich mit der Entwicklung des Dritten Reichs von 1933 bis 1939. Er untersucht seine wichtigsten Institutionen, schildert, wie sie funktionierten und was es bedeutete, unter ihnen zu leben. Er beschreibt, wie das nationalsozialistische Regime versuchte, das Volk auf einen Krieg vorzubereiten, der Deutschland wieder als Führungsmacht Europas etablieren sollte. Der dritte und letzte Band behandelt den Krieg selbst; er beschreibt die schnelle Radikalisierung aller Maßnahmen in bezug auf militärische Eroberungszüge, soziale und kulturelle Mobilisierung, Repression sowie die Politik der Vernichtung der angeblich rassisch Minderwertigen bis zur »Endlösung der Judenfrage in Europa« und dem Untergang des Dritten Reichs im Jahr 1945. Ein abschließendes Kapitel untersucht die Nachwirkungen seiner knapp zwölfjährigen Geschichte und sein Vermächtnis für Gegenwart und Zukunft.

Die drei Bände wenden sich in erster Linie an Leserinnen und Leser, die nichts oder nur wenig über das Thema wissen und gerne mehr erfahren möchten. Ich hoffe, daß auch Fachleute etwas für sie Interessantes darin entdecken werden, aber sie sind nicht die vorrangige Zielgruppe der Bücher. Das Vermächtnis des Dritten Reichs ist in den letzten Jahren in den Medien breit diskutiert worden und findet noch immer allgemeine Beachtung. Wiedergutmachung und Entschädigung, Schuld und Verharmlosung sind zu sensiblen politischen und moralischen Fragen geworden. Allenthalben umgeben uns Bilder des Dritten Reichs, Museen und Gedenkstätten, die die Aufmerksamkeit auf das nationalsozialistische Deutschland lenken. Der Hintergrund all dessen bleibt jedoch häufig unklar. Ihn herauszuarbeiten ist das Ziel dieser drei Bücher.

Jeder, der ein solches Projekt in Angriff nimmt, muß sich zunächst fragen, ob für ein weiteres Buch über die Geschichte des nationalsozialistischen Deutschlands Bedarf besteht. Ist nicht schon so viel darüber geschrieben worden, daß kaum etwas Neues zu sagen bleibt? Unbestreitbar sind nur wenige historische Themen Gegenstand so intensiver Erforschung geworden. Die jüngste Ausgabe der Standardbibliographie zum Nationalsozialismus, herausgegeben im Jahr 2000 von Michael Ruck, umfaßt 37 000 Einträge, in der ersten Auflage von 1995 waren es noch 25 000. Diese Steigerung ist ein aussagekräftiger Beweis für den stetigen Strom von Publikationen zu dem Thema.[1] Kein Historiker kann hoffen, auch nur einen wesentlichen Teil einer so umfangreichen Literatur zu überblicken. Tatsächlich haben manche die Menge der verfügbaren Information als so bedrückend empfunden, daß sie entmutigt aufgegeben haben. Infolgedessen gibt es in Wahrheit überraschend wenige Versuche einer großangelegten Geschichte des Dritten Reichs. Gewiß sind in den letzten Jahren einige ausgezeichnete kurze Darstellungen erschienen, namentlich von Norbert Frei und Ludolf Herbst,[2] einige anregende analytische Abhandlungen des Themas, vor allem Detlev Peukerts »Volksgenossen und Gemeinschaftsfremde«,[3] und einige nützliche Quellensammlungen, darunter in englischer Sprache die hervorragende vierbändige Anthologie, die Jeremy Noakes herausgegeben und kommentiert hat.[4]

Doch die Anzahl von breitangelegten Darstellungen des nationalsozialistischen Deutschlands, die sich an eine allgemeine Leserschaft wenden, ist äußerst gering. Die erste und bei weitem erfolgreichste Darstellung war William L. Shirers Buch *Aufstieg und Fall des Dritten Reiches*, das 1960 erschien und seither vermutlich millionenfach verkauft worden ist. Es war nie vergriffen und ist bis heute für viele Menschen – vor allem in den englischsprachigen Ländern –, die eine lesbare allgemeine Geschichte des nationalsozialistischen Deutschlands suchen, der erste Einstieg in die Thematik. Der Erfolg des Werks ist nicht unbegründet. Shirer war ein amerikanischer Journalist, der bis zum Kriegseintritt der USA im Dezember 1941 aus dem nationalsozialistischen Deutschland berichtete und den Blick des geschulten Zeitungsmannes für das markante Detail und die aufschlußreiche Anekdote besaß. Das Buch ist mit der stilsicheren Verve des erfahrenen Frontberichterstatters verfaßt. Trotzdem wurde es von Geschichtswissenschaftlern stark kritisiert. Der in die USA emigrierte deutsche Gelehrte Klaus Epstein sprach für viele, wenn er meinte: »Die zugrundegelegte Gesamtkonzeption [...] ist unglaublich grob und oberflächlich und läßt viele der wichtigsten Fragen überhaupt nicht stellen, die im Hinblick auf die nationalsozialistische Zeit beantwortet werden müßten.« Shirers Buch lasse die deutsche Geschichte scheinbar zwangsläufig in die nationalsozialistische Machtergreifung münden. Die Darstellung sei lückenhaft und konzentriere sich viel zu sehr auf Politik, Diplomatie und militärische Ereignisse und befinde sich auch nach dem Wissensstand des Jahres 1960 keineswegs auf der Höhe der Forschung zum Nationalsozialismus. Ein halbes Jahrhundert später ist diese Bemerkung noch zutreffender als zu Epsteins Zeiten. Bei all seinen Vorzügen bietet Shirers Buch im Grunde keine Geschichte des nationalsozialistischen Deutschlands, die den kritischen Anforderungen einer heutigen Leserschaft gerecht würde.[5]

Eine ganz anders geartete Untersuchung lieferte der Politikwissenschaftler Karl Dietrich Bracher mit seinem 1969 erschienenen Buch *Die deutsche Diktatur*, in dem er ein Resümee seiner bahnbrechenden Studien zur Auflösung der Weimarer Republik und zur nationalsozialistischen Machtergreifung zog. Seine Stärke ist die Beschränkung auf die Analyse der Ursprünge und des Aufstiegs des Nationalsozialismus und deren wechselseitiges Verhältnis mit der deutschen Geschichte, jene Gebiete also, bei denen Shirer am wenigsten überzeugt. Fast die Hälfte von Brachers Buch ist diesen Themen gewidmet, der Rest behandelt etwas weniger ausführlich die politische Struktur des Dritten Reichs, seine Außenpolitik, Wirtschaft und Gesellschaft, Kunst und Kultur sowie das Regime im Krieg bis zu seinem Zusammenbruch. Trotz dieses Ungleichgewichts ist die Darstellung meisterhaft und bis heute ein maßgebliches Standardwerk geblieben. Brachers Vorzüge sind seine analytische Klarheit und die Konsequenz, mit der er alles, was er beschreibt, zugleich erklärt, begründet und interpretiert. Doch seine Abhandlung ist aus unserer heutigen Sicht nicht nur unausgewogen in der Behandlung der verschiedenen Aspekte des Dritten Reichs, sondern auch erklärtermaßen von akademisch-wissenschaftlichem Zuschnitt. Außerdem ist das Werk in vielen Bereichen zwangsläufig durch die Forschungsarbeit der letzten dreieinhalb Jahrzehnte überholt.[6]

Steht Shirer für die populäre und Bracher für die wissenschaftliche Seite der Literatur zum Nationalsozialismus, so ist es jüngst einem Autor gelungen, die Kluft zwischen diesen zwei Ansätzen zu überbrücken: dem britischen Historiker Ian Kershaw. In seiner zweibändigen Hitler-Biographie gelingt es ihm, Hitlers Leben in die neuere deutsche Geschichte einzubetten und zu zeigen, wie Hitlers Aufstieg und Untergang mit allgemeineren historischen Faktoren zusammenhingen. Kershaws Hitler ist jedoch keine Geschichte des nationalsozialistischen Deutschlands, vielmehr verengt sich durch Hitlers eigene zunehmende Isolierung vor allem während des Krieges der Blickpunkt im Laufe der Erzählung immer mehr und konzentriert sich auf die Bereiche, denen Hitler selbst die meiste Beachtung schenkte, nämlich Diplomatie, Krieg und Rassenpolitik. Das Buch kann als Biographie nicht die Perspektive der gewöhnlichen Deutschen einnehmen oder sich ausführlicher mit den vielen Entwicklungen befassen, an denen Hitler selbst nicht unmittelbar interessiert war.[7] Daher besteht eines der Hauptziele des vorliegenden Buches und der zwei Folgebände darin, möglichst viele wesentliche Aspekte der Geschichte des Dritten Reiches – nicht nur Politik, Diplomatie und Militärisches, sondern auch Gesellschaft, Wirtschaft, Bevölkerungspolitik, Antisemitismus, Polizei und Justiz, Literatur, Kunst und Kultur – in einer Breite zu erfassen, die den früheren Ansätzen aus verschiedenen Gründen gefehlt hat, sie zu bündeln und zu zeigen, wie sie miteinander zusammenhingen.

Einige zentrale Themen finden sich in jedem Kapitel der Bände, vor allem Rassismus, Antisemitismus und die Gewalt in der Innen- und Außenpolitik. Es wäre deshalb nicht sinnvoll, sie aus ihrem Kontext herauszulösen und immer in gesonderten Kapiteln unterzubringen. Die Geschichte des Dritten Reiches ist die Geschichte eines komplexen modernen politischen Systems in einem großen, fortgeschrittenen industriellen Land, sie läßt sich nicht auf einen einzelnen vorrangigen Aspekt reduzieren, sondern ist zwangsläufig komplex. In vielen neueren Darstellungen erscheint es nahezu nur als Vorspiel zu Auschwitz, eine Sichtweise, die wichtige Aspekte unberücksichtigt läßt. Es ist daher eines der Hauptanliegen dieser drei Bände, das Dritte Reich als einen legitimen eigenständigen Forschungsgegenstand wieder zu seinem Recht kommen zu lassen. Desgleichen läßt es sich keinesfalls auf die Folgen von Handlungen reduzieren, die auf den Willen Adolf Hitlers zurückzuführen sind, auch wenn er in jedem Abschnitt der Geschichte seit der Gründung der NSDAP einen herausragenden Platz einnimmt. Indem sie die Geschichte des Antisemitismus in die umfassenderen Kontexte der Sozial- und der Kultur-, der Wirtschafts- und der Politikgeschichte des Dritten Reichs stellen, sollen diese Bände zeigen, wie er im Lauf der Zeit mit diesen Kontexten auf eine zunehmend dynamische und tödliche Weise eine Wechselwirkung einging. Wenn man diese Kontexte jeweils für sich betrachtet, wird es möglich, einige Schlüsse über die Art und Weise zu ziehen, wie die Macht Hitlers wirksam wurde, sowie über das unterschiedlich große Ausmaß, in dem sie Einfluß auf einzelne Felder der Politik ausübte. Leser, die über Hitler Ausführlicheres wissen möchten, seien auf die beiden Bände Kershaws verwiesen.

Der Erfolg von Kershaws Biographie beweist unter anderem die internationale Dimension der heutigen Forschung über das Dritte Reich. Jüngst erschien eine andere großangelegte Untersuchung zu diesem Thema ebenfalls von einem britischen Historiker, Michael Burleighs *Die Zeit des Nationalsozialismus: Eine Gesamtdarstellung*, erschienen im Jahr 2000. Sie führt dem Leser von Anfang an die ganze Gewalttätigkeit im Kern des NS-Regimes vor Augen, und zwar in einem Umfang und einer Eindringlichkeit, wie dies keinem anderen Buch gelingt. Nur zu oft zeichnen ja, wie Burleigh mit Recht moniert, Wissenschaftler ein etwas abgehobenes, ja abstraktes Bild von den Nationalsozialisten, so als seien Theorien und Theoriedebatten wichtiger als die Menschen. Burleighs Buch gleicht dieses Manko aus, sein Hauptzweck ist es, eine moralisch geleitete Geschichte des Dritten Reichs zu liefern. *Die Zeit des Nationalsozialismus* konzentriert sich hauptsächlich auf Massenmord, politische Gewalt und

Unterdrückung, Verbrechen und Greueltaten. Indem es das Dritte Reich als totalitäre Diktatur versteht, bringt es nachdrücklich einen Forschungsansatz wieder zur Geltung, der in den letzten Jahren oft zu kurz gekommen ist. Keine eingehende Berücksichtigung finden jedoch Bereiche wie Außenpolitik, Militärstrategie, Wirtschaft, sozialer Wandel, Kunst und Kultur, Propaganda, Frauen und Familie und viele andere Aspekte des nationalsozialistischen Deutschlands, die Gegenstand jüngster Forschungen sind. Das Vorwalten des moralischen Standpunkts führt dazu, daß Erklärungen und Analysen zurückgestellt oder vernachlässigt werden. So wird die nationalsozialistische Ideologie als Unfug, prätentiöser Blödsinn und dergleichen abgetan, um die Unmoral der Deutschen zu unterstreichen, die ihre moralische Verpflichtung verraten hätten, sich ihres Verstandes zu bedienen. Es ist jedoch auch ein anderer Ansatz vertretbar, der, wie die Untersuchung Brachers, solche Ideen ernst nimmt, so widerwärtig oder lächerlich sie dem modernen Leser auch vorkommen mögen, und erklärt, wie es kam, daß so viele Menschen in Deutschland schließlich an sie glaubten.[8]

Die vorliegende Geschichte des Dritten Reichs versucht, die Vorzüge früherer Darstellungen in sich zu vereinigen. Sie folgt Burleighs Buch in der Hervorhebung der Gewalt als ein zentraler Faktor. Neuere Historiker, vor allem in England und den Vereinigten Staaten, aber zunehmend auch in Deutschland, haben erkannt, auf welche Schwierigkeiten es stößt, den italienischen Faschismus, den deutschen Nationalsozialismus und andere, ähnliche Bewegungen der äußersten Rechten in der Zwischenkriegszeit als Spielarten eines einzelnen, allgemeinen Phänomens des Faschismus aufzufassen, sobald man sich auf die soziale Basis oder auf die Weltanschauung dieser Bewegungen konzentriert. Die soziale Basis faschistischer Bewegungen war in den einzelnen Ländern höchst unterschiedlich, und die ideologischen Differenzen zwischen den Bewegungen waren in vieler Hinsicht nicht minder auffällig als ihre Ähnlichkeiten, wie beispielsweise das Fehlen eines Antisemitismus in der italienischen faschistischen Ideologie der zwanziger und der frühen dreißiger Jahre zeigt. Statt dessen hat sich die Forschung zunehmend auf Mentalitäten konzentriert, auf die politischen Stile, die Rituale und die Ästhetik solcher Bewegungen, wo diese weit mehr Gemeinsamkeiten aufweisen. Einige Historiker haben in letzter Zeit behauptet, die faschistische und die nationalsozialistische Weltanschauung seien so inkohärent, lückenhaft und widerspruchsvoll, daß man sie besser ganz außer Betracht ließe und sich statt dessen auf die Untersuchung der konkreten Praxis der Bewegung beschränkte. Damit wird jedoch die Ansicht überschätzt, ein Gefüge von Überzeugungen müsse in sich kohärent sein, um als Ideologie oder Weltanschauung gelten zu können, und die Wirkung bestimmter Grundideen unterschätzt, die für beide Bewegungen vom Anfang bis zum Schluß wesentlich waren. Beiden ging es auf ihre je eigene Weise von Anfang an um die Zerstörung der alten liberalen Welt und die Erneuerung der Nation durch die Schaffung eines neuen Menschentyps, und beide entwickelten eine Vielzahl von Theorien und Methoden zur Rechtfertigung und Verwirklichung dieses Ziels. Jedoch war Gewalt ein unverzichtbarer Bestandteil dieser Vision und bildete einen Selbstzweck und nicht nur ein instrumentalisiertes und in Dienst genommenes Mittel zu einem Zweck. Die Motive für den Gebrauch physischer Gewalt durch die SA und verbale Gewalt durch die Führer der NSDAP waren weitaus weniger wichtig als die konkrete Praxis der Gewalt in beiden Formen, die auf allen Ebenen eine scharfe Trennung schufen zwischen denen, von denen die Gewalt ausging, und denen, die ihre Opfer waren. Die Gewalt dominierte oder, wie jüngst behauptet wurde, bestimmte sogar die politische Kultur der Weimarer Republik in den zwanziger Jahren, und die Partei, die in der Intensität und Häufigkeit in dieser Hinsicht alle anderen übertraf, war die NSDAP. Die Untersuchung der Wurzeln, des Wesens und der Wirkungen der Gewalt dieser Partei ist eines der Hauptanliegen dieser Bände.[9]

Das Buch folgt Bracher in dem Versuch, die Ursprünge der nationalsozialistischen Weltanschauung und die damals aktuellen sowie die historischen Gründe für ihren Aufstieg und Triumph in Deutschland zu untersuchen und zu interpretieren. Das bedeutet unter anderem, daß im vorliegenden Band Aspekten der deutschen Geschichte vor 1933 ein besonderer Platz eingeräumt wird, soweit sie mit dem Aufstieg des Dritten Reichs zusammenhängen. Auch wenn in diesem Buch die Periode von 1871 bis 1933 behandelt wird, verfolgt es nicht die Absicht, eine umfassende Geschichte des Deutschen Kaiserreichs oder der Weimarer Republik zu liefern. Die Fragen, die im Zentrum dieses Buchs stehen, lauten: Wie gelangte der Nationalsozialismus an die Macht, und welches waren seine Ursprünge? Alles, was nichts zur Beantwortung dieser Fragen beiträgt, wurde zwangsläufig nur kursorisch behandelt oder ganz weggelassen. Die Schaffung und die Funktionen vieler wichtiger Institutionen des Dritten Reichs werden erst im nächsten Band behandelt, ebenso wie wichtige nationalsozialistische Gesetze und Erlasse. Ebenso wird die Außenpolitik erst im folgenden Band ausführlich behandelt. Mit der katholische Kirche befaßt sich dieser Band, da ohne Kenntnis der Verhandlungen der Kirche über das Konkordat 1933 die Selbstauflösung der Zentrumspartei nicht verständlich wäre. Dagegen findet das sich rasch ändernde Verhältnis der evangelischen Kirche zum NS-Regime seinen Platz erst im zweiten Band, da es kein protestantisches Äquivalent zur Zentrumspartei gab und da es keinen Sinn ergäbe, das Aufkommen der Deutschen Christen zu behandeln, ohne gleichzeitig auf die Gründung der Bekennenden Kirche einzugehen, eine Geschichte, die uns bis in das Jahr 1934 führt.

Diese verschiedenen unvermeidlich losen Enden verweisen auf eine weitere Besonderheit dieser Darstellung, daß sie nämlich neben dem Versuch, die Entstehung des Dritten Reichs in analytischen Kategorien zu verstehen und zu erklären, zunächst und vor allem wie das Buch Shirers die Form einer erzählenden Darstellung aufweist. Sie will die Geschichte des Dritten Reichs chronologisch vorführen und dessen Dynamik und Zusammenhänge aufzeigen. Die erzählende Geschichtsschreibung kam zwar in den siebziger und achtziger Jahren für längere Zeit aus der Mode, als Historiker vorzugsweise mit analytischen, hauptsächlich den Sozialwissenschaften entlehnten Ansätzen arbeiteten. Neuerdings haben aber verschiedene große historische Erzählungen gezeigt, daß man auch ohne Einbuße an analytischer Schärfe und Deutungskraft Geschichte erzählen kann.[10] Wie Shirer versucht auch dieses Buch, die Menschen zu Wort kommen zu lassen, die in den Jahren von 1933 bis 1945 gelebt haben. Die parteiische Verzerrung der deutschen Geschichtswissenschaft unter den Nationalsozialisten, der Persönlichkeitskult und die Verherrlichung des Führerprinzips durch Geschichtsschreiber des Dritten Reichs haben seit den sechziger Jahren deutsche Historiker dazu bewogen, in einer Gegenreaktion individuelle Personen fast ganz aus der

Geschichte zu verbannen. In den siebziger und achtziger Jahren war die Forschung unter dem Eindruck der historischen Sozialwissenschaft an übergreifenden Strukturen und Prozessen interessiert.[11] Die aus dieser Fragestellung hervorgegangenen Werke haben unser Verständnis des nationalsozialistischen Deutschlands unermeßlich gefördert, aber das Individuum ist bei dieser Suche nach analytischem Verstehen weitgehend auf der Strecke geblieben. So gehört es auch zur Absicht des vorliegenden Werks, den einzelnen Menschen wieder in den Blick zu nehmen, weshalb durchgehend versucht wird, aus Schriften und Reden von Zeitgenossen zu zitieren und dem tragenden erzählenden und analytischen Bogen des Buches kontrapunktisch die Geschichte der Männer und Frauen der damaligen Zeit entgegenzusetzen, angefangen bei der Führungsriege des Regimes bis hin zu den gewöhnlichen Bürgerinnen und Bürgern, die in dieses historische Drama verwickelt waren.[12]

Die Aufgabe, das Erleben individueller Menschen nachzuerzählen, führt einem wie nichts anderes die Komplexität der Entscheidungen vor Augen, die sie zu treffen hatten, die Schwierigkeit und oft auch Undurchsichtigkeit der Situationen, mit denen sie konfrontiert waren. Die Zeitgenossen vermochten die Dinge nicht so deutlich zu sehen, wie wir es rückblickend tun. Sie konnten 1930 nicht wissen, was 1933 geschehen würde, so wie sie 1933 nicht wissen konnten, was sich 1939 oder 1942 oder 1945 ereignen würde. Hätten sie es gewußt, so wären wahrscheinlich die von ihnen getroffenen Entscheidungen anders ausgefallen. Eines der größten Probleme der Geschichtsschreibung besteht darin, sich in die Welt der Vergangenheit zurückzuversetzen, mit all den Zweifeln und Ungewißheiten der Menschen gegenüber einer Zukunft, die für den Historiker ebenfalls schon Vergangenheit geworden ist. Entwicklungen, die nachträglich gesehen zwangsläufig zu sein scheinen, waren es zu ihrer Zeit keineswegs. Dieses Buch bemüht sich, die Leser wiederholt daran zu erinnern, daß an verschiedenen Punkten der deutschen Geschichte in der zweiten Hälfte des 19. und der ersten des 20. Jahrhunderts die Dinge leicht eine ganz andere Wendung hätten nehmen können. »Die Menschen machen ihre eigene Geschichte«, wie Karl Marx einmal treffend anmerkt, »aber sie machen sie nicht aus freien Stücken, nicht unter selbstgewählten, sondern unter unmittelbar vorgefundenen, gegebenen und überlieferten Umständen.« Zu diesen Bedingungen gehörten nicht nur der historische Kontext, in dem sie lebten, sondern auch ihre Denkweisen, die Voraussetzungen und Annahmen, die ihr Handeln leiteten, die Werteinstellungen, die ihr Verhalten bestimmten.[13] Ein Hauptziel dieses Buches ist es, diese Gegebenheiten für die heutigen Leser nachzuerzählen und sie an die Wahrheit eines anderen bekannten Aphorismus über die Geschichte zu erinnern: »Die Vergangenheit ist ein fremdes Land: Die Leute machen dort alles anders.«[14]

Aus all diesen Gründen erscheint es für ein Werk der Geschichtsschreibung unangebracht, moralische Urteile zu fällen, was ich für unhistorisch und vermessen halte. Ich kann nicht wissen, wie ich selbst mich im Dritten Reich verhalten hätte, schon darum nicht, weil ich, hätte ich damals gelebt, ein ganz anderer Mensch gewesen wäre als der, der ich heute bin. Seit den frühen neunziger Jahren haben moralisch, religiös oder rechtlich abgeleitete Begriffe und Ansätze in die historische Auseinandersetzung nicht nur mit dem nationalsozialistischen Deutschland, sondern auch mit anderen Gegenständen Einzug gehalten. Das mag angemessen sein, um zu einem Urteil darüber zu gelangen, ob eine bestimmte Person oder Gruppe eine Entschädigung für ihr historisches Leiden unter den Nationalsozialisten erhalten oder ob sie umgekehrt Wiedergutmachung für Leiden leisten soll, die sie anderen zugefügt hat. In diesem Zusammenhang ist es nicht nur legitim, sondern sogar wichtig, solche Maßstäbe anzulegen. Aber in einem Werk der Geschichtsschreibung sind sie deplaziert.[15] Wie Ian Kershaw bemerkt, ist es »für den Außenstehenden, den Nichtdeutschen, der den Nationalsozialismus nicht erlebt hat, ... möglicherweise zu leicht, zu kritisieren und Verhaltensmaßstäbe anzulegen, deren Einhaltung unter den gegebenen Umständen nahezu unmöglich war«.[16] Aus dem zeitlichen Abstand gilt dasselbe auch für die große Mehrheit der Deutschen. Das bedeutet natürlich nicht, daß der in diesem Buch gewählte Ansatz wertfrei wäre, was weder möglich noch wünschenswert ist. Die unausgesprochenen Werte, die der Erzählung und Analyse von Themen wie politische Gewalt, Demokratie, Rassismus, Antisemitismus, politische Propaganda und vielem anderen zugrunde liegen, dürften im übrigen klar genug sein; doch sie auszusprechen trägt nichts zu unserem Verständnis der Vergangenheit bei, und die Anwendung von moralischen Urteilen auf das Verhalten von Individuen ist ein besonders riskantes und letztlich unhistorisches Unterfangen. So versucht dieses Buch so weit wie möglich, eine moralisch, religiös oder ethisch befrachtete Sprache zu vermeiden. Seine Absicht ist es, zu verstehen, urteilen mögen die Leser selbst.

Nachzuvollziehen, wie und warum der Nationalsozialismus an die Macht kam, wird mit dem Verblassen der Erinnerung immer wichtiger. Wir müssen uns in die Köpfe der Nationalsozialisten selbst hineinversetzen. Wir müssen herausfinden, warum es ihren Gegnern nicht gelang, sie aufzuhalten. Wir müssen Charakter und Funktionsweise der nationalsozialistischen Diktatur erfassen. Wir müssen uns vergegenwärtigen, wie es dazu kam, daß das Dritte Reich Europa und die Welt in einen Krieg von beispielloser Brutalität stürzen konnte, der mit dem eigenen, verheerenden Untergang endete. Es gab in der ersten Hälfte des 20. Jahrhunderts andere Katastrophen, vor allem das Terrorregime, das Stalin in den dreißiger Jahren in Rußland führte. Aber keine Katastrophe hatte eine so tiefreichende, dauerhafte Wirkung. Angefangen bei der Erhebung von Antisemitismus und Rassenhaß zum Eckpfeiler seiner Ideologie bis hin zur Entfesselung eines skrupellosen und zerstörerischen Eroberungskriegs, hat sich das Dritte Reich durch seine Untaten dem Gewissen der modernen Welt auf eine Weise eingebrannt wie kein anderes Regime. Wie Deutschland, ein stabiles und modernes Land, in der Spanne nicht einmal eines Menschenlebens Europa moralisch, physisch und kulturell zugrunde richtete: das ist eine Geschichte, die ernüchternde Lehren für uns alle bereithält. Lehren jedoch, die der Leser selbst aus dem Buch ziehen muß und nicht der Verfasser ihm erteilen soll.

II

Die Erklärung für diese Dynamik der Gewalt hat einige Historiker und Kommentatoren schon vor dem Zerfall des Dritten Reichs beschäftigt. Emigrierte Dissidenten und Intellektuelle wie Konrad Heiden, Ernst Fraenkel und Franz Neumann veröffentlichten in den dreißiger und vierziger Jahren Analysen der NSDAP und des Dritten Reichs, die noch heute die Lektüre lohnen und die Richtung der Forschung nachhaltig beeinflußt haben.[17] Den ersten wirklichen Versuch jedoch, das Dritte Reich nach seinem Ende in den geschichtlichen Kontext zu rücken, unternahm der führende deutsche Historiker jener Zeit, Friedrich Meinecke, unmittelbar nach Beendigung des Zweiten Weltkriegs. Den Aufstieg des Dritten Reichs schrieb er vor allem der wachsenden Obsession Deutschlands mit seiner Weltmachtstellung zu, die Ende des 19. Jahrhunderts mit Bismarck begonnen und ihre stärkste Ausprägung in der Zeit Kaiser Wilhelms II. und des Ersten Weltkriegs erfahren habe. Der Geist des Militarismus habe Deutschland erfaßt und der Armee einen verhängnisvollen Einfluß auf die Politik eingeräumt. Deutschland habe zwar eine beeindruckende industrielle Stärke erlangt, aber sie sei durch übertriebene Konzentration auf eine einseitig technische Ausbildung, auf Kosten einer umfassenderen moralischen und kulturellen Bildung erreicht worden. »Wir suchten nach dem, was ›positiv‹ sein könnte in Hitlers Werk, und fanden einiges, was großen objektiven Ideen und Bedürfnissen unserer Zeit entsprach«, schrieb Meinecke von der Elite des gebildeten Bürgertums, der er selbst angehörte. Aber alles hatte sich als Illusion erwiesen. Beim Rückblick auf sein langes Leben, in dem er noch die Einigung Deutschlands unter Bismarck 1871 erlebt hatte, und auf alles, was zwischen damals und dem Untergang des Dritten Reichs geschehen war, gelangte Meinecke zu dem Schluß, daß der deutsche Nationalstaat vom Augenblick seiner Gründung an von strukturellen Problemen gezeichnet war.

Meineckes Überlegungen, 1946 unter dem Titel *Die deutsche Katastrophe* erschienen, stellen die politischen Überzeugungen und Bestrebungen seines ganzen Lebens noch einmal auf den Prüfstand. Der alte Mann (geboren 1862) war während des Dritten Reichs in Deutschland geblieben, im Gegensatz zu vielen anderen aber nie der NSDAP beigetreten und auch niemals schriftstellerisch oder auf andere Weise für die Partei tätig geworden. Gleichwohl war er noch in der Perspektive jenes liberalen Nationalismus befangen, in dem er groß geworden war. Für ihn war die Katastrophe, wie es der Titel ausdrückt, eine deutsche Katastrophe, keine jüdische, keine europäische, keine Weltkatastrophe. Gleichzeitig betonte er, wie deutsche

Historiker es lange getan hatten, den Primat der Außenpolitik und der internationalen Beziehungen bei der Herbeiführung der Katastrophe, während er soziokulturelle und ökonomische Faktoren vernachlässige. Das Problem bestand für Meinecke nicht in dem, was er beiläufig den »Rassenwahn« nannte, welcher Deutschland unter den Nationalsozialisten erfaßt hatte, sondern in der machiavellistischen Machtpolitik des Dritten Reiches und seinem Griff nach der Weltherrschaft, der schließlich zur Zerstörung Deutschlands führte.[18]

Bei allen Unzulänglichkeiten formulierte Meineckes Schrift eine Reihe zentraler Fragen, die seither nicht aufgehört haben, die Menschen zu beschäftigen. Wie kam es, daß eine fortschrittliche, hochkultivierte Nation wie Deutschland der brutalen Gewalt des Nationalsozialismus so schnell und widerstandslos nachgab? Warum gab es so wenig ernsthaften Widerstand gegen die Machtübernahme der Nationalsozialisten? Wie konnte eine unbedeutende Partei von extremen Rechtsradikalen mit so dramatischer Plötzlichkeit an die Macht gelangen? Warum erkannten so viele Deutsche nicht, welche potentiell verderblichen Folgen das Ignorieren der gewalttätigen, rassistischen und mörderischen Natur der NS-Bewegung haben mußte?[19] Auf diese Fragen haben Historiker und Kommentatoren im Laufe der Zeit ganz unterschiedliche, je nach ihrem politischen und nationalen Standort variierende Antworten gegeben.[20] Der Nationalsozialismus war nur eine von zahlreichen gewalttätigen und rücksichtslosen Diktaturen, die in der ersten Hälfte des 20. Jahrhunderts in Europa entstanden. Tatsächlich war dies damals eine so verbreitete Tendenz, daß der Historiker Mark Mazower das Europa jener Zeit als »dunklen Kontinent« bezeichnet hat.[21] Dies wirft die Frage auf, inwieweit der Nationalsozialismus in der deutschen Geschichte verwurzelt und inwiefern er das Ergebnis allgemeiner europäischer Entwicklungen war und wichtige Merkmale seiner Entstehung und seiner Herrschaft mit anderen europäischen Regimes jener Zeit teilte. Schon solche vergleichenden Überlegungen legen nahe, wie fragwürdig die Annahme ist, eine wirtschaftlich hochentwickelte und kulturell ausdifferenzierte Gesellschaft sei eher dagegen gefeit, in den Abgrund von Gewalt und Zerstörung zu stürzen, als eine andere. Daß Deutschland einen Beethoven hervorgebracht hat, Rußland einen Tolstoi, Italien einen Verdi, Spanien einen Cervantes, hatte absolut nichts damit zu tun, daß alle diese Länder im 20. Jahrhundert eine brutale Diktatur erlebten. Höchste kulturelle Leistungen über viele Jahrhunderte hinweg machen den Absturz in die politische Barbarei keinesfalls unerklärlicher als es ihr Fehlen gemacht hätte; Kultur und Politik beeinflussen einander nicht auf so einfache und unmittelbare Weise.

Viele Kommentatoren auf der linken Seite des politischen Spektrums argumentierten seit den dreißiger Jahren, die Hauptursache für den Siegeszug des Nationalsozialismus sei ebendiese fortgeschrittene Natur der deutschen Kultur und Gesellschaft gewesen. Die deutsche Wirtschaft war die stärkste, die deutsche Gesellschaft die höchstentwickelte im kontinentalen Europa. Das kapitalistische Unternehmertum hatte in Deutschland einen nie gekannten Umfang und Organisationsgrad erreicht. Die marxistische Lehre besagte, daß sich der Klassenkampf zwischen Bourgeoisie und Proletariat bis zu dem Punkt gesteigert hatte, wo es zu einer allgemeinen Krise der kapitalistischen Gesellschaft gekommen war. Verzweifelt um Erhalt ihrer Macht und ihrer Profite bemüht, hätten die Großunternehmer und ihre Lakaien ihren ganzen Einfluß und alle ihnen zur Verfügung stehenden propagandistischen Möglichkeiten aufgeboten, um eine der Verteidigung ihrer Interessen dienende Massenbewegung, die NSDAP, ins Leben zu rufen und ihr zur Macht zu verhelfen, um sie sodann vor ihren eigenen Karren spannen zu können. Eine plastische Veranschaulichung dieser Auffassung war die berühmte Fotomontage des deutschen Kommunisten John Heartfield, die Hitler bei dem für ihn charakteristischen Gruß zeigt, während sein Anspruch »Millionen stehen hinter mir« seine wahre Bedeutung durch einen gesichtslosen Kapitalisten erhält, der ihm ein dickes Bündel Banknoten in die hochgehaltene Hand legt.[22]

Diese Konzeption, die von verschiedensten marxistischen Historikern und Politologen von den zwanziger bis in die achtziger Jahre mit erheblichem Scharfsinn ausgearbeitet wurde, darf nicht unbesehen als reine Propaganda abgetan werden; hat sie doch zu beiden Seiten des Eisernen Vorhangs, der Europa in der Zeit des kalten Krieges zwischen 1945 und 1990 trennte, ein breites Spektrum gehaltvoller wissenschaftlicher Arbeiten inspiriert. Als umfassende Gesamterklärung des Nationalsozialismus läßt sie freilich viele Fragen offen. Sie sah über den rassistischen und antisemitischen Kern der nationalsozialistischen Ideologie mehr oder weniger hinweg und vermochte erst recht nicht zu erklären, warum die Nationalsozialisten nicht nur in ihrer Rhetorik, sondern auch in der Realität einen so abgrundtiefen Haß gegen die Juden entwickelten. Angesichts der beträchtlichen Mittel, die das Dritte Reich aufwandte, um Millionen von Menschen zu verfolgen und zu vernichten, darunter viele, die produktive, wohlhabende Bürger und nicht selten selbst Funktionsträger im Kapitalismus waren, ist schwer zu sehen, wie man das Phänomen des Nationalsozialismus auf das Ergebnis eines Klassenkampfs gegen das Proletariat oder den Versuch der Erhaltung eines kapitalistischen Systems reduzieren konnte, zu dessen Bewahrung nicht zuletzt so viele Juden in Deutschland beigetragen hatten. Wenn überdies der Nationalsozialismus das unabwendbare Resultat aus dem Aufkommen des imperialistischen Monopolkapitalismus sein sollte, wie war dann zu erklären, daß er sich nur in Deutschland entwickelt hatte und nicht auch in anderen, ähnlich fortgeschrittenen kapitalistischen Wirtschaften wie Großbritannien, Belgien oder den USA? [23]

Genau das war die Frage, die sich viele Nichtdeutsche während des Krieges und einige Deutsche unmittelbar nach dem Krieg stellten. Vor allem in jenen Ländern, die schon einmal 1914 bis 1918 einen Krieg gegen die Deutschen erlebt hatten, argumentierten viele, Aufstieg und Siegeszug des Nationalsozialismus sei der zwangsläufige Höhepunkt von Jahrhunderten deutscher Geschichte gewesen. Dieser Sichtweise zufolge, die von so unterschiedlichen Autoren wie dem amerikanischen Journalisten William L. Shirer, dem britischen Historiker A. J. P. Taylor und dem französischen Gelehrten Edmond Vermeil vertreten wurde, hatten die Deutschen schon immer Demokratie und Menschenrechte abgelehnt, vor starken Führern den Nacken gebeugt, die Idee des aktiven Staatsbürgers verworfen und in vagen, aber gefährlichen Weltherrschaftsträumen geschwelgt.[24] Das entsprach auf merkwürdige Weise unter negativem Vorzeichen genau der Version von deutscher Geschichte, die die Nationalsozialisten selbst vertraten, wonach die Deutschen in der Tat aus einem ursprünglichen Rasseninstinkt heraus an den genannten Wesenszügen festgehalten hatten, jedoch durch ausländische Einflüsse wie etwa die Französische Revolution ihrer eigentlichen Natur entfremdet worden waren.[25] Wie jedoch viele Kritiker eingewandt haben, wirft diese vereinfachende Sichtweise sogleich die Frage auf, warum sich die Deutschen dann nicht schon lange vor 1933 einer Diktatur im Stil des Nationalsozialismus in die Arme geworfen haben. Sie übersieht, daß es in der deutschen Geschichte starke liberale und demokratische Traditionen gab, Traditionen, die ihren Ausdruck in politischen Erhebungen wie der Revolution von 1848 fanden, als überall in Deutschland autoritäre Regierungen abgesetzt wurden. Und sie erschwert die Beantwortung der Frage, wie und warum die Nationalsozialisten an die Macht kamen, weil sie die verbreitete Opposition gegen den Nationalsozialismus übersieht, die es in Deutschland noch 1933 gab, und damit die entscheidende Frage nicht zuläßt, wieso diese Opposition überwunden werden konnte. Wird die Existenz einer solchen Opposition gegen den Nationalsozialismus in Deutschland selbst nicht anerkannt, so wird die dramatische Geschichte vom Aufstieg des Nationalsozialismus zur Macht zum bloßen Vollzug des Unvermeidlichen.

Es war für solche Historiker nur allzu leicht, vom Standpunkt des Jahres 1933 auf den Gang der deutschen Geschichte zurückzublicken und praktisch jedes Geschehen als Schrittstein auf dem Weg zu Aufstieg und Siegeszug des Nationalsozialismus zu interpretieren. Das hat zu allen möglichen Verzerrungen geführt, wenn etwa manche Historiker ausgewählte Zitate von berühmten Deutschen wie Johann Gottfried Herder, dem Apostel des Nationalismus im späten 18. und frühen 19. Jahrhundert, oder Martin Luther, dem Begründer des Protestantismus im 16. Jahrhundert, aneinanderreihten, um an ihnen angeblich typisch deutsche Charakterzüge wie Verachtung fremder Völker oder blinden Gehorsam gegenüber der Obrigkeit zu illustrieren.[26] Betrachtet man jedoch die Werke dieser Denker etwas näher, so zeigt sich, daß Herder die Toleranz anderer Völker begründete und daß Luther für das Recht des einzelnen eintrat, sich nach seinem eigenen Gewissen gegen geistliche und geistige Obrigkeit aufzulehnen.[27] Außerdem entfalten Ideen zwar eine eigene Macht, doch ist diese Macht indirekt immer von sozialen und politischen Umständen bedingt, was jene Historiker nur zu oft vergaßen, die sich über »den« deutschen Charakter oder »den« deutschen Geist äußerten.[28]

Von allen Mythen der deutschen Geschichte, die man aufgeboten hat, um die Heraufkunft des Dritten Reichs 1933 zu erklären, ist keiner so wenig überzeugend wie der vom »unpolitischen Deutschen«. Dieses Konzept ist im wesentlichen das Werk Thomas Manns, der es im Ersten Weltkrieg prägte, und wurde nach dem Zweiten Weltkrieg zum Alibi für das Bildungsbürgertum in Deutschland, das sich damit von dem Vorwurf der Unterstützung des Nationalsozialismus freisprechen konnte, um sich das weit weniger gravierende Delikt des mangelnden Widerstandes gegen ihn ankreiden zu lassen. Historiker unterschiedlicher Couleur haben behauptet, das deutsche Bürgertum hätte sich nach dem Debakel von 1848 von jeder politischen Betätigung zurückgezogen und statt dessen Zuflucht im Geldverdienen oder in Literatur, Kunst und Kultur gesucht. Der deutsche Bildungsbürger hätte Tüchtigkeit und Erfolg über Moral und Demokratie gestellt.[29] Es gibt jedoch, wie wir im Laufe dieses Buches sehen werden, eine Fülle von Beweisen, daß dem nicht so war. Was immer Deutschland in den zwanziger Jahren des 20. Jahrhunderts gefehlt haben mag, Mangel an politischem Engagement und Glauben war es nicht – eher im Gegenteil.

Deutsche Historiker fanden solche pauschalen und feindseligen Verallgemeinerungen über den deutschen Charakter höchst anfechtbar. Nach dem Zweiten Weltkrieg versuchten sie nach Kräften, Kritik abzuwehren, indem sie auf die mannigfachen europäischen Wurzeln des Nationalsozialismus verwiesen, die Aufmerksamkeit auf den Umstand lenkten, daß Hitler selbst nicht Deutscher, sondern Österreicher gewesen war, und Parallelen zu anderen europäischen Diktaturen jener Zeit, von Mussolinis Italien bis zu Stalins Rußland, zogen. Vor dem Hintergrund des allgemeinen Zusammenbruchs der Demokratie in Europa in den Jahren zwischen 1917 und 1933, so argumentierten sie, dürfe das Erscheinen der Nationalsozialisten nicht als Kulminationspunkt einer langen deutschen geschichtlichen Entwicklung verstanden werden, sondern als Zusammenbruch der etablierten Ordnung in Deutschland und in anderen Ländern unter dem traumatischen Eindruck des Ersten Weltkriegs.[30] Aus dieser Sicht habe die Industriegesellschaft zum ersten Mal die Volksmassen auf die politische Bühne gebracht. Der Erste Weltkrieg habe soziale Hierarchie, moralische Werte und wirtschaftliche Stabilität in ganz

Europa zerstört. Das Habsburgerreich, das Deutsche Reich, das Zarenreich, das Osmanische Reich seien untergegangen, und die neuen demokratischen Staaten seien rasch der Agitation skrupelloser Demagogen zum Opfer gefallen, die die Massen dazu verführten, für ihre eigene Versklavung zu stimmen. So sei das 20. Jahrhundert zu einem Zeitalter des Totalitarismus geworden, das in dem Versuch Stalins und Hitlers gegipfelt habe, eine neuartige politische Ordnung zu errichten, gegründet einerseits auf totale polizeiliche Überwachung, Terror, millionenfache Unterdrückung und Ermordung ihrer Gegner und andererseits auf die mit ausgeklügelten Propagandamethoden forcierte Mobilisierung und Begeisterung der Massen.[31]

Obgleich leicht einzusehen ist, warum solche Argumente gerade in den fünfziger und sechziger Jahren den westlichen Exponenten des kalten Kriegs entgegenkamen, da sie Stalins Rußland implizit oder explizit mit Hitlerdeutschland gleichsetzten, hat doch die These, daß beide Systeme Spielarten ein und derselben Erscheinung gewesen seien, neuerdings eine gewisse Renaissance erlebt.[32] Und gewiß ist es nicht illegitim, die beiden Regime miteinander zu vergleichen.[33] Die Idee des Totalitarismus als eines allgemeinen politischen Phänomens geht auf die frühen zwanziger Jahre zurück. In einem positiven Sinne wurde sie von Mussolini ins Spiel gebracht, der ebenso wie Hitler und Stalin den Anspruch auf eine totale Überwachung und Mobilisierung der Gesellschaft erhob, wozu praktisch auch die Umerschaffung der menschlichen Natur zu einem »neuen« Menschen gehörte. Doch wie immer es um die Ähnlichkeiten zwischen beiden politischen Systemen bestellt sein mag – und das wird im zweiten Band ausführlicher erörtert –, die Unterschiedlichkeit jener Faktoren, welche den Ursprüngen, dem Aufstieg und schließlich dem Siegeszug des Nationalsozialismus beziehungsweise des Stalinismus zugrunde lagen, ist zu eklatant, als daß der Begriff Totalitarismus hier viel erklären könnte. Letztlich taugt das Totalitarismuskonzept wohl mehr zur Beschreibung denn zur Erklärung. Es ist eher eine nützliche Hilfestellung, um zu verstehen, wie Diktaturen im 20. Jahrhundert agierten, sobald sie an der Macht waren, als daß es aufzeigen könnte, wie sie entstanden.

Gewiß gab es zwischen Rußland und Deutschland vor dem Ersten Weltkrieg manche Ähnlichkeiten. In beiden Nationen herrschte eine autoritäre Monarchie, gestützt auf eine mächtige Bürokratie und eine starke militärische Elite, die mit den Problemen eines durch die Industrialisierung bewirkten, rapiden gesellschaftlichen Wandels konfrontiert wurden. Beide politischen Systeme wurden durch die tiefreichende politische Krise der Niederlage im Ersten Weltkrieg zerstört und zunächst durch das kurze Interregnum einer von Konflikten gezeichneten Demokratie abgelöst, bevor diese Konflikte durch den Aufstieg der Diktatur zum Verschwinden gebracht wurden. Es gibt jedoch auch viele gravierende Unterschiede, allen voran die Tatsache, daß die Bolschewisten nicht jenes Maß an Massenunterstützung in freien Wahlen zu erringen vermochten, das die wesentliche Grundlage für die Machtergreifung der Nationalsozialisten bildete. Rußland, rückständig, überwiegend bäuerlich, ohne die elementarsten Funktionen einer Zivilgesellschaft und einer Tradition der politischen Repräsentation, war ein völlig anderes Land als der fortschrittliche Industriestaat Deutschland mit einer lange gehegten Tradition von Repräsentativeinrichtungen, Rechtsstaatlichkeit und politisch handelnden Staatsbürgern: lauter Faktoren, die den Aufstieg des Nationalsozialismus besonders schwer erklärlich machen. Es ist zweifellos richtig, daß der Erste Weltkrieg überall in Europa die alte Ordnung zerstörte. Aber diese alte Ordnung war von Land zu Land sehr verschieden, und zerstört wurde sie auf unterschiedliche Weise und mit je anderen Folgen. Wenn man sich schon nach einem Land mit vergleichbaren Entwicklungen wie in Deutschland umsieht, dann ist, wie wir noch sehen werden, Italien besser geeignet als Rußland. Außerdem müssen die Ereignisse in Deutschland auch in einem umfassenderen, vergleichenden, internationalen Kontext gesehen werden. Die Frage, warum die nationalsozialistische Diktatur in Deutschland zur Macht kam, schließt auch die Frage ein, wie weit ähnliche Prozesse anderswo abliefen, sowie eine Erklärung der Ähnlichkeiten und der Unterschiede. In dieser Hinsicht ist ein Vergleich mit dem Faschismus in Italien besonders lehrreich, und dieses Buch versteht den deutschen Nationalsozialismus als eine radikale Form des Faschismus, mit Zügen des weniger radikalen italienischen Faschismus.[34]

Eine vergleichende Perspektive kann und sollte auch angewandt werden, wenn man die längerfristigen Ursprünge des Aufstiegs und

Triumphs des Nationalsozialismus in Deutschland untersucht. Seit den siebziger Jahren des letzten Jahrhunderts haben insbesondere deutsche Historiker ihre Aufmerksamkeit auf die gescheiterte Revolution von 1848 gerichtet, als in der berühmten Formulierung des britischen Historikers A. J. P. Taylor »die deutsche Geschichte ihren Wendepunkt erreichte und es versäumte, sich zu wenden«.[35] Von diesem Zeitpunkt an wich Deutschland in den Augen vieler Historiker vom normalen Weg in die moderne Welt ab, der von Nationen wie England, Frankreich oder den Vereinigten Staaten beschritten wurde, die in der Vergangenheit alle eine erfolgreiche bürgerliche Revolution erlebt hatten. Das Unvermögen des Bürgertums, 1848 in Deutschland die Regierung zu übernehmen, erlaubte dem Adel, bis zum Ende des Jahrhunderts und danach ihre führende gesellschaftliche und politische Rolle zu behalten. In Angst versetzt durch Aufstände der unteren Volksschichten 1848, wich das deutsche Bürgertum von seinem Bekenntnis zum Liberalismus ab und machte sich die Gewohnheiten und Werte des ostelbischen Adels zu eigen, insbesondere und verhängnisvollerweise dessen Militarismus, Autoritarismus und Feindseligkeit gegenüber der Demokratie. Die Macht dieses Adels blieb fest in Schlüsselinstitutionen verankert wie dem preußischen Offizierskorps und den obersten Rängen des Beamtenapparats. Die Idee einer parlamentarischen Regierung, die für die Revolution von 1848 von so zentraler Bedeutung war, faßte danach in Deutschland nie wieder Fuß. Das Fehlen einer demokratischen, parlamentarischen politischen Tradition in Deutschland in den folgenden Jahrzehnten sollte dem Nationalsozialismus den Boden bereiten. Und Preußen, das eine führende Rolle dabei gespielt hatte, die Begründung einer solchen Tradition 1848 zu verhindern, sollte seine militärischen Werte, Disziplin, Ordnung, Gehorsam, Reglementierung nach innen, Aggression und Gewalt nach außen, im ganzen Land verbreiten. Deutschland gelang es nicht, sich nach denselben Prinzipien zu modernisieren wie andere Länder. Statt dessen folgte es einem Sonderweg und modernisierte zwar seine Wirtschaft, umging jedoch die normalen Begleiterscheinungen einer Industrialisierung, eine politische Demokratisierung und Parlamentarisierung, den Zusammenbruch alter gesellschaftlicher Hierarchien und die Schaffung einer offenen Gesellschaft, in der der soziale Status keine Schranke vor einem gesellschaftlichen Aufstieg mehr bildete. Die in der Führerdiktatur des Dritten Reichs verankerten Werte waren somit rückwärtsgewandte Werte, die es bereits, wenngleich in einer blassen und rudimentären Form, seit Jahrzehnten in Deutschland gegeben hatte.[36]

Doch seit der Zeit, in der diese Auffassung erstmals aufkam, wurde sie sowohl durch theoretische Überlegungen als auch durch empirische Befunde in Zweifel gezogen. Wie weit der Nationalsozialismus eine rückwärtsgewandte und restaurative Bewegung war, ob das Dritte Reich modern war oder nicht, welche Rolle vorindustrielle und vormoderne Faktoren in seiner Weltanschauung gespielt haben, sind Fragen, die in diesen drei Bänden in ganz verschiedenen Kontexten immer wieder erörtert werden. Die Forschungen der letzten Jahre sind überwiegend zu dem Ergebnis gekommen, daß Deutschland in der zweiten Hälfte des 19. und in den ersten drei Jahrzehnten des 20. Jahrhunderts keineswegs so traditionell und rückwärtsgewandt war, wie die Verfechter der Sonderwegsthese behauptet haben. Unter Historikern besteht heute weitgehend Einigkeit, daß das deutsche Bürgertum während dieser Periode nicht »feudalisiert« war, sondern daß es ihm im Gegenteil gelang, das Gros des deutschen Adels seiner Kultur, seiner Lebens- und Denkweise anzupassen. Die Vorstellung der junkerlich-adeligen Elite als Instanz, die die sozialen und politischen Fäden zog, während die bürgerlichen Schichten und das Bauerntum sich nach ihr ausrichteten, ist durch die Forschung ebenso überzeugend widerlegt. Es steht heute außer Zweifel, daß die städtische Bürgertum und die ländlichen Mittelschichten ihre eigenen politischen Bewegungen und ihre eigene politische Dynamik hatten. Es wäre in jedem Fall unmöglich gewesen, den Nationalsozialismus überzeugend als eine Klientelbewegung der Eliten darzustellen, aber die Forschung hat auch gezeigt, daß die nationalen Verbände der Zeit vor 1914 einen Prozeß der Selbstmobilisierung von unten erlebt hatten. Bräuche wie das Duellieren, von denen man einmal annahm, sie seien ein Beleg für feudale Werte innerhalb des Bürgertums, sind inzwischen als Ausdruck einer bürgerlichen Selbstbehauptung überzeugend interpretiert worden. Neuere Forschungen haben zudem ergeben, daß Parteien, Wahlen und parlamentarische Verfahren im deutschen politischen Leben des ausgehenden 19. und frühen 20. Jahrhunderts eine wesentlich größere Rolle gespielt haben als ursprünglich angenommen. Es gab zahlreiche Beispiele für einen sozialen Aufstieg von Individuen aus dem Bürgertum in jener Zeit, die der Vorstellung widersprachen, Deutschland vor 1914 sei eine erstarrte hierarchische Gesellschaft gewesen. Die Bedeutung des Adels nicht nur unter den Spitzen der Politik, sondern auch in wichtigen Institutionen wie dem preußischen Offizierskorps ging fortdauernd zurück. Außerdem war Preußen nicht Deutschland, und die Bedingungen in anderen deutschen Ländern waren von denen in Preußen häufig sehr verschieden. Vor allem aber zeigte ein Vergleich mit anderen Nationen, daß es einen »normalen« Weg zur Modernisierung gar nicht gab: So durchlebte beispielsweise Frankreich nach der Revolution von 1789 mehrere Perioden einer Diktatur oder einer autoritären Regierung, darunter die von Napoleon I. und Napoleon III. Die sozialen Hierarchien in England scheinen mindestens ebenso verkrustet gewesen zu sein wie die in Preußen, und es gibt heute eine umfangreiche Literatur, in der die Tendenz der britischen bürgerlichen Schichten dokumentiert wird, sich als Gutsbesitzer niederzulassen, sobald sie genug Geld gemacht hatten. In dieser und in vieler anderer Hinsicht hat die These vom deutschen Sonderweg die Prüfung der Zeit nicht bestanden, und selbst ihre früher lautstärksten Verfechter haben inzwischen die Berechtigung der meisten Einwände ihrer Kritiker zugestanden. Die meisten Historiker würden heute eher die Modernität als die Rückständigkeit Deutschlands um 1900 betonen.[37]

Eines der Hauptprobleme der Sonderwegthese besteht darin, daß die historische Verlaufsform, die sie von 1848 bis 1933 gezeichnet hat, häufig gar zu gerade und ohne Abirrungen zu sein schien. Wer in der deutschen Geschichte nach einer Erklärung für Ursprünge und Aufstieg des Nationalsozialismus sucht, läuft unbestreitbar Gefahr, die ganze Entwicklung als unausweichlich erscheinen zu lassen. Aber fast an jeder Biegung des Weges hätten die Ereignisse auch anders verlaufen können, und bis in die ersten Monate des Jahres 1933 war der Triumph des Nationalsozialismus alles andere als besiegelt. Doch ein Betriebsunfall der Geschichte war er nicht.[38] All jene, die argumentiert haben, der Nationalsozialismus sei als Teil eines im wesentlichen gesamteuropäischen Entwicklungsmusters an die Macht gelangt, haben zwar bis zu einem gewissen Punkt recht, tragen aber dem Umstand zu wenig Rechnung, daß der Nationalsozialismus zwar keineswegs das zwangsläufige Endergebnis deutscher Geschichte war, zu seinem Erfolg aber doch auch politische und ideologische Traditionen und Entwicklungen nutzen konnte, die ihrer Natur nach spezifisch deutsch waren. Diese Traditionen mögen nicht bis zu Martin Luther zurückgereicht haben, waren aber mit der Art und Weise in Zusammenhang zu bringen, wie sich die deutsche Geschichte im 19. Jahrhundert entwickelt hatte, vor allem mit den Vorgängen, durch die das Land 1871 unter Bismarck zu einem geeinten Staat wurde. Es ist daher sinnvoll, an diesem Punkt anzusetzen, wenn man nach den Gründen dafür sucht, warum gut sechzig Jahre später die Nationalsozialisten an die Macht kamen. Wie wir im Laufe dieses Buches und der zwei Folgebände sehen werden, gibt es auf diese Fragen viele unterschiedliche Antworten. Sie reichen von der Natur der Krise, die Anfang der dreißiger Jahre über Deutschland hereinbrach, bis zu dem Verfahren, wie die Nationalsozialisten, einmal an die Macht gekommen, ihre Herrschaft festigten und ausbauten. Diese Antworten gegeneinander abzuwägen ist keine leichte Aufgabe, aber die Last der deutschen Geschichte spielte zweifellos eine Rolle, mit der dieses Buch zu beginnen hat.

III

Das frühe 21. Jahrhundert ist ein Zeitpunkt, der günstige Voraussetzungen für das Unterfangen bietet, eine Gesamtgeschichte des Dritten Reichs zu schreiben. Die historische Erforschung des Dritten Reichs hat seit 1945 drei große Phasen durchlaufen. In der ersten Phase, die von 1945 bis in die Mitte der sechziger Jahre reichte, lag der Schwerpunkt auf der Beantwortung der Fragen, die primär im vorliegenden Band gestellt werden. Politologen und Historiker wie Karl Dietrich Bracher legten wichtige Arbeiten über die Auflösung der Weimarer Republik und die nationalsozialistische Machtergreifung vor.[39] In den siebziger und achtziger Jahren verlagerte sich dann der Akzent, begünstigt durch die Rückkehr enormer Mengen von erbeuteten Dokumenten aus alliiertem Gewahrsam in deutsche Archive, auf die Geschichte der Jahre 1933 bis 1939, die Gegenstand des zweiten Bandes dieser Studie sein werden. Insbesondere Martin Broszat und Hans Mommsen schrieben eine Reihe von bahnbrechenden Studien über die innere Struktur des Dritten Reichs. Darin wandten sie sich gegen die vorherrschende Auffassung, das Dritte Reich sei ein totalitäres System gewesen, in welchem die oben, von Hitler, gefällten Entscheidungen nach unten durchgesetzt wurden, und untersuchten das System konkurrierender Machtzentren, deren Rivalität das Regime veranlaßte, seine Politik unablässig und konsequent zu radikalisieren. Ergänzt wurden diese Arbeiten durch eine Vielzahl neuer Forschungen zur Geschichte des Alltagslebens im Dritten Reich, die sich auf die Jahre bis zum Ausbruch des Zweiten Weltkriegs konzentrierten.[40] Seit den neunziger Jahren ist die Forschung in eine dritte Phase eingetreten, in der die Jahre 1939 bis 1945 im Blickpunkt stehen, Gegenstand des dritten Bandes dieser Studie. Die Entdeckung neuer Dokumente in den Archiven des ehemaligen Ostblocks und die wachsende öffentliche Beachtung der nationalsozialistischen Verfolgung und Vernichtung der Juden und anderer Gruppen, von Homosexuellen und »Asozialen« über Zwangsarbeiter bis zu Behinderten, haben eine Fülle wichtiger neuer Erkenntnisse erbracht.[41] Die Zeit scheint daher reif für den Versuch einer Synthese, die die Erträge dieser drei Forschungsphasen zusammenfaßt, und für die Auswertung neuen Materials, das in den letzten Jahren zugänglich gemacht worden ist, von den Tagebüchern Joseph Goebbels' und Victor Klemperers bis zu den Protokollen der Sitzungen des Reichskabinetts und dem Terminkalender Heinrich Himmlers.

Die Aufgabe ist für jeden Historiker eine große Herausforderung, um so mehr, als der Autor kein Deutscher ist. Seit vielen Jahren denke ich über die historischen Probleme nach, die dieses Buch behandelt. Mein Interesse an deutscher Geschichte wurde erstmals von Fritz Fischer geweckt, dessen Oxforder Gastvorlesung mir als jungem Studenten einen neuen geistigen Horizont eröffnete. Als ich später in Hamburg für meine Doktorarbeit recherchierte, konnte ich etwas von der außerordentlichen Faszination verspüren, die von Fischer ausging. Mit seiner Frage nach der Kontinuität in der deutschen Geschichte hatte er unter den jüngeren deutschen Historikern, die er um sich scharte, eine wahre Aufbruchs-, ja Kreuzzugsstimmung erzeugt. Damals, Anfang der siebziger Jahre, interessierten mich hauptsächlich die Ursprünge des Dritten Reichs in der Weimarer Republik und im Kaiserreich. Später untersuchte ich, wie es kam, daß die Interpretation der Geschichte des nationalsozialistischen Deutschlands eine scharfe Kontroverse unter modernen deutschen Historikern im sogenannten Historikerstreit auslösen konnte, und betrieb Nachforschungen in Archiven über die Zeit von 1933 bis 1945, die im Zusammenhang mit einem größeren Projekt über die Geschichte der Todesstrafe in der deutschen Geschichte der Neuzeit standen.[42] In diesen Jahren hatte ich das Glück, mannigfache Hilfe von einer ganzen Reihe deutscher Freunde und Kollegen zu erfahren, unter vielen anderen von Jürgen Kocka, Wolfgang J. Mommsen, Volker Ullrich und Hans-Ulrich Wehler. Zahlreiche, zum Teil längere Aufenthalte in Deutschland, großzügig finanziert von Einrichtungen wie der Humboldt-Stiftung und dem Deutschen Akademischen Austauschdienst, haben mir, wie ich hoffe, zu einem besseren Verständnis der deutschen Geschichte und Kultur verholfen, als ich es Anfang der siebziger Jahre mitbrachte. Kaum ein Land hätte sich großzügiger und offener gegenüber einem Außenstehenden zeigen können, der gekommen war, um die problematische und schwierige Vergangenheit dieses Landes zu erforschen. Anhaltende Unterstützung gewährten mir auch meine britischen Kollegen, die sich mit der deutschen Geschichte auseinandersetzen. Zu Anfang, in meiner Studienzeit in Oxford, begeisterte mich Tim Mason, während Anthony Nicholls mit sicherer Hand meine ersten wissenschaftlichen Gehversuche begleitete.

Obgleich ich aber mehr als zwanzig Jahre lang über Ursprünge, Folgen und Geschichtsschreibung des nationalsozialistischen Deutschlands publiziert, seine Geschichte teilweise in Archiven erforscht und ein sich langsam entwickelndes, auf Primärquellen gestütztes Oberseminar darüber gehalten hatte, fand ich mich erst in den neunziger Jahren veranlaßt, dem Dritten Reich meine volle Aufmerksamkeit zuzuwenden. Meine stete Dankbarkeit gilt daher Anthony Julius, der mich bat, in David Irvings Verleumdungsklage gegen Deborah Lipstadt und ihren Verleger als Sachverständiger aufzutreten, sowie dem ganzen Team der Verteidigung, ganz besonders Chefanwalt Richard

Rampton Q.C. und meinen wissenschaftlichen Assistenten Nik Wachsmann und Thomas Skelton-Robinson – für lange Stunden fruchtbarer und kontroverser Diskussionen über viele bei dem Prozeß zutage tretende Aspekte der Geschichte des Dritten Reichs.[43] Es war eine Ehre, an einem Fall beteiligt zu werden, dessen Bedeutung größer sein sollte, als wir alle erwartet hatten. Davon abgesehen war jedoch eine der großen Überraschungen bei der Arbeit an diesem Prozeß die Feststellung, daß viele Aspekte der uns beschäftigenden Themen noch immer überraschend schlecht erforscht waren.[44] Ebenso überraschend war, daß keine wirklich umfassend angelegte, detaillierte Gesamtdarstellung über den breiteren geschichtlichen Hintergrund der nationalsozialistischen Judenpolitik im Rahmen der allgemeinen Geschichte des Dritten Reichs selbst existiert, obwohl es viele ausgezeichnete Einzeldarstellungen dieser Politik gibt. Mein Eindruck einer zunehmenden Fragmentierung unseres Wissens über das nationalsozialistische Deutschland verstärkte sich, als ich wenig später gebeten wurde, dem »Spoliation Advisory Panel« der britischen Regierung anzugehören, einem Gremium, das Wiedergutmachungsansprüche in bezug auf Kunstgegenstände regelt, die ihren ursprünglichen Besitzern zwischen 1933 und 1945 unrechtmäßig weggenommen worden waren. Dies war ein weiterer Bereich, in dem die Bearbeitung speziellerer Probleme von der Kenntnis des größeren historischen Zusammenhangs abhing, doch existierte keine befriedigende Gesamtdarstellung des nationalsozialistischen Deutschlands, auf die ich die anderen Mitglieder des Gremiums hätte verweisen können. Gleichzeitig überzeugte mich die Mitarbeit in diesen ganz unterschiedlichen Gremien durch die unmittelbare Konfrontation mit der wichtigen rechtlichen und moralischen Dimension des Nationalsozialismus mehr denn je zuvor von der Notwendigkeit einer Geschichte des Dritten Reichs, die nicht eine moralische oder juristische Verurteilung zum Ausgangspunkt hatte.

In der Erwägung, daß dieses Buch keine wissenschaftliche Monographie sein will, habe ich die Anzahl der Anmerkungen nach Möglichkeit zu begrenzen gesucht. Sie dienen hauptsächlich der Aufgabe, dem Leser eine Überprüfung der Aussagen im Text zu erlauben. Sie wollen keine umfassenden bibliographischen Nachweise zu den jeweils erörterten Themen liefern und enthalten mit wenigen Ausnahmen auch keine Diskussion über Detailfragen. Ich habe jedoch versucht, den interessierten Leser auf einschlägige weiterführende Literatur zu verweisen, in der er ein Thema gründlicher verfolgen kann, als es in diesem Buch möglich war.

Eines der heikelsten Probleme bei der Beschäftigung mit dem nationalsozialistischen Deutschland ist die Durchdringung der damaligen Sprache mit nationalsozialistischer Ideologie, worauf schon Victor Klemperer in seiner klassischen Studie über die »Lingua Tertii Imperii«, die Sprache des Dritten Reichs, hingewiesen hat.[45] Manche Historiker distanzieren sich von dieser Sprache, indem sie alle nationalsozialistischen Termini in Anführungszeichen setzen oder mit einem mißbilligenden Beiwort versehen: zum Beispiel das »Dritte Reich« oder auch »das sogenannte ›Dritte Reich‹«. In einem Buch wie diesem würde ein solches Verfahren jedoch die Lesbarkeit ernsthaft beeinträchtigen, weshalb ich darauf verzichtet habe. Es braucht wohl nicht erwähnt zu werden, doch will ich gleich an dieser Stelle betonen, daß in diesem Buch vorkommende nationalsozialistische Terminologie einfach dem Sprachgebrauch der Zeit entspricht und keine Billigung des jeweiligen Begriffs als gültige Bezeichnung für den betreffenden Sachverhalt ausdrückt.

Wenn diese Handhabung den folgenden Text verständlicher und lesbarer macht, hat sie ihren Zweck erreicht. Und wenn das Buch selbst, wie ich hoffe, leicht zu verstehen ist, dann gebührt das Verdienst hierfür zum großen Teil den Freunden und Kollegen, die sich freundlicherweise bereit erklärten, die erste Fassung kurzfristig durchzulesen, viele Ungeschicklichkeiten beseitigten und Irrtümer korrigierten, besonders Chris Clark, Christine L. Corton, Bernhard Fulda, Ian Kershaw, Kristin Semmens, Adam Tooze, Nik Wachsmann, Simon Winder und Emma Winter. Bernhard Fulda, Christian Goeschel und Max Horster haben die Anmerkungen überprüft und Originaldokumente nachgewiesen; Caitlin Murdock hat die in der Hoover Institution liegenden Autobiographien von SA-Leuten durchgesehen. Bernhard Fulda, Liz Harvey und David Welch besorgten eine Reihe von Schlüsseldokumenten. Ihnen allen schulde ich Dank für ihre Hilfe. Andrew Wylie war ein vortrefflicher Agent, dessen Überzeugungskünste dafür gesorgt haben, daß dieses Buch in den bestmöglichen Verlagen erscheint. Simon Winder von Penguin war in London der Fels in der Brandung, und es war ein Vergnügen, bei der Erstellung dieses Buches eng mit ihm zusammenzuarbeiten. In New York hat mir Scott Moyers mit seiner Begeisterung Auftrieb gegeben und mit seinen Kommentaren sehr geholfen. Dankbar bin ich auch Chloe Campbell bei Penguin, die mit so viel Mühe bei den Bildrecherchen geholfen, Abdruckgenehmigungen eingeholt und die Originalvorlagen für die Abbildungen beschafft hat, Elizabeth Stratford für ihre äußerst gewissenhafte Endredaktion und den Gestaltern und Produzenten von Penguin für Ihre wertvolle Arbeit.

Den größten Dank schulde ich, wie immer, meiner Familie, Christine L. Corton für ihre praktische Unterstützung und verlegerische Sachkenntnis, und ihr und unseren Söhnen Matthew und Nicholas, denen diese Bände gewidmet sind, für ihre Begleitung bei einem Projekt, das sich mit schwierigen, oft furchtbaren Ereignissen von einer Art befaßt, die selber nicht erlebt zu haben wir alle von Glück sagen können.

Vorwort zur deutschen Ausgabe

Die deutsche Ausgabe dieses Buchs sollte ursprünglich zur selben Zeit erscheinen wie die englische, doch trotz aller Bemühungen des Autors, der Übersetzer und des Verlags erwies es sich als unmöglich, aus einem unkorrigierten englischen Manuskript, das erst Ende Mai 2003 vorlag, bis Anfang September 2003 ein fertiges deutsches Buch zu machen. Viele Detailprobleme der Übersetzung, der Fußnoten und anderer Aspekte des Buchs wurden Anfang September noch in ständigem E-mail-Austausch zwischen Autor und Übersetzern erörtert, und es war abzusehen, daß sie nicht so rechtzeitig geklärt werden konnten, daß das Buch zur Frankfurter Buchmesse Anfang Oktober hätte erscheinen können. Deshalb wurde widerstrebend beschlossen, seine Veröffentlichung auf das kommende Jahr 2004 zu verschieben. Ich habe die Gelegenheit genutzt, einige Änderungen am Text und an den Fußnoten vorzunehmen, um die Verweise so weit wie möglich auf den neuesten Stand zu bringen, und einige Punkte in der Darstellung zu überarbeiten, die mir bei der erneuten Lektüre der deutschen Fahnen nicht ganz klar oder etwas zu knapp ausgeführt erschienen.

In England erschien das Buch im Oktober 2003, mitten in einer Debatte über ein Ansteigen der deutschenfeindlichen Ressentiments, die in Großbritannien seit dem Ende der achtziger Jahre so ausgeprägt war. Zu einem Teil hat man in dem Buch deshalb eine Wortmeldung zu dieser Debatte gesehen, zu einer Zeit, als die englische öffentliche Meinung, und nicht nur auf den Fußballplätzen, allgemein »deutsch« mit »nazideutsch« gleichsetzt und in der die pauschalen Vereinfachungen der damaligen Kriegspropaganda anscheinend aufs neue die öffentliche Phantasie beschäftigen. Hinzu kommt die Veränderung in den amerikanischen und auch, wenngleich in geringerem Maße, britischen öffentlichen Einstellungen gegenüber Deutschland und den Deutschen, die sich als Folge der zunehmenden Aufmerksamkeit der rassischen Vernichtungspolitik des Dritten Reichs, die in Auschwitz und anderswo während des Zweiten Weltkriegs exekutiert wurde, in der Massenkultur vollzieht: ein Wandel, der in seriöserer akademischer Form in Werken wie Daniel Jonah Goldhagens *Hitlers willige Vollstrecker* und Robert Gellatelys *Hingeschaut und weggesehen: Hitler und sein Volk* zum Ausdruck kommt, in denen behauptet wird, die große Mehrheit der Deutschen habe nicht nur den Nationalsozialismus, sondern von Anfang an auch seine Politik der Diskriminierung, Unterdrückung und schließlich Vernichtung rassischer Minderheiten eifrig unterstützt.[46] Für einen Historiker wie mich, der ein gut Teil seines Lebens mit dem Versuch zugebracht hat, englischsprachigen Lesern die neuere deutsche Geschichte zu erklären, ist das eine zutiefst bedrückende Lage, und einer der Hauptgründe, warum ich mich entschlossen habe, dieses Buch und die beiden folgenden Bände zu schreiben, bestand darin, Vereinfachungen wie diesen entgegenzutreten. Die Geschichte des Triumphs des Nationalsozialismus ist ernüchternd und deprimierend genug, selbst wenn man die Geschichten derjenigen, die den Versuch zum Widerstand unternommen haben, ernst nimmt oder ihr Scheitern nicht für etwas von vornherein so Unausweichliches ansieht, daß es gar nicht erst erklärt werden muß.

Während der Arbeit an der deutschen Ausgabe hatte ich das Glück, mit einem hervorragenden Lektor zusammenzuarbeiten, Michael Neher, dem ich an dieser Stelle meinen Dank abstatten möchte für seine Begeisterung für dieses Projekt und seinen Glauben daran, seine unermüdliche Mitarbeit an Detailaspekten des Buchs und für seinen Humor, welcher die Arbeit mit ihm sehr angenehm machte. Ich danke den Mitarbeitern des Verlags Christiane Naumann, Brigitte Müller und Bernhard Suchy für die Herstellung eines Buchs, das den höchsten Ansprüchen im deutschen Verlagswesen gerecht wird. Die Zusammenarbeit mit den beiden Übersetzern, Holger Fliessbach, der das Vorwort und Kapitel 1 bis 4 übersetzt hat, und Udo Rennert, dem Übersetzer von Kapitel 5 und 6 sowie der Nachträge, war für mich überaus ersprießlich. Meine ständigen Rückfragen und Vorschläge wurden von ihnen mit viel Geduld beantwortet und berücksichtigt. Beide haben schon frühere Bücher von mir ins Deutsche übersetzt, und für mich war es eine Freude, unsere Zusammenarbeit zu erneuern. Auch diesmal haben sie gut lesbare Übersetzungen von hoher fachlicher Qualität vorgelegt. Der unerwartete Tod von Holger Fliessbach Ende August 2003 hat mich persönlich und den Verleger tief erschüttert, und ich möchte hier einem Übersetzer von außergewöhnlichem Rang danken: Sein Tod läßt uns alle tief betrübt zurück und ist für uns alle ein schmerzlicher Verlust.

Cambridge, im November 2003

1. KAPITEL

Das Vermächtnis der Vergangenheit

Deutsche Besonderheiten

I

Am Anfang war Bismarck. In verschiedener Hinsicht war er eine Schlüsselfigur für die Vorgeschichte des Dritten Reichs. Einerseits ließ der Kult, der nach seinem Tod mit ihm getrieben wurde, viele Deutsche die Wiederkehr jenes starken Führers ersehnen, für die der Name Bismarck stand. Andererseits besaßen seine Handlungen und seine Politik in der zweiten Hälfte des 19. Jahrhunderts große Prägekraft. Bismarck war eine komplexe, widersprüchliche Gestalt – ebensosehr Europäer wie Deutscher, im gleichen Maße modern gesinnt wie traditionsverhaftet. Auch insofern wies der Fall Bismarck auf das verwirrende Gemenge aus Neuem und Altem voraus, das später für das Dritte Reich so bezeichnend sein sollte. Vergessen wir nicht, daß nur sechzig Jahre Bismarcks Reichsgründung 1871 von den triumphalen Wahlerfolgen der Nationalsozialisten zwischen 1930 und 1933 trennen. Daß es zwischen diesen zwei Ereignissen einen Zusammenhang gab, ist wohl unbestreitbar. Hier, und nicht in den weiter zurückliegenden religiösen Gesinnungen und hierarchisch geordneten Gemeinwesen der Reformationszeit oder im »aufgeklärten Absolutismus« des 18. Jahrhunderts, haben wir den ersten Augenblick der deutschen Geschichte vor uns, den man wirklich mit dem Aufkommen des Dritten Reichs 1933 in Verbindung bringen kann.[1]

1815 geboren, erwarb sich Otto von Bismarck Mitte des 19. Jahrhunderts den Ruf eines Enfant terrible des deutschen Konservatismus. Er neigte zu krassen Äußerungen und gewaltsamen Handlungen und scheute nie davor zurück, mit drastischer Deutlichkeit auszusprechen, was vorsichtigere Leute nicht laut zu sagen wagten. Aus altem Adel stammend und verwurzelt in der grundbesitzenden Junkerklasse wie im Dienstadel, schien er für viele das Preußentum in seiner extremsten Form, mit allen seinen Vorzügen und Fehlern, zu verkörpern. In der zweiten Hälfte des 19. Jahrhunderts war er der hochmütige, brutale und uneingeschränkte Beherrscher der deutschen Politik. Für Liberalismus, Sozialismus, Parlamentarismus, Egalitarismus und viele andere Aspekte der modernen Welt empfand er unverhohlene Verachtung. Das alles tat aber dem geradezu mythischen Ruf keinen Abbruch, den Bismarck nach seinem Tod als Gründer des Deutschen Reiches erwarb. Bei der Feier seines hundertsten Geburtstags im Jahr 1915, als Deutschland mitten im Ersten Weltkrieg stand, vermochte selbst ein so humaner Liberaler wie der Historiker Friedrich Meinecke Trost, ja Begeisterung aus dem Bild vom »Eisernen Kanzler« als einem Mann der Macht und der Gewalt zu schöpfen:

> »Es ist der Geist Bismarcks, der uns verbietet, es [ein Opfer deutscher Lebensinteressen] zu bringen, und zu dem heroischen Entschlusse drängt, den gewaltigen Kampf gegen Ost und West aufzunehmen, um mit Bismarck zu sprechen, ›wie ein starker Bursche, der zwei gute Fäuste zu seiner Verfügung hat, eine Faust für jeden Gegner‹.«[2]

Hier war der große, wegweisende Führer, den so viele Deutsche an diesem schicksalhaften Scheideweg in der Geschichte ihres Landes bitter vermißten. In den Jahren nach Kriegsende sollten sie das Fehlen eines solchen Führers noch schmerzlicher empfinden.

In Wirklichkeit war Bismarck ein viel komplexerer Charakter, als es dieses holzschnittartige, nach seinem Tod von seinen Anhängern verbreitete Bild vermuten läßt. Bismarck war nicht die tollkühne, zu jedem Risiko bereite Spielernatur, als die ihn eine spätere Legendenbildung hinstellte. Nur die wenigsten Deutschen erinnerten sich später daran, daß es kein anderer als Bismarck gewesen war, der das Wort von der Politik als der »Kunst des Möglichen« geprägt hatte.[3] Er hatte immer wieder betont, daß seine Methode darin bestehe, den voraussichtlichen Gang der Ereignisse zu berechnen, um sie dann für seine Zwecke zu nutzen, oder wie er selbst es ausdrückte: »Der Staatsmann kann nichts selber schaffen, er kann nur abwarten und lauschen, bis er den Schritt Gottes durch die Ereignisse hallen hört, dann vorzuspringen und den Zipfel seines Mantels zu fassen, das ist alles.«[4] Bismarck wußte, daß er die Ereignisse nicht mit Gewalt in die ihm genehme Form bringen konnte. Wenn also – um eine andere seiner Lieblingsmetaphern zu verwenden – die Kunst der Politik darin bestand, das Schifflein des Staates durch den Strom der Zeiten zu steuern: in welche Richtung floß dann dieser Strom für Deutschland im 19. Jahrhundert?

Im 18. Jahrhundert war Mitteleuropa in unzählige autonome Staaten zersplittert. Manche, wie Bayern oder Sachsen, waren mächtig und straff organisiert; andere waren kleine oder mittelgroße »Freie Reichsstädte« oder winzige Fürstentümer und Ritterschaften, die aus kaum mehr bestanden als einer Burg mit bescheidenem Gutsbesitz. Zusammengefaßt waren sie alle im sogenannten Heiligen Römischen Reich deutscher Nation, gegründet 800 von Karl dem Großen und aufgelöst von Napoleon 1806 – das berühmte »tausendjährige Reich«, dessen Wiedererweckung unter anderen Vorzeichen das Ziel der Nationalsozialisten werden sollte. Als dieses Reich unter dem Gewicht der napoleonischen Invasionen zusammenbrach, war es in einem prekären Zustand. Versuche zur Errichtung einer hinreichend funktionstüchtigen Zentralgewalt waren gescheitert, und ehrgeizige Mitgliedsstaaten wie Österreich und Preußen neigten immer mehr dazu, ihr Gewicht auf eine Weise geltend zu machen, als ob das Reich überhaupt nicht existiere. Es war somit kein Wunder, daß das Reich so leicht zerstört werden konnte. Doch sein Mythos und sein Name lebten weiter und waren in den folgenden Jahrzehnten ständig in der deutschen Politik präsent. Der Begriff »Reich« beschwor für viele nicht nur das Bild eines einzelnen, von Deutschen dominierten Staates herauf, der über ganz Mitteleuropa herrschte, sondern noch vieles mehr: den vergangenen Ruhm des Römischen Reiches mit seinem Anspruch auf eine europäische oder gar Welthegemonie: das Königreich Gottes auf Erden; das ewige Reich des Himmels, das Rettung und Erlösung mit sich bringt. »Reich verwies auf die Grenzenlosigkeit« hat ein Historiker geschrieben.[5] Der Name verschwand vorübergehend 1806, geriet jedoch nicht in Vergessenheit. Er sollte unter völlig anderen Umständen 1871 wiederbelebt werden.[6]

Sobald sich nach der Niederlage Napoleons bei Waterloo 1815 die Wogen geglättet hatten, gründeten die europäischen Staaten eine Nachfolgerorganisation für das Reich in Gestalt des Deutschen Bundes, dessen Grenzen in etwa dieselben waren und zu dem auch, wie früher, die deutsch- und tschechischsprachigen Teile Österreichs gehörten. Das Polizeiregime, das der österreichische Staatskanzler Fürst Metternich in ganz Mitteleuropa einführte, hielt den Deckel auf dem brodelnden Kessel liberaler und revolutionärer Umtriebe, die vor 1815 von den Franzosen angeheizt worden waren. Doch Mitte der 1840er Jahre artikulierte eine neue Generation von Intellektuellen, Juristen, Studenten und Lokalpolitikern nachdrücklich ihre Unzufriedenheit. Sie gelangten zu der Überzeugung, daß Deutschland seine vielen großen und kleinen Tyranneien am schnellsten los würde, wenn es die einzelnen Mitgliedsstaaten des Deutschen Bundes beseitigte und durch ein einheitliches deutsches Gemeinwesen ersetzte, das sich auf Repräsentativeinrichtungen gründete und jene elementaren Rechte und Freiheiten – Freiheit der Rede, Pressefreiheit usw. – garantierte, die den Menschen im Deutschen Bund noch weithin vorenthalten wurden. Armut und Not der »hungrigen Vierziger« schürten die Unzufriedenheit im Volk und brachten die ersehnte Chance. 1848 brach überall in Deutschland die Revolution los. Die bestehenden Regierungen wurden beseitigt, und die Liberalen kamen an die Macht.[7]

Die Revolutionäre hielten unverzüglich Wahlen im ganzen Deutschen Bund ab, und in Frankfurt trat eine Nationalversammlung zusammen. Nach langen Beratungen beschloß sie einen Katalog von Grundrechten und errichtete eine deutsche Verfassung in klassisch-liberalem Geist. Allerdings vermochten die Revolutionäre nicht, die Kontrolle über die Armeen der zwei führenden Staaten Österreich und Preußen zu erringen. Das sollte sich als entscheidender Nachteil erweisen. Im Herbst 1848 hatten die Monarchen, Höflinge und Generale dieser zwei Staaten ihr politisches Selbstbewußtsein zurückerlangt. Sie weigerten sich, die neue Verfassung anzunehmen, und nach einer neuen Welle radikaldemokratischer Aktivitäten, die im Frühjahr 1849 über Deutschland hinweggegangen war, lösten sie das Frankfurter Parlament gewaltsam auf und schickten die Abgeordneten nach Hause. Die Revolution war vorbei. Der Deutsche Bund wurde wiederhergestellt, die führenden Köpfe der Revolution verhaftet und ins Gefängnis gesteckt oder ins Exil getrieben. Das folgende Jahrzehnt, die fünfziger Jahre des 19. Jahrhunderts, wird von Historikern fast übereinstimmend als eine Zeit der tiefsten Reaktion beschrieben. Wesentliche liberale Wertvorstellungen und bürgerliche Freiheitsrechte wurden überall vom eisernen Stiefel des deutschen Autoritarismus zertreten.

Dennoch betrat Deutschland nicht schon gleich nach 1848 einen direkten oder unbeirrbaren »deutschen Sonderweg« zu aggressivem Nationalismus und politischer Diktatur.[8] Unterwegs sollte es noch viele vermeidbare Kurven und Abwege geben. Zunächst einmal hatte das Schicksal der Liberalen Anfang der 1860er Jahre eine neuerliche, dramatische Wende genommen. Zwar hatte die nachrevolutionäre Befriedung, weit davon entfernt, eine simple Rückkehr zur alten Ordnung zu sein, den Deutschen nationale Einigung und parlamentarische Souveränität verwehrt, aber die Liberalen durch Erfüllung vieler ihrer Forderungen beschwichtigt. Geschworenenprozeß in öffentlicher Sitzung, Gleichheit vor dem Gesetz, Freiheit der Geschäftsunternehmung, Abschaffung der fragwürdigsten Formen staatlicher Zensur von Literatur und Presse, Versammlungs- und Vereinigungsfreiheit und vieles andere waren bis Ende der 1860er Jahre praktisch überall in Deutschland eingeführt worden. Vor allem hatten viele Staaten Repräsentativorgane geschaffen, in denen gewählte Abgeordnete frei debattierten und zumindest einige Rechte in bezug auf Gesetzgebung und Staatshaushalt genossen.

Ebendieses Recht nutzten die wiedererstarkten Liberalen 1862 in Preußen, um die Erhebung von Steuern so lange zu blockieren, bis die Armee der Kontrolle des Parlaments unterstellt war, was man 1848 verhängnisvollerweise nicht geschafft hatte. Zur Bewältigung der Krise berief der preußische König jenen Mann, der für die nächsten dreißig Jahre die beherrschende Gestalt in der deutschen Politik werden sollte: Otto von Bismarck. Zu diesem Zeitpunkt waren die Liberalen zu dem richtigen Schluß gekommen, daß nicht mehr, wie noch 1848, die Chance auf eine Einigung Deutschlands zu einem Nationalstaat bestand, welcher auch das deutschsprachige Österreich umfaßte; dies hätte nämlich das Auseinanderbrechen der Habsburgermonarchie bedeutet, zu der riesige außerhalb der Grenzen des Deutschen Bundes gelegene Gebiete, von Ungarn bis Norditalien, gehörten, weil die nichtdeutschen Teile der Monarchie in den neuen deutschen Nationalstaat nicht aufgenommen würden. Hätten die Habsburger ihre Entschlußkraft wiedergewonnen, wäre ein Krieg gegen eine konservative und autoritäre Monarchie, die um jeden Preis verhindern wollte, daß ihre reichsten und am weitesten entwickelten Gebiete in einem vereinigten Deutschland unter einem liberalen Regime aufgingen, das unvermeidliche Resultat gewesen, ein Krieg, den aller Wahrscheinlichkeit nach Österreich gewonnen hätte. Das war einer der Hauptgründe für das Scheitern der Revolution von 1848; viele Nationalliberale in Deutschland erkannten, daß ein zukünftiger deutscher Nationalstaat nur auf dem Kompromiß errichtet werden konnte, alle ethnischen Deutschen auszuschließen, die in von den Habsburgern beherrschten Gebieten wohnten. Zugleich hielten die Liberalen aber gerade jetzt, nach der Einigung Italiens 1859, ihre Zeit für gekommen. Wenn es die Italiener geschafft hatten, ihren eigenen Nationalstaat zu errichten, würden die Deutschen das sicherlich auch können.

Bismarck gehörte wie Benjamin Disraeli in Großbritannien, Louis-Napoléon Bonaparte in Frankreich oder Camillo Cavour in Italien zu einer Generation von Politikern, die sich nicht scheuten, radikale, ja revolutionäre Mittel zur Erreichung von im Grunde konservativen Zielen einzusetzen. Bismarck erkannte, daß die Kräfte des Nationalismus nicht zu bändigen waren. Er durchschaute auch, daß viele Liberale nach den Enttäuschungen von 1848 bereit sein würden, zumindest einige ihrer liberalen Grundsätze auf dem Altar der nationalen Einheit zu opfern. Ebenso rasch wie skrupellos agierend, verbündete sich Bismarck mit den Österreichern, um dem Königreich Dänemark 1864 die umstrittenen Herzogtümer Schleswig und Holstein zu entreißen, und zettelte 1866 um die Verwaltung dieser Herzogtümer einen Krieg zwischen Preußen und Österreich an, der mit dem vollständigen Sieg der preußischen Truppen endete. Der Deutsche Bund zerbrach und wurde abgelöst von einer Nachfolgeorganisation – ohne die Österreicher und ihre süddeutschen Verbündeten. Die Mehrheit der preußischen Liberalen spürte, daß die Errichtung eines deutschen Nationalstaats zum Greifen nahe war, verzieh Bismarck umgehend seine in den vergangenen vier Jahren unter grandioser Mißachtung des Parlaments verfolgte Politik der Steuererhebung und Heeresbudgetierung ohne parlamentarische Billigung und spendete ihm Beifall, als er 1870 einen neuen Krieg, diesmal gegen die Franzosen, vom Zaun brach, die mit Recht befürchteten, daß die Gründung eines geeinten Deutschlands das Ende ihrer seit anderthalb Jahrzehnten behaupteten Vorherrschaft in der europäischen Machtpolitik bedeuten würde.[9] Eine der Folgen dieser Entscheidungen war eine verhängnisvolle Spaltung in den Reihen der deutschen Liberalen, da diejenigen, die gegen eine nachträgliche Billigung des Staatshaushalts durch eine »Indemnitätsvorlage« waren, eine eigene Partei gründeten; weitere Abspaltungen folgten, und bald gab es vier verschiedene liberale Parteien in Deutschland, unfähig, sich zusammenzuschließen, um gemeinsam auf Reformen zu drängen, wie es den Liberalen in England gelungen war.[10]

Auf die Vernichtung der französischen Armeen bei Sedan und anderswo folgte am 18. Januar 1871 die Proklamation des neuen Deutschen Reichs im Spiegelsaal des früheren französischen Königspalastes zu Versailles – errichtet von Ludwig XIV., dem »Sonnenkönig«, auf dem Höhepunkt seiner Macht und jetzt verwandelt in ein demütigendes Symbol französischer Ohnmacht und Niederlage. Es war ein Schlüsselmoment der neueren deutschen Geschichte. Den Liberalen erschien dieser Augenblick als die Erfüllung ihrer Träume, aber es war ein hoher Preis dafür zu entrichten. Verschiedene Elemente der Bismarckschen Schöpfung verhießen für die Zukunft nichts Gutes. Erstens beschwor der Entschluß, den neuen Staat »Deutsches Reich« zu nennen, unweigerlich die Erinnerung an seinen tausendjährigen Vorläufer herauf, der so viele Jahrhunderte lang die beherrschende Macht in Europa gewesen war. Die Bezeichnung »Deutsches Reich«, an der später die Weimarer Republik festhielt, rief bei gebildeten Deutschen Assoziationen wach, die, wie bereits geschildert, weit über die von Bismarck geschaffenen institutionellen Strukturen hinausgingen, und die Vorstellung von einem deutschen Staat, der alle deutschsprachigen Menschen Mitteleuropas umfaßte – »ein Volk, ein Reich, ein Führer«, wie die nationalsozialistische Parole später lauten sollte.[11] Bald fehlte es nicht an Menschen in Deutschland, die Bismarcks Schöpfung nur für die unvollkommene Verwirklichung der Idee eines eigentlichen, echten Deutschen Reichs ansahen. Anfangs gingen ihre Stimmen in der Euphorie des Proklamationsaktes im Versailler Spiegelsaal unter. Aber mit der Zeit wurde ihre Zahl größer.[12]

Die Verfassung, die Bismarck 1871 für das neue Deutsche Reich ersann, blieb in vieler Hinsicht weit hinter den Idealen zurück, mit denen die Liberalen 1848 angetreten waren. Als einzige von allen modernen deutschen Verfassungen kannte sie keine Grundsatzerklärung über Menschenrechte und staatsbürgerliche Freiheiten. Formell gesehen war das neue Reich, ganz ähnlich wie sein Vorgänger, ein lockerer Bund selbständiger Einzelstaaten. Seine zentralen Institutionen waren allerdings mächtiger. Es gab ein deutschlandweit gewähltes Parlament, den Reichstag – dessen Name, auf das Heilige Römische Reich zurückgehend, ebenfalls ein Relikt war, das sich über die revolutionäre Wasserscheide von 1918 hinüberrettete –, und eine Reihe von zentralen Verwaltungsinstitutionen, namentlich das Auswärtige Amt, dem sich im Laufe der Zeit weitere Ämter hinzugesellten. Doch übertrug die Verfassung dem Reichstag nicht die Befugnis, Regierungen und ihre Minister zu wählen oder zu entlassen, und zentrale Aspekte der politischen Entscheidungsfindung, so die Frage von Krieg oder Frieden und die Zuständigkeit für die Armee, waren dem Monarchen und seiner unmittelbaren Umgebung vorbehalten. Die Minister der Regierung, einschließlich des Chefs der Zivilverwaltung, des Reichskanzlers – ein Amt, das Bismarck geschaffen hatte und selbst rund zwanzig Jahre bekleidete –, waren Staatsbeamte, keine Parteipolitiker, und sie waren nicht dem Volk oder dessen parlamentarischen Vertretern, sondern dem Staatsoberhaupt verantwortlich. Mit der Zeit wurde der Einfluß des Reichstags etwas, aber nicht viel größer. Für den großen revolutionären Denker Karl Marx war das neue Reich ein »mit parlamentarischen Formen verbrämter, mit feudalem Beisatz vermischter und zugleich schon von der Bourgeoisie beeinflußter, bürokratisch gezimmerter, polizeilich gehüteter Militärdespotismus«[13] – eine berühmt gewordene Beschreibung, in der unter anderem auch die Verwirrung von Beobachtern über die Heterogenität des Kaiserreichs zum Ausdruck kam.

II

Das Kaiserreich war zwar keine Militärdiktatur. Doch das Militär nahm darin dennoch eine starke Position ein. Die Macht des Militärs und insbesondere des preußischen Offizierskorps war kein Produkt des Krieges, sondern war der historischen Tradition entsprungen. Der preußische Staat hatte sich im 17. und 18. Jahrhundert vornehmlich unter militärischen Gesichtspunkten organisiert, wobei das neofeudale System aus Junkern und Leibeigenen fast nahtlos verquickt war mit dem militärischen Rekrutierungssystem für Offiziere und Soldaten.[14] Dieses System wurde mit dem Ende der Leibeigenschaft abgeschafft, während das traditionelle Ansehen der Armee durch eine Reihe verheerender Niederlagen in den napoleonischen Kriegen schweren Schaden litt. 1848 und noch einmal 1862 waren die preußischen Liberalen nahe daran, das Militär parlamentarischer Kontrolle zu unterstellen. Gerade um die Autonomie des preußischen Offizierskorps vor liberaler Einmischung zu schützen, war Bismarck 1862 berufen worden. Er unterstrich seine Auffassung mit den Worten: »Nicht durch Reden und Majoritätsbeschlüsse werden die großen Fragen der Zeit entschieden – das ist der große Fehler von 1848 und 1849 gewesen – sondern durch Eisen und Blut.«[15]

Der Krieg von 1866 beseitigte das selbständige Königreich Hannover, das nunmehr Preußen eingegliedert wurde, und schied Österreich und Böhmen aus Deutschland aus, nachdem diese zwei Länder jahrhundertelang die Geschicke Deutschlands wesentlich mitbestimmt hatten. Der Krieg von 1870/71 trennte sodann Elsaß-Lothringen von Frankreich und unterstellte es in unmittelbarer Souveränität dem Deutschen Reich. Militärische Macht und militärisches Handeln schufen das neue Reich, und sie beseitigten dabei legitime Einrichtungen, veränderten Staatsgrenzen und zerstörten überlieferte Traditionen mit einem Radikalismus und einer Skrupellosigkeit, die einen dunklen Schatten auf die künftige Entwicklung Deutschlands warfen und die Anwendung von Gewalt zu politischen Zwecken in einem Umfang legitimierten, der in den meisten anderen Ländern eigentlich nur üblich war, wenn sie imperiale Eroberungen in fernen Teilen der Welt in Betracht zogen. Der Militarismus in Staat und Gesellschaft sollte wesentlich dazu beitragen, die deutsche Demokratie in den zwanziger Jahren zu untergraben und dem Dritten Reich den Weg zu ebnen.

Der »weiße Revolutionär« Bismarck[16] sorgte dafür, daß die Armee in der Kaiserzeit buchstäblich zu einem Staat im Staate wurde, mit eigenem, unmittelbarem Zugang zum Kaiser und eigener Selbstverwaltung. Der Reichstag hatte nur das Recht, alle sieben Jahre den Militärhaushalt abzusegnen, während der Kriegsminister nicht den Abgeordneten, sondern der Armee rechenschaftspflichtig war. Offi-

Die deutsche Einigung 1864–1871

chweden
Ostsee
Bornholm
Tilsit
Memel
Königsberg
Danzig
Ostpreußen
Njemen
Pommern
Westpreußen
Stettin
Białystok
denburg
rlin
Weichsel
Warschau
Brest-Litowsk
Posen
Oder
POLEN
Kaiserreich Rußland
den
Schlesien
Breslau
Lemberg
Prag
Königgrätz
Krakau
GALIZIEN UND LODOMERIEN
BÖHMEN
MÄHREN
Königreich Preußen 1864
bis 1864 zu Dänemark;
1864 österr.-preuß. Kondominium;
1865/66 zu Preußen
Gebietsgewinn Preußens 1866
Mitglieder des Norddeutschen Bundes, 1867
Süddeutsche Staaten, 1870
Reichsland Elsaß-Lothringen, 1871
Grenzen des Deutschen Bundes 1866
Grenzen 1866
Südgrenze des Norddeutschen Bundes 1867
Grenzen des Deutschen Reiches 1871
Linz
Wien
Preßburg
OBERÖSTERREICH
urg
Ofen
Pest
sterreichisch-ungarische Monarchie 1866
Graz
NTEN
Plattensee
riest

ziere erfreuten sich einer Fülle sozialer und sonstiger Privilegien und erwarteten Ehrerbietung, wenn ihnen auf der Straße Zivilisten begegneten. Begreiflicherweise hatten viele, die einen bürgerlichen Beruf ausübten, den Ehrgeiz, als Reserveoffizier dienen zu dürfen, während die Massen der Bevölkerung durch die allgemeine Wehrpflicht mit dem militärischen Verhaltenskodex und militärischen Idealen und Wertvorstellungen vertraut wurden.[17] In Notzeiten war die Armee berechtigt, das Kriegsrecht zu verhängen und Grundrechte auszusetzen – ein Schritt, der in der wilhelminischen Zeit so häufig erwogen wurde, daß einige Historiker mit entschuldbarer Übertreibung gesagt haben, über den Politikern und Abgeordneten jener Zeit habe ständig das Damoklesschwert eines Staatsstreichs von oben gehangen.[18]

Die Armee wirkte auf vielfältige Weise in die Gesellschaft hinein, am stärksten in Preußen, aber nach 1871, indirekter und durch das preußische Modell, auch in anderen deutschen Ländern. Ihr Ansehen, errungen durch die erstaunlichen Siege in den Einigungskriegen, war enorm. Gewaltigen Einfluß hatte ganz konkret die Bestimmung, daß Unteroffiziere – jene Männer, die nach Ableistung ihrer Wehrpflicht noch einige Jahre in der Armee dienten – nach ihrem Ausscheiden automatisch Anspruch auf eine Beamtenstelle hatten. Das bedeutete, daß sich die überwiegende Mehrheit aller Polizisten, Postboten, Eisenbahner und sonstigen Staatsdiener der unteren Ebene aus ehemaligen Soldaten rekrutierte, die in der Armee sozialisiert worden waren und einen militärischen Habitus angenommen hatten. So konzentrierte sich zum Beispiel die Dienstanweisung einer Einrichtung wie der Polizei auf die Durchsetzung militärischer Verhaltensmuster; sie pochte darauf, die Öffentlichkeit auf Distanz zu halten, und stellte sicher, daß bei Aufzügen oder Massendemonstrationen die Volksmenge eher als eine feindliche Truppe denn als Versammlung von Staatsbürgern behandelt wurde.[19] Militärische Ehrbegriffe waren immerhin so durchgängig verbreitet, daß sie den ungebrochenen Fortbestand des Duells unter Zivilisten, sogar in bürgerlichen Kreisen, zur Folge hatten. wiewohl das Duell auch in Frankreich und Rußland üblich war.[20]

Mit der Zeit schwächte sich die Dominanz des preußischen Adels im Offizierskorps ab, und der aristokratische Verhaltenskodex des Militärs wurden um neue Formen eines populären Militarismus bereichert, wozu um 1900 auch der Deutsche Flottenverein und die Kriegervereine gehörten.[21] Zur Zeit des Ersten Weltkriegs waren die meisten Schlüsselpositionen im Offizierskorps von Berufssoldaten besetzt, während der Adel, wie in anderen Ländern auch, in prestigeträchtigen und versnobten Traditionsbereichen wie der Kavallerie und den Garden dominierte. Doch die Professionalisierung des Offizierskorps, beschleunigt durch das Aufkommen neuer Militärtechnologien, wie das Maschinengewehr und Stacheldraht bis zum Flugzeug und Panzer, bewirkte nicht gleichzeitig auch seine Demokratisierung. Im Gegenteil wurde die Arroganz des Militärs durch die koloniale Erfahrung verstärkt, nachdem deutsche Streitkräfte Aufstände von Eingeborenenvölkern wie den Hereros in Deutsch-Südwestafrika (heute Namibia) rücksichtslos niedergeschlagen hatten.[22] Zwischen 1904 und 1907 metzelte die deutsche Armee in einem Akt vorsätzlichen Völkermords Tausende von Hereromännern, -frauen und -kindern nieder und trieb viele weitere in die Wüste, wo sie elend verhungerten. Durch diese Aktionen ging die Bevölkerung der Hereros, die vor dem Krieg rund 80 000 betragen hatte, bis 1911 auf 15 000 zurück.[23] In besetzten Teilen des Deutschen Reichs, etwa im früher französischen Elsaß-Lothringen, das 1871 annektiert worden war, gebärdeten sich deutsche Soldaten häufig wie Eroberer gegenüber einer feindseligen und widerspenstigen Bevölkerung. Einige besonders krasse Fälle solchen Verhaltens hatten 1913 Anlaß zu einer hitzigen Debatte im Reichstag gegeben, bei der die Abgeordneten der Reichsregierung förmlich ihr Mißtrauen aussprachen. Das zwang die Regierung nicht zum Rücktritt, aber es veranschaulichte die zunehmende Polarisierung der öffentlichen Meinung über die Rolle der Armee in der deutschen Gesellschaft.[24]

Vielen Menschen entging damals völlig, daß es gerade Bismarck gewesen war, der die verwegeneren Ambitionen der Armee beschnitten und ihren Wunsch nach massiven Gebietsannexionen im Anschluß an die Siege auf dem Schlachtfeld zurückgewiesen hatte. Im Gegenteil kam gerade nach Bismarcks erzwungenem Rücktritt 1890 die – nicht zuletzt von dem grollenden Exkanzler selbst und seinen Anhängern in Umlauf gebrachte – Legende von Bismarck als dem »Eisernen Kanzler« auf, dem charismatischen Führer, der rücksichtslos die gordischen Knoten der Politik durchhieb und alle großen Fragen des Tages mit gewaltsamen und undemokratischen Methoden löste. Was die deutsche Öffentlichkeit in Erinnerung behielt, war Bismarcks revolutionäre Gewalt der 1860er Jahre; was sie vergaß, waren die folgenden zwei Jahrzehnte, in denen Bismarck versucht hatte, den Frieden in Europa zu erhalten, damit das Deutsche Reich Boden unter die Füße bekam. Als der Diplomat Ulrich von Hassell, 1944 einer der führenden Männer des konservativen Widerstands gegen Hitler, Bismarcks alten Wohnort in Friedrichsruh besuchte, vertraute er seinem Tagbuch an:

> »Es ist bedauerlich, welch falsches Bild wir selbst in der Welt von ihm erzeugt haben, als dem Gewaltspolitiker mit Kürassierstiefeln, in der kindlichen Freude darüber, daß jemand Deutschland endlich wieder zur Geltung brachte. In Wahrheit waren die höchste Diplomatie und das Maßhalten seine große Gabe. Er hat es verstanden, in einziger Weise in der Welt Vertrauen zu erwecken, genau umgekehrt wie heute.«[25]

Der Mythos vom diktatorischen Führer war nicht Ausdruck eines uralten, typisch deutschen Charakterzugs; er war eine Schöpfung viel jüngeren Datums. Genährt wurde er Anfang des 20. Jahrhunderts durch die Erinnerung an Bismarcks kompromißlosen Standpunkt gegen jene, die er als die inneren Feinde des Reiches betrachtete. Als Reaktion auf die Versuche des Papstes, seine Macht über die Katholiken durch den Syllabus Errorum (1864) und die Erklärung über die päpstliche Unfehlbarkeit (1871) zu stärken, hatte Bismarck in den 1870er Jahren den sogenannten Kulturkampf eingeleitet, eine Reihe von Gesetzen und polizeilichen Maßnahmen, die die katholische Kirche unter die Kontrolle des preußischen Staates zwingen sollten. Die katholischen Geistlichen weigerten sich, Gesetze zu befolgen, die von ihnen verlangten, sich an staatlichen Einrichtungen ausbilden zu lassen und geistliche Berufungen von staatlicher Billigung abhängig zu machen. Schon bald wurden jene, die gegen die neuen Gesetze verstießen, von der Polizei aufgespürt, festgenommen und ins Gefängnis gesteckt. Mitte der siebziger Jahre waren 989 Pfarrgemeinden verwaist, 225 Priester saßen im Gefängnis, alle katholischen Orden mit Ausnahme der karitativen waren verboten, und zwei Erzbischöfe sowie drei Bischöfe hatte man ihres Amtes enthoben; der Bischof von Trier war kurz nach seiner Entlassung aus neunmonatiger Haft gestorben.[26] Noch beunruhigender war freilich, daß die deutschen Liberalen diesen massiven Angriff auf die Grundrechte von immerhin rund 40 Prozent der deutschen Bevölkerung lebhaft begrüßten. Wie Bismarck es beabsichtigt hatte, erblickten sie im Katholizismus eine so schwerwiegende Gefahr für die Kultur, daß sie sogar solche extremen Maßnahmen als gerechtfertigt ansahen.

Der Kulturkampf ebbte schließlich ab, der deutsche Katholizismus war entschlossen, seine Staatstreue zu beweisen, nicht zuletzt durch jene Partei, die ursprünglich zu seinem Schutz vor Verfolgung gegründet worden war, die Zentrumspartei. Noch bevor dieser Prozeß jedoch abgeschlossen war, führte Bismarck einen neuen Schlag gegen die Grundrechte, und zwar mit dem Sozialistengesetz, das der Reichstag nach zwei fehlgeschlagenen Attentaten auf den betagten Kaiser Wilhelm I. 1878 verabschiedete. In Wirklichkeit hatte die in ihren Anfängen steckende sozialistische Bewegung in Deutschland nichts mit den gescheiterten Attentätern zu tun und war eine gesetzestreue Organisation, die darauf vertraute, auf parlamentarischem Weg an die Macht zu gelangen. Einmal mehr jedoch ließen sich die Liberalen überreden, ihre liberalen Grundsätze für das angebliche »nationale Interesse« zu verraten und für das Gesetz zu stimmen. Sozialistische Versammlungen wurden untersagt, sozialistische Zeitungen und Zeitschriften verboten, die sozialistische Parteiorganisation für ungesetzlich erklärt. Die Todesstrafe wurde wieder eingeführt, nachdem sie in Preußen und jedem anderen großen deutschen Land schon länger nicht mehr praktiziert worden war. Massenverhaftungen und die Inhaftierung von Sozialisten in großem Stil schlossen sich an.[27]

Wie der Kulturkampf verfehlte das Sozialistengesetz sein unmittelbares Ziel, vermeintliche »Reichsfeinde« auszuschalten. Denn Sozialisten konnten von Rechts wegen nicht daran gehindert werden, als Einzelpersonen für Parlamentswahlen zu kandidieren, und in dem Maße, wie die Industrialisierung Deutschlands an Tempo gewann und die Industriearbeiterschaft zahlenmäßig stärker wurde, errangen sozialistische Kandidaten einen immer größeren Anteil der Stimmen. Als das Sozialistengesetz 1890 nicht verlängert wurde, organisierten sich die Sozialisten neu in der Sozialdemokratischen Partei Deutschlands (SPD). Am Vorabend des Ersten Weltkriegs hatte die SPD über eine Million Mitglieder und war damit die größte politische Organisation weltweit. Bei den Reichstagswahlen von 1912 überholte sie – trotz eines Wahlsystems, das die konservativen Wahlkreise auf dem Lande begünstigte – das Zentrum als stärkste Partei im Reichstag. Durch das repressive Sozialistengesetz war die Partei nach links gerückt und folgte seit Anfang der neunziger Jahre den Lehrsätzen des Marxismus. Die bestehenden Institutionen von Kirche, Staat und Gesellschaft, angefangen bei der Monarchie und dem Offizierskorps bis hin zur Großwirtschaft und zum Aktienmarkt, sollten durch eine proletarische Revolution beseitigt werden, um einer sozialistischen Republik Platz zu machen. Die Unterstützung der Liberalen für das Sozialistengesetz veranlaßte die Sozialdemokraten, allen »bürgerlichen« Parteien zu mißtrauen und jeden Gedanken an eine Zusammenarbeit mit politischen Befürwortern des Kapitalismus oder mit Vertretern von – wie sie meinten – bloßen Palliativreformen des bestehenden politischen Systems zu verwerfen. Die sozialdemokratische Massenbewegung, aufs äußerste diszipliniert, keine grundsätzliche Kritik ihres Programms oder ihrer Ideologie duldend und auf ihrem Weg zur wählerstärksten Partei im Lande scheinbar nicht aufzuhalten, versetzte das Bürgertum in Schrecken, mithin tat sich zwischen den Sozialdemokraten und den »bürgerlichen« Parteien eine tiefe Kluft auf. Diese nicht zu überwindenden politischen Gegensätze bestanden bis weit in die zwanziger Jahre hinein fort und spielten eine wesentliche Rolle bei der Krise, welche die Nationalsozialisten an die Macht brachte.[28]

Gleichzeitig war die Partei jedoch entschlossen, alles Erdenkliche zu tun, um im Rahmen des gesetzlich Erlaubten zu bleiben und keinerlei Vorwand für die oft angedrohte Erneuerung der Verbotsverfügung zu liefern. Lenin soll einmal – in einer seltenen Anwandlung von Humor – gesagt haben, mit den deutschen Sozialdemokraten sei keine erfolgreiche Revolution in Deutschland zu machen – wenn sie einen Bahnhof stürmen wollten, würden sie erst einmal alle brav am Schalter anstehen, um eine Bahnsteigkarte zu lösen. Die Partei gewöhnte sich an, abzuwarten, bis die Dinge geschahen, anstatt selbst aktiv zu werden, politisch etwas zu bewirken. Die ausdifferenzierte institutionelle Struktur der Partei, mit eigenen kulturellen Organisationen, mit Zeitungen und Zeitschriften, Parteilokalen, Kneipen,

Sportvereinen und Weiterbildungseinrichtungen, hielt nachgerade eine ganze Lebensform für ihre Mitglieder bereit und summierte sich zu einem System wohlerworbener Anrechte, das nur die wenigsten in der Partei gefährden mochten. Als gesetzestreue Institution vertraute die Partei darauf, durch Recht und Gerichte vor Verfolgung geschützt zu werden. Doch es war, auch nach 1890, selten möglich, den Boden der Gesetze nicht zu verlassen: Es gab bis 1914 nur wenige Wortführer oder Zeitungsredakteure der SPD, die nicht schon einige Male zu einer Haftstrafe wegen Majestäts- oder Beamtenbeleidigung verurteilt worden waren. Kritik am Monarchen oder der Polizei oder auch an Staatsbeamten galt noch immer als strafbare Handlung. Schikanen der Polizei erfuhren beflissenen Rückhalt durch konservative Richter und Staatsanwälte sowie durch Gerichte, die Sozialdemokraten nach wie vor für gefährliche Revolutionäre hielten. Der Kampf gegen die Sozialdemokratie war vor 1914 die Hauptaufgabe einer ganzen Generation von Richtern, Staatsanwälten, Polizeipräsidenten und Regierungsbeamten. Eine gleichgesinnte Mehrheit in Bürgertum und Oberschicht hat die Sozialdemokratie niemals als legitime politische Bewegung akzeptiert. In ihren Augen hatte das Recht den Zweck, die bestehenden Institutionen von Staat und Gesellschaft zu bewahren, nicht aber als Unparteiischer zwischen gegensätzlichen politischen Gruppen zu fungieren.[29]

Die Liberalen waren in dieser Situation keine Hilfe. Sie mußten in den achtziger und neunziger Jahren schwere Verluste an Wählerstimmen und Reichstagssitzen hinnehmen, obwohl sie in den größeren und kleineren Städten Deutschlands viel Zuspruch mobilisieren konnten. In den Jahren nach 1870 verdankten sie ihre starke Vertretung im Reichstag dem Zögern der Massen, sich an den Wahlen zu beteiligen, doch drei Jahrzehnte später hatten die arbeitenden Klassen nicht nur zahlenmäßig stark zugenommen, sie waren auch politisch weitaus engagierter, und fast alle von ihnen stimmten für die Sozialdemokraten. Ein nicht geringes Problem lag in ihrer Spaltung. Selbst nachdem die eher linksorientierten Gruppen 1910 ihre Kräfte wieder gebündelt hatten, gab es noch immer zwei liberale Parteien, die Nationalliberalen und die Fortschrittlichen, deren Differenzen darauf zurückgingen, daß die Fortschrittlichen Bismarck nicht verzeihen konnten, in den 1860er Jahren ohne parlamentarische Ermächtigung Steuern erhoben zu haben. Die Nationalliberalen waren weit nach rechts gerückt, hatten enge Kontakte zu industriellen, nationalistischen und imperialistischen Interessengruppen geknüpft und viele liberale Prinzipien aufgegeben, auf denen sie in den siebziger Jahren noch beharrt hatten. Auch die geeinten Fortschrittlichen setzten sich zwar weit mehr für eine weiterreichende Parlamentarisierung des Reichs ein, hatten sich jedoch ebenfalls die Ideen des Imperialismus, Kolonialismus und Nationalstolzes zu eigen gemacht. Die gegenseitige Entfremdung der beiden Flügel der liberalen Bewegung in Deutschland war allerdings nur eine von mehreren Ursachen der Schwäche des Liberalismus.[30] Vor allem vermochte der deutsche Liberalismus nicht, die Unterstützung der Arbeiterschaft für sich zu gewinnen. Dasselbe galt für die Deutschkonservative Partei. Beide waren hauptsächlich evangelische und norddeutsche Parteien. Sie hatten mit einer noch größeren Partei der Mitte, der katholischen Zentrumspartei, zu tun. Deren Unterstützung für das Reich wurde dadurch relativiert, daß sie für die Sozialfürsorge eintrat und eine kritische Haltung gegenüber den unverzeihlichen Exzessen der deutschen Kolonialherrschaft in Afrika einnahm. So hatte Deutschland vor 1914 nicht zwei große Parteien, wie in England, sondern sechs: die Sozialdemokraten, die beiden liberalen Parteien, die zwei konservativen Gruppierungen und die Zentrumspartei, worin sich unter anderem die mannigfachen regionalen, religiösen und sozialen Teilungen der deutschen Gesellschaft widerspiegelten.[31] Angesichts einer starken Exekutive ohne unmittelbare Rechenschaftspflicht gegenüber der Legislative schwächte dies die Aussichten der Parteipolitik, eine entscheidende Rolle im Staat spielen zu können.

III

Die Rivalität aller dieser Parteien erzeugte nun keineswegs eine allgemeine Politikverdrossenheit, sondern trug im Gegenteil dazu bei, die politische Atmosphäre aufzuheizen, bis sie 1914 ausgesprochen fieberhafte Züge annahm. Das bei den Reichstagswahlen geltende allgemeine Wahlrecht der Männer, gestützt auf eine mehr oder weniger geheime Stimmabgabe und strenge Vorkehrungen gegen

Unregelmäßigkeiten, schenkte den Menschen Vertrauen zum Wahlsystem, zum Beispiel betrug die Wahlbeteiligung bei den Reichstagswahlen 1912 85 Prozent.[32] Alle Anhaltspunkte deuten darauf hin, daß die Wähler ihre Aufgabe ernst nahmen und genau überlegten, wie ihr ideologischer Standpunkt mit dem politischen Gesamtbild zu vereinbaren war, sobald es zu Stichwahlen kam, was nach dem von der Verfassung für Reichstagswahlen vorgesehenen Verhältniswahlrecht häufig der Fall war. Das durch gesetzliche Bestimmungen und Sicherungen garantierte Wahlsystem eröffnete der demokratischen Debatte einen Freiraum und überzeugte Millionen von Deutschen verschiedenster politischer Herkunft, daß die Bevölkerung politisches Mitspracherecht besäße..[33] Darüber hinaus war die Tagespresse im Kaiserreich durch und durch politisch. Fast jede Zeitung war ausdrücklich mit einer der verschiedenen Parteien verbunden und brachte ihre Meinung praktisch in jedem einzelnen Beitrag zum Ausdruck.[34] Politik war aber nicht nur täglicher Gesprächsstoff der Eliten und der bürgerlichen Schichten, auch in Arbeiterkneipen drehte sich die Diskussion hauptsächlich um Politik, sie bestimmte weitgehend die Wahl der scheinbar unpolitischen Clubs und Vereine, denen die Menschen beitraten, und die Freizeitbeschäftigungen, denen sie nachgingen.[35] Im Lauf der Zeit sollte jedoch diese starke Politisierung des Alltagslebens mit seinen scharfen sozialen Gegensätzen zwischen den Anhängern der verschiedenen Lager zunehmend die Überzeugung wecken, die Parteien seien zu streitsüchtig, zu aggressiv und zu stark polarisierend. Immer mehr Deutsche vor allem aus den bürgerlichen Schichten betrachteten die ewigen Querelen zwischen den Parteien als der nationalen Sache abträglich und suchten nach Möglichkeiten zur Überwindung der Differenzen – freilich im Rahmen ihrer eigenen Überzeugungen und nicht deren ihrer Gegner.

Nach der Jahrhundertwende widmeten sich die politischen Diskussionen und Debatten zunehmend der Stellung Deutschlands in Europa und der Welt. Die Überzeugung, Bismarcks Schöpfung, das Reich, sei in mehrfacher Hinsicht mißglückt, gewann unter den Deutschen immer mehr Anhänger. Da waren zunächst einmal große ethnische und kulturelle Minderheiten – ein Vermächtnis früherer Jahrhunderte territorialer Eroberung und ethnischer Konflikte. Im

Norden Deutschlands gab es Dänen, in Elsaß-Lothringen Franzosen, im Osten Kaschuben und in der Mitte die kleine slawische Gruppe der Sorben (Wenden); vor allem aber gab es Millionen von Polen, Bewohner von Teilen des ehemaligen Königreichs Polen, die Preußen im 18. Jahrhundert annektiert hatte. Schon unter Bismarck versuchte der Staat verstärkt, diese Minderheiten zu germanisieren, indem er gegen den Gebrauch der Minderheitensprachen an Schulen vorging und aktiv die Ansiedlung von Volksdeutschen förderte. Am Vorabend des Ersten Weltkriegs war bei allen öffentlichen Anlässen der Gebrauch der deutschen Sprache zwingend vorgeschrieben, während das Bodenrecht auf eine Weise reformiert wurde, die die Polen ihrer wirtschaftlichen Grundrechte beraubte.[36] Daß ethnische Minderheiten ein Recht darauf haben könnten, mit demselben Respekt behandelt zu werden wie die Mehrheitsbevölkerung, war eine Überlegung, die nur von wenigen Deutschen Zuspruch erhielt. Die Sozialdemokraten hegten noch 1914 so gut wie keine Sympathie für die Bemühungen der polnischsprachigen Arbeiter in Deutschland, sich zur Verteidigung ihrer Rechte zu organisieren.[37]

Wenn die Reichskanzler, die Bismarck nachfolgten, über die Grenzen Deutschlands und Europas hinausblickten, empfanden sie ihr Land als zweitrangige Nation, verglichen mit Großbritannien und Frankreich, die beide große, den Globus umspannende Kolonialreiche besaßen. Deutschland hatte nur die spärlichen Reste auflesen können, die die europäischen Kolonialmächte übriggelassen hatten. Tanganjika, Namibia, Togo, Kamerun, Neuguinea, einzelne Pazifikinseln und das chinesische Pachtgebiet Kiautschou (Tsingtao) waren die Gebiete, die Deutschland am Vorabend des Ersten Weltkriegs als sein Kolonialreich vorzuweisen hatte. Bismarck hatte ihnen wenig Bedeutung beigemessen und ihrem Erwerb nur sehr widerstrebend zugestimmt. Seine Nachfolger aber verfolgten andere Pläne. Deutschlands Ansehen und Geltung in der Welt verlangten einen »Platz an der Sonne«, fand Bernhard von Bülow, Ende der neunziger Jahre deutscher Außenminister und danach bis 1909 Reichskanzler. Den Anfang machte der Bau einer gewaltigen Flotte, die langfristig den Briten, größte Seemacht der Welt, mit der Zerstörung ihrer Kriegsmarine drohen und zu kolonialen Zugeständnissen zwingen sollte.[38]

Diese immer ehrgeiziger werdenden Weltmachtvorstellungen wurden vor allem von Kaiser Wilhelm II. selbst artikuliert, einem aufgeblasenen und eingebildeten Monarchen, der keine Gelegenheit ausließ, seine Verachtung für Demokratie und Bürgerrechte, seine Geringschätzung der Meinung anderer und seinen Glauben an Deutschlands Größe zu bekunden. Der Kaiser war wie viele seiner Bewunderer in der Zeit nach der Einigung Deutschlands aufgewachsen. Er wußte wenig von dem gefahrvollen und riskanten Weg, auf dem Bismarck 1871 die Einigung erreicht hatte. Vielmehr hielt er, wie auch viele preußische Historiker seiner Zeit, das Ereignis für von der Vorsehung bestimmt. Er kannte nicht die nervöse Sorge um Deutschlands Zukunft, die Bismarck bewogen hatte, in den siebziger und achtziger Jahren außenpolitisch höchstes taktisches Geschick und Umsicht walten zu lassen. Gewiß war der Charakter des Kaisers zu unberechenbar und seine Persönlichkeit zu unentschieden, als daß er die Lenkung der Staatsangelegenheiten wirklich konsequent hätte beeinflussen können. Nur zu oft waren seine Minister damit beschäftigt, seine Wirkung zu neutralisieren, anstatt seine Wünsche umzusetzen. Die fortdauernden Erklärungen, daß er der große Führer sei, den Deutschland benötige, hatten nur den Effekt, die Aufmerksamkeit auf seine Schwächen und Mängel zu lenken, und beförderten ex negativo den nostalgischen Mythos von der Bismarckschen List und Entschlußkraft. Viele Deutsche stellten schließlich die hochtrabende Schwülstigkeit und taktlose Impulsivität Wilhelms der Skrupellosigkeit und von moralischen Überlegungen unbeeinflußten Realpolitik Bismarcks gegenüber, bei der der Zweck die Mittel geheiligt hatte und ein Staatsmann das eine sagen und etwas ganz anderes tun oder im Schilde führen konnte.[39]

Viele Elemente des von Bismarck geschaffenen Deutschlands konnte man mehr oder minder ausgeprägt auch an anderen Ländern beobachten. In Italien gab das charismatische Beispiel Garibaldis, Anführer jenes Volksheers, das Italien 1859 einigen half, ein Vorbild für den späteren Diktator Mussolini ab. Auch in Spanien war die Armee frei von jeder politischen Kontrolle wie in Deutschland, und in Italien wie in Deutschland war sie nicht dem Parlament, sondern unmittelbar dem Souverän unterstellt. In Österreich-Ungarn waren das Beamtentum ähnlich stark und die parlamentarischen Institutionen in ihrer Macht ähnlich beschränkt wie in Deutschland. In Frankreich standen sich Kirche und Staat in einem schweren Konflikt gegenüber, der es an ideologischer Verbissenheit mit dem Kulturkampf aufnehmen konnte. In Rußland wurde der imperiale Gedanke auch auf die Innenpolitik und auf Rußlands Beziehungen zu seinen unmittelbaren Nachbarn übertragen.[40] Das zaristische Regime in Rußland unterdrückte die Sozialisten noch gnadenloser, als es in Deutschland der Fall war, und stand den deutschen Behörden in nichts nach, was den Willen zur Assimilation der Polen betraf, von denen ebenfalls Millionen unter russische Herrschaft geraten waren. Der Liberalismus, welcher Spielart auch immer, war 1914 nicht nur im Deutschen Reich, sondern in allen größeren Staaten Ost- und Mitteleuropas schwach entwickelt. Die Politik war in Italien noch zerrissener als in Deutschland, und die Überzeugung, daß Krieg zur Erreichung politischer Ziele, insbesondere zur Schaffung eines Kontinentalimperiums, gerechtfertigt sei, wurde von vielen europäischen Mächten geteilt, wie der Ausbruch des Ersten Weltkriegs im August 1914 mit erschreckender Deutlichkeit zeigen sollte. Überall in Europa bedrohten die erstarkenden Kräfte der Demokratie die Hegemonie der konservativen Eliten. Das ausgehende 19. und beginnende 20. Jahrhundert war nicht nur in Deutschland, sondern überall in Europa das Zeitalter des Nationalismus, und die »Nationalisierung der Massen« ereignete sich auf dem gesamten Kontinent.[41]

Doch in keinem anderen Land Europas waren alle diese Bedingungen gleichzeitig und in demselben Ausmaß gegeben wie in Deutschland. Zudem war Deutschland nicht irgendein europäisches Land. Von Historikern ist zwar verschiedentlich über die angebliche Rückständigkeit des damaligen Deutschlands geschrieben worden, über das Defizit an staatsbürgerlichen Wertvorstellungen, die antiquierte Gesellschaftsstruktur, das unmündige Bürgertum und den neofeudalen Adel. Aber lange vor Ausbruch des Ersten Weltkriegs war Deutschland die wohlhabendste, mächtigste und fortgeschrittenste Volkswirtschaft des Kontinents. In den letzten Friedensjahren erzeugte Deutschland zwei Drittel der europäischen Stahlproduktion, die Hälfte der europäischen Steinkohle- und Braunkohleproduktion und 20 Prozent mehr elektrischen Strom als Großbritannien, Frankreich und Italien zusammen.[42] 1914 gebot das Deutsche Reich mit seinen 67 Millionen Einwohnern über ein weit größeres Arbeitskräftereservoir als jede andere kontinentaleuropäische Macht mit Ausnahme Rußlands. Britannien, Frankreich und Österreich-Ungarn wiesen zum damaligen Zeitpunkt eine Bevölkerung von jeweils 40 bis 50 Millionen auf. Unter den moderneren Industrienationen in der chemischen, der pharmazeutischen und der Elektroindustrie war Deutschland führend in der Welt. In der Landwirtschaft hatte der Einsatz von Kunstdünger und Maschinen die Erträge im Norden und Osten verbessert, 1914 beispielsweise erzeugte Deutschland ein Drittel der Weltkartoffelernte. Der Lebensstandard hatte sich spätestens seit der Jahrhundertwende sprunghaft verbessert. Die Erzeugnisse von deutschen Firmen der Großindustrie wie Krupp und Thyssen, Siemens und AEG, Hoechst und BASF waren in der ganzen Welt für ihre Qualität bekannt.[43]

Viele, die in der frühen Zwischenkriegszeit wehmütig auf das Deutschland vor 1914 zurückblickten, scheinen es als Insel des Friedens, des Wohlstands und der sozialen Harmonie wahrgenommen zu haben. Doch unter dieser prosperierenden und zuversichtlichen Oberfläche lauerten Nervosität, Ungewißheit und quälende innere Spannungen.[44] Für viele war das Tempo des wirtschaftlichen und sozialen Wandels erschreckend und beunruhigend. Überkommene Wertvorstellungen schienen in einem Chaos aus Materialismus und ungezügeltem Ehrgeiz zu versinken. Die Kultur der Moderne, von der abstrakten Malerei bis zur atonalen Musik, verstärkte in manchen Teilen der Gesellschaft dieses Gefühl der Desorientierung.[45] Die alte Hegemonie des preußischen Landadels, die noch Bismarck mit Zähigkeit zu verteidigen versucht hatte, wurde durch den ungestümen Marsch der deutschen Gesellschaft in die moderne Zeit untergraben. In den oberen und mittleren Schichten der Gesellschaft hatten sich bis 1914 bürgerliche Wertvorstellungen, Gewohnheiten und Verhaltensweisen behauptet, gleichzeitig wurden diese durch eine immer stärker auftrumpfende, in der machtvollen sozialdemokratischen Arbeiterbewegung organisierte Industriearbeiterklasse in Frage gestellt. Im Unterschied zu jedem anderen europäischen Land war Deutschland nicht vor der industriellen Revolution, sondern auf deren Höhepunkt zum Nationalstaat geworden, auf der Grundlage eines Bundes verschiedener Einzelstaaten, deren Bürger hauptsächlich durch ihre gemeinsame Sprache, Kultur und Volkszugehörigkeit miteinander verbunden waren. Die durch die schnelle Industrialisierung hervorgerufenen Ängste mischten sich mit widersprüchlichen Vorstellungen über das Wesen des deutschen Staates und der deutschen Nation und deren Stellung in Europa und der Welt. Die deutsche Gesellschaft wurde von rasch sich verschärfenden Konflikten zerrissen, die die Spannungen des von Bismarck geschaffenen politischen Systems erhöhten.[46] Diese Spannungen entluden sich in einem immer geräuschvolleren Nationalismus, der, zusammen mit Rassismus und Antisemitismus, ein verderbliches Vermächtnis für die Zukunft hinterlassen sollte.

Propheten des Hasses

I

Ende 1889 stand Hermann Ahlwardt, Direktor einer Berliner Volksschule, vor dem finanziellen Ruin. 1846 in einer verarmten pommerschen Familie geboren, mußte er feststellen, daß sein Gehalt als kleiner Beamter im preußischen Bildungswesen zu gering für seinen aufwendigen Lebensstil war. In seiner Verzweiflung stahl er Geld, das für eine Weihnachtsfeier seiner Schulkinder gesammelt worden war. Sein Vergehen flog rasch auf, und er wurde seines Postens enthoben. Andere Menschen wären unter diesen Schicksalsschlägen zusammengebrochen und von Schuld- und Reuegefühlen übermannt worden. Der »Rektor a. D.« (Rektor aller Deutschen), wie er von seinen Anhängern bald benannt wurde, ging in die Offensive. Auf der Suche nach jemandem, dem er sein Unglück in die Schuhe schieben konnte, konzentrierte sich seine Aufmerksamkeit schnell auf die Juden.[47]

Die jüdische Gemeinde Deutschlands war zu jener Zeit eine stark akkulturierte, erfolgreiche Gruppe, die sich von anderen Deutschen hauptsächlich durch die Religion unterschied.[48] Im Laufe des 19. Jahrhunderts waren die staatsbürgerlichen Hindernisse, die den Nichtchristen in den deutschen Staaten in den Weg gelegt wurden, nach und nach beseitigt worden, so wie die religiöse Diskriminierung auch in anderen Ländern abgeschafft worden war, in Großbritannien beispielsweise durch den »Catholic Emancipation Act« von 1829. Letzte Reste von Diskriminierung verschwanden bei der deutschen Einigung 1871. Nun, da in ganz Deutschland die standesamtliche Trauung anstelle der kirchlichen Heirat eingeführt worden war, nahm die Zahl der Mischehen zwischen Juden und Christen rasch zu. So kamen 1915 in Breslau auf 100 rein jüdische Eheschließungen 35 jüdisch-christliche Mischehen, gegenüber nur 9 Ende der siebziger Jahre. Von den christlichen Ehepartnern kamen nur sehr wenige aus Familien von konvertierten Juden, und die Mischehen verteilten sich über die ganze soziale Stufenleiter. In Berlin waren 1904 19 Prozent der jüdischen Männer und 13 Prozent der jüdischen Frauen mit christlichen Ehepartnern verheiratet. In Düsseldorf hatte um 1905 ein Viertel aller verheirateten Juden christliche Ehepartner, und bis 1914 stieg dieser Anteil sogar auf ein Drittel. Am Vorabend des Ersten Weltkriegs kamen 38 Mischehen auf 100 rein jüdische Ehen, in Hamburg sogar 73. Juden traten in wachsender Zahl zum Christentum über, in den ersten siebzig Jahren des 19. Jahrhunderts konvertierten 11 000 Juden, in den restlichen drei Jahrzehnten 11 500, zwischen 1880 und 1919 ließen sich rund 20 000 deutsche Juden taufen. Die Identität der jüdischen Gemeinde Deutschlands als eine geschlossene religiöse Gruppe löste sich durch diese Entwicklung allmählich auf.[49]

Die rund 600 000 praktizierenden Juden, die im Deutschen Reich lebten, bildeten in einer ganz überwiegend christlichen Gesellschaft eine religiöse Minderheit, die etwa ein Prozent der Gesamtbevölkerung ausmachte. Seit Jahrhunderten von traditionellen Einkommensquellen wie etwa dem Grundbesitz ausgeschlossen, blieben sie auch vom kaiserzeitlichen Establishment ausgeschlossen, da ihnen der Weg in die wichtigen Institutionen wie die Armee, die Hochschulen oder den höheren Staatsdienst versperrt war.[50] Auch konvertierte Juden hatten unter dem alltäglichen Antisemitismus so sehr zu leiden, daß viele ihre Namen in einen mehr christlich klingenden änderten.[51] Nicht weniger als 100 000 deutsche Juden wanderten wegen Diskriminierung im 19. Jahrhundert aus, namentlich nach Amerika. Die meisten aber blieben, besonders, als Ende des 19. Jahrhunderts der wirtschaftliche Aufschwung begann, und konzentrierten sich in den kleineren und größeren Städten Deutschlands. 1910 lebte jeder vierte Jude in Berlin, bis 1933 war es fast jeder dritte. Innerhalb dieser Städte ballten sie sich in bestimmten Bezirken zusammen, so lebten fast die Hälfte der Hamburger Juden 1885 in den zwei bürgerlichen Stadtvierteln Harvestehude und Rotherbaum, und fast zwei Drittel der Juden von Frankfurt am Main lebten 1900 in vier von vierzehn Stadtteilen. 70 Prozent der Berliner Juden wohnten 1925 in fünf zumeist rein bürgerlichen Vierteln im Zentrum und im Westen der Stadt. Sogar in den Städten mit der größten jüdischen Bevölkerung – Berlin, Breslau, Frankfurt am Main – bildeten sie eine kleine Minderheit, 1871 machten sie dort nicht mehr als 4,3 Prozent, 6,4 Prozent beziehungsweise 7,1 Prozent der Bevölkerung aus.[52]

Viele Juden arbeiteten in der Wirtschaft und in freien Berufen. Neben der großen Bankiersfamilie Rothschild gab es bald viele andere wichtige Finanzhäuser in jüdischem Besitz, wie das Bankhaus Bleichröder, dem Bismarck seine persönlichen Finanzen anvertraute.[53] Neue Formen des Einzelhandels wie etwa die Kaufhäuser, von denen es in Deutschland vor dem Ersten Weltkrieg etwa zweihundert gab, waren häufig in jüdischem Besitz, zum Beispiel der Familie Tietz oder der Gebrüder Wertheim.[54] Juden waren in der Medizin, im Rechtswesen, in Wissenschaft und Forschung, in der Hochschullehre, dem Journalismus und den Künsten stark vertreten.[55] Die jüdische Gemeinde hörte allmählich auf, eine ausgegrenzte religiöse Minderheit zu sein, und wurde eine von vielen ethnischen Gruppen in einer zunehmend multikulturellen Gesellschaft, neben anderen Minderheiten wie Polen, Dänen, Elsässern oder Sorben. Wie die anderen Gruppen hatte auch sie säkulare Vertretungsorgane, namentlich den 1893 gegründeten »Centralverein deutscher Staatsbürger jüdischen Glaubens«. Doch im Unterschied zu anderen Gruppen war die jüdische Gemeinde im allgemeinen wirtschaftlich erfolgreich. Sie hatte auch keine eigene Partei, vielmehr zogen es ihre Mitglieder vor, in eine der etablierten Parteien vornehmlich auf der linken Seite oder in der Mitte des politischen Spektrums einzutreten, wo sie hin und wieder führende Positionen bekleideten. Viele Juden identifizierten sich stark mit dem deutschen Nationalismus, und wenn ihnen die liberalen Parteien besonders sympathisch waren, dann nicht zuletzt darum, weil sie die Gründung eines deutschen Nationalstaats vorbehaltlos unterstützten.[56] Im großen und ganzen war die Geschichte der Juden in Deutschland Ende des 19. Jahrhunderts eine Erfolgsgeschichte. Alle Beschränkungen der bürgerlichen und staatsbürgerlichen Rechte der Juden waren aufgehoben worden, und trotz einer fortbestehenden Diskriminierung in einigen sozialen Institutionen hatten Juden die Möglichkeit, in vielen Bereichen der deutschen Gesellschaft Erfolge zu erzielen. In der deutschen öffentlichen Meinung im letzten Viertel des 19. Jahrhunderts wurden Juden vor allem mit den modernsten und fortschrittlichsten Entwicklungen in Gesellschaft, Wirtschaft und Kultur in Verbindung gebracht.[57]

Entwicklungen wie diese machten die Juden zur Zielscheibe unzufriedener und skrupelloser Agitatoren vom Schlage eines Hermann Ahlwardt. Für die Enttäuschten und Gescheiterten, für alle, die sich vom Zug der Industrialisierung überrollt fühlten und nach jener einfacheren, überschaubareren, beschützteren und hierarchischeren Gesellschaft zurücksehnten, verkörperten Juden die kulturelle, finanzielle und soziale Moderne. Nirgends war dies mehr der Fall als in Berlin. 1873 erlitt die Wirtschaft der Stadt einen schweren Schlag, als der hektische Investitions- und Kaufrausch im Zusammenhang mit der Euphorie der Reichsgründung abrupt abbrach. Eine weltweite Wirtschaftskrise, ausgelöst durch den Mißerfolg von Eisenbahninvestitionen in den USA, führte in Deutschland zu zahlreichen Konkursen und Geschäftszusammenbrüchen. Am schwersten betroffen waren Kleinunternehmer und Handwerksbetriebe. In ihrer Unkenntnis der globalen Kräfte, die ihre Lebensgrundlage zerstörten, fiel es ihnen leicht, den Behauptungen katholischer und konservativer Journalisten Glauben zu schenken, daß jüdische Finanziers an der ganzen Misere schuld seien.

Als die Wirtschaftskrise andauerte, fiel in den Chor dieser Journalisten auch Hofprediger Adolf Stoecker ein, ein Mann einfacher Herkunft, der es sich zur Aufgabe gemacht hatte, die Arbeiterklasse aus dem Griff der Sozialdemokratie zu befreien. Stoecker gründete die Christlich-soziale Partei, die ihre Wahlkämpfe in den achtziger Jahren mit einem explizit antisemitischen Parteiprogramm bestritt. Ein Förderer der neuen Sache war Max Liebermann von Sonnenberg, der 1880 eine nationale Eingabe zur Entfernung von Juden aus öffentlichen Ämtern mitorganisiert hatte. Besonders extrem war Ernst Henrici, dessen Reden so aufhetzend waren, daß sie in der pommerschen Stadt Neuruppin Krawalle verursachten, in deren Verlauf die örtliche Synagoge in Flammen aufging. Zu dieser Bewegung nun tendierte Hermann Ahlwardt gegen Ende der achtziger Jahre, nachdem er seiner Schmach ein Buch hinterhergeschickt hatte, in dem er für sein finanzielles Unglück die Machenschaften jüdischer Geldleiher verantwortlich machte und behauptete, die ganze Macht in der deutschen Gesellschaft hielten die Juden in Händen. Zum Beweis für seine Behauptungen legte Ahlwardt Dokumente vor, die belegen sollten, daß die deutsche Regierung im Sold des jüdischen Bankiers Gerson von Bleichröder stand. Zu Ahlwardts Pech entpuppten sich diese Schriftstücke als Fälschung, und zwar von Ahlwardts eigener Hand, worauf er zu vier Monaten Gefängnis verurteilt wurde. Kaum aus der Haft entlassen, wartete er mit neuen sensationellen und ebenso fingierten Enthüllungen auf. Diesmal erklärte er, ein jüdischer Waffenfabrikant habe im Zuge einer französisch-jüdischen Verschwörung die Armee vorsätzlich mit fehlerhaften Gewehren beliefert, um die deutsche Kampfkraft zu schwächen, was Ahlwardt weitere fünf Monate Haft einbrachte.[58]

Doch er saß die Strafe niemals ab, denn in der Zwischenzeit war es ihm gelungen, sich von den Landwirten eines agrarisch strukturierten Wahlkreises in Brandenburg in den Reichstag wählen zu lassen. Er war von Hof zu Hof gezogen und hatte den Leuten erklärt, an ihrem Unglück, das in Wahrheit durch einen weltweiten Verfall der Agrarpreise über sie hereingebrochen war, seien die Juden schuld, eine ferne und für sie unbekannte religiöse Minderheit, die in den Großstädten und an den Finanzplätzen Europas und des Deutschen Reichs lebte. Der Sitz im Reichstag verschaffte Ahlwardt parlamentarische Immunität. Der Vorgang zeugt von der Anfälligkeit der ländlichen Wählerschaft für derlei Demagogie, und es gelang auch anderen Antisemiten wie dem hessischen Bibliothekar Otto Böckel, gewählt zu werden, nicht zuletzt dadurch, daß sie den Bauern konkrete Maßnahmen zur Überwindung ihrer wirtschaftlichen Schwierigkeiten, etwa in Form von genossenschaftlichen Organisationen, versprachen. Bald saßen eine ganze Reihe von Antisemiten im Reichstag als Vertreter von Splitterparteien wie der Sozialen Reichspartei, der Deutschen Antisemiten-Vereinigung, der Deutsch-Sozialen Partei und der Antisemitischen Volkspartei (die von ihrem Führer Otto Böckel 1892 in »Deutsche Reformpartei« umbenannt wurde). Typisch für einige dieser Splitterparteien war schon damals die Verbindung von »deutsch« und »sozial« im Parteinamen. In politischen Kreisen wie diesen bedeuteten die Adjektive »deutsch« und »christlich« unausgesprochen zugleich »antisemitisch«, und der Begriff »sozial« verriet das Bestreben, die Massen mit radikalen, populistischen Reformen für sich zu gewinnen. Es war jedoch noch ein weiter Weg, bevor es möglich werden sollte, eine weltanschauliche Synthese dieses Zuschnitts zu entwickeln, die eine wirklich starke Anziehungskraft auf die Wähler ausübte. Anfang der neunziger Jahre wurde die Gefahr, die von solchen Antisemiten für die dominierende Partei der Deutsch-Konservativen in den ländlichen Gebieten ausging, als so ernst eingeschätzt, daß die Partei selbst 1893 auf ihrem sogenannten Tivoli-Parteitag ein neues Parteiprogramm beschloß, wonach der »vielfach sich vordrängende und zersetzende jüdische Einfluß auf unser Volksleben« zu bekämpfen sei.[59]

Dies erwies sich als eigentlicher Wendepunkt im Schicksal des bunt gemischten Haufens von Antisemiten in Deutschland. Zwar wurde von Theodor Fritsch, einem anderen antisemitischen Agitator, der ernsthafte Versuch unternommen, die verschiedenen Stränge des politischen Antisemitismus zusammenzufassen und die Bewegung für das wirtschaftlich unzufriedene städtische Kleinbürgertum attraktiv zu machen, aber die Egozentrik von Leuten wie Böckel verhinderte jedes wirkliche Bündnis, und so zerrieben sich die Antisemiten weiterhin in ihren Zwistigkeiten. Fritsch sollte seinen Einfluß später auf andere Weise geltend machen. Er veröffentlichte zahllose antisemitische Schriften, die bis zu seinem Tod im September 1933, als er als Vertreter der NSDAP im Reichstag saß, und noch später viel gelesen wurden. Um die Jahrhundertwende war die Bedeutung dieser Antisemiten durch eine wirksame Koalition der Berliner christlich-sozialen Bewegung mit den Deutsch-Konservativen geschwächt worden, während ihnen in katholischen Gegenden die Zentrumspartei Konkurrenz bot, die nicht davor zurückschrak, sich in einer ähnlichen antisemitischen Rhetorik zu ergehen. Einzelkämpfer wie Böckel und Ahlwardt verloren ihren Reichstagssitz, und ihre Parteien sowie die auf eine großstädtische Klientel gestützten antisemitischen Organisationen von Leuten wie Theodor Fritsch verschwanden wieder in der Versenkung. Ahlwardt stieß durch die Vulgarität seiner Sprache sogar seine antisemitischen Gesinnungsgenossen ab. Er ging für eine Weile nach Amerika, um sich dann nach seiner Rückkehr dem Kampf gegen das Unwesen der Freimaurerei zu widmen. 1909 saß er abermals im Gefängnis, diesmal wegen Erpressung. Offenbar hatten ihn seine anhaltenden finanziellen Schwierigkeiten dazu verleitet, einen noch kriminelleren Ausweg zu suchen als früher. Ahlwardts Ende war prosaisch – er starb 1914 bei einem Verkehrsunfall.[60]

II

Ahlwardt war ein extremer, aber keineswegs untypischer Vertreter eines neuartigen Antisemitismus, der Ende des 19. Jahrhunderts in Deutschland und anderen europäischen Ländern aufkam. Der traditionelle Antisemitismus konzentrierte sich auf die nichtchristliche Religion der Juden und leitete seine Ideen aus dem Urteil der Bibel ab, wonach die Juden für den Tod Christi verantwortlich sind und für alle Zeiten unter dem Fluch ihrer Erklärung stehen, sein Blut solle über sie kommen. Als nichtchristliche Minderheit in einer von christlichen Überzeugungen und christlichen Institutionen geprägten Gesellschaft gaben die Juden in Krisenzeiten eine naheliegende und bequeme Zielscheibe ab, zum Beispiel während des »Schwarzen Todes« Mitte des 14. Jahrhunderts, als sengende und mordende Volksmassen in ganz Europa den Juden die Schuld an der Pest gaben und mit zahllosen Untaten der Gewalt und Zerstörung Rache nahmen. So war es kein Zufall, daß am Anfang der Geschichte des modernen Antisemitismus in Deutschland die Angriffe des christlichen Hofpredigers Adolf Stoecker auf die Juden standen. Die christliche Judenfeindschaft bot dem modernen Antisemitismus ein wichtiges Sprungbrett, sie verlor aber Ende des 19. Jahrhunderts ihren Einfluß, zumal die Juden in beschleunigtem Tempo begannen, zu konvertieren und in die christliche Gesellschaft hineinzuheiraten, und kurz davorstanden, eine wahrnehmbare religiöse Minderheit in der christlichen Gesellschaft zu sein. Auf der Suche nach einem Sündenbock für die wirtschaftlichen Schwierigkeiten der siebziger Jahre verfielen Demagogen und Schreiberlinge des Kleinbürgertums abermals auf die Juden, aber diesmal nicht als religiöse, sondern als rassische Minderheit, und begannen, den totalen Ausschluß der Juden aus der Gesellschaft zu propagieren.[61]

Die Urheberschaft für diese neue Form von Antisemitismus schreibt man Wilhelm Marr zu, einem obskuren Schriftsteller, dessen 1873 in Berlin erschienenes Pamphlet *Der Sieg des Judenthums über das Germanentum vom nicht konfessionellen Standpunkt aus betrachtet* zum ersten Mal eine These aussprach, die er in einem späteren Buch so formulierte: »Vom Abstreifen religiöser Vorurteile darf hier nicht die Rede sein, wo es sich um Rasse handelt und wo die Verschiedenheit im ›Blute‹ liegt.«[62] In Anlehnung an die damals modischen Theorien des französischen Rassisten Joseph Arthur Graf de Gobineau (1816–1882) konstruierte Marr einen Gegensatz nicht zwischen Juden und Christen, sondern zwischen Juden und Germanen, bei denen es sich, wie er behauptete, um zwei verschiedene Rassen handle. Die Juden hätten im Rassenkampf die Oberhand gewonnen und seien praktisch die Herren des Landes, deshalb gehe es den ehrlichen deutschen Handwerkern und kleinen Geschäftsleuten schlecht. In der Folge erfand Marr das Wort »Antisemitismus« und gründete 1879 eine »Antisemitenliga«, die erste Organisation der Welt, die dieses Wort in ihrem Namen führte. Nach Marr verfolgte sein Bund das Ziel, den Einfluß der Juden auf das deutsche Leben zurückzudrängen. Seine Schriften durchzog ein apokalyptischer Pessimismus, und in seinem »Testament« erklärte er: »Die Judenfrage ist die Achse, um die sich das Rad der Weltgeschichte dreht.« Düster gab er seine Bilanz zu Protokoll: »Alle unsere sozialen, wirtschaftlichen und industriellen Entwicklungen bauen auf einer jüdischen Weltanschauung auf.«[63]

Die Gründe für Marrs Pessimismus waren nicht zuletzt privater Natur. Ständig in Geldnöten schwebend, wurde er von den finanziellen Turbulenzen der siebziger Jahre schwer in Mitleidenschaft gezogen, seine zweite Frau, selbst Jüdin, unterstützte ihn bis zu ihrem Tod 1874 finanziell. Seine dritte Frau, von der er sich nach einer kurzen Ehe scheiden ließ, war Halbjüdin, die er für seine Geldnöte verantwortlich machte, da er ihr Alimente für das gemeinsame Kind zahlen mußte. Seine persönlichen Erfahrungen zu einem allgemeinen Gesetz der Weltgeschichte hochstilisierend, zog Marr den Schluß, Rassereinheit sei etwas Bewunderungswürdiges, Rassenmischung aber der sichere Weg ins Verderben. Angesichts dieser persönlichen Wurzeln seines Antisemitismus ist es nicht verwunderlich, daß Marr sich kaum aktiv politisch betätigte. Die Antisemitenliga wurde ein Fehlschlag, und die antisemitischen Parteien zu unterstützen lehnte Marr ab, weil sie ihm zu konservativ waren.[64] Doch dem Propagandisten des neuen, rassischen Antisemitismus folgten bald die unterschiedlichsten Autoren, von dem Revolutionär Eugen Dühring, der Kapitalismus mit Judentum gleichsetzte und forderte, der Sozialismus müsse zunächst einmal den finanziellen und politischen Einfluß der Juden bekämpfen, bis zu dem nationalliberalen Historiker Heinrich von Treitschke, Professor in Berlin, der in seiner mehrbändigen *Geschichte Deutschlands im 19. Jahrhundert* die These vertrat, Juden würden die deutsche Kultur untergraben, und die Formulierung »Die Juden sind unser Unglück« prägte, die in den späteren Jahren zum populären Schlagwort vieler Antisemiten einschließlich der Nationalsozialisten werden sollte. Autoren wie diese waren keineswegs Randfiguren, wie Hermann Ahlwardt es war. Eugen Dührings Wirkung war so stark, daß Friedrich Engels 1878 gegen ihn seinen berühmten *Anti-Dühring* verfaßte und seinen Einfluß wirksam demontierte. Heinrich von Treitschkes Buch war eines der meistgelesenen deutschen Geschichtswerke des 19. Jahrhunderts, und seine Attacken gegen den angeblichen Materialismus und die Verlogenheit der Juden stießen auf den massiven Widerstand seiner Kollegen in Berlin. Professoren wie der Altphilologe und Historiker Theodor Mommsen, der Pathologe Rudolf Virchow, der Historiker Gustav von Droysen und viele andere deutsche Gelehrte warfen ihm »Rassenhaß und Fanatismus« vor.[65]

Solche Reaktionen erinnern daran, daß trotz des rasch zunehmenden Einflusses antisemitischer Autoren die überwiegende Mehrheit der öffentlichen Meinung Deutschlands, links wie rechts, im Bürgertum wie in der Arbeiterklasse, gegen einen derartigen Rassismus immun blieb. Versuche, dem deutschen Volk antisemitisches Gedankengut einzuträufeln, hatten wenig Erfolg. Insbesondere die deutsche Arbeiterklasse und ihr politischer Hauptrepräsentant, die SPD, die größte politische Organisation Deutschlands, auf die nach 1912 die meisten Sitze im Reichstag und schon lange davor die meisten Wählerstimmen bei Reichstagswahlen entfielen, waren entschieden gegen den Antisemitismus, den sie als rückständig und undemokratisch ansahen. Ein Polizeispitzel, der 1898 in Hamburger Kneipen politische Gespräche belauschte, hörte einen Arbeiter folgende Bemerkung machen:

> »Das Nationalgefühl darf nicht dahin ausarten, daß sich eine Nation über die andere setzt. Noch schlimmer, wenn man die Juden als untergeordnete Rasse betrachtet, die Rasse also bekämpft. Können denn die Juden dafür, wenn sie von einem anderen Geschlecht abstammen? Sie sind von jeher ein ge-

> drücktes Volk gewesen, deshalb die Zersplitterung. Für den Sozialdemokraten versteht es sich ja von selbst, daß er die Gleichheit aller will, was Menschengeist trägt. Der Jude sei lange nicht der schlechteste.«[66]

Bei solchen Gelegenheiten konnte die Geheimpolizei auch hören, daß andere Arbeiter Hohn und Spott über die Antisemiten ausgossen, antisemitische Gewalttaten verurteilten und den Wunsch der Juden nach bürgerlicher Gleichstellung unterstützten. Für Leute aus dem Milieu der Arbeiterbewegung waren solche Ansichten vor 1914 durchaus typisch.[67]

Das Schlimmste, was man den Sozialdemokraten vorwerfen konnte, war, daß sie die vom Antisemitismus ausgehende Bedrohung nicht ernst genug nahmen und zuließen, daß sich in einige wenige Witzzeichnungen in den Unterhaltungsblättern der Partei gewisse antisemitische Stereotype einschleichen konnten.[68] In manchen Gegenden unterstützten Sozialdemokraten und Antisemiten einander bei Stichwahlen, was jedoch nicht auf die beiderseitige Billigung von politischen Grundsätzen schließen ließ, sondern nur den Wunsch von Protestparteien ausdrückte, im Schulterschluß gegen die etablierten Eliten anzutreten.[69] In einzelnen rückständigen Kleinstädten und Dörfern, zumal im ländlichen Osten, wurden gelegentlich gegen einheimische Juden mittelalterliche Ritualmordbeschuldigungen erhoben, die einen gewissen Rückhalt in der Bevölkerung fanden, ja mitunter sogar Protestdemonstrationen auslösten. Aber nicht eine einzige von ihnen hatte vor Gericht Bestand. Zwar neigten kleine Gewerbetreibende, Ladenbesitzer, Handwerker und Landwirte mehr als die meisten anderen zu einem offenen Antisemitismus, womit sie an die Tradition eines organisierten, volkstümlichen Antisemitismus anknüpften, der, allerdings in einer nicht modern-rassistischen Form, in manchen Gegenden mindestens bis zur Revolution von 1848 zurückzuverfolgen ist.[70] Nichtjüdische Kaufleute und Selbständige, die mit Juden zusammenarbeiteten, waren in den liberalen Parteien stark genug vertreten, um die Übernahme zentraler Argumente oder Einstellungen der Antisemiten zu verhindern. Die antisemitischen Parteien blieben eine marginale Protesterscheinung und verschwanden kurz nach der Jahrhundertwende großenteils wieder.

Gleichwohl war ihr Verfall und Untergang bis zu einem gewissen Grade trügerisch. Denn einer der Gründe für ihr Verschwinden war die Übernahme antisemitischer Ideen durch die großen Parteien – Konservative und Zentrumspartei –, zu deren Wählern die von den Antisemiten angesprochenen, ökonomisch gefährdeten Gruppen des Kleinbürgertums gehörten. Die Deutsch-Konservativen knüpften an die in ihrem Tivoli-Parteiprogramm von 1893 enthaltenen antisemitischen Punkte an und forderten, wie bereits geschildert, die Zurückdrängung des in ihren Augen unheilvollen Einflusses der Juden im öffentlichen Leben. Attraktiv waren ihre antisemitischen Vorurteile für bedeutende Gruppen in der evangelischen, ländlichen Gesellschaft Norddeutschlands sowie für die im christlich-sozialen Flügel der Partei vertretenen Handwerker, Ladenbesitzer und kleinen Gewerbetreibenden. Für die größere, im Deutschen Reich aber weniger einflußreiche Zentrumspartei symbolisierten die Juden – oder besser gesagt: das verzerrte, polemische Bild von den Juden – Liberalismus, Sozialismus, Modernität, kurzum alles, was die katholische Kirche verwarf. Eine solche Sichtweise sprach sehr viele Bauern und Handwerker in der Partei an und wurde unter der katholischen Bauernschaft durch selbständige Protestgruppen verbreitet, deren Gedankengut sich kaum von dem eines Otto Böckel unterschied. Auch große Teil der Kirchenhierarchie teilten diese Auffassung. Im Vatikan ging ein religiöser und rassischer Antisemitismus in manche judenfeindlichen Texte ein, die geistliche Autoren in einigen der ultramontanen Zeitungen und Zeitschriften veröffentlichten.[71]

Außerdem war das antisemitische Vorurteil in den höheren Kreisen der Gesellschaft, bei Hof, im öffentlichen Dienst, in der Armee, an den Universitäten, verbreitet genug, um die Juden unentwegt daran zu erinnern, daß sie keine gleichberechtigten Mitglieder der deutschen Nation waren.[72] Es gelang den Antisemiten, die »Judenfrage« auf die politische Tagesordnung zu heben, und zu keiner Zeit war die Teilhabe von Juden an den wichtigen sozialen Institutionen nicht Gegenstand von Streit und Diskussion. Und doch hielt sich dies alles auch für die damaligen Verhältnisse in einem vergleichsweise begrenzten Rahmen. Ein Historiker hat einmal das folgende Gedankenspiel angestellt: Angenommen, ein Zeitreisender aus dem Jahre 1945 wäre in das Europa kurz vor dem Ersten Weltkrieg gekommen, hätte einem gebildeten Zeitgenossen erklärt, binnen dreißig Jahren werde eine europäische Nation den Versuch unternehmen, systematisch alle Juden Europas zu töten, und dabei fast sechs Millionen von ihnen vernichten, und hätte ihn dann raten lassen, welche Nation dies sein werde, so wäre die Wahl des Zeitgenossen wohl auf Frankreich gefallen, wo die Dreyfus-Affäre jüngst zum massiven Ausbruch des in der Bevölkerung virulenten Antisemitismus geführt hatte, oder noch eher auf Rußland, wo die zaristischen »Schwarzhunderter« im Anschluß an die gescheiterte Revolution von 1905 eine große Zahl von Juden umgebracht hatten.[73] Daß ausgerechnet Deutschland mit seiner stark akkulturierten jüdischen Gemeinde und seinem verhältnismäßig geringen offenen oder gewalttätigen politischen Antisemitismus die Nation sein würde, die diese Vernichtungskampagne durchführte, wäre dem Zeitgenossen nicht in den Sinn gekommen. Antisemitische Politik war noch verhältnismäßig unbedeutend. Gleichwohl wurden bereits einige Elemente antisemitischer Propaganda vom politischen Hauptstrom bereitwillig aufgegriffen, zum Beispiel die Idee, daß der sogenannte jüdische Geist etwas »Zersetzendes« sei oder daß Juden einen »übertriebenen« Einfluß in gesellschaftlichen Bereichen wie dem Journalismus oder dem Rechtswesen hätten. Außerdem hatten die antisemitischen Parteien einen neuen, aufhetzend demagogischen Stil in die Politik eingeführt. Das blieb vorläufig auf die Ränder des politischen Spektrums beschränkt, aber hier war es jetzt möglich geworden, in Parlamentssitzungen oder Wahlkampfreden Haßgefühle und Vorurteile zu formulieren, deren öffentliche Äußerung Mitte des 19. Jahrhunderts jeden Redner diskreditiert hätte.[74]

In den achtziger und neunziger Jahren des 19. Jahrhunderts bereiteten Künstler und Schriftsteller den Boden für die Verbreitung antisemitischer Einstellungen und Ressentiments. Eine Schlüsselrolle spielten dabei Autoren wie der populäre Schriftsteller Julius Langbehn, der in seinem 1890 erschienenen Buch *Rembrandt als Erzieher* den niederländischen Maler Rembrandt zum klassischen Rassetypus des Nordgermanen erklärte und für die Rückkehr der deutschen Kunst zu ihren rassischen Wurzeln plädierte. Die Juden waren laut Langbehn »ein Gift für uns und müssen als solches behandelt werden«. »Die Juden sind für uns nur eine vorübergehende Pest und

Cholera«, wie er 1892 sagte. Langbehns Buch erlebte in etwas über einem Jahr vierzig Auflagen und blieb noch jahrelang ein Bestseller. Es verband abstruse Tiraden gegen »Juden und Dummköpfe, Juden und Lumpen, Juden und Huren, Juden und Professoren, Juden und Berliner« mit dem Aufruf zur Wiederherstellung einer hierarchischen Gesellschaft unter Führung eines »heimliche[n] Kaiser[s]«, der eines Tages aus dem Schattenreich treten würde, um Deutschland wieder zu seinem einstigen Ruhm emporzuführen.[75]

Aufgenommen und weiterentwickelt wurden solche Gedanken in dem Kreis, der sich um Cosima Wagner, die Witwe Richard Wagners, in Bayreuth sammelte. In der fränkischen Stadt hatte der Komponist bis zu seinem Tod 1883 seinen Wohnsitz gehabt, und seine epischen Musikdramen wurden alljährlich in dem Festspielhaus aufgeführt, das Wagner eigens zu diesem Zweck hatte bauen lassen. Die Opern leisteten der Propaganda pseudogermanischer Nationalmythen Vorschub, in denen heldenhafte Gestalten aus der nordischen Sage als mustergültige Führer für die deutsche Zukunft fungieren sollten. Wagner selbst war schon Anfang der fünfziger Jahre kultureller Antisemit gewesen, in seinem berüchtigten Buch *Das Judentum in der Musik* hatte er argumentiert, das »jüdische Wesen« sei unvereinbar mit wahrem musikalischem Tiefsinn. Sein Vorschlag lief auf eine vollständige Assimilation der Juden in die deutsche Gesellschaft hinaus und die Ersetzung der jüdischen und überhaupt jeder Religion durch säkularen ästhetischen Ausdruck, wie er ihn in seinen eigenen Musikdramen gestaltete. Gegen Ende seines Lebens nahmen Wagners Ansichten eine zunehmend rassistische Tönung an, begünstigt durch den Einfluß seiner zweiten Frau Cosima, der Tochter des Komponisten Franz Liszt. Ende der siebziger Jahre vermerkte Cosima Wagner in ihren Tagebüchern, daß Wagner, der die Zukunftsperspektiven der Zivilisation mittlerweile ausgesprochen pessimistisch beurteilte, die antisemitische Schrift Wilhelm Marrs gelesen habe und weitgehend mit ihm übereinstimme. Entsprechend diesem geänderten Standpunkt wünschte er jetzt nicht mehr die Assimilation der Juden, sondern ihren Ausschluß aus der deutschen Gesellschaft. 1881 äußerte Wagner sich über Lessings Stück *Nathan der Weise* und einen verheerenden Brand im Wiener Burgtheater, bei dem über vierhundert Menschen, darunter auch viele Juden, umgekommen waren. Nach Cosimas Bericht sagte Wagner »im heftigen Scherz, es sollten alle Juden in einer Aufführung des ›Nathan‹ verbrennen«.[76]

Nach Wagners Tod verwandelte seine Witwe Bayreuth in eine Gedenkstätte, wo eine Schar ergebener Anhänger die fromme Erinnerung an den toten Meister pflegte. Die Ansichten dieses Bayreuther Kreises waren wüst antisemitisch. Der Kreis tat sein Bestes, um die Opern und Schriften des Komponisten als Kampf zwischen nordischen Helden und jüdischen Schurken auszulegen. Zu den führenden Vertretern des Kreises gehörten Ludwig Schemann, ein Privatgelehrter, der 1898 die Abhandlung Gobineaus über die Ungleichheit der Menschenrassen ins Deutsche übersetzte, und der 1855 geborene Engländer Houston Stewart Chamberlain, der Wagners Tochter Eva heiratete und später eine bewundernde Biographie des großen Mannes verfaßte. Während Cosima und ihre Freunde die periodisch erscheinenden *Bayreuther Blätter* zur Propagierung ihrer Ideen benutzten, reiste Schemann durch die Lande, um Vorträge vor antisemitischem Publikum zu halten, und gründete eine Vielzahl von radikal rassistischen Organisationen, namentlich im Jahr 1894 die Gobineau-Vereinigung. Keine von ihnen war sonderlich erfolgreich, doch trug Schemanns Einsatz für den französischen Rassentheoretiker viel dazu bei, Gobineaus Begriff »Arier« unter deutschen Rassisten populär zu machen. Dieser ursprünglich sprachwissenschaftliche Begriff bezeichnete die Völker, die eine der indogermanischen Sprachen wie etwa Deutsch oder Englisch sprechen, erfuhr jedoch im 19. Jahrhundert eine anthropologische Bedeutungsverschiebung im Sinne Gobineaus, der argumentierte, daß das Überleben der Rasse nur durch die Reinheit der Rasse zu gewährleisten sei, wie sie sich etwa im deutschen oder »arischen« Bauerntum erhalten habe, während Rassenmischung kulturellen und politischen Niedergang bedeute.[77]

Die nachhaltigste Wirkung hatte Chamberlain mit seinem 1900 erschienenen Buch *Die Grundlagen des XIX. Jahrhunderts*. In diesem mystisch wabernden Werk schilderte der Autor die Weltgeschichte als Kampf um die Vorherrschaft zwischen der germanischen und der jüdischen Rasse, den einzigen zwei Rassegruppen, die ihre ursprüngliche Reinheit bewahrt hätten. Gegen die heroischen und gebildeten Germanen stünden demnach die seelenlosen, materialistischen Juden, die Chamberlain nicht als marginale oder minderwertige Gruppe ansah, sondern in den Rang einer kosmischen Bedrohung der menschlichen Gesellschaft hob. Mit dem Rassenkampf verknüpft sei ein religiöser Kampf, und Chamberlain wandte viel Mühe auf den Nachweis, daß das Christentum im wesentlichen germanisch und Jesus kein Jude gewesen sei. Chamberlains *Grundlagen des XIX. Jahrhunderts* beeindruckten die Leser durch den wissenschaftlichen Anspruch seiner Argumentation und versammelten einige jener leitenden Gedanken, die die Nationalsozialisten später aufgreifen sollten. Sein wichtigster Beitrag war die Verschmelzung des Antisemitismus und Rassismus mit dem Sozialdarwinismus.

Der englische Naturwissenschaftler Charles Darwin hatte gelehrt, daß das Tier- und das Pflanzenreich dem Gesetz der natürlichen Zuchtwahl unterlägen, wonach der Tauglichste überlebe und der Schwächste oder am wenigsten Angepaßte an die Wand gedrückt werde, wodurch die Verbesserung der jeweiligen Tier- oder Pflanzenrasse gewährleistet sei. Die Sozialdarwinisten übertrugen dieses Modell dann auf die menschliche Gesellschaft.[78] Ein wesentlicher Aspekt dieses neuen Denkens war die Forderung, Moral dürfe nicht auf die traditionelle christliche Ethik, sondern müsse auf das wissenschaftliche Prinzip der Erhaltung der menschlichen Gattung gegründet sein und zu deren Weiterentwicklung zu einem höheren Zustand der Vollkommenheit beitragen. Eine derartige Vorstellung war bereits in frühen Diskussionen der Folgerungen aus der Evolutionstheorie in England geäußert worden, doch den meisten Denkern, darunter Darwin selbst, schien am wichtigsten, was in ihren Augen die Vereinbarkeit des Christentums mit der Ethik der Evolution war. In Deutschland dagegen hatten Christentum und Evolution sehr bald kaum noch etwas miteinander zu tun. Autoren wie Friedrich Hellwald verherrlichten Macht und Erfolg im Kampf ums Dasein als die einzige Basis der menschlichen Moral. Menschenrechte gehörten nicht unverbrüchlich zur menschlichen Gesellschaft, sondern hatten nur insoweit Geltung, als sie den Interessen der Evolution dienten, was seiner Auffassung nach nur sehr begrenzt der Fall war. »Das Recht des Stärkeren«, verkündete er, »ist ein Naturgesetz.«[79] Eine ähnliche Position nahm der Schriftsteller Ludwig Büchner ein.[80] Für solche Denker wurde menschliches Moralverhalten durch biologische Instinkte bestimmt und nicht durch Religion oder ein anderes abstraktes Prinzip. Ob gut oder schlecht, menschliche Charaktereigenschaften waren das Ergebnis von Erbfaktoren und nicht des freien Willens, der Erziehung (oder ihres Fehlens) oder von Umweltfaktoren. Unter diesem Blickwinkel fiel es nicht schwer, in der Atmosphäre einer zunehmenden imperialistischen Begeisterung für die europäische Eroberung des übrigen Erdballs, die sich im letzten Viertel des 19. Jahrhunderts schnell in politischen Intellektuellenkreisen ausbreitete, zu behaupten, eine wissenschaftliche Sicht der Menschennatur auf der Grundlage der Prinzipien des Darwinismus beweise, daß manche Rassen »höher« ständen als andere.[81]

III

Zahlreiche Schriftsteller, Naturwissenschaftler und andere Autoren trugen in den neunziger Jahren zum Aufkommen einer neuen, brutalen, selektionistischen Variante des Sozialdarwinismus bei, die nicht die friedliche Evolution, sondern den Kampf ums Überleben betonte. Ein typischer Vertreter dieser Denkschule war der Anthropologe Ludwig Woltmann, der 1900 die Auffassung vertrat, die arische oder germanische Rasse repräsentiere den Höhepunkt der menschlichen Evolution und sei damit allen anderen Rassen überlegen. In einem Satz: »Die nordische Rasse ist dazu berufen, die Erde mit ihrer Herrschaft zu umspannen ...«[82] Die anderen Rassen, so behauptete Woltmann, verhinderten dies jedoch. Nach Ansicht einiger Sozialdarwinisten benötigten die Deutschen mehr »Lebensraum«, den sie sich auf Kosten anderer, zumal der Slawen, würden beschaffen müssen. Diejenigen, die solche Vorstellungen verbreiteten, übertrugen den Gedanken des Lebensraums aus dem Tierreich auf die menschliche Gesellschaft. Sie erstrebten die Wiederherstellung eines ländlichen Idealzustands, bei dem sich deutsche Siedler als Herren über »minderwertige« slawische Bauern erhoben, so wie sie es, einer in dieser Zeit aufkommenden Geschichtsschreibung zufolge, im Mittelalter in Ostmitteleuropa getan hätten.[83]

In der politischen Elite Deutschlands war es zur Zeit des Ersten Weltkriegs gang und gäbe, internationale Politik als Schauplatz eines

Überlebenskampfs verschiedener Rassen aufzufassen. Männer wie Kriegsminister Erich von Falkenhayn, der Staatssekretär des Reichsmarineamts Alfred von Tirpitz, Reichskanzler Bethmann Hollwegs Berater Kurt Riezler und der Chef des Marinekabinetts Wilhelms II. Georg Alexander von Müller sahen im Krieg ein Mittel der germanischen Rasse, sich gegen Romanen und Slawen zu behaupten. Krieg, so die berühmte Formulierung General Friedrich von Bernhardis in einem 1912 erschienenen Buch, sei eine »sittliche Notwendigkeit«: »Ohne den Krieg ... würden nur allzuleicht minderwertige oder verkommene Rassen die gesunden, keimkräftigen Elemente überwuchern, und ein allgemeiner Niedergang müßte die Folge sein.« Außenpolitik hatte nicht mehr zwischen souveränen Staaten, sondern zwischen Rassen ihren Platz. Hier lag eine der Wurzeln für die Abwertung des Staates, die dann in der nationalsozialistischen Außenpolitik eine so wichtige Rolle spielen sollte.[84]

Die Fähigkeit Deutschlands, erfolgreich Krieg führen zu können, beschäftigte nach der Jahrhundertwende zunehmend führende Politiker von der Mitte bis rechts, und sie verlangte für manche auch die Einleitung von Maßnahmen zur Optimierung der Rasse. Ein Aspekt der selektionistischen Wende im Sozialdarwinismus der neunziger Jahre wurde in der stärkeren Betonung der »negativen Zuchtwahl« sichtbar. Es sei ja gut und schön, sagten manche, die Rasse durch Verbesserungen im Wohnungsbau, in der Gesundheitsvorsorge und der Ernährung, durch eine Reform der hygienischen und sanitären Einrichtungen und ähnliche Maßnahmen zu stärken. Aber die Gesellschaft selbst habe sich vom Prinzip des Kampfs ums Überleben abgewandt, indem sie für die Schwachen, Kranken und Untauglichen sorge. Diese Haltung führte nach Ansicht einiger Mediziner, die sich in ihren Auffassungen durch die junge Wissenschaft der Eugenik bestätigt sahen, notwendig zu einer fortgesetzten Degeneration der menschlichen Rasse. Die Entwicklung müsse durch eine wissenschaftliche Methodik der Fortpflanzung aufgehalten werden, die die Schwachen auslösche und die Starken fördere und vermehre. Zu den Apologeten solcher Gedanken gehörte Wilhelm Schallmayer, der mit einer Arbeit über die Anwendung der Eugenik in der Sozialpolitik den ersten Preis in einem von dem Industriellen Friedrich A. Krupp 1900 ausgeschriebenen nationalen Wettbewerb gewann. Zu den deutschen

Medizinern, die den bisherigen Höhepunkt der menschlichen Evolution in den Germanen erreicht sahen, zählte auch Alfred Ploetz, der vorschlug, im Falle eines Kriegs die minderwertigen Menschenexemplare als erste an die Front zu schicken und so die Untauglichen zuerst zu beseitigen. Ein anderer vielgelesener Autor war Ernst Haeckel, der mit seiner 1899 erschienenen Popularisierung Darwinscher Ideen, *Die Welträtsel*, unerhörten Erfolg hatte.[85]

Viele solcher Denker befürworteten bewußt die Idee einer rassischen Ausmerzung als einen unvermeidlichen und vom Standpunkt einer höheren Rasse angesichts einer Bedrohung durch eine evolutionär unter ihr stehende Rasse erwünschten Aspekt der menschlichen Existenz. Die Moral fand auf den Krieg keine Anwendung, da der Krieg selbst ein biologisch determinierter Kampf ums Dasein war. Friedrich von Hellwald beispielsweise hatte behauptet, einen Fortschritt könne es nur durch fortgeschrittenere Rassen geben, die weniger weit fortgeschrittene Rassen vernichteten. Sebald Steinmetz und Klaus Wagner, die nach der Jahrhundertwende schrieben, erklärten den Krieg zu einem »Weltgericht«, das darüber entscheide, welche Rassen wertvoll seien und welche nicht. Die physisch Stärksten und kulturell Höchststehenden seien auch die moralisch Fortgeschrittensten. Auch Ernst Haeckel glaubte an die Moral und die Rechtmäßigkeit, unterlegene Völker auszurotten, eine Idee, die von anderen Autoren wie Ludwig Gumplowicz popularisiert wurde, dessen Buch *Rassenkampf. Soziologische Untersuchungen* 1884 erschien und den im Titel aufgeführten Begriff populär machte. Hier findet man auch frühe Versionen der Idee des »Lebensraums«, mit der die ethnische »Säuberung« ganzer Landstriche im Namen der überlegenen Natur der Eroberer gerechtfertigt wurde. »Auslese und Vernichtung in Asien und Afrika«, erklärte Steinmetz, seien der Weg der Zukunft.[86] Es wäre jedoch falsch, in solchen Gedankengängen eine zusammenhängende oder einheitliche Ideologie zu sehen, geschweige denn eine solche, die geradewegs auf den Nationalsozialismus zuführte. Schallmayer zum Beispiel war kein Antisemit und lehnte jeden Gedanken an die Überlegenheit der »arischen« Rasse strikt ab. Auch Woltmann war kein Judenfeind, und seine grundsätzlich positive Einstellung zur Französischen Revolution – deren Anführer, wie er wenig plausibel behauptete, rassereine Germanen gewesen seien – wies keinerlei Nähe zu den Nationalsozialisten auf. Was Haeckel betraf, so befürwortete er zwar die umfassende Anwendung der Todesstrafe, um Kriminelle aus der Kette der Vererbung auszuscheiden. Er hieß auch die Tötung Geisteskranker durch Giftspritzen oder elektrischen Strom gut. Außerdem war er Rassist und fällte das Verdikt, niemals habe eine kraushaarige Rasse irgend etwas von geschichtlicher Bedeutung geleistet. Andererseits befand er aber, daß Krieg eine eugenische Katastrophe sei, weil er gerade die besten und tapfersten unter den jungen Männern eines Landes umbringe. Obwohl Haeckel selbst sich dann doch dazu entschloß, den Kriegseintritt Deutschlands 1914 zu begrüßen, wurden einige seiner Schüler, die sich in seinem »Monistenbund« zusammenschlossen, Pazifisten und verdammten den Krieg grundsätzlich.[87]

Als Vorwegnahme nationalsozialistischer Ideologie sind am ehesten noch die Schriften von Ploetz anzusprechen, der seine Theorien antisemitisch unterlegte und in Gruppen mitarbeitete, die die Überlegenheit der germanischen Rasse feierten. Dennoch gibt es vor dem Ersten Weltkrieg kaum einen Hinweis darauf, daß Ploetz selbst die »arische« Rasse als überlegen betrachtet hätte, wie es Fritz Lenz, einer seiner engsten Mitarbeiter, ohne Zweifel tat. Ploetz vertrat in der eugenischen Planung einen skrupellos meritokratischen Ansatz und empfahl zum Beispiel, bei allen Geburten ein Gremium von Ärzten hinzuzuziehen, das darüber entscheiden solle, ob das Neugeborene überlebenstauglich sei oder getötet werden müsse. Der Darwinist Alexander Tille trat offen dafür ein, die geistig und körperlich Untauglichen zu töten, und stimmte der Auffassung Ploetz' und Schallmayers zu, daß Krankheiten bei Kindern nicht behandelt werden sollten, um die Entfernung der Schwachen aus der Kette der Vererbung zu gewährleisten. 1905 gründete Ploetz zusammen mit einem Gleichgesinnten, seinem zeitweiligen Schwager Ernst Rüdin, die »Berliner Gesellschaft für Rassenhygiene«, die in medizinischen und Fürsorgeberufen schnell an Einfluß gewann. Gobineau war in vieler Hinsicht ein Konservativer gewesen, für ihn verkörperte die Aristokratie das eigentliche Ideal. Für die genannten deutschen Eugeniker hingegen waren erbliche Anlagen im wesentlichen unabhängig von der Gesellschaftsschicht, womit sie eine viel brutalere und potentiell revolutionärere Linie vertraten.[88]

Am Vorabend des Ersten Weltkriegs hatten ihre Thesen in der Medizin, der Fürsorge, der Kriminologie und dem Rechtswesen weite Verbreitung gefunden. Soziale Außenseiter wie Prostituierte, Alkoholiker, Kleinkriminelle oder Landstreicher betrachtete man zunehmend als erblich belastet, und der Ruf der Experten nach der Zwangssterilisation solcher Leute war nicht mehr zu überhören. Der Einfluß dieser Ideen auf die etablierte Sozialfürsorge war so stark, daß sogar die Sozialdemokraten ernsthaft eine Anregung aufgriffen, Verbesserungen im Wohnungsbau und in der Sozialhilfe an die obligatorische Sterilisation von Geisteskranken, »Arbeitsscheuen« und Trinkern zu knüpfen.[89] In solchen Vorgängen spiegelte sich der wachsende Einfluß der Medizin auf rasch wachsende Spezialgebiete wie die Kriminologie oder die Sozialarbeit wider. Triumphe bei der Entdeckung von Krankheitserregern, zum Beispiel der Cholera- und Tuberkulosebakterien, hatten der medizinischen Forschung Deutschlands im 19. Jahrhundert ein beispielloses intellektuelles Prestige beschert, gleichzeitig und unbeabsichtigterweise aber den Antisemiten ein ganz neues Vokabular zur Artikulation von Judenhaß und Judenangst geliefert. Der Erfolg war eine verbreitete »Medikalisierung« der Gesellschaft, die dazu führte, daß gewöhnliche Menschen, auch ein immer größer werdender Teil der Arbeiterklasse, dazu übergingen, Hygieneregeln zu beachten, indem sie sich zum Beispiel regelmäßig wuschen, ihr Badezimmer desinfizierten, das Trinkwasser abkochten und dergleichen mehr. Der Begriff »Hygiene« wurde aus der Medizin auf andere Lebensbereiche übertragen, so daß man nicht nur von »Sozialhygiene«, sondern auch von »Rassenhygiene« sprach.

Gewiß hatten Diskussionen über solche Fragen vor 1914 keine unmittelbare Auswirkung auf die offizielle Regierungspolitik und ihre Durchsetzung. Propagandisten der Aufzucht einer blonden, arischen Superrasse wie der selbsternannte Adlige Lanz von Liebenfels, Herausgeber der *Ostara – Bücherei der Blonden und Mannesrechtler,* fanden außerhalb des wissenschaftlichen Establishments nur in einer Unterwelt des politischen Extremismus, in exzentrischen politischen Mini-Sekten Gehör.[90] Trotz aller dieser Einschränkungen war die Ausformung dieser Ideen und die immer größere Rolle, die sie in der öffentlichen Diskussion spielten, ein bedeutsames Element in den Ursprüngen der nationalsozialistischen Ideologie. Einige Grundsätze, trafen praktisch bei jedem dieser aus Wissenschaftlern, Ärzten und Rassehygienikern zusammengesetzten Gruppen auf Zustimmung. Der erste Grundsatz besagte, Charakter und Verhalten eines Menschen würden maßgeblich durch Vererbung bestimmt. Der zweite ergab sich aus dem ersten und forderte, die Gesellschaft solle unter Führung des Staates in die Bevölkerungsplanung eingreifen. Man müsse, notfalls durch Zwang, die Tauglichen dazu bringen, sich vermehrt fortzupflanzen, die Untauglichen dazu, sich vermindert fortzupflanzen. Drittens verkündete die Bewegung der Rassehygiene, wie immer man die Begriffe tauglich und untauglich verstehen mochte, eine rational und wissenschaftlich verbrämte Einteilung der Menschen in solche, die für die Nation wertvoll waren, und solche, die es nicht waren. Minderwertig wurde zu einem stehenden Begriff, den Sozialarbeiter und Mediziner vor dem Ersten Weltkrieg auf die unterschiedlichsten Formen sozialer Abweichung anwandten. Durch diese Etikettierung von Menschen beförderten die Rassehygieniker eine staatliche Überwachung, Mißhandlung und schließlich Vernichtung von Menschen durch Zwangssterilisation oder sogar Tötung – eine Maßnahme, die zumindest einige unter ihnen schon vor 1914 befürworteten. Schließlich setzte ein solcher technokratisch-rationalistischer Ansatz bei der Steuerung der demographischen Entwicklung ein säkulares und instrumentelles Verständnis von Moral voraus. Christliche Gebote wie die Heiligkeit von Ehe und Elternschaft oder die Gleichwertigkeit aller Menschen in bezug auf die Unsterblichkeit der Seele wurden über Bord geworfen. Was immer solche Ideen sein mochten – traditionsverhaftet oder rückwärtsgewandt waren sie nicht. Manche ihrer Verfechter, so Woltmann und Schallmeyer, hielten sich politisch eher für Linke als für Rechte, freilich wurden ihre Ansichten von den wenigsten Sozialdemokraten geteilt. Im Grunde entsprang die Rassenhygiene einer neuartigen Tendenz, die Gesellschaft nach rein naturwissenschaftlichen Grundsätzen, ohne Rücksicht auf alle anderen Erwägungen, einzurichten. Sie stellte eine neue Variante des deutschen Nationalismus dar, von der kaum zu erwarten war, daß sie jemals von Konservativen oder Reaktionären geteilt oder von den christlichen Kirchen oder überhaupt einer organisierten oder etablierten Form der Religion mitgetragen werden würde.[91]

Sowohl Antisemitismus als auch Rassenhygiene zählten später zu Hauptkomponenten der nationalsozialistischen Ideologie. Beide stellten Elemente einer allgemeinen Säkularisierung des Denkens im späten 19. Jahrhundert dar, Aspekte einer viel weiter reichenden Auflehnung gegen das, was immer mehr Autoren und Theoretiker als die dumpfe, eitle Selbstgefälligkeit jener liberalen, bürgerlichen Einstellungen empfanden, welche Mitte des 19. Jahrhunderts in Deutschland geherrscht hätten. Die Selbstzufriedenheit ob des endlich errungenen Status als Nation, die so viele gebildete und bürgerliche Deutsche in den siebziger Jahren empfunden hatten, wich einem verbreiteten Gefühl des Ungenügens, das dem Eindruck entsprang, die geistige und politische Entwicklung Deutschlands stagniere und müsse endlich wieder angestoßen werden. Kraftvollen Ausdruck fand dieses Gefühl in der Antrittsvorlesung Max Webers, der die Reichseinigung von 1871 als »Jugendstreich« der deutschen Nation verspottete.[92] Der einflußreichste Prophet solcher Ansichten, Friedrich Nietzsche, zog über den ethischen Konservatismus seiner Zeit her. In vieler Hinsicht war er mit Wagner zu vergleichen, den er über lange Jahre seines Lebens bewunderte. Eine komplexe Gestalt wie Wagner hatte Nietzsche in seinem vieldeutigen Werk Raum für die unterschiedlichsten Auslegungen gelassen. Er trat für die Befreiung des Individuums von den konventionellen moralischen Beschränkungen seiner Zeit ein, was vor 1914 allgemein als Aufruf zu persönlicher Emanzipation aufgefaßt wurde. Sein Werk übte starken Einfluß auf die verschiedensten liberalen und radikalen Gruppen aus, zum Beispiel auch auf die Frauenbewegung. Eine ihrer phantasievollsten Protagonistinnen, Helene Stöcker, verfaßte zahlreiche Essays in einem Nietzsche abgelauschten Ton und verkündete als Botschaft des Meisters, daß Frauen die Freiheit haben sollten, ihre Sexualität außerhalb der Ehe, mit Hilfe mechanischer Verhütungsmittel und bei voller Gleichberechtigung nichtehelicher Kinder auszuleben.[93]

Andere zogen andere Lehren aus den Schriften des großen Philosophen. Nietzsche trat als entschiedener Gegner des Antisemitismus auf, und er empfand tiefen Abscheu gegen die Macht- und Erfolgsanbeterei, die seiner Ansicht nach eine Folge der Einigung Deutschlands durch militärische Gewalt gewesen sei. Seine berühmtesten Begriffe, wie etwa »Wille zur Macht« oder »Übermensch«, galten für ihn nur in der Sphäre der Gedanken und Ideen, nicht in der Politik oder im praktischen Handeln. Die Kraft seiner Sprache jedoch erlaubte nur allzu leicht eine Verkürzung solcher Konzepte auf bequeme Schlagworte, herausgerissen aus dem theoretischen Zusammenhang und instrumentalisiert auf eine Weise, die er zutiefst mißbilligt hätte. Sein Konzept des idealen Menschen, frei von allen moralischen Zwängen und durch Willenskraft über die Schwachen triumphierend, war ziemlich problemlos von denen zu vereinnahmen, die, anders als er, an die Züchtung des Menschengeschlechts nach rassischen und eugenischen Gesichtspunkten glaubten. Eine Schlüsselrolle bei derlei Fehlinterpretationen seines Werkes spielte seine Schwester Elisabeth Förster, die seine Gedanken vulgarisierte und popularisierte, wobei sie besonders die brutalen und elitären Aspekte hervorhob und Nietzsche damit den rechtsextremen Nationalisten schmackhaft machte. Autoren wie Ernst Bertram, Alfred Baeumler und Hans Günther reduzierten Nietzsche auf den Propheten der Macht und sein Konzept des Übermenschen auf den Wunsch nach dem großen deutschen Führer, der frei wäre von den Fesseln moralischer Hemmungen oder christlicher Theologie.[94]

Andere, die sich auf die Untersuchungen deutscher Völkerkundler an den Eingeborenen-Gesellschaften Neu-Guineas und anderer Teile des deutschen Kolonialreichs stützten, trieben die elitären Tendenzen in Nietzsches Denken noch weiter und forderten die Errichtung einer neuen Gesellschaft unter Führung eines Männerbundes, einer Elite junger Männer, die den Staat wie einen mittelalterlichen Ritterorden führen sollten. In dieser misogynen Weltsicht hatten Frauen keine andere Aufgabe, als die zukünftige Elite zur Welt zu bringen, eine Auffassung, die, wenngleich weniger radikal, auch viele Eugeniker und Rassehygieniker teilten. Die Ideologie des Männerbundes wurde von wissenschaftlichen Autoren wie Heinrich Schurtz in allerlei Veröffentlichungen propagiert, ihre größte Wirkung entfaltete sie in Bereichen wie der Jugendbewegung, in der sich junge Männer, zumeist aus dem Bürgertum, zusammenfanden, um auf Wanderfahrten in den Bergen die Natur zu erleben, ein Kameradschaftsgefühl zu entwickeln und die heuchlerische Moral und soziale Künstlichkeit der Erwachsenenwelt mit ihrem Spott zu übergießen. Autoren wie Hans

Blüher, von der Jugendbewegung beeinflußt, gingen noch weiter und forderten einen Umbau des Staates unter antidemokratischen Gesichtspunkten und unter Führung einer verschworenen Gruppe heldischer Männer, homoerotisch miteinander verbunden. Die Verfechter solcher Überlegungen begannen schon vor dem Ersten Weltkrieg, pseudomönchische, verschworene, konspirative Organisationen zu gründen. In der Welt dieser säkularen Minisekten spielten »arische« Symbole und Rituale eine zentrale Rolle, da ihre Mitglieder Dinge wie Runen oder Sonnenanbetung für Wesensmerkmale echten Germanentums hielten, namentlich in dem 1912 gegründeten Germanen- und Wälsungsorden. Der Germanenorden übernahm von den Freimaurern das Prinzip eines Geheimbundes, der durch Symbole und Rituale zusammengehalten wurde, und veröffentlichte die Zeitschrift *Runen*, mit einem Hakenkreuz in ihrem Impressum, und unterhielt enge Beziehungen zum Hammerbund, einer etwas größeren und offeneren Organisation, die von dem Antisemiten Theodor Fritsch gegründet worden war. Auf Betreiben des Münchner Dichters Alfred Schuler und des Rassentheoretikers Lanz von Liebenfels übernahmen sie das ursprünglich indische Symbol des Hakenkreuzes als »arisches« Sinnbild. Solche Ideen waren jedoch vor dem Ersten Weltkrieg weder besonders verbreitet, noch übten sie bereits einen Einfluß aus. Ihre eigentliche Wirkung entfalteten sie erst unter den völlig veränderten Bedingungen der zwanziger Jahre.[95] Die Wertvorstellungen, denen für diese Denkströmungen zentrale Bedeutung zukam, standen in Gegensatz zu den bürgerlichen Tugenden der Nüchternheit und Selbstbeherrschung und in diametralem Gegensatz zu Grundprinzipien des liberalen Nationalismus wie Gedankenfreiheit, repräsentative Regierung, Toleranz gegenüber den Meinungen anderer und individuelle Grundrechte.

Um die Jahrhundertwende wird die große Mehrheit der Deutschen an diese Dinge noch geglaubt haben. Jedenfalls betrachtete sich Deutschlands populärste Partei, die SPD, als Hüterin jener Grundsätze, bei deren Verteidigung die deutschen Liberalen ihrer Ansicht nach so eklatant versagt hatten. Die Liberalen waren noch immer eine Kraft, mit der man ernsthaft rechnen mußte, ja in den letzten Friedensjahren vor 1914 gab es sogar Anzeichen einer bescheidenen Renaissance der Liberalen.[96] Doch wurden um diese Zeit schon ernsthafte Versuche unternommen, manches aus dem Gedankengut von extremem Nationalismus, Antisemitismus und Auflehnung gegen bürgerliche Konvention zu einer neuen Synthese zusammenzuschließen und ihr organisatorische Gestalt zu geben. Der politische Mahlstrom, aus dem schließlich der Nationalsozialismus hervorgehen sollte, war schon lange vor dem Ersten Weltkrieg in heftigster Bewegung.[97]

Der Geist von 1914

I

Jenseits der Grenze, im deutschsprachigen Österreich, propagierte Georg Ritter von Schönerer – Sohn eines Eisenbahnunternehmers, den der Kaiser für seine Verdienste um den Staat geadelt hatte – einen mit dem deutschen vergleichbaren, wiewohl noch extremeren Antisemitismus. Nach der Niederlage gegen Preußen 1866 bestand die Habsburgermonarchie aus zwei gleichberechtigten Hälften, Österreich und Ungarn, die durch die Person des Kaisers Franz Joseph und seine zentrale Verwaltung in Wien zusammengehalten wurden. Diese Verwaltung war überwiegend mit deutschsprachigen Beamten besetzt. Die rund sechs Millionen österreichischen Deutschen identifizierten sich mit den Habsburgern und betrachteten sich als die herrschende Gruppe im Reich. Aber Schönerer gab sich damit nicht zufrieden. »Wenn wir nur schon zum Deutschen Reiche gehören würden!« rief Schönerer im Reichsrat, dem österreichischen Parlament, aus. Er befürwortete das allgemeine Wahlrecht für Männer, die vollständige Säkularisierung des Bildungswesens, die Verstaatlichung der Eisenbahnen und staatliche Hilfen für Kleinbauern und Handwerker. Ungarn und die anderen Nationalitäten im Habsburgerreich waren für ihn ein Hemmschuh für den Fortschritt der Deutschen, die sich seiner Ansicht nach in einer Union mit dem Deutschen Reich wirtschaftlich und sozial weit besser stünden.[98]

Mit der Zeit verband sich Schönerers Glaube an die rassische Überlegenheit der Germanen mit einem immer heftiger werdenden Antisemitismus. Sein deutsch-nationalistisches Linzer Programm von 1879, das ursprünglich elf Punkte umfaßte, ergänzte er 1885 um einen zwölften Punkt, der die »Beseitigung des jüdischen Einflusses auf allen Gebieten des öffentlichen Lebens« als Voraussetzung der von ihm angestrebten Reformen forderte. Als Abgeordneter konnte Schönerer im Reichsrat den Einfluß der Juden in Eisenbahngesellschaften anprangern und war vor Strafverfolgung sicher, wenn er in seiner Feindseligkeit gegenüber den Juden ausfällig wurde. Um seine Ansichten zu verbreiten, gründete er eine Reihe von Organisationen, darunter die Deutschnationale Vereinigung, die nach den Wahlen von 1901 einundzwanzig Abgeordnete in den Reichsrat entsendete. Aufgrund erbitterter Führungsquerelen in dem Verein brach er bald wieder auseinander, allerdings blieb er Vorbild für andere antisemitische Organisationen. Mit einem propagandistischen Feldzug gegen den angeblich schädlichen jüdischen Einfluß gelang dem Konservativen Karl Lueger 1897, als Kandidat seiner aufstrebenden, rechtsgerichteten Christlichsozialen Partei die Wahl zum Wiener Bürgermeister. Lueger hatte das Amt die folgenden zehn Jahre inne und drückte der Stadt mit einer Mischung aus aufwieglerischem Populismus und einfallsreichen, sozial fortschrittlichen kommunalen Reformen seinen unauslöschlichen Stempel auf.[99]

Einen solchen Rückhalt in der Bevölkerung wie Lueger erreichte Schönerer nie. Während aber Luegers Antisemitismus, wiewohl folgenreich, im wesentlichen opportunistisch war – sein berühmter Ausspruch, als man ihm ein gemeinsames Abendessen mit einflußreichen Wiener Juden ankreiden wollte, lautete »wer Jud' ist, das bestimme ich« –, war Schönerers Antisemitismus fanatisch und unerbittlich. Er pries den Antisemitismus als »die größte nationale Errungenschaft dieses Jahrhunderts«.[100] Als erklärter Heide auftretend, führte er unter dem Motto »Los von Rom« eine antikatholische Bewegung und propagierte auch den pseudomittelalterlichen Gruß »Heil«, den er zur allgemeinen Empörung der Abgeordneten 1902 im Reichsrat gebrauchte, als er am Ende einer Rede seine Verbundenheit nicht mit dem österreichischen, sondern mit dem deutschen Kaiserhaus betonte: »Hoch und Heil den Hohenzollern!« Seine Anhänger nannten ihn »Führer«. Er schlug vor, die verschiedenen Feste und Monate des Jahres mit germanischen Bezeichnungen zu benennen, zum Beispiel »Julfest« für Christfest oder »Heumond« für Juni, und hatte die Idee, einen neuen Kalender einzuführen, dessen Jahr Null nicht die Geburt Christi, sondern der Sieg der germanischen Kimbern über die Römer in der Schlacht bei Noreja 113 v. Chr. sein sollte.[101]

Schönerer vertrat einen kompromißlosen rassischen Antisemitismus. »Ob Jud, ob Christ ist einerlei, in der Rasse liegt die Schweinerei«, lautete einer seiner Parolen. Sein Extremismus brachte ihn mehr als einmal mit dem Gesetz in Konflikt, besonders 1888, als eine Zeitung irrtümlich den Tod des deutschen Kaisers, Wilhelms I., gemeldet hatte und Schönerer in die Büroräume des schuldigen Blattes stürzte, um die dort versammelten Redakteure zu verprügeln. Nachdem er öffentlich ein Hoch auf Wilhelm ausgebracht hatte, »unseren ruhmreichen Kaiser«, erkannte ihm Kaiser Franz Joseph den Adelstitel ab, der Reichsrat hob seine Immunität auf, damit er eine viermonatige Kerkerhaft antreten konnte. Nach seiner Freilassung erklärte er, er »sehne sich nach dem Tag, wo eine deutsche Armee in Österreich einmarschiert und es vom Erdboden vertilgt«. 1907 verpaßte er persönlich die Wiederwahl in den österreichischen Reichsrat, und die Anzahl der Abgeordneten, die seiner Linie folgten, schrumpfte auf drei. Vielleicht war Schönerer mehr daran interessiert, sein Gedankengut zu verbreiten, als Macht zu erobern, doch sollte er später erheblichen Einfluß auf den Nationalsozialismus ausüben.[102]

Der Antisemitismus in Österreich stand keineswegs isoliert neben dem Antisemitismus in Deutschland; beide Länder teilten eine gemeinsame Sprache und Kultur. Überdies hatte Österreich über tausend Jahre lang zum Heiligen Römischen Reich Deutscher Nation und bis 1866 zum Deutschen Bund gehört. Geistige und politische Einflüsse hatten stets wechselseitig die Grenze passiert. Schönerer war nach eigenem Bekunden ein Schüler des deutschen Antisemiten Eugen Dühring. Bürgern des Deutschen Reichs, besonders solchen im katholischen Süden, die sich an Wien orientierten, um von dort geistige und kulturelle Anregungen zu empfangen, war Luegers Kombination aus sozialen Reformen, katholischer Kirchentreue und antisemitischer Rhetorik bekannt. Schönerers rassische Definition der Juden, der Kult um den »arischen« Mythos, das erklärte Heidentum und der Widerwille gegen das Christentum, der Glaube an die Überlegenheit der Germanen und die Verachtung anderer Rassen, zumal der Slawen – dies wurde in Teilen auch von den extremeren Antisemiten im Deutschen Reich vertreten. Solange, wie die Habsburger Monarchie noch bestand, war Schönerers Deutschnationale Bewegung zum Scheitern verurteilt. Sollte sie aber einmal stürzen, wurde für ihre deutschsprachigen Minderheiten die Frage akut, ob sie zum Deutschen Reich gehören oder aber einen eigenen Staat bilden wollten. An diesem Punkt setzte die Deutschnationale Bewegung an.

II

Als 1888 im Deutschen Reich Wilhelm II. den Thron bestieg, führte das zu einer ernsthaften Schwächung von Bismarcks Position als Reichskanzler. Nach Meinungsverschiedenheiten über die Erneuerung des auslaufenden Sozialistengesetzes mußte Bismarck seinen Hut nehmen. Das Auslaufen des Gesetzes hatte das Entstehen vielfältiger neuer sozialer und politischer Bewegungen in allen Bereichen des politischen Spektrums zur Folge. Neue Personen betraten die politische Bühne, die sich deutlich gegen die farblosen ersten Bismarcknachfolger Caprivi und Hohenlohe abhoben. Unter ihnen lenkte Carl Peters große Aufmerksamkeit auf sich, weil er jenem Heldentypen zu entsprechen schien, nach dem die deutschen Nationalisten Ausschau hielten. Peters war der klassische Kolonialabenteurer des ausgehenden 19. Jahrhunderts, um dessen Taten sich alsbald Legenden rankten. Als Bismarck 1884 widerstrebend nominell Kolonien für Deutschland erwarb, machte Peters sich auf, um Eroberungen, die er bisher nur auf dem Papier gemacht hatte, in reale zu verwandeln. Nach Erreichen der ostafrikanischen Küste organisierte er eine Expedition und brach ins Landesinnere auf, wo er verschiedene Verträge mit einheimischen Häuptlingen schloß. Bezeichnenderweise hatte er es jedoch versäumt, vorher Rücksprache mit der deutschen Regierung zu halten, so daß Bismarck die Verträge nicht anerkannte, als er von ihnen erfuhr. In zusätzliche Schwierigkeiten geriet Peters, als bekannt wurde, daß er nicht nur seine einheimischen Träger mißhandelt, sondern auch sexuelle Beziehungen zu afrikanischen Frauen unterhalten hatte. Die Berichte über Peters' Verfehlungen schockierten die bürgerliche Öffentlichkeit, was ihn jedoch nicht daran hinderte, an seinem Plan der Bildung eines großen deutschen Reichs in Afrika festzuhalten.[103]

Peters' blühende Phantasie und sein rastloser Geist ließen ihn die verschiedensten Organisationen gründen, darunter 1884 eine Gesellschaft für Deutsche Kolonisation, die sich 1887 mit einer ähnlich gesinnten Gruppierung zur Deutschen Kolonialgesellschaft zusammenschloß. Peters' Bekanntheit und der Einfluß seiner Gesinnungsgenossen stieg so rasch, daß Bismarck sich genötigt sah, die ostafrikanische Unternehmung anzuerkennen und die von Peters erkundeten

Gegenden zum deutschen Schutzgebiet zu erklären, womit der erste Schritt auf dem Weg zur Gründung einer deutschen Kolonie in Tanganjika getan war. Bismarcks Nachfolger Leo von Caprivi zeigte sich bereit, einen Teil des von Peters reklamierten Territoriums, namentlich die Insel Sansibar, im Tausch gegen die Nordseeeinsel Helgoland an die Briten abzutreten. Peters war hierüber empört, und Anfang 1891 rief er eine Reihe von deutschen Nationalisten zusammen, darunter auch Alfred Hugenberg, der später eine verhängnisvolle Rolle bei Aufstieg und Siegeszug des Nationalsozialismus spielen sollte. Sie gründeten einen Allgemeinen Deutschen Verband, 1894 umbenannt in Alldeutscher Verband. Ziel der neuen Organisation war die Forcierung der deutschen Expansion im Ausland und die Germanisierung nationaler Minderheiten im Inland. Dieser Zielsetzung schloß sich 1894 der Deutsche Ostmarkenverein an, dessen Mitglieder nach den Initialen der drei Vereinsgründer (Hansemann, Kennemann, Tiedemann) auch »Hakatisten« genannt wurden. Die Gruppe, die, verglichen mit den Alldeutschen, relativ enge Verbindungen zur Regierung unterhielt, richtete ihre Bemühungen besonders auf die Zerstörung der polnischen Identität in Deutschlands Ostgebieten. Eine ähnliche Organisation, der Deutsche Schulverband, entstand 1881 als Reaktion auf den Sprachenstreit in der Habsburgermonarchie, der für die Erhaltung der deutschen Sprache in deutschen Siedlungsgebieten außerhalb der Reichsgrenzen eintrat; später wurde er einhergehend mit einer Ausweitung seiner Aufgabenstellung in Verein für das Deutschtum im Ausland umbenannt und war mit sämtlichen Belangen deutscher Kultur in aller Welt befaßt.[104]

Unter der Vielzahl nationaler Verbände, die sich dann gründeten, war der wichtigste der Deutsche Flottenverein. Er wurde 1898 mit Mitteln des Waffenfabrikanten Krupp gegründet, der ein Interesse daran hatte, daß der Reichstag den Bau einer großen deutschen Kriegsflotte billigte. Binnen eines Jahrzehnts hatte der Deutsche Flottenverein die anderen nationalen Verbände weit überflügelt, seine Gesamtmitgliederzahl belief sich einschließlich seiner Unterorganisationen auf weit über 300 000. Die anderen nationalen Verbände hatten selten über 50 000 Mitglieder, die Alldeutschen niemals mehr als 20 000 Mitglieder.[105] An der Spitze dieser nationalen Verbände stand meistens ein Berufsagitator wie beispielsweise August Keim, ein Offizier des Kaiserlichen Heeres, der wegen seiner journalistischen Tätigkeit nicht befördert worden war. Keim war gleichzeitig im Flottenverein und im 1912 gegründeten Wehrverein an führender Stelle tätig und gründete weitere, weniger bekannte Verbände, zum Beispiel den »Bund zur Bekämpfung der Frauenemanzipation« (1912).[106]

Neben solchen Demagogen agierten unzufriedene Honoratioren, die nach einem neuen Ventil für ihren politischen Betätigungsdrang in einer zunehmend demokratischen Welt suchten, welche es an jener Ehrerbietung für die Begüterten und Gebildeten fehlen ließ, die zwischen 1871 und 1890 die Wahlerfolge der Nationalliberalen und weiter rechts stehender Parteien gesichert hatten. Die nationale Sache, die früher von den Nationalliberalen vertreten wurde, war in ihren Händen nicht mehr sicher. Die politische Mobilisierung der Massen führte zu einem schnellen Anwachsen der Sozialdemokraten, die internationalistisch dachten und einen internationalen Krieg durch einen europaweiten Generalstreik verhindern wollten. Die Selbstgefälligkeit der Nationalliberalen, deren Abgeordnete Wahlkämpfe vielfach für würdelos hielten, führte zu einem Abbröckeln ihrer Wählerstimmen, so daß die Zahl ihrer Reichstagsmandate von 125 im Jahr 1871 auf 45 im Jahr 1912 zurückging. Im selben Zeitraum schrumpfte die Zahl der linksliberalen Abgeordneten von 77 auf 42. Dagegen konnten die Sozialdemokraten und das Zentrum, jene beiden politischen Kräfte, die von Bismarck als Reichsfeinde gebrandmarkt worden waren, zwischen 1871 und 1912 von 2 bzw. 63 auf 110 bzw. 91 Reichstagsmandate zulegen. Der Reichstag wurde jetzt von Parteien beherrscht, deren Ideologien vielen Deutschnationalen ein Greuel waren. Der Niedergang des Liberalismus machte ihn in ihren Augen ungeeignet für die dringende Aufgabe, in den Massen wieder patriotische Begeisterung zu entfachen. Neue, demagogische Taktiken von der Art, wie sie erstmals in den Jahren nach 1890 von den antisemitischen Parteien angewandt wurden, erschienen der neuen Generation von Agitatoren notwendig, die nach der Jahrhundertwende tonangebend war. Viele dieser Agitatoren hatten ihre Stellung erreicht, indem sie zuerst ihren Universitätsabschluß gemacht und sich dann durch die weniger attraktiven Bereiche des Staatsdienstes nach oben gearbeitet hatten. Auch der Wunsch nach gesellschaftlichem

Ansehen bildete eine wichtige Triebkraft. Die Identifikation, ja Überidentifikation mit der deutschen Nation gab allen Führern der nationalen Verbände, unabhängig von ihrem Hintergrund, ein Gefühl des Stolzes und der Zugehörigkeit, etwas, wofür sie rückhaltlos agitieren und sich einsetzen konnten.[107] Häufig überschnitt sich die Zusammensetzung der Mitglieder dieser Organisationen, es war keineswegs ungewöhnlich, daß zwei oder drei von ihnen ungeachtet personeller oder politischer Rivalitäten hier gemeinsame Sache machten.

Neben den konkreten Zielen, die jede einzelne dieser Organisationen verfolgte, und trotz ihrer häufigen internen Streitigkeiten stimmten alle nationalistischen Vereine darin überein, daß Bismarcks Aufbauwerk an der deutschen Nation unvollendet geblieben sei und zum Abschluß gebracht werden müsse. Mehr und mehr gelangten sie zu der Überzeugung, daß die Führung des Deutschen Reichs in dieser Hinsicht ihre Pflicht versäume. Besonders drastischen Ausdruck fanden die Anschauungen der Deutschnationalen in einer Schrift mit dem Titel *Wenn ich der Kaiser wär'*, die der Führer der Alldeutschen, der Rechtsanwalt Heinrich Claß, 1912 unter Pseudonym erscheinen ließ. Seine Ziele zeichneten sich nicht gerade durch Bescheidenheit aus. Wenn er die Macht eines Wilhelms besäße, so ließ Claß seine Leser wissen, würde er zuerst mit den inneren Feinden des Reichs, den Juden und Sozialdemokraten, aufräumen. Der Sieg der SPD bei den Reichstagswahlen Anfang 1912 sei, laut Claß, der Erfolg einer jüdischen Verschwörung gegen die deutsche Nation gewesen. Die Juden würden die deutsche Kunst zersetzen, den deutschen Schöpfergeist zerstören, die Masse des deutschen Volks korrumpieren. Wenn er der Kaiser wäre, würden die Juden auf der Stelle ihre Bürgerrechte verlieren und zu Ausländern erklärt. Die SPD würde verboten, ihre führenden Funktionäre, Reichstagsabgeordneten, Zeitungsredakteure und Gewerkschaftssekretäre aus Deutschland ausgewiesen. Das Wahlrecht würde zugunsten der Begüterten und Gebildeten umgebaut, und nur den Besten wäre es erlaubt, ein öffentliches Amt zu bekleiden. [108]

Der inneren Befriedung Deutschlands diente nach Auffassung der Alldeutschen auch die Niederhaltung der Minderheitenkulturen, etwa der Polen in den preußischen Ostgebieten, ihre Vertreibung von ihrem Grundbesitz, das Verbot des Gebrauchs ihrer Sprache und nötigenfalls die Anwendung von Gewalt, um diese angeblich minderwertigen und unzivilisierten Slawen in die Schranken zu weisen. Unter Claß' Führung traten die Alldeutschen und ihre Bundesgenossen für eine massive Aufrüstung Deutschlands ein, die noch weit über die durch die Flottengesetze seit 1898 in Gang gesetzte hinausgehen sollte. Dem würde ein Krieg folgen, in dessen Verlauf Deutschland Europa erobern und deutschsprachige Gebiete wie die Schweiz, die Niederlande, Belgien, Luxemburg und Österreich annektieren würde. Die Alldeutschen gingen in ihren Gedankenspielen rücksichtslos gegen die anderen in diesen Gebieten lebenden Nationalitäten vor und mißachteten die sprachlichen und kulturellen Unterschiede. Sie betonten, daß die belgischen und niederländischen Besitzungen in Übersee wie der Kongo den Grundstock eines gewaltigen neuen deutschen Kolonialreichs bilden könnten, das das britische weit in den Schatten stellte. Zu ihren Schriften und Reden verwendeten sie Autoren wie Nietzsche, Langbehn, Darwin und Treitschke als Steinbruch und rissen die Zitate beliebig aus dem Zusammenhang. Ihre zentralen Glaubenssätze fußten der rassischen Überlegenheit der Arier, auf dem Kampfbegriff, antisemitischen Vorstellungen und dem Willen zur Macht.[109]

Die Alldeutschen und andere nationale Verbände hegten Weltherrschaftsambitionen und zeigten sich alarmiert über den aktuellen Zustand und die Zukunftsaussichten Deutschlands. Sie waren der Überzeugung, das deutsche Volk sei von Feinden umzingelt, außen von Slawen und Romanen umringt, im Inneren werde es von Juden, Jesuiten, Sozialisten und allerlei zersetzenden Agitatoren und Verschwörern geschwächt. Deutschnationaler Rassismus drückte sich in einem Sprachgebrauch aus, der jede Nation auf ein eng definiertes, einheitlich agierendes rassisches Gebilde reduzierte – »das Deutschtum«, »das Slawentum«, »das Angelsachsentum«, »das Judentum«. Andere Rassen seien fruchtbarer als die Deutschen und drohten sie zu »überfluten«, oder sie seien wie die Franzosen im Verfall begriffen und übten durch ihre Dekadenz korrumpierende Einflüsse aus. Die extremen Nationalisten verstanden sich als Rufer in der Wüste, würden sie nicht gehört, so sei es zu spät für eine Umkehr. Ein verzweifeltes Übel verlange verzweifelte Heilmittel. Nur eine

Rückwendung zur rassischen Verwurzelung des deutschen Volkes im Bauern-, Handwerker- und Kaufmannsstand und in der traditionellen Kleinfamilie könne Rettung verheißen. Großstädte seien Brutstätten undeutscher Unmoral und Zuchtlosigkeit, starke Maßnahmen seien erforderlich, um Ordnung, Anstand und den deutschen Begriff von Kultur wiederherzustellen. Ein neuer Bismarck müsse her, hart, rücksichtslos und ohne Furcht vor aggressiven Maßnahmen im Inland wie im Ausland, wenn die Nation gerettet werden sollte.[110]

Mit der Zeit übten die nationalen Verbände immer lauter Kritik an der deutschen Regierung. Durch den Wahlsieg der SPD von 1912 zu radikalen Aktionen ermuntert, und im Anschluß an den in ihren Augen für Deutschland unbefriedigenden Ausgang einer internationalen Krise um Marokko im Jahr zuvor, bündelten die nationalen Verbände ihre Kräfte und unterstützten gemeinsam den neu gegründeten Deutschen Wehrverein, der für die Armee das leisten sollte, was der Flottenverein für die Kriegsmarine getan hatte. Die neue Organisation war viel unabhängiger von der Regierung als der Flottenverein. Sie teilte voll und ganz die Ansichten der Alldeutschen und brachte es nach ihrer Gründung 1912 binnen zwei Jahren auf 55 000 Einzel- und 150 000 mittelbare Mitglieder, womit die Alldeutschen jene Massenbasis bekamen, die sie sich aus eigener Kraft nie hatten schaffen können. Unterdessen führten sie gemeinsam mit der Kolonialgesellschaft eine Kampagne gegen die Anerkennung von Eheschließungen zwischen deutschen Siedlern und Schwarzafrikanern in den Kolonien. Prominente Mitglieder der Deutschkonservativen Partei begannen, mit den Alldeutschen zusammenzuarbeiten. Im August 1913 fusionierte der Bund der Landwirte, eine mächtige Interessengruppe von großen und kleinen Grundbesitzern mit engen Verbindungen zu den Konservativen, mit dem Centralverband Deutscher Industrieller und der nationalen Handwerkerorganisation zum »Kartell der schaffenden Stände«. Dieses Kartell hatte nicht nur eine Mitgliedschaft, die in die Millionen ging, es verfocht auch viele Überzeugungen und Ziele der Alldeutschen, so die Umgehung oder Abschaffung des Reichstags, das Verbot der Sozialdemokratie und die Verfolgung einer aggressiven Außenpolitik bis hin zur Anzettelung eines großen Eroberungskriegs.[111]

Die nationalen Verbände waren nicht mittels einer Manipulation durch wilhelminische Eliten entstanden, sondern die populistische Bewegung einer politischen Mobilisierung von unten. Keine Anhänger hatten sie in der Arbeiterklasse, von der sie als verantwortungslose Agitatoren betrachtet wurden, die den Interessen der Eliten dienten. Die unterste Stufe der Gesellschaft, die sie erreichten, waren die Angestellten. Deren gewerkschaftliche Vertretung, der virulent antisemitische Deutschnationale Handlungsgehilfenverband, übte heftige Kritik an jüdischen Wirtschaftsinteressen, die angeblich dafür sorgten, daß die Löhne der Handlungsgehilfen niedrig blieben, und bekämpfte das Vordringen von Frauen in die Berufswelt, was sie als das Ergebnis jüdischer Versuche ansahen, die deutsche Familie zu zerstören.[112] Durch das Erstarken der nationalen Verbände seit 1912 geriet die deutsche Regierung unter Druck, der noch größer wurde, als die Alldeutschen Unterstützung in der Rechtspresse gewannen. Ein Gesinnungsfreund der Alldeutschen, der pensionierte General Konstantin von Gebsattel, verfaßte unter dem Eindruck von Heinrich Claß' *Wenn ich der Kaiser wär'* eine Denkschrift, in der er den Kampf gegen »Judenmache und Verhetzung durch sozialdemokratische Führer« forderte, obendrein ein Reich, das »nicht parlamentarisch« sei, einen Kaiser, der nicht bloß Galionsfigur bleibe, sondern wirklich herrsche und eine aggressive Außenpolitik »mit gepanzerter Faust« mache, sowie ein Wahlrecht, das den Einfluß der Massen auf ein Mindestmaß beschränke.

Nach den Vorschlägen dieser Denkschrift sollten Juden als Ausländer behandelt werden, vom Erwerb von Grundbesitz ausgeschlossen sein und im Falle der Auswanderung ihren Besitz verlieren. Eine Tätigkeit in der öffentlichen Verwaltung, im Rechtswesen, an den Hochschulen und in der Armee sollte ihnen verboten werden. Die Taufe änderte natürlich in Gebsattels Augen nichts daran, daß jemand Jude war, jeder, der zu mehr als einem Viertel »jüdisches Blut« in seinen Adern hatte, sei als Jude, nicht als Deutscher zu behandeln. Die »Judenpresse« sei zu verbieten. Dies alles sei notwendig, so Gebsattel, weil das Leben in Deutschland vom »jüdischen Geist« beherrscht werde, der oberflächlich, negativ, destruktiv kritisch und materialistisch sei. Es sei an der Zeit, daß sich der wahre deutsche Geist wieder erhebe – tief, positiv und idealistisch. All dies sollte ein machtvoller Staatsstreich von oben bewirken, der durch die Erklärung des militärischen Belagerungszustands sowie die Verhängung des Kriegsrechts abzusichern sei. Gebsattel und sein Freund, der Führer der Alldeutschen Heinrich Claß, hielten den Ton der Denkschrift für maßvoll. Die Denkschrift sollte dem ältesten Sohn des Kaisers, dem Thronerben Kronprinz Friedrich Wilhelm, überreicht werden. In seiner Begeisterung gab Kronprinz Friedrich Wilhelm das Schriftstück sowohl seinem Vater als auch dem damaligen Reichskanzler Theobald von Bethmann Hollweg zu lesen.[113]

Bethmann und der Kaiser lehnten Gebsattels Ideen ab, sie seien undurchführbar und gefährdeten die Stabilität der Monarchie. Der Reichskanzler gab zwar zu, daß die »Judenfrage« ein Bereich sei, auf dem »große Gefahren für die weitere Entwicklung Deutschlands« lägen. Aber Gebsattels drakonische Lösungen könne man nicht ernst nehmen. Der Kaiser zerpflückte die Vorschläge noch mehr und klärte seinen Sohn darüber auf, daß Gebsattel ein »seltsamer Schwärmer« und seine Einfälle oft »geradezu kindisch« seien. Gleichwohl stimmte er zu, daß es wichtig sei, »den jüdischen Einfluß von Armee und Verwaltung mit aller Entschiedenheit auszuschließen und in allen Betätigungen der Kunst und Literatur nach Möglichkeit einzuschränken«. Auch in der Presse »hat das Judentum seinen gefährlichsten Tummelplatz gefunden«, trotzdem würde sich eine allgemeine Beschränkung der Pressefreiheit, wie sie Gebsattel befürworte, kontraproduktiv auswirken. So hatten antisemitische Stereotype von der höchsten Ebene des deutschen Staates Besitz ergriffen. Der Kaiser hatte Chamberlains *Die Grundlagen des XIX. Jahrhunderts* gelesen und als einen Weckruf an die deutsche Nation gelobt. Dazu kam, daß die Alldeutschen ihre Kritik am Reichskanzler in der Öffentlichkeit wie hinter den Kulissen unbeeindruckt verstärkten, so daß Bethmann sich zunehmend gezwungen sah, in seiner Außenpolitik einen harten Kurs zu steuern, was in der Krise, die zum Ausbruch des Ersten Weltkriegs führte, verhängnisvolle Folgen hatte.[114]

III

Historiker haben die These vertreten, daß Deutschlands Entschluß, 1914 in den Krieg einzutreten, Ausdruck der Spannungen und Neurosen gewesen sei, die die deutsche Gesellschaft und Politik unter Kaiser Wilhelm II. belastet hätten. Und in der Tat bewirkte der Kriegseintritt ein schlagartiges, allerdings, wie sich herausstellen sollte, kurzfristiges Gefühl der nationalen Einheit, nachdem Kaiser Wilhelm II. erklärte hatte, er kenne jetzt keine Parteien mehr, sondern »nur Deutsche«. In Wirklichkeit gab es jedoch keinen unmittelbaren Beweis für die Richtigkeit der erwähnten These. Noch weniger gab es einen realen Grund für die Überzeugung, das Deutsche Reich habe den Krieg bewußt herbeigeführt, um seinen Weltmachtanspruch durchzusetzen. Was statt dessen zum August 1914 führte, war Zukunftsangst, vermischt mit einem gereizten Nationalismus und einer verantwortungslosen Einstellung zur Anwendung von Gewalt bei politischen Entscheidungsprozessen. In Berlin waren Entscheidungsprozesse, die das politische Handeln vorbereiteten, nur schlecht abgestimmt, und die wichtigsten Entscheidungsträger waren keineswegs von einem gemeinsamen Willen beseelt, sondern verfolgten oft gegensätzliche Ziele. Widerstreitende Ambitionen und Mißverständnisse unter den führenden Staatsmännern anderer Länder trugen ebenfalls dazu bei, den Krieg herbeizuführen. Ein nicht zu unterschätzender Grund für den Ausbruch des Kriegs waren Illusionen, die in allen an den Kämpfen beteiligten Nationen verbreitet waren – ein Krieg werde das Beste im Menschen hervorbringen, er werde nicht sehr lange dauern und Wirtschaft und Gesellschaft nicht allzu stark belasten, und eine Niederlage sei in jedem Fall ausgeschlossen.[115]

Die Krise, die den Krieg auslöste, war die letzte in einer Reihe von Zusammenstößen zwischen Deutschland und anderen europäischen Mächten, welche die internationale Atmosphäre während des 19. Jahrzehnts in Unruhe versetzt hatten. Zwei dieser Krisen, in denen Deutschland und Frankreich jeweils um die Kontrolle in Marokko rivalisiert hatte, endeten mit einem Rückzieher Deutschlands. In ihnen war deutlich geworden, daß im Falle eines Krieges England an der Seite Frankreichs stehen würde. In den Augen der britischen Regierung war die Bedrohung durch den Aufbau einer deutschen Schlachtflotte seit 1898 so groß, daß sie ihre kolonialen Differenzen mit Frankreich begraben hatte und darüber mit dessen Regierung zu einer »Entente«, einer »Verständigung«, gelangt war. Das zaristische Rußland, durch massive finanzielle Investitionen aus Frankreich gestützt, war schließlich als dritte Großmacht der Entente beigetreten. Doch was die Russen England und Frankreich in die Arme getrieben hatte, war vor allem die Drohung eines Konflikts auf dem Balkan, wo es vor dem Krieg zwei weitaus ernstere diplomatische Krisen gegeben hatte. 1908 hatte die österreichisch-ungarische Monarchie die unruhigen Provinzen Bosnien und Herzegowina annektiert, von denen aus serbische Nationalisten unter der zahlenmäßig starken südslawischen Minderheit in der Donaumonarchie Unruhen schürten. Der russische Zar, der sich als der Beschützer der Orthodoxen Slawen einschließlich der Serben verstand, sah darin eine Herausforderung. 1908 hatte er nachgegeben, ein zweites Mal würde er es nicht tun.

Die Kulmination der Ereignisse bis zum Kriegsausbruch begann 1911, als Italien – ebenso wie Deutschland ein Nachzügler auf der kolonialen Szene – sich den Zerfall des Osmanischen Reiches zunutze machte, in Libyen einfiel und anschließend einige griechische Inseln besetzte, die ebenfalls zum Osmanenreich gehörten. Nationalisten in den Balkanstaaten, von denen sich einige erst vor kurzem vom Türkenjoch befreit hatten, sahen darin den letzten Akt des Dramas und griffen zu den Waffen in zwei kurzen Kriegen 1912 und 1913, in denen es dem Königreich Serbien gelang, sein Territorium zu verdoppeln. Dessen Ambitionen stellten nunmehr eine ernsthafte Gefahr für die Habsburger dar, welche die Kontrolle ihrer eigenen südslawischen Bevölkerung vor allem in Bosnien bedroht sahen.

Am 28. Juni 1914 ermordete eine Gruppe junger bosnisch-serbischer Terroristen, geführt vom serbischen militärischen Geheimdienst (vermutlich ohne Wissen der serbischen Regierung) den österreichischen Thronfolger, Erzherzog Franz Ferdinand, während dieser Sarajewo besuchte. Das Militär in Wien, das gemäß seiner sozialdarwinistischen Weltsicht in den internationalen Beziehungen einen Kampf ums Überleben zwischen verschiedenen Rassen sah, verstand dies als eine Herausforderung, die nicht ignoriert werden konnte. Es sicherte sich die Unterstützung nicht nur der eigenen Regierung, sondern auch der Deutschen, um gegen Serbien loszuschlagen. Angesichts eines Ultimatums, das auf eine österreichisch-ungarische Übernahme ihres Landes hinauslief, wandten sich die Serben an Rußland um Unterstützung. In diesem Stadium waren der Zar und seine Berater überzeugt, daß sie es sich nicht leisten könnten, ihre Klienten, die Serben, gedemütigt zu sehen, da in diesem Fall ihr eigenes politisches Prestige beträchtlichen Schaden nehmen würde. Die führenden deutschen Akteure in dem Drama, vom Kaiser und Bethmann Hollweg bis zu Falkenhayn und Moltke, mochten unterschiedlicher Meinung sein, welches in den verschiedenen Phasen der Krise die richtigen Schritte waren, doch alle hingen sie der fatalistischen Überzeugung an, daß es irgendwann zu einem Rassenkampf zwischen Germanen und Slawen kommen müsse und daß jetzt der Zeitpunkt günstig sei, zumal die militärische Stärke der Russen noch nicht ihr volles Potential erreicht habe. Serbien konnte nicht anders, als den entscheidenden Passus des Ultimatums abzulehnen; Österreich-Ungarn marschierte in Serbien ein; Deutschland unterstütze Österreich-Ungarn; Frankreich stellte sich an die Seite Rußlands; England unterstützte Frankreich; und bis zu den ersten Augusttagen war aus einem lokalen Konflikt zwischen serbischem Nationalismus und der Habsburgermonarchie ein Weltkrieg geworden.[116]

Wie andere europäische Nationen, zog Deutschland in optimistischer Stimmung in den Krieg, in der sicheren Erwartung, ihn zu gewinnen. Militärs wie Kriegsminister Erich von Falkenhayn rechneten mit einem längeren Konflikt und befürchteten eine Niederlage für Deutschland. Diese Einschätzung der Fachleute drang weder zu den Volksmassen noch zu den Politikern durch, in deren Händen das Schicksal Deutschlands lag.[117] Was die Stimmung, unbesiegbar zu sein, noch beflügelte, waren das massive Wachstum der deutschen Wirtschaft in den Jahrzehnten vor dem Krieg sowie die verblüffenden Siege der deutschen Armee an der Ostfront in den Jahren 1914 und 1915. Nach einem frühen russischen Vorstoß nach Ostpreußen übertrug der Chef des Deutschen Generalstabs die Führung des Feldzugs dem pensionierten General Paul von Hindenburg. Geboren 1847 in eine traditionelle preußische Offiziersfamilie, war Paul Ludwig Hans von Beneckendorff und von Hindenburg, wie sein voll-

Deutsche Expansionspläne im Ersten Weltkrieg
Finnland
Juni 1918
Norwegen
St. Peters
Helsingfors
Reval
Kristiania
Stockholm
Estland
Schweden
Gotland
Riga
Nordsee
Dänemark
Memel
Kowno
Kopenhagen
Ostsee
Königsberg
Danzig
Ostpreußen
Rügen
Kiel
Groß-britannien
Wilhelmshaven
Hamburg
Niederlande
Berlin
Brest-Lit
London
Zeebrügge
Amsterdam
Warschau
Polen
Ostende
Brügge
DEUTSCHES REICH
Oder
Dünkirchen
Antwerpen
Calais
Rhein
Leipzig
Breslau
Boulogne
Brüssel
Belgien
Prag
Krakau
GALIZIE
Rouen
Frankfurt
BÖHMEN
MÄHREN
Paris
Verdun
September 1914
Donau
Wien
München
Budapest
Frankreich
Schweiz
TIROL
Österreich-Ungarn
Save
Vichy
Oktober 1918
KRAIN
KROATIEN
Lyon
Mailand
Venedig
Triest
Belgrad
BOSNIEN-HERZEGOWINA
Genua
Sarajewo
Toulouse
Serbien
Florenz
Marseille
Montenegro
Italien
Skopje
Korsika
Rom
Albanien
Mittelmeer
Neapel
September 1918
Griech lan
Balearen
Sardinien

Mittelmächte (14. Oktober 1915)
offiziell geplante deutsche Annexionen (maximale Ausdehnung)
künftig dem Deutschen Reich angeschlossene tributpflichtige Staaten
zusätzliche Annexionswünsche des Alldeutschen Verbandes
künftig wirtschaftlich und administrativ vom Deutschen Reich abhängig
künftiges deutsches Siedlungsgebiet
künftig als Hauptrohstofflieferant wirtschaftlich an das Deutsche Reich gebunden
künftiges deutsches Einflußgebiet
künftig wirtschaftlich und politisch an das Deutsche Reich gebunden
künftige enge Verbündete der Mittelmächte
weitester deutscher Vormarsch, mit Jahreszahlen
Grenzen 1914
Grenzen des Deutschen Reiches 1914
N
S
Moskau
Juni 1918
Belgorod
Charkow
Kiew
Dnjepr
Don
Wolga
Rostow
KOSAKEN
Russisches Reich
Kaspisches Meer
Stawropol
Asowsches Meer
Cherson
Odessa
Juni 1918
Sewastopol
Georgien
Tiflis
Aserbaidschan
Baku
Armenien
Batum
Schwarzes Meer
Trapezunt
Persien
Konstantinopel
Angora
Osmanisches Reich
Smyrna
Adalia
0
100
200 km

ständiger Name lautete, ein Berufssoldat, der seine militärische Laufbahn mit elf Jahren begonnen hatte, als er in eine Kadettenanstalt eintrat. Im Preußisch-Österreichischen Krieg von 1866 diente er als Leutnant und wurde beim Sturm auf eine feindliche Batterie verwundet, wofür er wegen Tapferkeit vor dem Feind ausgezeichnet wurde. Im Preußisch-Französischen Krieg von 1870/71 wurde er erneut ausgezeichnet und wohnte der Proklamation des Deutschen Reiches am Ende des Krieges im Schloß von Versailles bei. Bis 1903 war er in den Rang eines Generals aufgestiegen und kommandierte die 4. Armee in Magdeburg. 1908 war Hindenburg Kommandant bei den traditionellen jährlichen Heeresmanövern und mußte seine Truppen gegen einen »Feind« führen, an dessen Spitze der Kaiser persönlich stand. Wilhelm II. war ein miserabler militärischer Taktiker, und politisch gewiefte und ehrgeizige Offiziere wußten, daß sie Schwierigkeiten bekommen würden, wenn sie den Kaiser nicht gewinnen ließen. Hindenburgs Starrheit und sein Mangel an politischem Gespür zeigten sich bald, nachdem die Manöver begonnen hatten. Zeitlebens ein Soldat, konnte er einfach keinen Sinn darin erkennen, in den Manövern etwas anderes zu sehen als eine militärische Übung. So nahm er keinerlei Rücksicht auf die taktische Unfähigkeit des Kaisers, und Wilhelm II. geriet dieses eine Mal in die Situation, die Verliererseite zu kommandieren. Hindenburg wurde kurz darauf vom Kaiser kaltgestellt und quittierte 1911 im Alter von 64 Jahren von sich aus den Heeresdienst, da er in der absehbaren Zukunft nicht mehr mit einem Krieg rechnete.

Hindenburg war in mehr als einer Hinsicht ein Repräsentant der alten preußischen Militärtradition. Seine adlige Herkunft machte ihn für viele zum Inbegriff der preußischen Tradition, was durch seine bekannte Abneigung gegen Alkohol, seine unbeugsame Geradlinigkeit und die allgemeine Einfachheit seiner Lebensweise noch unterstrichen wurde. Wie viele andere seiner Standesgenossen betrachtete Hindenburg die Sozialdemokraten stets als Revolutionäre und Verräter, als das Gegenteil von allem, woran er glaubte. 1908 erhielt er den Auftrag, eine Instruktion über die Verwendung von Truppen zur Unterdrückung innerer Unruhen für den internen Gebrauch des preußischen Heeres zu verfassen. Diese im Militär weithin gelesene Broschüre enthielt unter anderem die Anweisung, daß die Armee im

Fall schwerer innerer Unruhen alle sozialdemokratischen Reichstagsabgeordneten ungeachtet ihrer parlamentarischen Immunität zu verhaften habe. Die Einstellungen, die Hindenburg in dieser Instruktion zu erkennen gab, waren nichts Ungewöhnliches, schon gar nicht, wenn man sie mit den Ansichten etwa eines Freiherrn von Bissing verglich, dem kommandierenden General des VIII. Armeekorps, der ein Jahr zuvor die Meinung vertreten hatte, im Fall ziviler Unruhen sollten die Soldaten ohne Vorwarnung gezielte Schüsse abgeben. Bissing stand nicht allein mit seiner Meinung, daß die Zivilbehörden zu schwach seien, um der Bedrohung durch die Sozialdemokratie zu begegnen, und die Vorstellung, das Heer müsse in einem solchen Fall den Befehlen der verfassungsmäßig konstituierten Regierung gehorchen, lehnte er ab.[118]

Im Alter von 67 Jahren wurde Hindenburg zurückgerufen, um die deutschen Kräfte an der Ostfront zu führen, nachdem sich der bisherige Kommandeur als unfähig erwiesen hatte, mit der unerwartet frühen russischen Invasion auf deutschem Gebiet fertig zu werden. Hindenburg wurde nicht wegen seines militärischen Genies oder seiner taktischen Brillanz ausersehen; das Heer benötigte einen kühlen Kopf in einer schwierigen Situation, und Hindenburgs nüchterne Zuverlässigkeit entsprach den Anforderungen. Doch er benötigte einen weiteren fähigen Mann, der die Operationen unter seiner allgemeinen Aufsicht leiten sollte. Man teilte ihm einen Stabschef zu, der in fast jeder Hinsicht sein genaues Gegenteil war. Erich Ludendorff, geboren 1865, der sich durch seinen handstreichartigen Angriff auf Lüttich zu Beginn des Weltkriegs einen Namen gemacht hatte, war bürgerlicher Herkunft und hatte sich auf so unspektakulären Gebieten wie Pionierwesen und Militärtechnik hochgearbeitet. Als Chef der Aufmarschabteilung im Generalstab hatte er in den Jahren vor 1914 die Erweiterung des deutschen Heeres organisiert und die Besorgnisse der hohen adligen Offiziere ignoriert, dies könnte die Ernennung einer zu großen Zahl bürgerlicher Offiziere wie ihm selbst und die Rekrutierung zu vieler Soldaten aus deutschen Großstädten – in ihren Augen die Brutstätten der Revolution – zur Folge haben. Ludendorff war ein Technokrat, der militärische Erfordernisse über alles, auch die Tradition, stellte. Als Sozialdarwinist, der im Krieg die wichtigste menschliche Tätigkeit sah, ordnete er alles den Geboten des Sieges unter, einschließlich bürgerlicher Grundrechte, sozialer Institutionen und politischer Freiheiten. Der absolute Krieg erforderte eine absolute Mobilisierung, und Ludendorff hatte keine Hemmungen, über Konventionen hinwegzugehen. [119]

Die zwei Generale lockten die russischen Invasionsarmeen in eine Falle und vernichteten sie, woran sich eine Serie weiterer Siege anschloß. Bis Ende September 1915 hatten die Deutschen den russischen Armeen riesige Verluste zugefügt und sie um 400 Kilometer zurückgedrängt. Hindenburg erlangte den Ruf eines buchstäblich unbesiegbaren Feldherrn. Ein Heldenkult begann sich um ihn zu entfalten, seine massive, unerschütterliche Gestalt schien ein Fels in der Brandung des wechselnden Kriegsglücks zu sein, obschon er in Wirklichkeit ein Mann von begrenzter politischer Begabung und Vision war. In vieler Hinsicht fungierte er als Aushängeschild für seinen energischen Untergebenen Ludendorff. Hindenburgs wachsende Popularität als Kommandeur der siegreichen deutschen Truppen an der Ostfront ermöglichte Ludendorff, viele seiner radikalen Vorstellungen in die Praxis umzusetzen. Es war nicht das letzte Mal, daß Hindenburg als Strohmann für andere handelte, die kühner und skrupelloser waren als er selbst.

Dem Triumph des ungleichen Gespanns im Osten stand die Pattsituation im Westen gegenüber, wo sich schon wenige Monate nach Kriegsausbruch rund acht Millionen Soldaten in einem siebenhundert Kilometer langen Grabensystem, von der Nordsee bis an die Schweizer Grenze, gegenüberlagen, ohne nennenswert hinter die feindlichen Linien vordringen zu können. Der weiche Boden gestattete es, immer neue Linien von tiefen Verteidigungsgräben auszuheben, so daß das Vorrücken des Gegners blockiert wurde. Und Maschinengewehrstellungen entlang der Linie erschossen die, denen es trotzdem gelang, auf Schußweite heranzukommen. Beide Seiten steckten immer neue Ressourcen in diesen vergeblichen Kampf.

Bald nach dem Beginn des Krieges hatten die Deutschen entdeckt, daß das Versprechen der Einigkeit, das eine so zentrale Rolle für das Augusterlebnis gespielt hatte, sich wahrscheinlich nicht erfüllen würde. Ein massenhaftes, mechanisiertes Abschlachten im Grabenkrieg an der Westfront zermürbte den Geist des heroischen Selbstopfers, von dem die jugendlichen Freiwilligen erfüllt waren, die in der Schlacht bei Langemarck 1914 die feindlichen Stellungen zu stürmen versuchten. Bis 1916 war dieser Idealismus weitgehend geschwunden; den Soldaten ging es jetzt vor allem ums Überleben, der Kampf war inzwischen alles Heroischen entkleidet und darauf reduziert, die wirksamsten Methoden des Tötens zu entwickeln. Nur in der Luft kamen neue Helden auf mit Kampfpiloten wie dem »roten Baron« Manfred von Richthofen und seiner Staffel, die sich einen Ruf als die wahrhaft ritterlichen Kämpfer der Lüfte erwarben. Zur See erfüllte sich die Erwartung glorreicher Konfrontationen der bewunderten Schlachtschiffe nicht, und die einzige bedeutsame Seeschlacht – vor dem Skagerrak – brachte keine Entscheidung. Die deutsche Kriegsmarine konzentrierte sich auf den U-Boot-Krieg gegen Konvois aus Handelsschiffen. Innerhalb der Truppe richtete sich die Herablassung adliger Offiziere gegen neue Rekruten mit sozialdemokratischer Orientierung, während begeisterte studentische Freiwillige den Launen skrupelloser und korrupter Unteroffiziere mit langjähriger Erfahrung im Heeresdienst ausgeliefert waren. Die bevorzugte Behandlung von Stabsoffizieren mit größeren Lebensmittelrationen und besseren Quartieren schürte bei den neu eingezogenen unteren Rängen zusätzliche Ressentiments.[120]

Hinter den Linien bekamen die Deutschen den Krieg wenig direkt zu spüren; abgesehen von dem Einfall russischer Einheiten in Ostpreußen, der bald zurückgeschlagen wurde, war kein deutsches Gebiet besetzt; bei anglo-französischen Bombenangriffen auf Städte wie Köln und Freiburg im Westen Deutschlands kamen 768 Menschen um, doch war die Wirkung in erster Linie psychologischer Art. Die indirekten Auswirkungen auf das Leben in Deutschland bekam die Bevölkerung dagegen immer stärker zu spüren. Ebenso wie andere Länder war Deutschland nicht auf einen langen Krieg vorbereitet, und die Notwendigkeit, Waffen, Munition, Ausrüstung und Verpflegung zu bezahlen, setzte die Wirtschaft bald einem enormen Druck aus. Von den Weltmärkten praktisch abgeschnitten, da sein Handel von den alliierten Heeren und Flotten blockiert war, mußte Deutschland seine eigenen Ressourcen in Anspruch nehmen. Das Zeichnen von Kriegsanleihen wurde zur erzwungenen patriotischen Pflicht. Papiergeld wurde in immer größeren Mengen gedruckt, um die rasch anwachsenden Staatsschulden zu decken. Eine Inflation war so unvermeidlich. Familien wurden auseinandergerissen, da die Väter an die Front gingen und, wenn überhaupt, erst nach längerer Zeit zurückkehrten. Die Konsumgüterindustrie hatte zu leiden, da die Rüstungsproduktion den Vorrang hatte. Wegen der Kohlenknappheit konnten im Winter die Wohnungen nicht mehr ausreichend geheizt werden; warme Kleidung war kaum erhältlich, da der größte Teil an die Front ging. Auf Bauernhöfen fehlten die männlichen Arbeitskräfte. Da es keine Getreideeinfuhren mehr gab, waren deutsche Familien auf selbst angebaute Nahrungsmittel angewiesen. Durch den Ausbruch von Krankheiten wurde 1916 die Hälfte der Kartoffelernte vernichtet, worunter nicht nur die Bevölkerung, sondern auch das Vieh zu leiden hatte, das mit Kartoffeln gefüttert wurde. Bis 1917 war die deutsche Milcherzeugung um ein Drittel zurückgegangen, und es gab nur noch ein Drittel soviel Kühe wie 1913. Der damit verbundene Verlust an Dung zur Düngung der Felder, der nicht durch Importe von Düngemitteln ausgeglichen werden konnte, trug zum Rückgang der Getreideernte in Deutschland um knapp ein Drittel gegenüber der Vorkriegszeit bei.[121]

Mit zunehmender Inflation führte die Regierung eine Preiskontrolle auf Lebensmittel ein, und schließlich wurden sie rationiert. Unter diesen Umständen entwickelte sich ein Schwarzmarkt, der jedoch nur den Wohlhabenden zugänglich war. Diebstahl war für viele ein Ausweg, in Extremfällen auch die gewaltsame Aneignung von Lebensmitteln vom Bauern. Ganze Horden von Städtern schwärmten in die Dörfer aus, um zu »hamstern«. Doch nichts konnte die sich rapide verschlechternde Lage in den deutschen Großstädten lindern, in denen Hunger und Unterernährung um sich griffen. Im Frühjahr 1918 waren die amtlichen Lebensmittelrationen als Prozentsatz des Gewichts des Friedensverbrauchs auf 20 Prozent bei Fleisch, 13 Prozent bei Eiern, 11 Prozent bei Schmalz und 21 Prozent bei Butter gefallen. Trotz massiver Bemühungen von staatlicher wie privater Seite, ärmere Familien zu unterstützen, begannen viele Frauen die Sache selbst in die Hand zu nehmen. Bereits im November 1915 zog eine Welle von Lebensmittelkrawallen durch deutsche Großstädte, von Aachen bis Berlin, von Köln bis Leipzig. Weitere folgten 1916, während Anfang 1917 die Lebensmittelunruhen eine stärker organisierte Form annahmen, wobei die Frauen und Kinder, die gewöhnlich das Gros der Protestierenden ausmachten, jetzt von Soldaten auf Heimaturlaub begleitet wurden. Die Plünderungen von Lebensmittelläden und gewalttätige Angriffe gegen Lokalbehörden, die nicht genug Lebensmittelkarten ausgegeben hatten, zeitigten letztlich keine Linderung; sie machten jedoch auf die katastrophalen Bedingungen aufmerksam.[122]

Es gab auch in anderen am Krieg beteiligten Nationen Lebensmittelknappheit und Lebensmittelkrawalle, in Österreich-Ungarn ebenso wie in Frankreich, und in Rußland waren die Bedingungen besonders schlimm. In allen großen kriegführenden Nationen gab es in den mittleren Kriegsjahren einen Führungswechsel, da überall eine noch größere Energie und Rücksichtslosigkeit bei der Mobilisierung der Nation und ihrer Ressourcen für notwendig erachtet wurde. In Frankreich kam Clemenceau an die Macht, in Großbritannien Lloyd George. In Deutschland war es bezeichnenderweise kein radikaler ziviler Politiker, der im August 1916 die Zügel der Macht übernahm, es waren die zwei erfolgreichsten Generale, Hindenburg und Ludendorff. Unter Ausschaltung der zivilen Politiker errichteten Hindenburg und Ludendorff in Deutschland eine »lautlose Diktatur«: Militärherrschaft hinter den Kulissen, einschneidende Beschränkungen der Grundrechte, zentrale Wirtschaftslenkung und Formulierung der Kriegsziele und der Außenpolitik durch die Generale. Unter ihrer Führung wurde die Zivilregierung auf jeder Ebene praktisch abgedrängt. Reichskanzler Bethmann Hollweg, den Ludendorff für zu weich hielt, wurde zum Rücktritt gezwungen, nachdem es ihm nicht gelungen war, den Reichstag, der jetzt zunehmend von einer gemäßigten Koalition aus Mehrheitssozialdemokraten, Zentrumspolitikern und Liberalen dominiert wurde, im Juli 1917 an der Verabschiedung einer Resolution zugunsten eines Versöhnungsfriedens zu hindern. Sein Amt wurde von einem preußischen Bürokraten übernommen, Georg Michaelis, der nicht einmal den Versuch machte, sich mit dem Reichstag zu arrangieren, da er ihn als für das Regierungsgeschäft weitgehend irrelevant erachtete. Ludendorff wollte nicht nur einen Siegfrieden, er war auch vehement gegen jede Demokratisierung des politischen Systems im Lande, und als der Reichstag im Oktober 1917 für eine Verfassungsreform stimmte, entließ er Michaelis und ersetzte ihn durch einen 74 Jahre alten bayerischen

Zentrumspolitiker, Georg von Hertling, der seiner Meinung nach besser imstande war, die Abgeordneten zu disziplinieren. Das mochte ein stillschweigendes Zugeständnis an den wachsenden Einfluß der demokratisierenden Kräfte im Parlament gewesen sein, doch im Deutschen Reich wurde die Macht hauptsächlich durch die Stellvertretenden Generalkommandos des Heeres ausgeübt, regionale Diktatoren, die eine strenge Zensur ausübten, hart gegen Pazifisten und heterodoxe Sozialdemokraten vorgingen, die gegen den Krieg agitierten, und geheimdienstliche und Überwachungsoperationen leiteten, die zur Verhaftung einer beträchtlichen Zahl von Kritikern des Krieges führten, darunter die radikalen Sozialisten Karl Liebknecht und Rosa Luxemburg. Viele dieser Maßnahmen waren eine, wenngleich stark abgeschwächte, Vorahnung der diktatorischen Politik des Dritten Reiches.[123]

Ein entscheidendes Element in der neuen Politik des absoluten Kriegs war die totale Mobilisierung der Wirtschaft im Dienst der Rüstungsproduktion. Hindenburg und Ludendorff wollten drei Millionen weitere Arbeiter in die Rüstungsindustrie verlegen und alle »unwesentlichen« Produktionsanlagen stillegen. Dieses Vorhaben, das schnell die Bezeichnung »Hindenburg-Programm« erhielt, hatte weitreichende Folgen. Seit 1914 hatte das Kriegsministerium die Hilfe der Gewerkschaften für die Organisation der Kriegsproduktion in Anspruch genommen. Industrielle Unternehmer waren entsetzt über dieses Zugeständnis an Organisationen, die in ihren Augen subversiv waren. Sie sahen den Krieg vielmehr als Gelegenheit, die Produktion durch die Einführung eines wesentlich stärker hierarchischen und disziplinierenden Elements in den Betrieben zu militarisieren. Die Unternehmer sollten ihre Arbeiter in derselben Weise befehligen, wie Generale ihre Truppen kommandierten. Diese Vorstellungen, die eine Kompromißlosigkeit verrieten, die sich unter völlig anderen Umständen zu Beginn der dreißiger Jahre erneut zeigen sollte, fanden bei Hindenburg und Ludendorff offenbar Anklang. Sie entließen im Herbst 1916 den Kriegsminister, setzten einen Militär an seine Stelle und riefen anschließend eine neue Behörde, das Kriegsamt, ins Leben, um die Mobilisierung der Wirtschaft zu koordinieren. Zu dessen Chef ernannten sie einen weiteren militärischen Technokraten, Wilhelm Groener, der später in den politischen Dramen der frühen

1930er Jahre eine wichtige Rolle spielte. Groener war ein Schwabe, der 1867 in eine bürgerliche Familie geboren wurde. Er trat 1884 als Fähnrich in die Württembergische Armee ein und wurde nach dem Besuch der Militärakademie Offizier in einem wenig attraktiven Artillerieregiment. Seine offensichtliche Tüchtigkeit führte 1897 zu seiner Versetzung in die topographische Abteilung des Generalstabs; ab 1912 leitete er den Eisenbahngeneralstab: Der Aufmarsch der deutschen Armeen zu Beginn des Krieges 1914 ging auf seine Planungen zurück. Im Mai 1916 wechselte er in das Kriegsernährungsministerium, ab November übernahm er dann das neue Kriegsamt. Groener war kein General bei der kämpfenden Truppe; er war der geborene Planer und Organisator.[124]

Groeners Behörde zentralisierte alle bislang existierenden kriegswirtschaftlichen Institutionen und nahm ein umfassendes Programm einer zwangsweisen Mobilisierung und des Einsatzes ziviler Arbeitskräfte in Angriff – ein Programm, das unter anderen Vorzeichen Mitte der 1930er Jahre wiederbelebt wurde. Doch die autoritären Bestimmungen der entsprechenden Gesetzesvorlage, die vom Reichstag verabschiedet werden mußte, wurden von der gemäßigten Mehrheit der Abgeordneten abgeschwächt, die den Gewerkschaften größere Rechte einräumte und eine rechtliche Grundlage für die Geltung von Tarifabschlüssen schuf. Groener war flexibel genug, um sich den politischen Realitäten zu beugen, und begann sogar die Industriellen zu kritisieren, weil sie im Krieg exorbitante Gewinne abschöpften. Diese beschwerten sich hinter seinem Rücken bei seinen Vorgesetzten, und im August 1917 wurde er entlassen.

Das Hindenburg-Programm war weit hinter seinen ehrgeizigen Zielen zurückgeblieben – Deutschland verfügte nicht über die nötigen Rohstoffe. Die Belastungen, die der deutschen Wirtschaft durch das Programm aufgebürdet wurden, waren ohnehin gewaltig. Trotz aller Bemühungen Groeners ging die Stahlproduktion 1917 sogar zurück, und die Abkommandierung von Frontsoldaten in die Munitionsfabriken mußte die kämpfende Truppe an der Front schwächen. So wurden in der wirtschaftlichen Sphäre bereits damals Kampflinien gezogen, die in den zwanziger und frühen dreißiger Jahren in anderer Form wiedererstehen sollten: hier kompromißlose Arbeitgeber und autoritäre Generale, die bemüht waren, die Macht der

Arbeiterbewegung zu schwächen und die Wirtschaft für den Krieg zu mobilisieren; dort gemäßigte liberale und sozialdemokratische Politiker, denen es um eine verbriefte Beteiligung der Gewerkschaften an der Führung der Wirtschaft zu tun war.[125]

Die Hinwendung zu einer noch rücksichtsloseren Kriegführung schadete Deutschland mehr, als daß sie von Nutzen war. Ludendorff ordnete die systematische wirtschaftliche Ausbeutung der von deutschen Truppen besetzten Gebiete Frankreichs, Belgiens und Ostmitteleuropas an. Die Erinnerung der besetzten Länder an dieses Vorgehen kam die Deutschen bei Kriegsende teuer zu stehen. Die unflexiblen und ambitiösen Kriegsziele der Generale befremdeten viele Deutsche aus der liberalen Mitte und des linken politischen Spektrums. Der Anfang 1917 gefaßte Entschluß zum uneingeschränkten U-Boot-Krieg im Atlantik, mit dem Ziel, den amerikanischen Nachschub für Großbritannien abzuschneiden, hatte nur den Erfolg, die Amerikaner zum Kriegseintritt auf seiten der Alliierten zu provozieren. Ab 1917 bewirkte die Mobilisierung der reichsten Volkswirtschaft der Welt, daß sich die Chancen deutlich zugunsten der Alliierten verschoben, Ende jenes Jahres kamen amerikanische Truppen in immer größerer Zahl an die Westfront. Der einzige wirkliche Erfolg aus deutscher Sicht war die anhaltende Serie militärischer Eroberungen im Osten.

Aber sie hatten ihren Preis. Der erbarmungslose militärische Druck der deutschen Armeen und ihrer Verbündeten im Osten trugen Anfang 1917 insofern Früchte, als die unfähige und unbeliebte Administration des Zaren Nikolaus II. zusammenbrach und durch eine Provisorische Regierung aus russischen Liberalen ersetzt wurde. Diese verstanden es ebensowenig wie der Zar, die gewaltigen Ressourcen Rußlands für einen erfolgreichen Krieg zu mobilisieren. Angesichts einer sich abzeichnenden Hungersnot in der Heimat, chaotischer Zustände in der Verwaltung und zunehmender Verzweiflung an der vor der Niederlage stehenden Front schlug die Stimmung in Moskau und Petrograd in Kriegsmüdigkeit um, und die provisorische Regierung verlor die ohnedies schwache Legitimität. Nutznießer dieser Lage war die einzige politische Gruppierung in Rußland, die von Anfang an konsequent gegen den Krieg gewesen war – die Bolschewiki, eine straff geführte, marxistisch extremistische Partei, deren Führer Wladimir Iljitsch Lenin schon immer das Argument ins Feld geführt hatte, eine militärische Niederlage sei der schnellste Weg zur Revolution. Er nutzte die Chance, die sich ihm bot, als die deutsche Regierung ihm freie Durchfahrt von seinem Schweizer Exil durch Deutschland an die Ostsee gewährte, und vereitelte die Fortsetzung der russischen Kriegsanstrengungen.

Die russische Oktoberrevolution versank bald in Blutvergießen. Als die Feinde der Bolschewiki einen Gegenschlag versuchten, reagierte das neue Regime mit blutigem »roten Terror«. Es verbot alle Parteien und errichtete eine Diktatur der Bolschewisten unter Führung Lenins. Die neu gebildete Rote Armee unter Leo Trotzki führte Bürgerkrieg gegen die »Weißen«, welche die Wiedereinsetzung des zaristischen Regimes betrieben. Dem Zaren selbst konnten sie nicht mehr helfen, ihn und seine Familie hatten die Bolschewiki ermordet. Die politische Polizei der Bolschewiki, die Tscheka, verfolgte mit brutaler Unterdrückung Regimegegner aller politischen Schattierungen, von gemäßigt sozialistischen Menschewiki, Anarchisten und bäuerlichen Sozialrevolutionären auf der Linken über Liberale bis zu Konservativen und Zarentreuen auf der Rechten. Tausende von Menschen wurden gefoltert, getötet oder in den Lagern eines bis in die dreißiger Jahre hinein ausgebauten riesigen Gefängnissystems in brutaler Haft gehalten.[126]

Lenins Regime triumphierte schließlich, es verjagte die »Weißen« und deren Anhänger und brachte weite Teile des ehemaligen Zarenreichs unter seine Kontrolle. Der Bolschewikenführer machte sich daran, seine Version eines kommunistischen Staates und einer kommunistischen Gesellschaft zu errichten: Die Vergesellschaftung der Wirtschaft bedeutete – zumindest theoretisch – Miteigentum aller am Besitz, die Abschaffung der Religion verbürgte ein säkulares, sozialistisches Bewußtsein, die Konfiszierung von Privatvermögen schuf eine klassenlose Gesellschaft, und die Einführung des »demokratischen Zentralismus« und der Planwirtschaft gab der Zentralverwaltung in Moskau beispiellose diktatorische Vollmachten. Das alles vollzog sich in einem Staat und einer Gesellschaft, die wirtschaftlich rückständig waren und moderner Ressourcen ermangelten. Lenin war überzeugt, daß die russische Revolution kaum überleben könne, wenn nicht auch anderswo erfolgreiche Revolutionen gleichen Typs stattfänden.[127]

Im März 1919 gründeten die Bolschewiki eine Kommunistische Internationale (»Komintern«), um die Revolution in der übrigen Welt zu propagieren. Sie konnten sich den Umstand zunutze machen, daß die sozialistischen Bewegungen vieler Länder aufgrund von Auseinandersetzungen über die Kriegsfrage gespalten waren. In Deutschland war die einst monolithische SPD, die anfangs den Krieg als reine Defensivmaßnahme gegen die Bedrohung aus dem Osten unterstützt hatte, von immer stärkeren Zweifeln und inneren Zwistigkeiten erfüllt, als sich der ganze Umfang der von der Regierung geforderten Annexionen abzuzeichnen begann. 1916 spaltete sich die Partei in eine Kriegsbefürworter- und eine Kriegsgegnerfraktion. Die Mehrheit blieb, wenngleich unter Vorbehalten, dabei, den Krieg zu unterstützen und maßvolle Reformen statt einer ausgewachsenen Revolution zu propagieren. Aus den Reihen der Minderheit (Unabhängige Sozialdemokratische Partei Deutschlands, USPD) gründeten einige im Umkreis von Karl Liebknecht und Rosa Luxemburg zusammen mit anderen Linksradikalen im Dezember 1918 die Kommunistische Partei Deutschlands (KPD), der sich kurz nach Anfang der zwanziger Jahre die meisten USPD-Anhänger anschlossen.[128]

In weiten Teilen West- und Mitteleuropas verbreiteten sich Furcht und Schrecken in unvorstellbarem Ausmaß. Die Bürger waren alarmiert über die radikale Rhetorik der Kommunisten und sahen die besitzenden Klassen in Rußland das Eigentum verlieren und in den Folterkammern und Haftlagern der Tscheka verschwinden. Sozialdemokraten waren entsetzt ob der Aussicht, bei einer Machtergreifung der Kommunisten in ihrem eigenen Lande das Schicksal der gemäßigt sozialistischen Menschewiki und der bäuerlich orientierten Sozialrevolutionäre in Moskau und Sankt Petersburg zu teilen. Unter Demokraten herrschte Einvernehmen, daß Kommunismus gleichbedeutend war mit der Unterdrückung der Menschenrechte, der Abschaffung von Einrichtungen der repräsentativen Demokratie und der Beseitigung der bürgerlichen Freiheitsrechte. Der Terror nährte die Überzeugung, daß der Kommunismus in ihrem eigenen Land um jeden Preis aufgehalten werden müsse, und sei es mit gewaltsamen Mitteln und unter Außerkraftsetzung ebenjener Freiheitsrechte, zu deren Verteidigung sie angetreten waren. In den Augen der Rechten waren Kommunismus und Sozialdemokratie zwei Seiten ein und derselben Medaille, das eine barg dieselbe Gefahr wie das andere. In Ungarn übernahm 1918 ein kurzlebiges kommunistisches Regime unter Béla Kun die Macht, das von den Monarchisten unter Admiral Miklós Horthy schnell wieder gestürzt wurde. Das gegenrevolutionäre Regime installierte dann einen »Weißen Terror«, bei dem Tausende von Bolschewiki und Sozialisten festgenommen, brutal mißhandelt, ins Gefängnis geworfen und getötet wurden. Die Ereignisse in Ungarn vermittelten den Mitteleuropäern zum ersten Mal eine Vorstellung der neuartigen Intensität politischer Gewalt und Konfliktaustragung, die aus den vom Krieg hervorgerufenen Spannungen erwachsen war.[129]

Lenin und die Bolschewiki handelten Ende 1917 den dringend benötigten Frieden aus, um sich Luft zur Konsolidierung ihrer frisch errungenen Macht zu verschaffen. Die Deutschen verhandelten hart und annektierten im Vertrag von Brest-Litowsk vom März 1918 große Teile des russischen Territoriums. Als deutsche Truppen von der nunmehr aufgelösten Ostfront abgezogen wurden, um eine neue Frühjahrsoffensive im Westen zu verstärken, schien der Endsieg in greifbare Nähe gerückt. Der Kaiser verkündete daher im August 1918 in seiner jährlichen Proklamation an das deutsche Volk, daß der schlimmste Teil des Kriegs überstanden sei. [130] Doch der enorme Aderlaß, den Ludendorffs Frühjahresoffensive in der deutschen Armee verursacht hatte, bot den durch massive Truppenverstärkungen und Nachschub aus den USA unterstützten Alliierten die Möglichkeit, die deutschen Linien zu durchbrechen und an der Westfront im Eiltempo vorzurücken. Die Moral in der deutschen Armee brach zusammen, und die Truppen begannen in immer größerer Zahl zu desertieren oder sich den Alliierten zu ergeben. Deutschlands Verbündeter Bulgarien schloß einen Waffenstillstand mit den Alliierten, und die Habsburgerarmeen im Süden wurden von neuen italienischen Angriffen dezimiert.[131] Ende September mußten Hindenburg und Ludendorff den Kaiser davon in Kenntnis setzen, daß eine Niederlage unabwendbar sei. Eine massive Verschärfung der Zensur sorgte dafür, daß die Zeitungen noch eine Weile den Endsieg an die Wand malten, obwohl die Wirklichkeit dieser Hoffnung längst den Boden entzogen hatte. Um so verheerender wirkte der Schock, den die Nachricht von der Niederlage Deutschlands im Oktober 1918 auslöste.[132]

Nur fünfzehn Jahre trennten die Niederlage Deutschlands 1918 vom Beginn des Dritten Reichs 1933. Trotzdem gab es bis dahin noch viele Wendungen und Abzweigungen, der Siegeszug Hitlers war 1918 ebensowenig unvermeidlich, wie er durch den bisherigen Gang der deutschen Geschichte vorgezeichnet war. Die Gründung des Deutschen Reichs und sein Aufstieg zu wirtschaftlicher Stärke und zur Großmacht hatten in vielen Menschen Erwartungen geweckt, die uneinlösbare Anforderungen an das Reich und seine Institutionen stellten. Das Beispiel Bismarcks als eines vermeintlich skrupellosen, entschlossenen Führers, der zur Erreichung seiner Ziele nicht vor Gewalt und Täuschung zurückschrak, spukte in vielen Köpfen herum, und die Härte des Vorgehens, mit der er eine Demokratisierung durch den politischen Katholizismus und die sozialistische Arbeiterbewegung verhindert hatte, stieß im protestantischen Bürgertum auf große Bewunderung. Die »lautlose Diktatur« Hindenburgs und Ludendorffs hatte das Konzept einer rücksichtslosen, autoritären Herrschaft, im Augenblick der akuten nationalen Krise in die Tat umgesetzt und einen unheilvollen Präzedenzfall für die Zukunft geschaffen.[133]

Die deutsche Vergangenheit bedeutete eine schwere Bürde, aber sie machte den Aufstieg und Triumph des Nationalsozialismus nicht unausweichlich. Die Probleme, die Bismarck und seine Nachfolger dem politischen System Deutschlands hinterlassen hatten, wurden durch die Folgen des Kriegs unendlich verschärft. Zu diesen Problemen traten andere, die für die Zukunft noch mehr Schwierigkeiten verhießen. Ohne den Krieg wäre der Nationalsozialismus nicht als ernstzunehmende politische Kraft auf den Plan getreten. Es hätten nicht so viele Deutsche so verzweifelt nach einer autoritären Alternative zu der zivilen Politik gesucht, die in der Stunde der Not scheinbar so eklatant versagt hatte. Alle kriegführenden Nationen hatten 1914 bis 1918 um so hohe Einsätze gespielt, daß die Rechten wie die Linken bereit waren, Maßnahmen von einer Radikalität zu ergreifen, die vor dem Krieg nur in Wunschträumen an den Rändern des politischen Geschehens existierten. Massive Schuldzuweisungen über die Verantwortung für die deutsche Niederlage verschärften die Konflikte nur noch. Opfer, Entbehrung und Tod ließen Deutsche jeder politischen Richtungen verzweifelt nach den Gründen fragen. Die fast unvorstellbaren finanziellen Kosten des Kriegs schufen für die Weltwirtschaft eine gigantische wirtschaftliche Belastung, die sie in den nächsten dreißig Jahren nicht abzuschütteln vermochte und die am schwersten Deutschland traf. Die Orgien nationalistischen Hasses, denen sich alle kriegführenden Nationen während des Krieges hingegeben hatten, hinterließen für die Zukunft ein schweres Vermächtnis. Eine unaufhörliche Propaganda gegen England, die in Ernst Lissauers bekanntem *Haßgesang gegen England* prägnant zum Ausdruck kam, hatte mit Beginn des Krieges auf allen Ebenen eingesetzt. Sie hatte mit fatalen Konsequenzen der Idee eine Legitimation verliehen, der Feind sei ehrlos, ihm gebühre kein Respekt als Kriegskamerad, der nur zufällig auf der anderen Seite stehe, und habe nichts anderes verdient als die Vernichtung.[134]

Absturz ins Chaos

I

Im November 1918 rechneten die meisten Deutschen mit relativ ausgeglichenen Bedingungen eines Friedensschlusses, da der Krieg zu Ende gebracht werden würde, bevor die Alliierten deutschen Boden betreten hatten. In den vorangegangenen vier Jahren war ein Streit um die Größe des Gebiets entbrannt, dessen Annexion Deutschland nach einem Sieg anstreben sollte. Die offiziellen Kriegsziele der Regierung umfaßten die Abtretung namhafter Gebiete in Ost- und Westeuropa an das Deutsche Reich und die Errichtung der vollständigen deutschen Hegemonie über den Kontinent. Interessengruppen auf der Rechten hatten noch weiter gehende Forderungen aufgestellt.[135] Niemand war auf die Friedensbedingungen vorbereitet, denen Deutschland mit dem Waffenstillstand vom 11. November 1918 zustimmen mußte: Rückzug aller deutschen Truppen auf die östliche Seite des Rheins, Auslieferung fast des gesamten Kriegsmaterials, Aufhebung des Vertrags von Brest-Litowsk und Abgabe der deutschen Hochseeflotte und aller U-Boote an die Alliierten. Um die Einhaltung der Friedensbedingungen sicherzustellen, erhielten die Alliierten einstweilen die Wirtschaftsblockade Deutschlands aufrecht, was die ohnedies schon düstere Ernährungssituation noch verschlimmerte. Die Blockade wurde erst im Juli 1919 aufgehoben.[136]

Die Bestimmungen wurden fast überall in Deutschland als unbegründete nationale Demütigung empfunden, besonders die französischen Maßnahmen zur Durchsetzung der Bestimmungen erregten großen Unwillen. Die Härte des Waffenstillstands empfand die Bevölkerung um so mehr, als viele Deutsche einfach nicht glauben wollten, daß ihre Streitkräfte tatsächlich besiegt worden waren. Unter tätiger Mitwirkung hoher Offiziere verbreitete sich in weiten Teilen der öffentlichen Meinung rasch eine verhängnisvolle Legende. Unter Rückgriff auf ein Motiv aus Richard Wagners *Götterdämmerung* begannen viele Menschen ernsthaft zu glauben, die deutsche Armee sei nur darum besiegt worden, weil sie, wie weiland der furchtlose Held Siegfried in Wagners Oper, von ihren Feinden in der Heimat einen Dolchstoß in den Rücken erhalten habe. Deutschlands ehemalige Militärführer Hindenburg und Ludendorff erklärten, die Armee sei Opfer einer gezielten Hetzkampagne geworden, die alle ihre heroischen Anstrengungen zum Scheitern verurteilt habe. »Ein englischer General sagte mit Recht: ›Die deutsche Armee ist von hinten erdolcht worden.‹«[137] Kaiser Wilhelm II. wiederholte diesen Satz in seinen in den zwanziger Jahren verfaßten Lebenserinnerungen: »Dreißig Jahre ist die Armee mein Stolz gewesen. Ich habe für sie gelebt und an ihr gearbeitet. Und nun nach über vier glänzenden Kriegsjahren mit unerhörten Siegen mußte sie unter dem von hinten gegen sie geführten Dolchstoß der Revolutionäre zusammenbrechen, gerade in dem Augenblick, als der Friede in Greifnähe stand!«[138] Sogar die SPD strickte an dieser tröstlichen Legende mit. Als die heimkehrenden Truppen am 10. Dezember 1918 nach Berlin strömten, rief ihnen der Parteivorsitzende Ebert zu: »Kein Feind hat Euch überwunden!« Obwohl er nicht die Absicht hatte, die Dolchstoßlegende zu beglaubigen, wurden seine Worte von vielen so verstanden, daß er genau das tat.[139]

Die Niederlage im Krieg führte zum Zusammenbruch des politischen Systems, das Bismarck ein halbes Jahrhundert zuvor geschaffen hatte. Nachdem die Russische Revolution vom Februar 1917 das Ende der zaristischen Herrschaft beschleunigt hatte, hatten der amerikanische Präsident Woodrow Wilson und die westlichen Alliierten immer wieder erklärt, Hauptziel dieses Krieges sei es gewesen, die Welt »sicher für die Demokratie« zu machen. Als daher Ludendorff und die Reichsführung zu dem Ergebnis kamen, daß der Krieg unrettbar verloren sei, befürworteten sie eine Demokratisierung des politischen Systems im Deutschen Reich, um die Wahrscheinlichkeit zu erhöhen, daß die Alliierten vernünftigen, vielleicht sogar günstigen Friedensbedingungen zustimmten. Als keineswegs beiläufigen Begleiteffekt bezweckte Ludendorff, daß im Falle von Friedensbedingungen, die für das deutsche Volk weniger akzeptabel ausfielen, der Schwarze Peter einer Zustimmung nicht mehr beim Kaiser oder der Armee, sondern bei den demokratischen Politikern Deutschlands liegen werde. Unter dem liberalen Prinzen Max von Baden bildete sich eine neue Regierung, die jedoch außerstande war, die Kriegsmarine zu kontrollieren, deren Offiziere in See zu stechen versuchten, um in einer letzten, aussichtslosen Schlacht gegen die britische Flotte ihre Ehre zu retten. Der darauf sich erhebenden Meuterei der Matrosen schlossen sich binnen weniger Tage Aufstände der Zivilbevölkerung an. Der Kaiser und sämtliche Fürsten, vom König von Bayern bis zum Großherzog von Baden, mußten abdanken. Als der Waffenstillstand vom 11. November vereinbart wurde, löste sich die Armee auf, und es blieb, wie von Ludendorff beabsichtigt, den demokratischen Parteien überlassen, die Rolle des Verhandlungspartners in den Friedensverhandlungen von Versailles zu übernehmen.[140]

Als Ergebnis des Versailler Vertrags verlor Deutschland ein Zehntel seiner Bevölkerung und 13 Prozent seines Hoheitsgebiets, unter anderem Elsaß-Lothringen, das nach fast einem halben Jahrhundert unter deutscher Herrschaft wieder an Frankreich abgetreten wurde, ebenso die grenznahen Gebiete Eupen, Malmédy und Moresnet. Überdies verlor Deutschland das Saarland, das fortan unter einem Mandat stand, mit der Zusicherung, daß die Bevölkerung später selbst darüber entscheiden könne, ob sie zu Frankreich gehören wolle. Um das Eindringen deutscher Streitkräfte in das Rheinland zu verhindern, blieben dort britische, französische und für kürzere Zeit auch amerikanische Truppen stationiert. Nordschleswig ging an Dänemark, das Memelgebiet 1920 an Litauen. Die Gründung eines neuen polnischen Staates, die die Aufteilung Polens zwischen Österreich, Preußen und Rußland im 18. Jahrhundert rückgängig machte, bedeutete für Deutschland den Verlust der Provinz Posen, großer Teile Westpreußens und Oberschlesiens. Große Gebiete des deutsch-polnischen Grenzlands sollten Deutschland oder Polen nach Volksbefragungen zugeschlagen werden, doch als die Abstimmungen zugunsten Polens ausfielen, nahm man in Deutschland vielfach an, daß die Ergebnisse manipuliert waren. Danzig wurde »Freie Stadt« unter nominellem Schutz des neu gegründeten Völkerbunds, des Vorläufers der nach dem Zweiten Weltkrieg errichteten Organisation der Vereinten Nationen. Um dem neuen Polen einen Zugang zum Meer zu verschaffen, sah die Friedensregelung einen »Korridor« vor, der Ostpreußen vom übrigen Deutschland abtrennte. Die deutschen Kolonien in Übersee wurden eingezogen und unter einem internationalen Mandat neu verteilt.[141]

Einen zweiten Schock löste die Weigerung der Siegermächte aus, die Vereinigung Deutschlands mit dem deutschsprachigen Teil Österreichs zuzulassen. Als bei Kriegsende die nationalen Bestandteile des Habsburgerreichs auseinanderbrachen, die nun die neuen Nationalstaaten Ungarn, Tschechoslowakei und Jugoslawien bildeten oder sich neuen oder alten Nachbarstaaten wie Polen oder Rumänien anschlossen, befürworteten die rund sechs Millionen Deutschen Österreichs einen Anschluß an das Deutsche Reich. Fast niemand hielt Rumpf-Österreich für politisch oder wirtschaftlich überlebensfähig. Jahrzehntelang hatte sich der größte Teil der deutschsprachigen Bevölkerung als führende Volksgruppe im Vielvölkerstaat der Habsburgermonarchie gesehen. Nun waren Österreichs wichtigste wirtschaftliche Lebensadern, besonders zu Ungarn, gekappt. Es hatte mit Wien eine Hauptstadt, deren Bevölkerung, zu einem unverhältnismäßig großen Anteil bestehend aus den plötzlich überflüssig gewordenen Beamten und Militärs der Habsburgermonarchie, mehr als ein Drittel der Gesamtbevölkerung des neuen Rumpfstaates ausmachte. Sogar die österreichischen Sozialisten glaubten, daß ein Anschluß an das fortgeschrittenere Deutsche Reich einer Verwirklichung des Sozialismus dienlicher sein werde als der Alleingang Österreichs.[142]

Außerdem hatte Woodrow Wilson in seinen berühmten, für die Friedensordnung nach dem Ersten Weltkrieg niedergelegten »Vierzehn Punkten«, deren Umsetzung er sich von den alliierten Mächten wünschte, den Grundsatz verkündet, daß jede Nation in der Lage sein müsse, selbst und ohne Einmischung von außen über ihre Zukunft zu entscheiden.[143] Dabei wurde jedoch die Komplexität der ethnischen Karte Europas ignoriert. Überall in der Mitte und im Osten des Kontinents lebten Minderheiten unterschiedlicher Sprachen und Kulturen eng zusammen. Die beträchtlichen ethnischen deutschen Minderheiten in den neuen europäischen Staaten, die durch die Friedensverträge von 1919 geschaffen oder erweitert worden waren, vor allem in Polen und der Tschechoslowakei, schienen das Prinzip der nationalen Selbstbestimmung zu verletzen und boten ein reiches Betätigungsfeld für deutsche Nationalisten, welche die vermeintlichen und tatsächlichen Versuche dieser Staaten, ihre Kultur zu unterdrücken, für ihre Zwecke ausnutzen wollten.

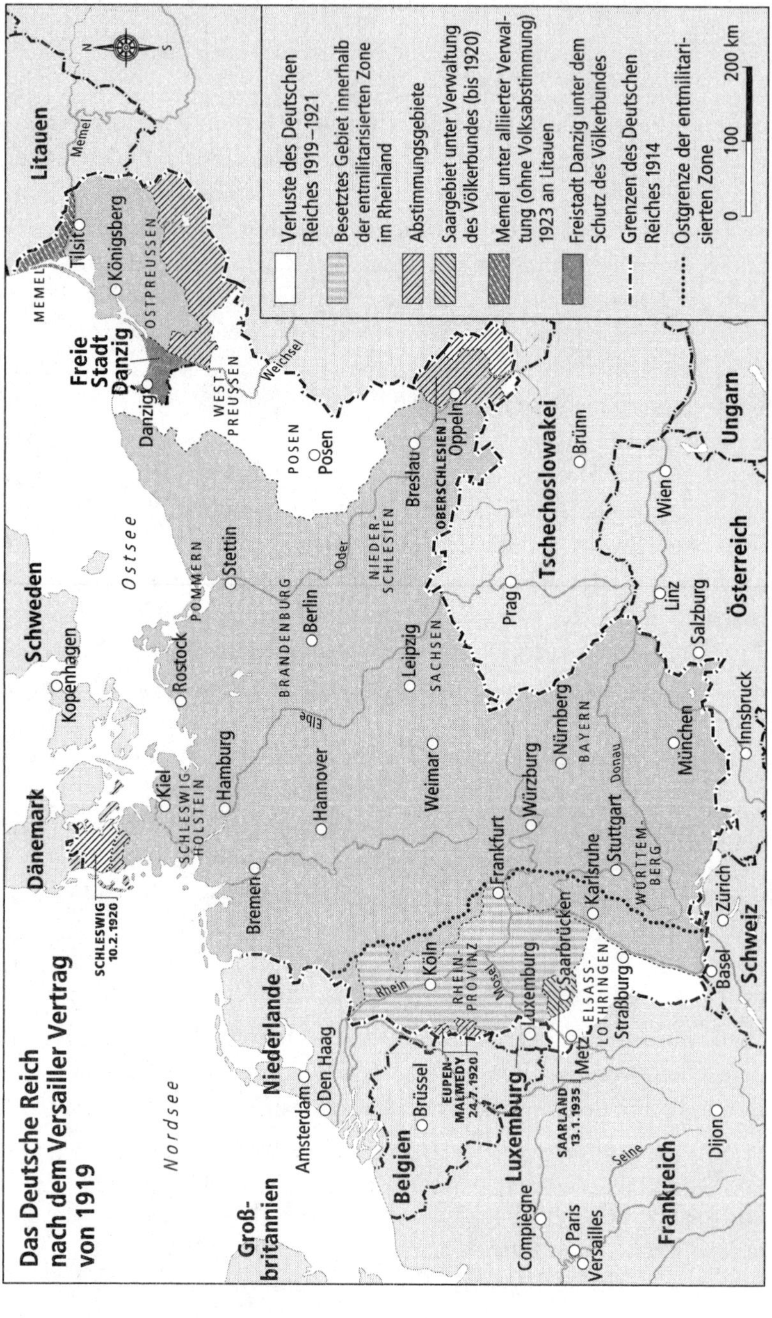
Das Deutsche Reich nach dem Versailler Vertrag von 1919
Verluste des Deutschen Reiches 1919–1921
Besetztes Gebiet innerhalb der entmilitarisierten Zone im Rheinland
Abstimmungsgebiete
Saargebiet unter Verwaltung des Völkerbundes (bis 1920)
Memel unter alliierter Verwaltung (ohne Volksabstimmung) 1923 an Litauen
Freistadt Danzig unter dem Schutz des Völkerbundes
Grenzen des Deutschen Reiches 1914
Ostgrenze der entmilitarisierten Zone
0 100 200 km
N
S
Litauen
Memel
MEMEL
Tilsit
Königsberg
OSTPREUSSEN
Freie Stadt Danzig
Danzig
WEST-PREUSSEN
Weichsel
POSEN
Posen
Schweden
Ostsee
Dänemark
SCHLESWIG 10.2.1920
Kopenhagen
Rostock
Stettin
POMMERN
Kiel
SCHLESWIG-HOLSTEIN
Hamburg
Bremen
Hannover
Elbe
BRANDENBURG
Berlin
Oder
NIEDER-SCHLESIEN
Breslau
OBERSCHLESIEN
Oppeln
Leipzig
SACHSEN
Weimar
Prag
Tschechoslowakei
Brünn
Wien
Ungarn
Linz
Salzburg
Österreich
Innsbruck
München
Nürnberg
BAYERN
Donau
Würzburg
Frankfurt
Stuttgart
WÜRTTEMBERG
Karlsruhe
Saarbrücken
Zürich
Schweiz
Basel
ELSASS-LOTHRINGEN
Straßburg
Metz
Luxemburg
SAARLAND 13.1.1935
Köln
RHEIN-PROVINZ
Rhein
Mosel
EUPEN-MALMEDY 24.7.1920
Brüssel
Belgien
Niederlande
Den Haag
Amsterdam
Nordsee
Groß-britannien
Compiègne
Paris
Versailles
Seine
Frankreich
Dijon

Der Schutz von »Minderheitenrechten« wurde zu einem der wichtigsten Anliegen des neuen Völkerbunds, der jedoch weitgehend unfähig war, etwas Konkretes in dieser Richtung zu unternehmen. Woodrow Wilson konnte den amerikanischen Kongreß nicht dazu bewegen, den Völkerbundsvertrag zu ratifizieren; er starb wenig später als enttäuschter Mann. Seines mächtigsten, tatkräftigsten und idealistischsten Fürsprechers beraubt, verfiel der Völkerbund bald in Wirkungslosigkeit. Und wenn das Prinzip der nationalen Selbstbestimmung für die Polen, die Tschechen und die Jugoslawen galt, warum nicht auch für Deutsche? Doch die Alliierten legten ihr Veto gegen den Zusammenschluß ein, von allen territorialen Bestimmungen des Versailler Vertrages schien dies die ungerechteste zu sein. Befürworter wie Kritiker der Entscheidung der Alliierten konnten über die Vorzüge der anderen Bestimmungen streiten und an der Gerechtigkeit der Volksabstimmungen zweifeln, die in Gebieten wie Oberschlesien über territoriale Fragen entscheiden sollten; in der österreichischen Frage jedoch gab es keinerlei Diskussionsspielraum. Die Österreicher wollten den Zusammenschluß, die Deutschen waren bereit, ihn zu akzeptieren, und der Grundsatz der nationalen Selbstbestimmung verlangte ihn. Die Ablehnung des Zusammenschlusses durch die Alliierten blieb eine immerwährende Quelle der Erbitterung in Deutschland und verurteilte die neue »Republik Deutsch-Österreich«, wie sie genannt wurde, zu zwei Jahrzehnten einer konfliktreichen, krisengeschüttelten Existenz, in der nur die wenigsten ihrer Bürger wirklich von der Legitimität ihres Staates überzeugt waren.[144]

Die Alliierten stützten ihr Verbot eines österreichisch-deutschen Zusammenschlusses ebenso wie vieles andere im Vertrag von Versailles auf Artikel 231, der Deutschland verpflichtete, die »Alleinschuld« für den Ausbruch des Kriegs zu übernehmen. Andere, für das Deutsche Reich ebenso demütigende Artikel ordneten die Anklage gegen den Kaiser und viele andere Personen wegen Kriegsverbrechen an. In der Tat hatten deutsche Truppen 1914 beim Einmarsch in Belgien und Nordfrankreich schwere Greueltaten begangen, wenngleich die wenigen Gerichtsverfahren, die deshalb in Leipzig angestrengt wurden, fast ausnahmslos im Sande verliefen, weil die deutsche Justiz die meisten Anklagepunkte nicht als legitim anerkannte. Von neunhundert mutmaßlichen Kriegsverbrechern sprachen die Gerichte letzten Endes nur sieben schuldig, zehn erhielten einen Freispruch, bei den übrigen kam es gar nicht erst zu einer Hauptverhandlung. In Deutschland verfestigte sich der Eindruck, daß das ganze Konzept von »Kriegsverbrechen«, ja die ganze Vorstellung von »Gesetzen des Krieges«, eine böswillige Erfindung der Siegermächte sei, die auf Lügenpropaganda über Greueltaten beruhte, die in Wirklichkeit nicht stattgefunden hatten.[145]

Der Hauptzweck des Artikels 231 lag in der Legitimierung der extrem hohen Reparationszahlungen, die die Alliierten Deutschland aufbürdeten, um insbesondere Franzosen und Belgier für die durch viereinviertel Jahre deutscher Besetzung erlittenen Verluste zu entschädigen. Die Alliierten beschlagnahmten unter anderem Handelsschiffe mit Millionen BRT, 5 000 Lokomotiven und 136 000 Waggons, 24 Millionen Tonnen Steinkohle. Die finanziellen Reparationen waren in Gold und über einen Zeitraum zu entrichten, der weit in die Zukunft reichte.[146] Ferner verpflichtete der Vertrag die Armee zur Beschränkung auf eine maximale Stärke von 100 000 Mann und verbot Panzer, schwere Artillerie und die Wehrpflicht. Sechs Millionen deutsche Gewehre, über 15 000 Flugzeuge, mehr als 130 000 Maschinengewehre und sehr viel weiteres Kriegsgerät mußten zerstört werden. Die deutsche Kriegsmarine wurde praktisch demontiert und durfte keine neuen großen Schiffe bauen, ebenso wie Deutschland künftig eine Luftwaffe verwehrt war.

Das waren die Bedingungen, mit denen die Deutschen 1918/19 von den westlichen Alliierten als Voraussetzung für einen Friedensschluß konfrontiert wurden.[147] Es schien kaum eine Chance zu bestehen, sie in absehbarer Zeit revidieren zu können. Deutschland war ein Paria in der Welt der internationalen Beziehungen. Es wurde nicht in den Völkerbund aufgenommen, mit dem man die Absicht verbunden hatte, eine neue Art der Außenpolitik einzuführen, die eine neue und sicherere Welt als jene schaffen sollte, die unter dem alten System geheimer bilateraler Verhandlungen und Verträge zwischen einzelnen Mächten möglich gewesen war – ein System, von dem man 1919 allgemein annahm, es trage ein gut Teil der Verantwortung für den Ausbruch des Krieges. Deutsche Zweige internationaler Organisationen wurden von ihren Pendants in den übrigen europäischen Ländern geschnitten. Doch vielen, die an den Verhandlungen beteiligt waren, kamen bald Zweifel. Vielleicht hatte man Deutschland ungerecht behandelt. Vielleicht hatte die europäische oder gar die Weltwirtschaft zu leiden, weil die Reparationsbedingungen zu hart waren. Es dauerte nicht lange, und der »Revisionismus« wurde geboren, die Überzeugung, daß der Versailler Vertrag und seine Bestimmungen revidiert werden müßten, um das Unrecht abzumildern, das man Deutschland angetan hatte. Der deutsche Wunsch, die Fehler des Vertrags zu korigieren, müsse befriedigt werden. Auf diese Weise wurde das Bedürfnis nach Beschwichtigung, »Appeasement«, geboren, eine Haltung, die sich bis zum Ende der zwanziger Jahre in den meisten europäischen Regierungen durchgesetzt hat. Die Nationalsozialisten bekamen reichlich Gelegenheit, aus dieser Einstellung Kapital zu schlagen, nachdem sie an die Macht gekommen waren.[148]

II

Die meisten Deutschen quittierten die Friedensbedingungen mit ungläubigem Entsetzen.[149] Das Gefühl der fassungslosen Empörung, das wie eine Schockwelle durch das deutsche Bürgertum ging, war praktisch ungeteilt und wirkte sich ebenso auf den gemäßigten Teil der Arbeiterschaft aus. Seit der Reichseinigung 1871 war Deutschlands Stärke und Ansehen unaufhaltsam gewachsen, und jetzt sollte das Land plötzlich brutal aus den Reihen der Großmächte ausgestoßen und mit – wie sie ebenfalls glaubten – unverdienter Schmach bedeckt werden? Versailles wurde als ein »Diktatfriede« angeprangert, der den Deutschen einseitig und ohne die Möglichkeit des Verhandelns aufgezwungen worden sei. Die Begeisterung für den Krieg, die so viele deutsche Bürger 1914 gezeigt hatten, kippte vier Jahre später in flammenden Zorn über die Friedensbedingungen um.

Auf lange Sicht eröffnete die Friedensregelung der deutschen Außenpolitik neue Möglichkeiten in Ostmitteleuropa, wo die einst mächtigen Reiche der Habsburger und der Romanows durch ein Gefüge kleiner und instabiler Staaten wie Österreich, Tschechoslowakei, Ungarn, Polen, Rumänien und Jugoslawien abgelöst worden waren. Die territorialen Maßgaben des Vertrags von Versailles waren milde, verglichen mit dem, was Deutschland im Falle eines Siegs für das übrige Europa vorgesehen hätte, wie das im September 1914 von Reichskanzler Bethmann Hollweg konzipierte Programm grundsätzlich gezeigt und der im Frühjahr 1918 mit dem besiegten Rußland geschlossene Friede von Brest-Litowsk auch in der Praxis demonstriert hatte. Ein deutscher Sieg hätte dazu geführt, daß die Deutschen eine jede Vorstellung übersteigende Reparationsrechnung gegenüber den besiegten Alliierten aufgemacht hätten – zweifellos um vieles höher als jene, die Bismarck nach dem Krieg von 1870/71 den Franzosen gestellt hatte. Die Reparationsleistungen, die Deutschland ab 1919 zu erbringen hatte, gingen nicht über die Ressourcen des Landes hinaus und waren angesichts der von den deutschen Besatzungsarmeen in Belgien und Frankreich angerichteten Zerstörungen angemessen. In vieler Hinsicht war die Friedensregelung von 1918/19 der beherzte Versuch, in einer dramatisch veränderten Welt Prinzip und Pragmatismus zu vermählen. Aber die Erfolgsaussichten waren gering, insbesondere unter den Gegebenheiten des Jahres 1919, wo wahrscheinlich jegliche Friedensbedingungen von deutschen Nationalisten verurteilt worden wären, die sich um den Sieg betrogen wähnten.[150]

Die lange militärische Besetzung von Teilen des westlichen Deutschlands, im Rheintal, durch die Alliierten, die von Kriegsende fast bis Ende der zwanziger Jahre andauerte, erregte ebenfalls verbreiteten Zorn und verstärkte den deutschen Nationalismus in den betreffenden Gebieten. Zwar hatten auch Briten und Amerikaner ihre Truppen in weiten Teilen des Rheinlands stationiert, aber den größten Unwillen erregten dort und im Saarland die Franzosen. In der Arbeiterklasse wurden Behauptungen laut, die neuen Bergwerksbesitzer würden ihre Deutschenfeindlichkeit an den Bergarbeitern auslassen.[151] In Elsaß-Lothringen beeilten sich die neuen französischen Herren, die Verbundenheit der überwiegend deutschsprachigen Bevölkerung mit Deutschland zu unterdrücken. Noch mehr Feindseligkeit wurde geschürt durch die polnische Übernahme ehemaliger Teile Deutschlands im Osten. An der Ostsee führte die Überzeugung, Deutsche seien durch den russischen Bürgerkrieg bedroht, der von 1918 bis 1921 zwischen den Bolschewiki und den »Weißen« tobte, zur Bildung von Freikorps. Dies waren bewaffnete, von der alten Obersten Heeresleitung aufgestellte Einheiten aus ehemaligen Soldaten, deren Bereitschaft, gegen die »rote Gefahr« Gewalt anzuwenden, ihnen bald einen furchteinflößenden Ruf eintrug. Mancher spätere Nationalsozialist lernte in dieser harten und unbarmherzigen Schule seinen Haß auf die Linke.[152]

Doch das Aufgebrachtsein, zu dem die Friedensregelung schon bei der Mehrheit der Deutschen führte, war nichts, verglichen mit ihrer Wirkung auf die Apostel des extremen Nationalismus, namentlich auf die Alldeutschen. Die Alldeutschen hatten den Ausbruch des Kriegs 1914 mit einer überschwenglichen, an Hysterie grenzenden Begeisterung begrüßt. Für Männer wie Heinrich Claß bedeutete der Krieg die Erfüllung eines lebenslangen Traums. Jetzt schien sich die Gelegenheit zu bieten, die vor dem Krieg vom Alldeutschen Verband gehegten Pläne einer territorialen Annexion und Hegemonie in Europa Wirklichkeit werden zu lassen, zumal die Regierung unter Bethmann Hollweg einen umfassenden Katalog von Kriegszielen vorgelegt hatte, der den Vorstellungen der Alldeutschen sehr nahe kam. Interessengruppen wie die Industriellen und Parteien wie die Deutschkonservativen forderten lautstark, das Deutsche Reich nach dem Sieg um neue Gebiete zu erweitern.[153] Aber der Sieg wollte nicht kommen, und der Widerstand gegen den Annexionskurs nahm zu. Unter diesen Umständen verfolgten Claß und die Alldeutschen das Ansinnen, ihre Anhängerschaft noch einmal zu vergrößern, um erneut Druck auf die Regierung ausüben zu können. Während sie noch verschiedene Modelle eines Bündnisses mit anderen Gruppen erwogen, wurden sie von einer neuen Bewegung überholt, die Wolfgang Kapp lanciert hatte. Kapp war ehemaliger Staatsbeamter, Grundbesitzer und ein Verbündeter des Wirtschaftsmagnaten und Gründungsmitglieds der Alldeutschen, Alfred Hugenberg. Für ihn war eine deutschnationale Bewegung ohne Massenbasis zum Scheitern verurteilt, und so gründete er im September 1917 die Deutsche Vaterlandspartei, die annexionistische Kriegsziele, autoritäre Änderungen an der deutschen Verfassung und andere Elemente des Programms der Alldeutschen verfocht. Unterstützt von Claß, von Industriellen, vom ehemaligen Staatssekretär des Reichsmarineamts Alfred von Tirpitz und von allen annexionistischen Gruppen einschließlich der Deutschkonservativen, stellte sich die neue Organisation über die Niederungen der Parteipolitik, verpflichtet nicht irgendeiner abstrakten Ideologie, sondern allein der deutschen Nation. Lehrer, protestantische Pastoren, Offiziere und viele andere schlossen sich der neuen Bewegung an. Binnen eines Jahres konnte die Vaterlandspartei auf eine Mitgliederzahl von 1,25 Millionen verweisen.[154]

Allein diese Zahl gab die wirklichen Verhältnisse nicht annähernd wieder. Zunächst einmal war die Mitgliederzahl hochgetrimmt, weil viele Leute doppelt gezählt wurden – einmal als Einzelmitglieder der Vaterlandspartei und dann noch einmal als Korporativmitglieder einer ihr angeschlossenen Organisation –, weshalb sich laut eines parteiinternen Berichts vom September 1918 die Zahl der Menschen, die eigentlich der Partei angehörten, auf nicht mehr als 445 000 belief. Claß und die Alldeutschen wurden schnell beiseite gedrängt, weil sie nach Ansicht der Parteiführung möglicherweise abschreckend auf potentielle Anhänger aus weniger extremen Teilen des politischen Spektrums wirkten. Überdies traf die Vaterlandspartei auf erheblichen Widerstand bei den Liberalen und stieß in der Regierung auf eine argwöhnische Haltung, die Offizieren und Mannschaften die Mitgliedschaft in dieser Partei untersagte und ihre Beamten anwies, sie in keiner Weise zu unterstützen. Den Ehrgeiz der Partei, die Arbeiterklasse für sich zu gewinnen, vereitelten sowohl die Sozialdemokraten, die vernichtende Kritik an der polarisierenden Ideologie übten, als auch die Kriegsversehrten, die sich auf einer Parteiversammlung in Berlin im Januar 1918 wütende Wortgefechte mit den Rednern lieferten, so daß die Superpatrioten im Saal gegen sie tätlich wurden und die Konfrontation durch das Eingreifen der Polizei beendet werden mußte. Mithin war es augenfällig, daß die Vaterlandspartei nur eine weitere Version alter, ultranationalistischer Bewegungen verkörperte, allerdings noch mehr als diese dominiert von Honoratioren des Bürgertums. Sie tat nichts, um die Unterstützung der Arbeiterklasse zu gewinnen, in ihrer Führungsspitze saß keiner ihrer Vertreter, und bei aller Demagogie mangelte es ihr an Volksnähe. Sie enthüllte mehr als alles andere den Bankrott der konventionellen politischen Ambitionen der Deutschnationalen – einen Bankrott, den der Alldeutsche Verband nach 1918 bekräftigte, als er sich in die politische Wirklichkeit der Nachkriegszeit nicht einfügen konnte und in sektiererisches Schattendasein versank.[155]

III

Was einen Transformationsprozeß auf der extremen Rechten in Gang setzte, war nicht der Krieg selbst, sondern die Erfahrung von Niederlage, Revolution und bewaffnetem Konflikt am Kriegsende. Es entstand der Mythos der »Frontgeneration«, der die Soldaten in einem alle politischen, regionalen, sozialen und religiösen Unterschiede überwindenden Geist der Kameradschaft und Selbstaufopferung für eine heroische Sache verband. Schriftsteller wie Ernst Jünger, dessen Buch *In Stahlgewittern* zum Bestseller wurde, feierten die Erfahrung des Frontkämpfers und kultivierten die rasch wachsende Sehnsucht nach der Solidarität der Kriegsjahre.[156] Dieser Mythos übte eine besonders starke Anziehungskraft auf die bürgerlichen Kreise aus, für die die Not und Beschwerlichkeiten, welche sie (im Geiste oder in Wirklichkeit) mit den Arbeitern und Bauern in den Schützengräben geteilt hatten, nach dem Krieg Stoff zu sentimentaler Verklärung wurde.[157]

Die Revolution von 1918 weckte bei vielen Soldaten einen unauslöschlichen Groll. Vereinzelt kam es vor, daß heimkehrende Verbände in den Orten, die sie auf ihrem Rückzug durchquerten, Arbeiter- und Soldatenräte entwaffneten und festnahmen.[158] Manche verschrieben sich einem radikalen Nationalismus, wenn Revolutionäre in der Heimat sie nicht mit Dank, sondern mit Beschimpfungen bedachten und zwangen, sich die Schulterstücke abzureißen und der schwarzweiß-roten Reichsflagge abzuschwören. Einer dieser Kriegsteilnehmer erinnerte sich später:

> »Am 15. November 1918 war ich vom Lazarett in Bad Nauheim zu meiner Garnison in Brandenburg unterwegs. Als ich an meinem Krückstock den Potsdamer Bahnhof in Berlin entlanghumpelte, hielt mich ein Trupp Uniformierter mit roter Armbinde an und forderte mich auf, meine Achselstücke und Abzeichen abzuliefern. Statt einer Antwort hob ich die Krücke, doch mein Widerstand wurde rasch gebrochen. Ich stürzte zu Boden, und erst das Eingreifen eines Bahnbeamten erlöste mich aus meiner erniedrigenden Lage.«[159]

Andere Soldaten erlebten einen »schmählichen« und »demütigenden« Empfang in einem Land, in dem jene Institutionen beseitigt worden waren, für die sie gekämpft hatten. »Und dafür sollte die blühende Jugend Deutschlands zu Hunderten auf dem Schlachtfeld niedergemäht worden sein?!« fragte einer von ihnen später.[160] Ein anderer Kriegsteilnehmer, der ein Bein verloren hatte und am 9. November 1918 im Lazarett in Trier lag, gab zu Protokoll:

> »Nie werde ich das Bild vergessen, wie ein verwundeter Kamerad, dem ein Arm amputiert war, in unser Zimmer trat und sich weinend aufs Bett warf. Rotes Gesindel, das niemals eine Kugel pfeifen hörte, hatte ihn überfallen und sämtliche Abzeichen und Auszeichnungen vom Leibe gerissen. Vor Wut schrien wir auf. Für ein solches Deutschland hatten wir nun unser Blut und die Gesundheit hingegeben. Ich suchte und fand Trost in dem Gedanken, daß sich alles wieder ändern würde, wenn mal die Kameraden von der Front zurückgekehrt sein werden.«[161]

»Wer hat uns verraten?« fragte ein anderer, und gab die Antwort: »Lumpen, die Deutschland in Trümmern sehen wollten ... vaterlandslose Gesellen.«[162] Zwar lassen sich diese Stimmen nicht verallgemeinernd auf die gesamte Truppe übertragen. Die Erfahrung der Niederlage machte nicht alle Kriegsteilnehmer zu politischem Kanonenfutter für die äußerste Rechte. Zahlreiche Truppen waren angesichts der erdrückenden Übermacht des alliierten Gegners bei Kriegsende desertiert und verspürten nicht den Wunsch nach Fortsetzung des Kampfes.[163] Millionen von Soldaten aus der Arbeiterklasse kehrten in ihr früheres politisches Milieu bei den Sozialdemokraten zurück oder wandten sich den Kommunisten zu.[164] Manche Veteranenverbände wünschten weder sich selbst noch irgend jemandem sonst, noch einmal das durchmachen zu müssen, was sie selbst zwischen 1914 und 1918 erlebt hatten. Aber letzten Endes begünstigten die Kriegsveteranen mit ihren Ressentiments nach Beendigung des Kriegs ein Klima der Gewalt und der Unzufriedenheit. Wer politisch ohnedies schon in konservativen und nationalistischen Traditionen sozialisiert worden war, erlebte im politischen Kontext der zwanziger Jahre folglich eine Radikalisierung seiner Ansichten. Auch auf der Linken bedingte die reale oder stellvertretende Erfahrung des Krieges eine neue Bereitschaft zur Anwendung von Gewalt.[165] Mit wachsendem Abstand zum Krieg ließ der Mythos der »Frontgeneration« weitherum das Gefühl entstehen, daß die Veteranen, die im Krieg so viel für die deutsche Nation geopfert hatten, eine weit bessere Behandlung verdient hätten, als ihnen tatsächlich zuteil wurde.[166]

Der wichtigste dieser Veteranenverbände teilte diese Ressentiments vorbehaltlos und stritt für die Rückkehr zu dem alten kaiserlichen System, unter dem er gekämpft hatte. Er nannte sich »Stahlhelm – Bund der Frontsoldaten« und wurde am 13. November 1918 von Franz Seldte gegründet, dem Besitzer einer kleinen Mineralwasserfabrik in Magdeburg. 1882 geboren, war Seldte aktives Mitglied einer schlagenden Verbindung gewesen, bevor er an der Westfront gekämpft hatte, wo er für seine Tapferkeit ausgezeichnet wurde. Als bei einer ersten öffentlichen Versammlung Zweifel an seinem Einsatz für die nationale Sache laut wurden, schwenkte Seldte demonstrativ den Stumpf seines linken Arms, den er in der Sommeschlacht verloren hatte. Instinktiv vorsichtig und konservativ, betonte er, daß die Hauptfunktion des Stahlhelms die finanzielle Unterstützung für in Not geratene alte Kameraden sei. Leicht geriet er unter den Einfluß stärkerer Charaktere, zumal wenn sie festere Prinzipien vertraten als er selbst. Ein solcher Mann war sein Vorstandskollege im Stahlhelm, Wilhelm Duesterberg, ebenfalls ein ehemaliger Offizier, der an der Westfront gekämpft hatte, bevor ihm Stabsaufgaben anvertraut worden waren, vornehmlich die Zusammenarbeit mit verbündeten Mächten wie der Türkei und Ungarn. 1875 geboren und in einer Kadettenanstalt ausgebildet, war Duesterberg der preußische Offizier par excellence, besessen von Disziplin und Ordnung, unflexibel und starr in seinen politischen Ansichten und wie Seldte unfähig, sich einer Welt ohne Kaiser anzupassen. Beide Männer hingen dem Glauben an, der Stahlhelm müsse über der Politik stehen. Auseinandersetzungen zwischen Parteien durfte es nicht geben, anstelle dessen sei der patriotische Geist von 1914 wiederherzustellen. In der Berliner Erklärung des Stahlhelms von 1927 stand: »Der Stahlhelm ... sagt den Kampf an jeder Weichlichkeit und Feigheit, die das Ehrbewußtsein des deutschen Volkes durch Verzicht auf Wehrrecht und Wehrwillen schwächen und zerstören wollen.« Die Erklärung verurteilte den Vertrag von Versailles und forderte seine Kündigung, wünschte die Wiedereinführung der schwarzweißroten Flagge des Bismarckreichs und machte den »Mangel an Lebens- und Arbeitsraum« für die wirtschaftlichen Probleme Deutschlands verantwortlich. Zur Durchsetzung des Programms bedürfe es einer starken nationalen Führung. Der im Krieg aufgekommene Geist der Kameradschaft müsse zur Grundlage der nationalen Einheit werden und dadurch zur Überwindung des gegenwärtigen Parteienhaders führen. Mitte der zwanziger Jahre konnte der Stahlhelm auf 300 000 Mitglieder verweisen, die bei ihren Versammlungen und Aufzügen ein furchteinflößendes und ausgesprochen martialisches Bild abgaben; 1927 beteiligten sich nicht weniger als 132 000 Mitglieder in Uniform an einem Vorbeimarsch in Berlin, um ihre Treue zur alten Ordnung zu demonstrieren.[167]

Wenn Deutsche nach 1918 von Friedenszeiten sprachen, meinten sie nicht die Zeit, in der sie tatsächlich lebten, sondern die Zeit, bevor der Große Krieg begonnen hatte. Deutschland vermochte es nicht, nach 1918 von der Kriegs- wieder in die Friedenszeit überzugehen. Statt dessen verharrte es in einer fortdauernden Kriegsmentalität – im Krieg mit sich selbst und mit der übrigen Welt, da der Schock des Versailler Vertrags praktisch alle Teile des politischen Spektrums in der finsteren Entschlossenheit einte, die zentralen Bestimmungen des Vertrags zu beseitigen, die verlorenen Gebiete zurückzugewinnen, die Reparationszahlungen einzustellen und Deutschland wieder als die beherrschende Macht in Mitteleuropa zu etablieren.[168] Zwei Millionen deutsche Männer waren im Kampf gefallen; vier Millionen waren verwundet worden, viele davon so schwer, daß sie für den Rest ihres Lebens behindert waren. Diese Opfer schienen durch das Resultat des Krieges verhöhnt zu werden. Um ihm doch noch einen Sinn zu geben, zogen junge Männer Uniformen an und bereiteten sich darauf vor, erneut zu kämpfen, diesmal gegen diejenigen, die sie als die inneren Feinde des Landes betrachteten. Militärische Verhaltensmuster genossen in der deutschen Gesellschaft und Kultur schon vor 1914 weithin Anerkennung, doch nach dem Krieg stieg ihre Verbreitung nochmals um ein Vielfaches. Die Sprache der Politiker war durchsetzt von kriegerischen Metaphern, die jeweils andere Partei war ein Feind, den es zu vernichten galt, Kampf, Terror und Gewalt wurden als legitime Waffen in der politischen Auseinandersetzung angesehen. Allerorten blitzten Uniformen auf. Um ein berühmtes Wort des Militärtheoretikers Carl von Clausewitz abzuwandeln: Politik wurde zur Fortsetzung des Kriegs mit anderen Mitteln.[169]

Der Erste Weltkrieg legitimierte die Anwendung von Gewalt in der politischen Auseinandersetzung in einem Ausmaß, wie es nicht einmal Bismarcks Einigungskriege von 1864 bis 1870 vermocht hatten. Vor dem Krieg konnten die Deutschen Differenzen ungeachtet unterschiedlicher politischer Überzeugungen ohne Rückgriff auf Gewalt diskutieren.[170] Nach 1918 brach eine neue Zeit an. Das veränderte Klima war schon an den Reichstagssitzungen zu beobachten. Sie verkamen zu wüsten gegenseitigen Schimpftiraden, bei denen jede Seite unverhohlen ihre Verachtung der anderen zur Schau trug und es weder dem Präsidenten noch einzelnen Abgeordneten gelang, Ordnung herzustellen. Vollends eskalierte die Situation auf der Straße. Alle Seiten unterhielten bewaffnete Banden, Schlägereien und Straßenkämpfe gehörten zum Alltag, und es kam fortdauernd zu schweren Ausschreitungen und Meuchelmorden. Ausgeführt wurden diese Gewalttaten nicht nur von ehemaligen Soldaten, sondern auch von jungen Leuten um die Zwanzig, die für eine Teilnahme am Krieg noch zu jung gewesen waren und sich durch diese Form ziviler Gewaltanwendung gegenüber dem machtvollen Mythos der Frontgeneration zu legitimieren suchten.[171] Beispielhaft waren die Erlebnisse des jungen Sebastian Haffner, Sohn eines gutsituierten höheren Beamten, der sich 1939 erinnerte, daß er während der ganzen Zeit von 1914 bis 1918 mit seinen Schulkameraden Krieg spielte, die Meldungen von den Fronten mit brennendem Interesse verfolgte und wie seine ganze Generation den Krieg erlebte als »ein großes, aufregend-begeisterndes Spiel der Nationen, das tiefere Unterhaltung und lustvollere Emotionen beschert als irgendetwas, was der Friede zu bieten hat«, und das »die positive Grundvision des Nazitums geworden« sei.[172] Für diese Männer waren Krieg, bewaffneter Konflikt, Gewalt, Tod oft nur abstrakte Begriffe, das Töten etwas, wovon sie in Büchern gelesen hatten und das unter dem Eindruck der entsprechenden Propaganda in ihren jugendlichen Köpfen als heroische, notwendige, patriotische Tat herumspukte.[173]

Im Zuge der Mehrung gewalttätiger Elemente legten sich einzelne Parteien bewaffnete und uniformierte Verbände zu – paramilitärische Truppen, deren Aufgabe es war, bei Parteiveranstaltungen den

Saalschutz zu übernehmen, durch martialisches Auftreten auf der Straße die Öffentlichkeit zu beeindrucken und gegebenenfalls Angehörige anderer, zu anderen Parteien gehörender paramilitärischer Einheiten zu töten. Das Verhältnis zwischen Politikern und Wehrverbänden war oft spannungsgeladen, und die paramilitärischen Organisationen wahrten stets eine mehr oder minder große Unabhängigkeit. Gleichwohl stand ihre politische Ausrichtung nicht in Frage. Der Stahlhelm, vorgeblich ein Bund von ehemaligen Frontsoldaten, ließ keinen Zweifel an seinem paramilitärischen Charakter, wenn er durch die Straßen marschierte und sich Schlägereien mit rivalisierenden Gruppen lieferte. Seine Verbindung zur extremen Rechten wurde ab Mitte der zwanziger Jahre enger, als er einen radikaleren Standpunkt bezog und Juden von der Mitgliedschaft ausschloß, obwohl er Sammelbecken aller Frontsoldaten sein sollte und es viele jüdische Kriegsteilnehmer gab, die genauso unterstützungsbedürftig waren.

Die Deutschnationalen gründeten ihre eigenen Kampfverbände, die sie leichter auf ihre Zwecke ausrichten konnten als den Stahlhelm. Die Sozialdemokraten waren 1924 führend an der Gründung des Reichsbanners Schwarz-Rot-Gold beteiligt, wobei die Farben im Namen Verbundenheit mit der Republik signalisierten, freilich in Verbindung mit dem zwiespältigen Begriff »Reich«. Die Kommunisten gründeten den Roten Frontkämpferbund, wobei der Begriff »Rote Front« die bezeichnende Übernahme einer militärischen Metapher in den politischen Kampf darstellte.[174] Auf der äußersten Rechten gab es andere, kleinere Kampfverbände, mit fließenden Übergängen in illegale, konspirative Gruppen wie die eng mit dem Stahlhelm verbundene Organisation Consul, die sich in der Welt des politischen Attentats und der Fememorde bewegten. Horden von Uniformierten, die durch die Straßen marschierten und, wenn sie sich begegneten, brutal aufeinander einschlugen, waren in der Weimarer Republik ein alltäglicher Anblick.[175]

Die deutsche Revolution von 1918/19 löste keinen der Konflikte im Land, die in der Endphase des Krieges zutage getreten waren. Auf der extremen Linken sahen die von Karl Liebknecht und Rosa Luxemburg geführten Revolutionäre in den Ereignissen vom November 1918 die Gelegenheit, einen sozialistischen Staat unter Führung jener Arbeiter- und Bauernräte zu gründen, die sich beim Zerfall des alten, monarchischen Systems gebildet hatten. Das Vorbild von Lenins bolschewistischer Revolution in Rußland vor Augen, forcierten sie Pläne für eine zweite Revolution. Die SPD befürchtete, die Revolutionäre könnten in Deutschland jene Art von Rotem Terror installieren, der gerade in Rußland wütete. Im Bewußtsein der Notwendigkeit, das Land vor dem Abgleiten in die Anarchie zu bewahren, billigte die SPD die Rekrutierung schwerbewaffneter paramilitärischer Banden aus Kriegsveteranen und jüngeren Männern, die berüchtigten Freikorps, die künftige revolutionäre Erhebungen im Keim ersticken sollten.

Als die extreme Linke Anfang 1919 einen schlecht organisierten Aufstand in Berlin inszenierte, reagierten die Freikorps, mit Duldung der SPD, mit beispielloser Gewalt und Brutalität. Rosa Luxemburg und Karl Liebknecht wurden ermordet, die Revolutionäre in einer Reihe von Städten, in denen sie die Kontrolle übernommen hatten oder scheinbar gefährlich waren, niedergemetzelt oder umstandslos hingerichtet. Zu weiteren gewalttätigen Unruhen unter der Zivilbevölkerung im März 1920 kam es vor allem im Ruhrgebiet. Durch diese Vorkommnisse war jede Form der Zusammenarbeit zwischen Sozialdemokraten und Kommunisten von vornherein zum Scheitern verurteilt. Wechselseitige Furcht, beiderseitige Vorwürfe und gegenseitiger Haß zwischen den zwei Parteien wogen weit schwerer als alle potentiellen Ziele, die sie gemeinsam haben mochten.

Auf der rechten Seite des politischen Spektrums war das Vermächtnis der Revolution von 1918 kaum weniger verhängnisvoll. Viele Freikorpsführer glaubten als ehemalige Offiziere unerschütterlich an die Dolchstoßlegende. Der abgrundtiefe Haß der Freikorps gegen die Revolution und ihre Anhänger kannte praktisch keine Grenzen. Die Sprache ihrer Propaganda, ihre Lebenserinnerungen, ihre romanhaften Darstellungen des Kriegsgeschehens, alles atmete einen rabiaten Geist der Aggression und der Rache, der ans Pathologische grenzte. »Die Roten« waren für sie eine Masse von Unmenschen, die sich über Deutschland ergoß und Maßnahmen von extremer Gewalt erheischte. [176]

Mit diesen Gefühlen identifizierten sich in unterschiedlichem Umfang viele Offiziere und die Mehrheit der rechten Politiker. Zahlreiche junge Studenten und andere, die den Krieg versäumt hatten, scharten sich jetzt um ihre Fahne. Für diese Leute waren Sozialisten und Demokraten nichts anderes als Landesverräter – »Novemberverbrecher« oder »Novemberverräter«, wie sie bald genannt wurden, die Personen, die erst der deutschen Armee den Dolchstoß in den Rücken versetzt und dann im November 1918 das doppelte Verbrechen begangen hatten, den Kaiser zu stürzen und den Waffenstillstand zu unterzeichnen.

Für einige Politiker war die Unterzeichnung des Versailler Vertrages in der Tat gleichbedeutend mit der Unterzeichnung ihres eigenen Todesurteils. Mitglieder der Freikorps bildeten heimliche Mordbanden, um die vermeintlichen Verräter der Nation aufzuspüren und zu töten. Am 26. August 1921 wurde der prominente Zentrumspolitiker und frühere Finanzminister Matthias Erzberger, der im November 1918 die Waffenstillstandsverhandlungen mit den Alliierten geführt hatte, im Schwarzwald erschossen. Am 24. Juni fuhr Außenminister Walther Rathenau in einem offenen Wagen von seiner Wohnung im Westen Berlins zur Arbeit und wurde von einem Mordkommando, das ihm aufgelauert hatte, erschossen. Die Täter, ehemalige Offiziere, sahen in ihm einen Verräter, weil er der geistige Urheber des Vertrags von Rapallo war, der im April zwischen Deutschland und der Sowjetunion geschlossen worden war. Dieser Vertrag, der die internationale Diplomatie überrascht hatte, markierte das Zusammenfinden der beiden Pariastaaten der Nachkriegszeit. In ihm ging es vorrangig um Handelsbeziehungen, doch stellte er die erste außenpolitische Initiative einer deutschen Regierung nach dem Krieg dar. Er brachte die Franzosen auf, die drastische Maßnahmen vorbereiteten, nachdem der gleichzeitige Versuch Deutschlands, eine Revision im Modus der Reparationszahlungen zu erreichen, fehlgeschlagen war. Am meisten erzürnte er jedoch die extremen Deutschnationalen, die seine Bestimmungen, in denen auf gegenseitige Gebietsansprüche verzichtet wurde, vor allem jene, die Deutschland während des Krieges gegen Rußland vorgebracht hatte, als einen Verrat der deutschen nationalen Interessen betrachteten. Die Tatsache, daß Rathenau, ein prominenter Industrieller, 1914 durch seine Anregung der Schaffung einer Kriegsrohstoffabteilung einen wesentlichen ökonomisch-logistischen Beitrag zur deutschen

Kriegführung geleistet hatte, interessierte seine Mörder weniger. Für sie zählte allein der Umstand, daß er Jude war, was sie in ihrer Überzeugung bestärkte, daß er Deutschland verraten und verkauft habe. Dieser Mord erschütterte die deutsche Politik bis in ihre Grundfesten und löste Demonstrationen im ganzen Land aus sowie die Verabschiedung eines strengen neuen Gesetzes zum Schutze der Republik. Die Mörder selbst wurden unter dubiosen Umständen auf ihrer Flucht erschossen.[177]

Neue Höhepunkte erreichte die politische Gewalt im Jahr 1923, als nicht nur ein erfolgloser kommunistischer Aufstand in Hamburg niedergeworfen wurde, sondern sich auch in München rivalisierende Gruppen Feuergefechte lieferten und im Rheinland bewaffnete Zusammenstöße mit von Frankreich unterstützten Separatisten stattfanden. Linksextreme wie Karl Plättner oder Max Hölz führten Anfang der zwanziger Jahre in Privatfeldzügen bewaffnete Raubüberfälle und »Enteignungen« durch, die erst aufhörten, als sie festgenommen und zu langen Haftstrafen verurteilt wurden.[178]

Auf dem Nährboden aus nationalem Trauma, politischem Extremismus, gewalttätigem Konflikt und revolutionärer Erhebung wuchs der Nationalsozialismus. Die meisten Bestandteile seiner eklektischen Ideologie waren in Deutschland schon vor 1914 bekannt gewesen und der Öffentlichkeit im Krieg noch vertrauter geworden. Der dramatische Absturz Deutschlands in das politische Chaos gegen Ende 1918 und in den folgenden Jahren brachte viele zu der Überzeugung, extreme Ideen müßten in gewalttätiges Handeln umgesetzt werden. Die berauschende Verbindung aus Haß, Furcht und Ambition, die eine kleine Zahl von deutschnationalen Extremisten trunken gemacht hatte, vereinte sich mit einem weiteren, entscheidenden Element: der Bereitschaft, ja der Entschlossenheit zur Anwendung physischer Gewalt. Nationale Demütigung, der Zusammenbruch des Bismarck-Reichs, der Siegeszug der Sozialdemokratie in der Revolution, die Bedrohung durch den Kommunismus, dies alles schien für manche die Anwendung von Gewalt und Mord zur Durchsetzung der von Alldeutschen, Antisemiten, Rassehygienikern und Ultranationalisten seit Ende des 19. Jahrhunderts empfohlenen Maßnahmen zu rechtfertigen, wenn die deutsche Nation je wieder genesen sollte.

Nach 1918 waren diese Ideen noch die einer Minderheit, die Bereitschaft zur Anwendung von physischer Gewalt war noch auf einen kleinen, extremistischen Rand der Gesellschaft beschränkt. Der Zusammenbruch von 1918 hatte die deutsche Gesellschaft und Politik nicht zu einer einmütigen Begeisterung für den extremen Nationalismus zusammengeschweißt, sondern sie extrem polarisiert. Vor allem war die Hauptbühne der Politik noch immer von Menschen und Parteien besetzt, die sich für die Schaffung einer stabilen, funktionierenden parlamentarischen Demokratie, soziale Reformen, kulturelle Freiheit und wirtschaftliche Möglichkeiten für alle einsetzten. Der Zusammenbruch des wilhelminischen Reichs war auch ihre Chance, und sie ergriffen sie bereitwillig. Bevor der Ultranationalismus sich zur Hauptströmung in der Politik weiten konnte, mußte er den Damm niederreißen, den Deutschlands erste Demokratie gegen ihn errichtet hatte: die Weimarer Republik.

2. KAPITEL

Gescheiterte Demokratie

Die neue Republik

I

Am Ende des Ersten Weltkriegs verwehrten Schießereien, Attentate, Krawalle, Massaker und bürgerkriegsähnliche Unruhen den Deutschen jene Stabilität, aus der eine neue, demokratische Ordnung hätte erwachsen können. Nach der Abdankung des Kaisers und dem Zusammenbruch des Bismarckreichs übernahmen die Sozialdemokraten die Regierung. In den Wirren der ersten Novembertage 1918 taten sich führende Vertreter der Arbeiterbewegung zusammen und bildeten einen revolutionären Rat der Volksbeauftragten, der zumindest für kurze Zeit die zwei Flügel der sozialdemokratischen Bewegung zusammenhielt, die Mehrheitssozialisten, die den Krieg unterstützt, und die USPD, die ihn abgelehnt hatten. An der Spitze des Rates stand der langjährige SPD-Funktionär Friedrich Ebert. 1871 als Sohn eines Schneidermeisters geboren, war er Sattler geworden und über seine Betätigung in der Gewerkschaft zur Politik gekommen. Er hatte in der Redaktion der sozialdemokratischen *Bremer Bürger-Zeitung* gearbeitet und dann 1893 in Bremen eine Kneipe eröffnet, die wie viele ähnliche Lokalitäten den örtlichen Arbeiterorganisationen als Treffpunkt diente. 1900 wurde er Mitglied der Bremer Bürgerschaft, 1905 Sekretär des Parteivorstandes der SPD in Berlin und 1912 Reichstagsabgeordneter.

Den Respekt seiner Partei hatte sich Ebert nicht als politischer Redner oder charismatischer Führer erworben, sondern als geduldiger und geschickter Unterhändler, der es verstand, die verschiedenen Gruppierungen der Arbeiterbewegung zusammenzuführen. Er war ein typischer Pragmatiker aus der zweiten Generation sozialdemokratischer Führer, insofern er zwar die marxistische Ideologie seiner Partei guthieß, seine Bemühungen aber darauf richtete, durch Kenntnisse auf dem Gebiet des Arbeitsrechts und der Sozialversicherung die alltäglichen Lebensbedingungen der Arbeiterschaft zu verbessern. Seiner zähen Arbeit hatte die Vorkriegs-SPD zum guten Teil die

Umstrukturierung und Verbesserung ihrer Parteibürokratie und ihrer Wahlkampfmaschinerie zu verdanken, und auch an dem Wahlsieg der SPD bei den Reichstagswahlen 1912 hatte Ebert entscheidenden Anteil. Nach dem Tode des langjährigen Parteivorsitzenden August Bebel wurde Ebert 1913 zusammen mit dem radikaleren Hugo Haase zum neuen Vorsitzenden gewählt. Wie für viele sozialdemokratische Funktionäre war ihm die Parteidisziplin das Maß aller Dinge, und seine Empörung über die Weigerung Haases und anderer Kriegsgegner, sich Mehrheitsentscheidungen der Partei zu beugen, war für ihn ein wesentlicher Grund, den Ausschluß dieser Gruppe zu betreiben. Unter Führung Haases gründeten die Dissidenten 1917 die USPD und arbeiteten daran, ein Ende des Krieges herbeizuführen. Ebert glaubte an Kompromiß und Reform und bemühte sich während des Krieges intensiv um eine Zusammenarbeit mit dem Zentrum und der Fortschrittspartei, um die kaiserliche Regierung zur Einführung des parlamentarischen Systems zu drängen. Seine Hauptsorge 1918/19 war typisch für den nüchternen Verwaltungsmann: Aufrechterhaltung der Grundversorgung, Verhinderung eines wirtschaftlichen Zusammenbruchs, Wiederherstellung von Ruhe und Ordnung. Zu der Einsicht, daß die Abdankung des Kaisers unumgänglich war, bekehrte ihn nur die Überlegung, daß es andernfalls zum Ausbruch einer sozialen Revolution kommen werde. Im Gespräch mit dem letzten Reichskanzler, Prinz Max von Baden, sagte Ebert: »Ich aber will sie [die Revolution] nicht, ich hasse sie wie die Sünde.«[1]

Statt einer Revolution wollte Ebert die parlamentarische Demokratie. Zusammen mit dem Zentrum und der nunmehr in Deutsche Demokratische Partei (DDP) umbenannten Fortschrittlichen Volkspartei bereitete Ebert für Anfang 1919 nationale Wahlen zu einer Verfassunggebenden Versammlung vor, gegen den Widerstand radikalerer Kräfte, die in den Arbeiter- und Soldatenräten die Grundlage für eine Verfassung nach sowjetischem Vorbild sahen. Viele gewöhnliche Wähler sahen in der Stimmabgabe für eine der drei demokratischen Parteien noch die beste Möglichkeit, ein deutsches Rätesystem zu verhindern und die Gefahr einer bolschewistischen Revolution abzuwehren. Erwartungsgemäß errangen SPD, DDP und Zentrumspartei bei den Wahlen zur Nationalversammlung die Mehrheit der

Stimmen. Die Versammlung trat am 6. Februar 1919 in Weimar zusammen.[2] Die am 31. Juli 1919 endgültig angenommene Verfassung war im wesentlichen eine abgeänderte Version der Bismarckschen Reichsverfassung von 1871.[3] Die erste Ähnlichkeit lag in der Stellung und den Befugnissen des Staatsoberhaupts. Anstelle des Kaisers gab es einen Reichspräsidenten, der wie in den USA vom Volk direkt gewählt wurde. Das verschaffte ihm nicht nur unabhängige Legitimität gegenüber dem Parlament, es ermutigte ihn auch, umfassenden Gebrauch von seiner Ermächtigung zu Notverordnungen nach Artikel 48 der neuen Verfassung zu machen. In unruhigen Zeiten hatte er das Recht, diese Notverordnungen zu erlassen, und konnte militärische Kräfte einsetzen, um im Falle eines Ausnahmezustandes Ruhe und Ordnung in einem deutschen Land wiederherzustellen.

Die Ermächtigung zum Erlassen von Notverordnungen war nur für außerordentliche Notfälle vorgesehen. Als erster Reichspräsident machte Ebert ausgiebigen Gebrauch von diesem Instrument, das er bei nicht weniger als 136 verschiedenen Gelegenheiten benutzte. So setzte er rechtmäßig gewählte Regierungen in Sachsen und in Thüringen ab, als sie seiner Meinung nach zu Unruheherden zu werden drohten. Noch gefährlicher war eine rückdatierte Verordnung während des Bürgerkriegs im Ruhrgebiet 1920, worin Ebert nachträglich Verstöße gegen die öffentliche Ordnung mit der Todesstrafe ahndete und viele Exekutionen für Rechtens erklärte, die Freikorpsverbände und Reichswehr an Angehörigen der Roten Armee vollstreckt hatten.[4] In beiden Fällen wurden diese Vollmachten gegen vermeintliche Bedrohungen der Republik von links eingesetzt, während sie gegen die Gefahr von rechts so gut wie gar nicht zur Anwendung kamen. Es gab praktisch keine Sicherungsmechanismen gegen einen Mißbrauch des Artikels 48, da der Reichspräsident nach Artikel 25 mit der Auflösung des Reichstags drohen konnte, sollte dieser eine Notverordnung des Präsidenten aufheben. Sie konnten dazu mißbraucht werden, die Opposition gegen eine amtierende Regierung einzuschüchtern und zu unterdrücken. Gewiß gab es in einigen Fällen keine andere Möglichkeit, als mit Notverordnungen zu regieren, doch traf Artikel 48 keine geeigneten Vorkehrungen, um das Parlament auch unter solchen Umständen als obersten Souverän zu bestätigen. Zudem bediente sich Ebert dieses Artikels nicht nur in Notfällen, sondern auch in geringfügig krisenhaften Situationen. Letztlich führte Eberts exzessiver Gebrauch und gelegentlicher Mißbrauch des Artikels 48 zu einer Überdehnung seiner Anwendung, bis er schließlich zu einer potentiellen Gefahr für die demokratischen Institutionen wurde.[5]

Eberts Leistung als Geburtshelfer der Weimarer Republik war unstrittig, doch schloß er viele übereilte Kompromisse, die der Republik später auf verschiedene Weise zu schaffen machen sollten. Seine Sorge um einen möglichst reibungslosen Übergang in die Friedenszeit bewog ihn, eng mit der Armee zusammenzuarbeiten, ohne die geringsten Veränderungen in deren monarchistischem und ultrakonservativem Offizierskorps zu fordern, wozu er 1918/19 zweifellos noch in der Lage gewesen wäre. Wiewohl sich Ebert mit seiner Kompromißbereitschaft gegenüber der alten Ordnung nicht bei denen beliebt machte, die ihr Verschwinden bedauerten. In den Jahren seiner Präsidentschaft war er einer gnadenlosen Schmähkampagne in der Rechtspresse ausgesetzt. Wer vom Staatsoberhaupt olympische Würde fernab dem Getriebe der gewöhnlichen Welt verlangte, hatte für einen Reichspräsidenten nur Spott und Verachtung übrig, den ein oft nachgedrucktes Zeitungsfoto untersetzt und vierschrötig, bekleidet nur mit einer Badehose, mit Freunden beim Urlaub an der See zeigte. Andere Gegner Eberts aus der rechten Schmutzpresse versuchten, ihm Finanzskandale anzuhängen. Ebert reagierte mit 173 Verleumdungsklagen gegen die Verantwortlichen, ohne auch nur eine einzige Ehrenerklärung zu erwirken.[6] In einem 1924 abgehaltenen Strafprozeß, in dem der Angeklagte beschuldigt wurde, Ebert einen Landesverräter genannt zu haben, verurteilte das Gericht den Mann zu einer symbolischen Geldstrafe von zehn Reichsmark, da Ebert sich nach Auffassung des Gerichts tatsächlich landesverräterisch betätigt hatte, als er im letzten Kriegsjahr Kontakte zu streikenden Munitionsarbeitern in Berlin unterhielt. Dabei hatte Ebert nur den Versuch unternommen, den Streik möglichst schnell durch Verhandlungen zu beenden.[7] Die ungebremst fortlaufende Haßwelle, die Ebert von der extremen Rechten entgegenschlug, verfehlte insofern nicht ihre Wirkung, als sie nicht nur seine Stellung als Reichspräsident unterspülte, sondern ihn auch körperlich und seelisch zugrunde richtete. Damit beschäftigt, seinen Namen von den Besudelungen reinzuwaschen, vernachlässigte Ebert eine Bauchfellentzündung, die für die damalige Medizin ohne weiteres behandelbar gewesen wäre, und starb am 28. Februar 1925 im Alter von 54 Jahren.[8]

Die anschließende Reichspräsidentenwahl warf schwere Schatten auf die demokratischen Perspektiven der Weimarer Republik. Jetzt machte sich der verderbliche Einfluß der politischen Zersplitterung und mangelnden Legitimität der Weimarer Republik bemerkbar. Im ersten Wahlgang erhielt kein Kandidat die erforderliche absolute Mehrheit, und die Rechte schickte einen zögernden Feldmarschall Paul von Hindenburg als Sammlungsfigur für ihre gespaltene Anhängerschaft ins Rennen. Im zweiten Wahlgang hätte Hindenburg noch abgefangen werden können, wenn entweder die Kommunisten oder die Bayerische Volkspartei, die bayerische Abspaltung vom katholischen Zentrum, für seinen erfolgreichsten Gegenkandidaten, den katholischen Politiker Wilhelm Marx, gestimmt hätten. Doch dank des politischen Egoismus vor allem der Bayern wurde Hindenburg mit klarer Mehrheit gewählt. Hindenburg, das Symbol schlechthin für die alte militärische und kaiserliche Ordnung, war eine imposante Erscheinung. Sein gravitätisches Auftreten, die Uniform, die Kriegsauszeichnungen und sein legendärer, wiewohl eher unverdienter Ruf als »Sieger von Tannenberg« und späterer Lenker der deutschen Kriegsgeschicke machten ihn zu einer Galionsfigur vor allem der Rechten. Von den Kräften der Rechten wurde die Wahl Hindenburgs als Signal der Restauration begrüßt. Sie sahen darin eine Gelegenheit, Revanche dafür zu nehmen, daß die Republik 1919 die revolutionären Farben von 1848, Schwarz-Rot-Gold, zu den offiziellen Farben der Nationalflagge erklärt hatte, auch wenn selbst damit noch ein Zugeständnis verbunden war, da die Zentrumspartei bei der vorangegangenen Debatte durchsetzen konnte, daß die alten Farben des Bismarckreichs, Schwarz-Weiß-Rot, in den offiziellen Flaggen der deutschen Handelsmarine weitergeführt werden durften, angeblich, weil sie auf See besser erkennbar waren.[9] »Als Hindenburg [am 12. Mai 1925] vereidigt wurde«, notierte ein konservativer Beobachter, der Universitätsprofessor Victor Klemperer, eher beunruhigt in seinem Tagebuch, »war überall schwarz-weiß-rot geflaggt. Die Reichsfahne nur auf Amtsgebäuden.« Acht von zehn Reichsfahnen, die er bei dieser Gelegenheit gesehen habe, seien kleine Kinderfahnen gewesen.[10] Für viele war die Wahl Hindenburgs ein großer Schritt auf dem Weg fort von der Weimarer Demokratie hin zur Wiederherstellung der monarchischen Ordnung. Nach seiner Wahl verbreitete sich das Gerücht, Hindenburg habe es für nötig gehalten, seinen alten Kaiser Wilhelm, der im Exil in Holland lebte, um Erlaubnis zu bitten, bevor er das Amt des Reichspräsidenten annahm. Das Gerücht war falsch, aber daß es Verbreitung finden konnte, sagte viel über den Ruf Hindenburgs aus.[11]

Zu Beginn seiner Amtszeit hielt sich Hindenburg, geprägt von einem starken Pflichtgefühl, zur Überraschung vieler streng an den Buchstaben der Verfassung. Als er am Ende seiner siebenjährigen Amtszeit das Alter von 84 Jahren erreichte, erfaßte ihn immer größere Ungeduld mit Blick auf die Komplexität politischer Ereignisse, und er wurde immer empfänglicher für die Einflüsterungen seiner engsten Berater, die mit ihm der instinktiven Überzeugung waren, die Monarchie sei die einzig legitime souveräne Macht im Deutschen Reich. Durch das Beispiel seines Vorgängers von der Korrektheit der Anwendung seiner Notverordnungsvollmachten überzeugt, gewann Hindenburg den Eindruck, daß eine in seinem Namen ausgeübte konservative Diktatur der einzige Ausweg aus der Krise sei, in die die Republik Anfang der dreißiger Jahre abzurutschen begann. Was immer also die Wahl Hindenburgs dazu beigetragen haben mochte, die Gegner der Weimarer Republik kurzfristig mit ihrer Existenz zu versöhnen – langfristig war sie ein absolutes Unglück für die Weimarer Demokratie. Spätestens 1930 stand fest, daß die Vollmachten des Reichspräsidenten ein Mann in Händen hielt, der nicht an demokratische Institutionen glaubte und nicht die Absicht hatte, sie gegen ihre Feinde zu verteidigen.[12]

II

Neben dem Amt des Reichspräsidenten sah die Weimarer Verfassung eine Volksvertretung, den Reichstag, vor, die auch von allen volljährigen Frauen, nicht nur den volljährigen Männern, gewählt wurde. Die Wähler stimmten für die Partei ihrer Wahl, und jede Partei erhielt eine Anzahl von Sitzen im Reichstag, die ihrem prozentualen Anteil an den abgegebenen Stimmen entsprach. Eine Partei, die

30 Prozent der abgegebenen Stimmen erhalten hatte, bekam auch 30 Prozent der Reichstagssitze, und, was problematisch war, eine Partei, die 1 Prozent der Stimmen erhalten hatte, bekam 1 Prozent der Sitze. Es wird oft gesagt, daß diese Regelung kleine Parteien und Randgruppen begünstigte, was ohne Zweifel zutrifft. Aber die Parteien vom Rande des Spektrums kamen zusammen auf nie mehr als 15 Prozent der Stimmen, so daß es in der Praxis selten notwendig war, daß die größeren Parteien sie bei einer Regierungsbildung berücksichtigten. Wohl aber bewirkte das Verhältniswahlrecht eine Einebnung der Wahlchancen der größeren Parteien. Hätte die Mehrheitswahl gegolten, so hätten die größeren Parteien profitiert, und stabilere Koalitionsregierungen wären mit einer kleineren Zahl von Koalitionspartnern möglich gewesen.[13]

Unter den gegebenen Verhältnissen waren Regierungswechsel in der Weimarer Republik an der Tagesordnung. Zwischen dem 13. Februar 1919 und dem 30. Januar 1933 gab es in Deutschland nicht weniger als zwanzig verschiedene Kabinette, jedes war im Durchschnitt nicht einmal acht Monate im Amt. Eine Koalitionsregierung bedeutete eine instabile Regierung, wurde manchmal gesagt, da die einzelnen Parteien ständig über Personal- und Sachfragen stritten. Eine Koalitionsregierung bedeutete auch eine schwache Regierung, da man sich immer nur auf den kleinsten gemeinsamen Nenner und die Linie des geringsten Widerstandes einigen konnte. Indessen waren die Weimarer Koalitionsregierungen nicht nur das Produkt des Verhältniswahlrechts. Die im Kaiserreich vorherrschenden Parteien waren auch die Parteien von Weimar. Die Deutschnationale Volkspartei (DNVP) war aus der Verschmelzung der alten Deutschkonservativen Partei mit kleineren Gruppierungen hervorgegangen. Die Liberalen blieben gespalten in die linke Deutsche Demokratische Partei (DDP) und die rechte Deutsche Volkspartei (DVP). Das katholische Zentrum blieb mehr oder weniger unverändert, nur daß sich in Bayern die Bayerische Volkspartei (BVP) von ihm abspaltete. Auf der Linken bekam es die SPD mit einem neuen Rivalen in Gestalt der KPD zu tun. Die Anfänge der verschiedenen politischen Milieus, aus denen diese Parteien hervorgegangen waren, lagen in der Bismarckzeit.[14]

Die Milieus mit ihren Parteizeitungen, Vereinen und Gesellschaften waren ungewöhnlich homogen und geschlossen. Dies hatte schon vor 1914 zu einer Politisierung ganzer Lebensbereiche geführt, die andere Gesellschaften in solchem Ausmaß nicht kannten. Wenn jemand zum Beispiel einem Männergesangsverein beitreten wollte, hatte er in manchen Gegenden die Wahl zwischen einem katholischen und einem protestantischen, in anderen zwischen einem sozialistischen und einem deutschnationalen Verein, genauso bei Turn-, Radfahr- oder Fußballvereinen. Ein SPD-Mitglied konnte sich vor dem Krieg sein ganzes Leben von der Partei und ihren Organisationen umsorgen lassen: Er konnte eine sozialdemokratische Zeitung lesen, in eine sozialdemokratische Kneipe gehen, einer sozialdemokratischen Gewerkschaft angehören, Bücher aus der sozialdemokratischen Leihbücherei entleihen, sozialdemokratische Feste und Theaterstücke besuchen, eine Frau heiraten, die der sozialdemokratischen Frauenorganisation angehörte, seine Kinder in der sozialdemokratischen Jugendbewegung anmelden und sich zuletzt mit Hilfe einer sozialdemokratischen Sterbekasse beerdigen lassen.[15] Ähnliches konnte man vom katholischen Zentrum sagen, das sich auf die Massenorganisation des Volksvereins für das katholische Deutschland, die katholischen Gewerkschaften und katholische Freizeitvereine stützen konnte, in eingeschränktem Umfang traf es auf andere Parteien auch zu.[16] Die ausgeprägten politisch-kulturellen Milieus verschwanden nicht mit dem Kaiserreich.[17] Doch das Aufkommen einer kommerzialisierten Massenfreizeit – eine auf Sensations- und Skandalberichte gestellte »Boulevardpresse«, Kino, Groschenromane, Tanzsäle und andere neue Freizeitvergnügungen – schuf mit Beginn der zwanziger Jahre alternative Identifikationsquellen für die Jugend, die sich daher einer Partei weniger verbunden fühlte als ihre Eltern.[18] Die ältere Generation war ihrer jeweiligen politischen Ideologie zu sehr verhaftet, als daß sie sich zu Kompromiß und Zusammenarbeit mit anderen Politikern und deren Parteien bereit gefunden hätte. Im Gegensatz zur Situation nach 1945 gab es keine Fusion großer Parteien zu größeren, politisch wirksameren Gebilden.[19] In diesem Betracht waren für die politische Instabilität der zwanziger und frühen dreißiger Jahre mithin eher strukturelle Kontinuitäten zur Politik der Bismarckschen und wilhelminischen Ära verantwortlich als die neuartigen Bestimmungen der Weimarer Verfassung.[20]

Im Gegensatz zu häufig ausgesprochenen Behauptungen, hat das Verhältniswahlrecht in der Weimarer Republik nicht die politische

Anarchie ermutigt und damit den Aufstieg der extremen Rechten begünstigt. Ein Mehrheitswahlrecht, das jedem Kandidaten mit den meisten Stimmen einen Sitz im Parlament gesichert hätte, hätte der NSDAP womöglich noch mehr Reichstagssitze beschert, als sie bei den letzten Wahlen in der Weimarer Republik ohnedies errang. Letztlich ist darüber keine verläßliche Aussage zu machen, da die Wahlkampftaktik der Parteien anders gewesen wäre und die Auswirkungen in den ersten Jahren der Republik den Stimmenanteil der NSDAP bei späteren Wahlen vielleicht verringert hätten.[21] Ähnlich ist die destabilisierende Wirkung der in der Weimarer Verfassung vorgesehenen Volksbegehren und Volksentscheide oft übertrieben worden. Andere politische Systeme mit solchen Instrumenten haben ihre Funktionstüchtigkeit nicht eingebüßt, abgesehen davon war die Zahl der tatsächlich abgehaltenen Plebiszite gering. Die mit ihnen verbundenen Kampagnen trugen zweifellos dazu bei, die überhitzte politische Atmosphäre der Weimarer Republik auf dem Siedepunkt zu halten, aber die unmittelbare politische Wirkung von deutschlandweiten Plebisziten war gering, auch wenn beispielsweise ein Volksentscheid in Oldenburg 1932 zum Sturz einer demokratischen Landesregierung führte.[22]

Auf jeden Fall wird die Regierungsinstabilität in Weimar oft überzeichnet, da die häufigen Regierungswechsel politische Kontinuitäten in einzelnen Ministerien unberührt ließen. Manche Posten, besonders der des Justizministers, wurden bei Koalitionsverhandlungen der Parteien als Verhandlungsmasse benutzt und erlebten damit eine Reihe vieler verschiedener Amtsinhaber, womit zweifellos mehr Macht als gewöhnlich in Händen der personell unveränderten höheren Ministerialbürokratie verblieb, mochte deren Handlungsspielraum auch durch die Übertragung vieler Aufgaben der Rechtspflege an die Länder beschnitten sein. Andere Posten blieben durch alle Wechselfälle der Koalitionsbildung hindurch fest in der Hand eines Politikers, dem es dadurch leichter fiel, eine prägnante und entschiedene Politik zu formulieren und durchzusetzen. So war Gustav Stresemann, Vorsitzender der DVP, in neun aufeinanderfolgenden Regierungen Reichsaußenminister und blieb über sechs Jahre ununterbrochen im Amt. Der Zentrumsabgeordnete Heinrich Brauns war in zwölf Kabinetten hintereinander, von Juni 1920 bis Juni

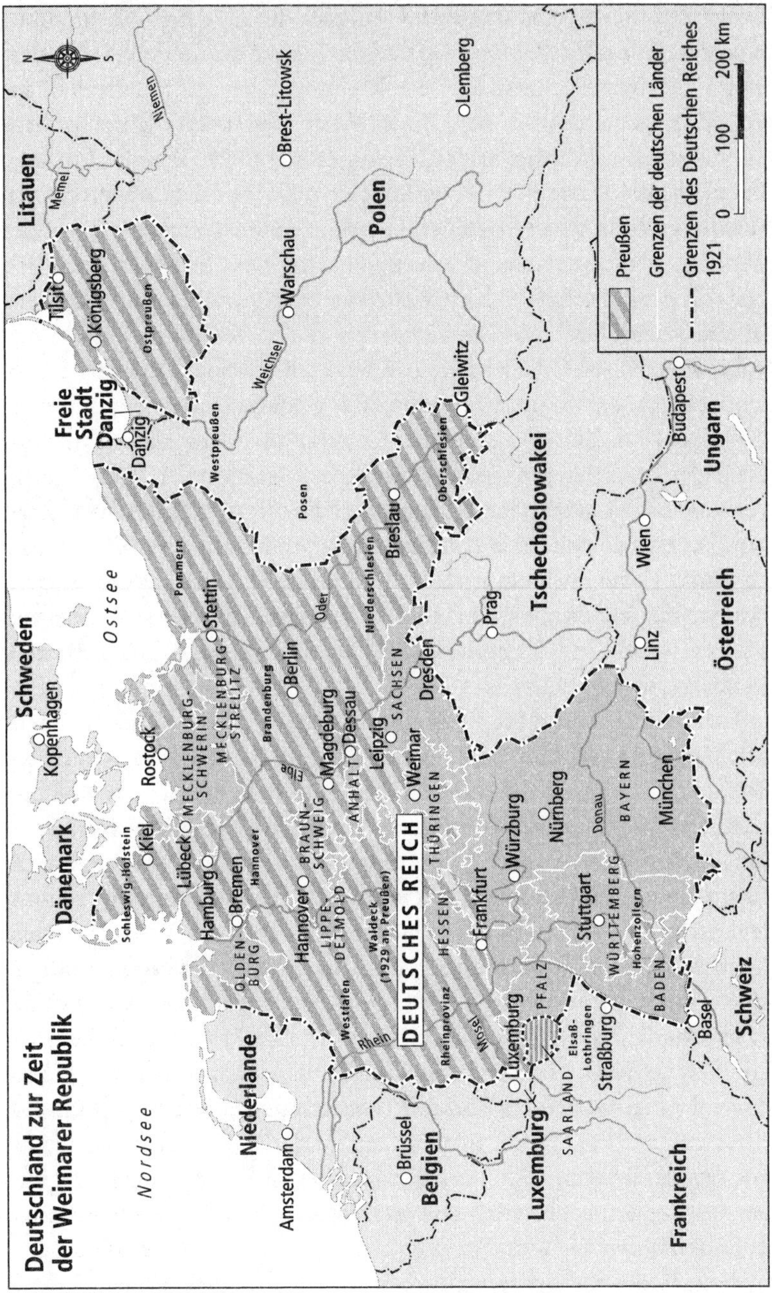
Deutschland zur Zeit
der Weimarer Republik
Nordsee
Ostsee
Schweden
Dänemark
Litauen
Polen
Niederlande
Belgien
Luxemburg
Frankreich
Schweiz
Österreich
Tschechoslowakei
Ungarn
Freie
Stadt
Danzig
DEUTSCHES REICH
Amsterdam
Brüssel
Kopenhagen
Kiel
Lübeck
Rostock
Hamburg
Bremen
Hannover
Berlin
Stettin
Magdeburg
Dessau
Leipzig
Dresden
Weimar
Frankfurt
Würzburg
Nürnberg
Stuttgart
München
Straßburg
Basel
Luxemburg
Königsberg
Tilsit
Danzig
Warschau
Brest-Litowsk
Lemberg
Breslau
Gleiwitz
Prag
Wien
Linz
Budapest
Memel
Njemen
Weichsel
Oder
Elbe
Rhein
Mosel
Donau
Schleswig-Holstein
MECKLENBURG-SCHWERIN
MECKLENBURG-STRELITZ
Pommern
Brandenburg
Hannover
OLDENBURG
BRAUNSCHWEIG
LIPPE-DETMOLD
ANHALT
SACHSEN
THÜRINGEN
HESSEN
Waldeck
(1929 an Preußen)
Westfalen
Rheinprovinz
PFALZ
SAARLAND
Elsaß-Lothringen
BADEN
WÜRTTEMBERG
Hohenzollern
BAYERN
Niederschlesien
Oberschlesien
Posen
Westpreußen
Ostpreußen
Preußen
Grenzen der deutschen Länder
Grenzen des Deutschen Reiches 1921
0 100 200 km
N
S

1928, Reichsarbeitsminister, Otto Geßler von der DDP in dreizehn aufeinanderfolgenden Regierungen, von März 1920 bis Januar 1928, Reichswehrminister. Diese Minister konnten ungeachtet der häufigen Führungswechsel ihrer Regierungen langfristige politische Zielvorstellungen entwickeln und umsetzen. Daneben gab es andere Ministerämter, die dieselben Politiker durch zwei, drei oder vier Regierungen hindurch innehatten.[23] Nicht zufällig konnte die Republik auf diesen Gebieten, namentlich in der Außen-, der Arbeits- und der Sozialpolitik, die stärkste und konsequenteste Arbeit leisten.

Die Fähigkeit der Reichsregierung zu festem und entschlossenem Handeln schränkte in einigen Teilbereichen eine andere Bestimmung der Weimarer Verfassung ein, nämlich deren bewußtes Festhalten an der föderalen Struktur Deutschlands, die Bismarck dem Reich 1871 verordnet hatte, um bestimmten deutschen Fürsten wie dem König von Bayern und dem Großherzog von Baden die bittere Pille der deutschen Einigung schmackhafter zu machen. Die Fürsten waren bei der Revolution 1918 sang- und klanglos untergegangen, aber ihre Länder existierten zum großen Teil noch. Sie waren mit Institutionen eines demokratischen Parlamentarismus ausgestattet, und wahrten in Schlüsselbereichen der Innenpolitik noch immer weitgehende Selbständigkeit. Dadurch ermutigt, blockierten die traditionsreichen Länder mit eigener Geschichte und Identität die Politik der Reichsregierung, wann immer sie es für richtig hielten. Andererseits lag die direkte Besteuerung jetzt in den Händen der Reichsregierung, so daß viele kleinere Länder auf Zuwendungen aus Berlin angewiesen waren, wenn sie finanziell in Schwierigkeiten gerieten. Versuche einer Abspaltung vom Reich mögen in den unruhigen Anfangsjahren der Weimarer Republik bedrohlich ausgesehen haben, wurden aber in Wirklichkeit nie energisch genug verfolgt.[24] Gravierende Probleme konnten durch Spannungen zwischen Preußen und dem Reich hervorgerufen werden, da das Land Preußen größer war als alle anderen deutschen Länder zusammen, doch herrschten in den zwanziger und frühen dreißiger Jahren in Preußen gemäßigte, verfassungstreue Regierungen, die ein wichtiges Gegengewicht gegen Extremismus und Instabilität in Ländern wie Bayern darstellten. Alle diese Faktoren in Rechnung gestellt, läßt sich die Schlußfolgerung ziehen, daß das föderale System bei allen ungelösten Spannungen zwischen dem Reich und den Ländern keinen maßgeblichen Faktor bei der Schwächung der Stabilität und Legitimität der Weimarer Republik bildete.[25]

III

Alles in allem war die Weimarer Verfassung nicht schlechter als die Verfassung der meisten anderen Länder in den zwanziger Jahren und sogar ein gutes Stück demokratischer als viele von ihnen. Die problematischeren unter ihren Bestimmungen wären unter anderen Umständen wohl keine Bedrohung gewesen, doch der fatale Legitimitätsmangel, an dem die Weimarer Republik litt, vergrößerte auch die Mängel ihrer Verfassung um ein Vielfaches. Drei Parteien wurden mit dem neuen politischen System identifiziert: die SPD, die liberale DDP und das katholische Zentrum. Hatten diese drei Parteien bei den Reichstagswahlen im Januar 1919 noch eine deutliche Mehrheit von 76,2 Prozent der abgegebenen Stimmen erzielt, so brachten sie es bei den Wahlen vom Juni 1920 zusammen auf gerade einmal 48 Prozent, im Mai 1924 auf 43 Prozent, im Dezember 1924 auf 49,6 Prozent, 1928 auf 49,9 Prozent und im September 1930 auf 43 Prozent. Ab 1920 waren sie also im Reichstag ständig in der Minderheit und wurden zahlenmäßig übertroffen von Abgeordneten, deren Loyalität den Feinden der Republik von links und von rechts galt. Darüber hinaus war die Unterstützung dieser Parteien der »Weimarer Koalition« für ihre Republik allzuoft eher rhetorischer als praktischer Art, schlimmstenfalls aber zweideutig, kompromißlerisch oder ohne jeden politischen Nutzen.[26]

Die SPD hielten viele für die Partei, welche die Weimarer Republik geschaffen habe; oft sagte sie das sogar selbst. Trotzdem fühlte sie sich als Regierungspartei nie recht wohl, war nur in acht der zwanzig Weimarer Kabinette vertreten und stellte nur in vier von ihnen den Reichskanzler.[27] Ihrer marxistisch geprägten Ideologie der Vorkriegszeit blieb die SPD insofern verhaftet, als sie auf lange Sicht mit der Beseitigung des Kapitalismus und der Ablösung der Bourgeoisie durch das Proletariat rechnete. Das 1925 verabschiedete Heidelberger Programm der SPD erklärte, die Arbeiterklasse könne ihre Befreiung nur »durch die Verwandlung des kapitalistischen Privateigentums in gesellschaftliches Eigentum« erreichen. Was immer es sonst sein mochte, das Deutschland der zwanziger Jahre war unleugbar eine kapitalistische Gesellschaft, und eine führende Rolle der SPD in der Regierung vertrug sich für viele Sozialdemokraten nur schlecht mit dem Verbalradikalismus ihrer Ideologie. Ungeübt im Umgang mit der Regierung und vor dem Krieg zwei Generationen lang von jeder politischen Beteiligung ausgeschlossen, empfanden sie jetzt die Zusammenarbeit mit »bürgerlichen« Politikern als schmerzliche Erfahrung. Die SPD konnte ihre marxistische Ideologie nicht über Bord werfen, ohne einen wesentlichen Teil ihrer Wählerschaft aus der Arbeiterklasse zu verlieren. Andererseits hätte eine radikalere Politik, zum Beispiel die Aufstellung einer roten Arbeitermiliz anstelle des Rückgriffs auf die Freikorps, die Beteiligung der SPD an bürgerlichen Koalitionsregierungen mit Sicherheit unmöglich gemacht und ihr den Zorn der Reichswehr zugezogen.[28]

Am stärksten waren die Sozialdemokraten in Preußen vertreten, dem deutschen Land, das die Hälfte des Territoriums der Weimarer Republik und 57 Prozent ihrer Bevölkerung umfaßte. Hier, in einem überwiegend evangelischen Gebiet mit Großstädten wie Berlin und Industriezonen wie dem Ruhrgebiet, dominierten sie die Regierung. Ihre Strategie bestand darin, Preußen zu einem Bollwerk der Weimarer Demokratie zu machen, und obgleich sie weder einen energischen noch einen konsequenten Reformkurs steuerten, stellte doch Anfang der dreißiger Jahre die Verdrängung der SPD von ihrer Macht im größten Land Deutschlands das Hauptziel der Feinde der Weimarer Demokratie dar.[29] Im Reich hingegen war die Stellung der SPD weit weniger führend. Ihre Stärke in der Anfangszeit der Republik verdankte sie zu einem wesentlichen Teil der Unterstützung durch Wähler aus dem Bürgertum, die kalkulierten, daß eine starke SPD durch die Bewerkstelligung eines raschen Übergangs zur parlamentarischen Demokratie der beste Schutz vor dem Bolschewismus sein werde. In dem Maße, wie sich diese Gefahr verringerte, ging auch die Vertretung der SPD im Reichstag zurück, und zwar von 163 Sitzen 1919 auf 102 Sitze 1920. Trotz einer wesentlichen Erholung in späteren Jahren – 153 Sitze 1928, 143 Sitze 1930 – verlor die SPD doch auf

Dauer zweieinhalb Millionen Wählerstimmen und bewegte sich nach anfänglichen 38 Prozent bei den Reichstagswahlen 1919 in den späteren zwanziger und frühen dreißiger Jahren immer um die 25 Prozent.[30] Gleichwohl blieb die Sozialdemokratie eine überaus mächtige und gut organisierte politische Bewegung, die auf die Treue und Verbundenheit von Millionen deutscher Industriearbeiter verweisen konnte. Wenn eine Partei es verdient, das Bollwerk der Demokratie in der Weimarer Republik genannt zu werden, dann die SPD.

Der zweite Arm der »Weimarer Koalition«, die DDP, war in praktisch allen Kabinetten der zwanziger Jahre vertreten. Hugo Preuß, Mitglied dieser Partei, hatte maßgeblich an der vielgeschmähten Weimarer Verfassung mitgearbeitet. Während die DDP bei den Reichstagswahlen im Januar 1919 noch 75 Reichstagssitze eroberte, verlor sie schon bei der nächsten Wahl im Juni 1920 36 Sitze, bei den Wahlen im Mai 1924 bekam sie nur noch 28 Sitze. Von der Abwanderung der bürgerlichen Wähler nach rechts konnte sich die Partei nicht mehr erholen.[31] Nach weiteren Stimmverlusten der DDP bei den Reichstagswahlen 1928 schlossen sich führende Persönlichkeiten der Partei um Erich Koch-Weser im Juli 1930 mit einem paramilitärischen Ableger der Jugendbewegung, dem von Arthur Mahraun gegründeten Jungdeutschen Orden, und einzelnen Politikern anderer Parteien zusammen und machten aus der DDP die Deutsche Staatspartei. Im Hintergrund stand die Überlegung, durch Gründung einer starken Partei der Mitte dem Überlaufen des bürgerlichen Lagers zur NSDAP Einhalt zu gebieten. Die Fusion war jedoch voreilig gewesen, sie verbaute die Möglichkeit, mit anderen, größeren politischen Gruppierungen der Mitte zusammenzugehen. Einige, zumeist linke DDP-Mitglieder mißbilligten den Schritt und traten aus. Auf der Rechten kostete der Zusammenschluß den Jungdeutschen Orden den Rückhalt vieler Mitglieder. An den Wahlurnen hatte die neue Partei kein Glück – nur 14 Abgeordnete vertraten sie nach den Wahlen vom September 1930 im Reichstag. Die Partei rückte im politischen Spektrum nach rechts. Der Jungdeutsche Orden teilte die in der Jugendbewegung verbreitete Skepsis gegen das parlamentarische System, und seine Ideologie war von antisemitischen Einstellungen geprägt. Die neue Partei hielt die sozialdemokratisch geführte Koalitionsregierung in Preußen bis zu den Landtagswahlen im April 1932 weiter über Wasser, doch ihr vom Historiker Friedrich Meinecke formuliertes Ziel war jetzt eine Verschiebung des politischen Machtgleichgewichts zuungunsten des Reichstags und der Länder und zugunsten einer starken zentralistischen Reichsregierung. Auch hier drängte der stetige Verlust an Wählerstimmen die Partei immer weiter nach rechts, so daß die letzten Unterschiede zu anderen, wirkungsvolleren politischen Organisationen mit derselben Programmatik verwischt wurden. Verwickelte verfassungsrechtliche Pläne der Deutschen Staatspartei signalisierten nicht nur ihren mangelnden politischen Realismus, sondern auch ihr schwächer werdendes Engagement für die Weimarer Demokratie.[32]

Von den drei Parteien der »Weimarer Koalition« behauptete die Zentrumspartei über die Jahre hinweg ihren Rückhalt bei rund 5 Millionen Wählern, was 85 bis 90 Sitzen im Reichstag – zusammen mit denen der BVP – entsprach. Das katholische Zentrum war tragender Bestandteil jeder Koalitionsregierung von Juni 1919 bis zuletzt und konnte mit seinem starken Interesse an der Sozialgesetzgebung zusammen mit der SPD für sich in Anspruch nehmen, die treibende Kraft hinter der Schaffung des Weimarer Sozialstaats gewesen zu sein. Sozialkonservativ eingestellt, widmete das Zentrum einen Großteil seiner Zeit dem Kampf gegen Pornographie, Empfängnisverhütung und andere Übel der modernen Zeit und der Wahrung katholischer Interessen im Schulsystem. Seine Achillesferse war der große Einfluß, den zwangsläufig das Papsttum in Rom auf die Partei ausübte. Das Oberhaupt der katholischen Kirche Papst Pius XI. betrachtete mit Mißfallen das Vordringen von atheistischen Kommunisten und Sozialisten in den zwanziger Jahren. Ebenso wie sein Nuntius in Deutschland Eugenio Pacelli, der spätere Papst Pius XII., hegte er tiefes Mißtrauen gegen den politischen Liberalismus vieler katholischer Politiker und sah in der Hinwendung zu einer autoritäreren Form von Politik den sichersten Weg, um die Interessen der Kirche gegen die Gefahr einer gottlosen Linken zu verteidigen. Dies führte 1929 zum Abschluß eines Konkordats mit Mussolinis faschistischem Regime in Italien und später zur Unterstützung der »austrofaschistischen« Diktatur Engelbert Dollfuß' im österreichischen Bürgerkrieg 1934 wie der Nationalisten unter General Franco im spanischen Bürgerkrieg, der 1936 begann.[33]

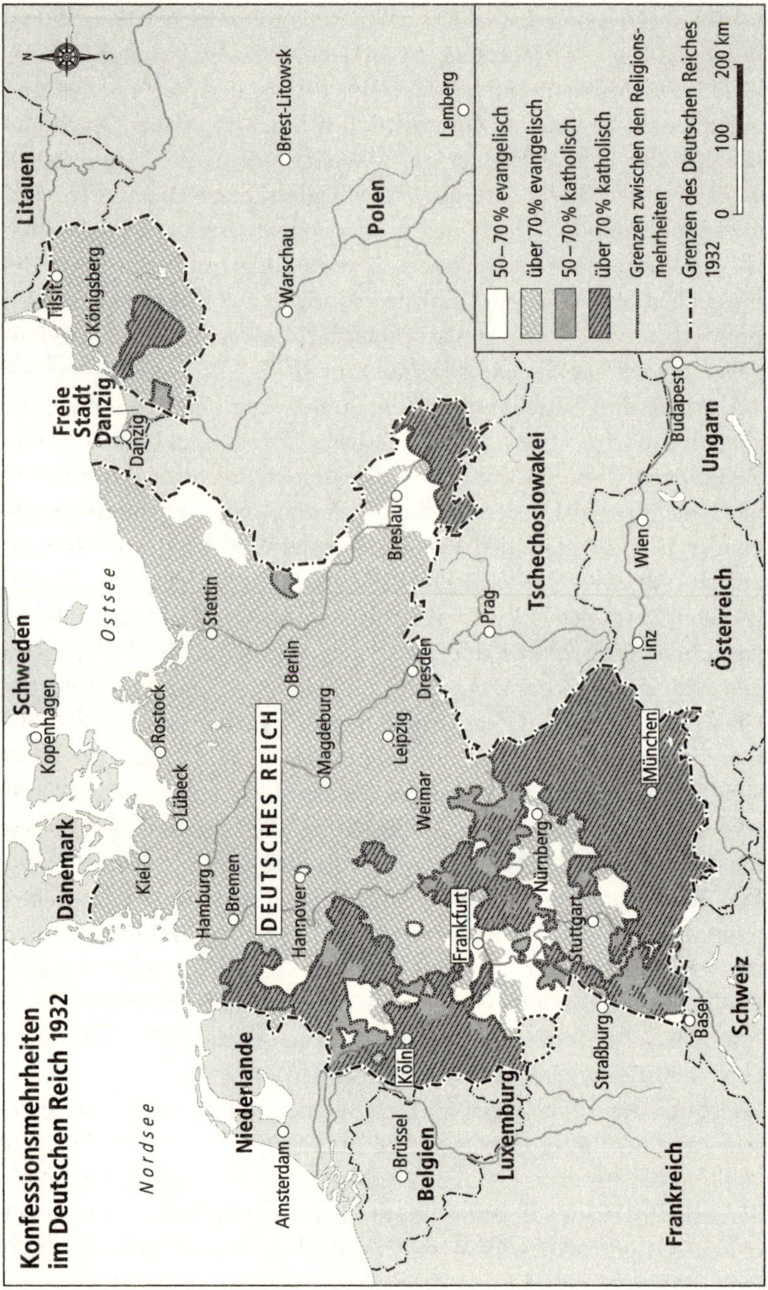

Konfessionsmehrheiten im Deutschen Reich 1932

Bei solchen Signalen aus dem Vatikan waren die Aussichten für den politischen Katholizismus in Deutschland nicht rosig. Sie verdüsterten sich erheblich im Dezember 1928, als es einem Vertrauten des päpstlichen Nuntius Pacelli, dem Prälaten Ludwig Kaas, einem Priester und Zentrumsabgeordneten im Reichstag, gelang, in einem internen Machtkampf zwischen Zentrumslinken und -rechten als Kompromißkandidat die Wahl zum Nachfolger des zurückgetretenen Vorsitzenden zu gewinnen. Unter dem Einfluß Pacellis steuerte Kaas immer weiter nach rechts und zog dabei viele katholische Politiker mit sich. Als die Weimarer Republik 1930 und 1931 zunehmende Instabilität und Auflösungserscheinungen zeigte, begann Kaas, der häufig im Vatikan verkehrte, zusammen mit Pacelli ein Konkordat im Sinne der kürzlich in Italien mit Mussolini getroffenen Vereinbarung auszuarbeiten. Die Existenz der Kirche zu sichern hatte in einer solchen Lage höchste Priorität, und wie viele andere führende katholische Politiker vertrat auch Kaas die Ansicht, daß dies im Grunde genommen nur in einem autoritären Staat möglich sei, wo polizeiliche Repression die Gefahr von links abwehrte. »Niemals«, hatte Kaas 1929 erklärt, »ist der Ruf nach einem Führertum großen Stils lebendiger und ungeduldiger durch die deutsche Volksseele gegangen als in den Tagen, wo die vaterländische und kulturelle Not uns allen die Seele bedrückt.«[34] Unter anderem forderte Kaas eine stärkere Unabhängigkeit der Exekutive von der Legislative in Deutschland. Unverblümter drückte es ein anderer führender Zentrumsmann aus, namlich Eugen Bolz, der Ministerprasident von Württemberg, der Anfang 1930 an seine Frau schrieb: »Ich bin längst der Meinung, daß das Parlament die schweren innerpolitischen Fragen nicht lösen kann. Wenn ein Diktator für zehn Jahre möglich wäre – ich würde es wünschen.«[35] Lange vor dem 30. Januar 1933 hatte die Zentrumspartei aufgehört, jenes Bollwerk der Weimarer Demokratie zu bilden, das sie einst gewesen war.[36]

So begannen Ende der zwanziger Jahre die politischen Stützen der Demokratie in der Weimarer Republik wegzubrechen. Außer den beiden Parteien unterstützte keine auch nur halbherzig die Republik und ihre Institutionen. Auf der Linken hatte es die Republik mit dem Massenphänomen der KPD zu tun. In der revolutionären Periode zwischen 1918 und 1921 war sie eine straff geführte Elitegruppierung ohne großen Anklang bei den Wählern. Als jedoch 1922 die USPD auseinanderbrach, da die einende Klammer der Opposition gegen den Ersten Weltkrieg weggefallen war, traten ihre Mitglieder scharenweise in die KPD ein. Bereits 1920 hatten USPD und KPD 88 Sitze im Reichstag errungen. Im Mai 1924 eroberte die KPD 62 Sitze, und nach einem kleinen Rückschlag in demselben Jahr erreichte sie 1928 wieder 54 und 1930 77 Sitze. 3,75 Millionen Wähler stimmten im Mai 1924 für die KPD, im September 1930 über 4,5 Millionen; es waren lauter Stimmen für die Zerstörung der Weimarer Republik. Trotz ihres politischen Schlingerkurses während der zwanziger Jahre wich die KPD niemals von ihrer Überzeugung ab, daß die Weimarer Republik ein bürgerlicher Staat sei, dessen Hauptzweck der Schutz der kapitalistischen Wirtschaftsordnung und die Ausbeutung der Arbeiterklasse war. Getreu den kommunistischen Lehrsätzen würde der Kapitalismus eines Tages gesetzmäßig zusammenbrechen und an die Stelle der »bürgerlichen« Republik ein Sowjetstaat nach russischem Vorbild treten.

Diese Umbruchsituation so rasch wie möglich herbeizuführen lautete der Auftrag der KPD. In den Anfangsjahren der Republik bedeutete das die Vorbereitung einer »Oktoberrevolution« in Deutschland durch eine bewaffnete Revolte, doch nach dem Scheitern des Spartakusaufstands im Januar 1919 und dem noch katastrophaleren Zusammenbruch der Aufstandspläne 1923 standen diese Überlegungen nicht mehr auf der Tagesordnung. Zunehmend von Moskau gesteuert, wo in der zweiten Hälfte der zwanziger Jahre das Sowjetregime unter dem steigenden Einfluß Stalins gegenüber kommunistischen Parteien im Ausland die Zügel finanziell und ideologisch anzog, blieb der KPD nichts anderes übrig, als Mitte der zwanziger Jahre auf einen gemäßigteren Kurs einzuschwenken – nur um gegen Ende des Jahrzehnts zu ihrer »linksradikalen« Position zurückzukehren. Die KPD lehnte es nicht nur ab, gemeinsam mit der SPD für die Republik einzutreten, sondern arbeitete zusammen mit den Feinden der Republik aktiv auf deren Sturz hin.[37] Ihre Feindschaft gegen die Republik und ihre Institutionen bewog die KPD sogar, Reformen zu bekämpfen, die die Republik für die Arbeiterklasse attraktiver gemacht hätten.[38]

Der unversöhnliche Widerstand von links war mit einer noch rabiateren Republikfeindschaft von rechts gepaart. Die größte und gravierendste Herausforderung Weimars von rechts stellte die Deutschnationale Volkspartei (DNVP) dar, die bei den Reichstagswahlen im Januar 1919 44 Reichstagssitze errang, im Juni 1920 71, im Mai 1924 95 und im Dezember 1924 gar 103. Damit war die DNVP stärker als jede andere Partei mit Ausnahme der SPD. Bei beiden Reichstagswahlen 1924 bekam sie rund 20 Prozent der Stimmen. Jeder fünfte Deutsche, der bei den Wahlen seine Stimme abgab, hieß mithin das Programm einer Partei gut, die von Anfang an deutlich gemacht hatte, daß sie die Weimarer Republik für absolut illegitim hielt und eine Wiederherstellung des Bismarckreichs sowie die Rückkehr des Kaisers forderte. Diese Gesinnung tat die DNVP auf mancherlei Weise kund. Sie kämpfte für die alte Reichsflagge Schwarz-Weiß-Rot anstelle der republikanischen Farben Schwarz-Rot-Gold und entschuldigte stillschweigend und manchmal auch explizit die Ermordung führender Politiker der Republik durch bewaffnete Verschwörergruppen im Dunstkreis der Freikorps. Propaganda und politische Ziele der DNVP trugen in den zwanziger Jahren viel dazu bei, rechtsradikales Gedankengut beim Wahlvolk zu verbreiten und so dem Nationalsozialismus den Weg zu ebnen.

In den zwanziger Jahren war die DNVP an zwei Koalitionsregierungen beteiligt, aus der einen Regierung schied sie nach zehn Monaten aus, und in dem anderen Kabinett wurde sie nach der Hälfte der Amtszeit zu Kompromissen gezwungen, die von vielen Parteimitgliedern als Niederlage empfunden wurden. Einbrüche bei den Reichstagswahlen im Oktober 1928, als die DNVP-Fraktion im Reichstag von 103 auf 73 Sitze schrumpfte, legten der Parteispitze die Überzeugung nahe, einen kompromißloseren Kurs einzuschlagen. Der altkonservative Parteichef Graf von Westarp wurde aus dem Amt gejagt, an seine Stelle rückte der Pressebaron und Industrielle Alfred Hugenberg, ein radikaler Nationalist und ein führender Vertreter der alldeutschen Bewegung seit deren Anfängen in den 1890er Jahren. Das Programm der DNVP von 1931, das unter dem Einfluß Hugenbergs entworfen wurde, war entschieden rechter als seine Vorgänger. Es verlangte unter anderem »ein neues Kaisertum«, »Wiedergewinnung der deutschen Kolonien«, »Anschluß Österreichs«, »Wiedergewinnung des verlorenen deutschen Landes« und die Einführung der Wehrpflicht. »Im heutigen Raum«, so das Programm,

»kann das deutsche Volk nicht leben. Es braucht erweiterten Lebensraum.« Regierungen sollten nicht mehr dem Reichstag verantwortlich sein, und die Unternehmen sollten mit den Beschäftigten eine »organische Verbindung« eingehen. »Die deutsche Kunst«, so lautete ein anderer Punkt, »muß entschlossen den Kampf für den deutschen Geist gegen den Kulturbolschewismus führen.«[39]

Unter Hugenberg rückte die DNVP auch innerparteilich von der Demokratie ab und näherte sich dem Führerprinzip. Es war das unermüdliche Bestreben des neuen Parteivorsitzenden, seine eigene Politik durchzusetzen und die Reichstagsfraktion der DNVP in ihrem Stimmverhalten zu gängeln. Viele DNVP-Abgeordnete ließen sich das nicht gefallen, Zwölf verließen die Partei im Dezember 1929, weitere im Juni 1930 und schlossen sich rechten Splittergruppen an. Hugenberg ging ein Bündnis seiner Partei mit der extremen Rechten ein, um 1929 ein Volksbegehren gegen den Youngplan – ein internationales Abkommen unter Federführung der Amerikaner – zu erreichen, der eine Neuterminierung der deutschen Reparationszahlungen vorsah, nicht jedoch, wie er verlangte, eine Einstellung. Das Scheitern des Volksentscheides nach einer erbittert ausgetragenen Kampagne überzeugte Hugenberg von der Notwendigkeit einer noch extremeren Opposition gegen die Weimarer Republik und deren Ablösung durch einen autoritär-nationalistischen Staat, der an die glorreichen Tage des Bismarckreichs anknüpfte. Ihr elitärer Snobismus hinderte die DNVP daran, eine wirkliche Massenbasis zu erringen, und machte ihre Anhänger anfällig für die Schalmeienklänge der populistischen Demagogie der Nationalsozialisten.[40]

Weniger extrem, aber kaum weniger überzeugt in ihrer Ablehnung der Weimarer Republik war die kleinere DVP, die das Erbe der alten, bismarckfreundlichen Nationalliberalen Partei angetreten hatte. Bei den Wahlen 1920 errang sie 65 Sitze und bewegte sich für den Rest des Jahrzehnts mit 2,7 bis 3 Millionen Wählern bei 45 bis 50 Sitzen. Die Republikfeindschaft der Partei wurde teilweise durch die Entscheidung des Parteivorsitzenden Gustav Stresemann verdeckt, die politischen Realitäten anzuerkennen und – mehr aus Notwendigkeit denn aus Überzeugung – die Legitimität der Republik zu akzeptieren. Stresemann genoß zwar nie das volle Vertrauen seiner Partei, aber seine Überredungskünste waren beachtlich. Nicht zuletzt dank seines überragenden Verhandlungsgeschicks war die DVP an vielen Kabinetten der Weimarer Republik beteiligt, im Gegensatz zur DNVP, die in den zwanziger Jahren meist in der Opposition verharrte. Das bedeutete, daß die Mehrheit der Regierungen, die nach der Anfangsphase der Republik gebildet wurden, zumindest einige Minister aufwiesen, die deren Existenzrecht, gelinde gesagt, anzweifelten. Stresemanns Bedeutung innerhalb der Politik der Weimarer Republik ging jedoch weit über die Rolle der von ihm geführten Partei hinaus, und aus diesem Grund verdient seine Person größere Aufmerksamkeit. In vieler Hinsicht war Gustav Stresemann das große Rätsel der Weimarer Republik. In den beiden ersten Phasen seiner Laufbahn war er ein aggressiver Deutschnationaler. Er hatte vor dem Ersten Weltkrieg für industrielle Interessengruppen in Sachsen als Publizist und zunehmend als taktischer Berater begonnen. Als Sohn einer bürgerlich-protestantischen Familie schien er zunächst prädestiniert für einen Liberalen, und er wurde Schüler des einflußreichen liberalen Denkers Friedrich Naumann, der eine Mischung aus liberalem Parlamentarismus, Sozialreform und Imperialismus predigte. Spätestens 1913 schien der Imperialismus in Stresemanns Denken die Oberhand zu gewinnen. Gegenüber Fragen der Außenpolitik nahm er eine kriegsbereite Haltung ein, klagte über Deutschlands zunehmende »Einkreisung« durch feindliche Mächte und verkündete, die Lebensfragen der Nationen würden stets mit dem Schwert entschieden werden. Während des Krieges war Stresemann ein kompromißloser Annexionist und vertrat die Ansicht, Belgien, die nordfranzösische Küste und die polnischen und baltischen Provinzen Rußlands müßten in einem Großdeutschland aufgehen, das in Mitteleuropa zur vorherrschenden Macht würde. Der Erwerb Marokkos sollte ein weiterer Baustein beim Aufbau einer Weltmacht sein. Um diese Ziele zu erreichen, war Stresemann frühzeitig für einen uneingeschränkten U-Boot-Krieg eingetreten. Als deutlich geworden war, daß die Zivilregierung unter Reichskanzler Bethmann Hollweg zögerte, diesen gefährlichen Weg einzuschlagen, weil sie – zu Recht, wie sich zeigte – befürchtete, das werde die Vereinigten Staaten in den Krieg hineinziehen, intrigierte Stresemann, inzwischen ein prominenter Reichstagabgeordneter, hinter den Kulissen, um sie zu stürzen.

Stresemann hielt bis zum Kriegsende an seiner kriegerischen Position fest. Wie die meisten Deutschen reagierte er auf Deutschlands Niederlage und die Strafklauseln des Friedensvertrags mit Bestürzung. Er sprach sich 1919 für die Rückkehr Elsaß-Lothringens von Frankreich aus, und es bestand nie ein Zweifel daran, daß er ein leidenschaftlicher Verfechter einer umfassenden Revision des Versailler Vertrags war. Stresemanns Meinungen hatten zu dieser Zeit ein Gewicht, da er inzwischen Vorsitzender der neugegründeten Deutschen Volkspartei (DVP) war. Als Vorsitzender des Außenpolitischen Ausschusses im Reichstag hatte er sich in kurzer Zeit den Ruf eines Experten auf diesem Gebiet erworben, und ab August 1923 bekleidete er in nicht weniger als neun aufeinanderfolgenden Regierungen das Amt des Außenministers, wobei er zwei dieser Regierungen zugleich als Reichskanzler selbst führte. Stresemann dominierte die Außenpolitik der Weimarer Republik für viele Jahre, und er tat dies mit einer Konsequenz und Beharrlichkeit, die ihm die Bewunderung selbst vieler seiner Kritiker eintrug. Diese haben auf tiefreichende, teilweise verborgenen Kontinuitäten seiner Ansichten zu wichtigen Punkten von der Vorkriegszeit bis zu seiner Amtszeit als Außenminister hingewiesen. Seine Verachtung für die Polen und deren neuen Staat legte er nie ab, und 1929 verlor er die Kontenance auf einer internationalen Konferenz, als ein polnischer Vertreter versuchte, die diskriminierende Politik seiner Regierung gegenüber der deutschen Minderheit zu verteidigen. Er bedauerte zweifellos die Abdankung des Kaisers und unterhielt eine Korrespondenz mit dessen noch reaktionärerem Sohn, Kronprinz Wilhelm, den es später zur NSDAP hinzog, und bekannte sich ihm gegenüber 1925 als Befürworter einer »Revision« der deutschen Grenzen mit Polen, einer Beendigung der Reparationszahlungen und der Besetzung des Rheinlands durch die Alliierten, einer Vereinigung mit Österreich und der Wiedergewinnung deutscher Macht, die durch die harten Begrenzungen der Stärke und Ausrüstung der deutschen Streitkräfte aufgrund des Friedensvertrags behindert werde. Nur kurze Zeit, bevor er seinen Standpunkt wiederholt hatte, große Meinungsverschiedenheiten könnten nur durch das Schwert entschieden werden, duldete er unter Verstoß gegen den Versailler Vertrag eine Wiederbewaffnung und militärische Ausbildung deutscher Soldaten im Rahmen eines mit Sowjetrußland geschlossenen Geheimvertrags.[41]

Stresemanns Verteidiger haben dagegen seine Laufbahn als einen Lernprozeß gedeutet, als eine Bekehrung von einem kriegslüsternen Nationalismus 1914–1918 zu einer verantwortungsbewußten Regierungstätigkeit in den mittleren Jahren der Weimarer Republik. Er habe eine »Erfüllungspolitik« propagiert und betrieben und diese damit begründet, der einzige Ausweg für Deutschland liege darin, daß es seine internationalen Verpflichtungen erfülle, vor allem die Zahlung der Reparationen, und sich mit den siegreichen Alliierten arrangiere, statt ihnen gegenüber ständig eine Obstruktionspolitik zu betreiben. Diese Politik, die er gegen den Widerstand einer wütenden Opposition der Rechten verfolgte, habe vor allem bei den Locarno-Verträgen ihre Früchte getragen, die im Oktober 1925 zwischen Frankreich und Belgien auf der einen und Deutschland auf der anderen Seite geschlossen wurden. Als Gegenleistung dafür, daß Stresemann die Gültigkeit der Grenzen Deutschlands mit Frankreich und Belgien anerkannte und damit endgültig auf alle Ansprüche auf Elsaß-Lothringen verzichtete, erreichte er die Aufnahme Deutschlands in den Völkerbund. Für seine Kritiker dagegen waren seine Beteuerungen, Deutschland wünsche mit den übrigen Ländern in Frieden und Eintracht zu leben, zutiefst unaufrichtig; sie sahen dahinter den Plan, die Beziehungen Deutschlands zu den Westmächten zu regeln, um freie Hand für eine Wiederbewaffnung zu haben, gefolgt von der gewaltsamen Wiederaufnahme einer zukunftsgerichteten, annexionistischen Politik im Osten. Stresemann nutzte den Völkerbund als eine Plattform, die Einschränkungen der deutschen Rüstung durch den Friedensvertrag von 1919 zu beklagen. Von da an forderten deutsche Regierungen immer wieder, die anderen Mächte sollten im selben Maße abrüsten, wie sie dies von Deutschland verlangt hätten. Hinter dieser Forderung steckte allein die Absicht, eine spätere deutsche Aufrüstung auf den Stand seiner Nachbarländer zu rechtfertigen, da nicht damit zu rechnen war, daß sie dem deutschen Verlangen nachgeben würden.[42] Stresemann nutzte die Mitgliedschaft Deutschlands im Völkerbund auch, um die angebliche Unterdrückung der deutschen Minderheit in Polen anzuprangern, eine Propagandaübung, die langfristig, wie er hoffte, die internationale Meinung zugunsten einer deutschen Re-Annexion der verlorenen Territorien umstimmen würde. Ihm war, wie erwähnt, die geheime militärische Kollaboration zwischen der Reichswehr und Roter Armee bekannt, und Locarno, wo er die Frage der deutschen Ostgrenzen offenlassen konnte, sollte die Ausgangsbasis für eine künftige Revision der den Osten betreffenden Bestimmungen im Friedensvertrag sein. Die Tatsache, daß es ihm gelang, in Locarno Polen und die Tschechoslowakei vom Verhandlungstisch fernzuhalten, war ein verhängnisvoller Präzedenzfall für das Münchener Abkommen dreizehn Jahre später. Die langfristigen Ziele Stresemanns waren demnach von seinen Intentionen einige Jahre zuvor in seiner Laufbahn nicht sehr verschieden.

Dennoch war das von ihm Erreichte beachtlich, errungen gegen die erbitterte Opposition der Deutschnationalen, die der Meinung waren, er solle sich überhaupt nicht erst auf Verhandlungen einlassen und schon gar keine Zugeständnisse an Belgien und Frankreich machen. In beharrlichen, ins einzelne gehenden Verhandlungen, die sich über mehrere Jahre erstreckten, brachte Stresemann Deutschland in die Gemeinschaft der Nationen zurück, eine Leistung, die mit der Verleihung des Friedensnobelpreises gemeinsam mit den Außenministern Frankreichs und Englands 1927 gewürdigt wurde.[43] Der Schlüssel zu einem Verständnis der Politik Stresemanns liegt letztlich in seinem Festhalten an den Bismarckschen Prinzipien einer »Realpolitik« – Außenpolitik als die Kunst des Möglichen, ein Bekenntnis, das in seiner Angewohnheit zum Ausdruck kam, an wichtigen Stellen seiner Laufbahn den großen Mann zu zitieren. So war Stresemann vor und während des Ersten Weltkriegs der Meinung, die militärische Macht Deutschlands erlaube eine aggressive Außenpolitik, während nach dem Krieg, wie er immer wieder gegenüber anderen betonte, die brutalen Fakten einer erzwungenen Abrüstung, hoher Reparationszahlungen und einer fremden Besatzung eine ganz andere Linie diktierten. Viele der Grundüberzeugungen Stresemanns blieben tatsächlich im Lauf seines Lebens starr. Doch ebenso unverändert war sein Talent für Verhandlungen und Kompromisse, das er sich während seiner Lehrzeit in der Welt der industriellen Interessengruppen angeeignet hatte. Gelegentlich konnte dies in Intrigen mit verhängnisvollen Folgen ausarten, als es Stresemann beispielsweise gelang, durch Manipulationen hinter der Szene zu verhindern, daß Kriegsminister Otto Geßler 1925 von der Rechten als Kandidat für das Amt des Reichspräsidenten aufgestellt wurde, was das unerwartete und weitaus schlimmere Ergebnis nach sich zog, daß nunmehr Feldmarschall Paul von Hindenburg die Wahl für die Rechte gewann. Zumeist bewirkte Stresemanns Verhandlungsgeschick jedoch Gutes, ob er nun die Briten und Franzosen für internationale Abkommen gewann oder die störrischen Parteien der Weimarer Republik immer wieder dazu brachte, in eine wenn auch kurzlebige Koalitionsregierung einzutreten, die es ihm ermöglichte, seine Arbeit als Außenminister fortzusetzen. Stresemanns anfängliches Mißtrauen gegenüber der jungen Republik, das in seiner verdächtig zweideutigen Haltung zum Kapp-Putsch von 1920 zum Ausdruck kam, wich einer Überzeugung, daß die Fortsetzung der Republik die einzige Möglichkeit war, die Rückkehr zu den Zuständen zu vermeiden, die in ihren Anfangsjahren so viele Menschenleben gefordert hatte. Stresemanns aggressiv nationalistische Auslassungen, vor allem in den Jahren 1924/25, lassen sich durch sein Bestreben erklären, den Konservativen und Deutschnationalen gegenüber seine Politik zu rechtfertigen. In seiner Korrespondenz mit dem Kronprinzen beispielsweise betonte er das Ausmaß, in dem der Locarno-Vertrag dem langfristigen nationalen Interesse diente, womit er unter anderem die Hoffnung verband, auf diese Weise indirekt die starke Deutschnationale Volkspartei für diesen Vertrag zu gewinnen. Seine Verbindungen zum Kronprinzen mögen eine anhaltende sentimentale Anhänglichkeit gegenüber dem Kaiserreich verraten, doch Stresemann war der typische »Vernunftrepublikaner«, der Weimar akzeptierte, weil es keine gangbare Alternative gab. Für viele war am Ende er es, der die Republik verkörperte. Mit seiner jüdischen Frau und seiner beharrlichen Position gegen den Antisemitismus stand er in seinen späten Jahren auch für die demokratische Tugend der Toleranz, als daran wahrlich kein Überfluß herrschte. Als er im Oktober 1929 einem Schlaganfall erlag, erhielt er ein großes Staatsbegräbnis, dem nicht weniger als 200 000 Zuschauer beiwohnten, während der Leichenzug die Straßen Berlins passierte.[44]

1878 geboren, war Stresemann zwei Jahre jünger als Konrad Adenauer, in den zwanziger Jahren Oberbürgermeister von Köln und nach dem Krieg der erste westdeutsche Bundeskanzler. Hätte er noch länger gelebt, wäre die weitere deutsche Geschichte möglicherweise ganz anders verlaufen. Es steht außer Zweifel, daß seine Erfolge in der Außenpolitik wesentlich dazu beitrugen, den mittleren Jahren der Weimarer Republik ein ruhigeres, optimistischeres Bild zu geben als das des gewalttätigen und instabilen ersten Jahrfünfts.[45] Man hat die Jahre 1924 bis 1928 rückblickend sogar als die »Goldenen Jahre« der Weimarer Republik bezeichnet. Aber die Vorstellung, daß die Demokratie in Deutschland damals auf dem Wege der Festigung gewesen sei, stellt sich im nachhinein betrachtet als Illusion heraus. In Wirklichkeit sprach nichts dafür, daß die Demokratie sicherer wurde. Die Tatsache, daß die zwei großen bürgerlichen Parteien, das katholische Zentrum und die DNVP, in die Hände erklärter Demokratiefeinde gefallen waren, verhieß auch ohne die kommenden Erschütterungen für die Zukunft nichts Gutes. Daß sich die Republiktreue der DVP, so matt sie war, fast allein der Hartnäckigkeit und klugen Führungskunst eines einzigen Mannes, nämlich Stresemanns, verdankte, war ein weiteres Zeichen der Schwäche. Nicht einmal unter den verhältnismäßig günstigen Umständen des Jahres 1928 hatten die Parteien der »Weimarer Koalition« eine Mehrheit im Reichstag erringen können. Der nach 1923 verbreitete Eindruck, die Gefahr einer bolschewistischen Revolution habe sich verzogen, ließ bei den bürgerlichen Parteien die Bereitschaft sinken, im Interesse der Republik gegen den Kommunismus Kompromisse mit der SPD einzugehen.[46] Noch unheilvoller war der Umstand, daß paramilitärische Organisationen wie der Stahlhelm dazu übergingen, ihren Kampf von der Straße in die Wahlveranstaltungen hineinzutragen, um ihren republikfeindlichen Ansichten mehr Einfluß zu verschaffen. Unterdessen gingen die politisch motivierten Gewalttaten auch Mitte der zwanziger Jahre in alarmierendem Umfang weiter, mochten sie auch nicht mehr die Qualität eines offenen Bürgerkriegs wie in der Anfangsphase der Republik erreichen.[47] 1928 war die Weimarer Republik auch von einem Zustand der Stabilität und Legitimität so weit entfernt war wie eh und je.

IV

Obendrein besaß der Staat keinen Rückhalt in der Reichswehr und im Beamtentum. Beiden Institutionen fiel es 1918 schwer, den Übergang vom autoritären Kaiserreich zur demokratischen Republik zu vollziehen, besonders für die Armeeführung stellte die Niederlage von 1918 eine akute Gefahr dar. General Wilhelm Groener, einer der scharfsinnigsten deutschen Offiziere, stimmte mit der Mehrheits-SPD unter Friedrich Ebert darin überein, daß man nur zusammen die parlamentarische Demokratie gegen die revolutionären Arbeiter- und Soldatenräte sichern könne. Die Bereitschaft, mit den Sozialdemokraten zu kooperieren, sicherte den Erhalt des alten Offizierskorps unter den eingeschränkten Möglichkeiten, die der Vertrag von Versailles für die Reichswehr vorschrieb. Die Gesamtstärke des deutschen Heeres war auf 100 000 Mann begrenzt und der Einsatz moderner Technologien wie beispielsweise Panzer verboten, an die Stelle der allgemeinen Wehrpflicht trat ein kleines Heer von Berufssoldaten. Mit seinem Kompromißkurs gegenüber der SPD stieß Groener auf erbitterten Widerstand in der Reichswehr, genauso wie sein Gegenüber in der SPD, der Reichswehrexperte Gustav Noske, sich die wütende Kritik der Parteigenossen zuzog, weil er das Offizierskorps unangetastet gelassen hatte, anstatt dort demokratischere Strukturen zu schaffen.[48] Doch in der angespannten Situation 1918/19 setzte sich die Groener-Noske-Linie schließlich durch. Das bedeutete, daß es dem Offizierskorps gelungen war, sich in die zwanziger Jahre hinüberzuretten, so daß es sein Kriegsethos in die Nachkriegswelt hineintragen konnte: den eigenen Ehrgeiz auf eine umfassende Revision des Versailler Vertrags gerichtet, auf die nach Möglichkeit ein erneuter militärischer Eroberungszug folgen sollte, falls die Umstände es erlaubten; voller Verachtung für die zivilen Politiker und demokratischen Parteien; feindselig gegenüber Sozialdemokraten und voller Furcht und Haß gegenüber Kommunisten. »Der Kaiser ging«, so konnte man damals bald hören, »doch die Generäle blieben.«

Als die Arbeiter- und Soldatenräte rasch von der politischen Bühne verschwunden waren, sahen viele führende Reichswehroffiziere den Kompromiß mit den Kräften der Demokratie nicht mehr als dringende Notwendigkeit an. Das wurde bald auf drastische Weise klar. Der Kommandierende General des Reichswehr-Gruppenkommandos I in Berlin, General Walther Freiherr von Lüttwitz, hatte die Truppen bei der brutalen Niederwerfung des Spartakusaufstands im Januar 1919 kommandiert. Er war ein erbitterter Gegner der Absicht der Regierung, die im Versailler Vertrag geforderte Reduzierung der Heeresstärke durchzuführen. Später im selben Jahr knüpfte er Kontakte zu dem früheren Beamten Wolfgang Kapp, einer Galionsfigur der Vaterlandspartei und Vertrauten General Ludendorffs, dessen Salon in Berlin ein Treffpunkt rechter Verschwörer war. Alle diese Personen wollten eine Restauration der Monarchie in der einen oder anderen Form, und als Noske versuchte, die beiden außerhalb der Hauptstadt stationierten Marinebrigaden aufzulösen, sahen sie ihre Chance. Die Brigaden mißachteten die Befehle Noskes und marschierten in der Nacht vom 12. auf den 13. März in Berlin ein. Im Tiergarten trafen sie mit General Ludendorff zusammen, der später behauptete, er habe sich nur zufällig dort befunden und einen Verdauungsspaziergang gemacht. Unter den Unterstützern Kapps war Oberst Max Bauer, Ludendorffs rechte Hand während des Krieges, ein Offizier mit extremen bis fanatischen rechten Ansichten, sowie Hauptmann Waldemar Pabst, der den grauenvollen Mord an den beiden kommunistischen Führern Rosa Luxemburg und Karl Liebknecht nach Beendigung des Spartakusaufstands befohlen hatte.[49] Angesichts meuternder und schwerbewaffneter Einheiten, die unbehelligt durch die Straßen Berlins zogen und Reichsminister verhaften wollten, flohen Reichspräsident Ebert, Reichskanzler Bauer und der größte Teil des Reichs- und des preußischen Kabinetts nach Dresden, wo General von Maercker, ein weiterer Freikorpsführer, sie mit Verhaftung bedrohte, so daß sie weiter nach Stuttgart fuhren.

Inzwischen rief Kapp sich selbst zum Reichskanzler aus, Lüttwitz ernannte sich zum Oberbefehlshaber der Reichswehr von eigenen Gnaden, und beide begannen eine Flut von Befehlen zu erlassen, einschließlich einer Verordnung, die jeden Streikenden mit dem Tod bedrohte. In Mecklenburg verhaftete General von Lettow-Vorbeck die Landesregierung, und in Ostpreußen machten Freikorps für einen Marsch auf Berlin mobil. Armeekommandeure überall im Land ließen erkennen, daß sie mit den Putschisten sympathisierten. Doch

Kapp, Lüttwitz und Ludendorff waren nicht in der Lage, in der Hauptstadt die Ordnung herzustellen oder überhaupt eine wirkungsvolle militärische oder politische Aktion zu organisieren. Während sie in dem politischen Vakuum posierten, das jetzt in Berlin herrschte, wurden Ebert und die gewählte Regierung von einem landesweiten Generalstreik gerettet, den die Gewerkschaften ausgerufen hatten. Zwar gingen die meisten Beamten auch weiterhin zur Arbeit, etliche jedoch nicht; Fabriken und öffentliche Versorgungseinrichtungen stellten ihren Betrieb ein, und Berlin wurde eine tote Stadt. Trotz der Neigung der DNVP und der DVP einschließlich Stresemanns, mit ihnen in Verhandlungen einzutreten, vermochten es Kapp und Lüttwitz offensichtlich nicht, ihre Autorität zu behaupten. Nach wenigen Tagen gaben sie auf. Kapp, Lüttwitz und Ludendorff flohen außer Landes. Die Marinebrigade Ehrhardt, die Freikorpseinheit, von der der Putsch ausgegangen war, marschierte wieder aus Berlin ab zu den Klängen des Deutschlandlieds und in ihrer bekannten Montur – »Hakenkreuz am Stahlhelm, schwarz-weiß-rotes Band/ Die Brigade Ehrhardt werden wir genannt«. Als sie in der Straße Unter den Linden marschierten und ein Junge am Straßenrand laut über ihre Erscheinung lachte, verließen zwei Freikorpssoldaten die Marschreihe und schlugen ihn mit ihren Gewehrkolben nieder. Als die Umstehenden protestierten, machte die ganze Kolonne halt, drehte sich um und feuerte aus nächster Nähe gezielt in die Menge. Während der ganzen Zeit ihres Marschs durch Charlottenburg traten immer wieder Männer aus der Kolonne heraus und schlugen auf Passanten ein. Es war eine grimmige Warnung für die Zukunft.[50]

Der vielleicht beunruhigendste Aspekt dieser Ereignisse war jedoch die Weigerung der Reichswehr, die gewählte Regierung zu unterstützen oder die Weimarer Verfassung gegen einen offensichtlich hochverräterischen Versuch zu verteidigen, sie zu stürzen. Als der Chef der Heeresleitung General Walther Reinhardt den loyalen Einsatz der Reichswehr zugunsten der Regierung empfahl, wurde er zugunsten des eher rechtsgerichteten Generals Hans von Seeckt abgesetzt. Unverzüglich untersagte Seeckt allen Heeresverbänden ein Vorgehen gegen die Verschwörer und drückte gegen deren Unterstützer beide Augen zu. Sein berühmter Ausspruch »Reichswehr schießt nicht auf Reichswehr« verbarg eine grundlegende Sympathie für die Putschisten hinter seiner Fassade einer Neutralität. Die Reichswehr hatte die Chance, diese zu beweisen, als die Gewerkschaften versuchten, den Generalstreik dazu zu nutzen, eigene Forderungen durchzusetzen. Es gelang ihnen, von der Regierungen Versprechungen zu erhalten, daß die Verstaatlichung des Bergbaus und der Energiegewinnung in Angriff genommen und alle Militäreinheiten aufgelöst würden, die sich als unzuverlässig erwiesen hatten. Außerdem setzten sie den Rücktritt Noskes und die Ablösung des farblosen sozialdemokratischen Reichskanzlers Gustav Bauer durch den bisherigen Außenminister Hermann Müller durch, zusammen mit Otto Wels einer der beiden Vorsitzenden der SPD. Nach diesen und weiteren Zugeständnissen wurde der Generalstreik am 23. März für beendet erklärt. Im Ruhrgebiet jedoch hatten radikale Arbeiter unter der Führung linker Sozialdemokraten, Kommunisten und Syndikalisten eine Rote Armee gegen den Putsch aufgestellt und weigerten sich nun, sie aufzulösen, bevor ihre Forderungen nach umfassenden Sozialreformen erfüllt seien. Seeckt verlor keine Zeit, den Befehl der Regierung, den Aufstand niederzuschlagen, auszuführen. Für Reichswehr und Freikorps war dies eine Gelegenheit, die Linke zu bekämpfen, gegen die sie während ihres Putsches nicht vorgehen konnten. Zwischen dem 31. März und dem 3. April tobte ein regelrechter Bürgerkrieg an der Ruhr mit offenen Gefechten und Massenerschießungen von Arbeitern, die verwundet waren, sich ergeben hatten oder zu fliehen versuchten, durch die Soldateska. Weit über tausend Mitglieder der Roten Ruhrarmee wurden getötet, viele von ihnen kaltblütig ermordet. Auf der anderen Seite waren 249 Reichswehrsoldaten und Sicherheitspolizisten tot, 123 waren vermißt. Der Ruhrkampf hinterließ ein bleibendes Erbe der Bitterkeit unter den besiegten Arbeitern.[51] Für Seeckt bekräftigte dieser Einsatz die Rolle der Reichswehr als Hüterin der inneren Ordnung, eine Rolle, die sie gegen Ende der Republik noch einmal für sich reklamieren sollte. Tatsächlich hatte Seeckt der Republik von Anfang an feindselig gegenübergestanden. Arrogant, autoritär und unnahbar, die Attitüden eines Angehörigen der Oberschicht durch ein Monokel im linken Auge akzentuierend, verkörperte Seeckt den strengen Habitus der preußischen Offizierskaste. Gleichwohl erkannte er als politischer Realist, daß die Möglichkeiten einer gewaltsamen Zerstörung der Republik begrenzt waren. Sein Ziel war daher, die Geschlossenheit der Reichswehr zu erhalten und sie parlamentarischer Kontrolle zu entziehen. Hierin hatte er die volle Unterstützung seiner Offizierskollegen.

Unter Seeckts Führung behielten die Streitkräfte anstelle der aus der Achtundvierziger-Revolution stammenden, amtlichen Farben der Republik, Schwarz-Rot-Gold, die alte »Reichskriegsflagge« in den Farben Schwarz-Weiß-Rot bei. Seeckt unterschied scharf zwischen dem deutschen Staat, der das abstrakte Ideal des Reichs verkörperte, und der Weimarer Republik, die er als vorübergehende Verirrung abtat. Seeckts Mentor General Groener bezeichnete 1928 die Reichswehr als die »einzige Macht« und einen »Machtfaktor im Staate, über den keiner hinweggehen kann ...«[52] Seeckt zögerte nicht, gegen die gewählte Regierung zu intervenieren, wenn er der Ansicht war, daß sie gegen die Interessen des Reichs handle.[53] Einmal erwog er sogar, selbst die Kanzlerschaft zu übernehmen. Sein politisches Programm sah für diesen Fall die Zentralisierung des Reichs, dabei vor allem die Beschneidung der Selbständigkeit Preußens vor, ferner die Abschaffung der Gewerkschaften und deren Ersetzung durch »Berufskammern«, wie sie Mussolini später in Italien einführte, und generell »Niederwerfung aller gegen den Bestand des Reiches und gegen die ordnungsgemäße Reichs- und Staatsautorität gerichteten Bestrebungen durch Anwendung aller Machtmittel des Reiches«.[54] Letzten Endes gelang es ihm zwar, die Regierung zu stürzen, nicht aber, selbst Kanzler zu werden; dies blieb seinem Schüler, General Kurt von Schleicher, vorbehalten, der zum engsten Beraterkreis Seeckts in dessen Zeit als Chef der Heeresleitung gehörte.

Die meiste Zeit war die Reichswehr ein Staat im Staate. In den zwanziger Jahren tat sie ihr Bestes, um die Restriktionen des Versailler Vertrags aufzuweichen. Hinter den Kulissen machte die Heeresleitung gemeinsame Sache mit einer anderen geschwächten Großmacht, der Sowjetunion, indem sie mit der Roten Armee heimlich die Ausbildung von Reichswehroffizieren arrangierte, die den Einsatz der Panzerwaffe und der Luftwaffe lernen und an Experimenten mit Giftgas teilnehmen sollten.[55] Man traf heimliche Vorkehrungen zur Ausbildung von Hilfstruppen, um die im Versailler Vertrag festgeschriebene Begrenzung der Gesamtstärke des Heeres auf 100 000 Mann zu umgehen. Daneben behielt die Reichswehr die paramilitärischen Verbände als potentielle militärische Reserve im Blick.[56] Diese und ähnliche Tricks, zu denen auch die Ausbildung an Panzerattrappen gehörte, bestätigten, daß die Reichwehr nicht gewillt war, sich an die Bestimmungen der Friedensregelung von 1919 zu halten, und sie abschütteln würde, sobald es die Umstände erlaubten. Die heimlichen Vertragsverletzungen wurden keineswegs nur von unverbesserlichen preußischen Konservativen inszeniert, sondern waren das Werk modern gesinnter Offiziere, die sich nicht lange mit den Zwängen einer demokratischen Politik und internationaler Vereinbarungen aufhalten mochten.[57] Die mangelnde Republiktreue der Reichswehr und die wiederholten Intrigen ihrer führenden Offiziere gegen die Reichsregierung ließen für den Fortbestand der Republik in einer echten Krisensituation nichts Gutes erwarten.[58]

Hatte die erste deutsche Demokratie von ihrem Militär keine große Unterstützung zu erwarten, so durfte sie auch bei ihrem Beamtentum nicht auf viel Rückhalt hoffen. Das Beamtentum war von großer Bedeutung, weil es in weite Teile der Gesellschaft hineinreichte und nicht nur die in der Zentralbürokratie des Reichs tätigen Personen, sondern auch alle jene staatlichen Bediensteten umfaßte, die sich die ursprünglich nur für hohe Verwaltungsbeamte gedachten Vorteile wie Unkündbarkeit, gesellschaftlichen Status und regelmäßige Bezüge gesichert hatten. Zum Beamtentum zählten Bedienstete in den einzelnen Ländern des Reichs, in staatlichen Unternehmen wie der Reichsbahn und der Reichspost und in staatlichen Einrichtungen wie Universitäten und Schulen. Die Anzahl der Beamten in diesem weitgefaßten Sinn war enorm. Unterhalb der höheren Ebene gab es Millionen weiterer Staatsdiener, die ihre Gehälter oder Löhne von staatlichen Einrichtungen bezogen. So war die Deutsche Reichsbahn mit ihren Ende der zwanziger Jahre 700 000 Beschäftigten der bei weitem größte Arbeitgeber der Weimarer Republik; es folgte die Reichspost mit 380 000 Beschäftigten. Rechnet man Familienangehörige, Unterhaltsberechtigte und Rentner dazu, so waren allein auf die Reichsbahn rund 3 Millionen Menschen für ihren Unterhalt angewiesen.[59] Alles in allem waren Ende der zwanziger Jahre 1,6 Millionen Beamte in Deutschland im öffentlichen Dienst tätig, von denen etwa die Hälfte beim Staat selbst, die andere Hälfte in öffentlichen Versorgungsunternehmen wie der Reichsbahn arbeitete. Bei einer so hohen

Zahl von Staatsbediensteten waren die politischen Einstellungen weitgespannt, Hunderttausende von Beschäftigten gehörten sozialistischen Gewerkschaften, liberalen Parteien oder Interessengruppen unterschiedlichster politischer Ausrichtung an. Die große Mehrheit, vor allem in den oberen Rängen, empfand keine Begeisterung für die Republik. Sie verrichteten 1918 ihren Dienst vor allem aus Pflichtgefühl weiter; dasselbe Gefühl einer Pflicht gegenüber einem abstrakten Ideal des Reichs statt gegenüber einer verfassungsmäßig gewählten Regierung hatte sie bewogen, auch während des Kapp-Putschs weiterhin zum Dienst zu gehen, und auch 1933 sollte dies nicht anders sein.[60]

Als Vorsitzender der revolutionären Übergangsregierung rief Friedrich Ebert am 9. November 1918 alle Beamten und Angestellten des öffentlichen Diensts dazu auf, weiter ihre Arbeit zu tun, um eine Anarchie zu vermeiden.[61] Die überwältigende Mehrheit der Staatsdiener blieb an ihrem Posten. Laufbahnstruktur und Pflichtenkatalog des Beamten wurden nicht verändert, als Gegenleistung für ihren Treueid auf den neuen Staat garantierte die Weimarer Verfassung den Beamten Unkündbarkeit und unantastbare Rechte. Wie immer es theoretisch damit bestellt sein mochte, in der Praxis war es praktisch unmöglich, einen Beamten zu entlassen, da es große Schwierigkeiten bereitete, eine Verletzung des Diensteides juristisch hieb- und stichfest nachzuweisen.[62] Als Institution, die aus der Zeit des absolutistischen und bürokratischen Staates des späten 18. und frühen 19. Jahrhunderts herrührte, als es weder Parlamente noch Parteien gab, war zumal das höhere Beamtentum seit langem gewohnt, sich vor allem in Preußen als die eigentliche herrschende Gruppe zu begreifen. In manchen Reichsministerien, in denen es während der Weimarer Republik einen raschen Wechsel von Ministern gab, konnte der oberste Ministerialbeamte eine große Machtfülle ansammeln. Beispielsweise war Curt Joël im Justizministerium praktisch während der ganzen Weimarer Republik im Amt und sah in dieser Zeit nicht weniger als siebzehn Justizminister kommen und gehen, bevor er schließlich selbst 1930 Justizminister wurde. Vor allen anderen politischen Erwägungen war für solche Männer die Kontinuität der Verwaltung oberstes Gebot. Was immer sie also im März 1920 privat über den Kapp-Putsch gedacht haben mögen, die höheren Beamten in Berlin, einschließlich der Finanzbeamten, taten weiter ihre Pflicht und folgten nicht der Anweisung der Putschisten, ihre Arbeit einzustellen.[63]

1922 führte die Regierung dann ein Beamtenrecht ein, das die Staatsdiener noch enger an die Weimarer Republik binden sollte und Disziplinarmaßnahmen gegen jene vorsah, die den Feinden der Republik freundlich gesinnt und ihnen gegenüber zu nachgiebig waren. Aber dieser Maßnahme fehlte in der Praxis die Durchschlagskraft. Nur in Preußen wurde unter zwei aufeinanderfolgenden sozialdemokratischen Innenministern, Carl Severing und Albert Grzesinski, der ernsthafte Versuch gemacht, vor allem in den Provinzen alte kaiserliche Beamte durch republiktreue Sozialdemokraten und andere zu ersetzen.[64] Aber diese Anstrengungen, ein Beamtentum zu schaffen, das loyal zu den Grundsätzen der Demokratie stand und gleichzeitig von Pflichtgefühl im Dienst der jeweiligen Regierung erfüllt war, erwiesen sich letzten Endes als unzureichend. Da Severing und Grzesinski der Auffassung anhingen, die einzelnen Parteien sollten in der höheren Verwaltung proportional zu ihrem Anteil an den preußischen Koalitionskabinetten vertreten sein, waren viele wichtige Posten mit Leuten aus dem Zentrum, der DVP und teilweise auch der DDP besetzt, deren Verbundenheit mit der Republik ab Ende der zwanziger Jahre immer brüchiger wurde. Im übrigen Deutschland sowie im Staatsdienst des Reiches wurden selbst diese bescheidenen Reformen kaum gewagt, geschweige denn umgesetzt, so daß hier die Beamtenschaft viel konservativer und teilweise ausgesprochen republikfeindlich gesinnt war.[65]

Dabei bestand das Problem nicht so sehr darin, daß der höhere Staatsdienst aktiv zur Selbstzerstörung der Weimarer Republik beitrug, sondern darin, daß die Republik selbst zu wenig tat, damit Beamte aller Ebenen aktiv für die demokratische Ordnung eintraten und sich jedem Umsturzversuch widersetzten. Und jene Beamten, die sich republikfeindlich betätigten – alles in allem eine Minderheit –, kamen relativ ungestraft davon. Ein hoher preußischer Beamter, Jahrgang 1885 und nach 1918 Mitglied der DNVP, gründete die verschiedensten Randgruppen für Beamte und andere, deren erklärtes Ziel es war, gegen den »Reichstag, die rote Zentrale«, zu streiten, die Pläne der »landesverräterischen und gottlosen Sozialdemokraten«

zu vereiteln, die »imperialistische Weltmacht« der katholischen Kirche einzudämmen und nicht zuletzt »alle Juden« zu bekämpfen. Sein schon vor 1918 ziemlich latenter Antisemitismus trat nach der Revolution offen zutage. Der Mann erinnerte sich später: »Immer, wenn ein Jude in der Hochbahn oder im Zug frech wurde und sich nicht ohne weitere Unverschämtheiten zurechtweisen ließ, drohte ich, ihn aus dem fahrenden Zug zu werfen [...], wenn er nicht augenblicklich still war.« Einmal bedrohte er »marxistische« Arbeiter mit dem Gewehr. Er war offenbar der Extremfall eines republikfeindlichen Beamten. Trotzdem wurde er nicht entlassen, sondern nur zweimal disziplinarisch gemaßregelt und bei der Beförderung übergangen, obwohl er einmal sogar wegen Ruhestörung vor Gericht stand. »Ich hielt es immer für eine Schwäche meiner politischen Gegner im Staatsdienst, daß sie mich jedesmal so ungeschoren davonkommen ließen.« Das Schlimmste, was ihm in der Weimarer Republik begegnete, war die Blockade seiner Beförderungsaussichten.[66]

So ist wenig Zweifel daran möglich, daß selbst in der republikanischen Bastion Preußen die überwiegende Mehrheit der Beamten kaum wirkliche Loyalität zu dem Staat empfand, der sie beschäftigte. Sollte die Republik von Zerstörung bedroht sein, würden wohl nur sehr wenige von ihnen auf die Idee kommen, ihr zu Hilfe zu eilen. Pflichtgefühl ließ sie ihre Arbeit tun, wenn der Staat wie beim Kapp-Putsch 1920 herausgefordert wurde, aber es würde sie ihre Arbeit auch nach einem Umsturz weiter tun lassen. Das Beamtentum war eine weitere zentrale Institution, deren Loyalität nicht den konkreten Grundsätzen der Demokratie, sondern einer abstrakten Vorstellung vom Reich galt. In dieser wie in mancher anderen Hinsicht[67] krankte die Weimarer Republik von Anfang an an ihrer schwachen politischen Legitimität. Sie wurde bedrängt von den unüberwindlichen Problemen politisch motivierter Gewalttaten und Morde und den unversöhnlichen Konflikten um ihr Existenzrecht. Von ihren Dienern in Reichswehr und Bürokratie wurde sie weder geachtet noch verteidigt. Von vielen wurde sie für die nationale Schmach des Versailler Vertrags verantwortlich gemacht. Und sie hatte mit neuen wirtschaftlichen Problemen zu kämpfen, angefangen bei der ungeheuren Geldentwertung, die gerade in den Jahren, als sie Fuß zu fassen versuchte, vielen Menschen das Leben erschwerte.

Inflation

I

Selbst der hartgesottenste Reaktionär hätte vielleicht eines Tages die Weimarer Republik toleriert, wenn sie der Wirtschaft ein vernünftiges Maß an Stabilität und ihren Bürgern einen sicheren Lebensunterhalt beschert hätte. Statt dessen wurde die Republik von Anfang an durch wirtschaftliche Fehlschläge von einer in der deutschen Geschichte bisher unbekannten Größenordnung beeinträchtigt. Nach Ausbruch des Ersten Weltkriegs hatte die Reichsregierung begonnen, Geld zur Kriegsfinanzierung aufzunehmen, ab 1916 lagen die Ausgaben deutlich über den Einnahmen, die die Regierung aus Darlehen und allen sonstigen Quellen verbuchen konnte. Natürlich hatte sie erwartet, ihre Verluste nach dem Krieg wieder hereinzuholen, sei es durch die Annexion reicher Industriegebiete in Ost- und Westeuropa, die Erzwingung umfangreicher finanzieller Reparationszahlungen von den besiegten Nationen oder die Errichtung einer neuen, von Deutschland beherrschten Wirtschaftsordnung im eroberten Europa.[68] Doch es war Deutschland, das besiegt war, und Deutschland, das die Reparationen zu zahlen hatte. Die Regierung hatte Geld drucken lassen, ohne daß dies durch wirtschaftliche Ressourcen gestützt war. Vor dem Krieg war der Dollar an der Berliner Börse etwa 4 Papiermark wert gewesen. Im Dezember 1918 brauchte man schon fast doppelt so viele Mark zum Kauf eines US-Dollars. Danach ging der Kurs unaufhörlich zurück, von etwas über 12 Papiermark für den Dollar im April 1919 auf 47 Papiermark Ende 1919.[69]

Mehrere Regierungen der Weimarer Republik saßen nacheinander in einer politischen Falle, die sie sich zumindest teilweise selbst gestellt hatten. Die Notwendigkeit, staatliche Einkünfte in Form von Reparationszahlungen ins Ausland zu exportieren, bedeutete einen zusätzlichen Abfluß von Ressourcen in einer Zeit, wo noch Kriegsschulden abzuzahlen blieben und Deutschlands wirtschaftliche Ressourcen sowie sein Binnenmarkt geschrumpft waren. Bevölkerungsreiche Industriegebiete wie Lothringen und Schlesien waren gemäß den Bestimmungen des Versailler Vertrags abgetreten worden. Die deutsche Industrieproduktion lag 1919 bei 42 Prozent des Standes von 1913, die Getreideerzeugung unter der Hälfte des Vorkriegsstandes. Es bedurfter massiver Ausgaben, um die Wirtschaft auf Friedensbedingungen umzustellen und Wohlfahrtsmaßnahmen für Kriegsveteranen zu finanzieren, die entweder Arbeit suchten oder als Kriegsversehrte keine finden konnten. Versuchte aber eine Regierung, die Finanzierungslücke durch eine Anhebung der Steuern zu schließen, erhoben die Deutschnationalen den Vorwurf, sie bürde den Menschen Steuern auf, um die Reparationsforderungen der Alliierten zu erfüllen. So schien es den meisten Regierungen politisch geboten, ausländische Regierungen zu drängen, daß die Inflation nur durch die Einstellung oder Reduktion der Reparationszahlungen zu bewältigen sei. Die Energie variierte, mit der die verschiedenen deutschen Kabinette diese gefährliche Politik verfolgten. Die vielleicht effektivste Regierung war das Kabinett unter dem Zentrumspolitiker Josef Wirth. Geboren 1879 und somit für einen Reichskanzler vergleichsweise jung, kam Wirth vom liberalen badischen Flügel seiner Partei und hatte sich einen Ruf als Finanzexperte erworben. Ein unverblümter, direkter und höchst wirkungsvoller öffentlicher Redner, war dieser ehemalige Lehrer ein geduldiger Verhandlungsführer und politischer Realist. Er schlug den Weg einer »Erfüllungspolitik« ein in der Hoffnung, die Achtung der Briten und Franzosen zu gewinnen, indem er die Bestimmungen des Friedensvertrags peinlich genau erfüllte, um anschließend das so errungene Wohlwollen dazu zu nutzen, nach Möglichkeit doch noch ihre Revision zu erreichen. Im April 1921 hatte die Alliierte Reparationskommission den Gesamtwert der von Deutschland zu zahlenden Reparationen schließlich auf 132 Milliarden Goldmark festgesetzt. Damit war die Drohung verbunden, das Ruhrgebiet zu besetzen, falls diese Bedingungen, zu denen auch die Aburteilung von Kriegsverbrechern und die Vollendung der deutschen Abrüstung gehörten, nicht erfüllt würden. Wirth machte in den beiden letzten Punkten eine Geste, war jedoch entweder nicht bereit oder nicht in der Lage, die von den Alliierten geforderten Reformen in Angriff zu nehmen, die eine Basis für die zuverlässige Zahlung der Reparationen bilden sollten. Das war der Grund, warum nach einer Periode der Entspannung die Stellung der Mark sich wieder zu verschlechtern begann. Ein Deutscher, der im November 1921 einen US-Dollar kaufen wollte, mußte 263 Papiermark bezahlen, und bis August 1922 hatte sich der Betrag noch einmal auf 493 Papiermark fast verdoppelt.[70]

Eine Inflation dieser Größenordnung zeitigte für die Wirtschaft unterschiedliche Folgen. Die Möglichkeit, Geld zum Kauf von Gütern, Geräten und Industrieanlagen aufzunehmen und später zu einem weitaus geringeren Geldwert zurückzuzahlen, half die industrielle Erholung nach dem Krieg zu beschleunigen. Bis Mitte 1922 war das wirtschaftliche Wachstum in Deutschland hoch und die Arbeitslosigkeit niedrig, die realen Steuersätze waren niedrig genug, um die Nachfrage anzukurbeln. Die deutsche Wirtschaft schaffte den Übergang auf Friedensverhältnisse wirksamer als manche andere europäische Volkswirtschaft mit weniger markanter Inflation.[71] Doch die Erholung war auf Sand gebaut, denn die Inflation erwies sich trotz einiger vorübergehender Besserungen als unaufhaltsam. Im August 1922 benötigte man bereits über tausend Papiermark, um einen US-Dollar zu kaufen, im Oktober waren es dreitausend, im Dezember siebentausend. Der Prozeß der Geldentwertung entwickelte eine Eigendynamik, die zu katastrophalen politischen Folgen führte. Die deutsche Regierung konnte die erforderlichen Reparationszahlungen nicht mehr bedienen, da diese in Gold zu leisten waren, das auf dem Weltmarkt zu einem für Deutschland unerschwinglich hohen Preis gehandelt wurde. Zusätzlich war die Regierung mit den im Reparationsprogramm vorgesehenen Kohlelieferungen an Frankreich im Rückstand. Folglich besetzten französische und belgische Truppen im Januar 1923 das Ruhrgebiet, Deutschlands bedeutendstes Industrierevier, um die ausstehende Kohle zu beschlagnahmen und die Regierung zur Erfüllung ihrer Vertragsverpflichtungen zu zwingen. Die Regierung in Berlin rief zu einer Politik des passiven Widerstands auf, um den Besatzern Kooperation und funktionstüchtige Anlagen zu verwehren und ihnen so die Nutzung der Produktionseinrichtungen an der Ruhr unmöglich zu machen. Der Ruhrkampf wurde erst Ende September abgebrochen. Durch den passiven Widerstand verschlechterte sich die wirtschaftliche Lage. Wer im Januar 1923 einen US-Dollar kaufen wollte, mußte über siebzehntausend Papiermark zahlen; im April waren es vierundzwanzigtausend, im Juli dreihundertdreiundfünfzigtausend. Es war eine Hyperinflation von nie gekanntem Ausmaß, und der Dollarkurs in Papiermark drückte sich in Zahlenreihen aus, die bald länger waren als alles, was man im Telefonbuch finden konnte: 4 621 000 Mark im August, 98 860 000 im September, 25 260 000 000 (25 Milliarden 260 Millionen) im Oktober, 2 193 600 000 000 (zwei Billionen 193 Milliarden 600 Millionen) im November, 4 200 000 000 000 (4 Billionen 200 Milliarden) im Dezember.[72] Die Zeitungen begannen ihre Leser über die Namen sehr großer Zahlen zu unterrichten, die – zusätzlich verwirrend – von Land zu Land verschieden waren. Die Franzosen, so bemerkte ein Kolumnist, bezeichneten eine Million Millionen als Trillion; »bei uns hingegen ist eine Trillion eine Million Billionen (1 000 000 000 000 000 000), und wir können nur zu Gott hoffen, daß wir mit unserer Alltagswährung nicht in diese oder noch höhere Zahlenbereiche geraten – schon weil eine Überfüllung der Irrenanstalten die Folge wäre«.[73]

Auf ihrem Höhepunkt wirkte die Hyperinflation traumatisierend für die gesamte Gesellschaft. Das Geld büßte praktisch jede Bedeutung ein, die Gelddruckmaschinen kamen mit dem Drucken von Banknoten mit immer astronomischeren Beträgen nicht mehr nach, und manche Kommunen begannen, ihr eigenes, nur einseitig bedrucktes Notgeld auszugeben. Arbeitnehmer brachten am Zahltag Einkaufskörbe oder Schubkarren mit zur Arbeitsstelle, um die Berge von Banknoten zu verstauen, und hasteten anschließend sofort in die Geschäfte, um sich mit Waren zu versorgen, bevor das Geld neuerlich im Wert gesunken war. Sebastian Haffner, damals noch Schüler, erinnerte sich später daran, wie sein Vater am Ende jeden Monats sein Gehalt zusammennahm, in aller Eile ein Monatsticket für die Straßenbahn kaufte, um überhaupt während des nächsten Monats zur Arbeit fahren zu können, sodann die regelmäßigen Zahlungen leistete, die gesamte Familie zum Haareschneiden schickte und schließlich das restliche Geld seiner Frau gab, damit es in unverderbliche Lebensmittel angelegt werden konnte – die bis zum Ende des Monats ausreichen mußten.[74] Briefe mußten frankiert werden, indem man die neuesten Banknoten an das Kuvert heftete, weil die Briefmarken nicht so schnell gedruckt werden konnten, wie das

Porto teurer wurde. Der deutsche Korrespondent der britischen *Daily Mail* schrieb am 29. Juli 1923:

> »In den Läden werden die Preislisten mit der Maschine getippt und stündlich neu ausgehängt. So kostete ein Grammophonapparat um zehn Uhr morgens 5 000 000 Mark, um drei Uhr nachmittags waren es schon 12 000 000 Mark. Eine Nummer der *Daily Mail* kostete im Straßenverkauf gestern 35 000 Mark, während es heute 60 000 Mark sind.«[75]

Die dramatischsten und schwerwiegendsten Auswirkungen hatte die Inflation auf die Preise für Lebensmittel. Eine Frau, die sich ins Café setzte, konnte eine Tasse Kaffee für 5000 Mark bestellen, und beim Weggehen eine Stunde später mußte sie dem Kellner 8000 Mark bezahlen. Ein Kilo Roggenbrot kostete am 3. Januar 1923: 163 Mark, im Juli mehr als das Zehnfache, am 1. Oktober 9 Millionen Mark, am 5. November 78 Milliarden Mark und zwei Wochen später, am 19. November, 233 Milliarden Mark.[76] Auf dem Höhepunkt der Hyperinflation wandte eine Durchschnittsfamilie 90 Prozent ihrer Ausgaben für Lebensmittel auf.[77] Familien mit festem Einkommen begannen ihren Besitz zu verkaufen, um etwas zu essen zu haben. Geschäfte fingen an, Waren zu horten, weil sie jederzeit mit Preiserhöhungen rechneten.[78] Menschen, die sich selbst das Notwendigste nicht mehr leisten konnten, rotteten sich zu Krawallen und Plünderungen von Lebensmittelgeschäften zusammen. Es kam zu Schießereien zwischen Bergarbeitern, die auf dem Lande die Felder abräumten, und den Bauern, die ihre Ernte zu schützen suchten und nicht bereit waren, sie für wertlose Banknoten zu verkaufen. Der Zusammenbruch des Marktes machte es schwierig, ja fast unmöglich, Nachschub aus dem Ausland zu importieren. Es bestand die akute Gefahr einer Hungersnot, besonders im französischen Besatzungsgebiet, wo der passive Widerstand die Transportwege lahmgelegt hatte.[79] Durch Unterernährung erhöhte sich die Zahl der tödlichen Tuberkulosefälle.[80]

Einen persönlichen Einblick in die Alltagsnöte dieser Jahre bieten die Tagebücher Victor Klemperers. Klemperer hielt sich mit kurzfristigen Lehrverpflichtungen über Wasser und war als Weltkriegsteilnehmer froh, im Februar 1920 eine kleine Kriegszulage zu erhalten; doch »was früher ein kleines Vermögen war, ist jetzt ein Trinkgeld«, klagte er.[81] In den folgenden Monaten füllen immer mehr finanzielle

Berechnungen die Tagebücher. Im März 1920 beobachtet er im Zug vor München »Hamsterer, kleines Volk mit Rucksäcken«.[82] Allmählich beglich er »mit einer Art von stumpfem Fatalismus« immer phantastischere Rechnungen.[83] Seit 1920 hatte er eine feste Stelle an der Technischen Universität Dresden, die jedoch auch keine finanzielle Sicherheit brachte. Jeden Monat erhielt er ein immer astronomischeres Gehalt, samt nachträglicher Vergütung für die seit der letzten Zahlung eingetretene Geldentwertung. Obwohl er im Mai 1923 fast eine Million Mark Gehalt bezog, konnte er seine Gas- und Stromrechnungen nicht bezahlen. Seine Bekannten rechneten sich fieberhaft aus, wie sie mit Börsenspekulationen zu Geld kommen konnten. Sogar Klemperer selbst wagte dieses Spiel, aber sein erster Gewinn, 230 000 Mark, verblaßte zur Bedeutungslosigkeit, verglichen mit dem, was sein Kollege Professor Förster einstrich, »einer der schlimmsten Antisemiten, teutschen Hetzer u. Patrioten der Hochschule«, der durch Spekulationen angeblich eine halbe Million Mark pro Tag verdiente.[84]

Klemperer, der leidenschaftliche Cafébesucher, bezahlt am 24. Juli 12 000 Mark für Kaffee und Kuchen, am 3. August notiert er, daß ihn Kaffee und drei Stück Kuchen 104 000 Mark gekostet haben.[85] Noch teurer war der Kinobesuch, eines der Hauptvergnügen seines Lebens. Am Montag, dem 28. August, vermerkte er, daß er noch vor wenigen Wochen zehn Karten für 100 000 Mark bekommen hat. »Gleich darauf stiegen die Preise maßlos, u. die letzte Zeit hat unser 10 000 M. Platz schon 200 000 gekostet. Gestern Nachm. wollte ich einen neuen Vorrat kaufen. Das Mittelparkett kostete schon 300 000.« Dabei waren das die zweitbilligsten Plätze im Haus; eine neue Preiserhöhung wurde bereits für Donnerstag, also drei Tage später, angekündigt.[86] Am 9. Oktober berichtet er: »Unser gestriger Kinobesuch kostete mit dem Fahrgeld 104 Millionen.«[87] Die Lage stürzte ihn wie viele andere in tiefe Verzweiflung:

> »Unheimlich schrittweise geht Deutschland zu Grunde. [...] der Dollar steht über 800 Millionen, er steht tägl. über 200 Millionen über dem Vortag. All das ist nicht Zeitung, sondern unmittelbarer Griff an das eigene Leben. Wie lange noch werden wir zu essen haben? Welches wird unsere nächste Einschränkung sein?«[88]

Klemperer mußte immer mehr Zeit damit verbringen, Geld zu besorgen; am 2. November schreibt er:

> »Gestern habe ich den ganzen Vormittag bis gegen 2 Uhr auf der Hochschulkasse auf Geld gewartet u. schließlich keinen Pfennig bekommen, nicht einmal den Rest der Oktoberzahlung. Da gestern der Dollar von 65 auf 130 Milliarden stieg, so werde ich heute meine Gasrechnung u. manches andere um den doppelten Preis zahlen müssen wie gestern. Beim Gas wird das eine Differenz von wohl 150 Milliarden ausmachen.«[89]

Aus Dresden berichtet Klemperer von Hungeraufständen, zum Teil mit antisemitischen Untertönen, und er befürchtet, daß die Menschen auf der verzweifelten Suche nach Lebensmitteln auch bei ihm einbrechen könnten. Arbeit ist unmöglich. »Die Geldsache raubt sehr viel Zeit u. zermürbt die Nerven.«[90] Deutschland kam zum Stillstand. Wirtschaft und Kommunen konnten es sich nicht mehr leisten, ihre Arbeiter und Angestellten zu bezahlen oder öffentliche Versorgungsbetriebe zu bevorraten. Am 7. September hatten sechzig von neunzig Berliner Straßenbahnlinien den Betrieb eingestellt.[91]

Gustav Stresemann, der im August 1923 seine lange Dienstzeit als Außenminister antrat und dieses Amt in den ersten Monaten mit dem des Reichskanzlers verband, handelte den Abzug der Franzosen aus dem Ruhrgebiet aus und garantierte im Gegenzug, die deutschen Reparationszahlungen unter allen Umständen zu bedienen. Daraufhin erklärte sich die internationale Gemeinschaft bereit, das System der Reparationen zu überprüfen, und so konzipierte ein Ausschuß unter Vorsitz des amerikanischen Wirtschaftsexperten Charles Dawes einen neuen Zahlungsplan, der im folgenden Jahr ausgehandelt und von Deutschland angenommen wurde. Der Dawes-Plan stellte zwar kein Ende der Zahlungen in Aussicht, aber er traf eine Reihe von Vorkehrungen, so daß die Reparationszahlungen in den nächsten fünf Jahren ohne größere Probleme geleistet werden konnten.[92] Stresemanns Fortsetzung der Wirthschen »Erfüllungspolitik« trug ihm nicht den Beifall der nationalistischen Rechten ein, die jedes Zugeständnis in der Reparationenfrage ablehnte. Aber das Ausmaß der Inflation überzeugte die meisten Menschen davon, daß dies die einzig realistische Politik war.[93] Am 22. Dezember 1923 ernannte die Regierung Stresemann den Bankier Hjalmar Schacht, einen geschickten Finanzfachmann mit vielfältigen politischen Verbindungen, zum Präsidenten der Reichsbank. Am 15. November war die Rentenmark als neue Währung ausgegeben worden, deren Wert auf Vorschlag des Finanzministers Hans Luther an den Wert von Grund und Boden und von Industrieanlagen gebunden und gedeckt wurde durch eine Hypothek auf landwirtschaftliches Eigentum und später auf industrielle Ressourcen. Die Beträge der ausgegebenen neuen Währung waren streng begrenzt, und die Regierung verpflichtete sich zu einem ausgeglichenen Budget. Die Rentenmark wurde formell mit einer Goldmark je Einheit der neuen Währung bewertet und die alte Währung entsprechend umgetauscht; die Relation zum Goldpreis wurde im folgenden Sommer offiziell festgelegt, als die Rentenmark durch die Reichsmark ersetzt wurde, die bis nach dem Zweiten Weltkrieg die Einheit der deutschen Währung blieb.[94] Schacht setzte verschiedene Maßnahmen in Kraft, um die neue Währung gegen Spekulationen zu schützen, und sobald die neue Währung verfügbar wurde, verdrängte sie die alte und wurde allgemein akzeptiert.[95] Die Hyperinflation gelangte an ihr Ende.

Auch andere Länder waren von einer Nachkriegsinflation betroffen, aber keines so schwer wie Deutschland. Auf dem Höhepunkt der Inflation, die von Land zu Land variierte, hatten sich die Preise in Österreich gegenüber dem Vorkriegsstand um den Faktor 14 000 vervielfacht, in Ungarn um den Faktor 23 000, in Polen um den Faktor 2,5 Millionen und in Rußland um den Faktor 4 Milliarden, wobei allerdings die russische Inflation strenggenommen nicht mit der in anderen Ländern zu vergleichen war, da die Bolschewisten die sowjetische Wirtschaft weithin vom Weltmarkt abgekoppelt hatten. In Deutschland aber hatten sich die Preise gegenüber dem Vorkriegsstand um den Faktor 1 000 000 000 000 (1 Billion) vervielfacht – ein Verfall, der in die Annalen der Wirtschaftsgeschichte als größte Inflation aller Zeiten eingegangen ist. In den zwanziger Jahren bildete sich noch kein geeignetes neues Weltfinanzsystem heraus, das sich mit dem nach dem Zweiten Weltkrieg herrschenden ausgeklügelten System von internationalen Institutionen und Vereinbarungen hätte vergleichen lassen. Keines der betroffenen Länder zählte zu den Gewinnern des Ersten Weltkriegs.[96]

II

Sowohl die Hyperinflation als auch die Art und Weise, wie sie an ihr Ende gelangte, hatten Folgen von enormer Tragweite. Trotzdem sind ihre langfristigen Auswirkungen auf die wirtschaftliche Lage der deutschen Bevölkerung schwer einzuschätzen. Man hat lange Zeit geglaubt, daß sie die wirtschaftliche Prosperität der Mittelschicht zerstört habe. Aber jeder war von den Verhältnissen auf unterschiedliche Weise betroffen. Wer sein Geld in Kriegsanleihen oder sonstige Darlehen an den Staat investiert hatte, verlor es, aber wer eine große Geldsumme als Hypothek auf seine Eigentumswohnung aufgenommen hatte, dürfte die Immobilie letzten Endes für einen sehr niedrigen Betrag erworben haben. Wer von einem fixen Einkommen abhängig war, stand letztlich vor dem Ruin. Gläubiger waren erbittert, der wirtschaftliche und soziale Zusammenhalt der Mittelschicht zerfiel, da sich Gewinner und Verlierer an neuen sozialen Grenzlinien gegenüberstanden. Eine Folge davon war die Zersplitterung der mittelstandsorientierten politischen Parteien in der zweiten Hälfte der zwanziger Jahre, die so den demagogischen Angriffen der extremen Rechten zunehmend hilflos ausgeliefert waren. Als der deflationäre Effekt der Stabilisierung allmählich griff, waren alle sozialen Gruppen betroffen. In der späteren Erinnerung der Menschen verschmolzen die Folgen von Inflation, Hyperinflation und Stabilisierung zu einer einzigen wirtschaftlichen Katastrophe, aus der buchstäbliche jede soziale Gruppe in Deutschland als Verlierer hervorgegangen war.[97] Ein typischer Verlierer in diesem Prozeß war Victor Klemperer. Als die Stabilisierung kam, hatten zwar die »Angst vor der plötzlichen Geldentwertung, die Hetze des Einkaufenmüssens [...] ein vorläufiges Ende«, aber an ihre Stelle war »Bettelarmut« getreten, da die Klemperers in der neuen Währung praktisch nichts von Wert besaßen und überhaupt kaum Bargeld hatten. Düster bilanzierte er, was von seinen Spekulationen geblieben war: »Meine Börsenpapiere haben einen Wert von kaum noch 100 M., meine baren Reserven zu Hause den annähernd gleichen Wert, u. das ist alles – meine Lebensversicherung ist verloren. 150 Papiermillionen sind = 0,015 Pf.«[98]

In dem Maße, wie das Geld seinen Wert einbüßte, wurden Sachwerte das einzig Besitzenswerte, folglich rollte eine riesige Kriminalitätswelle über das Land. Hatte die Zahl der Verurteilungen wegen Diebstahls 1913 noch 115 000 betragen, so schnellte sie 1923 auf 365 000 hoch. In demselben Jahr wurden siebenmal so viele Personen wegen Hehlerei verurteilt wie 1913. Schon 1921 war die Lage der Armen so verzweifelt, daß nach dem Bericht einer sozialdemokratischen Zeitung von hundert Männern, die ins Gefängnis Berlin-Plötzensee eingeliefert wurden, 80 keine Strümpfe anhatten, 60 ohne Schuhe kamen und 50 nicht einmal ein Hemd am Leibe trugen.[99] Die Diebstahlrate im Hamburger Hafen, wo die Schauerleute von jeher einen Teil der zu löschenden Ladung für sich abgezweigt hatten, nahm beispiellose Ausmaße an. Angeblich weigerten sich die Schauerleute sogar, bestimmte Waren zu löschen, weil sie selbst dafür keine Verwendung hatten. Gewerkschaften berichteten, daß viele Arbeiter nur in den Hafen kämen, um zu stehlen, und jedem, der sich ihnen in den Weg stellte, mit Gewalt drohten. Besonderer Beliebtheit erfreuten sich Kaffee, Mehl, Schinken und Zucker. Zunehmend erzwangen die Arbeiter ihre Entlohnung in Naturalien, als der Geldlohn an Wert verlor. Das Übel verbreitete sich in einem Maße, daß einige ausländische Reedereien 1922/23 dazu übergingen, ihre Schiffe in anderen Häfen entladen zu lassen.[100] Eine ähnliche Raub- und Tauschwirtschaft begann auch in anderen Gewerben und an anderen Handelszentren den Geldverkehr abzulösen.

Gewalt – oder die Androhung von Gewalt – brach sich manchmal auf spektakuläre Weise Bahn. So kam es vor, daß Banden von bis zu zweihundert bewaffneten Jugendlichen auf dem Land Scheunen stürmten und die landwirtschaftlichen Erzeugnisse fortnahmen. Fast jeder schien sich nur darauf zu konzentrieren, kleine Mengen von Lebensmitteln oder Vorräten zu stehlen, um am Leben zu bleiben. Man erzählte von Mädchen, die sich für ein halbes Pfund Butter verkauften. Erbitterung und Wut wurden durch den Eindruck verstärkt, daß manche durch verbotene Währungsgeschäfte, Schmuggel, Profitmacherei und das illegale Transportieren von Gütern enorme Gewinne machten. Der Schwarzmarkthändler und der Profitmacher waren schon zum Hetzobjekt populistischer Demagogen geworden, bevor die galoppierende Inflation zur Hyperinflation geriet. Jetzt aber wurden sie dem ganzen Volk verhaßt. Es verbreitete sich das Gefühl, daß die Profitmacher die ganze Nacht durchfeierten, während anständige Krämer und Handwerker ihren ganzen Hausrat für einen

Laib Brot verkaufen mußten. Es hatte den Anschein, daß mit dem Abstieg des Geldwertes auch die moralischen Werte in einem unaufhaltsamen Fall begriffen waren.[101] Der Absturz ins Chaos – wirtschaftlich, sozial, politisch, moralisch – schien total zu sein.[102]

Geld, Einkommen, solide Finanzen, eine geordnete Wirtschaft, Regelmäßigkeit, Berechenbarkeit: das war vor dem Krieg der Kern bürgerlicher Werte und bürgerlicher Existenz gewesen. Jetzt schien dies alles zusammen mit dem ebenso solide scheinenden politischen System des wilhelminischen Kaiserreichs dem Niedergang preisgegeben zu sein. Die Weimarer Kultur reagierte darauf mit Zynismus, von Filmen wie *Dr. Mabuse, der Spieler* bis zu Thomas Manns *Bekenntnissen des Hochstaplers Felix Krull* (geschrieben 1922, aber beiseite gelegt und erst dreißig Jahre später vollendet). Nicht zuletzt infolge der Inflation war die Weimarer Kultur fasziniert von Kriminellen, Spielern, Manipulanten, Dieben und Gaunern aller Art. Das Leben schien ein Glücksspiel zu sein, das Überleben vom willkürlichen Walten unbegreiflicher ökonomischer Kräfte abzuhängen. In einer solchen Atmosphäre begannen Verschwörungstheorien zu gedeihen. Das Spielen, ob am Roulettetisch oder an der Börse, wurde zu einer Metapher des Lebens. Jener Zynismus, der die Weimarer Kultur Mitte der zwanziger Jahre würzte und viele Menschen schließlich die Wiederkehr von Idealismus, Opferbereitschaft und Hingabe ans Vaterland herbeisehnen ließ, entsprang zu einem guten Teil der Desorientierung durch die Inflation.[103] Sie wurde zu einem Trauma, das noch lange das Verhalten der Deutschen in allen gesellschaftlichen Schichten beeinflussen sollte. Sie verstärkte in den konservativeren Kreisen der Bevölkerung das Gefühl einer verkehrten Welt, auf den Kopf gestellt zuerst durch die Niederlage, dann durch die Revolution und nun durch die Wirtschaft. Sie zerstörte den Glauben an die Neutralität des Rechts als eines sozialen Korrektivs zwischen Schuldnern und Gläubigern, Armen und Reichen, und untergrub die Vorstellung von Gerechtigkeit und Billigkeit, in der das Recht die Menschen eigentlich bestärken sollte. Sie verrohte die Sprache der Politik, die sich ohnedies schon durch die Ereignisse von 1918/19 in hysterische Aufpeitschung gesteigert hatte. Sie gab den gängigen Phantasiebildern vom Bösen neue Nahrung, deren Verkörperung nicht nur der Verbrecher und der Spieler waren, sondern auch der Börsenspekulant und der trickreiche »Finanzjude«.[104]

III

Zu den Gruppen, die für viele als Gewinner aus den wirtschaftlichen Wirren der frühen zwanziger Jahre hervorgegangen waren, gehörten die Großindustriellen und die Finanziers – ein Umstand, der in weiten Kreisen der deutschen Gesellschaft Wut auf »Kapitalisten« und »Profiteure« aufkommen ließ. Die Unternehmer selbst blickten wehmütig auf das Kaiserreich zurück, jene gute alte Zeit, da noch der Staat, die Polizei und die Gerichte die Arbeiterbewegung in Schach gehalten und die Unternehmer in Fragen der Wirtschafts- und Sozialpolitik bei der Regierung auf Verständnis hoffen konnten. So beschönigend dieser Rückblick gewesen sein mag, es bestand doch kein Zweifel, daß die Großunternehmen im Kaiserreich eine bevorzugte Stellung genossen hatten – ungeachtet gelegentlichen Mißmutes über die Einmischung des Staates in die Wirtschaft.[105] Die Schnelligkeit und Breite der deutschen Industrialisierung hatte das Land bis 1914 nicht nur zur wesentlichen Wirtschaftsmacht Kontinentaleuropas gemacht, sie hatte auch einen Wirtschaftssektor geschaffen, der durch die Größenordnung seiner Unternehmen und die Prominenz ihrer Geschäftsführer und Unternehmenschefs bemerkenswert war. Der Waffenfabrikant Krupp, die Eisen- und Stahlmagnaten Stumm und Thyssen, der Reeder Ballin, die Chefs von Elektrokonzernen wie Rathenau und Siemens und viele weitere konnten über ihre Position Einfluß auf die Politik ausüben.

Diese Männer tendierten mit unterschiedlicher Akzentuierung dazu, die gewerkschaftliche Organisation der Arbeiter zu bekämpfen. Während des Krieges jedoch hatten sie unter dem Eindruck wachsender staatlicher Einmischung in die Betriebsverfassung ihren Widerstand gemildert, und am 15. November 1918 hatten Wirtschaft und Gewerkschaften, vertreten durch Hugo Stinnes beziehungsweise Carl Legien, eine Vereinbarung unterzeichnet, die einen neuen Rahmen für Tarifverträge absteckte und auch die Anerkennung des Achtstundentages enthielt. Beide Seiten hatten ein Interesse daran, die von der extremen Linken drohende Gefahr einer umfassenden Vergesellschaftung der Wirtschaft abzuwehren, und so ließ die Vereinbarung die bestehende Struktur der Großwirtschaft unangetastet, während sie den Gewerkschaften ein gleichberechtigtes

Vertretungsrecht in einem ganz Deutschland umfassenden System gemeinsamer Verhandlungskommissionen einräumte. Wie andere Einrichtungen des kaiserlichen Establishments akzeptierte auch die Großwirtschaft die Republik, weil sie noch als die sicherste Möglichkeit erschien, etwas Schlimmeres abzuwehren.[106]

In der Anfangszeit der Republik kauften viele Industrielle in großem Umfang Maschinen und Anlagen auf – mit geliehenem Geld, das bei Fälligkeit der Rückzahlung wertlos geworden war. Das heißt jedoch nicht, daß sie – wie manche Historiker behaupten – die Inflation vorangetrieben hätten, weil sie deren Vorteile für sich selbst erkannten. 1923 waren viele im Gegenteil ratlos, was zu tun sei, und die von ihnen dabei erzielten Gewinne waren nicht so spektakulär, wie oft unterstellt wird.[107] Obendrein stellte die markante Deflation als zwangsläufige Folge der Währungsstabilisierung die Unternehmer vor schwerwiegende Probleme, da sie in vielen Fällen in zu viele Anlagen investiert hatten. Bankrotte häuften sich, Hugo Stinnes' riesiges Industrie- und Finanzimperium zerbrach, viele Unternehmen suchten ihr Heil in Fusionen und Kartellen. Die namhaftesten waren die Vereinigten Stahlwerke, bestehend aus mehreren Unternehmen der Schwerindustrie, und die riesige IG Farben, die in demselben Jahr aus einem Zusammenschluß der Chemieunternehmen Agfa, BASF, Bayer, Griesheim, Hoechst und Weiler-terMeer entstand und der größte Konzern Europas sowie der viertgrößte weltweit nach General Motors, United States Steel und Standard Oil war.[108]

Fusionen und Kartelle dienten nicht nur der Erringung einer marktbeherrschenden Position, sondern auch der Kostensenkung und der Effizienzsteigerung. Großen Wert legten die neuen Unternehmen auf die Rationalisierung ihrer Fertigung nach dem Vorbild der Ford-Autowerke in den USA. Im Interesse der Effizienz wurde beim sogenannten Fordismus die Fertigung so weit wie möglich automatisiert und mechanisiert. Damit ging die Tendenz zu einer Umstrukturierung der Arbeitsabläufe unter den Gesichtspunkten der als »Taylorismus« bekannten amerikanischen Zeit- und Bewegungsstudien einher, die in Deutschland in der zweiten Hälfte der zwanziger Jahre stark diskutiert wurden.[109] Deutliche Veränderungen in diesem Sinne gab es im Steinkohlebergbau des Ruhrgebiets, wo vor dem Krieg 98 Prozent der Steinkohle von Hand abgebaut worden waren, 1929 nur mehr 13 Prozent. Der Einsatz von Preßluftbohrern zum Lösen des Gutes und von mechanisierten Förderbändern zu dessen Weitertransport erbrachte in Verbindung mit einer Neustrukturierung der Arbeitsabläufe eine Steigerung der jährlichen Steinkohleertrags von 255 Tonnen pro Bergmann im Jahr 1925 auf 386 Tonnen pro Bergmann im Jahr 1932. Diese Leistungsfähigkeit erlaubte den Bergbauunternehmen einen zügigen Abbau ihrer Arbeitskräfte: von 545 000 im Jahr 1922 auf 409 000 im Jahr 1925 und 353 000 im Jahr 1929. Ähnliche Rationalisierungs- und Mechanisierungsprozesse vollzogen sich auch in anderen Bereichen der Wirtschaft, namentlich in der rasch wachsenden Automobilindustrie.[110] In anderen Bereichen wie etwa in der Eisen- und Stahlproduktion wurden die Leistungssteigerungen weniger durch Mechanisierung und Modernisierung als durch Fusionen und Monopolisierung erreicht. Bei allen Diskussionen um »Fordismus«, »Taylorismus« und dergleichen war die deutsche Wirtschaft Ende der zwanziger Jahre weithin noch sehr traditionell eingestellt.[111]

Anpassung an die neue wirtschaftliche Lage nach der Stabilisierung bedeutete Einsparungen, Kostensenkungen und Stellenabbau. Verschärft wurde die Situation durch die auf den Arbeitsmarkt drängenden geburtenstarken Jahrgänge der Vorkriegszeit, die die Verluste durch den Krieg und eine anschließende verheerende Grippewelle ausglichen. Die Beschäftigtenstatistik 1925 ergab, daß es fünf Millionen mehr arbeitsfähige Menschen gab als 1907, die nächste Statistik von 1931 wies nochmals eine Million mehr aus. Ende 1925 war die Arbeitslosigkeit sowohl durch die Rationalisierungsmaßnahmen als auch durch das Generationswachstum auf eine Million gestiegen. Im März 1926 lag sie bei über drei Millionen.[112] Die Wirtschaft hatte jetzt ihre Bereitschaft zu Kompromissen mit den Gewerkschaften eingebüßt. Stabilisierung hieß, daß die Unternehmer den Anstieg der Lohnkosten nicht mehr durch Preiserhöhungen an die Verbraucher weitergeben konnten. Das Verhandlungsmodell, auf das sich Arbeitgeber und Gewerkschaften im Ersten Weltkrieg geeinigt hatten, zerbrach. An seine Stelle traten zunehmend gespannte Beziehungen zwischen Wirtschaft und Arbeit, wobei der Handlungsspielraum der Arbeitsseite immer enger wurde. Trotzdem fühlten sich die Unternehmer durch die Stärke der Gewerkschaften und die vom Staat errichteten juristischen und institutionellen Hürden in ihrem Drang nach Kostensenkungen und Produktivitätssteigerung nach wie vor behindert. Aus der Sicht der Unternehmer begünstigte das von der Weimarer Republik eingeführte Schlichtungssystem bei Tarifauseinandersetzungen die Gewerkschaften. Als ein erbitterter Lohnkampf in der Eisen- und Stahlindustrie des Ruhrgebiets 1928 durch Zwangsschlichtung beigelegt wurde, weigerten sich die Arbeitgeber, die den Arbeitern zuerkannten geringfügigen Lohnerhöhungen zu zahlen, und schlossen über 200 000 Metallarbeiter vier Wochen lang aus. Die Arbeiter fanden nicht nur Rückhalt bei der Reichsregierung, an deren Spitze seit Juni 1928 eine sozialdemokratisch geführte große Koalition stand, sondern erhielten auch Sozialhilfe vom Staat. Für die Arbeitgeber sah es immer mehr so aus, als sei die gesamte Struktur der Weimarer Republik unternehmerfeindlich ausgerichtet.[113]

Verschärft wurde die Situation aus ihrer Sicht durch die finanziellen Verpflichtungen, die der Staat ihnen auferlegte. Um die schlimmsten Folgen der wirtschaftlichen Stabilisierung für die Arbeiter nach Möglichkeit zu lindern und einen neuerlichen Beinahe-Zusammenbruch der Sozialleistungen wie während der Hyperinflation zu verhindern, führte die Regierung 1926 und 1927 stufenweise ein komplexes System der Arbeitslosenversicherung ein. Gedacht zur Absicherung von 17 Millionen Arbeitern gegen die Folgen eines Arbeitsplatzverlustes, sah die einschneidendste, 1927 in Kraft getretene dieser gesetzlichen Maßnahmen gleich hohe Beiträge von Arbeitgebern und Arbeitnehmern zur Arbeitslosenversicherung sowie die Errichtung eines staatlichen Krisenfonds für den Fall vor, daß die Zahl der Arbeitslosen den vorgesehenen Rahmen sprengte. Da der Rahmen bei nur 800 000 Arbeitslosen lag, war abzusehen, daß das ganze System schon bei einer Überschreitung dieser Zahl in ernsthafte Schwierigkeiten geraten mußte. Tatsächlich hatten die Arbeitslosenzahlen diese Grenze schon überschritten, noch bevor das Maßnahmenpaket in Kraft trat.[114] Natürlich stellte dieses Sozialsystem eine wachsende staatliche Einmischung in die Wirtschaft dar. Es belastete die Unternehmer mit zusätzlichen Kosten, da es einen Arbeitgeberanteil zur Finanzierung der Sozialpläne für die Arbeitnehmer durchsetzte, und erlegte dem Wirtschaftsunternehmen sowie den reichen Unternehmern eine wachsende Steuerlast auf. 1929 äußerte der

Centralverband Deutscher Industrieller die Auffassung, daß sich das Land das nicht mehr leisten könne, und forderte einschneidende Kürzungen bei den Abgaben und damit verbunden eine offizielle Abschaffung des Tarifvertragssystems, das die Großwirtschaft zur Zeit der Revolution 1918 gerettet hatte. Die fortwährend vorgetragenen Behauptungen, für die Lage sei das Sozialsystem und weniger der Zustand der internationalen Wirtschaft verantwortlich, waren, gelinde gesagt, übertrieben; ebenso der bei vielen Arbeitern und Angestellten aufkeimende Unmut gegenüber Gewerkschaften und der Sozialdemokratie während der zweiten Hälfte der zwanziger Jahre.[115]

Der Einfluß, den die Großindustrie vor 1914, noch mehr aber während des Krieges und in der Nachkriegsinflation ausüben konnte, schien jetzt drastisch geschmälert. Außerdem hatte ihr einst hohes Ansehen in der Öffentlichkeit infolge von Finanz- und anderen Skandalen, die während der Inflation ans Licht gekommen waren, arg gelitten. Menschen, die ihr Vermögen durch zweifelhafte Investitionen verloren hatten, suchten einen Schuldigen. Diese Jagd nach dem Sündenbock konzentrierte sich 1924/25 auf Julius Barmat, einen russisch-jüdischen Unternehmer, der unmittelbar nach Kriegsende mit führenden SPD-Leuten beim Import von Lebensmittelvorräten zusammengearbeitet und dann während der Inflation die ihm von der preußischen Staatsbank und der Reichspost gewährten Kredite in Finanzspekulationen gesteckt hatte. Als sein Unternehmen Ende 1924 unter Hinterlassung von 10 Millionen Reichsmark Schulden zusammenbrach, ergriff die extreme Rechte die Gelegenheit, um eine skurrile Pressekampagne gegen führende Sozialdemokraten wie den ehemaligen Reichskanzler Gustav Bauer anzuzetteln, denen sie die vorwarf, von Barmat bestochen worden zu sein. Derartige Finanzskandale wurden generell von der extremen Rechten publizistisch zur Untermauerung ihrer These ausgeschlachtet, daß der Staat von Weimar dem ungebührlichen Einfluß jüdischer Korruption unterliege, die den finanziellen Ruin des deutschen Mittelstandes verursache.[116]

Was konnte die Wirtschaft tun, um dieser Situation abzuhelfen? Ihr politischer Spielraum war begrenzt. Seit den Anfängen der Republik war sie bestrebt gewesen, die Industrie von politischer Einflußnahme freizuhalten und sich gleichzeitig durch finanzielle Zuwendungen an die bürgerlichen Parteien, namentlich die DNVP und die DVP, politischen Einfluß oder zumindest Wohlverhalten zu erkaufen. Bedeutende Konzerne hatten durch Investitionen oft einen finanziellen Zugriff auf große Zeitungen, der sich jedoch nur selten in direkte politische Einflußnahme umsetzte. Wo sich der Eigentümer der Zeitung doch häufiger in die Redaktionspolitik einmischte, wie etwa Alfred Hugenberg, dessen Presse- und Medienimperium in der Weimarer Republik rasch expandierte, hatte dies wenig mit den konkreten Interessen der Wirtschaft selbst zu tun. Führende Wirtschaftsvertreter waren Anfang der dreißiger Jahre so verärgert über Hugenbergs Rechtsradikalismus, daß sie insgeheim Pläne schmiedeten, um ihn als DNVP-Vorsitzenden zu kippen.

Die Wirtschaft war weit davon entfernt, in den sie betreffenden Fragen mit einer Stimme zu sprechen. Nicht nur die Politik spaltete sie zutiefst, wie das Beispiel Hugenberg lehrt, sondern auch das ökonomische Interesse. Während zum Beispiel die Eisen-, Stahl- und Bergbauunternehmen des Ruhrgebiets den Weimarer Wohlfahrtsstaat und das Weimarer System der Kollektivverhandlungen bekämpften, waren Firmen wie Siemens oder die IG Farben, die führenden Unternehmen auf den moderneren Sektoren der Wirtschaft, eher zu Kompromissen bereit. Interessenkonflikte gab es auch zwischen exportorientierten Industrien, denen es in den Jahren der Stabilisierung und der Sparmaßnahmen verhältnismäßig gutging, und Industrien, die hauptsächlich für den Binnenmarkt produzierten, wie die Eisen- und Stahlmagnaten von der Ruhr. Doch gab es sogar unter diesen schwerwiegende Meinungsverschiedenheiten, beispielsweise kritisierte Krupp bei der Aussperrung von 1928 den kompromißlosen Standpunkt der Arbeitgeber.[117] Ende der zwanziger Jahre war die Wirtschaft gespalten und durch die Restriktionen, die ihr der Weimarer Staat auferlegte, in ihrer Bewegungsfreiheit eingeschränkt. Sie hatte viel von dem politischen Einfluß eingebüßt, den sie in der Inflationszeit besessen hatte. Bei einigen der wichtigsten Vertreter der Wirtschaft sollte die Enttäuschung über die Republik bald in offene Feindschaft gegen sie münden.

Kulturkriege

I

Die Unversöhnlichkeit der Konflikte, die Weimar zerrissen, rührte daher, daß sie fast jeden Aspekt des Alltagslebens durchdrang. Politische Gleichgültigkeit konnte man der deutschen Bevölkerung in den Jahren vor dem Dritten Reich nicht nachsagen. Der politische Einsatz und das politische Engagement der Menschen war hoch, ein Indiz hierfür war in der sehr hohen Wahlbeteiligung zu erblicken, die bei den meisten Wahlen nicht weniger als 80 Prozent der Stimmberechtigten betrug.[118] Bei Wahlkämpfen war fast überall in Deutschland jede freie Fläche an Hauswänden und Litfaßsäulen mit Plakaten bedeckt, in jedem Fenster hing irgendeine Fahne, jedes Gebäude prangte in den Farben einer Partei. Der Aufwand ging weit über das Pflichtgefühl hinaus, das nach Ansicht mancher Beobachter die Wähler vor dem Krieg in die Wahllokale getrieben hatte, kein Bereich der Gesellschaft war gegen Politisierung immun.

Das spiegelte sich nirgends so deutlich wie in der Presse wider. Im Jahr 1932 erschienen in Deutschland 4700 Zeitungen, davon 70 Prozent täglich. Oft waren es Lokalzeitungen mit kleiner Auflage, aber es gab auch große Blätter mit internationalem Renommee, wie die liberale *Frankfurter Zeitung*. Solche Organe machten nur einen kleinen Teil der politisch orientierten Presse aus, die alles in allem etwa ein Viertel aller Zeitungen stellte. Fast drei Viertel der politisch orientierten Blätter hielten es mit der Zentrumspartei beziehungsweise ihrer bayerischen Schwester, der BVP, oder mit der SPD.[119] Die Parteien ihrerseits legten großen Wert auf ihre Tageszeitungen, für die SPD war der *Vorwärts*, für die KPD die *Rote Fahne* zentraler Bestandteil des Propagandaapparats der Partei. Diese Blätter standen an der Spitze einer ausgeklügelten Pyramide von Wochenzeitschriften, Lokalzeitungen, Hochglanzillustrierten und Spezialveröffentlichungen. Ein Meister der Zeitungspropaganda war der kommunistische Pressechef Willi Münzenberg, zugleich Macher und Manipulator der

Medien.[120] Eine ähnlich mythische Figur, am anderen Ende des politischen Spektrums, war Alfred Hugenberg, der 1916 als Vorsitzender des Direktoriums der Rüstungsfirma Krupp den Verlag August Scherl gekauft hatte. Zwei Jahre später erwarb er die Telegraphen-Union, eine große Nachrichtenagentur, durch die er in der Weimarer Zeit weite Teile der Presse mit Berichten und Leitartikeln versorgte. Ende der zwanziger Jahre war Hugenberg Eigentümer der riesigen Filmproduktionsgesellschaft Ufa, und benutzte sein Medienimperium, um deutschnationale Ideen im Land zu verbreiten, und propagierte die Botschaft, daß es Zeit für die Wiederherstellung der Monarchie sei. Er genoß unermeßliches Ansehen und galt Ende der zwanziger Jahre als der »ungekrönte König« Deutschlands und »einer der mächtigsten Männer« im Lande.[121]

Aber Medienmacht ließ sich keineswegs umstandslos in politische Macht umsetzen. Mit seiner beherrschenden Stellung in der Medienlandschaft hatte Hugenberg es nicht in der Hand, den rasanten Niedergang der DNVP nach 1924 aufzuhalten. Politische Zeitungen hatten generell eine kleine Auflage, von der *Roten Fahne* wurden täglich 28 000 Exemplare verkauft, vom *Vorwärts* 74 000 und von Hugenbergs *Tag* etwas über 70 000. Der Verkauf der *Roten Fahne* sank Anfang der dreißiger Jahre auf 15 000 Exemplare, obwohl jetzt die KPD bei Wahlen zuzulegen begann. Insgesamt ging die Auflage der politischen Presse zwischen 1925 und 1932 um ein Drittel zurück. Auch die anspruchsvolleren liberalen Tageszeitungen verloren Leser.[122] Die Auflage der *Frankfurter Zeitung*, die angesehenste der liberalen Qualitätszeitungen, ging von 100 000 Exemplaren 1915 auf 71 000 Exemplare 1928 zurück. Wie Zeitungsherausgeber nur zu gut wußten, wurde die liberale, weimarfreundliche Presse von vielen Menschen gelesen, die an der Wahlurne für weimarfeindliche Parteien stimmten.[123]

Die stärkste Konkurrenz erwuchs der politischen Presse in der florierenden Boulevardpresse: billige Sensationsblättchen, die sich nicht auf regelmäßige Abonnenten stützten, sondern, meist nachmittags oder abends, auf der Straße verkauft wurden. Diese Zeitungen, reich illustriert, mit umfangreicher Berichterstattung über Sportereignisse, Filme, Lokales, Verbrechen, Skandale und Sensationen, wollten nicht informieren, sondern unterhalten. Trotzdem konnten sie auch untergründig politisch ausgerichtet sein, wie etwa Hugenbergs *Nachtausgabe*, die ihre Auflage von 38 000 Exemplaren 1925 auf 202 000 Exemplare 1930 steigerte, oder Münzenbergs *Welt am Abend*, deren Auflage zwischen 1925 und 1930 von 12 000 auf 220 000 Exemplare stieg. Der weimarfreundlichen Presse fiel es insgesamt schwer, mit dieser Konkurrenz mitzuhalten. Immerhin produzierte der liberal eingestellte Ullstein-Verlag die erfolgreichen Blätter *Tempo* (145 000 Exemplare im Jahre 1930) und *BZ am Mittag* (175 000 Exemplare in demselben Jahr). Die SPD vermochte sich auf diesem Markt nicht zu behaupten.[124] Dies war die Ebene, auf der Pressepolitik wirklichen Einfluß zeitigte. Skandalblätter untergruben die Republik mit ihren reißerisch aufgemachten Enthüllungen über wirkliche oder vermutete finanzielle Verfehlungen auf seiten republikfreundlicher Politiker. Illustrationen führten den traurigen Kontrast zwischen der Gegenwart und der Kaiserzeit vor Augen. Die enorme Beachtung, die Mordprozesse und polizeiliche Ermittlungen in der Massenpresse fanden, erweckte den Eindruck einer Gesellschaft, die von einer Welle des Gewaltverbrechens überrollt wurde. Einen ähnlichen, wenn auch gedämpfteren Effekt hatten in der Provinz scheinbar unpolitische Lokalzeitungen, die ihre Meldungen oft von rechtslastigen Presseagenturen bezogen. Hugenbergs Presseimperium mochte den Niedergang der DNVP nicht verhindert haben, aber mit seinem ständigen Herumreiten auf den Schandtaten der Republik trug es dazu bei, die Legitimität Weimars zu schwächen und die Menschen davon zu überzeugen, daß an seiner Stelle etwas anderes not tat. Letzten Endes gelang es der Presse also bis zu einem gewissen Grad, die Wähler umzustimmen, vor allem indem sie sie generell gegen die Weimarer Demokratie einnahm.[125]

Das Aufkommen einer sensationslüsternen Massenpresse war nur eine von vielen neuen Entwicklungen in der Kultur- und Medienszene der zwanziger und frühen dreißiger Jahre. Experimentelle Literatur, die »konkrete Poesie« der Dadaisten, die Romane Alfred Döblins, die sozialkritischen Stücke Bertolt Brechts, der bissig-polemische Journalismus Kurt Tucholskys und Carl von Ossietzkys, dies alles spaltete das Lesepublikum in eine Minderheit, die der Herausforderung des Neuen gewachsen war, und der Mehrheit, die dergleichen als »Kulturbolschewismus« verwarf. Neben der lebendigen radikalen literarischen Kultur Berlins gab es eine andere, den konservativ-nationalistischen Teil der Mittelschicht ansprechende literarische Welt. Besonders beliebt waren Bücher wie Oswald Spenglers Werk *Der Untergang des Abendlandes*, das die menschliche Geschichte in den natürlichen Kreislauf von Frühling, Sommer, Herbst und Winter gliederte und das Deutschland des frühen 20. Jahrhunderts in seiner Winterphase sah, gekennzeichnet von den »Tendenzen eines irreligiösen und unmetaphysischen Weltstädtertums«, worin die Kunst mit »schnellwechselnde[n] Stilmoden« und dem »Übergewicht fremder Kunstformen« ein »Ende der Formentwicklung« erlitten habe.

Der Winter in der Politik war laut Spengler an der Herrschaft unorganischer, kosmopolitischer Massen und am Zusammenbruch etablierter Staatsformen zu erkennen. Spengler gewann viele Anhänger mit der Behauptung, dies kündige den bevorstehenden Übergang zu einem neuen Frühling an; dieser werde »landschaftlich-intuitiv« sein und von einer »organische[n] Gliederung des politischen Daseins« beherrscht werden, der zu »mächtige[n] Schöpfungen einer erwachenden, traumschweren Seele« führe.[126] Andere Autoren gaben der kommenden Periode der Erneuerung einen neuen Namen, der von der radikalen Rechten bald begeistert aufgegriffen werden sollte: »Drittes Reich«. Popularisiert wurde dieser Begriff von dem neokonservativen Schriftsteller Arthur Moeller van den Bruck, dessen Buch *Das Dritte Reich* 1923 erschien. Das Ideal des Reichs, erklärte er, sei mit Karl dem Großen entstanden und unter Bismarck neu belebt worden: Es sei das Gegenteil der Parteienherrschaft, die die Weimarer Republik kennzeichne. Gegenwärtig sei das Dritte Reich noch ein Traum, es bedürfe einer nationalen Revolution, um ihn Wirklichkeit werden zu lassen. Dann würden die Parteien, die Deutschland noch spalteten, hinweggefegt werden. Wenn es endlich komme, werde das Dritte Reich alle politischen und gesellschaftlichen Gruppierungen in einer großen nationalen Erneuerung zusammenfassen. Es werde die Kontinuität deutscher Geschichte wiederherstellen und deren mittelalterliche Glorie zu neuem Leben erwecken; und es werde das »Endreich« sein.[127] Andere Autoren wie der Jurist Edgar Jung griffen diesen Gedanken auf und traten offen für eine »konservative Revolution« ein, die das »Dritte Reich« in naher Zukunft herbeiführen sollte.[128]

Unterhalb solcher etwas hochgestochenen Abstraktionen gab es viele andere Autoren, die in der einen oder anderen Weise jene Tugenden verklärten, die die Weimarer Republik in ihren Augen negierte. Der ehemalige Frontkämpfer Ernst Jünger propagierte den Mythos von 1914 und überhöhte in seinem vielgelesenen Buch *In Stahlgewittern* das Bild des Frontsoldaten, der nur in der Ausübung von Gewalt und dem Erdulden und Zufügen von Schmerz sein wahres Sein entdeckt habe.[129] Die Freikorps brachten einen eigenständigen Typus von Romanen hervor, die in oft blutrünstigen Schilderungen den Haß der Kriegsteilnehmer auf die Revolutionäre feierten und Mord und Zerstörung als die ultimative Selbstverwirklichung eines gekränkten Mannestums hinstellten, das Rache für den Zusammenbruch von 1918 und den Einzug von Revolution und Demokratie nehmen wollte.[130] Statt der lauen Kompromisse der parlamentarischen Demokratie predigten diese und viele andere Autoren die Notwendigkeit einer starken Führung – rücksichtslos, kompromißlos, hart und bereit, die Feinde der Nation bedenkenlos niederzustrecken.[131] Andere pflegten den Rückblick auf eine idyllische ländliche Welt, in der die Komplexitäten und die »Dekadenz« des modernen Großstadtlebens keinen Platz hatten, so Adolf Bartels in seinem Roman *Die Dithmarscher* (1898), der es bis 1928 auf 200 000 verkaufte Exemplare brachte.[132]

Das alles drückte ein nicht nur bei konservativen Eliten virulentes Gefühl der kulturellen Krise aus. Freilich waren viele Aspekte der Moderne und der Medien schon vor dem Krieg in Erscheinung getreten. Durch Werke von Expressionisten wie Ernst Ludwig Kirchner, August Macke oder Emil Nolde und von abstrakten Malern wie dem in München lebenden Russen Wassily Kandinsky war avantgardistische Kunst diskutiert und wahrgenommen worden. Komponisten wie Arnold Schönberg, Anton von Webern, Alban Berg und Alexander Zemlinsky aus der Zweiten Wiener Schule hatten in der Musik atonale und expressionistische Ausdrucksformen entwickelt, und Stücke wie *Frühlings Erwachen* von Frank Wedekind boten ein neues, sexuell freizügiges Theater.

Im wilhelminischen Reich hatte man immerfort über die Grenzen der Anstößigkeit in der Literatur und über die vermeintliche Bedrohung durch unpatriotische und zersetzende oder pornographische und unsittliche Bücher debattiert, von denen viele polizeilich verboten worden waren.[133] Aber das Gefühl einer kulturellen Krise, das Kunst und Kultur der Moderne nach der Jahrhundertwende im Bürgertum auslösten, hielt sich im Kaiserreich in Grenzen und blieb in seinen extremeren Formen auf eine kleine Minderheit beschränkt. Erst nach 1918 drang es in weite Teile der Gesellschaft ein. Die Abschaffung oder Lockerung der Zensur ermutigte die Medien zu Vorstößen in Bereiche, die bisher mit einem Tabu belegt waren. Das Theater wurde zum Schauplatz radikaler Experimentierfreude und linker Agitation und Propaganda.[134] Kostengünstigere Reproduktions- und Drucktechniken erleichterten die Publikation billiger illustrierter Massenzeitungen und -zeitschriften. Kontroversen umgaben das Weimarer Bauhaus, geleitet von dem Architekten Walter Gropius. Als Ausbildungszentrum versuchte das Bauhaus hohe Kunst mit funktionalistischer Gestaltung zu verbinden, zu seinen Lehrern gehörten Wassily Kandinsky, Oskar Schlemmer, Paul Klee, Theo van Doesberg und László Moholy-Nagy. Das Bohemeleben seiner – männlichen wie weiblichen – Studenten war den Weimarer Bürgern ein Dorn im Auge, und seine streng vereinfachten, geometrischen und modernen Entwürfe entsprachen nach Auffassung empörter Lokalpolitiker eher den Kunstformen primitiver Völker als dem Deutschtum geschuldet. 1924 wurde die staatliche Subventionierung des Bauhauses eingestellt, und nach dem Umzug nach Dessau erloschen die Kontroversen nicht, zumal unter seinem neuen Leiter Hannes Meyer, der mit dem Kommunismus sympathisierte und deswegen 1930 durch den Architekten Ludwig Mies van der Rohe abgelöst wurde. Mies verbannte die kommunistischen Studenten aus dem Bauhaus und ersetzte das einstige Gemeinschaftsethos der Schule durch ein strafferes, autoritäres Regime. Doch die NSDAP-Mehrheit, die im November 1931 in den Dessauer Stadtrat gewählt worden war, schloß das Bauhaus im Anschluß an eine offizielle Inspektion durch Paul Schulze-Naumburg, den konservativen Verfasser des Buches *Kunst und Rasse*. Es folgte der Umzug in eine stillgelegte Fabrik in Berlin, das Bauhaus war jedoch fortan nur noch ein Schatten seiner selbst. Sein Schicksal zeigt, wie schwierig es für die künstlerische Avantgarde selbst in der kulturell eher entspannten Atmosphäre der Weimarer Republik war, offizielle Anerkennung zu erlangen.[135]

Zum Gefühl einer Bedrohung alter kultureller Werte trugen auch die neuen Kommunikationsmittel bei. In dieser Zeit nahm das Radio bei den Massen erstmals den Platz einer kulturellen Institution ein. Hatten sich 1926 eine Million Rundfunkhörer angemeldet, waren es 1932 schon drei Millionen mehr, und die Ätherwellen standen den verschiedensten Meinungen offen. In größeren Städten hatte es schon vor 1914 Lichtspielhäuser gegeben; Ende der zwanziger Jahre lockte das Kino ein Massenpublikum an, das mit der etwa gleichzeitigen Einführung des Tonfilms noch größer wurde. Ein Gefühl der ästhetischen Orientierungsverlustes beschlich viele Kulturkonservative bei expressionistischen Filmen wie *Das Kabinett des Dr. Caligari* mit seinen berühmten windschiefen Kulissen oder bei erotisch aufgeladenen Filmen wie *Die Büchse der Pandora* mit der amerikanischen Filmschauspielerin Louise Brooks. Eine bitterböse Satire auf bürgerliche Konventionen, *Der blaue Engel*, nach einem Roman von Heinrich Mann und mit Emil Jannings und Marlene Dietrich in den Hauptrollen, stieß nicht zuletzt wegen der Darstellung der zynisch-manipulativen Erotik der weiblichen Hauptfigur auf Schwierigkeiten bei der Produktionsgesellschaft, der Hugenbergschen Ufa.[136] Die Verfilmung von Erich Maria Remarques Roman *Im Westen nichts Neues* rief einen Sturm der Entrüstung bei den Deutschnationalen hervor, die die pazifistische Botschaft des Films für unpatriotisch hielten.[137]

Die bürgerliche Kultur hatte Ideale von Schönheit, geistiger Erbauung und künstlerischer Reinheit hochgehalten, die der Dadaismus scheinbar mit Hohn und Spott übergoß, während die Neue Sachlichkeit Ereignisse und Gegenstände des täglichen Lebens in den Mittelpunkt rückte und versuchte, die angemessene ästhetische Form für das moderne Großstadtleben zu finden. Statt in der mythischen Welt von Wagners *Ring* oder beim Bühnenweihefestspiel *Parsifal* die Gedanken ins Weite ziehen zu lassen, wurden die feierlich gekleideten bürgerlichen Opernbesucher jetzt in der Kroll-Oper mit einer Aufführung von Paul Hindemiths *Neues vom Tage* konfrontiert, bei der eine nackte Diva ihre Arie in einer Badewanne sang. Neben der Spätromantik von Richard Strauss, der vom einstigen *enfant terrible* der Opernkunst zum Komponisten oberflächlicher und emotional anspruchsloser Werke wie *Intermezzo* oder *Die ägyptische Helena* geworden war, stand jetzt Alban Bergs expressionistisches Meisterwerk *Wozzeck* auf dem Spielplan, angesiedelt unter den Armen und Geschundenen des frühen 19. Jahrhunderts, mit atonaler Musik und den Versatzstücken der Alltagssprache. Der konservative Hans Pfitzner sprach vielen aus der Seele, wenn er solche Tendenzen als Symptome einer nationalen Entartung brandmarkte und auf jüdische Einflüsse und Kulturbolschewismus zurückführte. Die deutsche Musiktradition, so Pfitzner, müsse vor solchen Gefahren geschützt werden, um so mehr, als die preußische Regierung 1925 dem österreichisch-jüdischen Zwölftöner Arnold Schönberg eine Meisterklasse an der Preußischen Akademie der Künste in Berlin übertrug.[138]

Eine noch größere Gefahr stellte dieser Auffassung zufolge die amerikanische Jazzmusik dar, die beispielsweise von Kurt Weill in Brechts *Dreigroschenoper* adaptiert wurde. Diese im Gangstermilieu angesiedelte, sarkastische Anklage gegen Ausbeutung rief nach ihrer Uraufführung 1928 Entrüstung in der Kulturszene hervor. Ähnliche Wirkung entfaltete Ernst Křeneks Oper *Jonny spielt auf*, die im Februar 1927 Premiere hatte und als Protagonisten einen schwarzen Musiker auf die Bühne stellte. Jazz war eine populäre Kunstform, die in verschiedenen Stilrichtungen aus zahllosen, vor allem Berliner Nachtclubs und Bars erklang und sich von da in Tanzlokale, Revuetheater und Hotels verbreitete. Big Bands und Chöre wie die »Tiller Girls« belebten hier die Szene. Andere verbrachten einen Abend im Club »Eldorado«, einem »Supermarkt der Erotik«, wie der Unterhaltungskomponist Friedrich Hollaender es nannte, wo ein mit Transvestiten und Homosexuellen durchsetztes Publikum zusehen konnte, wie Anita Berber ihre pornographischen Tänze mit Namen wie »Kokain« oder »Opium« aufführte – bis zum frühen Tod der Künstlerin 1928 durch Drogenmißbrauch. Das Kabarett würzte all dies mit beißender, antiautoritärer politischer Satire und reizte die Konservativen, wenn es nationale wie religiöse Empfindungen und Gebräuche lächerlich machte. Tänze wie Tango, Foxtrott oder Charleston weckten den Unmut der Moralisten, während schwarze Musiker zu rassistischen Tiraden herausforderten (in Wirklichkeit gab es nur wenige von ihnen, meist wurden sie als Schlagzeuger oder Tänzer eingesetzt, um der Darbietung ein exotisches Flair zu verleihen).

Der führende Musikkritiker Alfred Einstein nannte Jazz den »scheußlichsten Verrat an aller abendländischen Zivilisationsmusik«, während Hans Pfitzner in einem bösartigen Angriff auf das Frankfurter Konservatorium, das Jazz in den Lehrplan aufgenommen hatte, die angebliche Primitivität dieser Musik monierte, die aus »Niggerblut« hervorgegangen und der »musikalische Ausdruck des Amerikanismus« sei.[139] Jazz und Swing schienen nur die Spitze des Eisbergs einer kulturellen Amerikanisierung zu sein, wobei manche Leute so unterschiedliche Zeiterscheinungen wie die Filme Charlie Chaplins und die modernen industriellen Methoden des »Fordismus« und »Taylorismus« als Bedrohung der historischen Identität Deutschlands ansahen. Massenfertigung eröffnete die Aussicht auf Massenkonsum, die großen Kaufhäuser boten eine erstaunliche Vielfalt an Waren aus aller Welt an, ausländische Kaufhausketten wie Woolworth machten einige dieser Waren für die gewöhnliche Arbeiterfamilie erschwinglich. Moderne Entwürfe für den Sozialwohnungsbau und Gestaltungsprinzipien für das moderne Leben widersprachen dem konservativen Ideal einer volksnahen Lebensweise und sorgten für lebhafte Debatten. Für rechte Kulturkritiker signalisierte der Einfluß Amerikas, als des Symbols für Modernität schlechthin, die dringende Notwendigkeit einer Rückbesinnung auf deutsche Lebensweise, deutsche Traditionen und deutsche Verbundenheit mit Blut und Boden.[140]

Besonders ältere Deutsche waren über die neue Atmosphäre kultureller und sexueller Freiheit irritiert, die sich an das Ende der offiziellen Zensur und polizeilichen Überwachung 1918 angeschlossen hatte und deren Inbegriff für viele die Berliner Nachtclubs waren. Ein Reichswehroffizier (Jahrgang 1878) erinnerte sich später:

> »In der Heimat fand man nicht mehr ein ehrliches deutsches Volk, sondern eine von den niedrigsten Instinkten aufgewühlte Masse vor. Was sonst im deutschen Volke an so hohen Tugenden gefunden ward, schien in der trüben Flut endgültig versunken zu sein. Alles Schöne und Edle sah man mit Schmerz in den Staub getreten und bespieen. Unzucht, Schamlosigkeit, Betrug und Schiebertum waren auf den Thron gehoben. Deutsche Wesensart schien die deutsche Frau abgestreift zu haben. Deutsches Ehrgefühl und deutsche Ehrenhaftigkeit schien der deutsche Mann nicht mehr zu kennen. Jüdische Literaten und jüdische Presse konnten sich ungestraft austoben und alles in den Dreck ziehen.«[141]

Der Eindruck, daß die Revolution jede Ordnung und Disziplin zum Verschwinden gebracht hatte und daß moralische und sexuelle Degenerierung die Gesellschaft beherrschten, war aber nicht nur auf der rechten Seite des politischen Spektrums, sondern auch auf der linken verbreitet. Sozialdemokraten wie Kommunisten besaßen oft eine recht puritanische Einstellung, was zwischenmenschliche Beziehungen anging, und stellten politisches Engagement und Opferbereitschaft über die persönliche Erfüllung. So waren viele von ihnen entsetzt über die hedonistische Kultur, die in den Roaring twenties weite Teile der Jugend nicht nur in Berlin erfaßte. Die Kommerzialisierung der Freizeit durch Kino, Regenbogenpresse, Tanzlokal und Radio hatte zur Folge, daß viele Jugendliche den asketischeren, traditionelleren Wertvorstellungen der Arbeiterkultur nicht mehr viel abgewinnen konnten.[142]

Das Aufkommen einer einflußreichen und lautstarken Frauenbewegung hatte Öffentlichkeit und Presse vor 1914 daran gewöhnt, daß Frauen zu allen Themen Stellung bezogen, und zumindest einige verantwortliche Positionen innehatten. Seit 1910 war jedes Jahr am 8. März, dem »Internationalen proletarischen Frauentag«, auf den Straßen für das Frauenwahlrecht demonstriert worden. Neben den schließlich erfolgreichen Kampf um das Frauenwahlrecht trat die, obschon nur von einer Minderheit der Frauenrechtlerinnen erhobene, Forderung nach sexueller Freiheit, rechtlicher Gleichstellung unverheirateter Mütter und unentgeltlichen Verhütungsmitteln. Auch die Theorien Freuds, den Handlungen und Wünschen des Menschen sexuelle Motive zuzuschreiben, wurden schon vor dem Krieg diskutiert.[143] Besonders Berlin, das rasch zu einer weltstädtischen Metropole heranwuchs, war zum Mittelpunkt verschiedenartigster sozialer und sexueller Subkulturen geworden, wozu auch schon vor dem Krieg eine blühende schwul-lesbische Szene gehört hatte.[144]

Kritiker verknüpften diese Tendenzen mit einem vorgeblich drohenden Niedergang der Familie, dessen Hauptursache die wachsende wirtschaftliche Unabhängigkeit der Frauen sein sollte. Das zügige Entstehen eines Dienstleistungssektors in der Wirtschaft mit seinen neuen Beschäftigungsmöglichkeiten für Frauen – von der Stellung als Verkäuferin in den großen Warenhäusern bis zur Tätigkeit als Sekretärin – erzeugte zwar neue Formen der Ausbeutung, bescherte aber auch einer immer größer werdenden Zahl von jungen, unverheirateten Frauen eine nie gekannte finanzielle und soziale Unabhängigkeit. Diese Entwicklung verstärkte sich nach 1918, als es 11,5 Millionen berufstätige Frauen gab, die 36 Prozent aller Beschäftigten ausmachten. Das war keineswegs eine grundlegende Veränderung gegenüber der Vorkriegssituation, doch arbeiteten nun viele Frauen in öffentlich sichtbaren Berufen, zum Beispiel als Straßenbahnschaffnerin, Verkäuferin oder, wenn es bislang auch nur wenige waren, in juristischen, universitären oder medizinischen Berufen.[145] Die zunehmende Konkurrenz von Frauen in Männerberufen und die generelle Besorgnis der Deutschnationalen, die Lebenskraft des Volkes könne durch den um die Jahrhundertwende einsetzenden Geburtenrückgang geschwächt werden, liefen mit den allgemeinen kulturellen Ängsten in einer Gegenbewegung zusammen, die schon vor 1914 sichtbar geworden war.[146] Vor dem Krieg äußerten Nationalisten und Alldeutsche die lautstarke Forderung, die Frauen sollten wieder zu Heim und Familie zurückkehren und ihrer eigentlichen Bestimmung gerecht werden, für das deutsche Volk Kinder zu gebären und großzuziehen. Scharfe Reaktionen auf die feministische Herausforderung zwangen die Frauenrechtlerinnen in die Defensive. Die Frauenbewegung begann sich von radikalen Positionen zu distanzieren und betonte verstärkt ihre tadellose nationale Gesinnung.[147]

Nach 1918 erhielten die Frauen neben dem aktiven auch das passive Wahlrecht und konnten in alle Ämter, vom Gemeinderat bis zum Reichstag, gewählt werden. Sie konnten alle freien Berufe ausüben, so daß sie im öffentlichen Leben eine viel prominentere Rolle spielten als im Kaiserreich. Entsprechend fanden jetzt jene Stimmen Gehör, die die Überlegenheit des Mannes postulierten und den Platz der Frau am häuslichen Herd sahen. Was ihren Mißmut verstärkte, war die gegenüber der Vorkriegszeit viel freizügigere Zurschaustellung der Sexualität in der befreiten Atmosphäre der Großstädte. Nochmals brachte konservative Gemüter der öffentliche Kampf für die Rechte von Homosexuellen durch Männer wie Magnus Hirschfeld auf. Hirschfeld propagierte in zahlreichen Schriften seine umstrittene Theorie, daß Homosexuelle das »dritte Geschlecht« seien, dessen sexuelle Orientierung nicht auf Umwelteinflüsse zurückgehe, sondern das Ergebnis angeborener Faktoren sei. Er engagierte sich für die Abschaffung des Paragraphen 175 StGB, der »unzüchtige Handlungen« zwischen erwachsenen Männern verbot. Es erregte den Zorn der Konservativen, als die SPD-geführte Landesregierung von Preußen Hirschfeld 1919 einen bedeutenden Zuschuß gewährte, um ihm die Gründung eines mit staatlichen Mitteln unterstützten Instituts für Sexualwissenschaft zu ermöglichen, mit Sitz im vornehmen Bezirk Tiergarten, mitten im Zentrum der Reichshauptstadt. Das Institut bot Sexualberatung an, veranstaltete Frage-und-Antwort-Stunden zu Themen wie »Welche Art des Geschlechtsverkehrs ist am besten, wenn man kein Kind will?« und kämpfte für die Reform aller Gesetze, die das Sexualverhalten regelten. Hirschfeld knüpfte rasch ein weitgespanntes Netz internationaler Kontakte, die der Weltbund für Sexualreform vereinigte, dessen faktische Zentrale in den zwanziger Jahren Hirschfelds Institut war. Hirschfeld war auch die treibende Kraft hinter der Gründung von öffentlichen und privaten Abtreibungs- und Sexualberatungskliniken in der Weimarer Republik. Mithin nimmt es nicht wunder, daß er wiederholt von DNVP und NSDAP verleumdet wurde. Deren Bestrebungen, das Sexualstrafrecht mit Unterstützung der Zentrumspartei noch zu verschärfen, wurden jedoch 1929 mit den Stimmen von KPD, SPD und DDP im Reichstagsausschuß zur Strafrechtsreform mit knapper Mehrheit abgelehnt.[148]

Hinter der Feindseligkeit der Deutschnationalen stand mehr als nur verbohrter moralischer Konservatismus. Deutschland hatte im Weltkrieg zwei Millionen Männer verloren, und die Geburtenziffer sank weiter. Zwischen 1900 und 1925 sank die Zahl der Lebendgeborenen auf 1000 verheiratete Frauen im Alter unter 45 dramatisch, von 280 auf 146. Gesetze, die den Verkauf von Kondomen einschränkten, wurden 1927 gelockert, und Anfang der dreißiger Jahre standen an öffentlichen Plätzen mehr als 1600 Verkaufsautomaten, während allein eine Firma in Berlin jährlich 25 Millionen Kondome produzierte. Sexualberatungsstellen wurden eröffnet, die Ratschläge zur Geburtenverhütung erteilten, und zur Empörung der moralisch konservativ Eingestellten wurden viele dieser Stellen von der preußischen oder einer anderen Landesregierung unterstützt oder sogar unterhalten. Noch umstrittener war die Abtreibung, nicht zuletzt wegen der mit ihr verbundenen schwerwiegenden Gesundheitsrisiken, aber auch hier wurde das Strafrecht gelockert und das Delikt

1927 vom Verbrechen zum Vergehen heruntergestuft. Die Verurteilung der Geburtenkontrolle durch die päpstliche Enzyklika *Casti Connubii* vom Dezember 1930 goß noch Öl in die Diskussion, und 1931 gab es eine massive KPD-Kampagne mit rund 1500 Kundgebungen und Demonstrationen gegen das Übel der gezwungenermaßen im Heimlichen vorgenommenen Abtreibungen.[149]

Für viele Menschen waren solche Kampagnen Teil einer bewußten Verschwörung mit dem Ziel, Fruchtbarkeit und Gebärfreudigkeit des deutschen Volkes zu zerstören. War dies alles nicht, so fragten Konservative und radikale Nationalisten, eine Folge der Frauenemanzipation und des moralisch verderblichen Eintretens für eine Sexualität ohne Fortpflanzungswunsch? Für Deutschnationale waren die Feministinnen nichts anderes als Volksverräter, weil sie die Frauen ermutigten, Heim und Herd zu verlassen und berufstätig zu werden. Von der neuen Atmosphäre sexueller Befreiung waren die Frauenrechtlerinnen selbst kaum weniger beunruhigt. Die meisten von ihnen hatten vor dem Krieg die sexuelle Doppelmoral – die Freiheit für die Männer, die Reinheit für die Frauen – gegeißelt und statt dessen eine einheitliche Norm der sexuellen Zurückhaltung für beide Geschlechter befürwortet. Ihre puritanische Einstellung, die sich in Kampagnen gegen pornographische Bücher und sexuell unverblümte Filme und Gemälde und in der Verurteilung junger Mädchen äußerte, die lieber zum Tanzen als in einen Leseverein gingen, wirkte auf viele junge Frauen der jüngeren Generation lächerlich, und Ende der zwanziger Jahre klagte die bürgerliche Frauenbewegung, der mit der Erringung des allgemeinen Frauenwahlrechts ihr Hauptkampfziel genommen war, über Überalterung und mangelnde Attraktivität bei der Jugend.[150] Der Feminismus befand sich in der Defensive, und die bürgerlichen Frauen, die bisher seine Hauptstütze gewesen waren, brachen aus ihrem traditionellen liberalen Milieu aus und wandten sich Rechtsparteien zu. Unterdessen hielt es die feministische Bewegung für notwendig, sich gegen den Vorwurf einer Unterminierung der deutschen Rasse zur Wehr zu setzen und ihre Unterstützung für die Revision des Versailler Vertrags, für Aufrüstung, Familienwerte und sexuelle Zurückhaltung zu betonen. Wie die Zukunft lehren sollte, war der Rechtsextremismus für Frauen nicht weniger attraktiv als für Männer.[151]

II

Die jungen Leute und besonders die heranwachsenden Männer entwickelten schon vor dem Ersten Weltkrieg einen eigenen kulturellen Stil. Das Auffällige an der Jugendbewegung war ihre Unabhängigkeit von förmlichen politischen Institutionen, oft verbunden mit Verachtung für das, was ihre führenden Vertreter als die faulen moralischen Kompromisse und Unehrlichkeiten der Erwachsenenpolitik ansahen. Die Jugendbewegung hegte im allgemeinen Mißtrauen gegen die moderne Kultur, das Großstadtleben und die politischen Institutionen. Viele, wenn nicht die meisten Jugendgruppen trugen paramilitärische Uniformen im Stil der Pfadfinder und zeigten antisemitische Einstellungen – oft duldeten sie keine Juden in ihren Reihen. Manche Gruppen predigten moralische Reinheit und lehnten Rauchen, Trinken und Beziehungen zu Mädchen ab. Zwar haben manche Historiker der Jugendbewegung eine übertriebene Verantwortung als Wegbereiter des Nationalsozialismus zugeschrieben, aber es besteht kein Zweifel, daß die überwältigende Mehrheit der unabhängigen bürgerlichen Jugendorganisationen der Republik und ihren Politikern ablehnend bis feindselig gegenüberstand, national gesinnt war und militaristische Haltungen und Bestrebungen verfolgte.[152]

Das Schulsystem konnte dem Einfluß der vor allem im protestantischen Bürgertum heimischen Jugendbewegung auf junge Deutsche kaum Paroli bieten. Victor Klemperer notierte 1925: »Die gesamten höheren Schüler sind nationalistisch. So lernen sie's von den Lehrern.«[153] Im wilhelminischen Reich hatte der Kaiser seinen Einfluß geltend gemacht, um liberale, an klassischen Vorbildern orientierte Traditionen im Bildungswesen durch patriotische Lehrstoffe mit dem Schwergewicht auf deutscher Geschichte und deutscher Sprache zu ersetzen. 1914 waren viele Lehrer national, konservativ und monarchistisch gesinnt, und die Schulbücher und Unterrichtsstoffe lagen weitgehend auf derselben politischen Linie. Eine beachtliche Minderheit unter ihnen vertrat jedoch auch liberale oder linke Ansichten. In den zwanziger Jahren unternahmen außerdem SPD-geführte Länder, namentlich Preußen, Anstrengungen, um die Schulen zu veranlassen, den demokratischen Institutionen der neuen Republik verpflichtete Staatsbürger heranzuziehen, und dementsprechend änderte sich die Atmosphäre im Schulwesen. Neben Millionen Schülern, die konservativen Anschauungen oder der Politik der radikalen Rechten zuneigten, gab es Millionen junger Menschen, die die Schule als überzeugte Kommunisten oder Sozialdemokraten verließen oder sich der Zentrumspartei zuwandten. Letztlich scheinen weder Lehrer, die liberal oder sozialdemokratisch dachten, noch Lehrer, die konservativ und monarchistisch gesinnt waren, einen besonderen Einfluß auf die politischen Ansichten ihrer Schüler ausgeübt zu haben, und vieles von ihren politischen Vorstellungen taten ihre Schützlinge angesichts dessen, was ihnen die tägliche Realität der Weimarer Republik bot, als belanglos ab. Bei jungen Menschen, die später Nationalsozialisten wurden, lagen die Anfänge des politischen Engagements eher in der politischen Auflehnung gegen die Zwänge des Schulsystems als in der Indoktrination durch nationalsozialistische Lehrer. Ein Mann des Jahrgangs 1903 erinnerte sich später, daß er als national gesinnter Schüler immer Ärger mit einzelnen Lehrern gehabt hatte, weil er »schon als Kind die knechtische Unterwürfigkeit haßte«. Er sagte, ein national gesinnter Turnlehrer habe in ihm »den späteren Politiker erweckt«, räumte aber gleichzeitig ein, daß das, was sein Idol ihm beibrachte, »im Gegensatz stand [zu dem], was sonst an der Schule gelehrt wurde«. Ein anderer Mann hegte einen Groll gegen seine Schule, weil er wiederholt wegen Beleidigung jüdischer Mitschüler bestraft worden war.[154]

Am sichtbarsten war die politische Verbundenheit der Jugend mit den Rechtsextremen an den deutschen Universitäten, von denen viele berühmte Zentren der Gelehrsamkeit mit bis ins Mittelalter zurückreichenden Traditionen waren. Zwar gelang es einigen eher linken Hochschullehrern, in der Weimarer Republik eine Professur zu bekommen, aber es waren wenige. Universitäten waren nach dem Krieg noch immer Eliteeinrichtungen, deren Studenten fast ausschließlich aus dem Bürgertum kamen. Besonders einflußreich waren die schlagenden Verbindungen – jede einzelne von ihnen konservativ, monarchistisch und nationalistisch. Einige waren aktiv an den blutigen Gewalttaten beteiligt, die die Niederwerfung der extremen revolutionären Ausbrüche zwischen 1919 und 1921 begleiteten. Um den Einfluß der Verbindungen zu neutralisieren, gründeten Studenten

Anfang 1919 an allen Universitäten demokratische Studentenvertretungen im Geist der neuen Republik, die Allgemeinen Studentenausschüsse. Alle Studenten waren berechtigt, Vertreter in seinen Vorstand zu wählen.[155]

Die einzelnen Studentenausschüsse bildeten einen Verband auf nationaler Ebene und entwickelten ein Mitspracherecht in Bereichen wie der Studentenfürsorge und der Hochschulreform. Bald gerieten sie jedoch unter den Einfluß der Rechtsextremen. Unter dem Eindruck politischer Ereignisse, von der Annahme des Versailler Vertrags 1919 bis zum Einmarsch der Franzosen im Ruhrgebiet 1923, strömten neue Generationen von Studenten in nationalistische Vereine und scharten sich um die Fahnen der traditionellen studentischen Verbindungen. Bald wurden in alle Studentenausschüsse Listen mit rechtsgerichteten Kandidaten gewählt, während die Enttäuschung der Studenten über Deutschlands neue Demokratie wuchs, da die Inflation ihre Einkünfte aufzehrte und die Überfüllung der Hochschulen die Studienbedingungen immer unerträglicher machte. Die Studentenzahlen stiegen nicht zuletzt infolge des demographischen Wandels sehr schnell, von 60 000 im Jahr 1914 auf 104 000 im Jahr 1931. Die Landesregierungen steckten Geld in die Ausweitung des Hochschulzugangs, und so wurden die Universitäten für die Söhne von kleinen Beamten, Gewerbetreibenden und teilweise sogar Arbeitern zu einem wichtigen Instrument sozialer Mobilität. Die Geldprobleme der Republik zwangen viele Studenten, ihr Studium selbst zu finanzieren. Doch die Chancen von Hochschulabsolventen auf dem Arbeitsmarkt begannen schon 1924 zu schwinden, und ab 1930 waren sie praktisch nicht mehr da.[156]

Die weit überwiegende Mehrheit der Professoren war deutschnational eingestellt, wie ihre kollektiven öffentlichen Erklärungen zugunsten der deutschen Kriegsziele 1914/18 gezeigt hatten, und viele trugen zur Rechtslastigkeit der geistigen Atmosphäre bei, indem sie in ihren Vorlesungen die Friedensregelung von 1919 verurteilten. Dazu kamen Beschlüsse und Entscheidungen der Universitätsverwaltungen gegen die vermeintliche Gefahr einer Überschwemmung der Universitäten mit »volksfremden« jüdischen Studenten aus dem Osten. In erregtem Ton malten sich Professoren aus, ganze Fakultäten an den Hochschulen könnten von jüdischen Professoren dominiert werden, und gestalteten dementsprechend ihre Berufungspolitik. Als die Franzosen 1923 das Ruhrgebiet besetzten, ging eine Welle nationaler Empörung durch deutsche Universitäten, an den Widerstandsaktionen waren Studentengruppen beteiligt. Ende der zwanziger Jahre waren die Hochschulen also lange zu politischen Treibhäusern der extremen Rechten geworden. Eine Generation von Hochschulabsolventen verließ die Universitäten, die sich, in einer Gesellschaft, in der immer noch nur ein kleiner Teil der Bevölkerung studieren konnte, als Elite verstand – eine Elite freilich, die im Gefolge des Ersten Weltkriegs die Tat über den Gedanken und den Nationalstolz über abstrakte Bildung stellte; eine Elite, der Rassismus, Antisemitismus und deutscher Überlegenheitswahn nachgerade zur zweiten Natur geworden waren; eine Elite endlich, die entschlossen war, die lauen Kompromisse einer allzu toleranten liberalen Demokratie mit derselben Härte zu bekämpfen, die ihre Eltern im Weltkrieg bewiesen hatten.[157] Für diese jungen Leute war Gewalt die vernünftige Antwort auf die Katastrophen, die über Deutschland hereingebrochen waren. Den klügsten und gebildetsten unter ihnen war die ältere Generation der Kriegsveteranen emotional zu lädiert, zu chaotisch: Was not tat, waren Nüchternheit, Planung und absolute Rücksichtslosigkeit im Dienste der Sache der nationalen Wiedergeburt.[158]

Für die meisten Zeitgenossen hieß die wichtigste Erfahrung: politische Erschütterung, wirtschaftliche Not, Krieg, Zerstörung, innere Unruhen, Inflation, nationale Niederlage und teilweise Besetzung durch ausländische Mächte – eine Erfahrung, die viele junge Menschen der Jahrgänge vor dem Ersten Weltkrieg teilten. Ein junger Angestellter, geboren 1911, schrieb später:

> »Uns blieb nichts erspart. Wir spürten und erlebten, wie die Sorge im Hause hockte. Der Schatten der Not, der nie von unserem Tische wich, machte uns stumm. Man stieß uns rauh aus unseren Kinderjahren hinaus, ohne uns einen Pfad zu weisen. Frühzeitig wurden wir vom Lebenskampf gepackt. Elend, Schmach, Haß, Lüge und Bruderkrieg prägten sich in unsere Seele ein.«[159]

Die Generation, die zwischen der Jahrhundertwende und dem Ausbruch des Ersten Weltkriegs geboren wurde, war eine »Generation des Unbedingten« und zu allem bereit.

III

Die Weimarer Kultur war von Mord und Greueltat, Ausschweifung und Verbrechen geradezu besessen, zur Beunruhigung vieler Bürger. Die drastischen Zeichnungen von George Grosz zeigten Szenen der Vergewaltigung und des Serienlustmordes, ein Thema, das sich auch im Werk anderer Künstler jener Zeit findet. Mörder waren die Hauptfigur in Filmen wie Fritz Langs *M*, in Stücken wie Bertolt Brechts *Dreigroschenoper*, in Romanen wie Alfred Döblins *Berlin Alexanderplatz*. Die Prozesse gegen reale Serienmörder wie Fritz Haarmann oder Peter Kürten, den »Vampir von Düsseldorf«, machten in ganz Deutschland Schlagzeilen, und die Presse bediente ein Massenpublikum, welches jede Wendung der Ereignisse gebannt verfolgte, mit sensationsheischenden Reportagen. Sogar in Berlinromanen aus der Feder ausländischer Besucher, zum Beispiel in Christopher Isherwoods *Mr. Norris Changes Trains* (1935) stand Korruption im Mittelpunkt. Der Verbrecher als Gegenstand der Furcht wurde zum Faszinosum, indem er Besorgnisse des ehrbaren Bürgers über die Gesellschaftsordnung schürte und den bürgerlichen Abscheu gegen jenen Umsturz der Wertvorstellungen beförderte, der scheinbar den Kern der modernen Kultur ausmachte. Die Publizität, die den Massenmördern zuteil wurde, bestärkte viele Menschen in der Überzeugung, daß nicht nur rigoros die Todesstrafe gegen solche »Bestien« zu verhängen sei, sondern daß auch die Zensur wieder eingeführt werden müsse, um die Verklärung dieser Monster durch die Massenkultur und die Boulevardpresse zu unterbinden.[160] Unterdessen hatten Inflation und Chaos der Nachkriegszeit die Blüte des organisierten Verbrechens in einem Umfang erlebt, der sich fast mit Chicago messen konnte, zumal in Berlin, wo die »Ringvereine« der enthemmten kriminellen Unterwelt in Filmen wie Fritz Langs *M* verewigt wurden.[161]

Das Gefühl, die Kriminalität sei außer Kontrolle geraten, überwog auch bei denen, die Recht und Ordnung zu wahren hatten. Das gesamte Justizsystem der Kaiserzeit war eins zu eins in die Weimarer Zeit übertragen worden. Das Bürgerliche Gesetzbuch und das Strafgesetzbuch blieben fast unverändert, und Versuche einer Liberalisierung, zum Beispiel durch Abschaffung der Todesstrafe, verliefen im

Sande.[162] Wie früher bestand die Justiz aus Personen, die von Anfang an für das Richteramt ausgebildet worden waren und nicht, wie etwa in England, erst nach einer verhältnismäßig langen Anwaltskarriere in die Justiz wechselten. Viele Richter, die in den zwanziger Jahren ihr Amt ausübten, gehörten schon seit Jahrzehnten der Justiz an und hatten sich ihre grundlegenden Wertvorstellungen und Haltungen im Zeitalter Kaiser Wilhelms angeeignet. In der Weimarer Republik wurde ihre Stellung gestärkt, da es ein politischer Grundsatz der neuen Demokratie war, die Justiz frei von politischer Kontrolle zu halten, ein Grundsatz, der in den Artikeln 102 und 104 der Weimarer Verfassung verankert wurde. Wie die Reichswehr konnte also auch die Justiz über lange Zeit hin ohne jede wirkliche Einmischung der Politik schalten und walten.[163]

Die Richter betrachteten sich als um so unabhängiger, als die meisten von ihnen Gesetze, die nicht ein Herrscher von Gottes Gnaden, sondern eine gesetzgebende Versammlung erlassen hatte, nicht mehr als neutral ansahen, sondern als »Partei-, Klassen- und Bastardrecht ... Lügenrecht«, wie es der Vorsitzende des Deutschen Richterbundes ausdrückte, welchem 8 000 der rund 10 000 deutschen Richter angehörten: »Wo mehrere Parteien die Herrschaft üben, entstehen Kompromißgesetze. Sie stellen Mischlinge, Kreuzungen der Belange der herrschenden Parteien, stellen Bastardrecht dar. Jede Majestät ist gefallen. Auch die Majestät des Gesetzes.«[164] Die Klage war vielleicht nicht ganz unbegründet, daß die politischen Parteien das Rechtssystem für ihre Zwecke in Dienst nahmen und neue Gesetze mit spezifischer politischer Schlagseite machten. Die Parteien der extremen Rechten wie der extremen Linken unterhielten eigene Abteilungen, die sich nur dem zynischen Geschäft widmeten, politisches Kapital aus Gerichtsverfahren zu schlagen, und beschäftigten einen Stab von politischen Anwälten, die ein ganzes Arsenal abgefeimter und äußerst skrupelloser Techniken entwickelten, um aussichtsreiche Fälle auszusondern und sie in einer Weise zu bekämpfen, die ein Maximum an Publizität versprachen.[165] Dieses Verfahren diskreditierte die Weimarer Justiz zweifellos in den Augen vieler. Auch die Richter nutzten die Prozesse für ihre politischen Interessen. Nachdem sie jahre- oder gar jahrzehntelang sozialdemokratische und linksliberale Kritiker der kaiserlichen Regierung als Verbrecher behandelt hatten, ließen sie keine Bereitschaft erkennen, ihre Einstellungen der veränderten politischen Situation anzupassen. Ihre Loyalität galt nicht der neuen Republik, sondern demselben abstrakten Ideal des Reiches, dem auch ihre Gesinnungsgenossen im Offizierskorps dienten – ein Ideal, das sich großenteils auf Erinnerungen an das autoritäre System des Bismarckreiches gründete.[166] In den zahlreichen politischen Prozessen, die sich aus den tiefen politischen Konflikten der Weimarer Jahre ergaben, sympathisierten sie zwangsläufig mit jenen rechtsgerichteten Delinquenten, die behaupteten, ebenfalls im Namen dieses Ideals zu handeln, und begrüßten die Strafverfolgung linksgerichteter Delinquenten, die das nicht taten.

Berühmt wurde eine Untersuchung des politisch links eingestellten Statistikers Emil Julius Gumbel, der anhand von Zahlenmaterial demonstrierte, daß die 22 politischen Morde, die zwischen Ende 1919 und Mitte 1922 von linksgerichteten Tätern verübt worden waren, zu 38 Verurteilungen führten, darunter zehn Hinrichtungen sowie Haftstrafen von durchschnittlich fünfzehn Jahren. Demgegenüber führten die 354 politischen Morde rechtsgerichteter Täter, die Gumbel für denselben Zeitraum errechnete, zu 24 Verurteilungen, keiner einzigen Hinrichtung und Haftstrafen von durchschnittlich nur vier Monaten. 23 Mörder aus dem rechten Umfeld, die die Tat gestanden hatten, wurden von den Gerichten sogar freigesprochen.[167] Diese Statistiken mögen nicht absolut präzise gewesen sein. Außerdem einigten sich die extremen Parteien im Reichstag mit entsprechender Unterstützung anderer Gruppierungen auf häufige Amnestien für »politische Gefangene«, so daß viele politische Straftäter nur eine verhältnismäßig kurze Zeit im Gefängnis verbrachten. Doch das Entscheidende am Verhalten der Richter war die Botschaft, die sie aussandten, eine Botschaft, die während der ganzen Weimarer Jahre durch zahlreiche Anklageerhebungen gegen Pazifisten, Kommunisten und andere Personen der Linken wegen Landesverrats noch verstärkt wurde. Waren laut Gumbel in den letzten drei Friedensjahrzehnten des Kaiserreichs nur 32 Personen wegen Landesverrats verurteilt worden, so wurden allein in den vier relativ friedlichen Jahren von Anfang 1924 bis Ende 1927 10 000 Anklagen wegen Landesverrats erhoben, die zu 1071 Schuldsprüchen führten.[168]

Eine erhebliche Anzahl der Verfahren betraf Personen, die mutig genug waren, die heimliche Aufrüstung und die verbotenen Manöver der Reichswehr in der Presse aufzudecken. Der berühmteste Fall war der des pazifistischen Zeitschriftenherausgebers Carl von Ossietzky, der 1931 zu achtzehn Monaten Haft verurteilt wurde, weil er in seiner Zeitschrift *Die Weltbühne* einen Artikel mit der Enthüllung veröffentlicht hatte, daß die Reichswehr in Sowjetrußland Kampfflugzeuge zu Ausbildungszwecken benutzte, was nach den Bestimmungen des Versailler Vertrags unzulässig war.[169] Ein anderer, aufsehenerregender Fall betraf den linken Journalisten Felix Fechenbach. Sein Delikt, begangen 1919, als er als Sekretär des bayerischen Ministerpräsidenten Kurt Eisner diente, bestand darin, bayerische Akten aus dem Jahre 1914 über den Ausbruch des Ersten Weltkriegs publik gemacht zu haben, womit er nach Auffassung des Gerichts durch Unterstellung einer deutschen Mitverantwortung am Ausbruch des Krieges den Interessen Deutschlands bei den Versailler Friedensverhandlungen geschadet hatte. Fechenbach wurde in München von einem sogenannten Volksgericht zu elf Jahren Haft verurteilt, einer Notinstitution zur summarischen Aburteilung von Plünderern und Mördern, die während der bayerischen Revolution von 1919 entstanden war.[170] Während der Gegenrevolution im Jahr darauf wurden diese Volksgerichte umfunktioniert und befaßten sich nun mit Fällen von »Hochverrat«. Sie wurden erst 1924 aufgelöst, obwohl die Weimarer Verfassung sie schon fünf Jahre zuvor verboten hatte. Diese Volksgerichte, die das normale Rechtssystem umgingen, indem sie zum Beispiel keine Rechtsmittel gegen ihre Urteile zuließen, und die Justiz implizit dem »Volk« statt dem Gesetz übertrugen, schufen einen unheilvollen Präzedenzfall für die Zukunft und sollten von den Nationalsozialisten nach ihrer Machtübernahme wieder eingeführt werden.[171]

Um diesen Entwicklungen nach Möglichkeit zu begegnen, wußte die SPD 1922 ein Gesetz zum Schutz der Republik durchzubringen. Der neue Staatsgerichtshof sollte die Aburteilung rechtsgerichteter politischer Straftäter einer politisch einseitig sympathisierenden Justiz entziehen und in die Hände von durch den Reichspräsidenten ernannten Richtern legen. Die Justiz verstand es jedoch schnell, das Republikschutzgesetz zu neutralisieren, das daher keine große Auswirkung auf die Rechtslastigkeit der Urteile hatte.[172] Die Todesstrafe nahmen Friedrich Ebert und die SPD, die angeblich aus grundsätzlichen politischen Erwägungen heraus gegen diese Strafe waren, dennoch in das Republikschutzgesetz auf und billigten nachträglich die Hinrichtungen, zu denen es bei den bürgerkriegsähnlichen Unruhen in der unmittelbaren Nachkriegszeit gekommen war. Damit erleichterte die SPD einer künftigen Regierung, ähnlich drakonische Gesetze zum Schutz des Staates einzuführen und gegen den zentralen Rechtsgrundsatz zu verstoßen, daß keine Tatbestände rückwirkend mit Strafen belegt werden dürfen, die zum Zeitpunkt der Begehung der Tat nicht strafbar waren.[173] Auch dies schuf einen gefährlichen Präzedenzfall für die Zukunft.

Die Gerichte brachten den im Republikschutzgesetz artikulierten Grundsätzen nur Geringschätzung entgegen. Nahezu ausnahmslos ließen Richter Milde gegen einen Angeklagten walten, wenn er, gleichgültig bei welchem Verbrechen, behauptete, aus patriotischen Beweggründen gehandelt zu haben.[174] So führte zum Beispiel der Kapp-Putsch von 1920 nur zur Verurteilung eines einzigen Teilnehmers an diesem bewaffneten Versuch, eine legitim gewählte Regierung zu stürzen, und selbst er wurde nur zu einer kurzen Festungshaft verurteilt, weil die Richter als mildernden Umstand gelten ließen, daß er »unter dem Banne selbstloser Vaterlandsliebe« gehandelt habe.[175] 1923 obsiegten vier Männer im Berufungsverfahren beim Reichsgericht, der altehrwürdigen höchsten Rechtsprechungsinstanz, die wegen der Worte »Wir brauchen keine Judenrepublik, pfui Judenrepublik«, welche sie bei einer Versammlung des rechtsgerichteten Jungdeutschen Ordens in Gotha gerufen hatten, zu je drei Monaten Haft verurteilt worden waren. In seiner Urteilsbegründung erklärte das Reichsgericht:

> »Gemeint sein kann die neue Rechts- und Gesellschaftsordnung in Deutschland, die unter hervorragender Beteiligung deutscher und ausländischer Juden aufgerichtet wurde. Gemeint kann auch sein die übermäßige Macht und der übermäßige Einfluß, den die im Verhältnis zur Gesamtbevölkerung kleine Anzahl von Juden nach Ansicht weiter Volkskreise in Deutschland tatsächlich ausübt [...] Es ist nicht einmal ausdrücklich festgestellt, daß die Angeklagten die verfassungs-

> mäßig festgestellte Staatsform des Reiches beschimpft haben, sondern nur, daß sie die gegenwärtige Staatsform des Reiches beschimpft haben. Die Möglichkeit eines Rechtsirrtums ist hiernach nicht ausgeschlossen.«[176]

Die vom Reichsgericht getroffene Unterscheidung zwischen den zwei Staatsformen und die Andeutung, daß die Weimarer Republik lediglich eine vorübergehende, nicht »verfassungsmäßig festgestellte« Verirrung sei, zeigten nur zu deutlich, wo die wahre Loyalität des Gerichts lag. Derartige Urteile verfehlten ihre Wirkung nicht. Politische und auch andere Prozesse waren in der Weimarer Republik bedeutende Ereignisse, von zahlreichen Besuchern in den Gerichtssälen verfolgt, in der Presse ausführlich behandelt und teilweise wortwörtlich wiedergegeben und in gesetzgebenden Versammlungen, Vereinen und Gesellschaften leidenschaftlich diskutiert. Urteile wie diese konnten nur Wasser auf die Mühlen der rechtsextremen Gegner der Republik sein und die Aushöhlung der Legitimität Weimars befördern.

Republikfeindliche Voreingenommenheit in der Justiz war auch bei Staatsanwälten anzutreffen. Bei der Anklageerhebung gegen rechtsgerichtete Täter, beim Umgang mit Einreden, bei der Vernehmung von Zeugen, im Eröffnungs- und Schlußplädoyer ließ die Anklagevertretung nationale Gesinnungen und Absichten routinemäßig als mildernde Umstände gelten. Auf unterschiedliche Weise konterkarierten Richter und Staatsanwälte, Polizei, Gefängnisdirektoren und Aufseher, Justizpersonen und Strafverfolgungsbehörden die Legitimität der Republik durch ihre Voreingenommenheit für deren Feinde. Auch wenn sie nicht bewußt darangingen, die neue Demokratie zu sabotieren, und sie vorderhand als unvermeidliche Notwendigkeit hinnahmen, vermittelte ihr Verhalten der Bevölkerung den Eindruck, daß diese Republik nicht das wahre Wesen des Deutschen Reiches repräsentierte. Nur wenige von ihnen scheinen überzeugte Demokraten gewesen zu sein oder sich ernsthaft für das Gelingen der Republik eingesetzt zu haben. Wenn aber das Recht und seine Sachwalter gegen sie waren, welche Chancen blieben ihr dann noch?

Rassenhygiene und Antisemitismus

I

Wenn es ein Verdienst gab, durch das die Weimarer Republik Anspruch auf die Loyalität und Dankbarkeit der Massen erheben konnte, dann war es die Schaffung eines neuen Sozialstaates. Natürlich hatte es im Kaiserreich nicht an Wohlfahrtseinrichtungen gemangelt, besonders nachdem Bismarck bahnbrechende Neuerungen wie Krankenversicherung, Unfallversicherung und Altersversicherung eingeführt hatte, um der Sozialdemokratie die Arbeiterklasse abspenstig zu machen. Die Projekte Bismarcks, die nach seinem Ausscheiden aus dem Amt weiter verbessert und ausgeweitet wurden, waren für seine Zeit wegweisend und können nicht einfach als Feigenblatt des Obrigkeitsstaates abgetan werden. Manche von ihnen, namentlich die Krankenversicherung, umfaßten 1914 Millionen von Arbeitern und enthielten ein wesentliches Element der Selbstverwaltung, das vielen Arbeitern die Chance der Wahlbeteiligung einräumte. Allerdings reichte keines dieser Projekte bis zum Fuß der sozialen Stufenleiter, wo bis zum Ende der Kaiserzeit noch eine polizeilich verwaltete Armenhilfe, verbunden mit dem Verlust von Grundrechten wie etwa dem aktiven Wahlrecht, die Regel war. Aber selbst hier wurde das System bis 1914 reformiert und vereinheitlicht, und dem neuen Berufsstand der Fürsorge, der sich im Gefolge der Bismarckschen Reformen herausgebildet hatte, war es darum zu tun, nicht nur die gewöhnlichen Arbeiter, sondern auch die Armen, Arbeitslosen und Bedürftigen zu erfassen.[177]

Auf der Grundlage dieser modernen Spielart eines bürokratischen Paternalismus preußischer Prägung errichtete nun die Weimarer Republik ein weit anspruchsvolleres und umfassenderes Gebäude, das nicht ohne Spannungen zwei Elemente in sich vereinigte: zum einen katholische Soziallehre und protestantische Philanthropie, zum anderen sozialdemokratischen Egalitarismus.[178] Die Weimarer Verfassung selbst steckte voller Grundsatzerklärungen über den Wert der Familie und die Notwendigkeit ihrer Unterstützung durch den Staat, die Pflicht der Regierung, die Jugend vor Schaden zu bewahren, das Recht des Bürgers auf Arbeit und die Verpflichtung der Nation, jedem Menschen eine anständige Wohnung zu stellen.[179] Gemäß diesen Grundsätzen verabschiedete der Reichstag zahlreiche Gesetze: über die Jugendfürsorge (1922) und die Jugendgerichte (1923), Bestimmungen zur Versorgung und Umschulung von Kriegsinvaliden (1920), Erlasse über die Ersetzung der Armenhilfe durch staatliche Fürsorge (1924) und 1927 ein Gesetz, das ein weitreichendes System der Arbeitslosenversicherung einführte. Vorhandene Programme der Krankenversicherung und der Alterssicherung wurden verbessert. Umfangreiche Wohnungsbauprogramme wurden aufgelegt, so wurden allein zwischen 1927 und 1930 über 300 000 neue oder renovierte Wohnungen geschaffen. Die Anzahl der Krankenhausbetten stieg gegenüber der Vorkriegszeit um 50 Prozent, ebenso die Anzahl der Ärzte. Infektionskrankheiten gingen spürbar zurück, und ein Netz von Kliniken und Wohlfahrtseinrichtungen fing jetzt sozial gefährdete Personen auf, von alleinerziehenden Müttern bis zu Jugendlichen, die mit dem Gesetz in Konflikt geraten waren.[180]

Die Errichtung eines kostenlosen und umfassenden Wohlfahrtssystems für alle Bürger war eine der großen Leistungen der Weimarer Republik, rückblickend betrachtet vielleicht ihre wichtigste. Doch bei aller durchdachten Ausgestaltung konnte das System letztlich die Versprechungen nicht halten, die die Weimarer Verfassung 1919 gemacht hatte. Diese Kluft zwischen Anspruch und Wirklichkeit hatte in den Augen vieler Bürger auch gravierende Folgen für die Legitimität der Republik. Erstens erlegten die wirtschaftlichen Schwierigkeiten, mit denen die Weimarer Republik praktisch vom ersten Tag an zu kämpfen hatte, dem Wohlfahrtssystem eine Bürde auf, die es einfach nicht schultern konnte. So gab es eine Vielzahl von Menschen, die aufgrund des Krieges Unterstützung begehrten. Rund 13 Millionen deutsche Männer hatten zwischen 1914 und 1918 in den Streitkräften gedient. Zwei Millionen von ihren waren gefallen. Einer Schätzung zufolge bedeutete dies, daß auf 35 Einwohner des Reichs ein Toter kam. Das waren prozentual fast doppelt so viele Kriegstote wie im Vereinigten Königreich, wo ein gefallener Soldat auf 66 Einwohner kam, und fast dreimal so viele wie in Rußland, wo ein Kriegstoter auf 111 Einwohner kam. Am Ende des Krieges waren mehr als eine halbe Million deutscher Frauen Kriegerwitwen, und eine Million deutscher Kinder hatten ihren Vater verloren. 2,7 Millionen Männer kehrten versehrt, amputiert oder behindert aus dem Krieg zurück und bildeten gleichsam ein stehendes Heer der Unzufriedenen, als die von den Politikern versprochene Entschädigung für ihren Dienst am Vaterland nicht den Erwartungen entsprechend geleistet wurde.

Die Regierung erhöhte die Besteuerung der Besserverdienenden, bis sich, laut einer zugegebenermaßen tendenziösen Schätzung, der prozentuale Anteil der realen Steuerlast am realen Volkseinkommen nahezu verdoppelte, nämlich von 9 Prozent im Jahr 1913 auf 17 Prozent im Jahre 1925.[181] Trotzdem reichte das in keiner Weise aus, um die Ausgaben zu decken, aber die verschiedenen deutschen Regierungen wagten nicht, die Schrauben weiter anzuziehen, um nicht in den Verdacht zu geraten, sie würden die Steuereinnahmen nur erhöhen, um Reparationen zu zahlen. Die Wirtschaft hatte nach 1927 nicht nur die Belastung durch die Arbeitslosenversicherung zu tragen. Sie zahlte schon 1926 Renten an fast 800 000 Kriegsversehrte und 360 000 Kriegerwitwen und unterstützte über 900 000 Halbwaisen und Waisen, zusätzlich zu der bereits bestehenden staatlichen Unterstützung für die Alten. Die Rentenzahlungen waren der größte Kostenfaktor im Staatshaushalt nach den Reparationsleistungen.[182] Schließlich blähte der Wohlfahrtsstaat eine ohnedies schon kopflastige Bürokratie im Reich wie in den Ländern weiter auf, sie wurde zwischen 1914 und 1923 um 40 Prozent größer, wobei sich die Kosten der staatlichen Verwaltung pro Kopf der Bevölkerung fast verdoppelten.[183] Solche massiven Ausgaben wären vielleicht in Zeiten einer wirtschaftlichen Hochkonjunktur zu bewältigen gewesen, in der krisengeschüttelten wirtschaftlichen Situation der Weimarer Republik kam man nicht darum herum, Geld zu drucken und die Inflation anzuheizen, wie zwischen 1919 und 1923 geschehen, oder aber, wie ab 1924, Leistungen zu kürzen, Personal in staatlichen Wohlfahrtseinrichtungen abzubauen und die Antragsteller einer noch strengeren Auswahl zu unterziehen.

Viele Antragsteller erkannten daher rasch, daß sie vom Wohlfahrtssystem nicht das bekamen, was sie brauchten. Besonders knauserig zeigten sich kommunale Verwaltungen, da es die Kommunen waren, die zu einem erheblichen Teil die finanzielle Belastung durch Wohlfahrtsleistungen zu tragen hatten. So machten sie häufig die Gewährung von Wohlfahrtsleistungen davon abhängig, daß die Antragsteller ihre Ersparnisse oder ihren Grundbesitz angaben. Amtliche Schnüffler zeigten verheimlichte Einkommensquellen an und forderten Nachbarn zur Denunziation von Leuten auf, die sich weigerten, ihre Einkünfte offenzulegen. Außerdem verursachten die Wohlfahrtsbehörden, denen das notwendige Personal zur zügigen Bearbeitung eines großen Aufkommens an Vorgängen fehlte, endlose Verzögerungen bei der Beantwortung von Unterstützungsanträgen, weil sie sich zunächst einmal bei anderen Behörden erkundigten, ob der Antragsteller schon anderweitige Leistungen bezogen hatte, oder weil sie die finanzielle Belastung auf eine andere Behörde abzuwälzen trachtete. So geriet die Weimarer Wohlfahrtsverwaltung rasch zu einem Instrument staatlicher Diskriminierung und Überwachung, da die Ämter keinen Zweifel daran ließen, daß die Antragsteller nur den ihnen zustehenden Mindestbetrag erhalten würden.

Damit machten sie sich nicht beliebt. Beschwerden, Krawalle, Demonstrationen in und vor den Wohlfahrtsämtern waren keine Seltenheit. Mit welchen Problemen es das Wohlfahrtssystem zu tun hatte und wie es an ihre Lösung heranging, beleuchtet auf krasse Weise die Geschichte des Sattlers und Polsterers Adolf G.[184] 1892 geboren, hatte Adolf G. im Krieg 1914/18 mitgekämpft und eine schwere Verletzung davongetragen, nicht in heldenhaftem Kampf gegen den Feind, sondern durch einen Pferdetritt in den Bauch. Sie machte Anfang der zwanziger Jahre sechs Unterleibsoperationen erforderlich. Neben dieser Kriegsverletzung berechtigte ihn ein schon länger zurückliegender Arbeitsunfall und den Familienvater von sechs Kindern zu Leistungen der Fürsorge. Da er nach dem Krieg keine Arbeit fand, verlegte er sich darauf, um staatliche Unterstützung zu kämpfen. 1921 verlangte die zuständige Behörde in Stuttgart als Vorbedingung für die Fortzahlung seiner Unfallrente, daß Adolf G. seinen Rundfunkempfänger samt Antenne abschaffte, da beides in der Sozialwohnung, in der er lebte, untersagt war. Als er sich weigerte, dies zu tun, wurde ihm gekündigt, was er mit einer Flut von Beschwerdebriefen an die verschiedensten Stellen, bis hin zum Arbeitsministerium in Berlin, beantwortete. Er legte sich eine Schreibmaschine zu, um seine Briefe leichter lesbar zu machen, und suchte andere Beihilfen zu erlangen, auf die er als Kriegsinvalide und Vater einer Großfamilie Anspruch besaß. Der Streit eskalierte. 1924 mußte er wegen Beihilfe zu einem Abtreibungsversuch für sechs Wochen ins Gefängnis. Vermutlich dachten er und seine Frau, daß unter den gegebenen Umständen sechs Kinder genug waren. 1927 wurde er wegen ehrkränkenden Verhaltens zu einer Geldbuße verurteilt. 1930 wurde seine Beihilfen gekürzt und zweckgebunden ausgezahlt, zum Beispiel für den Kauf von Kleidung, während sein Mietzuschuß direkt an den Vermieter ausgezahlt wurde. 1931 kam er wegen Sozialbetrugs vor Gericht, da er versucht hatte, unter der Hand etwas Geld als Lumpensammler zu verdienen. 1933 wurde er wegen unerlaubten Musizierens auf der Straße belangt. Als er versuchte, den Behörden zu verdeutlichen, daß er dreimal mehr Nahrung als der Durchschnittsmensch benötige, da er wegen seiner Magenverletzung den größten Teil der Nahrung nicht verdauen könne, wies man sein Anliegen brüsk zurück. 1931 wußte er sich nicht mehr zu helfen und schrieb an das Arbeitsministerium in Berlin, die Stuttgarter Wohlfahrtsbeamten seien schlimmer als die Raubritter im Mittelalter.[185]

Was den etwas querulatorischen Adolf G. ärgerte, waren nicht nur die Armut, in der er mit seiner Familie leben mußte, sondern mehr noch die Kränkungen seiner Ehre und seines Standesbewußtseins auch in diesen unteren Bereichen der Gesellschaft, die ihm ein Wohlfahrtsapparat zufügte, der nur darauf aus zu sein schien, seine Beweggründe und sein Anrecht auf die ihm seiner Ansicht nach zustehende Unterstützung in Frage zu stellen. Die anonyme, auf ihre Bestimmungen fixierte Wohlfahrtsbürokratie beleidigte seine Individualität. Solche Gefühle meldeten sich bei den Anspruchsberechtigten keineswegs selten, besonders wenn ihr Anspruch auf Wohlfahrtsunterstützung auf den Opfern beruhte, die sie im Krieg gebracht hatten. Die riesige Kluft zwischen dem von der Weimarer Republik vollmundig versprochenen allgemeinen, auf Bedürftigkeit und Anrecht basierenden Sozialsystem und der harten Realität kleinlicher Diskriminierung, Ausforschung und Kränkung, der viele Antragsteller von seiten der Wohlfahrtsbehörden ausgesetzt waren, war nicht geeignet, die Legitimität der Verfassung zu stärken.[186]

Noch unheilvoller wirkte der Umstand, daß Gesundheits- und Wohlfahrtsämter in dem Bestreben, soziale Not, abweichendes Verhalten und Verbrechen rational und wissenschaftlich zu bewerten, um sie in künftigen Generationen endgültig aus der deutschen Gesellschaft zu verbannen, neue Maßnahmen und Verfahren förderten, die an die Grundrechte von Armen und Behinderten zu rühren begannen. In dem Maße, wie sich das Wohlfahrtswesen zu einer riesigen Bürokratie ausweitete, gewannen die in Sozialberufen schon vor dem Krieg verbreiteten Lehren der Rassenhygiene und Sozialbiologie weiter an Einfluß. Der Glaube, Vererbung spiele bei vielen Arten sozialer Devianz eine Rolle, darunter nicht nur bei geistiger und physischer Behinderung, sondern auch bei chronischer Trunksucht, fortgesetzter Kleinkriminalität und »moralischem Schwachsinn« bei sozialen Gruppen wie etwa Prostituierten, von denen viele aus wirtschaftlichen Gründen zu ihrer Tätigkeit gezwungen wurden – dieser Glaube verfestigte sich zu einem Dogma. Mediziner und Wohlfahrtsbürokratie begannen ausgeklügelte Karteien über »Asoziale« anzulegen, wie man solche sozial Auffälligen jetzt gemeinhin nannte. Liberale Strafrechtsreformer vertraten den Standpunkt, daß einige Insassen staatlicher Gefängnisse durch die richtige Art von Umerziehungsmaßnahmen wieder in die Gesellschaft eingegliedert werden könnten, daß es aber für viele von ihnen wegen ihrer ererbten charakterlichen Entartung keine Möglichkeit einer Besserung gebe.[187] Auch die Polizei spielte hier eine Rolle, die zahlreiche »Berufsverbrecher« und »Gewohnheitstäter« erkennungsdienstlich behandelte, um sie streng zu überwachen. Überwachung und erkennungsdienstliche Behandlung ließen entlassenen Strafgefangenen keine Chance, in einem ehrlichen Gewerbe Fuß zu fassen. Allein in Berlin verfügte die Polizei über eine Kartei mit den Abdrücken aller zehn Finger von mehr als einer halben Million Menschen.[188]

Die Verbreitung rassehygienischer und sozialbiologischer Ideen in der Berufswelt der Medizin, der Strafverfolgung, der Strafrechtspflege und der Sozialarbeit hatte reale Folgen. Psychologen, die die geistige Gesundheit verurteilter Straftäter beurteilen sollten, bedienten sich immer öfter biologischer Kriterien, wie im Falle des arbeitslosen Landstreichers Florian Huber, der 1922 wegen Raubmordes in Bayern verurteilt worden war: »Huber zeigt«, so das psychologische

Gutachten über den jungen Mann, der im Krieg bei Kampfhandlungen schwere Verletzungen erlitten hatte und Träger des Eisernen Kreuzes war, »wiewohl sonst nicht nachweisbar erblich belastet, einige körperliche Degenerationsmerkmale: seine Gesichtsbildung ist insofern asymmetrisch, als das rechte Auge merklich tiefer sitzt wie das linke; er hat Anlage zum Satthals, angewachsene Ohrläppchen und ist vor allem von Jugend auf Stotterer.«[189] Hierin erblickte man den Beweis dafür, daß Huber zwar nicht verhandlungsunfähig, aber unverbesserlich und daher hinzurichten sei, was auch geschah. Überall in Deutschland machte man im Rechtswesen nun großzügigen Gebrauch von Begriffen wie »Schädling« oder »Bestie«, um Kriminelle zu bezeichnen, was eine neuartige, biologische Weise darstellte, die Gesellschaftsordnung als eine Art Körper aufzufassen, aus dem schädliche Parasiten und körperfremde Mikroorganismen zu beseitigen waren, wenn er gedeihen sollte. Um solche Überlegungen präziser definieren und umfassender anwenden zu können, richtete der Mediziner Theodor Viernstein 1923 in Bayern eine Kriminalbiologische Sammelstelle ein, um Informationen über sämtliche bekannten Straftäter sowie ihre Familien und ihren Hintergrund zusammenzutragen und dadurch Reihen von erblicher Devianz festzustellen. Bis Ende der zwanziger Jahre hatten Viernstein und seine Mitarbeiter eine umfassende Kartei von Fällen angelegt. Schon bald entstanden ähnliche Sammelstellen in Thüringen, Württemberg und Preußen. Seien solche Dynastien von »Minderwertigen« erst einmal systematisch erfaßt, dann, so die Meinung vieler Fachleute, sei die Zwangssterilisation die einzige Möglichkeit, sie an weiterer Fortpflanzung zu hindern.[190]

Solche Ideen waren im Europa und in einigen amerikanischen Staaten zu jener Zeit weit verbreitet. Unter Sozialarbeitern, Psychiatern, Kriminologen und Sozialexperten war es international herrschende Meinung, daß ein großer Teil der Abnormen, der Kriminellen und Geistesgestörten an Krankheiten litten, die in der Regel erblich bedingt seien. Eine Sterilisation als Mittel gegen die Bedrohung, die solche Menschen angeblich für das Niveau der menschlichen Rasse darstellten, wurde auch in anderen Ländern außerhalb Deutschlands erörtert, insbesondere in Schweden. Doch in Deutschland dürften solche Vorstellungen unter Experten stärker verbreitet gewesen sein als in anderen Ländern. 1920 vertraten der Jurist Karl Binding und der Gerichtspsychiater Alfred Hoche in einem Buch, worin sie die Formulierung »lebensunwertes Leben« prägten, die Auffassung, sogenannte Ballastexistenzen, Menschen, die der Gemeinschaft nur zur Last fielen, seien zu töten. Unheilbar Kranke und geistig Zurückgebliebene, sagten sie, kosteten Millionen und blockierten Tausende von dringend benötigten Krankenhausbetten. Man müsse den Ärzten erlauben, sie zu Tode zu bringen. Dies bedeutete eine verhängnisvolle neue Entwicklung in der Debatte darüber, was mit Geisteskranken, Behinderten, Verbrechern und Außenseitern geschehen solle. In der Weimarer Zeit stieß sie bei den meisten Medizinern noch auf leidenschaftliche Ablehnung. Da für die Weimarer Republik das Beharren auf den Rechten des einzelnen ein Grundprinzip war, fand die Idee der Zwangssterilisation noch keine offizielle Billigung. Ärzte und Vertreter der Wohlfahrt zweifelten noch an der ethischen Zulässigkeit und der sozialpolitischen Wirksamkeit einer solchen Maßnahme. Auch der beachtliche Einfluß der katholischen Kirche und ihrer Wohlfahrtseinrichtungen war entschieden gegen solche Überlegungen gerichtet. Solange die wirtschaftlichen Umstände es möglich erscheinen ließen, die Ziele in der Sozialpolitik eines Tages in die Wirklichkeit umzusetzen, blieb die fortdauernde Debatte um Zwangssterilisation und unfreiwillige »Euthanasie« ergebnislos.[191]

II

Das deutsche Bürgertum verhielt sich zur Revolution von 1918 und zur Weimarer Republik auf ganz unterschiedliche Weise. Die detaillierteste Überlieferung, wie ein einzelner auf seine Zeit reagierte, stellen vermutlich die Tagebücher Victor Klemperers dar, dessen Erfahrungen mit der Inflation wir schon kennengelernt haben. Klemperer war in vieler Hinsicht typisch für den gebildeten deutschen Bürger, der in Ruhe sein Leben führen wollte und der Politik darin einen verhältnismäßig kleinen Platz einräumte, mochte er auch zu Wahlen gehen und sich für die Vorgänge in der politischen Welt interessieren. Nachdem Klemperer seinen Lebensunterhalt zunächst als Zeitungsschreiber verdient hatte, wurde er kurz vor dem Krieg mit einer Arbeit über deutsche Literatur promoviert, bald darauf habilitierte er sich in französischer Literatur. Als Neuling und Außenseiter mußte er seine akademische Karriere mit einer Stelle an der Universität Neapel beginnen, von wo er besorgt die Zuspitzung der internationalen Lage vor 1914 verfolgte. 1914 unterstützte er die deutsche Kriegserklärung und glaubte an die Gerechtigkeit der deutschen Sache. Er kehrte nach Deutschland zurück, wurde Soldat und diente an der Westfront, wo man ihn 1916 als Invalide entließ, danach arbeitete er bis zum Kriegsende in der Zensurbehörde der Armee.

Wie andere Deutsche aus dem Bürgertum sah Klemperer nach der Niederlage Deutschlands seine Karrierehoffnungen zerstört. Für einen solchen Mann konnte nur die Rückkehr zu geordneten politischen Verhältnissen die Grundlage für ein stetiges Einkommen und eine dauerhafte Anstellung an einer deutschen Hochschule legen.[192] Die Ereignisse vom November und Dezember 1918 bestürzten ihn in mehr als einer Hinsicht, in sein Tagebuch schrieb er:

> »Die Zeitung bringt jetzt zweimal täglich so viel Schmach, Unglück, Zerfall, unmöglich Geglaubtes, daß ich es, übersättigt, ganz stumpf hinnehme, kaum noch lese. [...] Ich habe nach allem was ich sehe u. höre die Meinung, daß ganz Deutschland zum Teufel geht, wenn dieser Soldaten- und Arbeiter-Unrat, diese Diktatur der Sinnlosigkeit u. Ignoranz, nicht bald herausgefegt wird. Ich hoffe auf irgend einen General des zurückkehrenden Feldheeres.«[193]

Als er Anfang 1919 vorübergehend in München zu tun hatte, beunruhigte ihn die Politik der Revolutionsregierung – »Sie reden schwärmerisch von Freiheit u. tyrannisieren immer ärger« –, und er berichtet, wie er stundenlang in Bibliotheken saß und zu arbeiten versuchte, während die Freikorps durch die Straßen marschierten.[194] Klemperer wollte Normalität und Stabilität, woran in dieser Zeit nicht zu denken war. 1920 gelang es ihm schließlich, eine Professur an der Technischen Universität Dresden zu bekommen, wo er französische Literatur unterrichtete, forschte und publizierte, eine Zeitschrift herausgab und immer frustrierter zusehen mußte, wie jüngere Leute es zu höheren Stellungen an besseren Institutionen brachten. In vieler Hinsicht war er der typische gemäßigte Konservative seiner Zeit: patriotisch, bürgerlich, geprägt von der deutschen Kultur und ein gläubiger Anhänger der Idee vom Nationalcharakter, von der er in seinen historischen Arbeiten zur französischen Literatur des 18. Jahrhunderts weidlich Gebrauch machte.

Aber in einer entscheidenden Hinsicht war er anders: Victor Klemperer war Jude. Sohn eines Predigers an der liberalen Berliner Reformsynagoge, protestantisch getauft, gehörte er zu der wachsenden Zahl von deutschen Juden, die diesen Weg der Akkulturation wählten. Es war eher eine von gesellschaftlichen Rücksichten bestimmte als eine religiös motivierte Entscheidung, denn einen starken religiösen Glauben, gleich welcher Art, scheint Klemperer nicht gehabt zu haben. 1906 lieferte er einen zusätzlichen Beweis für seine Akkulturation, als er eine deutsche Nichtjüdin heiratete, die Pianistin Eva Schlemmer, mit der ihn geistige und kulturelle Interessen verbanden. Das Ehepaar blieb kinderlos, in allen Wechselfällen der zwanziger Jahre war es seine Ehe, die Klemperers Leben Halt gab. Daran änderten auch die immer häufiger werdenden gesundheitlichen Störungen der Eheleute nichts, die eine sich steigernde Hypochondrie noch verschärfen mochte.[195]

Wie Klemperer gelegentlich zwischen den Zeilen mitteilt, hatte er das Gefühl, daß es mit seiner Karriere unter anderem auch darum nicht weiterging, weil er Jude war. Obwohl er eine stetig wachsende Zahl von Arbeiten zur französischen Literaturgeschichte vorlegte, saß er an der TU Dresden fest und hatte keine Aussichten, sich beruflich zu verbessern, zum Beispiel an eine größere Hochschule zu wechseln. »Es gibt reactionäre u. liberale Universitäten«, schreibt er am 26. Dezember 1926: »Die reactionären nehmen keine Juden; die liberalen haben immer schon zwei Juden u. nehmen keinen dritten.«[196] Der zunehmende Antisemitismus in der Weimarer Republik machte auch Klemperers politischen Standpunkt problematisch. »Allmählich geht es mir auf, welch neues unüberwindliches Hindernis der Antisemitismus für mich bedeutet. Und ich bin Kriegsfreiwilliger gewesen! Nun sitze ich, getauft u. national, zwischen allen Stühlen.«[197] Mit seinen konservativen politischen Ansichten stand Klemperer unter bürgerlichen jüdischen Akademikern nicht allein. Der immer rabiater werdende Antisemitismus der Deutschnationalen, mit deren politischer Linie er generell eher sympathisierte, machte es ihm unmöglich, sie zu unterstützen. Klemperer fühlte sich »abgestumpft« und »gleichgültig«, wenn er die blutigen parteipolitischen Auseinandersetzungen der Weimarer Republik betrachtete.[198] Obwohl instinktiv kein Freund der Linken, mußte er im März 1920, als er vom Kapp-Putsch in Berlin erfuhr, einräumen:

> »Meine Neigung nach rechts hat [...] durch den ständigen Antisemitismus sehr gelitten. Die jetzigen Staatsstreichleute sähe ich herzlich gerne an die Wand gestellt, für die meineidige Reichswehr begeistere ich mich wahrhaftig nicht, für die unreifen Radaustudenten erst recht nicht – aber für die ›rechtmäßige‹ Ebertregierung eigentlich auch nicht, u. für die radikale Linke noch weniger. Sie sind mir alle zuwider.«

»Was für eine qualvolle Tragikomoedie«, schrieb er, »daß 5–8000 Soldaten das ganze deutsche Reich umstürzen können.«[199]

Für jemanden, der seine ganze Arbeitskraft an die Erforschung der französischen Literatur wandte, war es erstaunlich, daß Klemperer einen neuen Waffengang gegen Frankreich nachdrücklich befürwortete – vielleicht wegen seiner Kriegserlebnisse an der Westfront, aber wohl noch mehr aus Empörung über den Versailler Vertrag. Am 20. April 1921 schrieb Klemperer:

> »Mir ist das Kaisertum eine Fahne, ich sehne mich nach der alten deutschen Macht, ich möchte unendlich gerne noch einmal gegen Frankreich schlagen können. Aber in wie ekelhafter Gesellschaft ist man bei den Deutsch-Völkischen! Sie wird noch ekelhafter werden, wenn Oesterreich zu uns kommt. Und alles was wir jetzt fühlen, hat schließlich mit mehr oder weniger Recht der Franzose nach [18]70 gefühlt. Und unter Wilhelm II wäre ich nicht Ordinarius geworden u. dennoch ...«[200]

1925 betrachtete er die Wahl Hindenburgs zum Reichspräsidenten als einen möglicherweise verhängnisvollen Vorgang, vergleichbar mit der Ermordung des Erzherzogs Franz Ferdinand im Jahr 1914. »Fascismus überall. Die Schrecken des Krieges sind vergessen; der russische Terror treibt Europa in die Reaction.«[201] Als im August 1932 die Weimarer Republik in ihre turbulente Endphase eintrat, schrieb er:

> »Außerdem: die Zeitgeschichte brauche ich nicht zu schreiben. Und mein Mitteilen ist ein stumpfes, ich bin halb abgestoßen, halb voller Angst, der ich mich nicht überlassen will, ganz ohne Enthusiasmus für irgendeine Partei. Das Ganze ist sinnlos, unwürdig, jämmerlich – niemand spielt das Stück, alle sind Marionetten. [...] Hitler ante portas – oder wer sonst? Und was wird aus mir, dem jüdischen Professor?«[202]

Unter dem Eindruck der bedrohlichen politischen Lage, aber auch der schweren Depression und der häufigen Erkrankungen seiner Frau machte Klemperer immer weniger Eintragungen in sein Tagebuch, und Ende 1932 schien er kurz davor zu stehen, es ganz aufzugeben.

Formal betrachtet, gewährte die Weimarer Republik Juden wie Klemperer weit mehr Freiheit und Gleichberechtigung, als sie jemals zuvor genossen hatten. Sie eröffnete ihnen neue Chancen im Staatsdienst, in der Politik und in den freien Berufen. Ein jüdischer Außenminister wie Walther Rathenau wäre im Kaiserreich undenkbar gewesen. Jene Teile der Presse, die in jüdischem Besitz waren, namentlich die Blätter der zwei liberalen jüdischen Verlage Mosse und Ullstein, die in den zwanziger Jahren zusammen mehr als die Hälfte aller in Berlin verkauften Zeitungen herausbrachten, unterstützten die liberalen Institutionen der Republik. Die neue Freiheit der Künste von Zensur und offizieller Mißbilligung rückte viele jüdische Schriftsteller, Maler und Musiker ins Rampenlicht, wo sie neben nichtjüdischen Künstlern wie dem Komponisten Paul Hindemith, dem Lyriker und Stückeschreiber Bertolt Brecht oder den Malern Max Beckmann und George Grosz standen. Ihre Unterstützung der Republik bekundeten Juden, indem sie den Demokraten, und – in geringerem Maße – den Parteien der Linken ihre Stimmen gaben.[203]

Andererseits und teilweise als Reaktion auf diese Entwicklungen erlebten die zwanziger Jahre eine Verbreiterung und Vertiefung antisemitischer Strömungen in der deutschen Politik und Gesellschaft. Schon vor dem Krieg hatten die Alldeutschen und andere Kreise mit propagandistischen Mitteln die Juden beschuldigt, das deutsche Volk zu entwerten. Eine solche rassistische Verschwörungstheorie wurde von führenden Militärs wie Ludendorff dankbar aufgegriffen. Ihren berüchtigten Ausdruck fand sie während des Krieges in der sogenannten Judenzählung, die das preußische Kriegsministerium am 11. Oktober 1916 angeordnet hatte, nachdem antisemitische Offizierskreise eine Beschwerdekampagne lanciert hatten. Die Erhebung verfolgte das Ziel, die feige und treulose Natur der Juden durch den statistischen Nachweis zu belegen, Juden seien in der kämpfenden Truppe unterrepräsentiert und jene, die sich freiwillig gemeldet hatten, wären in Schreibtischtätigkeiten überrepräsentiert. Die Judenzählung erbrachte das Gegenteil: Deutsche Juden waren in den Streitkräften nicht unter-, sondern eher überrepräsentiert. Da die Judenzählung die Erwartungen so eklatant enttäuscht hatte, hielt man ihr Ergebnis unter Verschluß, daß sie aber überhaupt angeordnet worden war, rief großen Zorn unter deutschen Juden hervor.[204]

Nach dem Krieg war es ein leichtes, den bei den Rechten verbreiteten Glauben an den »Dolchstoß« der Revolutionäre von 1918 in den Rücken des unbesiegten deutschen Heeres in antisemitische Demagogie umzumünzen. Offiziere wie Ludendorff hingen augenscheinlich der Überzeugung an, daß es »die Juden« waren, die den Dolchstoß geführt hatten, an der Spitze umstürzlerischer Institutionen wie der KPD standen, dem Versailler Vertrag zustimmten und die Weimarer Republik errichteten. Führende Politiker wie Matthias Erzberger, die den Vertrag unterzeichneten, waren keine Juden. Juden wie Rosa Luxemburg in der KPD-Führung oder Eugen Leviné bei den revolutionären Unruhen in München Anfang 1919 agierten nicht als Juden, sondern als Revolutionäre, an der Seite vieler Nichtjuden wie Karl Liebknecht, von dem viele Rechte wegen seiner ultralinken politischen Ansichten instinktiv meinten, er müsse er Jude sein. Trotzdem gaben die Ereignisse von 1918/19 dem rechten Antisemitismus Auftrieb, da sie viele Zweifler davon überzeugten, daß die rassistischen Verschwörungstheorien über die Juden eben doch zutrafen.[205]

Neben der rechtsextremen Propaganda, die den Juden die Schuld für die Ereignisse von 1918/19 zuschob, entstand in der breiteren Bevölkerung eine Form von Antisemitismus, die sich konkret gegen Kriegsgewinnler und jene wenigen Finanzjongleure richtete, die es verstanden hatten, in den Wirren der Inflation ein Vermögen anzusammeln. Wirtschaftliche Krisenzeiten nährten von jeher antisemitische Strömungen, und die Wirtschaftskrisen der Weimarer Republik stellten alles in den Schatten, was Deutschland je erlebt hatte. Neuen Konfliktstoff bot überdies die sich beschleunigende Einwanderung mittelloser jüdischer Flüchtlinge aus Rußland, die Zuflucht vor den dortigen antisemitischen Gewalttaten und dem Bürgerkrieg suchten. Vor dem Ersten Weltkrieg hatte es in Deutschland vielleicht 80 000 »Ostjuden« gegeben, und deren Zuzug sowie die viel massivere Einwanderung von Arbeitern vor allem aus Polen hatte die Reichsregierung 1913 bewogen, ein Staatsbürgerschaftsrecht zu schaffen, wonach die deutsche Staatsangehörigkeit nur erwerben konnte, wer deutsche Vorfahren nachwies.[206] Einen erneuten Zustrom von Flüchtlingen gab es nach dem Krieg, als die bolschewistische Revolution in Rußland wütete, und ihre zaristischen Gegner zu antisemitischen Pogromen und Massenmorden griffen. Es waren zwar nur verhältnismäßig wenige Einwanderer, aber den Ressentiments der Bevölkerung boten sie doch eine bequeme Zielscheibe. Auf dem Höhepunkt der Inflation, Anfang November 1923, beobachtete ein Zeitungsreporter schwere Krawalle in einem Berliner Stadtteil mit einem hohen Anteil ostjüdischer Einwanderer:

> »In den Querstraßen überall eine heulende Menge. Es wird im Dunklen geplündert. Ein Schuhgeschäft an der Ecke Dragonerstraße ist ausgeraubt, die Scherben der Fensterscheiben liegen auf der Straße umher. Plötzlich ertönt ein Pfiff. In langer Kette, die die Breite der ganzen Straße einnimmt, rückt ein Kordon der Schutzpolizei vor. ›Straße frei!‹ ruft ein Offizier: ›In die Häuser treten.‹ Die Menge geht langsam weiter. Überall mit denselben Schreien: ›Schlagt die Juden tot!‹ Agitatoren haben das verhungerte Volk lange genug bearbeitet, daß es sich auf jene armseligen Gestalten stürzt, die in einem Keller der Dragonerstraße ihren elenden Produkthandel betreiben. (...) Es ist aufgepeitschter Rassenhaß, nicht Hunger, der sie zum Plündern treibt. Jedem Passanten mit jüdischem Aussehen gehen sofort einige junge Burschen nach, um ihn im gegebenen Moment anzufallen.«[207]

Ein solcher öffentlicher Ausbruch von Gewalt war symptomatisch für die neue Bereitschaft von Antisemiten und vielen anderen Gruppen an den Rändern der deutschen Politik, es nicht, wie meist vor

1914, bei Worten bewenden zu lassen, sondern zur Erreichung ihrer Ziele Gewalt und Terror zu provozieren und selbst anzuwenden. Das Ergebnis war eine Welle von erst unvollständig dokumentierten Fällen persönlicher Gewalt gegen Juden und deren Eigentum, von Angriffen auf Synagogen und Entweihungen jüdischer Friedhöfe.[208]

Die Stadt Breslau wurde während des Kapp-Putschs unter allgemeinem Applaus der lokalen DNVP und ihrer Presse von Freikorpsverbänden übernommen. Die Putschisten verhafteten den linken Journalisten Bernhard Schottländer, der in jüdischen Organisationen aktiv war. Sie mißhandelten und folterten ihn und brachten ihn schließlich um; erst drei Monate später wurde seine Leiche fünf Kilometer außerhalb der Stadt gefunden. Im September 1920 endeten deutschnationale Demonstrationen für ein deutsches Oberschlesien mit dem Demolieren eines jüdischen Warenhauses und dem Versuch, ein Hotel zu stürmen, in dem mehrere osteuropäische Juden logierten. Bis zum Eintreffen der Polizei waren die Fenster des Hotels eingeworfen worden, und die Demonstranten hatten die jüdischen Hotelgäste in der Hotelhalle zusammengetrieben. Am 20. Juli 1923 endete eine Massendemonstration gegen die Hyperinflation in derselben Stadt damit, daß ein Haufen von etwa 500 jungen Männern durch das Geschäftsviertel zog und bei über hundert jüdischen Läden die Schaufenster einwarf und deren Inhalt plünderte. »Kam der Haufe vor ein christliches Geschäft«, hieß es in einer liberalen Lokalzeitung, »so scholl einfach der Ruf: Der ist kein Jude! Und schon zog der Mob, den man vorher antisemitisch verhetzt hatte, weiter. Zu dem nächsten Juden.«

Ebenso neu war die allgemeine Gleichgültigkeit in der Meinung der ansässigen bürgerlichen Nichtjuden gegenüber diesen Ereignissen. Vor 1914 konnte man sich darauf verlassen, daß antisemitische Ausschreitungen von weiten Teilen der öffentlichen Meinung in Deutschland scharf verurteilt wurden. Jetzt bestritt die deutschnationale Presse jeglichen antisemitischen Hintergrund solcher Ereignisse, beschuldigte die Kommunisten oder rechtfertigte die Plünderungen jüdischer Geschäfte mit dem Scheinargument, es habe eben nur solche Geschäfte gegeben, die man hätte plündern können. Während die Polizei am Ort entschlossen gegen solche schweren Störungen der öffentlichen Ordnung vorging und die Arbeiterbewegung in

Breslau, Kommunisten wie Sozialdemokraten, antisemitische Ausschreitungen vorbehaltlos verurteilte, zeigte das Bürgertum ihnen gegenüber eine bislang noch nicht erlebte Indifferenz. »Jeder, der mit den Radaumachern nicht gemeinsame Sache machte, tat so, als ob ihn die Sache nichts anginge«, klagte ein aufgebrachter linksliberaler Zeitungsredakteur in seinem Bericht von den Unruhen 1923. »In diesen Tagen ist die Leiche des schmählich ermordeten Redacteurs Bernhard Schottländer aufgefunden worden«, notierte ein jüdischer Lehrer am 27. Juni 1920: »Über dessen Ermordung hat man in unserem Lehrerzimmer noch kein Wort der Verurteilung gehört!« Selbst im alltäglichen Leben nahmen negative Äußerungen über Juden eine neue Schärfe an. Bürgerliche Eltern protestierten dagegen, daß ihre Kinder von jüdischen Lehrern unterrichtet wurden, die ersten Hakenkreuzschmierereien erschienen an Schulwänden, und Schüler begannen die Autorität ihrer jüdischen Lehrer auf verschiedene Weise zu untergraben. »Mit der Revolution«, erinnerte sich später einer der damaligen jüdischen Schüler in Breslau, »begann in der Schule der Antisemitismus.«[209]

Sowohl die neue, gewalttätige und offene Äußerung eines Antisemitismus nach 1918 als auch die neue Gleichgültigkeit weiter Teile der bürgerlichen Bevölkerung gegenüber diesem Phänomen hatten ihren Ursprung in einer beharrlich fortschreitenden Ausbreitung radikaler völkischer Ideen innerhalb der bürgerlichen Schichten. Bereits vor 1914 hatte sich eine antisemitische Rhetorik in weiten Bereichen der politischen Welt eingenistet, nicht nur in der Deutschkonservativen Partei, sondern auch im Zentrum, in Interessengruppen wie dem Bund der Landwirte und den nationalen Verbänden, in mächtigen Institutionen wie dem Offizierskorps oder am kaiserlichen Hof. Von 1918 an wurde sie nicht nur schärfer, sondern speiste sich auch aus der Dolchstoßlegende, der Furcht vor dem Kommunismus, den Ängsten, die durch die zivilen Unruhen der unmittelbaren Nachkriegsjahre geschürt wurden, dem Haß auf die »Profitmacher«, die »Wucherer» und »Schieber«, dem verbreiteten Empfinden, daß bürgerliche Normen und Werte durch die kulturelle Moderne wie nie zuvor untergraben wurden. Die Häufigkeit, mit der antisemitische Bücher und Broschüren jetzt veröffentlicht wurden, ließ sie fast als etwas Selbstverständliches erscheinen. Antisemitische

Reden und Anwürfe gehörten zum politischen Alltag; sie stumpften das Gefühl der Menschen für die damit verbundene Drohung von Gewalt und Diskriminierung ab, so wie der Krieg und seine Nachwehen in Deutschland ihr Empfinden für die Folgen einer massiven und anhaltenden Gewalt abgestumpft hatten.[210]

Was den Antisemitismus nach 1918 von seinen Vorläufern vor 1914 generell unterschied, war aber nicht nur die beispiellose Bereitwilligkeit, ein krasses Vorurteil in gewalttätiges Handeln umzusetzen, sondern auch der Umstand, daß die Sprache des Antisemitismus wie nie zuvor Eingang in den alltäglichen politischen Diskurs fand. »Dolchstoß«, »Novemberverräter«, »Judenrepublik«, »jüdisch-bolschewistische Verschwörung« – alle diese und viele ähnliche demagogische Parolen konnte man regelmäßig in der Zeitung lesen, entweder als Meinungsäußerung des Leitartiklers oder in Meldungen über politische Zwischenfälle, Reden und Prozesse. Man konnte sie Tag für Tag in deutschen Parlamenten hören, wo die Rhetorik der DNVP, in den mittleren Jahren der Weimarer Republik die zweitgrößte Partei nach der SPD, durchsetzt war von Antisemitismus. Antisemitische Ausdrücke wurden häufiger und schärfer benutzt als je von der Deutschkonservativen Partei vor dem Krieg. Dies ging auf das Konto der zahlreichen rechten Splittergruppen, die insgesamt eine breitere Basis hatten als die antisemitischen Parteien von Ahlwardt, Böckel und anderen. Manchen dieser Gruppen stand die evangelische Kirche Deutschlands nahe, zutiefst konservativ und nationalistisch gesinnt, doch auch der katholische Antisemitismus gewann in den zwanziger Jahren an neuer Stärke.[211] Das Sensorium vieler Deutschen war durch diese Flut von antisemitischer Rhetorik dermaßen abgestumpft, daß sie gar nicht das Außergewöhnliche an jener neuen politischen Bewegung bemerkten, die nach dem Krieg entstand, um den Antisemitismus ins Zentrum ihrer fanatisch vertretenen Anschauungen zu rücken: der NSDAP.

3. KAPITEL

Der Aufstieg des Nationalsozialismus

Revolutionäre Bohemiens

I

Im Zuge einer Generalamnestie wurde Kurt Eisner im Oktober 1918 aus Zelle 70 der Strafanstalt München-Stadelheim entlassen. Bekannt als Theaterkritiker, verkörperte er den Lebensstil jener Künstler-Boheme, die man allgemein mit dem Münchner Stadtteil Schwabing verband.[1] Eisner war kein gebürtiger Bayer, sondern stammte aus Berlin, wo er 1867 als Sohn einer bürgerlichen jüdischen Familie zur Welt gekommen war. Man rechnete ihn dem rechten Flügel der SPD zu. 1905 verlor er seine Stelle als Redakteur beim *Vorwärts*, weil er die »Revisionisten« unterstützte, die die Abkehr der Sozialdemokratie vom Marxismus forderten. Eisner spielte eine führende Rolle bei der Gründung der USPD, die den Krieg ablehnte, und organisierte im Januar 1918 Streiks, um ein Ende des Konflikts herbeizuführen.[2]

Als die SPD im November 1918 einen traditionellen politischen Umzug durch die bayerische Landeshauptstadt veranstaltete, eine geordnete Demonstration für den Frieden samt Fahnen und einer vorausmarschierenden Blaskapelle, schwang sich Eisner auf die Rednertribüne und rief die Menge auf, die Kasernen zu besetzen und die Herrschaft über die Stadt zu übernehmen. Mit Genehmigung des revolutionären Arbeiter- und Soldatenrates rief Eisner die Republik aus und bildete eine Revolutionsregierung aus SPD und USPD, an deren Spitze er selbst stand. Seine Regierung war jedoch nicht in der Lage, die Lebensmittelversorgung aufrechtzuerhalten, Arbeitsplätze zu beschaffen, die Truppen zu demobilisieren und das Verkehrssystem in Gang zu halten. Die konservativen bayerischen Bauern, empört über die Vorgänge in München, hielten Nahrungsmittel zurück, und die Alliierten hatten die meisten Lokomotiven beschlagnahmt. Die Arbeiter begannen, Eisner auf Versammlungen zu stören und niederzubrüllen. Im Kabinett mußte er sich von einem aufgebrachten Kollegen sagen lassen: »Sie sind kein Staatsmann, machen

Dummheiten, sind ein Anarchist. Getrauen Sie sich nicht alles, ich warne Sie, Sie sind kein Staatsmann, Sie sind ein Narr!«[3] Folglich überraschte es niemanden, daß die Landtagswahlen vom 12. Januar 1919 mit einem überwältigenden Sieg der Mehrheitssozialdemokraten um Erhard Auer und einer demütigenden Niederlage von Eisners Unabhängigen endeten.

Eisner war alles, was die radikale Rechte in Bayern haßte: Bohemetyp und Berliner, Jude und Journalist, im Krieg ein Kämpfer für den Frieden und ein Agitator, der wegen der Beteiligung an den Streiks vom Januar 1918 im Gefängnis gesessen hatte. Zusammen mit seinem Sekretär, dem Journalisten Felix Fechenbach, hatte er belastende Dokumente aus dem alten bayerischen Außenministerium über den Ausbruch des Krieges veröffentlicht. Er war mit einem Wort die ideale Projektionsfläche für die Dolchstoßlegende. Am 21. Februar 1919 fand der Abscheu der Rechtsextremen gegen Eisner seinen definitiven Ausdruck: Ein junger Student, Graf Anton Arco-Valley, erschoß Eisner, als dieser auf dem Weg in den Landtag war.[4] Eisners Leibwache schoß Arco-Valley nieder, auf den zugleich eine wütende Menschenmenge eindrang; nur das sofortige Eingreifen Fechenbachs konnte verhindern, daß er auf der Stelle gelyncht wurde. Noch während der Chirurg Ernst Ferdinand Sauerbruch dem verletzten Attentäter das Leben rettete, begab sich einer von Eisners sozialistischen Bewunderern in den Landtag, zog eine Waffe und gab vor den Augen aller Abgeordneten zwei Schüsse auf Eisners unerbittlichsten Kritiker unter den Mehrheitssozialdemokraten Erhard Auer ab, der seine schweren Verletzungen überlebte. Inzwischen hatte man in Eisners Taschen den Entwurf seiner Rücktrittserklärung gefunden. Das Attentat war völlig sinnlos gewesen.

Aus Furcht vor weiteren Gewalttaten setzte der Landtag seine weiteren Sitzungen aus, und die Mehrheitssozialdemokraten erklärten sich ohne Abstimmung zur rechtmäßigen Regierung. Es wurde ein Koalitionskabinett unter dem unbekannten Mehrheitssozialdemokraten Johannes Hoffmann gebildet, das jedoch die Ordnung nicht wiederherzustellen vermochte, als es nach der Beisetzung Eisners zu massiven Demonstrationen auf den Straßen kam. In dem so entstandenen Machtvakuum verteilte man an die Arbeiter- und Soldatenräte Waffen und Munition. Die Nachricht vom Ausbruch einer kommunistischen Revolution in Ungarn wirkte dann plötzlich so elektrisierend auf die Linksextremen, daß sie eine Räterepublik ausriefen und die Ablösung des Parlaments durch ein Regime nach Sowjetmuster ankündigten.[5]

Der Anführer der neuen bayerischen Räterepublik hieß Ernst Toller. Mit seinen erst fünfundzwanzig Jahren hatte er sich einen Namen als Lyriker und Stückeschreiber gemacht. Mehr Anarchist als Sozialist, holte Toller gleichgesinnte Köpfe in seine Regierung, so einen weiteren Dramatiker, Erich Mühsam, und den bekannten anarchistischen Schriftsteller Gustav Landauer. Die Münchener Arbeiter- und Soldatenräte stellten sich ausdrücklich hinter dieses »Regime der Kaffeehausanarchisten«, weshalb Hoffmanns Kabinett der Mehrheitssozialdemokraten nach Bamberg floh. Toller kündigte unterdessen eine durchgreifende Reform der Künste an, während seine Regierung erklärte, die Münchner Universität stehe allen Interessierten unentgeltlich offen, solange sie nicht das Fach Geschichte studieren wollten, das als kulturfeindlich abgeschafft wurde. Ein anderer Minister gab bekannt, daß durch die Ausgabe von freiem Geld das Ende des Kapitalismus herbeigeführt werde. Franz Lipp, der Kommissar für Auswärtiges, beschwerte sich telegrafisch in Moskau über den flüchtigen Hoffmann, der »aus meinem Ministerium den Abtrittsschlüssel« habe mitgehen lassen, und fügte hinzu: »Ich habe Württemberg und der Schweiz den Krieg erklärt, weil diese Hunde nicht die 60 Lokomotiven mir sofort leihweise überlassen haben. Ich bin sicher, daß wir siegen!«[6]

Einen Versuch der Regierung Hoffmann, die Räterepublik mit einer improvisierten Truppe Freiwilliger zu stürzen, konnte die aus bewaffneten Angehörigen der Arbeiter- und Soldatenräte gebildete »Rote Armee« mühelos abwehren. Bei den Feuergefechten kamen zwanzig Menschen ums Leben, und die Lage wurde nun gefährlicher. Noch an demselben Tag drängten organisierte Kommunisten unter Führung der russischen Bolschewisten Max Levien und Eugen Leviné die »Kaffeehausanarchisten« brüsk beiseite. Ohne die Zustimmung der KPD abzuwarten, errichteten sie in München ein bolschewistisches Regime und nahmen Verbindung zu Lenin auf. Levien, der bei Kriegsausbruch 1914 zufällig in Deutschland aufgegriffen und zur deutschen Armee eingezogen worden war, befolgte Lenins Anweisungen und begann, Angehörige des Adels und des gehobenen Bürgertums als Geiseln zu nehmen. Aus der Münchner Frauenkirche wurde ein revolutionärer Tempel, über dem die »Göttin Vernunft« waltete. Gleichzeitig begannen die Kommunisten mit der Erweiterung und Ausbildung der Roten Armee, die bald 20 000 gut bewaffnete und gut bezahlte Soldaten zählte. Eine Reihe von Proklamationen verkündete, daß Bayern die Speerspitze der Bolschewisierung Europas sein werde, Arbeiter hätten eine militärische Ausbildung zu absolvieren, und alle Waffen in Privatbesitz seien bei Androhung der Todesstrafe abzugeben.[7]

Es drohte das Gespenst einer Achse bolschewistisch-revolutionärer Regimes von Budapest über München vielleicht bis nach Wien. Hoffmann verpflichtete eine Truppe von 35 000 Freikorpsleuten unter dem bayerischen Oberst Franz Ritter von Epp, verstärkt durch reguläre Militärverbände und einen Panzerzug. Ausgerüstet waren sie mit Maschinengewehren und anderem schweren militärischen Gerät. In München herrschte bereits Chaos, ein Generalstreik hatte die Produktion lahmgelegt, der öffentliche Dienst stand still. Im ganzen Stadtgebiet kam es zu Plünderungen und Diebstählen. Die verängstigten Arbeiter- und Soldatenräte brachten daraufhin ein Mißtrauensvotum gegen die Kommunisten ein, die zurücktreten mußten, so daß die Stadt keine handlungsfähige Führungsspitze mehr hatte. In dieser Situation begann eine Einheit der Roten Armee mit Vergeltungsmaßnahmen gegen Geiseln, die im Luitpold-Gymnasium festgehalten wurden. Unter ihnen waren sechs Mitglieder der Thule-Gesellschaft, einer gegen Ende des Krieges gegründeten antisemitischen und völkischen Sekte. Sie nannte sich nach der Insel Island (»Thule«), angeblich der Stätte der höchsten »arischen« Reinheit, und bezeichnete ihre rassischen Prioritäten mit dem »arischen« Hakenkreuzsymbol. Hervorgegangen war sie aus dem 1912 gegründeten »Germanenorden«, einer weiteren Gründung der Rechtsextremen. Vorsitzender der Thule-Gesellschaft war der selbsternannte Baron von Sebottendorf, der in Wirklichkeit ein vorbestrafter Falschmünzer und der Polizei als Adam Glauer bekannt war. Der Gesellschaft gehörten einige Personen an, die später im Dritten Reich in Erscheinung treten sollten.[8] Es war bekannt, daß der Eisner-Mörder Arco-Valley der Thule-Gesellschaft hatte beitreten wollen. Aus

Rache und Verzweiflung griffen die Rotarmisten zehn Geiseln heraus und stellten sie vor ein Erschießungskommando. Unter den Exekutierten befanden sich der Fürst von Thurn und Taxis, die junge Gräfin von Westarp und zwei weitere Adlige sowie ein alter Professor, der festgenommen worden war, weil er sich in der Öffentlichkeit abfällig über ein revolutionäres Plakat geäußert hatte. Der Rest waren Gefangene, die man unter den Freikorps gemacht hatte.

Die Nachricht von diesen Erschießungen erbitterte die Soldaten, sie marschierten in die Stadt ein, und ihr Sieg geriet zu einem Blutbad. Führende Revolutionäre wie Eugen Leviné wurden festgenommen und erschossen. Den Anarchisten Gustav Landauer schleppten die Soldaten nach Stadelheim, wo sie ihm im Gefängnishof mit Gewehrkolben das Gesicht zu einer blutigen Masse schlugen, zweimal auf ihn schossen und ihn schließlich durch Stiefeltritte töteten. Dann ließen sie den Leichnam zwei Tage lang verwesen, bevor er weggebracht werden konnte. Angetrunkene Freikorpsleute, die am 6. Mai zufällig auf die Versammlung eines katholischen Handwerkervereins stießen, erhielten von einem Informanten den Tip, daß es sich in Wirklichkeit um Revolutionäre handle, nahmen sie fest, brachten sie in einen Keller, schlugen sie brutal zusammen und töteten insgesamt 21 der unschuldigen Versammlungsteilnehmer. Viele weitere Menschen wurden »auf der Flucht erschossen«, nach Anzeigen als angebliche frühere Kommunisten getötet, nach Denunziationen wegen angeblichen Waffenbesitzes niedergestreckt oder aus Häusern gezerrt, aus denen angeblich geschossen worden war, und auf der Stelle exekutiert. Alles in allem bezifferten die amtlichen Schätzungen die Zahl der Personen, die von den nach München eingedrungenen Freikorps getötet worden waren, auf etwa 600; inoffizielle Beobachter veranschlagten eine doppelt so hohe Zahl von Opfern.[9] Nach dem Blutbad hatten selbst gemäßigte Kräfte wie Hoffmanns Sozialdemokraten, die freilich den Freikorps den Auftrag zu der Aktion gegeben hatten, in München keine große Chance mehr. Schließlich kam eine »weiße«, gegenrevolutionäre Regierung ans Ruder und setzte die Verfolgung der letzten Revolutionäre fort, während die Freikorpsleute, von denen einige schon wegen ihrer blutigen Greuel verurteilt waren, mit geringsten Strafen davonkamen. München wurde zum Tummelplatz für extremistische politische Sekten, da praktisch jede soziale und politische Gruppe von Angst, Haß und Rachegelüsten erfüllt war.[10] Die öffentliche Ordnung war mehr oder weniger zusammengebrochen.

Die Offiziere standen jetzt vor der Aufgabe, eine neue reguläre Armee aus den Überresten der alten zu schaffen. Da die Arbeiter- und Soldatenräte sich bei den Truppen großer Beliebtheit erfreut hatten, sollten sie jetzt im Geist der neuen Armeeführung eine politische Schulung bekommen. Unter denen, die im Juni 1919 zur politischen Fortbildung abkommandiert wurden, war auch ein dreißigjähriger Gefreiter, der seit Kriegsbeginn in der bayerischen Armee gedient hatte und in ihr während all der Wechselfälle von Sozialdemokratie, Anarchie und Kommunismus geblieben war. Er hatte an Demonstrationen teilgenommen, er hatte eine rote Armbinde getragen wie seine übrigen Kameraden, und er war mit den meisten von ihnen von der Bildfläche verschwunden, als sie den Befehl erhalten hatten, München gegen die einmarschierenden Truppen zu verteidigen. Er hieß Adolf Hitler.[11]

II

Was Hitler immer sonst sein mochte, er war auch das Produkt der politischen Gegebenheiten. Unter anderen Umständen wäre er vielleicht niemals zu politischer Prominenz gelangt. Zur Zeit der Revolution in Bayern war er ein einfacher Soldat, der in der Politik bisher in keiner Weise eine Rolle gespielt hatte. Geboren am 20. April 1889, war er die lebende Verkörperung jenes völkisch-kulturellen Begriffs von nationaler Identität, den die Alldeutschen vertraten, denn nach Geburt und Staatsangehörigkeit war er kein Deutscher, sondern Österreicher. Über seine Kindheit, Jugend und Erziehung wissen wir wenig. Vieles, was über diesen frühen Lebensabschnitt Hitlers geschrieben wurde, ist hochspekulativ, schief oder abenteuerlich. Immerhin wissen wir, daß sein Vater Alois den Namen seiner Mutter Maria Schicklgruber, als deren uneheliches Kind er 1837 zur Welt gekommen war, ablegte und 1876 den Namen seines Stiefvaters Johann Georg Hiedler oder Hitler annahm. Es gibt keine Beweise dafür, daß einer der Vorfahren Hitlers Jude gewesen wäre. Johann Georg gab freimütig zu, der Vater von Hitlers Vater zu sein. Alois

Hitler war zur Zeit von Adolfs Geburt Oberzollbeamter in Braunau am Inn – ein kleiner, achtbarer österreichischer Bürokrat. Er war dreimal verheiratet, Adolf war außer seiner jüngeren Schwester Paula das einzige Kind aus dritter Ehe, das das Säuglingsalter überlebte. »Psychohistoriker« haben viel Aufhebens von Adolfs späteren Anspielungen auf seinen kalten, strengen und manchmal gewalttätigen Vater und seine warmherzige, über alles geliebte Mutter gemacht, doch keine ihrer Schlußfolgerungen läuft auf mehr als Spekulation hinaus.[12]

Die Familie Hitler wechselte mehrere Male die Wohnung, bevor sie sich 1898 in einem Vorort von Linz niederließ, das Hitler später immer als seine eigentliche Heimatstadt ansah. Der kleine Hitler war schlecht in der Schule und mochte seine Lehrer nicht, scheint sich aber sonst nicht von seinen Mitschülern unterschieden zu haben. Für das geregelte, fleißige Beamtenleben, das sein Vater für ihn vorgesehen hatte, war er offenkundig untauglich. Nach dem Tod seines Vaters Anfang 1903 lebte er in einer Wohnung in Linz, wo er von seiner Mutter, seiner Tante und seiner jüngeren Schwester umsorgt wurde, und träumte von einer Künstlerkarriere. Seine Zeit verbrachte er damit, zu zeichnen, Gespräche mit seinen Freunden zu führen, in die Oper zu gehen und zu lesen. In Linz lernte er das völkische Gedankengut des Ritters von Schönerer kennen und berauschte sich an der romantischen Verklärung germanischer Mythen in Aufführungen von Wagner-Opern. 1907 machten zwei Ereignisse dem Leben des tagträumenden Müßiggangs ein Ende. Die Mutter starb an Brustkrebs, und die Wiener Kunstakademie lehnte seinen Aufnahmeantrag ab; er solle sich lieber als Architekt versuchen, hieß es. In der Tat war das Zeichnen und Malen von Bauwerken seine Stärke. Die schwere, erdrückende, historisierende Architektur der öffentlichen Gebäude an der Wiener Ringstraße übte große Faszination auf Hitler aus, und er machte sie mit Vorliebe zum Gegenstand seiner Zeichnungen. Zeit seines Lebens verspürte er den Wunsch, der symbolischen Kraft politischer Architektur Ausdruck zu verleihen. Eine zweite Bewerbung um Aufnahme an der Kunstakademie scheiterte erneut. Enttäuscht verließ er Linz und ging nach Wien.[13] In dem Glauben, zum großen Künstler bestimmt zu sein, verbrachte er die nächsten fünf Jahre in der österreichischen Hauptstadt.[14]

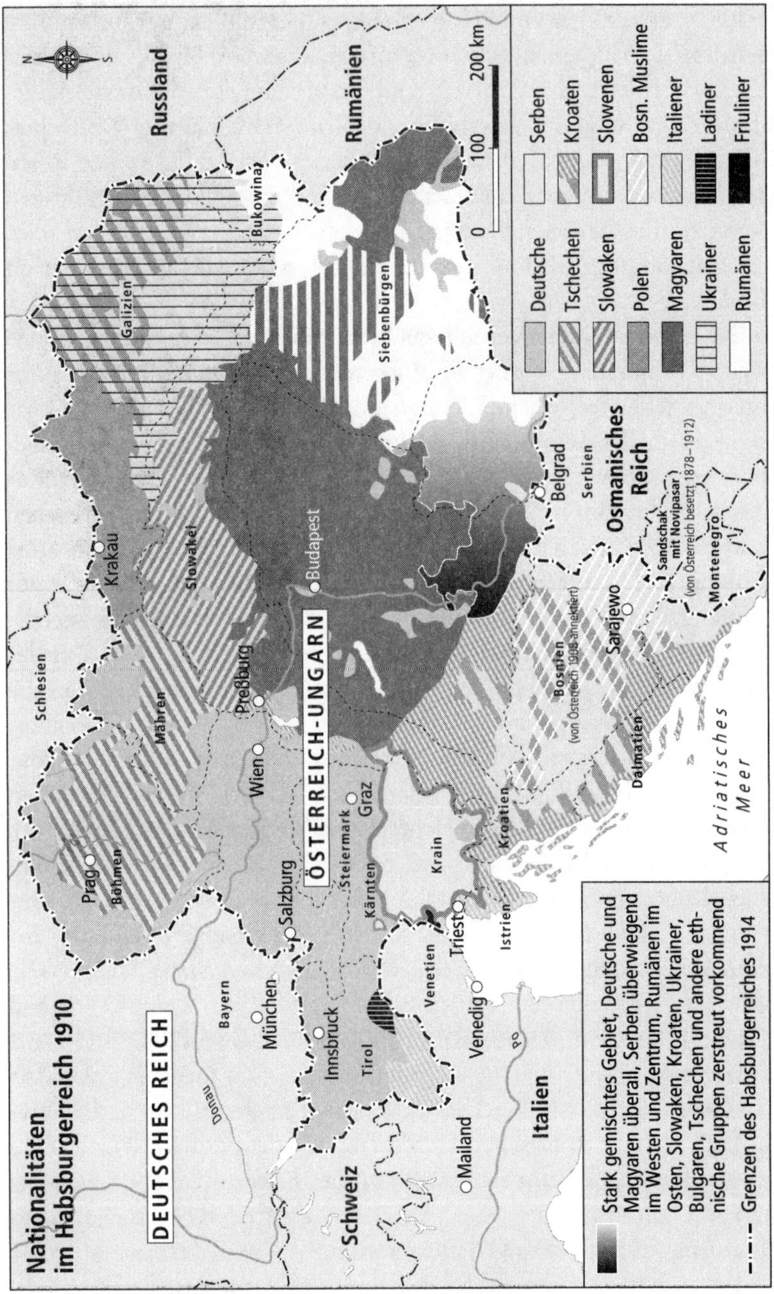
Nationalitäten im Habsburgerreich 1910
DEUTSCHES REICH
ÖSTERREICH-UNGARN
Russland
Rumänien
Osmanisches Reich
Serbien
Montenegro
Italien
Schweiz
Bayern
Schlesien
Böhmen
Mähren
Galizien
Bukowina
Siebenbürgen
Slowakei
Steiermark
Kärnten
Krain
Kroatien
Istrien
Dalmatien
Bosnien (von Österreich 1908 annektiert)
Sandschak mit Novipasar (von Österreich besetzt 1878–1912)
Tirol
Venetien
Adriatisches Meer
Prag
Krakau
Preßburg
Wien
Budapest
Belgrad
Sarajewo
Graz
Salzburg
München
Innsbruck
Triest
Venedig
Mailand
Donau
Po
N
S
0 100 200 km
Deutsche
Tschechen
Slowaken
Polen
Magyaren
Ukrainer
Rumänen
Serben
Kroaten
Slowenen
Bosn. Muslime
Italiener
Ladiner
Friuliner
Stark gemischtes Gebiet, Deutsche und Magyaren überall, Serben überwiegend im Westen und Zentrum, Rumänen im Osten, Slowaken, Kroaten, Ukrainer, Bulgaren, Tschechen und andere ethnische Gruppen zerstreut vorkommend
Grenzen des Habsburgerreiches 1914

Hitlers spätere Darstellung verlieh dieser Zeit nachträglich eine innere Folgerichtigkeit, die sie in Wirklichkeit wohl nicht gehabt hat. Aber auch hier gibt es wiederum wenig aussagekräftiges Beweismaterial über das, was er damals tat oder dachte. Doch liegt einiges offen zutage. Sein Scheitern an der Kunstakademie ließ in ihm einen Haß auf die bürgerliche Konvention, die etablierte Ordnung mit ihren Normen und Regeln gären. Anstatt einen Beruf zu erlernen oder sich um eine Stelle zu bewerben, führte er das Leben eines müßiggängerischen Bohemien und gab seine Ersparnisse für den Besuch von Wagneropern aus. Als ihm das Geld ausging, war er gezwungen, unter freiem Himmel zu übernachten oder sich ein Quartier in einem Obdachlosenheim zu suchen. Die Lage besserte sich erst, als er etwas Geld von seiner Tante bekam und begann, kleine Gemälde, zumeist nach Vorlagen angefertigte Kopien, zu verkaufen. Von dem Erlös konnte er ein billiges Zimmer in einem Männerheim mieten und dort die Bibliothek und den Lesesaal benutzen. Hier wohnte er drei Jahre.

Die politischen Ansichten, die Hitler in Linz aufgenommen hatte, verfestigten sich, als er in Wien noch direkter mit dem völkischen Gedankengut Schönerers in Berührung kam. Zweifellos haßte Hitler die Habsburgermonarchie und ihre Hauptstadt, die ihm die Erfüllung seiner künstlerischen Ambitionen verwehrt hatte. Die Forderung Schönerers, die deutschsprachigen Teile Österreichs dem Deutschen Reich einzuverleiben, hatte für ihn einen unwiderstehlichen Reiz. Die Nationalitätenvielfalt in Wien stieß ihn ab, in seinen Augen konnte nur eine rassisch homogene Nation eine erfolgreiche Nation sein. Für Hitler war nicht Schönerer der Mann, der die Unterstützung der Massen gewinnen konnte. Es war vielmehr der Wiener Bürgermeister Karl Lueger, der nach seiner Einschätzung mit antisemitischer Demagogie wahre Menschenkenntnis verriet. Den alltäglichen Antisemitismus der im Lesesaal des Männerheims aufliegenden Zeitungen und der billigen antisemitischen Schriften, die er damals gelesen haben will, konnte Hitler schwerlich übersehen. Und seine Begeisterung für Wagner, dessen Opern er sich in dieser Zeit hundertfach ansah, kann seine politischen Ansichten nur gestärkt haben. Praktisch alle Anhänger Schönerers, Wagners und Luegers waren damals Antisemiten, zum Teil sogar wüste Antisemiten, und es gibt keinen Grund, warum Hitler eine Ausnahme hätte sein sollen. Der Umstand, daß er seine Bilder an jüdische Händler verkaufte und sich Geld von jüdischen Heimbewohnern borgte, besagt nichts. Damals hatte sein Antisemitismus noch etwas Abstraktes, fast Theoretisches, erst am Ende des Ersten Weltkriegs wurde sein Haß auf die Juden instinktiv, persönlich und tödlich.[15]

Einige der interessantesten Stellen in Hitlers späterem autobiographischem Werk *Mein Kampf* beschreiben seine innere Erregung beim Anblick sozialdemokratischer Massendemonstrationen in Wien. Den Marxismus der Sozialdemokraten fand er widerwärtig, und ihre Propaganda steckte für ihn voller abscheulicher und bösartiger Verleumdungen und Lügen. Aber warum glaubten die Massen dann an sie und nicht an die Lehren eines Mannes wie Schönerer? Für Hitler lautete die Antwort, daß die Sozialdemokraten unduldsam gegen alle anderen Ansichten waren, sie in der Arbeiterklasse so weit wie möglich bekämpften, sich selbst einfach und fest darstellten und die Massen mit Gewalt auf ihre Seite zogen. »Die Psyche der breiten Masse ist nicht empfänglich für alles Halbe und Schwache«, schrieb er; so »liebt auch die Masse mehr den Herrscher als den Bittenden.« Und weiter: »Nicht minder verständlich wurde mir die Bedeutung des körperlichen Terrors dem einzelnen, der Masse gegenüber ... Der Terror auf der Arbeitsstätte, in der Fabrik, im Versammlungslokal und anläßlich der Massenkundgebung wird immer von Erfolg begleitet sein, solange ihm nicht ein gleich großer Terror entgegentritt.« »Am eindringlichsten empfiehlt sie [die Sozialdemokratie] Schwächlinge an Geist und Kraft zusammen. Sie versteht den Anschein zu erwecken, als ob nur so die Ruhe zu erhalten wäre, während sie dabei in kluger Vorsicht, aber dennoch unentwegt heimlich eine Position nach der anderen erobert, bald durch stille Erpressung, bald durch tatsächlichen Diebstahl ...« Es mag nachträgliche Rationalisierung gewesen sein, indem Hitler seine eigenen Gefühle und Absichten auf die erfolgreichste Massenbewegung im Österreich seiner Jugend zurückprojizierte. Aber wohl niemand, der vor 1914 in Wien lebte, konnte sich der Macht der Sozialdemokraten über die Massen entziehen, und so ist es plausibel, anzunehmen, daß Hitler von ihr beeindruckt war und von ihr lernte, auch wenn er die Lehren der Sozialdemokraten verwarf.[16]

Die wichtigste politische Lektion, die er in seiner Wiener Zeit lernte, war eine abgrundtiefe Verachtung für den Staat und das Recht. Es gibt keinen Grund, seiner späteren Aussage nicht zu glauben, daß er als Anhänger Schönerers in der Habsburgermonarchie die Unterdrückerin der germanischen Rasse in Österreich sah, weil sie sie zur Rassenmischung zwang und ihr die Möglichkeit verwehrte, sich mit dem Deutschen im Reich zu vereinen. »Ist aber einmal diese [Art] selber in Gefahr, unterdrückt oder gar beseitigt zu werden«, schrieb er, »dann spielt die Frage der Legalität nurmehr eine untergeordnete Rolle.« Die Selbsterhaltung der Rasse sei ein höheres Gut als die Legalität, die häufig nicht mehr sei als der Deckmantel der Tyrannei. In diesem Kampf sei jedes Mittel recht. Ferner werde der verfaulte Staat der Habsburger völlig vom parlamentarischen System beherrscht, das er verachtete, als er stundenlang auf der Zuschauertribüne des österreichischen Parlaments saß und vernahm, wie die Parteien der verschiedenen, rivalisierenden Nationalitäten einander anschrien und niederbrüllten – jede in ihrer eigenen Sprache – und so dafür sorgten, daß kaum etwas vorwärtsging. Insbesondere den im Parlament energisch auftretenden Tschechen gegenüber entwickelte er einen starken Haß. Hitler hielt es für einen Fehler von Schönerer, sein Ziel auf dem Weg über das Parlament erreichen zu wollen, und kam zu dem Schluß, daß nur ein starker, vom Volk gewählter Führer etwas bewirken könne.[17]

Es gibt keinen Hinweis, daß Hitler vor 1914 sich selbst für diesen Führer gehalten hätte, ja nicht einmal darauf, daß er überhaupt erwog, in die Politik zu gehen. Im Gegenteil trug er sich noch immer mit dem Gedanken, Künstler zu werden. Das niederschmetternde finanzielle Elend, in das ihn die Vereitelung dieses Traums gebracht hatte, wurde etwas durch eine Erbschaft gemildert, die ihm sein Vater zu seinem 24. Geburtstag vermacht hatte und die am 20. April 1913 ausgezahlt wurde. Hitler regelte daraufhin seine Angelegenheiten in Wien und ging nach Deutschland. Später beschrieb er das Glücksgefühl, das ihn überkam, als er nach München zog, um den bunten, für ihn abstoßenden rassischen Kosmopolitismus der österreichischen Hauptstadt und den politischen Wirrwarr des im Niedergang begriffenen Habsburgersystems hinter sich zu lassen. Für ein solches System lohne es sich nicht zu kämpfen, glaubte er, und einer der Gründe, weshalb er Österreich verlassen hatte, war der Wunsch gewesen, dem Kriegsdienst zu entgehen, der in Kürze auf ihn wartete. Jetzt war er in Deutschland, und er fühlte sich zu Hause.

Hitler mietete ein Zimmer am Rande Schwabings und führte das Leben weiter, das er in Wien geführt hatte, indem er Ansichtskarten von bekannten Münchner Gebäuden in Aquarellen kopierte und genug davon verkaufte, um ein bescheidenes Leben fristen zu können. Wie andere Schwabinger Bohemiens verbummelte er viel Zeit in Kaffeehäusern und Bierkellern, aber er blieb ein Außenseiter in der Künstlerszene. Während Männer wie Eisner, Toller, Landauer oder Mühsam sich ernsthaft mit dem Theater befaßten, über anarchistische Utopien diskutierten oder sich einen Namen als Lyriker und Schriftsteller machten, setzte Hitler seine frühere ziellose Existenz fort und beabsichtigte nicht, in München jene künstlerische Ausbildung zu erwerben, die ihm in Wien versagt war. Unterdessen vollzog die künstlerische Avantgarde, die mit Malern wie Wassily Kandinsky, Paul Klee, Franz Marc, August Macke und der Gruppe »Blauer Reiter« in Schwabing Furore machte, den Bruch mit der Konvention. Diese Avantgarde erregte in Hitler Verständnislosigkeit und Abscheu, seine eigene Kunstübung erschöpfte sich in einer tüftelig-unlebendigen Reproduktion von Bauwerken, sein Kunstgeschmack ging nie über jene konventionellen, den klassischen Stil mühsam nachempfindenden Darstellungen hinaus, welche an der Wiener Kunstakademie, die er so gerne besucht hätte, gang und gäbe waren.[18] Was ihn jedoch mit den Schwabinger Bohemiens verband, war die tief empfundene Verachtung für bürgerliche Konventionen und Normen sowie der Glaube, daß Kunst die Welt verändern könne.

Der Ausbruch des Weltkriegs befreite Hitler aus dem Dasein als Bohemien am Rande der Münchner Kulturszene. Ein Foto vom 2. August 1914 zeigt ihn inmitten einer Menschenmenge, die in München die Kriegserklärung feiert. Er strahlt vor freudiger Erwartung, drei Tage später meldete er sich freiwillig zur bayerischen Armee. Im Durcheinander der ersten Kriegstage, als sich zahllose Freiwillige meldeten, scheint niemand daran gedacht zu haben, seine Staatsangehörigkeit zu überprüfen. Er trat am 16. August den Wehrdienst an und kam schon kurze Zeit später an die Westfront. Es war, wie er später schrieb, »eine Erlösung aus den ärgerlichen Empfindungen meiner Jugend«. Zum ersten Mal hatte er einen Auftrag, an den er glauben und den er befolgen, und eine verschworene Gemeinschaft von Kameraden, mit der er sich identifizieren konnte. So quoll ihm »das Herz über vor stolzem Glück«, für Deutschland kämpfen zu können.[19] Die nächsten vier Jahre blieb er bei seinem Regiment, wo er als Meldegänger fungierte, zum Gefreiten befördert wurde und zwei Tapferkeitsauszeichnungen erhielt, beim zweiten Mal das Eiserne Kreuz Erster Klasse auf Empfehlung eines jüdischen Offiziers. Kurz danach geriet er in einen Giftgasangriff und kam, zeitweilig erblindet, in ein Lazarett im pommerschen Pasewalk. Hier erfuhr er nach einiger Zeit von der deutschen Niederlage, dem Waffenstillstand und der Revolution.[20] In *Mein Kampf* bezeichnete Hitler dies als »das Ungeheuerliche, ... die entsetzlichste Gewißheit« seines Lebens, die Vernichtung aller seiner Hoffnungen, die Entwertung aller seiner Opfer. Als er die Nachricht bekam, wurde es ihm »um die Augen wieder schwarz«.[21] Die Erinnerung an 1918 sollte in seinem ganzen späteren Denken und Handeln eine zentrale Rolle spielen. Auf der Suche nach einer Erklärung klammerte sich Hitler gierig an die sich rasch verbreitende Dolchstoßlegende. In den Juden, denen er schon früher mit Argwohn und Abscheu begegnet war, erblickte er die Hauptschuldigen. All die unausgegorenen und verworrenen Ideen und Vorurteile, die er von Schönerer, Lueger, Wagner übernommen hatte, fügten sich plötzlich zu einem übersichtlichen, in sich stimmigen und völlig paranoiden Bild. Dabei sah er in der Propaganda die entscheidende politische Triebfeder: von außen feindliche Kriegspropaganda, die den deutschen Wehrwillen zersetzt, von innen jüdische und sozialistische Propaganda, die Zweifel und Defätismus gesät hatte.

> »Jede Propaganda hat volkstümlich zu sein und ihr geistiges Niveau einzustellen nach der Aufnahmefähigkeit des Beschränktesten unter denen, an die sie sich zu richten gedenkt. Damit wird ihre rein geistige Höhe umso tiefer zu stellen sein, je größer die zu erfassende Masse der Menschen sein soll. ... Die Aufnahmefähigkeit der großen Masse ist nur sehr beschränkt, das Verständnis klein, jedoch die Vergeßlichkeit groß. Aus diesen Tatsachen heraus hat sich jede wirkungsvolle Propaganda auf nur sehr wenige Punkte zu beschränken und

diese schlagwortartig so lange zu verwerten, bis auch bestimmt der Letzte unter einem solchen Worte das Gewollte sich vorzustellen vermag.«

Auch habe sich die Propaganda an das Gefühl, nicht an die Vernunft zu wenden; denn: »Das Volk ist in seiner überwiegenden Mehrheit so feminin veranlagt und eingestellt, daß weniger nüchterne Überlegung als vielmehr gefühlsmäßige Empfindung sein Denken und Handeln bestimmt.« Und schließlich müsse die Propaganda ihre Botschaft unablässig und ohne die geringste Veränderung wiederholen. Niemals dürfe sie auch nur den Hauch eines Zweifels an den eigenen Behauptungen eingestehen oder die geringste Berechtigung in den Behauptungen der Gegenseite einräumen.[22]

Ab Juni 1919, gemäß dem Befehl seines vorgesetzten Offiziers, besuchte Hitler die politischen Lehrgänge, die zum Sprungbrett für seine politische Karriere werden sollten. Der Augenblick war günstig. München war in den Augen vieler konservativer Betrachter eine Welt, die kopfstand, und es war an der Zeit, sie wieder auf die Füße zu stellen. Wo Preußen versagt hatte, konnte Bayern den Weg weisen. Die politische Sprache in München nach dem Sturz der Räteregierung war durchsetzt von nationalistischen Parolen, antisemitischen Phrasen und reaktionären Reizwörtern, die zur rabiaten Artikulation gegenrevolutionärer Gesinnung geradezu einluden. Hitler wußte wie wenige, auf der Klaviatur dieser Sprache zu spielen und die stereotypen Bilder von den Feinden der Ordnung zu einer emotionalen Sprache des Extremismus zu mobilisieren.[23]

III

Die Lehrgänge, die Hitler besuchte, waren darauf angelegt, den bayerischen Truppen der Reichswehr die sozialistischen Regungen auszutreiben und ihnen dafür die Glaubenssätze der extremen Rechten einzuimpfen. Unter den Dozenten befanden sich der konservative Münchner Historiker Karl Alexander von Müller und der völkische Wirtschaftstheoretiker Gottfried Feder, der die Volkswirtschaftslehre antisemitisch einfärbte, indem er die Juden beschuldigte, durch unproduktiven Einsatz ihres Kapitals den Lebensunterhalt der hart arbeitenden »Arier« zu ruinieren. Hitler sog die Ideen dieser Leute so begierig auf, daß seine Vorgesetzten ihn im August 1919 selbst zum Leiter eines solchen Lehrgangs bestimmten. Hier entdeckte er zum ersten Mal seine Begabung, vor großem Publikum zu sprechen. Besucher seiner Lehrgänge sprachen bewundernd von seiner Leidenschaft, seinem Engagement und seiner Fähigkeit, sich dem einfachen Mann mitzuteilen. Auch die Heftigkeit seines Antisemitismus fiel ihnen auf. In einem Brief vom 16. September 1919 erläuterte Hitler seine Ansichten über die Juden. Mit einer jener biologischen Metaphern, die in seinen späteren Reden und Schriften immer wiederkehren sollten, schrieb er, die Juden brächten die »Rassentuberkulose« über die Völker. Einen »Antisemitismus aus rein gefühlsmäßigen Gründen« lehnte er ab, da er seinen letzten Ausdruck in »Pogromen« finden werde; statt dessen vertrat er einen »Antisemitismus der Vernunft«, der »zur planmäßigen gesetzlichen Bekämpfung und Beseitigung der Vorrechte der Juden« führen müsse. »Sein letztes Ziel aber muß unverrückbar die Entfernung der Juden überhaupt sein.«[24]

In der rachsüchtigen, ultranationalistischen Atmosphäre der Monate nach der blutigen Niederwerfung der Münchner Revolution durch die Freikorps war eine solche Gesinnung keineswegs ungewöhnlich. Hitler war inzwischen ein getreuer politischer Agent der Reichswehr geworden. In dieser Eigenschaft sollte er über eine der zahllosen politischen Gruppen berichten, die damals in München entstanden, und feststellen, ob sie gefährlich war oder ob man sie für die Sache der Gegenrevolution gewinnen konnte. Es handelte sich um die Deutsche Arbeiterpartei, gegründet am 5. Januar 1919 von einem Anton Drexler, einem Werkzeugschlosser, der vorher Mitglied der Deutschen Vaterlandspartei gewesen war. Drexler behauptete, Sozialist und Arbeiter zu sein und gegen nicht erarbeitetes Kapital, Ausbeutung und Profitmacherei zu kämpfen. Es war jedoch ein Sozialismus mit nationalistischem Drall. Drexler schrieb die Übel, die er bekämpfte, Juden zu, die auch die verderbliche Ideologie des Bolschewismus ersonnen hätten. Er appellierte nicht an Industriearbeiter, sondern an die »schaffenden Stände«, an alle, die von ehrlicher Arbeit lebten.[25] Kurzfristig bedeutete das den unteren Mittelstand, doch längerfristig war Drexlers Partei bestrebt, in Anlehnung an Stoeckers christlich-soziale Bewegung der achtziger Jahre und nach dem Muster vieler ähnlicher nationalistischer Bestrebungen die Arbeiterklasse dem Marxismus zu entfremden und in den Dienst der alldeutschen Sache zu stellen.

In Wirklichkeit war die junge Partei eine Schöpfung der Thule-Gesellschaft. An Drexler und seiner Kleinstpartei war in dem rechtsextremen Klima Münchens nach dem Scheitern der Revolution nichts Ungewöhnliches. Ungewöhnlich war vielmehr die Aufmerksamkeit, die Hitler erregte, als er am 12. September 1919 eine Versammlung der Deutschen Arbeiterpartei besuchte und aus dem Publikum heraus mit leidenschaftlichen Worten einem Vorredner widersprach, der die Abtrennung Bayerns vom Reich befürwortet hatte. Drexler war beeindruckt und stimmte auch bereitwillig zu, als Hitler, wiederum auf Anweisung seiner Vorgesetzten in der Reichswehr, die Aufnahme in die Partei beantragte. Später behauptete er zwar, erst das siebente Mitglied der Partei gewesen zu sein, aber in Wirklichkeit hatte er die Mitgliedsnummer 555. Das war beachtlicher, als es aussah, denn einem alten Brauch politischer Randgruppen folgend, begann die Deutsche Arbeiterpartei die Zählung ihre Mitglieder nicht mit Nummer 1, sondern mit Nummer 501, um mehr Mitglieder vorzutäuschen.[26] Weiterhin von seinen Vorgesetzten ermutigt, stieg Hitler schnell zum Starredner der Partei auf. Unter Hinweis auf seine Erfolge drängte er die Partei zur Abhaltung immer größerer öffentlicher Versammlungen. Durch aufsehenerregende Plakataktionen angekündigt und oft von rüpelhaften Szenen begleitet, fanden sie meist in Bierkellern statt. Spätestens Ende März 1920 sah Hitler, der seiner Partei mittlerweile unentbehrlich geworden war, daß hier seine Zukunft liege. In der Demagogie fand er seine Identität wieder, die er durch die deutsche Niederlage verloren hatte. Er verließ die Armee und wurde hauptberuflicher politischer Agitator.

Die Attraktivität eines radikalen Antisemitismus war im gegenrevolutionären München bereits von einer viel größeren Organisation mit ähnlichen Anschauungen genutzt worden, dem Deutschvölkischen Schutz- und Trutzbund, einer weiteren rechtsextremen Gruppierung, der das Hakenkreuz als wichtigstes politisches Symbol diente. Der Bund mit Sitz in Hamburg konnte auf rund 200 000 Mitglieder in ganz Deutschland verweisen: ehemalige Mitglieder der Deutschen Vaterlandspartei, unzufriedene Kriegsteilnehmer sowie völkisch gesinnte Studenten, Lehrer und Angestellte. Er unterhielt eine effiziente Propagandamaschinerie, die Millionen von Flugblättern ausspuckte und Massenversammlungen organisierte, zu der Tausende von Menschen kamen und nicht nur die paar hundert, die Drexlers Verein anzulocken vermochte.[27] Daneben gab es die viel kleinere Deutsch-Sozialistische Partei des Ingenieurs Alfred Brunner, die Ortsgruppen in vielen deutschen Städten unterhielt, obwohl sie nur ein Zehntel so groß war wie der Schutz- und Trutzbund. Aber keine der beiden Parteien hatte einen Redner, der es an Zugkraft mit Hitler aufnehmen konnte.[28]

Während konventionelle rechte Politiker auf solchen Veranstaltungen Vorträge hielten, orientierte sich Hitler am Vorbild sozialdemokratischer Redner wie Eisner oder linker Agitatoren, von denen er in Wien gelernt haben wollte. Und er hatte großen rhetorischen Erfolg damit, daß er seinen Zuhörern das sagte, was sie hören wollten. Er bediente sich einer einfachen, direkten Sprache, die gewöhnliche Menschen verstehen konnten, mit kurzen Sätzen und kraftvollen, gefühlsbetonten Parolen. Oft begann er die Rede leise, um die Aufmerksamkeit des Publikums zu fesseln, und steigerte sich dann zu einer keuchenden, fauchenden Klimax, bei der seine tiefe, etwas heisere Stimme umzukippen drohte. Während er die Zuhörer so zu einem Taumel der Begeisterung hinriß, begleitete er seine Worte mit sorgfältig einstudierten, dramatischen Gesten, das Gesicht schweißüberströmt, die schwarzen Haare in der Stirn. Bei dem, was er sagte, gab es keine Einschränkungen, alles war absolut, kompromißlos, unwiderruflich, unweigerlich, unabänderlich, endgültig. Was er sagte, schien ihm aus dem Herzen zu fließen, wie viele Hörer seiner ersten Reden bestätigten, und ihre tiefsten Ängste und Sehnsüchte auszusprechen. Zunehmend verströmte er auch Selbstvertrauen, Angriffslust, den Glauben an den Sieg seiner Partei, ja das Bewußtsein, von der Vorsehung erwählt zu sein. Den Auftakt einer Rede bildete oft die Schilderung seiner eigenen schweren, von Armut und Not gezeichneten Jugend, womit er unausgesprochen eine Parallele zum niedergedrückten, geschmähten, verzweifelten Zustand Deutschlands nach dem Ersten Weltkrieg zog. Darauf pflegte er die Stimme zu heben und das eigene politische Erwachen zu beschreiben, das sein Gegenstück in der künftigen Genesung und wiedergewonnenen Größe Deutschlands finden werde. Ohne sich einer offen religiösen Sprache zu bedienen, beschwor Hitler die tief in die Seele seiner Zuhörer eingepflanzten religiösen Archetypen von Leiden, Erniedrigung, Erlösung und Wiederauferstehung.[29]

Hitler reduzierte in seinen Reden die komplexen sozialen, politischen und wirtschaftlichen Probleme Deutschlands auf einen einzigen gemeinsamen Nenner: Machenschaften der Juden. In *Mein Kampf* beschrieb er, wie seiner Ansicht nach jüdische Zersetzung 1918 die deutsche Kriegsanstrengung untergraben hätte, und erklärte:

> »Hätte man zu Kriegsbeginn und während des Krieges einmal zwölf- oder fünfzehntausend dieser hebräischen Volksverderber so unter Giftgas gehalten, wie hunderttausende unserer allerbesten deutschen Arbeiter aus allen Schichten und Berufen es im Feld erdulden mußten, dann wäre das Millionenopfer der Front nicht vergeblich gewesen. Im Gegenteil: Zwölftausend Schurken zur rechten Zeit beseitigt, hätte vielleicht einer Million ordentlicher, für die Zukunft wertvoller Deutschen das Leben gerettet. Doch gehörte es eben auch zur bürgerlichen ›Staatskunst‹, ohne mit der Wimper zu zucken, Millionen auf dem Schlachtfeld dem blutigen Ende auszuliefern, aber zehn- oder zwölftausend Volksverräter, Schieber, Wucherer und Betrüger als kostbares nationales Heiligtum anzusehen und damit deren Unantastbarkeit offen zu proklamieren.«[30]

Dieser kompromißlose Radikalismus verlieh Versammlungen, auf denen Hitler sprach, etwas von der Inbrunst einer Erweckungsbewegung, die von weniger demagogischen Politikern schwer nachzuahmen war. Die Bekanntheit Hitlers wurde auch durch den Trick gesteigert, seine Reden auf roten Plakaten anzukündigen, um die Linken anzulocken, mit dem Ergebnis, daß Proteste sozialistischer Zuhörer häufig zu Handgreiflichkeiten und Prügeleien ausarteten.

In dem Klima von Gegenrevolution, nationalem Brüten über den »Dolchstoß« und Fixiertheit auf Kriegsgewinnler und Profiteure der rasch um sich greifenden Inflation konzentrierte sich Hitler vornehmlich auf hetzerische Angriffe gegen »jüdische« Händler, die angeblich die Preise in die Höhe trieben. Sie gehörten alle aufgehängt, rief Hitler unter dem tosenden Beifall seiner Zuhörer aus.[31] Vielleicht um diese antikapitalistische Stoßrichtung zu unterstreichen und sich in eine Reihe mit ähnlichen Gruppen in Österreich und der Tschechoslowakei zu stellen, benannte sich die Partei im Februar 1920 in Nationalsozialistische Deutsche Arbeiterpartei (NSDAP) um. Gegnerische Kommentatoren erfanden hierfür bald die Abkürzung »Nazi«, so wie schon früher die Gegner der Sozialdemokraten von »Sozis« gesprochen hatten. Trotz der Änderung des Parteinamens wäre es jedoch falsch, den Nationalsozialismus als eine Verfremdung oder Weiterentwicklung des Sozialismus zu verstehen. Zwar war, wie manche Autoren betonen, die Rhetorik des Nationalsozialismus häufig egalitär, betonte den Grundsatz »Gemeinnutz geht vor Eigennutz« und erklärte häufig ihre Gegnerschaft zu Großwirtschaft und internationalem Finanzkapital. Und ein bekannter Ausspruch behauptete, Antisemitismus sei »der Sozialismus der dummen Kerle«. Aber von Anfang an bezeichnete sich Hitler als unversöhnlicher Gegner der Sozialdemokratie und, wenngleich zunächst in weit geringerem Maße, des Kommunismus – immerhin waren ja die »Novemberverräter«, die den Waffenstillstand und später den Vertrag von Versailles unterzeichnet hatten, nicht die Kommunisten, sondern die Sozialdemokraten und ihre Verbündeten gewesen.[32]

Die Nationalsozialisten erstrebten, wie ihr Parteiname besagte, die Vereinigung der zwei politischen Lager links und rechts, in welche nach ihrer Auffassung die Juden das deutsche Volk hineinmanipuliert hätten. Grundlage dieser Vereinigung sollte der Gedanke der *Rasse* sein. Dies war Lichtjahre entfernt von der *Klassen*-Ideologie des Sozialismus. In mancher Hinsicht war der Nationalsozialismus eine extreme Gegenideologie zum Sozialismus, übernahm dabei aber viel von dessen Rhetorik, angefangen bei seinem Selbstverständnis als Bewegung statt als Partei bis hin zur vielgerühmten Verachtung bürgerlicher Konvention und konservativer Zurückhaltung. Die Idee einer »Partei« unterstellte nach Meinung der Nationalsozialisten Treue zur parlamentarischen Demokratie und geduldiges Arbeiten in einem festgefügten demokratischen Gemeinwesen. In Reden und in der Propaganda zogen es Hitler und seine Anhänger jedoch generell vor, von der »nationalsozialistischen Bewegung« zu sprechen, so wie die Sozialdemokraten von der »Arbeiterbewegung«, die Feministinnen von der »Frauenbewegung« und die Apostel der Jugendrebellion vor dem Krieg von »Jugendbewegung« gesprochen hatten. »Bewegung« suggerierte nicht nur Dynamik und fortwährendes Voranschreiten, sondern auch unmißverständlich ein Endziel, einen anzustrebenden absoluten Zweck, der größer und endgültiger war als die endlosen Kompromisse der hergebrachten Politik. Indem Hitler seine Partei als »Bewegung« präsentierte, verkündete er wie die Arbeiterbewegung seine Gegnerschaft zur konventionellen Politik, seine Absicht, das System, in welchem er zwangsläufig zunächst noch wirken mußte, zu unterwandern und letzten Endes zu zerstören.

Wenn der Nationalsozialismus Klasse durch Rasse und die Diktatur des Proletariats durch die Diktatur eines Führers ersetzte, wie dies unter Hitler gefordert wurde, verkehrte er die Begriffe der sozialistischen Ideologie in ihr Gegenteil. Ein treffendes Sinnbild für diese Synthese von rechts und links war die offizielle Parteifahne, die Hitler persönlich Mitte der zwanziger Jahre auswählte: Das Feld war in einem hellen Rot, der Farbe des Sozialismus, gehalten, das Hakenkreuz als Emblem des völkischen Nationalismus hob sich schwarz von einem weißen Kreis in der Mitte der Fahne ab, so daß das Ganze eine Kombination aus Schwarz, Weiß und Rot ergab, den Farben der offiziellen Flagge des Bismarckreichs. Nach der Revolution von 1918 verdeutlichten diese Farben die Ablehnung der Weimarer Republik und alles dessen, wofür sie stand; doch durch die andere Gestaltung der Flagge und die Hinzufügung des Hakenkreuzes, das schon eine Vielzahl rechtsextremer rassistischer Bewegungen und Freikorpsverbände der Nachkriegszeit als ihr Symbol gebrauchten, gaben die Nationalsozialisten zu verstehen, daß sie an die Stelle der Weimarer Republik nicht den alten, kaiserlichen Status quo, sondern einen neuen, alldeutschen und völkischen Staat setzen wollten.[33]

Ende 1920 hatte Hitler seine frühen Angriffe auf den jüdischen Kapitalismus dergestalt modifiziert, daß er nun auch den »Marxismus«, das heißt die Sozialdemokratie, sowie den Bolschewismus einbezog. Die Grausamkeiten des Bürgerkriegs und des »roten Terrors« in Lenins Rußland erregten Aufsehen, und Hitler konnte sie dazu benutzen, um der verbreiteten rechtsextremen Überzeugung von der angeblichen jüdischen Verschwörung hinter den Münchner Revolutionswirren von 1918/19 Nachdruck zu verleihen. Der Nationalsozialismus wäre allerdings auch ohne den Kommunismus und seine vermeintliche Bedrohung möglich gewesen. Hitlers Antibolschewismus war das Produkt seines Antisemitismus, nicht umgekehrt.[34] Seine politischen Hauptangriffsziele blieben die Sozialdemokraten und das eher schemenhafte Gespenst eines »jüdischen Kapitalismus«. Unter Rückgriff auf die Standardargumente des Vorkriegsantisemitismus erklärte Hitler in zahlreichen Reden, daß die Juden eine Rasse von Schmarotzern seien, die nur leben könnten, wenn sie andere Völker für ihre Zwecke nutzten und somit schwächten, insbesondere die höchste und beste Rasse, die Arier. So trieben sie einen Keil in die arische Rasse selbst, indem sie einerseits die kapitalistische Ausbeutung organisierten und andererseits den Kampf gegen diese anführten.[35]

Am 6. April 1920 hat Hitler nach polizeilichen Angaben gesagt: »Wir wollen keine Gefühlsantisemiten sein, die Pogromstimmung erzeugen wollen, sondern es beseelt uns die unerbittliche Entschlossenheit, das Übel an der Wurzel zu packen und mit Stumpf und Stiel auszurotten. Um unser Ziel zu erreichen, muß uns jedes Mittel recht sein, selbst wenn wir uns mit dem Teufel verbinden müßten.«[36] Dieser Prozeß, der von Hitler häufig mit Begriffen wie »Entfernung«, »Beseitigung« oder »Vernichtung« bezeichnet wurde, beinhaltete von Anfang an die Anwendung von Gewalt; Hitlers Unterscheidung zwischen einem rationalen und einem emotionalen Antisemitismus bedeutete unter keinen Umständen, daß der Prozeß der Entfernung der Juden aus der deutschen Gesellschaft friedlich ablaufen sollte. »Darum«, sagte Hitler am 21. April 1921, »ist die Lösung der Judenfrage für uns Nationalsozialisten die Kernfrage. Diese Frage kann nicht gelöst werden durch Zartheit, sondern angesichts der fürchterlichen Waffen des Gegners nur durch Brachialgewalt. Eine Kampfart taugt nur dann, wenn sie hart ist. Lord Fisher sagte: wenn du schlägst, so schlage hart! Es taugt nur der Kampf, der den Gegner zum Schreien bringt.«[37]

Hitler wollte allen Juden in Deutschland die deutsche Staatsbürgerschaft entziehen, das hieß, nicht nur den Anhängern der jüdischen Religion, sondern den durch ihre Vorfahren definierten Juden, ungeachtet ihrer religiösen Zugehörigkeit. Er war davon überzeugt, wie er Ende der zwanziger Jahre schrieb, daß Juden in der ganzen Welt Parasiten anderer Menschen seien, die versuchten, ihre Wirte von innen heraus zu zerstören:

»Das jüdische Volk kann mangels eigener produktiver Fähigkeiten einen Staatsbau räumlich empfundener Art nicht durchführen, sondern braucht als Unterlage seiner eigenen Existenz die Arbeit und schöpferische Tätigkeit anderer Nationen. Die Existenz der Juden selbst wird damit zu einer parasitären innerhalb des Lebens anderer Völker. Das letzte Ziel des jüdischen Lebenskampfes ist dabei die Versklavung produktiv tätiger Völker. Zur Erreichung dieses Zieles, das in Wirklichkeit den Lebenskampf des Judentums zu allen Zeiten darstellte, bediente sich der Jude aller Waffen, die dem Gesamtkomplex seines Wesens entsprechen. Innenpolitisch kämpft er dabei innerhalb der einzelnen Volker erst um die Gleich- und später um die Überberechtigung. Als Waffen dienen ihm hierzu die Eigenschaften der Schläue, Klugheit, List, Tücke, Verstellung usw., die im Wesen seines Volkstums wurzeln. Sie sine Kriegslisten in seinem Lebenserhaltungskampf, so wie die Kriegslisten andere Völker im Schwertkampf.

Außenpolitisch versucht er, die Völker in Unruhe zu bringen, von ihren wahren Interessen abzulenken, in gegenseitige Kriege zu stürzen und auf diesem Wege langsam mit Hilfe der Macht des Geldes und der Propaganda sich zu ihrem Herrn aufzuschwingen.

Sein Endziel ist die Entnationalisierung, die Durcheinanderbastardierung der anderen Völker, die Senkung des Rassenniveaus der Höchsten sowie die Beherrschung dieses Rassenbreies durch Ausrottung der völkischen Intelligenz und deren Ersatz durch die Angehörigen seines eigenen Volkes.

Das Ende des die Vernichtung der mit den Völkern verbundenen eigenen geistigen Oberschichten, so daß er selbst zum Herrn der führerlos gemachten Menschheit aufzusteigen vermag. Dummheit, Feigheit und Schlechtigkeit arbeiten ihm dabei in die Hände. In den Bastarden sichert er sich die ersten Öffnungen zum Einbruch in einen fremden Volkskörper. Das

> Ende einer Judenherrschaft ist dabei stets der Verfall jeglicher Kultur und endlich der Wahnsinn des Juden selbst. Denn er ist Völkerparasit, und sein Sieg bedeutet ebensosehr den Tod seines Opfers als sein eigenes Ende.«[38]

Somit war in den Augen Hitlers Deutschlands winzige jüdische Minderheit ein tödliches Element in einer weltweiten, apokalyptischen Bedrohung der menschlichen Existenz. Die erforderlichen Maßnahmen, um es zu beseitigen, waren entsprechend radikal. In einem Brief an einen politischen Weggefährten vom 3. Juli 1920 hatte Hitler geschrieben:

> »Sowenig ich einer Tuberkelbazille einen Vorwurf machen kann einer Tätigkeit wegen, die für den Menschen Zerstörung bedeutet, für sie aber Leben heißt, so sehr bin ich aber gezwungen und berechtigt, um meiner persönlichen Existenz willen den Kampf gegen die Tuberkulose zu führen durch Vernichtung ihrer Erreger. Der Jude aber wird und wurde durch Jahrtausende hindurch in seinem Wirken zur Rassentuberkulose der Völker. Ihn zu bekämpfen heißt ihn entfernen.«[39]

Für Hitler war der Antisemitismus keine Sache des Stimmenfangs oder eine opportunistische Scharfmacherei; er war ein zentraler, unverzichtbarer Teil seiner innersten Überzeugungen und blieb es bis ans Ende seines Lebens. Gelegentlich spielte er ihn aus taktischen Gründen herunter, vor allem während der Wahlkämpfe der frühen dreißiger Jahre, als ihm sehr wohl bewußt war, daß er mit dem Radikalismus seiner Ansichten seine neue Massenwählerschaft vor den Kopf stoßen würde.[40]

Unter seinen eigenen Anhängern legte er sich jedoch keine derartigen Hemmungen auf. Die »Pogromstimmung«, um die es ihm angeblich nicht ging, war unter überzeugten Nationalsozialisten stets vorhanden, wenn er eine Rede hielt, und er hatte keinerlei Skrupel, sie anzuheizen. »Jeden Juden, der mit einem blonden Mädel erwischt wird«, erklärte er vor einer Versammlung von Parteigenossen in München am 2. Februar 1922, unterbrochen von begeisterten Zwischenrufen aus der Zuhörerschaft, »sollte man ... (›aufhängen!‹) ... ich will nicht sagen, aufhängen, aber ein Gericht sollte bestehen, das diese Juden zum Tode verurteilt (Beifall).«[41]

Die Nationalsozialisten waren entschlossen, die Juden aus der deutschen Wirtschaft zu verdrängen und sie mit allen zur Verfügung stehenden Mitteln aus dem Land zu vertreiben. Für die Zeit danach würde die Absicht der Nationalsozialisten, in Ostmittel- und Osteuropa einzufallen, um Lebensraum für das deutsche Volk zu schaffen und in den dafür vorgesehenen Gebieten eine neue Rassenordnung einzuführen, weitere Gewalttaten gegen die Juden mit sich bringen, diesmal in einem weitaus größeren Maßstab. Hitlers Vorstellungen, wie diese rassische Neuordnung konkret vor sich gehen sollte, war noch verschwommen und ungewiß. Eines stand jedoch fest: Seine rassistische und sozialdarwinistische Weltanschauung ließ ihn von Anfang an überzeugt sein, »Arier« und Juden seien in einem Kampf auf Leben und Tod um die Vormacht und das Überleben verstrickt. »Wir wissen«, rief Hitler im Januar 1923, »[w]enn sie ans Ruder kommen, dann rollen unsere Köpfe in den Sand; wir wissen aber auch, wenn wir die Macht in den Händen haben werden: ›Dann gnade euch Gott!‹«[42]

Putsch im Bürgerbräukeller

I

Am Ende des Ersten Weltkriegs hielt es General Erich Ludendorff für geraten, eine Weile von der politischen Bildfläche zu verschwinden. Er war nach einer erbitterten Auseinandersetzung mit der letzten, liberalen kaiserlichen Regierung am 25. Oktober 1918 entlassen worden, verweilte noch eine Zeitlang in Berlin und entwischte dann, getarnt mit dunkler Sonnenbrille und falschem Schnurrbart, über die Ostsee nach Schweden, um dort die Revolution auszusitzen. Im Februar 1919 hielt er das Schlimmste für überstanden und kehrte nach Deutschland zurück. Das Ansehen, das er sich im Krieg erworben hatte, war so groß, daß er rasch zur Galionsfigur der radikalen Rechten aufstieg. Als alldeutscher Anhänger eines Siegfriedens in den Jahren 1914 bis 1918 und Gegner des Friedensvertrags begann er sofort, gegen die republikanische Ordnung zu konspirieren. Er sammelte eine Gruppe ehemaliger Adjutanten um sich und unterstützte den kurzlebigen Kapp-Putsch gegen die Reichsregierung im März 1920, nach dessen Scheitern er Berlin mit der ihm mehr zusagenden Atmosphäre Münchens tauschte. Hier kam er bald mit dem ultranationalistischen Kreis in Beruhrung, der sich inzwischen um den bis dahin unbekannten Adolf Hitler gesammelt hatte.[43]

Als die beiden Männer einander kennenlernten, hatte Hitler bereits die ersten Mitglieder jener ihm treu ergebenen Schar von Fanatikern gewonnen, die später in der einen oder anderen Funktion maßgeblich am Aufstieg der NSDAP und am Aufbau des Dritten Reichs beteiligt waren. Der ergebenste von allen war Rudolf Heß, Schüler des Geographieprofessors und Theoretikers der Geopolitik Karl Haushofer an der Universität München. Heß, Sohn eines autoritären Kaufmanns, der vor dem Krieg seinen Sohn nicht hatte studieren lassen, suchte anscheinend nach einer starken Führerfigur, der er bedingungslos folgen konnte. Wie viele später prominente Nationalsozialisten war er kein »Reichsdeutscher«, sondern 1894 in Alexandria (Ägypten) zur Welt gekommen. Im Kriegsdienst, den er als Fliegerleutnant beendete, fand er eine Autorität, der er gehorchen konnte, im Studium bei Haushofer eine andere. Doch beides gab ihm nicht das, was er eigentlich suchte, ebensowenig wie die Freikorps oder die Thule-Gesellschaft, deren Mitglied er war. Er fand es schließlich in Hitler, den er 1920 kennenlernte. Der Antisemitismus war ihre gemeinsame Leidenschaft: Heß schimpfte auf das »Judenpack«, das seiner Ansicht nach Deutschland 1918 verraten hatte, und war schon vor der Bekanntschaft mit Hitler in Münchner Arbeitervierteln unterwegs, um Tausende von antisemitischen Flugblättern den Arbeitern unter die Wohnungstür zu schieben.[44] Fortan richtete Heß die ganze Kraft seiner Heldenverehrung auf Hitler. Naiv, idealistisch, ohne persönlichen Ehrgeiz oder Bereicherungswunsch und – Haushofer zufolge – nicht übermäßig intelligent, neigte Heß dazu, an irrationale und mystische Lehren wie etwa die Astrologie zu glauben. Seine hündische Anhänglichkeit an Hitler hatte etwas Religiöses, er sah in Hitler eine Art von Messias. Von nun an sollte er Hitlers stummer, passiver Sklave sein, der die Worte des Meisters bei der regelmäßigen Kaffeerunde im Café »Heck« in sich einsog und ihm allmählich viele der lästigen Alltagsgeschäfte abnahm, die Hitler so haßte. Außerdem machte er Hitler mit jener »wissenschaftlichen« Fassung der gängigen völkischen Theorie vom »Lebensraum« bekannt, die Haushofer zur Rechtfertigung deutscher Ansprüche auf die Eroberung Osteuropas ausgearbeitet hatte und der der Schriftsteller Hans Grimm in seinem erfolgreichen Buch *Volk ohne Raum* 1926 große Verbreitung verschaffte. Die Idee, daß der Darwinsche Kampf zwischen unterschiedlichen Rassen zu einem Teil ein Kampf um Lebensraum sei, war in rechtsextremen Kreisen seit 1890 gängige Münze. Der Alldeutsche Verband hegte die Überzeugung, die ethnischen deutschen Minderheiten in Osteuropa müßten innerhalb der Grenzen eines Großdeutschland leben, und rechtfertigte dies mit der Berufung auf den angeblich zivilisierenden Einfluß der Deutschen in der Region während der Zeit des Deutschritterordens. Daneben trugen sie aber auch eine modernere, pseudowissenschaftliche Rechtfertigung für eine deutsche Eroberung Ostmittel- und Osteuropas vor: die angebliche Übervölkerung des bestehenden Deutschen Reichs aufgrund des Bevölkerungswachstums – eine Auffassung, die durch die Realität nicht gestützt wurde und nach 1900 von Jahr zu Jahr an Stichhaltigkeit verlor, da die Geburtenraten in Deutschland steil und kontinuierlich nach unten gingen. Hitler hatte sich solche Vorstellungen bereits 1922 zu eigen gemacht, doch unter dem Einfluß von Rudolf Heß wurden sie fester und ausdifferenzierter. Das Streben nach Lebensraum zusammen mit dem Haß auf die Juden wurde zu einer der unerschütterlichen und unveränderlichen Überzeugungen Hitlers.[45]

Für Hitler auf andere Weise nützlich war der gescheiterte rassistische Dichter und Dramatiker Dietrich Eckart, ein ehemaliger Medizinstudent. Eckart war bereits in rechtsextremen Kreisen tätig, als er im Dezember 1918 begann, mit Unterstützung bayerischer Geschäftsleute und Geldmitteln der Reichswehr die Wochenzeitschrift *Auf gut deutsch* herauszugeben. Eckart gab der vermeintlichen Vorherrschaft der Juden in der Kultur die Schuld daran, daß es ihm nicht gelungen war, seine Stücke aufführen zu lassen. Er stand in persönlichem Kontakt mit anderen Rassisten und Aposteln der »arischen« Überlegenheit wie Houston Stewart Chamberlain, dessen Werk er maßgeblich verbreiten half. Wie viele Antisemiten bezeichnete er jeden als »Juden«, der in seinen Augen »zersetzend« oder »materialistisch« war, darunter Lenin und Kaiser Wilhelm II. Eckart, mit guten Beziehungen und wohlhabend, war wie Heß Mitglied der Thule-Gesellschaft und sammelte bei seinen Freunden und bei der Reichswehr Geld, um im Dezember 1920 die darniederliegende Zeitschrift der Gesellschaft, den *Völkischen Beobachter*, zu kaufen. Er selbst wurde Hauptschriftleiter, und da er die notwendige journalistische Erfahrung mitbrachte, konnte er aus dem zweimal wöchentlich erscheinenden Blatt Anfang 1923 eine Tageszeitung machen. Zuletzt führten seine relative Unabhängigkeit und seine herablassende Art zu einer Abkühlung der Beziehung zu Hitler. Im März 1923 wurde er als Herausgeber der Zeitung entlassen und starb in demselben Jahr.[46]

Zwei Gesinnungsgenossen, die er aus der Thule-Gesellschaft mit in die Partei brachte, dienten Hitler zuverlässiger und wesentlich länger. Der eine war der deutsch-baltische Architekt Alfred Rosenberg, 1893 im estnischen Reval (Tallinn) geboren. Er floh vor der russischen Revolution, die in ihm Haß auf den Bolschewismus entfachte, und gelangte bei Kriegsende nach München, wo er Beiträge für Eckarts Blättchen verfaßte. Er war schon vor 1914 Antisemit geworden, nachdem er mit sechzehn Jahren das Buch Houston Stewart Chamberlains gelesen hatte, begeisterte sich für die *Protokolle der Weisen von Zion*, eine Fälschung der zaristischen Geheimpolizei, die vorgab, den Beweis für eine internationale jüdische Verschwörung zur Unterwanderung der Weltkultur zu erbringen, und las auch Gobineau und Nietzsche. Nach dem Krieg verfaßte er polemische Broschüren mit Angriffen auf Juden und Freimaurer. Sein sehnlichster Wunsch war, als Denker und Kulturphilosoph ernst genommen zu werden. 1930 sollte Rosenberg sein *opus magnum* schreiben, betitelt *Der Mythus des 20. Jahrhunderts*, ein Tribut an das Hauptwerk seines Abgottes Houston Stewart Chamberlain. Rosenbergs Absicht war, der NSDAP damit den maßgeblichen theoretischen Unterbau zu liefern. Bis 1945 wurden von dem Buch eine Million Exemplare verkauft, und einige Ideen darin waren nicht ganz einflußlos. Aber Hitler selbst behauptete, nur wenig darin gelesen zu haben. Bei ihren häufigen Unterredungen in Münchner Cafés dürfte es vor allem Rosenberg gewesen sein, der Hitler auf die Gefahr des Kommunismus und dessen angebliche Verwurzelung in einer jüdischen Verschwörung aufmerksam machte und vor der vermeintlichen Instabilität des sowjetrussischen Gemeinwesens warnte. Über Rosenberg fand der russische Antisemitismus mit seinen extremen Verschwörungstheorien und seiner Vernichtungswut Eingang in die nationalsozialistische Ideologie der frühen zwanziger Jahre.[47]

Der andere Mann, den Eckart mit in die Partei brachte, war Hans Frank. 1900 in Karlsruhe geboren, trat der Sohn eines Rechtsanwalts schon während seines Jurastudiums 1919 in die Thule-Gesellschaft ein und war im Freikorps Epp an der Erstürmung Münchens beteiligt. Frank geriet rasch unter Hitlers Bann, gehörte aber nie zu seinem inneren Kreis. Als er ihn im Januar 1920 sprechen hörte, hatte Frank wie viele andere den Eindruck, daß Hitlers Worte unmittelbar aus dem Herzen kamen: »Er sprach das aus, was im Bewußtsein aller vorhanden war«, sagte er später. Sein Leben lang faszinierte ihn die Gewalt: Er bewunderte brutale Tatmenschen und benutzte oft die Sprache der Gewalt mit einer aggressiven Unmittelbarkeit wie fast kein anderer führender Nationalsozialist. Seine juristische Ausbildung bewahrte ihm einen Rest von Glauben an das Recht, der sich mitunter fremdartig neben seiner Neigung zu vulgärer Sprache und seiner Verteidigung mörderischer Handlungen ausnahm. 1924 promovierte er, wurde als Rechtsanwalt zugelassen, und seine wenngleich begrenzten juristischen Fachkenntnisse sollten sich für die NSDAP als nützlich erweisen. Bis 1933 vertrat Frank die Partei in mehr als 2400 Verfahren, die gegen ihre Mitglieder anhängig waren, zumeist wegen der unterschiedlichsten Gewaltdelikte. Als er zum ersten Mal einige Nazischläger vor Gericht verteidigt hatte, sagte ein älterer Jurist, der auch sein Lehrer gewesen war, zu Frank: »Herr Kollege, ich bitte Sie, lassen Sie diese Leute! Das tut nicht gut! Das wird nichts Gutes! Politik, die im Strafprozeß beginnt, endet auch in einem solchen.«[48]

Zu dem Zeitpunkt, da diese Männer und viele ihresgleichen Teil der NSDAP geworden waren, besaß die junge Bewegung bereits ein offizielles Parteiprogramm, das Hitler und Drexler unter geringfügiger Mitwirkung des »Rasseökonomen« Gottfried Feder verfaßt hatten und das am 24. Februar 1920 verabschiedet worden war. 25 Punkte forderten »den Zusammenschluß aller Deutschen auf Grund des Selbstbestimmungsrechtes der Völker zu einem Groß-Deutschland«, die Aufhebung der Friedensverträge von 1919, »Land und Boden (Kolonien) zur Ernährung unseres Volkes«, die Verhinderung der »Einwanderung Nicht-Deutscher«, die Todesstrafe für »gemeine Volksverbrecher, Wucherer, Schieber usw.« Juden könnten keine »Volksgenossen« sein und sollten unter »Fremdengesetzgebung« stehen; auch dürften sie nicht finanziell an deutschen Zeitungen beteiligt sein. Ein pseudosozialistisches Mäntelchen bekam das Programm durch die Forderung nach »Abschaffung des arbeits- und mühelosen Einkommens«, nach restloser »Einziehung aller Kriegsgewinne«, nach »Verstaatlichung aller (bisher) bereits vergesellschafteten (Trusts) Betriebe« und nach »Einführung der Gewinnbeteiligung an Großbetrieben«. Das Programm schloß mit der Forderung nach »Schaffung einer starken Zentralgewalt des Reiches« und nach wirksamer Entmachtung der Landesparlamente durch »die Bildung von Stände- und Berufskammern zur Durchführung der vom Reich erlassenen Rahmengesetze in den einzelnen Bundesstaaten«.[49] Es trug die für ein rechtsextremes Dokument zeittypischen Züge. Praktisch hatte es nicht viel zu bedeuten und wurde im politischen Alltagskampf häufig umgangen oder schlichtweg ignoriert, auch wenn die Parteiführung es bald für unantastbar erklärte, um zu verhindern, daß es zum Gegenstand innerparteilicher Streitigkeiten wurde.[50]

Solche Streitigkeiten gab es jedoch über andere Dinge, vor allem über Drexlers Bemühungen, die Partei mit anderen rechtsextremen Organisationen in der bayerischen Hauptstadt zu verschmelzen. Drexler hatte besonders die Deutsch-sozialistische Partei im Auge, eine ähnlich große Gruppierung, die praktisch dieselben Ziele verfolgte wie die Nationalsozialisten. Anders als diese war sie aber in Norddeutschland vertreten. Durch eine Verschmelzung hätten jene Kräfte in der Partei mehr Einfluß erhalten, die wie Gottfried Feder die Vulgarität von Hitlers ständigen Hetztiraden mißbilligten. Hitler, der befürchtete, in der neuen Bewegung seine Bedeutung einzubüßen, ließ im April 1921 die Verhandlungen platzen, indem er mit dem Rücktritt vom Amt des Werbeobmannes drohte. Zu einer neuen Krise kam es, als er mit Eckart in Berlin war, um Spenden für den *Völkischen Beobachter* zu sammeln. In seiner Abwesenheit wurde erneut über eine Parteienfusion diskutiert, wobei diesmal noch eine dritte antisemitische Kleinpartei im Gespräch war, die ihren Sitz in Augsburg hatte und von einem gewissen Otto Dickel geführt wurde, dessen Talente als Parteiredner fast so groß sein sollten wie die Hitlers. Da Hitler die NSDAP nicht daran hindern konnte, Dickels Plan der Fusion zu einem »Abendländischen Bund« (benannt nach Dickels mystifizierend-rassistischer Schrift *Die Auferstehung des Abendlandes*) zu befürworten, bekam er einen Tobsuchtsanfall und trat aus der Partei aus. Dies brachte die Entscheidung. Drexler bat Hitler um die Bedingungen für einen Wiedereintritt. Schließlich war kaum jemand in der Partei bereit, auf den Mann zu verzichten, dessen Demagogie der ausschlaggebende Grund für das Wachstum der Partei in den vergangenen Monaten gewesen war. Die Fusionspläne wurden aufgegeben, Hitlers kompromißlose Bedingungen bei einem außerordentlichen Parteitag am 29. Juli 1921 unter allgemeinem Beifall angenommen. Sie gipfelten in der Forderung, daß Hitler Parteivorsitzender »mit diktatorischer Machtbefugnis« wurde und »eine rücksichtslose Reinigung der Partei von den in sie heute eingedrungenen fremden Elementen« stattfand.[51]

Nachdem Hitler sich die unumschränkte Herrschaft über die NSDAP gesichert hatte, bekam er ihre volle Unterstützung für den nächsten Propagandafeldzug. Am 14. September 1921 marschierte eine Gruppe junger Nationalsozialisten mit Hitler zu einer Versammlung des Bayernbundes, der die Loslösung Bayerns vom Reich anstrebte, und stürmte das Podium, um den Vortragenden, Otto Ballerstedt, am Reden zu hindern. Unter den Protesten des Publikums fielen Hitlers junge Schläger über den Redner her, prügelten auf ihn ein und stießen ihn vom Podium, so daß er mit einer stark blutenden Kopfwunde am Boden liegenblieb. Wenig später kam die Polizei und erklärte die Versammlung für geschlossen. Ballerstedt bestand auf einer Strafanzeige gegen Hitler, der auch einen Monat in Stadelheim einsaß. Die Polizei klärte ihn darüber auf, daß er als Ausländer im Wiederholungsfall nach Österreich abgeschoben werde. Anfang November 1921, kurz nach seiner Entlassung aus dem Gefängnis, stand Hitler wieder im Mittelpunkt einer Wirtshausschlägerei, als Nationalsozialisten und Sozialdemokraten aufeinander losgingen. Die Nationalsozialisten begannen nun, sich mit Schlagringen, Gummiknüppeln, Pistolen und Handgranaten zu bewaffnen. Im Sommer 1922 wurde Reichspräsident Ebert bei einem Besuch in München von Nationalsozialisten ausgepfiffen, niedergebrüllt und bespuckt. Ein Ausflug zu einer nationalistischen Kundgebung in Coburg im Oktober 1922 gipfelte in einer Saalschlacht mit Sozialdemokraten, in deren Verlauf die Nationalsozialisten ihre Gegner mit Gummiknüppeln verjagten.[52] Bald darauf wurde die NSDAP in den meisten deutschen Staaten verboten, zumal nach der Ermordung des Außenministers Rathenau im Juni 1922, als die Reichsregierung versuchte, scharf gegen alle Rechtsextremisten durchzugreifen, gleichgültig, ob sie etwas mit dem Attentat zu tun hatten oder nicht. Freilich nicht in Bayern.[53]

Das neue Element von physischer Gewalt in den Aktionen der Nationalsozialisten ging nicht zuletzt auf das Konto des rasant wachsenden halbmilitärischen Flügels der Partei, des Anfang 1920 gegründeten »Saalschutzes«, der wenig später in »Turn- und Sportabteilung« umbenannt wurde. Deren Mitglieder mit ihren braunen Hemden und Hosen, Stiefeln und Mützen (eine Uniform, die erst 1924 ihre endgültige Gestalt erhielt)[54] waren bald ein vertrauter Anblick auf Münchens Straßen, wo sie ihre Gegner zusammenschlugen und über jeden herfielen, den sie für einen Juden hielten. Was aus diesem Haufen von Rabauken eine bedeutende paramilitärische Bewegung machte, waren verschiedene Ereignisse, die mit Hitler wenig zu tun hatten. Daß Hitlers »Sportabteilung« verhältnismäßig ungestört von der Polizei agieren konnte, hatte sie in erster Linie dem Umstand zu verdanken, daß die bayerische Regierung unter Gustav Ritter von Kahr seit langem mit Wehrverbänden der extremen Rechten als Teil des gegenrevolutionären »weißen Terrors« von 1919/20 sympathisierte. Kahr war während des Kapp-Putschs im März 1920 in Bayern an die Macht gekommen, als er gemeinsam mit anderen monarchistischen Politikern und dem Kommandierenden General der örtlichen Reichswehr, General Arnold Ritter von Möhl, die bayerische Koalitionsregierung unter der Führung des Sozialdemokraten Johannes Hoffmann gezwungen hatte, im angeblichen Interesse von Ruhe und Ordnung zurückzutreten und die vollziehende Gewalt in die Hände des Generals zu legen. Kahrs Kabinett bestand aus Mitgliedern der Bayerischen Volkspartei und des Bayerischen Bauernbundes, beides ultrakonservative Organisationen, und wurde überraschenderweise unterstützt von der DDP. Die wirkliche Regierungsmacht lag in den Händen des Münchener Polizeichefs Erst Pöhner und bei den lokalen Einheiten der Reichswehr. Unter ihrem Einfluß machte Kahr nunmehr Bayern zu einem Zentrum aller rechtsgerichteten Kräfte, auch solcher, die vor politischen Morden nicht zurückschreckten. In dieser Atmosphäre hatte der Korvettenkapitän Hermann Ehrhardt, ehemaliger Anführer des Freikorps »Brigade Ehrhardt«, ein weitverzweigtes Netz von geheimen Todeskommandos aufgebaut, die in ganz Deutschland politische Morde verübt hatten, unter anderem an mehreren führenden Politikern der Republik sowie an vielen ihrer eigenen Mitglieder, die sie als Doppelagenten verdächtigten.[55] Kahr selbst betrachtete die Weimarer Republik als eine Schöpfung Preußens, zu der man ein Gegengewicht durch das Festhalten an Bayern als dem Mittelpunkt einer die Weimarer Republik ablehnenden »Ordnung« schaffen müsse. Seit der Niederwerfung der Räterepublik im Frühjahr 1919 unterhielt Kahr eine Truppe von Einwohnerwehren. Schwer bewaffnet und militärisch ausgerüstet, verstießen die Einwohnerwehren eindeutig gegen die Bedingungen des Versailler

Vertrags und wurden 1921 zwangsweise aufgelöst. Die Mitglieder der alten Einwohnerwehren schlossen sich zu bewaffneten Banden zusammen, und in der Folge mehrten sich die Gewalttaten.[56]

Im August 1921 führte Ehrhardt der »Turn- und Sportabteilung« der NSDAP die ehemaligen Mitglieder seiner »Brigade« zu. Ihre Kampferfahrung hatten sie bei gewalttätigen Auseinandersetzungen mit Polen in Schlesien gesammelt, wo der Friedensvertrag größte Empörung bei den Deutschen ausgelöst hatte, da er Gebiete, die vor dem Krieg zu Deutschland gehört hatten, dem neu gegründeten polnischen Staat zuschlug. Das Geschäft mit Ehrhardt vermittelte Ernst Röhm, ebenfalls ein ehemaliger Freikorpsmann, der im Frühling 1919 am Sturm auf München teilgenommen hatte. 1887 als Sohn eines bayerischen Eisenbahnbeamten geboren, war Röhm 1906 in die Armee eingetreten und zwei Jahre später Offizier geworden. Im Krieg diente er an der Front, mußte aber als dienstuntauglich ausscheiden, nachdem ein Schrapnell ihm einen Teil der Nase weggerissen und sein Gesicht stark entstellt hatte. Danach arbeitete Röhm im bayerischen Kriegsministerium, wo er für die Waffenausgabe, zunächst an Kahrs Einwohnerwehren und dann an die aus ihr hervorgehenden Splittergruppen, zuständig war. In diesen Kreisen als »MG-König« bekannt, verfügte Röhm über gute Kontakte zu den Rechtsextremen. Als Stabsoffizier genoß er hohes Ansehen in der Reichswehr, gleichzeitig wirkte er als Verbindungsoffizier zu den Wehrverbänden.[57]

Rohms Spezialität war die blinde Gewalt, nicht die politische Verschwörung. Eine sprachliche Untersuchung seiner Schriften hat ergeben, daß er Wörter wie »vorsichtig«, »Kompromiß«, »intellektuell«, »bürgerlich« fast ausnahmslos in einem pejorativen Sinn gebrauchte; Ausdrücke, die er in einem positiven, bewundernden Sinn gebrauchte, waren »stramm«, »tollkühn«, »rücksichtslos« oder »treu«. Die ersten Worte seiner 1928 in München erschienenen Autobiographie lauteten: »Ich bin Soldat.« Er bezeichnete sich selbst als »trotzig« und klagte: »Die Deutschen haben das Hassen verlernt. An die Stelle des männlichen Hasses ist die weibische Klage getreten.«[58] »Da ich ein unreifer und schlechter Mensch bin«, schrieb er, »sagt mir der Krieg und die Unruhe eben mehr zu, als die brave bürgerliche Ordnung.«[59] Er interessierte sich nicht für Ideen, sondern verherrlichte in seinen Handlungen wie in seiner Weltanschauung die rohe, gewaltgesättigte Lebensweise des Soldaten. Für Zivilisten hatte er nichts als Verachtung übrig; dafür schwelgte er in der Gesetzlosigkeit kriegerischer Zeiten. Saufgelage, Tumulte und Schlägereien bildeten den Kitt jener verschworenen Brüderschar, in der er sich zu Hause fühlte; Frauen behandelte man mit Verachtung, wer nicht zum Militär gehörte, hatte in seiner Welt keinen Platz.

Röhm sah in Hitler das gegebene Vehikel für seine Sehnsüchte und übernahm maßgeblich den Aufbau des paramilitärischen Flügels der Partei, der im Oktober 1921 in »Sturmabteilungen« (SA) umbenannt wurde.[60] Röhms Verbindungen zur Reichswehrhierarchie, zu höheren Kreisen der bayerischen Politik und zu den paramilitärischen Wehrverbänden waren für die junge Partei von unschätzbarem Wert. Gleichzeitig wahrte er immer eine gewisse Unabhängigkeit von Hitler, geriet nie wirklich unter seinen persönlichen Einfluß und suchte seine SA zum Instrument des von ihm verklärten gewalttätigen Daueraktivismus zu machen, anstatt sie bedingungslos in den Dienst der Partei zu stellen. Die SA blieb formell eine eigenständige Organisation, und Röhms Verhältnis zum Führer der NSDAP behielt stets einen problematischen Unterton. Mit Röhm an der Spitze begann die SA schnell zu wachsen, trotzdem zählte sie noch im August 1922 nur 800 Mitglieder, während andere, heute längst vergessene paramilitärische Organisationen wie die Reichsflagge oder der Bund Bayern und Reich mit ihren 30 000 Mitgliedern stärker in Erscheinung traten. Mit dem Einfluß Ehrhardts und Röhms und der Demagogie Hitlers war es nicht getan, um den Nationalsozialisten und ihrer SA die Initiative in der bayerischen Politik zu verschaffen.[61]

II

Die Hoffnungen der Nationalsozialisten schossen 1922 auf, als Benito Mussolinis »Marsch auf Rom« vom 28. Oktober bekannt wurde, der die unverzügliche Ernennung des Faschistenführers zum italienischen Ministerpräsidenten erzwungen hatte. 1883 geboren und zunächst als angesehener sozialistischer Journalist tätig, hatte er seine politische Orientierung grundlegend geändert, als er für den

Eintritt Italiens in den Weltkrieg kämpfte und sich nach Kriegsende zum Sprachrohr des verletzten Nationalstolzes der Italiener machte, die sich durch den Friedensvertrag um die erhofften Kriegsgewinne betrogen sahen. 1919 gründete er seine Faschistische Bewegung. Mit Gewalt, Terror und Einschüchterung bekämpften die Faschisten den politischen Gegner auf der Linken, der Unternehmer mit Aktionen wie der Besetzung von Fabriken ängstigte, um seiner Forderung nach Gemeineigentum an den Produktionsmitteln Nachdruck zu verleihen. Mussolinis Aufstieg zur Macht zeigte, daß Nachkriegskonflikte mit bürgerkriegsähnlichen Wirren, mit Mord und Totschlag nicht auf Deutschland beschränkt waren. Es gab den Polnisch-Sowjetischen Krieg, der 1921 endete, Unabhängigkeitskämpfe in vielen Nachfolgerstaaten der Donaumonarchie sowie kurzlebige Diktaturen in Spanien und in Griechenland.

Die NSDAP nahm sich auf mancherlei Weise an Mussolini ein Beispiel. Vor allem führte sie Ende 1922, Anfang 1923 den Titel »Führer« (italienisch *Duce*) ein, um die unbezweifelbare Autorität des Mannes an der Spitze der Partei zu unterstreichen. Der zunehmende, vom italienischen Vorbild zehrende Kult der NSDAP um Hitlers Person trug dazu bei, in Hitler die Überzeugung zu festigen, daß es ihm und niemand Künftigem bestimmt war, Deutschland einer nationalen Wiedergeburt entgegenzuführen – eine Überzeugung, die ihm die Ereignisse vom Herbst 1923 unerschütterlich bestätigen sollten.[62] Die Nationalsozialisten übernahmen jetzt auch von den italienischen Faschisten den Gruß mit gestrecktem rechtem Arm, womit sie in Anlehnung an die Zeremonien im kaiserlichen Rom vor ihrem Führer salutierten. Hitler hob die rechte Hand, den Arm im Ellenbogen abgewinkelt und mit nach oben geöffneter Handfläche. Auch die Standarten der NSDAP mit ihren Fahnen gingen auf einen Brauch der italienischen Faschisten zurück. Der größte praktische Einfluß Mussolinis auf Hitler bestand jedoch damals darin, ihm die Taktik des Marsches auf die Hauptstadt als den raschesten Weg zur Macht zu suggerieren. Als die Faschisten die Macht in Norditalien mit seinen Großstädten eroberten, erklärte Mussolini nach dem berühmten Vorbild Garibaldis bei der Einigung Italiens gut sechzig Jahre zuvor, von hier aus werde er den »Marsch auf Rom« beginnen. Um Blutvergießen zu vermeiden, kapitulierten der italienische König und führende Politiker und ernannten Mussolini zum Ministerpräsidenten – eine Stellung, die er in den folgenden Jahren immer skrupelloser zur Errichtung eines diktatorischen Einparteienstaats ausnutzte.[63]

Mussolinis faschistische Bewegung hatte viele entscheidende Merkmale nicht nur mit dem Nationalsozialismus, sondern auch mit anderen extremistischen Bewegungen der Rechten gemein, zum Beispiel der in Ungarn, wo sich Gyula Gömbös schon 1919 als »Nationalsozialisten« bezeichnet hatte. Der italienische Faschismus war gewalttätig, militaristisch, von hektischer Betriebsamkeit; er verachtete das parlamentarische System und verherrlichte Konflikt und Krieg. Erbittert bekämpfte er nicht nur den Kommunismus, sondern vor allem auch Sozialismus und Liberalismus. Er vertrat eine organische Auffassung von Gesellschaft, wonach an die Stelle von Klasseninteressen und Volksvertretung staatlich verordnete Institutionen treten sollten, die quer durch alle Klassen liefen und die Nation einten. Der Faschismus erstrebte einen Staat, in dem die Männer herrschten und die Frauen im wesentlichen auf die Funktion des Kindergebärens und der Kinderaufzucht reduziert waren. Der »Führer« wurde auf ein Podest unbestrittener Autorität gehoben. Mit seinem Kult der Jugend verfolgte der Faschismus das Ziel, alte Ordnungen und Überlieferungen einzureißen und einen neuen Menschen zu schaffen, zäh, antiintellektuell, modern, säkular und vor allen Dingen der Sache seines Volkes und seiner Rasse fanatisch ergeben.[64] In allen diesen Belangen wurde er zum Vorbild und Vergleichssystem für die junge NSDAP.

So fügte sich der frühe Nationalsozialismus ebenso wie jede andere der zahllosen rechtsextremen Bewegungen der unmittelbaren Nachkriegszeit in das Gesamtbild eines aufkommenden europäischen Faschismus ein. Hitler sah in Mussolini lange Zeit das Vorbild, dem es zu folgen galt. Der Gang der Geschichte schien sich in Hitlers Richtung zu bewegen; die Tage der Demokratie waren gezählt. In dem Maße, wie sich die Lage in Deutschland 1922 und 1923 laufend verschlechterte, war Hitler von dem Gedanken bestimmt, für Deutschland das tun zu können, was Mussolini für Italien getan hatte. Als die deutsche Regierung mit den Reparationsleistungen in Rückstand geriet und französische Truppen das Ruhrgebiet besetzten, waren die Nationalisten in Deutschland vor Wut und Demütigung außer sich. Der Legitimitätsverlust für die Republik war unermeßlich; die Regierung mußte zeigen, daß sie etwas gegen die Ruhrbesetzung unternahm. Eine breite, von der Regierung unterstützte Kampagne des passiven Widerstandes führte nur zu neuen Repressalien der Franzosen mit Festnahmen, Einkerkerungen und Ausweisungen. Deutschnationale erinnerten sich später, wie ein Eisenbahner und ehemaliger Weltkriegsteilnehmer mitsamt seiner Familie deportiert wurde, weil er an einem Kriegerdenkmal eine deutschfreundliche Rede gehalten hatte – nur eines von vielen Beispielen französischer Repression. Dasselbe Schicksal ereilte einen Volksschullehrer, weil er seine Schüler angewiesen hatte, vorbeimarschierenden französischen Truppen den Rücken zuzukehren.[65] Kleine Gruppen deutscher Schuljungen machten Jagd auf Mädchen, »die sich in schamloser Weise mit Franzosen herumtrieben«, und schnitten ihnen die Haare ab; andere bewiesen ihren Patriotismus auf weniger drastische Weise, indem sie die von Franzosen beschlagnahmte Reichsbahn mieden und lieber stundenlang zu Fuß in die Schule gingen. Einige Arbeiter wagten aktive Sabotageunternehmungen gegen die Besatzungmacht; einer von ihnen, der einstige Freikorpskämpfer Albert Leo Schlageter, wurde dafür von den Franzosen standrechtlich erschossen, und die nationalistische Rechte, allen voran die NSDAP, machte aus dem Vorfall sofort ein Musterbeispiel für die Brutalität der Franzosen und stilisierte Schlageter massenwirksam zum nationalistischen Märtyrer hoch. Die Industrie kam zum Stillstand, was die finanziellen Probleme Deutschlands noch verschärfte.[66]

Eine treffliche Propagandawaffe für die Nationalisten waren die schwarzen Kolonialtruppen innerhalb der französischen Besatzungsmacht. In der Zwischenkriegszeit herrschten in allen europäischen Gesellschaften latente oder offene Formen von Rassismus.[67] Schon der Einsatz von Kolonialtruppen bei den Briten und Franzosen im Ersten Weltkrieg hatte in Deutschland Mißtrauen erregt. Was aber nun die Schleusen einer wüsten rassistischen Propaganda öffnete, war die Anwesenheit solcher Truppen auf deutschem Staatsgebiet, zuerst im besetzten Teil des Rheinlands, dann 1923 bei dem kurzen Marsch der Franzosen ins Ruhrgebiet. Viele Deutsche im Rheinland und im Saargebiet empfanden dies als tiefe Demütigung: »Siamesen, Senegalneger, Araber, Menschen aller Farben und Rassen machten sich zu Herren unserer Heimat«, empörte sich einer später.[68] Karikaturisten peitschten rassistische und nationalistische Gefühle auf, indem sie in grobschlächtigen, halb pornographischen Zeichnungen vertierte schwarze Soldaten darstellten, die deutsche Frauen verschleppten. Für die Rechten wurde dies in den Weimarer Jahren zu einem wirkungsvollen Symbol der nationalen Erniedrigung Deutschlands, und das Märchen von der Massenvergewaltigung deutscher Frauen durch französische Kolonialtruppen erschien so glaubhaft, daß die wenigen hundert gemischtrassigen Kinder, die es Anfang der dreißiger Jahre in Deutschland gab, nahezu pauschal solchen Verbrechen zugeschrieben wurden.[69]

Während die Nationalsozialisten und viele ihrer Gesinnungsgenossen diese Ängste und Ressentiments für ihre Zwecke nutzten, schien die Regierung in Berlin machtlos dagegen zu sein. Projekte und Verschwörungen überschlugen sich. Hitler war nicht der einzige, der einen Marsch auf Berlin erwog: So trat der »Nationalbolschewist« Hans von Hentig, nach 1945 der angesehenste Kriminologe der Bundesrepublik, mit dem Plan hervor, Waffen und Truppen zu sammeln, um im Bündnis mit der KPD gewaltsam die Macht zu ergreifen und so die Aufkündigung des Versailler Vertrags zu erreichen.[70] Hitler startete eine gewaltige Propagandaoffensive, in deren Verlauf er die »Novemberverbrecher« in Berlin an den Pranger stellte und sich selbst mit öffentlichen Kundgebungen gegen die Franzosen in Szene setzte. Bedeutend verbessert wurden seine Erfolgsaussichten durch eine neue Gruppe sehr nützlicher Unterstützer der nationalsozialistischen Bewegung, die damals gerade zu Hitler gestoßen war. Zu ihnen gehörte Ernst »Putzi« Hanfstaengl, ein Deutschamerikaner und wohlhabender Gesellschaftsmensch aus der Welt des Kunsthandels und Verlagswesens, den sein Snobismus dagegen feite, jemals ganz Hitler zu verfallen. Hanfstaengl glaubte aber, daß Hitlers kleinbürgerliche Unbedarftheit – sein schlechter Kunstgeschmack, seine Unkenntnis der Weine, seine unbeholfenen Tischmanieren – einfach seine offensichtliche Aufrichtigkeit unterstreiche. Hitlers Ungeschliffenheit sei einfach eine wesentliche Voraussetzung für seine Fähigkeit, mit den Massen zu kommunizieren. Wie viele andere Bewunderer Hitlers wurde Hanfstaengl auf ihn aufmerksam, als er eine Rede von ihm gehört hatte. Hitler seinerseits war geblendet von Hanfstaengls Geschmack und Eleganz und liebte es, ihn am Klavier Wagner spielen zu hören. Bedeutsamer war, daß Hanfstaengl Hitler mit einflußreichen Persönlichkeiten der Münchner Gesellschaft bekannt machen konnte. Diese Kreise – Verleger, Geschäftsleute, Reichswehroffiziere – fanden es amüsant, ihn zu hofieren, waren erheitert, wenn er zu ihren eleganten Diners im Reichswehrmantel und mit Hundepeitsche erschien, und stimmten mit vielen seiner Ansichten überein, so daß sie – wie die Frau des Klavierfabrikanten Bechstein – für seine Kredite bürgten und ihn auf mancherlei andere Weise unterstützten. Doch nur die engagiertesten, wie der Unternehmer Kurt Lüdecke, förderten Hitler mit größeren Geldsummen. Neben solchen und kleineren Unternehmensspenden finanzierten Mitgliedsbeiträge die Partei.[71]

Eine neuartige Stütze für die NSDAP erschien im Oktober 1922 in der Person Julius Streichers, der aus Nürnberg seine Gefolgschaft mitbrachte. Streicher war wie Hitler Soldat gewesen und trug wie er das Eiserne Kreuz. Nach dem Krieg war er Mitbegründer der Deutschsozialistischen Partei gewesen. Beeindruckt von Hitlers Erfolgen, führte Streicher der NSDAP so viele neue Anhänger zu, daß sie gleichsam über Nacht ihre Mitgliederzahl verdoppelte. Das protestantische Franken mit einer unzufriedenen Bauernschaft, einer Empfänglichkeit für die Verführungskraft des Antisemitismus war ein idealer Rekrutierungsboden für den Nationalsozialismus. Streichers Beitritt erweiterte den Einfluß der NSDAP erheblich über den Norden Bayerns hinaus. Mit Streicher war ein weiterer bösartiger Antisemit zur NSDAP gestoßen, der es an extremem Judenhaß mit Hitler aufnehmen konnte, ein gewalttätiger Mensch, der öffentlich einen Ochsenziemer bei sich trug und persönlich seine hilflosen Gegner zusammenschlug. 1923 gründete Streicher die populäre Wochenschrift *Der Stürmer*, die sich schnell einen Namen als das Blatt machte, in dem es unter aggressiven Überschriften die rabiatesten Angriffe auf die Juden zu lesen gab, voller unterschwelliger sexueller Anspielungen, rassistischer Karikaturen, frei erfundener Ritualmordbeschuldigungen und halb pornographischer Geschichten über jüdische Männer, die unschuldige deutsche Mädchen verführten. Das Blatt war derartig wüst und sein vulgär aussehender, glatzköpfiger Herausgeber so offenkundig besessen, daß Streicher in der nationalsozialistischen Bewegung nie zu einer bedeutenden Figur aufstieg. Manche Parteiführer begegneten ihm mit Widerwillen, und nicht wenige Nazi-Größen wollten später den *Stürmer* verbieten.

Streicher verfügte über eine gewisse Bildung, war von Beruf Journalist, schrieb Gedichte, malte und war in einem gewissen Sinne ein Bohemien wie Hitler. Seine Ideen waren zwar extrem formuliert, aber in den damaligen rechten Kreisen keineswegs ungewöhnlich. Zu einem guten Teil verdankten sie sich, wie Streicher selbst bekannte, dem Vorkriegsantisemitismus besonders eines Theodor Fritsch. Innerhalb der nationalsozialistischen Bewegung bildete Streichers Antisemitismus in keiner Weise ein Randphänomen. Hitler sagte später über Streicher, er habe »den Juden« eigentlich *idealisiert.* »Der Jude« sei noch schlimmer, böser, teuflischer, als Streicher ihn hingestellt habe. Streicher sei vielleicht kein tüchtiger Organisator gewesen, so Hitler, und seine sexuelle Triebhaftigkeit hätte ihn stets von neuem in Schwierigkeiten gebracht, aber er habe immer loyal zu ihm gestanden. Manchmal, so Hitler, wenn es darauf ankomme, daß der Nationalsozialismus sein achtbares Gesicht zeige, könne *Der Stürmer* sich in der Tat nachteilig auswirken, aber nur taktisch gesehen, nie grundsätzlich oder mit Blick auf weltanschauliche Fragen.[72]

III

1923 verspürten Hitler und die NSDAP nicht das Bedürfnis, besonders achtbar auszusehen. Der Weg zur Macht schien sich am ehesten durch brutale Gewalt zu öffnen. Die rechte bayerische Regierung unter Gustav Ritter von Kahr war im September 1921 gestürzt. Seitdem intrigierten Kahr und seine Freunde gegen die neue Regierung Eugen von Knillings und der Bayerischen Volkspartei. Knilling und seine Verbündeten waren, wie später noch viele andere gemäßigte Konservative, der Ansicht, daß die Nationalsozialisten eine Gefahr darstellten und ihr Idealismus nur in konstruktivere, gesündere Bahnen gelenkt werden müsse. Daher zeigten sie sich gegen die nationalsozialistischen Umtriebe verhältnismäßig duldsam. Und als Knillings Regierung Ende Januar 1923 durchzugreifen und eine Parteiversammlung der NSDAP zu verbieten versuchte, setzte sich Röhm mit dem Reichswehrkommandanten für Bayern, General Otto Hermann von Lossow, in Verbindung und erreichte die Zusage, daß Hitler die Veranstaltung abhalten könne, sofern er sich für ihren friedlichen Verlauf verbürge. Kahr, zu diesem Zeitpunkt Regierungspräsident von Oberbayern, unterstützte Röhm, und die bayerische Regierung machte einen Rückzieher.[73]

Die Ereignisse trieben rasch einem Höhepunkt entgegen. Vieles entwickelte sich auf Bahnen, die Hitlers Kontrolle entzogen waren. Insbesondere gelang es dem unabhängig von ihm agierenden Ernst Röhm, die wichtigsten bayerischen Wehrverbände zu einer »Arbeitsgemeinschaft Vaterländischer Kampfbünde« zusammenzuschließen, dem auch viel größere Organisationen als die SA angehörten. Währenddessen begann die Reichswehr, deren bayerische Einheiten sich auf den berüchtigten Marsch auf Berlin und eine bewaffnete Auseinandersetzung mit den Franzosen im Ruhrgebiet vorbereiteten, die Wehrverbände als Hilfskräfte anzuwerben und auszubilden. Hitlers Versuch, die Initiative zu ergreifen und die Waffen der SA von der Reichswehr zurückzufordern, stieß auf kühle Ablehnung. Hitler war gezwungen, Ludendorff den Vortritt zu lassen, als die Wehrverbände Anfang September eine große Parade in Nürnberg veranstalteten, an der nicht weniger als 100 000 Uniformierte teilnahmen. Hitler galt als politischer Führer der Wehrverbände, aber er war keineswegs Herr der Situation.[74]

Röhm spielte bei der Umorganisation der Wehrverbände eine entscheidende Rolle und trat jetzt als Chef der kleinen SA zurück, um sich ganz der neuen Aufgabe zu widmen. Sein Nachfolger war ein Mann, der später eine Schlüsselfigur in der weiteren Entwicklung der nationalsozialistischen Bewegung und im Dritten Reich wurde: Hermann Göring. 1893 in Marienbad bei Rosenheim geboren, war auch Göring ein Mann der Tat, aber von ganz anderem Kaliber als Röhm. Er stammte aus dem gehobenen bayerischen Bürgertum. Sein Vater war Reichskommissar für Deutsch-Südwestafrika gewesen und trat als überzeugter Imperialist auf. Von 1905 bis 1911 besuchte Göring die Kadettenanstalt, zuletzt in Berlin, und betrachtete sich danach stets als preußischer, nicht als bayerischer Soldat. Im Ersten Weltkrieg war er ein berühmter Flieger, zuletzt Kommandeur des Jagdgeschwaders »Richthofen«. Seine Husarenstücke hatten ihm die höchste deutsche Kriegsauszeichnung, die Kriegsklasse des *Pour le mérite*, und den Ruf des unerschrockenen Draufgängers eingetragen. Kampfflieger galten damals weithin als die modernen Ritter, deren Tollkühnheit sich spektakulär von dem dumpfen, mechanisierten Morden in den Schützengräben abhob. Göring wurde in Adelskreisen hofiert und verbesserte seine gesellschaftlichen Kontakte, als er 1922 die schwedische Baronesse Karin von Kantzow heiratete. Wie viele andere Jagdflieger war Göring nach Kriegsende weiter auf der Suche nach einem Leben der Tat. Für kurze Zeit gehörte er einem Freikorps an, versuchte sich als Trickflieger, bis er schließlich Ende 1922 durch Vermittlung seiner Frau den Weg in die Hitlerbewegung fand. Zu diesem Zeitpunkt war Göring also eine verwegene, romantische Erscheinung, und viele gern gelesene lobhudelnde Bücher und Zeitschriftenartikel feierten seine Heldentaten.

Rücksichtslos, energisch und ichsüchtig, geriet Göring unter Hitlers Einfluß. Loyalität und Treue galten ihm als die höchsten Tugenden. Wie Röhm verstand Göring unter Politik Krieg und den bewaffneten Kampf, in dem weder Gerechtigkeit noch Moral etwas zu suchen hatten; der Starke setzte sich durch, der Schwache ging unter; das Recht war nichts als eine Ansammlung von »legalistischen« Regeln, die gebrochen werden mußten, wenn die Notwendigkeit es erforderte. Für Göring heiligte der Zweck die Mittel, und Zweck war immer das, was er für das nationale Interesse Deutschlands hielt, welches in seinen Augen Juden, Demokraten und Revolutionäre 1918 verraten hatten. Görings Verbindungen zum Adel, seine weltläufige Beherrschung des Französischen, Italienischen und Schwedischen und sein Ruf als ritterlicher Kampfflieger verführten viele zu der Meinung, er sei ein Gemäßigter, ja sogar ein Diplomat. Für Hindenburg und seinesgleichen verkörperte Göring das annehmbare Gesicht des Nationalsozialismus, war ein autoritärer Konservativer wie sie selbst. Aber Göring war genauso skrupellos, genauso gewalttätig und genauso extrem wie jeder andere der führenden Nationalsozialisten. Alle diese verschiedenen Eigenschaften und die eilfertigere Unterordnung unter Hitler machten Göring Anfang 1923 zum idealen Nachfolger Röhms als SA-Chef.[75]

Mit Göring an der Spitze war zu erwarten, daß die SA auf die Parteilinie einschwenkte. Im Zusammenwirken mit der »Arbeitsgemeinschaft«, die Röhm nach Kräften steuerte, traf man im Frühjahr und Frühsommer 1923 Vorbereitungen für eine Erhebung. Am 13. August wurde die Reichsregierung zum Rücktritt gezwungen. Es folgte eine große Koalition unter Beteiligung der SPD; an ihrer Spitze stand Gustav Stresemann von der Deutschen Volkspartei. Stresemann erkannte, daß der passive Widerstand gegen die französische Besetzung des Ruhrgebiets abgebrochen und die Reparationszahlungen wiederaufgenommen werden mußten, um die Ordnung im Land wiederherzustellen und die Hyperinflation zu beenden. Für die Deutschnationalen freilich war diese Politik nichts weiter als nationaler Verrat, und in der Erkenntnis, daß diese jetzt vermutlich den Aufstand proben würden, ernannte die bayerische Regierung den Ritter von Kahr zum Generalstaatskommissar mit umfassenden Vollmachten zur Aufrechterhaltung der Ordnung. Mit Rückendeckung durch Lossow und den Münchner Polizeipräsidenten Hans Ritter von Seisser verbot Kahr eine Reihe von Veranstaltungen, die die Nationalsozialisten im Rahmen ihrer eigenen Pläne zum Sturz der Berliner Regierung für den 27. September geplant hatten. Von allen Seiten drängte man auf Handeln; die Wehrverbände seien fast nicht mehr zu halten, wie man Hitler wiederholt versicherte.[76]

Unterdessen zog in Berlin Reichswehrchef Hans von Seeckt es vor, die Regierung Stresemann durch Hintertreppenintrigen zu Fall zu bringen. Allerdings folgte ihr wiederum eine Koalitionsregierung, in der Stresemann Außenminister blieb. In München kam es trotz fieberhaften Verhandlungen zu keiner Einigung zwischen der bayerischen Reichswehr unter Lossow, der Polizei unter Seisser und den Paramilitärischen, deren politischer Vertreter Hitler war. Hitler war sich bewußt, daß er die Unterstützung der Verbände verlieren würde, wenn er weiter zuwartete, und war besorgt, daß Kahr seinerseits zum Losschlagen bereit war. Daher entschloß er sich, jetzt mit der Rückendeckung Ludendorffs, zum Putsch. Die bayerische Regierung sollte verhaftet und Kahr mit seinen Verbündeten gezwungen werden, sich samt den paramilitärischen Wehrverbänden einem Marsch auf Berlin anzuschließen. Der Putsch wurde, weniger aus symbolischen Gründen als unter dem Druck der Ereignisse, für den 9. November geplant, den Jahrestag des Ausbruchs der Revolution 1918. Am Abend des 8. November stürmte Hitler mit einer Abordnung schwerbewaffneter SA-Leute eine Veranstaltung im Bürgerbräukeller in München, wo Kahr eine Rede hielt. Hitler befahl einem seiner Männer, einen Pistolenschuß in die Decke abzugeben, um für Ruhe im Saal zu sorgen, und gab bekannt, daß das Versammlungslokal umstellt sei. Die bayerische Regierung sei abgesetzt. Während Göring die Anwesenden beruhigte, führte Hitler Kahr, Lossow und Seisser in ein Nebenzimmer und teilte ihnen mit, daß er nach Berlin marschieren, sich zum Chef einer neuen Reichsregierung machen und Ludendorff die Reichswehr übernehmen werde. Kahr, Lossow und Seisser ihrerseits sollten für ihre Unterstützung wichtige Ämter erhalten. Dann kehrte Hitler in den Saal zurück und begeisterte das Publikum mit einem dramatischen Aufruf, ihm für sein Vorgehen gegen die »Novemberverbrecher von 1918« den Rücken zu stärken. Kahr und seinen Genossen blieb nichts anderes übrig, als ebenfalls aufs Podium zu kommen und, zusammen mit dem inzwischen eingetroffenen Ludendorff, ihre Unterstützung zu erklären.[77]

Röhm besetzte zwar die Reichswehrzentrale in München, und nationalsozialistische Einheiten übernahmen das Polizeipräsidium, aber andere Gebäude, insbesondere die Reichswehrkasernen, blieben in der Hand der Regierung, und während Hitler noch in die Innenstadt fuhr, ließ Ludendorff Kahr und die anderen Gefangenen frei, die daraufhin ihre erzwungene Mitwirkung an dem Komplott widerriefen und sofort Kontakt mit der Reichswehr, der Polizei und der Presse aufnahmen, um Hitlers Maßnahmen für nichtig zu erklären. Wieder im Bürgerbräukeller, beschlossen Hitler und Ludendorff, ins Stadtzentrum zu marschieren. Sie sammelten rund zweitausend bewaffnete Anhänger um sich, von denen jeder 2 Milliarden Mark (an diesem Tag kaum mehr als drei amerikanische Dollar wert) bekommen hatte, und zwar aus einem Schatz von über 14 Billionen Mark, die SA-Trupps auf Hitlers Anweisung in zwei angeblich jüdischen Gelddruckereien »beschlagnahmt« hatten. Die Kolonne setzte sich am 9. November gegen Mittag in Gang und zog, angefeuert von den Zurufen ihrer Anhänger, durch das Stadtzentrum in Richtung Kriegsministerium. Am Ende der Residenzstraße wartete ein bewaffneter Polizeikordon auf sie. Laut amtlichem Bericht drückten Hitlers Leute den Polizisten ihre entsicherten Pistolen gegen die Brust, spien ihnen ins Gesicht und hielten ihnen aufgepflanzte Bajonette entgegen. Dann fiel ein Schuß – die Angaben darüber, von welcher Seite er kam, widersprechen einander. Eine halbe Minute lang schossen beide Seiten aufeinander. Göring wurde durch einen Schuß am Bein verwundet. Hitler fiel zu Boden, oder wurde von einem seiner Weggefährten zu Boden geworfen; dabei wurde seine Schulter ausgekugelt. Der Diplomat Max Erwin von Scheubner-Richter, der Hitler hohen Gesellschaftskreisen vorgestellt hatte, wurde tödlich getroffen. Insgesamt wurden vierzehn Marschierer und vier Polizisten erschossen. Während die Polizei begann, Ludendorff, Streicher, Röhm und andere zu verhaften, gelang es Göring, zu entkommen. Er floh zuerst nach Österreich und dann nach Italien, bevor er sich in Schweden niederließ, wo er im Verlauf einer Wundbehandlung morphiumsüchtig wurde. Hitler, den Arm in der Schlinge, brachte man in Hanfstaengls Haus auf dem Lande, wo er am 11. November verhaftet wurde.[78]

Wiederaufbau der Bewegung

I

Hitler benötigte nach den Ereignissen des 9. November 1923 wenig Zeit, um wieder auf die Beine zu kommen. Er konnte zahlreiche prominente bayerische Politiker in die Ermittlungen über den Putschversuch hineinziehen und die Beteiligung der Reichswehr an der Ausbildung von paramilitärischen Wehrverbänden für einen Marsch auf Berlin aufdecken. In Kenntnis dieser Drohung, die schon bei Hitlers Verhör durchschien, wußte die bayerische Regierung die zuständigen Stellen in Berlin davon zu überzeugen, daß es besser sei, Hitler nicht vor dem Reichsgericht in Leipzig den Prozeß zu machen, sondern vor einem eigens konstituierten »Volksgericht« in München, wo sie das Verfahren besser unter Kontrolle hatte.[79] Den Vorsitz bei der Verhandlung führte Georg Neithardt, ein bekannter Deutschnationaler, der vom reaktionären bayerischen Justizminister Franz Gürtner 1919 zum Richter berufen worden war und schon das frühere Verfahren gegen Hitler Anfang 1922 geleitet hatte. Als der Prozeß am 26. Februar 1924 begann, durfte Hitler Zivilkleidung und sein Eisernes Kreuz tragen und stundenlange Ausführungen vortragen, ohne unterbrochen zu werden. Während Neithardt zuließ, daß Hitler Zeugen der Anklage einschüchterte und beleidigte, unterließ es der Staatsanwalt, viele wichtige Personen zu laden, deren Aussage die Verteidigung in schwere Bedrängnis gebracht hätte. Das Gericht unterdrückte Beweismaterial für Ludendorffs Verwicklung in den Putschversuch und lehnte den Antrag, Hitler als Ausländer nach Österreich abzuschieben, mit der Begründung ab, er habe in der deutschen Armee gedient und sich als deutscher Patriot erwiesen.[80] Hitler nahm die ganze Verantwortung auf sich und erklärte, es könne nicht Hochverrat sein, den Interessen Deutschlands zu dienen. Das »ewige Gericht der Geschichte«, führte er aus, »wird über uns richten ... die als Deutsche das Beste gewollt haben für ihr Volk und Vaterland«.[81]

Ungeachtet der Tatsache, daß die Beteiligten am Putsch vier Polizisten erschossen und eine bewaffnete Revolte gegen eine legitim zustande gekommene Staatsregierung inszeniert und damit zwei Kapitalverbrechen begangen hatten, auf die die Todesstrafe stand, verurteilte das Gericht Hitler lediglich zu fünf Jahren Haft wegen Hochverrats und klagte die anderen wegen ähnlicher oder noch geringerer Delikte an. Ludendorff wurde erwartungsgemäß freigesprochen. Das Gericht begründete seine Milde mit dem Hinweis auf den »rein vaterländischen Geist und edelsten Willen«, wovon sich die am Putsch Beteiligten bei ihrem Handeln hätten leiten lassen. Sogar gemessen an der tendenziösen Rechtsprechung der Weimarer Justiz war das ein Skandal. Es wurde scharf kritisiert, selbst von den Rechten. Hitler kam in die alte Festung Landsberg am Lech, wo er die Zelle übernahm, in der bis dahin der Eisnermörder Graf Arco-Valley eingesessen hatte. Man nannte dies »Festungshaft«; es war eine milde Form der Haftstrafe für Delinquenten, denen man zugute hielt, daß sie aus vermeintlich ehrenwerten Beweggründen gehandelt hätten, beispielsweise vornehme Herren, die vor dem Krieg bei einem Duell ihren Gegner getötet hatten. Hitlers Zelle war groß und behaglich eingerichtet, Besucher hatten freien Zugang, mehr als fünfhundert empfing er im Laufe seines Aufenthalts in Landsberg, sie brachten ihm Geschenke, Blumen, Briefe und Telegramme. Hitler begann in dieser Zeit, auf Anregung des nationalsozialistischen Verlegers Max Amann, zwei Mithäftlingen, seinem Fahrer Emil Maurice und seinem Faktotum Rudolf Heß, eine Schilderung seines bisherigen Lebens und seiner Weltanschauung zu diktieren, die 1925 unter dem angeblich von Amann stammenden Titel *Mein Kampf* veröffentlicht wurde.[82]

Von Amann, Hanfstaengl und anderen stark bearbeitet, um es gegenüber dem ersten Entwurf literarischer und weniger unzusammenhängend zu machen, blieb *Mein Kampf* ein hochtrabendes, langweiliges Machwerk, das sich bis zum großen Wahlerfolg der Nationalsozialisten 1930 nur mäßig verkaufte. Danach wurde es zum Bestseller, vor allem im Dritten Reich, als es fast an Hochverrat grenzte, kein Exemplar zu besitzen. Niemand, der das Buch las, konnte auch nur im mindesten darüber im Zweifel sein, daß Hitler im Kampf der Rassen den Motor, ja das Wesen der Geschichte erblickte und »die Juden« als den Hauptfeind der deutschen Rasse ansah, welche den geschichtlichen Auftrag habe, unter Führung der NSDAP die internationale Macht der Juden zu brechen und die Juden zu vernichten. »Die Nationalisierung unserer Masse«, so Hitler, »wird nur gelingen, wenn bei allem positiven Kampf um die Seele unseres Volkes ihre internationalen Vergifter ausgerottet werden.«[83]

Die Juden waren jetzt in Hitlers Vorstellung nicht zu trennen von »Bolschewismus« und »Marxismus«, die in *Mein Kampf* viel mehr im Vordergrund stehen als der Finanzkapitalismus, der ihn während der Inflation so stark beschäftigt hatte. Denn Rußland war der Ort, wo Deutschland sich seinen »Lebensraum« erobern würde, aber gleichzeitig auch der Schauplatz für die Beseitigung aller »jüdischen Bolschewiken«, die nach Hitlers Ansicht den Sowjetstaat regierten. Diese Gedankengänge legte Hitler in größerer Ausführlichkeit im zweiten Band des Buches dar, der, 1925 geschrieben, ein Jahr später erschien, und sie waren fortan entscheidend für Hitlers Ideologie. Die Grenzen des Jahres 1914 seien für die Zukunft Deutschlands bedeutungslos, erklärte Hitler. »Rußland und die ihm untertanen Randstaaten« würden einmal verschwinden: »Das Ende der Judenherrschaft in Rußland wird auch das Ende Rußlands als Staat sein.« Die Aufgabe der Nationalsozialisten sei es, »unser eigenes Volk zu jener politischen Einsicht zu bringen, daß es sein Zukunftsziel nicht im berauschenden Eindruck eines neuen Alexanderfeldzuges erfüllt sieht, sondern vielmehr in der emsigen Arbeit des deutschen Pfluges, dem das Schwert nur den Boden zu geben hat.«[84]

Hitler hatte in *Mein Kampf* seine Überzeugungen für alle sichtbar offengelegt. Niemand, der sich mit dem Text vertraut gemacht hatte, hätte das Buch mit dem Eindruck weglegen können, alles, was Hitler anstrebe, sei die Revision des Versailler Vertrags, die Wiederherstellung Deutschlands in den Grenzen von 1914 oder das Selbstbestimmungsrecht für die deutschsprachigen Minderheiten in Mitteleuropa. Und niemand hätte Hitlers abgrundtiefen, fanatischen, mörderischen Haß auf die Juden anzweifeln können. Aber Überzeugungen und Absichten sind nicht dasselbe wie Aktionspläne. Sobald es darum ging aufzuzeigen, wie diese Anschauungen umgesetzt werden könnten, spiegelte Hitlers Text die politische Situation zum konkreten Zeitpunkt seiner Entstehung. Damals waren der Feind die Franzosen, die sich erst vor kurzem aus dem Ruhrgebiet zurückgezogen hatten. Dagegen schienen die Briten ein möglicher Verbündeter im Kampf gegen den Bolschewismus zu sein, hatten die doch wenige Jahre zuvor im russischen Bürgerkrieg die »Weißen« unterstützt. Und als Hitler etwas später ein zweites Buch ähnlichen Inhalts schrieb, das allerdings zu seinen Lebzeiten nicht veröffentlicht wurde, stand der Konflikt zwischen Deutschland und Italien um Südtirol auf der politischen Tagesordnung, so daß er sich auf dieses Thema konzentrierte.[85]

Was jedoch bei all diesen taktischen Drehungen und Wendungen stets im Mittelpunkt stand, waren der langfristige Drang nach »Lebensraum« im Osten und der mörderische Wunsch nach Vernichtung der Juden. Hitler hatte zu diesem Zeitpunkt offenkundig noch kein klares Konzept, wie und wann die Ziele zu erreichen waren. In Hitlers Augen hatten die Juden den Bolschewismus ersonnen, um die unterlegene slawische Bevölkerung Rußlands zu beherrschen und auszubeuten, und verbreiteten nun Kommunismus und Sozialdemokratie über ganz Europa, um die arische Rasse zu versklaven. Lebensraum im Osten könnte für die Deutschen nur durch die Zerstörung der jüdisch-bolschewistischen Herrschaft über Rußland geschaffen werden. Die Voraussetzung hierfür sei die Nichtanerkennung des Versailler Vertrags, eine Wiederbewaffnung und nach einigen Jahren ein Eroberungskrieg im Osten. Das erfordere wiederum eine Erholung Deutschlands vom Chaos und der Schwäche der Weimarer Republik, was wiederum nicht möglich sei ohne die Entfernung der Juden aus der deutschen Gesellschaft. Längerfristig würde die Schaffung einer neuen europäischen Ordnung, so spekulierte Hitler in seinem damals unveröffentlichten zweiten Buch nach *Mein Kampf*, zu einem letzten Kampf mit der drohenden Weltmacht der Vereinigten Staaten führen. Doch der Weg dorthin war keineswegs klar. In diesem zweiten Buch glaubte Hitler, die Juden beherrschten Frankreich, und ihr dortiger Einfluß müsse ausgeschaltet werden, bevor Frankreich, territorial wieder verkleinert durch die Rückgabe der 1919 verlorenen Gebiete, vor allem Elsaß-Lothringen und das Saarland, neutralisiert werden könne, um Deutschland die Rückendeckung zu geben, um seinen Krieg um Lebensraum im Osten zu führen. Was an Hitlers Vision in *Mein Kampf* und erst recht in seinem zweiten Buch verblüfft, ist ihr globaler, nahezu grenzenloser Zugriff. Als Sozialdarwinist betrachtete er internationale Beziehungen als einen unaufhörlichen Rassenkampf; die deutsche Eroberung Europas würde nahtlos in einen globalen Konflikt mit den Vereinigten Staaten übergehen, der mit rein friedlichen Mitteln nicht zu lösen sein würde. Desgleichen beschränkte sich sein Antisemitismus nicht auf das Bedürfnis, allein die Juden aus Deutschland zu vertreiben, sondern erstreckte sich auch auf die Juden in anderen Ländern, einschließlich Frankreich und Rußland. Seine mörderischen Untertöne und die gewalttätige Sprache Hitlers, sobald er von den Juden sprach, ließen keinen Zweifel, daß das Endergebnis künftiger internationaler Konflikte in ihrer vollständigen Vernichtung als biologischer Gruppe bestehen würde. Diese paranoide Überzeugung ist nicht nur an seiner Sprache in *Mein Kampf* abzulesen, sondern auch an dem Wortlaut seiner Reden und der fanatischen Intoleranz, in der er sie hielt.[86] Die Juden seien eine »Pestilenz, schlimmer als der schwarze Tod«, »die Made im faulenden Leibe« Deutschlands, und sie würden von den Machtpositionen, dort wo Hitler sie vermutete, vertrieben und dann vollends aus dem Lande gejagt werden, notfalls mit Gewalt. Was mit den Juden Osteuropas geschehen würde, sobald Deutschland sich dort einmal seinen Lebensraum gesichert hätte, konnte er nicht sagen, aber seine Sprache ließ kaum einen Zweifel zu, welches Los er ihnen zudachte.[87]

Die Niederschrift seines Buches, die enorme öffentliche Aufmerksamkeit, die ihm sein Prozeß eintrug, die Zustimmung der nationalen Rechten nach dem Putschversuch: alles führte Hitler zu der Überzeugung, daß er der Mann sei, diese Vorstellungen Wirklichkeit werden zu lassen. Der gescheiterte Putsch belehrte ihn darüber, daß für die Erringung der Macht die Schlagkraft der Wehrverbände allein nicht ausreichte. Ein »Marsch auf Rom« kam in Deutschland nicht in Betracht. Das Entscheidende war, durch Propagandakampagnen und öffentliche Auftritte die Unterstützung der Massen zu gewinnen. Die revolutionäre Eroberung der Macht, noch immer die Lieblingsidee Ernst Röhms, würde nicht gelingen, wenn man sie ohne den Rückhalt der Reichswehr unternahm, an dem es im November 1923 gefehlt hatte. Hitler entschied sich nach dem gescheiterten Putsch nicht für den Weg der »Legalität«, auch wenn dies später gelegentlich, unter anderem von ihm selbst, behauptet wurde. Aber er gelangte zu der Einsicht, daß es zum Sturz des Weimarer »Systems« mehr brauchte als ein paar schlecht gezielte Schüsse, selbst in einem Krisenjahr wie 1923. Um an die Macht zu kommen, benötigte er offenkundig die Hilfestellung maßgeblicher Kreise in Deutschland, und wenn er 1923 eine gewisse Unterstützung erfahren hatte, so war sie doch ungenügend gewesen. Bei der nächsten Krise, die kaum zehn Jahre auf sich warten ließ, sorgte er dafür, daß, anders als 1923, die Reichswehr und die wichtigsten Institutionen entweder ausgeschaltet oder aktiv auf seiner Seite waren.[88]

Die Lage der NSDAP erschien nach der Festnahme und Verurteilung Hitlers hoffnungslos. Die Wehrverbände brachen auseinander, ihre Waffen wurden von der Regierung beschlagnahmt. Eine neue Regierung unter dem Vorsitzenden der Bayerischen Volkspartei, Heinrich Held, entließ Kahr, Lossow und Seisser, die sich durch den Putsch kompromittiert hatten. Das politische Tagesgeschäft verdrängte bayerische Sezessionsbestrebungen und nationalistische Verschwörungen. Die Lage beruhigte sich in dem Maße, wie die Inflation zu Ende ging, die Berliner Außenpolitik zu greifen begann und durch die Umschuldung der Reparationszahlungen im Rahmen des Dawes-Plans fast unverzüglich Früchte trug. Ihres Führers beraubt, zerfielen die Nationalsozialisten wieder in heillos zerstrittene Grüppchen. Röhm versuchte, die noch verbliebenen ludendorfftreuen Reste der Wehrverbände zu einigen, Hitler übertrug die Führung seiner Bewegung Alfred Rosenberg, praktisch dem einzigen NSDAP-Funktionär im Lande, der noch auf freiem Fuß war. Rosenberg vermochte jedoch keinerlei Autorität zu erringen.[89]

Sowohl die NSDAP als auch die SA waren jetzt verboten, auf ein Leben im Untergrund waren sie in keiner Weise vorbereitet. Die Meinungen über den künftig einzuschlagenden Weg – paramilitärisch oder parlamentarisch – gingen weit auseinander, und Eifersüchteleien zwischen Leuten wie Streicher und Ludendorff sowie die zahllosen ultranationalistischen Gruppen, die jetzt die Nachfolge der NSDAP anzutreten beanspruchten, lähmten alle Versuche, die Bewegung wieder zum Leben zu erwecken. Er wolle mit all dem Gezänk nichts zu tun haben, er ziehe sich aus der Politik zurück, um sein Buch zu schreiben, erklärte Hitler. Am 20. Dezember 1924 wurde

Hitler durch einen Entscheid des Bayerischen Obersten Landesgerichts und gegen den Rat der Staatsanwaltschaft auf Bewährung entlassen. Er hatte noch vier Jahre seiner Haftstrafe abzubüßen und durfte sich in dieser Zeit nichts zuschulden kommen lassen. In den meisten Teilen Deutschlands durfte er bis 1927 nicht öffentlich auftreten. Aber er konnte sich in Deutschland aufhalten; die österreichische Regierung lehnte die Aufnahme Adolf Hitlers ab.[90]

II

Zu vielen einflußreichen Freunden war die Verbindung nicht abgerissen. Ein wichtiger Mann war der bayerische Justizminister Franz Gürtner, der mit Hitlers nationalen Ideen sympathisierte. Gürtner gab seine Zustimmung, das Verbot der NSDAP und ihrer Zeitung, des *Völkischen Beobachters*, nach der Beendigung des Ausnahmezustands am 16. Februar 1924 aufzuheben.[91] Ausgestattet mit seinem jüngst erworbenen Ansehen und Selbstvertrauen als der nationale Held des Putsches und anschließenden Prozesses, betrieb Hitler die Neugründung der NSDAP, indem er seine früheren Anhänger aufrief, der Partei beizutreten und, eine entscheidende Neuerung, sich bedingungslos seiner Führung zu unterwerfen. Julius Streicher, Gottfried Feder, der Parteijournalist und -propagandist Hermann Esser und andere legten in demonstrativem Schulterschluß öffentlich ihre Differenzen bei. Dann ging Hitler daran, seine stärksten Rivalen politisch kaltzustellen. Als eine Neugründung der SA nicht mehr verboten war, bestand er darauf, daß sie eine Unterorganisation der NSDAP wurde und ihre Beziehungen zu den anderen Wehrverbänden löste. Ernst Röhm, der das ablehnte, wurde ausgeschlossen, zog sich aus der Politik zurück und arbeitete als Verkäufer und in einer Fabrik, bevor er einer Einladung nach Bolivien folgte, um die dortigen Streitkräfte in europäischen Kampfmethoden zu unterrichten.[92] Ferner war Hitler bestrebt, das ungebrochene Ansehen Ludendorffs zu schwächen, der nicht nur ein gefährlicher Rivale war, sondern auch in seinen Anschauungen rasch immer extremer wurde. Beeinflußt von Mathilde von Kemnitz, die er 1926 geheiratet hatte, gründete Ludendorff den Tannenbergbund, der verschwörungstheoretische Traktate mit Angriffen gegen Juden, Jesuiten und die katholische Kirche veröffentlichte, in Bayern und anderen Gegenden Süddeutschlands der beste Weg, die Wähler abzuschrecken. Als Ludendorff 1925 als Kandidat der NSDAP für das Amt des Reichspräsidenten kandidierte und nur 1,1 Prozent der Stimmen erzielte, war sein Schicksal besiegelt. Es gibt Hinweise, daß Hitler selbst Ludendorff zur Kandidatur gedrängt hatte, um dem Ruf des Feldherrn entscheidend zu schaden.[93] Von nun an bis zu seinem Tod 1937 blieben Ludendorff und der Tannenbergbund eine politische Randerscheinung, zu Bedeutungslosigkeit verurteilt und ohne Rückhalt bei den Massen. Der Vorgang verdeutlichte, wie sehr sich die Lage für den extremen Nationalismus in Deutschland verändert hatte: Der allmächtige Militärdiktator des Ersten Weltkriegs war von dem aufstrebenden nationalsozialistischen Politiker an den Rand gedrängt worden; der Gefreite hatte den General überflügelt.

Nachdem Ludendorff in die Bedeutungslosigkeit abgestürzt war, mußte Hitler auf der extremen Rechten keinen ernstzunehmenden Rivalen mehr fürchten. Er konnte seine Kräfte darauf konzentrieren, sich die Reste der ultranationalistischen Bewegung gefügig zu machen. Während es im Süden die unterschiedlichsten Gruppen gab, die sich im Umkreis der NSDAP bewegten, fand die Partei derweil im Norden und Westen Deutschlands dank Gregor Strasser, einem Apotheker aus Landshut, mehr und mehr Beachtung. Der 1892 geborene Sohn eines politisch aktiven Justizsekretärs hatte eine gute Erziehung genossen, was ihn für viele potentielle Sympathisanten der nationalsozialistischen Bewegung zu einer anziehenden Gestalt machte. Den Kriegsdienst beendete er als Leutnant der Reserve, danach suchte er das Unrecht wiedergutzumachen, das man in seinen Augen Deutschland angetan hatte. Nach Kriegsende kämpfte er bei den Freikorps in München und wurde später Anführer des Frontkämpferkorps »Sturmbataillon Niederbayern«, wodurch er mit Hitler in Berührung kam. Für Strasser zählte weniger der Führer als die Sache, die er vertrat. Am 9. November 1923 führte er seinen SA-Verband nach München, um wie verabredet eine wichtige Isarbrücke zu besetzen. Als der Putsch zusammenbrach, führte Strasser den Verband zurück nach Landshut.[94]

Seine Mitwirkung an dem Putsch schien den Behörden keiner besonders harten Ahndung zu bedürfen. Er blieb auf freiem Fuß, während die anderen Parteigrößen entweder flohen oder im Gefängnis landeten. Im April 1924 wurde Strasser in den bayerischen Landtag gewählt und erwies sich als begabter Organisator, der viele Teile der zersplitterten Ultrarechten zusammenführte. Nach der Neugründung der NSDAP schickte Hitler Strasser nach Norddeutschland, um dort die Partei neu aufzubauen. Bis Ende 1925 hatte Strasser mit seinem rastlosen Werben für die NSDAP die Zahl der dortigen Ortsgruppen fast um das Vierfache erhöht, indem er die »sozialistischen« Aspekte der nationalsozialistischen Ideologie hervorhob, um die Industriearbeiterschaft in Gegenden wie dem Ruhrgebiet zu gewinnen. Strasser verachtete die anderen ultrarechten Gruppierungen, die »die primitive Lösung des Antisemitismus« vertraten. Zu Oswald Spengler sagte er im Juli 1925, der Nationalsozialismus sei insofern anders, als er eine »deutsche Revolution« durch eine deutsche Form des Sozialismus anstrebe.[95] Zu Strassers Vorstellung von Sozialismus gehörten zwar die 51prozentige Beteiligung des Staates an allen Großindustrien und die 49prozentige an allen übrigen Gesellschaften, aber auch die Wiedereinführung der Innungen und eine Naturalentlohnung der Arbeiter. Dergleichen »sozialistische« Ideen entwickelte Strasser in Zusammenarbeit mit vielen Parteiführern aus den neuen Ortsgruppen der NSDAP in Norddeutschland. Diese Ortsgruppen verdankten Hitler in dieser Zeit so gut wie nichts. Die NSDAP war sozusagen dabei, sich unabhängig von der Zentrale in München neu zu konstituieren. Schon bald bekundeten Strasser und seine Verbündeten ihr Mißtrauen gegen die in ihren Augen korrupte und diktatorische Clique um Hermann Esser, die die Münchner Parteizentrale leitete, während Hitler den zweiten Teil von *Mein Kampf* diktierte. Viele Leute um Strasser hatten Hitler nie persönlich kennengelernt. Ihr Mißfallen richtete sich auf das Parteiprogramm der NSDAP, das sie abschaffen und durch ein neues ersetzen wollten.[96]

Großen Anteil an diesen Schachzügen hatte ein anderer Neuzugang zur NSDAP, der junge Joseph Goebbels. 1897 als Sohn eines Buchhalters in der niederrheinischen Industriestadt Rheydt geboren, besuchte Goebbels das humanistische Gymnasium und studierte dann Literaturwissenschaft, Deutsch und Geschichte in Bonn; 1924 promovierte er in Heidelberg mit einer Arbeit über die Romantiker und durfte sich »Dr. Goebbels« nennen, wie er sich denn auch fortan anreden ließ. Trotz seines Doktortitels war Goebbels nicht für ein Leben an der Universität bestimmt. Als Student verbrachte er seine Mußestunden mit dem Schreiben von Theaterstücken und träumte von einer Zukunft als Künstler. Die zwanziger Jahre hindurch schrieb er an einem Roman, den er immer wieder umarbeitete und der schließlich 1929 unter dem Titel *Michael: Ein deutsches Schicksal in Tagebuchblättern* erschien. Der Roman war hauptsächlich ein Vehikel für Goebbels' eigene, verworrene Vorstellungen von einem nationalen Wiedererwachen, gründend in einem fanatischen Glauben an die Zukunft Deutschlands, welcher sich der Held des Romans schließlich selbst zum Opfer bringt. Goebbels schrieb Tagebuch und wies jede gewöhnliche Art des Broterwerbs verächtlich von sich. Er las wie ein Besessener – Dostojewski, Nietzsche, Spengler und vor allem Houston Stewart Chamberlain, der ihn davon überzeugte, daß die von Spengler vorausgesagte Wiedergeburt des Abendlandes nur durch die Beseitigung der Juden zu verwirklichen sei.[97]

In mancher Hinsicht unterschied sich Goebbels von den anderen Nazigrößen. Sein Intellekt und Temperament wurden oft als »romanisch« bezeichnet, vielleicht weil er in seinen Schriften wie in seinen Reden mit Klarheit und Offenheit, gelegentlich auch mit sarkastischem Humor formulierte.[98] Auch ihn hatte die Niederlage Deutschlands im Ersten Weltkrieg zutiefst erschüttert. Im Wintersemester 1919/20 studierte er in München, kam mit der extrem rechten Atmosphäre des Münchner Studentenlebens in Berührung und atmete die vehement nationalistische Luft der Gegenrevolution. Goebbels sympathisierte mit Leuten wie dem Grafen Arco-Valley, dessen Haftstrafe nach der Ermordung Kurt Eisners ihn aufbrachte, aber seine politische Heimat und seine politischen Fähigkeiten entdeckte er erst später, als ihn nach vorangegangenen Kontakten mit zahlreichen anderen ultranationalistischen Gruppen 1924 ein Schulfreund bei der NSDAP einführte.

Auf seinem Weg in die NSDAP lernte er Erich Koch kennen, einen rheinischen Nationalsozialisten, der einst zum gewalttätigen Widerstand gegen die Ruhrbesetzung gehört hatte. Er begegnete auch Julius Streicher, den er im privaten Kreis als »Berserker« bezeichnete, der »vielleicht etwas pathologisch« sei.[99] Und er war beeindruckt von Erich Ludendorff, den er schon als den großen Feldherrn des

Ersten Weltkriegs bewundert hatte. Rasch wurde Goebbels Gaugeschäftsführer in Rheinland-Nord. Er entwickelte sich zu einem wirkungsvollen Redner, in den Reihen der NSDAP vielleicht der Wirkungsvollste neben Hitler, klar, volksnah und schlagfertig gegen Zwischenrufer. Er begann, sein literarisches Talent politisch für die nationalsozialistische Presse zu nutzen, wobei er nationalsozialistische Ideologie mit pseudosozialistischen Elementen vermischte. Binnen weniger Monate gehörte er zu den populärsten Rednern der NSDAP im Rheinland. Regionale Parteiführer wurden auf ihn aufmerksam. Hinter der norddeutschen Kampfansage an die Münchner Parteizentrale im Jahre 1925 stand ebenso Joseph Goebbels wie Gregor Strasser. Aber auch er begann bald, Hitler zu bewundern, berauscht von der Lektüre von *Mein Kampf* (»Wer ist dieser Mann? Halb Plebejer, halb Gott!«)[100] Bei der zweiten persönlichen Begegnung, am 6. November 1925, begeisterten Goebbels die großen blauen Augen Hitlers – »wie Sterne«. Hitler sei, schrieb er sich in sein Tagebuch, »der geborene Volkstribun. Der kommende Diktator«.[101]

In vielen entscheidenden Fragen waren Hitler und Goebbels unterschiedlicher Ansicht. Beunruhigt über die wachsende Selbstherrlichkeit der Norddeutschen, bestellte Hitler sie für den 14. Februar 1926 nach Bamberg ein. Der Parteiführer sprach zwei Stunden lang, verwarf die norddeutschen Häresien und beharrte darauf, daß die Eroberung von Lebensraum in Osteuropa für die Zukunft der deutschen Außenpolitik von zentraler Bedeutung sei. Während Strasser und Goebbels die Unterstützung der NSDAP bei der Kampagne zur Enteignung der deutschen Fürsten befürworteten, die nach ihrer Entthronung in der Revolution 1918 ausgedehnte Besitzungen in Deutschland hatten behalten dürfen, verurteilte Hitler diese Kampagne als Angriff auf das Privateigentum. »Grauenvoll!« notierte sich Goebbels in sein Tagebuch: »Wohl eine der größten Enttäuschungen meines Lebens. Ich glaube nicht mehr restlos an Hitler.«[102] Bei der Besprechung in Bamberg leistete Goebbels gleichwohl keinen Widerstand. Strasser, von Hitlers kompromißlosem Standpunkt erschüttert, kapitulierte und ließ seine »sozialistischen« Vorschläge fallen. Hitler besänftigte die Norddeutschen, indem er Hermann Esser von seinem Posten in München entfernte.[103]

Im April 1926 lud Hitler Goebbels zu einer Rede nach München. In der NSDAP-Zentrale suchte Hitler die Konfrontation mit Goebbels und seinen zwei Führungskollegen vom Gau Rheinland-Nord, Franz Pfeffer von Salomon, einem prominenten NSDAP-Mann in Norddeutschland und ehemaligen Reichswehrangehörigen und Freikorps-Kämpfer, und Karl Kaufmann, der sich als Organisator gewaltsamer Widerstandsaktionen im Ruhrkampf einen Namen gemacht hatte. Hitler prangerte die ideologischen Eigenmächtigkeiten der drei an, hielt einen Vortrag über die richtige Parteistrategie und bot die Aussöhnung an, wenn sie sich bedingungslos seiner Führung unterwarfen. Goebbels war auf der Stelle bekehrt. Brillant sei Hitler, vertraute er seinem Tagebuch an. »Adolf Hitler, ich liebe Dich«, schrieb er im Hinblick auf den Putsch von 1923, »weil Du groß und einfach zugleich bist. Das was man Genie nennt.«[104] Fortan war er ganz und gar Hitler verfallen und blieb es, anders als manche anderen Parteiführer, bis zum allerletzten Augenblick. Hitler belohnte ihn mit dem Posten des Gauleiters in dem noch kleinen und zerstrittenen Gau Berlin-Brandenburg. Pfeffer von Salomon wurde Chef der SA, Gregor Strasser Reichspropagandaleiter der Partei. Unterdessen bestätigte der jährliche Parteitag der NSDAP das Parteiprogramm von 1920 und unterstrich noch einmal die absolute Herrschaftsgewalt Hitlers über die Bewegung, indem alle entscheidenden Ernennungen, insbesondere die der Gauleiter, in seine Hände gelegt wurden.[105]

Der Parteitag war vom Vereinsrecht vorgeschrieben, satzungsgemäß wurde Hitler in seinem Amt als Parteivorsitzender bestätigt. Wie die Partei im Inneren wirklich funktionierte, zeigte eine im Juli 1926 abgehaltene Veranstaltung, bei der an die 8 000 Braunhemden und Parteigenossen zugegen waren. Die Zeit verging fast vollständig mit Ergebenheitsadressen an Hitler, dem Ablegen persönlicher Treueide auf den Führer sowie Massenumzügen und Kundgebungen, bei denen auch die »Blutfahne« mitgeführt wurde, die über dem Marsch auf die Feldherrnhalle im November 1923 geweht hatte.[106] Es war der bescheidene Auftakt für die monumentalen Parteitage künftiger Jahre. Damals freilich, 1926, war die NSDAP noch eine kleine Gruppierung, mochte sie unter Hitlers unstrittiger Führung jetzt auch geeint und diszipliniert sein. Die Entwicklungen der folgenden drei

Jahre, bis Ende 1929, legten die Grundlage für den kommenden Erfolg der Partei. Allerdings war mehr als Führungskunst und Organisationstalent erforderlich, um der NSDAP jenen Rückhalt bei den Massen zu verschaffen, den Hitler anstrebte.[107]

III

In die Jahre 1927/28 fiel der Aufbau der neuen, für ganz Deutschland verbindlichen Binnenstruktur der Partei. 1928 wurden 35 NSDAP-Gaue neu aufgeteilt, um sie mit den Reichstagswahlkreisen zur Deckung zu bringen. Diese Änderung sollte die neue, wahlorientierte Funktion der Gaue signalisieren. Knapp ein Jahr später entstand zwischen den Gauen und den Ortsgruppen eine neue organisatorische Zwischenstufe in Form der Kreise. Auf diesen Ebenen tat sich eine neue Generation jüngerer Parteiaktivisten hervor, sie verdrängten die Generation, die noch aus den alldeutschen Zirkeln und den Geheimbünden der Vorkriegszeit übriggeblieben war, und war auch zahlenmäßig stärker als die Gruppe derer, die in den Freikorps, der Thule-Gesellschaft und ähnlichen Gruppen gewirkt hatten. Dabei darf man nicht vergessen, daß die »ältere« Generation führender Nationalsozialisten auch noch aus jungen Männern bestand, vor allem, wenn man sie mit den bereits ergrauenden Politikern mittleren Alters verglich, die an der Spitze der etablierten Parteien standen. Hitler war 1929 40, Goebbels 32, Göring 36, Heß 35, Gregor Strasser 37.

Goebbels machte sich einen Namen als Gauleiter von Berlin-Brandenburg, wo seine flammenden Reden, seine hektische Betriebsamkeit, seine abscheulichen Provokationen des politischen Gegners und seine auf Beachtung in der Presse berechnete Inszenierung von Straßenkämpfen und Saalschlachten der Partei zahllose neue Mitglieder zuführte. Für zusätzliche Publizität sorgte die Berliner NSDAP durch ihre aggressiven Schmähkampagnen gegen Leute wie den Berliner Polizeivizepräsidenten Bernhard Weiß, auf dessen jüdische Abstammung Goebbels hinwies, indem er Weiß penetrant mit dem antisemitischen Schmähnamen »Isidor« nannte.[108] Goebbels' Gewalttätigkeit und Radikalität bescherten der Berliner NSDAP zwar ein elfmonatiges

Verbot, das die sozialdemokratischen Behörden der Stadt 1927/28 verhängten, aber auch die Loyalität und Bewunderung jüngerer Aktivisten, etwa des 19jährigen Horst Wessel, eines Pfarrerssohns, der sein Jurastudium abgebrochen und sich der Welt der Wehrverbände, zuletzt der SA verschrieben hatte. »Was dieser Mann an Rednergabe und Organisationstalent aufwies, ist einzigartig«, schrieb er von »unserem Goebbels« 1929: »Die S.A. hätte sich für ihn in Stücke schlagen lassen.«[109]

Auf Ortsgruppen- und Kreisebene wurde erbittert um Schlüsselpositionen in der Parteihierarchie gerungen. Alles in allem aber stand, wie Max Amann Ende 1925 einem Parteigenossen schrieb, Hitler prinzipiell auf dem Standpunkt,

> »daß es nicht Aufgabe der Parteileitung ist, Ortsgruppenführer ›einzusetzen‹. Herr Hitler steht heute mehr denn je auf dem Standpunkt, daß der tüchtigste Kämpfer der nationalsozialistischen Bewegung der Mann ist, der sich auf Grund seiner Leistungen als Führer durchsetzt. Wenn Sie selbst schreiben, daß in Hannover das Vertrauen fast aller Mitglieder auf Ihrer Seite ist, warum übernehmen Sie denn nicht die Führung der Ortsgruppe?«[110]

Auf diese Weise würden, so glaubte Hitler, die rücksichtslosesten, beweglichsten und tüchtigsten Kräfte zu Machtpositionen in der Bewegung aufsteigen. Dasselbe Prinzip sollte er später bei der Führung des Dritten Reiches befolgen. Dadurch war die Partei auf jeder ihrer Ebenen unablässig aktiv und immerzu damit beschäftigt, zu marschieren, zu kämpfen, zu demonstrieren und zu mobilisieren. Aber diese Strategie brachte keine unmittelbaren Erfolge. Ende 1927 hatte die NSDAP erst 75 000 Mitglieder und lediglich sieben Abgeordnete im Reichstag. Die Hoffnungen von Männern wie Strasser und Goebbels, die Industriearbeiterschaft für die Partei gewinnen zu können, hatten sich als Illusion erwiesen.[111]

In der Erkenntnis, daß es schwierig war, in die Domänen der Sozialdemokraten und Kommunisten einzudringen, wandten sich die Nationalsozialisten der Landbevölkerung im protestantischen Norddeutschland zu, wo sich die zunehmende Unzufriedenheit der Bauern in Demonstrationen und Protestkundgebungen Luft machte. Die gegensätzlichen Folgen von Inflation und Stabilisierung auf die Land-

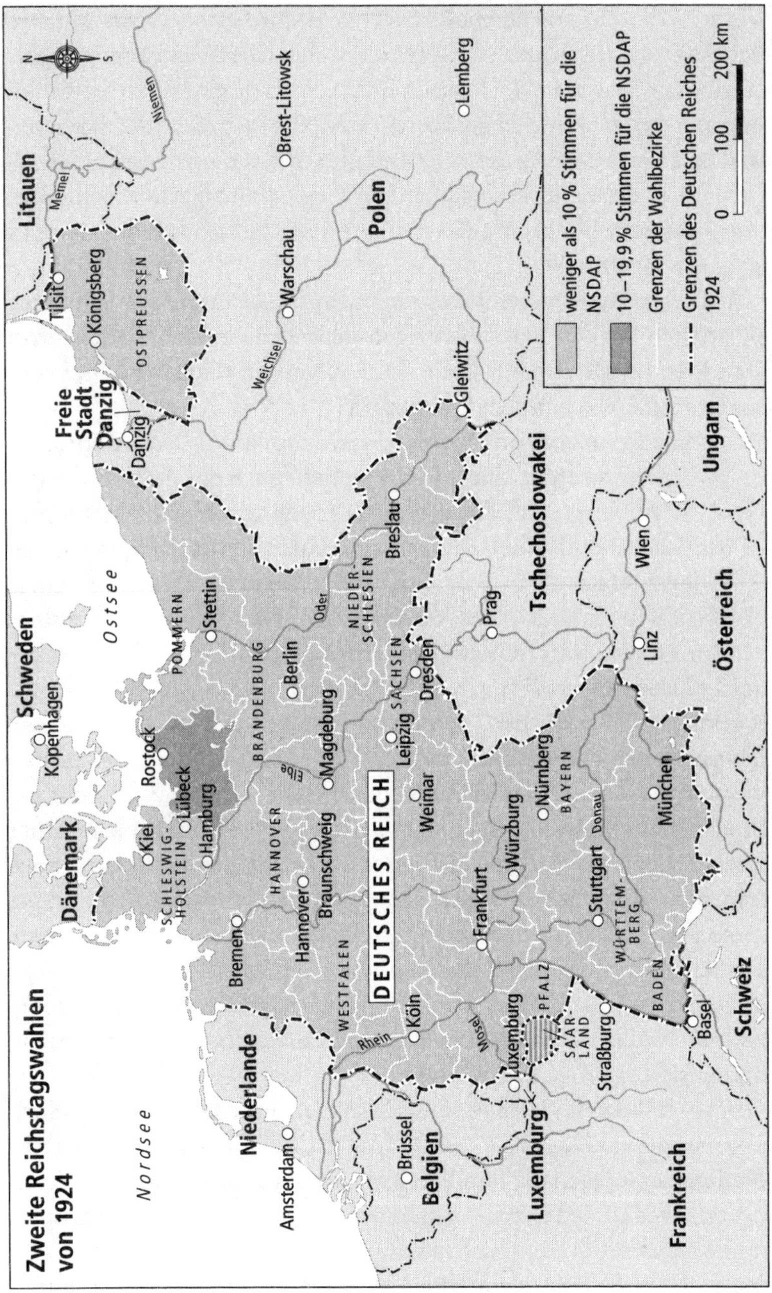

Zweite Reichstagswahlen von 1924

wirtschaft hatten zusammengewirkt, um Ende der zwanziger Jahre eine Krise im Agrarbereich herbeizuführen. Während Landwirte mit größeren Betrieben ihre Maschinen gepachtet hatten und damit zu sehr niedrigen realen Eigenkosten modernisieren konnten, neigten die Kleinbauern zum Sparen und verloren es dadurch. Nach der Inflation ergriff die Regierung Maßnahmen, um die Kreditbeschränkungen für die Landwirtschaft zu lockern. Nun nahmen die Bauern in Erwartung einer neuen Inflation viel Geld auf, um ihre Verluste wettzumachen, nur um dann festzustellen, daß sie die Raten nicht abzahlen konnten, weil die Preise für landwirtschaftliche Erzeugnisse nicht stiegen, sondern sanken. Die Zahl der Konkurse und Betriebsschließungen stieg Ende der zwanziger Jahre an, und die kleinen Bauern wandten sich in ihrer Verzweiflung der extremen Rechten zu.[112] Landwirtschaftliche Großbetriebe litten unter dem Rückgang der Agrarpreise und waren außerstande, die in ihren Augen überhöhten Steuern zur Finanzierung des Weimarer Wohlfahrtsstaats zu zahlen.[113] Sowohl die preußische als auch die Reichsregierung hatten versucht, die Situation durch Zölle, Subventionen, Einfuhrkontrollen und dergleichen zu entschärfen, doch erwiesen sich alle diese Maßnahmen als völlig ungenügend.[114] Die Landwirte hatten modernisiert und rationalisiert, um mit der Agrarkrise seit Anfang der zwanziger Jahre fertig zu werden, aber es reichte nicht. Die Landwirtschaft sah in hohen Einfuhrzöllen auf Lebensmittel die einzige Möglichkeit zum Schutz ihrer Einkommen und verstärkte dementsprechend ihren Druck. In dieser Lage erschienen ein sich selbst versorgendes, »autarkes« Deutschland, wie es die Nationalsozialisten verhießen, sowie ein Verbot von Nahrungsmittelimporten aus dem Ausland als eine attraktive Möglichkeit.[115]

Als ihnen die Wahlerfolge in den ländlichen Gegenden des protestantischen Nordens mehr oder weniger von selbst zugefallen waren, beschleunigten die Nationalsozialisten in ihrer Propaganda die Akzentverlagerung von der städtischen Arbeiterschaft auf andere Teile der Bevölkerung. Die Partei wandte ihre Aufmerksamkeit jetzt ländlichen Gegenden zu und begann intensive Mitgliederwerbung in Schleswig-Holstein und Oldenburg.[116] Hitler entfernte sich noch stärker von der »sozialistischen« Ausrichtung der Partei in Norddeutschland und änderte am 13. April 1928 Punkt 17 des Parteipro-

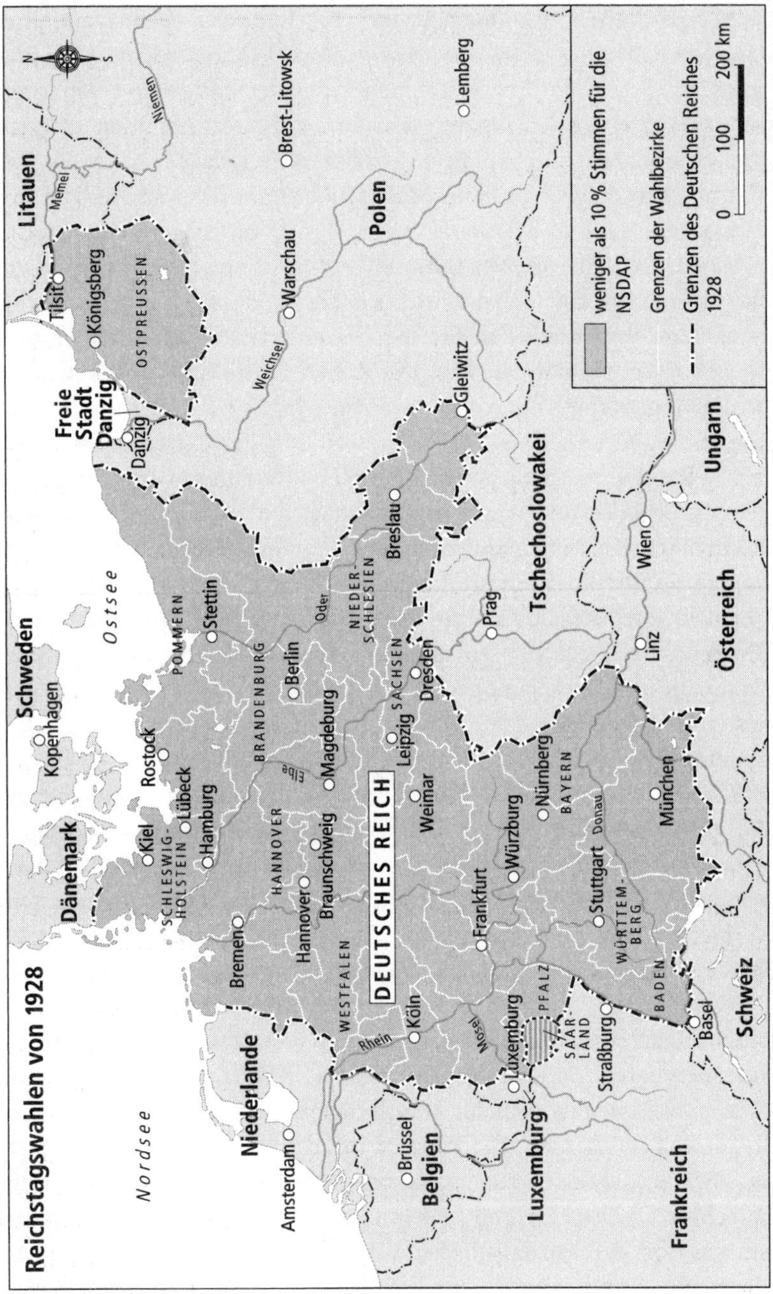
Reichstagswahlen von 1928
weniger als 10 % Stimmen für die NSDAP
Grenzen der Wahlbezirke
Grenzen des Deutschen Reiches 1928
0 100 200 km
DEUTSCHES REICH
Nordsee
Ostsee
Schweden
Dänemark
Niederlande
Belgien
Luxemburg
Frankreich
Schweiz
Österreich
Tschechoslowakei
Ungarn
Polen
Litauen
Freie Stadt Danzig
OSTPREUSSEN
POMMERN
BRANDENBURG
SCHLESWIG-HOLSTEIN
HANNOVER
WESTFALEN
SACHSEN
NIEDER-SCHLESIEN
BAYERN
WÜRTTEMBERG
BADEN
PFALZ
SAAR-LAND
Amsterdam
Brüssel
Luxemburg
Straßburg
Basel
Köln
Bremen
Hannover
Braunschweig
Frankfurt
Würzburg
Stuttgart
München
Nürnberg
Weimar
Leipzig
Dresden
Magdeburg
Berlin
Hamburg
Kiel
Lübeck
Rostock
Kopenhagen
Stettin
Breslau
Gleiwitz
Danzig
Königsberg
Tilsit
Warschau
Brest-Litowsk
Lemberg
Prag
Linz
Wien
Rhein
Mosel
Elbe
Oder
Donau
Weichsel
Memel
Njemen

gramms, um den kleinen Bauern zu versichern, »daß der Passus ›Unentgeltliche Enteignung‹ nur auf die Schaffung gesetzlicher Möglichkeiten Bezug hat, Boden, der auf unrechtmäßige Weise erworben wurde oder nicht nach den Gesichtspunkten des Volkswohls verwaltet wird, wenn nötig, zu enteignen. Das richtet sich demgemäß in erster Linie gegen die jüdischen Grundspekulationsgesellschaften.«[117] Die Nationalsozialisten verloren zwar bei den Reichstagswahlen vom Mai 1928 100 000 Stimmen und konnten bei lediglich 2,6 Prozent der Stimmen nur zwölf Abgeordnete in den Reichstag entsenden, unter ihnen Gottfried Feder, Joseph Goebbels, Hermann Göring und Gregor Strasser. In manchen Gegenden des protestantischen Nordens hatten sie aber sehr viel besser abgeschnitten. Während sie es in Berlin nur auf 1,4 Prozent und im Ruhrgebiet auf 1,3 Prozent brachten, erzielten sie in zwei Wahlkreisen in Schleswig-Holstein 18,1 beziehungsweise 17,7 Prozent. Das Ergebnis von 8,1 Prozent der Stimmen in Franken, einer ebenfalls von unzufriedenen protestantischen Kleinbauern bewohnten Gegend, bewog den *Völkischen Beobachter* am 31. Mai zu dem Kommentar: »Insbesondere haben die Wahlergebnisse in den ländlichen Gebieten bewiesen, daß hier mit einem geringeren Aufwand an Zeit, Kraft und Geld bessere Ergebnisse zu erzielen sind als in den Großstädten.«[118]

Die Partei erklärte daraufhin den Bauern, daß im Dritten Reich für sie eine besondere Rolle vorgesehen sei. Bauern aller Art sollten einen eigenen »Stand« bilden, in dem sie harmonisch und mit voller Unterstützung des Staates arbeiten könnten. Aufsässige landwirtschaftliche Hilfskräfte, von denen viele in der SPD aktiv waren, würde man zur Räson bringen, und die Arbeitskosten würden einer strengen Kontrolle unterworfen. Nach Jahren des erfolglosen, manchmal gewalttätigen Protests suchten die Bauern Schleswig-Holsteins Schutz bei der NSDAP. Es kam der Sache der Partei zugute, daß viele Ortsgruppenführer Bauern waren und daß sie einer Blut-und-Boden-Ideologie große Bedeutung beimaßen, in der der Bauer das Herzstück völkischer Identität bildete. Sogar manche Großgrundbesitzer, die traditionell eher zur DNVP tendierten, ließen sich damit von der NSDAP gewinnen. Unter mittleren und kleinen Landwirten stieg die Zustimmung für die NSDAP sprunghaft an. Bald konnten sich die SA-Verbände, die zum Kampf gegen die

Kommunisten in die Städte geschickt wurden, aus Bauernsöhnen rekrutieren.[119]

Die Zahl der Mitglieder stieg zwischen Oktober 1928 und Oktober 1929 von 100 000 auf 150 000, und auch bei Kommunal- und Landtagswahlen legte die NSDAP deutlich zu, so in Sachsen auf 5 Prozent, in Mecklenburg auf 4 Prozent und in Baden auf 7 Prozent. In manchen ländlichen Gebieten des protestantischen Sachsen konnte sie ihren Stimmenanteil fast verdoppeln, so im Bezirk Schwarzenberg von 5,9 Prozent im Jahr 1928 auf 11,4 Prozent 1929.[120] Im Juni 1929 eroberte die NSDAP ihre erste Kommune, die fränkische Stadt Coburg, hier gewann sie 13 von 25 Sitzen im Gemeinderat. Vorangegangen war eine erfolgreiche Kampagne zur Ablösung des vorherigen Gemeinderats, der den örtlichen Ortsgruppenleiter, einen Gemeindeangestellten, wegen antisemitischer Reden entlassen hatte. Der Sieg spiegelte die Anstrengungen wider, die die NSDAP in diese Wahl investiert hatte – Spitzenredner wie Hermann Göring und Hitler selbst waren aufgeboten worden. Er bewies, daß Erfolge auch in der Lokalpolitik zu erreichen waren, in der sich die Partei von nun an stärker engagierte als früher.[121]

Im Herbst 1929 profitierte die Partei von einem zweiten Wahlbonus in Gestalt der Kampagne gegen den Youngplan, der die Herabsetzung und Umschuldung der Reparationszahlungen, nicht aber deren Abschaffung vorsah, einer Kampagne, die von der DNVP ausging. Deren Vorsitzender Alfred Hugenberg versicherte sich der Unterstützung der NSDAP und anderer ultrarechter Gruppen für sein Vorhaben, ein Volksbegehren über seinen Vorschlag herbeizuführen, die Annahme des Youngplans gesetzlich verbieten zu lassen und jeden Minister strafrechtlich zu belangen, der ihn unterzeichnete. Die Nationalsozialisten verschafften sich nicht nur Publizität durch diese Kampagne, sondern sie gewannen auch Ansehen bei der etablierten Rechten, weil im Organisationskomitee der Kampagne neben den Alldeutschen Heinrich Claß, den Stahlhelmführern Franz Seldte und Theodor Duesterberg auch Adolf Hitler saß. Das Volksbegehren selbst war ein Fehlschlag, nur 5,8 Millionen Stimmberechtigte unterstützten es. Doch hatte die Kampagne vielen in der DNVP bewußtgemacht, um wieviel dynamischer die Nationalsozialisten in Braunhemden und Stulpenstiefeln waren als die DNVP-Granden in Gehrock und Zylinder.[122]

Unterdessen entfachte Hitler neuerlich die Begeisterungsstürme der Massen, der Führerkult, der in der Partei um seine Person entstanden war, verstärkte jetzt sein Charisma. Ein wichtiger symbolischer Ausdruck dieses Kultes war der Gebrauch des »deutschen Grußes« »Heil Hitler« mit ausgestrecktem rechtem Arm, auch wenn Hitler nicht persönlich anwesend war. Seit 1926 in der Bewegung zwingend vorgeschrieben, wurde er mehr und mehr, auch schriftlich, verwendet. Diese Gepflogenheiten verstärkten die Abhängigkeit der Bewegung von der Person Adolf Hitlers und wurden von der zweiten Riege der Parteiführer begeistert propagiert, die sich nun um Hitler geschart hatten, sei es, wie Gregor Strasser, aus taktischen Gründen, um die Einheit der Partei zu zementieren, sei es wie Rudolf Heß aus blindem, religiösem Glauben an die Person des »Führers«.[123] Beim Nürnberger Parteitag im August 1929, der ersten derartigen Veranstaltung seit 1927, bekundete sich die neue Zuversicht und Geschlossenheit der Partei in einem gigantischen Propagandaspektakel, dem nach Schätzungen der Polizei nicht weniger als 40 000 Menschen beiwohnten, die alle die Verherrlichung ihres Führers einte.[124]

Zu diesem Zeitpunkt war aus der NSDAP eine beeindruckende Organisation geworden. Auf Gau-, Kreis- und Ortsgruppenebene war sie mit treu ergebenen und tatkräftigen Funktionären ausgestattet, von denen viele gebildet und in Verwaltungsdingen bewandert waren, während die Parteipropaganda, zugeschnitten auf spezielle Wählergruppen, durch ein Netz von Institutionen verbreitet wurde.[125] Obwohl Hitler wiederholt betont hatte, daß Politik nicht Frauensache sei, gab es jetzt eine eigene Frauenorganisation in der NSDAP, den sogenannten Frauenorden, der 1923 von Elsbeth Zander gegründet worden war und 1928 in die Partei integriert wurde. Die Zahl seiner Mitglieder schätzte die Polizei Ende der zwanziger Jahre auf 4000, was fast der Hälfte aller weiblichen NSDAP-Mitglieder (7625) entsprach. Der Deutsche Frauenorden war eine jener paradoxen Vereine, die aktiv und öffentlich für den Rückzug der Frauen aus dem öffentlichen Leben kämpften: militant antisozialistisch, antifeministisch und antisemitisch. Der Orden betrieb Suppenküchen für SA-Leute, half bei Propagandafeldzügen, versteckte Waffen und Gerät für die Wehrverbände der NSDAP, wenn sie von der Polizei gesucht wurden, und leistete durch seine Unterorganisation, das »Rote Hakenkreuz«, das nationalsozialistische Pendant zum Roten Kreuz, Krankenpflegedienste an verwundeten Aktivisten.[126]

Elsbeth Zander war nach übereinstimmenden Berichten eine wirkungsvolle Rednerin, aber kein großes Organisationstalent. Anfang 1931 geriet ihr Frauenorden in einen Strudel aus Beschuldigungen und Gegenbeschuldigungen, wobei der Vorwurf der Korruption am schwersten wog. Der Orden war so hoffnungslos überschuldet, daß Zander als verantwortliche Funktionärin ihren persönlichen Bankrott anmelden mußte. Zu allem Überfluß wurden Geschichten kolportiert, daß Zander eine Affäre mit dem Chauffeur des Ordens habe und daß bei manchen Zusammenkünften SA-Leute in Frauenkleidern aufträten. Gregor Strasser, Reichsorganisationsleiter der Partei, löste daraufhin alle Frauen-Untergliederungen der NSDAP auf, enthob Zander ihres Postens und ersetzte den Orden am 6. Juni 1931 durch die NS-Frauenschaft, die anfangs eine dezentrale Organisation mit einzelnen Kreisverbänden unter der Führung von Kreisleiterinnen und bald erfolgreich genug war, um reichsweit zu agieren. Damit verbunden waren eine eigene Zeitschrift für Frauen, mehr Eigenverantwortlichkeit der eigenen Kreisleiterinnen sowie größere Koordination unter ihnen.[127] Das Grundproblem für nationalsozialistische Frauen bestand in dem unauslöschlichen männlichen Chauvinismus der Partei, der Überzeugung, daß es Aufgabe der Frau sei, sich nicht in die Politik einzumischen, sondern zu Hause zu bleiben und Kinder zur Welt zu bringen. Zunächst mußte die Partei Kompromisse schließen, um Wählerinnen zu gewinnen, aber langfristig schienen die antifeministischen Frauen in der NSDAP dazu verurteilt, sich selbst aus jeder Rolle herauszuargumentieren, sollten die Nationalsozialisten jemals an die Macht kommen.

Neben den Organisationen, die sich für Frauen engagierten, gab es eine, die sich an Jugendliche zwischen 14 und 18 wandte. Sie war 1922 gegründet worden. Ursprünglich trug sie den umständlichen Namen »Jugendbund der Nationalsozialistischen Deutschen Arbeiterpartei«, doch 1926 wurde sie in Hitlerjugend umbenannt. Zunächst eine Rekrutierungsstelle für den SA-Nachwuchs, sollte sie 1929 unter Kurt Gruber den unzähligen informellen Jugendgruppen Konkurrenz machen, die es, zumeist republikfeindlich gesinnt, in der

Weimarer Republik gab. Auch der Hitlerjugend war anfangs kein großer Erfolg beschieden; noch im Januar 1932 hatte sie in ganz Berlin nur tausend Mitglieder.[128] Unterstützt wurde sie von einem 1929 gegründeten Nationalsozialistischen Schülerbund und dem im Jahr darauf entstandenen Bund deutscher Mädel.[129] Diese Organisationen traten an Größe und Bedeutung hinter dem Nationalsozialistischen Deutschen Studentenbund (NSDStB) zurück, den Wilhelm Tempel 1926 gründete. Auch dieser Bund trat zunächst verhältnismäßig wenig in Erscheinung, bis er 1928 von Baldur von Schirach übernommen wurde, der sich als zunehmend wichtige Figur in der nationalsozialistischen Bewegung erwies. 1907 in Berlin geboren, war er der Sohn eines traditionalistisch gesinnten ehemaligen Offiziers und Theaterdirektors in Weimar und einer reichen Amerikanerin. Schirach wuchs in kulturkonservativen, antisemitischen Kreisen in Weimar auf. Erzogen wurde er in einem Internat, das mehr Wert auf Charakterbildung als auf schulische Bildung legte. Schirachs älterer Bruder beging im Oktober 1919 Selbstmord und hatte dies in einem Abschiedsbrief an die Familie als Antwort auf das »Unglück Deutschlands« angekündigt. Mitte der zwanziger Jahre las Baldur von Schirach Houston Stewart Chamberlain, Hitlers *Mein Kampf* bekehrte ihn zum Nationalsozialismus. Als er Hitler 1925 in seiner Stadt sprechen hörte, steigerte er sein Engagement zur Heldenverehrung. Bald hatte er mit einem Strom von Gedichten auf die Bewegung und ihren Führer die Aufmerksamkeit Hitlers erregt.[130]

Während seines auf Hitlers Rat hin aufgenommenen und am Ende abgebrochenen Studiums in München trat er dem NSDStB bei, in dem er rasch zum Leiter der Gruppe an der Münchner Universität aufstieg. Sein Erfolg auf dieser Position empfahl ihn 1928 als Nachfolger Wilhelm Tempels für die Leitung des nationalen NSDStB. Schirach säuberte den Bund von seinen sozialrevolutionären Elementen und führte wirkungsvolle Kampagnen um Sitze in den Studentenvertretungen der einzelnen Hochschulen durch. Die traditionellen, eher verstaubten Verbindungen und Burschenschaften überflügelnd, wurde der NSDStB durch provozierende Aktionen bekannt. Er engagierte sich für Fragen wie Maßnahmen gegen die Überfüllung in den Hörsälen durch einen Numerus clausus für jüdische Studenten, Entlassung pazifistischer Professoren, die Errichtung neuer Lehrstühle für Fächer wie Rassekunde und Kriegswissenschaft sowie für eine Universitätspolitik, die sich nicht am zweckfreien Erkenntnisgewinn ausrichtete, sondern am nationalen Interesse. Im Sommer 1932 erzielten die nationalsozialistischen Studenten einen vielgefeierten Erfolg, als sie im Verein mit rechten Professoren und Lokalpolitikern den Gelehrten Emil Julius Gumbel, der ihnen als Jude, Sozialist, Pazifist und Kämpfer gegen eine auf dem rechten Auge blinde Justiz verhaßt war, von seinem Lehrstuhl in Heidelberg vertrieben. Eine Frankfurter Zeitschrift verkündete darauf, das »›liberale‹ Heidelberg« habe im Hochschulbereich die Ära des Dritten Reiches eingeleitet.[131]

Schirach wußte den Stimmenanteil des NSDStB bei Wahlen zu Studentenvertretungen rasch zu mehren, wobei er einer Konfrontation mit den Burschenschaften aus dem Weg ging. Im Juli 1931 konnte der NSDStB mit Hilfe anderer, sympathisierender Rechtsgruppen den Dachverband Deutscher Studentenschaft übernehmen. Obwohl der NSDStB kaum 10 Prozent der Mitgliederzahlen der deutschen Burschenschaften vorweisen konnte, hatten die Nationalsozialisten vollständig die Vertretung der deutschen Studenten übernommen. Beeindruckt von diesen Erfolgen, ernannte Hitler Baldur von Schirach am 3. Oktober 1931 zum Führer der Hitlerjugend.[132] 1932 stimmten die Studenten über den Dachverband für die Einführung des »Führerprinzips« in ihrer Organisation, womit Wahlen völlig abgeschafft waren.

Ende der zwanziger Jahre traten neben die nationalsozialistischen Organisationen für Frauen, Jugendliche, Studenten und Schüler Gruppen für Beamte, Kriegsversehrte, Bauern und viele andere Personenkreise, die durch gezielte Propagandaanstrengungen direkt angesprochen wurden. Darunter war auch eine Art von Gewerkschaftsbewegung, eine Organisation mit dem schwerfälligen Namen Nationalsozialistische Betriebszellenorganisation, die jedoch bei den Industriearbeitern keinen Erfolg hatte, da die Arbeiter entweder in anderen, sozialdemokratischen, katholischen oder kommunistischen Gewerkschaften organisiert oder beschäftigungslos waren.[133] Trotzdem besaßen die Nationalsozialisten damals für den unteren Mittelstand, für Handwerker, Ladenbesitzer und Selbständige Anziehungskraft und warben oft Mitglieder aus anderen Organisationen ab.

Der Deutschnationale Handlungsgehilfenverband (DHV) spielte eine besondere Rolle bei der Politisierung vieler junger Menschen und ihrer Heranführung an den Nationalsozialismus.[134] Im Kaiserreich gegründet hatte der DHV schon lange vor dem Krieg die Juden als Architekten der Proletarisierung seiner Mitglieder beschimpft.[135] Ein junger Beamter, Jahrgang 1886, trat dem DHV 1912 bei und äußerte später, daß er glaube, schon unter dem Kaiser hätten Juden die deutsche Regierung beherrscht. Als er schließlich 1932 nach einer nationalsozialistischen Parteiversammlung aus der DNVP aus- und in die NSDAP eintrat, habe er die Erkenntnis gehabt: »Das war ja das, wonach ich seit 1912 gesucht hatte!«[136] Das werden viele ältere Nationalsozialisten mit diesem Hintergrund gedacht haben.

Die Ausdifferenzierung der Bewegung in ein überaus kompliziertes Geflecht von Untergliederungen förderte Strasser, obwohl viele der verschiedenen Organisationen, etwa die Hitlerjugend und die Betriebszellenorganisation, nur sehr wenige Mitglieder hatten. Strasser verfolgte das langfristige Ziel, die Grundlage für die nationalsozialistische Gleichschaltung der gesellschaftlichen Institutionen zu bilden, sobald Hitler einmal an die Macht kam. Auf die ersten Ansätze zu einer nationalsozialistischen Gesellschaftsordnung verwandte er viel Kraft und Diplomatie. Mittelfristig erlaubten sie der Partei, ihre Wahlversprechen gezielt an jede in Frage kommende Klientel der deutschen Gesellschaft zu richten, was die Politisierung von gesellschaftlichen Institutionen begünstigte, die sich bis dahin für mehr oder weniger unpolitisch gehalten hatten. Die NSDAP sollte in die Lage versetzt werden, ohne Schwierigkeiten neue Mitglieder auch in hoher Zahl rasch aufzunehmen. Zusammengehalten wurde das Gefüge durch die bedingungslose Treue zu einem Führer, dessen Macht jetzt absolut war und dessen Charisma auch von den Ergebenheitsadressen seiner unmittelbaren Untergebenen zehrte.[137]

Die Quellen des Fanatismus

I

Die nationalsozialistische Bewegung lebte in den späten zwanziger Jahren von der Tatkraft und dem Fanatismus ihrer aktiven Mitglieder; ohne sie wäre die NSDAP eine politische Partei wie jede andere gewesen; das Dritte Reich wurde nicht zuletzt von den gewöhnlichen SA-Leuten und Parteigenossen vor Ort geschaffen. Was war es aber, das junge Leute mit erschreckend einseitiger Bedingungslosigkeit an die nationalsozialistische Bewegung band? Was waren die Quellen der SA-Gewalt? Hitlers Charisma spielte offensichtlich eine Rolle, aber ein großer Teil der NSDAP, vor allem in Norddeutschland, entstand buchstäblich ohne ihn. Die Dynamik der Bewegung hatte tiefere Wurzeln. Hierüber können Autobiographien und Tagebücher verschiedener führender Nationalsozialisten Aufschluß geben. Daneben gibt es eine andere ausgezeichnete zeitgenössische Quelle, die uns Einblicke in die Geisteshaltung des aktiven Parteigenossen erlaubt. 1934 veranstaltete der Soziologe Theodore Abel, Professor an der Columbia-Universität in New York, unter Mitwirkung der NSDAP einen Aufsatzwettbewerb, bei dem Parteimitglieder, die vor dem 1. März 1933 eingetreten waren, kurze schriftliche Selbstzeugnisse verfassen sollten. Mehrere hundert solcher Aufsätze gingen ein. Gewiß sahen sowohl die NSDAP als auch die Schreiber selbst hierin eine willkommene Möglichkeit, die skeptischen Amerikaner mit der Aufrichtigkeit und dem Engagement der Bewegung zu beeindrucken, doch scheint Abels Ankündigung, daß der ausgelobte Preis an den ehrlichsten und vertrauenswürdigsten Bericht gehen werde, für eine gewisse Genauigkeit der Schilderungen gesorgt zu haben, jedenfalls soweit die Selbstzeugnisse überprüft werden konnten.[138]

Für den einfachen Parteigenossen waren die Theorien von Rosenberg, Chamberlain, Spengler und anderen Intellektuellen ein Buch mit sieben Siegeln. Auch volkstümliche Autoren wie Lagarde und Langbehn sprachen hauptsächlich das Bildungsbürgertum an. Wichtiger waren antisemitische Propagandisten wie Theodor Fritsch, dessen 1888 erschienenes *Handbuch der Judenfrage* 1933 die 34. Auflage erreichte. Fritschs Verlag, der Hammer-Verlag, überstand den Ersten Weltkrieg und brachte weiter eine Fülle von volkstümlichen Broschüren und Traktaten heraus, die von einfachen Nationalsozialisten viel gelesen wurden.[139] Ein SA-Mann schrieb 1934:

> »Nach dem Kriege interessierte ich mich sehr für Politik. Ich studierte eifrig die Zeitungen aller Richtungen. Im Jahre 1920 las ich zum erstenmal in einer rechtsstehenden Zeitung ein Inserat von einer antisemitischen Zeitschrift, und wurde Abonnent des ›Hammer‹ von Theodor Fritsch. Mit Hilfe dieser Zeitschrift lernte ich den verheerenden Einfluß des Judentums in Volk, Staat und Wirtschaft kennen. Ich muß heute sagen, daß diese Zeitschrift eigentlich für mich die Brücke zur großen Bewegung Adolf Hitlers war.«[140]

Noch größere Bedeutung war der Verführung beizumessen, die von den Grundelementen der nationalsozialistischen Propaganda ausging – Hitler- und Goebbelsreden, Aufmärsche, Fahnen, Umzüge. Nationalsozialistisches Gedankengut wurde eher durch die nationalsozialistische Presse, Wahlkampfbroschüren und Plakatanschläge rezipiert als durch ideologische Abhandlungen. Am wichtigsten für gewöhnliche Parteigenossen in den zwanziger und frühen dreißiger Jahren war die Betonung der sozialen Solidarität – die Idee der organischen Volksgemeinschaft aller Deutschen –, dann kam der extreme Nationalismus der Bewegung und der Hitlerkult. Der Antisemitismus war demgegenüber nur für eine Minderheit wichtig. Je jünger die Schreiber waren, desto unwichtiger war für sie die Ideologie und desto bedeutsamer waren Merkmale wie die Betonung der germanischen Kultur und die Führungsrolle Hitlers. Bei der älteren Generation von Nationalsozialisten war der ideologische Antisemitismus am stärksten ausgeprägt, was auf den latenten Einfluß antisemitischer Gruppen vor dem Weltkrieg und der deutschnationalen Familien schließen läßt, in denen viele der Autoren, die an dem Wettbewerb teilnahmen, aufgewachsen waren.[141]

Männer kamen oft zum paramilitärischen Flügel der NSDAP, nachdem sie 1914 bis 1918 an der Front gedient hatten, und betätigten sich dann in rechtsextremen Organisationen wie der Thule-Gesellschaft oder den Freikorps.[142] Auf diesem Wege war zum Beispiel Rudolf Höß, der spätere Kommandant von Auschwitz, zur NSDAP gestoßen. 1900 in Baden-Baden geboren, wuchs er in Südwestdeutschland in einer katholischen Familie auf. Sein Vater, ein Handelsvertreter, hatte ihn zum Priester bestimmt und zu Pflichterfüllung und Gehorsam erzogen. Höß verlor seinen Glauben, wie er später erzählte, weil sein Beichtvater ein ihm anvertrautes Geheimnis verraten hatte. Bei Ausbruch des Krieges meldete er sich zum Roten Kreuz und stieß 1916 zum alten Regiment seines Vaters, mit dem er im Nahen Osten diente. Nach Kriegsende, beide Eltern waren inzwischen gestorben, meldete er sich zu einem Freikorpsverband im Baltikum, wo er die Schrecken des Bürgerkrieges erlebte.

Wieder in Deutschland, wurde Höß Mitglied in einer geheimen Nachfolgeorganisation seines Freikorps und war 1922 an der brutalen Ermordung eines Mannes beteiligt, den er und seine Kameraden für einen kommunistischen Spitzel in ihren Reihen hielten. Sie schlugen den Mann mit Knüppeln blutig, schnitten ihm mit einem Messer die Kehle durch und erschossen ihn. Höß wurde festgenommen und zu einer Haftstrafe im Zuchthaus Brandenburg verurteilt, wo er seinem Bericht zufolge die Unverbesserlichkeit krimineller Gesinnung kennenlernte. Er war entsetzt über die »hundsgemeinen, frechen Ausdrücke« und den »rohen, gemeinen Umgangston« der Mithäftlinge und darüber, daß das Gefängnis eine Schule des Verbrechens geworden war und nicht eine Besserungsanstalt. Höß zeigte, sauber, pünktlich, ordentlich und an Disziplin gewöhnt, mustergültiges Verhalten, der rüde Kommandoton und die Korruption mancher Wärter ließen ihn vermuten, daß eine ehrlichere und menschlichere Art des Umgangs mit den Häftlingen eine günstige Wirkung haben mochte. Allerdings beurteilte er nicht wenige seiner Mitinsassen als völlig hoffnungslose Fälle.[143] Wenige Monate vor seiner Verhaftung war er Mitglied der NSDAP geworden. Den Rest der zwanziger Jahre verbrachte er größtenteils in Haft, doch wurde er wie viele solcher Leute vorzeitig entlassen, nachdem sich die linksextremen und rechtsextremen Abgeordneten im Reichstag auf eine Generalamnestie für politische Häftlinge geeinigt hatten.[144]

Einer der Mittäter an der Ermordung des vermeintlichen kommunistischen Spitzels war Mitglied desselben Freikorps gewesen: Martin Bormann, geboren 1900 als Sohn eines Postbeamten und in der Landwirtschaft ausgebildet. Im Krieg meldete er sich zur Armee, wurde aber einer Garnison zugeteilt und nahm nicht aktiv an Kämpfen teil. Trotzdem war es ihm wie Höß nicht möglich, sich in ein Leben als Zivilist zu fügen. Mit dem Freikorps kam er in Kontakt, als er ihm Unterschlupf auf einem Gut in Mecklenburg gewährte, auf dem er arbeitete. Bormann war an jenem Mord nicht so unmittelbar beteiligt wie Höß und mußte nur ein Jahr im Gefängnis absitzen. Im Februar 1925 wurde er entlassen, und bereits Ende 1926 war er auf einer Ganztagsstelle in der NSDAP tätig, wo er, zuerst in Weimar, dann in München, vielfältige Verwaltungsaufgaben erledigte. Als Redner hoffnungslos ungeeignet und nicht wie Höß zu körperlicher Gewalt neigend, entwickelte sich Bormann zu einem Versicherungsfachmann für die Partei und ihre Mitglieder, organisierte finanzielle und sonstige Hilfen für in Not geratene SA-Leute und machte sich allmählich in der Bewegung unentbehrlich. Die Tatsache, daß er in erster Linie Bürokrat war, kann jedoch nicht über den Fanatismus seiner politischen Einstellung hinwegtäuschen. Wie Höß und so viele andere reagierte er auf die Niederlage Deutschlands im Ersten Weltkrieg mit der Hinwendung zu ressentimentgeladenem Nationalismus, rabiatem Antisemitismus und Haß auf die parlamentarische Demokratie. Er kam rasch mit Hitler in Kontakt, geriet unter seinen Einfluß und beeindruckte den nationalsozialistischen Führer durch seine grenzen- und bedingungslose Bewunderung und Loyalität. Er setzte sich mit einem rücksichtslosen Ehrgeiz in der Parteihierarchie durch und wurde schließlich zu einer der Schlüsselfiguren des Dritten Reichs zumal in seinen späteren Phasen.[145]

Das Beispiel solcher Leute und auch etwas älterer Männer, die ihre militärische Erfahrung im aktiven Fronteinsatz auf den Schlachtfeldern des Krieges erworben hatten, belegt, daß die Freikorps in der Tat, wie man gesagt hat, die »Vorhut des Nationalsozialismus« waren und Mitte der zwanziger Jahre einen großen Teil des Führungskaders der Partei stellten.[146] Doch schon zu dieser Zeit zog die Partei eine jüngere Generation an, die Nachkriegsgeneration, die darauf brannte, den mittlerweile legendären Heldentaten der Frontsoldaten nachzueifern. Einige wechselten von der KPD zur NSDAP, angezogen von politischem Extremismus, rastloser Betriebsamkeit und Gewaltbereitschaft unabhängig von ideologischen Bezügen. Einer schrieb: »Im Jahre 1929 trat ich aus der Partei aus, da ich mit den Anordnungen Sowjet-Rußlands nicht mehr einverstanden war.« Für diesen Parteigenossen war Gewalt sein Lebenszweck. Er besuchte Parteiversammlungen und nahm gelegentlich an Straßenkämpfen an der Seite seiner alten KPD-Kameraden teil, bis ihn ein Ortsgruppenleiter für die Bewegung des Führers warb.[147] Doch im allgemeinen war der Anteil derjenigen, die von der KPD oder ihrer Kampforganisation Roter Frontkämpferbund zur SA gingen, verschwindend gering, weniger als 2 Prozent selbst in KPD-Hochburgen. Der größte Teil der SA-Leute war zuvor bereits in irgendeiner Form bei der Rechten politisch aktiv gewesen. Sie richteten ihren Haß vor allem gegen die KPD. 75 Prozent aller polizeilich erfaßten politischen Ausschreitungen in Preußen 1932 waren Auseinandersetzungen zwischen KPD und SA. Für die Braunhemden war das Reichsbanner Schwarz-Rot-Gold ein ebenso attraktives Ziel wie der Rote Frontkämpferbund, wenn sie durch die Straßen marschierten, doch die Kommunisten konzentrierten sich auf Saalschlachten gegen die Nationalsozialisten. Während des Jahres 1932 kam es in Preußen täglich zu durchschnittlich rund 15 solcher Zusammenstöße.[148]

Gewalt war für solche Leute wie eine Droge, genauso wie für Rudolf Höß, und oft hatten sie nur eine verschwommene Vorstellung davon, wofür sie kämpften. Ein junger Nationalsozialist berichtete, wie er einmal miterlebt habe, wie politische Gegner eine NSDAP-Versammlung zu sprengen versuchten: »Auf Grund dieser Vorkommnisse wurde ich instinktiv zum Nationalsozialisten«, die Ziele der Partei kannte er damals noch gar nicht.[149] Ein anderer, der 1923 zur Bewegung gestoßen war, führte ein Leben im fast unausgesetzten Straßenkampf, bei dem er fast ein Jahrzehnt lang Prügel, Messerstiche und Verhaftungen einstecken mußte, wie er in seinem Aufsatz ausführlich beschrieb. Was seinem Leben Bedeutung verlieh, waren diese Handgreiflichkeiten, nicht die Ideen der Partei. Für einen anderen jungen Mann, der 1906 in einem sozialdemokratischen Elternhaus geboren wurde, bildete die Feindseligkeiten gegenüber den Kommunisten den Kern seiner Weltanschauung. Die Zeiten, die er bei der SA erlebte, dem »Mördersturm«, wie er genannt wurde, »waren zu schön und vielleicht auch zu schwer, um hierüber schreiben zu können«.[150]

Eine anschauliche Schilderung seiner SA-Zeit gab ein 1898 geborener Volksschullehrer, der im Krieg gekämpft hatte und nach Betätigung in der rechten Szene Anfang der zwanziger Jahre 1929 der NSDAP beigetreten war. Er wurde eines Abends mit seiner SA-Gruppe gerufen, um eine Parteiversammlung gegen die »Roten« zu schützen:

> »Wir sammeln uns am Ortseingang, legen weiße Binden um, und dann erdröhnt der wuchtige Marschschritt unserer Kolonne von etwa 250 Mann. Ohne Waffen, ohne Stöcke, nur die Fäuste geballt, marschieren wir in straffer Ordnung und eiserner Disziplin in die grölende, schreiende, mit Eichenstöcken und Zaunlatten bewehrte Menge vor dem Versammlungslokal. Es ist 10 Uhr abends. Durch einige Wendungen auf der Straßenmitte drücken wir das Volk gegen die Hausfronten, so erstmals die Straße frei machend. Just in dem Augenblicke kommt ein Tischler mit einem kleinen Wagen, auf dem ein schwarzer Sarg steht, die Straße herunter. Als er vorbeifährt, meint einer von uns: ›Na, nun wollen wir mal sehen, wen wir da gleich reinpacken können.‹ Noch wilder werden Schreien, Rufen, Pfeifen und Gröhlen.
>
> Ruhig und energiegeladen stehen die beiden Reihen unserer Kolonne. Ein Signal schrillt. Im Marsch-Marsch geht's in den Saal, in dem einige hundert randalierender Kerle unseren Redner mundtot machen wollen. Wir kamen gerade recht. Im Gleichschritt marschieren wir an den Wänden entlang, bis der Ring geschlossen ist. Nur eine Öffnung bleibt am Saaleingang. Ein Pfiff! Unser Ring wird enger, und 10 Minuten später schmettern wir den ›Gelüfteten‹ unser Horst-Wessel-Lied nach. Die Versammlung wird durchgeführt. Draußen scheint die Hölle los zu sein. Eskortiert von uns, fährt der Redner ab und wir durchschneiden den brodelnden Haufen wieder in geschlossener Formation.«

Wie für viele ehemalige Soldaten waren auch für diesen SA-Mann die »Marxisten« der Feind, dem er zeittypisch folgendes entgegensetzte: »Aus rauchenden Opferschalen des Krieges erstanden, senkte sich der Geist der Frontkameradschaft in das Herz des erwachten deutschen Volkes.«[151]

II

»Alte Kämpfer« zählten stolz die Wunden und Beleidigungen auf, die ihnen ihre Gegner zugefügt hatten. »Ich wurde überall verfolgt, schikaniert, verspottet und verachtet«, schrieb einer, die »Leidenszeit« bestärkte sie nur in ihrer Entschlossenheit.[152] Ein Parteigenosse, 1905 geboren, schrieb über eine Parteiversammlung in Idar-Oberstein, bei der vierhundert SA-Leute auftauchten:

> »Nacheinander sprachen die 4 Redner, unterbrochen von Wutgeheul und Pfuirufen. Als zum Schluß in die Diskussion eingetreten wurde und der Diskussionsredner u. a. die Redewendung gebrauchte ›Wir verbieten uns, daß diese braune Pest in unser schönes Städtchen kommt‹, und daraufhin zur Ordnung gerufen wurde, brach der Tumult los. Es entstand eine Schlägerei mit Krügen, Stühlen und dergleichen mehr und innerhalb zweier Minuten war der Saal vollständig demoliert, aber auch geräumt. An diesem Tage hatten wir 7 Schwerverletzte mit nach Hause zu nehmen, wobei wir während unseres Rückmarsches immer wieder mit Steinen beworfen und des öfteren angefallen wurden, trotz polizeilichen Schutzes.«[153]

Aber die Tiefe des Hasses und der Wut der SA-Leute auf Sozialdemokraten wie auf Kommunisten ist darauf zurückzuführen, daß sie nicht nur fortwährend vom sozialdemokratischen Reichsbanner, sondern vielerorts auch von der Polizei attackiert wurden, die zumindest in Preußen sozialdemokratischen Ministern wie Carl Severing und Albert Grzesinski unterstand. »Ende 1932 war der Terror der Polizei und der Regierung gegen uns schlimmer als je zuvor«, schrieb ein SA-Mann; hier lag eine weitere Quelle des Ressentiments gegen die Republik.[154]

Diese Männer waren empört, daß sie verhaftet wurden, wenn sie Leute zusammengeschlagen oder getötet hatten, die sie für die Feinde Deutschlands hielten, und lasteten die Gefängnisstrafen, die sie mitunter hinzunehmen hatten, der »marxistischen Justiz« und der »Korruption« der Weimarer Republik an.[155] Ihr Haß auf die »Roten« war maßlos. Ein junger Nationalsozialist ereiferte sich noch 1934 über »die Übermacht von Kommunisten und schwarzen Zentrumsfanatikern« und fuhr fort: »Die Straßen waren voll. Mann an Mann standen sie mit gehässigen, wuterfüllten Gesichtern. Ein Kriminalist hätte wertvolle Studien machen können.«[156] Der kommunistischen Kriminalität stellten die SA-Leute entgegen, was sie für ihren eigenen, selbstlosen Idealismus hielten. Stolz berichtete ein Parteigenosse über die Zeit Ende der zwanziger Jahre:

> »Jetzt setzte drei Jahre lang der unermüdliche Kleinkampf ein, der Opfer über Opfer, sowohl finanzieller wie auch seelischer Art von jedem einzelnen Parteigenossen forderte. Abend für Abend mußten Flugblätter verteilt werden, die von den Parteigenossen selbst bezahlt wurden. Jeden Monat fand in Delmenhorst eine Versammlung statt, die jedesmal der kleinen Ortsgruppe von 5 bis 10 Mann durchschnittlich 60 RM Schulden brachte, da nur gegen Bezahlung sich ein Wirt bereitfand, uns einen Versammlungsraum zu überlassen.«[157]

Die oft wiederholte Behauptung, daß viele Braunhemden der Organisation nur beitraten, weil sie ihnen kostenlose Mahlzeiten, Kleidung und Unterkunft gewährte, ganz zu schweigen von spannenden und brutalen Abenteuern, wird kaum dem Fanatismus gerecht, der viele beseelte. Zweifellos war in den Jahren 1931/32 die Mehrzahl der SA-Leute arbeitslos. Aber nur die ältesten Aktivisten traten in der Erwartung bei, einen Arbeitsplatz zu bekommen oder finanzielle Unterstützung zu erhalten. Für die Jüngeren spielte das nicht so eine große Rolle.[158] Nationalsozialistische Studentenführer verschuldeten sich oft, indem sie persönlich für die Kosten von Plakaten und Broschüren aufkamen.[159]

Naturgemäß hoben derartige für einen amerikanischen Soziologen bestimmte Selbstzeugnisse die Opferbereitschaft und Hingabe ihrer Urheber hervor.[160] Trotzdem ist es schwierig, das ganze Ausmaß des Fanatismus und Hasses der SA-Leute zu begreifen, wenn man nicht anerkennt, daß sie oft wirklich glaubten, Opfer für ihre Sache zu bringen. Hitler selbst förderte diesen Glauben, wie sich beispielsweise aus einer Rede im Januar 1932 erkennen läßt:

> »Aber vergessen Sie nicht, daß es Opfer sind, wenn heute viele Hunderttausende von SA.- und SS.-Männern der nationalsozialistischen Bewegung jeden Tag auf den Lastwagen steigen, Versammlungen schützen, Märsche machen müssen, Nacht um Nacht opfern, um beim Morgengrauen zurückzukommen

> – entweder wieder zur Werkstatt und in die Fabrik, oder aber als Arbeitslose die paar Stempelgroschen entgegenzunehmen; wenn sie von dem wenigen, das sie besitzen, sich außerdem noch ihre Uniform kaufen, ihr Hemd, ihre Abzeichen, ja wenn sie sogar ihre Fahrten selbst bezahlen – glauben Sie mir, darin liegt schon die Kraft eines Ideals, eines großen Ideals!«[161]

Die NSDAP war auf solche Opferbereitschaft angewiesen. Ihre Kraft und Dynamik verdankte sie zu einem guten Teil der Tatsache, daß sie nicht wie die »bürgerlichen« Parteien und die Sozialdemokraten auf die finanzielle Unterstützung durch Großunternehmen oder bürokratische Institutionen wie die Gewerkschaften angewiesen war und erst recht nicht von der heimlichen Subventionierung durch eine fremde Macht lebte wie die von Moskau finanzierte KPD.[162]

Und Hitlers Demagogie gewann viele Menschen für den Nationalsozialismus. Seine Reden, nunmehr im Rahmen theatralisch inszenierter Massenkundgebungen und Versammlungen unter freiem Himmel gehalten, waren Ende der zwanziger Jahre von größerer Wucht als je zuvor. Ein junger Nationalist, Jahrgang 1908, hatte Versammlungen mit Hugenberg und Ludendorff besucht, bevor ihn die Erleuchtung traf:

> »Am 20. 4. 1932 hörte ich in Kassel zum ersten Male den Führer Adolf Hitler sprechen. Nach diesem gab es für mich nur eins, entweder mit Adolf Hitler siegen oder für ihn sterben. Die Persönlichkeit des Führers hatte mich nun total in ihren Bann gezogen. Wer mit reinem und treuem Herzen Adolf Hitler kennenlernt, der liebt ihn mit seinem ganzen Herzen. Er liebt ihn nicht um des Materialismusses willen, sondern um Deutschland willen.«[163]

Es gibt viele solcher Selbstzeugnisse: von einem antisemitischen Metallarbeiter, Jahrgang 1903, der bei einem Auftritt Hitlers 1927 entdeckte, »daß unser Führer eine Kraft ausstrahlt, die uns alle stark macht«, bis zu einem anderen SA-Mann, der erklärte, daß ihn 1929 in Nürnberg Hitlers blaue Augen in ihren Bann gezogen hätten, die aufleuchteten, als der Fackelzug der SA durch die Straßen der alten Reichshauptstadt marschierte.[164]

Anziehend wirkte für viele das Versprechen der Nationalsozialisten, mit den politischen Zwistigkeiten aufzuräumen, die Deutschland während der ganzen Weimarer Republik heimsuchten. Ein 18jähriger Handlungsgehilfe, der 1929 vor Landtagswahlen Wahlversammlungen der Deutschnationalen, des Zentrums und der NSDAP besucht hatte, war beeindruckt von dem »Redner der neuen Bewegung«:

> »An ihm packte mich nicht nur sein temperamentvoller Vortrag, sondern sein aufrichtiges Bekenntnis zum Deutschen Volk als Ganzes, dessen größtes Unglück die Zersplitterung in Parteien und Klassen sei. Endlich ein praktischer Vorschlag zur Erneuerung des Volkes! Zerstörung der Parteien! Weg mit den Klassen! Wahre Volksgenossenschaft! Das sind Ziele, für die ich mich restlos einsetzen konnte.«[165]

Hitlers verschwommener, aber wirkungsvoller Appell, die inneren Spaltungen Deutschlands zu überwinden und eine Volksgemeinschaft zu schaffen, fand hier eine Zuhörerschaft. Deutschland und die Deutschen müßten wieder einig werden, wie sie dies im August 1914 gewesen waren. Nur so würden sie in der Lage sein, ihre Feinde zu besiegen. Wer nicht mit ihnen sei, sei gegen sie. Hitler richtete seine Botschaft an die »Volksgenossen«, an die Deutschen, die aufgrund ihrer Rasse vorbestimmt seien, sich seiner Bewegung einer nationalen Erneuerung anzuschließen. Doch eine Volksgemeinschaft bedeutete auch die Identifizierung und Entfernung all derer, die sich aufgrund ihres Rassencharakters oder ihrer politischen Orientierung als »Gemeinschaftsfremde« erwiesen hätten. Die Botschaft der Hoffnung Hitlers war stets begleitet von einer Botschaft des Hasses.[166]

Verhältnismäßig wenige Menschen wurden also durch die Lektüre politischer oder ideologischer Schriften zur aktiven Mitarbeit in der Bewegung bekehrt. Das gesprochene Wort war es, was zählte. Freilich war nicht jeder von Hitlers Redestil fasziniert. Ein ernsthaftes und idealistisches bürgerliches Mädchen wie Melita Maschmann bewunderte ihn als Mann aus dem Volk, der sich aus der Unbekanntheit emporgearbeitet habe, aber beim jährlichen Parteitag sei sie so beschäftigt gewesen, daß sie sich gar nicht den »Luxus schwärmerischer Verzückung«, wie sie schrieb, leisten konnte. Umzüge und Schaugepränge fand sie langweilig und sinnlos. Für sie war der Nationalsozialismus mehr ein patriotisches Ideal als der Kult um einen einzelnen Führer.[167] Für bürgerliche Anhänger des Nationalsozialismus war die Gewalttätigkeit der Straße etwas, das man zähneknirschend hinnahm oder geflissentlich ignorierte.

Viele dieser Menschen fanden nur zögernd zum Nationalsozialismus. Ein erheblicher Prozentsatz der Parteimitglieder trat nach verhältnismäßig kurzer Zeit wieder aus. Und allmählich wurde die NSDAP Anfang der dreißiger Jahre für Kreise jenseits der unteren Mittelschicht attraktiv, die seit Gründung der Partei ihr Rückgrat gebildet hatte. Um Unterstützung durch die Arbeiterklasse bemüht, deklarierten Parteifunktionäre oft Mitglieder als Arbeiter, die in Wirklichkeit etwas anderes waren. Sorgfältige Nachforschungen haben ergeben, daß die üblichen Angaben der Partei über die Zusammensetzung ihrer Mitglieder, enthalten in einer parteiinternen lokalen Auswertung von 1935, den Anteil der Arbeiter fast doppelt so hoch veranschlagten, wie er in Wirklichkeit war, beispielsweise für Hamburg, die zweitgrößte Stadt Deutschlands, im Jahre 1925 auf rund 10 Prozent.[168] Lohnempfänger waren wohl auch die soziale Gruppe, die die Partei am ehesten wieder verließ und daher in den Zahlen von 1935, auf denen die meisten Berechnungen beruhten, am wenigsten vertreten ist. Nun war Hamburg von jeher eine Hochburg der Arbeiterbewegung, die für die Nationalsozialisten schwer zu erobern war. In Teilen Sachsens, wo die Arbeiterbewegung schwächer war und traditionelle, kleine Industriebetriebe der Wirtschaft ein ganz anderes Gepräge gaben als die modernen Industriezentren in Berlin oder im Ruhrgebiet, machten die Lohnarbeiter einen viel höheren Prozentsatz der Parteimitglieder aus. Besonders jüngere Arbeiter, die keiner Gewerkschaft beigetreten waren, weil sie keine Beschäftigung hatten, waren in Sachsen für die NSDAP empfänglich. In ökonomischen Kategorien betrachtet, mag Ende der zwanziger Jahre jedes dritte NSDAP-Mitglied in Sachsen der Arbeiterklasse angehört haben. Die untere Mittelschicht in Stadt und Land blieb, verglichen mit der Gesamtbevölkerung, stark überrepräsentiert. Als das Ansehen und die Attraktivität der Partei Anfang der dreißiger Jahre stieg, nahm auch der prozentuale Anteil der Parteimitglieder aus Mittelschicht und Bürgertum in der sächsischen NSDAP zu. Allmählich entwuchsen die Nationalsozialisten ihren bescheidenen Anfängen und weckten auch das Interesse der sozialen Eliten.[169]

Die Partei war sozial deutlich heterogener zusammengesetzt als die SA. Ebenso wie bei der Partei gingen auch die Mitgliederzahlen der SA steil in die Höhe, von 260 000 im Dezember 1931 auf knapp 450 000 im Juli 1932, als sie anschließend über mehrere Monate hinweg konstant blieben. Viele der Mitglieder waren Studenten, junge Angestellte und Beamte und in ländlichen Gebieten natürlich junge Bauernsöhne. Doch der enorme Zulauf 1932 führte der SA auch zahlreiche junge, zumeist arbeitslose Fabrikarbeiter und Handwerksgesellen, vor allem in den Großstädten, zu. Das verlieh ihnen einen anderen sozialen Charakter als den der Partei und trug zur Verschärfung der Spannungen zwischen den beiden Flügeln der nationalsozialistischen Bewegung bei, dem politischen und dem paramilitärischen. Von den jungen Leuten, die zwischen 1925 und 1932 beispielsweise in Berlin in die Partei eintraten, waren 41 Prozent Angestellte und nur 11 Prozent Arbeiter, während sich 54 Prozent derjenigen, die während desselben Zeitraums in die Berliner SA eintraten, als Arbeiter bezeichneten. Häufig erfolgte dieser Eintritt, nachdem diese jungen Männer ihre Stelle verloren hatten, so daß ihre Bitterkeit und ihr Gefühl einer sozialen Deklassierung in politisches Ressentiment und Aggression umschlugen. Die SA mit ihrer Kameradschaft, ihren Sturmlokalen und ihren sozialen Ritualen und Bräuchen bot einen emotionalen Ersatz für den Arbeitsplatz, sogar für die Familie. Doch ihr sozialer Zusammenhalt und ihre innere Disziplin waren gering im Vergleich zu denjenigen einer neuen paramilitärischen Organisation, die zu Beginn der dreißiger Jahre in der nationalsozialistischen Bewegung aufkam: der SS.[170]

III

Zu der neuen Generation führender Nationalsozialisten, die der Bewegung Mitte der zwanziger Jahre beitraten, gehörte auch Heinrich Himmler. Sein Vater, ein katholischer Oberstudiendirektor, vertrat hinreichend konservative Ansichten, um für würdig befunden zu werden, in den 1890er Jahren als Erzieher des Prinzen Heinrich von Bayern zu fungieren. Aus gutbürgerlicher Familie stammend, wechselte Heinrich Himmler, ein kränkliches, kurzsichtiges Kind, mehrfach die Schule, scheint aber auf humanistischen Gymnasien in München und Landshut eine gute Schulbildung erhalten zu haben. Ein Schulfreund Himmlers, Georg Hallgarten, der später ein bekannter liberaler Historiker wurde, bestätigte Himmlers Intelligenz und Tüchtigkeit. Schulzeugnisse wiesen Himmler als gewissenhaften, fleißigen, strebsamen und wohlerzogenen Schüler aus. Sein patriotischer Vater unternahm alles, um seinen Sohn in der Armee unterzubringen, ein Ziel, für das Heinrich sogar sein Abitur opfern sollte. Wie die Tagebücher und Lektürenotizen des jungen Himmler zeigen, identifizierte er sich mit der Mythologie von 1914, mit der Vorstellung vom Krieg als dem Höhepunkt menschlichen Wirkens und mit dem Gedanken vom Kampf als der treibenden Kraft der Geschichte und dem menschlichen Dasein. Schließlich brachte er es nur bis zum Fahnenjunker und wurde nie an der Front eingesetzt. Himmler bot das schlagende Beispiel für einen Mann, der nicht mehr der Frontgeneration angehörte, es aufs höchste bedauerte, den Krieg nicht miterlebt zu haben, und in seinem späteren Leben alles daransetzte, diesen entscheidenden Mangel so gut wie möglich wettzumachen.[171]

Nachdem er sein Abitur glänzend bestanden hatte, studierte Himmler auf Anraten seines Vaters Landwirtschaft an der Technischen Universität München und legte 1922 das Diplom mit »sehr gut« ab. Er trat einer schlagenden Verbindung bei, wurde Mitglied in Kahrs Einwohnerwehr und geriet unter den Einfluß Ernst Röhms, der ihm mit seinem martialischen Auftreten imponierte. Das rechtsextreme Milieu trieb ihn in die Arme eines revolutionären Antisemitismus, und 1924 verdammte er bereits die »Hydra von schwarzer und roter Internationale, von Judentum u[nd] Ultramontanismus, von Freimaurern u[nd] Jesuiten, von Geschäftsgeist und feigster Bougosie«.[172] Mit großem Kopf, kurzem Nacken, Blumentopfhaarschnitt, runder Brille, fliehendem Kinn und Oberlippenbart sah Himmler aus wie der Schulmeister, der sein Vater gewesen war, aber nicht wie ein fanatischer nationalistischer Schläger. Als er in einer Einheit von Röhms Wehrverband »Reichskriegsflagge« mitmarschierte, die in der Anfangsphase des fehlgeschlagenen Putsches vom 8./9. November vorübergehend das bayerische Kriegsministerium besetzte, trug er keine Pistole, sondern eine Standarte.[173]

Himmler wurde nicht verhaftet und hatte daher die Chance, in der nationalsozialistischen Bewegung aufzusteigen, während Hitler in Festungshaft saß und die NSDAP ein Scherbenhaufen war. Er verband seinen Weg in der Partei mit dem aufsteigenden Stern Gregor Strassers und wurde zunächst dessen Sekretär, danach Strassers Gaugeschäftsführer in Niederbayern und später stellvertretender Reichspropagandaleiter. Er war jedoch nicht der gelehrige Schüler Strassers. Denn mittlerweile war er in den unmittelbaren Einflußbereich Hitlers geraten, durch den persönlichen Kontakt mit ihm aufgrund seiner verschiedenen Aufgaben in der Partei, wozu auch Anwesenheitspflicht bei seinen Reden gehörte. Der junge Himmler, Mitte Zwanzig und nach dem gescheiterten Putsch verloren im politischen Kleinkrieg der sich befehdenden Wehrverbände, fand bei Adolf Hitler Gewißheit und einen Führer, den er bewundern, eine Sache, der er folgen konnte. Ab 1925, als er der neugegründeten NSDAP beitrat, entwickelte Himmler eine grenzenlose Heldenverehrung für den nationalsozialistischen Führer, in seinem Büro hatte er ein Hitlerbild an der Wand hängen, mit dem er, so hieß es, gelegentlich Zwiesprache hielt.[174]

1926 heiratete er, und seine Frau, sieben Jahre älter als er, brachte ihm Okkultismus, Kräuterkunde, Homöopathie nahe, die er später auch seinen Untergebenen aufzuzwingen suchte. Vom konventionellen katholischen Glauben seiner Jugend wandte er sich allmählich ab, statt dessen schwärmte er von »Blut und Boden« und trat den Artamanen bei, einer nationalistischen Siedlungsbewegung, zu der auch Rudolf Höß gehörte. Hier geriet Himmler unter den Einfluß Richard Walther Darrés, der sich für »nordische« Rasseideale begeisterte. Darré, 1895 in Argentinien geboren und erzogen im englischen Wimbledon, war Kriegsfreiwilliger gewesen und später in der Tierzucht tätig. Von Darré übernahm Himmler abstruse Ideen über die Bestimmung der nordischen Rasse, die Überlegenheit des nordischen Blutes über das der Slawen, die Notwendigkeit der Reinerhaltung des Blutes und die zentrale Rolle eines gesunden deutschen Bauernstandes für die Sicherung der Zukunft der germanischen Rasse. Besessen von der Vorstellung des Bauernstandes, versuchte sich Himmler selbst eine Weile glücklos als Landwirt.[175]

Am 6. Januar 1929 ernannte Hitler Himmler zum Reichsführer seiner persönlichen »Schutzstaffel«, die rasch unter ihren Initialen SS bekannt wurde. Hervorgegangen war sie aus dem »Stoßtrupp Adolf Hitler«, der als Hitlers Leibwache fungierte, und der Anfang 1923 gegründeten »Stabswache« zum Schutz der Parteizentrale. 1925 war eine Neugründung erfolgt, nachdem Hitler erkannt hatte, daß die SA-Braunhemden unter Röhm niemals die bedingungslose Loyalität zeigen würden, die er verlangte. Erster Anführer der SS war Julius Schreck, der vor Hitlers Verhaftung den Stoßtrupp befehligt hatte. Von Anfang an war die SS im Unterschied zur SA als Eliteverband gedacht. In den innerparteilichen Querelen Mitte der zwanziger Jahre wechselten in der SS mehrere Anführer, die es zwar alle nicht verstanden, ihre Selbständigkeit gegenüber der immer mächtiger werdenden SA zu behaupten, wohl aber die Schutzstaffel zu einem streng disziplinierten, verschworenen Verband zu machen.

Himmler gelang dann, was seine Vorgänger nicht geschafft hatten. Voller Verachtung für die ungehobelten Kerle, aus denen die SS zu Anfang bestanden hatte, machte er sich daran, eine Eliteformation aufzubauen, der er ehemalige Offiziere wie den pommerschen Adligen Erich von dem Bach-Zelewski und alte Freikorpskämpfer wie Friedrich Karl Baron von Eberstein zuführte. Übernommen hatte Himmler einen Verband von gerade einmal 290 Mann; bis Ende 1929 hatte er die Stärke der SS auf tausend Mann gesteigert, ein Jahr später waren es knapp dreitausend. Gegen die Einwände der SA-Führung überredete er Hitler 1930, der SS völlige Selbständigkeit zuzugestehen. Sie erhielt eine neue Uniform, nicht mehr braun, sondern schwarz, sowie eine neue, streng hierarchische, quasimilitärische Struktur. Als Unzufriedenheit und Ungeduld innerhalb der SA wuchsen und die Gefahr selbständiger gewalttätiger Aktionen zunahm, machte Hitler aus der SS eine Art von interner Parteipolizei, die jetzt noch mehr auf Geheimhaltung achtete und vertrauliche Informationen nicht nur über Feinde der Partei, sondern auch über führende Mitglieder der SA sammelte.[176]

Mit der Gründung der SS war die Grundstruktur der nationalsozialistischen Bewegung komplett. Spätestens Ende der zwanziger Jahre hatte Hitler sich, durch die Gunst der Umstände, durch seine rednerische Begabung und seine Rücksichtslosigkeit, durch das verzweifelte Bedürfnis der äußersten Rechten nach einem starken Führer, als der unangefochtene Diktator der Bewegung durchgesetzt. Immer noch gab es Spannungen innerhalb der Bewegung, die sich in den folgenden Jahren bis 1934 auf dramatische Weise entladen sollten. Immer noch gab es Leute in führender Position wie Strasser und Röhm, die sich nicht scheuten, Hitler zu kritisieren und eine andere Linie als er zu vertreten, wenn sie es für geboten hielten. Aber Hitler hatte um sich herum eine Gruppe einflußreicher Männer aufgebaut, die ihm bedingungslos ergeben waren – Goebbels, Göring, Heß, Himmler, Rosenberg, Schirach, Streicher. Unter ihrer Führung und dank Strassers Organisationstalent stand die nationalsozialistische Bewegung Mitte 1929 als gut organisiertes politisches Gebilde da, dessen Anziehungskraft sich auf praktisch jeden Teil der Bevölkerung erstreckte. Ihre Propaganda wurde immer ausgefeilter. Der paramilitärische Flügel kämpfte auf der Straße gegen die kommunistischen Rotfrontkämpfer und den sozialdemokratischen Reichsbanner. Die SS als Parteipolizei stand bereit, gegen die Abweichler und Aufmüpfigen in den eigenen Reihen vorzugehen. Die NS-Bewegung hatte eine primitive, fanatisch vertretene Ideologie des extremen Nationalismus, des haßerfüllten Antisemitismus und der Verachtung für die Weimarer Republik aufgegriffen, für ihre Zwecke verändert und ausgearbeitet. Sie war entschlossen, aufgrund der Massenunterstützung an den Wahlurnen und durch blutiges Wüten auf der Straße die Macht zu erringen, sodann die Friedensverträge von 1919 zu zerreißen, Deutschland aufzurüsten, die verlorenen Gebiete im Osten und im Westen zurückzuerobern und endlich Lebensraum für eine deutsche Kolonisierung Ostmittel- und Osteuropas zu schaffen.

Den Kern der Bewegung bildete die Verherrlichung von Gewalt, nicht zuletzt ein Vermächtnis der Freikorps. 1929 konnte man sie tagtäglich auf den Straßen am Werk sehen. Die nationalsozialistische Bewegung verachtete das Recht und machte kein Hehl aus ihrer Überzeugung, daß Macht vor Recht gehe. Sie hatte eine Technik entwickelt, die juristische Verantwortung für Gewaltakte und Gesetzwidrigkeiten, die von der SA und anderen Elementen in der Partei verübt worden waren, von der Parteiführung fernzuhalten. Denn Hitler, Goebbels, die Gauleiter und alle anderen erteilten ihre Weisungen nur in einer Sprache, die zwar gewalttätig war, aber auch vage blieb: Ihre Untergebenen verstanden genau, was gemeint war, und schritten unverzüglich zur Tat. Diese Taktik überzeugte immer mehr Deutsche des Bürgertums und sogar der Oberschicht davon, daß Hitler und seine unmittelbare Umgebung in Wirklichkeit nicht für das Blutvergießen der Braunhemden bei Straßenkämpfen, Saalschlachten und Massenschlägereien verantwortlich seien, ein Eindruck, der durch die wiederholte Erklärung der SA-Führung verfestigt wurde, sie erteile ihre Anweisungen selbständig und unabhängig von der NSDAP-Führung. 1929 konnte Hitler auf die Unterstützung, Sympathie und in gewissem Umfang sogar finanzielle Hilfestellung durch einige wichtige Personen insbesondere in Bayern zählen. Und seine Bewegung hatte ihren Wirkungskreis über ganz Deutschland ausgedehnt und sich damit wichtige neue Wählerkreise erschlossen, zumal die krisengeschüttelten kleinen Bauern in protestantischen Gegenden Norddeutschlands und Frankens.

Gleichwohl war die NSDAP im Herbst 1929 politisch noch immer eine Randerscheinung. Ihre wenigen Abgeordneten im Reichstag mußten es mit vielen anderen Randgruppen der Rechten aufnehmen, von denen manche, zum Beispiel die Wirtschaftspartei (die selbsternannte »Reichspartei des deutschen Mittelstandes«), größer waren als die NSDAP. Sie alle verblaßten im Vergleich zu den etablierten großen politischen Organisationen wie der DNVP und dem Stahlhelm. Außerdem waren die drei Parteien, die den Halt der Weimarer Demokratie bildeten, SPD, Zentrum und DDP, auch wenn sie nicht mehr über die Mehrheit der Wählerstimmen verfügten, noch an der Regierung, in einer großen Koalition, der auch die Deutsche Volkspartei des altgedienten, gemäßigten und überaus erfolgreichen Außenministers Gustav Stresemann angehörte. Scheinbar hatte die Republik die Stürme der frühen zwanziger Jahre überstanden – die Inflation, den Ruhrkampf, die bewaffneten Konflikte, die sozialen Verwerfungen – und schien in ruhigere Gewässer eingelaufen zu sein. Es würde schon einer Katastrophe größeren Ausmaßes bedürfen, wenn eine extremistische Partei wie die NSDAP die Unterstützung der Massen bekommen sollte. 1929 war diese Katastrophe da, als im Gefolge des New Yorker Börsenkrachs die Wirtschaft zusammenbrach.

4. KAPITEL

Auf dem Weg zur Machtergreifung

Die große Wirtschaftskrise

I

»Nach langem, planlosem Umherwandern von Stadt zu Stadt«, schrieb ein 21jähriger arbeitsloser Druckergeselle aus Essen im Herbst 1932, »lenkten mich meine Schritte nach der Hafenstadt Hamburg. Aber die Enttäuschung. Hier war noch mehr Not und Arbeitslose, als ich annahm, und so schlugen meine Gedanken fehl, hier Arbeit zu bekommen. Was nun? Ohne Verwandte mochte ich hier nicht zum Vagabunden werden …« Dieser junge Mann gehörte letztlich doch nicht zu dem immer größer werdenden Heer von Obdachlosen, das damals die Straßen der deutschen Städte bevölkerte, nach amtlichen Schätzungen 200 000 bis 500 000 Menschen. Er fand ein kirchliches Hilfswerk, das ihm unter die Arme griff.[1] Aber viele andere hatten kein solches Glück. Arbeitslosigkeit zerstörte ihre Selbstachtung. Anfang der dreißiger Jahre konnte man an jeder Straßenecke Männer sehen, die ein Schild mit der Aufschrift »Suche Arbeit jeder Art« um den Hals trugen. Als Schüler nach ihrer Meinung zu dem Thema von Soziologen befragt wurden, sagten sie das soziale Absinken der Arbeitslosen voraus,

> »denn je länger sie arbeitslos sind, je fauler werden sie und immer gedemütigter, denn sie sehen die anderen immer an, die anständig angezogen sind und werden so mißgestimmt, daß sie das dann auch haben wollen, und werden Spitzbuben. … Die wollen ja noch leben! Die Älteren wollen das ja oft gar nicht mehr.«[2]

Man sah Kinder, die »stempeln gehen« spielten, und als Schüler im Dezember 1932 im Rahmen eines Forschungsprojektes kurze autobiographische Aufsätze schreiben sollten, war auch hier die Arbeitslosigkeit ein großes Thema: »Jetzt ist mein Vater schon über drei Jahre arbeitslos«, schrieb eine 14jährige Schülerin. »Früher glaubten wir noch daran, daß Vater wieder einmal Arbeit bekommen würde. Heute haben selbst wir Kinder alle Hoffnung aufgegeben.«[3]

Befragungen, die im Sommer 1932 durchgeführt wurden, zeigten viel hoffnungslosere Einstellungen als ähnliche Erhebungen anderthalb Jahre zuvor. Verlobte schoben ihre Heirat auf, Verheiratete ihren Wunsch nach Kindern. Junge Leute liefen ziellos durch die Straßen, hingen lustlos zu Hause herum, verbrachten den Tag damit, Karten zu spielen, durch die öffentlichen Anlagen zu wandern oder in Städten wie Berlin endlos die S-Bahn auf der Ringstrecke zu fahren.[4] Viele Arbeitslose, ja sogar Jungen und Mädchen, versuchten, sich mit Hausieren, Putzen, Musizieren, Straßenhandel und ähnlichen Notbehelfen der wirtschaftlich Marginalisierten einen mageren Lebensunterhalt zu verdienen. Kinder grasten die vornehmen Berliner Nachtlokale ab, um auf die Autos der Reichen »aufzupassen«, eine primitive Form jener Schutzgelderpressung, die in weniger unschuldiger Weise auch von Erwachsenen geübt wurde. Aus Wandervereinen und proletarischen Jugendgruppen wurden Jugendbanden, die sich in leerstehenden Gebäuden trafen, Mülleimer nach Eßbarem durchsuchten, Diebstähle begingen, um ihr Leben zu fristen, sich mit rivalisierenden Banden prügelten und häufig mit der Polizei aneinandergerieten. Die Kriminalitätsrate ging nicht so in die Höhe wie zur Zeit der Inflation, gleichwohl stieg die Anzahl der Festnahmen wegen Diebstahls in Berlin zwischen 1929 und 1932 um 24 Prozent. Die sichtbar um sich greifende Prostitution, eine Folge der sexuellen Toleranz der Weimarer Republik ebenso wie ihres wirtschaftlichen Scheiterns, löste Entsetzen aus. Hausieren und Straßenhandel gingen häufig in schlichtes Betteln über.[5] Die deutsche Gesellschaft schien in einem Morast aus Elend und Kriminalität zu versinken.

Wie war es dazu gekommen? Hoch war die Arbeitslosigkeit schon im Anschluß an die Wirtschaftsreformen gewesen, die 1923 die große Inflation beendet hatten – 3 Millionen bereits 1926 und noch einmal Mitte 1929. Aber Anfang der dreißiger Jahre hatte sich die Lage maßlos verschlimmert. Die wirtschaftliche Erholung Deutschlands nach der Inflation hatten nicht zuletzt riesige Investitionen der USA, der größten Volkswirtschaft der Welt, finanziert. Die Zinsen in Deutschland waren hoch, und Kapital strömte ins Land. Das Entscheidende war jedoch, daß Reinvestitionen häufig die Form kurzfristiger Darlehen annahmen. Die deutsche Industrie mit ihren Rationalisierungs- und Mechanisierungsvorhaben machte sich immer abhängiger von diesen Mitteln. Firmen wie Krupp oder die Vereinigten Stahlwerke nahmen riesige Summen auf. Amerikanische Unternehmen investierten direkt in Deutschland, die Ford-Werke besaßen Fabriken in Berlin und Köln, General Motors kaufte 1929 die Automobilfabrik Opel in Rüsselsheim. Deutsche Banken nahmen Darlehen im Ausland auf, um ihre eigenen Investitionen in die deutsche Wirtschaft finanzieren zu können.[6] Es war für Industrie und Banken in Deutschland eine strukturell bedenkliche Situation, die Ende der zwanziger Jahre in eine Katastrophe mündete.

1928 hatten alle führenden Industrienationen der Welt angesichts der drohenden Rezession monetäre Beschränkungen eingeführt. Die USA begannen, ihre Auslandskredite zu reduzieren. Diese Maßnahmen waren notwendig, um die Goldreserven zu erhalten, die Grundlage der finanziellen Stabilität in der Ära des Goldstandards, als die Währungen überall an den Wert des Goldes gekoppelt waren, wie in Deutschland seit dem Inkrafttreten des Stabilisierungsprogramms. Als einzelne Länder dazu übergingen, die monetären Zugbrücken hochzuziehen, begann die Industrie zu leiden. 1928/29 verzeichnete die Industrieproduktion in Deutschland praktisch kein Wachstum, und am Ende jenes Winters war die Arbeitslosigkeit schon auf fast 2,5 Millionen gestiegen. Die Investitionstätigkeit ging drastisch zurück, möglicherweise, weil die Unternehmen zuviel Geld für Löhne und Sozialleistungen ausgeben mußten, wahrscheinlich aber, weil Kapitalknappheit herrschte. Die deutsche Regierung hatte Mühe, durch die Ausgabe von Obligationen Geld zu beschaffen, weil die Investoren noch wußten, was die Inflation mit den während des Weltkriegs ausgegebenen Kriegsanleihen angerichtet hatte. Die internationalen Märkte hatten wenig Vertrauen, daß es dem deutschen Staat gelingen werde, die wirtschaftlichen Tagesprobleme in den Griff zu bekommen. Es sollte sich zeigen, daß dieses Mißtrauen voll und ganz gerechtfertigt war.[7]

Am 24. Oktober 1929, dem »Schwarzen Donnerstag«, lösten die unverkennbaren Zeichen einer Wirtschaftskrise in den USA Panikverkäufe an der New Yorker Börse aus. Die Aktienkurse, von vielen ohnedies für überhöht gehalten, stürzten in den Keller. Anfang der folgenden Woche, am 29. Oktober, dem »Schwarzen Dienstag«, kam es erneut zu Panikverkäufen, es wurden 16,4 Millionen Aktien verkauft, ein Rekord, der in den nächsten vierzig Jahren nicht übertroffen wurde.[8] Diese Tage waren nur der sichtbarste Aspekt eines, wie sich zeigen sollte, lang anhaltenden und scheinbar unerbittlichen Niedergangs in den folgenden drei Jahren. Der Index der *New York Times* stürzte von seinem Maximum, 452 Punkte im September 1929, auf 58 Punkte im Juli 1932 ab. Am 29. Oktober verloren die großen amerikanischen Unternehmen zehn Milliarden Dollar an Wert – eine Summe, doppelt so groß wie das gesamte in den USA in Umlauf befindliche Geld und fast ebenso groß wie der Betrag, mit dem Amerika seine Kosten im Ersten Weltkrieg finanziert hatte. Unzählige Unternehmen mußten Konkurs anmelden. Die amerikanische Nachfrage nach Einfuhren brach zusammen. Und als die amerikanischen Banken ihre Verluste steigen sahen, begannen sie die kurzfristigen Kredite zu kündigen, mit denen ein großer Teil der deutschen Industrie sich die letzten fünf Jahre finanziert hatte.[9]

Die amerikanischen Banken begannen, ihre Mittel in Deutschland zum denkbar ungünstigsten Zeitpunkt abzuziehen, nämlich in dem Moment, als die bereits ins Stocken geratene deutsche Wirtschaft einen starken Impuls benötigt hätte, um wieder auf die Beine zu kommen. Deutsche Banken und Unternehmen suchten den Mittelabfluß durch die Aufnahme neuer kurzfristiger Darlehen auszugleichen. Je schneller dies geschah, desto labiler sah die deutsche Wirtschaft aus und desto mehr in- und ausländische Vermögenseigner schafften ihr Kapital außer Landes.[10] Außerstande, die Produktion zu finanzieren, begannen die Fabriken, sie drastisch zu reduzieren. Die ohnedies stagnierende Industrieproduktion ging jetzt in bestürzendem Tempo zurück. 1932 war sie um 40 Prozent gegenüber dem Wert von 1929 gesunken, ein Zusammenbruch, wie er von den europäischen Volkswirtschaften nur noch von Polen und Österreich in dieser Schwere verzeichnet wurde. In anderen Ländern betrug der Rückgang nur 25, in Großbritannien gar nur 11 Prozent. Durch den Abfluß der Mittel und den Zusammenbruch von Unternehmen gerieten auch Banken in Schwierigkeiten. Nachdem schon 1929/30 einige kleine Banken falliert hatten, gingen die zwei größten österreichischen Banken ein, und dann, im Juli 1931, kamen auch die großen deutschen Banken unter Druck.[11] Betriebseinstellungen wegen Zahlungsunfähigkeit häuften sich. Der Versuch, durch Gründung einer Zollunion einen größeren Binnenmarkt zwischen Deutschland und Österreich zu schaffen, wurde durch internationale Intervention vereitelt, da die politischen Beweggründe dahinter, schrittweise Annäherung an die durch den Versailler Vertrag verbotene politische Vereinigung der zwei Länder, für jedermann auf der Hand lagen. Auf ihre eigenen Ressourcen zurückgeworfen, stürzte die deutsche Wirtschaft in eine tiefe Krise. Da Millionen von Menschen in den Großstädten ohne Arbeit waren, stand ihnen auch weniger Geld für Lebensmittel zur Verfügung. Die schwere Agrarkrise verschärfte sich, und Bauern konnten Betriebsschließungen und Konkurse nicht vermeiden, da die Banken die Kredite kündigten. Landwirtschaftliche Hilfskräfte wurden entlassen, da Höfe und Güter eingingen, womit die Arbeitslosigkeit nach den Städten auch das Land erfaßte.[12]

1932 war in Deutschland ungefähr jeder dritte Arbeiter arbeitslos gemeldet, in den Zentren der Schwerindustrie wie Schlesien oder dem Ruhrgebiet lagen die Zahlen noch höher. Das übertraf alle bisherigen Arbeitslosenzahlen. Zwischen 1928 und 1932 stieg die Arbeitslosigkeit in Deutschlands größtem Industriezentrum Berlin von 133 000 auf 600 000, im Handels- und Überseehafen Hamburg von 32 000 auf 135 000 und in der Industriestadt Dortmund von 12 000 auf 65 000. Über eine halbe Million Angestellte war 1932 ohne Beschäftigung.[13] Und die Zahlen stiegen in hohem Tempo an. Im Winter 1930/31, kaum mehr als ein Jahr nach Ausbruch der großen Wirtschaftskrise, waren bereits fünf Millionen arbeitslos, ein Jahr später lag die Zahl bei sechs Millionen; das waren etwa ein Drittel aller Personen, die als beschäftigt gemeldet waren. Anfang 1932 wurde gemeldet, daß Arbeitslose und ihre Unterhaltsberechtigten ein Fünftel der Gesamtbevölkerung Deutschlands ausmachten, das heißt alles in allem fast 13 Millionen Menschen.[14] In Wirklichkeit mag die Zahl sogar noch höher gelegen haben, da Frauen, die ihren Arbeitsplatz verloren, sich häufig nicht arbeitslos meldeten.[15]

Diese furchtbaren Zahlen waren aber nur ein Teil der Wahrheit. Viele Millionen Berufstätige behielten ihren Arbeitsplatz nur aufgrund von Lohnkürzungen, da Arbeitgeber die Stundenzahlen verringerten und Kurzarbeit einführten, um dem Zusammenbruch der Nachfrage zu begegnen. Sodann mußten viele Facharbeiter oder ausgebildete Lehrlinge Arbeiten annehmen, für die sie überqualifiziert waren, weil ihre eigentlichen Arbeitsplätze verschwunden waren. Die Dauerhaftigkeit der Krise verursachte Not und Verzweiflung. Sie hatte bei einem bereits hohen Stand der Arbeitslosigkeit 1932 begonnen und zeigte in den folgenden drei Jahren keinerlei Zeichen der Abschwächung. Das System der Arbeitslosenunterstützung war einige Jahre vorher für einen wesentlich niedrigeren Stand der Arbeitslosigkeit eingeführt worden, nämlich für maximal 800 000, aber nicht für die 6 Millionen, die 1932 ohne Beschäftigung waren, und gewährte die Unterstützung auch nur einige Monate lang, aber nicht drei Jahre und länger. Der drastische Rückgang der Einkommen hatte den Zusammenbruch des Steueraufkommens zur Folge. Auf lokaler Ebene waren viele Behörden in Schwierigkeiten geraten, weil sie zur Finanzierung ihrer Sozial- und sonstigen Leistungen selber amerikanische Kredite aufgenommen hatten, die nun ebenfalls gekündigt wurden. Gemäß dem System der Arbeitslosenversicherung oblag die Aufgabe, die Langzeitarbeitslosen nach Ablauf der von ihrer Versicherung gedeckten Zeit der Arbeitslosigkeit zu unterstützen, zunächst dem Staat, der »Krisenunterstützung« zahlte, und dann nach einer gewissen Zeit den Kommunen, die »Wohlfahrtsunterstützung« zahlten. Die Arbeitgeber sahen sich außerstande, weiter ihren Anteil an der Arbeitslosenversicherung zu zahlen, wenn die Geschäfte schlecht gingen. Gewerkschaften und Arbeitnehmer wollten keine Kürzung der Sozialleistungen hinnehmen. Das Problem schien unlösbar zu sein. Und die Leidtragenden waren die Arbeitslosen, denn die Leistungen wurden wiederholt gekürzt oder ganz gestrichen.[16]

II

Als sich die Krise verschärfte, trieben sich immer mehr Männergruppen und Jungenbanden auf den Straßen, Plätzen und Anlagen deutscher Städte umher, wo sie, so erschien es den Bürgern, die an einen solchen Anblick nicht gewohnt waren, drohend herumlungerten. Eine Ahnung von Gewalt und Kriminalität lag immer in der Luft. Kommunistische Agitatoren rekrutierten die halbkriminellen Jugendlichen der »wilden Cliquen«; der Kommunismus war die Partei der Arbeitslosen par excellence. Kommunisten organisierten

Mietstreiks in städtischen Arbeitervierteln, wo fast niemand mehr seine Miete zahlen konnte. Sie riefen »rote Bezirke« wie den proletarischen Stadtteil Wedding aus, schlugen Nichtkommunisten hin und wieder zusammen oder bedrohten sie mit Schußwaffen, wenn sie Verbindungen zur SA hatten. In bestimmten Kneipen und Bars hatten sie das Sagen, sie warben Anhänger unter Kindern proletarischer Schulen, politisierten Elternbeiräte und weckten die Besorgnis bürgerlicher Lehrer, auch solcher mit linksgerichteten Überzeugungen. Für die Kommunisten verlagerte sich der Klassenkampf vom Arbeitsplatz auf die Straße und ins Stadtviertel, als immer mehr Menschen ihre Stelle verloren. Für den Roten Frontkämpferbund, die paramilitärische Organisation der Kommunisten, bekam die Verteidigung proletarischer Schlüsselpositionen, notfalls mit Gewalt, hohe Priorität.[17]

Die Kommunisten ängstigten die bürgerlichen Schichten nicht nur, weil sie die soziale Gefahr, die von den Arbeitslosen auf den Straßen ausging, politisch deutlich machten, sondern auch, weil ihre Zahl in den frühen dreißiger Jahren rasch zunahm. Die Mitgliederzahl der KPD schoß von 117 000 im Jahr 1929 auf 360 000 im Jahr 1932 in die Höhe, und ihr Erfolg bei den Wählern nahm von Wahl zu Wahl zu. 1932 hatten in einer Gegend wie der Wasserkante, einschließlich Hamburg und dem preußischen Hafen Altona, kaum 10 Prozent der KPD-Mitglieder eine Arbeit. Rund drei Viertel aller Leute, die der Partei im Oktober 1932 beitraten, waren beschäftigungslos.[18] Die KPD gründete »Arbeitslosenkomitees« und inszenierte fast täglich Umzüge, Kundgebungen, »Hungermärsche« auf den Straßen, die oft in stundenlangen Handgemengen mit der Polizei endeten. Die Partei ließ keine Gelegenheit aus, um das politische Klima in diesem, wie die Parteiführer glaubten, »Endstadium des kapitalistischen Systems« anzuheizen.[19]

Die Entwicklungen trieben in den letzten Jahren der Republik einen immer tieferen Keil zwischen Kommunisten und Sozialdemokraten. Es gab bereits ein Vermächtnis an Bitterkeit und Haß, das die Ereignisse von 1918/19 hinterlassen hatten, als Mitglieder der Freikorps im Dienste des sozialdemokratischen Ministers Gustav Noske prominente Kommunistenführer, namentlich Karl Liebknecht und Rosa Luxemburg, ermordet hatten. Diese Morde wurden mit jeder

Zeremonie, die die KPD zu Ehren der Toten veranstaltete, wieder ins öffentliche Bewußtsein gerückt. Hierzu kam nun der polarisierende Einfluß der Arbeitslosigkeit. Während arbeitslose Kommunisten Sozialdemokraten und Gewerkschafter angriffen, die noch eine Beschäftigung hatten, waren die Sozialdemokraten zunehmend beunruhigt über die gewalttätigen und chaotischen Elemente, die es jetzt in die KPD zog. Für zusätzlichen Ärger sorgte die Gepflogenheit sozialdemokratischer Betriebsräte, dem Arbeitgeber Kommunisten für anstehende Stellenstreichungen zu empfehlen, sowie die Gepflogenheit der Arbeitgeber, junge, unverheiratete Arbeiter eher zu entlassen als ältere, verheiratete, was in vielen Fällen bedeutete, daß KPD-Mitglieder ihre Stelle verloren. Die ambivalente Einstellung der einfachen Kommunisten zu den sozialdemokratischen Ursprüngen der Arbeiterbewegung führte zu einer Haßliebe gegen den »älteren Bruder« der Partei, die es zwar wünschenswert erscheinen ließ, den Schulterschluß zu suchen, wiewohl nur zu den Bedingungen der KPD.[20]

Der Extremismus der Kommunisten hatte tiefreichende Wurzeln. Besonders radikale junge Arbeiter sahen sich von den Sozialdemokraten verraten, ihre Hoffnungen auf eine umfassende Revolution, die noch von der älteren Generation sozialdemokratischer Aktivisten selbst genährt worden war, schien ihnen gerade in dem Moment zerstört, als ihre Verwirklichung zum Greifen nahe schien. Der wachsende Einfluß des russischen Vorbildes einer streng hierarchischen, konspirativen Organisation trug dazu bei, den Geist der Solidarität und rastlosen Betriebsamkeit in der Partei zu festigen. Das Leben eines engagierten Kommunisten in der Weimarer Republik hat später Richard Krebs in seinen Erinnerungen anschaulich beschrieben. 1904 in Bremen als Sohn einer Familie sozialdemokratischer Seeleute geboren, wurde er Matrose. In seiner Jugend war er bei der Revolution von 1918/19 in seiner Heimatstadt dabei und erlebte ihre brutale Niederwerfung durch die Freikorps. In Hamburg nahm Krebs an Hungerkrawallen teil und geriet in die Gesellschaft einiger Kommunisten der Hafengegend. Zusammenstöße mit der Polizei verstärkten seinen Haß auf die »Polente« und ihre Vorgesetzten, die sozialdemokratischen Stadtväter. Krebs beschrieb später, wie engagierte Kommunisten bewaffnet mit Bleirohren und Steinen als Munition gegen die Polizisten in Demonstrationen zogen. Wenn berittene Polizei auftauchte, stießen die jungen Militanten vom Roten Frontkämpferbund den Pferden Messer in die Beine. In der Atmosphäre von Konflikt und Gewalt konnte sich ein Bursche wie Krebs zu Hause fühlen, und so trat er im Mai 1923 der KPD bei. Tagsüber verteilte er Flugblätter unter den Seeleuten im Hafen, abends besuchte er politische Schulungen.[21]

Sein Verständnis der marxistisch-leninistischen Theorie war freilich äußerst dürftig:

> »Ich war klassenbewußt, weil Klassenbewußtsein bei uns zur Familientradition gehörte. Ich war stolz darauf, ein Arbeiter zu sein, und ich verachtete den Bourgeois. Was meine Einstellung zum bürgerlich-konventionellen Ansehen betraf, so hatte ich nur Spott und Hohn dafür. Ich hatte ein ausgeprägt einseitiges Gefühl für Gerechtigkeit, das mich zu einem wahnsinnigen Haß gegen jene trieb, die ich für verantwortlich hielt für das Massenleid und die Unterdrückung. Polizisten waren Feinde. Gott war eine Lüge, von den Reichen erfunden, um die Armen mit ihrem Los zu versöhnen, nur Feiglinge nahmen Zuflucht zum Gebet. Jeder Arbeitgeber war eine Hyäne in menschlicher Gestalt, übelwollend, ewig geldgierig, treulos und unbarmherzig. Ich war der Meinung, daß ein Mann, der allein focht, nie gewinnen konnte; Männer mußten zusammenstehen und zusammen kämpfen, um das Leben für alle, die in nutzbringender Arbeit standen, erträglicher zu gestalten. Sie mußten mit allen verfügbaren Mitteln kämpfen, durften vor keiner ungesetzlichen Tat zurückschrecken, solange sie die Sache förderte, und sie durften keinen Pardon geben, bis die Revolution triumphierte.«[22]

Erfüllt von dem Geist unbedingter Parteitreue, führte Krebs eine bewaffnete Abordnung von Rotfrontkämpfern in der fehlgeschlagenen Hamburger Revolution vom Oktober 1923, bei der Kommunisten eine Polizeiwache stürmten und Straßenbarrikaden errichteten.[23] Nach dem Scheitern des Unternehmens verschwand er und nahm das Matrosenleben wieder auf. Auf der Flucht nach Holland und später nach Belgien kam er mit dortigen Kommunisten in Kontakt. Von einem der sowjetischen Geheimagenten, die es, obgleich wohl nicht so zahlreich, wie er glauben machen will, in vielen Zweigen der Partei gab, hatte er aufgrund seiner Englischkenntnisse den Auftrag erhalten, kommunistische Propaganda in Kalifornien zu verbreiten. Von dortigen Parteiagenten bekam er den Befehl, einen Renegaten zu töten, der angeblich die Partei verraten hatte. Krebs ließ den Anschlag – absichtlich, wie er später behauptete – fehlschagen, wurde festgenommen und mußte eine Haftstrafe in St. Quentin verbüßen. Nach seiner Freilassung Anfang der dreißiger Jahre wurde er als Vertreter der Seeleute bezahlter Funktionär in der Komintern, der von Moskau dirigierten internationalen Organisation kommunistischer Parteien, und begann, für die Partei als Kurier zu arbeiten, der unter anderem Geld und Flugblätter von einem Land ins andere brachte, später von einem Teil Deutschlands in einen anderen.[24]

Richard Krebs' Memoiren beschreiben eine KPD, die durch eiserne Disziplin und Parteitreue zusammengehalten wurde, jeder ihrer Schritte diktiert von den Agenten des sowjetischen Geheimdienstes GPU, der Nachfolgeorganisation der Tscheka, die hinter den Kulissen jede nationale kommunistische Partei am Gängelband führte. Der Eindruck, daß hinter Streiks, Demonstrationen und Umsturzversuchen in vielen Teilen der Welt die Komintern stehe, erzeugte in vielen deutschen Bürgern Angst, selbst wenn alle diese Aktionen fast ausnahmslos erfolglos verliefen. Die konspirative Struktur der Komintern und die seit den Tagen Karl Radeks nicht zu bezweifelnde Präsenz von Sowjetagenten in der deutschen KP schürte zweifellos bürgerliche Ängste. Gleichwohl zeichnete Krebs ein geschöntes Bild von der Funktionsweise der Komintern. In Wirklichkeit verdankten sich Streiks, Arbeiterunruhen, ja sogar Straßenkämpfe und Krawalle oft mehr der Wut der Rotfrontkämpfer vor Ort als irgendwelchen von Moskau und seinen Agenten ersonnenen Plänen. Und Männer wie Krebs waren nicht repräsentativ. Die Fluktuation unter den Mitgliedern der KPD betrug allein 1932 über 50 Prozent, was bedeutete, daß zwar Hunderttausende von Arbeitslosen der Partei nahe genug gestanden hatten, um ihr zumindest für eine Weile beizutreten, daß aber die Partei oft auch außerstande war, sich die Treue der Mitglieder für mehr als nur ein paar Monate zu sichern. Langjährige Mitglieder wie Krebs bildeten den harten und disziplinierten, aber verhältnismäßig kleinen Kern von Aktivisten, und der Rote Frontkämpferbund entwickelte sich zu einer professionalisierten Truppe.[25]

1. Die historisierende Pseudo-Mittelalterlichkeit des 1906 enthüllten Bismarckdenkmals in Hamburg.

2. Antisemitische Postkarte von 1887 aus dem »einzigen judenfreien Hotel in Frankfurt«.

3. Die Verheißung des Sieges: Zuversichtlich marschieren deutsche Truppen 1914 in Belgien ein.

4. Die Wirklichkeit der Niederlage: Deutsche Kriegsgefangene in der Schlacht von Amiens, August 1918.

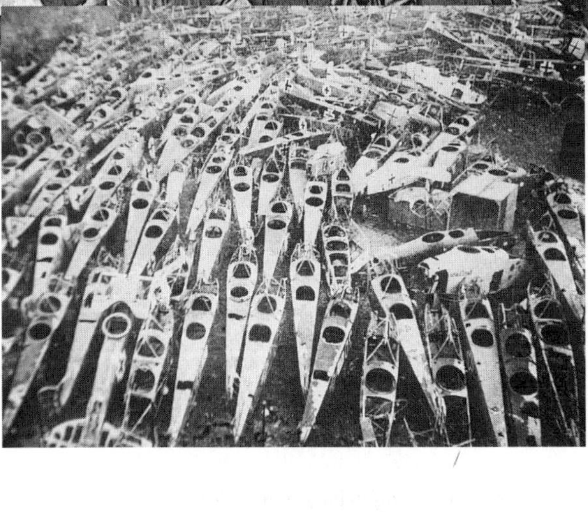

5. Der zu zahlende Preis: Verschrottung deutscher Flugzeuge in Erfüllung des Versailler Vertrags, 1919.

6. Absturz ins Chaos: Straßenschlacht in Berlin während des »Spartakusaufstandes«, Januar 1919.

7. Die Niederwerfung der Münchner Räterepublik: Ein Freikorpsleutnant fotografiert einen »Rotgardisten« vor der Erschießung.

8. Rassistische Karikatur des Satiremagazin *Simplicissimus* über die angeblichen Morde, Räubereien und Sexualverbrechen französischer Kolonialtruppen bei der Besetzung des Ruhrgebiets 1923.

9. Hyperinflation 1923:
»So viele Tausend-Mark-Scheine für nur einen Dollar!«

10. 14 000 Selbstmorde in Deutschland waren laut dieser Satirezeitschrift 1927 die Folge des wirtschaftlichen Elends aufgrund der finanziellen Belastung des Landes durch den Versailler Vertrag.

11. Die zwanziger Jahre in Berlin: Otto Dix' bitteres Porträt der deutschen Gesellschaft von 1927/28. Die Kriegsversehrten werden an den Rand gedrängt, während sich leichtlebige Damen mit ihren Kunden bei einer Jazzveranstaltung vergnügen.

12. Putsch im Bürgerbräukeller: Bewaffnete SA-Leute warten im November 1923 vor dem Münchner Rathaus auf die Machtübernahme.

13. Hitler, der kein Bier trank, mit seinen Freunden in einem Münchner Bierkeller, 1929. Ganz links Gregor Strasser.

14. Hitler an der Spitze einer NSDAP-Kundgebung in Weimar, 1926. Rechts im Bild (ohne Hut) Rudolf Heß, hinter ihm Heinrich Himmler.

15. Das Gesicht des Fanatismus: SA-Leute bei einer Kundgebung, 1930.

16. Die kommunistische Gefahr: Zur Besorgnis bürgerlicher Wähler gingen Kriminalität, Armut und Linksextremismus oft Hand in Hand. Ein Hamburger Elendsviertel in einem Wahlkampf 1932.

17. Die Sinnlosigkeit von Brünings Uniformverbot (Dezember 1930): Die Braunhemden trugen weiße Hemden.

18. Ein pazifistisches Plakat von 1930.

19. Die Gewalt der Bilder: Die Nationalsozialisten machten es 1928 vor, andere Parteien folgten bei späteren Wahlen. (a) Wahlplakat der NSDAP gegen die »internationale Hochfinanz«, 1928. (b) Kommunistisches Wahlplakat, 1932. (c) Wahlplakat der SPD, 1930. Der sozialdemokratische Arbeiter stößt mit den Ellbogen den Nazi wie den Kommunisten beiseite. (d) Die Deutsche Volkspartei rennt ihre Rivalen von rechts und links nieder – Wunschdenken 1932.

20. September 1930: Die Parteien umwerben Frauen, Wohlfahrtsempfänger, junge Menschen und andere Gesellschaftsgruppen.

Nr. 3 ✡ 60. Jahrgang 15. Januar 1931

ULK

Vorbote des Dritten Reichs

21. »Vorbote des Dritten Reichs«: Ein sozialdemokratisches Plakat warnt vor der Gewalttätigkeit der Nationalsozialisten, Januar 1931. Nachdem die Figur des Todes, gekleidet wie ein SA-Mann und mit einer Pistole bewaffnet, Hakenkreuze und die Worte »Deutschland erwache« an die Wand geschmiert hat, streckt sie einen Gegner nieder und marschiert weiter.

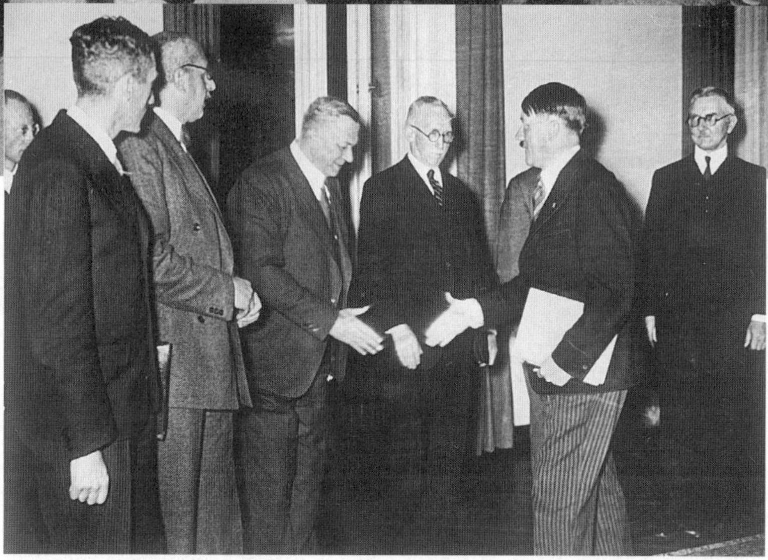

22. *(oben)* Die Opposition mundtot machen: Im Wahlkampf vom März 1933 schreien Nationalsozialisten »Heil Hitler« durch Flüstertüten.
23. *(unten)* Das respektable Gesicht des Nationalsozialismus: Kurz nach seiner Ernennung zum Reichskanzler im Januar 1933 begrüßt Hitler führende Vertreter der Wirtschaft.

24. Frühjahr 1933: Die Realität der Straße: Als »Hilfspolizei« fungierende SA-Leute haben Kommunisten und Sozialdemokraten verhaftet, die auf ihr Schicksal in einem SA-Folterkeller warten.

25. Die ersten Konzentrationslager, 1933: Registrierung von Sozialdemokraten, die ins Lager Oranienburg eingeliefert wurden.

26. Die nationalsozialistische Propaganda verschaffte den Lagern breite Publizität, versuchte aber, sie in ein positives Licht zu rücken. Karikatur vom 14. Mai 1933. Das »Romanische Café« und das »Café Größenwahn« in Berlin waren bekannte Treffpunkte für moderne Künstler und Schriftsteller.

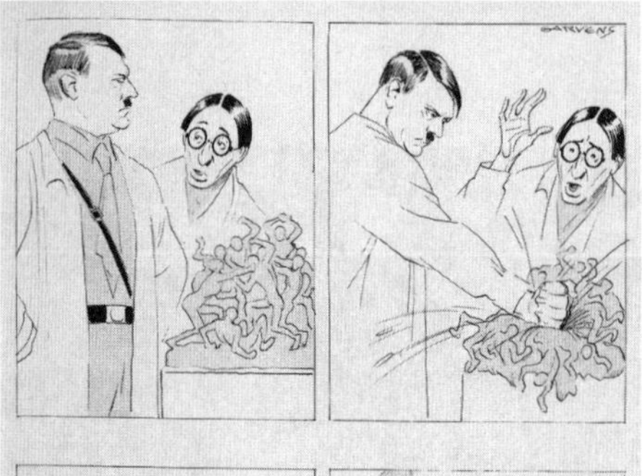

27. Hitlers Kulturrevolution: Aus einer Masse von zankenden Zwergen formt der »Bildhauer Deutschlands« den neuen deutschen Riesen, der es mit der ganzen Welt aufnehmen wird.

28. Die Exilanten:
Das nationalsozialistische Satiremagazin *Die Brennessel* feiert die Flucht der hervorragendsten Schriftsteller und Intellektuellen aus Deutschland als einen Sieg des deutschen Volkes: Während Thomas Mann die Leier dreht, stehlen sich andere, zumeist Juden, zu seiner Melodie aus Deutschland fort. Unter den Karikierten erkennt man Albert Einstein, Lion Feuchtwanger und Karl Marx.

29. »Wider den undeutschen Geist«: Nationalsozialistische Studenten verbrennen am 10. Mai 1933 vor der Berliner Universität die Schriften jüdischer und linksgerichteter Autoren.

30. »Deutsche, wehrt euch«: Während des Boykotts am 1. April 1933 kleben SA-Leute ein Plakat an das Schaufenster eines jüdischen Geschäfts, Passanten sehen zu.

31. Kontinuität in der Nationalsozialistischen Revolution: Eine Ansichtskarte von 1931 zieht eine direkte Verbindungslinie von Friedrich dem Großen über Bismarck zu Adolf Hitler.

Die kommunistische Rhetorik war erheblich gewalttätiger geworden, seit die Kominternführung in Moskau 1928 die »dritte Periode« ausgerufen hatte. Fortan verspritzte die Partei ihr Gift hauptsächlich gegen die Sozialdemokraten. Jede deutsche Regierung war in ihren Augen »faschistisch«, Faschismus war die politische Erscheinungsform des Kapitalismus, und die Sozialdemokraten waren »Sozialfaschisten«, weil sie die Hauptunterstützer des Kapitalismus waren, indem sie die Arbeiter dem revolutionären Engagement entfremdeten und mit dem »faschistischen« politischen System der Weimarer Republik aussöhnten. Jeder in der Parteiführung, der Bedenken gegen diese Linie anmeldete, wurde seines Postens in der Partei enthoben. Alles, was dazu beitrug, den »faschistischen« Staat und seine sozialdemokratischen Vertreter zu stürzen, wurde begrüßt.[26]

An der Spitze der KPD stand damals der Hamburger Gewerkschaftsfunktionär Ernst Thälmann mit einem zweifelsfrei ausgewiesenen Arbeiter-Lebenslauf. 1886 geboren, hatte er die verschiedensten Gelegenheitsjobs angenommen, war Arbeiter in einer Fischmehlfabrik und Ausfahrer einer Wäscherei, bevor er im Ersten Weltkrieg eingezogen wurde und an der Westfront Dienst tat. Seit 1903 Sozialdemokrat, tendierte Thälmann im Krieg zum linken Flügel seiner Partei und trat während der Revolution 1918 den »revolutionären Obleuten« bei und wurde 1919 Vorsitzender der Hamburger Ortsgruppe der USPD. Noch in demselben Jahr in die Hamburger Bürgerschaft gewählt, trat er nach der Spaltung der USPD der KPD bei und wurde Mitglied des Zentralkomitees. In dieser Zeit war er weiter als Lohnarbeiter in Berufen tätig, die hohen körperlichen Einsatz erforderten wie das Verschrotten von Schiffen. Ungebildet, kraftvoll, ein Revolutionär aus Instinkt, verkörperte Thälmann das kommunistische Ideal des revolutionären Arbeiters. Die Sympathie seines proletarischen Publikums gewann er nicht zuletzt durch seine offenkundigen Schwierigkeiten mit dem komplizierten marxistischen Vokabular. Seine Reden waren weniger argumentativ als leidenschaftlich, aber seine Zuhörer empfanden das als Ausdruck seiner Ehrlichkeit und Aufrichtigkeit. Als Parteivorsitzender und Berufspolitiker war Thälmann zwischen 1925 und 1933 oft genötigt, mit Kragen und Krawatte aufzutreten, doch wurde es ein fester Bestandteil seiner Reden, daß er beides zu einem bestimmten Zeitpunkt unter dem Jubel des Publikums ablegte. Sein Haß auf Generäle und Arbeitgeber war mit Händen zu greifen, sein Mißtrauen gegen die Sozialdemokraten offenkundig.

Wie viele Kommunisten an der Basis vollzog Thälmann getreulich alle Änderungen der von der Komintern in Moskau vorgegebenen Parteilinie, die häufig notwendig wurden, weil Stalin seine innerparteilichen Gegner in Moskau ausschalten wollte. Thälmanns Glaube an die Revolution war grenzenlos und ebenso grenzenlos sein Glaube an den einzigen revolutionären Staat der Welt, die Sowjetunion. Andere in der Parteiführung mögen gerissener, skrupelloser und klüger gewesen sein als er, zum Beispiel Walter Ulbricht, der der Parteizentrale in Berlin angehörte, und die Leitlinien der Parteipolitik und -strategie mögen vom Politbüro und vom Zentralkomitee zusammen mit der Komintern in Moskau vorgegeben worden sein, aber Thälmanns persönliches Ansehen und seine rhetorische Begabung machten ihn für die Partei zu einem unentbehrlichen Trumpf, weswegen er zweimal, 1925 und 1932, bei Reichspräsidentenwahlen als Kandidat der KPD aufgestellt wurde. So war Ernst Thälmann Anfang der dreißiger Jahre einer der bekanntesten und im mittleren und gehobenen Bürgertum gefürchtetsten Politiker im Lande. Er war die Verkörperung des deutschen Kommunismus in all seiner Unerbittlichkeit und seinem Ehrgeiz und strebte die Gründung eines »Sowjetdeutschlands« an.[27]

Mit einem Mann wie Thälmann an der Spitze erschien also die KPD Anfang der dreißiger Jahre vielen bürgerlichen Deutschen als eine Gefahr von beispiellosen Ausmaßen. Eine kommunistische Revolution schien keineswegs ausgeschlossen. Selbst ein so nüchterner und kluger gemäßigter Konservativer wie Victor Klemperer konnte sich im Juli 1931 fragen: »Stürzt die Regierung? Folgt Hitler oder der Communismus?«[28] Doch in vieler Hinsicht war die Macht der Kommunisten eine Illusion. Die ideologische Feindseligkeit der Partei gegen die Sozialdemokraten verurteilte sie zur Ohnmacht. Ihre Feindschaft gegen die Weimarer Republik, gegründet auf die radikale Verurteilung aller deutschen Regierungen, sogar der großen Koalition unter Hermann Müller, als »faschistisch«, machte sie vollständig blind für die Gefahr, die der Nationalsozialismus für das politische System Weimars darstellte. Ihre optimistische Erwartung des unmittelbar bevorstehenden endgültigen Zusammenbruchs des Kapitalismus war zwar unter den wirtschaftlichen Gegebenheiten des Jahres 1932 nicht ganz unrealistisch, rückblickend betrachtet allerdings völlig unbegründet. Darüber hinaus war es eine Partei, die zum größten Teil aus Arbeitslosen bestand, knapp an Finanzmitteln und durch die Armut und Fluktuation ihrer Mitglieder geschwächt. Die wirtschaftliche Not vieler KPD-Mitglieder ging so weit, daß während der Wirtschaftskrise kommunistische Kneipen reihenweise schließen mußten oder in nationalsozialistische Hände übergingen. (Zwischen 1929 und 1933 ging der Bierkonsum in Deutschland um 43 Prozent zurück.) In den ärmeren Vierteln der deutschen Großstädte spielte sich ein regelrechter Guerillakrieg ab, und die Kommunisten wurden von der SA mit anhaltender, brutaler Gewalt allmählich in ihre angestammten Domänen, die Elendsviertel und Mietskasernen, zurückgeprügelt. In diesem Konflikt galten die Sympathien des Bürgertums den Nationalsozialisten, die wenigstens nicht drohten, den Kapitalismus zu zerstören oder ein »Sowjetdeutschland« zu schaffen, falls sie an die Macht kamen.[29]

III

Die Arbeitslosigkeit betraf zwar in erster Linie die Arbeiterklasse, doch hatten die wirtschaftlichen Schwierigkeiten auch die Moral anderer gesellschaftlicher Gruppen beschädigt. Vor dem Einsetzen der Wirtschaftskrise hatte die Kürzung staatlicher Ausgaben im Rahmen der Sparmaßnahmen, die die Währungsstabilisierung nach 1923 stützen mußten, zu einer Welle von Entlassungen im staatlichen Sektor geführt. Zwischen dem 3. Oktober 1923 und dem 31. März 1924 waren 135 000 von 826 000 Beamten, vor allem bei der Reichsbahn, der Reichspost, dem Telegrafendienst und der Reichsdruckerei, entlassen worden, außerdem 30 000 von 61 000 Angestellten und 232 000 von 706 000 Arbeitern im Staatsdienst.[30] Eine weitere Welle von Kürzungen folgte nach 1929. Zwischen Dezember 1930 und Dezember 1932 wurden die Beamtenbezüge um 19 bis 23 Prozent verringert. Viele Staatsdiener waren entsetzt, daß ihre Gewerkschaftsvertreter die Kürzungen nicht verhindern konnten. Ihre

Feindseligkeit gegen die Regierung war offenkundig, manche tendierten zur NSDAP. Viele wurden aber von der offenen Drohung der Nationalsozialisten abgeschreckt, die Beamtenschaft »säubern« zu wollen, falls sie an die Macht kamen. Auf jeden Fall machten sich bei den Beamten der Republik Sorge und Enttäuschung breit.[31]

Viele bürgerliche Berufe sahen ihre wirtschaftliche und soziale Stellung in der Weimarer Republik gefährdet. Angestellte verloren ihre Arbeit oder fürchteten, sie zu verlieren, als Banken und Finanzhäuser in Schwierigkeiten gerieten. Reisebüros, Restaurants, Einzelhandel, Versandhäuser, die verschiedensten Unternehmer auf dem Dienstleistungssektor bekamen Probleme, als die Kaufkraft rapide abnahm. Die NSDAP, mittlerweile mit einem differenzierten Netz von klientelbezogenen Untergliederungen ausgestattet, erkannte dies und warb jetzt um die freien Berufe und das begüterte Bürgertum. Dies alles war jenen Nationalsozialisten ein Dorn im Auge, die wie Otto Strasser, Bruder des Parteiorganisators Gregor Strasser, weiterhin das »Sozialistische« am Nationalsozialismus betonten und das Gefühl hatten, Hitler verrate ihre Ideale. Verärgert über die Unterstützung, die Otto Strasser und sein Kampf-Verlag linken Streikaktionen zukommen ließ, zitierte Hitler die führenden Männer der Partei im April 1930 zu einer Besprechung und ermahnte Strasser. Um den Einfluß Otto Strassers zu neutralisieren, ernannte er Goebbels zum Reichspropagandaleiter der Partei. Doch zu Goebbels' Verdruß unterließ es Hitler mehrfach, mit einem Machtwort klare Verhältnisse zu schaffen, weil er hoffte, Otto Strassers Propagandaapparat könne noch einmal bei den für Juni 1930 angesetzten Landtagswahlen von Nutzen sein. Erst nach diesen Wahlen und dem Erscheinen einer bloßstellenden Schilderung Strassers über seinen Streit mit Hitler im April entschloß sich Hitler, die Partei von Otto Strasser und seinen Anhängern zu säubern, ein Schritt, dem die Betroffenen durch ihren Austritt am 4. Juli 1930 zuvorkamen. Diese Spaltung der Partei war ernst; Beobachter verfolgten angespannt, ob die NSDAP den Exodus ihres linken Flügels überleben werde. Aber seit jenen Tagen, da Goebbels und seine Helfer die Partei im Ruhrgebiet mit sozialistischen Parolen auf Vordermann bringen konnten, hatten sich die Dinge entscheidend verändert. Der Auszug der Dissidenten offenbarte, daß die Ideen Otto Strassers wenig Anklang in der Partei fanden; sogar sein Bruder Gregor desavouierte ihn. Otto Strasser konnte sich nicht mehr als ernstzunehmender Politiker behaupten. Er verbrachte den Rest seines Lebens, zuerst in Deutschland, später im Exil, als Führer von kleinen, sektiererischen revolutionären Vereinen, um vor einem winzigen Publikum von Gleichgesinnten seine sozialistischen Ideen zu propagieren.«[32]

Nachdem er die letzten Reste von »Sozialismus« abgeschüttelt hatte, machte sich Hitler daran, mehr Brücken zur konservativen Rechten zu schlagen. Im Herbst 1931 schloß er sich mit der DNVP zur sogenannten Harzburger Front zusammen, am 11. Oktober gab er in Bad Harzburg zusammen mit Hugenberg eine gemeinsame Erklärung ab, die die Bereitschaft der beiden Parteien zu einer gemeinsamen Regierung in Preußen und im Reich bekundete. Zwar betonten die Nationalsozialisten ihre fortdauernde Selbständigkeit – so weigerte sich Hitler, einen Vorbeimarsch des Stahlhelms abzunehmen –, aber dennoch bezeichnete die Harzburger Front eine bedeutsame Erweiterung jener Zusammenarbeit von DNVP und NSDAP, die 1929 mit der Kampagne gegen den Youngplan begonnen hatte. Gleichzeitig tat Hitler ernsthafte Schritte, um die Industrie davon zu überzeugen, daß seine Partei für sie keine Bedrohung darstelle. Die Rede, die er im Januar 1932 im Düsseldorfer Industrie-Club vor rund 650 Wirtschaftsleuten hielt, sagte seinem Publikum zu, da er den Marxismus als die Quelle aller Übel in Deutschland verdammte und einmal mehr betonte, wie wichtig Privateigentum, harte Arbeit und angemessener Lohn für die Arbeitswilligen und Tüchtigen seien. Die Lösung der gegenwärtigen wirtschaftlichen Misere sei jedoch hauptsächlich mit politischen Mitteln zu erreichen. Die Grundlage für den wirtschaftlichen Aufschwung werde durch Idealismus, Vaterlandsliebe und nationale Einheit geschaffen. Für sie werde die nationalsozialistische Bewegung sorgen, deren Mitglieder im Kampf gegen die kommunistische Gefahr tagtäglich Zeit und Geld opferten und ihr Leben riskierten.[33]

In einer zweieinhalbstündigen Ansprache dargeboten, waren diese Ausführungen überaus allgemein und boten im Hinblick auf wirtschaftspolitische Maßnahmen keine konkreten Anhaltspunkte. Sie offenbarten Hitlers sozialdarwinistisches Verständnis von Wirtschaft, wonach Kampf der Weg zum Erfolg war; das kann sein kundiges Publikum nicht sehr beeindruckt haben. Die führenden Industriellen waren enttäuscht. Die Nationalsozialisten erklärten später, Hitler habe endlich die Großunternehmen für die NSDAP gewonnen, aber es gab wenig greifbare Beweise dafür. Weder Hitler noch irgend jemand sonst kam auf die Idee, die Gelegenheit zu ergreifen und unter den Industriekapitänen eine Spendenkampagne zu starten. Die nationalsozialistische Presse setzte nach Hitlers Düsseldorfer Rede ihre Angriffe auf Konzerne und Monopole fort, während andere Nationalsozialisten versuchten, durch den Kampf für Arbeiterrechte Stimmen zu fangen. Als die Zeitungen der KPD das Treffen in einem konspirativem Licht beschrieben, als Beweis dafür, daß der Nationalsozialismus das Geschöpf der Großunternehmer sei, bestritten die Nationalsozialisten dies mit allem Nachdruck und veröffentlichten Teile aus der Rede, um Hitlers Unabhängigkeit vom Kapital zu demonstrieren.

Folglich zeigte die Wirtschaft nach der Rede keine sehr viel größere Bereitschaft, die NSDAP zu finanzieren, als vorher. Gewiß gab es ein oder zwei Wirtschaftsführer wie etwa Fritz Thyssen, die begeistert waren und Mittel bereitstellten, um den teuren Geschmack führender Nationalsozialisten wie Hermann Göring oder Gregor Strasser zu subventionieren. Und generell war die Rede ermutigend, sie machte es den Großunternehmern zu gegebener Zeit leichter, sich zur Unterstützung der NSDAP durchzuringen. Die NSDAP finanzierte ihre Aktivitäten weiterhin aus freiwilligen Leistungen ihrer Mitglieder, den Eintrittsgeldern für ihre Versammlungen, den Einkünften aus ihren Presseerzeugnissen und Publikationen sowie aus Zuwendungen kleinerer Firmen und Unternehmen. In diesen Kreisen hatte der Antisemitismus, den Hitler bei seiner Rede vor den Vertretern der Großindustrie auffällig vergessen hatte zu erwähnen, größere Aussichten auf Resonanz.[34] Gleichwohl besaß der Nationalsozialismus neben seinem häßlichen jetzt auch ein ehrbares Gesicht und war dabei, sich Freunde unter den konservativen und nationalistischen Eliten zu machen. Während Deutschland immer tiefer in der Wirtschaftskrise versank, sahen immer mehr bürgerliche Deutsche in der jugendlichen Dynamik der NSDAP einen möglichen Ausweg aus der verfahrenen Lage. Alles hing davon ab, ob die zerbrechlichen demokratischen Strukturen der Weimarer Republik der Belastung standhielten und die Regierung die richtigen politischen Maßnahmen treffen konnte, um ihren völligen Zusammenbruch zu verhindern.

Krise der Demokratie

I

Erstes politisches Opfer der Wirtschaftskrise war das Kabinett der großen Koalition unter dem Sozialdemokraten Hermann Müller, eine der stabilsten Regierungen der Weimarer Republik, die seit den Reichstagswahlen von 1928 im Amt gewesen war. Die große Koalition war der seltene Versuch eines Kompromisses zwischen den ideologischen und sozialen Interessen der SPD und denen des »bürgerlichen« Lagers mit Ausnahme der DNVP. Zusammengehalten wurde sie hauptsächlich durch das gemeinsame Bemühen um die Sicherung des Youngplans, gegen den erbitterten Widerstand der Nationalisten und der extremen Rechten. Sobald der Youngplan Ende 1929 unter Dach und Fach war, gab es zwischen den Parteien nur mehr wenig Verbindendes. Nach Ausbruch der Wirtschaftskrise im Oktober 1929 gelang es den Koalitionspartnern nicht, sich auf eine gemeinsame Linie zur Bekämpfung der rapide steigenden Arbeitslosigkeit zu einigen. Die Koalition stand von Anfang an auf schwachen Füßen. Die DVP war nur widerwillig auf Druck ihres Vorsitzenden Stresemann in die Regierung eingetreten; nach seinem Tod am 3. Oktober 1929 vollzog sie in kurzer Zeit eine Rechtswendung, und ihre Bereitschaft, in der Koalition zu verbleiben, wurde zusehends geringer. Die SPD-Reichstagsfraktion hatte die Glaubwürdigkeit der Regierung schwer beschädigt – obwohl an deren Spitze ihr eigener Führer Hermann Müller stand –, als sie sich, wenngleich erfolglos, der Entscheidung der Regierung widersetzte, einen Panzerkreuzer zu bauen, obwohl dies eine eindeutige Bedingung für die Fortsetzung der Koalition gewesen war. Die Arbeitslosigkeit war 1929 bereits so hoch, daß die Reichsanstalt für Arbeitsvermittlung und Arbeitslosenversicherung hohe Bankkredite aufnehmen mußte, um Unterstützung zahlen zu können, da die bisherigen Rücklagen nur für eine Zahl von maximal 800 000 Arbeitslosen berechnet waren. 1929 war die Koalition noch in der Lage, eine Kompromißlösung für die dadurch ausgelösten Finanzprobleme zu finden, doch die katastrophalen Folgeerscheinungen des Börsenkrachs machten daraus Makulatur. Reichsbankpräsident Hjalmar Schacht drängte auf radikale Finanzreformen, was zum Rücktritt des sozialdemokratischen Reichsfinanzministers Rudolf Hilferding führte. Es war offenkundig, daß eine Reichsfinanzreform, die zu einer gewissen Entschärfung der sich rasch zuspitzenden Krise hätte führen können, von der großen Koalition nicht durchgeführt werden konnte. Diese Tatsache und zudem das Drängen auf eine Sanierung der Reichsfinanzen seitens Interessengruppen wie dem Reichslandbund und dem Reichsverband der deutschen Industrie bewogen Hindenburg, nach einer alternativen Regierung Ausschau zu halten, die dieses Ziel erreichen würde, ohne dem Wunsch der Sozialdemokraten entgegenzukommen, bis zu einem gewissen Grad die Arbeitslosenunterstützung beizubehalten. Hindenburg seinerseits drängte auf eine Erhöhung der Subventionen für die ostelbische Landwirtschaft. Nicht nur er, auch die industriellen und agrarischen Interessengruppen sahen in der Krise eine Gelegenheit, die parlamentarische Demokratie zu schwächen. Hindenburg weigerte sich, der großen Koalition grünes Licht für die Anwendung von Artikel 48 der Weimarer Verfassung zu geben; er wollte niemals zuzulassen, daß Sozialdemokraten seine Machtbefugnisse antasteten, indem sie mit Notstandsmaßnahmen regierten. Die DVP stieg schließlich wegen der Weigerung der SPD, die Arbeitslosenhilfe zu kürzen, aus der Koalition aus, und die Regierung war gezwungen, am 27. März 1930 ihren Rücktritt einzureichen.[35]

Obwohl es damals nur die wenigsten erkannten, markierte das den Anfang vom Ende der Weimarer Demokratie. Von nun an konnte sich keine Regierung mehr auf eine parlamentarische Mehrheit im Reichstag stützen. Jene, die das Ohr des Reichspräsidenten Hindenburg hatten, sahen im Sturz der großen Koalition die Chance, ein autoritäres Regime auf der Grundlage der Notverordnungsvollmacht des Reichspräsidenten zu errichten. Besonders einflußreich war in dieser Hinsicht die deutsche Armee, vertreten durch Reichswehrminister General Wilhelm Groener. Seine Ernennung im Januar 1928 als Nachfolger des DDP-Politikers Otto Geßler hatte die Befreiung der Reichswehr von jeder politischen Kontrolle signalisiert. Der Chef der Reichswehr hatte das Recht, dem Reichspräsidenten unmittelbar, ohne den Umweg über das Kabinett, zu berichten. Trotz der im Versailler Vertrag festgelegten Beschränkungen bezüglich Stärke und Ausrüstung blieb die Reichswehr die bei weitem stärkste, diszipliniertestе und bestbewaffnete Truppe in Deutschland. Während die politischen Parteien und die politische Willensbildung im parlamentarischen System auseinanderbrachen, blieb die Reichswehr geeint. In den zwanziger Jahren hatte sie sich seit dem Debakel des Kapp-Putsches still verhalten und sich darauf konzentriert, ihre illegale Ausrüstung und Mannschaftsstärke zu verbessern, doch in der Krise der frühen dreißiger Jahre hielt sie ihre Stunde für gekommen. Aufrüstung und der Wiederaufbau Deutschlands zur Großmacht rückten nach Ansicht von Leuten wie dem politischen Berater Groeners, General Kurt von Schleicher, in greifbare Nähe, wenn man den Staat von den Fesseln parlamentarischer Koalitionen befreite. Und je mehr Deutschland in politischem Chaos und extremistischer Gewalt versank, desto wichtiger wurde der Standpunkt der Reichswehr. Bereits im Herbst 1930 hatte Groener vor Offizieren erklärt: »Im politischen Geschehen Deutschlands darf kein Baustein mehr bewegt werden, ohne daß das Wort Reichswehr ausschlaggebend in die Waagschale geworfen wird.«[36]

Zunächst brachte die Reichswehr ihr politisches Gewicht zur Geltung, um sich erfolgreich vor Kürzungen ihres Haushalts zu schützen. Während ringsum bei staatlichen Institutionen der Rotstift angesetzt wurde, blieb die Reichswehr davon verschont. Von der NSDAP hielt sie sich im allgemeinen fern; ältere Offiziere, noch in den strengen Traditionen des preußischen Monarchismus erzogen, waren meist immun gegen die Lockrufe einer radikal nationalistischen Politik. Doch gab es auch unter ihnen Leute, die offen die Nationalsozialisten favorisierten, wie zum Beispiel Generaloberst Ludwig Beck.[37] Jüngere Offiziere waren empfänglicher für die Propaganda der Nationalsozialisten; schon 1929 diskutierten einige von ihnen mit den Nationalsozialisten und erörterten die Aussichten einer »nationalen Revolution«. Das Reichswehrministerium unter Groener und Schleicher bekämpfte diese Tendenzen energisch und ließ die drei Rädelsführer jener Diskussionen 1930 verhaften und wegen Vorbereitung zum Hochverrat vor Gericht stellen. Dieses Verfahren empörte andere junge Offiziere, auch solche, die nicht geneigt waren, mit den Nationalsozialisten zusammenzuarbeiten. Die Reichswehrführung, schrieb einer von ihnen, habe vor den »Novemberlingen« gekuscht und Männer vor Gericht gestellt, die nur aus »uneigennütziger Vaterlandsliebe« gehandelt hätten. Neunzig Prozent der Offiziere dächten genauso, setzte er hinzu.[38]

Der Prozeß bot Gelegenheit zu einem publizistisch stark beachteten Auftritt Hitlers im Zeugenstand, wo er von Hans Frank, dem nationalsozialistischen Verteidiger eines der Angeklagten, befragt wurde. Die NSDAP, erklärte Hitler, habe nicht die Absicht, Hochverrat zu begehen oder die Reichswehr von innen her zu unterwandern. Ihre Absicht sei es, mit legalen Mitteln an die Macht zu kommen, und er habe Leute wie Otto Strasser aus der Partei vertrieben, die darauf gedrungen hatten, eine Revolution durchzuführen. »Wenn unsere Bewegung in ihrem legalen Kampfe siegt, wird ein deutscher Staatsgerichtshof kommen, und der November 1918 wird seine Sühne finden, und es werden auch Köpfe rollen«, sagte er unter dem Beifall des Publikums. Das Gericht vereidigte den Zeugen Hitler; »nun sind wir streng legal«, soll Goebbels gesagt haben. Putzi Hanfstaengl, seit kurzem für Hitlers Kontakte zur Auslandspresse zuständig, sorgte dafür, daß in aller Welt über die Rede berichtet wurde. Für je 1000 Reichsmark verkaufte er drei Artikel Hitlers über die Ziele und Methoden der NSDAP an den amerikanischen Pressezaren William Randolph Hearst. Das Honorar ermöglichte es Hitler fortan, sich bei Aufenthalten in der Reichshauptstadt im Hotel »Kaiserhof« im Zentrum Berlins einzurichten. In Deutschland zerstreuten Hitlers Versicherungen viele Befürchtungen des Bürgertums über die Absichten der NSDAP.[39]

Das Gericht verwarnte Hitler wegen Mißbrauchs seiner Zeugenfunktion und verurteilte die jungen Offiziere zu achtzehn Monaten Haft, zwei von ihnen wurden unehrenhaft aus der Reichswehr entlassen.[40] Mit seiner konservativen Einstellung nahm das Gericht fast zwangsläufig Partei für die Reichswehr. Trotzdem waren die Urteile nicht geeignet, junge Reichswehroffiziere an weiteren Annäherungen mit dem Nationalsozialismus zu hindern. Schleichers Versuche, diesen Ideen entgegenzuwirken, den Radikalismus der jungen Offiziere zu bremsen und die politische Disziplin in der Reichswehr wiederherzustellen, waren alles andere als wirksam, nicht zuletzt darum, weil Schleicher selbst gegenüber dem Offizierskorps offen zugab, mit dem »nationalen Teil« des nationalsozialistischen Programms zu sympathisieren. Wichtig sei »die durch die Nat.Soz. Bewegung in Gang gebrachte Entrüstungswelle gegen Bolschewismus, Landesverrat, Schmutz u.s.w... Hierin wirkt die Nat.Soz. Agitation ohne Zweifel außerordentlich aufrüttelnd.«[41] Sympathie mit den Nationalsozialisten bedeutete natürlich, mit ihnen zusammenzuarbeiten, aber die Reichswehrführung in ihrer Arroganz und Selbstüberschätzung hegte noch immer den Glauben, sich die Nationalsozialisten gefügig machen und als militärische und politische Hilfskräfte vor ihren Karren spannen zu können, wie sie Anfang der zwanziger Jahre mit den Wehrverbänden verfahren war. Bald sollte sich zeigen, wie verfehlt diese Politik wirklich war.

Das neue politische Gewicht der Reichswehr fand seinen Ausdruck in Hindenburgs Regelung der Müller-Nachfolge, bei der er vor allem auf hohe Offiziere wie Schleicher hörte. Von Anfang an wurde nicht der Versuch gemacht, eine Regierung zu ernennen, die auf der demokratischen Unterstützung der im Reichstag vertretenen Parteien basierte. Statt dessen sollte ein »Kabinett von Fachmännern« eingesetzt werden, in der Absicht, den Reichstag durch Hindenburgs Notverordnungsvollmacht zu umgehen. Natürlich war der Geltungsbereich solcher Notverordnungen begrenzt, und viele Maßnahmen, vor allem der Haushalt, bedurften nach wie vor der Zustimmung des Reichstags. Auch versuchte man, dies nicht als Einsetzung eines autoritären Regimes erscheinen zu lassen. Dem neuen Kabinett gehörten bekannte Reichstagspolitiker an wie der ehemalige Reichskanzler Josef Wirth vom Zentrum, Hermann Dietrich von der DDP (im Juli 1930 umbenannt in Deutsche Staatspartei), Martin Schiele von der DNVP, Julius Curtius von der DVP und Viktor Bredt von der kleinen Wirtschaftspartei. Nicht vertreten war jedoch die SPD, der Hindenburg und seine Berater nicht das Instrument der Notverordnung in die Hand geben wollten. Ohne die SPD besaß dieses Kabinett keine Mehrheit im Reichstag, aber dem schien jetzt keinerlei Bedeutung mehr zuzukommen.

An der Spitze der neuen Regierung stand ein Mann, dessen Ernennung zum Reichskanzler sich als fatale Entscheidung erweisen sollte: Heinrich Brüning. Vordergründig betrachtet war die Nominierung des 1885 geborenen Brüning demokratisch legitimierbar. Als Vorsitzender der Zentrumsfraktion im Reichstag repräsentierte er jene politische Kraft, die mehr als jede andere in der Weimarer Republik die tragende Säule der parlamentarischen Demokratie gewesen war. Aber schon zur Zeit von Brünings Ernennung bewegte sich das Zentrum unter dem Einfluß seines neuen Vorsitzenden, des Prälaten Ludwig Kaas, auf eine autoritärere, enger auf Wahrung kirchlicher Belange konzentrierte Position zu. Außerdem war Brüning selbst ein halbherziger Freund der Weimarer Demokratie. Der ehemalige Offizier war über die Novemberrevolution entsetzt gewesen und blieb zeitlebens ein glühender Monarchist. In seinen Memoiren bezeichnete er denn auch die Wiederherstellung der Monarchie als sein Hauptziel nach der Ernennung zum Reichskanzler, was vermutlich den Versuch darstellte, einer politischen Karriere innere Konsequenz zu verleihen, die wie bei so vielen Politikern von kurzfristigen Imperativen beherrscht gewesen war.[42] Trotz seiner inneren Überzeugung, daß eine Rückkehr zum Bismarckschen System das Beste wäre, besaß er keine detaillierten Pläne für eine Wiederherstellung der Monarchie. Gleichwohl waren seine Instinkte im Grunde autoritär.[43] Er plante eine Verfassungsreform durch Beschränkung der Macht des Reichstags und Verbindung der Ämter des Reichskanzlers und des preußischen Ministerpräsidenten in seiner Person, um so die Sozialdemokraten aus ihrer Vormachtstellung in Deutschlands größtem Land zu verdrängen. Brüning bekam zwar nicht ausreichend Rückendeckung von Hindenburg, um diese Idee in die Tat umzusetzen, aber sie blieb auf dem Tisch und konnte jederzeit aufgegriffen werden. Brüning begann auch, demokratische und Bürgerrechte einzuschränken.[44] So führte er im März 1931 scharfe Beschneidungen der Pressefreiheit ein, was sich besonders gegen Kritik an seiner eigenen Politik richtete. Mitte Juli schätzte das liberale *Berliner Tageblatt*, daß monatlich in ganz Deutschland bis zu hundert Zeitungsausgaben verboten würden. 1932 wurde die kommunistische *Rote Fahne* ungefähr jeden dritten Tag verboten. So war die Pressefreiheit schon lange vor der nationalsozialistischen Machtergreifung ernsthaft beschnitten.[45]

Brüning leitete jene Demontage der demokratischen und Grundrechte ein, die dann unter den Nationalsozialisten vollzogen wurde.

Es gibt sogar die Meinung, daß seine vielkritisierte Wirtschaftspolitik während der Krise zum Teil darauf zielte, die Gewerkschaften und die SPD zu schwächen, zwei der Hauptkräfte, die die Weimarer Demokratie noch über Wasser hielten.[46] Seine Stellung in der Zentrumspartei hatte er jedoch nicht erreicht, ohne geschickt im politischen Manövrieren zu werden und ein Meister im Schmieden politischer Koalitionen und Allianzen zu sein. Als Finanz- und Steuerfachmann hatte er sich einen beachtlichen Ruf erworben, und es wurde 1930 ein Mann gebraucht, der sich in dieser Materie auskannte. Aber nach 1930 wurde der Spielraum sehr schnell immer enger, nicht zuletzt aufgrund von Brünings eigenen katastrophalen politischen Fehleinschätzungen. Auch seine glühendsten Verteidiger haben nie behauptet, daß er eine charismatische, begeisternde Führungspersönlichkeit gewesen wäre. Verschlossen, ein Mann der einsamen Entschlüsse und ohne jede rhetorische Begabung, vermochte er nicht, die Unterstützung von Wählermassen zu erringen, die immer entsetzter auf das wirtschaftliche Chaos und die politische Gewalttätigkeit reagierten, welche das Land in eine Krise stürzten, mit der verglichen sich sogar jene von 1923 bescheiden ausnahm.[47]

II

Brünings Hauptaufgabe bestand darin, die sich rapide verschlechternde Wirtschaftslage in den Griff zu bekommen. Er entschloß sich zu radikalen Deflationsmaßnahmen, vor allem zu einer Kürzung der staatlichen Ausgaben. Die Steuereinnahmen der Regierung gingen stark zurück, und Möglichkeiten der Kreditaufnahme zur Erfüllung der staatlichen Verpflichtungen gab es praktisch nicht mehr. Und wenn sich die deutsche Währung auch nach der großen Inflation von 1923 durch Bindung an den Goldstandard stabilisiert hatte, war keineswegs ausgemacht, daß sie sich auf dem richtigen Niveau stabilisiert hatte. Die erzielten Werte galten jedoch als unantastbar, folglich bestand die einzige Möglichkeit, eine Währung in den Griff zu bekommen, die überbewertet war, weil ihre Reserven durch ein Zahlungsbilanzdefizit aufgebraucht wurden, darin, Preise und Löhne zu senken und den Zinssatz in Deutschland anzuheben.[48]

Schließlich lagen immer noch die Reparationsleistungen drohend über der deutschen Wirtschaft, auch wenn sie im Sommer 1930 durch den Youngplan umgeschuldet und erheblich reduziert worden waren. Brüning hoffte, die deutschen Inlandspreise durch Drosselung der Nachfrage zu senken und so deutsche Exporte auf dem internationalen Markt konkurrenzfähiger zu machen.[49] Es war keine sehr realistische Politik in einer Zeit, in der die Nachfrage weltweit in nie gekanntem Umfang eingebrochen war.

Zuerst erfolgten Kürzungen der staatlichen Ausgaben. Eine Reihe von Maßnahmen, insbesondere Notverordnungen vom 5. Juni und 6. Oktober 1931, senkten die Arbeitslosenunterstützung auf verschiedene Weise, verkürzten ihre Dauer und führten in vermehrtem Maße Bedürftigkeitsprüfungen ein. Die Langzeitarbeitslosen sahen damit ihren Lebensstandard stetig zurückgeschraubt, da es nach dem Auslaufen der Leistungen der Arbeitslosenversicherung, nach der staatlich finanzierten Krisenunterstützung und der kommunalen Wohlfahrtsunterstützung zuletzt gar keine Hilfe mehr gab. Ende 1932 bezogen nur mehr 618 000 Menschen Leistungen aus der Arbeitslosenversicherung, 1,23 Millionen bekamen staatliche Arbeitslosenhilfe, 2,5 Millionen Wohlfahrtsunterstützung, und über eine Million Menschen, deren Arbeitslosigkeit die Zeitrahmen überschritten hatte, besaßen kein regelmäßiges Einkommen.[50] Was immer Brünings Fernziele gewesen sein mögen, die wachsende Armut machte die wirtschaftliche Lage nur noch aussichtsloser. Menschen, die kaum in der Lage waren, sich selbst und ihre Angehörigen mit dem Allernötigsten zu versorgen, waren schwerlich bereit, genug Geld auszugeben, um eine Erholung der Industrie und des Dienstleistungssektors herbeizuführen. Darüber hinaus war die Furcht vor einer neuen Inflation so groß, daß auch ohne die internationalen Abkommen wie den Youngplan, die auf der Beibehaltung des Wertes der Reichsmark beruhten, eine Abwertung politisch überaus riskant gewesen wäre. Jedenfalls lehnte Brüning eine Abwertung ab, weil er der internationalen Gemeinschaft demonstrieren wollte, daß die Reparationen wirklich Not und Elend über Deutschland brachten.[51]

Im Sommer 1931 änderte sich die Lage. Eine neue Krise traf die Wirtschaft, als die Kapitalflucht aus Deutschland neue Höhen erreichte, was am 13. Juli zum Zusammenbruch der von Auslandsdarlehen abhängigen Darmstädter und Nationalbank (Danat-Bank) führte, und ein Zusammenbruch des Kreditgeschäfts drohte.[52] Die Unmöglichkeit, der deutschen Regierung mit ausländischen Krediten zu helfen, war erschreckend deutlich geworden: Einer Schätzung zufolge wäre die Summe, die notwendig war, um das deutsche Haushaltsdefizit zu decken, größer gewesen als die gesamten Goldreserven der USA. Eine internationale finanzielle Kooperation wurde durch die strengen Vorgaben des Goldstandards unmöglich gemacht. Brüning und seine Berater sahen keine andere Möglichkeit, als die freie Konvertierbarkeit der Reichsmark aufzuheben, ein Schritt, vor dem sie bisher zurückgeschreckt waren, weil sie befürchteten, er könne eine Inflation auslösen. Von nun an konnte die Reichsmark also nicht mehr gegen ausländische Zahlungsmittel eingetauscht werden.[53]

Das machte den Goldstandard für Deutschland bedeutungslos, was ein flexibleres Herangehen an die Geldpolitik ermöglicht und eine Ausweitung der Geldmenge zugelassen hätte, die zumindest theoretisch die Finanzsituation der Regierung entlasten und eine Wiederbelebung der Wirtschaft durch Einleitung von Arbeitsbeschaffungsmaßnahmen erlaubte.[54] Fatalerweise weigerte sich Brüning, diesen Schritt zu tun, in der Sorge, das Drucken von Geld, das nicht an den Goldstandard gebunden war, werde eine Inflation auslösen. Von allen langfristigen Folgen der deutschen Inflation war dies wohl die verhängnisvollste. Doch das war nicht der einzige Grund, warum Brüning an seiner Deflationspolitik festhielt, als schon längst andere Wege offenstanden. Entscheidend war, daß er nicht von seiner Hoffnung ließ, er könne die andauernd hohe Arbeitslosigkeit in Deutschland zur endgültigen Demontage des Weimarer Wohlfahrtsstaates nutzen, den Einfluß der Gewerkschaften zurückdrängen und so den Widerstand gegen seine Pläne schwächen, die Weimarer Verfassung in einem autoritär-restaurativen Geist umzubauen.[55]

Die Bankenkrise öffnete Brüning noch eine weitere Möglichkeit, die er jedoch nicht nutzte. Angesichts der Flucht ausländischen Kapitals aus der deutschen Wirtschaft im Frühling und Frühsommer 1931 waren die Reparationszahlungen zusammen mit anderen internationalen Kapitalbewegungen durch das am 20. Juni 1931 erlassene Hoover-Moratorium ausgesetzt worden. Damit entfiel ein weiteres politisches Hemmnis für die Bewegungsfreiheit der deutschen Regierung. Bis dahin war praktisch jede wirtschaftspolitische Maßnahme der Regierung, zum Beispiel Steuererhöhungen oder andere Instrumente zur Verbesserung der Einkünfte des Staates, Gefahr gelaufen, von der extremen Rechten als Erfüllung der verhaßten Reparationsleistungen denunziert zu werden. Das war nun nicht mehr der Fall. Trotzdem ging Brüning diese Neuregelung nicht weit genug, obwohl sich jetzt Rettungsmöglichkeiten anboten und Stimmen laut wurden, die Nachfrage durch staatlich finanzierte Arbeitsbeschaffungsmaßnahmen zu beleben.[56] Es sei immer noch möglich, glaubte er, daß nach Überwindung der Krise das Moratorium aufgehoben und die Forderungen nach Wiederaufnahme der Reparationszahlungen erneuert würden.[57]

Brüning erklärte dem deutschen Volk, er rechne damit, daß die Krise noch bis 1935 dauern werde, was viele nicht hinnehmen wollten.[58] Bald erhielt er, der am 8. Dezember mit einer neuen Notverordnung die Senkung der Löhne auf das Niveau von 1927 sowie verschiedene Preissenkungen verfügte, den Beinamen »Hungerkanzler«.[59] Satiriker variierten einen Vers auf ihn, den der Volksmund Anfang der zwanziger Jahre dem kannibalistischen Massenmörder Fritz Haarmann gewidmet hatte:

»Warte, warte nur ein Weilchen,
dann kommt Brüning auch zu dir
mit der neunten Notverordnung
Und macht Hackefleisch aus dir.«[60]

Es gab keine neunte Notverordnung, aber nach der vierten war Brüning der unpopulärste Reichskanzler, den die Weimarer Republik je erlebt hatte.[61]

III

Wie viele traditionelle Konservative wollte Brüning den Radikalismus der extremen Rechten entschärfen und eindämmen. Gelegentlich bewies er Mut bei diesem Vorhaben, aber wie die anderen unterschätzte auch er Macht und Einfluß der Rechtsradikalen. Sein Festhalten an dem, was er für die preußischen Tugenden der Frömmigkeit, Sachlichkeit, Unparteilichkeit und Selbstlosigkeit im Dienst des Staates hielt, verdankte sich nicht zuletzt den patriotischen Traditionen der Zentrumspartei seit Bismarcks Angriff auf die nationale Illoyalität der Katholiken in den 1870er Jahren. Sie flößte ihm ein fortwährendes Mißtrauen gegen Parteipolitik ein und ließ ihn an die politische Zuverlässigkeit des Reichspräsidenten Hindenburg glauben – ein Glaube, der sich letzten Endes als verfehlt erwies.[62] Hinzu kam eine andere verhängnisvolle Fehleinschätzung. Von Anfang nutzte Brüning die Drohung, von Hindenburgs Vollmacht nach Artikel 25 der Weimarer Verfassung zur Ausschreibung von Neuwahlen zum Reichstag Gebrauch zu machen, um die SPD als größte oppositionelle Kraft auf seine Linie zu zwingen. Als sich die SPD der DNVP und der KPD anschloß und es ablehnte, einen deutlich deflationären Haushalt abzusegnen, zögerte Brüning nicht, seine Drohung wahr zu machen und die Auflösung des Reichstags herbeizuführen. In völliger Verkennung der Ergebnisse von Kommunal- und Landtagswahlen, die den Nationalsozialisten massive Gewinne beschert hatten, gingen die Sozialdemokraten davon aus, die Wähler würden sich auch diesmal wieder im alten Trott bewegen, und machten sich Hoffnung auf ein gutes Wahlergebnis. Brüning und seine politischen Gegenspieler auf der Linken konnten in der extremistischen Rhetorik der Nationalsozialisten und ihrer Einschüchterungstaktik auf der Straße noch immer nichts anderes sehen als den zwingenden Beweis ihrer politischen Bedeutungslosigkeit. Sie hielten sich nicht an die Spielregeln der Politik, also konnten sie auch nicht erwarten, Erfolg zu haben.[63]

Der Wahlkampf wurde in einer beispiellosen Atmosphäre fieberhafter Erregung ausgetragen, Goebbels und die Organisationsleitung der NSDAP zogen alle Register. Hitler hielt zahlreiche Reden, in Großstädten teilweise vor zwanzigtausend Zuhörern, und tobte gegen die Sünden der Weimarer Republik, ihre tödlichen inneren Spaltungen, die Vielzahl ihrer einander befehdenden Fraktionen und eigennützigen Parteien, ihr wirtschaftliches Scheitern, ihr Preisgegebensein an die nationale Schande. Statt dessen, rief er aus, müsse die Demokratie überwunden und die Autorität der individuellen Persönlichkeit wieder zur Geltung gebracht werden. Die Revolutionäre von 1918, die Schieber von 1923, die hochverräterischen Unterstützer des Youngplans, die Handlanger der Sozialdemokratie im Staats-

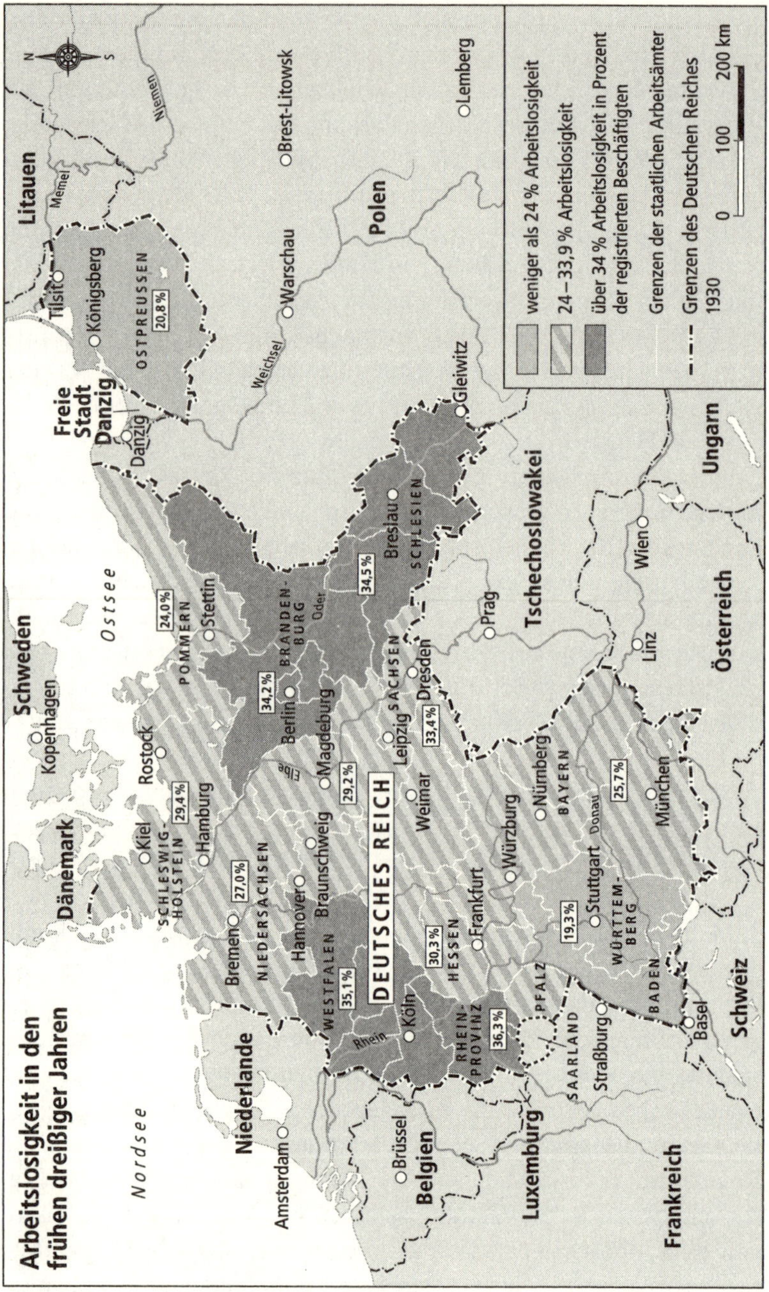

Arbeitslosigkeit in den frühen dreißiger Jahren

dienst (»Revolutionäre Schmarotzer«), sie alle würden nach einem Sieg der NSDAP beseitigt werden. Hitler und seine Partei beschworen die vage, aber machtvolle rhetorische Vision von einem starken und geeinten Deutschland, von einer Bewegung, die die Klassenschranken überwand und den sozialen Konflikt aufhob, von einer Volksgemeinschaft aller Deutschen in gemeinsamer Arbeit und von einem neuen Reich, das Deutschlands wirtschaftliche Machtstellung wiederaufbauen und der Nation ihren rechtmäßigen Platz in der Welt zurückgeben würde. Das war eine Botschaft, die den Menschen die Möglichkeit gab, die ganze Tiefe ihrer Enttäuschung über die Weimarer Republik zu Protokoll zu geben, indem sie eine Bewegung wählten, die in jeder Hinsicht das Gegenteil Weimars war.

Abgesehen von diesen allgemeinen Parolen richteten die Nationalsozialisten ihren Propagandaapparat auf bestimmte Zielgruppen unter den Wählern aus. Sie schulten Wahlkämpfer im richtigen Umgang mit unterschiedlichem Publikum, warben in großangelegten Reklameaktionen für Wahlversammlungen, gaben Themenschwerpunkte für bestimmte Auftritte vor und wählten für jeden Anlaß den geeigneten Redner aus. Manchmal teilten sich Nichtnationalsozialisten und prominente Sympathisanten aus dem konservativen Lager das Podium mit dem nationalsozialistischen Hauptredner. Die Struktur der Parteiuntergliederungen entsprach der im Laufe der Wirtschaftskrise zunehmenden Fragmentierung der deutschen Gesellschaft in konkurrierende Interessengruppen, so daß die Wahlaussage auf die jeweilige Klientel zugeschnitten werden konnte. Antisemitische Parolen wurden nur vor solchen Wählergruppen verkündet, die sich vermutlich von ihnen angesprochen fühlten; dort, wo sie mit Sicherheit nicht verfingen, verzichtete man auf sie. Die Nationalsozialisten paßten sich geschickt der Reaktion an, die sie weckten. Sie behielten ihre Zuhörer scharf im Blick und hielten eine Fülle von Plakaten und Flugblättern bereit, die auf unterschiedliche Teile der Wählerschaft zielten. Sie arbeiteten mit Filmvorführungen, Massenversammlungen, Liedern, Blasmusikkapellen, Kundgebungen und Umzügen. Der Kopf hinter dem Wahlkampf war Reichspropagandaleiter Joseph Goebbels. Aus seiner Propagandazentrale in München ergoß sich ein Strom von Direktiven an Ortsgruppen und Gauleitungen, oft verbunden mit neuen Parolen und neuem Wahlkampfmaterial. Auf dem

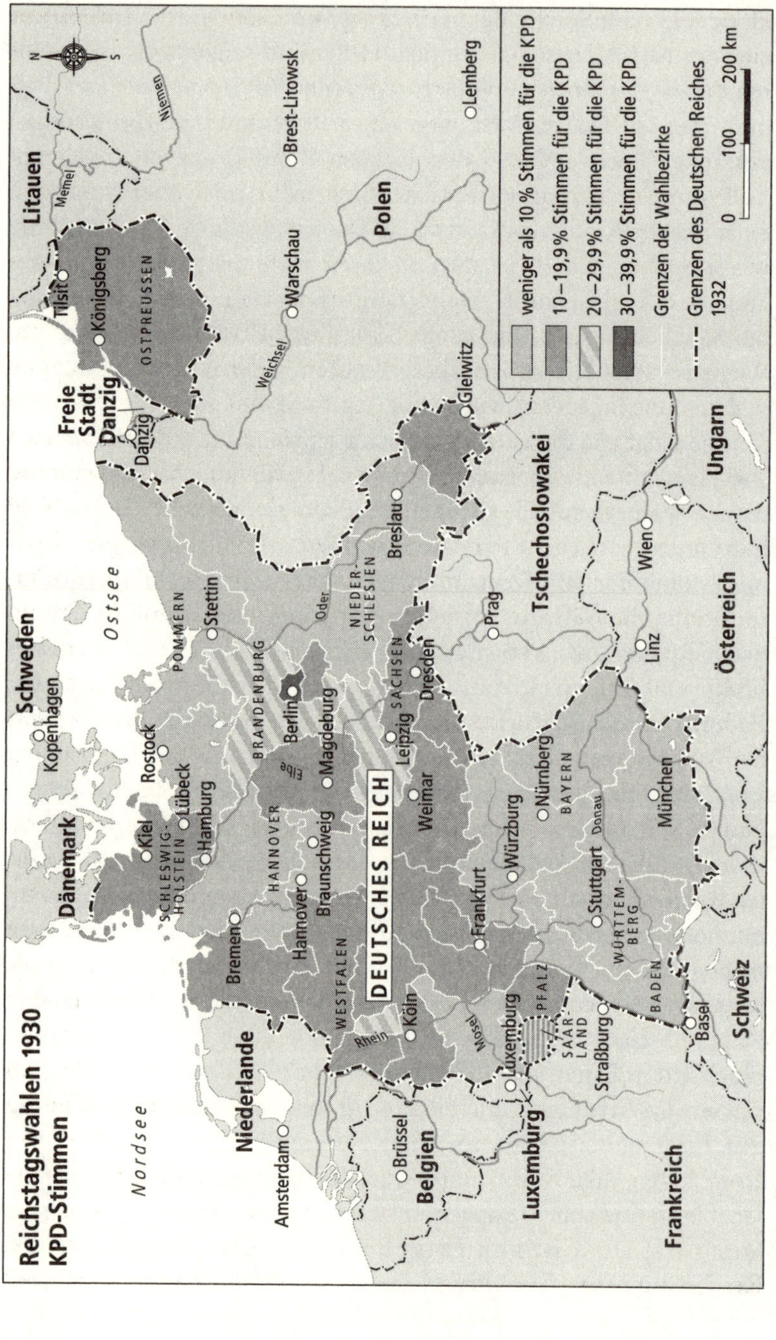
Reichstagswahlen 1930
KPD-Stimmen
weniger als 10 % Stimmen für die KPD
10–19,9 % Stimmen für die KPD
20–29,9 % Stimmen für die KPD
30–39,9 % Stimmen für die KPD
Grenzen der Wahlbezirke
Grenzen des Deutschen Reiches 1932
0
100
200 km
N
S
Nordsee
Ostsee
DEUTSCHES REICH
Dänemark
Schweden
Litauen
Freie Stadt Danzig
Polen
Tschechoslowakei
Ungarn
Österreich
Schweiz
Frankreich
Luxemburg
Belgien
Niederlande
Amsterdam
Brüssel
Kopenhagen
Kiel
Lübeck
Hamburg
Rostock
Bremen
Hannover
Braunschweig
Magdeburg
Berlin
Stettin
Danzig
Königsberg
Tilsit
Memel
Njemen
Brest-Litowsk
Warschau
Weichsel
Lemberg
Gleiwitz
Breslau
Oder
Prag
Dresden
Leipzig
Weimar
Elbe
Köln
Rhein
Frankfurt
Würzburg
Nürnberg
Donau
Stuttgart
München
Linz
Wien
Straßburg
Basel
Mosel
SCHLESWIG-HOLSTEIN
POMMERN
OSTPREUSSEN
BRANDENBURG
NIEDER-SCHLESIEN
SACHSEN
HANNOVER
WESTFALEN
PFALZ
SAARLAND
BAYERN
WÜRTTEMBERG
BADEN

Höhepunkt der Wahlschlacht überboten die Nationalsozialisten, mit einem Einsatz, der sogar den der Kommunisten übertraf, alle anderen Parteien an unermüdlichem, fanatischem Aktivismus.[64]

Das Ergebnis der Reichstagswahlen vom September 1930 versetzte dem politischen System der Weimarer Republik einen gewaltigen und in vieler Hinsicht entscheidenden Schlag. Das Zentrum, die wichtigste parteipolitische Kraft hinter der Regierung Brüning, erhielt geringfügig mehr Stimmen (4,1 Millionen gegenüber 3,7 Millionen) und erhöhte die Zahl seiner Reichstagssitze von 62 auf 68. Die Sozialdemokraten, Brünings Hauptgegner, büßten zehn Sitze ein, so daß sie statt 153 nur noch 143 hatten, blieben aber die stärkste Fraktion im Parlament. Soweit konnte sich Brüning von der Wahl in bescheidenem Maße bestätigt sehen. Die Mitte- und Rechtsparteien jedoch, auf denen Brüning gehofft haben mochte, seine Regierung errichten zu können, erlitten katastrophale Verluste. Die DNVP schrumpfte von 73 auf 41 Sitze, die DVP von 45 auf 31, die Wirtschaftspartei, eine 1925 gegründete Interessenpartei des Mittelstandes, von 31 auf 23 Sitze und die Staatspartei von 25 auf 20. Die im ersten Kabinett Brüning vertretenen Parteien verloren 53 von 236 Sitzen und hatten zusammen nur noch 183 Sitze. Und von diesen Parteien standen nicht einmal alle geschlossen hinter dem Kanzler: Die Volkspartei war zutiefst zerstritten in der Frage, ob sie Brüning unterstützen sollte oder nicht, und der DNVP-Vorsitzende Alfred Hugenberg war ein erbitterter Kritiker der Regierung Brüning und zwang jene gemäßigten Reichstagsabgeordneten seiner Partei, die ihr noch eine Chance geben wollten, zum Austritt aus der Partei. Nahezu ohne jeden innerparteilichen Widerstand verfolgte Hugenberg nach dem September 1930 die Kooperation mit der NSDAP, um die Republik zu Fall zu bringen und den Reichskanzler durch einen noch weiter rechts stehenden Politiker zu ersetzen.[65]

Bei den Wahlen von 1930 gewannen jene politischen Kräfte, von denen zu erwarten war, daß sie die Regierung Brüning unablässig und unerbittlich bekämpfen würden, in der Überzeugung, damit den Untergang der Republik zu beschleunigen. Die Kommunisten, getragen von den Arbeitslosen, erhöhten ihr Reichstagsmandat von 54 auf 77 Sitze. Der Sieger dieser Wahlen aber war die NSDAP. Bei den Reichstagswahlen 1928 hatten nur 800 000 Menschen die NSDAP

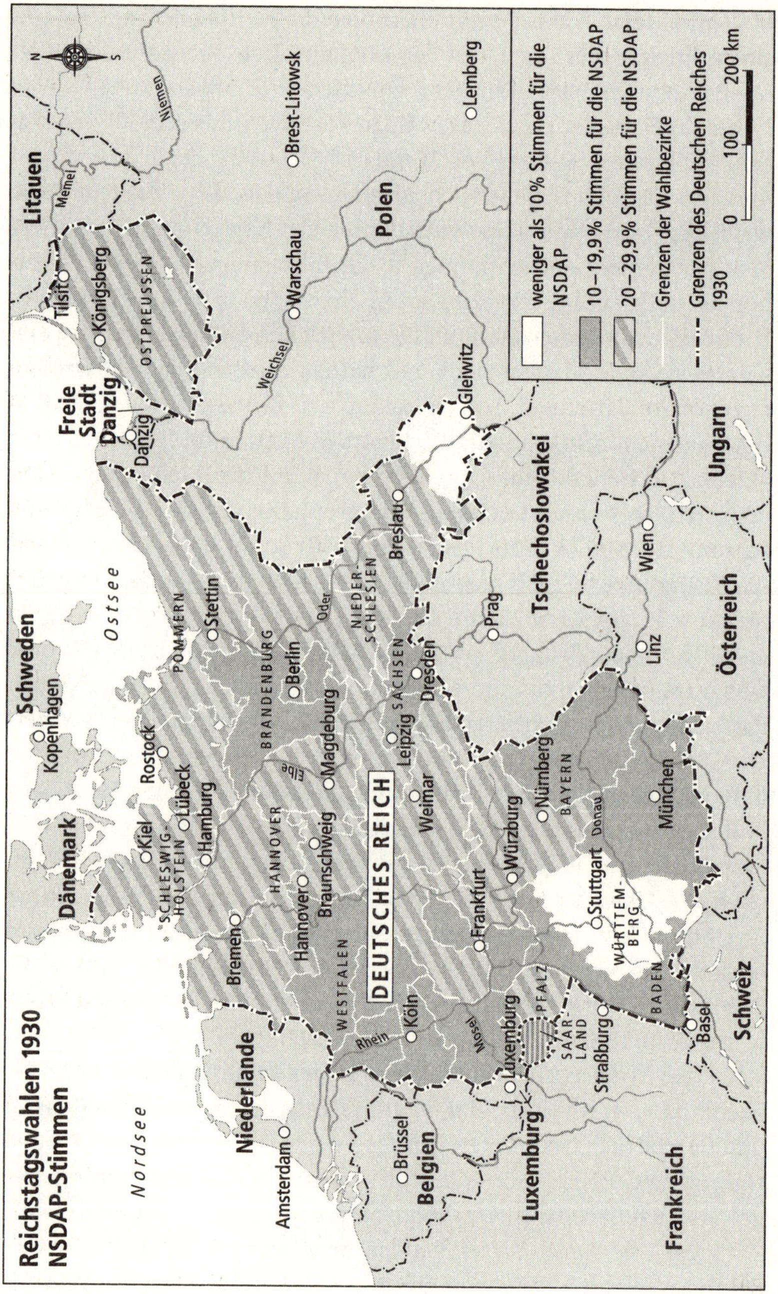
Reichstagswahlen 1930
NSDAP-Stimmen
weniger als 10% Stimmen für die NSDAP
10–19,9% Stimmen für die NSDAP
20–29,9% Stimmen für die NSDAP
Grenzen der Wahlbezirke
Grenzen des Deutschen Reiches 1930
0
100
200 km
N
S
DEUTSCHES REICH
Nordsee
Ostsee
Dänemark
Schweden
Litauen
Freie Stadt Danzig
Polen
Tschechoslowakei
Ungarn
Österreich
Schweiz
Frankreich
Luxemburg
Belgien
Niederlande
Amsterdam
Brüssel
Kopenhagen
Tilsit
Königsberg
Danzig
Warschau
Brest-Litowsk
Lemberg
Gleiwitz
Breslau
Prag
Wien
Linz
Kiel
Lübeck
Rostock
Hamburg
Bremen
Stettin
Berlin
Hannover
Braunschweig
Magdeburg
Leipzig
Dresden
Weimar
Köln
Frankfurt
Würzburg
Nürnberg
Stuttgart
München
Luxemburg
Straßburg
Basel
OSTPREUSSEN
POMMERN
BRANDENBURG
SCHLESWIG-HOLSTEIN
HANNOVER
WESTFALEN
NIEDER-SCHLESIEN
SACHSEN
BAYERN
WÜRTTEM-BERG
BADEN
PFALZ
SAAR-LAND
Memel
Njemen
Weichsel
Oder
Elbe
Rhein
Mosel
Donau

unterstützt und der Partei lediglich 12 Sitze im Parlament eingebracht. Jetzt, im September 1930, verachtfachte sich die Zahl ihrer Wähler auf 6,4 Millionen, und 107 NSDAP-Abgeordnete zogen in den Reichstag ein. »Phantastisch«, frohlockte Goebbels am 15. September 1930 in seinem Tagebuch: »Jubel um Jubel, ein unglaublicher Aufstieg. ... Das hätte ich nicht erwartet.«[66] Zeitungen verbuchten das Wahlergebnis als eine »Weltsensation«, die ein neues Kapitel der deutschen Geschichte aufschlagen werde. Nur die Kommunisten taten es als Strohfeuer ab, »was nachher kommt, kann nur Niedergang und Abstieg sein«.[67] Die Gewinne der Nationalsozialisten offenbarten tief sitzende Ängste bei vielen deutschen Wählern. In einigen ländlichen Gebieten Norddeutschlands glich der Wahlerfolg der NSDAP einem Erdrutsch: 68 Prozent in Wiefelstede im Wahlkreis Weser-Ems, 57 Prozent in Brünen im westlichen Regierungsbezirk Düsseldorf, 62 Prozent in Schwesing in Schleswig-Holstein.[68] Zum Teil hätte Brüning dies kommen sehen können, denn die NSDAP hatte seit 1928 überall in Deutschland bei Landtags- und Kommunalwahlen hohe Zuwächse verzeichnet. Seine Chancen, durch ein günstiges Wahlergebnis eine Bestätigung für seine Politik zu erlangen, waren von vornherein gering. Trotzdem fiel der Sieg der Nationalsozialisten bei den Reichstagswahlen größer aus, als irgend jemand erwartet hatte. Die Partei verzeichnete Stimmenanteile von 25 bis 28 Prozent sogar in abgelegenen ländlichen Gebieten des protestantischen Norddeutschlands, in die die Propaganda der Partei gar nicht vorgedrungen war.[69]

Welche Erklärungen gab es für diesen Erfolg? Die Nationalsozialisten galten als Vertreter des unteren Mittelstandes, aber bei dieser Wahl hatten sie offenkundig die Grenzen dieser Wählerschicht gesprengt und die Unterstützung nicht nur von Angestellten, Ladenbesitzern, kleinen Unternehmern und Bauern, sondern auch vieler Wähler aus höheren sozialen Schichten, aus dem Bürgertum der Freiberufler, des Handels und der Industrie gewonnen.[70] Und sie profitierten von der überhitzten politischen Atmosphäre der frühen dreißiger Jahre, als immer mehr Menschen ihre Stimme abgaben, die früher nicht zur Wahl gegangen waren. Rund ein Viertel derer, die 1930 nationalsozialistisch wählten, gehörten früher zu den Nichtwählern, viele von ihnen waren Erstwähler der geburtenstarken Jahrgänge vor 1914. Trotzdem scheinen diese Wähler nicht überproportional für die Nationalsozialisten gestimmt zu haben. Besonders stark war das Echo der NSDAP bei der älteren Generation, die der DNVP offenbar nicht mehr die Kraft zutraute, die verhaßte Republik zu zerstören. Rund ein Drittel der DNVP-Wähler, ein Viertel der DDP- und Volkspartei-Wähler und sogar ein Zehntel der SPD-Wähler von 1928 stimmten 1930 für die NSDAP.[71]

Besonders gut schnitten die Nationalsozialisten bei den Frauen ab, die in größerer Zahl an die Wahlurnen gingen als bei früheren Wahlen. Das war eine wichtige Veränderung, da es infolge der Kriegstoten im Ersten Weltkrieg und der tendenziell längeren Lebenserwartung von Frauen mehr weibliche als männliche Wähler gab. In Köln betrug 1930 die Wahlbeteiligung der Frauen 69 Prozent, gegenüber nur 53 Prozent 1924; in der ostpreußischen Gemeinde Ragnitz waren es 73 gegenüber 62 Prozent. Die frühere Abneigung von Frauen gegen radikale Parteien wie die NSDAP verschwand, allerdings blieb ihre überproportionale Unterstützung des Zentrums im wesentlichen unverändert. Bei allen Spekulationen der Zeitgenossen und mancher späteren Historiker über die besonderen Gründe, die Frauen zur Stimmabgabe für die Nationalsozialisten bewogen haben mochten – angefangen bei ihrer angeblich größeren Empfänglichkeit für den emotionalen Gehalt der Parteipropaganda bis hin zu ihrer angeblichen Enttäuschung über die Weimarer Republik, die ihnen die Gleichberechtigung versagt habe –, bleibt es eine Tatsache, daß es keinen Hinweis darauf gibt, Frauen hätten die NSDAP aus anderen Gründen gewählt als Männer.[72]

Ob aber ihre Wähler Männer oder Frauen waren, Junge oder Alte, besonders gut schnitt die NSDAP im protestantischen Norddeutschland östlich der Elbe ab, weniger hingegen im katholischen Süden und Südwesten. Sie lockte Wähler auf dem Lande an, nicht jedoch in demselben Umfang wie in großstädtischen Industriegebieten. In einigen Gegenden Schleswig-Holsteins und Oldenburgs, rein ländlichen Gegenden im protestantischen Norden, errang die NSDAP über 50 Prozent der Stimmen. Die Bauern hatten eine Zeitlang gegen ihre trostlose wirtschaftliche Lage protestiert, verursacht nicht zuletzt durch einen weltweiten Rückgang der Nachfrage, der sich bereits 1927 bemerkbar gemacht hatte; doch die verschiedenen von ihnen gegründeten Interessengruppen wie das Landvolk waren völlig wirkungslos. Also begannen sie sich der NSDAP zuzuwenden. Die Nationalsozialisten wiederum versprachen eine rosige Zukunft für die Landwirtschaft in einem Dritten Reich, das auf »Blut und Boden« gegründet sein würde. Für die lokalen dörflichen Eliten in protestantischen Gebieten war die Feindseligkeit der Nationalsozialisten gegen die Gewerkschaften ein weiterer Grund, sie zu wählen, da sie in einer Kürzung der Löhne der Landarbeiter einen möglichen Ausweg aus ihren wirtschaftlichen Problemen sahen.

Der Erfolg der NSDAP war am größten abseits der großen Städte. Entgegen einer damals weitverbreiteten Ansicht schnitten die Nationalsozialisten insgesamt in Kleinstädten nicht besser ab als in Großstädten. Die Auswirkung der Religionszugehörigkeit, das heißt, ein protestantischer Wähler wählte mit doppelt so großer Wahrscheinlichkeit wie ein katholischer die NSDAP, war in ländlichen Gebieten viel gravierender, vielleicht weil hier der Einfluß des Klerus stärker und die Säkularisierung in den Städten, unabhängig von ihrer Größe, weiter fortgeschritten war. Zwar gab es Katholiken, die 1930 NSDAP wählten, aber die große Mehrheit blieb dem Zentrum treu, das seinem kulturellen Milieu verhaftet blieb und durch seine mittlerweile offenkundige Feindschaft gegen Demokratie, Juden und die moderne Welt immun gegen die Verlockungen der radikalen Rechten war. [73]

Wie wir gesehen haben, waren die Sozialdemokraten ebenso wie die Kommunisten bei den Wahlen von 1930 kaum von der nationalsozialistischen Herausforderung betroffen. Das heißt jedoch nicht, daß es den Nationalsozialisten nicht gelungen wäre, auch Arbeiterstimmen zu erringen. Fast die Hälfte der Wähler in Deutschland, einer der fortgeschrittensten Industrienationen der Welt, waren lohnabhängig beschäftigte Hilfsarbeiter, während die zwei Arbeiterparteien der Weimarer Republik bei Wahlen regelmäßig nur knapp ein Drittel der abgegebenen Stimmen auf sich vereinigten, so daß ein beträchtlicher Teil der Arbeiter und ihrer Ehegatten regelmäßig andere Parteien gewählt haben muß. Bei einer so großen und differenzierten sozialen Gruppe gehörten dazu viele katholische Arbeiter, Arbeiter in kleinen, oft paternalistisch geführten Betrieben, Hilfsarbeiter im Staatsdienst (Eisenbahn, Post) und nicht gewerkschaftlich organisierte Arbeitnehmer, insbesondere Arbeiterinnen. Landwirtschaftliche Hilfskräfte in protestantischen Gegenden mit einem verhältnismäßig geringen Anteil von Hilfsarbeitern waren für die Verlockungen der Nationalsozialisten besonders empfänglich, während Arbeiter auf den großen Gütern eher der SPD treu blieben. Die nationalsozialistische Propaganda richtete sich denn auch gezielt an Arbeiter, wobei sie Bilder und Parolen von den Sozialdemokraten übernahm, die »Reaktion« ebenso attackierte wie den »Marxismus« und die NSDAP als Erbin der sozialistischen Tradition Deutschlands hinstellte. Den Sozialdemokraten und Kommunisten vermochte sie nur einen geringen Teil der Stimmen abzunehmen, doch war sie für früher nicht festgelegte Arbeiter so attraktiv, daß rund 27 Prozent der NSDAP-Wähler im September 1930 Hilfsarbeiter waren.[74]

Da die Arbeiterklasse, wie erwähnt, fast die Hälfte der Wahlberechtigten stellte und die NSDAP etwas über 18 Prozent der abgegebenen Stimmen erhielt, war die NSDAP für Arbeiter noch immer weniger attraktiv als für Angehörige anderer sozialer Schichten und überließ die große Mehrheit der proletarischen Wähler anderen Parteien. Dort, wo die sozialdemokratische oder kommunistische Tradition stark, der Grad der gewerkschaftlichen Organisation hoch, die Kultur der Arbeiterbewegung lebendig war, erwies sich die Kohäsionskraft des sozialistischen Milieus als resistent gegen die Attraktivität der NSDAP.[75] Die Nationalsozialisten erreichten Teile der Arbeiterklasse, an die die traditionellen Linksparteien nicht herankamen.[76] Für ihre Attraktivität waren eher soziale und kulturelle Faktoren verantwortlich als ökonomische, denn die Arbeitslosen wählten kommunistisch, nicht nationalsozialistisch. Arbeiter, die im September 1930 noch eine Beschäftigung hatten, hatten Angst vor der Zukunft, und wenn sie nicht durch ein starkes Arbeitermilieu immunisiert waren, wandten sie sich häufig den Nationalsozialisten zu, um sich vor der drohenden Gefahr der KPD zu schützen.[77]

Während die Nationalsozialisten ihre Propaganda besonders an den Arbeitern ausrichteten, vernachlässigten sie die Angestellten, die Grund zum Unmut haben mochten über die nationalsozialistischen Angriffe auf Unternehmen, für die sie arbeiteten. Viele Arbeitnehmerinnen in schlecht bezahlten Berufen gehörten durch Herkunft oder Heirat ins proletarische Milieu und wählten sozialdemokratisch, ebenso wie ein großer Prozentsatz der männlichen Angestellten, und nicht nur von denen, die bei den Gewerkschaften oder in anderen Institutionen der Arbeiterbewegung beschäftigt waren. Angestellte im privaten Sektor bildeten auch eine der von der Wirtschaftskrise am wenigsten betroffenen Gruppen. Trotz damals verbreiteter gegenteiliger Überzeugungen waren also Angestellte wie Hilfsarbeiter in den Reihen der NSDAP-Wähler von 1930 leicht unterrepräsentiert. Demgegenüber waren Beamte überrepräsentiert, was vielleicht darauf zurückging, daß Einschnitte im Staatsdienst das Einkommen vieler auf Facharbeiterniveau oder darunter gesenkt und Hunderttausende von ihnen arbeitslos gemacht hatte. Noch größer war die Attraktivität der Nationalsozialisten für die Selbständigen, darunter in protestantischen ländlichen Gebieten viele kleine Landwirte.[78]

So hatte sich die NSDAP im September 1930 als Sammelbecken des sozialen Protestes etabliert, die in größerem oder geringerem Maße für jede soziale Gruppe attraktiv war. Noch stärker als dem Zentrum gelang es ihr, soziale Grenzen zu überschreiten und unterschiedliche soziale Gruppen auf der Basis einer gemeinsamen Ideologie zu einen, vor allem innerhalb der protestantischen Mehrheit. Im Gefolge der Inflation bereits geschwächt, zeigten sich die bürgerlichen Parteien, liberale wie konservative, außerstande, die Position angesichts der wirtschaftlichen Katastrophe bei ihren Anhängern zu behaupten. Bürgerliche Wähler, noch immer abgestoßen von dem Extremismus und der Gewalttätigkeit der Nationalsozialisten, wandten sich den Splittergruppen der Rechten noch zahlreicher zu, als sie es schon 1924 und 1928 getan hatten, und erhöhten deren Vertretung im Reichstag von 20 auf 55 Sitze. Sehr viele von ihnen scharten sich aber im September 1930 um die Nationalsozialisten, um zusammen mit Angehörigen anderer sozialer Gruppen wie Bauern, Arbeitern, Beamten, Erstwählern (darunter vielen Frauen) und Wählern aus älteren Altersgruppen in einer machtvollen Demonstration der Unzufriedenheit, Wut und Angst den Stimmenanteil der Nationalsozialisten massiv zu erhöhen.[79]

In der verzweifelten Lage des Jahres 1930 gelang es den Nationalsozialisten, ein Bild von entschiedener Handlungsbereitschaft, Dynamik und Tatkraft zu entwerfen, vor dem die Propagandaanstrengungen der anderen Parteien, mit Ausnahme der Kommunisten, wirkungslos blieben. Der Führerkult, den sie um Hitler schufen, war nicht zu vergleichen mit den Bemühungen anderer Parteien, ihren jeweiligen Vorsitzenden zum künftigen Bismarck auszurufen. Mit machtvollen, einfachen Parolen und Bildern, fanatisch-hektischer Betriebsamkeit, Umzügen, Versammlungen, Kundgebungen, Reden, Plakaten und Anschlägen unterstrichen die Nationalsozialisten den Anspruch, mehr zu sein als eine Partei: Sie waren eine *Bewegung*, die das deutsche Volk erfaßte. Was die Nationalsozialisten nicht anboten, waren konkrete Lösungen für die Probleme Deutschlands, am wenigsten auf dem Gebiet, wo Lösungen am dringendsten gebraucht wurden, in Wirtschaft und Gesellschaft. Noch eklatanter war, daß jenes öffentliche Chaos, das in den Augen des Bürgertums 1930 so bedrohliche Ausmaße annahm und das die Nationalsozialisten durch Errichtung eines straffen Führerstaates zu beseitigen versprachen, natürlich zu einem ganz erheblichen Teil ihr eigenes Werk war. Viele Leute erkannten das nicht. Sie gaben statt dessen den Kommunisten die Schuld und sahen in der Gewalttätigkeit der braun gewandeten Sturmabteilung auf den Straßen eine gerechtfertigte oder zumindest verständliche Reaktion auf die Gewalttätigkeit und Aggression des Roten Frontkämpferbundes.

Die Wähler protestierten 1930 mit ihrem Stimmverhalten gegen das Versagen der Weimarer Republik. Viele von ihnen, namentlich in ländlichen Gebieten, in Kleinstädten, kleinen Werkstätten, kulturell konservativen Familien, älteren Altersgruppen oder im bürgerlich-nationalistischen Milieu, mögen auch ihre Abneigung gegen die von der Republik propagierte kulturelle und politische Moderne ausgedrückt haben, trotz des modernen Gepräges, das sich die Nationalsozialisten auf vielen Gebieten gaben. Die Unbestimmtheit des nationalsozialistischen Parteiprogramms, seine symbolische Mischung aus Altem und Neuem und sein eklektischer, oft inkonsequenter Charakter ermöglichten es den Menschen, die Absichten auf die ihnen genehme Weise auszulegen und alles auszublenden, was sie vielleicht als irritierend empfinden mochten. Viele bürgerliche Wähler fanden sich mit den Schlägereien der Nationalsozialisten auf der Straße ab, indem sie sie als Produkt übertriebener jugendlicher Begeisterung abtaten.[80]

Sieg der Gewalt

I

Der junge SA-Mann Horst Wessel hatte sich, als man das Jahr 1930 schrieb, beim kommunistischen Roten Frontkämpferbund Berlins gründlich verhaßt gemacht. Idealistisch, intelligent und gebildet, hatte er das Interesse Joseph Goebbels' geweckt, der ihn in der ersten Jahreshälfte 1928 nach Wien schickte, um die dortige gut organisierte Jugendbewegung der Nationalsozialisten zu studieren. Wieder in der Reichshauptstadt, hatte er es als SA-Sturmführer in Berlin-Friedrichshain rasch zu lokaler Prominenz gebracht. Er entfesselte einen besonders wuchtigen und provozierenden Straßenkampf, in dessen Verlauf die SA auch die örtliche KPD-Zentrale überfiel und vier kommunistische Arbeiter schwer verletzte. Daraufhin gab Heinz Neumann, Berliner Chefredakteur des KPD-Organs *Rote Fahne* und bekannt als der »Goebbels der KPD«, eine neue Parole an alle Parteikader aus: »Schlagt die Faschisten, wo ihr sie trefft!«[81]

Das war die Atmosphäre, als am 14. Januar 1930 Wessels Vermieterin, die Witwe eines Kommunisten, in einer nahe gelegenen Kneipe erschien und um Verstärkung gegen ihren Untermieter bat, der nicht nur keine Miete für seine bei ihm lebende Freundin bezahlen wolle, sondern sie auch körperlich bedroht habe. Ob dies der Wahrheit entsprach oder nicht, war fraglich, es gab Hinweise, daß der wahre Grund der Auseinandersetzung eine von der Vermieterin angekündigte Mieterhöhung gewesen war. Die Frau befürchtete, den Anspruch auf ihre Wohnung, die sie selbst gemietet hatte, zu verlieren, wenn Wessels Freundin nicht auszog, um so mehr, als das Mädchen eine Prostituierte war (die Frage, ob sie dieses Gewerbe noch ausübte oder nicht, wurde später Gegenstand hitziger und einigermaßen lüsterner Debatten). Entscheidend war die Verbindung der Witwe zur KPD. Ihre kommunistischen Gesinnungsfreunde hatten es zwar mißbilligt, daß sie nach dem Tode ihres Mannes auf einem kirchlichen Begräbnis bestanden hatte, beschlossen aber, ihr gegen ihren

Untermieter zur Seite zu stehen. Erst am Vortag sei ein Kommunist von SA-Leuten erschossen worden, behaupteten sie, der Streit bot also eine ideale Gelegenheit zur Revanche. Da sie wußten, daß Wessel wahrscheinlich bewaffnet war, ließen sie aus einer anderen Kneipe den bekannten Schläger Ali Höhler kommen, der, wie sie ebenfalls wußten, im Besitz einer Schußwaffe war, um der Strafexpedition gegen Wessel den nötigen Nachdruck zu verleihen. Höhler war Mitglied einer benachbarten Ortsgruppe des Roten Frontkämpferbundes und wegen diverser Vergehen, Meineids und Zuhälterei vorbestraft. Als Mitglied eines Berliner Verbrechersyndikats verkörperte er die Verbindung zwischen Kommunismus und Kriminalität, wie sie in einer Zeit nahelag, als die KPD in den »Verbrecher«- und Armenvierteln deutscher Großstädte Fuß faßte. Zusammen mit dem Kommunisten Erwin Rückert stieg Höhler die Treppe zu Wessels Wohnung hinauf, während die anderen auf der Straße Wache hielten. Als Wessel die Tür aufmachte, eröffnete Höhler das Feuer. Wessel stürzte, am Kopf getroffen, zu Boden und rang danach in einem Krankenhaus noch mehrere Wochen um sein Leben, bevor er am 23. Februar 1930 seinen Verletzungen erlag.[82]

Während die Kommunisten eilends einen Propagandafeldzug starteten, um Wessel als Zuhälter und Höhlers Tat als Teil einer Fehde im Rotlichtmilieu hinzustellen, die mit dem Roten Frontkämpferbund nichts zu tun habe, lief Goebbels zur Hochform auf, um Wessel zum politischen Märtyrer zu stilisieren. Er sprach mit Wessels Mutter, die ihren Sohn als jungen Idealisten beschrieb, der seine Freundin aus einem Leben in der Prostitution errettet und sich selbst aus missionarischem Eifer für das Vaterland geopfert habe. Die Kommunisten aber, so Goebbels, hätten ihr wahres Gesicht enthüllt, indem sie einen Gewohnheitsverbrecher wie Höhler in ihren Reihen duldeten. Wessel war kaum begraben, als Goebbels begann, die Erinnerung an ihn zu einem Kult zu stilisieren. Zahllose Artikel in der nationalsozialistischen Presse feierten ihn als »Märtyrer für das Reich«. Eine feierliche Beisetzungsprozession wurde veranstaltet, die ohne die polizeilichen Beschränkungen noch viel größer ausgefallen wäre, und, wie Goebbels zufrieden notierte, von rund 30 000 Menschen verfolgt, die die Straßen des Zuges bis zur Kirche säumten. Am Rande der Zeremonie kam es durch Sprechchöre, Tätlichkeiten und Störversuche des Roten Frontkämpferbundes zu gewalttätigen Szenen. Am Grab waren unter anderem Göring, Prinz August Wilhelm von Preußen und verschiedene andere Würdenträger anwesend, als Goebbels Wessel mit Worten rühmte, die bewußt an Christi Opfertod für die Menschheit erinnerten – »durch das Opfer zur Erlösung«. »Wo immer Deutschland ist«, erklärte er, »da bist auch du, Horst Wessel!« Dann sang ein SA-Chor Verse, die Wessel selbst wenige Monate zuvor geschrieben hatte:

»Die Fahne hoch! Die Reihen fest geschlossen!
SA marschiert mit mutig festem Schritt.
Kameraden, die Rotfront und Reaktion erschossen,
Marschier'n im Geist in unsern Reihen mit.

Die Straße frei den braunen Bataillonen,
Die Straße frei dem Sturmabteilungsmann!
Es schaun aufs Hakenkreuz voll Hoffnung schon Millionen.
Der Tag für Freiheit und für Brot bricht an!

Zum letzten Mal wird nun Appell geblasen!
Zum Kampfe stehn wir alle schon bereit!
Bald flattern Hitlerfahnen über alle Straßen,
Die Knechtschaft dauert nur noch kurze Zeit!«[83]

Das Lied war in der Bewegung schon verbreitet, aber jetzt machte Goebbels es allenthalben bekannt. Er prophezeite, eines Tages würden es Kinder, Soldaten, Arbeiter singen. Bevor das Jahr zu Ende ging, wurde es verlegt, auf Grammophonplatte aufgenommen und zur offiziellen Hymne der NSDAP gemacht. Nach 1933 wurde es im Anschluß an die Nationalhymne, das Deutschlandlied (»Deutschland, Deutschland über alles«), gesungen.[84] Wessel wurde zum Gegenstand eines gleichsam säkularisierten religiösen Kults, den die Nationalsozialisten propagierten, in Filmen verewigten und mit zahllosen Zeremonien, Gedenkveranstaltungen und Wallfahrtsstätten feierten.[85]

Daß eine so freimütige Verherrlichung brutaler körperlicher Gewalt zum Schlachtgesang der NSDAP werden konnte, sagt viel über die zentrale Rolle, die die Gewalt beim Streben der Nationalsozialisten nach der Macht spielte. Von manipulativen Propagandisten wie Goebbels zu Publizitätszwecken zynisch ausgeschlachtet, wurde Gewalt zur Lebensform gewöhnlicher junger SA-Leute wie Horst Wessel, ebenso wie für die jungen arbeitslosen Männer des Roten Frontkämpferbundes. Auch andere Lieder, zum Beispiel das beliebte »Lied der Sturmkolonnen«, das die Berliner SA ab 1928 bei ihren Märschen sang, sprachen eine deutliche Sprache:

»Wir sind die Sturmkolonnen,
Wir gehen drauf und dran,
Wir sind die ersten Reihen,
Wir greifen mutig an.
Im Arbeitsschweiß der Stirne,
Den Magen hungerleer:
Die Hand voll Ruß und Schwielen
Umspannet das Gewehr.

So stehn die Sturmkolonnen
Zum Rassenkampf bereit.
Erst wenn die Juden bluten,
Erst dann sind wir befreit.
Kein Wort mehr von Verhandeln,
Das doch nicht helfen kann:
Mit unserm Adolf Hitler
Wir greifen mutig an.

Es lebe Adolf Hitler!
Und wir marschieren schon.
Wir stürmen in dem Zeichen
Der deutschen Revolution.
Sprung auf die Barrikaden!
Der Tod besiegt uns nur:
Wir sind die Sturmkolonnen
Der Hitlerdiktatur.«[86]

Die Aggressivität tobte sich in ständigen Zusammenstößen und Straßenkämpfen mit rivalisierenden Wehrverbänden aus. In der mittleren Periode der Weimarer Republik, ab 1924, ließen zwar alle Seiten von politischer Gewalt in dem Maße, wie sie in den Januarunruhen 1919, dem Ruhrkampf 1920 oder den vielfältigen Konflikten 1923 angewandt wurde, ab, aber wenn sie die Maschinengewehre ablegten, dann nur, um sich mit Gummiknüppeln und Schlagringen zu bewaffnen. In den verhältnismäßig stabilen Jahren von 1924 bis 1929 waren angeblich 29 nationalsozialistische Aktivisten von Kommunisten getötet worden, während die Kommunisten angaben, daß 92 »Arbeiter« zwischen 1924 und 1930 bei Zusammenstößen mit »Faschisten« ums Leben gekommen seien. Zwischen 1924 und 1928 sollen 26 Stahlhelm-Leute im Kampf gegen den Kommunismus sowie 18 Angehörige des Reichsbanners bei verschiedenen politisch motivierten Gewalttaten gefallen sein.[87] Denselben Quellen zufolge ging die Zahl der bei Straßenschlachten Verletzten in die Tausende, und viele von ihnen trugen mehr davon als nur Hautabschürfungen oder Knochenbrüche.

1930 erhöhten sich die Zahlen wieder stark. Die Nationalsozialisten meldeten in diesem Jahr 17 Tote, 1931 waren es 42 und 1932 sogar 84. 1932 behaupteten die Nationalsozialisten außerdem, daß fast 10 000 einfache Mitglieder bei Zusammenstößen mit dem politischen Gegner verletzt worden seien. Die Kommunisten meldeten 1930 nicht weniger als 44 Tote aus Kämpfen mit den Nationalsozialisten, 1931 waren es 51 und im ersten Halbjahr 1932 allein schon 75 Tote. Daneben starben zwischen 1929 und 1933 über 50 Reichsbanner-Leute bei Straßenschlachten mit den Nationalsozialisten.[88] Nach amtlichen Quellen gab es in Preußen 1931 bei politischen Zusammenstößen 56 und in den ersten drei Monaten des Jahres 1932 31 Tote, eine Zahl, die bis zum Frühsommer noch einmal stark anstieg, so daß Ende August seit Jahresbeginn 155 Menschen bei solchen Zusammenstößen umgekommen waren – 86 allein im Juli.[89] Die Kommunisten gingen dabei ebenso rigoros vor wie die Nationalsozialisten, auch wenn sie anscheinend weder gegen die Polizei noch das Reichsbanner mit derselben Gewalt vorgingen wie gegen die Sturmabteilungen.[90] Als der Matrose Richard Krebs, Anführer einer Hundertschaft Rotfrontkämpfer, den Auftrag erhielt, eine nationalsozialistische Versammlung in Bremen zu sprengen, auf der Göring sprechen sollte, sorgte er dafür, daß alle seine Leute mit Totschlägern oder Schlagringen bewaffnet waren. Als er auf das Podium ging, um etwas zu sagen, gab Göring nach wenigen Worten den Befehl, ihn hinauszuwerfen; die Braunhemden, die entlang den Saalwänden aufgestellt waren, schritten ein:

> »Tumult. ... Knüttel, Messingschlagringe, Knüppel, Gürtel mit schweren Schnallen, Gläser und Flaschen wurden als Waffen gebraucht. Glasstücke und Stühle flogen über die Köpfe der Versammlung. Männer von beiden Partein brachen Stuhlbeine ab und benützen sie als Knüppel. Frauen wurden ohnmächtig im Geschrei und Lärm des Kampfes. Bald waren Dutzende von Köpfen und Gesichtern blutig geschlagen, Kleider waren zerrissen; die Kämpfer wichen gerne mitten in die Massen entsetzter, aber hilfloser Zuschauer aus. Die Braunhemden fochten wütend. Systematisch drängten sie uns gegen den Hauptausgang. Die Musik stimmte einen Militärmarsch an. Hermann Göring stand ruhig auf dem Podium, die Fäuste in die Hüften gestemmt.«[91]

Solche Szenen spielten sich Anfang der dreißiger Jahre überall in Deutschland ab. Wenn Wahlen anstanden, war die Gewalttätigkeit besonders eklatant. 105 Personen starben in Preußen in den Wahlmonaten Juni und Juli 1932. In den ersten sieben Wochen des Wahlkampfs zählte die Polizei 461 politische Krawalle mit 82 Toten und 400 Verletzten.[92] Die Eindämmung der politisch motivierten Gewalt wurde nicht erleichtert, wenn sich die am meisten in sie verwickelten Parteien in regelmäßigen Abständen auf eine Amnestie für politische Gefangene einigten, die sich daher, frisch aus dem Gefängnis entlassen, gleich wieder in das Prügeln und Töten stürzen konnten. Die letzte derartige Amnestie trat am 20. Januar 1933 in Kraft. Diese Amnestie wurde auch von der SPD unterstützt, ein weiteres Zeichen dafür, wie wenig diese Partei die Lage verstanden hatte. Diese Haltung verstärkte nur noch die Verachtung der SA-Leute und der Rotfrontkämpfer für die Schwäche des Staates in der Weimarer Republik. Viele der gewalttätigen jungen SA-Männer, die jetzt aus den Gefängnissen entlassen wurden, ließen ihre sozialdemokratischen Wohltäter für ihren guten Willen mit Blut bezahlen.[93]

II

Mit den stetig eskalierenden Unruhen war eine Polizei konfrontiert, die ein ausgesprochen gespaltenes Verhältnis zur Weimarer Demokratie hatte. Anders als die Reichswehr blieb sie nach 1918 dezentralisiert, das heißt, die Polizei war Ländersache. Die sozialdemokratisch dominierte Regierung in Preußen ließ die Gelegenheit ungenutzt verstreichen, eine neue Ordnungsmacht als loyalen Diener republikanischen Gesetzesvollzugs aufzubauen. Die Polizei rekrutierte sich aus den Reihen ehemaliger Soldaten. An der Spitze der neuen Polizei standen frühere Offiziere, ehemalige Berufssoldaten und Freikorpskämpfer. Sie gaben einen militärischen Ton vor und waren schwerlich als begeisterte Anhänger der neuen politischen Ordnung zu bezeichnen.[94] Unterstützt wurde sie von der politischen Polizei, die in Preußen wie in anderen deutschen Ländern und europäischen Staaten von jeher ihre Anstrengungen darauf konzentriert hatte, Sozialisten und Revolutionäre zu überwachen, aufzuspüren und zuzeiten auch zu bekämpfen.[95] Ihre Beamten, wie die anderer Abteilungen der Polizei, rühmten sich, über der Parteipolitik zu stehen; ganz ähnlich wie die Reichswehr dienten sie einer abstrakten Vorstellung vom »Staat« oder Reich und nicht den demokratischen Institutionen der jüngst gegründeten Republik. Nach wie vor führten sie Überwachungsoperationen nicht nur gegen politische Extremisten, sondern auch gegen die Sozialdemokraten durch, die Regierungspartei in Preußen und in gewisser Weise ihr Arbeitgeber. Die alte Tradition lebte fort, Subversive in erster Linie auf dem linken Flügel des politischen Spektrums auszumachen.[96]

Die Voreingenommenheit von Polizei und Justiz offenbarte besonders deutlich der Fall des sozialdemokratischen Reichstagsabgeordneten Otto Buchwitz aus Schlesien, der sich später mit großer Bitterkeit daran erinnerte, wie die SA ab Dezember 1931 systematisch seine Reden störte. SA-Leute besetzten die Plätze bei seinen Versammlungen, schrien ihm Beleidigungen ins Gesicht und gaben bei einer Gelegenheit sogar einen Schuß auf ihn ab, was eine Panik im Publikum auslöste und zu einer Saalschlacht führte, in deren Verlauf von seiten der SA wie des Reichsbanners noch weitere Schüsse fielen. Mehrere Nationalsozialisten und Sozialdemokraten mußten ins

Krankenhaus gebracht werden, kein Stuhl, kein Tisch im Saal blieb ganz. Fortan lauerten Banden von acht bis zehn SA-Männern Buchwitz morgens vor seiner Wohnung auf, wenn er zur Arbeit ging, zwanzig und mehr umringten ihn, wenn er nach dem Mittagessen ins Büro zurückkehrte, und hundert bis zweihundert bedrängten ihn auf dem Heimweg, wobei sie sangen: »Wenn die Revolver knallen, muß Buchwitz als erster fallen!« Bei Demonstrationen machten die Nationalsozialisten stets vor seinem Haus halt und riefen in Sprechchören: »Nieder mit Buchwitz!« Seine Beschwerden bei der Polizei und die Bitte um Personenschutz blieben unbeachtet, und als er durch die Auflösung des Reichstags 1932 seine Immunität als Abgeordneter verlor, wurde er wegen unerlaubten Waffenbesitzes bei jener Saalschlacht im Dezember 1931 vor Gericht gebracht und zu drei Monaten Haft verurteilt. Von den an dem Vorfall beteiligten Nationalsozialisten wurde kein einziger belangt. Nach seiner Entlassung erhielt Buchwitz keinen Waffenschein mehr, doch trug er immer eine Schußwaffe bei sich, die er demonstrativ entsicherte, wenn ihm die Braunhemden zu nahe kamen. Auf seine Beschwerde beim sozialdemokratischen Innenminister Carl Severing hieß es, er hätte sich nicht an einem Schußwechsel beteiligen sollen. Buchwitz' Eindruck, von der sozialdemokratischen Führung verraten worden zu sein, verstärkte sich, als vor einer Rede, die er bei der Beisetzung eines von Nationalsozialisten getöteten Reichsbannermannes halten sollte, ein großes Kontingent einfacher KPD-Mitglieder bei ihm auftauchte und erklärte, ihn vor einem Attentatsversuch der SA schützen zu wollen. Von der Polizei und vom Reichsbanner war dagegen nichts zu sehen.[97]

Die Polizei betrachtete die Mitglieder des Roten Frontkämpferbundes als Kriminelle, was nicht nur der alten Polizeitradition entsprach, Revolution mit Verbrechen gleichzusetzen, sondern auch damit zusammenhing, daß die Kommunisten ihre Hochburgen eher in den Armen- und Elendsvierteln hatten, die auch Zentren der organisierten Kriminalität waren. Die Kommunisten sahen in der Polizei die eiserne Faust der kapitalistischen Ordnung, die es zu zerschlagen galt, und Polizisten wurden häufig Zielscheibe ihrer körperlichen Aggression, oft mit tödlichen Folgen. Das bedeutete, daß Polizisten bei Zusammenstößen mit Kommunisten gern bereit waren, von ihrer Schußwaffe Gebrauch zu machen. In den stundenlangen Kämpfen im berüchtigten Blutmai 1929 wurden 31 Menschen, darunter unbeteiligte Passanten, überwiegend durch Schüsse aus Polizeiwaffen getötet. Bei diesen kommunistischen Demonstrationen im proletarischen Berliner Stadtteil Wedding gab es zweihundert Verletzte, mehr als tausend Personen wurden festgenommen. Meldungen, wonach Zeitungsreporter von der Polizei zusammengeschlagen worden waren, machten die Presseberichterstattung nur noch kritischer, während die Polizei selbst mit kaum verhohlener Verachtung für eine demokratische Ordnung reagierte, die ihre Kollegen nicht vor Verletzungen und Beleidigungen schützen konnte.[98]

In der Polizei, ohnehin durch fortlaufende kommunistische Polemik und die Bemühungen der Sozialdemokraten um Beschneidung ihrer Befugnisse der Republik entfremdet, gab es einen Beförderungsstau; viele jüngere Polizisten hatten das Gefühl, daß ihre Laufbahn blockiert wurde.[99] Die Professionalisierung hatte bei der Kriminalpolizei in Deutschland wie in anderen Ländern große Fortschritte gemacht; Fingerabdruck, Fotografie und Gerichtsmedizin wurden als neue und wirksame Ermittlungshilfen eingesetzt. Einzelne Kriminalbeamte wie Ernst Gennat, Chef der Berliner Mordkommission, wurden dank ihrer Leistungen zu öffentlich bekannten Persönlichkeiten, und die Kriminalpolizei konnte Mitte der zwanziger Jahre einige eindrucksvolle Erfolge bei der Aufklärung von Kapitalverbrechen verbuchen. Trotzdem mußte sich die Polizei massive, teilweise böswillige Kritik der Presse gefallen lassen, weil es ihr nicht gelungen war, Massenmörder wie Fritz Haarmann in Hannover oder Peter Kürten in Düsseldorf zu verhaften, bevor ihre Verbrechen viele Opfer das Leben kosteten. Aufgrund der Gesetzlosigkeit und politischen Gewalttätigkeit der Zeit, so schien es der Polizei selbst, mußten sie wichtige Kräfte von der eigentlichen Verbrechensbekämpfung abziehen.[100] Es nimmt nicht wunder, wenn auch die Polizisten allmählich mit den Attacken der Nationalsozialisten auf die Weimarer Republik sympathisierten. Einem Bericht von 1935 zufolge waren vor 1933 700 uniformierte Polizisten im Reich Mitglied der NSDAP gewesen, in Hamburg waren 27 von 240 Beamten vor Anfang 1933 beigetreten.[101] Die relative Passivität der Polizei und überhaupt der Justiz gegenüber nationalsozialistischer Gewalt und den Ausschreitungen der SA auf den Straßen untergrub langfristig die Fähigkeit des Staates zur Aufrechterhaltung seines Gewaltmonopols. In den ersten Monaten des Jahres 1933 wandelte sich diese Blindheit auf einem Auge in eine offene Parteinahme für die Nationalsozialisten.[102]

Reichskanzler Brüning befürwortete den Einsatz der Polizei gegen die politische Gewalttätigkeit von rechts wie von links, weil das Chaos auf den Straßen ausländische Banken davon abhielt, Deutschland Kredite zu gewähren.[103] Zwei schwerwiegende Vorkommnisse von 1931 bestärkten ihn in diesem Vorgehen. Im April geriet der SA-Führer in Nordostdeutschland, Walther Stennes, mit der Parteizentrale in Streit und besetzte kurzzeitig die Berliner Büros der NSDAP, wobei er die dort stationierten SS-Truppen zusammenschlug und Goebbels zur Flucht nach München zwang. Stennes beklagte sich über den verschwenderischen Lebensstil der Parteibonzen und ihren Verrat sozialistischer Grundsätze. Obgleich er ausdrückte, was einige SA-Leute empfanden, verfügte er über wenig wirklichen Rückhalt, und es gibt Hinweise, daß er heimlich von der Regierung Brüning unterstützt wurde, um die Bewegung zu spalten. Hitler entließ den SA-Führer Franz Pfeffer von Salomon, der das Debakel nicht verhindert hatte, holte Röhm aus dem bolivianischen Exil, damit der die Organisation wieder übernehmen konnte, und zwang alle SA-Leute, einen persönlichen Treueid auf ihn abzulegen; Stennes wurde aus der Partei ausgeschlossen. Schließlich hegten viele konservative Unternehmer und Militärs die Überzeugung, die nationalsozialistische Bewegung sei jetzt weniger subversiv.[104] Gleichwohl gab es zwischen der rastlosen Betriebsamkeit der SA und dem politischen Kalkül der Parteiführer nach wie vor reale Spannungen, die in der Zukunft immer wieder aufbrachen.[105] Die Stennes-Episode bezeugte aber, daß viele SA-Leute nur darauf warteten, revolutionäre Gewalt in großem Ausmaß zu entfesseln, eine Erkenntnis, die der nervösen Reichsregierung nicht verborgen blieb. Gelegentlich konnte es unter diesen Umständen so scheinen, als sei es allein der Führermythos, der jetzt Adolf Hitler umgab, der den politischen und den paramilitärischen Flügel der NSDAP zusammenhielt.[106]

Die Entdeckung der sogenannten Boxheimer Dokumente im November 1931 bekräftigte das Mißtrauen. Nationalsozialistische Unterlagen, die die Polizei in Hessen beschlagnahmt hatte, belegten

SA-Pläne für einen gewaltsamen Putsch, einschließlich Lebensmittelrationierung, Abschaffung des Geldes, Zwangsarbeit für alle und die Todesstrafe für Gehorsamsverweigerung gegenüber der Obrigkeit. Die Wirklichkeit stellte sich weniger dramatisch dar als von der Polizei behauptet; die Boxheimer Dokumente waren nur von regionaler Bedeutung und von einem jungen NSDAP-Funktionär in Hessen, Werner Best, ohne Wissen seiner Vorgesetzten als parteiinterne Direktiven für den Fall eines kommunistischen Umsturzversuches in Hessen verfaßt worden. Hitler distanzierte sich davon, und die SA-Befehlshaber wurden angewiesen, künftig solche Notstandsplanungen zu unterlassen. Das Strafverfahren gegen Best wegen Hochverrats wurde mangels klarer Beweise eingestellt.[107] Brüning setzte am 7. Dezember eine Verordnung durch, die das Tragen politischer Uniformen verbot, gestützt auf eine scharf formulierte Kritik illegaler nationalsozialistischer Aktionen. Unter Anspielung auf Hitlers unentwegt wiederholte Beteuerungen, nur auf legalem Wege an die Macht kommen zu wollen, sagte Brüning: »Wenn man erklärt, daß man, auf legalem Wege zur Macht gekommen, die legalen Schranken durchbrechen werde, so ist das keine Legalität.«[108]

Das Uniformverbot zeigte wenig Wirkung, da die SA weiter marschierte, nur in weißen Hemden statt in braunen, und die Gewalttaten den ganzen Winter hindurch andauerten. Gerüchte über eine bevorstehende kommunistische Erhebung, verbunden mit Druck von seiten Schleichers, hielten Brüning während dieser Zeit zurück, doch im Frühjahr 1932, nach Wahlschlappen der Kommunisten in Hamburg, Hessen und Oldenburg, hielt er die Zeit für gekommen, die SA zu verbieten. Auf heftigen Druck der anderen Parteien, vor allem der SPD, und mit Unterstützung der besorgten Reichswehr überredeten Brüning und Reichswehrminister General Groener, der seit Oktober 1931 zugleich Innenminister war, einen widerstrebenden Hindenburg, am 13. April 1932 eine Notverordnung zu erlassen, mit der die SA verboten wurde. In ganz Deutschland durchsuchte die Polizei Räumlichkeiten der SA und beschlagnahmte militärisches Gerät und Abzeichen. Hitler war außer sich vor Wut, konnte aber nichts tun. Ungeachtet des Verbots nahm die heimliche Mitgliedschaft in der SA vielerorts zu. So gab es im Dezember 1931 in Ober- und Unterschlesien 17 500 SA-Leute, im Juli darauf waren es 34 500.

Die Intensität der politischen Gewalttätigkeit konnte das Verbot nicht zurückdrängen, und das Vorhandensein von Nazisympathisanten in den unteren Rängen der Polizei ließ den Kampfverbänden der NSDAP noch einen ziemlich großen Spielraum, ihre Operationen fortzusetzen.[109] Behauptungen, wonach die NSDAP und ihr paramilitärischer Flügel aufgehört haben würden zu existieren, wäre das Verbot noch etwa ein Jahr in Kraft gewesen, gingen mithin an der Wirklichkeit vorbei.[110]

Die neue Lage nach dem erdrutschartigen Wahlsieg der NSDAP ließ nicht nur die Gewalttätigkeiten auf der Straße eskalieren, sondern veränderte auch die Natur des politischen Ablaufs im Reichstag. Waren die Sitzungen schon vor dem September 1930 rüpelhaft und chaotisch gewesen, so wurden sie jetzt praktisch unkontrollierbar, da 107 NSDAP-Abgeordnete in Braunhemd und Uniform sowie 77 disziplinierte und gut organisierte Kommunisten durch ständig neue Anträge zur Tagesordnung, Sprechchöre, Zwischenrufe, Störungen und anderes ihre Verachtung für das Parlament demonstrierten. Die Macht entglitt dem Reichstag mit beängstigender Geschwindigkeit, da fast jede Sitzung in einem Aufruhr endete und ihn einzuberufen immer sinnloser erschien. Seit September 1930 kamen im Reichstag nur negative Mehrheiten zustande. Im Februar 1931 vertagte sich der Reichstag für sechs Monate, als die Parteien der extremen Rechten und der extremen Linken, nachdem ihnen eine Änderung der Geschäftsordnung das Fortführen ihrer Obstruktionstaktik erschwert hatte, demonstrativ den Reichstag verlassen hatten. Erst im Oktober traten die Abgeordneten wieder zusammen.[111] Zwischen 1920 und 1930 tagte der Reichstag durchschnittlich an hundert Tagen des Jahres. Zwischen Oktober 1930 und März 1931 gab es fünfzig Sitzungstage, bis zu den Wahlen im Juli 1932 trat er nur noch an vierundzwanzig Tagen zusammen, in den sechs Monaten zwischen Ende Juli 1932 und Anfang Februar 1933 nur noch an drei Tagen.[112]

1931 fielen die Entscheidungen also nicht mehr im Reichstag. Die politische Macht hatte sich verschoben, teils zu dem Kreis um Hindenburg, der Notverordnungen erlassen und Regierungen bestellen konnte, teils auf die Straße, wo die Gewalt eskalierte und die immer größer werdende Armut, Not und Gesetzlosigkeit vom Staat unverzügliches Handeln forderte. Beide Vorgänge stärkten die Stellung der

Reichswehr als der am besten ausgebildeten und ausgerüsteten bewaffneten Macht im Land. Nur unter solchen Umständen konnte einer ihrer wichtigsten politischen Repräsentanten, General Kurt von Schleicher, einer der Hauptakteure in dem folgenden Drama werden. Ehrgeizig, von rascher Auffassungsgabe, redselig und ein Freund der politischen Intrige, war Schleicher eine verhältnismäßig unbekannte Erscheinung, bevor er es 1929 zu plötzlicher Prominenz brachte, als für ihn ein neues Ministeramt im Reichswehrministerium geschaffen wurde, das die Vertretung der Streitkräfte gegenüber der Regierung übernehmen sollte. Schleicher war viele Jahre lang ein enger Mitarbeiter Groeners und ein Schüler Hans von Seeckts gewesen, des führenden Generals in den frühen zwanziger Jahren, und hatte durch seine mannigfaltigen Verwendungen an der Schnittstelle von Militär und Politik, zuletzt als Leiter der Wehrmachtsabteilung im Reichswehrministerium, viele politische Beziehungen geknüpft. Der kommunistische Dissident Leo Trotzki beschrieb ihn als »Fragezeichen mit Generalsepauletten«, ein Journalist sah in ihm eine »Sphinx in Uniform«. Im wesentlichen freilich waren Schleichers Ziele und Überzeugungen klar: Wie viele deutsche Konservative glaubte auch er 1932, ein autoritäres Regime könne Legitimität erwerben, wenn es ihm gelang, die Massenbewegung des Nationalsozialismus zu zähmen. Auf diese Weise würde die Reichswehr, für die Schleicher sprach, die Wiederbewaffnung bekommen, die sie erstrebte.[113]

Nach den Wahlen von 1930 traf Brünings Regierung bei dem Kreis um Reichspräsident Hindenburg auf wachsende Schwierigkeiten. Da die KPD und die NSDAP seinen Kopf forderten, die DNVP ihn aus dem Amt zu jagen trachtete und die rechtsextremen Splittergruppen uneins waren, ob sie ihn unterstützen sollten oder nicht, blieb Brüning keine andere Wahl, als sich auf die SPD zu verlassen. Die Führer der immer noch größten Reichstagsfraktion waren über das Ergebnis der Reichstagswahlen so alarmiert, daß sie Brüning versprachen, ihre frühere Blockade des Haushalts nicht zu wiederholen. Die notwendige Duldung seiner Politik durch die Sozialdemokraten machte Brüning im Kreis um Hindenburg nicht beliebter, an dessen Spitze Hindenburgs Sohn Oskar und sein Staatssekretär Otto Meißner standen, die hierin ein schmähliches Zugeständnis an die Linken erblickten.[114] Die Prioritäten des Reichskanzlers lagen jetzt hauptsächlich auf dem Gebiet der Außenpolitik, wo er einige Fortschritte erzielte, indem er das Ende der Reparationsleistungen herbeiführte. Sie wurden durch das Hoover-Memorandum vom 20. Juni 1931 ausgesetzt und im Juli 1932 durch die Konferenz von Lausanne, deren Grundlagen vor allem Brüning gelegt hatte, faktisch beendet. Es gelang ihm zwar nicht, die Bildung einer deutsch-österreichischen Zollunion herbeizuführen, doch handelte er in Genf mit Erfolg die Gleichberechtigung Deutschlands in Fragen der internationalen Entwaffnung aus, ein Grundsatz, der im Dezember 1932 vom Völkerbund gebilligt wurde. Nichts hiervon war jedoch geeignet, die Position des Reichskanzlers zu stärken. Nach vielen Monaten im Amt war es ihm noch immer nicht gelungen, die DNVP auf seine Seite zu ziehen, und stand er noch immer in Abhängigkeit zur SPD. Die Pläne, die Weimarer Verfassung in eine entschieden autoritärere Richtung umzugestalten, konnten nicht umgesetzt werden, da dies der eine Punkt war, zu dem die Sozialdemokraten niemals ihre Zustimmung geben würden. Leuten wie Schleicher erschien es daher zunehmend als die bessere Alternative, wenn die Regierung den Rückhalt bei den Massen nicht über die SPD, sondern über die NSDAP suchte.[115]

III

Mit Ablauf des Jahres 1932 gelangte auch die siebenjährige Amtszeit Paul von Hindenburgs an ihr Ende. Mit Rücksicht auf sein vorgerücktes Alter von 84 Jahren widersetzte sich Hindenburg einer erneuten Kandidatur, doch war er bereit, im Amt zu bleiben, wenn seine Amtszeit ohne Wahlen einfach verlängert werden könnte. Die Verhandlungen über eine automatische Verlängerung von Hindenburgs Präsidentschaft scheiterten an der Weigerung der Nationalsozialisten, der Einberufung des Reichstags für die erforderliche Verfassungsänderung zuzustimmen. Die Nationalsozialisten hatten daran die Bedingung geknüpft, Brüning zu entlassen und neue Wahlen auszuschreiben.[116] Hindenburg mußte sich daher noch einmal dem Wahlvolk präsentieren. Gegenüber der ersten Reichspräsidentenwahl 1925 hatten sich die politischen Verhältnisse grundlegend geändert. Thälmann kandidierte wieder für die Kommunisten. Aber inzwischen hatte sich das gesamte politische Spektrum nach dem Erdrutschsieg der NSDAP vom September 1930 nach rechts verschoben, und nachdem die Wahl einmal angesetzt war, mußte Hitler kandidieren. Mehrere Wochen lang schwankte er, besorgt über die Folgen, die es haben mochte, wenn er gegen eine ruhmreiche Figur des Nationalismus wie den Helden von Tannenberg antrat. Außerdem war es ihm formell nicht erlaubt, anzutreten, da er noch immer nicht im Besitz der deutschen Staatsbürgerschaft war. So wurden eilends Vorkehrungen getroffen, ihn zum Regierungsrat in Braunschweig zu machen, denn als Staatsdiener erwarb er automatisch die deutsche Staatsbürgerschaft, was durch seinen Treueid auf die Weimarer Verfassung am 26. Februar 1932 bekräftigt wurde.[117] Seine Kandidatur verwandelte die Wahl in einen Wettstreit zwischen rechts und links. Hitler selbst war unzweifelhaft der Kandidat der Rechten, was aus Hindenburg erstaunlicherweise den Kandidaten der Linken machte.

Das Zentrum und die Liberalen unterstützten Hindenburg, der aber auch bemerkenswert viele Stimmen von den Sozialdemokraten erhielt. Das lag nicht nur daran, daß die SPD in ihm den einzigen sah, der Hitler aufhalten konnte, ein Punkt, der von der Parteipropaganda während des Wahlkampfs immer wieder betont worden war, sondern hatte auch positive Gründe. Die SPD-Führer erstrebten die Wiederwahl Hindenburgs, weil sie glaubten, er werde Brüning im Amt halten, als letzte Chance für einer Rückkehr zur demokratischen Normalität.[118] Der sozialdemokratische Ministerpräsident von Preußen, Otto Braun, nannte Hindenburg die »Verkörperung von Ruhe und Stetigkeit, von Mannestreue und hingebender Pflichterfüllung für das Volksganze«. Er habe »den Reichspräsidenten kennengelernt als einen Mann, auf dessen Wort man bauen kann, als einen Menschen reinen Wollens und abgeklärten Urteils«.[119] Wie diese Sätze bewiesen, waren die Sozialdemokraten schon damals im Begriff, jeden Kontakt zur politischen Realität zu verlieren. Das achtzehnmonatige Tolerieren von Brünings Sparmaßnahmen, vermeintlich um, so das Motto, »Schlimmeres zu verhindern«, hatte die SPD vom politischen Spielfeld geworfen und sie ihrer Entscheidungsfähigkeit beraubt. Trotz aller Enttäuschung ihrer Mitglieder und mancher Austritte erbrachte die gut funktionierende SPD-Parteimaschinerie über acht Millionen Stimmen für den Mann, der die Repu-

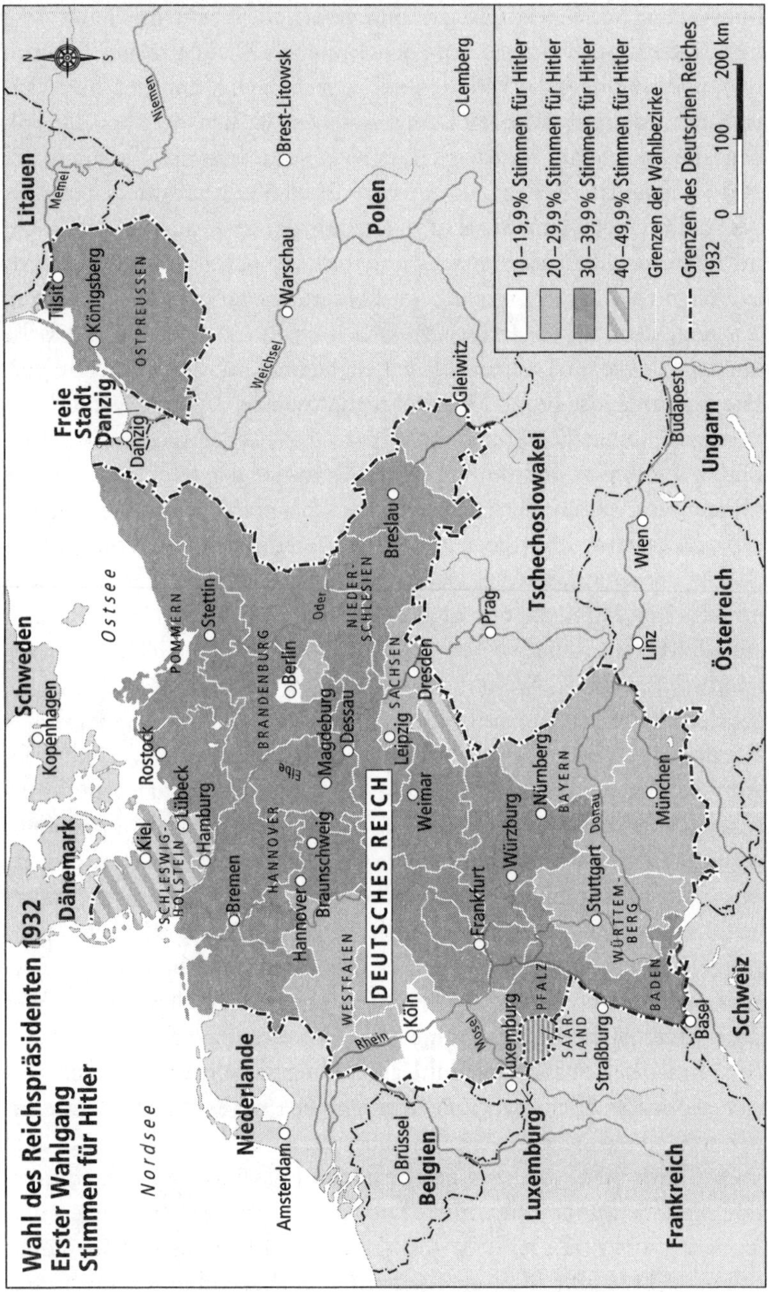
Wahl des Reichspräsidenten 1932
Erster Wahlgang
Stimmen für Hitler
10–19,9% Stimmen für Hitler
20–29,9% Stimmen für Hitler
30–39,9% Stimmen für Hitler
40–49,9% Stimmen für Hitler
Grenzen der Wahlbezirke
Grenzen des Deutschen Reiches 1932
0
100
200 km
N
S
DEUTSCHES REICH
Nordsee
Ostsee
Niederlande
Belgien
Luxemburg
Frankreich
Schweiz
Österreich
Tschechoslowakei
Ungarn
Polen
Litauen
Schweden
Dänemark
Freie Stadt Danzig
Amsterdam
Brüssel
Luxemburg
Straßburg
Basel
Köln
Rhein
Mosel
SAAR-LAND
PFALZ
WESTFALEN
Frankfurt
Würzburg
Stuttgart
WÜRTTEM-BERG
BADEN
Nürnberg
BAYERN
Donau
München
Hannover
HANNOVER
Braunschweig
Bremen
Hamburg
Kiel
SCHLESWIG-HOLSTEIN
Lübeck
Rostock
Kopenhagen
Magdeburg
Elbe
Dessau
Leipzig
Weimar
Dresden
SACHSEN
Berlin
BRANDENBURG
POMMERN
Stettin
Oder
NIEDER-SCHLESIEN
Breslau
Gleiwitz
Prag
Linz
Wien
Budapest
Danzig
Königsberg
OSTPREUSSEN
Tilsit
Memel
Njemen
Weichsel
Warschau
Brest-Litowsk
Lemberg

blik von oben her demontieren sollte, um einen Kanzler im Amt zu halten, dem Hindenburg in Wirklichkeit Abneigung und Mißtrauen entgegenbrachte und dessen Maßnahmen eine Minderung des Lebensstandards und den Verlust von Arbeitsplätzen gerade für jene Menschen bedeutet hatten, die die SPD vertrat.[120]

Auch für die Nationalsozialisten bestand die Möglichkeit, die Wahlen zu gewinnen. Goebbels' Propagandaapparat hatte Hindenburg bekämpft, ohne ihm persönlich zu nahe zu treten: Er habe sich um die Nation verdient gemacht, aber es sei an der Zeit, abzutreten und einem Jüngeren Platz zu machen, wenn das Absinken in wirtschaftliches Chaos und politische Anarchie aufgehalten werden solle. Die Nationalsozialisten entfesselten einen Wahlkampf mit Kundgebungen, Märschen, Umzügen und Versammlungen, unterstützt von Plakaten, Flugblättern und endlosen Aufrufen in der Presse. Aber es reichte nicht. Im ersten Wahlgang brachte Hitler es nur auf 30 Prozent der Stimmen. Trotz der Bemühungen der SPD und der starken Wählerschaft des Zentrums verfehlte auch Hindenburg die erforderliche absolute Mehrheit. Mit 49,6 Prozent der Stimmen hatte er sie jedoch nur knapp verfehlt. Auf der Linken hatte Thälmann eine Alternative geboten. Hindenburg hatte nicht nur von Hitler, sondern auch von Theodor Duesterberg Konkurrenz erhalten, dem Kandidaten des Stahlhelms, der im ersten Wahlgang 6,8 Prozent der Stimmen erhielt.[121]

Für die Stichwahl zwischen Hitler, Hindenburg und Thälmann zogen die Nationalsozialisten alle Register. Hitler mietete ein Flugzeug und flog quer durch Deutschland von Stadt zu Stadt, um insgesamt 46 Reden in jedem Winkel des Reichs zu halten. Der Wahlkampftrick, angekündigt als »Hitlers Deutschlandflug«, wirkte elektrisierend, die Anstrengung zahlte sich aus. Thälmann erzielte 10 Prozent, während Hitlers Stimmenanteil auf 37 Prozent stieg; 13 Millionen Menschen hatten ihn gewählt. Hindenburg brachte es mit den vereinten Kräften aller großen Parteien außer KPD und NSDAP nur auf eine Erhöhung seines Stimmenanteils auf 53 Prozent. Natürlich war seine Wiederwahl von Anfang an vorauszusehen gewesen. Was wirklich zählte, war jedoch der Siegeszug der Nationalsozialisten. Hitler war zwar nicht gewählt worden, aber seine Partei hatte mehr Stimmen bekommen als je zuvor. Es gab jetzt gute Gründe für die

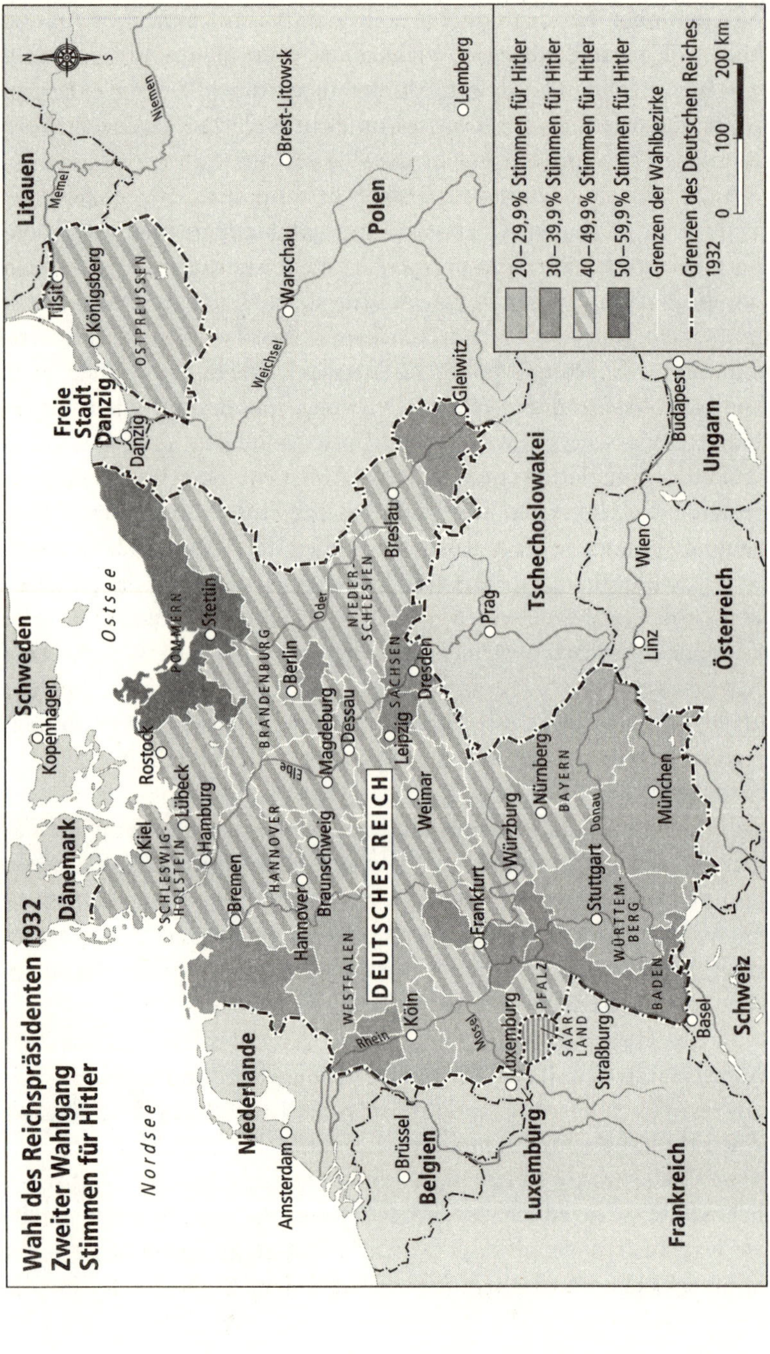
Wahl des Reichspräsidenten 1932
Zweiter Wahlgang
Stimmen für Hitler
20–29,9% Stimmen für Hitler
30–39,9% Stimmen für Hitler
40–49,9% Stimmen für Hitler
50–59,9% Stimmen für Hitler
Grenzen der Wahlbezirke
Grenzen des Deutschen Reiches 1932
0 100 200 km
N
S
DEUTSCHES REICH
Nordsee
Ostsee
Dänemark
Schweden
Litauen
Freie Stadt Danzig
Polen
Tschechoslowakei
Österreich
Ungarn
Schweiz
Frankreich
Luxemburg
Belgien
Niederlande
OSTPREUSSEN
POMMERN
BRANDENBURG
NIEDER-SCHLESIEN
SACHSEN
BAYERN
WÜRTTEM-BERG
BADEN
PFALZ
SAAR-LAND
WESTFALEN
HANNOVER
SCHLESWIG-HOLSTEIN
Kopenhagen
Kiel
Lübeck
Hamburg
Rostock
Bremen
Hannover
Braunschweig
Magdeburg
Dessau
Berlin
Stettin
Danzig
Königsberg
Tilsit
Memel
Njemen
Weichsel
Warschau
Brest-Litowsk
Lemberg
Gleiwitz
Breslau
Oder
Dresden
Leipzig
Weimar
Elbe
Prag
Wien
Linz
Budapest
Nürnberg
Würzburg
Donau
München
Stuttgart
Frankfurt
Köln
Rhein
Mosel
Luxemburg
Straßburg
Basel
Brüssel
Amsterdam

Annahme, die Partei sei nicht mehr aufzuhalten.[122] 1932 hatte die NSDAP, besser organisiert und besser finanziert als 1930, einen Präsidentschaftswahlkampf geführt, der ganz und gar auf die Person Adolf Hitlers als des Repräsentanten des ganzen Deutschlands abgestellt war. Sie hatte ihre Anstrengungen weniger darauf gerichtet, die Arbeiter zu gewinnen, womit sie 1930 im großen und ganzen gescheitert war, sondern hatte um die bürgerlichen Stimmen geworben, die ehedem an Splitterparteien und an die Parteien der liberalen und konservativen protestantischen Wählerschaft gefallen waren. Achtzehn Monate einer sich verschärfenden Arbeitslosigkeit und Wirtschaftskrise hatten die Enttäuschung dieser Wähler über die Weimarer Republik vertieft. Goebbels' Propaganda sprach präziser als je zuvor konkrete Zielgruppen unter den Wählern an, insbesondere Frauen. In protestantischen ländlichen Gebieten hatte sich die bäuerliche Unzufriedenheit so gesteigert, daß Hitler im zweiten Wahlgang in Pommern, Schleswig-Holstein und Ost-Hannover sogar gegen Hindenburg gewann.[123] Und der neue Status der nationalsozialistischen Bewegung als populärste Partei Deutschlands wurde durch weitere Siege bei Landtagswahlen im Frühjahr 1932 unterstrichen: 36,3 Prozent in Preußen, 32,5 Prozent in Bayern, 31,2 Prozent in Hamburg, und 26,4 Prozent in Württemberg. Im Frühjahr und Frühsommer schnitt die NSDAP bei vier weiteren Wahlen in überwiegend ländlichen protestantischen Ländern im Norden noch besser ab: 40,9 Prozent in Sachsen-Anhalt, 44,0 Prozent in Hessen, 48,4 Prozent in Oldenburg und 49,0 Prozent in Mecklenburg. Solche Ergebnisse hätten normalerweise dazu berechtigt, die Landesregierung zu stellen. Es sah danach aus, als würden die Nationalsozialisten bei den nächsten Reichstagswahlen die absolute Mehrheit erringen. Auch bei diesen Wahlen hatte sich Hitler wieder in die Luft erhoben und in kurzer Folge 25 Reden gehalten. Einmal mehr hatte die Propagandamaschinerie der NSDAP ihre Schlagkraft und Beweglichkeit bewiesen.

Brünings Versuche, dem Aufstieg der NSDAP Einhalt zu gebieten, hatten offenkundig keinerlei Wirkung gezeitigt. Daher festigte sich in der Umgebung Hindenburgs die Überzeugung, es sei die Zeit gekommen, die Taktik zu ändern. Hindenburg war trotz seines Sieges mit dem Wahlergebnis nicht zufrieden. Die Tatsache, daß er auf so hartnäckigen Widerstand gestoßen war, verdroß in höchstem Maße einen Mann, der seine Stellung beinahe wie die des ungewählten Kaisers betrachtete, dem er einst gedient hatte. Brüning hatte nicht verstanden, die DNVP für die Unterstützung der Wiederwahl Hindenburgs zu gewinnen. Sobald klar war, daß sie Hitler unterstützte, waren Brünings Tage gezählt. Der Reichskanzler warb zwar rastlos für Hindenburg, aber der alte Feldmarschall, welcher für viele die preußischen Traditionen des monarchischen Prinzips und des protestantischen Konservatismus verkörperte, war zutiefst darüber verstimmt, daß er von den Stimmen der SPD und des Zentrums abhängig und damit der Kandidat der Linken und des katholischen Klerus war. Außerdem mißfielen der Reichswehr die lähmenden Auswirkungen von Brünings Wirtschaftspolitik auf die Rüstungsindustrie, und in seinem Verbot der SA sah sie eine Störung ihres Versuchs, die Braunhemden als Hilfstruppe der Reichswehr anzuwerben, eine Aussicht, die um so verlockender war, je mehr Mitglieder die SA vereinte. Schließlich wurde Hindenburgs Aufmerksamkeit auf eine bescheidene Bodenreform gelenkt, die die Regierung im Osten vorhatte, wo bankrotte Güter zerschlagen und als Siedlungsgebiet an Arbeitslose vergeben werden sollten. Als Vertreter des Großgrundbesitzes argwöhnte Hindenburg, dieser Plan verfolge sozialistische Ziele. 1927 hatte man ihm das Anwesen seiner Vorfahren, Gut Neudeck in Ostpreußen, zum Geschenk gemacht, größtenteils bezahlt von Vertretern der Industrie, und dort verbrachte er immer mehr Zeit in der Gesellschaft von befreundeten Junkern und Nachbarn, die ihn dem Einfluß ihrer Interessenvertretung, des Reichslandbunds aussetzten. Natürlich fühlte sich Hindenburg zutiefst gekränkt durch Brünings Vorschlag eines solchen Plans.[124] In einer Atmosphäre hemmungslosen Intrigierens hinter den Kulissen, in der Schleicher Groeners Stellung bei der Reichswehr aushebelte und Hitler eine neue Regierung zu tolerieren versprach, wenn sie das SA-Verbot aufhob und neue Reichstagswahlen ausschrieb, wurde Brüning immer isolierter. Als Groener gezwungen war, am 11. Mai 1932 zurückzutreten, war Brünings Position unhaltbar geworden. Da aus Hindenburgs Umgebung immerfort gegen ihn intrigiert wurde, sah er keine andere Möglichkeit, als den Rücktritt am 30. Mai 1932 einzureichen.[125]

IV

Der Mann, den Hindenburg zum neuen Reichskanzler ernannte, war sein alter Freund Franz von Papen. Der Landadlige hatte als Hinterbänkler für das Zentrum im preußischen Landtag gesessen und stand politisch noch weiter rechts als Brüning. Im Ersten Weltkrieg war er Militärattaché an der Deutschen Botschaft in Washington gewesen, jedoch wegen Aktivitäten, die, wie die übliche diplomatische Formulierung lautete, »mit seinem Status unvereinbar« waren, aus den USA ausgewiesen worden und in den Deutschen Generalstab gekommen. In den zwanziger Jahren nutzte er das Vermögen, das ihm durch die Heirat mit der Tochter eines reichen Industriellen zugefallen war, um die Aktienmehrheit an der *Germania*, dem Parteiorgan des Zentrums, zu erwerben. Papen verfügte daher über beste Kontakte zu einigen der wichtigsten gesellschaftlichen und politischen Kräfte der Weimarer Republik: Landadel, Auswärtiges Amt, Reichswehr, Industrie, katholische Kirche und Presse. Schleicher hatte ihn Hindenburg als einen Mann empfohlen, der aufgeschlossen für die Interessen der Reichswehr sein werde. Mehr noch als Brüning vertrat von Papen einen katholischen politischen Autoritarismus, wie er Anfang der dreißiger Jahre in ganz Europa verbreitet war. Mit seiner eigenen Partei lag Papen schon lange im Streit, 1925 hatte er bei der Wahl des Reichspräsidenten offen für Hindenburg und gegen den Zentrumskandidaten Marx plädiert. Das Zentrum wandte sich von ihm ab, und er gab sein Mitgliedsbuch zurück, wobei er erklärte: »Die seelische und materielle Lage des deutschen Volkes verlangt gebieterisch die Synthese aller wahrhaft nationalen Kräfte – aus welchem Lager auch immer sie kommen mögen –. Nicht als Parteimann, sondern als Deutscher bin ich – gewiß nicht leichten Herzens – dem Ruf des Mannes gefolgt, dem die Nation soeben einen überwältigenden Beweis ihres Vertrauens erteilt hat.«[126] Papens Bruch mit seiner Partei war endgültig.[127]

Diese Ereignisse bezeichneten, nicht erst rückblickend, sondern in dem Moment, in dem sie sich zutrugen, das Ende der parlamentarischen Demokratie in Deutschland. Die meisten Mitglieder von Papens neuem Kabinett waren parteipolitisch nicht gebunden, bis auf einige wenige, die nominell der DNVP angehörten. Die Vielzahl der

Adligen in Papens Regierung ließ sie im Volksmund zum »Kabinett der Barone« werden. Papen und seine ideologischen Gefolgsleute, einschließlich Schleicher, verstanden sich als Schöpfer eines »Neuen Staates« über den Parteien, ausdrücklich im Gegensatz zum Prinzip des Mehrparteiensystems, in dem die Befugnisse gewählter Volksvertretungen noch begrenzter sein sollten, als sie es schon in Brünings Vision gewesen waren. Welche Art von Staat diesen Männern vorschwebte, zeigte Papens Innenminister Wilhelm Freiherr von Gayl, der 1916 bis 1918 als Chef der Politischen Abteilung des Stabs des Oberbefehlshabers Ost (Ludendorff) den Aufbau eines völkisch-autoritären Militärstaates in dem von Deutschland besetzten Gebiet geleitet hatte.[128] Zu Gayls Vorschlägen gehörte die Beschränkung des Stimmrechts auf eine Minderheit und die drastische Beschneidung parlamentarischer Befugnisse.[129] Papens selbstgestellte Aufgabe lautete, die Geschichte rückgängig zu machen, nicht nur die Weimarer Republik, sondern den Entwicklungsgang, den die europäische Politik seit der Französischen Revolution genommen hatte, und an die Stelle des modernen Klassenkonflikts die hierarchische Gesellschaftsstruktur des *ancien régime* zu setzen.[130] Als kleines, aber wirkungsmächtiges Symbol dieser Zielsetzung schaffte er in Teilen Preußens die Guillotine, das klassische Symbol der Französischen Revolution, als Hinrichtungsgerät ab und ersetzte sie durch das traditionelle preußische Instrument, das Handbeil.[131] Unterdessen weihte die Regierung Papen, die von ihrer Vorgängerin über die radikale Presse verhängten Beschränkungen auf demokratische Zeitungen aus. So wurden angesehene Presseerzeugnisse wie die sozialdemokratische Tageszeitung *Vorwärts* zweimal binnen weniger Wochen verboten, populäre linksliberale Zeitungen wie die *Berliner Zeitung* bei zwei verschiedenen Gelegenheiten abgestraft und liberale Kommentatoren in ihrer Überzeugung bestärkt, daß die Pressefreiheit in Deutschland endgültig abgeschafft sei.[132]

Den politischen Realitäten des Jahres 1932 wurde Papens utopischer Konservatismus kaum gerecht. Sein Kabinett bestand aus Männern mit verhältnismäßig geringer Erfahrung; viele von ihnen waren unbekannte Adlige. In den Gesprächen, die dem Rücktritt Brünings vorangegangen waren, hatten sich Papen und Schleicher darauf geeinigt, daß sie die Nationalsozialisten auf ihre Seite ziehen mußten, um der antidemokratischen Politik der neuen Regierung Rückhalt bei den Massen zu verschaffen. Sie sicherten sich die Zustimmung Hindenburgs zur Auflösung des Reichstags und zur Ausschreibung von Neuwahlen, was Hitler ja die ganze Zeit gefordert hatte, in der Erwartung, dadurch den Stimmenanteil der Nationalsozialisten weiter erhöhen zu können. Diese Wahlen wurden für Ende Juli 1932 festgesetzt. Außerdem gaben Papen und Schleicher der Forderung Hitlers nach, das Verbot der SA aufzuheben. Schleicher hoffte, dadurch den Extremismus der Nationalsozialisten zu zähmen und außerdem die SA dafür zu gewinnen, als Hilfstruppe der Reichswehr zu agieren, wodurch die den deutschen Streitkräften durch den Versailler Vertrag auferlegte Beschränkung ihrer Truppenstärke hätte umgangen werden können.[133] Das erwies sich rasch als verhängnisvolle Fehlkalkulation. Scharen von SA-Leuten strömten triumphierend auf die Straßen zurück, und die Prügeleien, Feuergefechte, Blessuren und Todesfälle, die seit dem Verbot der SA im April 1931 ohnedies nie ganz aufgehört hatten, erreichten schnell neue Rekordhöhen. Allerorten löste es Entsetzen aus, als am 17. Juli 1932 ein Marsch von Tausenden nationalsozialistischer SA-Leute durch die kommunistische Hochburg Altona, der proletarischen Kommune an der Grenze des Stadtstaates Hamburg, aber auf preußischem Boden, auf den wütenden Widerstand von Tausenden schwerbewaffneter Rotfrontkämpfer stieß. Richard Krebs, an der Spitze einer Abordnung von achthundert kommunistischen Matrosen und Hafenarbeitern, die nur darauf warteten, die Nationalsozialisten aus dem Hafen zu vertreiben, berichtete später, daß die Rotfrontkämpfer Befehl hatten, die SA-Leute auf der Straße anzugreifen. So wurden Steine, Unrat und alle Arten von Wurfgeschossen auf die Marschierer geschleudert. Einigen Berichten zufolge standen auf den Dächern der umliegenden Häuser kommunistische Scharfschützen bereit, um die SA-Leute unten auf der Straße niederzumetzeln. Irgendwer gab einen Schuß ab, die Polizei verfiel in Panik, feuerte mit allen Mitteln, die ihr zu Gebote standen, und löste eine Massenflucht in alle Richtungen aus. Die Kommunisten wurden zusammen mit den anderen mitgerissen, ihr Versuch, den Marsch der SA durch ihr Gebiet zu stoppen, war ein Fehlschlag gewesen.[134] Achtzehn Personen wurden getötet, über hundert verletzt. Wie gerichtsmedizinische Untersuchungen ergaben, waren die meisten Todesfälle durch Kugeln aus Polizeirevolvern verursacht worden. Die Abgründe von Gewalt, in die die politische Auseinandersetzung in Deutschland jetzt versunken war, erforderten unverzügliches Handeln der Regierung.[135]

Anstatt jedoch die paramilitärischen Verbände erneut zu verbieten, nahm Papen die Ereignisse des »Altonaer Blutsonntags« zum Anlaß, die preußische Staatsregierung unter den Sozialdemokraten Otto Braun und Carl Severing mit der Begründung abzusetzen, daß sie nicht mehr imstande sei, die öffentliche Sicherheit und Ordnung zu gewährleisten. Das war der entscheidende Schlag gegen die Sozialdemokraten, für den Papen in das Amt geholt worden war. Es gab zwar einen Präzedenzfall – 1923 hatte Ebert die Staatsregierungen von Sachsen und Thüringen abgesetzt – aber Preußen mit seinem Territorium, das die Hälfte des Deutschen Reichs einnahm, und seiner Bevölkerung, die größer war als diejenige Frankreichs, war ein weit bedeutenderes Angriffsziel. Es war bezeichnend für die zentrale Rolle der Reichswehr in der zerrissenen politischen Situation des Jahres 1932, daß nach der Absetzung der Regierung schwerbewaffnete Kampfverbände die Straßen Berlins besetzten und über die Reichshauptstadt der militärische Ausnahmezustand verhängt wurde. Die sozialdemokratisch kontrollierte Polizei wurde einfach beiseite gedrängt. Jeder Versuch der preußischen Regierung, sie als Instrument des Widerstands gegen die bewaffnete Macht des Militärs einzusetzen, hätte zu einer noch verworreneren Situation geführt. Ihre Mannschaftsstärke war zu gering, und ihre höheren und mittleren Beamten waren von der Republik enttäuscht, sympathisierten mit Papen oder waren schon für die Sache der Nationalsozialisten gewonnen.[136]

Falls Papen und Schleicher eine Erhebung der Arbeiter befürchteten, so irrten sie. Viele einfache Mitglieder des Reichsbanners standen zwar bereit, um zu den Waffen zu greifen, ein Vorrat von Maschinengewehren, Pistolen und Karabinern war angelegt worden, um im Falle eines Putsches die SPD-Zentrale bis zum Eintreffen der Polizei zu verteidigen, die ja, wie die Partei fälschlicherweise annahm, jeden Versuch bekämpfen würde, die Republik zu stürzen. Durch jüngste Zugänge war die Stärke der Schutzformationen (sogenannte Schufos) des Reichsbanners auf angeblich 250 000 Mann angewachsen. Doch sie waren zahlenmäßig den vereinten Kräften von etwa 750 000 SA- und Stahlhelm-Leuten weit unterlegen, die gegen sie mobilisiert worden wären, hätten sie einen Aufstand inszeniert. Sie waren ungenügend ausgebildet und schlecht vorbereitet, und die wohlausgerüsteten Truppen der deutschen Reichswehr hätten leichtes Spiel mit ihnen gehabt. Die Kommunisten, die bessere Waffenreserven besaßen, hätten sich ihnen kaum in den Weg gestellt, um Sozialdemokraten zu schützen.[137]

Im Juli 1932, als Hindenburg, die Reichswehrführung und die Konservativen darauf bedacht waren, keinen Bürgerkrieg in Deutschland zu provozieren, hätte eine bewaffnete Erhebung des Reichsbanners vielleicht den Rücktritt Papens oder eine Intervention des Reichspräsidenten erzwungen. Aber der Aufruf zum Widerstand kam nicht. Die traditionelle Gesetzestreue der Sozialdemokraten zwang sie, jeden bewaffneten Widerstand gegen eine Handlung zu untersagen, die vom Staatsoberhaupt und der legal zustande gekommenen Regierung beschlossen, von den Streitkräften unterstützt und von der Polizei nicht bekämpft wurde.[138] Alles, was Braun und Severing übrigblieb, waren rhetorische Proteste und eine Klage gegen Papen wegen Verfassungsbruchs. Am 10. Oktober 1932 entschied der Staatsgerichtshof in dieser Sache wenigstens teilweise zugunsten des Kabinetts Braun, das Preußen auch künftig im Reichsrat vertrat.[139] Papen besorgte sich unterdessen vom Reichspräsidenten seine eigene Ernennung zum Reichskommissar, dem die Regierungsgeschäfte in Preußen oblagen, während pflichtbewußte Beamte bis zur Klärung der rechtlichen Lage ihre Arbeit in manchen Bereichen verschleppten oder aussetzten.[140]

Papens Staatsstreich versetzte der Weimarer Republik den Todesstoß. Er zerstörte das föderale System und bahnte einer totalen Zentralisierung des Staates den Weg. Nach dem 20. Juli 1932 gab es nur zwei realistische Optionen: eine nationalsozialistische Diktatur oder ein auf die Reichswehr gestütztes konservativ-autoritäres Regime. Entscheidend war das Ausbleiben eines ernsthaften Widerstandes der Sozialdemokraten, dem wichtigsten noch verbliebenen Verteidiger der Demokratie. Auf Konservative und Nationalsozialisten wirkte gleichermaßen überzeugend, daß die Zerstörung demokratischer Institutionen auf keinerlei ernsthafte Opposition stieß. Die Sozialdemokraten hatten rechtzeitig mehrfach Warnungen vor dem Staatsstreich erhalten. Trotzdem hatten sie nichts unternommen. Was sie lähmte, war nicht nur die Unterstützung des Staatsstreichs durch den Mann, den sie noch kürzlich bei den Wahlen des Reichspräsidenten unterstützt hatten: Paul von Hindenburg, sondern auch ihr eigenes, katastrophales Abschneiden bei den preußischen Landtagswahlen im April 1932. Während die Nationalsozialisten die Zahl ihrer Sitze im preußischen Parlament von 9 auf 162, die Kommunisten ihre von 48 auf 57 erhöht hatten, hatten die Sozialdemokraten ein Drittel ihrer Mandate eingebüßt und waren von 137 auf 94 Sitze abgestürzt. Keine Partei verfügte jetzt über eine Mehrheit, und die bestehende Administration unter Führung von Braun und Severing blieb lediglich als Minderheitenregierung mit entsprechend geschwächter politischer Legitimität im Amt. Die Parteiführung hatte in den langen Monaten der passiven Duldung von Brünings rigorosen Sparmaßnahmen ein Gefühl der Ohnmacht befallen. Die Gewerkschaften hatten nicht die Kraft, irgend etwas gegen den Staatsstreich auszurichten, weil die Massenarbeitslosigkeit einen Generalstreik illusorisch machte. Millionen verzweifelter Menschen ohne Arbeit hätten kaum eine andere Wahl gehabt, als sich als Streikbrecher zu betätigen. Eine Neuauflage der einheitlichen Arbeiterfront wie bei der Niederschlagung des Kapp-Putsches 1920 kam nicht mehr in Betracht. Die Nationalsozialisten jubilierten. »Man muß den Roten nur die Zähne zeigen, dann kuschen sie«, schrieb der Propagandachef der NSDAP, Joseph Goebbels, am 20. Juli in sein Tagebuch. »Gewerkschaften und S.P.D. rühren nicht einen Finger«, konstatierte er befriedigt, und tags darauf: »Die Roten haben ihre große Stunde verpaßt. Die kommt nie wieder.«[141]

Schicksalsentscheidungen

I

Papens Staatsstreich fiel in den hektischsten und gewalttätigsten Wahlkampf, den Deutschland je erlebt hatte, ausgetragen in einem Klima, das noch irrationaler und gewalttätiger war als zwei Jahre zuvor. Hitler flog wieder durch Deutschland, um auf über fünfzig Großveranstaltungen vor riesigen Menschenmengen zu sprechen, die Polarisierungen, Demütigungen und Fehlschläge der Weimarer Republik anzuprangern und das vage, aber zugkräftige Zukunftsversprechen einer besseren, geeinteren Nation zu geben. Die Kommunisten predigten die Revolution und verkündeten den unmittelbar bevorstehenden Zusammenbruch der kapitalistischen Ordnung, die Sozialdemokraten riefen ihre Wähler auf, sich gegen die Drohung des Faschismus zu erheben, und die bürgerlichen Parteien beschworen die Restauration und eine Geschlossenheit, die herzustellen sie offenkundig nicht in der Lage waren.[142] Den Verfall der parlamentarischen Politik veranschaulichte der immer mehr an die Instinkte appellierende Propagandastil der Parteien, sogar bei der SPD. Inmitten fortwährend blutiger Straßenkämpfe und gewalttätiger Kundgebungen geriet der politische Kampf zu dem, was die Sozialdemokraten ohne die leiseste Kritik einen »Krieg der Symbole« nannten. Die Sozialdemokraten beschäftigten 1931 den russischen Psychologen Sergej Tschachotin, einen radikalen Schüler des Entdeckers des bedingten Reflexes, Pawlow, der ihnen helfen sollte, Wahlkämpfe zu führen. Ein Appell an die Vernunft des Wählers genügte nicht mehr. »Auf Gefühl, Seele und Gemüt müssen wir wirken, damit die Vernunft den Sieg erreicht.« Bei den Wahlen vom Juli 1932 wiesen die Sozialdemokraten ihre Ortsgruppen an, darauf hinzuwirken, daß alle Mitglieder das Parteiabzeichen trugen, einander mit der geballten Faust begrüßten und bei entsprechender Gelegenheit die Parole »Freiheit!« riefen. In demselben Sinne benutzten die Kommunisten schon längst das Hammer-und-Sichel-Symbol und eine Vielzahl von

Parolen und Begrüßungen. Mit der Übernahme dieses Wahlkampfstils stellten sich die Parteien auf eine Ebene mit den Nationalsozialisten, gegen deren Hakenkreuzsymbol, Hitlergruß und markigen Parolen ihre Mittel jedoch verblaßten.[143]

Auf der Suche nach einem dynamischen Image, das man der Anziehungskraft der Nationalsozialisten entgegensetzen konnte, taten sich SPD, Reichsbanner, Gewerkschaften und einige andere den Sozialisten nahestehende Arbeiterorganisationen zusammen und gründeten am 16. Dezember 1931 die »Eiserne Front« zum Kampf gegen die »faschistische« Bedrohung. Die neue Bewegung schöpfte aus dem Fundus kommunistischer und nationalsozialistischer Propagandamethoden; lange Reden sollten durch kurze, schlagende Parolen ersetzt werden. Der Akzent sollte nicht mehr, wie es in der Arbeiterbewegung Tradition war, auf Bildung, Vernunft und Wissenschaft liegen. Jetzt galt es, durch Straßenumzüge, uniformierte Märsche und kollektive Willensbekundungen die Emotionen der Massen zu wecken. Zum neuen Propagandastil der Sozialdemokraten gehörte auch die Erfindung eines Symbols als Gegenbild zu Hakenkreuz und Hammer und Sichel: drei parallele Pfeile, als Sinnbild für die drei Hauptarme der Eisernen Front. Der traditionellen Arbeiterbewegung half dies alles wenig. Viele ihrer Mitglieder, nicht zuletzt jene, die eine führende Position im Reichstag bekleideten, hegten Zweifel oder waren unfähig, sich an die neue Art der Präsentation ihrer Politik anzupassen. Mit dem neuen Propagandastil glichen sich die Sozialdemokraten den Nationalsozialisten an, doch fehlten ihnen die Dynamik, der jugendliche Elan oder der Extremismus, um der NSDAP wirksam Konkurrenz machen zu können. Die Symbole, die Märsche und die Uniformen führten der Eisernen Front keine neuen Anhänger zu, da der alte, behäbige Apparat der SPD die organisatorische Oberaufsicht behielt. Andererseits konnten sie die Befürchtungen der bürgerlichen Wähler über die Absichten der Arbeiterbewegung nicht zerstreuen.[144]

Auf fast allen Wahlplakaten, die die Parteien in den Wahlkämpfen der frühen dreißiger Jahre verwendeten, sah man die beherrschende Figur eines riesenhaften, halbnackten Arbeiters, wie er gegen Ende der zwanziger Jahre zum Sinnbild des deutschen Volkes geworden war. Er löste damit sowohl den ironisch-bescheidenen »deutschen

Michel« mit seiner Schlafmütze ab als auch die ältere Personifikation Deutschlands in der »Germania«. NSDAP-Plakate zeigten den Arbeiterriesen, wie er sich drohend über eine Bank mit der Aufschrift »Internationale Hochfinanz« beugt und sie mit wuchtigen Stößen seines hakenkreuzgeschmückten Kompressors zerstört. Die Plakate der SPD zeigten den Arbeiterriesen, wie er mit seinen Ellbogen Nationalsozialisten und Kommunisten beiseite schiebt. Die Plakate des Zentrums verwendeten eine Zeichnung des Arbeiterriesen mit hochgekrempelten Ärmeln, wie er winzige Nationalsozialisten und Kommunisten aus dem Reichstagsgebäude entfernt. Die Deutsche Volkspartei stellte den Arbeiterriesen dar, wie er, bekleidet mit einem Lendenschurz, grau gekleidete Politiker der anderen einander befehdenden Faktionen dieses Juli 1932 übertrumpft, im Gegensatz zu dem, was in der Realität geschah. Sogar die DNVP bediente sich des Arbeiterriesen, um ihn die schwarz-weiß-rote Fahne des alten Bismarckreiches schwenken zu lassen.[145] Überall in Deutschland sah der Wähler diese gewalttätigen Bilder von Arbeiterriesen, die ihre Gegner in Stücke hieben, beiseite stießen, aus dem Reichstag zerrten oder sich drohend über Politiker in Frack und Zylinder beugten, die fast einmütig als zwergenhaft, unbedeutend und streitsüchtig hingestellt wurden. Männlichkeit räumte auf mit untätig streitenden, feminisierten politischen Parteiungen. Die unterschwellige Botschaft der Plakate lautete, es sei an der Zeit, mit parlamentarischer Politik Schluß zu machen, eine Botschaft, augenfällig gemacht durch die täglichen Zusammenstöße der Wehrverbände auf der Straße, die Allgegenwart von Uniformen im Wahlkampf und die nicht enden wollende Gewalttätigkeit und das Chaos bei den Wahlveranstaltungen.[146]

Keine Partei konnte auf diesem Gebiet mit den Nationalsozialisten mithalten. Mochte sich Goebbels auch beschweren »Jetzt stehlen sie uns die Methoden ab«, das Symbol der drei Pfeile weckte keinen tieferen Widerhall. Wenn überhaupt die Möglichkeit bestand, die Nationalsozialisten mit ihren eigenen Waffen zu schlagen, so hätten die Sozialdemokraten diesen Kampf viel früher aufnehmen müssen.[147] Goebbels ging es in dem Wahlkampf nicht um das Schicksal des Kabinetts Papen, sondern um das der Weimarer Republik. Hauptadressaten des nationalsozialistischen Wahlkampfs waren die

Wähler des Zentrums und der SPD. In apokalyptischen Farben malte eine Flut von Anschlägen, Plakaten, Flugblättern und Reden vor Massenpublikum unter freiem Himmel ein schauriges Bild von dem »roten Bürgerkrieg um Deutschland«, der die Wähler vor eine schicksalhafte Entscheidung stelle: entweder die alten Mächte des Verrats und der Korruption oder eine nationale Wiedergeburt für eine ruhmreiche Zukunft. Goebbels und seine Mitstreiter zielten darauf, die Wähler mit einem Sperrfeuer auf ihre Sinne zu überziehen. Der Sättigungsgrad sollte nicht nur durch Massenaktionen, sondern auch durch eine gut gesteuerte Kampagne gezielter Hausbesuche und Flugblattaktionen erreicht werden. Per Mikrophon und Lautsprecher ertönten die Reden der nationalsozialistischen Wahlkämpfer auf jedem öffentlichen Platz. Visuelle Eindrücke, vermittelt durch Plakate und Zeitschriftenillustrationen, durch Massenkundgebungen und Straßenumzüge, löschten den rationalen Diskurs und das Argument aus zugunsten leicht faßbarer Stereotype, die ein breites Spektrum von Gefühlen wachriefen, das Wut und Aggression, das Bedürfnis nach Sicherheit und Erlösung umfaßte. Die Marschkolonnen der Braunhemden, die steifen Grußformen und militärischen Posen der nationalsozialistischen Führer bekundeten nicht nur rücksichtslose Entschlossenheit, sondern auch Ordnung und Verläßlichkeit. Standarten und Fahnen erweckten den Eindruck von rastlosem Aktivismus und Idealismus. Die aggressive Sprache der nationalsozialistischen Propaganda erzeugte endlos wiederholte, stereotypisierte Bilder von ihren Gegnern – »Novemberverbrecher«, »rote Bonzen«, »jüdische Drahtzieher«, »rotes Mordgesindel«. Zur Beschwichtigung der bürgerlichen Schichten wurde der Arbeiterriese manchmal in wohltätiger Pose gezeigt, nicht mehr wild und aggressiv, mit einem Hemd bekleidet, wie er seine Werkzeuge den Arbeitslosen aushändigt, statt sie als Waffen zur Vernichtung seiner Gegner zu schwingen: Die Nationalsozialisten waren bereit, Regierungsverantwortung zu übernehmen.[148]

Die beispiellos intensive Wahlpropaganda zeitigte bald die gewünschten Ergebnisse. Die Reichstagswahlen vom 31. Juli 1932 enthüllten die Torheit von Papens Taktik. Weit davon entfernt, Hitler und die Nationalsozialisten zu zähmen, brachten sie der NSDAP einen weiteren Machtzuwachs. Die Partei konnte ihren Stimmenanteil von 6,4 Millionen auf 13,8 Millionen mehr als verdoppeln und wurde mit 230 Sitzen die bei weitem größte Fraktion im Reichstag, fast hundert Sitze mehr als die zweitgrößte Fraktion, die SPD, die ihre Verluste auf weitere zehn Sitze beschränken konnte und 133 Abgeordnete in das neue Parlament entsandte. Der prozentuale Anteil der NSDAP an den abgegebenen Stimmen hatte sich gegenüber 1930 mehr als verdoppelt, von 18,3 auf 37,4 Prozent. Für die andauernde Polarisierung der politischen Szene zeugte der erneute Zuwachs für die Kommunisten, für die statt bisher 77 nunmehr 89 Abgeordnete im Reichstag saßen. Während das Zentrum seinen Stimmenanteil vergrößern und 75 Sitze im neuen Parlament erringen konnte, mehr als jemals zuvor, verbuchte die DNVP weitere Verluste, sie schrumpfte von 41 auf 37 Sitze und damit fast auf den Status einer Randgruppe. Am eklatantesten war die fast vollständige Vernichtung der Parteien der bürgerlichen Mitte. Die Deutsche Volkspartei büßte 24 von 31 Sitzen ein, die Wirtschaftspartei 21 von 23 und die Deutsche Staatspartei (die ehemalige DDP) 16 von 20. Die rechtsextremen Splittergruppen, die 1930 noch so viel Zulauf aus dem bürgerlichen Lager erhalten hatten, brachen ebenfalls ein und behielten von ihren einst 35 Mandaten nur 9. Rechte und Linke trennte im Reichstag eine fast zur Bedeutungslosigkeit geschrumpfte Mitte: Den 13,3 Millionen Stimmen für SPD und KPD standen 13,8 Millionen für die NSDAP gegenüber, während auf alle anderen Parteien nur 9,8 Millionen Stimmen entfielen. Zusammen verfügten die beiden extremistischen antidemokratischen Parteien, KPD und NSDAP, jetzt über 319 Reichstagsmandate, mehr als die Hälfte der Gesamtzahl von 608 Sitzen.[149]

Die Gründe für diesen Erfolg der Nationalsozialisten an den Wahlurnen waren weitgehend dieselben wie im September 1930, nur daß durch zwei weitere Jahre einer sich verschärfenden Krise in Gesellschaft, Politik und Wirtschaft diesen Faktoren noch mehr Gewicht zukam. Die Wahlen bestätigten den Ruf der Nationalsozialisten als einer Koalition der Unzufriedenen, die für die bürgerlichen Schichten erheblich attraktiver geworden war. Wähler aus dem bürgerlichen Lager hatten fast ausnahmslos den Weg in die Reihen der NSDAP-Wähler gefunden. Einer von zwei Wählern, der im September 1930 die rechten Splitterparteien unterstützt hatte, war zu den National-

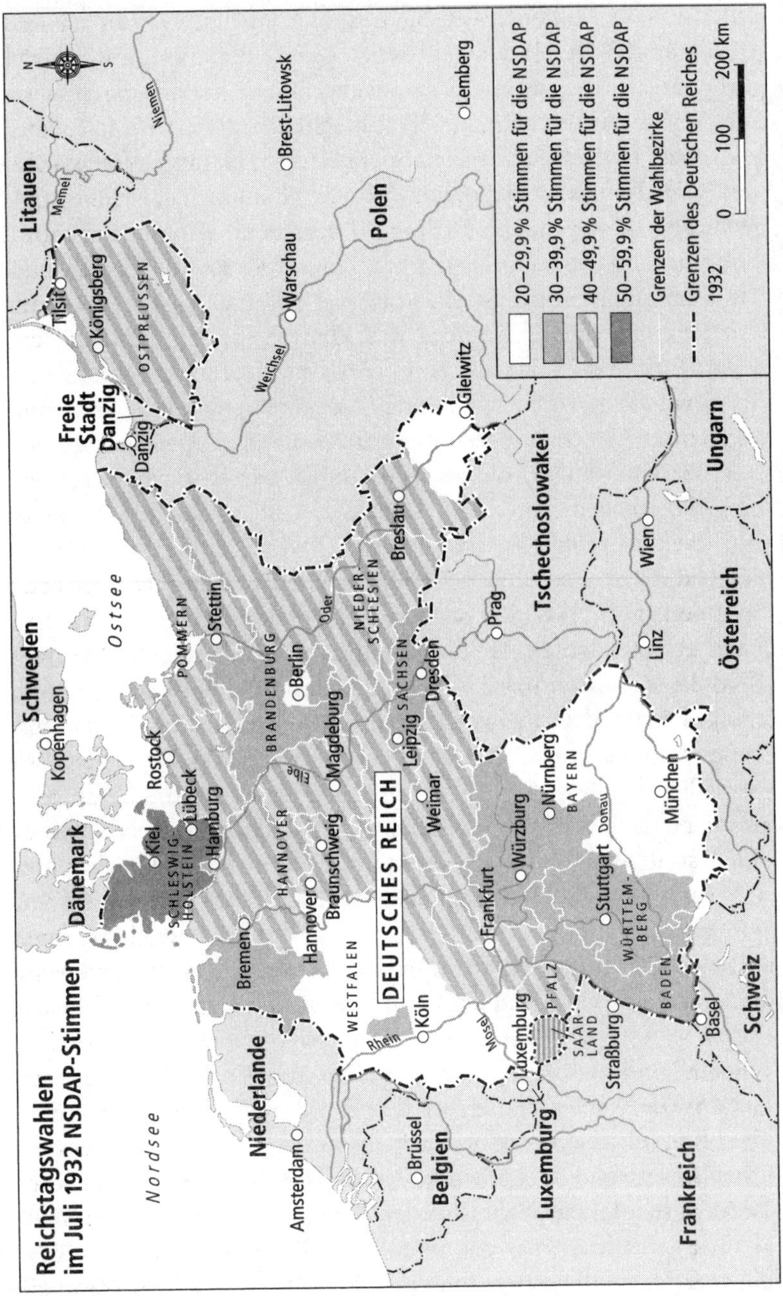
Reichstagswahlen
im Juli 1932 NSDAP-Stimmen
20–29,9% Stimmen für die NSDAP
30–39,9% Stimmen für die NSDAP
40–49,9% Stimmen für die NSDAP
50–59,9% Stimmen für die NSDAP
Grenzen der Wahlbezirke
Grenzen des Deutschen Reiches 1932
0
100
200 km
N
S
DEUTSCHES REICH
Nordsee
Ostsee
Dänemark
Schweden
Litauen
Freie Stadt Danzig
Polen
Tschechoslowakei
Ungarn
Österreich
Schweiz
Frankreich
Luxemburg
Belgien
Niederlande
Amsterdam
Brüssel
Luxemburg
Kopenhagen
Tilsit
Königsberg
Danzig
Warschau
Brest-Litowsk
Lemberg
Gleiwitz
Breslau
Prag
Wien
Linz
München
Nürnberg
Würzburg
Stuttgart
Straßburg
Basel
Frankfurt
Köln
Bremen
Hannover
Braunschweig
Magdeburg
Berlin
Stettin
Rostock
Lübeck
Hamburg
Kiel
Leipzig
Dresden
Weimar
OSTPREUSSEN
POMMERN
BRANDENBURG
NIEDER-SCHLESIEN
SACHSEN
HANNOVER
SCHLESWIG-HOLSTEIN
WESTFALEN
BAYERN
WÜRTTEMBERG
BADEN
PFALZ
SAARLAND
Memel
Niemen
Weichsel
Oder
Elbe
Rhein
Mosel
Donau

sozialisten gewechselt, ebenso einer von dreien, die bei den vorherigen Reichstagswahlen für DNVP, Volkspartei oder Staatspartei gestimmt hatten. Einer von fünf früheren Nichtwählern ging jetzt zu den Wahlurnen, um seine Stimme der NSDAP zu geben, darunter besonders Frauen. Und einer von sieben, die damals SPD gewählt hatten, wählten jetzt NSDAP. 30 Prozent von den Zugewinnen gingen auf das Konto der Splitterparteien; unter diesen Wählern waren viele, die 1924 und 1928 noch DNVP gewählt hatten. Sogar einige KPD- und Zentrumswähler wechselten zur NSDAP, allerdings wählten fast ebenso viele ehemalige NSDAP-Wähler jetzt KPD und Zentrum. Die NSDAP blieb weiterhin vor allem für Protestanten attraktiv, sie wurde von nur 14 Prozent der katholischen Wähler insgesamt unterstützt, gegenüber 40 Prozent der nichtkatholischen Wähler. 60 Prozent der NSDAP-Wähler stammten im weitesten Sinne aus den bürgerlichen Schichten, 40 Prozent waren lohnabhängige Arbeiter mit ihren Unterhaltsberechtigten, doch waren es wie zuvor überwiegend Arbeiter, deren Verbindung zur Arbeiterbewegung aus den verschiedensten Gründen stets schwach gewesen war. Die negative Korrelation zwischen Höhe des Stimmenanteils der NSDAP und Grad der Arbeitslosigkeit war in allen Wahlkreisen so stark wie eh und je. Die NSDAP blieb ein Sammelbecken des sozialen Protests mit starker Unterstützung aus den bürgerlichen Schichten und verhältnismäßig schwacher Unterstützung in der traditionellen Industriearbeiterschaft und in katholischen Kreisen, vor allem dort, wo es einen starken ökonomischen und institutionellen Unterbau der Arbeiterbewegung beziehungsweise katholische Vereine gab.[150]

Obgleich die Wahlen vom Juli 1932 der NSDAP im Reichstag einen enormen Zuwachs an Mandaten bescherten, war die Parteiführung auch enttäuscht. Für sie bestand das Schlüsselergebnis der Wahl nicht in der Verbesserung gegenüber den vorherigen Reichstagswahlen, sondern in dem Umstand, daß sie sich gegenüber dem Abschneiden in der zweiten Runde der Reichspräsidentenwahl im März 1932 und bei den preußischen Landtagswahlen im April 1932 *nicht* verbessert hatte. So entstand der Eindruck, die NSDAP sei an die Grenzen ihres Wählerpotentials gelangt. Der Partei war es trotz großer Bemühungen nur in sehr begrenztem Umfang gelungen, ins Lager der SPD- und der Zentrumswähler vorzudringen. Der Jubel, mit dem die

Nationalsozialisten ihren Wahlsieg im September 1930 gefeiert hatten, wollte sich daher nicht wiederholen. »Wir haben eine kleine Kleinigkeit gewonnen«, vertraute Goebbels seinem Tagebuch an, aber: »Zur absoluten Mehrheit kommen wir so nicht.« Die Wahlen bestätigten ihn in seinem Gefühl: »Etwas muß geschehen. Die Zeit der Opposition ist zu Ende. Jetzt Taten!«[151] Der Augenblick sei gekommen, nach der Macht zu greifen, setzte er am nächsten Tag hinzu; auch Hitler sei dieser Meinung. Die Situation könne ihnen entgleiten, wenn sie am parlamentarischen Weg zur Macht festhielten. Trotzdem schloß Hitler das Eingehen einer Koalitionsregierung unter Führung einer anderen Partei aus, wozu er angesichts der Tatsache, daß seine Partei über die bei weitem größte Zahl der Sitze im Reichstag verfügte, durchaus berechtigt war. Unmittelbar nach der Wahl bestand er darauf, daß er nur als Reichskanzler in eine Regierung eintreten werde; nur so konnte er seine Charisma bei seinen Anhängern wahren. Anders als ein untergeordneter Kabinettsposten würde ihm die Reichskanzlerschaft die Chance eröffnen, seine beherrschende Rolle im Kabinett durch Ausnutzung aller Mittel der Staatsgewalt, die ihm dann zur Verfügung standen, in eine nationale Diktatur umzuwandeln.

II

Wie diese Mittel angewandt werden würden, veranschaulichte ein Zwischenfall von Anfang August 1932. In dem Versuch, der Lage Herr zu werden, hatte Papen am 29. Juli alle öffentlichen politischen Versammlungen verboten. Folglich hatten die Parteiaktivisten kein legitimes politisches Ventil mehr für ihre aufgewühlten politischen Leidenschaften, und die Gewalt auf der Straße wurde um so mehr angeheizt. Am 9. August verkündete Papen eine weitere Notverordnung des Reichspräsidenten, die gegen jeden die Todesstrafe verhängte, der einen Gegner im politischen Kampf tötete, Papen gedachte diese Verordnung vor allem gegen die Kommunisten anzuwenden. Doch in den Morgenstunden des nächsten Tages waren es betrunkene SA-Leute, die, mit Gummiknüppeln, Pistolen und abgebrochenen Billardstöcken bewaffnet, einen Bauernhof in dem oberschlesischen Dorf Potempa stürmten und dort den KPD-Sympathisanten Konrad Pietzuch überfielen. Die Braunhemden schlugen ihm mit einen Billardstock ins Gesicht, prügelten ihn bewußtlos, trampelten mit Stiefeln auf ihm herum und ermordeten ihn mit einem Revolverschuß. Pietzuch war Pole, was dem Vorfall neben dem politischen auch einen rassistischen Aspekt gab, und einige der SA-Leute hegten einen persönlichen Groll gegen ihn. Gleichwohl war es zweifelsohne ein politischer Mord im Sinne der neuen Verordnung, und so wurden fünf der SA-Leute festgenommen, im nahe gelegenen Beuthen vor Gericht gestellt und zum Tode verurteilt. Kaum war das Urteil verkündet, stürmten SA-Truppen durch die Straßen Beuthens, verwüsteten jüdische Geschäfte und demolierten die Redaktionsräume liberaler und linksgerichteter Zeitungen. Hitler persönlich schmähte in aller Öffentlichkeit dieses »ungeheuerliche Bluturteil«, und Hermann Göring sandte den Verurteilten öffentlich eine Solidaritätsadresse »in maßloser Erbitterung und Empörung über das Schreckensurteil, das Euch betroffen hat«.[152]

Der Mord an Pietzuch wurde zu einem Thema bei den Verhandlungen zwischen Hitler, Papen und Hindenburg über die Regierungsbeteiligung der Nationalsozialisten. Paradoxerweise sträubte sich Hindenburg ohnedies, Hitler als Reichskanzler zu akzeptieren, weil ihm die Ernennung einer Regierung unter Führung des Mannes, dessen Partei die Wahl gewonnen hatte, jetzt zu sehr nach einer Rückkehr zu parlamentarischen Verfahrensregeln aussah. Nun war er zusätzlich bestürzt über die Potempa-Morde. »Ich habe keinen Zweifel an Ihrer Vaterlandsliebe gehabt«, belehrte er Hitler am 13. August. »Gegen etwaige Terror- und Gewaltakte«, fügte er jedoch hinzu, »wie sie leider auch von Mitgliedern der SA-Abteilungen verübt worden sind, werde ich mit aller Schärfe einschreiten.« Auch Papen war nicht bereit, Hitler die Führung des Kabinetts zu überlassen. Nach dem Scheitern der Verhandlungen erklärte Hitler:

> »Deutsche Volksgenossen! Wer von Euch ein Gefühl für den Kampf um die Ehre und Freiheit der Nation besitzt, wird verstehen, weshalb ich mich weigerte, in diese Regierung einzutreten. Die Justiz des Herrn von Papen wird am Ende vielleicht Tausende von Nationalsozialisten verurteilen. Glaubt man dieses von Blindheit geschlagene, das ganze Volk herausfordernde Vorgehen auch mit meinem Namen decken zu kön-

> nen? Die Herren irren sich! Herr von Papen, Ihre blutige ›Objektivität‹ kenne ich nun! Ich wünsche dem nationalen Deutschland den Sieg und seinen marxistischen Zerstörern und Verderbern die Vernichtung. Zum Henker nationaler Freiheitskämpfer des deutschen Volkes aber eigne ich mich nicht!«[153]

Unzweideutiger hätte Hitlers Unterstützung der brutalen SA-Gewalt nicht ausfallen können. Dies genügte, um Papen einzuschüchtern, der nie beabsichtigt hatte, die Notverordnung gegen Nationalsozialisten anzuwenden. In der Hoffnung, die führenden Nationalsozialisten zu besänftigen, wandelte er am 2. September die Todesurteile in lebenslange Haftstrafen um.[154] Kurz nach dem Zwischenfall hatte Hitler die Braunhemden für vierzehn Tage in Urlaub geschickt, weil er ein erneutes Verbot der SA fürchtete.[155]

Trotzdem waren die Nationalsozialisten, die nach dem Urnengang vom Juli Morgenluft gewittert hatten, enttäuscht über die Weigerung ihrer Führung, dem neuen Kabinett beizutreten. Das Scheitern der Verhandlungen mit Hitler stellte auch Papen und Hindenburg vor Legitimierungsprobleme. Der richtige Augenblick zur Zerschlagung des parlamentarischen Systems schien gekommen, aber sie konnten sie nicht vollziehen. Papen entschied mit Hindenburgs Rückendeckung, den neuen Reichstag aufzulösen, sobald er zusammentrat. Danach wollte er die Notverordnungsvollmacht des Reichspräsidenten gebrauchen, um zu verkünden, daß es keine neuen Reichstagswahlen mehr geben werde. Als der Reichstag im September unter chaotischen Szenen zusammentrat, ignorierte Hermann Göring, nach parlamentarischer Gepflogenheit als Vertreter der stärksten Fraktion Reichstagspräsident, geflissentlich Papens Versuche, die Auflösung des Reichstags zu erklären, und ließ zu, daß die KPD einen Mißtrauensantrag gegen die Regierung einbrachte. Für den Antrag stimmten 512 Abgeordnete, nur 42 lehnten ihn ab, 5 Abgeordnete enthielten sich. Die Niederlage der Regierung war so demütigend und demonstrierte so schlagend den mangelnden Rückhalt Papens im Lande, daß der Plan der Abschaffung von Wahlen aufgegeben wurde. Statt dessen sah die Regierung keine andere Möglichkeit, als für November eine neue Reichstagswahl auszuschreiben.[156]

Im neuen Wahlkampf startete Hitler, empört über Papens Taktik, einen wütenden Angriff auf die Regierung. Ein Mann aus dem Volk wie er selbst, verkündete er, werde niemals mit einem Kabinett adliger Reaktionäre zusammenarbeiten. Die nationalsozialistische Presse trommelte für eine neue Rundreise des Führers durch alle deutschen Länder, aber ihre prahlerischen Berichte über die gewaltige Zustimmung und enorme Begeisterung für Hitlers Redekunst konnten zumindest die Parteiführung nicht darüber hinwegtäuschen, daß viele der Versammlungssäle, in denen Hitler auftrat, jetzt halb leer waren und daß die Partei nach den vielen Wahlkämpfen des Jahres 1932 finanziell nicht mehr in der Lage war, ihre Propagandaanstrengungen auf dem Niveau der letzten Wahl zu halten. Außerdem verschreckten Hitlers populistische Angriffe auf Papen viele bürgerliche Wähler, die wieder den »sozialistischen« Charakter der Nationalsozialisten durchscheinen sahen. Daß sich die Partei im Vorfeld der Wahl zusammen mit den Kommunisten an einem erbitterten Streik der Transportarbeiter in Berlin beteiligte, konnte dem Image der NSDAP beim Berliner Proletariat nicht aufhelfen, obwohl ebendies Goebbels' Ziel gewesen war. Die einst neuartigen Propagandamethoden der Partei kannten die Menschen mittlerweile. Goebbels hatte nichts mehr in der Hinterhand, womit er das Wahlvolk faszinieren konnte. Resigniert stellten sich die Parteiführer auf schwere Verluste am Wahltag ein.[157]

Die Stimmung in weiten Teilen des protestantischen Bürgertums fing das Tagebuch von Louise Solmitz ein, einer früheren Volksschullehrerin in Hamburg. 1899 geboren und mit einem ehemaligen Offizier verheiratet, war sie eine alte Bewunderin Hindenburgs und Hugenbergs, sah in Brüning mit typisch protestantischer Verachtung den »kleinen Jesuiten« und beklagte in ihrem Tagebuch häufig die Gewalttätigkeit der Nationalsozialisten.[158] Im April 1932 hatte sie bei einer Massenkundgebung in einem Hamburger Vorort eine Veranstaltung mit Hitler besucht und war von der Atmosphäre und dem durchmischten Publikum ebenso begeistert gewesen wie von der Rede selbst.[159] »Der Hitlersche Geist ist mitreißend, ist deutsch und richtig«, schrieb sie.[160] Schon bald unterstützten alle bürgerlichen Freunde ihrer Familie Hitler, und es bestand kein Zweifel, daß sie im Juli für ihn stimmten. Als abstoßend empfanden sie aber sowohl Görings herablassende Behandlung des Reichstags bei dessen Zusammentreten als auch den scheinbaren Linksruck der National-

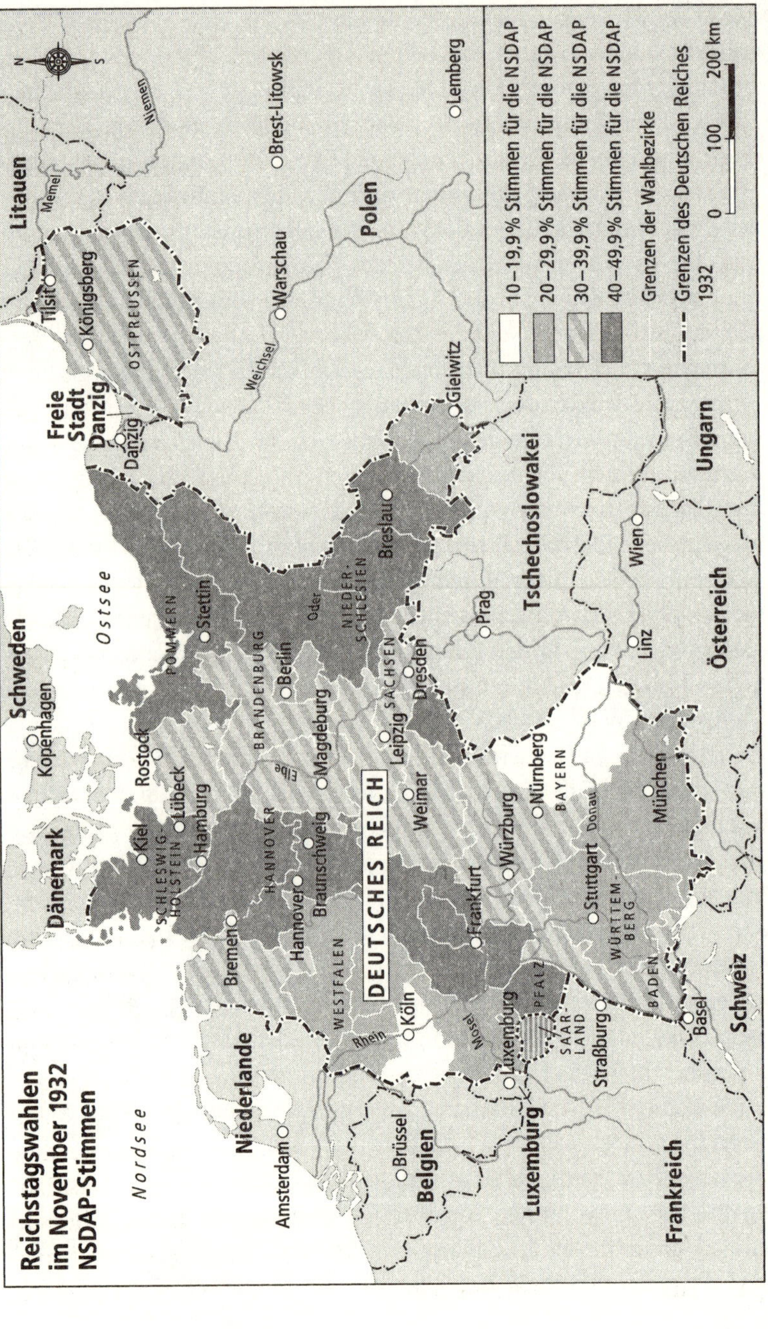
Reichstagswahlen
im November 1932
NSDAP-Stimmen
10–19,9 % Stimmen für die NSDAP
20–29,9 % Stimmen für die NSDAP
30–39,9 % Stimmen für die NSDAP
40–49,9 % Stimmen für die NSDAP
Grenzen der Wahlbezirke
Grenzen des Deutschen Reiches 1932
0 100 200 km
N
S
DEUTSCHES REICH
Nordsee
Ostsee
Niederlande
Belgien
Luxemburg
Frankreich
Schweiz
Österreich
Ungarn
Tschechoslowakei
Polen
Litauen
Dänemark
Schweden
Freie Stadt Danzig
OSTPREUSSEN
POMMERN
BRANDENBURG
SCHLESWIG-HOLSTEIN
HANNOVER
WESTFALEN
SACHSEN
NIEDER-SCHLESIEN
BAYERN
WÜRTTEMBERG
BADEN
PFALZ
SAAR LAND
Amsterdam
Brüssel
Luxemburg
Straßburg
Basel
Köln
Bremen
Hannover
Braunschweig
Frankfurt
Stuttgart
Würzburg
Nürnberg
München
Weimar
Leipzig
Dresden
Magdeburg
Berlin
Hamburg
Lübeck
Kiel
Rostock
Stettin
Breslau
Gleiwitz
Prag
Linz
Wien
Danzig
Königsberg
Tilsit
Kopenhagen
Warschau
Brest-Litowsk
Lemberg
Rhein
Mosel
Elbe
Oder
Donau
Weichsel
Memel
Njemen

sozialisten im Novemberwahlkampf. Jetzt erwogen sie, Papen zu wählen, wenn auch ohne große Begeisterung, weil er Katholik war. »Zweimal wählte ich Hitler«, sagte ihr ein alter Freund der Familie, ein ehemaliger Soldat, aber »es geht nicht mehr.« »Es ist traurig mit Hitler«, meinte ein anderer Bekannter: »Ich kann nicht mehr mit.« Die Unterstützung des Berliner Transportarbeiterstreiks habe Hitler Tausende von Stimmen gekostet, glaubte Louise Solmitz. Er sei eben nicht an Deutschland interessiert, sondern nur an der Macht. »Warum hat Hitler uns verlassen, nachdem er uns eine Zukunft zeigte, die man bejahen konnte«, fragte sie sich. Im November wählten die Solmitzens DNVP.[161]

Bei viel geringerer Wahlbeteiligung als im Juli verzeichnete die NSDAP einen starken Stimmenrückgang, von 13,7 Millionen auf 11,7 Millionen, wodurch die NSDAP-Fraktion im Reichstag von 230 auf 196 Sitze reduziert wurde. Die Nationalsozialisten blieben die bei weitem größte Partei, allerdings hatten sie weniger Sitze als die zwei »marxistischen« Parteien zusammen.[162] »Abwärts mit Hitler«, verkündete der sozialdemokratische *Vorwärts*.[163] »Wir haben eine Schlappe erlitten«, vertraute Joseph Goebbels seinem Tagebuch an.[164] Demgegenüber konnten die regierungsfreundlichen Parteien einige Gewinne durch die Wahl verbuchen. Die DNVP verbesserte ihre Vertretung im Reichstag von 37 auf 51 Sitze, die Deutsche Volkspartei von 7 auf 11. Viele ihrer Wähler waren zu ihren alten Parteien zurückgekehrt. Dennoch war es kaum mehr als ein Drittel der Werte, die diese zwei Parteien zu ihren besten Zeiten 1924 erreicht hatten. Der Niedergang der Deutschen Staatspartei, der ehemaligen DDP, setzte sich fort, sie bekam nur zwei von vormals vier Sitzen. Die SPD verlor weitere 12 Sitze und hatte jetzt 121, das war der niedrigste Stand seit 1924. Die KPD, noch immer die drittstärkste Partei, hatte ihre Stellung verbessern können; sie gewann 11 Sitze und verfügte jetzt mit 100 Sitzen über nicht viel weniger als die SPD. Für viele Deutsche aus den bürgerlichen Schichten war dies ein erschreckend gutes Abschneiden, in nicht allzu ferner Zukunft schien die Gefahr einer kommunistischen Revolution in der Luft zu liegen. Das Zentrum verzeichnete einen leichten Rückgang, von 75 auf 70 Stimmen, wobei einige ihrer Stimmen, ebenso wie bei der Bayerischen Volkspartei, an die NSDAP gefallen waren.[165]

Der neue Reichstag war noch weniger handlungsfähig als der alte. Den 100 Kommunisten saßen jetzt 196 Nationalsozialisten gegenüber; alle schickten sich an, ein parlamentarisches System zu zerstören, das sie haßten und verachteten. Infolge der rhetorischen Angriffe der Regierung auf Zentrum und SPD während des Wahlkampfs standen beide Parteien Papen feindseliger denn je gegenüber. Papen hatte es versäumt, etwas gegen seine Demütigung im Reichstag am 12. September zu tun. Im neuen Parlament saß er immer noch einer überwältigenden Mehrheit der Opposition gegenüber. Er erwog, NSDAP und KPD zu verbieten und unter Umgehung des Reichstags auf die Reichswehr gestützt ein Präsidialregime einzuführen. Jedoch war dies kein gangbarer Weg, denn inzwischen hatte er auch das Vertrauen der Reichswehr und ihrer führenden Offiziere eingebüßt. Schon früher hatte die Reichswehrhierarchie Reichswehrminister General Wilhelm Groener aus dem Amt gedrängt, da sie seine Bereitschaft zu Kompromissen mit der Weimarer Republik und ihren Institutionen nicht guthieß. Er wurde durch Schleicher ersetzt, dessen Ansichten sich mehr mit denen der führenden Offiziere deckten. Schleicher empfand Verdruß darüber, daß der Reichskanzler die Stirn besessen hatte, seine eigenen Ideen und Pläne für ein autoritäres Regime zu entwickeln, anstatt auf ihn zu hören. Papen war es mißlungen, jene Reichstagsmehrheit vornehmlich aus NSDAP und Zentrum zu beschaffen, die Schleicher und die Reichswehr erwartet hatten. Es war Zeit für einen neuen Anlauf. Schleicher teilte Papen mit, die Reichswehr sei nicht bereit, einen Bürgerkrieg zu riskieren, und entziehe ihm ihre Unterstützung. Das Kabinett stimmte zu, und Papen, konfrontiert mit der aus dem Ruder laufenden Gewalt der Straße und ohne jede Möglichkeit, eine Eskalation zu verhindern, war gezwungen, seine Rücktrittsabsicht bekanntzugeben.[166]

III

Es folgten zwei Wochen komplizierter Verhandlungen. Die Initiative lag bei Hindenburg und seiner Umgebung. Die Verfassungswirklichkeit stand mittlerweile wieder dort, wo sie im Bismarckreich gestanden hatte: Das Staatsoberhaupt ernannte die Regierung, ohne

Rücksprache mit Mehrheitsfraktionen oder Parlamenten. Der Reichstag wurde nicht mehr benötigt, nicht einmal mehr, um Gesetze zu verabschieden. Trotzdem bestand das Problem fort, daß jede Regierung, die versucht hätte, die Verfassung ohne legitimierende Reichstagsmehrheit im autoritären Sinne abzuändern, den Ausbruch eines Bürgerkriegs riskiert hätte. Die Suche nach einem parlamentarischem Rückhalt ging also weiter. Da die Nationalsozialisten nicht mitspielen wollten, war Schleicher gezwungen, am 3. Dezember 1932 selbst die Kanzlerschaft zu übernehmen, aber er stand von Anfang an auf verlorenem Posten. Hindenburg verübelte Schleicher das Zerwürfnis mit Papen, den er schätzte und dem er vertraute und dessen Ideen er weitgehend teilte. Bei Zentrum und SPD weniger verhaßt als Papen, verschaffte er sich eine letzte Frist, indem er auf die Wiederholung von Papens autoritärer Rhetorik verzichtete. Er setzte seine Hoffnung auf die Nationalsozialisten, die durch die Novemberwahlen geschwächt und unschlüssig über ihre nächsten Schritte waren. Bei Kommunalwahlen in Thüringen Anfang Dezember war ihr Stimmenanteil gegenüber ihrem Spitzenergebnis bei den Reichstagswahlen im Juli um 40 Prozent zurückgegangen, und die Partei war nach einem Jahr angespannten Wahlkampfs bankrott. Die Zeit schien für Schleicher zu arbeiten.[167]

In der NSDAP erhoben sich Stimmen, die Hitler für seine Weigerung kritisierten, einer Koalitionsregierung in einer anderen Position als in der des Kabinettchefs anzugehören. An der Spitze der Kritiker stand Reichsorganisationsleiter Gregor Strasser, der sich der prekären Lage bewußt war, in die Hitler die in den letzten Jahren so mühsam aufgebaute Parteiorganisation gebracht hatte. Strasser umwarb daher sowohl die Großwirtschaft, von der er sich eine Aufbesserung der Parteifinanzen erhoffte, als auch die Gewerkschaften, die er für eine Beteiligung an einer nationalen Koalition auf breiter Basis zu gewinnen suchte. Strassers Gegner in der Parteiführung, vor allem Joseph Goebbels, die seine Absichten durchschauten, intrigierten gegen ihn und warfen ihm vor, er sabotiere den Siegeszug der Partei zur Macht.[168] Die Dinge spitzten sich zu, als Schleicher, um Hitler unter Druck zu setzen, Separatverhandlungen mit Strasser über einen möglichen Posten in der Regierung führte. Wie abzusehen war, gediehen diese nicht sehr weit. Doch in der überhitzten politischen

Atmosphäre am Jahresende 1932 lösten sie Gerüchte aus, Schleicher versuche, sich Rückendeckung durch eine »Querfront« aus dem Strasser-Flügel in der NSDAP und den Gewerkschaften zu verschaffen. Diese Gerüchte entbehrten jeder Grundlage. Das einzige, was sie erreichten, war eine Verstärkung des bereits verbreiteten Mißtrauens gegen Schleicher in der politischen Elite: Seine Vorliebe für Intrigen wurde nur noch von seiner Unfähigkeit übertroffen, die politische Situation in den Griff zu bekommen, nachdem er aus den Kulissen herausgetreten war. Es gab keinen »Strasser-Flügel« in der NSDAP, und Hitler hielt in jedem Fall daran fest, daß die Nationalsozialisten keiner Regierung beitreten dürften, in der er nicht Kanzler war. In einer spannungsgeladenen Besprechung warb Strasser vergeblich für seinen Standpunkt und trat am 8. Dezember von allen Parteiämtern zurück.

Hitler beeilte sich, einer Spaltung der Partei zuvorzukommen, indem er die Anhänger seines ehemaligen zweiten Mannes aus der Partei ausstieß und persönlich an die Zweifler appellierte. Auf einer kurzen, hektischen Rundreise durch Deutschland sprach er mit zahllosen Parteifunktionären und überzeugte sie von der Richtigkeit seines Standpunkts, während er Strasser in die Rolle des Verräters drängte, so, wie zu derselben Zeit in der Sowjetunion Stalin dabei war, Trotzki in die Rolle des Verräters zu drängen. Die Gefahr einer Spaltung der Partei war real gewesen; Hitler und Goebbels nahmen diese Gefahr ernst. Die Gefahr einer Spaltung drohte ausschließlich aufgrund unterschiedlicher Ansichten über das weitere taktische Vorgehen. Strasser vertrat in keiner Weise eine andere Zukunftsvision als Hitler, sein ideologischer Standpunkt war dem Hitlers sehr ähnlich, und er hatte 1930 rückhaltlos den Parteiausschluß seines Bruders Otto unterstützt, dessen Meinungen links von der Hauptlinie der Partei gelegen hatten. Hätte Gregor Strasser im Dezember 1932 einen Feldzug für seinen Standpunkt geführt, so hätte er durchaus einen wesentlichen Teil der Partei auf seine Seite ziehen und ihr schwersten Schaden zufügen können. Statt dessen tat er nichts. Unmittelbar nach seinem Rücktritt fuhr er in den Urlaub nach Italien und zog sich aus der Politik zurück. Hitler machte sich selbst zum Reichsorganisationsleiter und zerschlug die zentralisierte Verwaltungsstruktur der Partei für den Fall, daß ein anderer sie übernahm.

Die Krise in der Partei war vorüber, Hitler und die Führung konnten aufatmen.[169]

Schleichers Mißlingen bei dem Versuch, die Nationalsozialisten zu gewinnen, sollte sich als entscheidend erweisen. Zwar schienen seine Aussichten, oberflächlich betrachtet, um die Jahreswende 1932/33 nicht schlecht zu sein. Die NSDAP war im Niedergang begriffen, ihr erfolgreiches Abschneiden bei den Landtagswahlen in Lippe am 15. Januar, wo sie 39,5 Prozent der Stimmen erhielt, vermochte angesichts einer Wählerschaft von nur 100 000 viele nicht zu überzeugen. Massive Propagandaanstrengungen und ein Wahlkampf von beispielloser Heftigkeit hatten das Ergebnis der NSDAP gegenüber den Reichstagswahlen vom Juli 1932 nicht verbessern können. Hitler und Goebbels verstanden es zwar, die Stimmung in der Partei zu heben und ihre Entschlossenheit zu stärken, indem sie das Wahlergebnis als großartigen Sieg verkauften, aber die meisten maßgeblichen Leute in der Politik wußten, wo die Partei tatsächlich stand.[170] So schrumpfte bei Wahlen zu Studentenvertretungen ihr Anteil von 48 Prozent im Jahre 1932 auf 43 Prozent Anfang 1933.[171] Gleichzeitig hellte sich die Lage der Weltwirtschaft auf, die Talsohle der Krise schien durchschritten zu sein. Schleicher erkannte die Möglichkeiten, die die Lösung vom Goldstandard bot, und bereitete ein umfangreiches Arbeitsbeschaffungsprogramm vor. Das verhieß nichts Gutes für die Nationalsozialisten, die ihren Aufstieg in der Wählergunst vornehmlich der Wirtschaftskrise zu verdanken hatten.

Doch der Niedergang der Nationalsozialisten und die Erholung der Wirtschaft würden sehr wahrscheinlich erst nach vielen Monaten oder gar Jahren spürbare Wirkung zeigen. Und Schleicher standen nicht Monate oder Jahre zur Verfügung, sondern nur Wochen. Hindenburg und seine Berater, vor allem sein Sohn Oskar, Staatssekretär Meißner und der ehemalige Reichskanzler Franz von Papen schien es zu diesem Zeitpunkt dringender denn je geboten, die Nationalsozialisten durch Einbindung in eine Regierung zu zähmen. Ihre jüngsten Verluste und die innerparteilichen Querelen mochten diese Einbindung erleichtern. Wenn aber ihr Niedergang andauerte, war es angesichts des kommenden wirtschaftlichen Aufschwungs in absehbarer Zukunft möglich, daß sich die alten Parteien wieder erholten und eine parlamentarische Regierung, womöglich unter

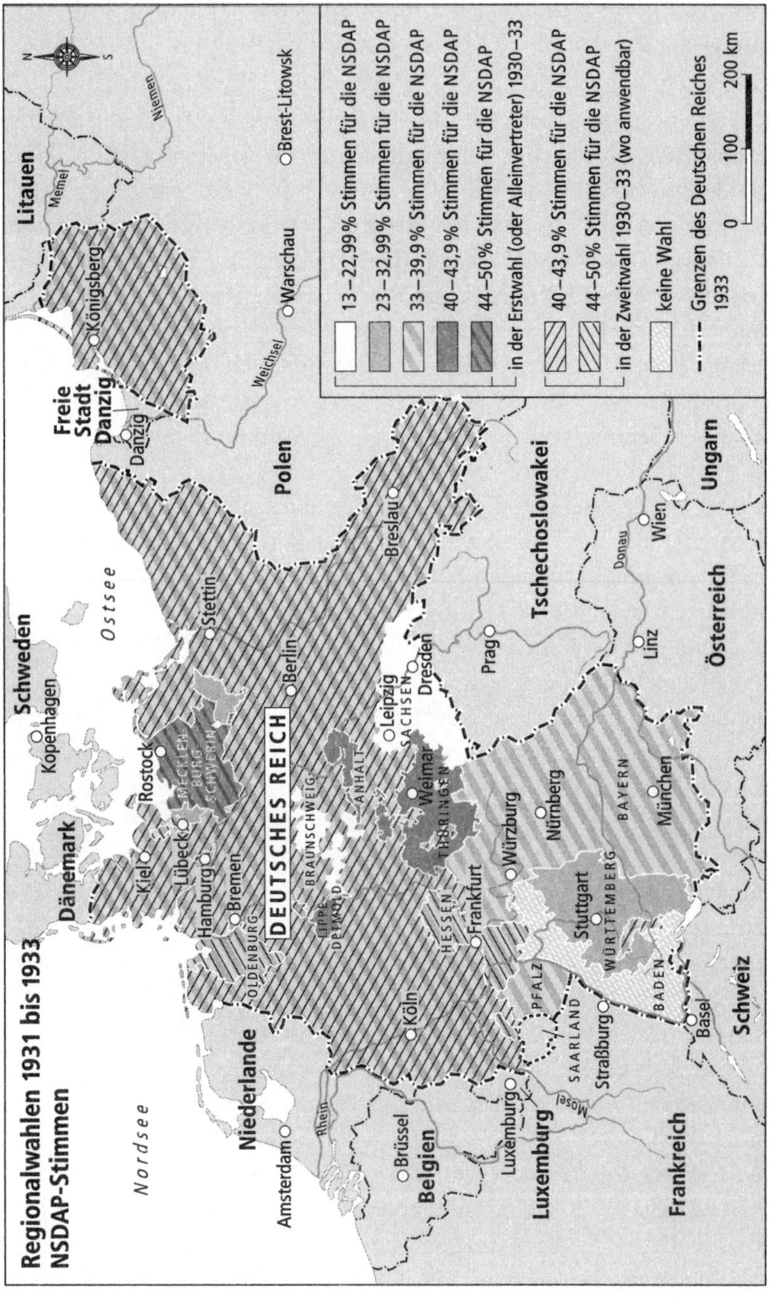
Regionalwahlen 1931 bis 1933
NSDAP-Stimmen
13–22,99 % Stimmen für die NSDAP
23–32,99 % Stimmen für die NSDAP
33–39,9 % Stimmen für die NSDAP
40–43,9 % Stimmen für die NSDAP
44–50 % Stimmen für die NSDAP
in der Erstwahl (oder Alleinvertreter) 1930–33
40–43,9 % Stimmen für die NSDAP
44–50 % Stimmen für die NSDAP
in der Zweitwahl 1930–33 (wo anwendbar)
keine Wahl
Grenzen des Deutschen Reiches 1933
0
100
200 km
N
S
Nordsee
Ostsee
DEUTSCHES REICH
Schweden
Dänemark
Niederlande
Belgien
Luxemburg
Frankreich
Schweiz
Österreich
Tschechoslowakei
Ungarn
Polen
Litauen
Freie Stadt Danzig
Kopenhagen
Amsterdam
Brüssel
Luxemburg
Straßburg
Basel
Wien
Linz
Prag
Warschau
Brest-Litowsk
Königsberg
Danzig
Stettin
Berlin
Breslau
Dresden
Leipzig
Weimar
Rostock
Lübeck
Kiel
Hamburg
Bremen
Frankfurt
Köln
Würzburg
Nürnberg
München
Stuttgart
MECKLENBURG-SCHWERIN
BRAUNSCHWEIG
ANHALT
SACHSEN
THÜRINGEN
LIPPE-DETMOLD
OLDENBURG
HESSEN
PFALZ
SAARLAND
BADEN
WÜRTTEMBERG
BAYERN
Rhein
Mosel
Donau
Weichsel
Memel
Njemen

Beteiligung der Sozialdemokraten, wiederkehrte. Hugenberg war über eine solche Aussicht ebenfalls höchst beunruhigt. Manche wirtschaftlichen Vorhaben Schleichers, unter anderem die mögliche Verstaatlichung der Stahlindustrie und seine im Dezember verfügte Aufhebung der von Papen im September verhängten Lohn- und Gehaltskürzungen verursachten ebenfalls Besorgnis bei Teilen der Geschäftswelt, deren Interessen Papen, Hindenburg und Hugenberg vertraten. Als Gutsbesitzer lehnte Hindenburg Schleichers Vorschlag einer Bodenreform in Ostelbien ab, wo die Junker ihre bankrotten Güter an die Bauern verteilen sollten. Um Hindenburg formierte sich eine Koalition konservativer Kräfte, die Schleicher beseitigen wollte, zumal seine Erklärung, daß er weder für den Kapitalismus noch für den Sozialismus sei, ihren Mißmut erregt hatte.[172]

Die Verschwörer versicherten sich der Unterstützung des Stahlhelms und seiner Führer Franz Seldte und Theodor Duesterberg für ihren Plan, Schleicher aus dem Amt zu drängen und durch einen anderen zu ersetzen. 500 000 Mann stark, war der Stahlhelm eine starke Kampftruppe, die allerdings gespalten war. Die Stahlhelmführer Seldte und Duesterberg bekämpften sich und konnten kein Einvernehmen darüber erzielen, ob sie die Nationalsozialisten oder die Konservativen unterstützen sollten. Die Selbstverpflichtung des Stahlhelms, »über den Parteien« zu stehen, war eine ständige Quelle innerer Zwistigkeiten. In dieser Situation forderten viele altgediente Mitglieder nicht ohne Erfolg die Rückbesinnung des Frontsoldatenbundes auf praktische Aufgaben wie soziale Aktivitäten, militärische Ausbildung und »Schutz« der deutschen Ostgrenzen durch starke paramilitärische Präsenz. Der Stahlhelm verstand sich vor allem als Reservearmee, die notfalls zur Stelle war, um die offiziellen Reichswehrtruppen zu verstärken, welche aufgrund der vom Versailler Vertrag verhängten Beschränkungen kaum mehr als ein Fünftel ihrer eigenen Stärke hatten. Duesterbergs katastrophales Abschneiden bei den Reichspräsidentenwahlen hatte viele davon überzeugt, daß ein Rückzug aus den politischen Auseinandersetzungen ratsam sei. Als preußischer Offizier mißtraute er den Nationalsozialisten und hielt sie für zu vulgär und chaotisch, um würdige Partner zu sein. Duesterbergs eigene Stellung war durch die für viele Stahlhelmer bestürzende Enthüllung erschüttert worden, daß er jüdischer Abstammung war. Schließlich beschloß Seldte Anfang 1933, den Stahlhelm für die Verschwörung gegen Schleicher bereitzuhalten.[173]

Papen selbst, obwohl in die Verschwörung verwickelt, kam für die Kanzlerschaft nicht in Betracht, er hatte es sich in den vergangenen Monaten fast mit jedermann außerhalb von Hindenburgs Umgebung verdorben und besaß auch keinen Rückhalt im Volk. Hektische Verhandlungen führten zu dem Plan, Hitler zum Reichskanzler zu machen und ihm eine Mehrheit von konservativen Kabinettskollegen an die Seite zu geben, die ihn in Schach halten sollten. Die Sache eilte, da Gerüchte umgingen, wonach Schleicher in Verbindung mit dem Chef der Heeresleitung, General Kurt von Hammerstein, einen Gegenschlag plante. Er beabsichtigte, einen autoritären Ständestaat einzuführen, den Reichstag per Notverordnung auszuschalten, der Reichswehr die Kontrolle zu übertragen und die NSDAP ebenso wie die KPD zu verbieten. Es kam Hindenburg sogar zu Ohren, Schleicher plane, ihn abzusetzen und das Amt des Reichspräsidenten selbst zu übernehmen. Hindenburgs Sohn Oskar und andere Mitglieder der Entourage glaubten anscheinend sogar, Schleicher stehe im Begriff, die Verhaftung des Reichspräsidenten zu befehlen und ihn gewaltsam in einem plombierten Eisenbahnwaggon zu seinem Gut verbringen zu lassen. »Wenn nicht bis elf Uhr eine neue Regierung gebildet ist«, sagte Papen am 30. Januar 1933 zu Hugenberg und den Stahlhelmführern, »marschiert die Reichswehr. Eine Militärdiktatur unter Schleicher und Hammerstein droht.«[174]

Das Gerücht verbreitete sich, weil in politischen Kreisen bekannt war, daß Schleicher mangels sicherer parlamentarischer Unterstützung keine andere Wahl hatte, als zur Überwindung der Krise den Reichspräsidenten um weitreichende, nicht mehr verfassungskonforme Vollmachten zu bitten. Als er mit dieser Bitte zu Hindenburg kam, sahen der greise Reichspräsident und seine Umgebung ihre Chance, ihn loszuwerden, und lehnten ab. Manche erwarteten, daß nach dieser Ablehnung Schleicher und die Reichswehr zur Tat schreiten und sich die Vollmachten selbst nehmen würden. Doch Schleicher und die Reichswehr erwogen einen Putsch nur für den Fall, daß Papen ins Kanzleramt zurückkehrte, weil sie befürchteten, eine Ernennung Papens könne zum Ausbruch eines Bürgerkriegs führen. Darauf bedacht, diese Situation zu vermeiden, sah Schleicher nun in einer Kanzlerschaft Hitlers eine aus Sicht der Reichswehr willkommene Lösung. Jedenfalls war er der beschwerlichen und ermüdenden Routine überdrüssig, die Pflichten eines Reichskanzlers selbst zu erfüllen; er zog viel lieber die Freiheit vor, wie er sie sah, die Ereignisse hinter den Kulissen zu lenken. »Wenn Hitler eine Diktatur im Reiche errichten will«, sagte er vertraulich, »dann wird die Wehrmacht die Diktatur in der Diktatur sein.«[175] Da er vom Reichspräsidenten nicht die Erlaubnis bekam, an der Verfassung vorbeizuregieren, blieb Schleicher nichts anderes übrig, als seinen Rücktritt einzureichen.

Papen führte nun eine Reihe hektischer Gespräche mit führenden Politikern auf der äußersten Rechten. Bereits mehrere Tage vor dem Rücktritt Schleichers am 28. Januar 1933, als für die Eingeweihten klar war, daß der Reichskanzler für eine Auflösung des Reichstags vor dessen nächster Sitzung am 31. Januar wahrscheinlich nicht die Zustimmung des Reichspräsidenten erhalten würde, hatte sich Papen die Unterstützung der meisten parteilosen Minister gesichert, die in seinem Kabinett gedient hatten und von Schleicher übernommen worden waren. Hindenburg selbst wurde durch das Versprechen Görings an den Gedanken einer Regierung Hitlers gewöhnt, diese werde seine Stellung und seine Befugnisse respektieren. Gleichzeitig versicherten ihm seine Gutsnachbarn und vor allem sein Freund Elard von Oldenburg-Januschau, die den Kräften des politischen Konservatismus verbundene Reichswehr werde alles tun, um Hitler daran zu hindern, seine Position dazu zu nutzen, eine Einparteiendiktatur zu errichten. Der widerstrebende Hugenberg wurde von Papen mit der Zusicherung von gleich vier Ministerien gewonnen – Wirtschaft und Landwirtschaft im Reich wie in Preußen. Diese Ämter, glaubte Hugenberg, würden ihn in die Lage versetzen, die Flut des Sozialismus in der Wirtschaft zurückzudrängen, und sie im Interesse der Landeigentümer und Unternehmer umzustrukturieren. In einem Gespräch mit dem Reichspräsidenten erklärte Papen sich bereit, das Amt des Vizekanzlers zu übernehmen, und akzeptierte Hindenburgs Kandidaten für das Amt des Reichswehrministers, Werner von Blomberg, einer der hohen Generäle, die der nationalsozialistischen Bewegung mit viel Sympathie begegneten, obwohl anscheinend weder Hindenburg noch Papen etwas davon wußten. Danach sprach Papen mit Hitler und Göring und traf mit ihnen ein

Abkommen: Die NSDAP sollte die Innenministerien im Reich und in Preußen erhalten, während die übrigen Ministerien an Kandidaten des Reichspräsidenten und des Vizekanzlers gehen sollten; etliche von ihnen hatten bereits in den beiden vorangegangenen Kabinetten gedient, und Papen hielt sie für zuverlässige konservative Verbündete.

Von entscheidender Bedeutung war die Zusicherung Papens gegenüber Hitler, daß der Reichstag unverzüglich aufgelöst und daß es Neuwahlen geben würde. Diese waren für Hitler unbedingt notwendig, wie er Papen gegenüber erklärte, weil er ein Ermächtigunsgesetz vorlegen wollte, das dem Kabinett die volle gesetzgebende Gewalt übertragen würde, ohne daß der Reichstag oder der Reichspräsident zustimmen mußte. Hierzu bedurfte es zuvor einer Verfassungsänderung, die nur mit einer Zweidrittelmehrheit möglich war, die Hitler zu erringen hoffte, wenn ihm für den Wahlkampf erst einmal sämtliche staatlichen Ressourcen zur Verfügung standen. In einer letzten verzweifelten Serie von Gesprächen wurden die wenigen noch offenen Fragen geklärt. Hindenburgs letzter Einwand, er werde Hitler nicht zum Kanzler eines Präsidialkabinetts ernennen, wurde durch Papens Versicherung entkräftet, im Kabinett werde auch die Zentrumspartei vertreten sein, so daß es über einen entsprechenden parlamentarischen Rückhalt verfüge; die sonstigen im neuen Kabinett vertretenen Parteien waren parlamentarisch auf eine völlige Bedeutungslosigkeit geschrumpft, doch das Zentrum verfügte im Reichstag über eine ausreichende Zahl von Sitzen, um eine Koalition mit der NSDAP in dieser Hinsicht plausibel erscheinen zu lassen. Tatsächlich hatte Papen überhaupt nicht die Absicht, das Zentrum an der Regierung zu beteiligen, und überdies war er mit dieser Partei so heillos zerstritten, daß diese ein solches Angebot, wäre es denn gemacht worden, wahrscheinlich nicht angenommen hätte. Doch Hindenburg war besänftigt. Schließlich wurde Hitler am 30. Januar 1933 mittags als Reichskanzler vereidigt. Der Eid, den er leistete, enthielt auch die feierlich Verpflichtung, die Verfassung zu achten. Doch seine Vereinbarung mit Papen, ein Ermächtigungsgesetz verabschieden zu lassen, hatte in Wirklichkeit bereits seine Absicht erkennen lassen, sie außer Kraft zu setzen.[176]

Die neue Regierung beherrschte zahlenmäßig Papen mit seinen Konservativen. Der radikale Flügel der stark dezimierten DNVP kam in die Regierung, Alfred Hugenberg übernahm das Wirtschafts- und Landwirtschaftsministerium. Konstantin Freiherr von Neurath, der schon in den Kabinetten Papen und Schleicher Außenminister gewesen war, blieb ebenso im Amt wie Lutz Graf Schwerin von Krosigk als Finanzminister, und Franz Gürtner von der DNVP wurde Justizminister. Das Reichswehrministerium übernahm Werner von Blomberg. Franz Seldte zog als Vertreter des Stahlhelms ins Arbeitsministerium.

An die NSDAP gingen nur zwei wichtige Staatsämter, aber beide waren Schlüsselpositionen, die Hitler als Preis für seine Zustimmung zu dem Geschäft gefordert hatte: das Innenministerium, das Wilhelm Frick, und die Reichskanzlei, die er selbst bezog. Hermann Göring wurde zum Reichsminister ohne Geschäftsbereich und amtierenden preußischen Innenminister ernannt, was ihm den Zugriff auf die Polizei im größeren Teil Deutschlands gab. Die Nationalsozialisten konnten daher die gesamte Sicherheitssituation in Deutschland in ihrem Sinne manipulieren. Wenn sie geschickt vorgingen, würden die Braunhemden bald freie Bahn haben, um die Gewalt auf der Straße in eine neue Dimension zu treiben. Franz von Papen wurde Vizekanzler und fungierte weiterhin als Reichskommissar in Preußen, nominell war er also Görings Vorgesetzter. Umgeben von Freunden Papens, der das Ohr des mächtigen Reichspräsidenten hatte, würden Hitler und seine Nazis, vulgär, ungebildet und unerfahren im Regierungsgeschäft, leicht an die Kandare zu nehmen sein. »Sie irren sich«, meinte Papen hochnäsig zu einem Skeptiker, der seiner Beunruhigung Ausdruck gegeben hatte, »wir haben ihn uns engagiert.«[177] »In zwei Monaten«, vertraute er einem besorgten konservativen Bekannten an, »haben wir Hitler in die Ecke gedrückt, daß er quietscht.«[178]

5. KAPITEL

Die Schaffung des Dritten Reiches

Der Terror beginnt

I

Daß die Ernennung Hitlers zum Reichskanzler kein gewöhnlicher Regierungswechsel war, wurde sehr schnell deutlich, als Goebbels einen Fackelzug aus Braunhemden, Stahlhelmern und SS-Leuten durch Berlin organisierte, der am 30. Januar 1933 um 7 Uhr abends begann und bis weit nach Mitternacht andauerte. Eine hitlerfreundliche Zeitung gab die Zahl der Teilnehmer begeistert mit 700 000 an.[1] Plausibler als diese Zahl war der Bericht einer anderen Zeitung, in dem die Fackelzüge als »ein unvergeßliches Erlebnis« geschildert wurden und dem zufolge 18 000 SA- und SS-Leute, 3000 Mitglieder des Stahlhelms und 40 000 Zivilisten, insgesamt rund 61 000 Personen teilgenommen hatten. Eine dritte Schätzung aus einer distanzierteren Quelle veranschlagte die Zahl der uniformierten Marschierer auf höchstens 20 000. Tausende neugieriger Zuschauer säumten die Straßen, um den Zug zu sehen, viele jubelten, als die Kolonnen vorbeimarschierten. Das Schauspiel war typisch für die Inszenierungen von Massenveranstaltungen, die Goebbels in den folgenden Jahren perfektionieren sollte. Unter den Zuschauern war auch der junge Hans-Joachim Heldenbrand, der sich zufällig an einer Stelle befand, wo die SA-Männer eine Pause einlegten und ihre abgebrannten Fackeln gegen frisch angezündete austauschten. Im Lauf des Abends fiel ihm auf, daß vor ihm immer wieder dieselben Gesichter auftauchten. »Da siehst du den Betrug«, sagte sein Vater zu ihm. »Die ziehen immer im Kreise herum, als seien es hunderttausend.«[2]

Während die uniformierten Kolonnen vorbeimarschierten, trat der greise Hindenburg an sein Fenster, um den Vorbeimarsch abzunehmen. Um das jeweilige Gewicht der Deutschnationalen und der Nationalsozialisten in der neuen Regierung symbolisch zum Ausdruck zu bringen, ließ Goebbels die SA an der Spitze des Zugs marschieren, gefolgt von den Mitgliedern des Stahlhelms. Nachdem Hindenburg mehrere Stunden gestanden hatte, ließ seine Aufmerksamkeit nach, und seine Gedanken wanderten zu den ruhmreichen frühen Tagen des Ersten Weltkriegs zurück. Jemand aus seiner Umgebung erzählte später dem Engländer John Wheeler-Bennet:

> »Die Braunhemden zogen mit schlurfendem Schritt vorbei, gefolgt von den feldgrauen Reihen der Stahlhelmer, die mit einer Präzision marschierten, die aus der Disziplin geboren war. Der alte Feldmarschall beobachtete sie von seinem Fenster aus wie in einem Traum, und die Männer hinter ihm sahen, wie er über die Schulter zurück nickte. ›Ludendorff‹, sagte der alte Mann und verfiel wieder in sein rauhes Bellen, ›wie gut Ihre Leute marschieren, und was für einen Haufen Gefangene sie gemacht haben!‹«[3]

Die deutschnationale Presse stellte Hindenburg als die zentrale Figur der Jubelfeier dar, die Fackelzüge seien eine »Huldigung von Hunderttausenden vor Hindenburg«.[4] Die Polizei begleitete den Zug faktisch als Teilnehmer. Sie richtete einen Scheinwerfer auf das Fenster, an dem der Präsident stand, so daß jeder beobachten konnte, wie er die Hochrufe der Marschierenden entgegennahm.[5] Überall wehten die schwarz-weiß-roten Fahnen, im Rundfunk verglich Göring die Mengen mit den Massen, die zusammengekommen waren, um den Ausbruch des Ersten Weltkriegs zu feiern. Es herrsche eine Stimmung, sagte er, »wie sie nurmehr zu vergleichen ist mit jenem August 1914, da ebenfalls eine Nation aufgebrochen ist, alles, was sie besaß, zu verteidigen«. Die »Qual, Schmach und Schande von vierzehn Jahren« waren getilgt, der Geist von 1914 war wieder auferstanden.[6] Das waren Gefühle, mit denen jeder Nationalist sich identifizieren konnte. Deutschland erlebte in den Worten einer deutschnationalen Zeitung ein »zweites August-Wunder«.[7] Einige Tage später zog Louise Solmitz beim Anblick der vorbeimarschierenden Kolonnen auf der Straße denselben Vergleich: »Es war wie 1914, jeder hätte jedem um den Hals fallen mögen im Zeichen Hitlers. Trunkenheit ohne Wein.«[8] Möglicherweise kam ihr nicht zu Bewußtein, daß der Geist von 1914 Krieg bedeutete: Die Mobilmachung eines ganzen Volkes als die Basis für einen bewaffneten Konflikt, die Unterdrückung der Kritik im Inneren als Vorbereitung auf eine Aggression nach außen. Das war es, was die Nationalsozialisten jetzt im Auge hatten, wie man der Erklärung Görings entnehmen konnte. Vom

30. Januar an sollte die deutsche Gesellschaft so schnell wie möglich in allen Lebensbereichen auf den Kriegszweck ausgerichtet werden.[9]

Goebbels jubilierte bei den Feiern. Es war ihm bereits gelungen, eine Direktübertragung im staatlichen Rundfunk zu organisieren, obwohl er im neuen Kabinett noch keine offizielle Funktion hatte. Die Ergebnisse übertrafen alle seine Erwartungen:

> »Großer Jubel. Unten randaliert das Volk ... Warten auf den Fackelzug... Um 7^{h} beginnt's. Endlos. Bis 10^{h}. Am Kaiserhof. Dann Reichskanzlei. Unendlich. Bis nach 12^{h}. Eine Million Menschen unterwegs. Der Alte nimmt den Vorbeimarsch ab. Im Nebenhaus Hitler. Aufbruch! Spontane Explosion des Volkes. Unbeschreiblich. Immer neue Massen. Hitler ist weg. Sein Volk jubelt ihm zu ... Sinnloser Taumel der Begeisterung ... Alles im Rausch ... Wahlkampf vorbereiten. Der letzte. Den werden wir haushoch gewinnen.«[10]

Gesänge des Deutschlandlieds wechselten sich mit dem Horst-Wessel-Lied ab, als die uniformierten Kolonnen durch das Brandenburger Tor und an den Regierungsgebäuden vorbeimarschierten.[11]

Viele Menschen fanden sich plötzlich von den begeisterten Demonstrationen mitgerissen. Die Fackelzüge wiederholten sich an den folgenden Abenden in vielen Städten außerhalb Berlins.[12] In Berlin veranstaltete der Nationalsozialistische Deutsche Studentenbund am Nachmittag des 31. Januar seinen eigenen Zug, der vor der Börse endete, dem »›Mekka‹ des deutschen Judentums«, wie eine rechtsstehende Zeitung sie bezeichnete. Börsenmakler wurden beim Verlassen des Gebäudes von den Studenten mit Sprechchören »Juda verrecke!« empfangen.[13] Louise Solmitz, die am 6. Februar einen Fackelzug in Hamburg beobachtete, war »wie berauscht vor Begeisterung, geblendet vom Licht der Fackeln gerade vor unseren Gesichtern und immer in ihrem Dunst, wie in einer süßen Wolke von Weihrauch«. Wie viele andere Familien aus dem bürgerlichen Milieu nahmen auch die Eltern Solmitz ihre Kinder mit, damit diese das außergewöhnliche Schauspiel sehen konnten, »denn die Kinder hätten bisher so überaus klägliche Eindrücke gehabt, daß sie, wie einst wir, auch einmal einen starken, nationalen Eindruck ganz durchkosten und empfinden und als Erinnerung bewahren sollten«. Von 10 Uhr abends an, so schrieb sie in ihr Tagebuch,

> »folgten sich, wie Wellen am Meer, 20 000 Braunhemden, begeistert leuchteten die Gesichter im Fackelschein. ›Unserm Führer, unserm Reichskanzler Adolf Hitler ein dreifaches Heil!‹ ... Sie sangen ›Die Republik ist Schiet‹ ... Neben uns hob ein kleiner Junge von 3 Jahren immer wieder die winzige Hand ›Heil Hitler, Heil Hitlermann!‹ ... ›Juda verrecke‹, wurde auch mal gerufen und vom Judenblut gesungen, das vom Messer spritzen sollte.«

»Wer nahm das damals ernst?« fügte sie später ihrem Tagebuch hinzu.[14]

Die junge Melita Maschmann wurde am 30. Januar von ihren konservativen Eltern mitgenommen, um den Fackelzug zu sehen, und hatte noch Jahrzehnte später die Szene lebhaft vor Augen. Sie erinnerte sich nicht nur an die Begeisterung, sondern auch an die drohenden Untertöne von Gewalt und Aggression, von denen der Vorbeimarsch begleitet war:

> »Das Hämmern der Schritte, die düstere Feierlichkeit roter und schwarzer Fahnen, zuckender Widerschein der Fackeln auf den Gesichtern und Lieder, deren Melodien aufpeitschend und sentimental zugleich klangen.
>
> Stundenlang marschierten die Kolonnen vorüber, unter ihnen immer wieder Gruppen von Jungen und Mädchen, die kaum älter waren als wir ... Irgendwann sprang jemand plötzlich aus der Marschkolonne und schlug auf einen Mann ein, der nur wenige Schritte von uns entfernt gestanden hatte. Vielleicht hatte er eine feindselige Bemerkung gemacht. Ich sah ihn mit blutüberströmtem Gesicht zu Boden fallen, und ich hörte ihn schreien. Eilig zogen uns die Eltern fort aus dem Getümmel, aber sie hatten nicht verhindern können, daß wir den Blutenden sahen. Sein Bild verfolgte mich tagelang. In dem Grauen, das es mir einflößte, war eine winzige Zutat von berauschender Lust: ›Für die Fahne wollen wir sterben‹, hatten die Fackelträger gesungen ... ich weiß, daß mich ein brennendes Verlangen erfüllte, zu denen zu gehören, für die es um Tod und Leben ging ... Ich wollte aus meinem kindlichen, engen Leben heraus und wollte mich an etwas binden, das groß und wesentlich war.«[15]

Solchen Menschen aus der bürgerlichen Schicht erschien die Gewalt, von der diese Märsche begleitet waren, etwas Zufälliges und nicht besonders bedrohlich. Doch andere befürchteten von der Ernennung Hitlers von Anfang an das Schlimmste. Als das ausländische Pressekorps von einem Fenster des Reichspresseamtes aus den Vorbeimarsch verfolgte, hörte man, wie ein Journalist bemerkte, sie seien Zeugen des Äquivalents von Mussolinis Machtergreifung in Italien 13 Jahre zuvor – »der Marsch auf Rom in deutscher Form«.[16]

Vor allem die Kommunisten wußten, daß die Hitlerregierung gegen sie und ihre Aktivitäten hart durchgreifen würde. Bereits am Abend des 30. Januar forderte die Rechtspresse ein Verbot der KPD, nachdem aus einem Haus in Charlottenburg auf eine vorbeimarschierende Kolonne von SA-Leuten Schüsse abgegeben worden waren. Dabei kamen ein Polizist und ein SA-Mann ums Leben.[17] Die kommunistische Zeitschrift *Die Rote Fahne* wurde verboten, die noch nicht verkauften Exemplare wurden konfisziert, und die Polizei nahm über 60 Personen fest, als es in Berlin-Spandau zwischen Nationalsozialisten und Kommunisten zu einer Schießerei kam.[18] Ähnliche, wenn auch weniger spektakuläre Zusammenstöße ereigneten sich in Düsseldorf, Halle, Hamburg und Mannheim, während anderswo die Polizei alle kommunistischen Demonstrationen von vornherein verbot. In Altona, Chemnitz, Müncheberg, München und Worms sowie in mehreren Arbeiterbezirken in Berlin riefen die Kommunisten zu öffentlichen Demonstrationen gegen das neue Kabinett auf. Meldungen zufolge gingen 5000 Arbeiter in Weißenfels aus Protest gegen die neue Regierung auf die Straße, und auch anderswo kam es zu kleineren Demonstrationen.[19] In einer der bemerkenswertesten Protestveranstaltungen, in der württembergischen Kleinstadt Mössingen, wo bei den Wahlen von 1932 knapp ein Drittel der abgegebenen Stimmen auf die KPD entfallen waren, riefen die Männer einen Generalstreik aus. Als bis zu 800 der insgesamt knapp 4000 Einwohner zählenden kleinen Industriestadt aus Protest gegen Hitler und seine Regierung auf die Straße gegangen waren, bekamen sie sehr bald die Realität der neuen Situation zu spüren, als die Polizei gegen sie vorging und alle verhaftete, in denen sie Rädelsführer sah, insgesamt über 80 Teilnehmer, von denen 71 anschließend wegen Landesverrats verurteilt wurden. Verantwortlich für den

Polizeieinsatz war die konservative katholische Regierung Württembergs unter Eugen Bolz, der einen kommunistischen Aufstand befürchtete. Im Rückblick auf diese Ereignisse sagte einer der Beteiligten viele Jahre später stolz, wenn alle dem Beispiel Mössingens gefolgt wären, hätten es die Nationalsozialisten nie geschafft.[20]

In etlichen größeren und kleineren Städten bestand unter den Mitgliedern der Arbeiterparteien eine starke Bereitschaft, sich angesichts der nationalsozialistischen Bedrohungen zusammenzuschließen. Doch weder die Kommunisten noch die Sozialdemokraten unternahmen etwas, um die Protestmaßnahmen in einem größeren Umfang zu koordinieren. Obwohl die Kommunistische Partei auf einen Generalstreik drängte, wußte sie, daß ein solches Unterfangen aussichtslos war ohne die Unterstützung der Gewerkschaften und der Sozialdemokraten, die nicht bereit waren, sich in dieser Weise instrumentalisieren zu lassen. Für die Kommunistische Internationale war die Ernennung Hitlers und seines Kabinetts der Beweis, daß es dem Monopolkapital gelungen war, die Nationalsozialisten für seine eigenen Pläne einzuspannen, den Widerstand des Proletariats gegen die Errichtung einer faschistischen Diktatur zu brechen. Die Schlüsselfigur im Kabinett war für sie Hugenberg, der Vertreter der Großindustrie und des Großgrundbesitzes, Hitler lediglich sein Werkzeug.[21] Eine Reihe linker Sozialdemokraten, unter ihnen Kurt Schumacher, teilten diese Sicht. Die Kommunisten befürchteten, die »faschistische Diktatur« bedeute eine gewaltsame Unterdrückung der Arbeiterbewegung, eine verstärkte Ausbeutung der Arbeiter und die beschleunigte Vorbereitung eines »imperialistischen Krieges«.[22] Am 1. Februar 1933 berichtete die kommunistische Presse von einer »Verbotswelle im Reich« und einem »Sturm über Deutschland«, bei dem »Terrorbanden der Nazis« Arbeiter ermordeten und die Einrichtungen in den Büros der Gewerkschaften und der KPD demolierten. Das würde erst der Anfang sein.[23]

Andere waren unsicher, welche Bedeutung der neuen Regierung beizumessen war. So viele Regierungen, so viele Reichskanzler waren in den letzten Jahren gekommen und gegangen, daß viele glaubten, der neuen Regierung werde es kaum anders ergehen und auch sie werde bald wieder verschwunden sein. Die begeisterte Louise Solmitz notierte in ihrem Tagebuch:

»Und was für ein Kabinett!!! Wie wir es im Juli nicht zu erträumen wagten. Hitler, Hugenberg, Seldte, Papen!!! An jedem hängt ein großes Stück meiner deutschen Hoffnung. Nationalsozialistischer Schwung, deutschnationale Vernunft, der unpolitische Stahlhelm und der von uns unvergessene Papen. Es ist so unausdrückbar schön, daß ich es schnell niederschreibe, ehe der erste Mißklang folgt ...«[24]

Vielen Lesern der Zeitungen, die über die Berufung Hitlers zum Reichskanzler berichteten, muß der Jubel der Braunhemden übertrieben erschienen sein. Das Hauptmerkmal der neuen Regierung, das auch in der Beteiligung der Stahlhelmer an dem Fackelzug zum Ausdruck kam, war zweifellos das starke Übergewicht der Konservativen. »Also keine nationalistische, keine revolutionäre Regierung, obwohl sie Hitlers Namen trägt«, vertraute ein tschechischer Diplomat seinem Tagebuch an, »[k]ein Drittes Reich, kaum ein $2^1/_2$.«[25] Einen beunruhigteren Ton schlug der französische Botschafter François-Poncet an. Der scharfsichtige Diplomat schrieb, die Konservativen erwarteten mit Recht von Hitler, daß er ihrem Programm zustimme, »die Zerschlagung der Linken, die Säuberung des Beamtenapparats, die Gleichschaltung Preußens mit dem Reich, die Reorganisierung der Reichswehr, die Wiedereinführung der Wehrpflicht«. Sie hätten Hitler zum Kanzler gemacht, um ihn zu diskreditieren, »sie haben geglaubt, besonders klug zu sein, wenn sie den Wolf dadurch loswerden wollten, daß sie ihn in den Schafpferch sperrten«.[26]

II

Die selbstgefällige Vorstellung Franz von Papens und seiner Freunde, sie hätten Hitler da, wo sie ihn haben wollten, sollte nicht lange anhalten. Die Nationalsozialisten waren im neuen Kabinett nur mit drei Ministern vertreten, doch die Macht, über die Hitler als Reichskanzler verfügte, war beträchtlich. Ebenso wichtig war der Umstand, daß die Nationalsozialisten in Preußen wie im übrigen Reich die Innenministerien besetzten. Vor allem Göring auf dem Posten des preußischen Innenministers hatte nunmehr im größten Teil des deutschen Territoriums die Polizei unter sich. Als Reichskommissar mochte Papen sein nomineller Vorgesetzter sein, doch er würde sich nicht ohne weiteres in den alltäglichen Ablauf des Ministeriums einmischen können, wenn es um die Aufrechterhaltung der Ordnung ging. Außerdem stand der neue Reichswehrminister, General Werner von Blomberg, der auf Geheiß der Reichswehr einen Tag vor Hitlers Amtsübernahme ernannt worden war, den Nationalsozialisten wesentlich wohlwollender gegenüber, als Papen oder Hindenburg bewußt war. Ein impulsiver Mann, hatte Blomberg sich während des Ersten Weltkriegs einen ausgezeichneten Ruf als Stabsplaner erworben und war zum Chef des Generalstabs aufgestiegen. Er war der Mann der Reichswehr im Kabinett. Leicht durch starke Eindrücke zu beeinflussen, war er bei einem Besuch in der Sowjetunion, wo er deutsche Militäranlagen inspizierte, von der Roten Armee so beeindruckt, daß er ernsthaft erwogenen hatte, in die Kommunistische Partei einzutreten, ohne an die politischen Folgen eines solchen Schrittes zu denken. In seinen Ansichten weitgehend auf das Militärische beschränkt und politisch weitgehend ahnungslos, war er Wachs in den Händen Hitlers.[27]

Blomberg verbot den Offizieren den Eintritt in die NSDAP und war auf die Unabhängigkeit der Reichswehr bedacht. Dank seiner Loyalität gegenüber Hitler gab es für die Nationalsozialisten keinen Grund, die Reichswehr von innen zu verändern. Sie mußten dennoch sichergehen, daß die Reichswehr ihnen nicht bei den Gewalttaten in den Arm fallen würde, mit denen sie das Land überziehen wollten. In einer Ansprache vor hohen Offizieren am 3. Februar 1933 unterstrich Hitler seine Achtung gegenüber der Neutralität des Heeres. Er gewann die Zustimmung der Offiziere mit den Versprechungen, die allgemeine Wehrpflicht wieder einzuführen, den Marxismus zu vernichten und gegen den Vertrag von Versailles zu kämpfen. Die anwesenden Offiziere erhoben keine Einwände, als er ihnen das Zukunftsbild einer Invasion Osteuropas und seiner »Germanisierung« vor Augen hielt, einschließlich der Vertreibung Millionen slawischer Bewohner. Die Neutralität der Reichswehr bedeutete natürlich die Nichteinmischung in die Innenpolitik, und Hitler legte Wert darauf, seinen Zuhörern klarzumachen, daß der Kampf im Inneren sie nichts anging. In seinen Bemühungen um die Kaltstellung der Reichswehr wurde er von Oberst Walther von Reichenau unterstützt, einem energischen, ehrgeizigen und hochdekorierten Stabsoffizier, dessen Ernennung zum Chef des Ministerialamtes im Reichswehrministerium Blomberg selbst vorgeschlagen hatte. Reichenau war ebenfalls ein Bewunderer Hitlers und stand mit ihm persönlich auf gutem Fuß. Gemeinsam mit Blomberg schickte er sich an, den Chef der Heeresleitung General Kurt von Hammerstein zu isolieren, einen adligen Konservativen, der aus seiner Verachtung für die Nationalsozialisten nie einen Hehl machte. Im Februar 1933 verbot Hammerstein den Offizieren, Politiker zu geselligen Veranstaltungen einzuladen, um die Beziehungen zu führenden Nationalsozialisten wie Göring auf ein Mindestmaß zu beschränken, den er stets mit »Hauptmann a. D.«, seinem tatsächlichen Rang aus der Zeit vor der Machtergreifung bezeichnete, sofern er von ihm im privaten Kreis nicht vom »verrücktgewordenen Flieger« sprach. Hammerstein war eine potentielle Bedrohung, weil er unmittelbar dem Reichspräsidenten Bericht erstattete. Dennoch gelang es Blomberg innerhalb kurzer Zeit, den Zugang Hammersteins zu Hindenburg auf rein militärische Angelegenheiten zu beschränken. Am 4. April wurde Blomberg Mitglied des vor kurzem geschaffenen Reichsverteidigungsrats, ein politisches Gremium, das die Heeresleitung umging und die Militärpolitik in die Hände Hitlers, der den Vorsitz im Rat innehatte, legte sowie in die einer kleinen Gruppe von Ministern. Mit Hilfe dieser Maßnahmen wurden Hammerstein und seine Anhänger faktisch kaltgestellt. Jedenfalls war Hammerstein zu nobel, zu distanziert, um sich an ernsthaften politischen Intrigen zu beteiligen. Jetzt, da Schleicher keine Gefahr mehr bedeutete, waren weder er noch die übrigen Führer der Wehrmacht in der ersten Jahreshälfte 1933 in der Lage, die Opposition gegen die Nationalsozialisten zu mobilisieren.[28]

Mit Frick und Göring an der Spitze und einer ausmanövrierten Wehrmacht bestand weniger Hoffnung denn je, die Gewalt der Nationalsozialisten einzudämmen. Umgehend nutzten diese die sorgfältig eingefädelte Machtkonstellation und entfesselten eine Orgie der politischen Gewalt und des Terrors, die alles bislang Erlebte in den Schatten stellte. Am 30. und 31. Januar hatten die triumphalen Aufmärsche der SA und SS bereits ihr neugewonnenes Selbstvertrauen und ihre Macht über ihre Gegner auf der Straße unter Beweis gestellt. Begleitet waren sie von Tätlichkeiten und antisemitischen Ausschreitungen, deren Zahl jetzt sprunghaft anstieg. Banden von SA-Leuten überfielen die Büros der Gewerkschaften und der KPD und drangen in die Wohnungen von prominenten Kommunisten und Sozialdemokraten ein. Gedeckt wurde ihr Vorgehen von einer am 4. Februar erlassenen Notverordnung zum Schutz des deutschen Volkes, die eine polizeiliche Haft von bis zu drei Monaten für Personen vorsah, bei denen ein Verdacht auf Landes- und Hochverrat oder auf bewaffnete Störung der öffentlichen Sicherheit bestand, eine Verordnung, die natürlich nicht gegen Hitlers SA angewandt werden sollte.[29]

Die Heftigkeit der Gewalt nahm beträchtlich zu, als Göring als preußischer Innenminister vom 15. bis 17. Februar der preußischen Polizei den Befehl erteilte, ihre Überwachung der Nationalsozialisten und der ihr angeschlossenen paramilitärischen Organisationen einzustellen und sie soweit wie möglich zu unterstützen. Am 22. Februar ging er einen Schritt weiter und stellte »Hilfspolizeikräfte« aus SA, SS- und Stahlhelm-Verbänden auf, wobei die zuletzt Genannten zweifellos die Partner mit der geringeren Bedeutung waren. Das gab der SA freie Hand, gegen die Linken vorzugehen. Während die Polizei, seit dem Staatsstreich Papens von Sozialdemokraten gesäubert, die Kommunisten verfolgte und ihre Demonstrationen auflöste, brachen die neuen Hilfspolizisten mit Billigung der Polizei in Partei- und Gewerkschaftshäuser ein, vernichteten Akten und vertrieben die dort arbeitenden Angestellten. Opfer der Gewalt waren hauptsächlich die KPD und ihre Mitglieder. Die KPD hatte fortgesetzt während der Weimarer Republik unter enger polizeilicher Überwachung gestanden. Die sozialdemokratische Regierung in Preußen behauptete beispielsweise Anfang der dreißiger Jahre, man habe ihr vertrauliche Berichte über geheime Sitzungen des Zentralkomitees der KPD vorgelegt, die erst wenige Stunden zuvor stattgefunden hatten. Auf jeder Ebene der Parteihierarchie waren Polizeispitzel aktiv. Häufige Zusammenstöße mit dem Roten Frontkämpferbund, bei denen auch Polizeibeamte verletzt und auch getötet wurden, hatten polizeiliche Ermittlungen und Durchsuchungen in den Gebäuden der KPD zur Folge. Unter den Dokumenten, die 1931/32 konfisziert wurden, befanden sich unter anderem Adressenlisten von Parteifunktionären und aktiven Mitgliedern. Die Polizei, die sie nach zahlreichen bewaffneten Zusammenstößen als ihren Feind betrachtete, war somit äußerst gut über die Partei informiert und stellte ihre Informationen nach dem 30. Januar der neuen Regierung zur Verfügung, die nicht zögerte, davon Gebrauch zu machen.[30]

Die Sozialdemokraten und die Gewerkschaften wurden von der zunehmenden Repression durch die Nationalsozialisten in der zweiten Februarhälfte 1933 fast ebenso schwer getroffen. Bei der Unterdrückung der Kommunisten konnte sich die Regierung auf ein hohes Maß an Zustimmung unter den bürgerlichen Wählern stützen, da diese Partei von Anfang an als eine Bedrohung der öffentlichen Ordnung und des Privateigentums angesehen wurde. Die Tatsache, daß die Kommunisten die Zahl ihrer Wähler immer weiter steigern konnten, bis sie an einem Punkt, im Frühjahr 1933, 100 Sitze im Reichstag erobert hatten, war für viele äußerst beunruhigend, die befürchteten, es könnte zu einer Wiederholung der Gewalttaten, Morde und Folterungen kommen, die das Kennzeichen des »Roten Terrors« in Rußland 1918–1921 gewesen waren. Ganz anders lagen die Dinge bei den Sozialdemokraten, der politischen Kraft, die jahrelang die Hauptstütze der Weimarer Republik gewesen war. Sie verfügten im Reichstag über 121 Sitze gegenüber den 196 Abgeordneten der NSDAP, hatten in mehreren Regierungen eine Schlüsselrolle gespielt und mehrere Reichskanzler und preußische Ministerpräsidenten gestellt, außerdem das erste Oberhaupt des Staates, Friedrich Ebert. Sie besaßen die zuverlässige Unterstützung von Millionen Wählern aus der Arbeiterschaft, von denen nur ein relativ kleiner Teil zu den Nationalsozialisten oder Kommunisten übergelaufen war, und sie hatten mehrmals die Unterstützung oder zumindest den Respekt, wenn auch widerwillig und unter Vorbehalten, vieler Wähler gefunden. 1930 lag die Zahl der SPD-Mitglieder bei über einer Million.[31]

Es gab bestimmte Gruppen innerhalb der SPD und ihres paramilitärischen Verbands, des Reichsbanners, die zum Handeln bereit waren. Einigen war es gelungen, Waffen und Munition zu beschaffen, während andere am 30. Januar und am Tag danach Demonstrationen organisierten. Führende Sozialdemokraten und Gewerkschafter kamen am 31. Januar in Berlin zusammen, um einen landesweiten Generalstreik zu planen. Doch während die lokalen Organisationen geduldig warteten, schwankte die Parteispitze, da sie wußte, wie schwierig es sein würde, einen Generalstreik in der schlimmsten Zeit der Arbeitslosigkeit auszurufen, die das Land je erlebt hatte. Die Gewerkschaften befürchteten, daß die SA in einem solchen Fall die Fabriken besetzen würde. Und wie sollte die Partei zur Verteidigung von Recht und Gesetz eine ungesetzliche Maßnahme rechtfertigen? »Gegenüber dieser Regierung der Staatsstreichdrohung«, hieß es am 30. Januar 1933 im sozialdemokratischen *Vorwärts*, »stellt sich die Sozialdemokratie und die ganze Eiserne Front mit beiden Füßen *auf den Boden der Verfassung und der Gesetzlichkeit.* Sie wird den ersten Schritt von diesem Boden *nicht* tun.« In den folgenden Wochen kam es zu vereinzelten Aktionen. Tausende von Sozialdemokraten versammelten sich am 7. Februar im Berliner Lustgarten, und am 19. Februar feierten in Lübeck 15 000 Arbeiter die Entlassung eines führenden lokalen Sozialdemokraten aus der »Schutzhaft«, Julius Leber, nach einem kurzen Generalstreik in der Stadt. Gleichwohl entwickelte die Parteispitze keine Politik eines allgemeinen Widerstands.[32]

Mit jedem Tag, der verging, nahm der vom Staat gelenkte Terror gegen die Sozialdemokraten zu. Bereits Anfang Februar verboten Lokal- und Regionalbehörden unter dem Druck von Reichsinnenminister Wilhelm Frick in Berlin und Hermann Göring als preußischem Innenminister die Auslieferung bestimmter Ausgaben sozialdemokratischer Zeitungen. Die Reaktion der SPD bestand darin, das Reichsgericht in Leipzig anzurufen, das Frick und Göring zwingen sollte, die Verbote wiederaufzuheben, eine Taktik, die zunächst einen gewissen Erfolg hatte.[33] In der zweiten Februarhälfte begann die SA jedoch, SPD-Versammlungen zu sprengen und Redner und Anwesende zu verprügeln. Am 24. Februar beklagte sich Albert Grzesinski, Sozialdemokrat und früherer Innenminister Preußens, ihm seien »mehrere Versammlungen gesprengt worden, und ein erheblicher Teil der Versammlungsbesucher mußte schwer verletzt weggeschafft werden«. Das Exekutivkomitee der Partei reagierte darauf, indem es, um weitere Überfälle zu vermeiden, die Zahl der Kundgebungen drastisch reduzierte. Auf Anordnung des Innenministeriums wurde sämtlichen SPD-Veranstaltungen der Polizeischutz verweigert.[34] Von nun an konnten SA-Leute straflos Kommunisten und Sozialdemokraten mißhandeln und ermorden. Am 5. Februar 1933 erschoß ein junger Nationalsozialist den sozialdemokratischen

Bürgermeister von Staßfurt. Einige Tage später, als der sozialdemokratische *Vorwärts* die Ermordung eines Kommunisten durch einen SA-Mann während einer Straßenschlacht in Eisleben anprangerte, verbot der Polizeipräsident von Berlin das Erscheinen der Zeitung für eine Woche.[35]

Innerhalb weniger Monate nach Papens »Preußenschlag« vom 20. Juli 1932 hatten sich die Erfolgschancen für einen Aufstand der Arbeiter drastisch verringert. Daß dieser Staatsstreich nicht verhindert werden konnte, hatte das Gefühl der Ohnmacht innerhalb der Arbeiterbewegung, das bereits durch die passive Unterstützung Brünings durch die SPD und deren aktive Unterstützung Hindenburgs entstanden war, noch verstärkt. Polizei und Reichswehr versuchten nicht länger, gleichermaßen gegen die paramilitärischen Verbände von rechts wie von links vorzugehen, sondern waren auf Zureden von Konservativen im Umkreis von Hugenberg und Seldte dazu übergegangen, die Rechte zu unterstützen. In dieser Lage wäre ein bewaffneter Aufstand der Arbeiter selbstmörderisch gewesen. Außerdem waren Kommunisten und Sozialdemokraten trotz einer Vielfalt von lokalen Initiativen, Verhandlungen der einfachen Parteimitglieder und formeller und informeller Vorstöße auf allen Ebenen der Parteihierarchie immer noch nicht bereit, gemeinsam einen allerletzten Versuch zur Verteidigung der Demokratie zu unternehmen. Und selbst wenn sie es gewesen wären, so waren sie doch im Hinblick auf ihre Zahl, ihre Bewaffnung und Ausrüstung der Wehrmacht, den Braunhemden, den Stahlhelmern und der SS hoffnungslos unterlegen. Einem Aufstand wäre dasselbe Schicksal wiederfahren wie dem Arbeiteraufstand in Wien ein Jahr später gegen den Staatsstreich, durch den die klerikalfaschistische Diktatur von Engelbert Dollfuß an die Macht kam – die gut ausgerüsteten und bewaffneten Sozialisten wurden innerhalb weniger Tage von der österreichischen Armee geschlagen.[36] Das letzte, was die SPD-Führung wollte, war ein Blutvergießen unter den Arbeitern, von den Kommunisten nahmen sie mit Recht an, daß diese jede gewalttätige Situation für ihre eigenen Zwecke ausnützen würden.[37] Während der ersten Monate 1933 hielt sie somit starr an einem legalistischen Kurs fest und vermied alles, was die Nationalsozialisten zu einem noch gewalttätigeren Vorgehen gegen sie hätte provozieren können.

III

Im Februar 1933 ging Deutschland neuerlich in einen Wahlkampf. Die Parteien beteiligten sich mit größtem Einsatz an den Reichstagswahlen, deren Abhaltung eine der Bedingungen Hitlers bei der Übernahme des Kanzleramts am 30. Januar gewesen war. Die Wahlen waren auf den 5. März angesetzt worden. Während dieses Wahlkampfs verkündete Hitler immer wieder, der Hauptfeind der nationalsozialistischen Bewegung sei der »Marxismus«, »niemals, niemals«, sagte er am 10. Februar, »werde ich mich von der Aufgabe entfernen, den Marxismus ... auszurotten ... Einer muß hier Sieger sein: Entweder der Marxismus oder das deutsche Volk! Und siegen wird Deutschland!« Der Marxismus, das waren für Hitler die Kommunisten und die Sozialdemokraten. Seine Aggressivität richtete sich nicht nur gegen die Linke, sondern auch an andere Anhänger der Weimarer Demokratie. Das Programm seiner Partei sei »unduldsam gegen jeden, der sich gegen die Nation versündigt«.[38] »Ich wiederhole«, erklärte er fünf Tage später, »daß unser Kampf gegen den Marxismus unerbittlich sein wird und daß jede Bewegung, die sich mit ihm verbindet, mit ihm unter die Räder kommen wird.«[39]

Diese Worte fielen in Stuttgart in einer Rede, die einen wütenden Angriff gegen den württembergischen Staatspräsidenten darstellte, den konservativen Zentrumspolitiker Eugen Bolz, der von der neuen Reichsregierung gesagt hatte, sie sei ein Feind der Freiheit. Bolz, klagte Hitler, habe nichts unternommen, um die Freiheit der NSDAP zu verteidigen, als diese in den zwanziger Jahren in seinem Land verfolgt worden sei. Weiter sagte Hitler:

> »Diejenigen, die 14 Jahre lang nicht von unserer Freiheit geredet haben, haben kein Recht, heute davon zu reden. Ich brauche als Kanzler nur alles das anzuwenden, was man einst gegen die Freunde der Nation angewendet hat. Ich brauche nur ein Gesetz zum Schutze des nationalen Staates anzuwenden, wie sie damals ein Gesetz zum Schutze der Republik machten, dann würden sie einsehen, daß nicht alles, was sie Freiheit nannten, Freiheit war.«[40]

Das katholische Zentrum hatte sich ebenso wie die Kommunisten und die Sozialdemokraten als relativ immun gegenüber den Annäherungsversuchen der NSDAP erwiesen und war deshalb während des Wahlkampfs ebenso ein Ziel von Einschüchterungsversuchen. Es dauerte nicht lange, bis auch diese Partei die Auswirkungen des staatlichen Terrors zu spüren bekam. Mitte Februar wurden 20 Zeitungen des Zentrums verboten, weil sie die neue Regierung kritisiert hatten, an mehreren Orten untersagten die Behörden öffentliche Versammlungen, und mehrere Angestellte im öffentlichen Dienst und Beamte, die der Zentrumspartei angehörten, wurden entlassen oder in den sofortigen Ruhestand versetzt, unter anderem der Polizeichef von Oberhausen und ein Ministerialdirektor im preußischen Innenministerium. Eine Rede, in der Heinrich Brüning diese Entlassungen verurteilte, löste gewalttätige Angriffe von SA-Leuten auf Wahlversammlungen der Zentrumspartei in Westfalen aus. Auf einer Versammlung in Krefeld am 22. Februar wurde der ehemalige Reichsminister Adam Stegerwald von Braunhemden verprügelt. Eine Lokalzeitung nach der anderen wurde verboten, oder ihre Redaktionsräume fielen dem Vandalismus von SA-Männern zum Opfer. Lokale Parteibüros wurden überfallen und Wahlbroschüren entwendet, nicht nur von der SA, auch von der Politischen Polizei. Die Bischöfe beteten um Frieden, während die Partei sich auf die Verfassung berief und in einem Zeichen ihrer Machtlosigkeit ihre Wähler aufforderte, für die Wiedereinsetzung der seit langem diskreditierten Regierung Brüning zu stimmen.[41]

Hitler gab sich beunruhigt über diese Zwischenfälle und erließ am 22. Februar, nachdem das Zentrum heftig gegen diese Ausschreitungen protestiert hatte, einen Aufruf an die Partei, in dem er erklärte: »Provokatorische Elemente versuchen unter dem Deckmantel der Partei durch Störung oder Sprengung insbesondere von Zentrumsversammlungen die nationalsozialistische Bewegung zu belasten. Ich erwarte, daß alle Nationalsozialisten sich in äußerster Disziplin gegen diese Absichten wenden. Der Feind, der am 5. März niedergerungen werden muß, ist der Marxismus!« Diesen Appell verband er mit der Drohung, »wenn das Zentrum ... den Marxismus unterstützt, so werde ich selbst ... mich mit dem Zentrum auseinandersetzen«, und in Verbindung mit Hitlers wütendem Angriff auf Bolz knapp zwei Wochen zuvor reichte dies aus, um sicherzustellen, daß die Gewalt auch weiterhin anhielt.[42] Während die Braunhemden an der Basis die Kampagne der Gewalt entfalteten, ließ Hitler in unbedachten Augenblicken keinen Zweifel daran, daß die kommenden Wahlen die letzten sein würden und er unter keinen Umständen sein Amt als Kanzler wieder abgeben werde. »Wenn wir einmal die Macht bekommen«, versprach Hitler in einer öffentlichen Rede am 17. Oktober 1932, »dann werden wir sie, so wahr uns Gott helfe, behalten. Wegnehmen lassen wir sie uns dann nicht mehr.«[43] Die Wahlergebnisse würden sich nicht auf sein Regierungsprogramm auswirken, sagte er im Februar 1933. »Wenn dieses deutsche Volk uns in dieser Stunde verläßt, dann soll uns das nicht hindern. Wir werden den Weg gehen, der nötig ist, daß Deutschland nicht verkommt.«[44]

Bei anderen Gelegenheiten erklärte Hitler vorsichtiger, aber weniger überzeugend, er benötige lediglich vier Jahre, um sein Programm zu verwirklichen. Worin dieses Programm bestehen sollte, führte er am 10. Februar 1933 in einer längeren Rede vor einem großen Publikum im Berliner Sportpalast in einer Atmosphäre ekstatischer Führerverehrung aus. Die NSDAP nutzte alle staatlichen Ressourcen, die ihr nunmehr zur Verfügung standen, und hängte in der Halle eine Unmenge von Hakenkreuzfahnen und Spruchbändern mit antimarxistischen Parolen auf. Außerdem wurde die Rede Hitlers vom Rundfunk in ganz Deutschland übertragen. Vor seinem Auftritt sang man das Deutschlandlied, es ertönten »Heil!«-Rufe, und als Hitler die Tribüne betrat, kannte die Begeisterung der Zuhörer keine Grenzen mehr. Am Anfang seiner Rede stand die obligate »Parteierzählung«, eine weitläufige Darstellung der Kampfzeit seit 1919. Danach ging er zu einer Philippika gegen die angeblichen Verbrechen der Weimarer Republik über – die Inflation, die Verarmung des Bauernstandes, der Anstieg der Arbeitslosigkeit, die Zerstörung der Nation. Was würde seine Regierung tun, um aus dieser verfahrenen Lage herauszukommen? Seine Antwort vermied jegliche konkrete Festlegung, er erklärte, er werde keine »billigen Versprechungen geben«. Sein Programm bestehe vielmehr darin, die deutsche Nation ohne fremde Hilfe wiederaufzubauen, »nach den ewigen Gesetzen, die immer Geltung besitzen«. Volk und Boden und nicht etwa Klassenvorstellungen seien die Basis. Wie so oft entwarf er die Vision eines in einer neuen Gesellschaft geeinten Deutschlands, das die Spaltungen der Klasse und des Glaubens überwinden würde, unter denen es 14 Jahre lang gelitten hatte. Die Arbeiter würden vom fremden Glauben des Marxismus befreit und in die deutsche Volksgemeinschaft zurückgeführt. Dies sei ein »Programm der nationalen Wiedererhebung auf allen Gebieten des Lebens«.

Hitler endete mit einem fast religiösen Aufruf an seine Zuhörer im Sportpalast und im ganzen Land:

> »14 Jahre lang haben die Parteien des Zerfalls, der November-Revolution das deutsche Volk verführt und mißhandelt, 14 Jahre lang haben sie zerstört, zersetzt und aufgelöst. Dann ist es nicht vermessen, wenn ich heute vor die Nation hintrete und sie beschwöre, deutsches Volk, gib uns vier Jahre Zeit, dann richte und urteile über uns. Deutsches Volk, gib uns vier Jahre, und ich schwöre dir, so wie wir und so wie ich in dieses Amt eintrete, so will ich dann auch gehen. Ich tat es nicht um Gehalt und nicht um Lohn, ich tat es um deiner selbst willen!... Denn ich kann mich nicht lösen von dem Glauben an mein Volk, kann mich nicht lossagen von der Überzeugung, daß diese Nation wieder einst auferstehen wird, kann mich nicht entfernen von der Liebe zu diesem meinen Volk und hege felsenfest die Überzeugung, daß eben doch einmal die Stunde kommt, in der die Millionen, die uns heute hassen, hinter uns stehen und mit uns dann begrüßen werden das gemeinsam geschaffene, mühsam erkämpfte, bitter erworbene neue deutsche Reich der Größe und der Ehre und der Kraft und der Herrlichkeit und der Gerechtigkeit. Amen.«[45]

Was Hitler Deutschland versprach, war die Unterdrückung des Kommunismus und der übrigen Weimarer Parteien, insbesondere der Sozialdemokraten und des katholischen Zentrums. Darüber hinaus hatte er kaum etwas Konkretes anzubieten. Doch viele sahen darin eine Tugend. »Ich freue mich über Hitlers Programmlosigkeit«, schrieb Louise Solmitz in ihr Tagebuch, »denn entweder ist ein Programm Lüge, Gimpelfang oder Schwäche. – Der Starke handelt aus der Notwendigkeit einer ernsten Stunde heraus und kann sich nicht binden ...« Eine ihrer Bekannten, die dem Nationalsozialismus früher gleichgültig gegenübergestanden hatte, sagte ihr, sie werde gerade deshalb für Hitler stimmen, weil er kein anderes Programm habe als Deutschland.[46] Hitlers dramatischer, gefühlsbeladener, aber zutiefst unglaubwürdiger Anspruch, er benötige lediglich vier Jahre, sollte in seinen Zuhörern das Gefühl verstärken, daß er einen christusähnlichen Weg des Selbstopfers gehen werde. Diese Vorstellungen wiederholte er in weiteren Wahlkampfreden vor einem ähnlich begeisterten Publikum.

Hitler wurde bei seinem Wahlkampf durch einen frischen, bislang nicht erlebten Zufluß von Mitteln aus der deutschen Industrie unterstützt. Am 11. Februar eröffnete er die Internationale Automobil- und Motorrad-Ausstellung in Berlin und gab ein ambitioniertes Programm mit Straßenbauten und Steuererleichterungen zur Unterstützung der Automobilhersteller bekannt.[47] Am 20. Februar traf sich eine große Gruppe führender Industrieller in Görings Amtssitz, wo sich auch Hitler einfand und einmal mehr erklärte, Demokratie sei mit wirtschaftlichen Interessen unvereinbar, und der Marxismus müsse ausgerottet werden. In diesem Kampf seien die bevorstehenden Wahlen von entscheidender Bedeutung. Wenn die Regierung sie nicht gewinne, werde sie gezwungen sein, zur Verwirklichung ihrer Ziele Gewalt anzuwenden. Das letzte, was die großen Konzerne wollten, war ein Bürgerkrieg. Die Botschaft war klar: Sie mußten alles in ihrer Macht Stehende tun, um den Sieg für die Koalition zu sichern, eine Koalition, von der einige führende Leute aus der Wirtschaft anscheinend immer noch glaubten, Papen und die Konservativen seien die Schlüsselfiguren. Nachdem Hitler das Treffen verlassen hatte, erinnerte Göring seine Zuhörer daran, daß die kommenden Wahlen nicht nur die letzten für die nächsten fünf Jahre sein würden, sondern wahrscheinlich für die nächsten hundert. Hjalmar Schacht, der Architekt des Stabilitätsprogramms von 1923/24, gab sodann bekannt, man erwarte von der Wirtschaft einen Beitrag von drei Millionen Reichsmark für den Wahlkampf der Regierung. Einige der Anwesenden bestanden dennoch darauf, daß ein Teil des Betrags an die konservativen Koalitionspartner der Nationalsozialisten gehen sollte. Trotzdem zahlten sie den vollen Betrag ein.[48] Dieses Geld ermöglichte der NSDAP, bei der Führung ihres Wahlkampfs ganz andere Mittel einzusetzen als im vergangenen November. Goebbels konnte Hitler als den Mann hinstellen, der Deutschland wiederaufbaute und die marxistische Bedrohung vernichtete, wovon jeder sich auf der Straße überzeugen konnte. Neue Medien wie der Rundfunk wurden von der NSDAP genutzt, und mit einer gefüllten Kasse konnte Goebbels diesmal mit seiner Propaganda das gesamte Wählervolk erreichen.[49]

Trotz alledem war der Wahlkampf der Nationalsozialisten kein Triumphmarsch. Die Partei war sich bewußt, daß ihre Popularität in der zweiten Jahreshälfte 1932 zurückgegangen war, während die der Kommunisten zugenommen hatte. Von allen ihren Gegnern fürchteten und haßten die Nationalsozialisten die Kommunisten am meisten. In den Straßen- und Saalschlachten hatten die Kommunisten bewiesen, daß sie ihren Widersachern von den SA jeden Schlag und jede Kugel zurückgeben konnten. So war es für die Führung der NSDAP rätselhaft, daß nach den kommunistischen Demonstrationen in den ersten Tagen und Wochen nach dem 30. Januar 1933 der Rote Frontkämpferbund nicht danach trachtete, es ihr nach der massiven Welle der Gewalt, die über die KPD hereingebrochen war, in gleicher Münze heimzuzahlen. Das galt vor allem für die Zeit, als die SA-Männer am 22. Februar zu Hilfspolizisten gemacht wurden und ihrem aufgestauten Haß auf die Feinde freien Lauf ließen. Zwar kam es immer noch zu vereinzelten Zwischenfällen und Schlägereien, und der Rote Frontkämpferbund nahm den landesweiten Angriff nicht völlig wehrlos hin, aber es gab keine feststellbare Eskalation der kommunistischen Gewalt und keinerlei Anzeichen dafür, daß auf Weisung des Politbüros der KPD eine konzertierte Reaktion vorbereitet wurde.

Die relative Tatenlosigkeit der Kommunisten entsprang vor allem der Überzeugung der Parteiführung, daß die neue Regierung, der letzte, gewalttätige Todeskampf eines am Boden liegenden Kapitalismus, innerhalb weniger Monate stürzen werde. In Erkenntnis der Gefahr, daß die Partei verboten werden könnte, hatte die KPD weitreichende Vorbereitungen für eine längere Zeit einer illegalen oder halblegalen Existenz getroffen und so viele Waffen gehortet, wie sie beschaffen konnte. Den Kommunisten war auch klar, daß der Rote Frontkämpferbund keine Unterstützung durch das Reichsbanner Schwarz-Rot-Gold, den Schutzverband der SPD, erhalten würde, mit dem es in den vergangenen Jahren des öfteren zu Zusammenstößen gekommen war. Die wiederholten Forderungen der KPD nach einer

»Einheitsfront« mit der SPD waren insofern sinnlos, als sie die Verwirklichung dieser Forderung an die Bedingung knüpfte, die »Sozialfaschisten«, wie sie die Sozialdemokraten bezeichnete, müßten ihre politische Unabhängigkeit aufgeben und sich de facto der Führung der KPD unterwerfen. In den Augen der KPD waren die Sozialdemokraten eine schlimmere Bedrohung für die Revolution als die Nationalsozialisten, da letztere die bürgerlichen und kleinbürgerlichen Klassen vertraten, von denen sie ohnedies nur Ablehnung erwarten konnten, während die SPD der revolutionären, sprich kommunistischen Sache Stimmen aus der Arbeiterklasse entzog und deshalb »objektiv« den Interessen der Konterrevolution oder unter den gegebenen Umständen des Faschismus diente. Die Partei hielt an der Doktrin fest, die Hitlerregierung bedeute den kurzlebigen Triumph des Groß- und »Monopolkapitals«, und verkündete unbeirrt die Ankunft des »deutschen Oktobers«. Noch am 1. April 1933 erklärte das Exekutivkomitee der Komintern in einer Resolution:

> »Der revolutionäre Aufschwung in Deutschland wird trotz des faschistischen Terrors unvermeidlich ansteigen. Die Abwehr der Massen gegen den Faschismus wird zwangsläufig zunehmen. Die Errichtung der offenen faschistischen Diktatur, die alle demokratischen Illusionen der Massen zunichte macht und die Massen aus dem Einfluß der Sozialdemokratie befreit, beschleunigt das Tempo der Entwicklung Deutschlands zur proletarischen Revolution.«[50]

Noch im Juni 1933 erklärte das Zentralkomitee der KPD, die Hitlerregierung werde unter der Last ihrer inneren Widersprüche zusammenbrechen, worauf sogleich der Sieg des Bolschewismus in Deutschland folgen werde.[51] Das Stillhalten der deutschen Kommunisten war das Ergebnis einer übertriebenen Zuversicht und der verhängnisvollen Illusion, daß die neue Lage für die Partei keine echte Bedrohung darstelle.

Für die führenden Nationalsozialisten dagegen hatte das Stillhalten der KPD etwas Bedrohliches: Ihrer Meinung nach bereiteten die Kommunisten insgeheim einen landesweiten Aufstand vor. Die Angst vor einem Bürgerkrieg, von der die deutsche Politik Ende 1932 und im Frühjahr 1933 befallen war, verschwand nicht über Nacht. Schließlich verkündeten die Kommunisten unentwegt, die Einsetzung einer faschistischen Regierung sei das Vorspiel zu der bevorstehenden proletarischen Revolution, die anstelle der bürgerlichen Demokratie ein Rätedeutschland errichten werde. Doch die Kommunisten reagierten nicht einmal auf eine so offensichtliche Provokation wie eine polizeiliche Durchsuchung ihrer Parteizentrale, des Karl-Liebknecht-Hauses in Berlin, am 23. Februar und die angebliche Aufdeckung von Plänen zu einem revolutionären Aufstand. Je länger sie untätig blieben, desto nervöser wurde die Führung der NSDAP. Irgend etwas würde sicher bald passieren.[52] Der Autor Harry Graf Kessler berichtete über Gerüchte unter seinen Freunden, die Nationalsozialisten planten einen vorgetäuschten Attentatsversuch auf Hitler, um ein »Blutbad« zu rechtfertigen, in dem sie ihre Feinde niedermachen würden. Ähnliche Gerüchte schossen in der letzten Februarwoche überall ins Kraut. Die Spannung wurde unerträglich. Sie sollte sich bald entladen.[53]

Feuer im Reichstag

I

Im Februar 1931 begann der junge holländische Bauarbeiter Marinus van der Lubbe eine lange Wanderung quer durch Mitteleuropa und versuchte, sich bis zur Sowjetunion durchzuschlagen, die er leidenschaftlich bewunderte. Geboren am 13. Januar 1909 in Leiden, war er unter ärmlichsten Verhältnissen aufgewachsen. Sein trunksüchtiger Vater hatte die Familie bald nach der Geburt seines Sohnes verlassen, und mit zwölf Jahren verlor van der Lubbe auch die Mutter. Nach ihrem Tod absolvierte er eine Maurerlehre, kam mit der Arbeiterbewegung in Berührung und trat in den Kommunistischen Jugendverband ein. Bald geriet er in Konflikt mit dem autoritären Führungsstil der KP Hollands, trat 1931 aus ihr aus und schloß sich einer anarcho-syndikalistischen Organisation an, die eine »Propaganda der Tat« zu ihrem Hauptgrundsatz erhob. Da sein Sehvermögen durch einen Arbeitsunfall stark beeinträchtigt war, fand er immer schwerer eine Arbeit und übernachtete während seiner Wanderung nach Rußland hauptsächlich in Obdachlosenasylen und bei Bauern. Er gelangte jedoch nur bis Polen, bevor er sich auf den Rückweg machte und am 18. Februar 1933 in Berlin eintraf. Hier stürzte ihn die politische Situation in Verzweiflung, die Passivität der großen Arbeiterparteien war ihm unbegreiflich. Während die Nationalsozialisten freie Hand in ihrem Treiben hatten, wurde die Linke erbarmungslos unterdrückt. Es schien ihm an der Zeit, daß die Arbeitslosen, von allen Seiten verlassen, gegen ihre Not und Unterdrückung ein Fanal setzten. Ein Anhänger der direkten Aktion seit seinen anarcho-syndikalistischen Tagen, beschloß er gegen den Klassenstaat und dessen wachsende Unterdrückung der Arbeiterbewegung zu protestieren. Die Arbeitslosen selbst, die vor den Wohlfahrtsämtern lungerten, waren in tiefe Apathie verfallen, unfähig, von sich aus gegen das System zu protestieren. Ein anderer mußte es an ihrer Stelle tun.[54] Brandstiftung sollte das Mittel dazu sein. Indem er die

Institutionen des Staates oder vielmehr die Gebäude, in denen sie untergebracht waren, in spektakulärer Weise beschädigte, würde er zeigen, daß sie keineswegs unverwundbar waren, und die Arbeitslosen selbst zu spontanen Massenaktionen aufrütteln. Er war bereits in Leiden wegen Sachbeschädigung verurteilt worden; impulsive und ungeplante Protestakte waren ihm nicht fremd, was der Grund für seinen Bruch mit den holländischen Kommunisten gewesen war. Am 25. Februar versuchte er, mit Hilfe von Kohleanzündern das Wohlfahrtsamt in Neukölln, anschließend das Rote Rathaus und schließlich das Berliner Schloß anzuzünden. Doch alle drei Brandstiftungen wurden rechtzeitig entdeckt und blieben von der Presse unbeachtet. In einem letzten Versuch beschloß er, den Reichstag anzuzünden, das höchste Symbol der bürgerlichen politischen Ordnung, die ihn und viele andere arbeitslose Männer, so dachte er, ins Elend gestürzt hatte.[55]

Am Morgen des 27. Februar kaufte van der Lubbe von seinem letzten Geld Streichhölzer und Kohleanzünder. Nachdem er die Zugänglichkeit des Gebäudes geprüft hatte, wartete er den Abend ab, um gegen 21 Uhr in das dunkle und verlassene Gebäude einzusteigen. Er war aufgrund seines Augenleidens daran gewöhnt, sich auch in der Dunkelheit zurechtzufinden. Nach einem vergeblichen Versuch, im Restaurant Feuer zu legen, ging er in den Plenarsaal, wo vor allem die Vorhänge und die Holztäfelung rasch Feuer fingen. Nachdem die Glasdecke der Kuppel von der Hitze des Brandes zersprungen war, entwickelte sich eine Kaminwirkung, die den anschließenden Großbrand ermöglichte. Inzwischen versuchte van der Lubbe, noch an weiteren Stellen Feuer zu legen. Schließlich wurde er von Feuerwehrleuten überwältigt und festgenommen. Trotz des raschen Eingreifens der Feuerwehr brannte der Plenarsaal restlos aus.

Gegenüber dem brennenden Gebäude wurde Hitlers Vertrauter Putzi Hanfstaengl, der vorübergehend in Görings Amtssitz wohnte, vom Hauswart geweckt, der durch das Fenster auf die Flammen wies. Hanfstaengl rief umgehend Goebbels an, der zunächst glaubte, es handle sich um einen Scherz. Goebbels ließ sich die Meldung schließlich von anderer Seite bestätigen, worauf er Hitler benachrichtigte.[56] Die Führung der NSDAP, Hitler, Goebbels und Göring, begab sich eilends zum Schauplatz des Geschehens. Rudolf Diels, der

Chef der preußischen Politischen Polizei und selbst kein Parteimitglied, eine der ersten ranghohen Persönlichkeiten, die ebenfalls dort eintraf, stellte fest, daß van der Lubbe bereits von seinen Beamten verhört wurde:

> »Mit nacktem, verschmiertem und verschwitztem Oberkörper saß er, schwer atmend, vor ihnen. Wie nach einer gewaltigen Arbeit flog sein keuchender Atem. Ein wilder Triumph lag in den brennenden Augen des blassen, ausgemergelten jungen Gesichts. Ich saß ihm noch einige Male in dieser Nacht im Polizeipräsidium gegenüber und hörte seinen wirren Erzählungen zu. Ich las die kommunistischen Flugzettel, die er in seiner Hosentasche bei sich trug …
>
> Die freimütigen Geständnisse des Marinus van der Lubbe konnten mich gar nicht auf den Gedanken bringen, daß ein solcher Feuermichel, der sich so ausgezeichnet auf seine Narrheit verstand, Gehilfen brauchte. Warum sollte nicht auch ein Streichholz genügen, die feuerempfindliche kalte Pracht des Plenarsaales, die alten Polstermöbel und schweren Gardinen und den strohtrockenen hölzernen Prunk der Vertäfelungen in Flammen zu setzen? Nun hatte dieser Spezialist einen ganzen Rucksack voller Anzündemittel verwendet.«[57]

Weitere Ermittlungen förderten zahlreiche Beweise zutage, daß van der Lubbe die Tat allein begangen hatte.[58]

Als er die Aufforderung erhalten hatte, den NSDAP-Führern auf einem Balkon über dem Plenarsaal Bericht zu erstatten, traf Diels auf eine Atmosphäre der Hysterie. In der Erinnerung an diese dramatischen Ereignisse schrieb er später:

> »Hitler hatte sich mit beiden Armen auf die steinerne Brüstung des Balkons gestützt und starrte schweigend in das rote Flammenmeer. Die ersten Ausbrüche lagen hinter ihm. Als ich eintrat, schritt Göring auf mich zu. In seiner Stimme lag das ganze schicksalsschwere Pathos der dramatischen Stunde:
>
> ›Das ist der Beginn des kommunistischen Aufstandes, sie werden jetzt losschlagen! Es darf keine Minute versäumt werden!‹
>
> Göring konnte nicht fortfahren, Hitler wandte sich zu der Versammlung. Nun sah ich, daß sein Gesicht flammend rot war vor Erregung und von der Hitze, die sich in der Kuppel sam-

melte. Als ob er bersten wollte, schrie er in so unbeherrschter Weise, wie ich es bisher nicht an ihm erlebt hatte:
›Es gibt jetzt kein Erbarmen; wer sich uns in den Weg stellt, wird niedergemacht. Das deutsche Volk wird für Milde kein Verständnis haben. Jeder kommunistische Funktionär wird erschossen, wo er angetroffen wird. Die kommunistischen Abgeordneten müssen noch in dieser Nacht aufgehängt werden. Alles ist festzusetzen, was mit den Kommunisten im Bunde steht. Auch gegen Sozialdemokraten und Reichsbanner gibt es jetzt keine Schonung mehr.‹
Ich berichtete von dem Ergebnis der ersten Vernehmungen des Marinus van der Lubbe – daß es sich meiner Meinung nach um einen Verrückten handelte. Doch da kam ich bei Hitler an den richtigen; er höhnte über meinen Kinderglauben:
›Das ist eine ganz raffinierte, von lange her vorbereitete Sache. Das haben sich diese Verbrecher sehr schön ausgedacht. Aber nicht wahr, meine Parteigenossen, sie haben sich verrechnet! Diese Untermenschen ahnen ja gar nicht, wie das Volk auf unserer Seite steht. In ihren Mauselöchern, aus denen sie jetzt herauskommen wollen, hören sie ja nichts von dem Jauchzen der Massen‹, so ging es weiter.
Ich bat Göring auf die Seite; doch er ließ mich nicht zu Wort kommen.«[59]

Es war, wie Diels später zu einem Untergebenen sagte, ein »Narrenhaus«. Die Zeit war gekommen, gegen die Kommunisten loszuschlagen.[60]

Einige Stunden nach dem Reichstagsbrand fuhren Kripobeamte mit längst fertiggestellten Namenslisten von gesuchten Kommunisten gemeinsam mit Einsatzbereitschaften der Polizei in die Nacht, um die Gesuchten aus den Betten zu holen. Die KPD hatte hundert Abgeordnete im Reichstag und an einer Vielzahl von Stellen ihre Vertreter sitzen. Viele Namen auf den Listen waren überholt, doch die überstürzte und planlose Art der Aktion hatte zur Folge, daß etliche Gefangene gemacht wurden, die andernfalls entkommen wären. Andererseits gab es viele, die nicht gefunden wurden. Viertausend Kommunisten wurden verhaftet, währenddessen trat Görings Berater Ludwig Grauert in Aktion. Grauert war der ehemalige Vorsitzende des norddeutschen Arbeitgeberverbandes der Eisen- und Stahlindustrie und gerade erst zum Leiter der Polizeiabteilung im preußischen Innenministerium ernannt worden. Politisch auf der Seite der Deutschnationalen, schlug er jetzt eine Notstandsverordnung vor, um einen legalen Vorwand für die Verhaftungen zu haben und weiteren gewaltsamen Aktionen der Kommunisten begegnen zu können. Bereits am 27. Februar, noch vor dem Reichstagsbrand, legte der erzkonservative Reichsjustizminister Franz Gürtner von der DNVP dem Kabinett einen Gesetzentwurf vor. Gürtner war wie die übrigen konservativen Minister im Kabinett ein entschiedener Befürworter drakonischer Maßnahmen gegen öffentliche Ruhestörungen, an denen er ausschließlich den Kommunisten und Sozialdemokraten die Schuld gab. Sein Entwurf sah gravierende Beschränkungen der bürgerlichen Freiheitsrechte vor, um die Kommunisten daran zu hindern, einen Generalstreik auszurufen. Die öffentliche Verbreitung eines solchen Aufrufs sollte als Hochverrat unter Androhung der Todesstrafe betrachtet werden.[61] Das alles war nun durch die neue Lage überholt.

Reichsinnenminister Wilhelm Frick von der NSDAP sah in dem Entwurf Grauerts die Gelegenheit, seine Macht über die deutschen Länder auszudehnen, und führte einen entscheidenden neuen Paragraphen 2 ein, dem zufolge das Kabinett und nicht der Reichspräsident das Recht zur Intervention haben sollte, ähnlich wie Papen dies 1932 in Preußen getan hatte. Außerdem setzte der Entwurf unter Berufung auf interne Diskussionen der Notstandsgesetzgebung aus den frühen zwanziger Jahren mehrere Artikel der Weimarer Verfassung außer Kraft, vor allem die Meinungs-, Presse-, Versammlungs- und Vereinsfreiheit. Er gab der Polizei die Möglichkeit, Personen zeitlich unbegrenzt und ohne richterlichen Befehl in Schutzhaft zu halten, im Gegensatz zu früheren Gesetzen und Verordnungen, die vor einer richterlichen Intervention strenge zeitliche Grenzen festgelegt hatten. Die meisten dieser Maßnahmen waren schon früher zu verschiedenen Gelegenheiten diskutiert worden und hatten unter der höheren Beamtenschaft viele Fürsprecher. Und sie gingen weit über alles Bisherige hinaus. Als Hitler am Morgen des 28. Februar um elf Uhr die Verordnung dem Kabinett vorlegte, erinnerte er daran, daß die Koalition von Anfang an beabsichtigt hatte, die Kommunisten zu vernichten: »Der psychologisch richtige Moment für diese Auseinandersetzung sei nunmehr gekommen«, heißt es im Protokoll der Sitzung. «Es sei zwecklos, noch länger hiermit zu warten.«[62]

Hitler machte seine Absicht deutlich, erbarmungslos vorzugehen und ohne sich um die Feinheiten des Gesetzes zu kümmern. Und er hielt seinen Kabinettskollegen die verlockende Aussicht eines hohen Wahlsiegs bei den kommenden Wahlen vor Augen, wenn die Kommunisten, Deutschlands drittgrößte Partei, verboten würden. Außerdem befinde sich die allgemeine Öffentlichkeit nach dem Brandanschlag auf den Reichstag in großer Unruhe.[63] Nach ihm sprach Göring und behauptete, van der Lubbe sei mit führenden Kommunisten wie Ernst Torgler gesehen worden, kurz bevor er in den Reichstag eindrang. Die Kommunisten planten angeblich nicht nur die Zerstörung öffentlicher Gebäude, sondern auch die »Vergiftung öffentlicher Küchen« und die Entführung der Frauen und Kinder von Ministern der Regierung. Man habe ihm mitgeteilt, daß »von kommunistischer Seite beabsichtigt wird, durch Gewaltaktionen bzw. Sabotageakte, die in allernächster Zeit stattfinden sollen, das Lichtnetz und den Verkehr (Eisenbahn usw.) sowie alle anderen lebenswichtigen Großbetriebe stillzulegen.«[64]

Die Einwände Papens gegen Paragraph 2 übergehend, stimmte das Kabinett zu, den Entwurf der Verordnung Hindenburg vorzulegen, der sie unterzeichnete, obwohl er damit auf einen Teil seiner Befugnisse zugunsten der Hitlerregierung verzichtete. Es trat sofort in Kraft. Paragraph 1 setzte wesentliche Bestimmungen der Weimarer Verfassung außer Kraft. Wörtlich hieß es dort:

> »Die Artikel 114, 115, 117, 118, 123, 124 und 153 der Verfassung des Deutschen Reiches werden bis auf weiteres außer Kraft gesetzt. Es sind daher Beschränkungen der persönlichen Freiheit, des Rechts der freien Meinungsäußerung, einschließlich der Pressefreiheit, des Vereins- und Versammlungsrechts, Eingriffe in das Brief-, Post-, Telegraphen- und Fernsprechgeheimnis, Anordnungen von Haussuchungen und von Beschlagnahmen sowie Beschränkungen des Eigentums auch außerhalb der sonst hierfür bestimmten gesetzlichen Grenzen zulässig.«

Paragraph 2 erlaubte der Regierung, in die Angelegenheiten der Länder einzugreifen, wenn die öffentliche Ordnung gefährdet war. Diese beiden Paragraphen, die »bis auf weiteres« in Kraft sein sollten, lieferten den juristischen Vorwand für alles, was in den nächsten Monaten folgen sollte.[65] Jetzt konnten die Nationalsozialisten mit der Machtergreifung Ernst machen.

II

Die Reichstagsbrandverordnung wurde inmitten einer Propagandaschlacht erlassen, in der Göring und die übrigen NS-Führer das Schreckgespenst einer unmittelbar bevorstehenden »deutschen bolschewistischen Revolution« an die Wand malten, begleitet von Ausschreitungen und Brutalitäten. Die Propaganda tat ihre Wirkung. Gewöhnliche Menschen aus der bürgerlichen Schicht wie Louise Solmitz schauderten bei dem Gedanken an das Schicksal, dem Deutschland gerade noch entkommen war, und waren beeindruckt von den Beweisen für das heimtückische kommunistische Komplott, die Göring zufolge »zentnerweise zutage gefördert« wurden.[66] Über 200 Telegramme gingen im Reichsjustizministerium von NS-Ortsgruppen aus dem ganzen Land ein, in denen gefordert wurde, die »Untermenschen«, deren »dämonische Vernichtungspläne … unser Vaterland in ein blutgetränktes Trümmerfeld verwandelt hätten«, die »roten Strolche«, die »Reichstagsverbrecher und ihre marxistischen Drahtzieher« zu erschießen oder öffentlich vor dem Reichstag aufzuhängen. »Restlose Vernichtung des roten Verbrecherpacks« war eine von vielen Seiten geäußerte Forderung, und einige lokale NS-Größen äußerten die Befürchtung, es werde zu Störungen der öffentlichen Ordnung kommen, wenn die Schuldigen nicht sogleich erschossen würden.[67] Goebbels' Propaganda entfesselte jetzt die aufgestaute Wut der Braunhemden gegen ihre kommunistischen Gegner. Die SA-Leute, die sich aufgrund ihrer Rekrutierung als Hilfspolizisten praktisch vor jeder strafrechtlichen Verfolgung immun glaubten, hatten bereits zahlreiche Gewaltakte begangen, doch jetzt war der Augenblick gekommen, auf den sie wirklich gewartet hatten. Ein SA-Mann schrieb später über die Zeit unmittelbar nach dem 28. Februar:

»... wir waren vorbereitet, wir kannten die Absichten unserer Gegner. Aus den Verwegensten der Verwegenen hatte ich ein kleines ›Rollkommando‹ meines Sturmes zusammengestellt. Nach für Nacht lagen wir auf der Lauer. Wer würde zuerst zupacken? Und dann kams! Brandzeichen in Berlin, Feuerzeichen überall im Land. Endlich der erlösende Befehl: ›Packt zu!‹ Und wir haben zugepackt! Es ging nicht nur um das rein menschliche ›Du oder ich‹ oder ›Ihr oder wir‹, sondern es ging darum, der bolschewistischen Mordfratze ein für allemal das lüsterne Grinsen abzugewöhnen und Deutschland vor dem Blutterror zügelloser Horden zu bewahren.«[68]

In ganz Deutschland waren es jetzt jedoch die Braunhemden, die den »Blutterror zügelloser Horden« über ihre Feinde brachten. Ihre Gewalt war die Entladung eines lange gehegten Hasses, und ihre Aktionen richteten sich gegen »Marxisten« und Kommunisten, die ihnen häufig persönlich bekannt waren. Es gab keinen koordinierten Plan, keinen weitergehenden Ehrgeiz auf ihrer Seite als ihre Aggressionen an Männern und Frauen auszulassen, die sie fürchteten und haßten.[69]

Braunhemden und Polizei mochten vorbereitet sein, ihre kommunistischen Gegner waren es in wesentlicher Hinsicht nicht. Die Parteiführung der KPD wurde von den Ereignissen des 27./28. Februar völlig überrascht. Sie glaubte, ihr stehe eine weitere Phase einer vergleichsweise milden Unterdrückung bevor, wie sie diese schon einmal, in den Jahren 1923 und 1924, erfolgreich überstanden hatte. Diesmal lagen die Dinge anders. Die Polizei wurde durch die geballte Gewalt der Braunhemden unterstützt. Der Parteiführer und ehemalige Kandidat bei den Reichspräsidentenwahlen, Ernst Thälmann, und seine engsten Mitarbeiter wurden in einem geheimen Quartier in Berlin-Charlottenburg in Schutzhaft genommen. Ernst Torgler, Fraktionsvorsitzender der Partei im Reichstag, stellte sich bereits am 28. Februar der Polizei, um die Beschuldigung der Regierung zu widerlegen, er und seine Parteiführung hätten den Reichstagsbrand befohlen. Von den führenden Parteifunktionären verließen Wilhelm Pieck und Walter Ulbricht Deutschland im Frühjahr beziehungsweise Herbst 1933. Trotz zahlloser Versuche, weitere Mitglieder des Politbüros ins Ausland zu schleusen, wurden viele von ihnen verhaftet, bevor sie sich in Sicherheit bringen konnten. Im ganzen Land wurden die KPD-Organisationen zerschlagen, Büros besetzt und Aktivisten in Schutzhaft genommen. Häufig nahmen die SA-Leute die Parteikasse mit und raubten unter den Augen der Polizei in den Wohnungen von KPD-Mitgliedern Geld und Wertsachen. Rasch erreichte die Zahl der Verhafteten ein Mehrfaches der ursprünglich geplanten Größe. Bis 15. März befanden sich 10 000 Kommunisten in Schutzhaft. Nach amtlichen Unterlagen wurden im März und April allein an Rhein und Ruhr 8000 KP-Mitglieder verhaftet. Parteifunktionäre sahen sich zu dem Eingeständnis genötigt, den »Rückzug« antreten zu müssen. Wie Pieck einräumte, waren innerhalb weniger Monate die meisten der lokalen Funktionäre nicht mehr aktiv, und viele Mitglieder waren durch den Terror zum Schweigen gebracht worden.[70]

Hitler befürchtete offenbar, es werde eine gewalttätige Reaktion geben, wenn er eine Verordnung erließ, mit der die KPD insgesamt verboten würde. Ihm erschien es zweckmäßiger, einzelne Kommunisten als Kriminelle zu behandeln, die gesetzwidrige Taten geplant und jetzt die Konsequenzen zu tragen hatten. Auf diese Weise würde die Mehrheit der deutschen Bevölkerung dazu bewogen werden, die auf den Reichstagsbrand folgende Verhaftungswelle zu tolerieren oder gar zu befürworten, ohne auf den Gedanken zu kommen, daß bald auch weitere Parteien verboten würden. Das war der Grund, warum die KPD sich an den Wahlen vom 5. März beteiligen konnte, obwohl viele ihrer Kandidaten bereits inhaftiert oder außer Landes geflohen waren und keinerlei Chance bestand, daß die 81 Kandidaten, die ein Mandat erhielten, es jemals wahrnehmen könnten. Sie wurden verhaftet, sobald die Polizei ihren Aufenthalt festgestellt hatte. Indem sie der KPD erlaubten, Kandidaten für die Reichstagswahl aufzustellen, hofften Hitler und seine Minister, die Sozialdemokraten zu schwächen. Hätte man die KPD von der Beteiligung an der Wahl ausgeschlossen, dann hätten vermutlich viele KPD-Wähler der SPD ihre Stimme gegeben.

Auch Ende März erließ das Kabinett noch kein formelles Verbot der KPD. Viele kommunistische Funktionäre wurden, wenn nicht von der SA ermordet oder zusammengeschlagen und in provisorische Folterstätten und Gefängnisse geworfen, ordnungsgemäß von der Polizei verhaftet und vor Strafgerichten angeklagt. Zwar war die bloße Mitgliedschaft in der KPD keineswegs gesetzwidrig. Doch Vertreter der Polizei, Staatsanwälte und Richter waren in der überwiegenden Mehrzahl konservativ und hatten in der KPD seit langem eine gefährliche, hochverräterische und revolutionäre Organisation gesehen, vor allem im Licht der Ereignisse der frühen Weimarer Jahre, vom Aufstand der Spartakisten in Berlin bis zum »roten Terror« und den Geiselerschießungen in München. In dieser Auffassung sahen sie sich durch die Straßengewalt des Roten Frontkämpferbundes und den Reichstagsbrand mehr als bestätigt. Eine Mitgliedschaft in der KPD konnte so verstanden werden, daß damit die Unterstützung des hochverräterischen Akts der Brandstiftung im Reichstag bekundet wurde, was seinerseits ein Akt des Hochverrats war. Gelegentlich griff man auch zu anderen seltsamen Konstruktionen. So argumentierten die Gerichte in manchen Fällen, da die KPD nicht mehr in der Lage sei, ihr Ziel einer Änderung der deutschen Verfassung mit parlamentarischen Mitteln zu verwirklichen, müsse sie versuchen, diese Änderung durch Gewalt herbeizuführen, wiederum ein hochverräterisches Vergehen, dessen sich jedes Mitglied der Partei schuldig mache. So gingen die Gerichte nach dem 30. Januar 1933 dazu über, eine KPD-Mitgliedschaft per se als einen Akt des Hochverrats zu bewerten. Ab dem 28. Februar war die KPD faktisch zu einer illegalen Partei geworden, und am 6. März, dem Tag nach den Reichstagswahlen, wurden alle ihre Aktivitäten, nur nicht ihre Existenz für illegal erklärt.[71]

Nachdem die SA innerhalb weniger Tage nach dem 28. Februar die Kommunisten von der Straße getrieben hatte, herrschten Hitlers Braunhemden in den Städten und stellten ihre frisch errungene Vorherrschaft demonstrativ und einschüchternd zur Schau. Rudolf Diels, der Chef der preußischen politischen Polizei, berichtete nach dem Krieg darüber:

> »Sie [die SA] war, im Gegensatz zur Partei, auf ihre Machtergreifung vorbereitet. Sie bedurfte keiner einheitlichen Leitung; der ›Gruppenstab‹ gab das Beispiel, doch keine Befehle. Aber bei den ›Stürmern‹ gab es feste Pläne für die Aktionen in den Kommunistenvierteln. Jeder SA-Mann war in jenen Tagen ›dem Feind auf den Fersen‹, jeder wußte, was er zu tun hatte. Die ›Stürme‹ säuberten ihre Bezirke. Sie kannten nicht nur die

> Wohnungen, sondern sie hatten auch von langer Hand die Unterschlupfe und Treffpunkte ihrer Gegner ausgekundschaftet ... Nicht nur die Kommunisten, sondern jedermann, der sich einmal gegen Hitlers Bewegung ausgesprochen hatte, war gefährdet.«[72]

Rollkommandos der Braunhemden stahlen Automobile und Lastwagen von Juden, Sozialdemokraten und Gewerkschaftern oder erhielten sie von Geschäftsleuten als Geschenk, die sich davon Schutz versprachen. Sie grölten auf den Hauptstraßen Berlins, prunkten mit ihren Waffen und schwenkten Fahnen, damit jeder sehen konnte, wer jetzt das Sagen hatte. Ähnliche Szenen konnte man in kleineren Städten überall in Deutschland beobachten. Hitler, Goebbels, Göring und die übrigen NS-Führer hatten keine unmittelbare Kontrolle über diese Ereignisse. Aber sie hatten sie ausgelöst, indem sie am 22. Februar SA, SS und den Stahlhelm zu Hilfspolizisten gemacht hatten, und sie hatten sie mit der anhaltenden Gewalt ihrer rhetorischen Angriffe auf die »Marxisten« nicht nur stillschweigend gebilligt.

Auch hier vollzog sich ein dialektischer Prozeß, der sich in den Tagen herausgebildet hatte, als die Nationalsozialisten mit ihrer Gewalt immer wieder die Feindseligkeit der Polizei und strafrechtliche Verfolgungen provoziert hatten: Die Führung erklärte in einer extremen, aber unbestimmten Sprache, daß etwas geschehen müsse, und die unteren Ränge der Partei und ihre paramilitärischen Organisationen übersetzten dies in ihre eigene Sprache und schritten zu konkreten Gewaltaktionen. Wie es später in einem parteiinternen Bericht hieß, waren solche Aktionen, die lediglich durch einen Wink ausgelöst wurden, bereits in den zwanziger Jahren zur Gewohnheit geworden. Schon zu dieser Zeit hatten sich die unteren Ränge der NSDAP daran gewöhnt, aus der vagen, allgemeinen Aggressivität der Parteileitung eine präzise Bedeutung abzuleiten. »Er [der aktive Nationalsozialist] ist infolgedessen gewohnt, aus einem solchen Befehl mehr herauszulesen, als wörtlich gesagt ist, wie es auch auf der Seite des Befehlsgebers vielfach Übung geworden ist, im Interesse der Partei – gerade wenn es sich um illegale politische Kundgebungen handelt – nicht alles zu sagen und nur anzudeuten, was er mit dem Befehl erreichen will.«[73] Der Unterschied lag darin, daß der NSDAP-Führung jetzt alle Ressourcen des Staates zur Verfügung standen. Sie war weitgehend in der Lage, Beamte, Polizisten, Gefängnisdirektoren und die Justizbeamten, fast alle konservativ und deutschnational, davon zu überzeugen, daß die gewaltsame Unterdrückung der Arbeiterbewegung gerechtfertigt sei. Und sie forderte sie mit Erfolg auf, nicht einfach passiv zuzuschauen, wenn SA-Leute auf den Plan traten, sondern ihnen bei ihrem zerstörerischen Werk behilflich zu sein. Dieses Muster beim Zustandekommen von Entscheidungen und ihrer praktischen Umsetzung sollte sich später in vielen Situationen wiederholen, vor allem in der nationalsozialistischen Judenpolitik.

III

Die Wahlpropaganda der NSDAP zu den Reichstagswahlen am 5. März 1933 erreichte auch noch den kleinsten Weiler.[74] Dank der Finanzmittel der Großindustrie und der Ressourcen des Staates gewann der Wahlkampf der NSDAP eine völlig neue Qualität. In der niedersächsischen Kleinstadt Northeim zum Beispiel wurden die Wahlen in einer Atmosphäre spürbarer Einschüchterung abgehalten. Die Ortspolizei hatte sich vor dem Bahnhof, an Brücken und anderen wichtigen Gebäuden postiert, um die Behauptung des Regimes zu unterstreichen, daß an diesen Stellen grundsätzlich mit Terroranschlägen der Kommunisten gerechnet werden müsse. Die SA am Ort durfte bereits ab 28. Februar geladene Schußwaffen tragen und wurde am 1. März zur Hilfspolizei gemacht, worauf sie begann, ostentativ in den Straßen zu patrouillieren, die Häuser der Sozialdemokraten und Kommunisten am Ort überfiel und sie beschuldigte, sie wollten ein Blutbad unter ehrlichen Bürgern anrichten. Die *Northeimer Neuesten Nachrichten* berichteten, man habe einen Arbeiter verhaftet, der eine Wahlbroschüre der SPD verteilt hatte. Wie die Zeitung kommentierte, seien solche Aktivitäten für die KPD wie die SPD verboten. Nachdem die Nationalsozialisten ihre politischen Hauptgegner mundtot gemacht hatten, installierten sie auf dem Marktplatz und an der Hauptstraße Lautsprecher, und vom 1. bis 4. März wurden Abend für Abend die Reden Hitlers in voller Lautstärke in der ganzen Stadt übertragen. Am Vorabend der Wahl veranstalteten SA

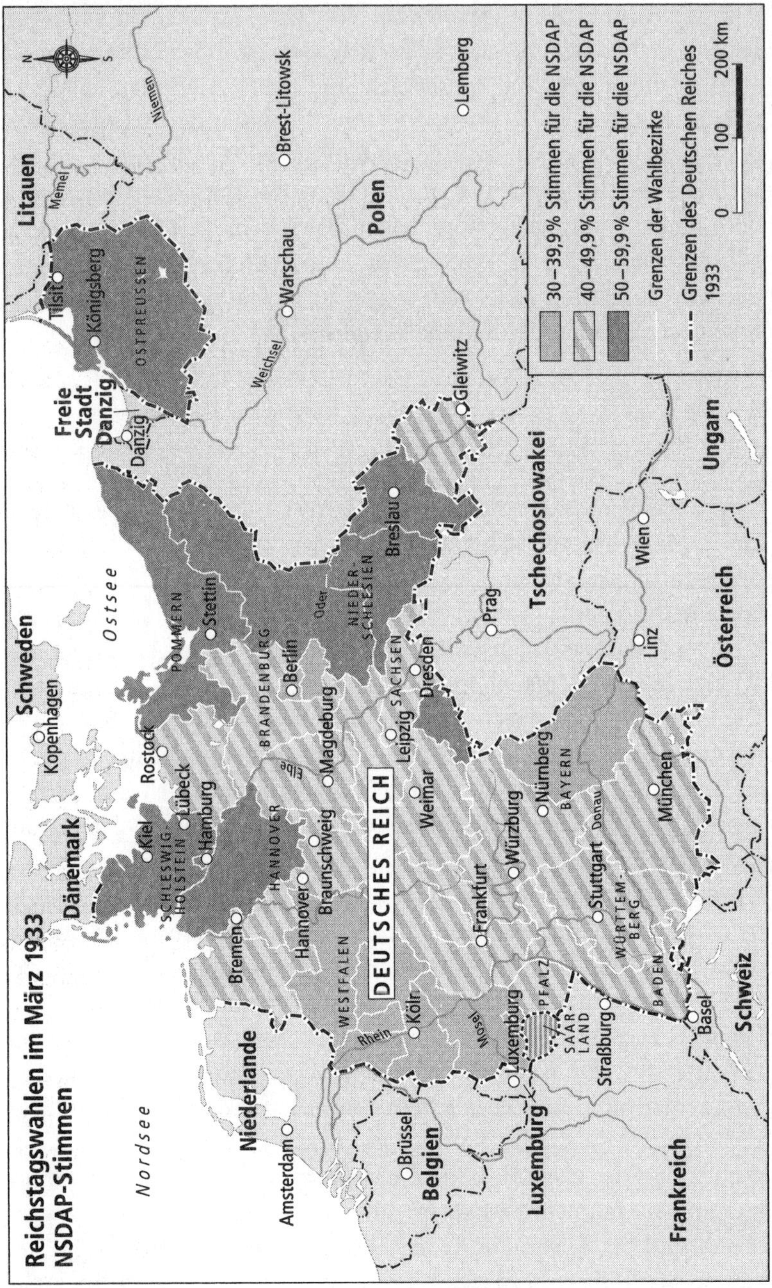
Reichstagswahlen im März 1933
NSDAP-Stimmen
30–39,9% Stimmen für die NSDAP
40–49,9% Stimmen für die NSDAP
50–59,9% Stimmen für die NSDAP
Grenzen der Wahlbezirke
Grenzen des Deutschen Reiches 1933
0
100
200 km
N
S
DEUTSCHES REICH
Nordsee
Ostsee
Niederlande
Belgien
Luxemburg
Frankreich
Schweiz
Österreich
Tschechoslowakei
Ungarn
Polen
Litauen
Schweden
Dänemark
Freie Stadt Danzig
Amsterdam
Brüssel
Luxemburg
Straßburg
Basel
Köln
Rhein
Mosel
WESTFALEN
PFALZ
SAARLAND
BADEN
WÜRTTEMBERG
Stuttgart
Frankfurt
Würzburg
Nürnberg
BAYERN
Donau
München
Linz
Wien
Prag
Bremen
Hannover
HANNOVER
Braunschweig
SCHLESWIG HOLSTEIN
Kiel
Lübeck
Hamburg
Rostock
Kopenhagen
Magdeburg
Elbe
BRANDENBURG
Berlin
Weimar
Leipzig
SACHSEN
Dresden
POMMERN
Stettin
Oder
NIEDER-SCHLESIEN
Breslau
Gleiwitz
Danzig
OSTPREUSSEN
Königsberg
Tilsit
Memel
Njemen
Weichsel
Warschau
Brest-Litowsk
Lemberg

und SS, Stahlhelm und Hitlerjugend in einer Stärke von 600 Mann einen Fackelzug durch die Stadt zum Stadtgarten, wo die Anwesenden eine Rede Hitlers hörten, die gleichzeitig an vier weiteren öffentlichen Plätzen der Stadt durch Lautsprecher übertragen wurde. An den Hauptstraßen hingen schwarz-weiß-rote und Hakenkreuzfahnen, die auch in den Geschäften auslagen. Nirgends sah man Wahlwerbung der Opposition. Am Wahltag, einem Sonntag, patrouillierten SA und SS drohend in Gruppen durch die Straßen, während die NSDAP und die Stahlhelmer einen Fahrdienst organisierten und alte und gehbehinderte Wähler zu den Wahllokalen beförderten. Dieselbe Mischung aus Einschüchterung, Unterdrückung und Propaganda wurde auch in den anderen deutschen Städten angewandt.[75]

Als die Ergebnisse der Reichstagswahl bekanntgegeben wurden, schien es, als hätte sich diese Taktik ausgezahlt. Die Koalitionsparteien NSDAP und DNVP errangen 51,9 Prozent der Stimmen. »Unglaubliche Zahlen«, schrieb Goebbels in sein Tagebuch am 5. März, »wir sind alle wie in einem Rausch.«[76] In einigen Wahlkreisen Mittelfrankens lag der Anteil der Stimmen, die auf die NSDAP entfielen, bei über 80 Prozent, und in Schleswig-Holstein konnten die Nationalsozialisten in einigen Bezirken fast alle abgegebenen Stimmen auf sich vereinigen. Dennoch war der Jubel der Parteigrößen nicht gerechtfertigt. Trotz massiver Gewalt und Einschüchterung konnte sich die NSDAP nur 43,9 Prozent der Stimmen sichern. Die Kommunisten, die sich nicht am Wahlkampf beteiligen durften und deren Abgeordnete sich versteckt hielten oder in Haft saßen, erreichten immer noch 12,3 Prozent der Stimmen, ein geringerer Rückgang gegenüber der vorangegangenen Wahl, als man erwartet hätte, während die SPD, die ebenfalls unter der allgemeinen Einschüchterung und der Behinderung ihres Wahlkampfs zu leiden hatte, mit 18,3 Prozent kaum schlechter abschnitt als im November 1932. Die Zentrumspartei behauptete weitgehend ihre 11,2 Prozent von den letzten Wahlen, auch wenn sie in Süddeutschland Stimmen an die NSDAP abgeben mußte, und die übrigen, inzwischen unbedeutenden Parteien konnten ihren Stimmenanteil vom November mehr oder weniger behaupten.[77]

17 Millionen Wähler gaben ihre Stimme der NSDAP, 3 Millionen der DNVP. Insgesamt waren knapp 45 Millionen Wähler an die

Urnen gegangen. Nahezu 5 Millionen Stimmen für die Kommunisten, über 7 Millionen für die Sozialdemokraten und 5,5 Millionen für die Zentrumspartei zeugten vom Unvermögen der Nationalsozialisten, selbst unter den Bedingungen einer partiellen Diktatur eine Mehrheit der Wähler für sich zu gewinnen.[78] Überhaupt war es der NSDAP seit ihrem Aufstieg zu einer bedeutenden Partei zum Ende der zwanziger Jahre bei Reichstags- oder Landtagswahlen nie gelungen, für sich allein eine absolute Mehrheit zu erringen. Die jetzige Mehrheit, die sie zusammen mit ihrem Koalitionspartner, der DNVP, erreichte, war weit von der Zweidrittelmehrheit entfernt, die für eine Verfassungsänderung notwendig gewesen wäre. Was der Ausgang der Wahlen dagegen deutlich machte, war, daß fast zwei Drittel der Wähler sich für Parteien entschieden hatten, die erklärte Feinde der Weimarer Demokratie waren, die Nationalsozialisten, die Deutschnationalen und die Kommunisten. Viele hatten Parteien gewählt, insbesondere das katholische Zentrum und die Bayerische Volkspartei, deren Loyalität zur Republik fast vollständig geschwunden und deren Einfluß in der Wählerschaft geschmälert war. 1919 hatten noch drei Viertel der Wähler die Parteien der Weimarer Koalition gewählt. Innerhalb von 14 Jahren hatte sich diese Situation ins Gegenteil verkehrt.[79]

Nach den Wahlen vom 5. März nahm die Welle der Gewalt noch größere Ausmaße an. In Königsberg drang die SA am Abend der Wahl in das lokale Parteibüro der SPD ein, zerschlug das Mobiliar und machte aus den Räumlichkeiten eine behelfsmäßige Folterkammer, in der sie Häftlinge so schwer mißhandelte, daß der kommunistische Reichstagsabgeordnete Walter Schütz an seinen Verletzungen starb. SA-Leute drangen in Gewerkschaftshäuser ein, brachen Schränke auf, stahlen Schreibmaschinen und Bargeld und verbrannten Akten.[80] In Wuppertal schleppten Braunhemden den Arbeiter Heinrich B., einen ehemaligen Kommunisten, aus seiner Wohnung; sein Leichnam wurde am nächsten Tag in einem Schrebergarten gefunden. Am 1. April lauerten im selben Stadtviertel acht SA-Männer dem 62jährigen Arbeiter August K. auf, einem ehemaligen Leiter der kommunistischen Schalmeiengruppe der Stadt, der sich auf dem Heimweg befand, und streckten ihn mit mehreren Schüssen nieder.[81] Den Sozialdemokraten erging es nicht anders. Am 9. März wurde

Wilhelm Sollmann, ein sozialdemokratischer Reichstagsabgeordneter und führender Funktionär der SPD in Köln, in seiner Wohnung von Braunhemden und SS-Männern überfallen, zusammengeschlagen und in das Hauptquartier der NSDAP der Stadt gebracht. Dort wurde er zwei Stunden lang gefoltert, wobei man ihn unter anderem zwang, Rizinusöl und Urin zu trinken, bis die Polizei eintraf und ihn in ein Gefängnishospital überführte, wo man sich seiner Verletzungen annahm. Am 13. März machten sich die Braunhemden in Braunschweig daran, die sozialdemokratischen Stadträte und Landtagsabgeordnete zu zwingen, »freiwillig« ihr Mandat niederzulegen. Einer weigerte sich und wurde zu Tode geprügelt. Zu diesem Zeitpunkt begannen die Nationalsozialisten in die Parteibüros der Sozialdemokraten einzubrechen, wo sie vor allem nach Geld und verwertbaren Gegenständen suchten. SA-Leute erschossen am 13. März den Verlagsleiter der sozialdemokratischen *Chemnitzer Stimme*, Georg Landgraf, weil er ihnen nicht sagen wollte, wo sich die Parteikasse befand. Ein Protest gegen solche Aktionen war schwierig, wenn nicht unmöglich, da alle sozialdemokratischen Zeitungen seit Anfang März zunächst für 14 Tage verboten waren und dieses Verbot anschließend erneuert wurde, bis es zu einem Dauerverbot wurde.[82]

Die Überfälle und Plünderungen der SA konnten den Redlicheren unter den Polizeibeamten nicht entgehen. So verschickte am 19. April 1933 der Staatskommissar für das Polizeiwesen in Hessen ein Rundschreiben an die Kreis- und Polizeiämter, in dem er die gesetzwidrige Beschlagnahme von Eigentum marxistischer Organisationen während der Haussuchungen verurteilte, bei denen die Beteiligten auch Musikinstrumente, Turngeräte und selbst Betten mitnahmen, offensichtlich für den privaten Gebrauch der Plünderer.[83] Danach wurden Versuche unternommen, den juristischen Status der verbotenen Parteien zu regeln und geeignete Institutionen zur Verwaltung des Vermögens der mißliebigen Parteien und Gewerkschaften zu schaffen, nicht zuletzt weil zu diesen Vermögen auch Mittel gehörten, mit denen arbeitslose ehemalige Mitglieder unterstützt wurden; doch bis es dazu kam, war bereits ein Großteil des Geldes und des Sacheigentums in die Taschen einzelner Braunhemden gewandert. Schließlich wurde am 26. Mai 1933 ein Gesetz erlassen, mit dem das Eigentum an der (formal immer noch zugelassenen) KPD an die Länder überging.[84]

Inmitten von diesem Chaos nutzten viele SA-Leute die Gelegenheit, alte persönliche Rechnungen zu begleichen. So wurde in Wuppertal Friedrich D. um vier Uhr morgens von einem Trupp SA-Leute unter dem Kommando von Sturmführer Puppe aus dem Bett geholt; zwei Tage später fand man seine Leiche. Er mußte sterben, weil er ein Verhältnis mit Puppes Schwester hatte, das Puppe eine Zeitlang zu unterbinden versucht hatte. Puppe wurde wegen dieses heimtückischen Mordes nie vor Gericht gestellt. Ein langjähriger Parteigenosse namens Karl W. wurde festgenommen, zusammengeschlagen und inhaftiert, nachdem er den SA-Führer in Wuppertal der Unterschlagung und Bestechlichkeit bezichtigt hatte, nicht der einzige Vorfall dieser Art. Solche und ähnliche Vorfälle gab es damals zu Hunderten überall in Deutschland.[85]

Die Kampagne der Gewalt, entfesselt von einer SA, deren Mitgliederzahl ständig zunahm – im Sommer 1933 überschritt sie die Zweimillionengrenze – lieferte den Hintergrund für die Gleichschaltung der Länder nach dem Muster, das Papen im Sommer 1932 mit seinem »Preußenschlag« vorgegeben hatte.[86] Der Staatsgerichtshof hatte diese Machtübernahme für zum Teil widerrechtlich befunden, und die von Papen amtsenthobene SPD-Regierung war bis zu einem gewissen Grad erfolgreich mit ihrer Taktik, Maßnahmen der Reichsregierung durch den Reichsrat zu blockieren. Hitlers Kabinett hatte am 6. Februar dagegen eine Notverordnung erlassen, doch die neuen, nationalsozialistischen Vertreter Preußens im Länderrat mußten erleben, daß ihre Legitimität vom Reichsrat bestritten wurde, als dieser am 16. Februar zusammentrat, da noch keine Entscheidung des Staatsgerichtshofes in dieser Frage vorlag. Inzwischen beschloß der Reichsrat jedoch, sich so lange zu vertagen, bis die Situation juristisch geklärt war, und in der Zwischenzeit wurden regionale Organisationen der SA und der NSDAP aktiv und sorgten für eine Gleichschaltung der Länderregierungen von unten. Die meisten Länder wurden von Minderheitskabinetten regiert, ein Ausdruck für die damalige fast vollständige Blockade der legislativen Gremien, und es fehlte ihnen die Legitimität, mehr als nur symbolischen Widerstand zu leisten. In der Zeit zwischen dem 6. und dem 15. März 1933 hißten nationalsozialistische Polizeibeamte und »Hilfspolizeieinheiten« der SA und SS allerorten an öffentlichen Gebäuden die Hakenkreuzflagge. Die Mehrheit der Länderminister duldete oder billigte diese symbolische Geste, eingeschüchtert durch gleichzeitig stattfindende Aufmärsche von SA-Leuten vor den Regierungsgebäuden. Minister, die damit nicht einverstanden waren, traten von ihren Ämtern zurück oder wurden von Braunhemden unter Hausarrest gestellt. Reichsinnenminister Frick setzte anschließend Reichskommissare ein, die alsbald die bisherigen Polizeichefs und widerspenstige gewählte Länderminister durch Nationalsozialisten ersetzten. Nur in Hamburg, Hessen und Württemberg ernannten die Länderparlamente in Abwesenheit der kommunistischen Abgeordneten und infolge der Enthaltung der SPD neue Koalitionsregierungen, in denen alle Ministerien von Mitgliedern der NSDAP und der DNVP besetzt wurden. Unter diesen Umständen waren die Anfang März stattfindenden Wahlen zu den Länderparlamenten (am wichtigsten die Wahl in Preußen am 12. März) weitgehend bedeutungslos.[87]

Die Schutzorganisation der SPD, das Reichsbanner Schwarz-Rot-Gold, war bereits durch die Besetzung vieler seiner Büros durch die Polizei im Februar weitgehend lahmgelegt worden. Anfang März, unmittelbar nach der Reichstagswahl, erließen die Länderregierungen Verbote und verhafteten seine führenden Vertreter, so daß sich seine Gliederungen zunehmend selbst auflösten, um einer weiteren Verfolgung zu entgehen. In dieser Atmosphäre gingen eine Reihe führender Sozialdemokraten wie Otto Braun und Albert Grzesinski außer Landes, da sie für sich das Schlimmste befürchteten.[88] Der Führer des Reichsbanners, Karl Höltermann, hatte Deutschland bereits am 2. Mai verlassen. Ein Versuch führender Sozialdemokraten, Göring dazu zu bewegen, das Verbot ihrer Zeitungen aufzuheben, wurde damit beantwortet, diese Zeitungen blieben so lange verboten, bis die sozialistischen Zeitungen des Auslands ihre »Hetze« gegen die Reichsregierung einstellten. Daß die Sozialdemokraten die Methoden der Nationalsozialisten noch immer nicht wahrhaben wollten, zeigte die Tatsache, daß SPD-Politiker in verschiedene europäische Länder reisten, um die dortigen Sozialdemokraten zu überreden, die »Hetze« einzustellen. Die Sozialistische Arbeiter-Internationale reagierte mit einer scharfen öffentlichen Verurteilung des nationalsozialistischen Terrors (»die unsäglichen Schandtaten, die die Gewalthaber Deutschlands Tag für Tag verüben«). Dem fügte sie einen Aufruf zu gemeinsamem Vorgehen mit den Kommunisten hinzu. In dem vergeblichen Versuch, Göring zu besänftigen, gab der Vorsitzende der SPD Otto Wels sofort seinen Sitz im Büro der Sozialistischen Internationale auf.[89] Derartige taktische Zugeständnisse konnten das Regime erwartungsgemäß nicht in seinem Drang aufhalten, die Linke zu unterdrücken.[90]

Kommunisten und Sozialdemokraten repräsentierten zusammen knapp ein Drittel der Wähler, doch ihre Auflösung erfolgte fast ohne Gegenwehr. Die Regierung konnte landesweit gegen sie vorgehen, weil die Reichstagsbrandverordnung ihr die Möglichkeit bot, die Souveränität der Länder zu übergehen – nach dem Vorbild von Papens Staatsstreich in Preußen im Sommer 1932, bei dem die gewählte sozialdemokratische Regierung aus ihren Ämtern gejagt wurde. Zehn Jahre zuvor war Reichspräsident Ebert mit den linken Länderregierungen Sachsens und Thüringens ebenso verfahren. Die angebliche kommunistische Bedrohung, mit der das Vorgehen gerechtfertigt wurde, war weder 1923 noch zehn Jahre danach wirklich ernst zu nehmen. Die Störung der öffentlichen Ordnung, die 1933 den Vorwand für eine Notstandsverordnung lieferte, ging überwiegend von den Nationalsozialisten selbst aus. Der Zweck dieser beschleunigten Gleichschaltung der Länder bestand nicht zuletzt darin, das Zaudern der Länderregierungen zu überwinden, die Notstandsbefugnisse dazu zu nutzen, die Parteien der Linken mit der Gründlichkeit zu vernichten, die von der NS-Regierung in Berlin gefordert wurde.

IV

Der Gang der Ereignisse hatte besonders in Bayern schlimme Folgen. Hier handelte die konservative Landesregierung am 28. Februar im Einvernehmen mit der Reichsregierung, als sie alle kommunistischen Versammlungen und die kommunistischen Zeitungen verbot. Außerdem verhaftete sie alle, die sie als führende Mitglieder der bayerischen KPD ansah. Doch das genügte den Nationalsozialisten nicht, und so ernannte Frick am 9. März Adolf Wagner, den Gauleiter von Oberbayern und München, zum Reichskommissar im bayerischen Innenministerium. Obendrein wurde Heinrich Himmler, der Führer der SS mit Sitz in München, zum provisorischen Polizeipräsidenten ernannt. Er befahl eine großangelegte Verhaftungswelle unter den führenden Persönlichkeiten der Opposition, der auch nichtkommunistische Gegner des Regimes zum Opfer fielen. Die Repression war so massiv, daß die Gefängnisse und Arrestzellen der Polizei bald hoffnungslos überfüllt waren. Es mußten neue Möglichkeiten gefunden werden, die verhafteten politischen Gegner der Nationalsozialisten in Bayern unterzubringen. Am 20. März erklärte Himmler der Presse, in Dachau vor den Toren Münchens werde »ein Konzentrationslager für politische Häftlinge« eingerichtet. Es war Deutschlands erstes Konzentrationslager.

Das Lager war zur »Schutzhaft« aller kommunistischen und nötigenfalls auch sozialdemokratischen und Reichsbannerfunktionäre gedacht, wie der *Völkische Beobachter* anderntags berichtete. Am 22. März 1933 brachten vier Polizeilastwagen etwa 200 Gefangene aus Stadelheim und Landsberg auf das Lagergelände, eine stillgelegte Pulver- und Munitionsfabrik außerhalb Dachaus. Die Einwohner der Stadt liefen auf der Straße und vor den Fabriktoren zusammen und schauten, wie die Wagen auf das Fabrikgelände fuhren. Nachdem das Lager zunächst von einer Polizeiabteilung geführt wurde, ging es Anfang April in die Hände der SS unter dem für seine Brutalität berüchtigten Kommandanten Hilmar Wäckerle über, der auf Anweisung Himmlers ein Terror- und Gewaltregime einführte. Bereits am 11. April begleiteten die neuen SS-Wachen vier Juden vor das Lagertor und schossen sie ›auf der Flucht‹ im Freien nieder. Einer von ihnen überlebte schwerverletzt und kam in München in ein Krankenhaus, wo er starb. Zuvor konnte er dem behandelnden Personal so entsetzliche Details der inzwischen dort herrschenden Brutalität erzählen, daß dieses den Staatsanwalt einschaltete. Bis Ende Mai waren zwölf Insassen ermordet oder zu Tode geprügelt worden. Korruption, Erpressung und Unterschlagung waren unter den Wachen an der Tagesordnung, und die Häftlinge waren grausamen und sadistischen Willkürakten ausgesetzt in einer Welt, die keine Vorschriften und Regeln kannte.[91]

Mit dem Lager Dachau schuf Himmler einen vielfach nachgeahmten Präzedenzfall. Bald entstanden überall in Deutschland weitere Lager neben den behelfsmäßig in den Kellern der vor kurzem beschlagnahmten Gewerkschaftshäuser eingerichteten Zellen und Folterkammern. Über ihre Gründung wurde ausführlich in der Presse berichtet, um zu gewährleisten, daß jeder wußte, was denen blühte, die es wagen sollten, sich der »nationalen Revolution« zu widersetzen. Die Idee, Lager zu errichten, in denen sogenannte Staatsfeinde interniert wurden, war an sich nicht neu. Die Engländer hatten für Zivilisten der gegnerischen Seite im Burenkrieg solche Lager errichtet, in denen entsetzliche Zustände herrschten und die Insassen wie die Fliegen starben. Wenig später hatten die deutschen Kolonialtruppen während des Krieges 1904–1907 in Deutsch-Südwestafrika 14 000 aufständische Herero in Lager eingesperrt, wo sie die Gefangenen so unmenschlich behandelten, daß in den Lagern in Swakopmund und Lüderitzbucht dem Vernehmen nach Monat für Monat 500 von ihnen umkamen. Die Todesrate in diesen Lagern betrug schließlich 45 Prozent, was von der deutschen Kolonialverwaltung damit begründet wurde, damit habe man »unproduktive Elemente« in der Eingeborenenbevölkerung beseitigt.[92] Diese Vorläufer waren den Nationalsozialisten bekannt. Bereits 1921 hatte Hitler erklärt, sie würden deutsche Juden in »Konzentrationslager« nach dem Vorbild der englischen Lager im Burenkrieg einsperren. Absatz 16 der Verfassung, wie die Nationalsozialisten sie eingeführt hätten, wenn sie im November 1923 mit ihrem Putsch erfolgreich gewesen wären, sah vor, »sicherheitsgefährliche Personen und unnütze Esser« sollten in »Sammellager« gesperrt und an die Arbeit gestellt werden; wer sich weigerte, würde erschossen. Einige Jahre später, im August 1932, hieß es in einem Artikel des *Völkischen Beobachters*, nach der Machtübernahme würden die Nationalsozialisten folgende Maßnahmen ergreifen: »... Sofortige Verhaftung und Aburteilung aller kommunistischen und sozialdemokratischen Funktionäre ..., Unterbringung Verdächtiger und intellektueller Anstifter in Konzentrationslagern«. Diese Warnung wurde am 8. März 1933 von Reichsinnenminister Frick unverblümt wiederholt.[93] Dachau war mithin keine improvisierte Lösung eines unerwartet aufgetretenen Problems überfüllter Gefängnisse, sondern eine seit langem geplante Maßnahme, die von den Nationalsozialisten von Anfang an ins Auge gefaßt worden war. Über dieses Lager wurde in den Lokal- und Regionalzeitungen sowie in der überregionalen Presse ausführlich berichtet, und es diente als eine Warnung an alle, die sich mit dem Gedanken an Widerstand gegen das NS-Regime trugen.[94]

Die Bedingungen in den Konzentrationslagern und den sonstigen Räumlichkeiten, die der SA und SS im März und April als Gefängnisse dienten, sind treffend als »behelfsmäßige sadistische Anarchie« beschrieben worden.[95] Die von der SA und SS ausgeübte Gewalt hatte in den wenigsten Fällen etwas mit der verfeinerten und erfinderischen Folter zu tun, die später von Geheimpolizisten in Regimes wie den Militärdiktaturen in Argentinien, Chile oder Griechenland in den siebziger Jahren praktiziert wurde. Häufig ließen sie an ihren Gefangenen lediglich eine kaum gezügelte Wut aus. Bei der Folter genügten ihnen Fausthiebe, Fußtritte und Schläge mit dem Gummiknüppel. Gelegentlich war die Polizei anwesend, die jetzt alle Zurückhaltung aufgab, die sie in der Weimarer Republik vielleicht noch geübt hatte, sah zu oder setzte die Hilfspolizisten der SA dafür ein, aus den Häftlingen Geständnisse herauszuprügeln. Der kommunistische Arbeiter Friedrich Schlotterbeck, der 1933 verhaftet wurde, berichtete später, wie er im Polizeipräsidium von mehreren SS-Männern verhört wurde. Sie schlugen ihm ins Gesicht, schlugen mit Gummiknüppeln auf ihn ein, fesselten ihn, schlugen ihm mit einer Zaunlatte auf den Kopf, traten ihn, wenn er zu Boden gestürzt war, und schütteten einen Eimer Wasser über ihn, wenn er das Bewußtsein verloren hatte. In den Pausen stellte ihm ein Polizeibeamter immerzu Fragen und griff ansonsten nur einmal ein, als einer der SS-Männer, wütend über Schlotterbecks physische Widerstandsfähigkeit, seinen Revolver zog und den Häftling zu erschießen drohte. Nachdem sie nichts aus ihm herausbekommen hatten, brachten sie ihn in seine Zelle zurück, mit Blutergüssen und Verletzungen am ganzen Körper, geronnenem Blut im Gesicht und kaum in der Lage zu gehen. Über zehn Jahre verbrachte er in Strafanstalten und Konzentrationslagern.[96] Seine Leiden wurden von vielen überzeugten Kommunisten geteilt, die sich ihren Häschern nicht unterwarfen.

Den Sozialdemokraten in den Händen von SA und SS erging es kaum besser. Diese machten bei ihren gewalttätigen Angriffen auf die Vertreter der Linken auch keinen Unterschied zwischen den Geschlechtern. Marie Jankowski, eine Stadträtin für den Bezirk Köpenick in Berlin, wurde verhaftet, mit Gummiknüppeln traktiert, ins

Gesicht geschlagen und gezwungen, sich in einem Schriftstück zu verpflichten, daß sie nicht mehr politisch aktiv sein werde.[97] Das Fehlen jeder näheren zentralen Koordinierung solcher Aktivitäten, die sich ungleichmäßig über ganz Deutschland verteilten, macht jede genauere Schätzung der Größenordnung unmöglich. Doch die vorhandenen Angaben für amtlich registrierte Verhaftungen zeigen ohne jeden Zweifel, daß hier Gewalt in einem enormen und beispiellosen Ausmaß ausgeübt wurde. Nach offiziellen Meldungen kam es in den Monaten März und April allein in Preußen zu 25 000 Verhaftungen, und darin waren weder die Verhaftungen in Berlin noch die »wilden« Festnahmen durch Braunhemden enthalten, die den Behörden nicht gemeldet worden waren. Die Zahl der in Bayern bis Ende April vorgenommenen Verhaftungen belief sich auf rund 10 000, bis Ende Juni waren es bereits doppelt so viele. Überdies wurden viele der Verhafteten nach wenigen Tagen oder Wochen wieder entlassen. So blieben im Lager Oranienburg 35 Prozent der Häftlinge nur zwischen ein und vier Wochen, und weniger als 0,4 Prozent blieben dort länger als ein Jahr.[98] Die 27 000 Ende Juli 1933 als Schutzhäftlinge registrierten Personen waren weitgehend nicht identisch mit den Personen, die drei oder vier Monate zuvor als Schutzhäftlinge einsitzen mußten, so daß die Gesamtzahl der Personen, die ein Lager durchlaufen hatten, weitaus höher war.[99] Außerdem wurden keineswegs alle sozialdemokratischen und vor allem kommunistischen Gegner der Nationalsozialisten in Lager geschickt. Viele Tausend wurden in staatlichen Gefängnissen und polizeilichen Haftzellen überall in Deutschland festgehalten.

Das Ausmaß der Unterdrückung spiegelt ein Bericht der KPD-Führung, bis Ende 1933 seien 130 000 Parteimitglieder festgenommen und inhaftiert worden, von denen 2500 ermordet wurden. Diese Zahlen dürften zwar etwas übertrieben gewesen sein, lieferten jedoch einen guten Anhaltspunkt für die Auswirkungen der Unterdrückung auf die Organisation der Partei. Im Ruhrgebiet beispielsweise wurde fast jeder zweite Kommunist in Schutzhaft genommen. Bereits Ende März berichtete die preußische Polizei, es seien an die 20 000 Kommunisten verhaftet und ins Gefängnis gesteckt worden.[100] Selbst die zurückhaltendste, halbamtliche Berechnung bezifferte die Gesamtzahl der politischen Verhaftungen in Deutschland im Jahr 1933 auf über 100 000 und die Zahl der in der Schutzhaft Umgekommenen auf knapp 600.[101] Das waren Gewalt und Mord in einem Ausmaß, wie Deutschland sie selbst in den frühen Tagen der Weimarer Republik nicht erlebt hatte.

Die massive, brutale und mörderische Gewalt war formal durch die Reichstagsbrandverordnung sanktioniert, die allerdings auf der Vorstellung fußte, die Kommunisten hätten einen revolutionären Aufstand versucht, ohne daß die Sozialdemokraten in diesem Zusammenhang ein Rolle gespielt hatten. Die Vorstellung, die Sozialdemokraten sympathisierten mit den Vorbereitungen eines Aufstands durch die Kommunisten oder unterstützten ihn gar, war noch aberwitziger als die Behauptung, die Kommunisten stünden kurz davor, einen solchen Aufstand zu inszenieren. Dennoch haben viele Deutsche aus den bürgerlichen Schichten anscheinend akzeptiert, daß das Regime zu seiner gewalttätigen Unterdrückung des »Marxismus« in jeder vorstellbaren Gestalt legitimiert gewesen sei. Jahrelange Zusammenstöße auf den Straßen mit Schlägereien und Morden hatten die Menschen gegenüber politischer Gewalt abgestumpft und gefühllos gemacht. Denen, die noch einen kritischen Verstand besaßen, konnte nicht entgehen, was die Polizei und die SA-Hilfspolizisten in diesen Wochen den Gegnern des NS-Regimes antaten. Diejenigen, die am Ausmaß der Repression Anstoß nahmen, mochten sich durch Hitlers öffentliche Verurteilung von Gewalttaten gegenüber Ausländern am 10. März 1933 beruhigt fühlen, die er kommunistischen Agenten in den eigenen Reihen zuschrieb, und durch seine Mahnung an die SA, »Belästigungen einzelner Personen, Behinderungen von Autos und Störungen des Geschäftslebens haben zu unterbleiben«.

Andererseits rief Hitler in demselben »Aufruf an seine Anhänger« seine »Kameraden« auf, »laßt Euch in keiner Sekunde von unserer Parole wegbringen. Sie heißt: Vernichtung des Marxismus.« »Der weitere Vollzug der nationalen Erhebung«, hieß es dort weiter, wird »ein von oben geleiteter, planmäßiger sein. Nur dort, wo diesen Anordnungen Widerstand entgegengesetzt wird ... ist dieser Widerstand sofort und gründlich zu brechen.« Die letzte Einschränkung war Freibrief genug, die Gewalt ungemildert fortzusetzen und sie noch weiter zu steigern.[102] Als der stellvertretende Vorsitzende der DNVP am 10. März gegen die Verletzung des Rechtsstaats protestierte, gefolgt von einem telefonischen Anruf Papens am 19. März desselben Inhalts, antwortete Hitler, er habe den Eindruck, »daß augenblicklich ein planmäßiges Trommelfeuer stattfinde, mit dem Zweck, die nationale Erhebung abzustoppen«. Die »Novemberverbrecher« von 1918 und die Unterdrückung der NSDAP in der Weimarer Zeit stünden in keinem Verhältnis zu den »bedauerlichen Übergriffen«. Er bewundere vielmehr »die unerhörte Disziplin« seiner SA- und SS-Männer und stellte gleichzeitig die rhetorische Frage, ob es nicht ein Fehler gewesen sei, »daß wir ... vielleicht selbst schon angekränkelt von der Schwäche und Feigheit unserer bürgerlichen Welt, mit Glacéhandschuhen vorgegangen sind statt mit eiserner Faust«. Jedenfalls lasse er sich »von niemandem wegbringen von der Mission [der] Vernichtung und Ausrottung des Marxismus«.[103]

Deutschland befand sich bereits vor dem Reichstagsbrand und den Wahlen vom 5. März 1933 auf dem Weg zur Diktatur. Die beiden Ereignisse beschleunigten diesen Prozeß und verliehen ihm den Anschein juristischer und politischer Legitimität. Nach seinem Wahlsieg sagte Hitler dem Kabinett, er werde eine weitere gesetzliche Neuregelung in Form einer Verfassungsänderung anstreben, die es der Regierung ermögliche, sowohl den Reichstag als auch den Reichspräsidenten zu umgehen und selbst Gesetze zu erlassen. Die geplante Ausschaltung von Parlament und Reichspräsident konnte sich zu einem Teil auf die Notstandsverordnungen der Weimarer Republik berufen und stellte prinzipiell kein Novum dar. Trotzdem würde sie viel weiter gehen als diese Verordnungen, Hitler hatte lange davon geträumt.[104] In den nächsten Wochen würde das Ermächtigungsgesetz das Schicksal der verhaßten Demokratie von Weimar besiegeln und das Werk vollenden, das die Nationalsozialisten am 30. Januar mit der Einberufung einer »Regierung der nationalen Konzentration« begonnen hatten. Es dauerte nicht mehr lange, bis Goebbels und die übrigen Führer der NSDAP sie in eine »Regierung der nationalen Erhebung« umtauften. In den ersten Märztagen war sie eine »nationale Revolution« geworden, es ging um mehr als um die Maßnahmen einer Kabinettsregierung. Bald wurde sie zur »Nationalsozialistischen Revolution«, wodurch das Kabinett und mit ihm die DNVP, Hitlers Koalitionspartner, dem Vergessen anheimfielen.[105]

Die Zerstörung der Demokratie

I

Revolutionäre Rhetorik und zügellose Gewalt auf den Straßen waren nicht das, was Papen und die übrigen Koalitionspartner Hitlers im Kabinett erwartet hatten, als sie zwei Monate zuvor ihr Einverständnis erklärten, Hitler zum Reichskanzler zu machen, auch wenn sie das Vorgehen der Polizei gegen die Linke billigten. Sie hatten vielmehr erwartet, daß die Beteiligung der Nationalsozialisten an der Regierung all dem ein Ende machen werde. Für besorgte Konservative und Traditionalisten und vor allem für Reichspräsident Hindenburg, der zumindest noch formell die Befugnis innehatte, Hitler zu entlassen und durch einen anderen Politiker zu ersetzen, inszenierten die Nationalsozialisten deshalb eine Beschwichtigungszeremonie aus Anlaß der feierlichen Eröffnung des neu gewählten Reichstags. Da das eigentliche Reichstagsgebäude ausgebrannt und teilweise eingestürzt war, mußte das Ereignis an einem anderen Ort stattfinden. Hitler und seine konservativen Bündnispartner vereinbarten, die Zeremonie in der Garnisonkirche von Potsdam abzuhalten, dem symbolischen Ort der preußischen Monarchie, am 21. März 1933, genau dem Jahrestag des Tages, als der erste deutsche Reichstag eröffnet wurde, nachdem Bismarck das Deutsche Reich gegründet hatte. Die Veranstaltung wurde von Goebbels als Propagandademonstration der Einheit zwischen dem alten und dem neuen Reich bis ins letzte Detail geplant. Hindenburg stand neben dem leeren Kaiserthron in der Uniform eines preußischen Feldmarschalls, um die Huldigung des im Cut erschienenen Hitler entgegenzunehmen, der sich verbeugte und ihm die Hand schüttelte. Der Reichskanzler hielt eine Rede, die wegen ihres bemüht gemäßigten Tons bemerkenswert war, und pries Hindenburg wegen seiner historischen Rolle, das Schicksal des Reiches in die Hände einer neuen Generation zu legen. Hindenburg legte Kränze an den Sarkophagen der Preußenkönige nieder und nahm anschließend eine mehrstündige Parade von

Reichswehrformationen und nationalen Verbänden, darunter SA, SS und Stahlhelm, ab.

Die eigentliche Bedeutung des Rituals lag eher in den Bildern, die es vermittelte, als in den Reden, die gehalten wurden. Hitler erschien als zivil gekleideter Staatsmann, der bescheiden die Vorherrschaft der preußischen Militärtradition anerkannte. Die Fahnen wehten in den kaiserlichen Farben Schwarz-Weiß-Rot, die bereits am 12. März offiziell die schwarz-rot-goldenen der Weimarer Republik ersetzt hatten. Die alten Fahrensmänner des preußischen Militärs traten in ihren Uniformen auf, die an die monarchistische Tradition erinnerten. Die evangelische Kirche meldete wieder stillschweigend ihren Anspruch auf eine gleichwertige Rolle neben Armee und Thron an. Hier kündigte sich die Restauration des alten Deutschlands an, wodurch die durch Weimar befleckte Erinnerung an die Kaiserzeit wieder gereinigt werden sollte.[106] Es war nicht verwunderlich, daß die Sozialdemokraten die Einladung, an der Feier teilzunehmen, nicht annahmen. In einem weiteren symbolischen Akt lehnte Hitler es ab, einem Gottesdienst in der katholischen Gemeindekirche in Potsdam beizuwohnen, weil katholische Priester, die immer noch loyal zur Zentrumspartei standen und die in ihren Augen gottlose Denkweise der Nationalsozialisten mißbilligten, einigen NS-Größen den Empfang der heiligen Kommunion verweigert hatten.[107]

Zwei Tage später in der Kroll-Oper, in der der Reichstag bis auf weiteres tagen sollte, sprach Hitler, der jetzt wie die anderen Abgeordneten seiner Partei die paramilitärische Uniform der SA trug, vor den Abgeordneten in einer gänzlich anderen Atmosphäre. Unter einem riesigen Hakenkreuzbanner stehend, kam er auf die seit langem geplante Maßnahme zu sprechen, die es dem Reichskanzler ermöglichen sollte, verfassungswidrige Gesetze vorzubereiten und ohne Zustimmung des Reichstags und ohne Gegenzeichnung durch den Reichspräsidenten zu erlassen. Das Gesetz sollte nach vier Jahren erneuert werden, und die Existenz des Reichstags selbst, des Reichsrats, in dem die deutschen Länder vertreten waren, und das Amt des Reichspräsidenten sollten unberührt bleiben. Dieses geplante »Gesetz zur Behebung der Not von Volk und Reich« bedeutete, daß die Weimarer Verfassung nur noch ein Blatt Papier sein und der Reichstag aus dem Gesetzgebungsprozeß ausgeschlossen würde. Die

Annahme des Ermächtigungsgesetzes war keineswegs gesichert. 94 der insgesamt 120 gewählten SPD-Abgeordneten konnten abstimmen; von den Abwesenden saßen einige im Gefängnis, einige waren krank, und einige waren weggeblieben, weil sie um ihr Leben fürchteten. Hitler wußte, daß er auf die Unterstützung der Sozialdemokraten nicht zählen konnte. Eine Änderung der Weimarer Verfassung erforderte sowohl eine Zweidrittelmehrheit aller Abgeordneten als auch eine Zweidrittelmehrheit aller bei der Abstimmung Anwesenden. Hermann Göring als Reichstagspräsident reduzierte zunächst einmal das Quorum von 432 auf 378, indem er die kommunistischen Abgeordneten nicht mitzählte, obwohl alle legal gewählt worden waren. Das war eine Entscheidung, die durch keinerlei Rechtsvorschrift gedeckt war.[108] Doch selbst nach dieser gesetzwidrigen Manipulation benötigten die Nationalsozialisten immer noch die Stimmen des katholischen Zentrums, um das Gesetz durchzubringen.

In diesem historischen Moment war das Zentrum kein Anhänger der Demokratie mehr. Im Gefolge des allgemeinen Trends des politischen Katholizismus im Europa der Zwischenkriegszeit fühlte es sich gedrängt, aus Angst vor Bolschewismus und Revolution die Prinzipien des Autoritarismus und der Diktatur zu übernehmen. Gewiß, was sich in Deutschland anscheinend herausbildete, war nicht ganz jenes »klerikalfaschistische« Regime, dem katholische Politiker in Österreich und Spanien bald ihre Unterstützung leihen sollten. Doch im Jahr 1929 hatte die katholische Kirche ihre Stellung in Italien durch ein Konkordat mit Mussolini gesichert, und ein ähnliches Arrangement wurde ihr jetzt auch in Deutschland in Aussicht gestellt. Der eskalierende Terror, dem Katholiken und ihre politischen Vertreter, Zeitungen, Wortführer und lokalen Vertreter seit Mitte Februar ausgesetzt waren, bewog die Zentrumspartei, sich aktiv um Garantien für das Überleben der katholischen Kirche zu bemühen. Jetzt, unter stärkerem kirchlichem Einfluß denn je und geführt von einem katholischen Prälaten, Ludwig Kaas, wurde der Partei in zweitägigen Gesprächen mit Hitler zugesichert, daß die Rechte der Kirche durch das Ermächtigungsgesetz nicht angetastet würden. Die Zweifel Heinrich Brünings und seiner engsten Berater wurden überwunden. Innenminister Frick hatte bereits Reichskommissare in den einzelnen Ländern eingesetzt, um sie gleichzuschalten; einen Präzedenzfall hatte es in Preußen gegeben, als Papen dort 1932 zum Reichskommissar ernannt worden war. Hitler versprach der katholischen Zentrumspartei, die Befugnisse der Länder würden unangetastet bleiben. Die Justiz, setzte er mit derselben Unaufrichtigkeit hinzu, werde ihre Unabhängigkeit behalten. Diese Versprechen in Verbindung mit starkem Druck durch den Vatikan reichten aus, die Zentrumsabgeordneten dazu zu bewegen, dem Ermächtigungsgesetz, das über kurz oder lang ihre eigene politische Abdankung bedeutete, zuzustimmen.[109]

Die Abgeordneten trafen in der Kroll-Oper auf eine Atmosphäre der Gewalt und Einschüchterung. Der Sozialdemokrat Wilhelm Hoegner erinnerte sich:

> »Wilde Sprechchöre empfingen uns: ›Wir wollen das Ermächtigungsgesetz!‹ Junge Burschen, das Hakenkreuz an der Brust, musterten uns frech, versperrten uns schier den Weg, ließen uns richtig Spießruten laufen und riefen uns Schimpfworte zu wie ›Zentrumsschwein‹, ›Marxistensau‹. In der Krolloper wimmelte es von bewaffneter SA und SS. ... Der Sitzungssaal war mit Hakenkreuzen und ähnlichem Zierat ausgeschmückt. ... Als wir Sozialdemokraten unsere Plätze auf der äußersten Linken eingenommen hatten, stellten sich SA- und SS-Leute an den Ausgängen und Wänden hinter uns im Halbkreis auf. Ihre Mienen ließen nichts Gutes erwarten.«[110]

Hitler begann seine Rede mit den üblichen Ausfällen gegen die »Novemberverbrecher« von 1918 und prahlte, mit der Bedrohung durch den Kommunismus habe er Schluß gemacht. Er wiederholte sein Versprechen, die Interessen der Kirchen zu schützen, vor allem in den Schulen, was ein Hauptstreitpunkt während der Weimarer Republik gewesen war. Und er schloß mit einer unmißverständlichen Drohung gewalttätiger Repression, falls die Vorlage abgelehnt würde. Die »Regierung der nationalen Erhebung«, erklärte er, sei »entschlossen und bereit, die Bekundung der Ablehnung und damit die Ansage des Widerstandes entgegenzunehmen. Mögen Sie, meine Herren, nunmehr selbst entscheiden über Frieden oder Krieg.« Diese Drohung verfehlte nicht ihre Wirkung auf schwankende Abgeordnete des Zentrums wie Heinrich Brüning, der nunmehr beschloß, für das Gesetz zu stimmen. Sie befürchteten, wie der ehemalige Reichskanzler und

Zentrumspolitiker Joseph Wirth vor Sozialdemokraten im privaten Kreis erklärte, »bei Ablehnung den Ausbruch der Nazirevolution und blutige Anarchie«.[111]

Angesichts solcher Drohungen hatten die Sozialdemokraten beschlossen, daß ihr Vorsitzender Otto Wels in seiner Rede für die Opposition einen gemäßigten, ja versöhnlichen Ton anschlagen sollte, da sie befürchteten, daß er andernfalls von den Braunhemden, die ringsum an den Wänden des Sitzungssaals standen, niedergeschossen, zusammengeschlagen oder beim Verlassen des Hauses verhaftet werden könnte. Was er zu sagen hatte, war immer noch dramatisch genug. Er verteidigte die Leistungen der Weimarer Republik und wies auf die Gleichberechtigung hin, auf das soziale Arbeitsrecht und die Rückkehr Deutschlands in die internationale Gemeinschaft. »Freiheit und Leben kann man uns nehmen, die Ehre nicht.« Mit halb erstickter Stimme beendete er seine Rede mit folgenden Worten:

> »Wir deutschen Sozialdemokraten bekennen uns in dieser geschichtlichen Stunde feierlich zu den Grundsätzen der Menschlichkeit und der Gerechtigkeit, der Freiheit und des Sozialismus. Kein Ermächtigungsgesetz gibt Ihnen die Macht, Ideen, die ewig und unzerstörbar sind, zu vernichten. ... Das Sozialistengesetz hat die Sozialdemokratie nicht vernichtet. Auch aus neuen Verfolgungen kann die deutsche Sozialdemokratie neue Kraft schöpfen. Wir grüßen die Verfolgten und Bedrängten. Wir grüßen unsere Freunde im Reich. Ihre Standhaftigkeit und Treue verdienen Bewunderung. Ihr Bekennermut, ihre ungebrochene Zuversicht verbürgen eine hellere Zukunft.«

Die Schlußworte von Wels lösten einen Tumult aus, und der Applaus aus den eigenen Reihen ging im rohen Gelächter der NSDAP-Abgeordneten unter.

Hitlers Antwort war verächtlich. Die Sozialdemokraten hatten den Text der Rede vor der Reichstagssitzung an die Presse gegeben, so daß Hitler die Rede kannte und darauf reagieren konnte. Er wußte, daß er auf die Stimmen der SPD nicht angewiesen war. »Sie meinen, daß Ihr Stern wieder aufgehen könnte!« sagte er. »Meine Herren, der Stern Deutschlands wird aufgehen, und Ihrer wird sinken ... Deutschland soll frei werden, aber nicht durch Sie!« Nach kurzen Reden der

Sprecher der übrigen Parteien wurde über die Vorlage abgestimmt, 444 Abgeordnete stimmten dafür, 94 dagegen. Auch die deutschen Liberalen, jetzt von der Deutschen Staatspartei repräsentiert, gehörten zu den Befürwortern des Gesetzes. Einzig die Sozialdemokraten stimmten dagegen. So groß fiel die Mehrheit aus, daß die Vorlage selbst dann durchgegangen wäre, wenn alle 120 SPD- und alle 81 KPD-Abgeordneten anwesend gewesen wären und dagegen gestimmt hätten.[112]

Nach dem Inkrafttreten des Ermächtigungsgesetzes war der Reichstag zur Bedeutungslosigkeit verurteilt. Von jetzt an regierten Hitler und sein Kabinett mit Verordnungen und benutzten Hindenburg entweder als ihr Werkzeug oder umgingen ihn überhaupt, wie das Gesetz es ihnen ermöglichte. Niemand glaubte, daß nach Ablauf der Geltungsdauer des Gesetzes von vier Jahren der Reichstag die Möglichkeit haben würde, die Verlängerung abzulehnen, und so war es auch. Ebenso wie bei der Reichstagsbrandverordnung wurde eine zeitlich befristete Notstandsgesetzgebung mit einigen partiellen Präzedenzfällen aus der Weimarer Zeit zur legalen oder pseudolegalen Basis für die dauerhafte Aufhebung von Bürgerrechten und demokratischen Freiheiten. 1937 und noch einmal 1939 erneuert, wurde es 1943 durch eine Verordnung endgültig zu einem Gesetz mit unbefristeter Geltung gemacht. Der SA-Terror auf den Straßen war bereits allgegenwärtig genug, um keinen Zweifel daran zu lassen, was jetzt geschehen würde. Wels hatte mit Recht von dem bevorstehenden »Ende der Parteien« gesprochen.[113]

II

Nachdem die Kommunisten seit dem 28. Februar de facto ausgeschaltet waren und das Ermächtigungsgesetz in Kraft getreten war, wandte das Regime jetzt seine Aufmerksamkeit den Sozialdemokraten und den Gewerkschaften zu. Sie waren bereits vielfachen Verhaftungen, Mißhandlungen, Einschüchterungen bis hin zum Mord ausgesetzt, ihre Häuser waren beschlagnahmt, ihre Zeitungen verboten. Jetzt richtete sich die ganze Wut der Nationalsozialisten gegen sie. Sie waren nicht in der Lage, Widerstand zu leisten. Beide Flügel der Arbeiterbewegung waren sich einig in der Ablehnung der Ernennung Hitlers zum Reichskanzler im Januar 1933. Und beide hatten in den beiden Folgemonaten Akte der Gewalt und der Unterdrückung hinnehmen müssen, wobei Gewerkschaftshäuser zunehmend von SA-Rollkommandos besetzt und deren Einrichtung zertrümmert wurde. Nach gewerkschaftsinternen Angaben waren bis zum 25. März 1933 in 45 Städten im ganzen Reich Gewerkschaftshäuser von der SA und der Polizei heimgesucht worden. Ein derart ausgeübter Druck riß eine sich schnell vertiefende Kluft zwischen Gewerkschaften und der SPD auf.

Als die politische Unterdrückung und Marginalisierung der Sozialdemokraten immer offensichtlicher wurde, begannen die Gewerkschaften unter Theodor Leipart sich von der SPD abzusetzen und ein Arrangement mit den neuen Machthabern anzustreben, um auf diese Weise ihren Fortbestand zu sichern. Am 21. März bestritt die Gewerkschaftsführung jede Absicht, eine Rolle in der Politik zu spielen, und erklärte, sie sei bereit, die sozialen Aufgaben der Gewerkschaften zu erfüllen, »gleichviel welcher Art das Staatsregime ist«.[114] Die Nationalsozialisten wußten, daß sie unter den Gewerkschaften wenig Anhänger hatten. Ihre eigene Gewerkschaft, die sogenannte NSBO[115], war nicht populär und erreichte bei Betriebsratswahlen in den ersten Monaten 1933 in der großen Mehrheit der Betriebe nur einstellige Prozentzahlen. Nur in bestimmten Sektoren, den Kruppwerken, der Chemieindustrie, einigen Stahlwerken und den Ruhrbergwerken schnitt sie deutlich besser ab, was den Schluß zuließ, daß einige Arbeiter in einigen bedeutenden Industriebranchen begannen, sich mit dem neuen Regime zu arrangieren.[116] Beunruhigt über das generelle Resultat, erzwangen die Nationalsozialisten jedoch eine unbefristete Verschiebung der noch anstehenden Betriebsratswahlen.

Trotz ihrer Verärgerung über diese willkürlichen Eingriffe in ihre demokratischen Rechte verstärkten Theodor Leipart, der Vorsitzende des Allgemeinen Deutschen Gewerkschaftsbundes, und sein designierter Nachfolger Wilhelm Leuschner ihre Bemühungen, den institutionellen Fortbestand ihrer Bewegung zu sichern. Ermutigt wurden sie dabei durch die Überzeugung, die Nationalsozialisten meinten es ernst mit der Schaffung von Arbeitsplätzen, die sie seit Jahren gefordert hatten. Am 28. April schlossen sie eine Vereinbarung mit den christlichen und den liberalen Gewerkschaften, die ein erster Schritt auf dem Weg zu einer vollständigen Vereinigung aller Gewerkschaften zu einer nationalen »Einheitsgewerkschaft« sein sollten. »Die nationale Revolution«, begann das Einigungsdokument, »hat einen neuen Staat geschaffen. Dieser Staat will die gesamte deutsche Volkskraft einheitlich zusammenfassen.« Die Gewerkschaften glaubten anscheinend, daß sie an diesem Prozeß beteiligt würden, und sie wollten darin eine unabhängige Rolle spielen. Um dies nach außen zu bekunden, erklärten sie sich bereit, Goebbels' öffentliche Erklärung zu unterstützen, daß der 1. Mai, traditionell der Anlaß für massive öffentliche Demonstrationen der Stärke der Arbeiterbewegung, ein staatlicher Feiertag unter der Parole »Tag der nationalen Arbeit« werden solle, um auf diese Weise die durch das Regime herbeigeführte Einigung der unterschiedlichen Traditionen von Nationalismus und Sozialismus zum Ausdruck zu bringen.[117]

Am 1. Mai waren alle Gewerkschaftshäuser mit Fahnen in den alten Farben Schwarz-Weiß-Rot geschmückt, was ein Bruch mit der Tradition der Arbeiterbewegung war, der von vielen älteren Arbeitern als empörend und bedrückend empfunden werden mußte. Karl Schrader, der Vorsitzende der Textilarbeitergewerkschaft, marschierte in Berlin in einem Zug unter dem Hakenkreuzzeichen und stand damit unter den Gewerkschaftsführern keineswegs allein. Die wenigsten nahmen an den »fliegenden« Gegendemonstrationen teil, die an verschiedenen Stellen von den Kommunisten innerhalb kürzester Zeit organisiert wurden, oder an den internen Maifeiern der Sozialdemokraten an ihren eigenen geheimen Treffpunkten. Hunderttausende, vielleicht Millionen Menschen zogen durch die Straßen, angeführt von Fanfarenzügen der SA, die das Horst-Wessel-Lied und patriotische Lieder spielten. Sie strömten zu großen offenen Plätzen, wo sie Reden und Lesungen von deutschnationalen »Arbeiterdichtern« hörten. Am Abend dröhnte die Stimme Hitlers aus den Volksempfängern und versicherte allen deutschen Arbeitern, die Arbeitslosigkeit werde bald der Vergangenheit angehören.[118]

Auf dem Tempelhofer Feld in Berlin stand eine dichtgedrängte Menge von über einer Million Menschen, die sich militärisch zu zwölf riesigen Karees formiert hatten, umgeben von einem Meer wehender Hakenkreuzfahnen, an der Frontseite drei riesige Hakenkreuzbanner, die von Scheinwerfern angestrahlt wurden. Nach Einbruch der Dunkelheit gab es ein Feuerwerk, auf dessen Höhepunkt am Himmel große Hakenkreuze leuchteten. Die nationalsozialistischen Medien riefen es in alle Welt hinaus, daß die Arbeiter für das neue Regime gewonnen waren. Es war das Gegenstück zu der Zeremonie, die zehn Tage zuvor in Potsdam für die bürgerlichen Kreise abgehalten worden war.[119] Die Massen waren freilich nicht unbedingt aus eigenem Antrieb zu den Feiern erschienen. Viele Arbeiter, vor allem solche im öffentlichen Dienst, waren mit Entlassung bedroht worden, falls sie dort nicht erschienen, während Tausende von Industriearbeitern zu Beginn ihrer Schicht am 30. April ihre Stechkarten abgeben mußten. Man sagte ihnen, sie würden sie auf dem Tempelhofer Feld zurückbekommen. Die allgemeine Atmosphäre drohender Gewalt und ständiger Einschüchterungen war einer der Gründe, warum die Gewerkschaftsführer sich formell einverstanden erklärt hatten, an den Maifeiern teilzunehmen.[120]

Der Glaube der Gewerkschaftsführer, sie könnten ihre Organisationen durch solche Kompromisse retten, beruhte auf einer Illusion. Bereits Anfang April hatten die Nationalsozialisten geheime Vorbereitungen für eine Übernahme der gesamten Gewerkschaftsbewegung getroffen. Am 17. April schrieb Goebbels in sein Tagebuch:

> »Den 1. Mai werden wir zu einer grandiosen Demonstration deutschen Volkswillens gestalten. Am 2. Mai werden dann die Gewerkschaftshäuser besetzt. Gleichschaltung auch auf diesem Gebiet. Es wird vielleicht ein paar Tage Krach geben, aber dann gehören sie uns. Man darf hier keine Rücksicht mehr kennen. Wir tun nur dem Arbeiter einen Dienst, wenn wir ihn von der parasitären Führung befreien (...). Sind die Gewerkschaften in unserer Hand, dann werden sich auch die anderen Parteien und Organisationen nicht mehr lange halten können.«[121]

Am 2. Mai 1933 besetzten SA und SS überall in Deutschland die Häuser der Freien Gewerkschaften, die Redaktionen aller Gewerkschaftszeitungen und -zeitschriften sowie alle Filialen der Bank der Arbeiter, Angestellten und Beamten. Leipart und die anderen führenden Gewerkschafter wurden verhaftet und in Konzentrationslagern in »Schutzhaft« genommen, wo viele von ihnen mißhandelt und gedemütigt wurden, bevor man sie nach etwa zwei Wochen wieder entließ. Am 2. Mai prügelten SA-Leute im Keller des Duisburger Gewerkschaftshauses vier Gewerkschaftsfunktionäre zu Tode. Die gesamte Leitung der Organisation und ihr Vermögen gingen an die NSBO über. Am 4. Mai unterstellten sich die christlichen und alle übrigen Gewerkschaften bedingungslos der Führung Adolf Hitlers. Den von Goebbels vorausgesagten »Krach« gab es nicht. Die einst so mächtige deutsche Gewerkschaftsbewegung war über Nacht spurlos verschwunden.[122] »Bonzen verhaftet«, jubelte Goebbels am 3. Mai in seinem Tagebuch. »Das geht wie am Schnürchen ... Die Revolution geht weiter ... Wir sind die Herren von Deutschland.«[123]

In der festen Überzeugung, daß die Sozialdemokraten nicht mehr in der Lage sein würden, die Gewerkschaften in letzter Minute zu einem Widerstand aufzurufen, begann das Regime jetzt mit der Schlußphase der Zerschlagung der SPD. Am 10. Mai beschlagnahmte die Regierung das Vermögen der Partei durch einen Gerichtsbeschluß, den der Generalstaatsanwalt beim Landgericht Berlin I mit den zahlreichen »Untreuefällen« begründete, die bei der Übernahme durch die NSBO aufgedeckt worden seien. Diese Beschuldigung entbehrte jeder Grundlage. Wels hatte zwar dafür gesorgt, daß die flüssigen Mittel und die wichtigsten Dokumente des Parteiarchivs ins Ausland gebracht wurden, aber die Nationalsozialisten konnten immer noch genug für sich abschöpfen. Durch dieses Manöver war die SPD jeglicher Basis beraubt, auf der sie ihre Organisation oder ihre Zeitungen und andere Publikationen hätte wiederaufbauen können.[124] Dies hinderte die Sozialdemokraten nicht daran, am 17. Mai im Reichstag der Regierung ihre Unterstützung zu leihen, als Hitler den Abgeordneten eine neutral formulierte Regierungserklärung vorlegte, die für eine Gleichberechtigung Deutschlands bei den internationalen Abrüstungsgesprächen eintrat. Die Erklärung hatte keine wirkliche Bedeutung außer der Geltendmachung deutscher Rechte und erfüllte für die Regierung keinen anderen Zweck, als sich im Ausland ein besseres Ansehen zu geben, nachdem sie in den letzten Monaten auf der ganzen Welt hart kritisiert worden war. Jedenfalls hatte sie nicht die Absicht, sich ernsthaft an Abrüstungen in welcher Form auch immer zu beteiligen. Dennoch befürchteten die SPD-Abgeordneten unter der Führung von Paul Löbe, man werde ihnen mangelnde nationale Gesinnung unterstellen, wenn sie der Sitzung fernblieben, so daß alle, die dazu noch in der Lage waren, in der Kroll-Oper erschienen und sich der einmütigen Billigung der Erklärung anschlossen, nachdem Hitler eine heuchlerisch gemäßigte und neutral formulierte Rede gehalten hatte, zu den Klängen des Deutschlandliedes, Heil-Rufen der nationalsozialistischen Abgeordneten und zur sichtlichen Genugtuung Görings, der in seiner Eigenschaft als Reichstagspräsident erklärte, die Welt habe gesehen: »Das deutsche Volk ist einig, wenn es sein Schicksal gilt.« Das Vorgehen der SPD-Abgeordneten löste in der Partei Entrüstung aus, vor allem unter den Führern, die sich bereits im Exil befanden: Sie verurteilten die Aktion als Widerruf der stolzen Absage an das Ermächtigungsgesetz am 23. März. Otto Wels, der die Opposition gegen eine Beteiligung an der Reichstagssitzung angeführt hatte, machte seinen Austritt aus dem Büro der Sozialistischen Arbeiter-Internationale wieder rückgängig, und der Parteivorstand im Exil verlegte seinen Sitz nach Prag. Aus Scham und Verzweiflung über das Unvermögen der SPD-Abgeordneten, zu erkennen, daß sie sich für einen Propagandacoup der Nationalsozialisten mißbrauchen ließen, blieb Toni Pfülf, eine der führenden sozialdemokratischen Frauen im Reichstag, der Sitzung am 17. Mai fern und beging am 10. Juni 1933 Selbstmord. Löbe selbst wurde verhaftet, Wels konnte ins Ausland fliehen.[125]

Die Spaltung zwischen der neuen Parteiführung in Prag und den Funktionären und Abgeordneten, die in Deutschland blieben, vertiefte sich rasch. Doch das Regime erklärte, es könne keinen Unterschied zwischen beiden Flügeln der Partei erkennen. Diejenigen, die sich nach Prag davongemacht hätten, seien Verräter, die Deutschland aus dem Ausland diffamierten, und am 21. Juni 1933 wies Innenminister Wilhelm Frick sämtliche Länderregierungen an, die SPD auf der Grundlage der Reichstagsbrandverordnung zu verbieten. Keiner der sozialdemokratischen Abgeordneten durfte sein Mandat mehr wahrnehmen. Alle sozialdemokratischen Versammlungen, alle sozialdemokratischen Publikationen waren verboten. Von nun an war die Mitgliedschaft in der Partei unvereinbar mit einem staatlichen Amt oder einer Stelle im öffentlichen Dienst. Am 23. Juni schrieb Goebbels triumphierend in sein Tagebuch: »SPD aufgelöst. Bravo! Der totale Staat läßt nicht mehr lange auf sich warten.«[126]

Mit der Veröffentlichung der Verordnung Fricks am 21. Juni wurden über 3 000 Funktionäre der SPD in ganz Deutschland verhaftet, schwer mißhandelt, gefoltert und in Gefängnisse oder Konzentrationslager gebracht. In Berlin-Köpenick wurden SA-Männer von einem Haus aus beschossen und trieben daraufhin 500 Sozialdemokraten zusammen, mißhandelten und folterten sie tagelang und ermordeten 91 von ihnen. Dieses organisierte Gemetzel, das selbst nach den Maßstäben der Braunhemden eine unglaubliche Brutalität darstellte, wurde bald als »Köpenicker Blutwoche« bekannt. Besondere Rache wurde an denen geübt, die in den revolutionären Tagen 1918/19 mit der Linken in München in Verbindung standen. Kurt Eisners früherer Sekretär Felix Fechenbach, jetzt Herausgeber des sozialdemokratischen Detmolder *Volksblattes*, war am 11. März verhaftet und zusammen mit den meisten führenden Sozialdemokraten im Kreis Lippe in Schutzhaft genommen worden. Am 8. August holte ihn eine Abteilung SA-Leute aus dem staatlichen Gefängnis, um ihn angeblich nach Dachau zu bringen. Unterwegs zwangen sie den begleitenden Polizisten, den Wagen zu verlassen und fuhren in einen Wald, wo sie Fechenbach einige Schritte abseits führten und erschossen. Die NS-Presse meldete später, er sei »auf der Flucht erschossen« worden.[127] Auch weniger umstrittene Personen wurden verfolgt. Der ehemalige Ministerpräsident von Mecklenburg-Schwerin, Johannes Stelling von der SPD, wurde in eine SA-Kaserne verschleppt, zusammengeschlagen und halb bewußtlos auf die Straße geworfen, wo ein weiteres SA-Rollkommando ihn in einem Wagen wegbrachte und anschließend zu Tode folterte. Seine Leiche wurde in einen mit Steinen beschwerten Sack eingenäht und in einen Fluß geworfen. Später wurde sie mit den Leichen von zwölf weiteren Funktionären der SPD und des Reichsbanners, die in derselben Nacht ermordet worden waren, aus dem Wasser herausgeholt.[128]

Zu ähnlich brutalen Akten der Repression gegen Sozialdemokraten kam es überall in Deutschland. Berüchtigt war das am 28. April eröffnete provisorische Lager in Dürrgoy am Südrand von Breslau unter dem Kommando von Edmund Heines, einem lokalen SA-Mann und ehemaligen Freikorpsführer, der während der Weimarer Republik wegen Mordes verurteilt worden war. Zu seinen Häftlingen gehörten Hermann Lüdemann, ehemaliger Oberpräsident in

Breslau, der ehemalige sozialdemokratische Bürgermeister von Breslau und der ehemalige Herausgeber der sozialdemokratischen Tageszeitung in Breslau. Die Häftlinge wurden wiederholt mißhandelt und gefoltert. Der Lagerkommandant veranstaltete regelmäßig Feueralarmübungen in der Nacht und befahl, die Häftlinge mit Peitschen in die schmalen Gänge der Baracken zu prügeln, wenn sie zurückkehrten. Heines ließ Lüdemann in einem Harlekinkostüm eine Stunde lang zu Fuß durch die Straßen Breslaus zum Lager Dürrgoy führen, unter dem Johlen und den Schmährufen von SA-Leuten am Straßenrand. Überdies entführte er aus dem Gefängnis den ehemaligen sozialdemokratischen Reichstagspräsidenten Paul Löbe, gegen den er einen persönlichen Groll hegte, weil dieser ihn nach einer Tätlichkeit in den Vorräumen des Parlaments als Abgeordneten für drei Monate aus dem Reichstag verbannt hatte. Eine Intervention seiner Frau und von Freunden erreichte, daß er umgehend wieder freigelassen wurde, was Löbe ablehnte und sich mit den übrigen sozialdemokratischen Häftlingen solidarisch erklärte.[129]

Mit derart repressiven Maßnahmen wurde die Existenz der Partei vernichtet, noch bevor sie am 14. Juli mit demselben Verbot belegt wurde wie sämtliche Parteien außer der NSDAP. Im Rückblick waren ihre Überlebenschancen bereits seit einem Jahr rasch geschwunden. Von entscheidender Bedeutung für diesen Prozeß war ihr Unvermögen, gegen den »Preußenschlag« Papens vom 20. Juli 1932 eine wirksame Opposition zu organisieren. Wenn es je einen Zeitpunkt gegeben hatte, zu dem sie für die Demokratie hätte eintreten können, dann diesen. Aber es ist leicht, ihre Tatenlosigkeit mit der Klugheit der Nachgeborenen zu verurteilen. Im Sommer 1932 erkannten nur wenige, daß die dilettantische Regierung Franz von Papens gut sechs Monate später einem Regime weichen würde, dessen extreme Skrupellosigkeit und völlige Gleichgültigkeit gegenüber dem Gesetz für anständige, gesetzestreue Demokraten unbegreiflich sein mußten. In vieler Hinsicht gereichte der Wunsch der SPD-Führung, im Juli 1932 jede Gewalt zu vermeiden, ihr durchaus zur Ehre. Diese Männer konnten nicht wissen, daß ihre Entscheidung für die spätere Entfesselung einer weit größeren Gewalt eine wesentliche Rolle spielen würde.

Mit den Organisationen der Arbeiterbewegung hatten die Nationalsozialisten, unterstützt von Justiz, Polizei und der wohlwollenden

Neutralität der Reichswehr, das größte Hindernis vor der Errichtung eines Einparteienstaates beseitigt. Die Arbeiterschaft parierte, die Gewerkschaften waren zerschlagen, KPD und SPD, deren gemeinsamer Stimmenanteil bei den letzten wirklich freien Reichstagswahlen im November 1932 beträchtlich höher gelegen hatte als der der NSDAP, waren in einer Orgie der Gewalt zerrieben worden. Es blieb jedoch noch eine weitere wichtige politische Partei, deren Mitglieder und Wähler während der Weimarer Republik ihren Prinzipien und Vertretern gegenüber weitgehend loyal geblieben waren: das katholische Zentrum. Dieses leitete seine Stärke nicht ausschließlich aus einer politischen Tradition und einem kulturellen Erbe ab, sondern vor allem aus seiner Identifikation mit der katholischen Kirche und ihren Gläubigen. Das Zentrum und seine Anhänger ließen sich nicht so ohne weiteres mit einer willkürlichen und hemmungslosen Brutalität überziehen. Hier waren subtilere Mittel erforderlich. Im Mai 1933 gingen Hitler und die NS-Führung daran, diese Mittel einzusetzen.

III

Clemens August Graf von Galen war ein katholischer Geistlicher alter Schule. Geboren 1878 in eine adlige Familie in Westfalen, wuchs er in einer Atmosphäre aristokratischer Frömmigkeit auf, nach dem Vorbild von Verwandten wie seinem Großonkel Bischof von Ketteler, einem der Väter der katholischen Soziallehre. Als elftes von dreizehn Kindern wuchs er in einer Umgebung auf, die ihn für das Priesteramt prädestinierte. Seine Eltern, deren politisches Bewußtsein durch Bismarcks Versuch geweckt wurde, in den Jahren nach 1870 die katholische Kirche zu unterdrücken, lehrten ihn, daß die Stimme des Gewissens, vor allem des religiösen Gewissens, über den Geboten der weltlichen Obrigkeit stehe. Galen empfing seine Bildung zunächst zu Hause, dann an einem Jesuitenkolleg und legte anschließend an einem staatlichen Gymnasium das Abitur ab. 1904 erhielt er die Priesterweihe, nachdem er in Innsbruck Theologie studiert und in Münster sein theologisches Examen abgelegt hatte. Von 1906 bis 1929 war er in der Großstadtseelsorge im evangelisch geprägten Berlin tätig, mit seiner starken, größtenteils atheistischen Arbeiterschaft. Großes Ansehen erwarb er sich durch eine asketische Lebensführung wie durch seine Fähigkeiten in der Armenseelsorge.[130]

Diese Herkunft begünstigte Galens politisch konservative Ansichten. Er unterstützte die deutschen Kriegsanstrengungen im Ersten Weltkrieg und bemühte sich erfolglos, als Kriegsfreiwilliger an der Front eingesetzt zu werden. Er verabscheute die Revolution von 1918, weil damit eine göttlich geweihte Staatsordnung gestürzt wurde. Er glaubte fest an die »Dolchstoßlegende«, der zufolge Deutschland den Krieg verloren hatte, weil die Revolutionäre an der Heimatfront das Heer verraten hätten, war ein Gegner aller Zentrumspolitiker, die sich zur Weimarer Demokratie bekannten, und beteiligte sich mit mäßigenden Worten an Diskussionen mit dem Ziel, eine neue, weiter rechts stehende katholische Bewegung zu gründen. Galen attackierte die Weimarer Verfassung als »gottlos« und hieb damit in dieselbe Kerbe wie der Münchner Kardinal Michael Faulhaber, der die weltlichen Grundlagen dieser Verfassung als »Blasphemie« gegeißelt hatte. Faulhaber und mit ihm viele weitere katholische Geistliche begrüßten das Versprechen der Nationalsozialisten, starke christliche Fundamente des Staates wiederherzustellen. Hitler und die meisten NS-Führer waren sich bewußt, wie tief die christlichen Bindungen der großen Mehrheit der deutschen Bevölkerung reichten, und solange sie mit der Zerschlagung der sozialistischen Parteien beschäftigt waren, wollten sie sich den christlichen Bevölkerungsteil und das Zentrum nicht unnötig zum Feind machen. In den ersten Monaten 1933 achteten sie darauf, wiederholt das Bekenntnis der neuen Regierung zum christlichen Glauben zu unterstreichen. Sie erklärten, die »nationale Revolution« mache mit dem materialistischen Atheismus der Weimarer Linken Schluß und verbreite ein »positives Christentum«, das über den Konfessionen stehe und dem germanischen Geist angemessen sei.[131]

Katholische Priester wie Galen waren besorgt über die Stellung der katholischen Kirche in einem Land, in dem der atheistische Kommunismus eine große Bedrohung zu sein schien. In der Weimarer Republik hatte die katholische Gemeinde eine bislang beispiellose Beteiligung innerhalb des Staates, der Regierung und des höheren Staatsdienstes errungen. Im Interesse des versprochenen Konkordats, das, wie das Regime ihnen versicherte, diese Errungenschaften garantieren würde, rückten die katholischen Bischöfe von ihrer Opposition gegen den Nationalsozialismus ab und erließen am 6. Mai einen gemeinsamen Hirtenbrief der bayerischen Bischöfe, in dem sie dem Regime ihre Unterstützung zusagten. Sie gingen gegen Gemeindepriester vor, die darauf bestanden, auch weiterhin Kritik am Regime und der NS-Bewegung öffentlich zu äußern. Katholische SA-Leute und NSDAP-Mitglieder, die nicht zur Messe gehen durften, weil die Bischöfe das Tragen von Uniformen in der Kirche verboten hatten, wurden zunehmend in evangelischen Gottesdiensten gesehen, in denen es kein solches Verbot gab, was das Schreckgespenst eines Massenübertritts von Katholiken zum Protestantismus heraufbeschwor. Kardinal Bertram hatte die Bischöfe bereits am 24. März aufgefordert, das Uniformverbot aufzuheben, eine entsprechende Instruktion an den Klerus war am 13. April ergangen.[132] Innerhalb kurzer Zeit war aus passiver Hinnahme aktive Unterstützung geworden. Viele katholische Priester beteiligten sich an den Feiern zum »Tag der nationalen Arbeit« am 1. Mai. Die Fuldaer Bischofskonferenz erließ am 8. Juni einen Hirtenbrief, in dem sie das »nationale Erwachen« und die »neue, starke Betonung der staatlichen Autorität im deutschen Staatswesen« begrüßten, zugleich aber auch ihre Sorge über »die ausschließliche Betonung der Rasse« und die Bedrohung katholischer Laieninstitutionen äußerten. Generalvikar Steinmann wurde fotografiert, wie er den rechten Arm zum Hitlergruß erhob. Er erklärte, Hitler sei dem deutschen Volk »von Gott uns als Führer gesetzt«.[133] Katholische Studentenverbindungen veröffentlichten eine Loyalitätserklärung für das neue Regime: »Nur der nationalsozialistische Staat, der machtvoll aus der Revolution herauswächst, kann uns die Wiederverchristlichung unserer Kultur bringen ... Es lebe das Großdeutsche Reich! Heil unserem Führer Adolf Hitler!«. Katholische Zeitungen stellten ihr Erscheinen ein oder verwandelten sich freiwillig in Propagandaorgane für das NS-Regime.[134]

Währenddessen befand sich der Zentrumsführer, Prälat Kaas, zu einem längeren Besuch im Vatikan, um an der Formulierung des Konkordats mitzuwirken. Bald zeigte sich, daß er bereit war, die Partei zu opfern, eine Bedingung, die das NS-Regime gestellt hatte. Anfang Mai trat er, angeblich aus Gesundheitsgründen, als Parteivorsitzender zurück. Ihm folgte der ehemalige Reichskanzler Heinrich Brüning, der sogleich das Objekt einer Imitation des Führerkults wurde, der die Person Hitlers umgab. Zeitungen des Zentrums bezeichneten Brüning jetzt als »Führer« und erklärten, seine katholische »Gefolgschaft« werde sich seinen Entscheidungen »unterwerfen«.[135] Alle Abgeordneten und Funktionäre der Partei reichten bei Brüning ihren Rücktritt ein und überließen ihm die Entscheidung, ob er sie wieder ernennen oder für sie einen Ersatz suchen würde. Das betraf auch jene Reichstagsabgeordneten, die ihr Mandat ihrem Platz auf der Kandidatenliste der Partei verdankten und demnach tatsächlich nach Brünings Gutdünken durch andere ersetzt werden konnten, die einen unteren Platz auf der Liste einnahmen. Faktisch ersetzte das Zentrum damit die Idee frei gewählter Abgeordneten durch die Idee ernannter Volksvertreter. Brüning kündigte eine gründliche Reform der Struktur der Partei an und näherte sich inzwischen dem NS-Regime weiter an, als er die Zentrumsabgeordneten dazu bewog, für die außenpolitische Erklärung der Regierung am 17. Mai 1933 zu stimmen, und sogar Hitler beim Entwurf seiner auffallend gemäßigten Rede behilflich war, die dieser der Erklärung vorausgeschickt hatte. Brünings Bereitschaft, Kompromisse einzugehen, hinderte die Politische Polizei nicht daran, sein Telefon abzuhören und seine Post zu öffnen, wie er dem britischen Botschafter Sir Horace Rumbold Mitte Juni sagte. Rumbold zufolge vertrat Brüning zu diesem Zeitpunkt die Ansicht, daß nur die Wiederherstellung der Monarchie die Lage retten könne, eine Meinung, die Brüning tatsächlich schon seit Jahren vertreten hatte.

Der ehemalige Reichskanzler hatte vermutlich keine Vorstellung vom Ausmaß der Unterdrückung, der die Mitglieder seiner Partei in der Folgezeit ausgesetzt sein würden. Ihre Zeitungen wurden verboten oder beschlagnahmt. Ihre lokalen und regionalen Organisationen wurden eine nach der anderen geschlossen. Alle ihre Länderminister wurden ihrer Posten enthoben. Ihre Beamten waren trotz der wiederholten Zusicherungen Görings von der Entlassung bedroht. Mitglieder, insgesamt 200 000, traten in wachsender Zahl aus der Partei aus. Seit Mai 1933 wurden auch führende katholische Politiker, Anwälte, Journalisten, Schriftsteller und Aktivisten von Laienorganisationen verhaftet, zumal wenn sie kritische Artikel über die NSDAP oder die

Regierung verfaßt hatten. Am 26. Juni 1933 befahl Himmler als Chef der Bayerischen Politischen Polizei, nicht nur alle Abgeordneten der dem Zentrum eng verbundenen Bayerischen Volkspartei im Reichstag und im bayerischen Landtag zu verhaften, sondern »auch diejenigen Personen in Schutzhaft zu nehmen, die sich in parteipolitischer Hinsicht besonders hervorgetan haben«.[136] Am 19. Juni wurde der württembergische Staatspräsident Eugen Bolz, einer der führenden Konservativen des Zentrums, verhaftet und schwer mißhandelt. Ranghohe Beamte und Beamtinnen wie Helene Weber, Reichstagsabgeordnete für das Zentrum, wurden vom Amt suspendiert, und die Organisation der katholischen Gewerkschaften wurde gezwungen, sich aufzulösen. Das waren nur die herausragendsten und in der Presse landesweit dokumentierten Fälle in einer ganz neuen Welle von Entlassungen, Verhaftungen und Mißhandlungen. Auf der lokalen Ebene wurde eine katholische Laienorganisation nach der anderen unter Druck gesetzt, sich aufzulösen oder in die NSDAP einzutreten, was innerhalb der Kirchenhierarchie größte Besorgnis auslöste. Während Papen und Goebbels in der Öffentlichkeit mit wachsendem Nachdruck die Auflösung der Zentrumspartei forderten, führten Verhandlungen in Rom, an denen sich Ende des Monats auch Papen selbst beteiligte, zu einer Vereinbarung, der zufolge das Zentrum sich auflösen sollte, sobald ein Konkordat geschlossen würde.[137]

Der endgültige Text des Konkordats, auf den man sich mit Zustimmung von Papen und Kaas am 1. Juli einigte und der eine Woche später unterzeichnet wurde, schloß für alle katholischen Geistlichen und Ordensleute die Mitgliedschaft in politischen Parteien und die Tätigkeit für solche Parteien aus. Landtags- und Reichstagsabgeordnete der Zentrumspartei traten von ihren Ämtern zurück oder liefen zu den Nationalsozialisten über, ebenso viele Stadträte. Selbst Brüning verstand schließlich das Menetekel. Die Partei löste sich formell am 5. Juli auf und empfahl ihren Abgeordneten im Reichstag und in den Länderparlamenten sowie Stadt- und Gemeinderäten, an ihre nationalsozialistischen Kollegen heranzutreten und sich auf ihre Seite zu stellen. Wie die Parteiführung erklärte, hätten die Parteimitglieder jetzt die Gelegenheit, sich »vorbehaltlos« hinter die von Hitler geführte nationale Front zu stellen. Die Parteipresse, sofern es sie noch gab, stellte das Ende der Partei als das Ergebnis nicht eines Drucks von außen, sondern einer zwangsläufigen inneren Entwicklung dar, welche die katholische Gemeinde in einer historischen Verwandlung des nationalen Gemeinwesens hinter das neue Deutschland geführt hatte. Die Parteispitze wies nicht nur alle Parteiorganisationen an, sich aufzulösen, sondern empfahl auch nachdrücklich, zur Umsetzung dieser Anweisung mit der Politischen Polizei zusammenzuarbeiten. Wie zu erwarten war, genügte es den Nationalsozialisten, wenn die Zentrumsabgeordneten in Berlin und in den Ländern ihre Ämter aufgaben, ohne sich den Fraktionen der NSDAP anzuschließen.[138]

Neben den Parteien der Arbeiterbewegung hatte allein die Zentrumspartei dem Vormarsch der NSDAP bei den Wahlen zu Beginn der dreißiger Jahre einen wirkungsvollen Widerstand entgegengesetzt. Der Zusammenhalt und die Disziplin der beiden politischen Milieus war nicht zuletzt das Produkt der Verfolgungen, die beide unter Bismarck hatten hinnehmen müssen. Doch während die Sozialdemokraten und später die Kommunisten durch diese Erfahrung in einen Zustand permanenter Opposition und Isolation getrieben wurden, bestand die Reaktion der Katholiken darin, der Reintegration in die nationale Gemeinschaft den Vorrang vor fast allen anderen Zielen einzuräumen. Führenden katholischen Politikern wie Papen und, in geringerem Maße, Brüning und Bolz fehlte die innere Bindung an die Demokratie, die für Persönlichkeiten wie Wilhelm Marx oder Matthias Erzberger in den frühen Jahren der Weimarer Republik so kennzeichnend war. Die katholische Kirche insgesamt wandte sich angesichts der bolschewistischen Bedrohung in ganz Europa gegen die parlamentarische Demokratie. In dieser Situation erschien die Auflösung der Partei als ein geringes Opfer, das man im Interesse der Sicherung bindender Garantien durch das neue Regime für eine fortbestehende Autonomie der katholischen Kirche und die uneingeschränkte Beteiligung von Katholiken an der neuen deutschen Ordnung bringen konnte – zumindest wurde dies von fast allen führenden Beteiligten so gesehen. Wie bindend diese Garantien allerdings wirklich waren, sollten die Katholiken bald erkennen.

Wenige Monate später, am 28. Oktober 1933, wurde Clemens August Graf von Galen zum katholischen Bischof von Münster geweiht, was die erste bischöfliche Amtseinführung nach der Unterzeichnung des Konkordats war. In seinem Hirtenbrief gleichen Datums erklärte Galen: »Dem Bischof liegt es ob, die geoffenbarte Wahrheit zu verkünden, ... zu urteilen, zu entscheiden über Recht und Unrecht, über gutes und böses Handeln.« Vor seiner Bischofsweihe hatte er den preußischen Ministerpräsidenten Hermann Göring besucht und vor ihm entsprechend den Bestimmungen des Konkordats einen Treueid gegenüber dem Staat geleistet. Das wurde symbolisch erwidert, als während der Weihezeremonie lokale Funktionäre der NSDAP und der SA vom Kreisleiter abwärts mit dem Hitlergruß an ihm vorbeizogen. Lange SA- und SS-Kolonnen mit Hakenkreuzfahnen säumten die Straßen, durch die die bischöfliche Prozession führte. An demselben Abend marschierten sie in einem Fackelzug am bischöflichen Palais vorbei. Die Versöhnung von Nationalsozialismus und Katholizismus schien zumindest vorläufig abgeschlossen.[139]

IV

Die Zerschlagung der KPD, der SPD und des Zentrums war der schwierigste Teil des Feldzugs der Nationalsozialisten, einen Einparteienstaat zu schaffen. In ihrer Gesamtheit repräsentierten diese drei Parteien weit mehr Wähler, als die NSDAP jemals in einer freien Wahl auf sich vereinen konnte. Im Vergleich zu den Problemen, die hierbei überwunden werden mußten, war die Beseitigung der übrigen Parteien leicht. Die meisten von ihnen hatten fast alle Mandate, über die sie je im Reichstag verfügt hatten, verloren. Im Frühjahr 1933 trieb die einzige Partei unter ihnen, die sich von Anfang an zur Weimarer Demokratie bekannt hatte, die Deutsche Staatspartei (früher Deutsche Demokratische Partei), ruderlos im Strudel der Ereignisse, verfügte nur noch über zwei Sitze im Reichstag und erließ Appelle an die übrigen Parteien, sie sollten diese Abgeordneten unter ihre Fittiche nehmen. Sie machte auch weiterhin keinen Hehl aus ihrer Opposition zur NSDAP, trat jedoch gleichzeitig für eine Verfassungsänderung ein, die unmißverständlich in eine autoritäre Richtung wies. Bei den Wahlen Anfang März gelang es ihr nicht, die Zahl der Wählerstimmen zu steigern, die Zahl ihrer Mandate konnte sie jedoch erhöhen, da ihre Kandidaten mit auf der Liste der SPD standen. Unter starken Vorbehalten, aber einstimmig stimmten die Abgeordneten der Staatspartei, darunter auch der spätere deutsche Bundespräsident Theodor Heuss, am 23. März für das Ermächtigungsgesetz, eingeschüchtert durch Hitlers Drohung mit einem Blutbad für den Fall der Ablehnung. Ihre Stimmen waren praktisch bedeutungslos. Der Fraktionsvorsitzende der Staatspartei im Reichstag, Otto Nuschke, begann seine offiziellen Briefe mit der Floskel »mit deutschem Freiheitsgruß« zu unterzeichnen und trat nachdrücklich für eine Anerkennung der Legitimität des Regimes ein. Zur gleichen Zeit liefen Beamte, die einen wesentlichen Anteil der Partei ausmachten, in Scharen zur NSDAP über, um ihre Stelle nicht zu verlieren. Seit die Partei bei den Wahlen von 1930 an den Rand der Bedeutungslosigkeit gedrängt worden war, hatte es wiederholt Diskussionen darüber gegeben, ob man sie fortbestehen lassen sollte. Die Braunhemden inszenierten eine erneute Terrorkampagne gegen die wenigen verbliebenen Abgeordneten, Stadträte und Funktionäre, die offen ihr Bekenntnis zu der Partei bekundeten. Danach entzog die Regierung den Reichstagsabgeordneten der Staatspartei ihre Reichstagsmandate mit der Begründung, da ihre Namen bei den Märzwahlen mit auf der Liste der SPD gestanden hätten, seien sie als SPD-Abgeordnete zu betrachten. Die Parteiführung gab schließlich auf und erklärte am 28. Juni 1933 die Staatspartei für formell aufgelöst.[140]

Die Deutsche Volkspartei, die nach dem Tod von Gustav Stresemann im Jahr 1929 eine deutliche Wendung nach rechts vollzogen hatte, trennte sich 1931 allmählich von ihrem liberalen Flügel, wobei »liberal« zu jener Zeit bedeutete, ein Anhänger der Regierung Brüning zu sein, ein weiterer Indikator dafür, wie weit sich das politische Spektrum insgesamt nach rechts verschoben hatte. Von da an agitierte die Partei für eine allgemeine Koalition aller nationalistischen Kräfte unter Einschluß der NSDAP. Je höher die Stimmverluste der DVP ausfielen, desto mehr zerfiel sie in ein Chaos sich befehdender Fraktionen. In der Juliwahl 1932 ging die Partei eine Listenverbindung mit der DNVP ein, worauf weitere Abgeordnete aus der Partei austraten, ohne daß dadurch neue Wähler angezogen wurden. Die DVP errang nur noch 1,2 Prozent der Stimmen und 7 Mandate. Nach der Novemberwahl 1932 waren es 11 Mandate. Nun ließ der Vorsitzende Eduard Dingeldey die Listenverbindung mit der DNVP platzen, und die Volkspartei ging aus den Wahlen im März 1933 mit nur noch zwei Mandaten hervor. Das war alles, was von der stolzen Tradition der Nationalliberalen Partei Deutschlands übriggeblieben war, die in den Jahren nach 1870 den deutschen Reichstag beherrscht und so viel dazu beigetragen hatte, die harten Konturen der Schöpfung Bismarcks mit einer Fülle liberaler Gesetzesvorlagen zu glätten. Während Dingeldey sich wegen einer schweren Erkrankung für zwei Monate aus der Politik zurückzog, verließen die noch verbliebenen Parteimitglieder und vor allem die Beamten unter ihnen, die um ihre Stelle fürchteten, die Partei in großer Zahl, andere drängten unter der Führung des stellvertretenden Vorsitzenden ihre Parteigenossen, die Partei aufzulösen und sie formell in der NSDAP aufgehen zu lassen. Als es Dingeldey gelang, das zu verhindern, trat der rechte Parteiflügel aus. Seine Bemühungen um ein Gespräch mit Hitler oder Göring wurden abgewiesen. Da er in der allgemeinen Atmosphäre der Einschüchterung um das Leben der letzten Parteifunktionäre und -abgeordneten fürchtete, gab Dingeldey am 4. Juli die Auflösung der Partei bekannt. Zur Belohnung erhielt er drei Tage später eine Audienz bei Hitler und dessen Zusicherung, daß ehemalige DVP-Mitglieder wegen ihrer politischen Vergangenheit keine Nachteile zu befürchten hätten. Das hinderte die Nationalsozialisten freilich nicht daran, den Rücktritt aller ehemaligen DVP-Abgeordneten im Reichstag und in den Ländern zu erzwingen und ehemalige DVP-Aktive zu entlassen, wenn auch mit der vorgeschobenen Begründung »gehässiger Einstellung zur nationalsozialistischen Bewegung überhaupt«. Dingeldeys Proteste gegen solche Entlassungen blieben wirkungslos.[141]

Die Deutschnationale Volkspartei unter Alfred Hugenberg erreichte bei den Wahlen kaum größere Erfolge als die beiden liberalen Parteien. In den frühen dreißiger Jahren hatte sie die Mehrheit ihrer Wählerstimmen an die NSDAP verloren. Trotzdem betrachtete sie sich als den Hauptkoalitionspartner der Nationalsozialisten, die von ihr mit einer gewissen Herablassung behandelt wurden. Führende Vertreter der DNVP begrüßten es, daß das Kabinett Hitler das endgültige Ende des parlamentarischen Systems und den Beginn einer Diktatur einläutete. Hugenberg führte seinen Wahlkampf vor dem 5. März 1933 energisch mit dem Ziel einer Mehrheit für die NSDAP und die DNVP, um diesem politischen Wandel eine in der Bevölkerung verankerte Legitimität zu verleihen. Doch den übrigen Führern der Partei war klar, daß sie damit extrem verwundbar waren. Sie warnten vor dem »Sozialismus« der Nationalsozialisten und traten für eine »Keinparteien-Regierung« ein. Natürlich waren die Nationalsozialisten darauf bedacht, während des Wahlkampfs die Illusion einer echten Koalition aufrechtzuerhalten. Es wurden keine Zeitungen der DNVP verboten, keine Versammlungen der DNVP gesprengt, und es wurde kein DNVP-Politiker verhaftet. Doch die massive Unterdrückung und die Gewalt der Nationalsozialisten während des Wahlkampfs kamen allein der NS-Bewegung zugute. Am 5. März steigerten sie ihre Reichstagsmandate von 196 auf 288, wogegen es den Deutschnationalen nicht gelang, ihre Lage wesentlich zu verbessern. Sie hatten jetzt 52 Abgeordnetensitze gegenüber 51 in den Novemberwahlen 1932. Diese Mandate und der Anteil von 8 Prozent der Wählerstimmen reichten für die Koalition aus, um die 50-Prozent-Marke zu überspringen. Das Wahlergebnis sprach Bände, wie ungleich die beiden Koalitionspartner waren. In den Straßen konnten sich die paramilitärischen »Kampfverbände«, die den Deutschnationalen angeschlossen waren, in keiner Weise mit der Stärke der Braunhemden und der SS messen. Und es war ihnen nicht gelungen, den Stahlhelm für sich zu gewinnen, die einzige bedeutende paramilitärische Organisation, die ihre politischen Ansichten zu teilen schien.

Die Ergebnisse der Märzwahlen änderten die Beziehungen zwischen den beiden Parteien grundlegend. Da die Kommunisten nicht mehr im Reichstag vertreten waren, hatten die Nationalsozialisten die Deutschnationalen zur Bildung einer absoluten Mehrheit nicht mehr nötig, auch wenn sie immer noch ein ganzes Stück von der für eine Verfassungsänderung erforderlichen Zweidrittelmehrheit entfernt waren. Hitler und Göring machten Hugenberg schonungslos klar, daß jetzt sie das Sagen hatten. Die Verabschiedung des Ermächtigungsgesetzes mit Unterstützung der Deutschnationalen wurde den konservativeren Parteimitgliedern durch die vorhergehende zeremonielle Eröffnung des Reichstags in Potsdam mit ihrem deutlichen Rückbezug auf die kaiserlichen Traditionen erleichtert. Sobald das Gesetz verabschiedet war, erklärte Hitler, es könne keine Rede davon sein, das wiederherzustellen, was in seinen Augen die gescheiterte Institution der Monarchie war. An diesem Punkt begannen die Nationalsozialisten die Deutschnationalen denselben Pressionen zu unterwerfen, unter denen die übrigen Parteien bereits seit Mitte Februar zu leiden hatten. Am 29. März wurde das Berliner Büro des Vorsitzenden der Reichstagsfraktion der Partei, Ernst Oberfohren, durchsucht, und einen Tag später fand bei ihm privat eine Haussuchung statt. Dabei wurde entdeckt, daß anonyme Briefe gegen Hugenberg auf Oberfohren zurückgingen. Mit dem Hinweis auf diese Tatsache wurde ein Protest des Reichsministers Hugenberg verhindert. Oberfohren hatte auch Interesse an den näheren Umständen des Reichstagsbrandes gezeigt, was vermuten ließ, daß er die Auffassung der Kommunisten, die Nationalsozialisten steckten hinter der Brandstiftung, teilte. Nach der Hausdurchsuchung legte Oberfohren sein Mandat nieder. Auch andere führende Mitglieder der DNVP gerieten unter Druck. Günther Gereke, Reichskommissar für Arbeitsbeschaffung, wurde der Unterschlagung bezichtigt. Der Führer des Reichslandbundes, eine Organisation, die traditionell den Deutschnationalen nahestand, wurde abgesetzt, weil gegen ihn Vorwürfe wegen Getreidespekulation erhoben worden waren. Und es trafen zunehmend Berichte von Entlassungen von Beamten ein, die offen ihre Zugehörigkeit zur DNVP zugegeben hatten.[142]

Die Deutschnationalen waren am 30. Januar die Koalition mit der NSDAP in dem Glauben eingegangen, sie seien die Seniorpartner in einem Bündnis mit einer unreifen und unerfahrenen politischen Bewegung, die sie ohne große Mühe kontrollieren könnten. Zwei Monate später war alles ganz anders. Sie brachten privat ihre Ängste vor den destruktiven Folgen einer voll entfalteten nationalsozialistischen Revolution zum Ausdruck und bekannten hilflos die Unmöglichkeit, gesetzwidrige Maßnahmen gegen ihre eigenen Mitglieder durch eine Regierung zu verhindern, der sie immer noch formell als Partner angehörten. In dieser Lage erschien es ihnen opportun, sich der neuen, postdemokratischen Ordnung anzupassen. Hugenberg erreichte einen Umbau der Parteistruktur, der auf jeder Ebene das »Führerprinzip« etablierte. Der nächste Schritt war die Umbenennung der DNVP in »Deutschnationale Front« (DNF), um zu unterstreichen, Parteien gehörten der Vergangenheit an. Diese Änderungen beraubten Hugenberg lediglich der letzten Spuren einer demokratischen Legitimität, und seine Position war noch verwundbarer als zuvor. Die Nationalsozialisten in Berlin und in ganz Deutschland kritisierten Institutionen und Organisationen und setzten sie unter Druck, die nach Hugenbergs Verständnis seinem Schutz unterstanden, begleitet von der gestreuten Verdächtigung, er verzögere die »nationale Revolution«.

Regionale Organe der NSDAP erklärten, Hugenberg genieße als preußischer Landwirtschaftsminister nicht mehr das Vertrauen der Bauern. Es gingen Gerüchte, er werde bald von seinen preußischen Ämtern zurücktreten. Als Reaktion auf diese Versuche, seine Stellung zu beeinträchtigen, drohte Hugenberg damit, aus dem Kabinett auszutreten, er glaubte, damit das Ermächtigungsgesetz außer Kraft zu setzen, da es »das Weiterbestehen der gegenwärtige Reichsregierung zur Voraussetzung« habe. Doch der Verfassungsrechtler Carl Schmitt, ein einflußreicher Anhänger der Nationalsozialisten, hatte erklärt, mit »gegenwärtige Regierung« habe das Gesetz nicht die besondere Gruppe von Ministern gemeint, die bei seiner Verabschiedung gerade im Amt waren, sondern »eine ganz andere Art von Regierung« als im pluralistischen Parteienstaat. Die Geltung des Ermächtigungsgesetzes würde also von einem Rücktritt dieses oder jenes Ministers nicht betroffen, sein Wesen werde vielmehr von seinem Führer bestimmt.[143] Schmitt wurde für seinen Dienst gut belohnt. Ein fähiger und bereits renommierter Staats- und Völkerrechtler, hatte er sich einen Namen als Kritiker parlamentarischer Institutionen und als Befürworter der Diktatur des Reichspräsidenten gemacht. Seine Hinwendung zu Hitler und zum Nationalsozialismus 1933 trug ihm – von Göring verliehen – den Titel eines Preußischen Staatsrats ein sowie etliche verantwortliche politische und hochschulpolitische Positionen samt der Herausgabe der *Deutschen Juristen-Zeitung*. Es dauerte nicht lange, und Carl Schmitt erklärte, das Wort Hitlers stehe über dem bestehenden Recht, und beteiligte sich engagiert an antisemitischer Propaganda.[144] Zunächst untergrub jedoch seine einfallsreiche Deutung des Ermächtigungsgesetzes Hugenbergs Stellung endgültig. Hugenbergs Drohung war wirkungslos, ein weiteres Beispiel für die Vergeblichkeit legalistischer Argumente gegenüber Pressionen der NSDAP. Inzwischen nahm die Gefahr nationalsozialistischer Gewalt gegen Hugenbergs Anhänger konkretere Gestalt an. Am 7. Mai wurde Ernst Oberfohren, den die Nationalsozialisten aus seinem Amt gejagt hatten, mit einer Schußwunde tot aufgefunden. In der herrschenden Atmosphäre von Einschüchterung und Gewalt gab es nicht wenige, die der offiziellen These von einem Selbstmord nicht glauben wollten. Es gab Berichte von Verhaftungen lokaler DNF-Funktionäre und von Verboten einiger DNF-Versammlungen. Die Deutschnationalen gerieten unter wachsenden Druck, ihre paramilitärischen Kampfverbände aufzulösen. Zu dieser Zeit behaupteten sie, diese Gruppen, zumeist Schüler- und Jugendorganisationen, seien im Zuge der »nationalen Erhebung« auf über 100 000 Mitglieder angewachsen.

Am 30. Mai wurde eine Gruppe von DNF-Reichstagsabgeordneten bei Hitler vorstellig, um ihm »persönlich einige politische Sorgen« vorzutragen. Sie erlebten einen »hysterischen Wutanfall« Hitlers, in dem dieser heftige Drohungen gegen die Deutschnationalen ausstieß. Als der Sprecher der Delegation eine Auflösung der Kampfverbände der DNF ablehnte, schrie Hitler, er werde seine »SA schießen und drei Tage lang ein Blutbad anrichten [lassen], bis nichts mehr übrig« sei. Das schwächte den ohnedies nur noch halbherzigen Widerstandswillen der Deutschnationalen noch mehr. Am 20. Juni befahl Hitler die Auflösung der nationaldeutschen Kampfstaffeln und die Einziehung ihres Vermögens. Führende DNF-Funktionäre, die mit diesen Staffeln in Verbindung standen, darunter Herbert von Bismarck, Großneffe des »eisernen Kanzlers«. Schon am 9. April als Preußischer Staatssekretär entlassen, wurde er nun verhaftet und vernommen. Als man ihm angebliche Beweise für die Infiltration der Kampfverbände durch »Marxisten« vorlegte, äußerte er, daß er »keine Ahnung gehabt habe, wie die Zustände tatsächlich in den Kampfstaffeln gewesen seien«.

Um dieselbe Zeit, Mitte bis Ende Juni, hatten führende Deutschnationale wie der ultrarechte katholische Historiker Martin Spahn erklärt, daß sie nicht zwei Führern dienen könnten, und waren zur NSDAP übergetreten. Die täglichen Demütigungen, die Hugenberg im Kabinett hinnehmen mußte, wurden immer provozierender. Als er öffentlich eine internationale Wirtschaftskonferenz zur Rückgabe der ehemaligen deutschen Afrikakolonien forderte, ohne sich zuvor beim Kabinett rückzuversichern, verleugneten ihn auch seine Kabinettskollegen öffentlich und ließen ihn vor der ganzen Welt fallen. Am 23. Juni stellten sich seine »bürgerlichen« Kabinettskollegen Papen, Neurath, Schwerin von Krosigk und Schacht an die Seite Hitlers gegen Hugenberg und verurteilten sein Verhalten. Hugenbergs geplante Rede vor einer Versammlung des Deutschnationalen Bundes des gewerblichen Mittelstandes am 26. Juni wurde polizeilich verboten. An selben Tag bot er Hindenburg seinen Rücktritt an und führte Klage, er finde im Reichskabinett nicht die notwendige Unterstützung, er werde von der Presse der NSDAP angegriffen und könne nicht weiter in einem Kabinett bleiben, das ständig Beschlüsse gegen ihn fasse.

Hugenberg hatte nicht wirklich vor, aus der Regierung auszutreten, doch der greise Reichspräsident wollte ihm in keiner Weise Schutz bieten. Statt das Rücktrittsgesuch abzulehnen und bei Hitler zugunsten Hugenbergs zu intervenieren, wie dieser erwartet hatte, blieb er untätig. Eine letzte Unterredung mit Hitler hatte zur Folge, daß dieser ihm für sein weiteres Verbleiben im Amt Bedingungen stellte, unter anderem müsse die Deutschnationale Front aufgelöst werden. Andernfalls würden »Tausende« Deutschnationaler ihre Stellen verlieren. Allerdings wurde Hugenberg von Hitler vor eine Scheinalternative gestellt, da dieser nicht beabsichtigte, das Rücktrittsgesuch Hugenbergs, des letzten verbliebenen Kabinettsmitglieds von politischem Format abzulehnen. Während Hitler dem Kabinett triumphierend Hugenbergs Rücktritt mitteilte, trat der Vorstand der DNF zusammen, um die Selbstauflösung der Partei zu beschließen. Noch an demselben Abend kamen zwei Mitglieder des Vorstands mit Hitler zusammen und schlossen mit ihm ein »Freundschaftsabkommen«.[145] Die Bedingungen für die Deutschnationalen, Hitlers ehemalige Koalitionspartner, waren oberflächlich betrachtet weniger bedrückend als die Bedingungen für die übrigen Parteien. Doch in der Praxis zwangen die Nationalsozialisten alle deutschnationalen Abgeordneten, deren Ansichten von ihrer Linie abwichen, beispielsweise Herbert von Bismarck, ihr Mandat aufzugeben, und akzeptierten nur jene, bei denen sie sicher sein konnten, daß sie ihren Befehlen unbedingten Gehorsam leisteten. Garantien, deutschnationale Beamte wegen ihrer parteipolitischen Vergangenheit nicht zu benachteiligen, wurden vom Regime nicht als bindend betrachtet. Das »Freundschaftsabkommen« war eine Kapitulation.

Nachdem die Parteien aufgelöst, die Kirchen gefügig gemacht, die Gewerkschaften abgeschafft und die Wehrmacht ruhiggestellt worden waren, gab es noch eine einzige politische Kraft, mit der sich das Regime auseinandersetzen mußte: die Stahlhelmer, die ultranationalistische paramilitärische Veteranenorganisation. Am 26. April 1933 trat Franz Seldte, der Bundesführer des Stahlhelms, nach ausgedehnten Verhandlungen in die NSDAP ein und unterstellte die Stahlhelmer Hitlers politischer Führung mit der Garantie, daß der Stahlhelm auch weiterhin als autonome Organisation von Kriegsveteranen fortbestehen könne. Diejenigen, die mit diesem Schritt nicht einverstanden waren, wie der zweite Bundesführer der Organisation, Theodor Duesterberg, wurden entlassen. Eine rasche Zunahme der Neuzugänge, möglicherweise bis zu einer Million, alles Kriegsveteranen aus den verschiedensten vor kurzem verbotenen Organisationen einschließlich des Reichsbanners, verwässerte die politische Orientierung der Stahlhelmer noch mehr und bot Kritik der Nationalsozialisten mehr Angriffsflächen. Als Hilfspolizisten hatten die Stahlhelmer in den vorangegangenen Monaten die Aktionen der SA unterstützt, ohne selbst in vollem Umfang mitzuwirken, aber auch ohne ihnen Einhalt zu gebieten. Ihre Haltung glich weitgehend der der Wehrmacht, als deren bewaffnete, erfahrene und gut ausgebildete Reserve sie sich betrachteten. Ihr Führer Franz Seldte war Kabinettsmitglied und erwies sich als unfähig, den Einschüchterungen Hitlers und Görings etwas entgegenzusetzen. Spätestens im Mai 1933 hatten sie politisch jede Wirkung eingebüßt.[146]

Ende Mai unternahm Hitler den nächsten Schritt. Er beschuldigte die Stahlhelmer, teilweise zu Recht, sie seien von ehemaligen Kommunisten und Sozialdemokraten unterwandert, die nach einem Ersatz für ihre eigenen, inzwischen verbotenen paramilitarischen Organisationen suchten. Folglich wurden sie unter Zwang in die SA eingegliedert, behielten jedoch noch so viel von ihrer früheren Autonomie, daß sie dagegen keinen Widerstand leisteten. Die Mitarbeit des Stahlhelmführers Franz Seldte im Kabinett schien den meisten von ihnen eine ausreichende Gewähr dafür zu bieten, daß sie politisch weiterhin ihren Einfluß geltend machen könnten. Ihre Aufgaben als eine Reservearmee und als Wohlfahrtsorganisation für Kriegsveteranen behielten sie bei. Noch 1935, inzwischen in »NS-Frontkämpferbund« umbenannt, zählte die Organisation eine halbe Million Mitglieder. Das Ziel der Stahlhelmer, die Zerstörung der Weimarer Demokratie und die Rückkehr eines autoritären, nationalistischen Regimes, war offensichtlich erreicht worden: Welche Gründe hätten sie also gegen ihre Eingliederung in die Reihen der Braunhemden Ernst Röhms haben sollen? Der Zusammenschluß sorgte eine Zeitlang für Verwirrung in der Organisation, aber er beraubte die Deutschnationalen wirkungsvoll auch der letzten noch verbliebenen Möglichkeit, gegen den randalierenden Mob der SA auf den Straßen Widerstand zu mobilisieren.[147]

Damit waren die paramilitärischen Organisationen ebenso aufgelöst wie die Parteien außerhalb der NSDAP. Im Sommer 1933 war die Schaffung eines Einparteienstaates abgeschlossen. Nur Hindenburg blieb als potentielles Hindernis vor der Erlangung der totalen Macht, anscheinend ohne jeden Rest eines eigenen Willens, dessen Amt durch die Bestimmungen des Ermächtigungsgesetzes bedeutungslos geworden war. Die Reichswehr hatte sich bereitwillig abseits gehalten, Wirtschaft und Industrie waren auf die Linie des neuen Regimes eingeschwenkt. Am 28. Juni 1933 feierte Goebbels die Vernichtung der Parteien, der Gewerkschaften und der Kampforganisationen und ihre Ersetzung durch das Machtmonopol der NSDAP und der ihr angeschlossenen Organisationen: »Der Weg zum Totalstaat. Unsere Revolution hat eine unheimliche Dynamik.«[148]

Unterdrückung und Gleichschaltung

I

Am Morgen des 6. Mai 1933 fuhren mehrere Lastwagen am Haus von Magnus Hirschfelds Institut für Sexualforschung in Berlin-Tiergarten vor. Von den Ladeflächen sprangen Studenten der Berliner Hochschule für Leibesübungen, Mitglieder des Nationalsozialistischen Deutschen Studentenbunds. Sie stellten sich in militärischer Formation auf, und während einige von ihnen ihre Blasinstrumente hervorholten und patriotische Lieder spielten, marschierten die übrigen in das Gebäude. Sie kamen nicht mit guten Absichten. Hirschfelds Institut war in Berlin allgemein bekannt, nicht nur weil es sich für solche Anliegen einsetzte wie die Legalisierung von Homosexualität und Abtreibungen und Abendkurse in Sexualerziehung veranstaltete, sondern auch wegen seiner umfassenden Sammlung von Büchern und Manuskripten zur Sexualforschung, die seit der Zeit vor der Jahrhundertwende aufgebaut worden war. 1933 umfaßte diese Sammlung zwischen 12 000 und 20 000 Bücher (die Schätzungen gehen auseinander) und einen noch größeren Bestand von Fotografien zum Thema.[149] Die Studenten, die am 6. Mai in das Institut stürmten, gossen Tinte über Bücher und Manuskripte, spielten Fußball mit gerahmten Fotografien, hinterließen einen Scherbenhaufen auf dem Fußboden und verstreuten den Inhalt von Regalen und Schubladen überall im Raum. Vier Tage später trafen weitere Lastwagen ein, diesmal mit SA-Leuten, die Waschkörbe dabeihatten. Diese füllten sie randvoll mit Büchern und Manuskripten, die sie abtransportierten. Als man ihnen sagte, der 65jährige Hirschfeld befinde sich im Ausland, um sich von einer Krankheit zu erholen, erwiderten die SA-Männer: »Na, dann krepiert er hoffentlich auch ohne uns; dann brauchen wir ihn ja nicht erst aufhängen und totschlagen.«[150] Vier Tage später wurden diese Schriften zusammen mit vielen anderen auf dem Opernplatz verbrannt. Schätzungsweise 10 000 Bücher aus dem Institut wurden auf diese Weise ein Raub der Flammen.

Hirschfeld kehrte nicht mehr nach Deutschland zurück. Während die NS-Presse triumphierend über einen wirksamen Schlag gegen einen Volksvergifter schrieb – »Deutsche Studenten räuchern das Institut für Sexualforschung aus«, das von dem »Juden Magnus Hirschfeld« geleitet wurde –, blieb der Sexualreformer und Vorkämpfer für die Rechte von Homosexuellen in Frankreich, wo er am 14. Mai 1935, an seinem 67. Geburtstag, verstarb.[151] Die Zerstörung seines Instituts war nur ein, wenn auch ein besonders spektakulärer Teil eines viel umfassenderen Angriffs auf das, was die Nationalsozialisten als die jüdische Bewegung zur Zerrüttung der deutschen Familie darstellten. Sexualität und Fortpflanzung waren eins, zumindest für diejenigen, die den Kriterien rassischer Korrektheit entsprachen. Mit der stillschweigenden Zustimmung der Konservativen wie der Katholiken im Rücken machten die Nationalsozialisten sich daran, systematisch eine Vielzahl lebendiger und untereinander verbundener Initiativen für sexuelle Freiheit, eine Reform des Abtreibungsgesetzes, die Entkriminalisierung der Homosexualität, öffentliche Sexualberatungsstellen und alles andere aufzulösen, was in ihren Augen zum Rückgang der Geburtenraten in Deutschland beitrug. Sexualreformer wie der Freudianer Wilhelm Reich oder die langjährige Vorkämpferin für eine Reform des Abtreibungsrechts Helene Stöcker wurden ins Exil getrieben, ihre Organisationen und Kliniken geschlossen oder von den Nationalsozialisten übernommen. Gleichzeitig führte die Polizei an bekannten Homosexuellentreffs, die sie bislang stillschweigend geduldet hatte, Razzien durch, und in Hamburg verhaftete sie Hunderte von Prostituierten im Rotlichtbezirk, wobei sie sich groteskerweise auf die Reichstagsbrandverordnung »zum Schutz von Volk und Staat« stützte. Welchen Zweck diese Razzien auch verfolgen mochten, sie machten deutlich, in welcher Weise diese Verordnung als Legitimation für fast jede repressive Maßnahme der Behörden benutzt werden konnte. Zweifel an der Rechtmäßigkeit dieser Aktion wurden am 26. Mai 1933 beseitigt, als das Kabinett das 1927 erlassene liberale Reichsgesetz zur Bekämpfung der Geschlechtskrankheiten änderte. Die Änderungen stellten nicht nur die Prostitution wieder unter Strafe, die 1927 praktisch legalisiert worden war, sondern führten auch das gesetzliche Verbot von Veröffentlichungen und Aufklärung über Abtreibung und Abortivmittel wieder ein.[152] Innerhalb kurzer Zeit hatten die Nationalsozialisten die gesamte Sexualreform-Bewegung zerschlagen.

Der Angriff auf die sexuelle Liberalisierung hatte sich in den letzten Jahren der Weimarer Republik angekündigt. Die Jahre 1929–1932 hatten eine heftige öffentliche Kontroverse über eine Reform der Abtreibungsgesetzgebung erlebt, die von den Kommunisten entfacht wurde und in der das Bedürfnis vieler junger Paare zum Ausdruck kam, unter den Bedingungen drückender Armut und Arbeitslosigkeit keine Kinder aufziehen zu müssen. Massendemonstrationen, Kundgebungen, Petitionen, Filme und Pressekampagnen hatten die Aufmerksamkeit auf die Probleme einer illegalen Abtreibung und der Unwissenheit über Methoden der Empfängnisverhütung gelenkt, und die Polizei hatte eine ganze Reihe von Vortragsveranstaltungen von Sexualreformern verboten. Bereits am 1. März 1933 legalisierte eine neue Verordnung zur Krankenversicherung die Schließung staatlich finanzierter Ehe- und Sexualberatungsstellen überall in Deutschland, die in den folgenden Wochen von Rollkommandos der SA erzwungen wurde. Ärzte und medizinisches Personal wurden auf die Straße gesetzt, viele von ihnen, vor allem Juden, gingen ins Exil. Die Nationalsozialisten behaupteten, das ganze System der Sozialmedizin, das vom Weimarer Staat aufgebaut worden war, sei darauf gerichtet gewesen, die Reproduktion der Starken zu verhindern und gleichzeitig die Familien der Schwachen zu unterstützen. Mit der Sozialhygiene sollte Schluß gemacht werden, an ihre Stelle sollte die Rassenhygiene treten.[153] Folglich sollten, wie einige Eugeniker seit dem Ende des 19. Jahrhunderts gefordert hatten, die der Gesellschaft von den Schwachen aufgebürdeten Lasten durch ein Programm der Zwangssterilisierung verringert werden.

Diese Vorstellungen hatten sich während der wirtschaftlichen Depression unter Ärzten, Sozialarbeitern und leitenden Vertretern der Sozialbehörden weiter ausgebreitet. Noch vor dem Ende der Weimarer Republik hatten Experten die von der Finanzkrise gebotene Gelegenheit dazu benutzt, sich mit der Behauptung Gehör zu verschaffen, die beste Möglichkeit zur Reduzierung der für die Wirtschaft untragbaren Belastung des Sozialsystem bestehe darin, die Unterschicht an der Fortpflanzung zu hindern, indem man sie einer Zwangssterilisierung unterwarf. Innerhalb einer relativ kurzen Zeitspanne würde es dann weniger bedürftige Familien geben, die unterstützt werden müßten. Und in ebenso kurzer Zeit würde auf diese Weise die Zahl der Alkoholiker, »Arbeitsscheuen«, geistig Behinderten, der Menschen mit kriminellen Anlagen und Körperbehinderungen drastisch gesenkt – auf der Grundlage der fragwürdigen Annahme, daß alle diese Merkmale in der Hauptsache erbliche Merkmale waren –, und der Wohlfahrtsstaat würde in der Lage sein, seine schrumpfenden Ressourcen jenen Armen zukommen zu lassen, die sie wirklich verdient hatten, d. h., die arbeitswillig waren. Evangelische Wohlfahrtseinrichtungen begrüßten im allgemeinen solche Ideen. Die Katholiken, unterstützt durch eine deutliche Warnung des Papstes in einer Enzyklika des Jahres 1930, daß Ehe und geschlechtlicher Verkehr allein der Fortpflanzung dienten, waren entschieden dagegen. Der Reiz eugenischer Denkmodelle wurde selbst für liberal denkende Reformer durch die Tatsache erhöht, daß sich seit 1930 zunehmend die Heil- und Pflegeanstalten für Geisteskranke füllten, da die betroffenen Familien die Sorge für kranke oder behinderte Angehörige nicht mehr übernehmen konnten, während gleichzeitig die Budgets für diese Anstalten von den Lokal- und Regionalbehörden gekürzt wurden. 1932 tagte der preußische Gesundheitsrat, um über ein Gesetz zu beraten, das eine freiwillige eugenische Sterilisierung ermöglichen sollte. Entworfen von dem Eugeniker Fritz Lenz, der schon vor dem Ersten Weltkrieg begonnen hatte, derartige Maßnahmen zu ersinnen, sah es vor, die Befugnis der Beratung und der Anwendung sozialen und medizinischen Staatsbediensteten zu übertragen, gegen deren Entscheidungen die Armen, die geistig und die körperlich Behinderten kaum etwas hätten unternehmen können.[154]

Das war nur ein Teil einer viel umfassenderen Aktion gegen das, was in unterschiedlichen Formen als soziale Abweichung galt. Auf dem Höhepunkt der Wirtschaftskrise erhielten zehn Millionen Menschen fortwährende materielle Unterstützung der kommunalen Fürsorgeämter. Nachdem die demokratischen Parteien aufgelöst, der Reichstag und die Länderparlamente übernommen, die Abgeordneten zu Claqueuren der lokalen NS-Bonzen gemacht und die Zeitungen jeglicher Möglichkeit beraubt worden waren, ungehindert politisch und sozial relevante Themen zu recherchieren, waren die Wohlfahrtsbehörden ebenso wie die Polizei keiner öffentlichen

Kontrolle mehr unterworfen. Sozialarbeiter und die Leiter der kommunalen Wohlfahrtsämter neigten seit längerem dazu, in den Anspruchstellern nichts als Betrüger und Faulpelze zu sehen. Jetzt konnten sie, ermutigt von neuen Vorgesetzten, die ihre Stellen lokalen und regionalen nationalsozialistischen Verwaltungen verdankten, ihren Vorurteilen freien Lauf lassen. Die Reichsfürsorgepflichtverordnung aus dem Jahr 1924 hatte den Behörden die Möglichkeit gegeben, die Auszahlung von Unterstützungsgeldern davon abhängig zu machen, daß der Empfänger bereit war, »in geeigneten Fällen« bei angemessenen Arbeiten gemeinnütziger Art mitzuarbeiten. Vor 1933 wurde das in begrenztem Umfang umgesetzt. 1930 waren in Duisburg 3500 Fürsorgeempfänger zu Pflichtarbeiten herangezogen worden, und Bremen hatte seit 1929 bei Zahlungen von Beihilfen eine solche Beschäftigung zur Bedingung gemacht. Doch unter den bedrückenden Verhältnissen der wirtschaftlichen Depression der dreißiger Jahre war nur ein ganz geringer Prozentsatz der Arbeitslosen betroffen, so waren in Hamburg 1932 nur 6000 von insgesamt 200 000 Empfängern von Arbeitslosenunterstützung in Pflichtarbeit. Seit den ersten Monaten des Jahres 1933 stieg diese Zahl sehr schnell an. Diese Arbeit war kein Beschäftigungsverhältnis im bürgerlich-rechtlichen Sinne: Beiträge zur Kranken-, Renten- oder Arbeitslosenversicherung wurden nicht gezahlt. Die Pflichtarbeit galt als Gegenleistung für gewährte Fürsorgeunterstützung, gelegentlich ergänzt durch eine geringe Aufwandsentschädigung, die Fahrtkosten oder ein kostenloses Mittagessen.[155]

Die Arbeit war theoretisch freiwillig, und die Arbeitsmaßnahmen erfolgten auf die private Initiative von Wohlfahrtseinrichtungen wie der kirchlichen Wohlfahrtsverbände, doch nach dem März 1933 geriet der freiwillige Aspekt zunehmend in den Hintergrund. Das drängende Problem der Massenarbeitslosigkeit wurde vor allem durch Zwangsmaßnahmen angegangen. Eine typische Maßnahme war das »Landhilfe«-Programm vom März 1933, das auf Initiativen aus der Weimarer Republik zurückgriff, um die Landwirtschaft zu unterstützen. Dabei wurden junge Arbeitslose aus den Städten für ein Jahr aufs Land geschickt, um für Kost und Logis und ein symbolisches Entgelt auf dem Land zu arbeiten. Auch hier handelte es sich nicht um eine vollwertige Beschäftigung, doch bis August 1933 verringerte sich die Zahl der Arbeitslosen durch die Maßnahme um 145 000, davon 33 000 Frauen. Die städtischen Behörden in Hamburg, die für die Obdachlosen zuständig waren, hatten seit 1931 behauptet, sie machten den Bedürftigen das Leben schwer, und zwangen sie, woanders um Unterstützung zu bitten. Solche Einstellungen erlangten 1933 große Verbreitung. Die Zahl der Belegungen im Übernachtungsheim der Hamburger Polizei ging weitgehend aufgrund dieser Abschreckung von 403 000 im Jahr 1930 innerhalb von drei Jahren auf 299 000 zurück. Und Verantwortliche äußerten verstärkt die Meinung, »Vagabunden« und »Arbeitsscheue« müßten in Konzentrationslager gesteckt werden. Am 1. Juni 1933 erließ das preußische Innenministerium eine Verordnung zur Unterdrückung des öffentlichen Bettelunwesens. Armut und Bedürftigkeit wurden mehr und mehr kriminalisiert.[156]

Die Polizei selbst, die keine demokratische Aufsicht mehr zu befürchten brauchte, startete im Mai und Juni 1933 eine Serie großangelegter Razzien in den Klubs und Treffpunkten von Berlins Ringvereinen, ein Netz des organisierten Verbrechens, im Rahmen einer Kampagne gegen die Berufsverbrecher. Die Bezirke, in denen sie die Schlupfwinkel krimineller Banden vermutete, befanden sich weitgehend unter der Kontrolle von Kommunisten und ihren Anhängern. Diese Razzien, ermöglicht durch die Zerschlagung des Roten Frontkämpferbundes, dienten außerdem der Einschüchterung der Bevölkerung. Und da in den Augen der Nationalsozialisten insbesondere das organisierte Verbrechen stark von Juden beherrscht wurde, war es nicht verwunderlich, daß die Polizei am 9. Juni auch in 50 Lokalen im Berliner Scheunenviertel Razzien durchführte, einem Viertel, das nicht nur für seine Armut, sondern auch für seinen hohen Anteil von Juden unter den Bewohnern bekannt war. Es braucht nicht eigens betont zu werden, daß dieser Zusammenhang lediglich in den Köpfen der Nationalsozialisten existierte.[157] Die Ringvereine wurden zerschlagen, ihre Mitglieder ohne Gerichtsverhandlung in Schutzhaft genommen und ihre Klubs und Lokale geschlossen.[158]

Rasch wachsende Kleinkriminalität führte zu Forderungen nach härteren und abschreckenderen Maßnahmen in Zuchthäusern und Gefängnissen. Vertreter des Strafvollzugs und Strafrechtsexperten hatten in den letzten Jahren der Weimarer Republik für eine lebenslängliche Inhaftierung oder Sicherheitsverwahrung von Gewohnheitsverbrechern plädiert, deren, wie man annahm, erbliche Entartung sie allen Besserungsversuchen gegenüber resistent machte. Die Sicherheitsverwahrung erschien ihnen als die langfristige Antwort auf die Belastungen, die der Gemeinschaft von diesen Tätern auferlegt wurde. Je nachdem, auf welcher Basis Kriminologen oder Gefängnisdirektoren ihre Schätzungen anstellten, fielen Ende der zwanziger Jahre zwischen 8 und 50 Prozent aller Gefängnisinsassen in diese Kategorie. Abschließende Entwürfe eines geplanten neuen Strafrechts, das in der zweiten Hälfte der zwanziger Jahre in Vorbereitung war, enthielten den Begriff der Sicherungsverwahrung. Obwohl der Gesetzentwurf unter die Räder der Streitigkeiten der Weimarer Parteien geriet, fanden die Vorschläge ein hohes Maß an Zustimmung innerhalb der Justiz und der Strafvollzugsbehörden und verschwanden nicht mehr aus der Diskussion.[159]

Der Wohlfahrtsstaat von Weimar versuchte seine Krise mit autoritären Mitteln zu lösen, die einen schweren Angriff auf das Recht der Bürger auf die Unverletzlichkeit des Körpers darstellten. Sie wurden schließlich vom NS-Regime aufgegriffen und mit einer Strenge, die Experten der Weimarer Zeit nie in Betracht gezogen hatten, in die Praxis umgesetzt. Zunächst zwangen die Kürzungen der staatlichen Mittel die Behörden, zwischen den Lebenstüchtigen und den Lebensuntüchtigen noch schärfer zu trennen, da sich die Bedingungen in den verschiedenen Heil- und Pflegeanstalten bis zu einem Punkt zuspitzten, an dem es immer schwieriger wurde, alle Insassen gesund und am Leben zu erhalten.[160]

II

Die Unterdrückungsmaßnahmen richteten sich nicht allein gegen politisch Verdächtige, Behinderte und gesellschaftliche Randgruppen. Sie betrafen alle Teile der deutschen Gesellschaft. Was den ganzen Prozeß vorantrieb, war die massive Gewalt, die in der ersten Jahreshälfte 1933 von SA, SS und Polizei entfesselt wurde. In der Presse erschienen fortwährend von allen schockierenden Aspekten gereinigte Berichte über brutale Mißhandlungen, Folterungen und die regelmäßige Demütigung von Häftlingen aller Bevölkerungsschichten und der unterschiedlichsten politischen Schattierungen. Der Terror richtete sich keineswegs gegen bestimmte, allgemein unbeliebte Minderheiten, sondern war umfassend und traf alle, die öffentlich eine kritische Meinung äußerten, ehemalige Politiker ebenso wie Rechtsanwälte und Journalisten.[161] Die weitverbreitete Einschüchterung der Bevölkerung schuf die wesentliche Voraussetzung für einen Prozeß, der zwischen Februar und Juli 1933 überall in Deutschland im Gange war: die sogenannte Gleichschaltung. Gemeint war die einheitliche Ausrichtung zunächst der Länder, später aller gesellschaftlichen Institutionen auf die von der Zentrale in Berlin vorgegebene Linie.

Die Ausschaltung der Länderhoheit durch das NS-Regime spielte in diesem Prozeß eine entscheidende Rolle. Ebenso wichtig war die Gleichschaltung des Beamtenapparats, die bereits Mitte Februar eingesetzt hatte und dazu beitrug, daß Parteien, vor allem die Zentrumspartei, sich dem Regime unterworfen hatten. Innerhalb der ersten Wochen nach der Ernennung Hitlers zum Reichskanzler wurden in mehreren Ministerien neue Staatssekretäre ernannt, darunter Hans-Heinrich Lammers als Chef der Reichskanzlei. In Preußen waren bereits nach dem Staatsstreich im Juli 1932 Säuberungen erfolgt, bis Mitte Februar 1933 hatte Göring zwölf Polizeipräsidenten durch eigene Leute ersetzt. Seit März vertrieb die Gewalt der SA zunehmend politisch unerwünschte Kommunalpolitiker aus ihren Ämtern, bis Ende Mai waren 70 Bürgermeister aus ihren Ämtern geschieden. Die Gesetze, mit denen die Autonomie der Länder beseitigt und statt dessen Reichskommissare eingesetzt wurden, die mit einer Ausnahme alle Gauleiter der NSDAP waren, ebneten schon nach der ersten Aprilwoche einer Gleichschaltung des Beamtenapparats auf allen Ebenen den Weg. Während die Länderregierungen gestürzt wurden, besetzten ortsansässige Nationalsozialisten, unterstützt durch bewaffnete Kommandos von SA und SS, Rathäuser, trieben Bürgermeister und Stadträte durch Terror aus ihren Ämtern und ersetzten sie durch ihre eigenen Leute. Gesundheitsämter, Arbeitsämter, Gemeinderäte, Krankenhäuser, Gerichte und alle anderen öffentlichen Institutionen wurden in derselben Weise behandelt. Beamte wurden vor die Wahl gestellt, ihre Ämter aufzugeben oder in die Partei einzutreten. Wer beides ablehnte, dem drohte Gewalt und Haft.[162]

Diese umfangreiche Säuberung erhielt ihre gesetzliche Sanktionierung mit der Verkündung einer der grundlegendsten Verordnungen des neuen Regimes am 7. April, des sogenannten Gesetzes zur Wiederherstellung des Berufsbeamtentums. Seine Bezeichnung appellierte an das Standesbewußtsein konservativer Beamter und enthielt mehr als nur eine versteckte Kritik an den Bemühungen der Weimarer Regierungen vor allem in Preußen, die Stellen im höheren Dienst mit überzeugten Demokraten nicht aus der Beamtenhierarchie zu besetzen. Das erste Ziel des neuen Gesetzes bestand darin, die erzwungene Absetzung von Beamten und anderen staatlichen Funktionsträgern durch lokale und regionale Aktionen von SA und NSDAP zu regeln und zu vereinheitlichen. Das Gesetz sah die Entlassung aller Beamten vor, »die seit dem 9. November [1918] in ein Beamtenverhältnis eingetreten sind, ohne die für ihre Laufbahn vorgeschriebene oder übliche Vorbildung aufzuweisen«. Beamte, die »nicht arischer Abstammung« waren, wurden, wie geschildert, mit wenigen Ausnahmen in den Ruhestand versetzt. In der Praxis gaben die nichtrassistischen Klauseln des Gesetzes dem Regime die Möglichkeit, jeden Beamten zu entlassen oder in den vorzeitigen Ruhestand zu versetzen, der sich politisch zu einer anderen Partei bekannte als der NSDAP. Aus Angst vor dieser Bedrohung ihrer Existenzgrundlage taten viele Beamte alles, um ihre Loyalität gegenüber dem neuen Regime unter Beweis zu stellen.[163]

In einer Ministerbesprechung vom 25. April 1933 äußerte sich Göring verächtlich über den Opportunismus in der deutschen Beamtenschaft. In einer Gesprächsnotiz wurde er mit folgenden Worten wiedergegeben:

> »Es habe ihn [Göring] angewidert und angeekelt zu sehen, wie in seinem Ministerium, dessen Beamtenkörper notorisch zu 60% aus eingesetzten Severing-Anhängern bestanden habe, schon nach wenigen Tagen die Hakenkreuzabzeichen wie Pilze aus der Erde geschossen seien, und wie schon nach 4 Tagen der Hackenknall und die hocherhobenen Hände auf den Korridoren eine allgemeine Erscheinung gewesen seien.«[164]

Viele deutsche Beamte beeilten sich, ihre Stellen zu sichern, indem sie in die NSDAP eintraten und sich denen anschlossen, die bald spöttisch als »Märzgefallene« bezeichnet wurden, nach den Demokraten, die in den Märzunruhen der Revolution von 1848 ihr Leben gelassen hatten. Zwischen dem 30. Januar und dem Aufnahmestopp am 1. Mai 1933 beantragten nicht weniger als 1,6 Millionen Menschen den Mitgliedsausweis der Partei, ein Massenschub, der vielleicht klarer als alles andere das Ausmaß des Opportunismus und der Panikstimmung deutlich macht, von der die deutsche Bevölkerung erfaßt worden war. In katholischen Regionen wie Koblenz-Trier und Köln-Aachen waren im Sommer 1933 80 Prozent der NSDAP-Mitglieder erst in den letzten drei Monaten eingetreten. Hitler war besorgt, daß dieser massive Zustrom den Charakter der Partei ändern könnte, indem er sie zu bürgerlich machte. Doch vorläufig bedeutete er zumindest die Loyalität der überwiegenden Mehrheit der Beamten gegenüber dem neuen Regime.[165] 12,5 Prozent der höheren Beamten in Preußen und etwa 4,5 Prozent in den anderen Ländern wurden als Folge des Gesetzes entlassen. Weitere Bestimmungen ermöglichten die Zurückstufung oder Entlassung von Beamten »zur Vereinfachung der Verwaltung«, die Zahlen der hiervon Betroffenen bewegten sich in einer ähnlichen Größenordnung. Insgesamt wurden aufgrund dieses Gesetzes ein bis zwei Prozent aller Beamten entlassen. Die Entlassungen und Zurückstufungen waren politisch und antisemitisch motiviert, hatten aber auch den nicht unbeabsichtigten Nebeneffekt, daß dadurch die Staatsausgaben gesenkt wurden. Mit einem Erlaß vom 17. Juli behielt sich Göring als preußischer Ministerpräsident die Ernennung der Staats- und Ministerialräte, der leitenden Beamten in der Provinzial-, Justiz- und Finanzverwaltung und der Universitätsprofessoren selbst vor.[166]

Besondere Bedeutung in der weiten und ausdifferenzierten Sphäre der Staatsbediensteten kam den Gerichten und den Anklagebehörden zu. Gegen die NS-Gewalttaten gab es zunächst eine große Zahl von Strafanzeigen durch Anwälte, welche die instrumentell politische Auffassung vom Rechtswesen der Nationalsozialisten nicht teilten. Aber es war abzusehen, daß die Mehrzahl der Richter und Rechtsanwälte sich dieser Auffassung nicht widersetzen würden. Von etwa 45 000 Richtern, Staatsanwälten und Justizbeamten in Preußen 1933 wurden lediglich etwa 300 aus politischen Gründen entlassen oder in ein anderes Ressort versetzt und dies trotz der Tatsache, daß am 30. Januar 1933 nur sehr wenige Staatsanwälte der

NSDAP angehörten. Unter Hinzurechnung der jüdischen Richter und Anwälte, die ungeachtet ihrer politischen Haltung allein aus rassischen Gründen entlassen wurden, waren es insgesamt 586 Entlassungen. Auch in den übrigen deutschen Ländern war dieser Anteil verschwindend gering. Gegen die Entlassungen wurden aus Kreisen der Justiz und der Anwälte keine ernsthaften Einwände erhoben. Ein kollektiver Protest wurde spätestens unmöglich, als die Berufsvereinigungen der deutschen Richter, Anwälte und Notare dem Bund nationalsozialistischer Juristen eingegliedert wurden. Als Dachorganisation wurde eine »Deutsche Rechtsfront« unter der Führung des bayerischen Justizministers Hans Frank gegründet, der am 22. April zum Reichskommissar für die »Gleichschaltung der Justiz in den Ländern und für die Erneuerung der Rechtsordnung« ernannt wurde. Der Deutsche Richterbund nahm seine Kritik zurück, nachdem Hitler in seiner Rede vom 23. März von der »Unabsetzbarkeit der Richter« gesprochen und das Reichsjustizministerium versprochen hatte, die Gehälter der Richterschaft zu erhöhen und ihr Ansehen zu stärken. Die Machtbefugnisse der Regierung über die Justiz wurden erweitert, als mit dem »Gesetz über die Zulassung zur Anwaltschaft« vom 7. April 1933 die Möglichkeit geschaffen war, dem Regime mißliebige Anwälte nicht zu den Gerichten zuzulassen.[167] 2250 Ermittlungsverfahren gegen SA-Mitglieder und 420 Verfahren gegen SS-Männer wurden zwischen April 1933 und dem Frühjahr 1934 eingestellt oder zur Bewährung ausgesetzt, nicht zuletzt auf Druck der lokalen SA-Banden.[168]

Die Maßnahmen waren Bestandteil einer massiven und umfassenden Säuberung deutscher gesellschaftlicher Institutionen im Frühjahr und Frühsommer 1933. Wirtschaftliche Interessengruppen und Verbände aller Art wurden innerhalb kurzer Zeit auf die Linie der Partei gebracht. Trotz des Umstandes, daß die Landwirtschaft formell in den Händen von Hitlers Koalitionspartner Alfred Hugenberg lag, war es der Leiter der agrarpolitischen Abteilung in der Reichsleitung der NSDAP, Richard Walther Darré, der vorpreschte und die landwirtschaftlichen Interessengruppen in einer einzigen NS-Organisation, der sogenannten Reichsführergemeinschaft des deutschen Bauernstandes, zwangsweise zusammenfaßte, noch bevor Hugenberg von seinem Posten im Kabinett zurücktrat. Viele Gruppen und Institutionen versuchten, einer solchen Gleichschaltung von oben zuvorzukommen. In der Wirtschaft nahmen Arbeitgeberverbände und Interessenvereine wie der Reichsverband der Deutschen Industrie Nationalsozialisten in ihre Vorstände auf, erklärten ihre Loyalität gegenüber dem Regime und vereinigten sich schließlich mit der Vereinigung deutscher Arbeitgeberverbände zum Reichsstand der deutschen Industrie. Mit dem spontanen Schritt hofften die Industriellen die zudringlichsten Einmischungen des neuen Regimes abzuwehren. Einmal hatte der NS-Funktionär Otto Wagener die Geschäftsräume des Reichsverbands der Deutschen Industrie in der Absicht besetzen lassen, ihn zu schließen. Nach der freiwilligen Gleichschaltung des Verbands wurde er als »Beauftragter des Reichskanzlers für die Wirtschaft« von Wilhelm Keppler abgelöst, einem langjährigen Mittelsmann zwischen der NSDAP und der Großindustrie, der im Gegensatz zu Wagener das Vertrauen beider Seiten genoß.

Am 1. Juni 1933 unternahm die Wirtschaft einen weiteren Versuch, ihre Position abzusichern. Wirtschaftsführer und Unternehmen gründeten die Adolf-Hitler-Spende der deutschen Wirtschaft. Damit sollten die ungeregelten und keineswegs immer freiwilligen Spendenaktionen auf Verlangen von Partei und SA eingedämmt und ein festes Spendensoll der deutschen Industrie gegenüber der NSDAP festgelegt werden. In den folgenden zwölf Monaten flossen von hier 30 Millionen Reichsmark in die Kassen der Partei. Das eigentliche Ziel wurde damit nicht erreicht, denn die Spende änderte nichts daran, daß untere NS-Funktionäre und SA-Führer auch weiterhin von Geschäftsleuten auf lokaler Ebene kleinere Summen erpreßten. Was die Großunternehmen betraf, so hatte Hitler in seiner Rede vom 23. März großen Wert auf die Feststellung gelegt, er beabsichtige keine Eingriffe in ihr Eigentum und ihre Profite und werde »grundsätzlich Währungsexperimente vermeiden«, mit denen die Partei in den frühen zwanziger Jahren unter dem Einfluß von Gottfried Feder gespielt hatte.[169] Nachdem die Gewerkschaften zerschlagen waren, ein Sozialismus in welcher Form auch immer nicht mehr auf der Tagesordnung stand und neue Verträge über die Lieferung von Waffen und Munition bereits am Horizont winkten, konnte die Großindustrie mit Genugtuung feststellen, daß die von ihr dem neuen Regime gemachten Zugeständnisse ihren Preis weitgehend wert gewesen waren.

Eine freiwillige Gleichschaltung stand als Option einer Fülle von Verbänden und Institutionen offen, sofern es ihnen gelang, ihre Mitglieder schnell genug zu einem gemeinsamen Vorgehen zu bewegen. Häufig waren Organisationen, die jahrzehntelang ein relativ sicheres und ungestörtes Dasein geführt hatten, angesichts der Ereignisse verwirrt und uneinig. Ein typisches Beispiel war der Bund Deutscher Frauenvereine (BDF), die Dachorganisation der gemäßigten deutschen Frauenrechtlerinnen. Gegründet im Jahr 1894, war dies ein mitgliedsstarker und komplexer Bund aus den verschiedensten Zusammenschlüssen von Frauen, unter anderem Berufsverbände wie der der Lehrerinnen. In seiner Zusammensetzung überwiegend bürgerlich, war der Bund gegenüber dem Aufstieg des Nationalsozialismus tief gespalten; viele Mitglieder dürften 1932 für die NSDAP gestimmt haben. Einige wollten die »siegestrunkene Männlichkeit« bekämpfen, die sie in der nationalsozialistischen Bewegung triumphieren sahen, während andere darauf bestanden, die traditionelle parteipolitische Neutralität des Bundes zu bewahren. Während die Diskussionen darüber sich hinzogen, nahmen die Nationalsozialisten ihnen das Problem ab.

Am 27. April 1933 erhielt der Badische Verband für Frauenbestrebungen eine kurze Mitteilung der regionalen Führerin der NS-Frauenschaft, Gertrud Scholtz-Klink, über seine sofortige Auflösung. Darauf schrieb die zentrale Führung des BDF an das Reichsinnenministerium und fragte nach der gesetzlichen Grundlage für eine solche Maßnahme und versicherte dem Reichsinnenminister, der Badische Verband stelle in keiner Weise eine Gefahr für die öffentliche Sicherheit dar. Die Bundesführerin der NS-Frauenfront, Lydia Gottschewski, berief sich in ihrer Antwort allgemein auf das Gesetz der Revolution und fügte dem Schreiben ein Formular bei, das die Präsidentin des BDF unterschreiben sollte und mit dem sie aufgefordert wurde, den Bund vorbehaltlos der Leitung Adolf Hitlers zu unterstellen, alle jüdischen Mitglieder auszuschließen, Frauen, die in der NSDAP waren, in Spitzenpositionen zu wählen und bis zum 16. Mai der Frauenfront beizutreten. Vergeblich wies der BDF Lydia Gottschewski darauf hin, daß er die »nationale Revolution« unterstütze, die vom Regime vorgeschlagenen eugenischen Maßnahmen begrüße und den Wunsch habe, im Dritten Reich aktiv mitzuwirken. Am 15. Mai beschloß der

Bund angesichts der Tatsache, daß zahlreiche seiner Mitgliedsverbände bereits in irgendwelchen NS-Organisationen aufgegangen waren, formell seine Auflösung, da seine Satzung es ausschloß, daß der Bund einer anderen Organisation angehörte.[170]

III

Die nationalsozialistische »Gleichschaltung« der deutschen Gesellschaft hörte bei den Parteien, staatlichen Institutionen, Lokal- und Regionalbehörden, den akademischen Berufen und wirtschaftlichen Interessengruppen nicht auf. Hier soll nicht im einzelnen das Vorgehen bei den verschiedenen Institutionen geschildert werden, da der Prozeß stets mehr oder weniger derselbe war. Wie weit sie tatsächlich ging, läßt sich am besten an der kleinen norddeutschen Stadt Northeim deutlich machen, in der lange Zeit im Stadtrat eine Koalition aus Liberalen und Konservativen regierte. Eine starke sozialdemokratische Bewegung und eine wesentlich kleinere Fraktion aus Kommunisten bildeten die Opposition. Den Nationalsozialisten am Ort war es gelungen, die am 12. März abgehaltenen Gemeinderatswahlen zu manipulieren, indem sie eine »Nationale Einheitsliste« aufstellten und die übrigen Parteien ausmanövrierten. Der führende NSDAP-Mann der Stadt, Ernst Girmann, versprach ein Ende der sozialdemokratischen Korruption und das Ende des Parlamentarismus. Trotz alledem konnte die SPD sich in den Kommunal- und Regionalwahlen behaupten; die NSDAP gewann zwar die Kommunalwahlen, schnitt aber nicht besser ab als im Juli 1932. Der neue Stadtrat tagte öffentlich, uniformierte SA-Leute an den Wänden, SS-Männer als Hilfspolizisten skandierten Heil-Hitler-Rufe. Den vier sozialdemokratischen Gemeinderäten wurde das Recht bestritten, in den Ausschüssen mitzuwirken, und das Rederecht entzogen. Als sie die Sitzung verließen, mußten sie durch ein Spalier von SA-Leuten gehen, von denen sie bespuckt wurden. Zwei von ihnen traten bald darauf von ihren Ämtern zurück, die beiden anderen schieden im Juni aus.

Nachdem der letzte Sozialdemokrat aus dem Northeimer Gemeinderat ausgetreten war, diente dieser nur noch als Forum, vor dem die von Girmann ergriffenen Maßnahmen bekanntgegeben wurden. Es gab keine Aussprache, die Anwesenden vernahmen schweigend die Verlautbarungen. Inzwischen waren etwa 45 städtische Bedienstete (ein Viertel der Angestellten der Stadt), überwiegend Sozialdemokraten, aus dem Gaswerk, der Brauerei, dem Freibad, dem Gesundheitsamt und anderen lokalen Institutionen nach dem Gesetz zur Wiederherstellung des Berufsbeamtentums vom 7. April entlassen worden. Den Bürgermeister der Stadt, ein Konservativer, der dieses Amt seit 1903 bekleidete, loszuwerden erwies sich als schwieriger, da er sich allen Versuchen, ihn zum Rücktritt von seinem Amt zu bewegen, widersetzte und allen gegen ihn gerichteten Schikanen die Stirn bot. Schließlich sprach ihm der Gemeinderat, als er Urlaub machte, das Mißtrauen aus und erklärte statt seiner Ernst Girmann zum Bürgermeister.

Zu diesem Zeitpunkt saßen die führenden Kommunisten Northeims zusammen mit einigen Sozialdemokraten in Haft, und die *Göttingen-Grubenhagensche Zeitung,* die in der Stadt gelesen wurde, hatte schon die ersten Berichte nicht nur über das Konzentrationslager in Dachau, sondern auch über das Lager Moringen in der Nähe von Northeim gebracht, in dem sich Ende April über 300 Häftlinge befanden, viele Kommunisten, auch Anhänger anderer politischer Organisationen. Wenigstens zwei Dutzend der SS-Wachen stammten aus der Umgebung Northeims, und viele Gefangene wurden nach kurzer Lagerhaft wieder entlassen, so daß die Vorgänge im Lager sich in der Stadt herumgesprochen haben müssen. Die *Northeimer Neuesten Nachrichten,* früher ein liberales Blatt, berichtete jetzt häufig über Festnahmen und die Haft von Stadtbewohnern wegen Vergehen wie das Verbreiten von Gerüchten und abfälliger Äußerungen über die Nationalsozialisten. Die Menschen wußten, daß ernsthaftere Formen der Regimekritik eine verschärfte Unterdrückung zur Folge haben würden. Aktive Sozialdemokraten wurden aus ihren Stellen entlassen, mußten Haussuchungen über sich ergehen lassen oder wurden zusammengeschlagen, wenn sie sich weigerten, mit ausgestrecktem Arm zu grüßen. Ihre Vermieter wurden unter Druck gesetzt, ihnen die Wohnung zu kündigen. Gegen das Geschäft des SPD-Führers am Ort verhängten die Braunhemden einen Boykott. Fortan mußte er ständige kleinliche Schikanen erdulden, ebenso wie andere prominente Persönlichkeiten unter den organisierten Arbeitern der Stadt, auch wenn sie sich jeder politischen Aktivität enthielten.

Von dieser Art waren die verhüllten und unverhüllten Drohungen, die hinter dem Prozeß der sogenannten Gleichschaltung in einer Kleinstadt wie Northeim und Tausenden anderer kleiner und größerer Städte und Dörfer in Deutschland lauerten. Er begann im März und gewann in den beiden Folgemonaten rasch an Tempo. Wie alle deutschen Kleinstädte hatte auch Northeim ein reiches Vereinsleben, das teilweise politischer, teilweise unpolitischer Natur war. Die NSDAP am Ort brachte das alles unter ihre Kontrolle. Einige Klubs und Gesellschaften wurden geschlossen oder zusammengelegt, andere wurden übernommen. Die Eisenbahner in Northeim, ein wichtiger Knoten im deutschen Eisenbahnnetz, waren bereits von nationalsozialistischen Vorgesetzten am Ort noch vor dem 30. Januar 1933 bedrängt worden, in die Nationalsozialistische Betriebszellen-Organisation (NSBO) einzutreten, bei den übrigen Arbeitern dauerte es länger, bis die Braunhemden am 4. Mai die Büros der freien Gewerkschaften besetzten und deren Arbeit beendet wurde. Nun setzte Ernst Girmann alles daran, daß im Vorstand sämtlicher Klubs und Vereine in der Mehrzahl Nationalsozialisten oder Stahlhelmer saßen. Berufsverbände mußten sich dem neugegründeten NS-Ärztebund, dem NS-Lehrerbund und anderen Organisationen anschließen, wer dagegen aufbegehrte, mußte um seinen Arbeitsplatz fürchten. Die populäre und wirtschaftlich gesunde Konsumgenossenschaft der Stadt unterstellten die Nationalsozialisten ihrer Kontrolle. Sie war für die lokale Wirtschaft zu wichtig, als daß man sie einfach hätte schließen können, obwohl die Nationalsozialisten sie noch vor kurzem als eine »rote« Einrichtung geschmäht hatte, die den übrigen Geschäften am Ort das Wasser abgrabe. Kriegsversehrtenvereine gingen im Nationalsozialistischen Kriegsopferverein, die Pfadfinder und der Jungdeutsche Orden in der Hitlerjugend auf.

Der unablässige Druck auf die privaten Vereine in der Stadt, sich der Kontrolle durch die NSDAP zu unterwerfen, rief unterschiedliche Reaktionen hervor. Die Northeimer Gesangsvereine lösten sich zumeist selbst auf, nur der Arbeiterchor versuchte sich frühzeitig anzupassen, indem er im April seine Verbindungen mit dem Deutschen Arbeitersängerbund abbrach, und der bürgerliche Gesangsverein überlebte, indem er die Zusammensetzung seines Vorstands nach Rücksprache mit der NSDAP-Ortsgruppe änderte. Die Schützenvereinc, in vielen Teilen Deutschlands ein wesentliches Element des Vereinslebens, wählten Girmann zu ihrem Hauptmann, der forderte, sie müßten den militärischen Geist stärker pflegen, statt sich dem Schießsport als einem reinen Freizeitvergnügen hinzugeben. Sie überlebten durch Anpassung: Sie hißten Hakenkreuzfahnen, sangen das Horst-Wessel-Lied und ließen zu einigen ihrer Schützenfeste auch die ortsansässige Bevölkerung zu, um Girmanns Vorwurf zu entkräften, sie seien zu exklusiv. Alle Sportvereine der Stadt, vom Schwimmverein bis zum Fußballverein und den Leichtathletikvereinen, wurden gezwungen, einem einzigen Northeimer Sportverein unter der Leitung der NSDAP beizutreten, was heftige Beschuldigungen gegen deren Funktionäre auslöste. Manche Vereine trafen Vorkehrungen, um die Nationalsozialisten daran zu hindern, das Vereinsvermögen an sich zu bringen. Der »Verschönerungsverein«, dessen gutsituierte Mitglieder sich die Verschönerung der Parkanlagen und Wälder der Stadt zur Aufgabe gemacht hatten, gab alles Geld in der Vereinskasse für die Errichtung einer Jagdhütte unmittelbar hinter der Stadtgrenze aus, bevor er sich auflöste. Und mehrere Zünfte, denen die NSDAP zur Auflage gemacht hatte, bis zum 2. Mai einen neuen Vorstand zu wählen, veranstalteten große Trinkgelage und verschwenderische Bankette, um noch möglichst viel Geld auszugeben, bevor es den Nationalsozialisten in die Hände fallen und spurlos verschwinden würde.[171]

Die Gleichschaltung vollzog sich im Frühjahr und Sommer 1933 auf allen Ebenen in allen größeren und kleineren Städten und Ortschaften in Deutschland. Was an geselligem Leben noch geblieben war, fand in Gasthäusern am Ort oder in der Zurückgezogenheit von Privatwohnungen statt. Der einzelne war in die Isolation geraten, sofern er sich nicht mit anderen in dieser oder jener NS-Organisation traf. Die Gesellschaft war zunächst auf eine anonyme und undifferenzierte Masse reduziert und anschließend in einer neuen Form wiederhergestellt worden, in der alles im Namen des Nationalsozialismus geschah. Offen geäußerte abweichende Meinungen und Widerstand waren nicht mehr möglich, eine Diskussion darüber konnte nur im geheimen geführt werden. Naturgemäß blieb die Herstellung eines solchen Zustands in der Praxis ein Wunschtraum. Der Prozeß der Gleichschaltung wurde alles andere als perfekt durchgeführt, und ein formelles Bekenntnis zur neuen Ordnung, indem man etwa einen

Verein, eine Gesellschaft oder eine Berufsorganisation mit dem Adjektiv »nationalsozialistisch« versah, bedeutete keineswegs von vornherein eine entsprechende ideologische Orientierung der Mitglieder. Dennoch waren das Ausmaß und die Intensität der Gleichschaltung der deutschen Gesellschaft erstaunlich. Und ihr Zweck bestand nicht einfach darin, jeden Raum zu eliminieren, in dem es zu einer Opposition kommen konnte. Indem es Deutschland auf sich einschwor, wollte das neue Regime die Bevölkerung auf eine Indoktrinierung und Umerziehung nach den Prinzipien des Nationalsozialismus vorbereiten.

Im Rückblick fragte sich der junge Jurist Sebastian Haffner einige Jahre später, was eigentlich mit den 56 Prozent der Deutschen passiert war, die bei den Wahlen vom 5. März 1933 nicht die NSDAP gewählt hatten. Wie kam es, daß diese Mehrheit so schnell zum politischen Gegner übergelaufen war? Warum war praktisch jede soziale, politische und wirtschaftliche Institution in Deutschland den Nationalsozialisten mit einer solchen scheinbaren Leichtigkeit in die Hände gefallen? »Der einfachste Grund«, stellte er fest, »und fast überall, wenn man bohrte, der innerste, war: Angst. Mitprügeln, um nicht zu den Geprügelten zu gehören. Sodann: ein wenig unklarer Rausch, Einigkeitsrausch, Magnetismus der Masse.« Viele, so sah es Haffner, fühlten sich auch verraten durch die Schwäche ihrer politischen Führer, von Braun und Severing bis zu Hugenberg und Hindenburg, und sie schlossen sich in einem Racheakt den Nationalsozialisten an. Einige waren von der Tatsache beeindruckt, daß keine der Voraussagen der Gegner der Nationalsozialisten über deren politisches Überleben eingetroffen war. »Also hatten ihre Gegner Unrecht ... Ferner bei einigen (namentlich Intellektuellen) der Glaube, jetzt noch das Gesicht der Nazipartei ändern und ihre Richtung abbiegen zu können, indem man selbst hineinginge. Sodann, selbstverständlich, auch echte gewöhnliche Mitläuferei und Konjunkturgesinnung.« Unter den Bedingungen der Depression, als die Zeiten schwer und Arbeitsplätze Mangelware waren, klammerten sich die Menschen an den »weiterlaufenden Mechanismus des täglichen Lebens« als die einzige Form der Sicherheit: Sich nicht auf die Seite der Nationalsozialisten zu begeben hätte bedeutet, die eigene Existenzsicherung und berufliche Karriere aufs Spiel zu setzen, Widerstand konnte bedeuten, sein Leben zu riskieren.

6. KAPITEL

Hitlers Kulturrevolution

Dissonanzen

I

Am 7. März 1933, zwei Tage nach den Reichstagswahlen, sorgte die SA in der Dresdner Staatsoper für einen Eklat. Als Fritz Busch, Generalmusikdirektor und weltweit gefeierter Dirigent, Verdis *Rigoletto* zur Aufführung bringen wollte, wurde ihm dies durch trampelnde und johlende SA-Männer, denen fast das gesamte Kartenkontingent zugespielt worden war, unmöglich gemacht. Busch verließ das Opernhaus durch einen Hinterausgang. Für die neue nationalsozialistische Regierung von Sachsen war es ein Anlaß, ihn seines Posten zu entheben. Busch war kein Jude, kein exponierter Vertreter der Moderne. Er war auch kein Sozialdemokrat, sondern stand politisch rechts. Busch hatte sich bei den Nationalsozialisten in Sachsen vielmehr unbeliebt gemacht, weil er sich energisch gegen ihre Pläne gewandt hatte, im Rahmen von Sparmaßnahmen während der Depression den sächsischen Kulturetat zu beschneiden. Als sie in Dresden an die Macht kamen, beschuldigten sie ihn, zu viele jüdische Sänger zu beschäftigen, zuviel Zeit außerhalb Dresdens zu verbringen und ein zu hohes Gehalt zu bekommen.[1] Busch wanderte nach Argentinien aus, erlangte 1936 die argentinische Staatsbürgerschaft und kehrte nie mehr nach Deutschland zurück.[2]

Die gewaltsame Störung von Buschs Aufführung lieferte den Reichskommissaren der Länder den Vorwand, von ihm dirigierte Konzerte und Opern mit der Begründung zu verbieten, sie könnten Anlaß zu öffentlicher Ruhestörung bieten. Die Ruhestörung war von den Nationalsozialisten selbst ausgegangen, eines von unzähligen Beispielen für die Wechselseitigkeit, mit der die Machtergreifung von unten und von oben weitergetrieben wurde. Jahrhundertelang hatten die mitteleuropäischen klassischen und romantischen Komponisten der Welt den Kanon des musikalischen Repertoires bestimmt. Große Ensembles wie das Berliner Philharmonische Orchester genossen Weltruf, die in Bayreuth aufgeführten Musikdramen Wagners nahmen in der Kultur der Weltmusik einen einzigartigen Platz ein. Jedes Stadtviertel, jede Kleinstadt und jedes größere Dorf, alle hatten ihre musikalischen Vereine, ihre Sängerbünde, ihre Tradition der Laienmusik, die nicht nur ihren zentralen Ort im Leben des Bürgertums, sondern auch in der kulturellen Praxis der Arbeiter hatten. Die Nationalsozialisten waren nicht die einzige Partei auf der Rechten, die der Überzeugung waren, daß diese große Tradition durch den musikalischen Modernismus der Weimarer Republik entwertet würde, den sie dem Kulturbolschewismus zuschrieben.

Am 16. März 1933, als der Dirigent des Leipziger Gewandhausorchesters Bruno Walter, ein Jude, der ebenso wie Busch in keiner Hinsicht ein Vertreter der modernen Musik war, zu einer Probe eintraf, fand er die Türen auf Anweisung des Reichskommissars für Sachsen verschlossen, weil für die Sicherheit der Musiker nicht garantiert werden könne. Da er vier Tage später in Berlin ein Konzert geben sollte, erbat Walter Polizeischutz, der jedoch auf Anweisung von Joseph Goebbels abgelehnt wurde. Goebbels erklärte, das Konzert werde nur unter der Leitung eines nichtjüdischen Dirigenten stattfinden. Nachdem der Dirigent der Berliner Philharmoniker, Wilhelm Furtwängler, sich geweigert hatte, an seiner Stelle zu dirigieren, erklärte sich der Komponist Richard Strauss bereit, ans Dirigentenpult zu treten, was die Nationalsozialisten in ihrer Presse weidlich für sich nutzten. Bald darauf gab Walter seinen Posten in Leipzig auf und emigrierte nach Österreich. Versuche in der NS-Presse zu beweisen, daß er mit dem Kommunismus sympathisierte, konnten die wahren Gründe für die Kampagne gegen Walter kaum verdecken, die ausschließlich rassistischer Art waren.[3]

Unter den führenden Dirigenten Deutschlands war auch Otto Klemperer. Ein Vetter des Romanistikprofessors und Tagebuchschreibers Victor Klemperer, hatte er, auch Jude, von 1927 bis 1930 als Direktor der Kroll-Oper moderne Inszenierungen veranlaßt und zeitgenössische Komponisten wie Strawinsky bekannt gemacht. Am 12. Februar dirigierte Klemperer eine umstrittene Inszenierung von Wagners Oper *Tannhäuser* in Berlin, die von den nationalsozialistischen Musikkritikern als eine »Bastardisierung Wagners« und als Beleidigung des Andenkens an den Komponisten verurteilt wurde. Anfang März hatte der Aufruhr die Absetzung dieser Inszenierung zur Folge; bald darauf wurden die Konzerte Klemperers mit der üblichen Begründung abgesagt, daß kein Saalschutz zur Verfügung gestellt werden könne. Klemperer versuchte sich zu retten, indem er darauf bestand, daß er »mit dem Gang der Ereignisse in Deutschland vollkommen einverstanden« sei, doch am 4. April verließ auch er das Land.[4] Kurze Zeit später führte das Gesetz zur Wiederherstellung des Berufsbeamtentums zur Entlassung von jüdischen Dirigenten wie Jascha Horenstein in Düsseldorf und jüdischen Sängern, Opern- und Orchesterleitern. Auch jüdische Professoren an staatlichen Musikakademien, unter ihnen die Komponisten Arnold Schönberg und Franz Schreker, beide Lehrer an der Preußischen Akademie der Künste in Berlin, erhielten ihre Kündigung. Musikkritiker und Musikwissenschaftler wurden ihrer Ämter enthoben und aus den Zeitungsredaktionen entlassen, der Bekannteste von ihnen war Alfred Einstein, einer der führenden Musikwissenschaftler und Musikkritiker seiner Zeit.[5]

Überall im Land wurden jüdischen Musikern jetzt die Verträge gekündigt. Am 6. April 1933 schrieb die Philharmonische Gesellschaft Hamburg an den Kampfbund für deutsche Kultur, Gruppe Berlin, über ein geplantes Brahmsfest: »Die Solisten-Auswahl, die schon im Dezember vorigen Jahres getroffen werden mußte, wird natürlich dahingehend geändert werden, daß keine jüdischen Künstler mitwirken. Frau Sabine Kalter und Herr Rudolf Serkin werden durch deutschstämmige Künstler ersetzt werden.«[6] Im Juni 1933 wurde den jüdischen Konzertagenten jede weitere Tätigkeit untersagt. Musikalische Vereine aller Art bis hin zu Arbeiterchören in Bergarbeitersiedlungen und musikalischen Gesellschaften in den Villenvierteln der Großstädte wurden von den Nationalsozialisten übernommen und von jüdischen Mitgliedern gesäubert. Diese Maßnahmen waren von einer aggressiven Propaganda in den Musikzeitschriften begleitet, deren Autoren sich gegen Komponisten wie Mahler und Mendelssohn wandten, weil ihre Musik »undeutsch« sei, und stolz die Wiederherstellung einer wahrhaft deutschen Musikkultur verkündeten. Noch direkter richtete sich die Kampagne des Regimes gegen Komponisten und deren Aufführungen, die offensichtlich der Avantgarde angehörten. Demonstrationen erzwangen am 22. Februar 1933 in Hamburg die Absetzung von Kurt Weills *Der Silbersee.* Seine Musik, die vor allem durch seine Zusammenarbeit mit dem kommunistischen Schriftsteller Bert Brecht große Bekanntheit erlangte, wurde kurz darauf ganz verboten. Daß Weill Jude war, machte ihn für die Nationalsozialisten zu einem noch willkommeneren Angriffsziel. Auch er emigrierte bald darauf, gemeinsam mit anderen Komponisten der Linken wie Hanns Eisler, der ebenfalls mit Brecht zusammengearbeitet hatte.[7]

Jüdische Musiker, denen es gelang, sich in Deutschland zu behaupten, waren selten. Einer von ihnen war Leo Blech, beliebter Generalmusikdirektor der Berliner Staatsoper, dessen Dirigat von Wagners *Götterdämmerung* im Juni 1933 die Zuschauer, zum Unbehagen eines NS-Beobachters, zu Begeisterungsstürmen hinriß. Dem Intendanten Heinz Tietjen gelang es, Hermann Göring dazu zu überreden, Blech an der Oper arbeiten zu lassen, bis er nach seiner Pensionierung 1938 nach Schweden emigrierte. Jüdische Musiker wie der Geiger Fritz Kreisler und der Pianist Artur Schnabel, beide seit langen Jahren in Deutschland und keine deutschen Staatsbürger, verließen ebenfalls das Land. Die Operndiva Lotte Lehmann, eine scharfe Kritikerin Görings, weil dieser sich in die Angelegenheiten der Berliner Staatsoper einmischte, war zwar keine deutsche Jüdin, dafür jedoch mit einem Juden verheiratet. Sie wanderte aus Protest gegen die Politik des neuen Regimes nach New York aus. Viele kleine Orchestermusiker, Musiklehrer und andere hatten solche Möglichkeiten nicht.[8]

II

Die Politik der Gleichschaltung, die das musikalische Leben ebenso erfaßte wie fast jeden anderen Bereich der deutschen Gesellschaft und Kultur, beabsichtige mehr, als nur Alternativen zum Nationalsozialismus zu blockieren und die deutsche Gesellschaft einer Überwachung und Kontrolle zu unterwerfen. Zur selben Zeit, als die SA-Leute die Gegner das Nationalsozialismus zermürbten, arbeiteten Hitler und sein Propagandaminister Joseph Goebbels an den Mitteln, mit deren Hilfe passive Anhänger als aktive Teilnehmer an der »nationalsozialistischen Revolution« gewonnen und Zauderer und Skeptiker zu einer positiveren Einstellung gebracht werden könnten. Die neue Regierung, erklärte Goebbels auf einer Rede vor der Presse am 15. März 1933, werde

> »auf die Dauer nicht damit zufrieden sein können, 52 Prozent hinter sich zu wissen, um damit die übrigbleibenden 48 Prozent zu terrorisieren, sondern sie wird ihre nächste Aufgabe darin sehen, die übrigbleibenden 48 Prozent für sich zu gewinnen ... Es genügt nicht, die Menschen mit unserem Regiment mehr oder weniger auszusöhnen, sie zu bewegen, uns neutral gegenüberzustehen, sondern wir wollen die Menschen solange bearbeiten, *bis sie auch ideenmäßig einsehen, daß das, was sich heute in Deutschland abspielt, nicht nur hingenommen werden muß, sondern auch hingenommen werden kann.*«[9]

Diese Erklärung von Goebbels war ebenso interessant wegen des Eingeständnisses, daß fast die Hälfte der deutschen Bevölkerung vom Regime terrorisiert wurde, wie wegen des erklärten Ehrgeizes, die Herzen und Köpfe der Menschen gewinnen zu wollen, die bei den Wahlen vom 5. März nicht für die Koalition gestimmt hatten. Es würde eine »geistige Mobilmachung« ähnlich der massiven militärischen Mobilmachung von 1914 geben. Und um diese Mobilmachung zu bewerkstelligen, rief Hitlers Regierung das Reichsministerium für Volksaufklärung und Propaganda ins Leben, an dessen Spitze am 13. März 1933 Goebbels berufen wurde. Goebbels hatte mit seinen skrupellosen und einfallsreichen Propagandakampagnen als Gauleiter von Berlin Hitlers Bewunderung gefunden, vor allem vor den Wahlen vom 5. März.[10]

Das neue Ministerium wurde gegen den Widerstand der konservativen Minister im Kabinett wie Alfred Hugenberg geschaffen, der Goebbels' »sozialistischem« Radikalismus mißtraute.[11] Die Propagandakampagnen des neuen Ministers im Verlauf der letzten Jahre hatten keine Gelegenheit ausgelassen, gegen »Reaktionäre« und Deutschnationale Stimmung zu machen. Außerdem war »Propaganda«, wie Goebbels selbst einräumte, ein »vielgeschmähtes« Wort, das einen »bitteren Beigeschmack« habe. Es wurde häufig als Schimpfwort gebraucht, und die Verwendung des Wortes im Titel des neuen Ministeriums war ein kühner Schritt. Goebbels rechtfertigte ihn, indem er den Propagandisten als einen Künstler auffaßte, der die »geheimen Schwingungen der Volksseele nach dieser oder jener Seite hin verstehen« müsse. Propaganda war für ihn eine »staatspolitische Kunst«, die es zu entwickeln galt.[12] Die Zuständigkeiten des neuen Ministeriums waren jedoch nicht klar definiert. Als die Einrichtung eines solchen Ministeriums erstmals 1932 erörtert wurde, hatte Hitler daran gedacht, ihm auch das Erziehungs- und Bildungswesen zu unterstellen, doch seit dem 30. Januar gab es das Reichsministerium für Erziehung, Wissenschaft und Volksbildung unter Bernhard Rust.[13] Der primäre Zweck des neuen Ministeriums, wie Hitler am 23. März 1933 vor dem Reichstag erklärte, bestand darin, alle Aspekte des geistigen und kulturellen Lebens zu zentralisieren. Die Reichsregierung, sagte er, werde »eine durchgreifende moralische Sanierung des Volkskörpers vornehmen. Das gesamte Erziehungswesen, Theater, Film, Literatur, Presse, Rundfunk, sie werden alle Mittel zu diesem Zweck sein und demgemäß gewürdigt. Sie haben alle der Erhaltung der im Wesen unseres Volkstums liegenden Ewigkeitswerte zu dienen.«[14]

Die Ausfüllung des Begriffs »Ewigkeitswerte« oblag dem Regime. Die Nationalsozialisten handelten nach dem Grundsatz, daß sie und sie allein, durch Adolf Hitler ein inneres Wissen und Verständnis von der deutschen Seele hätten. Die Millionen Deutschen, die es abgelehnt hatten, die NSDAP zu wählen, eine Mehrheit, wie wir gesehen haben, selbst bei den halbdemokratischen Wahlen vom 5. März 1933, waren in ihren Augen vom »jüdischen« Bolschewismus und Marxismus verführt, von den »jüdisch« dominierten Medien, vor allem der Presse, der »jüdischen« Kunst und öffentlichen Unterhaltung der Weimarer Kultur und ähnlichen, undeutschen Kräften, die sie ihrer inneren deutschen Seele entfremdet hätten. Demnach lautete die Aufgabe des Ministeriums, das deutsche Volk zu seiner wahren Natur zurückzuführen. Das Volk, erklärte Goebbels, müsse anfangen, »einheitlich zu denken, einheitlich zu reagieren und sich der Regierung mit ganzer Sympathie zur Verfügung zu stellen«.[15] Der Zweck heiligte die Mittel, ein Prinzip, das unter den Parteiführern bei weitem nicht nur Goebbels zu seiner Handlungsmaxime gemacht hatte.

> »Wir haben ein Ministerium für Volksaufklärung und für Propaganda begründet ... Propaganda ist nicht Selbstzweck, sondern Mittel zum Zweck. Wenn man mit diesem Mittel den Zweck erreicht, ist das Mittel gut ... *Das neue Ministerium*

> *hat keinen anderen Zweck, als die Nation geschlossen hinter die Idee der nationalen Revolution zu stellen.* Wird der Zweck erreicht, dann mag man über meine Methoden den Stab brechen; das wäre vollkommen gleichgültig, denn das Ministerium hat dann mit seinen Arbeiten seinen Zweck erreicht.«[16]

Diese Methoden, fuhr Goebbels fort, müßten die modernsten sein, die verfügbar seien: »Es darf der Technik nicht überlassen bleiben, dem Reich voranzulaufen, sondern das Reich muß mit der Technik gehen.«[17]

Um dieses ehrgeizige Ziel zu erreichen, besetzte Goebbels sein Ministerium mit jungen, gut ausgebildeten Nationalsozialisten, die nicht den beharrlichen Konservatismus der Beamten überwinden mußten, der in so vielen höheren staatlichen Behörden vorherrschte. Die große Mehrheit seiner Mitarbeiter war schon vor 1933 in die NSDAP eingetreten, von rund 350 offiziellen Mitarbeitern trugen knapp hundert das goldene Parteiabzeichen. Ihr Durchschnittsalter lag knapp über 30 Jahre. Viele von ihnen hatten in denselben oder ähnlichen Positionen mit Goebbels in der Reichspropagandaleitung zusammengearbeitet. Am 22. März wurden sie in einem prächtigen Amtssitz untergebracht, dem Leopold-Palais am Wilhelmplatz. 1737 erbaut, war es von Karl Friedrich Schinkel zu Beginn des 19. Jahrhunderts umgebaut worden. Der Stuck und die Holzpaneele waren für Goebbels' Geschmack nicht modern genug, und er verlangte, daß sie entfernt würden. Bis er die Genehmigung dafür hatte, würde zuviel Zeit vergehen, so kürzte er das Verfahren ab.

> »Da mir von allen Seiten Schwierigkeiten im Umbau und der Einrichtung selbst meines eigenen Zimmers gemacht werden, nehme ich mir kurzerhand einige Bauhandwerker aus der S.A. und lasse während der Nacht Gips und Holzverkleidung herunterschlagen; uralte Zeitungen und Akten, die seit Anno Tobak in den Regalen herumvegetieren, werden mit Donnergepolter die Treppe hinunterbefördert. Nur noch trübe Staubwolken zeugen von verschwundener Bürokratenpracht.«

Einige Tage später saß Goebbels abends mit seinen Bauhandwerkern zusammen, »die sich natürlich ein Vergnügen daraus gemacht haben, mit mir der Bürokratie einen Streich zu spielen«. Bald nach dem Einzug richtete das Ministerium eigene Abteilungen für Propaganda, Rundfunk, die Presse, Film, Theater und »Volksaufklärung« ein und sicherte sich von Hitler eine Blankovollmacht, die am 30. Juni in Form einer Verordnung erteilt wurde. Darin hieß es, das Reichspropagandaministerium sei »zuständig für alle Aufgaben der geistigen Einwirkung auf die Nation, die Werbung für den Staat, Kultur und Wirtschaft, der Unterrichtung der in- und ausländischen Öffentlichkeit über sie und der Verwaltung aller diesen Zwecken dienenden Einrichtungen«. Damit hatte Goebbels die Macht, in die Zuständigkeiten anderer Ministerien einzugreifen. Es war eine Macht, von der Goebbels in den kommenden Monaten und Jahren für die »geistige Mobilmachung der Nation« mehr als einmal Gebrauch machte.[18]

Das vordringlichste Ziel der nationalsozialistischen Kulturpolitik bestand darin, den »Kulturbolschewismus« zu beseitigen, von dem nach Ansicht zahlreicher Organe und führender Vertreter der NSDAP Kunst, Musik und Literatur der Weimarer Republik bestimmt war. Die Art und Weise, wie die NS-Behörden dabei vorgingen, lieferte weitere Beispiele, wenn es solcher noch bedurft hatte, für die Breite und Tiefe des Gleichschaltungsprozesses in Deutschland als grundlegender Basis einer gesellschaftlichen, geistigen und kulturellen Einförmigkeit, auf der das Dritte Reich errichtet werden sollte. Wie in anderen Bereichen des Lebens ging der Prozeß der Gleichschaltung in der kulturellen Sphäre einher mit der Entfernung aller Juden aus den kulturellen Einrichtungen sowie einer rasch eskalierenden Offensive gegen Kommunisten, Sozialdemokraten, Linke, Liberale und alle unabhängigen Köpfe. Der Entfernung der Juden aus dem kulturellen Leben kam eine besondere Priorität zu, da die Nationalsozialisten behaupteten, sie seien mit so modernistischen Erfindungen wie der atonalen Musik und der abstrakten Malerei die Verantwortlichen für die Zerrüttung der deutschen Kulturwerte. In der Praxis entsprachen solche Zuschreibungen natürlich nicht im entferntesten den tatsächlichen Verhältnissen. Die deutsche Kultur, selbst die modernistische deutsche Kultur wurde nicht von den Juden getragen, von denen viele tatsächlich nicht weniger konservativ waren als andere Deutsche aus den bürgerlichen Schichten. Für die neue nationalsozialistische Regierung mit den Deutschnationalen als Koalitionspartnern war der »Kulturbolschewismus« eine der gefährlichsten und herausragendsten Schöpfungen von Weimar. Wie Hitler in *Mein Kampf* geschrieben hatte, sei »[d]er Bolschewismus der Kunst

… die einzig mögliche kulturelle Lebensform und geistige Äußerung des Bolschewismus überhaupt«. Einen vorderen Platz unter diesen kulturellen Äußerungsformen nahmen Kubismus und Dadaismus ein, die Hitler unter anderem mit abstrakter Malerei gleichsetzte. Je schneller sie durch eine wahre deutsche Kultur ersetzt wurden, um so besser. In der nationalsozialistischen Revolution ging es neben der Ausschaltung der Opposition um eine Transformation der deutschen Kultur.[19]

III

Die Amtsenthebungen und Entlassungen wie jene, die man in den ersten Wochen nach der Machtübernahme der Nationalsozialisten im deutschen Musikleben beobachten konnte, blieben nicht unkommentiert. Am 1. April 1933 schickte eine Gruppe von Musikern, die in den Vereinigten Staaten ansässig waren, Hitler ein persönliches Protesttelegramm. Der deutsche Staatsrundfunk verbot sogleich alle Sendungen, an denen die Unterzeichner – darunter Serge Koussevitsky, Fritz Reiner und Arturo Toscanini – als Komponisten oder Künstler beteiligt waren.[20] Der namhafteste Kritiker der Säuberungen im eigenen Land war Wilhelm Furtwängler. Er war ein Mensch mit überwältigendem persönlichem Charisma; nicht weniger als dreizehn uneheliche Kinder soll er im Laufe seiner Karriere gezeugt haben.[21] In vieler Hinsicht war Furtwängler deutschnational, er vertrat die Meinung, man solle Juden keine verantwortlichen Positionen im Kulturbereich übertragen, den meisten jüdischen Musikern in Deutschland fehle die innere Verwandtschaft zur deutschen Musik, und jüdische Journalisten sollten aus ihren Stellungen entlassen werden. Kein Nichtdeutscher, schrieb er, habe je eine echte Symphonie komponiert. Er mißtraute der Demokratie und dem »jüdisch-bolschewistischen Erfolg« in der Weimarer Republik.[22] Er hatte somit keine prinzipiellen Einwände gegen die Machtübernahme durch die Nationalsozialisten, noch fühlte er sich dadurch in irgendeiner Weise bedroht. Sein internationales Renommee war enorm, in den zwanziger Jahren hatte er die Wiener Philharmoniker dirigiert und zwei erfolgreiche Gastspiele in New York gegeben.[23]

Im Unterschied zu anderen Orchestern waren Furtwänglers Berliner Philharmoniker kein staatliches Unternehmen und unterlagen deshalb nicht dem Gesetz vom 7. April, das die Entlassung aller jüdischen Beamten und Angestellten aus dem Staatsdienst erzwang. Am 11. April 1933 veröffentlichte Furtwängler in einer liberalen Zeitung einen offenen Brief an Goebbels, in dem er erklärte, er sei nicht bereit, die Verträge der jüdischen Musiker in seinem Orchester zu kündigen. Die Sprache, in der er schrieb, zeugte nicht nur von seinem Mut und seinem Selbstbewußtsein, sondern auch davon, wie weitgehend sich seine Ansichten mit denen der Nationalsozialisten deckten, gegen deren Politik er jetzt auftrat:

> »Wenn sich der Kampf gegen das Judentum in der Hauptsache gegen jene Künstler richtet, die, selber wurzellos und destruktiv, durch Kitsch, trockenes Virtuosentum und dergl. zu wirken suchen, so ist das nur in Ordnung. Der Kampf gegen sie und den sie verkörpernden Geist, der übrigens auch germanische Vertreter besitzt, kann nicht nachdrücklich und konsequent genug geführt werden. Wenn dieser Kampf sich aber auch gegen wirkliche Künstler richtet, ist das nicht im Interesse des Kulturlebens. ... Es muß deshalb klar ausgesprochen werden, daß Männer wie Walter, Klemperer, Reinhardt usw. auch in Zukunft in Deutschland mit ihrer Kunst zu Worte kommen können müssen.«

Die Entlassung so vieler guter jüdischer Musiker, so Furtwängler an Goebbels, sei nicht vereinbar »mit der Wiederherstellung unserer nationalen Würde, die wir alle so dankbar und freudig begrüßen«.[24] Furtwängler ignorierte auch weiterhin eine Kampagne in der NS-Presse für die Entlassung jüdischer Musiker seiner Berliner Philharmoniker, darunter Simon Goldberg, ihr Erster Konzertmeister, und Joseph Schuster, der Solocellist.[25]

Goebbels war zu geschickt, um auf Furtwänglers öffentlichen Protest mit unverhohlener Wut zu reagieren. In seiner ausführlichen öffentlichen Erwiderung auf den großen Dirigenten äußerte er zunächst seine Freude darüber, daß dieser »im Namen der deutschen Künstlerschaft ... die Wiederherstellung unserer nationalen Würde dankbar und freudig begrüß[t]« habe. Doch er warnte ihn, die deutsche Musik müsse ein Teil dieses Prozesses sein, und eine Kunst um ihrer selbst willen könne es nicht mehr geben. Goebbels stimmte ihm zu, daß Kunst und Musik gut sein müßten, darüber hinaus jedoch

»auch verantwortungsbewußt, gekonnt, volksnah und kämpferisch«. Indem er Furtwänglers Erklärung zu seinen eigenen Zwecken verdrehte, stimmte Goebbels ihm scheinbar darin zu, daß die Kunst »keine Experimente« mehr vertrage, etwas, das der Dirigent nicht gesagt hatte, und fuhr warnend fort:

> »Es wäre aber angebracht gewesen, gegen künstlerische Experimente zu protestieren in einer Zeit, in der das deutsche Kunstleben fast ausschließlich von der Experimentiersucht volks- und rassefremder Elemente bestimmt und dadurch das deutsche künstlerische Ansehen vor der ganzen Welt belastet und kompromittiert wurde.«

Daß »germanische« Künstler zu dieser Entartung der Kunst beigetragen hätten, zeige lediglich, wie tief der jüdische Einfluß in den deutschen Volksboden eingedrungen sei. Er begrüßte Furtwängler als Verbündeten im Kampf gegen diese Tendenzen. Echte Künstler wie er würden im Dritten Reich immer zu Worte kommen können. Was die Männer anging, deren Entlassung für Furtwängler ein solches Ärgernis war, so tat der Reichspropagandaminister diese Tatsache als Bagatelle ab, während er gleichzeitig die Verantwortung dafür abstritt:

> »Dagegen zu klagen, daß hier und da Männer wie Walter, Klemperer, Reinhardt usw. Konzerte absagen mußten, erscheint mir im Augenblick umso weniger angebracht, als wirkliche deutsche Künstler in den vergangenen 14 Jahren vielfach überhaupt zum Schweigen verurteilt waren, und die auch von uns nicht gebilligten Vorgänge der letzten Wochen nur eine natürliche Reaktion auf diese Tatsache darstellen.«[26]

Wer diese »wirklichen deutschen Künstler« waren, sagte er nicht. Aufgrund der Wirtschaftskrise hatten die Berliner Philharmoniker immer weniger staatliche und kommunale Subventionen erhalten. Die Reichsregierung sorgte dafür, daß alle weiteren Subventionen gesperrt wurden, bis das Orchester kurz vor dem Bankrott stand. An diesem Punkt wandte Furtwängler sich persönlich an Hitler, der entrüstet darüber war, daß das größte Orchester Deutschlands vom Konkurs bedroht war, und dessen Übernahme durch das Reich anordnete. Ab dem 26. Oktober 1933 war das Berliner Philharmonische Orchester nicht mehr selbständig, und Goebbels und sein Ministerium hatten endlich die Möglichkeit, dem Orchester ihren Willen aufzuzwingen.[27]

IV

Die Schaffung einer in den Augen der Nationalsozialisten deutschen Musikkultur bedeutete auch die Ausschaltung ausländischer Einflüsse wie des Jazz, in dem sie das Produkt einer rassisch minderwertigen Kultur, der der »Neger«, sahen. Die rassistische Sprache, die dem Nationalsozialismus zur zweiten Natur geworden war, gab sich auf diesem Gebiet besonders beleidigend und aggressiv. Nationalsozialistische Musikkritiker schmähten die »Negermusik« als sexuell provozierend, unmoralisch, primitiv, barbarisch, undeutsch und subversiv. Die Musik des gerade in Mode kommenden Saxophons wurde ebenfalls kritisiert, doch als infolgedessen die Verkäufe dieser Instrumente zurückgingen, wehrten sich die deutschen Hersteller dagegen mit der Behauptung, der Erfinder Adolphe Sax sei ein Deutscher gewesen (tatsächlich war er Belgier), und mit dem Hinweis, der berühmte deutsche Komponist Richard Strauss habe es in einigen seiner Kompositionen verwendet. Die herausragende Rolle, die jüdische Komponisten wie Irving Berlin und George Gershwin in der Jazzwelt spielten, war ein weiterer Grund für die Nationalsozialisten, diese Musik zu verdammen.[28]

Viele Jazz-, Swing- und Tanzmusiker in Deutschland stammten aus dem Ausland und verließen in der feindseligen Atmosphäre von 1933 das Land. Trotz aller Polemik der Nationalsozialisten erwies es sich als unmöglich, den Jazz zu definieren, und mit einigen geschickten Rhythmenwechseln und einem ausreichend konformistischen Verhalten hatten die Jazz- und Swingmusiker durchaus die Möglichkeit, in unzähligen Klubs, Kneipen, Tanzlokalen und Hotels im Deutschland der dreißiger Jahre weiterzuspielen. Die Türsteher vor den Berliner Nachtklubs mit Namen wie Roxy, Uhu, Kakadu oder Ciro wiesen die von den Nationalsozialisten ausgeschickten, stets schäbig gekleideten Spitzel ab und sorgten dafür, daß ihre Gäste zur neuesten Jazz- oder Pseudojazzmusik ungestört tanzen konnten. Sollte ein Spitzel tatsächlich den Zutritt erzwingen, dann betätigte der Mann am Einlaß die versteckte Klingel, und die Musiker spielten ein anderes Stück. Das gesellschaftliche Leben blieb auch im Jahr 1933 weitgehend dasselbe, abgesehen von den Änderungen, die ihm durch die ökonomischen Härten der großen Depression aufgenötigt wurden.

Selbst die meisten jüdischen Musiker konnten bis zum Herbst 1933 in den Klubs weiterspielen, und einigen gelang es, sich noch eine Weile länger zu halten. In Berlins berühmter Femina-Bar spielten Swingkapellen auch weiterhin vor mehr als 1000 Tänzern die Nacht hindurch, während ein System von 250 Tischtelefonen mit Gebrauchsanweisungen auf deutsch und englisch alleinstehenden Gästen die Möglichkeit boten, Kontakte zu knüpfen. Das Niveau der Musik war vielleicht nicht besonders hoch, doch diese Vergnügungen zu unterbinden wäre selbst dann unklug gewesen, wenn die Nationalsozialisten dazu in der Lage gewesen wären.[29] Nur dort, wo die Sänger eindeutig politisch waren, wie in Berlins berühmten Kabaretts, drangen die Störtrupps der SA entschlossen ein und brachten Sänger und Kabarettisten aller linken Schattierungen zum Schweigen, sofern sie diese nicht sogleich festnahmen. Andere stellten ihre Darbietungen um und verzichteten auf jegliche politischen Anspielungen. Die Nationalsozialisten, die gegen das populäre Kabarett nicht vorgehen wollten, versuchten statt dessen ein »positives Kabarett« zu fördern, bei dem die Pointen ausschließlich auf Kosten ihrer Gegner gingen. Es lief eine Geschichte um, der zufolge die berühmte Kabarettistin Claire Waldoff so mutig war, ein satirisches Lied auf Hermann Göring zu singen, das auf ihrem bekannten Lied »Hermann heeßt er« beruhte: »Links Lametta, rechts Lametta, und der Bauch wird immer fetta, ja in Preußen isser Meester – Hermann heeßt er!« Nach kurzer Zeit hätten ihre Zuhörer angefangen zu grinsen, sobald sie das Lied mit dem ursprünglichen Text sang, hätten sie an die Parodie gedacht. Tatsächlich hatte Waldoff diesen satirischen Text nie geschrieben, die Geschichte war reines Wunschdenken und frei erfunden. Sie konnte nicht darüber hinwegtäuschen, daß die Nationalsozialisten dem deutschen Kabarett bis Mitte 1933 die auftrumpfende Schärfe genommen hatten.[30] Paul Nikolaus, der politische Conférencier im berühmten Kabarett der Komiker (Kadeko), in Berlin floh nach Luzern, wo er sich am 30. März 1933 das Leben nahm. »Einmal kein Scherz«, schrieb er. »Ich nehme mir das Leben. Warum? Ich könnte nicht nach Deutschland zurück, ohne es mir dort zu nehmen. Ich kann dort nicht arbeiten – jetzt, will dort nicht arbeiten und habe mich leider in mein Vaterland verliebt. Ich kann in dieser Zeit nicht leben ...«[31]

Die Säuberung der schönen Künste

I

Antisemitismus, Antiliberalismus und Antimarxismus, verbunden mit einer muffigen moralischen Ablehnung der »Dekadenz«, griff in den ersten sechs Monaten des Jahres 1933 auch nach anderen Bereichen der deutschen Kultur. Die Filmindustrie war vergleichsweise leicht unter Kontrolle zu bringen, da sie im Unterschied zu den Kabaretts und Klubs nur aus einigen wenigen Großunternehmen bestand. Hier wie in anderen Bereichen begannen viele, sich dem Druck zu beugen, noch bevor er wirklich ausgeübt wurde. Bereits im März 1933 gingen die großen Ufa-Studios im Besitz von Alfred Hugenberg, damals noch im Kabinett Hitlers, dazu über, jüdische Mitarbeiter zu entlassen und alle Kontakte zu jüdischen Schauspielern abzubrechen. Bald zwangen die Nationalsozialisten den Vorstand des Reichsverbandes Deutscher Lichtspieltheaterbesitzer zum Rücktritt und übertrugen die Leitung einem Mann aus den eigenen Reihen. Gewerkschaftlich organisierte Filmschaffende wurden gleichgeschaltet, und am 14. Juli 1933 rief Goebbels die Reichsfilmkammer ins Leben, um die gesamte Filmindustrie zu beaufsichtigen. Mit Hilfe dieser Institutionen waren führende Nationalsozialisten und insbesondere Goebbels in der Lage, die Beschäftigung von Schauspielern, Regisseuren, Kameraleuten und sonstigen Mitwirkenden zu steuern. Juden wurden nach und nach aus allen Sparten der Filmindustrie entfernt, Schauspieler und Regisseure, deren politische Einstellungen dem Regime nicht genehm waren, kaltgestellt.[32]

Unter den neuen Bedingungen zog eine Minderheit von Filmleuten es vor, ihr Glück in der freieren Atmosphäre Hollywoods zu suchen. Zu denen gehörte der Regisseur Fritz Lang, der mit Filmen wie *M*, *Metropolis* und *Die Nibelungen* mehrere Erfolgsfilme gedreht hatte. Langs Film *Das Testament des Dr. Mabuse*, eine verdeckte Satire auf den Nationalsozialismus, wurde kurz vor der für das Frühjahr 1933 angesetzten Premiere verboten. Ihm folgte der in Berlin tätige Österreicher Billy Wilder ins Exil, dessen beim Publikum beliebte romantische Filme wenig von dem Vermögen ahnen ließen, das er in seinen Hollywoodfilmen wie *Double Indemnity* (*Frau ohne Gewissen*) und *The Lost Weekend* (*Das verlorene Wochenende*) zeigen sollte. Beide Männer schufen in den folgenden Jahrzehnten einige der erfolgreichsten Filme Hollywoods. Andere Regisseure emigrierten nach Paris wie der in Nordböhmen geborene G. W. Pabst, der Regisseur des 1929 gedrehten klassischen Films *Die Büchse der Pandora* und einer Filmfassung von Bert Brechts und Kurt Weills *Dreigroschenoper*, und Max Ophüls, 1902 in Deutschland als Max Oppenheimer geboren.

Einige Regisseure und Filmstars waren vor der Machtübernahme der Nationalsozialisten den Verlockungen Hollywoods erlegen. Einer der wenigen, die unmittelbar durch die Ablösung der Weimarer Republik durch das Dritte Reich zum Verlassen des Landes bewogen wurden, war der ungarnstämmige Peter Lorre, der in der Rolle des zwanghaften Kindermörders in Langs *M* Berühmtheit erlangt hatte. (Später versuchte die nationalsozialistische Propaganda den Eindruck zu erwecken, der Mörder in dem Film sei ein Jude gewesen, wofür sich jedoch keinerlei Hinweise finden.)[33] Während diese Emigranten die Aufmerksamkeit auf sich zogen, blieb die große Mehrheit der in der deutschen Filmindustrie Beschäftigten im Land. Von den 75 Filmstars, die 1932 in der Filmzeitschrift *Filmwoche* als die in Deutschland beliebtesten Filmschauspieler aufgeführt wurden (gemessen anhand der Fanpost), emigrierten lediglich 13, allerdings drei der ersten fünf, Lilian Harvey und Käthe von Nagy, die beide 1939 auswanderten, und Gitta Alpar, die das Land bereits 1933 verließ. Brigitte Helm und Conrad Veidt emigrierten 1939 und 1934. Abgesehen von Gitta Alpar verließ nur ein einziger weiterer Star, die Jüdin Elisabeth Bergner, Deutschland bereits 1933. 1944/45 arbeiteten noch 35 der 75 Darsteller in der deutschen Filmbranche.[34]

Das Kino war gegen Ende der zwanziger und Anfang der dreißiger Jahre vor allem mit dem Aufkommen des Tonfilms immer populärer geworden. Doch im Zeitalter vor der Erfindung des Fernsehens war das beliebteste Massenmedium das Radio. Im Gegensatz zur Filmindustrie befand sich der Rundfunk in öffentlicher Hand und gehörte zu 51 Prozent der Reichsrundfunkgesellschaft und zu 49 Prozent neun Regionalsendern. Eine Kontrolle wurde über zwei Reichsrundfunkkommissare ausgeübt, einer im Reichpostministerium und der andere im Reichsinnenministerium, sowie eine Reihe von Länderkommissaren. Goebbels war sich der Macht des Rundfunks bewußt; während des Wahlkampfs im Februar/März 1933 war es ihm gelungen, Versuche der Parteien mit Ausnahme der NSDAP und der DNVP zu vereiteln, parteipolitische Rundfunkprogramme zu senden. Er erreichte die Verdrängung der beiden Reichsrundfunkkommissare durch eigene Leute, und am 30. Juni 1933 legte Hitler die Kontrolle sämtlicher Rundfunksendungen in die Hände des Reichspropagandaministeriums.

Goebbels setzte eine umfassende Säuberung der Rundfunkinstitutionen durch, in deren Verlauf in den ersten sechs Monaten 1933 270 Mitarbeiter ihre Stellen verloren, 13 Prozent aller Rundfunkangestellten. Juden, Liberale, Sozialdemokraten und andere, die dem neuen Regime unerwünscht waren, wurden entlassen, ein Prozeß, der dadurch erleichtert wurde, daß viele von ihnen nur befristete Verträge hatten. Die Leiter der Sendeanstalten und Rundfunkreporter, die mit der früheren liberalen Leitung des Rundfunks identifiziert wurden, darunter der »Vater« des deutschen Rundfunks, Hans von Bredow, wurden der Korruption beschuldigt, verhaftet, in das Konzentrationslager Oranienburg gebracht und nach monatelanger Vorbereitung 1934/35 in einem großangelegten Schauprozeß verurteilt. Die Mehrheit war erleichtert, daß sie unter dem neuen Regime weiterarbeiten konnte. Die Kontinuität wahrten Männer wie Hans Fritzsche, ehemaliger Leiter von Hugenbergs Rundfunknachrichtenabteilung in den zwanziger Jahren und Chef des deutschen Drahtlosen Dienstes, der jetzt zuständig für die Nachrichtensendungen war. Fritzsche trat am 1. Mai 1933 in die NSDAP ein, um auf diese Weise wie viele andere seine Stellung zu sichern. Zu diesem Zeitpunkt waren die meisten Rundfunksender gleichgeschaltet und brachten zunehmend NS-Propaganda. Am 30. März beklagte sich ein führender Mitarbeiter des Westdeutschen Rundfunks: »Und im übrigen ist der Funk fast wie eine nationalsozialistische Kaserne: Uniformen, Uniformen der Partei-Formationen.« Gut zwei Monate später wurde auch er entlassen.[35]

II

»Ich halte den Rundfunk«, erklärte Goebbels in seiner Ansprache vom 25. März 1933 vor den Intendanten und Direktoren der Rundfunkgesellschaften, «für das allermodernste und für das allerwichtigste Massenbeeinflussungsinstrument, das es überhaupt gibt.«[36] Langfristig werde der Rundfunk die Zeitungen ersetzen, vorläufig blieben sie von zentraler Bedeutung für die Verbreitung von Nachrichten und Meinungen. Sie stellten für das Programm der nationalsozialistischen Gleichschaltung und Kontrolle ein bei weitem größeres Hindernis dar als die Filmindustrie und der Rundfunk. In Deutschland gab es mehr Tageszeitungen als in England, Frankreich und Italien zusammengenommen und außerdem unzählige Zeitschriften und Illustrierte. Es gab unabhängige Zeitungen und Zeitschriften auf lokaler, regionaler und nationaler Ebene, die das gesamte politische Spektrum von links außen bis rechts außen repräsentierten. Der Versuch der NSDAP, ein eigenes leistungsfähiges Presseimperium aufzubauen, war nicht besonders erfolgreich verlaufen. Gegen Ende der Weimarer Republik gingen die Auflagen der politischen Zeitungen zurück, und bei der Werbung um neue Anhänger der NSDAP erwies sich das gesprochene Wort als wirksamer als das gedruckte.[37]

In dieser Situation mußte Goebbels behutsam vorgehen. Es war ein leichtes gewesen, die offizielle kommunistische und sozialdemokratische Presse auszuschalten, da den Verboten in den ersten Monaten 1933 die vollständige Einstellung der Zeitungen gefolgt war, nachdem diese Parteien nicht mehr aktiv sein durften. Gegen den Rest mußte Goebbels ganz unterschiedliche Mittel anwenden. Direkter Zwang und polizeiliche Maßnahmen waren nur eine von mehreren Möglichkeiten, die Presse gefügig zu machen. Konservative Tageszeitungen wie die *Münchner Neuesten Nachrichten* wurden ebenso regelmäßig verboten wie Zeitungen des Zentrums oder liberale Blätter. Die katholische *Fränkische Presse*, ein Organ der Bayerischen Volkspartei, wurde gezwungen, am 27. März 1933 auf der Titelseite eine Entschuldigung zu bringen, weil sie angeblich jahrelang Lügen über Hitler und die NSDAP gedruckt hatte. Ein derartiger Druck drängte den großen Presseorganisationen schnell die Einsicht auf, sich dem neuen Klima anzupassen. Am 30. April 1933 nahm der Reichsverband der deutschen Presse, die Gewerkschaft der Journalisten, wie so viele andere ähnliche Organe ihre eigene Gleichschaltung vor. Sie wählte Otto Dietrich, den Pressechef der NSDAP und Reichspressechef, zu ihrem Vorsitzenden und sagte zu, daß ihr künftig alle Journalisten als Zwangsmitglieder angehören und auf ihre rassische und politische Zuverlässigkeit überprüft würden.[38] Am 28. Juni 1933 zog der Verband der deutschen Zeitungsverleger nach und ernannte den Leiter des Zentralverlags der NSDAP Max Amann zu seinem Vorsitzenden und wählte statt inzwischen mißliebiger Journalisten solche in seinen Rat, die in die NSDAP eingetreten waren.[39] Die Presse war zu diesem Zeitpunkt bereits so stark eingeschüchtert, daß sie sich freiwillig unterwarf. Andersdenkende Journalisten konnten ihre Meinung nur noch durch vorsichtige Anspielungen kundtun, ihre Leser mußten lernen, zwischen den Zeilen zu lesen. Goebbels machte aus den regelmäßigen offenen Pressekonferenzen der Regierung, die während der Weimarer Republik abgehalten wurden, Geheimsitzungen, auf denen das Propagandaministerium ausgewählten Journalisten detaillierte Instruktionen zu Nachrichtenthemen erteilte und gelegentlich ganze Artikel diktierte, die wörtlich abgedruckt wurden oder als Grundlage für einen Bericht dienten. »Sie sollen nicht nur wissen, was geschieht«, sagte er in seiner ersten Pressekonferenz am 15. März, »sondern sollen auch wissen, wie die Regierung darüber denkt und wie Sie das am zweckmäßigsten dem Volke klarmachen können.«[40]

Unterdessen verloren die Nationalsozialisten keine Zeit, kommunistische und pazifistische Journalisten zu verhaften. Die Verhaftungen hatten in den Morgenstunden des 28. Februar 1933 begonnen. Einer der ersten, die in Schutzhaft genommen wurden, war Carl von Ossietzky, der Herausgeber der *Weltbühne*, das profilierte Organ der intellektuellen und überwiegend pazifistischen Linken. Ossietzky hatte sich nicht nur mit seiner beißenden Kritik an den Nationalsozialisten vor 1933 einen Namen gemacht, sondern auch mit der Veröffentlichung des Entwurfs eines geheimen und illegalen Programms der Wiederaufrüstung in der Luftfahrtindustrie, wofür er im Mai 1932 am Ende eines aufsehenerregenden Prozesses ins Gefängnis kam. Einer Kampagne von Schriftstellern im Ausland gelang es nicht, nach seiner erneuten Verhaftung 1933 seine Freilassung zu erreichen.

In einem behelfsmäßigen Straflager unter der Leitung der SA in Sonnenburg in Haft gehalten, wurde der schwächliche Ossietzky gezwungen, schwere körperliche Arbeit zu verrichten und unter anderem, wie er von seinen Wachmännern erfuhr, sein eigenes Grab zu schaufeln. Geboren 1899 in Hamburg, war er weder Jude noch Pole oder Russe. Ohne sich um solche Details zu kümmern, begleiteten die SA-Schläger ihre regelmäßigen Mißhandlungen ihres Häftlings mit Beschimpfungen wie »jüdisches Schwein!« und »polnisches Schwein«. Ossietzky, der nie eine starke körperliche Konstitution hatte, überlebte mit knapper Not am 12. April 1933 einen Herzanfall. Entlassene Häftlinge, die mit seinen Freunden sprachen, schilderten ihn nach diesem Vorfall als einen »gebrochenen Menschen«.[41]

Ossietzky erging es kaum besser als einem anderen radikalen Schriftsteller der Linken in den zwanziger Jahren, dem anarchistischen Dichter und Bühnenautor Erich Mühsam, dessen Beteiligung am Münchener »Regime der Kaffeehausanarchisten« 1919 ihm in der Weimarer Republik eine Gefängnisstrafe eingetragen hatte. Mühsam, der nach dem Reichstagsbrand verhaftet wurde, war für die Braunhemden ein besonderes Ziel des Hasses, da er nicht nur ein radikaler Schriftsteller, sondern auch Revolutionär und Jude war. Nach endlosen Demütigungen und Grausamkeiten, wurde er von SS-Wachen im Konzentrationslager Oranienburg mißhandelt, als er sich weigerte, das Horst-Wessel-Lied zu singen, und wurde bald darauf in der Lagerlatrine erhängt aufgefunden.[42] Sein ehemaliger Mitstreiter in der kurzlebigen Revolutionsregierung in München, der Revolutionär und Pazifist Ernst Toller, wie Mühsam Jude, hatte wegen seiner Beteiligung an der Revolution ebenfalls im Gefängnis gesessen. Eine Reihe von realistischen Stücken, in denen er die Ungerechtigkeiten der deutschen Gesellschaft der zwanziger Jahre anprangerte, lenkte weiterhin öffentliche Aufmerksamkeit auf ihn, darunter auch eine Satire auf Hitler, die unter dem Titel »Der entfesselte Wotan« aufgeführt wurde. Ende Februar 1933 befand sich Toller zufällig in der Schweiz, und die Massenverhaftungen, die auf den Reichstagsbrand folgten, bewogen ihn, nicht nach Deutschland zurückzukehren. Er unternahm ausgedehnte Vortragsreisen, auf denen er das NS-Regime angriff, doch die Entbehrungen des Exils machten es ihm unmöglich, sein Leben als Schriftsteller weiterzuführen. 1939 beging er in New York Selbstmord, durch den unmittelbar bevorstehenden erneuten Weltkrieg in die Verzweiflung getrieben.[43]

Einige waren imstande, sich der literarischen Welt außerhalb Deutschlands anzupassen, besonders der kommunistische Dichter und Bühnenautor Bert Brecht, der zunächst in der Schweiz und Dänemark Zuflucht suchte, bevor er schließlich Arbeit in Hollywood fand. Einer der erfolgreichsten Emigranten war der Romancier Erich Maria Remarque, der Autor von *Im Westen nichts Neues* (von dem die Nazis behaupteten, er sei Jude, und sein eigentlicher Name Remark sei nichts anderes als der jüdische Name Kramer, rückwärts gelesen). Er schrieb weiter im Exil und verdiente genug am Verkauf der Filmrechte von mehreren seiner Werke.[44]

Noch bekannter war Thomas Mann, der sich mit den Romanen *Buddenbrooks* und *Der Zauberberg* und Novellen wie *Der Tod in Venedig* literarischen Weltruhm erschrieben und 1929 den Nobelpreis für Literatur erhalten hatte. Mann war einer der wichtigsten literarischen Anhänger der Weimarer Demokratie und unterstrich auf zahlreichen Vortragsreisen im In- und Ausland die Notwendigkeit unterstrich, sie zu unterstützen. Er hatte von den Nationalsozialisten keine unmittelbare Gewalt oder eine Verhaftung zu befürchten, doch ab Februar 1933 blieb er in der Schweiz, obwohl das Regime an ihn herantrat, um ihn zu einer Rückkehr zu bewegen. »Ich kann mir das Leben in dem Deutschland, wie es heute ist, nicht vorstellen«, schrieb er im Juni 1933, »und Heimkehr ins Alte ist unmöglich, da eben das Alte nicht mehr besteht.« Einige Monate später, nachdem er gemeinsam mit einigen anderen demokratischen Autoren und Autorinnen wie der Dichterin und Romanautorin Ricarda Huch unter gehässigen Beschuldigungen aus der Preußischen Akademie der Künste ausgeschlossen worden war, bezog er noch entschiedener Position und schrieb an einen Freund:

> »Was mich persönlich angeht, so trifft mich der Vorwurf nicht, daß ich Deutschland verlassen hätte, ich bin daraus verstoßen worden. Beschimpft, angeprangert und ausgeplündert von den fremden Eroberern *meines* Landes (denn ich bin ein älterer und besserer Deutscher als diese), muß ich zusehen, wie ich mir in einer meinem Wesen freundlicheren Welt eine neue Lebensbasis für meine alten Tage schaffe.«[45]

Thomas Manns Bruder Heinrich, Autor bissiger Satiren auf das deutsche Bürgertum wie *Der Untertan* und *Professor Unrat*, wurde vom Regime ruppiger behandelt, das er sich mit seiner offenen Kritik der Nationalsozialisten in zahlreichen Reden und Vorträgen zum Feind gemacht hatte. 1933 wurde ihm sein Amt als Präsident der Sektion »Dichtkunst« der Preußischen Akademie der Künste entzogen, in demselben Jahr emigrierte er nach Frankreich. Dort schloß sich ihm im August der Romanautor Alfred Döblin, Jude und ehemaliger Sozialdemokrat, an, ein führender Exponent der literarischen Moderne mit Romanen wie *Berlin Alexanderplatz*, der im Arbeitermilieu und der Halbwelt der deutschen Hauptstadt der zwanziger Jahre spielte. Dasselbe Schicksal ereilte einen weiteren bekannten jüdischen Romanschriftsteller, Lion Feuchtwanger, dessen Romane *Erfolg* und *Die Geschwister Oppenheimer*, 1930 und 1933 erschienen, eine scharfe Kritik an den konservativen und antisemitischen Strömungen in der deutschen Gesellschaft und Politik enthielten. Feuchtwanger befand sich in Kalifornien, als er erfuhr, daß seine Werke verboten worden waren, und kehrte nicht mehr nach Deutschland zurück. Der Schriftsteller Arnold Zweig floh 1933 in die Tschechoslowakei und von dort nach Palästina; auch er war Jude, und auch sein Name war vom Regime auf die schwarze Liste gesetzt worden, seine Werke konnten in Deutschland nicht mehr erscheinen.[46]

Nach 1933 waren nur noch wenige Schriftsteller in der Lage, in Deutschland anspruchsvolle Literatur zu produzieren. Selbst konservative Autoren distanzierten sich in der einen oder anderen Weise vom Regime. Der Dichter Stefan George, der einen Kreis von Jüngern um sich geschart hatte, die sich der Wiederbelebung eines »geheimen Deutschlands« verschrieben hatten, das den Materialismus von Weimar überwinden würde, bot 1933 der »neuen nationalen Bewegung« seine »geistige Mitarbeit« an, lehnte es jedoch ab, irgendwelchen literarischen oder kulturellen Organisationen der Nationalsozialisten beizutreten. Mehrere seiner Schüler waren Juden. George starb im Dezember 1933. Ernst Jünger, ein anderer radikal-konservativer Schriftsteller, von Hitler wegen seiner Verherrlichung des Soldatentums in seinem Kriegsroman *In Stahlgewittern* bewundert, zog sich in die »innere Emigration« zurück, die später von vielen für sich in Anspruch genommen wurde. Gleich anderen, die diesen Weg einschlugen, schrieb er Romane ohne klaren Zeitbezug, und selbst wenn diese gelegentlich vorsichtig eine Kritik an Terror und Diktatur zum Ausdruck brachten, wurden sie verlegt, verkauft und rezensiert, solange sie das Regime nicht direkt angriffen.[47]

Prominente Persönlichkeiten wie der bislang unpolitische expressionistische Dichter Gottfried Benn, die das neue Regime begrüßten, waren vergleichsweise selten. Bis Ende 1933 war in Deutschland kaum noch ein Schriftsteller von Talent oder Rang und Namen übrig. Der Bühnenautor Gerhart Hauptmann, der 1912 den Nobelpreis für Literatur erhalten hatte, war vielleicht die einzige Ausnahme. Über 70 Jahre alt, als Hitler Reichskanzler wurde, hatte er den Zenit seiner schöpferischen Kraft weit überschritten. Er schrieb auch weiterhin und bemühte sich, nach außen hin Konformität zu zeigen, indem er mit dem Hitlergruß grüßte und in das Horst-Wessel-Lied einstimmte. Doch er wurde kein Nationalsozialist, und seine naturalistischen Stücke wurden von den Nationalsozialisten häufig wegen ihrer angeblich negativen Einstellung angegriffen. Einem ungarischen Schriftsteller, der Hauptmann 1938 in Rapallo begegnete, sagte Hauptmann bitter, Hitler habe Deutschland ruiniert und werde bald die ganze Welt ruinieren. Warum er dann das Land nicht verlassen habe, wollte sein Gegenüber wissen. »Weil ich feige bin, verstehen Sie? Ich bin feige, verstehen Sie. Ich bin feige.«[48]

III

Der Verlust so vieler prominenter Autoren ging einher mit einem Exodus der Künstler und Maler. In der Welt der Kunst wurde die Verfolgungswelle zusätzlich von der starken persönlichen Antipathie gespeist, die Hitler, der sich selbst für einen Künstler hielt, gegen die Moderne hegte. Er hatte in *Mein Kampf* erklärt, die moderne Kunst sei das Produkt jüdischer Umstürzler und »irrsinniger und verkommener Menschen«. Seine Ansichten wurden von Alfred Rosenberg geteilt, der eine entschieden traditionalistische Auffassung vom Wesen und der Aufgabe der Malerei und der Skulptur vertrat. Während die deutsche Musik der zwanziger Jahre nicht mehr in derselben Weise dominierte wie im 18. und 19. Jahrhundert, hatte die deutsche Malerei, durch den Expressionismus, die abstrakte Kunst und andere moderne Bewegungen befreit, in den ersten drei Jahrzehnten des 20. Jahrhunderts eine bemerkenswerte Renaissance erlebt und selbst die Literatur als herausragendste und international erfolgreichste aller schönen Künste hinter sich gelassen. Jetzt machten die Nationalsozialisten sich daran, mit Alfred Rosenberg an der Spitze das alles zu zerstören, so wie sie es 1920 in ihrem Parteiprogramm in Punkt 23 gefordert hatten: »Wir fordern den gesetzlichen Kampf gegen eine Kunst- und Literatur-Richtung, die einen zersetzenden Einfluß auf unser Volksleben ausübt ...«[49]

Das Werk von Malern wie George Grosz, Emil Nolde, Max Beckmann, Paul Klee, Ernst Ludwig Kirchner, Otto Dix und vieler anderer war umstritten, Konservative ebenso wie die Nationalsozialisten verabscheuten ihre Bilder. George Grosz hatte einen großen Tumult verursacht, als er religiöse Motive in die politische Karikatur einführte, was ihm zwei Anklagen vor Gericht wegen Blasphemie eingetragen hatte (mit zwei Freisprüchen), noch bevor die Nationalsozialisten an die Macht kamen.[50] Im Juli griff Alfred Rosenberg die Bilder Emil Noldes in scharfer Form als »negroid, pietätlos, roh« an und das Magdeburger Kriegerdenkmal von Ernst Barlach als eine Beleidigung der Erinnerung an die Toten, die der Künstler Rosenberg zufolge als »halbidiotisch« dargestellt hatte. Otto Dix' kompromißlose Darstellungen der Schrecken in den Schützengräben des Ersten Weltkriegs wurden von hurrapatriotischen Nationalsozialisten in nicht minder scharfen Worten verdammt. Alles, was nicht offensichtlich sklavisch gegenständlich war, lief Gefahr, mit gehässigen Bemerkungen bedacht zu werden. Kunst mußte in den Augen der Nationalsozialisten wie alles andere der Volksseele entspringen, so daß »jeder gesunde SA-Mann das gleiche Urteil fällen [würde] wie bewußte Künstler«.[51] Nicht nur deutsche, auch ausländische Künstler mußten mit heftigen Angriffen rechnen. Deutsche Galerien und Museen hatten im Lauf der Jahre viele Gemälde französischer Impressionisten und ihrer Nachfolger erworben, und Deutschnationale vertraten die Meinung, die dafür bezahlten Summen wären besser dafür aufgewendet worden, die deutsche Kunst zu fördern, zumal angesichts des Verhaltens der Franzosen im Rheinland und im Ruhrgebiet während der Weimarer Republik.[52]

Manche Figuren wie George Grosz, der der KPD angehörte, erkannten die Zeichen der Zeit noch vor dem 30. Januar 1933 und verließen das Land.[53] Die nationalsozialistische Länderregierung in Thüringen hatte die Werke von Malern wie Klee, Nolde und Kokoschka aus dem Landesmuseum in Weimar entfernt und die Zerstörung von Fresken Oskar Schlemmers im Treppenhaus des Bauhauses in Dresden angeordnet, kurz bevor das Bauhaus selbst geschlossen wurde. All das hätte deutlich machen müssen, daß mit einem massiven Angriff von NS-Aktivisten auf die künstlerische Moderne zu rechnen war. Andererseits wurde der Expressionismus von einigen Mitgliedern der NSDAP geschätzt, darunter der Nationalsozialistische Deutsche Studentenbund in Berlin, der im Juli 1933 eine Ausstellung über deutsche Kunst veranstaltete, in der Werke von Ernst Barlach, August Macke, Franz Marc, Emil Nolde, Christian Rohlfs und Karl Schmidt-Rottluff gezeigt wurden. Nach drei Tagen wurde sie von den Berliner Parteiführern geschlossen. Hitler verabscheute vor allem die Werke Emil Noldes, der Goebbels gefiel. Als Hitler im Sommer 1933 durch das neue Haus des Reichspropagandaministers geführt wurde, war er entsetzt, »unmögliche« Bilder Noldes an den Wänden hängen zu sehen, und befahl, sie unverzüglich zu entfernen. Nolde wurde aus der Preußischen Akademie der Künste ausgeschlossen, obwohl er seit den frühen zwanziger Jahren Mitglied der NSDAP gewesen war. Im Lauf des Jahres 1933 entließen lokale und regionale NS-Machthaber 27 Kuratoren von Kunstgalerien und Museen und ersetzten sie durch gefolgstreue Parteimitglieder, die alle modernen Werke abhängen ließen und sie in manchen Fällen in eigenen Ausstellungen als »Bilder des Kulturbolschewismus« aufhängten.[54] Andere Museumsdirektoren hängten ihr Fähnchen nach dem Wind, traten in die NSDAP ein oder richteten sich nach deren Politik.[55]

Wie in den übrigen Sphären des kulturellen Lebens wurde im Frühjahr 1933 in zunehmendem Maße auch der Ausschluß von jüdischen Künstlern betrieben. Die »Gleichschaltung« der Preußischen Akademie der Künste begann mit dem erzwungenen Verzicht des 86jährigen Max Liebermann, Deutschlands führendem impressionistischem Maler und ehemaligem Präsidenten der Akademie, auf seine Mitgliedschaft sowie sein Amt als Ehrenpräsident. Liebermann erklärte, er sei stets der Meinung gewesen, Kunst habe nichts mit Politik zu tun, eine Ansicht, wofür ihn die NS-Presse heftig kritisierte. Auf die Frage, wie er sich in einer derart fortschrittlichen Zeit fühle, erwiderte er: »Man kann jar nich soviel fressen, wie man kotzen möchte.« Als er zwei Jahre später starb, waren nur drei nichtjüdische Künstler bei der Beerdigung eines einmal landesweit gefeierten Künstlers anwesend. Zu ihnen gehörte Käthe Kollwitz, berühmt wegen ihrer eindringlichen Darstellungen der Armut und ebenfalls gezwungen, aus der Preußischen Akademie der Künste auszutreten. Andere, wie der Bildhauer Ernst Barlach, blieben vorläufig noch Mitglieder der Akademie, im Falle Barlachs bis 1937. Er blieb in Deutschland, obwohl seine Werke ebenso wie die Schmidt-Rottluffs von den Nationalsozialisten verfemt wurden.[56]

Paul Klee, wegen seiner angeblich »negroiden« Kunst ein Lieblingsziel der nationalsozialistischen Kulturpolemik, wurde aus seiner Professur in Düsseldorf entlassen und verließ kurz darauf Deutschland, um in seine Schweizer Heimat zurückzukehren. Andere nichtjüdische moderne Künstler wollten abwarten und hofften, daß Rosenbergs feindselige Haltung gegenüber der Moderne von verständnisvolleren Vertretern des Regimes wie Goebbels zurückgedrängt würde. Max Beckmann, früher in Frankfurt am Main ansässig, zog 1933 nach Berlin in dem Glauben, dort die Politik zu seinen Gunsten beeinflussen zu können. Gleich vielen anderen dieser Künstler genoß er internationales Ansehen, doch im Unterschied zu Grosz oder Dix schuf er keine politischen Arbeiten, und anders als Kandinsky oder Klee hatte er sich nie der abstrakten Malerei zugewandt. Trotzdem wurden Beckmanns Bilder von den Wänden der Berliner Nationalgalerie abgehängt, und am 15. April 1933 mußte er seinen Lehrstuhl in Frankfurt am Main aufgeben. Kunsthändler, die seine Werke schätzten, konnten erreichen, daß er ein privates Auskommen fand, während er abwartete, welches Schicksal ihm bevorstand. Ernst Ludwig Kirchner kam der Aufforderung nach, die Akademie zu verlassen, wies jedoch darauf hin, er sei weder Jude noch jemals politisch aktiv gewesen. Nicht nur Oskar Schlemmer, auch der Erfinder der abstrakten Kunst, der Russe Wassily Kandinsky, der seit Jahrzehnten in Deutschland lebte, waren überzeugt, daß der Angriff auf die moderne Kunst nicht von Dauer sein würde, und beschlossen, in Deutschland auszuharren.[57]

Die Ausschlüsse aus der Preußischen Akademie der Künste waren begleitet von ähnlichen Säuberungen in den übrigen deutschen Ländern. Otto Dix wurde aus der Dresdner Akademie ausgeschlossen, und arbeitete privat weiter, während seine Bilder aus allen öffentlichen Galerien und Museen entfernt wurden. Der Architekt Mies van der Rohe weigerte sich, seine Mitgliedschaft in der Akademie freiwillig aufzugeben, und wurde daraufhin ausgeschlossen. Er hatte für kurze Zeit versucht, das Bauhaus in einer stillgelegten Fabrik in Berlin wiederzubeleben, bevor die Polizei dort eine Razzia durchführte und sie im April 1933 schloß. Er protestierte vergeblich mit dem Argument, es handle sich um eine völlig unpolitische Einrichtung. Der Gründer des Bauhauses, Walter Gropius, beklagte sich, daß er als Kriegsveteran und Patriot beabsichtigt habe, eine wahre, lebendige deutsche Kultur der Architektur neu zu schaffen. Weder sei sie politisch noch als Zeichen der Opposition gegen die Nationalsozialisten zu verstehen. Doch Kunst war im Deutschland jener Zeit alles andere als unpolitisch, denn die radikalen modernen Bewegungen der Weimarer Zeit, vom Dadaismus bis zum Bauhaus selbst, hatten die Ansicht vertreten, die Kunst sei ein Mittel zur Umgestaltung der Welt. Die Erwartung vieler Künstler, Goebbels werde sie mit der Zeit in Schutz nehmen, sollte einige Jahre später in der denkbar spektakulärsten Weise zunichte gemacht werden.[58]

IV

Es liegen Schätzungen vor, daß seit 1933 rund 2000 Personen, die in den schönen Künsten tätig waren, Deutschland verlassen haben,[59] unter ihnen viele international angesehene Künstler und Schriftsteller. Ihre Lage verschlechterte sich dramatisch, als Goebbels sich entschied, ihnen die deutsche Staatsbürgerschaft abzuerkennen. Das Regime veröffentlichte eine Reihe von Listen mit den Namen derjenigen, deren deutsche Staatsbürgerschaft aberkannt und deren Pässe und sonstige Ausweispapiere offiziell eingezogen worden waren, angefangen am 23. August 1933 mit Schriftstellern wie Lion Feuchtwanger, Heinrich Mann, Ernst Toller und Kurt Tucholsky. Drei weitere Listen, mit den Namen der meisten übrigen Emigranten, wurden kurz darauf veröffentlicht. Thomas Mann wurde nicht nur die deutsche Staatsbürgerschaft aberkannt, sondern auch die Ehrendoktorwürde der Universität Bonn. Sein offener Protestbrief an den Rektor erlangte unter den Emigranten bald Berühmtheit.[60] Der Schaden, den das deutsche kulturelle Leben dadurch erlitt, war enorm. Kaum ein Schriftsteller von internationalem Rang war geblieben, kaum ein bildender Künstler oder Maler. Eine ganze Schar führender Dirigenten und Musiker war zur Emigration gezwungen worden, und einige der begabtesten Filmregisseure Deutschlands hatten dem Land den Rücken gekehrt.

Was die Vertreter von Kunst und Kultur, die nach 1933 in Deutschland geblieben waren, erwartete, wurde anschaulich in einem neuen Stück vor Augen geführt, das der Autor Hitler auf dessen Ersuchen gewidmet hatte und das am 20. April 1933, Hitlers Geburtstag, in Berlin seine Uraufführung erlebte. Anwesend waren Hitler und andere Parteigrößen, darunter auch Goebbels. Die Hauptrollen auf der Bühne wurden gespielt von Veit Harlan, bald eine der Hauptstützen des deutschen Films im Dritten Reich, dem populären Schauspieler Albert Bassermann, der diese Rolle erst nach einer persönlichen Bitte Goebbels' übernommen hatte, und von Emmy Sonnemann, einer jungen Schauspielerin, die Hermann Göring, dessen schwedische Frau Karin gestorben war, bald darauf heiratete. Am Ende des patriotischen Dramas gab es keinen Applaus, statt dessen erhoben sich alle Anwesenden wie auf ein Kommando und sangen das Horst-Wessel-Lied. Erst dann setzte der Applaus ein, und die Schauspieler zeigten wiederholt den Hitlergruß, bis auf Bassermann, der die Arme vor der Brust kreuzte und sich in der traditionellen Form auf der Bühne verbeugte. Verheiratet mit der jüdischen Schauspielerin Else Schiff und Sproß einer berühmten Familie liberaler Politiker, stand er dem neuen Regime reserviert gegenüber und emigrierte ein Jahr später mit seiner Frau in die Vereinigten Staaten. Das Stück hieß »Schlageter« und handelte vom Aufstand am Niederrhein gegen die französische Besatzungsmacht zu Beginn der zwanziger Jahre. Der Autor war Hanns Johst, ein Kriegsveteran, der sich als expressionistischer Dramatiker einen Namen gemacht hatte. Johst fühlte sich gegen Ende der zwanziger Jahre zur NSDAP hingezogen. In der Schlußszene des Stücks legte das Hinrichtungskommando vom Bühnenhintergrund aus auf den gefesselten Schlageter an, der mit dem Rücken zum Publikum stand. Die Mündungsblitze der Gewehre zielten also auch auf die Zuschauer, die auf diese durchaus expressionistische Weise aufgefordert wurden, sich mit seiner Person und seiner Übernahme der nationalsozialistischen Themen von Blut und Opfer zu identifizieren und sich gemeinsam mit ihm als Opfer der französischen Unterdrückung zu sehen.[61]

Aufgrund der großen Publizität, die das Stück erlangte, herrschte der Eindruck vor, es bringe die Einstellung der Nationalsozialisten zur Kultur zum Ausdruck. Eine der Hauptfiguren des Stücks, der von Veit Harlan gespielte Friedrich Thiemann, verwirft alle intellektuellen und kulturellen Ideen und Begriffe und erklärt in mehreren Gesprächen mit dem Studenten Schlageter, sie müßten ersetzt werden durch Blut, Rasse und Opfer zum Besten der Nation. Im Verlauf einer solchen Auseinandersetzung sagt Thiemann: »Wenn ich *Kultur* höre, entsichere ich meinen Browning.«[62] Für viele gebildete Deutsche schien dies die Einstellung der Nationalsozialisten zu den schönen Künsten auf den Punkt zu bringen, und der Satz löste sich vollständig aus seinem ursprünglichen Kontext. Bald wurde er verschiedenen NS-Größen in den Mund gelegt, vor allem Hermann Göring, und zu dem griffigeren, häufig gebrauchten Spruch vereinfacht: »Wenn ich das Wort Kultur höre, greife ich zum Revolver.«[63]

»Wider den undeutschen Geist«

I

Der bekannteste Philosoph in den letzten Jahren der Weimarer Republik, Martin Heidegger, hatte seinen Ruf mit der Veröffentlichung seines Werks *Sein und Zeit* 1927 erworben. In einer schwer verständlichen und abstrakten Sprache geschrieben, wandte es die »phänomenologische« Methode seines Lehrers und Vorgängers auf dem Lehrstuhl für Philosophie an der Universität Freiburg, Edmund Husserl, auf Fragen an, mit denen sich Philosophen seit der griechischen Antike beschäftigt hatten, und wurde sogleich nach seinem Erscheinen als ein Klassiker begrüßt. In späteren Jahren hatte das Denken Heideggers einen bedeutenden Einfluß auf die französischen Existentialisten. In seiner pessimistischen Grundhaltung kam die allmähliche Emanzipation des Philosophen vom Katholizismus zum Ausdruck, in den er 1889 hineingeboren wurde. In den späten Weimarer Jahren war Heidegger zu der Überzeugung von der Notwendigkeit einer Erneuerung des deutschen Lebens und Denkens gelangt, der Ankunft eines neuen Zeitalters der geistigen Einheit und der nationalen Erlösung. Zu Beginn der dreißiger Jahre glaubte er zunehmend, das Versprechen dieser geistigen Erneuerung Deutschlands liege im Nationalsozialismus.[64]

Heidegger hatte bereits 1932 Kontakte zu führenden Männern des Nationalsozialistischen Deutschen Studentenbunds in Freiburg geknüpft. Obwohl er keinerlei Erfahrung in der Verwaltung einer Universität hatte, war die kleine Gruppe von Nationalsozialisten unter den Freiburger Professoren der Meinung, Heidegger sei der richtige Mann für das Amt des Rektors, als die Nationalsozialisten die Macht übernahmen. Er hatte sowohl das akademische Prestige als auch die politischen Überzeugungen, um ihn als Ersatz für den liberalen Professor Wilhelm von Möllendorff zu machen, der dieses Amt im April 1933 eigentlich übernehmen sollte. Da er an dem Amt sehr interessiert war, nahm Heidegger Gespräche mit dem gerade auf

NS-Linie gebrachten Kultusministerium in Baden auf, während Möllendorff nach einer ehrabschneiderischen Pressekampagne gegen seine Person die Kandidatur zurückzog. Die nationalsozialistischen Professoren stellten Heidegger auf, und nachdem genügend Druck innerhalb und außerhalb der Universität ausgeübt worden war, wurde Heidegger am 21. April 1933 fast einstimmig von der Freiburger Professorenschaft zum Rektor gewählt. Tatsächlich bestand die einzige nennenswerte Gruppe unter den insgesamt 93 Professoren, die ihn nicht unterstützte, aus Juden. Sie waren von der Wahl jedoch ausgeschlossen, da der Reichskommissar für Baden, Gauleiter Robert Wagner, sie nach dem Gesetz vom 7. April als »Nichtarier« in den vorläufigen Ruhestand versetzt hatte.[65]

Am 27. Mai hielt Heidegger seine Antrittsvorlesung als Rektor. Vor den versammelten Professoren und nationalsozialistischen Würdenträgern in Braunhemden erklärte er: »Die vielbesungene ›akademische Freiheit‹ wird aus der deutschen Universität verstoßen; denn diese Freiheit war unecht, weil verneinend. Sie bedeutete vorwiegend Unbekümmertheit, Beliebigkeit der Absichten und Neigungen, Ungebundenheit im Tun und Lassen.« Für die Universitäten sei es an der Zeit, ihre Verwurzelung in der deutschen Nation zu finden und ihre Rolle in dem historischen Auftrag zu spielen, den sie jetzt erfüllte. Deutsche Studenten wiesen den Weg. Die Rede Heideggers war durchtränkt von der neuen Sprache des Führerprinzips. Schon im ersten Satz sagte er seinen Zuhörern, die Übernahme des Rektorats sei für ihn »die Verpflichtung zur geistigen Führung dieser hohen Schule«. Professoren und Studenten bezeichnete er mit dem pseudofeudalen Titel »Gefolgschaft«, so wie führende Nationalsozialisten es in der allgemeinen Sphäre der Beziehungen zwischen Arbeitgebern und Arbeitnehmern damals taten. Wenn Begriffe wie diese vom neuen Rektor der Universität gebraucht wurden, dann war klar, daß die akademische Freiheit, wie immer man sie definieren wollte, endgültig der Vergangenheit angehörte.[66] Um dies symbolisch zu unterstreichen, sangen die anwesenden Professoren am Ende der Zeremonie das Horst-Wessel-Lied, dessen Text auf die Rückseite des Programms gedruckt worden war, einschließlich der Anweisung, bei der vierten Strophe den Arm zu heben und am Ende der ganzen Veranstaltung laut »Sieg Heil!« zu rufen.[67]

Am 1. Mai, dem »Tag der nationalen Arbeit«, trat Heidegger unter starker Anteilnahme der Öffentlichkeit der Partei bei. Er führte das Führerprinzip in die Universitätsverwaltung ein, umging demokratische und repräsentative Organe der Professorenschaft oder brachte sie zum Schweigen und wirkte am Entwurf eines neuen Landesgesetzes mit, das den Rektor auf unbestimmte Dauer zu einem nicht gewählten »Führer« der Universität machte. Am 9. Mai schrieb er an das badische Kultusministerium: »Wir müssen jetzt alles daran setzen, um die Welt der Gebildeten und Gelehrten für den neuen nationalsozialistischen Geist zu erobern. Das wird kein leichter Waffengang werden. Sieg Heil!«[68] Heidegger denunzierte einen Kollegen, den Chemiker Hermann Staudinger, unter falschen Anschuldigungen bei den Behörden und unterstützte die Politische Polizei bei ihren Ermittlungen gegen ihn. Diese verliefen allerdings ergebnislos, und Staudinger, der auf die nationale Bedeutung seiner Arbeit verwies, behielt seinen Lehrstuhl. Heidegger erzwang die Entlassung jüdischer Professoren und ersuchte nur in zwei Fällen um eine Ausnahme. Sie betrafen den international renommierten Philologen Eduard Fraenkel, der trotzdem entlassen wurde, und den Chemiker Georg von Hevesy, ein Mann mit hervorragenden internationalen Beziehungen und der Empfänger beträchtlicher Forschungsmittel von der Rockefeller Foundation, der noch bis zu seiner Emigration nach Dänemark ein Jahr bleiben durfte. Zu den Personen, die gezwungen wurden, ihre Verbindung zur Universität Freiburg zu lösen, gehörten Heideggers eigener Assistent Werner Brock sowie sein Mentor Edmund Husserl, auch wenn es für die oft wiederholte Geschichte, er selbst habe Anweisung gegeben, Husserl den Zutritt zur Universitätsbibliothek zu verweigern, keine Beweise gibt. Als deutschnationaler Patriot, dessen Sohn im Ersten Weltkrieg an der Front gefallen war, hatte Husserl sich als persönlichen Freund Heideggers betrachtet und war durch diese Behandlung zutiefst verletzt. »Die Zukunft wird erst das Urteil sprechen, was 1933 die echte deutsche Gegenwart war«, schrieb er am 4. Mai, »und welches die echten Deutschen waren, ob die Deutschen der mehr oder minder materialistisch-mythischen Rassenvorurteile oder die Deutschen der reinen Gesinnung, ererbt von den großen Deutschen in verehrungsvollem Nachleben.«[69] Als Husserl 1938 starb, blieb Heidegger dem Begräbnis fern.[70]

Heidegger, der sich inzwischen dem immer stärker um sich greifenden Hitlerkult angeschlossen hatte, sagte zu seinen Studenten: »Der Führer selbst und allein *ist* die heutige und künftige deutsche Wirklichkeit und ihr Gesetz. Lernt immer tiefer zu wissen! Von nun an fordert jedwedes Ding Entscheidung und alles Tun Verantwortung. Heil Hitler!«[71] Sein Ehrgeiz erstreckte sich auch auf den Versuch, gemeinsam mit anderen, ähnlich gesinnten Universitätsrektoren eine führende Rolle im gesamten nationalen Hochschulsystem zu spielen. In einer Rede vom 30. Juni 1933 beklagte er, daß die »nationale Revolution« die meisten Universitäten noch nicht erreicht habe, und forderte die nationalsozialistischen Heidelberger Studenten auf, eine Kampagne für die Amtsenthebung des Rektors zu inszenieren, des konservativen Historikers Willy Andreas, der eine Woche später, am 8. Juli, durch den nationalsozialistischen Kandidaten Wilhelm Groh ersetzt wurde.[72] Doch Heidegger hatte keinerlei Erfahrung mit politischen Winkelzügen, bald blieb er im Wirrwarr universitärer Intrigen um Berufungen stecken, in denen er von den Bürokraten im badischen Kultusministerium ausmanövriert wurde, während seine braunen Studenten, für die er bestenfalls ein Träumer war, ihn verspotteten.

Anfang 1934 konnte man in Berlin hören, Heidegger habe sich als »Philosoph des Nationalsozialismus« etabliert. Anderen nationalsozialistischen Denkern erschien Heideggers Philosophie zu abstrakt und zu schwierig, um von großem Nutzen zu sein. Unter seinen Kollegen hatte er allseits an Einfluß gewonnen, indem er sich für eine freiwillige Rückbesinnung des deutschen Universitätslebens auf das Leben der Nation durch eine erneute Konzentration auf fundamentale Werte der Erkenntnis und der Wahrheit einsetzte. Obschon sein Vorstoß von vielen Nationalsozialisten begrüßt wurde, schienen solche Ideen bei näherer Betrachtung letztlich doch nicht auf der Parteilinie zu liegen. So war es nicht verwunderlich, daß es seinen Gegnern gelang, Unterstützung bei Alfred Rosenberg zu finden, der selbst den Ehrgeiz hatte, der Philosoph des Nationalsozialismus zu sein. Nachdem man ihm eine Rolle auf der nationalen Ebene verweigert hatte und er sich zunehmend mit den alltäglichen Nichtigkeiten der akademischen Politik herumplagen mußte, aus denen für ihn nicht der neue Geist sprach, den er für die Universitäten erhofft hatte, trat Heidegger im April 1934 von seinem Amt zurück, blieb jedoch ein Anhänger des Dritten Reichs und weigerte sich bis zu seinem Tod 1976 beharrlich, sein Handeln in den Jahren 1933/34 zu überdenken.[73]

II

Die NS-Führung hatte mit den deutschen Universitäten ein vergleichsweise leichtes Spiel, da diese im Unterschied zu den Hochschulen in manchen anderen Ländern überwiegend vom Staat finanziert wurden und das Universitätspersonal ausschließlich aus Beamten bestand. Sie waren somit unmittelbar vom Gesetz vom 7. April 1933 betroffen, das die Möglichkeit einer Entlassung von politisch unzuverlässigen Staatsbediensteten vorsah. Bis zum Beginn des akademischen Jahres 1933/34 waren 1145 (davon 313 ordentliche Professoren) von 7758 festangestellten Universitätslehrern entlassen worden, also etwa 15 Prozent, in Berlin und Frankfurt betrug der Anteil gar 30 Prozent. Die Mehrheit der Universitätslehrer, die entlassen wurden, verlor ihre Stelle aus politischen Gründen; bei etwa einem Drittel waren rassische Gründe entscheidend.[74] Es kam zu einem Massenexodus von Hochschullehrern, 15,5 Prozent der Physiklehrer emigrierten, und an der Universität Göttingen wanderten so viele Physiker und Mathematiker freiwillig oder gezwungenermaßen ab, daß der Lehrbetrieb nicht mehr aufrechterhalten werden konnte.[75] Den Abwanderern ging es später in ihrem wissenschaftlichen Werdegang im allgemeinen besser als denen, die geblieben waren; eine Untersuchung an Universitätsbiologen hat ergeben, daß die 45 Professoren für Biologie, die ihre Stelle aufgaben und den Krieg überlebten, in einem standardisierten Zitierindex wissenschaftlicher Beiträge zwischen 1945 und 1954 mit durchschnittlich 130 Nennungen vertreten waren, während auf die 292 Biologen, die auf ihren Lehrstühlen geblieben waren, nur durchschnittlich 42 Nennungen pro Person entfielen.[76]

Weltberühmte Wissenschaftler wurden aus ihren Stellen an den deutschen Universitäten und Forschungsinstituten entlassen, wenn sie Juden waren, einen jüdischen Ehepartner hatten oder als Kritiker des NS-Regimes bekannt waren. Zu ihnen gehörten 20 frühere oder zukünftige Nobelpreisträger, darunter Albert Einstein, Gustav Hertz, Erwin Schrödinger, Max Born, Fritz Haber und Hans Krebs. Einstein, dessen Relativitätstheorie die moderne Physik revolutioniert hatte, war 20 Jahre in Berlin tätig. Während eines Besuchs der Vereinigten Staaten im Januar/Februar 1933 verdammte er die brutale Gewalt der Nationalsozialisten nach dem Reichstagsbrand. Das Regime beschlagnahmte sein ganzes Eigentum, während der Reichsminister für Wissenschaft, Bildung und Erziehung die Preußische Akademie der Wissenschaft anwies, ihn aus der Akademie auszuschließen. Dem Ausschluß kam Einstein zuvor und erklärte seinen Austritt, worauf ihn die Akademie beschuldigte, er habe im Ausland Greuelgeschichten über Deutschland verbreitet. Er verließ Deutschland und verbrachte den Rest seines Lebens in Princeton.[77] »Ich glaube, Du weißt«, schrieb er am 30. Mai an seinen Kollegen Max Born, »daß ich nie besonders günstig über die Deutschen dachte (in moralischer und politischer Beziehung). Ich muß aber gestehen, daß sie mich doch einigermaßen überrascht haben durch den Grad ihrer Brutalität – und Feigheit.«[78]

Der Chemiker Fritz Haber teilte Einsteins pazifistische und kosmopolitische Einstellung nicht. Er trug weitgehend für die Entwicklung von Giftgas als Instrument der Kriegführung von 1914 bis 1918 Verantwortung und wurde 1933, obwohl Jude, wegen seines Kriegsdienstes zunächst auf seiner Stelle belassen. Die Entlassung zahlreicher jüdischer Kollegen aus seinem Institut bewog ihn, am 30. April von sich aus zu kündigen, wobei er offen erklärte, er lasse sich nicht diktieren, wen er als seine Mitarbeiter aussuchen dürfe und wen nicht. Er ging an die Universität Cambridge, wo er vereinsamte und ein Jahr später verstarb.[79] Der Verlust dieser Forscher war für viele in der deutschen wissenschaftlichen Gemeinschaft zutiefst beunruhigend. Im Mai 1933 suchte der Nichtjude Max Planck, ebenfalls als Wissenschaftler eine Berühmtheit und damals gerade Präsident von Deutschlands renommiertestem wissenschaftlichem Forschungsinstitut, der Kaiser-Wilhelm-Gesellschaft zur Förderung der Wissenschaften, Adolf Hitler persönlich auf, um zu protestieren. Er erhielt eine pauschalisierende Erklärung, wie er sich später erinnerte, daß es unmöglich sei, zwischen Juden Unterschiede zu machen: »Hitler antwortete mir wörtlich: ›Gegen die Juden an sich habe ich gar nichts. Aber die Juden sind alle Kommunisten, und diese sind meine Feinde, gegen sie geht mein Kampf ... alle Juden hängen wie Kletten zusammen. Wo ein Jude ist, sammeln sich sofort andere Juden aller Art an ...‹.«[80]

Ebenso wie Haber protestierten einige jüdische Wissenschaftler, unter anderem der Nobelpreisträger James Franck, Experimentalphysiker an der Universität Göttingen, öffentlich gegen die Behandlung jüdischer Wissenschaftler und gaben ihre Stellung auf, obwohl sie als Kriegsveteranen von den Entlassungen ausgenommen waren. Nachdem er in einem kollektiven, von 42 Mitgliedern an der Universität unterschriebenen Brief (nur ein einziger von ihnen gehörte dem Fachbereich Mathematik und Physik an) der Sabotage beschuldigt worden war, verließ Franck die Universität widerstrebend und nahm eine Stelle in den USA an. Bemerkenswert war die Reaktion der medizinischen Fakultät Heidelberg auf die Entlassung jüdischer Kollegen: In einer offiziellen, an das badische Kultusministerium gerichteten Erklärung vom 5. April 1933 verwies der Vorsitzende, Richard Siebeck, auf die Beiträge von Juden zur Wissenschaft der Medizin und kritisierte die »impulsive Gewalt«, die sich über die Autonomie und die Verantwortung der Universität hinwegsetze.[81] Sein Beispiel und das seiner Fakultät fanden nur wenige Nachahmer an anderen Hochschulen. Die meisten nichtjüdischen Wissenschaftler, die geblieben waren, versuchten mit Max Planck an ihrer Spitze die Integrität und die politische Neutralität der wissenschaftlichen Forschung zu bewahren, indem sie sich oberflächlich dem Regime anpaßten. Planck begann Besprechungen der Kaiser-Wilhelm-Gesellschaft mit dem Hitlergruß zu eröffnen, um auf diese Weise weitere Entlassungen zu verhindern. Der Physiker Werner Heisenberg, der für seine Entwicklung der Quantenmechanik den Nobelpreis erhalten hatte, hielt es für wichtig, in Deutschland zu bleiben, um die wissenschaftlichen Werte zu bewahren.[82]

Die große Mehrheit der deutschen Professoren blieb im Amt. Überwiegend konservativ in ihrer politischen Orientierung, teilten sie im großen und ganzen die Auffassung der DNVP, dem Koalitionspartner Hitlers, daß die Weimarer Demokratie eine Katastrophe und eine Wiederherstellung der alten Hierarchien und Strukturen längst überfällig gewesen sei. Viele begrüßten den nationalsozialistischen Staat vorbehaltlos, insbesondere Sozial- oder Humanwissenschaftler. Am 3. März erließen etwa 300 Universitätslehrer einen Aufruf an die Wähler, die NSDAP zu unterstützen, und im Mai unterzeichneten 700 einen Aufruf zugunsten Hitlers und des nationalsozialistischen Staates. An der Universität Heidelberg rechtfertigte der Soziologe Arnold Bergsträsser die vom Regime angestrebte Einheit von Volk und Staat als eine Möglichkeit, das offensichtliche Scheitern der Demokratie zu überwinden; während der Jurist Walter Jellinek die »Revolution« von 1933 als zwar antiliberal, jedoch nicht antidemokratisch verteidigte und erklärte, die Bürger erlangten die Würde ihres ganzen Menschseins erst durch ihre Unterwerfung unter den Staat. Als Mitglied der Deutschen Volkspartei und weit rechts stehender Gegner der Weimarer Republik stellte sich Jellinek hinter die judenfeindlichen Maßnahmen des Regimes, weil damit der übermäßige Andrang zu den universitären Lehrstühlen eingedämmt werde. Außerdem lehrte er, die Macht Hitlers werde durch die Existenz weiterer Machtzentren im Reich begrenzt werden. Jellinek, Jude auch er, wurde im Lauf der nationalen Revolution, die er so begeistert begrüßt hatte, seines Postens enthoben. Andere Professoren in derselben Fakultät forderten, das Gesetz müsse Ausdruck der Volksseele sein, und die Richter müßten ihre Urteile im Einklang mit der NS-Ideologie fällen. Ein Germanistikprofessor in Heidelberg erklärte, die nationale Revolution habe dem Studium der deutschen Sprache eine neue, patriotische Bedeutung verliehen. Er verurteilte das »jüdische Denken« und die »jüdische Literatur«, weil sie den »Lebenswillen« Deutschlands untergrüben.[83]

Es dauerte nicht lange, bis die gleichgeschalteten Kultusministerien der Länder nicht nur für Berufungen an Lehrstühle, sondern auch für Forschung und Lehre politische Maßstäbe verbindlich machten. Der Reichsminister für Wissenschaft, Erziehung und Volksbildung Bernhard Rust behielt sich auf diesem Gebiet umfassende Befugnisse vor. Die Nationalsozialisten interessierten sich wenig für die traditionelle Freiheit von Lehre und Forschung oder die Werte der traditionellen Universität. Als der Vorstandsvorsitzende der I. G. Farben, der Chemiker und Nobelpreisträger Carl Bosch, im Sommer 1933 bei Hitler vorsprach und sich über den Schaden an den wissenschaftlichen Interessen Deutschlands aufgrund der Entlassung der jüdischen Professoren beklagte, wurde er barsch abgefertigt. Der Besucher wies darauf hin, daß der Anteil der Entlassungen in der Physik mit 26 Prozent der Professoren besonders hoch sei, darunter elf Nobelpreisträger, aber auch in der Chemie, wo er bei 13 Prozent lag, das sei ein schwerer Schlag für die deutsche Wissenschaft. Hitler unterbrach den Nobelpreisträger brüsk mit den Worten, er verstehe eben nichts von der Sache, und Deutschland werde notfalls in den nächsten hundert Jahren auch ohne Physik und Chemie auskommen; dann klingelte er nach seinem Adjutanten und sagte ihm, daß Bosch gehen wolle.[84]

III

Es waren vor allem die Studenten, die den Gleichschaltungsprozeß an den Universitäten vorantrieben. Sie organisierten Kampagnen gegen unerwünschte Professoren in den Lokalzeitungen, inszenierten massive Störungen ihrer Vorlesungen und standen an der Spitze von SA-Abteilungen bei Haussuchungen und Razzien. Eine weitere Taktik der Studenten bestand darin, die politische Unzuverlässigkeit von Professoren dadurch deutlich zu machen, daß sie die Verabredung trafen, nur Vorlesungen von politisch korrekten Lehrern wie Martin Heidegger zu besuchen. An der Universität Heidelberg störte ein NS-Aktivist die Arbeit des Physikers Walter Bothe, indem er eine Abteilung SS-Männer über längere Zeit auf dem Dachboden seines Instituts, unmittelbar über seinem Arbeitszimmer marschieren ließ.[85] In einer Universität nach der anderen wurden angesehene Rektoren und bewährte Verwaltungsbeamte an den Rand gedrängt, um Platz für häufig mittelmäßiges Personal zu schaffen, deren einzige Qualifikation für die von ihnen eingenommene Stelle die Mitgliedschaft in der NSDAP und die Unterstützung vom Nationalsozialistischen Deutschen Studentenbund waren. Ernst Krieck, ein überzeugter NS-Theoretiker, wurde 1933 Rektor der Universität Frankfurt; bis zu seiner plötzlichen Beförderung war er ein zweitrangiger Professor an der Pädagogischen Hochschule in Frankfurt gewesen.[86] An der Technischen Hochschule Darmstadt zog der Privatdozent Karl Lieder, der im Frühjahr 1933 in die NSDAP eingetre-

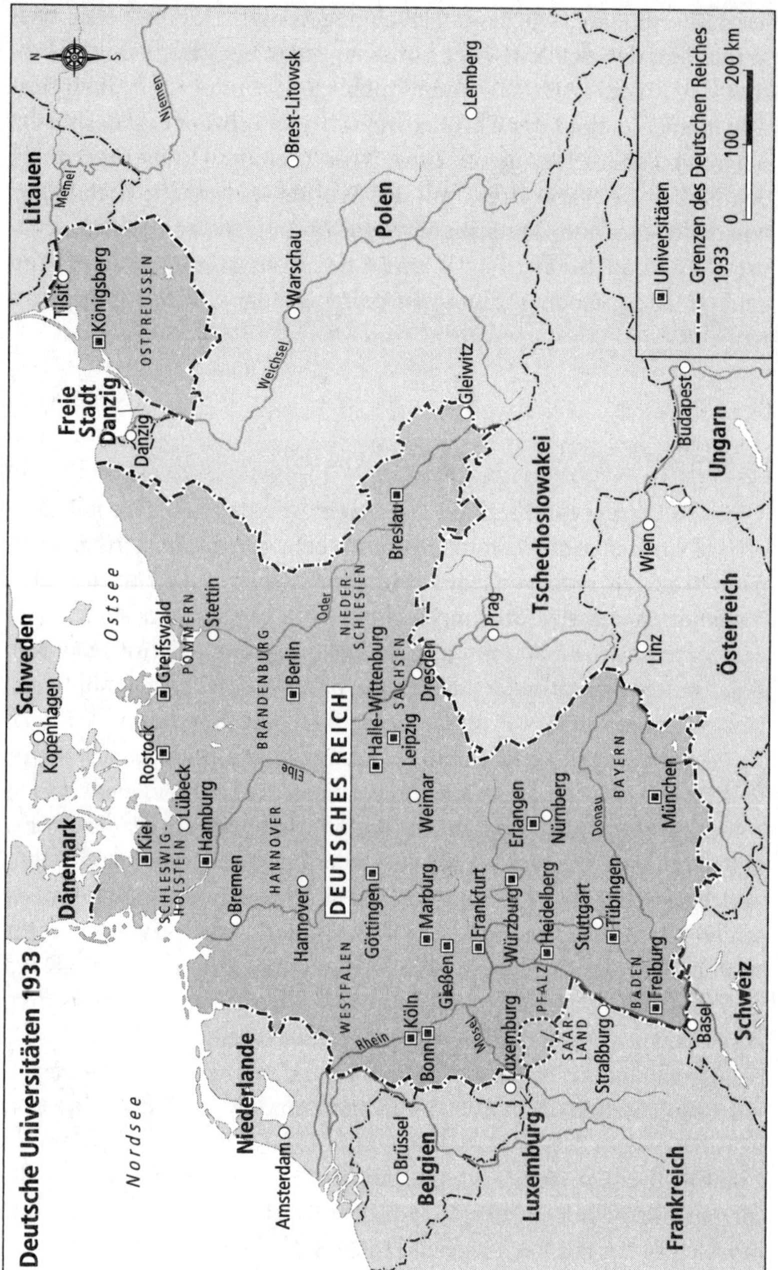
Deutsche Universitäten 1933
Universitäten
Grenzen des Deutschen Reiches 1933
0
100
200 km
N
S
DEUTSCHES REICH
Nordsee
Ostsee
Dänemark
Schweden
Litauen
Freie Stadt Danzig
Polen
Tschechoslowakei
Ungarn
Österreich
Schweiz
Frankreich
Luxemburg
Belgien
Niederlande
OSTPREUSSEN
POMMERN
BRANDENBURG
SCHLESWIG-HOLSTEIN
HANNOVER
WESTFALEN
NIEDER-SCHLESIEN
SACHSEN
BAYERN
BADEN
PFALZ
SAAR-LAND
Amsterdam
Brüssel
Luxemburg
Straßburg
Basel
Köln
Bonn
Gießen
Marburg
Göttingen
Hannover
Bremen
Hamburg
Kiel
Lübeck
Rostock
Greifswald
Stettin
Berlin
Halle-Wittenberg
Leipzig
Weimar
Dresden
Frankfurt
Würzburg
Heidelberg
Stuttgart
Tübingen
Freiburg
Erlangen
Nürnberg
München
Breslau
Gleiwitz
Danzig
Königsberg
Tilsit
Kopenhagen
Prag
Linz
Wien
Budapest
Warschau
Brest-Litowsk
Lemberg
Rhein
Mosel
Elbe
Oder
Donau
Weichsel
Memel
Njemen

ten war, den Zorn seiner Kollegen im Fach Architektur auf sich, weil er im Mai eine Denkschrift über den Lehrkörper der Architekturabteilung mit scharfen politischen und persönlichen Beurteilungen seiner Kollegen der Gauleitung übergeben hatte. Die übergab die Schrift dem hessischen Kultusminister, der sie an den Rektor der TH weiterleitete. Der Senat der TH entzog Lieser die Lehrbefugnis, ersuchte das Ministerium, ihn zu entlassen, und schloß die Hochschule vorübergehend aus Protest. Am nächsten Tag öffnete der NSDStB die Tore zur Hochschule wieder und besetzte sie mit SA-Posten, während das Ministerium den Darmstädter Bürgermeister zum kommissarischen Kanzler der TH ernannte. Unter diesem Druck beugten sich die Professoren. Lieser erhielt die Lehrbefugnis zurück und wurde 1934 außerordentlicher Professor, 1938 Rektor. Die Ereignisse hatten ihre Parallelen an allen Universitäten Deutschlands und bezeichneten eine Schmälerung der traditionellen Stellung der Professoren. »Wir Jungen haben die Hochschule in der Hand«, erklärte der NSDStB-Hochschulgruppenführer in Leipzig, Eduard Klemt, »und können daraus machen, was wir wollen.«[87]

Die im NSDStB organisierten Studenten begnügten sich nicht damit, die Gleichschaltung der Professorenschaft voranzutreiben. Sie verlangten eine offizielle Beteiligung an der Berufung von Professoren und eine Vertretung in den Disziplinarausschüssen, womit sie im Widerspruch zum Führerprinzip standen. Im Sommer 1933 begannen die gleichgeschalteten Kultusministerien und Universitätsbehörden gegen die Unordnung vorzugehen, verboten den Studenten, mißliebige Bücher aus der Bibliothek zu entfernen und zu zerstören, und vereitelten einen Plan der Deutschen Studentenschaft, in jeder Universitätsstadt einen Pranger aufzustellen, an den die Veröffentlichungen »undeutscher« Professoren genagelt werden sollten. Kein Student wurde in den ersten sechs Monaten disziplinarisch für ein unbotmäßiges Verhalten bestraft, das politisch motiviert war, trotz der massiven Störungen und der Gewalt, die während dieser Zeit den Universitätsbetrieb praktisch lahmlegten. Jetzt erklärte das preußische Kultusministerium, es sei die Pflicht der Studentenschaft, »jedes ihrer Mitglieder zu Disziplin und Ordnung anzuhalten«.[88] Zuvor jedoch führten die Studenten ihren eindrücklichsten und berüchtigtsten Schlag gegen die intellektuelle Freiheit und die akademische

Autonomie, eine Tat, die in der ganzen Welt ihren Widerhall fand und noch immer aus der Erinnerung wachgerufen wird, wenn Menschen heute an den Nationalsozialismus denken.

Am 10. Mai 1933 organisierten deutsche Studenten in 19 Universitätsstädten in ganz Deutschland eine »Aktion wider den undeutschen Geist«. Sie stellten eine Liste »undeutscher« Bücher zusammen, raubten sie aus allen Bibliotheken und Leihbüchereien, die für sie zugänglich waren, trugen sie zu einem Haufen auf einem öffentlichen Platz zusammen und setzten sie in Brand. In Berlin wohnte Goebbels, von Studenten eingeladen, der Verbrennung bei. Wörtlich sagte er ihnen: »Und deshalb tut ihr gut daran, um diese mitternächtliche Stunde den Ungeist der Vergangenheit den Flammen anzuvertrauen. Es ist eine starke, große und symbolische Tat ...«[89] Eines nach dem anderen wurden die Bücher auf den Scheiterhaufen des Geistes geworfen, begleitet von »Feuersprüchen« wie: »Gegen Klassenkampf und Materialismus, für Volksgemeinschaft und idealistische Lebenshaltung! Ich übergebe der Flamme die Schriften von Marx und Kautsky. Gegen Dekadenz und moralischen Verfall! Für Zucht und Sitte in Familie und Staat! Ich übergebe der Flamme die Schriften von Heinrich Mann, Ernst Glaeser und Erich Kästner.« Die Werke Sigmund Freuds wurden verbrannt wegen ihrer »seelenzerfasernden Überschätzung des Trieblebens«, die Bücher des populären Historikers und Biographen Emil Ludwig wegen »Herabwürdigung [der] großen Gestalten« der deutschen Geschichte, die Schriften der pazifistischen Journalisten Kurt Tucholsky und Carl von Ossietzky wegen ihrer »Frechheit und Anmaßung«. Der Roman von Erich Maria Remarque *Im Westen nichts Neues* wurde ins Feuer geworfen »gegen literarischen Verrat am Soldaten des Weltkrieges, für Erziehung des Volkes im Geist der Wahrhaftigkeit«. Die Deutsche Studentenschaft erließ »Zwölf Thesen wider den undeutschen Geist« als Begleittext zu der Aktion und forderte die Einführung einer Zensur und die Säuberung der Bibliotheken. Sie erklärte: »Unser Widersacher ist der Jude und der, der ihm hörig ist.«[90]

Am 12. März hatten SA-Leute in einem Vorspiel zu dieser Aktion bereits die Bibliothek des Gewerkschaftszentrums in Heidelberg geplündert und einen Teil der Bücher in einem kleinen Haufen vor dem Gebäude verbrannt. Bereits am 6. Mai war, wie geschildert, als Vorbereitung auf eine solche Aktion die Institutsbibliothek des Sexualforschers Magnus Hirschfeld von SA-Leuten zertrümmert worden. Doch die Bücherverbrennung vom 10. Mai erfolgte in einem weitaus größeren Maßstab, und sie war wesentlich besser vorbereitet. Seit Mitte April hatten Studenten mit Blick auf das geplante Vorhaben Buchhandlungen und Bibliotheken aufgesucht. Einige Buchhändler weigerten sich, in ihren Schaufenstern Plakate anzubringen, mit denen auf die Aktion hingewiesen wurde, viele andere fühlten sich von den Drohungen der Studenten so eingeschüchtert, daß sie nachgaben. In Heidelberg, wo die Bücherverbrennung am 17. Mai stattfand, veranstalteten die Studenten einen Fackelzug, begleitet von SA- und SS-Leuten sowie Stahlhelmern und Mitgliedern schlagender Verbindungen, und warfen Bücher, Abzeichen von Kommunisten und Sozialdemokraten in die Flammen. Dazu sangen sie das Horst-Wessel-Lied und die Nationalhymne. Die Studenten hielten Ansprachen, in denen sie die Aktion als einen Schlag »wider den undeutschen Geist« darstellten, für den Autoren wie Emil Julius Gumbel standen, der Statistiker, der die politischen Morde von links und rechts während der Weimarer Republik einander gegenübergestellt hatte und im Sommer 1932 von seinem Lehrstuhl vertrieben worden war. Die Weimarer Republik habe diesen »jüdisch-subversiven« Geist in sich aufgenommen, jetzt werde er endgültig der Geschichte überantwortet.[91]

All dies markierte den Höhepunkt einer großangelegten Aktion »wider den undeutschen Geist«, die bereits Wochen zuvor vom Reichspropagandaministerium in die Wege geleitet wurde.[92] Wie so oft in der Geschichte des Dritten Reichs wurde die scheinbar spontane Aktion zentral organisiert, allerdings diesmal nicht von Goebbels, sondern von der Deutschen Studentenschaft. Der für die Säuberung der öffentlichen Berliner Bibliotheken zuständige NS-Funktionär stellte beflissen eine Liste der zu verbrennenden Bücher zusammen, und das Zentralbüro der Deutschen Studentenschaft verfaßte und verteilte die Texte, die bei der Verbrennung gesprochen werden sollten. Auf diese Weise sorgte die nationalsozialistisch dominierte Deutsche Studentenschaft dafür, daß die Bücherverbrennung in allen Universitätsstädten, in denen sie durchgeführt wurde, einen weitgehend ähnlichen Verlauf nahm.[93] Und wo die Studenten führten, folgten andere nach. Bei einer Sonnwendfeier 1933 in der Kleinstadt Neu-Isenburg beispielsweise sah eine große Zuschauermenge zu, wie »marxistische« Literatur auf einem offenen Platz hinter der Feuerwache in einem großen Haufen verbrannt wurde. Während der Frauenturnverein der Stadt um das Feuer tanzte, hielt der Ortsgruppenleiter der NSDAP eine Rede, danach sangen alle Anwesenden gemeinsam das Horst-Wessel-Lied. Nicht nur die Gebildeten wollten Bücher verbrennen.[94]

Die Bücherverbrennung durch die Nationalsozialisten berief sich bewußt auf ein Ritual radikaler nationalistischer Studenten, die damit am 18. Oktober 1817 des 300. Jahrestags von Luthers Thesenanschlag in Wittenberg gedacht hatten. Am Ende jener Feiern hatten die Studenten Symbole der Autorität und »undeutsche Bücher« wie den *Code Napoléon* in ein Feuer geworfen und auf diese Weise symbolisch hingerichtet. Die Aktion mochte einen Präzedenzfall im deutschen Kanon nationalistischer Demonstrationen darstellen, aber tatsächlich hatte sie nur wenig gemeinsam mit ihrer Nachahmung 1933, da ein Hauptanliegen des Wartburgfests darin bestanden hatte, Solidarität mit Polen zu bekunden und für die deutsche Pressefreiheit zu demonstrieren, die durch eine strenge Zensur des von Fürst Metternich inspirierten Polizeiregimes eingeschränkt wurde. Als die Flammen am 10. Mai 1933 an Deutschlands Bildungsstätten in den Himmel loderten, unterstützt oder geduldet von den gerade erst gleichgeschalteten Universitätsbehörden, da müssen aber mehr als nur einige wenige sich an Heines Kommentar zu jenem früheren Ereignis vor über hundert Jahren erinnert haben: »Dort wo man Bücher verbrennt, verbrennt man am Ende auch Menschen.«[95]

IV

Inmitten all der Brutalität des Angriffs der Nationalsozialisten auf die Zivilgesellschaft in den ersten Monaten des Jahres 1933 standen die deutschen Juden. Die Nationalsozialisten betrachteten die Juden vor allem als Träger eines fremden, »undeutschen« Geistes und ihre Entfernung aus ihren bisherigen Stellungen als Teil einer Kulturrevolution, die in Deutschland das »Deutschtum« wiederherstellen sollte. Es war kein Zufall, daß Hitler und die Führung der NSDAP in ihren Reden und Proklamationen den Künsten und dem kulturellen Leben so viel Aufmerksamkeit widmeten. Kultur war für sie kein marginaler oder untergeordneter Lebensbereich; sie gehörte nicht zu den Randbezirken der Politik, weit abseits der großen politischen Fragen des Tages, sondern war im Gegenteil der zentrale, wichtigste Bereich der Politik, zentral für ihre Überzeugungen und für ihre Absichten. War erst einmal der Kultur revolutioniert, so ihr Credo, würde alles andere nachfolgen. Und eine Revolutionierung der deutschen Kultur bedeutete zunächst und vor allem die Entfernung der Juden.

Für die Nationalsozialisten waren »die Juden« noch mehr als für andere Gruppen auf der äußersten Rechten ein vielseitig verwendbarer Sündenbock, der zunehmend für alles herhalten mußte, was ihnen hassenswert war, und der all dies auf einen einfachen, physischen, leicht anzugreifenden gemeinsamen Nenner brachte: Kommunismus und Finanzkapitalismus, Sozialdemokratie und Liberalismus, Pazifismus und internationale Verständigung, Kompromißbereitschaft und Toleranz, Homosexualität und Frauenemanzipation, kritische Publizistik, Satire und Kabarett, sexuelle Emanzipation und persönliche Freiheit, atonale Musik und abstrakte Malerei, experimentelle Literatur und konkrete Poesie. Das alles bündelten die Nationalsozialisten in einer einzigen paranoiden Phantasievorstellung, in der die Entfernung der Juden aus der deutschen Gesellschaft und aus deutschen Institutionen das Land mit einem Schlag befreien würde. Wenn auch die nationalsozialistische Bewegung ab 1928 in ihren öffentlichen Verlautbarungen den Antisemitismus aus wahltaktischen und politischen Zweckmäßigkeitsgründen herunterzuspielen versuchte, der Haß auf die Juden hatte auch weiterhin innerhalb der Bewegung eine entscheidende, unverzichtbare Funktion, indem er ihre Aggressionen gegen einen gemeinsamen Feind richtete und sie auf diese Weise zusammenband. Die Nationalsozialisten definierten als jüdisch alles, was ihnen fremd oder verhaßt war, das diametrale Gegenteil von dem, was ihrer Überzeugung nach sie selbst waren. Der Antisemitismus war zum wichtigsten identitätsstiftenden Faktor der Bewegung insgesamt geworden, ungeachtet der unterschiedlichen Intensität dieses Hasses bei ihren Anhängern.

Wenn das Hauptziel des Nationalsozialismus in der Wiedergeburt des deutschen Geistes und der Schaffung einer neuen, gereinigten germanischen Rasse bestand, dann erforderte dies in den Augen seiner Anhänger naturnotwendig die radikale Vernichtung von allem, was diesem Prozeß im Wege stand. Gewalt – nicht nur auf nationaler, auch auf internationaler Ebene – setzte die Militarisierung des deutschen Geistes voraus, die Disziplinierung des deutschen Körpers, die Formung deutscher Individuen zu einem einzigen kollektiven Wesen, der Volksgemeinschaft. Diese war für die Nationalsozialisten die Antithese von allem, was die Juden in ihren Augen repräsentierten. Der Antisemitismus war für die Nationalsozialisten das Prisma, durch das sie alles andere betrachteten; ein kultureller Code, der es ihnen ermöglichte, ihr Weltverständnis zu formen und zu formulieren.

1933 kam der Augenblick, in dem sie darangehen konnten, dieses Verständnis in die Kulturrevolution umzusetzen, die von Anfang an ihre Vision gewesen war.[96] Bereits vom ersten Tag der nationalsozialistischen Machtübernahme an bekamen sie die ganze Wucht des aufgestauten Hasses der SA-Männer zu fühlen. Schon im Herbst 1932 hatten SA-Trupps mehrere Bombenanschläge auf jüdische Geschäfte und Unternehmen, Synagogen und andere Gebäude verübt. In den Wochen nach der Ernennung Hitlers zum Reichskanzler brachen SA-Leute in Synagogen ein und entweihten die dort befindlichen rituellen Gegenstände, warfen die Schaufenster von jüdischen Läden ein und unterwarfen Juden willkürlichen Akten der Demütigung, indem sie ihnen etwa die Bärte abrasierten oder sie nach dem Vorbild der italienischen Faschisten zwangen, große Mengen Rizinusöl zu trinken.[97] In der Zeit unmittelbar nach den Wahlen vom 5. März erreichte die Gewaltwelle neue Höhen. Einen Tag nach der Wahl wüteten SA-Horden auf dem Kurfürstendamm, der beliebten Einkaufsstraße in Berlin, in den Augen vieler Nationalsozialisten ein Treffpunkt für Juden, machten Jagd auf jüdische Passanten und verprügelten sie. In Breslau hatte eine Bande von Braunhemden den jüdischen Direktor des Theaters entführt und mit Gummiknüppeln und Hundepeitschen halbtot geschlagen. In Königsberg wurde eine Synagoge in Brand gesteckt und ein jüdischer Geschäftsmann gewaltsam entführt und so bestialisch zusammengeschlagen, daß er an den erlittenen Verletzungen starb. An mehreren Orten beschmierten SA-Banden die Schaufenster jüdischer Geschäfte und hinderten Kunden am Zutritt.[98]

In Breslau überfielen am 11. März SA-Männer jüdische Richter und Anwälte im Gerichtsgebäude. Das Gericht setzte für drei Tage die Verhandlungen aus, und als sie wieder zusammentraten, bestimmte der Gerichtspräsident unter dem Druck der Braunhemden, ab jetzt dürften nur noch 17 der insgesamt 364 jüdischen Anwälte, die bislang in Breslau praktiziert hatten, bei Gericht zugelassen werden. Andere brachen überall in Deutschland in Gerichtsgebäude ein, zerrten jüdische Richter und Anwälte aus Verhandlungen heraus, schlugen sie zusammen und sagten ihnen, sie sollten besser nicht mehr ins Gericht zurückgehen. Hitler rief am 10. März dazu auf, »Einzelaktionen« dieser Art zu unterlassen, wenn sie das Geschäftsleben störten, nachdem Beschwerden aus der Wirtschaft bei ihm eingegangen waren. Hitler zwang persönlich die NSDAP-Führer in Leipzig, einen geplanten Überfall auf das Reichsgericht mit dem Ziel, jüdische Anwälte aus dem Gebäude zu holen, abzubrechen.[99] Bei Aktionen gegen Gerichte unterhalb des Reichsgerichts griff er nicht ein. Die NS-Presse brachte weiterhin fanatische Hetzartikel, die Juden müßten aus dem Justizwesen und den Anwaltskammern entfernt werden, unterstützt durch eine Flut von Petitionen an das Reichsjustizministerium von »nationalen« Anwälten mit entsprechenden Forderungen. Tatsächlich lagen die Dinge so, daß Überfälle auf jüdische Geschäfte für Hitlers Koalitionspartner von der DNVP beunruhigend waren, Angriffe auf jüdische Anwälte im allgemeinen jedoch nicht. Innerhalb der Justiz stießen diese Angriffe auf wenig oder gar keinen Widerstand selbst bei denen, die sie mißbilligten. Der Rechtsreferendar Sebastian Haffner saß in der Bibliothek des Berliner Kammergerichts, als die Braunhemden das Gebäude stürmten und nach Juden durchsuchten, um sie buchstäblich auf die Straße zu setzen.

> »Indem kam eine braune Uniform auf mich zu und machte Front vor mir: ›Sind Sie arisch?‹ Ehe ich mich besinnen konnte, hatte ich geantwortet: ›Ja.‹ Ein prüfender Blick auf meine Nase – und er retirierte. Mir aber schoß das Blut ins Gesicht. Ich empfand, einen Augenblick zu spät, die Blamage, die Niederlage. … Welche Schande, damit zu erkaufen, daß ich hier hinter meinem Aktenstück in Frieden gelassen würde!«[100]

Der Aufruf Hitlers vom 10. März hatte ein vorübergehendes Nachlassen der gewalttätigen Ausschreitungen zur Folge, ohne ihnen wirklich Einhalt gebieten zu können. Gut 14 Tage später flammten sie erneut auf. Am 25. März 1933 brachen 30 ortsfremde SA-Leute in jüdische Wohnungen in Niederstetten in Südwestdeutschland ein, schleppten die Männer in das Rathaus und mißhandelten sie mit hemmungsloser Brutalität. An demselben Morgen hatte ein ähnlicher Vorfall im nahe gelegenen Creglingen zum Tod von zwei von 18 Juden geführt, denen in ähnlicher Weise mitgespielt wurde. In Wiesbaden warfen Gruppen von Jugendlichen die Schaufenster von jüdischen Geschäften ein. In Niederbayern hieß es in einem amtlichen Bericht:

> »... Am 15. ds. Mts., früh gegen 6 Uhr, erschienen in einem Kraftwagen mehrere Männer in dunkler Uniform in der Wohnung des israelitischen Gemüsehändlers Otto Selz in Straubing. Selz wurde von ihnen in Nachtkleidern aus der Wohnung geholt und im Kraftwagen entführt. Etwa um 9.30 [Uhr] wurde Selz in einem Wald bei Meng, Bezirksamt Landshut, erschossen aufgefunden ... Mehrere Leute wollen bei Insassen des Wagens die rote Armbinde mit dem Hakenkreuz gesehen haben ...«[101]

In den Zwischenfällen kamen spontan Haß, Wut und die Gewalttätigkeit zum Ausdruck, die dem Nationalsozialismus auf allen Ebenen innewohnten. Die Brutalität der SA-Männer hatte sich bislang in der Hauptsache gegen das Reichsbanner und den Roten Frontkämpferbund gerichtet, doch nach dem Wahlsieg der NSDAP wurde sie in alle Richtungen entfesselt. Durch keine Intervention der Polizei oder eine ernstzunehmende Androhung strafrechtlicher Folgen in Schach gehalten, machte sie sich vor allem in Gewalttaten gegen Juden Luft. Während sie auf der einen Seite den Gewalttaten Einhalt gebieten wollte, heizte die Führung der NSDAP sie auf der anderen Seite mit ihren Hetzparolen und andauernden antisemitischen Schmähungen in der NS-Presse – angeführt von Julius Streichers *Der Stürmer* – immer wieder neu an.[102] Nach einer zweifellos zu niedrigen Schätzung hatten SA-Leute bis Ende Juni 1933 43 Juden ermordet.[103]

Die Vorfälle blieben im Ausland nicht unbemerkt. Korrespondenten der Auslandspresse in Berlin berichteten, sie hätten Juden mit blutüberströmtem Gesicht auf den Straßen Berlins liegen sehen, nachdem sie sinnlos verprügelt worden waren. In der britischen, französischen und amerikanischen Presse erschienen die ersten kritischen Berichte.[104] Am 26. März sagte der konservative Außenminister von Neurath dem amerikanischen Journalisten Louis P. Lochner, diese »Greuelpropaganda«, die ihn an die belgischen Mythen über die Greuel deutscher Soldaten bei der Invasion 1914 erinnerten, sei höchstwahrscheinlich Teil einer geplanten Kampagne von Falschinformationen, die sich gegen die deutsche Regierung richte, Revolutionen würden nun einmal von »gewissen Übergriffen« begleitet. Hitler selbst bezeichnete die Meldungen unverhohlen als »jüdische Greuelhetze«. Während einer Besprechung mit Goebbels, Himmler und Streicher in Berchtesgaden am selben Tag beschloß Hitler, die antisemitischen Energien der unteren Ränge der Partei zu kanalisieren und in einer konzertierten Aktion zu bündeln. Am 28. März wies er die Partei auf allen Ebenen an, einen Boykott jüdischer Geschäfte, Waren, Ärzte und Rechtsanwälte vorzubereiten, der am 1. April durchgeführt werden sollte. Am nächsten Tag wurde diese Aktion vom Kabinett gebilligt.[105] Dabei handelte es sich keineswegs um eine spontane Reaktion auf die »Greuelpropaganda« aus dem Ausland, sondern um ein seit langem in NS-Kreisen erörtertes Unternehmen, das zumal von jenen befürwortet wurde, die »jüdischen« Großunternehmen wie Warenhäusern und Finanzinstituten feindselig gegenüberstanden. »Man muß ihnen zeigen«, schrieb Goebbels in sein Tagebuch, »daß man zu allem entschlossen ist.«[106]

Der Centralverein deutscher Staatsbürger jüdischen Glaubens ersuchte in einem Telegramm an das American Jewish Committee in New York darum, alle »Demonstrationen mit feindseligem Charakter gegenüber Deutschland« abzusagen. Das Ansinnen wurde zurückgewiesen, obwohl die Meinung der amerikanischen Juden in dieser Frage gespalten war. Auf Protestveranstaltungen in mehreren amerikanischen Großstädten am 27. März folgte eine Kampagne zur Boykottierung deutscher Produkte, die in den Monaten nach dem 1. April zunehmend erfolgreich war.[107] Das trug jedoch lediglich dazu bei, Goebbels in seiner Auffassung zu bestärken, daß der Boykott »in aller Schärfe« durchgeführt werden müsse. »Geht die Hetze im Ausland zu Ende«, setzte er hinzu, »dann wird er abgestoppt, im anderen Falle beginnt dann der Kampf bis aufs Messer. Nun sollen die deutschen Juden auf ihre Rassegenossen in der Welt einwirken, damit es ihnen hier nicht an den Kragen geht.« Am 1. April fuhr Goebbels durch Berlin und notierte danach:

> »Alle Judengeschäfte sind geschlossen. Vor den Eingängen stehen SA-Posten. Das Publikum hat sich überall solidarisch erklärt. Es herrscht eine musterhafte Disziplin. Alles verläuft in vollster Ruhe, auch im Reich ... Nachmittags sind im Lustgarten 150 000 Arbeiter aufmarschiert, die mit uns gegen die Hetze im Ausland Protest einlegen. Es herrscht eine unbeschreibliche Siedestimmung ... Abends marschieren ebenda 100 000 Hitlerjungens auf. ... Der Boykott ist für Deutschland ein großer moralischer Sieg.«

Und am 2. April konnte er befriedigt feststellen: »Das Ausland kommt allmählich zur Vernunft.«[108]

»Deutsche! Kauft nicht in jüdischen Kaufhäusern und Geschäften!«, prangte auf den Plakaten, die den Passanten sagten, sie sollten keine jüdischen Anwälte und Ärzte in Anspruch nehmen, und sie über den angeblichen Grund der Aktion informierten: »Der Jude hetzt im Ausland gegen uns.« Mit ähnlichen Plakaten beklebte Lastwagen fuhren mit Braunhemden auf der Ladefläche durch die Straßen, und Einheiten der SA und des Stahlhelms standen drohend vor den Türen jüdischer Einzelhändler und ließen sich von Kunden, die einen Laden betreten wollten, den Ausweis zeigen. Viele nichtjüdische Läden teilten ihren Kunden auf Plakaten mit, dies sei ein »anerkanntes deutsch-christliches Geschäft«. Die NS-Führung erteilte die Anweisung, Aktionen gegen Juden zentral zu koordinieren, so daß die SA keine individuellen Gewalttaten verüben durfte. Tatsächlich vermieden die aktiv am Boykott beteiligten SA-Männer in der Mehrzahl öffentliche Ruhestörungen und beschränkten sich auf Drohungen und Einschüchterungen. Vielerorts schmierten SA-Leute Parolen auf die Schaufenster und warfen in einigen Orten Schaufenster ein, plünderten Läden, verhafteten Passanten, die protestiert hatten, oder trieben jüdische Ladenbesitzer durch die Straßen und mißhandelten sie, wenn sie vor Erschöpfung zu Boden stürzten.[109]

Vor den jüdischen Geschäften in den Großstädten sammelten sich Menschenmengen, doch entgegen den Berichten in der NS-Presse zeigten die Menschen keine Wut auf die Juden, sondern verhielten sich überwiegend passiv und schweigend. An manchen Stellen, so zum Beispiel vor zwei Kaufhäusern in München, kam es zu kleinen Gegendemonstrationen von Passanten, die zum Teil das Parteiabzeichen trugen und versuchten, an den SA-Posten vorbei in das Kaufhaus zu gelangen. In Hannover versuchten entschlossene Kunden, sich mit Gewalt Zutritt zu verschaffen. In den meisten Fällen blieben die Kunden jedoch den boykottierten Geschäften fern. Insofern war der Boykott für die Organisatoren ein Erfolg. Andererseits gab es einige kleinere Städte, wo es gar nicht erst gelang, den Boykott durchzusetzen. Überall in Deutschland öffneten die jüdischen Ladeninhaber an diesem Tag ihre Geschäfte gar nicht erst, manche gewiß auch, weil es eben ein Samstag war. Es gab viele Kunden, die zum Verdruß der NS-Presse angesichts des bevorstehenden Boykotts ihre Einkäufe in jüdischen Geschäften schon einen Tag zuvor erledigten. Victor Klemperer hörte am Tag vor dem Boykott mit an, wie sich ein junger Soldat und seine Freundin im Kino über die Reklame für ein jüdisches Textilgeschäft unterhielten: »Er: ›Eigentlich sollte man nicht beim Juden kaufen.‹ Sie: ›Es ist aber so furchtbar billig.‹ Er: ›Dann ist es schlecht und hält nicht.‹ Sie, überlegend, ganz sachlich, ohne alles Pathos: ›Nein, wirklich, es ist ganz genau so gut und haltbar, wirklich ganz genau so wie in christlichen Geschäften – und so viel billiger.‹«[110]

Von dem Boykott waren nur kleine jüdische Geschäfte betroffen, die großen jüdischen Firmen, gegen die sich die verbalen Angriffe der Nationalsozialisten im Lauf der Jahre hauptsächlich gerichtet hatten, wurden wegen ihrer Bedeutung für die nationale Wirtschaft verschont, auch weil sie gezwungen gewesen wären, Arbeiter zu entlassen, wenn der Boykott sich tatsächlich gravierend auf ihre wirtschaftliche Lage ausgewirkt hätte. Allein die Kaufhauskette Tietz hatte 14 000 Arbeitnehmer und Arbeitnehmerinnen. Die NS-Betriebszelle im Ullstein-Verlag schrieb an Hitler, zwar sei das Unternehmen vom Boykott am 1. April ausgenommen worden, doch das Verbot vieler seiner Publikationen gefährde die wirtschaftliche Existenz Tausender »braver Volksgenossen«, was die wirtschaftlichen Gefahren der neuen Politik deutlich machte.[111] Das alles läßt den Boykott in einem weniger eindrucksvollen Licht erscheinen, als Goebbels behauptet hatte. Das Fehlen einer öffentlichen Opposition gegen die Aktion war auffällig, dasselbe galt aber auch für das Fehlen einer öffentlichen Begeisterung, eine Mischung, die sich in späteren Jahren wiederholen sollte, wenn die Regierung antisemitische Maßnahmen ergriff. In der Erkenntnis der Probleme, die der Boykott aufwarf, sowohl im Hinblick auf die Wirtschaft als auch die Reputation des Regimes im Ausland, gaben Hitler und die Parteiführung, die privat einräumten, daß er kein besonderer Erfolg gewesen sei, die Idee einer Fortsetzung im nationalen Maßstab wieder auf, obwohl die amerikanische Presse in den folgenden Wochen und Monaten auch weiterhin »Greuelgeschichten« über Gewalttaten von Nationalsozialisten gegen Juden brachte. Doch die Idee eines Boykotts schlug in der NS-Bewegung Wurzeln. In den folgenden Monaten forderten viele Lokalzeitungen wiederholt ihre Leser auf, nicht mehr »beim Juden« zu kaufen, während Parteiaktivisten in einer ganzen Reihe von Städten »Wachen« vor jüdischen Geschäften, Anwaltskanzleien und Arztpraxen aufstellten und Briefaktionen organisierten, bei denen zuvor namentlich erfaßte Kunden jüdischer Geschäfte »auf das Schändliche« ihrer Tat und die möglichen Konsequenzen hingewiesen wurden.[112]

V

Ein Hauptzweck des Judenboykotts bestand darin, dem Fußvolk der NSDAP zu verdeutlichen, daß die antisemitische Politik zentral koordiniert und, wie Hitler schon viele Jahre früher geschrieben hatte, in einer »rationalen« Weise durchgeführt werden mußte und nicht durch spontane Pogrome und Gewaltakte. Der Boykott war ein erster Schritt auf dem Weg zu einer Legalisierung oder Pseudolegalisierung der nationalsozialistischen Judenpolitik zur Verwirklichung des Programms der NSDAP, gemäß dem Juden keine »Volksgenossen« waren und somit auch keine Staatsbürger sein konnten. Knapp eine Woche nach dem Boykott, am 7. April 1933, schuf das Gesetz zur Wiederherstellung des Berufsbeamtentums die Grundlage, neben den Kommunisten und anderen politisch unzuverlässigen Individuen im Staatsdienst auch die Juden auszuschließen. »Nichtarische« Beamte, die in der 1. Verordnung zum Gesetz zur Wiederherstellung des Berufsbeamtentums vom 11. April als Personen definiert wurden, die mindestens einen Eltern- oder Großelternteil hatten, der der jüdischen Religion angehörte, waren in den sofortigen Ruhestand zu versetzen. Davon ausgenommen waren (auf einen ausdrücklichen Wunsch Hindenburgs) Kriegsveteranen und Personen, die einen Vater oder einen Sohn an der Front verloren hatten oder bereits vor dem Ersten Weltkrieg Beamte waren. Das Gesetz wurde hauptsächlich von Wilhelm Frick vorangetrieben, dem nationalsozialistischen Reichsinnenminister, der bereits 1925 als einfacher Reichstagsabgeordneter einen ähnlichen Gesetzesvorschlag eingebracht hatte. Es koordinierte im bekannten Muster Maßnahmen, die bereits auf der regionalen und kommunalen Ebene abliefen, wo jüdische Beamte seit einigen Wochen entlassen wurden. Auf jüdische Anwälte wurden ähnliche Bestimmungen angewandt, die zur selben Zeit im Reichsjustizministerium ausgearbeitet und in ein eigenes, am selben Tag erlassenes Gesetz aufgenommen wurden. Ein am 25. April erlassenes »Gesetz gegen die Überfüllung der deutschen Schulen und Hochschulen« reduzierte den Zustrom qualifizierter deutscher Juden in die akademischen Berufe, indem es die Aufnahme jüdischer Schüler und Studenten in jeder deutschen Schule und Universität auf 1,5 Prozent aller neuen Bewerber beschränkte. Die Gesamtzahl der jüdischen Schüler bzw. Studenten in den einzelnen Institutionen durfte 5 Prozent nicht übersteigen. Für die Zulassung jüdischer Anwälte wurden dieselben Ausnahmen gemacht wie bei den Beamten. Infolgedessen waren die anfänglichen Auswirkungen des Gesetzes gering, viele jüdische Juristen konnten ihre Tätigkeit zunächst noch fortsetzen. Unter den jüdischen Rechtsanwälten in ganz Deutschland waren dies 3167 von insgesamt 4585 oder knapp 70 Prozent, unter den jüdischen Richtern und Staatsanwälten waren es 336 von 717.[113] »Ostjuden«, die während der Weimarer Republik in Deutschland eingewandert waren, verloren durch ein Gesetz vom 14. Juli 1933 ihre deutsche Staatsbürgerschaft; die Maßnahme war bereits 1932 von der Regierung Franz von Papen erörtert worden. Das Bündel verschiedener antijüdischer Maßnahmen bedeutete das Ende der rechtlichen Gleichstellung der Juden, die in Deutschland seit 1871 bestanden hatte.[114]

Juden, die weiter in ihren Ämtern und Stellungen belassen wurden, arbeiteten in einer Atmosphäre eines unausgesetzten und ständig wachsenden feindseligen Mißtrauens. Die Gesetze lösten eine Welle von Denunziationen aus, denen ebenso politische wie persönliche Motive zugrunde lagen, und viele Rechtsanwälte, Beamte und Angestellte im öffentlichen Dienst waren verpflichtet, ihre Ahnenreihe nachzuweisen oder sich einer medizinischen Untersuchung auszusetzen, mit der ihre rassische Zugehörigkeit ermittelt werden sollte. Minister und Abteilungsleiter im Beamtenapparat standen jeder weiteren Tätigkeit von Juden in den von ihnen geleiteten Institutionen ablehnend gegenüber. Konservative Staatssekretäre und hohe Beamte im preußischen Innenministerium, waren ebenso begeisterte Anhänger judenfeindlicher Maßnahmen wie ihre nationalsozialistischen Kollegen. Schließlich waren gesetzliche Bestimmungen zur Einschränkung der staatsbürgerlichen Rechte von Juden seit den ersten Jahren nach 1890 Forderungen im Programm der Konservativen, später der Deutschnationalen Volkspartei. Hitler nahm auf etwaige Bedenken dieser Gruppen Rücksicht, eine antisemitische Politik dürfe nicht zu weit gehen, beispielsweise legte er am 7. April sein Veto gegen einen Vorschlag ein, jüdischen Ärzten das Praktizieren zu untersagen, und bemühte sich zu verhindern, daß die Säuberungen sich nachteilig auf die deutsche Wirtschaft auswirkten. Das ändert nichts an der Tatsache, daß die DNVP zu jenem Zeitpunkt uneingeschränkt hinter der Hauptstoßrichtung seiner Politik stand, die Juden aus dem deutschen Wirtschaftsleben auszuschließen.[115]

Wo der Staat führte, folgten andere Institutionen nach. Ein wesentlicher Bestandteil des ganzen Prozesses der Gleichschaltung auf allen Ebenen war der Ausschluß der Juden aus den frisch auf NS-Linie gebrachten Organisationen, vom deutschen Boxer-Verband, der am 4. April alle jüdischen Boxer ausschloß, bis zur restlosen Arisierung der Deutschen Turnerschaft, die am 24. Mai angeordnet wurde. Die ersten Gemeinden verboten Juden den Zutritt zu öffentlichen Einrichtungen wie Sportplätzen.[116] In der niedersächsischen Kleinstadt Northeim, wo 1932 nur 120 Juden lebten, wurde der Boykott vom 1. April anscheinend nur halbherzig durchgeführt, dauerte nur wenige Stunden, und manche jüdischen Ladenbesitzer, Anwälte und Ärzte wurden ganz von ihm verschont. Hier wie auch in vielen anderen Kommunen war die ansässige jüdische Bevölkerung allgemein akzeptiert, und der Antisemitismus der Nationalsozialisten wurde als abstrakte Rhetorik empfunden, die man nicht auf Juden anwenden konnte, die man seit Jahren persönlich kannte. Der Boykott führte allen Gruppen der Gesellschaft mit einem Schlag die Realität vor Augen. Das Einkommen jüdischer Ärzte in Northeim ging zurück, weil die Patienten ausblieben, während Vereine, nicht nur der Schützenverein, sondern auch der Veteranenklub, ihre jüdischen Mitglieder ausschlossen, häufig wegen »Nichterscheinen«, da sich Juden sehr bald aus dem Vereinsleben der Stadt zurückzogen. Viele traten selber aus, bevor man ihnen den Austritt nahelegte. Auf jeden alten Sozialdemokraten, der demonstrativ weiterhin in jüdischen Läden einkaufte, kamen einzelne SA-Leute aus dem Ort, die bei Juden einkauften und anschreiben ließen, ohne später zu bezahlen. Bis zum Spätsommer 1933, nach einer anhaltenden antisemitischen Propaganda der politischen Führung auf allen Ebenen sowie von den Medien, waren Juden in Northeim aus dem gesellschaftlichen Leben ihrer Stadt ausgeschlossen. So wie ihnen erging es Juden auch im übrigen Teil Deutschlands.[117]

Manche Juden redeten sich ein, die antisemitische Welle werde bald wieder verebben, rationalisierten sie oder bemühten sich, sie zu ignorieren. Viele gerieten in einen Zustand des Schocks und der Verzweiflung. Auch wenn man sich an die politische Gewalt bis zum 30. Januar 1933 schon fast gewöhnt hatte, die Tatsache, daß sie jetzt offiziell von der Regierung gebilligt wurde und sich so offen gegen die jüdische Bevölkerung in Deutschland richtete, erzeugte eine Situation, die vielen als etwas völlig Neues erschien. Das Ergebnis war, daß Juden begannen, aus Deutschland auszuwandern, was der Absicht der Nationalsozialisten entsprach. Allein im Jahr 1933 verließen 37 000 Juden das Land. Die jüdische Bevölkerung ging von 525 000 Einwohnern im Januar bis Ende Juni auf knapp unter 500 000 zurück, und dieser Rückgang betraf nur diejenigen, die als Personen »israelitischen« Glaubens registriert waren. In den nächsten Jahren sollten viele weitere folgen. Andere beschlossen dagegen zu bleiben.[118] Für die ältere Generation war es schwierig oder gar unmöglich, im Ausland eine Arbeit zu finden, zumal die meisten Länder noch immer unter der Wirtschaftskrise litten. Sie zogen es vor, die weitere Entwicklung in dem Land abzuwarten, das von jeher ihre Heimat gewesen war. Andere hegten die Illusion, daß die Dinge sich zum Besseren wenden würden, wenn das NS-Regime sich erst einmal gefestigt hatte. Die jugendliche Energie der SA-Männer würde gezähmt werden, die Exzesse der nationalen Revolution würden der Vergangenheit angehören.

Ein jüdischer Bürger, der sich keinerlei Illusionen hingab, war Victor Klemperer. Er beklagte sich in seinem Tagebuch über den »Rechtsterror« schon vor den Wahlen vom 5. März, als dieser noch verhältnismäßig milde war im Vergleich zu dem, was noch kommen sollte. Es war ihm nicht möglich, seinen Freunden zuzustimmen, die sich für die Deutschnationalen aussprachen und das Verbot der KPD begrüßten. Klemperer war bedrückt über ihr Unvermögen, die »wahre Machtverteilung« im Kabinett Hitler zu erkennen. Der Terror während des Wahlkampfs, schrieb er am 10. März, sei nur ein »mildes Prélude« gewesen. Die Gewalt, die Propaganda und der totale Zusammenbruch einer bestehenden politischen Ordnung erinnerten ihn an die Revolution von 1918, nur diesmal unter dem Hakenkreuz. Am 10. März stellte er sich die Frage, wie lange er wohl noch seinen Lehrstuhl an der Universität behalten würde. Eine Woche später schrieb er: »Die Niederlage 1918 hat mich nicht so tief deprimiert wie der jetzige Zustand. Es ist erschütternd, wie Tag für Tag nackte Gewalttat, Rechtsbruch, schrecklichste Heuchelei, barbarische Gesinnung ganz unverhüllt als Dekret hervortritt.« Die Stimmung, notierte er verzweifelt am 30. März, zwei Tage vor dem Boykott, sei

> »wie vor einem Pogrom im tiefsten Mittelalter oder im innersten zaristischen Rußland ... Wir sind Geiseln ... ›Wir‹ – die bedrohte Judenheit. Ich empfinde eigentlich mehr Scham als Angst, Scham um Deutschland. Und ich habe mich wahrhaftig immer als Deutscher gefühlt. Und ich habe mir immer eingebildet: 20. Jahrhundert und Mitteleuropa sei etwas anderes als das 14. Jahrhundert und Rumänien. Irrtum!«

Gleich vielen anderen konservativen deutschen Juden bestand auch Klemperer, der mit den meisten Überzeugungen der Deutschnationalen bis auf deren Antisemitismus sympathisierte, zuerst und vor allem auf seiner deutschen Identität. Sein Bekenntnis zum Deutschtum wurde in den nächsten Monaten und Jahren auf eine harte Probe gestellt.

Deutschland, schrieb Klemperer am 20. März, werde wohl kaum von der neuen Regierung gerettet, die rasch auf eine Katastrophe zuzutreiben schien. »Ich glaube übrigens«, fügte er hinzu, »daß es die Schmach, ihr anheimgefallen zu sein, niemals abwaschen kann.« Ein ums andere Mal vermerkte er die Entlassung jüdischer Freunde und Bekannten aus ihren Stellungen. Er fühlte sich schuldig, als das Gesetz vom 7. April ihm erlaubte, im Amt zu bleiben, weil er im Ersten Weltkrieg Frontsoldat gewesen war. Der Egoismus, die Hilflosigkeit und Feigheit der Menschen bedrückten ihn und mehr noch der offene Antisemitismus und die beleidigenden judenfeindlichen Plakate der Studenten an der Universität. Seine Frau war krank und mit den Nerven am Ende, er machte sich Sorgen um sein Herz. Was ihn aufrecht hielt, waren der Kauf eines Grundstücks in Döltzschen am Rande Dresdens und die Formalitäten für eine Baugenehmigung, da er dort für seine Frau und sich ein Haus bauen wollte, sowie seine wissenschaftlichen Aufsätze. Im Juni begann er mit der Arbeit an einem privaten Wörterbuch der nationalsozialistischen Terminologie. Sein erster Eintrag, am 30. Juni 1933, war »Schutzhaft«.[119]

Eine »Revolution des Nihilismus«?

I

Der Angriff der Nationalsozialisten auf die Juden in den ersten Monaten des Jahres 1933 war der erste Schritt in einem längerfristigen Prozeß, sie aus der deutschen Gesellschaft zu entfernen. Er bildete den Kern der Kulturrevolution Hitlers, im Denken der Nationalsozialisten den Schlüssel zur umfassenderen kulturellen Umgestaltung Deutschlands, die den deutschen Geist von »fremden« Einflüssen wie Kommunismus, Marxismus, Sozialismus, Liberalismus, Pazifismus, Konservatismus, künstlerischen Experimenten, sexueller Freizügigkeit und noch manchem anderen »reinigen« sollte. Alle diese Strömungen wurden von den Nationalsozialisten dem bösartigen Einfluß der Juden zugeschrieben. Der Ausschluß der Juden aus der Wirtschaft, den Medien, dem Staatsdienst und den freien Berufen war ein wesentlicher Bestandteil des propagierten Prozesses, der die germanische Rasse erlösen, reinigen und darauf vorbereiten sollte, an denen Rache zu nehmen, von denen sie 1918 gedemütigt worden war. Wenn Hitler und Goebbels in diesem Sommer von der »nationalsozialistischen Revolution« sprachen, dann ging es ihnen in allererster Linie darum: eine kulturelle und geistige Revolution, in der alles »Undeutsche« erbarmungslos unterdrückt wurde.

Doch die außerordentliche Geschwindigkeit, mit der diese Umgestaltung erreicht wurde, legte die Vermutung nahe, daß hier gleichzeitig auch starke Kontinuitäten mit der jüngsten Vergangenheit im Spiel waren. Zwischen dem 30. Januar und dem 14. Juli 1933 hatten die Nationalsozialisten Hitlers Kanzlerschaft in einer Koalitionsregierung, die von nichtnationalsozialistischen Konservativen dominiert wurde, in einen Einparteienstaat überführt, in dem selbst die Konservativen über keine eigene Vertretung mehr verfügten. Sie hatten alle sozialen Institutionen außer der Kirche und der Reichswehr zu einem riesigen und noch unfertigen Gefüge gleichgeschaltet, das von ihnen selbst geführt wurde. Sie hatten weite Teile der Kultur und der schönen Künste, die Universitäten und das Bildungs- und Erziehungswesen und fast alle übrigen Bereiche der deutschen Gesellschaft von allen Gegnern gesäubert. Sie hatten ihr Projekt begonnen, die Juden an die Ränder der Gesellschaft abzudrängen oder sie zur Emigration zu zwingen. Und sie waren im Begriff, die Gesetze und politischen Maßnahmen zu installieren, die das Schicksal Deutschlands und seines Volkes und vieles andere in den kommenden Jahren bestimmen sollten. Manche hatten geglaubt, die am 30. Januar eingesetzte Koalitionsregierung werde innerhalb weniger Monate auseinanderbrechen wie andere Koalitionen vor ihr. Andere hatten die Nationalsozialisten als Übergangsphänomen abgetan, das bald wieder von der Bühne der Weltgeschichte verschwinden würde, zusammen mit dem kapitalistischen System, das sie an die Macht gebracht hatte. Alle waren vom weiteren Gang der Ereignisse widerlegt worden. Das Dritte Reich war im Sommer 1933 ins Leben getreten, und offenbar würde es nicht so schnell wieder verschwinden. Aber wie hatte sich diese Revolution vollzogen? Warum stießen die Nationalsozialisten bei ihrer Machtübernahme auf keine wirksame Opposition?

Die Entstehung des Dritten Reichs erfolgte im wesentlichen in zwei Phasen. Die erste endete mit Hitlers Ernennung zum Reichskanzler am 30. Januar 1933. Das war keine »Machtergreifung«. Die Nationalsozialisten haben diesen Begriff für Hitlers Ernennung zum Reichskanzler nicht gebraucht, da er an einen illegalen Putsch erinnerte. Sie achteten in dieser Phase sorgfältig darauf, von einer »Machtübernahme« zu sprechen und die Koalition als eine »Regierung der nationalen Erneuerung« zu bezeichnen oder als eine »Regierung der nationalen Erhebung«, je nachdem, ob sie die Legitimität der Ernennung des Kabinetts durch den Reichspräsidenten oder die Legitimität ihrer angeblichen Unterstützung durch die Nation hervorheben wollten.[120] Die Nationalsozialisten wußten, daß die Ernennung Hitlers erst der Anfang des Prozesses der Machteroberung war und nicht sein Ende. Wäre sie nicht erfolgt, die NSDAP hätte, während die Wirtschaft sich allmählich erholte, nach und nach weitere Anhänger verlieren können. Wäre Schleicher politisch etwas geschickter vorgegangen, hätte er eine Art Militärregime einführen, mit Notverordnungen regieren und nach dem möglichen Tod Hindenburgs allein regieren können, möglicherweise mit einer geänderten Verfassung, die dem Reichstag noch begrenzte Aufgaben zugestanden hätte. In der zweiten Jahreshälfte 1932 war ein Militärregime gleich welcher Form die einzige praktikable Alternative zu einer NS-Diktatur. Der Prozeß einer schleichenden Abkehr von der parlamentarischen Demokratie und die Hinwendung zum autoritären Staat, der ohne die uneingeschränkte und gleichberechtigte Mitwirkung der Parteien oder der gesetzgebenden Körperschaften regierte, hatte unter Brüning eingesetzt. Papen hatte ihn massiv und bewußt beschleunigt. Ein Machtvakuum war in Deutschland entstanden, ohne daß der Reichstag und die Parteien eine Chance gehabt hätten, es zu füllen. Die politische Macht war nach und nach von den legitimen Verfassungsorganen auf die Straße und auf die kleine Clique um den Reichspräsidenten übergegangen, doch diese hätte keine Notwendigkeit gesehen, Hitler zum Kanzler zu machen, hätte es nicht die Gewalt und die Störung der öffentlichen Ordnung durch das Treiben der Nationalsozialisten und der Kommunisten auf der Straße gegeben.[121]

Für die Bewältigung der Situation besaßen nur zwei Institutionen ausreichend Gewalt. Nur zwei Institutionen konnten sie ausüben, ohne noch gewalttätigere Reaktionen bei der Masse der Bevölkerung auszulösen: die Reichswehr und die NS-Bewegung. Eine Militärdiktatur hätte aller Wahrscheinlichkeit nach in den Jahren nach 1933 etliche Freiheitsrechte aufgehoben, eine Aufrüstung in Angriff genommen, den Vertrag von Versailles für nicht mehr bindend erklärt, Österreich annektiert und wäre in Polen einmarschiert, um Danzig und den polnischen Korridor zurückzuerobern, der Ostpreußen vom übrigen Deutschen Reich trennte. Sie hätte möglicherweise die Wiedergewinnung deutscher Macht dazu benutzt, weiterhin eine aggressive Außenpolitik zu verfolgen, was zu einem Krieg mit England und Frankreich oder der Sowjetunion oder mit allen drei Staaten geführt hätte. Sie hätte mit Sicherheit Juden in Deutschland Rechte genommen. Aber es ist alles in allem unwahrscheinlich, daß eine Militärdiktatur in Deutschland ein Völkermordprogramm begonnen hätte, das seinen Höhepunkt in den Gaskammern von Auschwitz und Treblinka fand. Letzten Endes können wir darüber natürlich nichts Gewisses aussagen. Fest steht jedoch, daß die Chancen einer Wiederbelebung der Demokratie in Deutschland zu Beginn des Jahres 1933 sehr gering waren. Den meisten Zeitgenossen, die sich in der Nähe des Zentrums der politischen Macht befanden, schien nur ein Putsch der Reichswehr oder eine autoritäre zivile Regierung, unterstützt von den Nationalsozialisten und ihrem paramilitärischen Flügel, der SA, einen Ausweg aus der Krise zu weisen.[122]

Ein Militärputsch hätte, wie viele befürchteten, zu einem gewalttätigen Widerstand der Nationalsozialisten wie der Kommunisten geführt. Die Wiederherstellung der Ordnung hätte ein massives Blutvergießen bedeutet und möglicherweise einen Bürgerkrieg nach sich gezogen. Die Wehrmacht wollte dies ebenso nach Möglichkeit vermeiden wie die Nationalsozialisten. Beiden Parteien der Koalition war klar, daß der Versuch, allein die Macht zu erobern, kaum Erfolgschancen haben würde. Die logische Folgerung einer Zusammenarbeit war unausweichlich. Die Frage war, welche Form diese Zusammenarbeit schließlich annehmen würde. Überall in Europa standen konservative Eliten, Armeen und radikale, faschistische oder populistische Massenbewegungen vor demselben Dilemma. Sie lösten es auf unterschiedliche Weise, wählten in einigen Ländern die Militärmacht, wie in Spanien, in anderen die faschistische Bewegung, wie in Italien. In den zwanziger und dreißiger Jahren wurden in vielen Ländern Demokratien durch Diktaturen ersetzt. Was 1933 in Deutschland geschah, erschien nicht außergewöhnlich, zog man in Betracht, was in Ländern wie Italien, Polen, Lettland, Estland, Litauen, Ungarn, Rumänien, Bulgarien, Portugal, Jugoslawien oder gar in einer völlig anderen Weise in der Sowjetunion geschah. Die Demokratie wurde bald auch in anderen Ländern zerstört, in Österreich und Spanien. In solchen Ländern waren politische Gewalt, Straßenunruhen und Morde seit dem Ende des Ersten Weltkriegs üblich gewesen. In Wien hatten schwere Unruhen den Brand des Justizpalasts zur Folge; in Jugoslawien richteten die mazedonischen Todesschwadronen ein Chaos an; in Polen hatte ein größerer Krieg mit der jungen Sowjetunion das politische System und die Wirtschaft gelähmt und der Militärdiktatur von General Piłsudski den Weg geebnet. Überall teilte die autoritäre Rechte die meisten, wenn nicht alle antisemitischen Überzeugungen und Verschwörungstheorien, die von den Nationalsozialisten gehegt wurden. Die ungarische Regierung von Admiral Miklós Horthy stand der extremen deutschen

Rechten in ihrem Judenhaß wenig nach, gespeist durch die Erfahrung des kurzlebigen Revolutionsregimes 1919 unter der Führung des jüdischen Kommunisten Béla Kun. Das polnische Militärregime legte in den dreißiger Jahren dem hohen jüdischen Bevölkerungsanteil große Beschränkungen auf. Im europäischen Kontext der Zeit betrachtet, wären einem unbefangenen Beobachter weder die politische Gewalt der zwanziger und frühen dreißiger Jahre noch der Zusammenbruch der parlamentarischen Demokratie, noch die Aufhebung bürgerlicher Freiheitsrechte sonderbar erschienen. Andererseits war nichts von dem, was sich anschließend in der Geschichte des Dritten Reichs ereignete, durch die Ernennung Hitlers zum Reichskanzler vorprogrammiert. Der Zufall und die Gunst des Augenblicks sollten auch hier, wie zuvor ihre Rolle spielen.[123]

Allein, die Folgen der Ereignisse vom 30. Januar 1933 in Deutschland waren gravierender als die Folgen des Zusammenbruchs der Demokratie in anderen Ländern Europas. Die Sicherheitsbestimmungen des Versailler Vertrags hatten nichts daran ändern können,

Stimmen der NSDAP bei den Reichstagswahlen 1924–1933

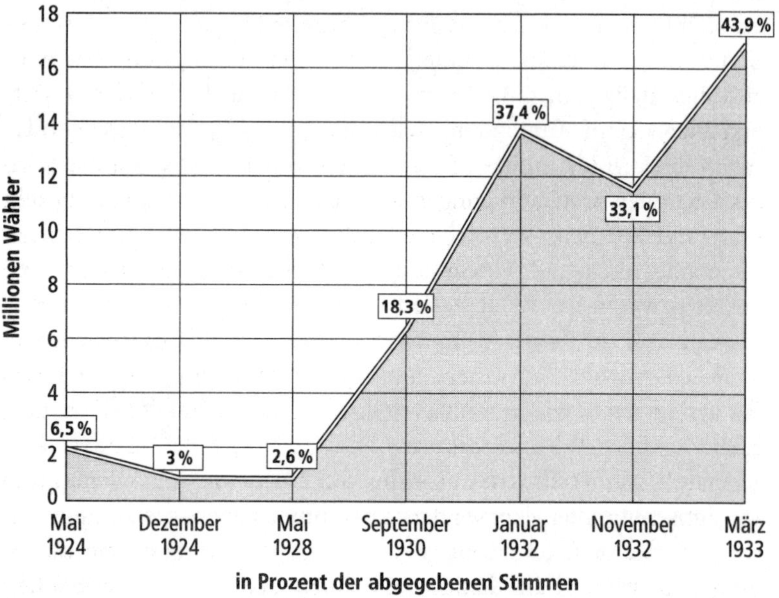

daß Deutschland das mächtigste, fortschrittlichste und bevölkerungsreichste Land in Europa war. Nationalistische Träume von territorialer Vergrößerung und Eroberung gab es auch in anderen autoritären Regimes wie in Polen und Ungarn. Doch soweit sie verwirklicht wurden, waren sie in der Regel nur von regionaler Bedeutung. Was in Deutschland geschah, sollte umfassendere Auswirkungen haben als die Ereignisse in einem kleinen Land wie Österreich oder einem verarmten Staat wie Polen. Ihre Bedeutung war angesichts der Größe und Macht Deutschlands potentiell weltweit. Das ist der Grund, warum den Ereignissen der ersten sechseinhalb Monate des Jahres 1933 ein so hohes historisches Gewicht zukommt.

Wie und warum kam es zu diesen Ereignissen? Zunächst einmal hätte niemand erwogen, Hitler in die Reichskanzlei zu hieven, wenn er nicht der Führer der größten Partei in Deutschland gewesen wäre. Bei keiner einzigen freien Wahl gewann die NSDAP die Mehrheit der Stimmen: 37,4 Prozent bei den Reichstagswahlen im Juli 1932 war das Höchste, was sie je erreichte. Dennoch war dies ein hoher Stimmenanteil nach demokratischen Maßstäben, und es war mehr, als manche demokratisch gewählte Regierung in anderen Ländern seitdem für sich verbuchen konnte. Die Gründe für den Erfolg der Nationalsozialisten lagen im Unvermögen des deutschen politischen Systems, eine lebensfähige, landesweite konservative Partei hervorzubringen, die Katholiken und Protestanten auf der Rechten hätte vereinigen können; in der historischen Schwäche des deutschen Liberalismus; in den bitteren Ressentiments über den Verlust des Krieges und die harten Bedingungen des Versailler Vertrags; in der Furcht und Orientierungslosigkeit, die bei vielen Deutschen der Mittelschicht durch die soziale und kulturelle Moderne der Weimarer Jahre ausgelöst wurden. Die fehlende Legitimität der Weimarer Republik, die während der meisten Zeit ihrer Existenz im Reichstag nicht von einer Mehrheit der Abgeordneten akzeptiert wurde, trug zu diesen Einflüssen bei und förderte die nostalgische Sehnsucht nach dem alten Reich und der autoritären Führung einer Persönlichkeit wie Bismarck. Der Mythos des »Geistes von 1914« und der »Generation der Schützengräben«, besonders stark unter denen, die zu jung waren, um noch an der Front gekämpft zu haben, nährte ein ausgeprägtes Bedürfnis nach nationaler Einheit und eine Unzufriedenheit mit der Parteienvielfalt und den endlosen Kompromissen politischer Auseinandersetzungen. Zum Vermächtnis des Krieges gehörte auch die politische Gewalt in einem massiven und zerstörerischen Ausmaß, die dazu führte, daß viele gewaltlose und anständige Bürger sich in einem Maße daran gewöhnten, wie es in einer funktionierenden parlamentarischen Demokratie undenkbar wäre.

Unter allen übrigen Faktoren sind einige von besonderer Bedeutung. Der erste ist die Auswirkung der großen Depression, die das Wählervolk radikalisierte, die gemäßigteren Parteien schwer schädigte oder zur Bedeutungslosigkeit verurteilte und das politische System zwischen den »marxistischen« Parteien und den bürgerlichen Gruppierungen polarisierte, die sich alle innerhalb kurzer Zeit zum rechten Rand hin bewegten. Die ständig wachsende Drohung des Kommunismus erfüllte die bürgerlichen Wähler mit Furcht und trug dazu bei, daß der politische Katholizismus – ähnlich wie in anderen europäischen Ländern – einer autoritären Politik zuneigte und sich von der Demokratie abwandte. Bankrotte und finanzielle Katastrophen brachten viele führende Figuren in der Industrie und Landwirtschaft zu der Überzeugung, daß die Macht der Gewerkschaften eingedämmt oder gebrochen werden müsse. Die politischen Auswirkungen der Wirtschaftskrise waren weitaus schlimmer als die der vorangegangenen Katastrophe der Inflation und erweckten den Anschein, als sei von der Republik nichts anderes zu erwarten als ein wirtschaftliches Desaster. Selbst ohne diese Depression schien Deutschlands erste Demokratie zum Scheitern verurteilt, doch das Einsetzen eines der schlimmsten Konjunktureinbrüche der Geschichte besiegelte ihr Schicksal. Außerdem schwächte die Massenarbeitslosigkeit Deutschlands einstmals starke Arbeiterbewegung, die noch 1920 ein zuverlässiger Garant der Demokratie war, als es ihr gelang, den Kapp-Putsch von rechts trotz dessen Duldung durch die Reichswehr niederzuschlagen. Gespalten und demoralisiert und ihrer Hauptwaffe des politischen Massenstreiks beraubt, war die deutsche Arbeiterbewegung gefangen zwischen einer kraftlosen Unterstützung des autoritären Regimes von Heinrich Brüning und einer selbstzerstörerischen Feindseligkeit gegenüber der »bürgerlichen Demokratie«.

Der zweite wesentliche Faktor war die NS-Bewegung selbst. Ihre Vorstellungen fanden bei den Wählern eine starke Resonanz, ihre

Dynamik versprach eine Radikalkur gegen die Übel der Republik. Ihr Führer Adolf Hitler war eine charismatische Figur, die in der Lage war, mit der Vehemenz seiner verbalen Angriffe gegen die ungeliebte Republik massenhaft Wählerstimmen anzuziehen. Hitlers Weigerung, in eine Koalitionsregierung einzutreten, ohne zugleich das Amt des Reichskanzlers zu erhalten, erwies sich am Ende als richtig. Als Vizekanzler des unpopulären Papen oder des ebenfalls ungeliebten Schleicher hätte er viel von seinem Ansehen und einen beträchtlichen Teil seines Charismas eingebüßt, das ihm aus der Führerrolle zuwuchs. Die NSDAP war eine Protestpartei ohne ein substantielles Programm und hatte nur wenige konkrete Lösungen für die Probleme Deutschlands anzubieten. Doch ihre extremistische Ideologie, die je nach den Umständen und den Gruppen, an die sie sich richtete, angepaßt und zum Teil verschleiert wurde, profitierte von einem so umfangreichen Gefüge von bereits in der Bevölkerung vorhandenen Überzeugungen und Vorurteilen, daß viele sich etwas davon versprachen, dieser Partei ihre Stimme zu geben. Für diese Menschen erforderten extreme Zeiten extreme Maßnahmen; für viele weitere, vor allem in den bürgerlichen Schichten, schien der vulgäre und ungebildete Charakter der Nationalsozialisten eine ausreichende Garantie dafür, daß die Koalitionspartner Hitlers sie in Schach halten und die Straßengewalt eindämmen könnten, die als bedenkliche, aber zweifellos vorübergehende Begleiterscheinung des Aufstiegs der Bewegung angesehen wurde.

Die Überschneidung zwischen den Ideologien der Nationalsozialisten und der Konservativen und selbst bis zu einem gewissen Grad der deutschen Liberalen war ein dritter wesentlicher Faktor bei der Ernennung Hitlers zum Reichskanzler. Die Vorstellungen, die zu Beginn der dreißiger Jahre in fast allen deutschen Parteien rechts von der SPD vorherrschten, hatten viel mit denen der Nationalsozialisten gemeinsam. Diese Ideen hatten für einen Großteil der protestantischen Anhänger der liberalen und konservativen Parteien zweifellos eine genügend große Ähnlichkeit mit denen der NSDAP, daß sie sie zumindest vorübergehend zugunsten einer scheinbar effektiveren Alternative aufgaben. Was die katholischen Wähler und ihre Vertretung, das Zentrum anging, so fühlten sie sich zu dieser Zeit der Demokratie nicht mehr besonders verpflichtet. So wählten ein beträchtlicher Teil der Katholiken und auch der Arbeiter oder zumindest jene, die in ihr politisch-kulturelles Milieu aus unterschiedlichsten Gründen weniger stark eingebunden waren, ebenfalls die NSDAP. Nur indem sie an bereits vorhandene, häufig tief sitzende soziale und politische Werteinstellungen appellierten, konnten die Nationalsozialisten innerhalb so kurzer Zeit zur stärksten Partei in Deutschland aufsteigen. Andererseits gelang es der NS-Propaganda nicht, Wähler zu gewinnen, die Hitler aus ideologischen Gründen ablehnten. Während der meisten Zeit chronisch unterfinanziert, bis 1933 von einer Benutzung der Rundfunksender ausgeschlossen und angewiesen auf die ehrenamtliche, häufig desorganisierte Arbeit lokaler Gruppen von Aktivisten, war Goebbels' Propagandaoffensive von 1930 bis 1932 nur einer von mehreren Einflüssen, die die Wähler bewogen, ihre Stimme der NSDAP zu geben. Häufig, wie im ländlichen protestantischen Norden, wählten sie die NSDAP sogar, ohne daß deren Wahlpropaganda sie erreicht hätte. Nach 1928 zogen Hitler, Goebbels und die Parteiführung zumindest implizit daraus die Konsequenz, keine bestimmten politischen Vorhaben mehr in den Vordergrund zu stellen, soweit es die überhaupt gab, sondern beschränkten sich auf einen vagen, emotionalen Appell, der kaum mehr betonte als die Jugend und die Dynamik der Partei, ihre Entschlossenheit, die Weimarer Republik, die KPD und die SPD zu vernichten, und die Überzeugung, nur durch die Einheit aller gesellschaftlichen Klassen könne Deutschland wieder zu sich selbst finden. Der Antisemitismus, der in den zwanziger Jahren in der NS-Propaganda im Vordergrund gestanden hatte, spielte in den Wahlen zu Beginn der dreißiger Jahre bei der Gewinnung neuer Wähler kaum eine Rolle. Bei weitem wichtiger war das Bild, das die Partei auf der Straße abgab, wo die marschierenden Kolonnen von SA-Leuten zum allgemeinen Bild einer disziplinierten Stärke und Entschlossenheit beitrugen, das Goebbels vermitteln wollte.[124]

Die NSDAP-Wähler, die SA-Männer, die nach Feierabend Kommunisten, Sozialdemokraten und Juden zusammenschlugen, die Parteiaktivisten, die ihre Freizeit auf Kundgebungen und Demonstrationen verbrachten, keiner von ihnen wollte eine verlorene Vergangenheit wiederbeleben. Im Gegenteil, sie wurden beflügelt von einer unbestimmten, aber mächtigen Vision der Zukunft, einer Zukunft, in der die Klassengegensätze und der parteipolitische Hader überwunden, Adelsprivilegien von der Art, wie sie der verhaßte Franz von Papen verkörperte, abgeschafft sein, Technik, Kommunikationsmedien und jede moderne Erfindung für die Sache des »Volkes« genutzt würden und ein wiedererwachter nationaler Wille durch die Souveränität nicht eines traditionellen Erbmonarchen oder einer festgefügten sozialen Elite, sondern eines charismatischen Führers geäußert würde, der aus dem Nichts kam, als kleiner Gefreiter im Ersten Weltkrieg gedient hatte und immer wieder davon redete, daß er als Mann aus dem Volk seine Beglaubigung vom Volk habe. Die Nationalsozialisten erklärten, sie würden ausländische und fremde Verkrustungen auf dem deutschen Staatskörper entfernen, das Land vom Kommunismus, Marxismus, »jüdischen« Liberalismus, Kulturbolschewismus, Feminismus, sexuellen Libertinismus, Kosmopolitismus, den von England und Frankreich 1919 auferlegten wirtschaftlichen und machtpolitischen Belastungen und der »westlichen« Demokratie befreien. Sie würden das wahre Deutschland freilegen. Das war kein spezifisch historisches Deutschland einer bestimmten Zeit oder Verfassung, sondern ein mythisches Deutschland, das seine zeitlose Volksseele aus der Entfremdung, die es unter der Weimarer Republik erlitten hatte, zurückgewinnen würde.

Die Konservativen, die Hitler zur Macht verholfen hatten, bekundeten ihr Einvernehmen mit vielen Elementen, die diese Vision verhieß. Sie blickten tatsächlich nostalgisch in die Vergangenheit und sehnten sich nach einer Restauration der Hohenzollernmonarchie und des Bismarckreichs zurück. Doch diese sollten so restauriert werden, daß die in ihren Augen unklugen Zugeständnisse, die man der Demokratie gemacht hatte, zurückgenommen würden. In ihrer Vision der Zukunft sollte jeder seinen Platz kennen, und die arbeitenden Klassen sollten in einem Bereich außerhalb des politischen Entscheidungsprozesses bleiben. Diese Vision wurde zunächst einmal weitgehend von vielen Großindustriellen geteilt und von vielen modernen, technokratischen Offizieren, deren Ehrgeiz es war, einen modernen Krieg mit einer modernen militärischen Ausrüstung zu führen, wie der Versailler Vertrag sie für Deutschland verboten hatte. Die Konservativen hatten nicht weniger als Hitler die Vergangenheit manipuliert und umgestaltet, so daß sie ihren eigenen, gegenwärtigen

Zwecken diente. Man kann sie nicht als Wortführer »vorindustrieller« gesellschaftlicher Gruppen bezeichnen. Viele von ihnen, von den kapitalistischen ostelbischen Gutsbesitzern, die nach neuen Märkten Ausschau hielten, bis zu den kleinen Händlern und Angestellten, deren Mittel zum Lebensunterhalt vor der Industrialisierung noch nicht einmal existiert hatten, waren ebenso modern, wie sie traditionell waren.[125] Es waren diese Übereinstimmungen in der Sichtweise, die Männer wie Papen, Schleicher und Hindenburg davon überzeugten, daß es sinnvoll sei, ihre Regierung zu legitimieren, indem sie die Massenbewegung der NSDAP in eine Koalitionsregierung einbanden.

Der Tod der Demokratie in Deutschland war eingebettet in ein weitaus umfassenderes europäisches Muster der Zwischenkriegszeit, und er hatte bestimmte Wurzeln in der deutschen Geschichte und stützte sich auf Ideen, die einer spezifischen deutschen Tradition zuzurechnen sind. Die Überzeugung von der Überlegenheit der arischen Rasse und die Bedrohung durch die Juden, der Glaube an eine eugenische Planung und Rassenhygiene, das militärische Ideal einer Gesellschaft in Uniform, gegängelt, gehorsam und kampfbereit, all dies und vieles andere, das sich 1933 verwirklichte, ging auf Ideen zurück, die seit dem letzten Viertel des 19. Jahrhunderts in Deutschland Verbreitung gefunden hatten. Einige dieser Ideen hatten wiederum ihre Wurzeln in anderen Ländern oder erhielten von bedeutenden Denkern Zustimmung, der Rassismus Gobineaus, der Antiklerikalismus Schönerers, die vorchristlichen Phantasien eines Lanz von Liebenfels, die pseudowissenschaftlichen bevölkerungspolitischen Maßnahmen der Schüler Darwins in vielen Ländern. Aber in Deutschland bündelten sie sich zu einer einzigartigen Giftmischung, die durch Deutschlands herausragende Stellung als der fortschrittlichste und mächtigste Staat auf dem europäischen Kontinent um so wirksamer war. In den Jahren nach der Ernennung Hitlers zum Reichskanzler lernten das übrige Europa und die Welt, wie tödlich diese Mischung sein konnte.

II

Trotz aller Wahlerfolge seiner Partei bestand nie ein Zweifel, daß Hitler als Ergebnis einer politischen Intrige in sein Amt kam. »Die Deutschen« haben Hitler nicht zum Reichskanzler gewählt. Und sie gaben auch nicht ihre freie und demokratische Zustimmung zu der Schaffung eines Einparteienstaats. Manche haben behauptet, die Weimarer Republik habe sich selbst zerstört und sei nicht von ihren Feinden zerstört worden.[126] An der Schwäche des Gemeinwesens der Republik in ihren schlimmsten Krisenjahren 1930–1933 ist nicht zu rütteln. Ihr verhängnisvoller Mangel an Legitimität bewog die Menschen dazu, allzu bereitwillig nach anderen politischen Heilmitteln für die Übel Deutschlands zu suchen. Doch die Ursachen dieser Übel waren nicht umstandslos der Republik selbst zuzuschreiben. Entscheidend war die Art und Weise, wie die Feinde der Demokratie die demokratische Verfassung und die demokratische politische Kultur für ihre eigenen Zwecke ausbeutete. Joseph Goebbels nahm in diesem Punkt kein Blatt vor den Mund, als er öffentlich spottete:

> »Die Dummheit der Demokratie. Das wird immer einer der besten Witze der Demokratie bleiben, daß sie ihren Todfeinden die Mittel selber stellte, durch die sie vernichtet wurde. Die verfolgten Führer der NSDAP traten als Abgeordnete in den Genuß der Immunität, der Diäten und der Freifahrkarte. Dadurch waren sie vor dem politischen Zugriff gesichert, durften sich mehr zu sagen erlauben als gewöhnliche Staatsbürger und ließen sich außerdem die Kosten ihrer Tätigkeit vom Feinde bezahlen. Aus der demokratischen Dummheit ließ sich vortrefflich Kapital schlagen. Auch die Anhängerschaft der NSDAP begriff das sofort und hatte ihre helle Freude daran.«[127]

An der Verachtung der Nationalsozialisten für demokratische Institutionen bestand kein Zweifel. In der Natur dieser Institutionen liegt es, daß sie eine minimale Bereitschaft voraussetzten, sich an die Regeln der demokratischen Politik zu halten. Demokratien, die von ihrer Vernichtung bedroht sind, stehen vor dem unlösbaren Dilemma, im Angesicht der Vernichtung auf der Einhaltung demokratischer Feinheiten zu bestehen oder ihre eigenen Grundsätze zu verletzen und demokratische Rechte zu beschneiden. Dieses Dilemma machten die Nationalsozialisten sich in den turbulenten Monaten, die auf Hitlers Ernennung zum Reichskanzler folgten, weidlich zunutze.

Seit seinem fehlgeschlagenen Putschversuch im November 1923 hatte Hitler stets behauptet, er werde mit legalen Mitteln an die Macht gelangen, das hatte er auch unter Eid vor Gericht ausgesagt. Nach 1923 wußte er, daß ein gewaltsamer Staatsstreich nach dem Muster der russischen Oktoberrevolution 1917 oder auch nur des angedrohten »Marschs auf Rom«, der Mussolini ins Amt des italienischen Ministerpräsidenten beförderte, scheitern würde. Deshalb bemühten sich Hitler und seine Mitkämpfer seither stets um ein legalistisches Feigenblatt für ihre Aktionen. Sie vermieden es nach Möglichkeit, ihren Gegnern solche Gelegenheit zu geben wie 1932, als die Sozialdemokraten Papens Staatsstreich in Preußen mit gerichtlichen Mitteln bekämpften. Die Sozialdemokraten hatten dabei einen gewissen juristischen Erfolg, auch wenn auf der politischen Ebene ihre Bemühungen ein Schlag ins Wasser waren. Weil er genau das vermeiden wollte, legte Hitler so großen Wert auf die Reichstagsbrandverordnung und das Ermächtigungsgesetz. Das war der Grund, warum Göring die SA- und SS-Männer in Preußen zu Hilfspolizisten machte, statt sie einfach loszulassen, ohne nach einem legalen Vorwand zu suchen. Es war der Grund, warum die NS-Führung darauf bestand, ihr erstes Bündel politischer Maßnahmen durch Gesetze auszuführen, denen der Reichstag zugestimmt hatte oder die in Form von Verordnungen durch den Reichspräsidenten sanktioniert wurden. Und diese Strategie der »legalen Revolution« hatte Erfolg. Hitlers fortwährende Beteuerungen, er werde sich legal verhalten, brachte seine Koalitionspartner ebenso wie seine Gegner zu der Überzeugung, daß man die Nationalsozialisten mit legalen Mitteln im Zaum halten könne. Ein legaler Deckmantel für die Aktionen der NSDAP gab Beamten die Möglichkeit, die von ihnen geforderten Verordnungen und Gesetze zu entwerfen, selbst wenn sie wie beim Gesetz zur Wiederherstellung des Berufsbeamtentums die Prinzipien der Neutralität verletzten, auf denen der Beamtendienst beruhte, da sie die Entlassung jüdischer und politisch unzuverlässiger Beamter aus ihren Positionen erforderten. In den Augen der Beamten, Angestellten im öffentlichen Dienst und vieler anderer waren die Maßnahmen, mit denen die Nationalsozialisten zwischen Ende Januar und Ende Juli 1933 die Macht übernahmen, einwandfrei, da hinter ihnen die Kraft des Gesetzes zu stehen schien.

Dem war jedoch nicht so. An jedem Punkt dieses Prozesses verletzten die Nationalsozialisten das Gesetz. Zunächst einmal widersprachen sie dem Geist, in dem die Gesetze erlassen wurden. Vor allem Artikel 48 der Weimarer Verfassung, der dem Reichspräsidenten die Möglichkeit einräumte, in Notzeiten mit Verordnungen zu regieren, war nur für vorübergehende Maßnahmen gedacht. Die Nationalsozialisten legten ihm jedoch einen permanenten Notstand zugrunde, der eher fiktiver als realer Natur war und formal ohne Unterbrechung bis zum Kriegsende währte. Auch verbanden die Verfassungsväter mit dem Artikel 48 nicht die Absicht, auf seiner Basis so weitreichende Maßnahmen zu treffen, wie sie am 28. Februar 1933 getroffen wurden. Es war in der Tat unglücklich, daß Reichspräsident Ebert schon früher in der Geschichte der Republik einen so freizügigen und weitreichenden Gebrauch von dem Artikel gemacht hatte und die Reichskanzler Brüning, Papen und Schleicher in der Krise der frühen dreißiger Jahre sich auf diesen Präzedenzfall gestützt hatten. Das verblaßte aber zur Bedeutungslosigkeit vor der drastischen Beschneidung bürgerlicher Freiheitsrechte, die am 28. Februar 1933 verordnet wurde. Und die Notverordnungen waren auch nicht dazu ersonnen worden, von einem Reichskanzler erlassen zu werden, der den Reichspräsidenten nur als sein Werkzeug benutzte. Hitler stellte in seinen Verhandlungen mit Hindenburg im Januar 1933 sicher, daß auch er als Reichskanzler über die Vollmachten des Artikels 48 verfügen könnte.[128] Das Ermächtigungsgesetz war eine noch eklatantere Verletzung des Geistes der Verfassung, ebenso die Abschaffung der freien Wahlen, die darauf folgte. Doch daß es sehr wahrscheinlich dazu kommen würde, war kaum ein Geheimnis, da die führenden NSDAP-Mitglieder schon während des Wahlkampfs verkündeten, dies würden auf Jahre hinaus die letzten Wahlen sein.

Die Nationalsozialisten verletzten nicht nur den Geist der Weimarer Verfassung, sondern sie verstießen auch in einem formalen, juristischen Sinn dagegen. Die Verordnung vom 6. Februar, die Göring die Kontrolle über Preußen verschaffte, widersprach eindeutig dem

Urteil des Staatsgerichtshofs in dem Prozeß, den die abgesetzte SPD-Minderheitsregierung in Preußen angestrengt hatte. Das Ermächtigungsgesetz war juristisch ungültig, weil Göring als Präsident des Reichstags die Stimmen der gewählten kommunistischen Abgeordneten nicht berücksichtigt hatte. Auch wenn ihre Berücksichtigung an der Zweidrittelmehrheit nichts geändert hätte, war die Weigerung, ihre Existenz anzuerkennen, ein gesetzwidriger Akt. Darüber hinaus stellte die Verabschiedung des Gesetzes durch den Reichsrat, das Vertretungsorgan der Länder, einen Gesetzesbruch dar, da dieser nach der Gleichschaltung der Länder nicht mehr korrekt zusammengesetzt war.[129] Diese Gesetzesverstöße waren keine bloßen Formalitäten. Sie wurden noch übertroffen durch die massiven, anhaltenden und gesetzwidrigen Gewalttaten, die von SA-Männern auf der Straße verübt wurden und bereits Mitte Februar einsetzten, nach dem Reichstagsbrand an Intensität zunahmen und im März, April, Mai und Juni das ganze Land überzogen. Der Status vieler Täter als Hilfspolizisten legalisierte in keiner Weise die von ihnen begangenen Taten. Schließlich ist eine Polizeiuniform kein Freibrief für Mord, das Plündern von Gewerkschafts- und Parteibüros, die Beschlagnahme von Kassen oder die Verhaftung und Mißhandlung von Personen, die anschließend ohne Gerichtsverfahren in eilig errichtete Konzentrationslager verbracht werden.[130]

Deutsche Justizbehörden waren sich der Gesetzwidrigkeit der nationalsozialistischen Gewalt auch nach der »Machtergreifung« durchaus bewußt. Das Reichsjustizministerium unternahm energische Versuche, die Massenfestnahmen in der ersten Jahreshälfte 1933 einem formalen juristischen Verfahren zu unterwerfen; Interventionen wurden einfach übergangen. Immer wieder während des Jahres 1933 gab es Fälle, in denen Staatsanwälte SA- und SS-Männer anklagten, die ihre Gegner schwer mißhandelt oder ermordet hatten. Im August 1933 wurde eine eigene Staatsanwaltschaft eingerichtet, um die strafrechtliche Verfolgung dieser Fälle zu koordinieren. Im Dezember 1933 versuchte der bayerische Oberstaatsanwalt, eine Folterung mit Todesfolge von drei Häftlingen im Konzentrationslager Dachau aufzuklären, und als er sich damit nicht durchsetzen konnte, erklärte der bayerische Justizminister seine Entschlossenheit, die Sache mit allen ihm zur Verfügung stehenden Mitteln weiterzuverfolgen. Der

Reichsinnenminister beklagte sich im Januar 1934, die Schutzhaft sei in vielen Fällen mißbraucht worden. Erst im April 1934 führten neu erlassene Bestimmungen auf, wer befugt war, Menschen festzunehmen und in »Schutzhaft« zu verbringen, und was mit ihnen dort geschehen sollte. Im selben Jahr erhob die Staatsanwaltschaft jedoch Klage gegen 23 SA-Leute und Beamte der Politischen Polizei im sächsischen Konzentrationslager Hohnstein, darunter der Lagerkommandant, wegen schwerer Mißhandlung von Häftlingen, deren Art, wie Reichsjustizminister Gürtner hervorhob, »von einer Roheit und Grausamkeit der Täter [zeugt], die deutschem Empfinden und Fühlen völlig fern liegt«.[131]

Viele von denen, die versuchten, Folterungen und Gewalttaten von SA-Leuten strafrechtlich zu verfolgen, waren selbst Mitglieder der NSDAP. Der bayerische Justizminister, der versuchte, den Folterungen in Dachau 1933 nachzugehen, war Hans Frank, der sich später einen Ruf als brutaler Generalgouverneur in Polen während des Zweiten Weltkriegs erwarb. Alle diese juristischen Vorstöße verliefen im Sand, weil von oben interveniert wurde, entweder von Himmler oder letztlich von Hitler persönlich.[132] Eine Amnestie für während der »nationalen Erhebung« begangene Verbrechen wurde bereits am 21. März 1933 erlassen, wodurch über 7000 Ermittlungsverfahren niedergeschlagen wurden.[133] Jeder und nicht zuletzt die Nationalsozialisten war sich in den Jahren 1933 und 1934 darüber im klaren, daß die brutalen Mißhandlungen, Folterungen, die Vernichtung von Eigentum und die Gewalttaten, die an den Gegnern der Nationalsozialisten verübt wurden, bis hin zu den Mordtaten der braunen Horden der SA und der Schwarzhemden der SS verbrecherisch waren. Doch diese Gewalt war ein zentrales, unverzichtbares Element der »Machtergreifung« der Nationalsozialisten ab Februar 1933, und die verbreitete und schließlich fast omnipräsente Furcht, die sie damit unter den Deutschen erzeugten, die nicht der NSDAP oder einer ihrer Unterorganisationen angehörten, war wesentlich für die Einschüchterung der Gegner Hitlers und seiner Verbündeten.[134]

Schließlich kann kein Zweifel daran bestehen, daß Hitler und die Führung der Partei für diese gesetzlosen Akte verantwortlich waren. Hitlers Verachtung für das Gesetz und die Weimarer Verfassung hatte er bei vielen Gelegenheiten deutlich gemacht. »Wir werden auf diesem verfassungsmäßigen Wege«, sagte Hitler 1930 vor dem Reichsgericht in Leipzig, »die ausschlaggebenden Mehrheiten in den gesetzgebenden Körperschaften zu erlangen suchen, um in dem Augenblick, wo uns das gelingt, den Staat in die Form zu gießen, die unseren Ideen entspricht.«[135] Es sei wichtig, sagte er vor dem Kabinett unmittelbar nach dem Reichstagsbrand, sich bei der Verfolgung der mutmaßlich kommunistischen Täter nicht mit juristischen Feinheiten aufzuhalten. Hitlers Rhetorik und Haltung in den ersten Monaten 1933 liefen auf eine fortwährende Ermutigung zu Gewalttaten gegen NS-Gegner hinaus. Seine Mahnungen zur Disziplin gingen einher mit allgemeineren verbalen Attacken gegen die Gegner der Partei, die vom Fußvolk der SA als Freibrief verstanden wurden, die Gewalttaten unvermindert fortzusetzen. Massive, koordinierte Aktionen wie die Besetzung der Gewerkschaftsbüros am 2. Mai bestärkten die einfachen Braunhemden in ihrer Zuversicht, daß sie nicht viel zu befürchten hätten, wenn sie bei anderen Aktionen im selben Geist auf eigene Faust handelten.[136]

Besondere Bedeutung kam dem Umstand zu, daß Hitler und die Nationalsozialisten bewußt gegen das Gesetz verstießen. Ihre Verachtung für das Gesetz und für formale Gerichtsverfahren war mit Händen zu greifen und wurde bei unzähligen Gelegenheiten bekundet. Macht ging vor Recht. Das Gesetz war nichts anderes als eine Art der Macht. Was in den Worten eines NS-Journalisten zählte, war nicht »verlogenes Pharisäertum ... als Grundlage [des] Rechtssystem[s], sondern das *Recht der Macht*, die sich verkörpert in der Blut- und Wehrverbundenheit des eigenen Volkes! ... Es gibt weder Recht noch Gerechtigkeit an sich. Was sich jedoch im Kampf um die Macht als ›Recht‹ einmal durchgesetzt hat, muß geschützt werden, auch um der siegreichen Macht willen.«[137]

III

Das Illegale an der nationalsozialistischen Machtergreifung in der ersten Jahreshälfte 1933 machte diese zu einem revolutionären Umsturz des bestehenden politischen Systems; nicht zuletzt war die Rhetorik der »nationalsozialistischen Revolution« als eine unausgesprochene Rechtfertigung gesetzwidriger Handlungen gedacht. Aber welcher Art war diese Revolution? Der konservative Hermann Rauschning, 1933 Senatspräsident in Danzig, der ab Mitte der zwanziger Jahre mit den Nationalsozialisten zusammenarbeitete, bis zum Ende der dreißiger Jahre jedoch einer ihrer vehementesten und hartnäckigsten Kritiker, beschrieb sie als eine »Revolution des Nihilismus«: »Richtungslosigkeit und Grenzenlosigkeit umschreiben die Gefährlichkeit dieser Bewegung. Sie wendet sich gegen alles und findet in nichts ihre Erfüllung.«[138] In seiner leidenschaftlichen Philippika, die mit einem Aufruf zur Restauration wahrer konservativer Werte endete, tat Rauschning aber wenig mehr, als den Begriff »Revolution« als Kampfbegriff gegen die Nationalsozialisten zu verwenden, weil sie die von ihm gepriesene Ordnung gestürzt hatten. Andere Revolutionen – was immer Rauschnings Meinung dazu war – haben mehr hinterlassen als nur Zerstörung. In welchem Verhältnis steht also die nationalsozialistische Revolution zu ihnen?

Auf den ersten Blick war die nationalsozialistische Revolution keine wirkliche Revolution. Die Französische Revolution von 1789 und die Russische Revolution von 1917 beseitigten die bestehende Ordnung mit Gewalt und setzten etwas an ihre Stelle, was die Revolutionäre für etwas völlig Neues hielten. In einem für sie typischen Bestreben, beides zugleich zu haben, bedienten sich demgegenüber die Nationalsozialisten der Rhetorik der Revolution und behaupteten gleichzeitig, sie seien legal und im Einklang mit der bestehenden Verfassung an die Macht gekommen. Sie unternahmen kaum konkrete Schritte, um die zentralen Institutionen der Weimarer Republik abzuschaffen oder sie durch etwas anderes zu ersetzen – die Abschaffung des Reichspräsidentenamtes 1934 stellte in dieser Hinsicht eine Ausnahme dar. Sie zogen es vielmehr vor, sie absterben zu lassen wie den Reichstag, der nach 1933 kaum noch zusammentrat und auch dann nur noch als Publikum für die Reden Hitlers, oder das Reichskabinett, das schließlich auch keine Sitzungen mehr abhielt.[139] Was auf der anderen Seite die konservativen Eliten im Sinn hatten, die Inszenierung einer echten Konterrevolution mit Hilfe der Nationalsozialisten mit dem Ziel einer Restauration des wilhelminischen Kaiserreichs oder etwas weitgehend Ähnlichem, mit oder ohne einen Kaiser auf dem Thron, wurde ebenfalls nicht verwirklicht. Was immer sonst 1933 geschah, eine konservative Restauration war es nicht. Die Gewalt, die für die Machtergreifung eine zentrale Rolle spielte, verlieh ihr einen deutlich revolutionären Charakter. Die nationalsozialistische Rhetorik einer »Revolution« stand nach dem Juni 1933 praktisch nicht mehr in Frage. Muß man sie deshalb für bare Münze nehmen?[140]

Manche Autoren haben behauptet, es lasse sich von der Französischen Revolution 1789, der jakobinischen »Schreckensherrschaft« 1793/94 und der unausgesprochenen Idee einer Volksdiktatur in Rousseaus Begriff eines »allgemeinen Willens«, auf den sich das Volk anfänglich einigt, der danach jedoch keine Opposition mehr duldet, eine direkte Linie zum Nationalsozialismus ziehen. Die Französische Revolution war in der Tat bemerkenswert wegen ihrer Vorwegnahme von Elementen der großen Ideologien, die in den beiden folgenden Jahrhunderten die historische Bühne Europas beherrschten: vom Kommunismus und Anarchismus bis zum Liberalismus und Konservatismus. Doch der Nationalsozialismus gehörte nicht dazu. Die Nationalsozialisten wollten nach ihrem eigenen Selbstverständnis alle Errungenschaften der Französischen Revolution rückgängig machen. Ihr Volksbegriff war rassisch geprägt und nicht staatsbürgerlich. Alle Anschauungen, die im Verlauf der Französischen Revolution entstanden waren, sollten vernichtet werden. Die nationalsozialistische Revolution sollte die welthistorische Negation ihrer französischen Vorläuferin werden.[141]

Wenn es eine nationalsozialistische Revolution gab, was war sie dann in den Augen der Nationalsozialisten? Auch hier scheint die Parallele zur Französischen oder zur Russischen Revolution nicht weiterzuführen. Die Französische Revolution von 1789 besaß einen klaren Kanon von Lehren, auf deren Grundlage sie die Volkssouveränität durch repräsentative Institutionen einführte, während die russischen Revolutionäre vom Oktober 1917 das Ziel verfolgten, die Bourgeoisie und die traditionellen Eliten zu stürzen und die Herrschaft des Proletariats zu etablieren. Dagegen hatten die Nationalsozialisten keinen bestimmten Plan zur Neuordnung der Gesellschaft, ja nicht einmal ein ausgeführtes Modell von der Gesellschaft, die sie angeblich revolutionieren wollten. Hitler stellte sich unter einer Revolution anscheinend einen Austausch der Personen in führenden Positionen von Macht und Autorität vor. In seiner Rede an die Reichsstatthalter am 6. Juli 1933 deutete er an, der Kern der Revolution liege in der Ausschaltung der Parteien, der demokratischen Institutionen und eigenständigen Organisationen. Für ihn war offenbar die Eroberung der Macht das Wesen der nationalsozialistischen Revolution, beides war für ihn synonym.

> »Machteroberung braucht Einsicht. Die Machteroberung selbst ist leicht, die Eroberung ist erst gesichert, wenn die Erneuerung der Menschen der neuen Form angepaßt ist ... Die große Aufgabe ist jetzt, die Revolution aufzufangen. Die Geschichte zeigt mehr Revolutionen, die im ersten Anlauf gelungen sind, als solche, die hinterher auch behauptet werden konnten. Revolution darf kein Dauerzustand werden, als ob der ersten Revolution nun eine zweite, der zweiten eine dritte zu folgen hätte. Wir haben so viel erobert, daß wir sehr lange brauchen werden, um das zu verdauen ... die Weiterentwicklung muß als Evolution geschehen, die bestehenden Zustände müssen verbessert werden ...«[142]

Während er eine kulturelle und geistige Neuschaffung der Deutschen forderte, damit sie der neuen Form des Reichs entsprachen, glaubte er letztlich, dies müsse auf evolutionäre statt auf revolutionäre Weise geschehen. Er fuhr fort:

> »Das heute bestehende Gefüge des Reiches ist etwas Unnatürliches. Es ist weder bedingt durch Erfordernisse der Wirtschaft noch durch Notwendigkeiten unseres Volkslebens ... Wir haben einen gegebenen Zustand übernommen. Es ist die Frage, ob wir ihn beibehalten wollen ... Die Aufgabe ist, die gegebene Konstruktion, soweit brauchbar, zu behalten und umzugestalten, daß für die Zukunft das Gute konserviert wird, das Unbrauchbare beseitigt wird.«[143]

Die kulturelle Umformung des einzelnen Deutschen, die den revolutionärsten Aspekt der nationalsozialistischen Intentionen bildete, konnte dementsprechend auch erreicht werden, indem man das bewahrte oder wiederbelebte, was in den Augen der Nationalsozialisten die guten Seiten der deutschen Kultur der Vergangenheit waren, und das beseitigte, was man für Fremdkörper hielt.

Selbst die SA-Männer, deren selbsterklärtes Bedürfnis nach einer »zweiten Revolution« Hitler hier ausdrücklich kritisierte, besaßen keine Vorstellung von einer revolutionären Änderung gleich welcher Art. Eine Meinungsumfrage unter dem Fußvolk der NSDAP 1934 zeigte, daß eine Mehrheit unter den einfachen Parteiaktivisten, die schon während der Weimarer Republik Parteigenossen waren, erwartete, daß das Regime eine nationale Wiedergeburt bewerkstelligen würde und daß dies eine »völlige Neuordnung des öffentlichen Lebens« bedeutete, bei der von Hitler erwartet wurde, »Deutschland von land- und artfremdem Volk zu säubern, von einem Volk, das sich bis in die höchsten Stellen schlich, und dadurch mein deutsches Vaterland gemeinsam mit anderen Verbrechern an den Abgrund gebracht hatten«. Eine nationale Wiedergeburt bedeutete im Verständnis dieser Menschen vor allem die Rückgewinnung der deutschen Stellung in der Welt, die Annullierung des Versailler Vertrags und seiner Bestimmungen und die Wiederherstellung der deutschen Vormachtstellung in Europa, auch mit Waffengewalt.[144] Diese Männer waren demnach keine Revolutionäre, sie hatten nur eine geringe oder gar keine Vorstellung von einer inneren Umgestaltung Deutschlands außer seiner Säuberung von Juden und »Marxisten«. Der Aktivismus der Braunhemden sollte in den kommenden Monaten und Jahren das Dritte Reich vor ernste Probleme stellen, in der zweiten Jahreshälfte 1933 und der ersten Jahreshälfte 1934 wurde er häufig mit Behauptungen gerechtfertigt, »die Revolution« müsse fortgesetzt werden. Doch die Idee der SA-Männer von einer Revolution war am Ende nicht mehr als die Fortsetzung der Schlägereien und der Straßenkämpfe, an die sie sich während der Phase der Machtergreifung gewöhnt hatten.

Für die oberen Ränge der NSDAP und vor allem für die Führung war Kontinuität ebenso wichtig wie Veränderung. Die großartige Eröffnung des Reichstags in Potsdam nach den Märzwahlen 1933 mit ihrer ostentativen Zurschaustellung der Symbole der alten gesellschaftlichen und politischen Ordnung einschließlich des Throns, der dem abwesenden Kaiser vorbehalten war, und die zeremoniellen Kranzniederlegungen an den Sarkophagen der preußischen Könige waren unübersehbare Zeichen, daß der Nationalsozialismus die Grundprinzipien einer Revolution ablehnte und an wesentliche Symbole der deutschen Vergangenheit anknüpfte. Das war möglicherweise nicht alles, aber es war mehr als eine bloße propagandistische Übung oder ein zynisches, auf Hitlers konservative Verbündete berechnetes Beschwichtigungsmanöver. Außerdem kann man die Tatsache, daß so viele Menschen in den Wochen und Monaten nach dem 30. Januar 1933 zur NSDAP überliefen oder sie zumindest duldeten und keine Opposition zeigten, nicht einfach als Opportunismus abtun. Das wäre bei einem gewöhnlichen Regime eine mögliche Erklärung, nicht jedoch für eines mit so ausgeprägten und radikalen Seiten wie das der Nationalsozialisten. Und die Geschwindigkeit und die Begeisterung, mit der so viele Menschen sich mit dem neuen Regime identifizierten, läßt die Schlußfolgerung zu, daß eine große Mehrheit der gebildeten Eliten in der deutschen Gesellschaft unabhängig von ihrer bisherigen politischen Orientierung bereits prädisponiert war, viele der Prinzipien zu übernehmen, auf die der Nationalsozialismus sich gründete.[145] Die Nationalsozialisten eroberten nicht nur die politische, sondern in den ersten Monaten des Dritten Reichs auch die ideologische und kulturelle Macht. Das war nicht nur eine Folge der unbestimmten und proteischen Eigenart vieler ihrer eigenen weltanschaulichen Äußerungen, die allen alles versprachen. Es hing auch mit der Art und Weise zusammen, wie die nationalsozialistischen Ideen sich auf viele der Grundsätze und Überzeugungen beriefen, die sich seit dem ausgehenden 19. Jahrhundert innerhalb der gebildeten Elite Deutschlands ausgebreitet hatten. Unmittelbar nach dem Ersten Weltkrieg wurden diese Grundsätze und Überzeugungen nicht von einer kampfbereiten revolutionären Minderheit vertreten, sondern von den wesentlichen Institutionen in Gesellschaft und Politik. Es waren ausgerechnet Kommunisten und Sozialdemokraten, die diese Überzeugung zu einem Teil oder pauschal ablehnten, und die sich als Revolutionäre verstanden und von der Mehrheit der Deutschen tatsächlich auch so gesehen wurden.

Alle großen Revolutionen der Geschichte haben die Vergangenheit verworfen bis hin zu dem Punkt, daß sie einen neuen Kalender einführten, der mit dem »Jahr 1« begann, wie in der Französischen Revolution von 1789, oder indem sie die früheren Jahrhunderte dem »Kehrichthaufen der Geschichte« überantworteten, um eine berühmte Wendung Trotzkis in der Russischen Revolution von 1917 zu zitieren.[146] Ein derartiger Fundamentalismus war auch auf der extremen Rechten zu finden, beispielsweise in Schönerers Plan, anstelle des christlichen einen deutschen nationalistischen Kalender einzuführen. Doch selbst Schönerers Datierung begann in der fernen Vergangenheit. Und für die Nationalsozialisten und ihre Anhänger stellte schon der Begriff »Drittes Reich« ein starkes symbolisches Bindeglied zur imaginierten Größe der Vergangenheit dar, verkörpert im Ersten Reich Karls des Großen und dem Zweiten Reich Bismarcks. So erklärte Hitler am 1. Juli 1934, die nationalsozialistische Revolution habe die natürliche Entwicklung der deutschen Geschichte wiederhergestellt, die durch die Beschränkungen des Auslands während der Jahre der Weimarer Republik unterbrochen worden war:

> »Für uns war die Revolution, die das Zweite Deutschland zertrümmerte, nichts anderes als der gewaltige Geburtsakt, der das Dritte Reich ins Leben rief. Wir wollten wieder einen Staat schaffen, an dem jeder Deutsche in Liebe hängen kann, ein Regiment begründen, zu dem jeder mit Achtung emporzusehen vermag, Gesetze finden, die der Moral unseres Volkes entsprechen, eine Autorität befestigen, der sich jeder Mann in freudigem Gehorsam unterwirft. Die Revolution ist für uns kein permanenter Zustand. Wenn der natürlichen Entwicklung eines Volkes mit Gewalt eine tödliche Hemmung auferlegt wird, dann mag die künstlich unterbrochene Evolution durch einen Gewaltakt sich wieder die Freiheit der natürlichen Entwicklung öffnen.«[147]

Die Revolution schien kaum mehr zu sein als die Eroberung der politischen Macht und die Errichtung eines autoritären Staates. Welchen Gebrauch man von der Macht machen sollte, nachdem sie einmal erobert war, hatte nicht unbedingt etwas mit einer wirklichen Revolution zu tun. Die meisten Revolutionen endeten, wenn auch nur vorübergehend, mit der Diktatur eines einzelnen Mannes, doch keine außer der NS-Revolution wurde ausdrücklich mit diesem Ziel begonnen. Selbst die Revolution der Bolschewiki verfolgte ursprünglich das Ziel, eine kollektive Diktatur des Proletariats zu errichten, geführt von ihrer politischen Avantgarde, bis Stalin kam.[148]

Der Nationalsozialismus bot eine Synthese zwischen dem Revolutionären und dem Restaurativen. Ein vollständiger Umsturz des Gesellschaftssystems, wie er 1789 in Paris oder im Oktober 1917 in Petrograd gepredigt wurde, war nicht das, woran die Nationalsozialisten dachten. Im Kern des von den Nationalsozialisten geschaffenen Systems lag etwas anderes. Trotz all ihrer aggressiven egalitären Phrasen standen die Nationalsozialisten den Ungleichheiten in der Gesellschaft letztlich gleichgültig gegenüber. Worauf es ihnen mehr als alles andere ankam, waren Rasse, Kultur und Weltanschauung. In den kommenden Jahren sollten sie ein ganz neues Ensemble von Institutionen errichten, mit deren Hilfe sie die deutsche Seele umzuformen und den deutschen Charakter umzubilden hofften. Nachdem die Säuberungen des künstlerischen und kulturellen Lebens abgeschlossen waren, war es Zeit für all jene deutschen Schriftsteller, Musiker und Intellektuelle, die geblieben waren, ihre Talente mit Begeisterung der Schaffung einer neuen deutschen Kultur zur Verfügung zu stellen. Das Christentum der etablierten Kirchen, die bislang aus Gründen der politischen Zweckmäßigkeit vor der Feindseligkeit der Nationalsozialisten weitgehend geschützt waren, sollte dies nicht mehr lange bleiben. Die Nationalsozialisten schickten sich an, ein rassisches Utopia aufzubauen, in dem eine reinrassige Nation von Helden sich so schnell und so gründlich wie möglich auf die entscheidende Prüfung der rassischen Überlegenheit der Deutschen vorbereiten würde: einen Krieg, in dem sie ihre Feinde niederringen und vernichten und eine neue europäische Ordnung errichten würden, die schließlich die Welt beherrschen sollte. Bis zum Sommer 1933 war der Boden bereitet für die Errichtung einer Diktatur, wie die Welt sie noch nicht erlebt hatte. Das Dritte Reich war geboren.

Anmerkungen

Vorwort

1 Michael Ruck, *Bibliographie zum Nationalsozialismus,* 2 Bde., Darmstadt 2000 (1995).

2 Norbert Frei, *Der Führerstaat: Nationalsozialistische Herrschaft 1933 bis 1945,* München 2001 (1987); Ludolf Herbst, *Das nationalsozialistische Deutschland 1933–1945,* Frankfurt am Main 1996. Es gibt viele weitere kürzere Darstellungen; eine gute Synthese ist Hans-Ulrich Thamer, *Verführung und Gewalt: Deutschland 1933–1945,* Berlin 1986; nützliche, knappe Einführungen sind Jost Dülffer, *Deutsche Geschichte 1933–1945: Führerglaube und Vernichtungskrieg,* Stuttgart 1992, und Berndt-Jürgen Wendt, *Deutschland 1933–1945: Das Dritte Reich. Handbuch zur Geschichte,* Hannover 1995.

3 Detlev J. K. Peukert, *Volksgenossen und Gemeinschaftsfremde: Anpassung, Ausmerze, Aufbegehren unter dem Nationalsozialismus,* Köln 1982.

4 Jeremy Noakes und Geoffrey Pridham (Hg.), *Nazism 1919–1945,* 4 Bde., Exeter 1983–1998.

5 William L. Shirer, *Aufstieg und Fall des Dritten Reiches,* München 1963 (1960); Klaus Epsteins Rezension in *The Review of Politics* 23 (1961), S. 130–145, ist wieder abgedruckt in Klaus Epstein, *Vom Kaiserreich zum Dritten Reich: Geschichte und Geschichtswissenschaft im 20. Jahrhundert. Ein Leitfaden,* hg. von Eberhard Pikart, Detlef Junker und Gerhard Hufnagel, Frankfurt am Main 1972, S. 300–320, Zitat S. 300.

6 Karl Dietrich Bracher, *Die deutsche Diktatur: Entstehung, Struktur, Folgen des Nationalsozialismus,* Köln 1969.

7 Ian Kershaw, *Hitler 1889–1936,* München 1998, und *Hitler 1936–1945,* München 2000.

8 Michael Burleigh, *Die Zeit des Nationalsozialismus: Eine Gesamtdarstellung,* Frankfurt am Main 2000.

9 Siehe vor allem Sven Reichardt, *Faschistische Kampfbünde. Gewalt und Gemeinschaft im italienischen Squadrismus und in der deutschen SA*, Köln 2002, S. 21–26 und 37–46; zu einem kulturellen Verständnis von Faschismus und Nationalsozialismus siehe Roger Griffin, »The Primacy of Culture: The Current Growth (or Manufacture) of Consensus within Fascist Studies«, *Journal of Contemporary History*, 37 (2002), S. 21–43; David D. Roberts u. a., »Comments on Roger Griffin«, *Journal of Contemporary History*, 37 (2002), S. 259–274; Roger Griffin, *The Nature of Fascism*, London 1991; Wolfgang Wippermann und Werner Loh (Hg.), *Faschismus kontrovers*, Paderborn 2004; Gudrun Brockhaus, *Schauer und Idylle. Faschismus als Erlebnisangebot*, München 1997; und die bahnbrechenden Essays in George

L. Mosse, *The Fascist Revolution*, New York 1999. Zur Kultur der Gewalt in der Weimarer Republik siehe George L. Mosse, *Gefallen für das Vaterland. Nationales Heldentum und namenloses Sterben*, Stuttgart 1993, vor allem S. 195–222. Zu historisch informierten Reflexionen über die Soziologie und Kultur der Gewalt siehe Wolfgang Sofsky, *Traktat über die Gewalt*, Frankfurt am Main 1996.

10 Ich denke hier an Werke wie Orlando Figes, *Die Tragödie eines Volkes: Die Epoche der russischen Revolution 1891–1924,* Berlin 1998 (1996), oder Margaret Macmillan, *Peacemakers: The Paris Conference of 1919 and Its Attempt to End War,* London 2001.

11 Beginnend mit Martin Broszat, *Der Staat Hitlers,* München 1969, einem Buch, das ebenfalls die wiederholte Lektüre lohnt, und repräsentiert vor allem durch die glänzenden Essays Hans Mommsens, gesammelt in seinen Büchern *Der Nationalsozialismus und die deutsche Gesellschaft: Ausgewählte Aufsätze,* Reinbek 1991, und *Von Weimar nach Auschwitz: Zur Geschichte Deutschlands in der Weltkriegsepoche,* Stuttgart 1999.

12 Dies folgt der schon in meinen früheren Büchern verwendeten Methodik; siehe *Tod in Hamburg: Stadt, Politik und Gesellschaft in den Cholera-Jahren 1830–1910,* Reinbek 1990 (1987), und *Rituale der Vergeltung: Die Todesstrafe in der deutschen Geschichte 1532–1987,* Berlin 2001 (1996).

13 Karl Marx, »Der achtzehnte Brumaire des Louis Bonaparte«, in Karl Marx – Friedrich Engels, *Ausgewählte Schriften in zwei Bänden,* Bd. I, Berlin 1968 (1852), S. 222–316, hier S. 226.

14 Leslie P. Hartley, *The Go-Between,* London 1953, Vorwort.

15 Siehe Richard Evans, »History, Memory, and the Law: The Historian as Expert Witness«, *History and Theory* 41 (2002), S. 277–296; ferner Henry Rousso, *La Hantise du passé: entretien avec Philippe Petit,* Paris 1998.

16 Ian Kershaw, *Popular Opinion and Political Dissent in the Third Reich: Bavaria 1933–1945,* Oxford 1983, S. vii.

17 Konrad Heiden, *Geschichte des Nationalsozialismus: Die Karriere einer Idee,* Berlin 1932; ders., *Adolf Hitler: Das Zeitalter der Verantwortungslosigkeit. Eine Biographie,* Zürich 1936; Ernst Fraenkel, *Der Doppelstaat,* Hamburg 2001 (1941); Franz Neumann, *Behemoth: Struktur und Praxis des Nationalsozialismus,* Köln 1977 (zuerst auf englisch 1941).

18 Friedrich Meinecke, *Die deutsche Katastrophe,* Wiesbaden 1946, Zitat S. 112. (Wiederabgedruckt in Friedrich Meinecke, *Autobiographische Schriften* [*Werke,* Bd. VIII], Stuttgart 1969, S. 323–445, Zitat S. 400). Eine sehr kritische Erörterung bietet Immanuel Geiss, »Kritischer Rückblick auf Friedrich Meinecke«, in ders., *Studien über Geschichte und Geschichtswissenschaft,* Frankfurt am Main 1972, S. 89–107. Die Verteidigung Meineckes unternimmt Wolfgang Wippermann, »Friedrich Meineckes ›Die deutsche Katastrophe‹: Ein Versuch zur deutschen Vergangenheitsbewältigung«, in Michael Erbe (Hg.), *Friedrich Meinecke heute: Bericht über ein Gedenk-Colloquium zu seinem 25. Todestag am 5. und 6. April 1979,* Berlin 1981, S. 101–121.

19 So der Fragenkatalog am Eingang von Karl Dietrich Brachers Klassiker *Stufen der Machtergreifung,* dem ersten Band von Karl Dietrich Bracher, Gerhard Schulz und Wolfgang Sauer, *Die nationalsozialistische Machtergreifung: Studien zur Errichtung des totalitären Herrschaftssystems in Deutschland 1933/34,* Frankfurt am Main 1974 (1960), S. 17f.

20 Es gibt viele gute Studien über die Historiographie zum Nationalsozialismus und zum Dritten Reich; ein kurzer Überblick bei Jane Caplan, »The Historiography of National Socialism«, in Michael Bentley (Hg.), *Companion to Historiography,* London 1997, und längere Ausführungen bei Ian Kershaw, *Der NS-Staat: Geschichtsinterpretationen und Kontroversen im Überblick,* 3., erweiterte Neuausgabe, Reinbek bei Hamburg 2002 (1985).

21 Mark Mazower, *Der dunkle Kontinent: Europa im 20. Jahrhundert,* Frankfurt am Main 2002 (1998).

22 Einen guten Überblick über diverse marxistische Interpretationen des Nationalsozialismus in ihrem jeweiligen politischen Kontext bietet Pierre Ayçoberry, *The Nazi Question: An Essay on the Interpretation of National Socialism* (1922–1975), New York 1981 (1979).

23 Für die DDR-Forschung sei verwiesen auf Andreas Dorpalen, *German History in Marxist Perspective: The East German Approach,* Detroit 1988. Eine repräsentative Auswahl mit ausgewogenen Kommentaren bietet Georg G. Iggers (Hg.), *Marxist Historiography in Transformation: New Orientations in Recent East German History,* Oxford 1992. Einer der besten und anregendsten marxistischen Historiker des Dritten Reichs war Tim Mason; siehe insbesondere *Nazism, Fascism and the Working Class: Essays by Tim Mason,* hg. von Jane Caplan, Cambridge 1995, und *Sozialpolitik im Dritten Reich: Arbeiterklasse und Volksgemeinschaft,* Opladen 1977.

24 Shirer, *Aufstieg und Fall*; A. J. P. Taylor, *The Course of German History: A Survey of the Development of German History since 1815,* London 1945; Edmond Vermeil, *L'Allemagne: Essai d'explication,* Paris 1945.

25 Ayçoberry, *The Nazi Question,* S. 3–15.

26 Das klassische Beispiel einer solchen Kriegspropaganda ist Rohan d'Olier Butler, *The Roots of National Socialism 1783–1933,* London 1941; ein weiteres wäre Fossey J. C. Hearnshaw, *Germany the Aggressor Throughout the Ages,* London 1940. Eine intelligente Erwiderung aus jener Zeit war Harold Laski, *The Germans – Are They Human?,* London 1941.

27 Eine allgemeine Erörterung dieser Fragen findet sich in Evans, *Rethinking,* besonders S. 1–54. Eine ausgezeichnete, kurze Sammlung von kommentierten Dokumenten bietet John C. G. Röhl (Hg.), *From Bismarck to Hitler: The Problem of Continuity in German History,* London 1970. Als junger Student wurde ich in diese Kontroversen durch eine praktische Anthologie eingeführt: John L. Snell (Hg.), *The Nazi Revolution – Germany's Guilt or Germany's Fate?,* Boston 1959.

28 Das gilt sogar für die relativ differenzierten Schriften deutscher Emigranten wie Hans Kohn, besonders *Wege und Irrwege: Vom Geist des deutschen Bürgertums,* Düsseldorf 1962 (1961), und Peter Viereck, *Metapolitics: From the Romantics to Hitler,* New York 1941.

29 Keith Bullivant, »Thomas Mann and Politics in the Weimar Republic«, in ders. (Hg.), *Culture and Society in the Weimar Republic,* Manchester 1977, S. 24–38; Taylor, *The Course,* S. 92f.

30 Gerhard Ritter, »The Historical Foundations of the Rise of National-Socialism«, in Maurice Baumont u.a. (Hg.), *The Third Reich: A Study Published under the Auspices of the International Council for Philosophy and Humanistic Studies with the Assistance of UNESCO,* New York 1955, S. 381–416; ders., *Europa und die deutsche Frage: Betrachtungen über die geschichtliche Eigenart des deutschen Staatsgedankens,* München 1948; Christoph Cornelissen, *Gerhard Ritter: Geschichtswissenschaft und Politik im 20. Jahrhundert,* Düsseldorf 2001; Ritters Argumentation läßt sich bis auf das Jahr 1937 zurückverfolgen, wo sie in etwas weniger negativer Formulierung erscheint (ebd., S. 524–530). Eine Fülle anderer Sichtweisen versammelt Hans Kohn (Hg.), *German History: Some New German Views,* Boston 1954. Den frühen, aber nur teilweise gelungenen Versuch eines deutschen Historikers, aus diesem Schema auszubrechen, stellt Ludwig Dehios Buch *Deutschland und die Weltpoitik im 20. Jahrhundert,* München 1955, dar, das aber immer noch den Primat internationaler Faktoren betont.

31 Siehe neben anderen Behandlungen dieses Themas Karl Dietrich Bracher, *Die totalitäre Erfahrung,* München 1987; Leonard Shapiro, *Totalitarianism,* London 1972. Der klassische, vielkritisierte theoretische Grundlagentext ist Carl J. Friedrich, *Totalitäre Diktatur,* Stuttgart 1957, die bahnbrechende philosophische Durchdringung Hannah Arendt, *Elemente und Ursprünge totaler Herrschaft,* Frankfurt am Main 1955.

32 Eckard Jesse (Hg.), *Totalitarismus im 20. Jahrhundert,* Baden-Baden 1996, und Alfons Söllner (Hg.), *Totalitarismus: Eine Ideengeschichte des 20. Jahrhunderts,* Berlin 1997.

33 Siehe besonders die fruchtbaren Vergleiche in Ian Kershaw und Moshe Lewin (Hg.), *Stalinism and Nazism: Dictatorships in Comparison,* Cambridge 1997, und die nützliche, wohlinformierte kurze Erörterung in Kershaw, *Der NS-Staat.*

34 Den Unterschied zwischen »normalem« und »radikalem« Faschismus in dieser Hinsicht hat als erster Ernst Nolte gemacht; siehe seine klassische Studie *Der Faschismus in seiner Epoche. Die Action Française, der italienische Faschismus, der Nationalsozialismus*, München 1962.

35 Taylor, *The Course*, S. 69.

36 Zu dieser Sicht mit unterschiedlichen Nuancen siehe beispielsweise Hans-Ulrich Wehler, *Das deutsche Kaiserreich 1871–1918*, Göttingen 1973; Martin Kitchen, *The Political Economy of Germany 1815–1914*, London 1978; Ralf Dahrendorf, *Gesellschaft und Demokratie in Deutschland*, München 1965; Carola Stern und Heinrich August Winkler (Hg.), *Wendepunkte deutscher Geschichte 1848–1945*, Frankfurt am Main 1979; Volker R. Berghahn, *Der Tirpitz-Plan. Genesis und Verfall einer innenpolitischen Krisenstrategie unter Wilhelm II.*, Düsseldorf 1971, S. 592; Siegfried Mielke, *Der Hansa-Bund für Gewerbe, Handel und Industrie 1909–1914*, Göttingen 1976, S. 17; Peter-Christian Witt, »Innenpolitik und Imperialismus in der Vorgeschichte des 1. Weltkrieges«, in: Karl Holl und Günther List (Hg.), *Libera-*

lismus und imperialistischer Staat, Göttingen 1975, S. 7–34, sowie unzählige Monographien über diese Periode.

37 Zu den wichtigsten allgemeinen Kritiken siehe Richard J. Evans (Hg.), *Society and Politics in Wilhelmine Germany*, London 1978; David Blackbourn und Geoff Eley, *The Peculiarities of German History: Bourgeois Society and Politics in Nineteenth-century Germany*, Oxford 1984; Richard J. Evans, *Rethinking German History: Nineteenth-Century Germany and the Origins of the Third Reich*, London 1987, alle mit weiterführender Literatur zu speziellen Aspekten. Zu frühen Versuchen einer Verteidigung der Sonderwegsthese siehe etwa Hans-Ulrich Wehler, »›Deutscher Sonderweg‹ oder allgemeine Probleme des westlichen Kapitalismus?«, *Merkur*, 35 (1981), S. 477–487, und Heinrich August Winkler, »Der deutsche Sonderweg: Eine Nachlese«, *Merkur*, 35 (1981), S. 793–804; Jürgen Kocka, »Der ›deutsche Sonderweg‹ in der Diskussion«, *German Studies Review*, 5 (1982), S. 365–383. Zu neueren Modifikationen der These durch einige ihrer Hauptvertreter siehe zum Beispiel Hans-Ulrich Wehler, *Deutsche Gesellschaftsgeschichte*, Bd. 3, *Von der »Deutschen Doppelrevolution« bis zum Beginn des Ersten Weltkrieges 1848–1914*, München 1995, und die Einschätzung von Richard J. Evans. »Bürgerliche Gesellschaft und charismatische Herrschaft«, *Die Zeit*, 13. Oktober 1995, S. 32f., und Klaus Tenfelde, »1890–1914: Durchbruch der Moderne? Über Gesellschaft im späten Kaiserreich«, in: Lothar Gall (Hg.), *Otto von Bismarck und Wilhelm II.. Repräsentanten eines Epochenwechsels?*, Paderborn 2000, S. 119–141. Der ausdauerndste Verfechter der Sonderwegsthese ist bis heute Heinrich August Winkler, dessen Eintreten für die Theorie im Lauf der Jahre etwas nuancierter geworden ist: siehe ders., *Der lange Weg nach Westen*, Bd. 2, *Deutsche Geschichte vom »Dritten Reich« bis zur Wiedervereinigung*, München 2000, S. 640–657, zu seiner jüngsten und besonders geschickt begründeten Verteidigung des deutschen »Sonderwegs«. Zur Modernität als das Hauptmerkmal Deutschlands im späten 19. Jahrhundert siehe jüngst Geoff Eley und James Retallack (Hg.), *Wilhelminism and Its Legacies. German Modernities, Imperialism, and the Meanings of Reform, 1890–1930. Essays for Hartmut Pogge-von Strandmann*, New York 2003.

38 Dieses Argument untersucht Jürgen Steinle: »Hitler als ›Betriebsunfall‹ in der Geschichte«, *Geschichte in Wissenschaft und Unterricht* 45 (1994), S. 288–302.

39 Karl Dietrich Bracher, *Die Auflösung der Weimarer Republik: Eine Studie zum Problem des Machtverfalls in der Demokratie*, 3. Aufl., Villingen 1960 (1955); ders., Schulz und Sauer, *Die nationalsozialistische Machtergreifung.*

40 Broszat, *Der Staat Hitlers;* ders., Elke Fröhlich und Falk Wiesemann (Hg.), *Bayern in der NS-Zeit,* 6 Bde., München 1977–1983; Peukert, *Volksgenossen und Gemeinschaftsfremde;* siehe ferner den nützlichen Kommentar zur Entwicklung der Forschung in der neuesten Auflage von Frei, *Der Führerstaat,* S. 281–304. Eine kritische Perspektive auf Broszat bietet nun Nicolas Berg, *Der Holocaust und die westdeutschen Historiker: Erforschung und Erinnerung,* Köln 2003.

41 Von den vielen einschlägigen Studien und Anthologien seien genannt Robert Gellately und Nathan Stoltzfus (Hg.), *Social Outsiders in Nazi Germany,*

Princeton 2001; Michael Burleigh und Wolfgang Wippermann, *The Racial State: Germany 1933–1945*, Cambridge 1991; Henry Friedlander, *Der Weg zum NS-Genozid: Von der Euthanasie zur Endlösung*, Berlin 1997; Wolfgang Ayass, *»Asoziale« im Nationalsozialismus*, Stuttgart 1995; Peter Longerich, *Politik der Vernichtung: Eine Gesamtdarstellung der nationalsozialistischen Judenverfolgung*, München 1998; Ulrich Herbert, *Fremdarbeiter: Politik und Praxis des »Ausländer-Einsatzes« in der Kriegswirtschaft des Dritten Reiches*, Bonn 1999 (1985).

42 Richard J. Evans, *Im Schatten Hitlers? Vergangenheitsbewältigung und Historikerstreit in der Bundesrepublik*, Frankfurt am Main 1991 (1989); ders., *Rituale der Vergeltung*.

43 Richard J. Evans, *Der Geschichtsfälscher: Holocaust und historische Wahrheit im David-Irving-Prozeß*, Frankfurt am Main 2001.

44 Peter Longerich, *Der ungeschriebene Befehl: Hitler und der Weg zur »Endlösung«*, München 2001, S. 9–15.

45 Victor Klemperer, *LTI: Lingua Tertii Imperii. Notizbuch eines Philologen*, Leipzig 1985 (1946).

46 Daniel J. Goldhagen, *Hitlers willige Vollstrecker: Ganz gewöhnliche Deutsche und der Holocaust*, Berlin 1996 und Robert Gellately, *Hingeschaut und weggesehen. Hitler und sein Volk*. München 2002 (2001).

1. Kapitel Das Vermächtnis der Vergangenheit

1 Das Bestehen von Kontinuitäten zwischen dem Bismarckreich und dem Aufkommen des Dritten Reichs ist die zentrale These in Hans-Ulrich Wehler, *Deutsche Gesellschaftsgeschichte*, Bd. 3, und Heinrich August Winkler, *Der lange Weg nach Westen*, Bd. 1: *Deutsche Geschichte vom Ende des Alten Reiches bis zum Untergang der Weimarer Republik*, München 2000.

2 Friedrich Meinecke, »Bismarck und das neue Deutschland«, in ders., *Preußen und Deutschland im 19. und 20. Jahrhundert*, München 1918, S. 510–531, Zitat S. 529.

3 Elizabeth Knowles (Hg.), *The Oxford Dictionary of Quotations*, 5. Aufl., Oxford 1999, S. 116.

4 Ohne näheren Nachweis zitiert bei Alan J. P. Taylor, *Bismarck: Mensch und Staatsmann*, München 1981, S. 111.

5 Klaus Hildebrand, »Reich – Großmacht – Nation. Betrachtungen zur Geschichte der deutschen Außenpolitik 1871–1945«, *Historische Zeitschrift*, 259 (1994), S. 369–381, Zitat S. 369; ausführlicher hierzu vom selben Autor *Das vergangene Reich. Deutsche Außenpolitik von Bismarck bis Hitler 1871–1945*, Stuttgart 1995.

6 Hans Fenske, »Das ›Dritte Reich‹. Die Perversion der Reichsidee«, in: Bernd Martin (Hg.), *Deutschland in Europa. Ein historischer Rückblick*, München 1992, S. 210–230; Herfried Münkler, »Das Reich als politische Macht und politischer Mythos«, in ders., *Reich – Nation – Europa. Modelle politischer Ordnung*, Weinheim 1996, S. 11–59.

7 Einen guten, knappen Überblick über diese und die folgende Periode gibt David Blackbourn, *The Fontana History of Germany 1780–1918: The Long Nineteenth Century,* London 1997; ausführlicher James J. Sheehan, *Der Ausklang des alten Reichs: Deutschland seit dem Ende des Siebenjährigen Kriegs bis zur gescheiterten Revolution, 1763–1850,* Berlin 1994 (1989); noch ausführlicher Thomas Nipperdey, *Deutsche Geschichte 1800–1866: Bürgerwelt und starker Staat,* München 1983, und noch einmal ausführlicher Hans-Ulrich Wehler, *Deutsche Gesellschaftsgeschichte,* Bd. 2: *Von der Reformära bis zur industriellen und politischen »Deutschen Doppelrevolution« 1815–1845/49,* München 1987.

8 Zur Debatte hierüber siehe insbesondere Geoff Eley, *From Unification to Nazism: Reinterpreting the German Past,* London 1986, S. 254–282; David Blackbourn und Geoff Eley, *Mythen deutscher Geschichtsschreibung: Die gescheiterte bürgerliche Revolution von 1848,* Frankfurt am Main 1980; Evans, *Rethinking German History,* S. 93–124; Evans (Hg.), *Society and Politics*; Jürgen Kocka, »German History Before Hitler: The Debate about the German *Sonderweg*«, *Journal of Contemporary History* 23 (1988), S. 3–16; Robert Moeller, »The Kaiserreich Recast? Continuity and Change in Modern German Historiography«, *Journal of Social History* 17 (1984), S. 655–683. Siehe auch die Diskussion oben, S. 19–31.

9 Die zwei besten Biographien in erzählender Form sind: Ernst Engelberg, *Bismarck,* 2 Bde., Berlin 1985 und 1990, und Otto Pflanze, *Bismarck,* 2 Bde., München 1997 und 1998.

10 Unter zahlreichen hervorragenden Darstellungen siehe insbesondere Dieter Langewiesche, *Liberalismus in Deutschland*, Frankfurt am Main 1988, und James J. Sheehan, *Der deutsche Liberalismus. Von den Anfängen im 18. Jahrhundert bis zum Ersten Weltkrieg 1770–1914*, München 1983 (1978).

11 Heinrich August Winkler, *Der lange Weg nach Westen,* Bd. 2, S. 645–648.

12 Heinrich August Winkler, *The Long Shadow of the Reich: Weighing up German History* (The 2001 Annual Lecture of the German Historical Institute, London), London 2002; Lothar Kettenacker, »Der Mythos vom Reich«, in Karl H. Bohrer (Hg.), *Mythos und Moderne,* Frankfurt am Main 1983, S. 262–289.

13 Karl Marx, »Randglossen zum Programm der deutschen Arbeiterpartei« (Kritik des Gothaer Programms), in Karl Marx – Friedrich Engels, *Ausgewählte Schriften in zwei Bänden,* Berlin 1968 (1875), Bd. 2, S. 11–28, hier S. 25.

14 Otto Büsch, *Militärsystem und Sozialleben im alten Preußen 1713–1807: Die Anfänge der sozialen Militarisierung der preußisch-deutschen Gesellschaft,* Berlin 1962.

15 Horst Kohl (Hg.), *Die politischen Reden des Fürsten Bismarck,* 14 Bde., Stuttgart 1892–1905, Bd. II, S. 29f., zitiert nach Pflanze, *Bismarck,* Bd. II, S. 187.

16 Lothar Gall, *Bismarck: Der weiße Revolutionär,* Berlin 1980, die hervorragende analytische Studie über Bismarck.

17 Zur Geschichte der Wehrpflicht siehe Ute Frevert, *Die kasernierte Nation: Militärdienst und Zivilgesellschaft in Deutschland,* München 2001; den

deutschen Militarismus in einem größeren Kontext behandeln Volker R. Berghahn, *Militarismus: die Geschichte einer internationalen Debatte 1861–1979,* Hamburg 1986 (1981), ders. (Hg.), *Militarismus,* Köln 1975, Martin Kitchen, *A Military History of Germany from the Eighteenth Century to the Present Day,* London 1975, und Gordon A. Craigs Klassiker *Die preußisch-deutsche Armee 1640–1945: Staat im Staate,* Düsseldorf 1960 (1955); unkonventionelle Überlegungen bietet Geoff Eley, »Army, State and Civil Society: Revisiting the Problem of German Militarism«, in ders., *From Unification to Nazism,* S. 85–109.

18 Martin Kitchen, *The German Officer Corps 1890–1914,* Oxford 1968; Karl Demeter, *Das deutsche Offizierskorps in Gesellschaft und Staat 1650–1945,* Frankfurt am Main 1962. Zu der permanenten Drohung eines Staatsstreichs siehe Volker R. Berghahn, *Germany and the Approach of War in 1914,* London 1973, S. 13–15; Michael Stürmer, »Staatstreichgedanken im Bismarckreich«, *Historische Zeitschrift,* 209 (1969), S. 566–615.

19 Siehe Richard J. Evans, *Szenen aus der deutschen Unterwelt: Verbrechen und Strafe, 1800–1914,* Reinbek bei Hamburg 1997, S. 305–355; ders., *Rethinking German History,* S. 248–290; ders., *Rereading German History: From Unification to Reunification 1800–1996,* London 1997, S. 65–86.

20 Ute Frevert, »Bourgeois honour: middle-class duellists in Germany from the late eighteenth to the early twentieth century«, in David Blackbourn und Richard J. Evans (Hg.), *The German Bourgeoisie: Essays on the Social History of the German Middle Class from the Late Eighteenth to the Early Twentieth Century,* London 1991, S. 255–292; dies., *Ehrenmänner: Das Duell in der bürgerlichen Gesellschaft,* München 1991.

21 Eley, »Army, State and Civil Society«; Wehler, *Deutsche Gesellschaftsgeschichte,* Bd. 3, S. 873–885.

22 Michael Geyer, »Die Geschichte des deutschen Militärs von 1860–1956: Ein Bericht über die Forschungslage (1945–1975)«, in Hans-Ulrich Wehler (Hg.), *Die moderne deutsche Geschichte in der internationalen Forschung 1945–1975,* Göttingen 1978, S. 256–286; Helmut Bley, *Kolonialherrschaft und Sozialstruktur in Deutsch-Südwestafrika 1884–1914,* Hamburg 1968.

23 Gesine Krüger, *Kriegsbewältigung und Geschichtsbewußtsein: Realität, Deutung und Verarbeitung des deutschen Kolonialkrieges in Namibia 1904 bis 1907,* Göttingen 1999; Tilman Dedering, »A Certain Rigorous Treatment of All Parts of the Nation«: The Annihilation of the Herero in German Southwest Africa 1904«, in Mark Levene und Penny Roberts (Hg.), *The Massacre in History,* New York 1999, S. 205–222.

24 David Schoenbaum, *Zabern 1913: Consensus Politics in Imperial Germany,* London 1982; Nicholas Stargardt, *The German Idea of Militarism 1866–1914,* Cambridge 1994; Wehler, *Deutsche Gesellschaftsgeschichte,* Bd. 3, S. 125–129.

25 Ulrich von Hassell, *Die Hassell-Tagebücher 1938–1944,* hg. v. Friedrich Freiherr Hiller von Gaertringen, Berlin 1989, S. 436.

26 Wolfgang J. Mommsen, *Das Ringen um den nationalen Staat: Die Gründung und der innere Ausbau des Deutschen Reiches unter Otto von Bismarck 1850–1890,* Berlin 1993, S. 439f.; David Blackbourn, *Wenn ihr sie wieder-*

seht, fragt, wer sie sei: Marienerscheinungen in Marpingen, Reinbek bei Hamburg 1997 (1993).

27 Vernon Lidtke, *The Outlawed Party: Social Democracy in Germany, 1878–1890,* Princeton 1966; Richard J. Evans, *Rituale der Vergeltung*, S. 435–461.

28 Es gibt viele Darstellungen über die Entwicklung der SPD; siehe Susanne Miller und Heinrich Potthoff, *Kleine Geschichte der SPD 1848–2002,* Bonn 2002 (1971), eine nützliche Einführung aus der Sicht der heutigen SPD; Detlef Lehnert, *Sozialdemokratie zwischen Protestbewegung und Regierungspartei 1848–1983,* Frankfurt am Main 1983, ist eine gute, kurze Darstellung; jüngeren Datums ist Stefan Berger, *Social Democracy and the Working Class in Nineteenth- and Twentieth-Century Germany,* London 2000.

29 Alex Hall, *Scandal, Sensation and Social Democracy: The SPD Press and Wilhelmine Germany 1890–1914,* Cambridge 1977; Klaus Saul, »Der Staat und die ›Mächte des Umsturzes‹: Ein Beitrag zu den Methoden antisozialistischer Repression und Agitation vom Scheitern des Sozialistengesetzes bis zur Jahrhundertwende«, *Archiv für Sozialgeschichte* XII (1972); S. 293–350; Alex Hall, »By Other Means: The Legal Struggle Against the SPD in Wilhelmine Germany 1890–1900«, *Historical Journal* 17 (1974), S. 365–386.

30 Karl Holl und Günther List (Hg.), *Liberalismus und imperialistischer Staat. Der Imperialismus als Problem liberaler Parteien in Deutschland 1890–1914*, Göttingen 1975; darin vor allem Wolfgang J. Mommsen, »Wandlungen der liberalen Idee im Zeitalter des Imperialismus«, S. 109–147, und Lothar Gall, »›Sündenfall‹ des liberalen Denkens oder Krise der bürgerlich-liberalen Bewegung? Zum Verhältnis von Liberalismus und Imperialismus in Deutschland«, S. 148–158; siehe auch Langewiesche, *Liberalismus*, S. 211–227.

31 Ein praktischer kurzer Überblick findet sich bei Gerhard A. Ritter, *Die deutschen Parteien 1830–1914: Parteien und Gesellschaft im konstitutionellen Regierungssystem,* Göttingen 1985; der klassische Artikel zum Thema ist M. Rainer Lepsius, »Parteisystem und Sozialstruktur: Zum Problem der Demokratisierung der deutschen Gesellschaft«, in Gerhard A. Ritter (Hg.), *Die deutschen Parteien vor 1918,* Köln 1973, S. 56–80.

32 Ritter und Niehuss, *Wahlgeschichtliches Arbeitsbuch,* S. 42.

33 Stanley Suval, *Electoral Politics in Wilhelmine Germany,* Chapel Hill 1985; Margaret L. Anderson, *Practicing Democracy: Elections and Political Culture in Imperial Germany,* Princeton 2000.

34 Kurt Koszyk, *Deutsche Presse im 19. Jahrhundert: Geschichte der deutschen Presse*, Teil 2, Berlin 1966.

35 Richard J. Evans (Hg.), *Kneipengespräche im Kaiserreich: Die Stimmungsberichte der Hamburger Politischen Polizei 1892–1914,* Reinbek 1989.

36 Ein kurzer, einführender Überblick bei Wehler, *Deutsche Gesellschaftsgeschichte,* Bd. 3, S. 961–965; ausführlicher William W. Hagen, *Germans, Poles, and Jews: The Nationality Conflict in the Prussian East, 1772–1914,* Chicago 1980.

37 Evans (Hg.), *Kneipengespräche,* S. 361–383.

38 Berghahn, *Der Tirpitz-Plan.*

39 Eine ausgewogene Einschätzung der Persönlichkeit und des Einflusses des Kaisers bietet neuerdings Christopher Clark, *Kaiser Wilhelm II,* London 2000.

40 Geoffrey Hosking, *Rußland: Nation und Imperium, 1552–1917,* Berlin 2000 (1997).

41 George L. Mosse, *Die Nationalisierung der Massen: Politische Symbolik und Massenbewegungen in Deutschland von den Napoleonischen Kriegen bis zum Dritten Reich,* Frankfurt am Main 1976 (1975).

42 Alan Milward und Samuel B. Saul, *The Development of the Economies of Continental Europe 1850–1914,* London 1977, S. 19f.

43 Allgemein hierzu Hubert Kiesewetter, *Industrielle Revolution in Deutschland 1815–1914,* Frankfurt am Main 1989.

44 Volker Ullrich, *Die nervöse Großmacht 1871–1918: Aufstieg und Untergang des deutschen Kaiserreichs,* Frankfurt am Main 1997; Joachim Radkau, *Das Zeitalter der Nervosität. Deutschland zwischen Bismarck und Hitler,* München 1998.

45 August Nitschke u.a. (Hg.), *Jahrhundertwende: Der Aufbruch in die Moderne 1880–1930,* 2 Bde., Reinbek 1990.

46 Siehe zu dieser Argumentation Blackbourn und Eley, *Mythen deutscher Geschichtsschreibung.*

47 Peter Pulzer, *Die Entstehung des politischen Antisemitismus in Deutschland und Österreich: 1867–1914,* Gütersloh 1966 (1964), S. 96f.; Rosemarie Leuschen-Seppel, *Sozialdemokratie und Antisemitismus im Kaiserreich: Die Auseinandersetzung der Partei mit den konservativen und völkischen Strömungen des Antisemitismus 1871–1914,* Bonn 1978, S. 140–142; Richard S. Levy, *The Downfall of the Anti-Semitic Political Parties in Imperial Germany,* New Haven 1975. Siehe auch die bahnbrechende Arbeit von Paul W. Massing, *Vorgeschichte des politischen Antisemitismus,* Frankfurt am Main 1959 (1949).

48 Ich übernehme hier Marion Kaplans nützliche Unterscheidung zwischen Assimilation, die den vollständigen Verlust der kulturellen Identität bedeutet, und Akkulturation, mit der die Bildung einer irgendwie doppelten Identität in einem multikulturellen Umfeld verbunden ist. Siehe Marion A. Kaplan, »The Acculturation, Assimilation, and Integration of Jews in Imperial Germany«, *Leo Baeck Institute Yearbook* 27 (1982), S. 3–35.

49 Till van Rahden, *Juden und andere Breslauer: Die Beziehungen zwischen Juden, Protestanten und Katholiken in einer deutschen Großstadt von 1860 bis 1925,* Göttingen 2000, S. 147–149; Peter Pulzer, *Jews and the German State: The Political History of a Minority, 1843–1933,* Oxford 1992, S. 6f.; Shulamit Volkov, *Die Juden in Deutschland 1780–1918,* München 1994; Usiel O. Schmelz, »Die demographische Entwicklung der Juden in Deutschland von der Mitte des 19. Jahrhunderts bis 1933«, *Bulletin des Leo Baeck Instituts* 83 (1989), S. 15–62, hier S. 39–41; Jacob Toury, *Soziale und politische Geschichte der Juden in Deutschland 1847–1871: Zwischen Revolution, Reaktion und Emanzipation,* Düsseldorf 1977, S. 60; Monika Richarz, *Jüdisches Leben in Deutschland,* II: *Selbstzeugnisse zur Sozialgeschichte im Kaiserreich,* Stuttgart 1979, S. 16f.; Anthony Kauders, *German Politics and*

the Jews: Düsseldorf and Nuremberg 1910–1933, Oxford 1996, S. 26; Kerstin Meiring, *Die christlich-jüdische Mischehe in Deutschland, 1840–1933,* Hamburg 1998.

50 Pulzer, *Jews,* S. 106–120.

51 Dietz Bering, *Der Name als Stigma. Antisemitismus im deutschen Alltag 1812–1933.* Stuttgart 1987.

52 Pulzer, *Jews,* S. 5, 11.

53 Niall Ferguson, *Die Geschichte der Rothschilds: Propheten des Geldes,* München 2002 (1998); Fritz Stern, *Gold und Eisen: Bismarck und sein Bankier Bleichröder,* Frankfurt am Main 1980 (1977).

54 Robert Gellately, *The Politics of Economic Despair: Shopkeepers and German Politics, 1890–1914,* London 1974, S. 42f.; Richarz, *Jüdisches Leben,* II, S. 17, 23–35.

55 Richarz, *Jüdisches Leben,* II, S. 31–34.

56 Peter Pulzer, »Jews and Nation-Building in Germany 1815–1918«, *Leo Baeck Institute Year-Book* 41 (1996), S. 199–214.

57 Siehe insbesondere Werner E. Mosse, *Jews in the German Economy: The German-Jewish Economic Élite 1820–1935,* Oxford 1987, und ders., *The German-Jewish Economic Élite 1820–1935: A Socio-Cultural Profile,* Oxford 1989.

58 Pulzer, *Entstehung,* S. 77–99; Shulamit Volkov, *Jüdisches Leben und Antisemitismus im 19. und 20. Jahrhundert,* München 1990; Wilhelm Mommsen (Hg.), *Deutsche Parteiprogramme,* München 1960, S. 78–80.

59 Zu Böckel und der antisemitischen Bewegung generell siehe David Peal, »Antisemitism by Other Means? The Rural Cooperative Movement in Late 19th Century Germany«, in Herbert A. Strauss (Hg.), *Hostages of Modernization: Studies on Modern Antisemitism 1870–1933/39: Germany – Great Britain – France,* Berlin 1993, S. 128–149; James N. Retallack, *Notables of the Right: The Conservative Party and Political Mobilization in Germany, 1876–1918,* London 1988, besonders S. 91–99; Hans-Jürgen Puhle, *Agrarische Interessenpolitik und preußischer Konservatismus im wilhelminischen Reich 1893–1914: Ein Beitrag zur Analyse des Nationalismus in Deutschland am Beispiel des Bundes der Landwirte und der Deutsch-Konservativen Partei,* Hannover 1967.

60 Pulzer, *Entstehung,* S. 99; Wehler, *Deutsche Gesellschaftsgeschichte,* Bd. 3, S. 924–934; Thomas Nipperdey, *Deutsche Geschichte 1866–1918,* Bd. 2: *Machtstaat vor der Demokratie,* München 1992, S. 289–311.

61 Einen allgemeinen Überblick bietet der Klassiker von Jacob Katz, *Vom Vorurteil bis zur Vernichtung: Der Antisemitismus 1700–1933,* München 1989 (1980). Zum katholischen Antisemitismus in Deutschland siehe Olaf Blaschke, *Katholizismus und Antisemitismus im Deutschen Kaiserreich,* Göttingen 1997; Helmut Walser Smith, »The Learned and the Popular Discourse of Anti-Semitism in the Catholic Milieu in the Kaiserreich«, *Central European History* 27 (1994), S. 315–328; Werner Jochmann, *Gesellschaftskrise und Judenfeindschaft in Deutschland 1870–1945,* Hamburg 1988, enthält ein gutes einführendes Kapitel, S. 30–98. James F. Harris, *The People Speak! Anti-Semitism and Emancipation in Ninetenth-Century Bavaria,* Ann Arbor

1994, verwirft zu leichtfertig sozioökonomische Faktoren; die Geschichte des Antisemitismus läßt sich nicht auf den ansonsten ungeklärten Einfluß eines freischwebenden Diskurses reduzieren.

62 Wilhelm Marr, *Vom jüdischen Kriegsschauplatz: Eine Streitschrift,* Ibern 1879, S. 19, zitiert nach Pulzer, *Entstehung,* S. 49.

63 Wilhelm Marr, *Der Sieg des Judenthums über das Germanenthum, vom nicht confessionellen Standpunkt aus betrachtet,* 6. Aufl., Bern 1879 (1873), S. 44, 46; Moshe Zimmermann, *Wilhelm Marr: The Patriarch of Anti-Semitism,* New York 1986, S. 89, 151, 154 [Staatsarchiv Hamburg, Nachlaß Marr BVb »Testament eines Antisemiten«, 1891]; Daniela Kasischke-Wurm, *Antisemitismus im Spiegel der Hamburger Presse während des Kaiserreichs (1884–1914),* Hamburg 1997, S. 240–246.

64 Ebd., S. 77.

65 Wehler, *Deutsche Gesellschaftsgeschichte,* Bd. 3, S. 925–929.

66 Evans (Hg.), *Kneipengespräche,* S. 317.

67 Ebd., S. 313–321.

68 Leuschen-Seppel, *Sozialdemokratie,* besonders S. 36, 96, 100, 153, 171; Evans, *Kneipengespräche,* S. 302–306, 318f. Diese Punkte richten sich gegen die einschlägigen Behauptungen in Goldhagen, *Hitlers willige Vollstrecker,* und sind in größerer Ausführlichkeit nachzulesen in Evans, *Rereading German History,* S. 119–144.

69 Stefan Scheil, *Die Entwicklung des politischen Antisemitismus in Deutschland zwischen 1881 und 1912: Eine wahlgeschichtliche Untersuchung,* Berlin 1999.

70 Siehe vor allem Harris, *The People Speak!,* und Helmut Walser Smith, *Die Geschichte des Schlachters: Mord und Antisemitismus in einer deutschen Kleinstadt,* Göttingen 2002 (ausgezeichnet in den Details, übertreibt aber die Bedeutung einer »Ritualmord«-Beschuldigung in einer obskuren Kleinstadt im fernen Osten Preußens). Vgl. auch Christoph Nonn, *Eine Stadt sucht einen Mörder. Gerücht, Gewalt und Antisemitismus im Kaiserreich,* Göttingen 2002. Über feindselige Pressereaktionen auf eine frühere Ritualmordbeschuldigung berichtet Kasischke-Wurm, *Antisemitismus,* S. 175–182.

71 Beispiele bei David Kertzer, *Unholy War: The Vatican's Role in the Rise of Modern Anti-Semitism,* London 2001; allerdings zieht der Autor aus seinem Material zu weitreichende Schlüsse. Soziale und kulturelle Studien über den katholischen Antisemitismus in Deutschland lassen keinen Zweifel an seiner großen Verbreitung; siehe Blaschke, *Katholizismus und Antisemitismus;* Michael Langer, *Zwischen Vorurteil und Aggression: Zum Judenbild in der deutschsprachigen katholischen Volksbildung des 19. Jahrhunderts,* Freiburg 1994; Walter Zwi Bacharach, *Anti-Jewish Prejudices in German-Catholic Sermons,* Lewiston 1993; David Blackbourn, »Roman Catholics, the Centre Party and Anti-Semitism in Imperial Germany«, in Paul Kennedy und Anthony Nicholls (Hg.), *Nationalist and Racialist Movements in Britain and Germany before 1914,* London 1981, S. 106–129; eine vergleichende internationale Perspektive bietet Olaf Blaschke und Aram Mattioli (Hg.), *Katholischer Antisemitismus im 19. Jahrhundert: Ursachen und Traditionen im internationalen Vergleich,* Zürich 2000. Bäuerlichen Protest und Antisemi-

tismus in der katholischen Gemeinde behandelt Ian Farr, »Populism in the Countryside: The Peasant Leagues in Bavaria in the 1890s«, in Evans (Hg.), *Society and Politics*, S. 136–159.

72 Vgl. z. B. Norbert Kampe, *Studenten und »Judenfrage« im deutschen Kaiserreich. Die Entstehung einer akademischen Trägerschicht des Antisemitismus*, Göttingen 1988.

73 Stephen Wilson, *Ideology and Experience: Antisemitism in France at the Time of the Dreyfus Affair*, New York 1982; John D. Klier und Shlomo Lambroza (Hg.), *Pogroms: Anti-Jewish Violence in Modern Russian History*, Cambridge 1992.

74 David Blackbourn, *Populists and Patricians: Essays in Modern German History*, London 1987, S. 217–245 (»The Politics of Demagogy in Imperial Germany«).

75 Julius Langbehn, *Rembrandt als Erzieher; Von einem Deutschen*, 42. Aufl., Leipzig 1891 (1890), S. 346–352, ders., *Der Rembrandtdeutsche. Von einem Wahrheitsfreund*, Dresden 1892, S. 184; zitiert nach Pulzer, *Entstehung*, S. 194f. Siehe auch Fritz Stern, *Kulturpessimismus als politische Gefahr: Eine Analyse nationaler Ideologie in Deutschland*, Bern 1963 (1961).

76 Lessings Stück, 1779 uraufgeführt, ist ein Aufruf zu religiöser Toleranz, besonders gegenüber den Juden. Martin Gregor-Dellin und Dietrich Mack (Hg.), *Cosima Wagner: Die Tagebücher*, München 1977, Bd. II, S. 852 (18. Dezember 1881; siehe auch S. 159, 309); ein besonnener Führer durch die umstrittene Thematik ist Jakob Katz, *Richard Wagner: Vorbote des Antisemitismus*, Königstein/Ts. 1985.

77 George L. Mosse, *Die völkische Revolution: Über die geistigen Wurzeln des Nationalsozialismus*, Frankfurt am Main 1991 (1964), S. 102–104 (1. Auflage unter dem Titel *Ein Volk, ein Reich, ein Führer: Die völkischen Ursprünge des Nationalsozialismus*, Königstein/ Ts. 1979); Annette Hein, *»Es ist viel ›Hitler‹ in Wagner«: Rassismus und antisemitische Deutschtumsideologie in den »Bayreuther Blättern« (1878–1938)*, Tübingen 1996.

78 Winfried Schüler, *Der Bayreuther Kreis von seiner Entstehung bis zum Ausgang der wilhelminischen Ära*, Münster 1971; Andrea Mork, *Richard Wagner als politischer Schriftsteller: Weltanschauung und Wirkungsgeschichte*, Frankfurt am Main 1990; Houston Stewart Chamberlain, *Die Grundlagen des XIX. Jahrhunderts*, 2 Bde., München 1899; Geoffrey G. Field, *Evangelist of Race: The Germanic Vision of Houston Stewart Chamberlain*, New York 1981.

79 Friedrich von Hellwald, *Culturgeschichte in ihrer natürlichen Entwicklung bis zur Gegenwart*, Augsburg 1875, S. 27, zit. in Richard Weikart, *From Darwin to Hitler: Evolutionary Ethics, Eugenics and Racism in Germany*, New York 2004, Kap 1.

80 Ludwig Büchner, *Darwinismus und Sozialismus oder Der Kampf um das Dasein und die moderne Gesellschaft*, Leipzig 1894, und ders., *Die Macht der Vererbung und ihr Einfluß auf den moralischen und geistigen Fortschritt der Menschheit*, Leipzig 1882.

81 Weikart, *From Darwin to Hitler*, vor allem Kap. 6.

82 Ludwig Woltmann, *Politische Anthropologie. Eine Untersuchung über den*

Einfluß der Deszendenztheorie auf die Lehre von der politischen Entwickelung der Völker. Jena 1903, S. 298.

83 Woodruff D. Smith, *The Ideological Origins of Nazi Imperialism,* New York 1986, S. 83–111; ferner Karl Lange, »Der Terminus ›Lebensraum‹ in Hitlers *Mein Kampf*«, *VfZ* 13 (1965), S. 426–437.

84 Friedrich von Bernhardi, *Deutschland und der nächste Krieg,* 6. Aufl., Stuttgart und Berlin 1913 (1912), S. 21, 14; Paul Crook, *Darwinism, War and History: The Debate Over the Biology of War from the »Origin of Species« to the First World War,* Cambridge 1994, besonders S. 30, 83; Weikart, *From Darwin to Hitler,* gilt nun als Standardwerk zu diesem Thema. Eine allgemeine Betrachtung zur Geschichte und Geschichtsschreibung des deutschen Sozialdarwinismus bietet Evans, *Rereading,* S. 119–144.

85 Siehe allgemein Paul Weindling, *Health, Race and German Politics Between National Unification and Nazism 1870–1945,* Cambridge 1945, und Peter Weingart u. a., *Rasse, Blut und Gene: Geschichte der Eugenik und Rassenhygiene in Deutschland,* Frankfurt am Main 1992 (1988), S. 426–437.

86 Sebald Steinmetz, *Die Philosophie des Krieges*, Leipzig 1907, S. 254, zit. in Weikart, *From Darwin to Hitler*, Kap. 10.

87 Sheila F. Weiss, *Race Hygiene and National Efficiency: The Eugenics of Wilhelm Schallmayer,* Berkeley 1987; Evans, *Rituale der Vergeltung,* S. 538; Roger Chickering, *Imperial Germany and a World Without War: The Peace Movement and German Society, 1892–1914,* Princeton 1975, S. 125–129; Weikart, *From Darwin to Hitler*, Kap. 9.

88 Ein unentbehrlicher Wegweiser durch die rassenhygienische Szene ist noch immer der bahnbrechende Beitrag von Jeremy Noakes, »Nazism and Eugenics: The Background to the Nazi Sterilization Law of 14 July 1933«, in Roger Bullen u.a. (Hg.), *Ideas into Politics: Aspects of European History 1880–1950,* London 1984, S. 75–94.

89 Karl-Heinz Roth, »Scheinalternativen im Gesundheitswesen: Alfred Grotjahn (1869–1931) – Integrationsfigur etablierter Sozialmedizin und nationalsozialistischer ›Rassenhygiene‹«, in Karl-Heinz Roth (Hg.), *Erfassung zur Vernichtung: Von der Sozialhygiene zum »Gesetz über Sterbehilfe«,* Berlin 1984, S. 31–56; allgemeiner Sheila Weiss, »The Race Hygiene Movement in Germany, 1904–1945«, in Mark B. Adams (Hg.), *The Wellborn Science: Eugenics in Germany, France, Brazil, and Russia,* New York 1990, S. 8–68.

90 Jörg Lanz von Liebenfels hieß eigentlich Adolf Lanz. Hans-Walter Schmuhl, *Rassenhygiene, Nationalsozialismus, Euthanasie: Von der Verhütung zur Vernichtung »lebensunwerten Lebens«, 1890–1945,* Göttingen 1987; Wilfried Daim, *Der Mann, der Hitler die Ideen gab: Die sektiererischen Grundlagen des Nationalsozialismus,* Wien 1985 (1958).

91 Weiss, »The Race Hygiene Movement«, S. 9–11.

92 Max Weber, »Der Nationalstaat und die Volkswirtschaft«, in ders., *Gesammelte Schriften,* hg. v. J. Winckelmann, 3. Aufl., Tübingen 1971, S. 23.

93 R. Hinton Thomas, *Nietzsche in German Politics and Society 1890–1918,* Manchester 1983, besonders S. 80–95. Ein neuerer Versuch, Nietzsches Werk in diesen Zusammenhang einzuordnen, ist Bernhard H. F. Taureck, *Nietzsche und der Faschismus: Ein Politikum,* Leipzig 2000.

94 Steven E. Aschheim, *Nietzsche und die Deutschen: Karriere eines Kults,* Stuttgart 1996 (1992).

95 Mosse, *Die völkische Revolution,* S. 190–193; Walter Laqueur, *Die deutsche Jugendbewegung: Eine historische Studie,* Köln 1962; Jürgen Reulecke, *»Ich möchte einer werden so wie die ...«: Männerbünde im 20. Jahrhundert,* Frankfurt am Main 2001; Daim, *Der Mann,* S. 71; Reginald H. Phelps, »Before Hitler Came: Thule Society and Germanen Orden«, *Journal of Modern History,* 35 (1963), S. 245–261, hier S. 248–250.

96 Alastair Thompson, *Left Liberals, The State, and Popular Politics in Wilhelmine Germany,* Oxford 2000.

97 Stefan Breuer, *Ordnungen der Ungleichheit: Die deutsche Rechte im Widerstreit ihrer Ideen 1871–1945,* Darmstadt 2001, bietet einen Überblick über das Thema, der unter anderem (S. 370–376) das Nichtzustandekommen einer wirksamen Zusammenarbeit der verschiedenen rechten Strömungen vor dem Aufstieg des Nationalsozialismus betont.

98 Andrew G. Whiteside, *The Socialism of Fools: Georg von Schönerer and Austrian Pan-Germanism,* Berkeley 1975, besonders S. 73.

99 John W. Boyer, *Political Radicalism in Late Imperial Vienna: Origins of the Christian Social Movement, 1848–1897,* Chicago 1981.

100 Zit. nach Pulzer, *Entstehung,* S. 169.

101 Brigitte Hamann, *Hitlers Wien: Lehrjahre eines Diktators,* München 1996, S. 333–436, gibt einen umfassenden Überblick über die Wiener Ideologen jener Zeit.

102 Carlile A. Macartney, *The Habsburg Empire 1790–1918,* London 1968, S. 632–635, 653–657, 555, 580, 799; Pulzer, *Entstehung,* S. 133, 169; Carl E. Schorske, *Wien: Geist und Gesellschaft im Fin de siècle,* Frankfurt am Main 1982 (1980), S. 111–168; Hellmuth von Gerlach, *Von rechts nach links,* Hildesheim 1978 (1937), S. 112–114; Andrew G. Whiteside, *Austrian National Socialism before 1918,* Den Haag 1962.

103 Woodruff D. Smith, *The German Colonial Empire,* Chapel Hill 1978; Fritz Ferdinand Müller, *Deutschland – Zanzibar – Ostafrika: Geschichte einer deutschen Kolonialeroberung 1884–1890,* Berlin 1990 (1959).

104 Gerhard Weidenfeller, *VDA: Verein für das Deutschtum im Ausland. Allgemeiner Deutscher Schulverein (1881–1918): Ein Beitrag zur Geschichte des deutschen Nationalismus und Imperialismus im Kaiserreich,* Bern 1976.

105 Geoff Eley, *Reshaping the German Right: Radical Nationalism and Political Change After Bismarck,* London 1980, S. 366; Roger Chickering, *We Men Who Feel Most German: A Cultural Study of the Pan-German League 1886–1914,* London 1984, S. 24–73; Wilhelm Deist, *Flottenpolitik und Flottenpropaganda: Das Nachrichtenbüro des Reichsmarineamts 1897–1914,* Stuttgart 1976; Richard Owen, »Military-Industrial Relations: Krupp and the Imperial Navy Office«, in Evans (Hg.), *Society and Politics,* S. 71–89; Marilyn Shevin Coetzee, *The German Army League: Popular Nationalism in Wilhelmine Germany,* New York 1990; Richard W. Tims, *Germanizing Prussian Poland: The H-K-T Society and the Struggle for the Eastern Marches in the German Empire 1894–1919,* New York 1941; Adam Galos u. a., *Die Hakatisten: Der Deutsche Ostmarkenverein 1894–1934,* Berlin 1966.

106 Chickering, *We Men*, S. 128, 268–271; Coetzee, *The German Army League*, S. 19–23; Ute Planert, *Antifeminismus im Kaiserreich: Diskurs, soziale Formation und politische Mentalität*, Göttingen 1998, S. 118–176.

107 Chickering, *We Men*, S. 102–121; Gerhard A. Ritter und Merith Niehuss, *Wahlgeschichtliches Arbeitsbuch. Materialien zur Statistik des Kaiserreichs 1871–1918*, München 1980, S. 38–42.

108 Chickering, *We Men*, S. 284–286; Wehler, *Deutsche Gesellschaftsgeschichte*, Bd. 3, S. 1071–1081.

109 Chickering, *We Men*, S. 74–97, 284–286.

110 Chickering, *We Men*, S. 122–132; außerdem Klaus Bergmann, *Agrarromantik und Großstadtfeindschaft*, Meisenheim 1970.

111 Chickering, *We Men*, S. 253–291; Eley, *Reshaping*, S. 316–334; Dirk Stegmann, *Die Erben Bismarcks: Parteien und Verbände in der Spätphase des Wilhelminischen Deutschlands: Sammlungspolitik 1897–1914*, Berlin 1970, S. 352–348; Fritz Fischer, *Krieg der Illusionen: Die deutsche Politik von 1911 bis 1914*, Düsseldorf 1969, S. 384–412.

112 Iris Hamel, *Völkischer Verband und nationale Gewerkschaft: Der Deutschnationale Handlungsgehilfenverband, 1893–1933*, Frankfurt am Main 1967; Planert, *Antifeminismus*, S. 71–79.

113 Auszüge aus dem Memorandum und die Reaktion des Kaisers in Hartmut Pogge-von Strandmann, »Staatsstreichpläne, Deutschnationale und Bethmann Hollweg«, in ders. und Imanuel Geiss, *Die Erforderlichkeit des Unmöglichen: Deutschland am Vorabend des Ersten Weltkrieges*, Frankfurt am Main 1965, S. 7–45.

114 Wortlaut der Antworten Bethmann Hollwegs und des Kaisers ebd., S. 32–39. Siehe auch Michael Peters, *Der Alldeutsche Verband am Vorabend des Ersten Weltkriegs (1908–1914)*, Frankfurt am Main 1992.

115 Eine ausgewogene, kurze Darstellung der Entfesselung des Krieges und der Rolle Wilhelms II. in ihnen neuerdings bei Clark, *Kaiser Wilhelm II.*, S. 186–224.

116 Unter den zahllosen Darstellungen der Ursprünge des Ersten Weltkriegs ist das dreibändige Werk von Luigi Albertini, *The Origins of the War of 1914*, Oxford 1952–1957, bis heute die herausragende historische Erzählung; James Joll, *The Origins of the First World War*, London 1984, ist eine klassische knappe Zusammenfassung; John W. Langdon, *July 1914: The Long Debate 1918–1990*, New York 1991, bietet einen guten historiographischen Überblick; Hew Strachan, *The First World War*, Bd. 1, *To Arms*, Cambridge 2001, S. 1–102, ist die jüngste allgemeine Darstellung; Richard F. Hamilton und Holger H. Herwig (Hg.), *The Origins of World War I*, Cambridge 2003, ist eine neue Sammlung von Aufsätzen, in denen die Rolle der Eliten beleuchtet wird; Holger H. Herwig, *The First World War: Germany and Austria-Hungary 1914–1918*, London 1997, und Gerd Fesser, *Der Traum vom Platz an der Sonne. Deutsche »Weltpolitik« 1870–1914*, Bremen 1996, sind erhellende Untersuchungen über die Mittelmächte; Holger Afflerbach, *Falkenhayn. Politisches Denken und Handeln im Kaiserreich*, München 1994, und Annika Mombauer, *Helmuth von Moltke and the Origins of the First World War*, Cambridge 2001, befassen sich mit zwei Schlüsselfiguren innerhalb des Entscheidungsprozesses.

117 Eine ausgezeichnete Erörterung der zeitgenössischen Vermutungen über die Dauer des Krieges bietet Strachan, *The First World War*, Bd. 1, S. 1005–1014.

118 Werner Maser, *Hindenburg. Eine politische Biographie*, Rastatt 1989, S. 13–86, vor allem S. 57; Walter Görlitz, *Hindenburg. Ein Lebensbild*, Bonn 1953, S. 11–52; Walter Rauscher, *Hindenburg – Feldmarschall und Reichspräsident*, Wien 1997, S. 8–27; Kitchen, *The German Officer Corps*, S. 143–186; Dieter Fricke, »Zur Rolle des Militarismus nach innen in Deutschland vor dem ersten Weltkrieg«, *Zeitschrift für Geschichtswissenschaft*, 6 (1958), S. 1298–1310.

119 Es gibt bislang keine befriedigende Biographie Ludendorffs. Die meisten Studien konzentrieren sich auf seine Rolle im Ersten Weltkrieg. Siehe Hans Frentze, *Der unbekannte Ludendorff. Der Feldherr in seiner Epoche*, Wiesbaden 1972, und Franz Uhle-Wettler, *Erich Ludendorff in seiner Zeit. Soldat, Stratege, Revolutionär. Eine Neubewertung*, Berg 1995.

120 Zur Stimmung unter den Truppen, siehe: Karl Unruh, *Langemarck: Legende und Wirklichkeit*, Koblenz 1986; Bernd Hüppauf, »Langemarck, Verdun and the Myth of a New Man in Germany after the First World War«, *War and Society*, 6 (1988), S. 70–103; Anne Lipp, »Friedenssehnsucht und Durchhaltebereitschaft: Wahrnehmungen und Erfahrungen deutscher Soldaten im Ersten Weltkrieg«, *Archiv für Sozialgeschichte*, 36 (1996), S. 279–292; Bernd Ulrich und Benjamin Ziemann (Hg.), *Frontalltag im Ersten Weltkrieg: Wahn und Wirklichkeit*, Frankfurt am Main 1994; Bernd Ulrich, »Die Desillusionierung der Kriegsfreiwilligen von 1914«, in: Wolfram Wette (Hg.), *Der Krieg des kleinen Mannes: Eine Militärgeschichte von unten*, München 1992, S. 110–126.

121 Robert G. Moeller, »Dimensions of Social Conflict in the Great War: The View from the German Countryside«, *Central European History*, 14 (1981), S. 142–168; Norman P. Howard, »The Social and Political Consequences of the Allied Food Blockade of Germany, 1918–19«, *German History*, 11 (1993), S. 161–188; Anne Roerkohl, *Hungerblockade und Heimatfront. Die kommunale Lebensmittelversorgung in Westfalen während des Ersten Weltkrieges*, Stuttgart 1991; zu allgemeineren Folgen siehe Avner Offer, *The First World War; An Agrarian Interpretation*, Oxford 1989.

122 Zu einem guten synoptischen Überblick über die Bedingungen an der deutschen Heimatfront siehe Chickering, *Imperial Germany*, S. 95–131; anschauliche Details in Volker Ullrich, *Kriegsalltag. Hamburg im Ersten Weltkrieg*, Köln 1982; informative Aufsätze in Peter Knoch (Hg.), *Kriegsalltag: Die Rekonstruktion des Kriegsalltags als Aufgabe der historischen Forschung und der Friedenserziehung*, Stuttgart 1989; einen sozialwissenschaftlichen Ansatz bietet Jürgen Kocka, *Klassengesellschaft im Krieg: Deutsche Sozialgeschichte 1914–1918*, Göttingen 1973; hier auch die oben zitierten statistischen Angaben (S. 297); zur Rolle der Frauen siehe Belinda Davis, »Food Scarcity and the Empowerment of the Female Consumer in World War I Berlin«, in Victoria de Grazia und Ellen Furlough (Hg.), *The Sex of Things: Gender and Consumption in Historical Perspective*, Berkeley 1996, S. 287–310; die Blockade in Marion C. Siney, *The Allied Blockade of Germany, 1914–1916*, Ann Arbor 1957, und C. Paul Vincent, *The Politics of*

Hunger: The Allied Blockade of Germany, 1914–1919, Athens, OH 1985; Lebensmittelknappheit, Krawalle und Kriminalität in Richard J. Evans, *Sozialdemokratie und Frauenemanzipation im deutschen Kaiserreich*, Bonn 1979, S. 290–302; Klaus-Dieter Schwarz, *Weltkrieg und Revolution in Nürnberg. Ein Beitrag zur Geschichte der deutschen Arbeiterbewegung*, Stuttgart 1971, S. 162–176; Wilhelm Deist (Hg.), *Militär und Innenpolitik im Weltkrieg 1914–1918*, Düsseldorf 1970/1971, S. 295; Erhard Lucas, *Arbeiterradikalismus: Zwei Formen von Radikalismus in der deutschen Arbeiterbewegung*, Frankfurt am Main 1976, S. 148; Karl-Ludwig Ay, *Die Entstehung einer Revolution. Die Volksstimmung in Bayern während des Ersten Weltkrieges*, Berlin 1968, S. 184; politische Implikationen werden eingehend erörtert in Sean Dobson, *Authority and Upheaval in Leipzig, 1910–1920: The Story of a Relationship*, New York 2001, S. 135–174.

123 Martin Kitchen, *The Silent Dictatorship: The Politics of the German High Command under Hindenburg and Ludendorff, 1916–1918*, London 1976. Die beste allgemeine Darstellung ist jetzt Roger Chickering, *Das Deutsche Reich und der Erste Weltkrieg*, München 2002 (1998), zur »lautlosen Diktatur« siehe dort S. 75.

124 Wilhelm Groener, *Lebenserinnerungen. Jugend – Generalstab – Weltkrieg* (hg. von Friedrich Freiherr Hiller von Gaertringen), Göttingen 1957, S. 31–140; einer Biographie Groeners am nächsten kommt das Buch seiner Tochter: Dorothea Groener-Geyer, *General Groener, Soldat und Staatsmann*, Frankfurt am Main 1954.

125 Eine gute Zusammenfassung bei Chickering, *Imperial Germany*, S. 76–82. Gerald D. Feldman, *Army, Industry, and Labor in Germany, 1914–1918*, Princeton 1966, ist noch immer ein Standardwerk; daneben aber auch Friedrich Zunkel, *Industrie und Staatssozialismus: Der Kampf um die Wirtschaftsordnung in Deutschland 1914–1918*, Düsseldorf 1974, und Gotthard Ehlert, *Die wirtschaftliche Zentralbehörde des Deutschen Reiches 1914 bis 1919: Das Problem der »Gemeinwirtschaft« in Krieg und Frieden*, Wiesbaden 1982. Hellmuth Weber, *Ludendorff und die Monopole. Deutsche Kriegspolitik 1916–1918*, Berlin 1966, (vor allem S. 43–51 zum Hindenburg-Programm und zum Kriegsamt) ist eine solide recherchierte, nützliche ostdeutsche Monographie, wenn man sich nicht an den obligatorischen ideologischen Verrenkungen stört; dasselbe gilt für die monumentale Sammlung von Fritz Klein (Hg.), *Deutschland im Ersten Weltkrieg*, 3 Bde., Berlin 1968–69. Hermann Schäfer, *Regionale Wirtschaftspolitik in der Kriegswirtschaft: Staat, Industrie und Verbände während des Ersten Weltkrieges in Baden*, Stuttgart 1983, ist eine gute Regionalstudie.

126 Aus der unübersehbaren Literatur ragt Figes, *Die Tragödie eines Volkes,* als beste neuere Darstellung hervor.

127 Die Standardbiographie ist Robert Service, *Lenin: A Political Life,* 3 Bde., London 1985–1995. Lenins Versuche, eine Revolution in Deutschland herbeizuführen, lernt man am besten durch die Aktivitäten des sowjetischen Emissärs Karl Radek kennen; siehe Marie-Luise Goldbach, *Karl Radek und die deutsch-sowjetischen Beziehungen 1918–1923,* Bonn 1973, und Warren Lerner, *Karl Radek: The Last Internationalist,* Stanford 1970.

128 Heinrich August Winkler, *Von der Revolution zur Stabilisierung: Arbeiter und Arbeiterbewegung in der Weimarer Republik 1918 bis 1924,* Bonn 1984, besonders S. 114–134 und 468–552.

129 Siehe Arno J. Mayer, *Politics and Diplomacy of Peacemaking: Containment and Counterrevolution at Versailles 1918–1919,* 2. Aufl., New York 1969, zur allgemeinen Orientierung; Oszkár Jászi, *Magyariens Schuld, Ungarns Sühne: Revolution und Gegenrevolution in Ungarn,* München 1923 (1. Ausgabe unter dem Titel *Ungarns Leidensweg, Ungarns Auferstehung*).

130 *Berliner Tageblatt* (1. August 1918). Siehe auch Aribert Reimann, *Der große Krieg der Sprachen: Untersuchungen zur historischen Semantik in Deutschland und England zur Zeit des Ersten Weltkriegs,* Essen 2000.

131 Die beste kurzgefaßte Darstellung bietet Chickering, *Das Deutsche Reich,* S. 215–227.

132 David Welch, *Germany, Propaganda and Total War, 1914–1918: The Sins of Omission,* London 2000, S. 241f.; Wilhelm Deist, »Censorship and Propaganda in Germany during the First World War«, in Jean-Jacques Becker und Stéphane Audoin-Rouzeau (Hg.), *Les sociétés européennes et la guerre de 1914–1918,* Paris 1990, S. 199–210; Alice Goldfarb Marquis, »Words as Weapons: Propaganda in Britain and Germany during the First World War«, *Journal of Contemporary History* 13 (1978), S. 167–498.

133 Siehe jüngst Robert Gerwarth, Bismarck in Weimar: Germany's First Democracy and the Civil War of Memories 1918–1933, (Diss. Oxford 2003).

134 Matthew Stibbe, *German Anglophobia and the Great War, 1914–1918,* Cambridge 2001; Christoph Jahr, »›Das Krämervolk der eitlen Briten‹. Das deutsche Englandfeindbild im Ersten Weltkrieg«, in ders., Uwe Mai und Kathrin Roller (Hg.), *Feindbilder in der deutschen Geschichte. Studien zur Vorurteilsgeschichte im 19. und 20. Jahrhundert,* Berlin 1994, S. 115–142.

135 Fritz Fischer, *Griff nach der Weltmacht: Die Kriegszielpolitik des kaiserlichen Deutschland 1914/18,* Düsseldorf 1961, passim.

136 Bullitt Lowry, *Armistice 1918,* Kent State University Press (Ohio) 1996; Hugh Cecil und Peter Liddle (Hg.), *At the Eleventh Hour: Reflections, Hopes and Anxieties at the Closing of the Great War, 1918,* Barnsley 1998.

137 *Stenographischer Bericht über die öffentlichen Verhandlungen des 15. Untersuchungsausschusses der verfassunggebenden Nationalversammlung,* Bd. 2, Berlin 1920, S. 700f. (18. November 1919). Siehe auch Erich Ludendorff, *Kriegführung und Politik,* Berlin 1922, und Paul von Hindenburg, *Aus meinem Leben,* Leipzig 1920, S. 403; allgemeiner Friedrich Freiherr Hiller von Gaertringen, »Dolchstoß-Diskussion und Dolchstoßlegende im Wandel von vier Jahrzehnten«, in Waldemar Besson und Friedrich Freiherr Hiller von Gaertringen (Hg.), *Geschichts- und Gegenwartsbewußtsein,* Göttingen 1963, S. 122–160. Außerdem neuerdings Jeffrey Verhey, *Der »Geist von 1914« und die Erfindung der Volksgemeinschaft,* Hamburg 2000, S. 329–334, und Chickering, *Das Deutsche Reich,* S. 227–230.

138 Kaiser Wilhelm II., *Ereignisse und Gestalten aus den Jahren 1878–1918,* Leipzig und Berlin 1922, S. 245. Allgemeiner Wilhelm Deist, »The Military Collaps of the German Empire: The Reality Behind the Stab-in-the-Back Myth«, *War in History* 3 (1996), S. 186–207.

139 Friedrich Ebert, *Schriften, Aufzeichnungen, Reden,* 2 Bde., Dresden 1936, Bd. 2, S. 127; Ebert gibt dort der Überlegenheit des Gegners an Truppen und Material die Schuld an der Niederlage (S. 127); Joachim Petzold, *Die Dolchstoßlegende. Eine Geschichtsfälschung im Dienste des deutschen Imperialismus und Militarismus*, Berlin 1963, ist eine nützliche, eingehende Untersuchung, deren rituelle Verbeugungen vor der SED-Orthodoxie man am besten übergeht. Siehe auch John A. Moses, »Die Wirkung der Dolchstoßlegende im Deutschen Geschichtsbewußtsein«, in: Bernd Hüppauf (Hg.), *Ansichten vom Krieg. Vergleichende Studien zum Ersten Weltkrieg in Literatur und Gesellschaft*, Königstein 1984, S. 240–256.

140 Eine ausgezeichnet ausgewählte Dokumentensammlung ist Gerhard A. Ritter und Susanne Miller (Hg.), *Die deutsche Revolution 1918–1919: Dokumente,* Frankfurt am Main 1968; eine gute erzählende Darstellung ist Francis L. Carsten, *Revolution in Mitteleuropa: 1918–1919,* Köln 1973 (1972).

141 Aus der umfangreichen Literatur seien genannt Harold Temperley (Hg.), *A History of the Peace Conference of Paris,* 6 Bde., London 1920/24, und Manfred F. Boemeke, Gerald D. Feldman und Elisabeth Glaser (Hg.), *The Treaty of Versailles: A Reassessment after 75 Years,* Washington 1998, eine Sammlung von wissenschaftlichen Arbeiten anläßlich des achtzigsten Jahrestags des Kriegsendes.

142 Mayer, *Politics and Diplomacy*; Stanley Suval, *The Anschluß Question in Germany and Austria in the Weimar Era. A Study of Nationalism in Germany and Austria 1918–1932*, Baltimore 1974; Susanne Miller, »Das Ringen um ›die einzige großdeutsche Republik‹. Die Sozialdemokratie in Österreich und im Deutschen Reich zur Anschlußfrage 1918/19«, *Archiv für Sozialgeschichte*, XI (1971), S. 1–68; Duane P. Myers, *Germany and the Question of Austrian Anschluss 1918–1922*, New Haven 1968; Alfred D. Low, *The Anschluss Movement 1918–19 and the Paris Peace Conference*, Philadelphia 1974.

143 Arthur S. Link (Hg.), *The Papers of Woodrow Wilson,* 69 Bde., Princeton 1966, Bd. 45, S. 534–539; allgemeiner Lloyd E. Ambrosius, *Wilsonian Statecraft: Theory and Practice of Liberal Internationalism during World War I,* Wilmington (Delaware) 1991, Thomas J. Knock, *To End All Wars: Woodrow Wilson and the Quest for a New World Order,* New York 1992, und Arthur Walworth, *Wilson and His Peacemakers: American Diplomacy at the Paris Peace Conference, 1919,* New York 1986.

144 Winkler, *Von der Revolution,* S. 94f.; Carsten, *Revolution in Mitteleuropa,* S. 218–240.

145 John Home und Alan Kramer, *German Atrocities 1914: A History of Denial,* London 2001, S. 345–355, 446–450; Gerd Hankel, *Die Leipziger Prozesse: Deutsche Kriegsverbrechen und ihre strafrechtliche Verfolgung nach dem Ersten Weltkrieg,* Hamburg 2003.

146 Bruce Kent, *The Spoils of War: The Politics, Economics and Diplomacy of Reparations 1918–1932,* Oxford 1989.

147 Alan Sharp, *The Versailles Settlement: Peacekeeping in Paris, 1919,* London 1991.

148 John Maynard Keynes, *The Economic Consequences of the Peace*, London 1919, war die früheste und einflußreichste Formulierung solcher nachträg-

licher Überlegungen (deutsch: *Die wirtschaftlichen Folgen des Friedensvertrags*, München 1920); Macmillan, *Peacemakers*, S. 488–493, rekonstruiert das Aufkommen von Zweifeln in einem größeren Maßstab. David Lloyd George, *The Truth About the Peace Treaties*, 2 Bde., London 1938, ist eine ausführliche Darstellung dieser Haltung von einem der führenden Teilnehmer an den Friedensverhandlungen; Martin Gilbert und Richard Gott, *The Appeasers*, London 1966, ist noch immer die klassische Untersuchung zu diesem Gegenstand.

149 Fischer, *Griff nach der Weltmacht,* passim.

150 Eine gute Verteidigung der Verträge bietet Macmillan, *Peacemakers*.

151 Theodore Abel Collection, »SA-Testimonies«, Hoover Institution Archives (im folgenden AT) 334. Diese Aussagen wertet ausführlich aus: Peter H. Merkl, *Political Violence under the Swastika: 581 Early Nazis,* Princeton 1975.

152 Die klassische Studie ist Robert G. L. Waite, *Vanguard of Nazism: The Free Corps Movement in Postwar Germany*, Cambridge, Mass. 1952; weniger kritisch ist Hagen Schulze, *Freikorps und Republik 1918–1920*, Boppard 1969.

153 Siehe das noch immer klassische Standardwerk von Fischer, *Griff nach der Weltmacht.*

154 Eley, *Reshaping,* S. 333, 339–342; Dirk Stegmann, »Zwischen Repression und Manipulation: Konservative Machteliten und Arbeiter- und Angestelltenbewegung 1910–1918: Ein Beitrag zur Vorgeschichte der DAP/NSDAP«, *Archiv für Sozialgeschichte* 12 (1972), S. 351–432.

155 Heinz Hagenlücke, *Die deutsche Vaterlandspartei: Die nationale Rechte am Ende des Kaiserreiches,* Düsseldorf 1997; Verhey, *Der »Geist von 1914«*, S. 296–305; Mosse, *Die völkische Revolution,* S. 236–241.

156 Ernst Jünger, *In Stahlgewittern: Aus dem Tagebuch eines Stoßtruppführers,* Hannover 1920.

157 Richard Bessel, *Germany after the First World War,* Oxford 1993, S. 257–260.

158 Theodore Abel, *Why Hitler Came to Power,* Cambridge, Mass. 1986 (1938), S. 21, zitiert die *Frankfurter Zeitung* (27. November 1918).

159 Zitiert in Abel, *Why Hitler,* S. 24 (Aussage 4.3.4), siehe auch ebd., Aussage 2.3.2. Rückübersetzung.

160 Ebd., S. 26 (Aussage 4.2.5.).

161 AT 199.

162 Abel, *Why Hitler,* S. 27f. (Aussage 2.8.5). Rückübersetzung.

163 Christoph Jahr, *Gewöhnliche Soldaten: Desertion und Deserteure im deutschen und britischen Heer 1914–1918,* Göttingen 1998; Benjamin Ziemann, »Fahnenflucht im deutschen Heer 1914–1918«, *Militärgeschichtliche Mitteilungen* 55 (1996), S. 93–130.

164 Wolfgang Kruse, »Krieg und Klassenheer: Zur Revolutionierung der deutschen Armee im Ersten Weltkrieg«, *Geschichte und Gesellschaft* 22 (1996), S. 530–561.

165 Merkl, *Political Violence,* S. 152–172.

166 Robert H. Whalen, *Bitter Wounds: German Victims of the Great War, 1914–1939,* Ithaca 1984; Deborah Cohen, *The War Come Home: Disabled Vete-*

rans in Britain and Germany, 1914–1918, Berkeley 2001; Bessel, *Germany,* S. 274–279.

167 Volker R. Berghahn, *Der Stahlhelm: Bund der Frontsoldaten 1918–1935,* Düsseldorf 1966, S. 13–26, 105f., 286; *Stahlhelm und Staat* (8. Mai 1927), abgedruckt in Wilhelm Mommsen (Hg.), *Deutsche Parteiprogramme,* 2. Aufl., München 1964 (1960), S. 953–956.

168 Bessel, *Germany,* S. 283f.; ferner U. Heinemann, *Die verdrängte Niederlage: Politische Öffentlichkeit und Kriegsschuldfrage in der Weimarer Republik,* Göttingen 1983.

169 Frevert, *Die kasernierte Nation;* Geoff Eley, »Army, State and Civil Society«; generell Berghahn (Hg.), *Militarismus.* Zur Kultur der Gewalt siehe vor allem Mosse, *Gefallen für das Vaterland,* S. 195–222, sowie ausführlich Reichardt, *Faschistische Kampfbünde,* S. 53–253.

170 Evans (Hg.), *Kneipengespräche,* S. 31f., 339.

171 Bessel, *Germany,* S. 256–270.

172 Sebastian Haffner, *Geschichte eines Deutschen: Die Erinnerungen 1914–1933,* Stuttgart 2000, S. 22f.

173 Michael Wildt, *Generation des Unbedingten: Das Führungskorps des Reichssicherheitshauptamtes,* Hamburg 2002, S. 41–52.

174 Berghahn, *Der Stahlhelm,* besonders S. 65f.; Karl Rohe, *Das Reichsbanner Schwarz Rot Gold: Ein Beitrag zur Geschichte und Struktur der politischen Kampfverbände zur Zeit der Weimarer Republik,* Düsseldorf 1966; Kurt G. P. Schuster, *Der Rote Frontkämpferbund 1924–1929: Beiträge zur Geschichte und Organisationsstruktur eines politischen Kampfbundes,* Düsseldorf 1975.

175 Ein guter Leitfaden durch den Wildwuchs halbmilitärischer Verbände ist James M. Diehl, *Paramilitary Politics in Weimar Germany,* Bloomington (Indiana) 1977.

176 Die klassische Untersuchung über diese Art von Literatur ist Klaus Theweleit, *Männerphantasien,* 2 Bde., Frankfurt am Main 1978; zu einigen Vorbehalten siehe Evans, *Rereading,* S. 115–118.

177 Die beste Darstellung der Freikorps auf englisch ist noch immer Waite, *Vanguard of Nazism.* Siehe auch Schulze, *Freikorps und Republik,* und Emil J. Gumbel, *Verschwörer: Zur Geschichte und Soziologie der deutschen nationalistischen Geheimbünde 1918–1924,* Heidelberg 1979 (1924); Dirk Blasius, *Geschichte der politischen Kriminalität in Deutschland 1800–1980,* Frankfurt am Main 1983, S. 90–102.

178 Volker Ullrich, *Der ruhelose Rebell: Karl Plättner 1893–1945. Eine Biographie,* München 2000 und Manfred Gebhardt, *Max Hoelz: Wege und Irrwege eines Revolutionärs,* Berlin 1983.

2. Kapitel Gescheiterte Demokratie

1 Zitiert nach Winkler, *Von der Revolution,* S. 39; siehe auch Dieter Dowe und Peter-Christian Witt, *Friedrich Ebert 1871–1925: Vom Arbeiterführer zum Reichspräsidenten,* Bonn 1987, und den Ausstellungskatalog von Walter

Mühlhausen, *Friedrich Ebert: Sein Leben, sein Werk, seine Zeit,* Heidelberg 1999. Unvollendet blieb die informative Ebert-Biographie von Georg Kotowski, *Friedrich Ebert: Eine politische Biographie,* Bd. I: *Der Aufstieg eines deutschen Arbeiterführers 1871 bis 1917,* Wiesbaden 1963.

2 Anthony J. Nicholls, *Weimar and the Rise of Hitler,* 4. Aufl., London 2000 (1968), ist ein zuverlässiger kurzer Leitfaden durch diese Ereignisse. Unter den neueren politischen Geschichten der Weimarer Republik ragen heraus Hans Mommsen, *Aufstieg und Untergang der Republik von Weimar 1918–1933,* Berlin 1989, und Heinrich August Winkler, *Weimar 1918–1933: Die Geschichte der ersten deutschen Demokratie,* München 1993.

3 Vgl. zu diesem Argument schon Theodor Eschenburg, *Die improvisierte Demokratie,* München 1963. Andere klassische und noch immer lesenswerte Untersuchungen sind die empiriegesättigte erzählende Darstellung von Erich Eyck, *Geschichte der Weimarer Republik,* Erlenbach 1957, geschrieben aus liberaler Sicht, und die zwei Bände aus der Feder des Sozialisten Arthur Rosenberg, *Entstehung der deutschen Republik* (1928) und *Geschichte der deutschen Republik* (1935), beide in einem Band herausgegeben von Kurt Kersten unter dem Titel *Entstehung und Geschichte der Weimarer Republik,* Frankfurt am Main 1955 – ein Werk voller bedenkenswerter und kontroverser Thesen, besonders zu Kontinuitäten, die aus der Kaiserzeit in die Weimarer Republik führten.

4 Heinrich Hannover und Elizabeth Hannover-Drück, *Politische Justiz 1918–1933,* Frankfurt am Main 1966, S. 76f., 89.

5 Wegen unterschiedlicher Auffassungen zu Artikel 48 siehe Nicholls, *Weimar,* S. 36f.; Detlev J. K. Peukert, *Die Weimarer Republik: Krisenjahre der Klassischen Moderne,* Frankfurt am Main 1991 (1987), S. 37–40; und Harald Boldt, »Der Artikel 48 der Weimarer Reichsverfassung: Sein historischer Hintergrund und seine politische Funktion«, in Michael Stürmer (Hg.), *Die Weimarer Republik: Belagerte Civitas,* Königstein/Ts. 1980, S. 288–309. Die ausführlichste Behandlung der Weimarer Verfassung ist Ernst Rudolf Huber, *Deutsche Verfassungsgeschichte seit 1789,* Bd. 5–7, Stuttgart 1978/84; siehe auch Reinhard Rürup, »Entstehung und Grundlagen der Weimarer Verfassung«, in Eberhard Kolb (Hg.), *Vom Kaiserreich zur Weimarer Republik,* Köln 1972, S. 218–243. Eberts Mißbrauch des Artikels 48 wurde schon von seinen Zeitgenossen kritisiert; siehe Gerhard Schulz, »Artikel 48 in politisch-historischer Sicht«, in Ernst Fraenkel (Hg.), *Der Staatsnotstand,* Berlin 1965, S. 39–71. Eine Verteidigung Eberts versucht Ludwig Richter, »Das präsidiale Notverordnungsrecht in den ersten Jahren der Weimarer Republik: Friedrich Ebert und die Anwendung des Artikels 48 der Weimarer Reichsverfassung«, in Eberhard Kolb (Hg.), *Friedrich Ebert als Reichspräsident: Amtsführung und Amtsverständnis,* München 1997, S. 207–257.

6 Dowe und Witt, *Friedrich Ebert,* S. 155–157.

7 Werner Birkenfeld, »Der Rufmord am Reichspräsidenten: Zu Grenzformen des politischen Kampfes gegen die frühe Weimarer Republik 1919–1925«, *Archiv für Sozialgeschichte* 15 (1965), S. 453–500.

8 Heinrich August Winkler, *Der Schein der Normalität: Arbeiter und Arbeiterbewegung in der Weimarer Republik 1924 bis 1930,* Bonn 1985, S. 229–234.

9 Siehe Gerhard Anschütz, *Die Verfassung Des Deutschen Reiches vom 11.8.1919*, Berlin 1926, S. 41–44 und 89–105; Bernd Buchner, *Um nationale und republikanische Identität. Die deutsche Sozialdemokratie und der Kampf um die politischen Symbole in der Weimarer Republik*, Bonn 2001, S. 109–115.

10 Victor Klemperer, *Leben sammeln, nicht fragen wozu und warum,* Bd. II: *Tagebücher 1925–1932,* Berlin 1996, S. 56 (14. Mai 1925).

11 John Wheeler-Bennett, *Der hölzerne Titan: Paul von Hindenburg,* Tübingen 1969 (1936). Wheeler-Bennetts bemerkenswert scharfsinniges und kenntnisreiches Hindenburgporträt beruhte auf langen Gesprächen mit Personen aus Hindenburgs Umgebung und mit vielen führenden Politikern jener Zeit, mit denen er als Oberschicht-Engländer und Besitzer eines Gestüts in Norddeutschland auf gutem Fuße stand. Siehe auch Walter Hubatsch, *Hindenburg und der Staat: Aus den Papieren des Generalfeldmarschalls und Reichspräsidenten von 1878 bis 1934,* Göttingen 1966; Peter Fritzsche, »Presidential Victory and Popular Festivity in Weimar Germany: Hindenburg's 1925 Election«, *Central European History* 23 (1990), S. 205–224.

12 Bracher, *Die Auflösung,* S. 443–480; Andreas Dorpalen, *Hindenburg and the Weimar Republic,* Princeton 1964, sieht Hindenburg als unpolitischen Menschen, der von der Gewalt des Mythos, der seine Person umgab, gegen seinen Willen in die Politik hineingezogen wurde.

13 Nicholls, *Weimar,* S. 39f.; Jürgen Falter, *Hitlers Wähler,* München 1991, S. 130–135.

14 Siehe den klassischen Beitrag von Gerhard A. Ritter, »Kontinuität und Umformung des deutschen Parteiensystems 1918–1920«, in Eberhard Kolb (Hg.), *Vom Kaiserreich zur Weimarer Republik,* Köln 1972, S. 218–243.

15 Vernon L. Lidtke, *The Alternative Culture: Socialist Labor in Imperial Germany,* New York 1985.

16 Horstwalter Heitzer, *Der Volksverein für das katholische Deutschland im Kaiserreich 1890–1918,* Mainz 1979; Gotthard Klein, *Der Volksverein für das katholische Deutschland 1890–1933: Geschichte, Bedeutung, Untergang,* Paderborn 1996; Dirk Müller, *Arbeiter, Katholizismus, Staat: Der Volksverein für das katholische Deutschland und die katholischen Arbeiterorganisationen in der Weimarer Republik,* Bonn 1996; Doris Kaufmann, *Katholisches Milieu in Münster 1928–1933,* Düsseldorf 1984.

17 Wilhelm L. Guttsman, *Workers' Culture in Weimar Germany: Between Tradition and Commitment,* Oxford 1990.

18 Lynn Abrams, *Workers' Culture in Imperial Germany: Leisure and Recreation in the Rhineland and Westphalia,* London 1992.

19 Die diesbezügliche Prophezeiung Max Webers zitiert Bracher, *Stufen,* in Bracher, Schulz und Sauer, *Die nationalsozialistische Machtergreifung,* Bd. I, S. 41, 58f.

20 Bracher, *Die Auflösung,* S. 21–27, 64–95.

21 Siehe Huber, *Deutsche Verfassungsgeschichte,* Bd. 6, S. 133, und die Diskussion bei Eberhard Kolb, Die Weimarer Republik, München 2002 (1984), S. 183f. Zur Kritik am Verhältniswahlrecht siehe Eberhard Schanbacher, *Parlamentarische Wahlen und Wahlsystem in der Weimarer Republik: Wahl-*

gesetzgebung und Wahlreform im Reich und in den Ländern, Düsseldorf 1982. Falter, *Hitlers Wähler,* S. 126–135, bietet einige plausible Spekulationen, die alles in allem die negative Beurteilung des Einflusses des Verhältniswahlrechts stützen.

22 Christoph Gusy, *Die Weimarer Reichsverfassung,* Tübingen 1997, S. 97f.

23 Siehe die nützlichen Tabellen auf den Vorsatzblättern von Hagen Schulze, *Weimar: Deutschland 1917–1933,* Berlin 1982.

24 Siehe beispielsweise Klaus Reimer, *Rheinlandfrage und Rheinlandbewegung (1918–1933): Ein Beitrag zur Geschichte der regionalistischen Bewegung in Deutschland,* Frankfurt am Main 1979.

25 Nicholls, Weimar, S. 33–36, übertreibt die hierdurch entstandenen Probleme. Zu Preußen siehe ferner Hagen Schulze, *Otto Braun oder Preußens demokratische Sendung,* Frankfurt am Main 1977; Dietrich Orlow, *Weimar Prussia 1918–1925: The Unlikely Rock of Democracy,* Pittsburgh 1986; und Hans-Peter Ehni, *Bollwerk Preußen? Preußen-Regierung, Reich–Länder-Problem und Sozialdemokratie 1928–1932,* Bonn 1975.

26 Zu den ersten Reichstagswahlen 1924 als Kampf zwischen Befürwortern und Gegnern der Republik siehe Elfi Bandikat und Detlef Lehnert, »›Schwarzweißrot gegen Schwarzrotgold‹. Identifikation und Abgrenzung parteipolitischer Teilkulturen im Reichstagswahlkampf des Frühjahres 1924«, in: Detlef Lehnert und Klaus Megerle (Hg.), *Politische Teilkulturen zwischen Integration und Polarisierung. Zur politischen Kultur in der Weimarer Republik,* Opladen 1990, S. 102–142.

27 Schulze, *Weimar,* Vorsatzblätter.

28 Heinrich August Winkler, *Der Schein,* S. 320–327; Zitat S. 324.

29 Winkler, *Von der Revolution;* ders., *Der Schein;* ders., *Der Weg in die Katastrophe: Arbeiter und Arbeiterbewegung in der Weimarer Republik 1930 bis 1933,* Bonn 1987, bietet einen mit der SPD sympathisierenden, umfassenden und erschöpfenden Überblick. Sehr kritisch Bracher, *Stufen,* S. 58f.; die zunehmende, »altersbedingte« Ängstlichkeit der Partei betont Richard N. Hunt, *German Social Democracy 1918–1933,* New Haven 1964, besonders S. 241–259.

30 Zu den Wahlstatistiken hier und im folgenden vgl. Alfred Milatz, *Wähler und Wahlen in der Weimarer Republik,* Bonn 1965, und besonders Jürgen Falter u.a., *Wahlen und Abstimmungen in der Weimarer Republik: Materialien zum Wahlverhalten 1919–1933,* München 1986.

31 Larry Eugene Jones, *German Liberalism and the Dissolution of the Weimar Party System, 1918–1933,* Chapel Hill 1988, S. 67–80.

32 Erich Matthias und Rudolf Morsey, »Die Deutsche Staatspartei«, in Erich Matthias und Rudolf Morsey (Hg.), *Das Ende der Parteien 1933: Darstellungen und Dokumente,* Düsseldorf 1960, S. 29–97, hier S. 31–54; Werner Schneider, *Die Deutsche Demokratische Partei in der Weimarer Republik, 1924–1930,* München 1978; Diehl, *Paramilitary Politics,* S. 269–276; Jones, *German Liberalism,* S. 369–374; Klaus Hornung, *Der Jungdeutsche Orden,* Düsseldorf 1958.

33 Detlef Junker, *Die Deutsche Zentrumspartei und Hitler: Ein Beitrag zur Problematik des politischen Katholizismus in Deutschland,* Stuttgart 1969;

Rudolf Morsey, *Der Untergang des politischen Katholizismus: Die Zentrumspartei zwischen christlichem Selbstverständnis und »Nationaler Erhebung« 1932/33,* Stuttgart 1977; Karsten Ruppert, *Im Dienst am Staat von Weimar: Das Zentrum als regierende Partei in der Weimarer Demokratie 1923–1930,* Düsseldorf 1992. Zur BVP siehe Klaus Schönhoven, *Die Bayerische Volkspartei 1924–1932,* Düsseldorf 1972. Zum gesamteuropäischen Hintergrund siehe Eric Hobsbawm, *Das Zeitalter der Extreme: Weltgeschichte des 20. Jahrhunderts,* München 1995 (1994), S. 149–151.

34 Zitiert nach Rudolf Morsey, »Die Deutsche Zentrumspartei«, in Matthias und Morsey (Hg.), *Das Ende,* S. 279–453, hier S. 290f.

35 Max Miller, *Eugen Bolz,* Stuttgart 1951, S. 357f., zitiert nach Morsey, »Die Deutsche Zentrumspartei«, S. 292; siehe auch Joachim Sailer, *Eugen Bolz und die Krise des politischen Katholizismus in der Weimarer Republik,* Tübingen 1994.

36 John Cornwell, *Pius XII.: Der Papst, der geschwiegen hat,* München 1999, besonders S. 121–135, 149f., 153–171, 184f.; in starker Abhängigkeit von Klaus Scholder, *Die Kirchen und das Dritte Reich,* Bd. 1: *Vorgeschichte und Zeit der Illusionen, 1918–1934,* Frankfurt am Main 1977; Bd. 2: *Das Jahr der Ernüchterung 1934 – Barmen und Rom.* Berlin 1985; über Druck aus dem Vatikan siehe Morsey, »Die Deutsche Zentrumspartei«, S. 301.

37 Werner T. Angress, *Die Kampfzeit der KPD, 1921–1923,* Düsseldorf 1973; Ben Fowkes, *Communism in Germany under the Weimar Republic,* London 1984, S. 148, 161; Eric D. Weitz, *Creating German Communism, 1890–1990: From Popular Protests to Socialist State,* Princeton 1997, S. 100–131; und vor allem Hermann Weber, *Die Wandlung des deutschen Kommunismus: Die Stalinisierung der KPD in der Weimarer Republik,* 2 Bde., Frankfurt am Main 1969.

38 Siehe Evans, *Rituale,* S. 620–623, 693f, als ein Beispiel unter vielen.

39 Zitiert in »Deutschnationale Volkspartei«, in Dieter Fricke u.a. (Hg.), *Lexikon zur Parteiengeschichte. Die bürgerlichen und kleinbürgerlichen Parteien und Verbände in Deutschland (1789–1945),* 4 Bde., Leipzig 1984, S. 476–528, hier S. 515; siehe auch Mommsen, *Aufstieg,* S. 312–318.

40 Bracher, *Die Auflösung,* S. 309–330; Friedrich Freiherr Hiller von Gaertringen, »Die Deutschnationale Volkspartei«, in Matthias und Morsey (Hg.), *Das Ende,* S. 541–652, hier S. 543–549.

41 Siehe die wichtige Analyse von Gaines Post, Jr., *The Civil-Military Fabric of Weimar Foreign Policy*, Princeton 1973, und die detailreiche Untersuchung von Ingmar Sütterlin, *Die »Russische Abteilung« des Auswärtigen Amtes in der Weimarer Republik*, Berlin 1994.

42 Martin Walsdorff, *Westorientierung und Ostpolitik. Stresemanns Rußlandpolitik in der Locarno-Ära*, Bremen 1971; Michael-Olaf Maxelon, *Stresemann und Frankreich. Deutsche Politik der Ost-West-Balance*, Düsseldorf 1972; Jon Jacobson, *Locarno Diplomacy: Germany and the West, 1925–1929*, Princeton 1972; allgemeiner Wolfgang Michalka und Marshall M. Lee (Hg.), *Gustav Stresemann*, Darmstadt 1981; für den breiteren Kontext Peter Kruger, *Die Außenpolitik der Republik von Weimar*, Darmstadt 1985; Gottfried Niedhart, *Die Außenpolitik der Weimarer Republik*, München 1999;

Marshall M. Lee und Wolfgang Michalka, *German Foreign Policy 1917–1933: Continuity or Break?*, Leamington Spa 1987.

43 Siehe vor allem Jonathan Wright, *Gustav Stresemann, Weimar's Greatest Statesman*, Oxford 2002, eine präzise und weitgehend überzeugende Verteidigung; ebenso Felix Hirsch, *Stresemann. Ein Lebensbild*, Köln 1978, Christian Baechler, *Gustav Stresemann (1878–1929): De l'impérialisme à la sécurité collective*, Straßburg 1996 und Wolfgang Stresemann, *Mein Vater Gustav Stresemann*, München 1979. Kritischer sind Annelise Thimme, *Gustav Stresemann*, Frankfurt am Main 1957 und Hans W. Gatzke, *Stresemann and the Rearmament of Germany*, Baltimore 1954; für den breiteren Kontext siehe Norbert Krekeler, *Revisionsanspruch und geheime Ostpolitik der Weimarer Republik*, Stuttgart 1973. Die Entwicklung der historiographischen Meinungsbildung beobachtet Andreas Körber, *Gustav Stresemann als Europäer, Patriot, Wegbereiter und potentieller Verhinderer Hitlers*, Hamburg 1999. Zu Polen siehe Martin Broszat, *Zweihundert Jahre deutscher Polenpolitik*, Frankfurt am Main 1972 (1963), S. 201–233; zur Tschecholslowakei Gregory F. Campbell, *Confrontation in Central Europe: Weimar Germany and Czechoslovakia*. Chicago 1970; allgemeiner Ralph Schattkowsky (Hg.), *Locarno und Osteuropa. Fragen eines europäischen Sicherheitssystems in den 20er Jahren*, Marburg 1994; zu den Westgrenzen siehe Manfred J. Enssle, *Stresemann's Territorial Revisionism: Germany, Belgium, and the Eupen-Malmédy Question 1919–1929*, Wiesbaden 1980; zu den Minderheiten Carole Fink, »Stresemann's Minority Policies, 1924–29«, *Journal of Contemporary History* 14 (1979), S. 403–422 und Christian Raitz von Frentz, *A Lesson Forgotten. Minority Protection under the League of Nations: The Case of the German Minority in Poland, 1920–1934*, New York 1999; siehe auch Christoph M. Kimmich, *Germany and the League of Nations*, Chicago 1976.

44 Zu Stresemanns Entwicklung vom Nationalisten zum Vernunftrepublikaner siehe Henry Ashby Turner, *Gustav Stresemann and the Politics of the Weimar Republic*, Princeton 1965 (1963); und Robert P. Grathwol, *Stresemann and the DNVP*, Lawrence, KA 1980.

45 Turner, *Gustav Stresemann*, S. 261f.; Wright, *Gustav Stresemann*.

46 Broszat, *Der Staat Hitlers*, S. 19f.

47 Diehl, *Paramilitary Politics*, S. 209–243; Berghahn, *Der Stahlhelm*, S. 103–130.

48 Francis L. Carsten, *Reichswehr und Politik 1918–1933*, Köln 1965, S. 13–56; Wolfram Wette, *Gustav Noske: Eine politische Biographie*, Düsseldorf 1987, S. 399–459.

49 Adolf Vogt, *Oberst Max Bauer: Generalstabsoffizier im Zwielicht 1869–1929*, Osnabrück 1974. Zu Pabst siehe John Peter Nettl, *Rosa Luxemburg*, 2 Bde., Oxford 1966, Bd. 2, S. 772–775.

50 Carsten, *Reichswehr*, S. 89–104; Johannes Erger, *Der Kapp-Lüttwitz-Putsch: Ein Beitrag zur deutschen Innenpolitik 1919/20*, Düsseldorf 1967; Erwin Könnemann u.a. (Hg.), *Arbeiterklasse siegt über Kapp und Lüttwitz*, 2 Bde., Berlin 1971; siehe auch James Cavallie, *Ludendorff und Kapp in Schweden. Aus dem Leben zweier Verlierer*, Frankfurt am Main 1995 (1993).

51 Erhard Lucas, *Märzrevolution im Ruhrgebiet,* 3 Bde., Frankfurt am Main 1970/78, ein Klassiker politisch engagierter Geschichtsschreibung; George Eliasberg, *Der Ruhrkrieg von 1920,* Bonn 1974, nüchterner, weniger ausführlich, mit Sympathien für die gemäßigten Sozialdemokraten.

52 Zitiert nach Carsten, *Reichswehr,* S. 325.

53 Thilo Vogelsang (Hg.), »Neue Dokumente zur Geschichte der Reichswehr, 1930–1933«, *VfZ* 2 (1954), S. 397–436, hier S. 408.

54 Zitiert in Friedrich von Rabenau, *Seeckt – Aus seinem Leben 1918–1936,* Leipzig 1940, S. 359ff., und Otto-Ernst Schüddekopf, *Das Heer und die Republik – Quellen zur Politik der Reichswehrführung 1918 bis 1933,* Hannover 1955, S. 179ff. Vgl. Carsten, *Reichswehr,* S. 187f. Siehe auch die – inzwischen in fast jeder Hinsicht überholten – Studien John Wheeler-Bennetts in *Die Nemesis der Macht: Die deutsche Armee in der Politik, 1918–1945,* Düsseldorf 1954 (1953), die die Reichswehr sehr kritisch beurteilen, und – mit Verständnis für Seeckt – Harold J. Gordon, *Die Reichswehr und die Weimarer Republik: 1919–1926,* Frankfurt am Main 1959 (1957). Basisdaten über die Reichswehr in Rainer Wohlfeil, »Heer und Republik«, in Hans Meier-Welcker und Wolfgang von Groote (Hg.), *Handbuch zur deutschen Militärgeschichte 1648–1939,* Bd. VI, Frankfurt am Main 1970, S. 11–304. Eine detaillierte und gelegentlich sympathievolle Darstellung ist Hans Meier-Welcker, *Seeckt,* Frankfurt am Main 1967, bes. S. 524–558.

55 Carsten, *Reichswehr,* S. 300f.; Ernst Willi Hansen, *Reichswehr und Industrie: Rüstungswirtschaftliche Zusammenarbeit und wirtschaftliche Mobilmachungsvorbereitungen 1923–1932,* Boppard 1978; Manfred Zeidler, *Reichwehr und Rote Armee 1920–1933: Wege und Stationen einer ungewöhnlichen Zusammenarbeit,* München 1993; allgemeiner Michael Geyer, *Aufrüstung oder Sicherheit: Reichswehr in der Krise der Machtpolitik, 1924–1936,* Wiesbaden 1980, und Karl Nuss, *Militär und Wiederaufrüstung in der Weimarer Republik: Zur politischen Rolle und Entwicklung der Reichswehr,* Berlin 1977.

56 Carsten, *Reichswehr,* S. 159–173, 182, 240f.

57 Michael Geyer, »Professionals and Junkers: German Rearmament and Politics in the Weimar Republic«, in Richard Bessel und Edgar Feuchtwanger (Hg.), *Social Change and Political Development in Weimar Germany,* London 1981, S. 77–133.

58 Siehe die klassische Studie von Craig, *Die preußisch-deutsche Armee,* S. 374–462.

59 Eberhard Kolb, »Die Reichsbahn vom Dawes-Plan bis zum Ende der Weimarer Republik«, in Lothar Gall und Manfred Pohl (Hg.), *Die Eisenbahn in Deutschland: Von den Anfängen bis zur Gegenwart,* München 1999, S. 109–164, hier S. 149f.

60 Jane Caplan, *Government Without Administration: State and Civil Service in Weimar and Nazi Germany,* Oxford 1988, S. 8–18, 60f.

61 Gerhard Fieberg (Hg.), *Im Namen des Deutschen Volkes: Justiz und Nationalsozialismus,* Köln 1989, S. 8.

62 Bracher, *Die Auflösung,* S. 162–198.

63 Caplan, *Government,* S. 30–36.

64 Caplan, *Government,* S. 33–57; Wolfgang Runge, *Politik und Beamtentum im Parteienstaat: Die Demokratisierung der politischen Beamten in Preußen zwischen 1918 und 1933,* Stuttgart 1965; Anthony J. Nicholls, »Die höhere Beamtenschaft in der Weimarer Zeit: Betrachtungen zu Problemen ihrer Haltung und ihrer Fortbildung«, in Lothar Albertin und Werner Link (Hg.), *Politische Parteien auf dem Weg zur parlamentarischen Demokratie in Deutschland: Entwicklungslinien bis zur Gegenwart,* Düsseldorf 1981, S. 195–207; Hans Fenske, »Monarchisches Beamtentum und demokratischer Rechtsstaat: Zum Problem der Bürokratie in der Weimarer Republik«, in *Demokratie und Verwaltung: 25 Jahre Hochschule für Verwaltung Speyer,* Berlin 1972, S. 117–136; Rudolf Morsey, »Beamtenschaft und Verwaltung zwischen Republik und ›Neuem Staat‹«, in Karl Dietrich Erdmann und Hagen Schulze (Hg.), *Weimar: Selbstpreisgabe einer Demokratie,* Düsseldorf 1989, S. 151–168; Eberhard Pikart, »Preußische Beamtenpolitik 1918–1933«, *VfZ* 6 (1958), S. 119–137.

65 Broszat, *Der Staat Hitlers,* S. 27–29.

66 AT 28.

67 Siehe Rainer Faltmann, *Bildungsbürger in der Defensive: Die akademische Beamtenschaft und der »Reichsbund der höheren Beamten« in der Weimarer Republik,* Göttingen 2001.

68 Das Standardwerk zu den wirtschaftlichen und sonstigen Kriegszielen Deutschlands, jedoch nicht mehr zur Vorgeschichte des Krieges, auf die es übrigens nur kurz eingeht, bleibt Fischers *Griff nach der Weltmacht.*

69 Den Prozeß der Inflation während und unmittelbar nach dem Krieg schildert mit großer Detailfülle Gerald D. Feldman auf den ersten 150 Seiten seines monumentalen Geschichtswerks *The Great Disorder: Politics, Economics, and Society in the German Inflation, 1914–1924,* New York 1993. Die Wechselkurse für den gesamten Zeitraum finden sich dort in Tabelle 1 auf S. 5. Feldmans Arbeit tritt jetzt an die Stelle der klassischen Darstellungen von Constantino Bresciani-Turroni, *The Economics of Inflation: A Study of Currency Depreciation in Post-War Germany,* London 1937, und Karsten Laursen und Jürgen Pedersen, *The German Inflation 1918–1923,* Amsterdam 1964. Einen prägnanten Überblick über die Forschung gibt Theo Balderston, *Economics and Politics in the Weimar Republic,* London 2002, S. 34–60. Steven B. Webb, *Hyperinflation and Stabilization in Weimar Germany,* Oxford 1989, bringt die Inflation mit der Reparationsfrage in Zusammenhang.

70 Siehe Feldman, *The Great Disorder,* S. 5, Tabelle 1, sowie generell die Kapitel 1 bis 8 mit vielen Zitaten und Beispielen; ferner Kent, *Spoils of War,* S. 45f., 142–148; Ernst Laubach, *Die Politik der Kabinette Wirth, 1921–22,* Lübeck 1968; Heinrich Küppers, *Joseph Wirth. Parlamentarier, Minister und Kanzler der Weimarer Republik*, Stuttgart 1997; Ulrike Hörster-Philipps, *Joseph Wirth 1879–1956. Eine politische Biographie*, Paderborn 1998.

71 Feldman, *The Great Disorder,* S. 837ff.; pessimistischer Niall Ferguson, *Paper and Iron: Hamburg Business and German Politics in the Era of Inflation, 1897–1927,* Oxford 1995, besonders S. 408–419.

72 Feldman, *The Great Disorder,* S. 5, Tabelle 1. Zur Besetzung des Ruhrgebiets

siehe Conan Fischer, *The Ruhr Crisis 1923–1924,* Oxford 2003; Hermann J. Rupieper, *The Cuno Government and Reparations 1922–1923: Politics and Economics,* Den Haag 1979; und Klaus Schwabe (Hg.), *Die Ruhrkrise 1923: Wendepunkt der internationalen Beziehungen nach dem Ersten Weltkrieg,* Paderborn 1985.

73 *Berliner Morgenpost* 251 (21. Oktober 1923), »Zahlen-Wahnsinn, von Bruno H. Bürgel«.

74 Haffner, *Geschichte eines Deutschen,* S. 49f.

75 Norman Angell, *The Story of Money,* London 1930, S. 332; Haffner, *Geschichte eines Deutschen,* S. 56–61, 64–67.

76 Fritz Blaich, *Der schwarze Freitag: Inflation und Wirtschaftskrise,* München 1985, S. 14, 31.

77 *Wirtschaftskurve* 2 (1923), S. 1, 29, und 4 (1923), S. 21, Kalkulation der Ausgaben eines verheirateten mittleren Angestellten mit einem Kind; zitiert nach Carl-Ludwig Holtfrerich, *Die deutsche Inflation 1914–1923: Ursachen und Folgen in internationaler Perspektive,* Berlin 1980, S. 259.

78 *Berliner Morgenpost* 220 (15. September 1923), »Zurückgehaltene Ware. Weil der ›morgige Preis‹ noch nicht bekannt ist.«

79 Feldman, *The Great Disorder,* S. 704ff.

80 Holtfrerich, *Die deutsche Inflation,* S. 262f.

81 Klemperer, *Leben sammeln,* Bd. I, S. 239 (26. Februar 1920).

82 Ebd., S. 257 (28. März 1920).

83 Ebd., S. 262 (1. April 1920).

84 Ebd., S. 697 (27. Mai 1923), S. 700f. (1. und 2. Juni 1923). Zur Spekulationsmanie siehe auch Haffner, *Geschichte eines Deutschen,* S. 57.

85 Klemperer, *Leben sammeln,* Bd. I, S. 717 (24. Juli 1923), S. 729 (3. August 1923).

86 Ebd., S. 740 (27./28. August 1923).

87 Ebd., S. 752 (9. Oktober 1923).

88 Ebd., S. 751 (9. Oktober 1923).

89 Ebd., S. 757 (2. November 1923).

90 Ebd., S. 758 (7. und 16. November 1923).

91 *Berliner Morgenpost* 213 (7. September 1923), »Nur noch dreißig Straßenbahn-Linien«.

92 Kent, *The Spoils of War,* S. 245–248.

93 Feldman, *The Great Disorder,* S. 736–753.

94 Ebd., S. 752–753..

95 Ebd., S. 754–835.

96 Derek H. Aldcroft, *Die zwanziger Jahre: Von Versailles zur Wall Street 1919–1929,* München 1978, S. 153–176.

97 Feldman, *The Great Disorder,* S. 854–888.

98 Klemperer, *Leben sammeln,* Bd. I, S. 761 (4. Dezember 1923), S. 763 (20. Dezember 1923).

99 Nikolaus Wachsmann, *Hitler's Prisons: Legal Terror in Nazi Germany,* erscheint 2004, Kap. 2.

100 Michael Grüttner, »Working-Class Crime and the Labour Movement: Pilfering in the Hamburg Docks, 1888–1923«, in Richard J. Evans (Hg.), *The*

German Working Class 1888–1933: The Politics of Everyday Life, London 1982, S. 54–79.

101 Hans Ostwald, *Sittengeschichte der Inflation: Ein Kulturdokument aus den Jahren des Marksturzes,* Berlin 1931, besonders S. 30f.

102 Martin Geyer, *Verkehrte Welt: Revolution, Inflation und Moderne: München 1914–1924,* Göttingen 1998, passim.

103 Bernd Widdig, *Culture and Inflation in Weimar Germany,* Berkeley 2001, S. 113–133.

104 Geyer, *Verkehrte Welt,* S. 243–318; allgemeiner die verschiedenen Untersuchungen in Gerald D. Feldman (Hg.), *Die Nachwirkungen der Inflation auf die deutsche Geschichte 1924–1933,* München 1985.

105 Eine faszinierende Untersuchung einer solchen Konfrontation bietet Charles Medalen, »State Monolpoly Capitalism in Germany: The Hibernia Affair«, *Past and Present* 78 (Februar 1978), S. 82–112.

106 Henry Ashby Turner, *Die Großunternehmer und der Aufstieg Hitlers,* Berlin 1985, S. 11–33; Feldman, *Army, Industry and Labor*; ders., »The Origins of the Stinnes-Legien Agreement: A Documentation«, *Internationale wissenschaftliche Korrespondenz zur Geschichte der deutschen Arbeiterbewegung* 19/20 (1973), S. 45–104.

107 Den Streit um Art und Umfang des Anteils der Wirtschaft an der Inflation rekapituliert Harold James, *Deutschland in der Weltwirtschaftskrise 1924–1936,* Stuttgart 1988 (1986), S. 132–136.

108 Peter Hayes, *Industry and Ideology: I. G. Farben in the Nazi Era,* Cambridge 1987, S. 16f.; Gerald D. Feldman, *Hugo Stinnes: Biographie eines Industriellen 1870–1924,* München 1998.

109 Mary Nolan, *Visions of Modernity: American Business and the Modernization of Germany,* New York 1994.

110 Peukert, *Die Weimarer Republik,* S. 116–121.

111 Robert Brady, *The Rationalization Movement in Germany: A Study in the Evolution of Economic Planning,* Berkeley 1933; James, *Deutschland in der Weltwirtschaftskrise,* S. 151–165.

112 Feldman, *The Great Disorder,* S. 343f.; Harold James, »Economic Reasons for the Collapse of the Weimar Republic«, in Ian Kershaw (Hg.), *Weimar: Why did German Democracy Fail?,* London 1990, S. 30–57, hier S. 33f.; siehe auch Dieter Hertz-Eichenröde, *Wirtschaftskrise und Arbeitsbeschaffung: Konjunkturpolitik 1925/26 und die Grundlagen der Krisenpolitik Brünings,* Frankfurt am Main 1982; Fritz Blaich, *Die Wirtschaftskrise 1925/26 und die Reichsregierung: Von der Erwerbslosenfürsorge zur Konjunkturpolitik,* Kallmünz 1977; Klaus-Dieter Krohn, *Stabilisierung und ökonomische Interessen: Die Finanzpolitik des Deutschen Reiches 1923–1927,* Düsseldorf 1974.

113 Bernd Weisbrod, *Schwerindustrie in der Weimarer Republik: Interessenpolitik zwischen Stabilisierung und Krise,* Wuppertal 1978, S. 415–456; James, *Deutschland in der Weltwirtschaftskrise,* S. 166–241.

114 Richard Bessel, »Why Did the Weimar Republic Collapse?«, in Kershaw (Hg.), *Weimar,* S. 120–152, hier S. 136; Bernd Weisbrod, »The Crisis of German Unemployment Insurance in 1928/29 and Its Political Repercussions«, in Wolfgang J. Mommsen (Hg.), *The Emergence of the Welfare State in Bri-*

tain and Germany, 1850–1950, London 1981, S. 188–204; Richard J. Evans, »Introduction: The Experience of Mass Unemployment in the Weimar Republic«, in Richard J. Evans und Dick Geary (Hg.), *The German Unemployed: Experiences and Consequences of Mass Unemployment from the Weimar Republic to the Third Reich,* London 1987, S. 1–22, hier S. 5f.; Merith Niehuss, »From Welfare Provision to Social Insurance: The Unemployed in Augsburg 1918–27«, in Evans und Geary (Hg.), *The German Unemployed,* S. 44–72.

115 Turner, *Die Großunternehmer,* S. 55–64; Weisbrod, *Schwerindustrie;* siehe auch die kurze Skizze von J. Adam Tooze, »Big Business and the Continuities of German History, 1900–1945«, in Panikos Panayi (Hg.), *Weimar and Nazi Germany: Continuities and Discontinuities,* London 2001, S. 173–198.

116 Zum Barmat-Skandal siehe die Dissertation von Bernhard Fulda, »Press and Politics in Berlin, 1924–1930«, Cambridge 2003, S. 63–71, 87–117.

117 Dick Geary, »Employers, Workers, and the Collapse of the Weimar Republic«, in Kershaw (Hg.), *Weimar,* S. 92–119.

118 Karl Roher, *Wahlen und Wählertraditionen in Deutschland,* Frankfurt am Main 1992, S. 124.

119 Falter, *Hitlers Wähler,* S. 327f.; Kurt Koszyk, *Deutsche Presse 1914–1945: Geschichte der deutschen Presse,* Teil 3, Berlin 1972.

120 Babette Gross, *Willi Münzenberg: Eine politische Biographie,* Stuttgart 1967.

121 Erich Schairer, »Alfred Hugenberg«, in *Mit anderen Augen: Jahrbuch der Deutschen Sonntagszeitung,* Stuttgart 1929, S. 72–74; Dankwart Guratzsch, *Macht durch Organisation: Die Grundlegung des Hugenbergschen Presseimperiums,* Düsseldorf 1974, S. 192f., 244, 248.

122 Fulda, »Press and Politics«, Tabelle I.

123 Modris Eksteins, *The Limits of Reason: The German Democratic Press and the Collapse of Weimar Democracy,* Oxford 1975, S. 129f., 249f.

124 Fulda, »Press and Politics«, Tabelle I und generell Kap. 1.

125 Falter, *Hitlers Wähler,* S. 325–339.

126 Oswald Spengler, *Der Untergang des Abendlandes: Umrisse einer Morphologie der Weltgeschichte,* Bd. I: *Gestalt und Wirklichkeit,* Wien 1918, Tafeln I–III nach S. 67.

127 Arthur Moeller van den Bruck, *Das Dritte Reich,* 3. Aufl., Hamburg 1931 (1923), bes. S. 300, 320; Gary D. Stark, *Entrepreneurs of Ideology: Neo-Conservative Publishers in Germany, 1890–1933,* Chapel Hill 1981; Agnes Stansfield, »Das Dritte Reich: A Contribution to the Study of the ›Third Kingdom‹ in German Literature from Herder to Hegel«, *Modern Language Review* 34 (1934), S. 156–172. Ursprünglich hatte Moeller van den Bruck seine konservativ-revolutionäre Utopie »Der Dritte Weg« genannt; siehe Mosse, *Die völkische Revolution,* S. 297.

128 Edgar Jung, »Deutschland und die konservative Revolution«, in *Deutsche über Deutschland,* München 1932, S. 369–382.

129 Jünger, *In Stahlgewittern;* siehe auch Nikolaus Wachsmann, »Marching under the Swastika? Ernst Jünger and National Socialism, 1918–33«, *Journal of Contemporary History* Vol. 33 (1998), S. 573–589.

130 Theweleit, *Männerphantasien.*

131 Die klassische Untersuchung über diese und ähnliche geistige Strömungen ist

Kurt Sontheimer, *Antidemokratisches Denken in der Weimarer Republik,* München 1962.

132 James M. Ritchie, *German Literature under National Socialism,* London 1983, S. 10f.; siehe auch Peter Zimmermann, »Literatur im Dritten Reich«, in Jan Berg u. a. (Hg.), *Sozialgeschichte der deutschen Literatur von 1918 bis zur Gegenwart,* Frankfurt am Main 1981, S. 361–416; und insbesondere Jost Hermand und Frank Trommler, *Die Kultur der Weimarer Republik,* München 1978, S. 128–192.

133 Einen guten Überblick bietet Nitschke u.a. (Hg.), *Jahrhundertwende;* zur »moralischen Panik« in der wilhelminischen Ära siehe Evans, *Szenen aus der deutschen Unterwelt,* S. 240–302; Gary Stark, »Pornography, Society and the Law in Imperial Germany«, *Central European History* 14 (1981), S. 200–220; Bram Dijkstra, *Idols of Perversity: Fantasies of Female Evil in Fin-de-Siècle Culture,* New York 1986; Robin Lenman, »Art, Society and the Law in Wilhelmine Germany: The Lex Heinze«, *Oxford German Studies* 8 (1973), S. 86–113; Matthew Jefferies, *Imperial Culture in Germany, 1871–1918,* London 2003; zur Weimarer Kultur Peukert, *Die Weimarer Republik,* S. 166–178.

134 Hermand und Trommler, *Die Kultur,* S. 193–260.

135 Karen Koehler, »*The Bauhaus,* 1919–1928: Gropius in Exile and the Museum of Modern Art, N. Y., 1938«, in Richard A. Etlin (Hg.), *Art, Culture and Media under the Third Reich,* Chicago 2002, S. 287–315, hier S. 288–292; Barbara Miller Lane, *Architektur und Politik in Deutschland, 1918–1945,* Braunschweig 1986; Shearer West, *The Visual Arts in Germany 1890–1936: Utopia and Despair,* Manchester 2000, S. 143–155; Hans Maria Wingler, *Das Bauhaus, 1919–1933: Weimar, Dessau, Berlin und die Nachfolge in Chicago seit 1937,* Bramsche 1975; Frank Whitford, *Das Bauhaus: Selbstzeugnisse von Meistern und Studenten,* Stuttgart 1993.

136 Gerald D. Feldman, »Right-Wing Politics and the Film Industry: Emil Georg Strauß, Alfred Hugenberg, and the UFA: 1917–1933«, in Christian Jansen u.a. (Hg.), *Von der Aufgabe der Freiheit: Politische Verantwortung und bürgerliche Gesellschaft im 19. und 20. Jahrhundert. Festschrift für Hans Mommsen zum 5. November 1995,* Berlin 1995, S. 219–230; Siegfried Kracauer, *Von Caligari bis Hitler: Ein Beitrag zur Geschichte des deutschen Films,* Hamburg 1958, S. 226–229.

137 Andrew Kelly, *All Quiet on the Western Front – »Brutal Cutting, Stupid Censors, Bigoted Politicos«,* London 1998, Taschenbuchausgabe u. d. T. *All Quiet on the Western Front: The Story of a Film,* London 2000. Zur Weimarer Kultur generell vgl. den klassischen Essay von Peter Gay, *Die Republik der Außenseiter: Geist und Kultur in der Weimarer Zeit, 1918–1933,* Frankfurt am Main 1970 (1969). Walter Laqueur, *Weimar: Die Kultur der Republik,* Frankfurt am Main 1976 (1974), behandelt trefflich nicht nur die avantgardistische Minderheit, sondern auch die konservative Mehrheit; zu den darstellenden Künsten siehe auch Hermand und Trommler, *Die Kultur,* S. 350–437.

138 Erik Levi, *Music in the Third Reich,* London 194, S. 1–13; Hermand und Trommler, *Die Kultur,* S. 279–350.

139 Michael H. Kater, *Gewagtes Spiel: Jazz im Nationalsozialismus,* München 1998 (1992), S. 47–51; Peter Jelavich, *Berlin Cabaret,* Cambridge (Massachusetts) 1993, S. 202.

140 Peukert, *Die Weimarer Republik,* S. 178–190.

141 AT 43.

142 Abrams, *Workers' Culture,* besonders Kap. 7.

143 Richard J. Evans, *The Feminist Movement in Germany 1894–1933,* London 1976, S. 122, 141; Rudolph Binion, *Frau Lou: Nietzsche's Wayward Disciple,* Princeton 1968, S. 447.

144 James D. Steakley, *The Homosexual Emancipation Movement in Germany,* New York 1975; John C. Fout, »Sexual Politics in Wilhelmine Germany: The Male Gender Crisis, Moral Purity, and Homophobia«, *Journal of the History of Sexuality* Bd. 2 (1992) 3, S. 388–421.

145 Siehe hierzu den bahnbrechenden Artikel von Renate Bridenthal und Claudia Koonz, »*Beyond Kinder, Küche, Kirche:* Weimar Women in Politics and Work«, in Renate Bridenthal, Atina Grossmann und Marion Kaplan (Hg.), *When Biology Became Destiny: Women in Weimar and Nazi Germany,* New York 1984, S. 33–65.

146 Planert, *Antifeminismus.*

147 Evans, *The Feminist Movement,* S. 145–201; Klaus Höhnig, *Der Bund Deutscher Frauenvereine in der Weimarer Republik 1919–1923,* Egelsbach 1995.

148 Atina Grossmann, *Reforming Sex: The German Movement for Birth Control and Abortion Reform 1920–1950,* New York 1995, S. 16; Steakley, *The Homosexual Emancipation Movement;* Fout, »Sexual Politics in Wilhelmine Germany«, S. 388–421; Charlotte Wolff, *Magnus Hirschfeld: A Portrait of a Pioneer in Sexology,* London 1986.

149 James Woycke, *Birth Control in Germany 1871–1933,* London 1988, S. 113–116, 121, 147f.; Grossmann, *Reforming Sex;* Cornelie Usborne, *Frauenkörper – Volkskörper: Geburtenkontrolle und Bevölkerungspolitik in der Weimarer Republik,* Münster 1994.

150 Clifford Kirkpatrick, *Nazi Germany: Its Women and Family Life,* New York 1938; Elizabeth Harvey, »Serving the Volk, Saving the Nation: Women in the Youth Movement and the Public Sphere in Weimar Germany«, in Larry Eugene Jones und James Retalleck (Hg.), *Elections, Mass Politics, and Social Change in Modern Germany: New Perspectives,* New York 1992, S. 201–222; Irene Stoehr, »Neue Frau und alte Bewegung? Zum Generationskonflikt in der Frauenbewegung der Weimarer Republik«, in Jutta Dalhoff u. a. (Hg.), *Frauenmacht in der Geschichte,* Düsseldorf 1986, S. 390–400; Atina Grossmann, »›Girlkultur‹ or Thoroughly Rationalized Female: A New Woman in Weimar Germany«, in Judith Friedlander u. a. (Hg.), *Women in Culture and Politics: A Century of Change,* Bloomington 1986, S. 62–80.

151 Raffael Scheck, *Mothers of the Nation: Right-Wing Women in German Politics, 1918–1923,* erscheint 2004; Höhnig, *Der Bund;* Ute Planert (Hg.), *Nation, Politik und Geschlecht: Frauenbewegungen und Nationalismus in der Moderne,* Frankfurt am Main 2000.

152 Siehe die persönlichen Aussagen in Merkl, *Political Violence,* S. 230–289. Peter D. Stachura, *The German Youth Movement, 1900–1945: An Interpre-*

tative and Documentary History, London 1981, wendet sich gegen die Überbetonung der protofaschistischen Aspekte der Jugendbewegung in früheren Arbeiten, so etwa bei Laqueur, *Die deutsche Jugendbewegung,* bei Howard P. Becker, *Vom Barette schwankt die Feder: Die Geschichte der deutschen Jugendbewegung,* Wiesbaden 1949 (1946), und bei Mosse, *Die völkische Revolution,* S. 185–204. Siehe neuerdings Jürgen Reulecke, »›Hat die Jugendbewegung den Nationalsozialismus vorbereitet?‹ Zum Umgang mit einer falschen Frage«, in Wolfgang R. Krabbe (Hg.), *Politische Jugend in der Weimarer Republik,* Bochum 1993, S. 222–243.

153 Klemperer, *Leben sammeln,* Bd. II, S. 56 (14. Mai 1925).

154 Merkl, *Political Violence,* S. 290–310, besonders S. 303f., AT 144, 173. Margaret Kraul, *Das deutsche Gymnasium 1780–1980,* Frankfurt am Main 1984, S. 127–156, bietet einen nützlichen Überblick. Folkert Meyer, *Schule der Untertanen: Lehrer und Politik in Preußen 1848–1900,* Hamburg 1976, beurteilt den politischen Einfluß der Schulen entschieden negativ; Mosse, *Die völkische Revolution,* S. 163–185, betont nationalistische Einflüsse. Ein gutes Gegengewicht zu Meyer ist Marjorie Lamberti, »Elementary School Teachers and the Struggle against Social Democracy in Wilhelmine Germany«, *History of Education Quarterly* 12 (1992), S. 74–97; und von derselben Autorin *State, Society and the Elementary School in Imperial Germany,* New York 1989.

155 Konrad H. Jarausch, *Deutsche Studenten 1800–1970,* Frankfurt am Main 1984, besonders S. 117–122; Michael S. Steinberg, *Sabers and Brown Shirts: The German Students' Path to National Socialism, 1918–1935,* Chicago 1977; eine Studie über die Universität Hamburg bietet Geoffrey J. Giles, *Students and National Socialism in Germany,* Princeton 1985.

156 Michael H. Kater, *Studentenschaft und Rechtsradikalismus in Deutschland 1918–1933: Eine sozialgeschichtliche Studie zur Bildungskrise in der Weimarer Republik,* Hamburg 1975; ders., »The Work Student: A Socio-Economic Phenomenon of Early Weimar Germany«, *Journal of Contemporary History* 10 (1975), S. 71–94; Wildt, *Generation des Unbedingten,* S. 72–80.

157 Wildt, *Generation des Unbedingten,* S. 81–142.

158 Ulrich Herbert, *Best: Biographische Studien über Radikalismus, Weltanschauung und Vernunft 1903–1989,* Bonn 1996, S. 42–68.

159 AT 96.

160 Maria Tatar, *Lustmord: Sexual Murder in Weimar Germany,* Princeton 1995 (vgl. aber meine Besprechung dieser in vieler Hinsicht nicht überzeugenden Arbeit in *German History* 14 (1996), S. 414f.); eher konventionell ist Birgit Kreutzahler, *Das Bild des Verbrechers in Romanen der Weimarer Republik: Eine Untersuchung vor dem Hintergrund anderer gesellschaftlicher Verbrecherbilder und gesellschaftlicher Grundzüge der Weimarer Republik,* Frankfurt am Main 1987; Kracauer, *Von Caligari bis Hitler;* Evans, *Rituale,* S. 651f.

161 Patrick Wagner, *Volksgemeinschaft ohne Verbrecher: Konzeptionen und Praxis der Kriminalpolizei in der Zeit der Weimarer Republik und des Nationalsozialismus,* Hamburg 1996, S. 26–76, 153–179.

162 Evans, *Rituale,* S. 595–770.

163 Fieberg (Hg.), *Im Namen*, S. 10–22.
164 Johannes Leeb, in *Deutsche Richterzeitung* (1921), Sp. 1301, zitiert nach Fieberg (Hg.), *Im Namen*, S. 24–27.
165 Hans Hattenhauer, »Wandlungen des Richterleitbildes im 19. und 20. Jahrhundert«, in Ralf Dreier und Wolfgang Sellert (Hg.), *Recht und Justiz im »Dritten Reich«*, Frankfurt am Main 1989, S. 9–33, hier S. 13–16; Henning Grunwald, »Political Lawyers in the Weimar Republic«, Dissertation, Cambridge 2002.
166 Fieberg (Hg.), *Im Namen*, S. 24–27.
167 Emil Julius Gumbel, *Vier Jahre politischer Mord*, Berlin 1924, S. 73ff., auszugsweise und in tabellarische Form gebracht in Fieberg (Hg.), *Im Namen*, S. 29–35.
168 Neuerdings liegen einige nicht völlig überzeugende Versuche vor, die Weimarer Richter in ein günstigeres Licht zu rücken; siehe Irmela Nagel, *Fememorde und Fememordprozesse in der Weimarer Republik*, Köln 1991, und Marcus Böttger, *Der Hochverrat in der höchstrichterlichen Rechtsprechung der Weimarer Republik: Ein Fall politischer Instrumentalisierung von Strafgesetzen?*, Frankfurt am Main 1998.
169 Hannover und Hannover-Drück, *Politische Justiz*, S. 182–191; Kurt R. Grossmann, *Ossietzky: Ein deutscher Patriot*, München 1963; Elke Suhr, *Carl von Ossietzky: Eine Biographie*, Köln 1988, S. 162–168.
170 Hermann Schüler, *Auf der Flucht erschossen: Felix Fechenbach 1894–1933. Eine Biographie*, Köln 1981, S. 171–192.
171 Ilse Staff, *Justiz im Dritten Reich: Eine Dokumentation*, Frankfurt am Main 1978 (1964), S. 22ff.
172 Gotthard Jasper, *Der Schutz der Republik*, Tübingen 1963.
173 Evans, *Rituale*, S. 595–623.
174 Ingo Müller, *Furchtbare Juristen: Die unbewältigte Vergangenheit unserer Justiz*, München 1987, S. 19–30.
175 Hannover und Hannover-Drück, *Politische Justiz*, S. 77.
176 Zitiert nach Ralph Angemund, *Deutsche Richterschaft 1918–1945: Krisenerfahrung, Illusion, Politische Rechtsprechung*, Frankfurt am Main 1990, S. 33f.
177 Wehler, *Deutsche Gesellschaftsgeschichte*, Bd. 3, S. 907–915, 1086–1090; Thomas Nipperdey, *Deutsche Geschichte 1866–1918*, Bd. 1: *Arbeitswelt und Bürgergeist*, München 1990, S. 335–373; an spezielleren Untersuchungen seien genannt Volker Hentschel, *Geschichte der deutschen Sozialpolitik (1880–1980)*, Frankfurt am Main 1983; Gerhard A. Ritter, *Sozialversicherung in Deutschland und England: Entstehung und Grundzüge im Vergleich*, München 1983; und die bahnbrechende Studie von Karl Erich Born, *Staat und Sozialpolitik seit Bismarcks Sturz: Ein Beitrag zur Geschichte der innenpolitischen Entwicklung des deutschen Reiches 1890–1914*, Wiesbaden 1957.
178 David F. Crew, *Germans on Welfare: From Weimar to Hitler*, New York 1998, S. 16–31.
179 Artikel 119–122, 151–165 der Weimarer Verfassung, in Huber, *Deutsche Verfassungsgeschichte*, Bd. 5–7.

180 Ludwig Preller, *Sozialpolitik in der Weimarer Republik,* Düsseldorf 1978 (1949), ist noch immer der unentbehrliche, klassische Leitfaden; wichtige Untersuchungen jüngeren Datums sind Detlev J. K. Peukert, *Grenzen der Sozialdisziplinierung: Aufstieg und Krise der deutschen Jugendfürsorge 1878 bis 1932,* Köln 1986; Young-Sun Hong, *Welfare, Modernity, and the Weimar State, 1918–1933,* Princeton 1998; und Crew, *Germans on Welfare.*

181 Otto Riebecke, *Was brachte der Weltkrieg? Tatsachen und Zahlen aus dem deutschen Ringen 1914/18,* Berlin 1936, S. 97–112.

182 Whalen, *Bitter Wounds,* S. 156, 168.

183 Caplan, *Government,* S. 51, 60; Richard Bessel, »Why Did the Weimar Republic Collapse?«, S. 123ff.

184 Die geltenden deutschen Datenschutzbestimmungen untersagen bei Privatpersonen die Angabe des vollen Namens.

185 Einzelheiten bei Crew, *Germans,* S. 107–115.

186 Ebd., besonders S. 204–208.

187 Zur Ausbreitung solcher Ideen siehe Richard F. Wetzell, *Inventing the Criminal: A History of German Criminology 1880–1945,* Chapel Hill 2000, besonders S. 107–178; Wachsmann, *Hitler's Prisons,* Teil I; Regina Schulte, *Sperrbezirke: Tugendhaftigkeit und Prostitution in der bürgerlichen Welt,* Frankfurt am Main 1979, S. 174–204; Schmuhl, *Rassenhygiene,* S. 31, 94; Evans, *Rituale,* S. 641–652.

188 Wagner, *Volksgemeinschaft,* S. 97–101.

189 Zitiert nach Evans, *Rituale,* S. 641.

190 Nikolaus Wachsmann u. a., »›Die soziale Prognose wird damit sehr trübe ...‹: Theodor Viernstein und die Kriminalbiologische Sammelstelle in Bayern«, in Michael Farin (Hg.), *Polizeireport München 1799–1999,* München 1999, S. 250–287.

191 Karl Binding, Alfred Hoche, *Die Freigabe der Vernichtung lebensunwerten Lebens: Ihr Maß und ihre Form,* Leipzig 1920; Michael Burleigh, *Tod und Erlösung: Euthanasie in Deutschland, 1900–1945,* Zürich 2002 (1994), S. 25–63; Hong, *Welfare,* S. 29–276.

192 Victor Klemperer, *Curriculum Vitae: Erinnerungen 1881–1918,* 2 Bde., Berlin 1996 (1989).

193 Klemperer, *Leben sammeln,* I, S. 8 (23. November 1918) und S. 9 (24. November 1918).

194 Ebd., S. 97 (12. April 1919), S. 109f. (6. Mai 1919).

195 Siehe Martin Chalmers' nützliche biographische Skizze in der englischen Übersetzung: Victor Klemperer, *I Shall Bear Witness: The Diaries of Victor Klemperer 1933–1941,* London 1998, S. IX–XXI.

196 Ebd., S. 312 (26. Dezember 1926).

197 Ebd., Bd. I, S. 187 (27. September 1919).

198 Ebd., S. 245 (14. März 1920).

199 Ebd., S. 248 (14. März 1920).

200 Ebd, S. 433f. (20. April 1921).

201 Ebd., Bd. II, S. 49 (27. April 1925).

202 Ebd., S. 758 (7. August 1932).

203 Martin Liepach, *Das Wahlverhalten der jüdischen Bevölkerung: Zur politischen Orientierung der Juden in der Weimarer Republik,* Tübingen 1996, bes. S. 211–310; allgemeiner auch Wolfgang Benz (Hg.), *Jüdisches Leben in der Weimarer Republik,* Tübingen 1998, S. 271–280, und Donald L. Niewyk, *The Jews in Weimar Germany,* Baton Rouge, La. 1980, S. 11–43.

204 Klaus Schwabe, »Die deutsche Politik und die Juden im Ersten Weltkrieg«, in Hans Otto Horch (Hg.), *Judentum, Antisemitismus und europäische Kultur,* Tübingen 1988, S. 255–266; Egmont Zechlin, *Die deutsche Politik und die Juden im Ersten Weltkrieg,* Göttingen 1969, besonders S. 527–541; Saul Friedländer, »Die politischen Veränderungen der Kriegszeit und ihre Auswirkungen auf die Judenfrage«, in Werner E. Mosse (Hg.), *Deutsches Judentum in Krieg und Revolution 1916–1923,* Tübingen 1971, S. 27–65. Vgl. allgemein Jochmann, *Gesellschaftskrise,* S. 99–170 (»Die Ausbreitung des Antisemitismus in Deutschland 1914–1923«), und S. 171–194 (»Der Antisemitismus und seine Bedeutung für den Untergang der Weimarer Republik«), zur »Judenzählung« siehe S. 110f.

205 Stark, *Entrepreneurs,* S. 141, 208f.

206 Jack Wertheimer, *Unwelcome Strangers: East European Jews in Imperial Germany,* New York 1987, Tabelle IV; Wolfgang J. Mommsen, *Bürgerstolz und Weltmachtstreben: Deutschland unter Wilhelm II., 1890–1918,* Berlin 1995, S. 434–440; Steven Aschheim, *Brothers and Strangers: The East European Jew in German and German Jewish Consciousness 1800–1923,* Madison 1982.

207 *Vossische Zeitung* (6. November 1923), zitiert nach Peukert, *Die Weimarer Republik,* S. 162f.; siehe auch David Clay Large, »›Out with the Ostjuden‹: The Scheunenviertel Riots in Berlin, November 1923«, in Werner Bergmann u.a. (Hg.), *Exclusionary Violence: Antisemitic Riots in Modern Germany,* Ann Arbor 2002, S. 123–140, und Dirk Walter, *Antisemitische Kriminalität und Gewalt: Judenfeindschaft in der Weimarer Republik,* Bonn 1999, besonders S. 151–154.

208 Peter Pulzer, »Der Anfang vom Ende«, in Arnold Paucker (Hg.), *Die Juden im nationalsozialistischen Deutschland 1933–1944,* Tübingen 1986, S. 3–15; Trude Maurer, *Ostjuden in Deutschland, 1918–1933,* Hamburg 1986.

209 Rahden, *Juden,* S. 318–327, dort auch die Zitate.

210 Kauders, *German Politics,* S. 182–191.

211 Ebd.; zum Protestantismus siehe Kurt Nowak und Gérard Raulet (Hg.), *Protestantismus und Antisemitismus in der Weimarer Republik,* Frankfurt am Main 1994. Allgemeiner Niewyk, *The Jews in Weimar Germany,* S. 11–43; Heinrich August Winkler, »Die deutsche Gesellschaft der Weimarer Republik und der Antisemitismus«, in Bernd Martin und Ernst Schulin (Hg.), *Die Juden als Minderheit in der Geschichte,* München 1981, S. 271–289, und Jochmann, *Gesellschaftskrise,* S. 99–170. Eine Lokalstudie bietet Stefanie Schüler-Springorum, *Die jüdische Minderheit in Königsberg, Preußen, 1871–1945,* Göttingen 1996.

3. Kapitel Der Aufstieg des Nationalsozialismus

1 Einen guten Überblick über die Münchner Theaterszene jener Zeit gibt Peter Jelavich, *Munich and Theatrical Modernism: Politics, Playwriting, and Performance 1890–1914,* Cambridge (Massachusetts) 1985.

2 Eine dramatische Beschreibung Eisners, basierend auf einem ausgedehnten, unkonventionellen Quellenstudium, liefert Richard M. Watt, *Der Kaiser geht: Deutschland zwischen Revolution und Versailles,* Frankfurt am Main 1971 (1968), S. 197, 227–236. Siehe auch Franz Schade, *Kurt Eisner und die bayerische Sozialdemokratie,* Hannover 1961, und Peter Kritzer, *Die bayerische Sozialdemokratie und die bayerische Politik in den Jahren 1918–1923,* München 1969. Eine Darstellung aus jüngster Zeit ist Bernhard Grau, *Kurt Eisner 1867–1919: Eine Biographie,* München 2001.

3 Franz J. Sauer (Hg.), *Die Regierung Eisner 1918/19: Ministerratsprotokolle und Dokumente,* Düsseldorf 1987, S. 126 (Sitzung vom 5. 12. 1918); siehe auch Allan Mitchell, *Revolution in Bayern 1918/1919: Die Eisner-Regierung und die Räterepublik,* München 1967 (1965), S. 148; Freya Eisner, *Kurt Eisner: Die Politik des libertären Sozialismus,* Frankfurt am Main 1979, S. 175–180.

4 Hierzu und zu den folgenden Ereignissen: Mitchell, *Revolution;* siehe auch Winkler, *Von der Revolution,* S. 184–190, sowie Heinrich Hillmayr, *Roter und weißer Terror in Bayern nach 1918: Erscheinungsformen und Folgen der Gewalttätigkeiten im Verlauf der revolutionären Ereignisse nach dem Ende des Ersten Weltkrieges,* München 1974.

5 Watt, *Der Kaiser geht,* S. 325–237, 255–267; farbig ist auch die Schilderung bei David Clay Large, *Hitlers München: Aufstieg und Fall der Hauptstadt der Bewegung,* 1998 (1997), S. 118–138. Friedrich Hitzer, *Anton Graf Arco: Das Attentat auf Kurt Eisner und die Schüsse im Landtag,* München 1988, beruht auf Recherchen des Autors für ein Filmdrehbuch. Zu Hoffmann siehe Diethard Hernig, *Johannes Hoffmann: Sozialdemokrat und Bayerischer Ministerpräsident: Biographie,* München 1990.

6 Zitiert nach Mitchell, *Revolution,* S. 272, und nach Watt, *Der Kaiser geht,* S. 256; Hans Beyer, *Von der Novemberrevolution zur Räterepublik in München,* Berlin 1957 (gut dokumentierte Darstellung aus DDR-Sicht), besonders S. 77f.

7 Watt, *Der Kaiser geht,* S. 257–259.

8 Large, *Hitlers München,* S. 110f.

9 Carsten, *Revolution,* S. 175–178; Hannover und Hannover-Drück, *Politische Justiz,* S. 53–75.

10 Siehe Anthony Nicholls, »Hitler and the Bavarian Background to National Socialism«, in Nicholls und Erich Matthias (Hg.), *German Democracy and the Triumph of Hitler: Essays on Recent German History,* London 1971, S. 129–159.

11 Genauere Schilderungen über Hitlers Leben in München 1918 und 1919 geben Kershaw, *Hitler 1889–1936,* S. 151ff., und Anton Joachimsthaler, *Hitlers Weg begann in München: 1913–1923,* München 2000, S. 177–319.

12 Eine wohlüberlegte Scheidung zwischen Tatsachen und Legenden, Deutungen und Spekulationen unternimmt Kershaw, *Hitler 1889–1936,* S. 15–28.

13 Carl E. *Schorske,* Wien, S. 23–109 (»Die Ringstraße, ihre Kritiker und die Idee der modernen Stadt«).

14 Viele Einzelheiten überliefert August Kubizek, *Adolf Hitler: Mein Jugendfreund,* Graz 1953; vgl. jedoch die kritischen Einwände in Franz Jetzinger, *Hitlers Jugend: Phantasien, Lügen – und die Wahrheit,* Wien 1956.

15 Die Spärlichkeit zuverlässigen Materials über den Hitler vor 1919 hat zu einem heftigen Streit um seine Behauptung geführt, er sei erst im Vorkriegswien durch die Begegnung mit Juden, vor allem mit aus Galizien zugewanderten Ostjuden, zum extremen, politischen Antisemiten geworden. Hitlers eigene Version mag überzeichnet sein, doch jüngste Versuche, zu beweisen, Hitler sei überhaupt kein Antisemit gewesen, sind genausowenig überzeugend. Siehe Kershaw, *Hitler 1889–1936,* besonders S. 97–105, und Joachimsthaler, *Hitlers Weg,* S. 45–49.

16 Adolf Hitler, *Mein Kampf: Zwei Bände in einem Band* (578.–582. Aufl.), München 1940, S. 45 (Sozialdemokratie), S. 106–109 (Ankunft in Wien).

17 Ebd., S. 83, 104, 113.

18 Kershaw, *Hitler 1889–1936,* S. 118ff; Joachimsthaler, *Hitlers Weg,* S. 77–97; Hitlers eigene Darstellung in *Mein Kampf,* S. 138ff. Eine schwungvolle Schilderung der Schwabinger Boheme gibt Large, *Hitlers München,* S. 30–77.

19 Hitler, *Mein Kampf,* S. 177, 179.

20 Kershaw, *Hitler 1889–1936,* S. 125ff.

21 Hitler, *Mein Kampf,* S. 223.

22 Ebd., S. 197, 198.

23 Geyer, *Verkehrte Welt,* S. 278–318.

24 Hitler an Adolf Gemlich, 16. September 1919, in Eberhard Jäckel und Axel Kuhn (Hg.), *Hitler: Sämtliche Aufzeichnungen 1905–1924,* Stuttgart 1980, S. 88–90; Ernst Deuerlein, »Hitlers Eintritt in die Politik und die Reichswehr«, *VfZ* 7 (1959), S. 203–205.

25 Anton Drexlers politisches Erwachen« (1919), wieder abgedruckt in Albrecht Tyrell (Hg.), *Führer befiehl …: Selbstzeugnisse aus der »Kampfzeit« der NSDAP,* Düsseldorf 1969, S. 20–22.

26 Tyrell (Hg.), *Führer befiehl,* S. 22; Kershaw, *Hitler 1889–1936,* S. 165–172; Ernst Deuerlein (Hg.), *Der Aufstieg der NSDAP in Augenzeugenberichten,* München 1974, S. 56–61. Joachimsthaler, *Hitlers Weg,* S. 198–319, trennt Tatsachen und Legenden bezüglich dieses Abschnitts in Hitlers Leben und nimmt zu späteren Kontroversen Stellung; Albrecht Tyrell, *Vom »Trommler« zum »Führer«: Der Wandel von Hitlers Selbstverständnis zwischen 1919 und 1924 und die Entwicklung der NSDAP,* München 1975, unterrichtet wohlinformiert über Hitlers frühe politische Karriere. Siehe auch Werner Maser, *Die Frühgeschichte der NSDAP: Hitlers Weg bis 1924,* Frankfurt am Main 1965. Zur Thule-Gesellschaft: Reginald H. Phelps, »›Before Hitler Came‹«.

27 Uwe Lohalm, *Völkischer Radikalismus: Die Geschichte des Deutschvölkischen Schutz- und Trutzbundes, 1919–1923,* Hamburg 1970.

28 Tyrell, *Vom »Trommler«;* S. 72–89; Georg Franz-Willing, *Ursprung der Hitlerbewegung 1919–1922,* Preußisch Oldendorf 1974 (1962), S. 38–109.

29 Broszat, *Der Staat Hitlers,* S. 43ff.
30 Hitler, *Mein Kampf,* S. 772.
31 Reginald H. Phelps, »Hitler als Parteiredner im Jahre 1920«, *VfZ* 11 (1963), S. 274–330; in ähnlichem Sinne Jäckel und Kuhn (Hg.), *Hitler,* S. 115, 132, 166, 198, 252, 455, 656.
32 Die Redensart vom Antisemitismus als dem »Sozialismus der dummen Kerle« wird häufig dem deutschen Sozialdemokraten August Bebel zugeschrieben, geht aber wohl auf den österreichischen Demokraten Ferdinand Kronawetter zurück (Pulzer, *Entstehung,* S. 216 und dortige Fußnote). Um 1890 war sie in Kreisen der deutschen Sozialdemokratie gang und gäbe; siehe Francis L. Carsten, *August Bebel und die Organisation der Massen,* Berlin 1991, S. 165.
33 Franz-Willing, *Ursprung,* S. 120–127; Broszat, *Der Staat Hitlers,* S. 39.
34 Für den primär antibolschewistischen Antrieb plädierte Ernst Nolte in *Der Faschismus in seiner Epoche: Die Action Française, der italienische Faschismus, der Nationalsozialismus,* München 1963, und später, in anderer und umstrittenerer Form, in *Der europäische Bürgerkrieg 1917–1945: Nationalsozialismus und Bolschewismus,* Frankfurt am Main 1987.
35 Hitler, *Mein Kampf,* S. 289.
36 Jäckel und Kuhn (Hg.), *Hitler*, Nr. 91.
37 Ebd., Nr. 223. Lord Fisher war First Sea Lord (Chef der britischen Admiralität) von 1904 bis 1910 und von 1914 bis 1915.
38 Adolf Hitler, *Reden, Schriften, Anordnungen*, 6 Bde., München 1992–1998, Bd. II A, S. 183.
39 Jäckel und Kuhn (Hg.), *Hitler*, Nr. 116: Hitler an Konstantin Hierl, 3. Juli 1920.
40 Longerich, *Der ungeschriebene Befehl*, S. 40; Gerhard Paul, *Aufstand der Bilder. Die NS-Propaganda vor 1933*, Bonn 1990, S. 236–238.
41 Jäckel und Kuhn (Hg.), *Hitler*, Nr. 565.
42 Ebd., Nr. 462, 18. Januar 1923.
43 Ausführlich ins Detail geht Bruno Thoss, *Der Ludendorff-Kreis, 1919–1923: München als Zentrum der mitteleuropäischen Gegenrevolution zwischen Revolution und Hitler-Putsch,* München 1978.
44 Wolf Rüdiger Heß (Hg.), *Rudolf Heß: Briefe 1908–1933,* München 1987, S. 251 (Heß an seine Eltern, 24. März 1920).
45 Eine scharfsinnige Charakterskizze Heß' gibt Joachim Fest, *Das Gesicht des Dritten Reiches: Profile einer totalitären Herrschaft,* München 1963, S. 257–270; vgl. ferner Smith, *The Ideological Origins,* S. 223–240; Lange, »Der Terminus ›Lebensraum‹«, S. 426–437; Hans Grimm, *Volk ohne Raum,* München 1926; Dietrich Orlow, »Rudolf Heß: Stellvertreter des Führers«, in Ronald Smelser und Rainer Zitelmann (Hg.), *Die Braune Elite I,* Darmstadt 1989, S. 84–97. Viele Schriften Karl Haushofers sind wieder abgedruckt in Hans-Adolf Jacobsen, *Karl Haushofer: Leben und Werk,* 2 Bde., Boppard 1979; eine Studie über seine Ideen bietet Frank Ebeling, *Geopolitik: Karl Haushofer und seine Raumwissenschaft 1919–1945,* Berlin 1994. Haushofer versuchte später seinen Einfluß auf Hitlers Denken zu leugnen oder wenigstens herunterzuspielen; siehe dazu Lange, »Der Terminus ›Lebensraum‹«, S. 432.

46 Margarete Plewnia, *Auf dem Weg zu Hitler: Der völkische Publizist Dietrich Eckart,* Bremen 1970; Tyrell, *Vom »Trommler«,* S. 190–194; Alfred Rosenberg (Hg.), *Dietrich Eckart: Ein Vermächtnis,* 4. Aufl., München 1937 (1928), mit einer Auswahl aus den Versen Eckarts.

47 Fest, *Das Gesicht,* S. 247–258; Walter Laqueur, *Deutschland und Rußland,* Berlin 1965, S. 85–92, 109–112, 167–186; Adolf Hitler, *Monologe im Führerhauptquartier 1941–1944: Die Aufzeichnungen Heinrich Heims,* hg. von Werner Jochmann, Hamburg 1980, S. 356f.; vgl. Henry Picker, *Hitlers Tischgespräche im Führerhauptquartier: Entstehung, Struktur, Folgen des Nationalsozialismus,* Berlin 1993, S. 231f.; Norman Cohn, *Die Protokolle der Weisen von Zion: Der Mythos von der jüdischen Weltverschwörung,* Köln 1969, besonders S. 216–246; Reinhard Bollmus, »Alfred Rosenberg: ›Chefideologe‹ des Nationalsozialismus?«, in Smelser und Zitelmann (Hg.), *Die Braune Elite I,* S. 223–235; Robert Cecil, *The Myth of the Master Race: Alfred Rosenberg and Nazi Ideology,* London 1972. Vgl. allgemeiner Thomas Klepsch, *Nationalsozialistische Ideologie: Eine Beschreibung ihrer Struktur vor 1933,* Münster 1990.

48 Hans Frank, *Im Angesicht des Galgens: Deutung Hitlers und seiner Zeit auf Grund eigener Erlebnisse und Erkenntnisse,* 2. Aufl., Neuhaus 1955 (1953), S. 34, 61; Christoph Kleßmann, »Hans Frank: Parteijurist und Generalgouverneur in Polen«, in Smelser und Zitelmann (Hg.), *Die Braune Elite I,* S. 41–51.

49 Deuerlein (Hg.), *Der Aufstieg,* S. 108–112.

50 Dietrich Orlow, *The History of the Nazi Party,* Bd. I: *1919–1933,* Newton Abbot 1971 (1969), S. 11–37.

51 Kershaw, *Hitler 1889–1936,* S. 210–213; Deuerlein (Hg.), *Der Aufstieg,* S. 135–141.

52 Kershaw, *Hitler 1889–1936,* S. 224f.; Deuerlein (Hg.), *Der Aufstieg,* S. 142–161.

53 Deuerlein (Hg.), *Der Aufstieg,* S. 145f.

54 Franz-Willing, *Ursprung,* S. 126.

55 Hannover und Hannover-Drück, *Politische Justiz,* S. 105–144.

56 Kershaw, *Hitler 1889–1936,* S. 218–220; Peter Longerich, *Die braunen Bataillone: Geschichte der SA,* München 1989, S. 9–32.

57 Conan Fischer, »Ernst Julius Röhm: Stabschef der SA und unentbehrlicher Außenseiter«, in Smelser und Zitelmann (Hg.), *Die Braune Elite I,* S. 212–222.

58 Ernst Röhm, *Die Geschichte eines Hochverräters,* München 1928, S. 365f.; Fest, *Das Gesicht,* S. 194, 456 (Anm. 9).

59 Röhm, *Die Geschichte,* S. 363.

60 Im folgenden wird, der seit langem etablierten und beinahe überall gängigen Praxis folgend, SA im Singular gebraucht, also etwa: »Die SA wuchs ...«.

61 Berichte über die zunehmende Gewalttätigkeit der nationalsozialistischen Bewegung in dieser Zeit bei Deuerlein (Hg.), *Der Aufstieg,* S. 142–183; Näheres über Röhms gespanntes Verhältnis zu Hitler bei Fischer, »Ernst Julius Röhm«.

62 Kershaw, *Hitler 1889–1936,* S. 229–235.

63 Die klassische Darstellung bleibt Adrian Lyttelton, *The Seizure of Power: Fascism in Italy 1919–1929,* London 1973; Denis Mack Smith, *Mussolini: Eine Biographie,* München 1983, ist ein schonungsloses Lebensbild des Faschistenführers; eine gute Biographie neuesten Datums bietet Richard J. B. Bosworth, *Mussolini,* London 2002; Franz-Willing, *Ursprung,* S. 126f., beschreibt die Entstehungsgeschichte der nationalsozialistischen Standarten. Über gegenseitige Kontakte und Einflüsse der zwei Bewegungen unterrichtet Klaus-Peter Hoepke, *Die deutsche Rechte und der italienische Faschismus: Ein Beitrag zum Selbstverständnis und zur Politik von Gruppen und Verbänden der deutschen Rechten,* Düsseldorf 1968, besonders S. 186–194 und 292–295.

64 Aus der überaus großen und gegensätzlichen Literatur ragt als beste Gesamtdarstellung hervor Stanley G. Payne, *Geschichte des Faschismus: Aufstieg und Fall einer europäischen Bewegung,* München 2001 (1995). Die brauchbarste Kurzdarstellung ist Kevin Passmore, *Fascism: A Very Short Introduction,* Oxford 2002. Eine einflußreiche theoretische Abhandlung ist Roger Griffin, *International Fascism: Theories, Causes and the New Consensus,* London 1998. Kershaw, *Der NS-Staat,* S. 43–87, gibt, wie gewohnt, einen besonnenen und ausgewogenen Überblick über die Historiographie.

65 AT 567, 199.

66 AT 206, 379; einen ungewöhnlichen Blick auf den Fall Schlageter wirft Karl Radek, »Leo Schlageter: Der Wanderer ins Nichts«, *Die Rote Fahne* 144 (26. Juni 1923). Eine eingehende Beschreibung des »passiven Widerstandes« und seines Rückhalts in der Bevölkerung gibt Fischer, *The Ruhr Crisis,* S. 84–181; Schlageters Herkunft aus den Freikorps beleuchtet Waite, *Vanguard,* S. 235–238; zur Sabotagebewegung, die hinter den Kulissen von der deutschen Reichswehr lanciert wurde, siehe Gerd Krüger, »›Ein Fanal des Widerstandes im Ruhrgebiet‹: Das ›Unternehmen Wesel‹ in der Osternacht des Jahres 1923. Hintergründe eines angeblichen ›Husarenstreiches‹«, *Mitteilungsblatt des Instituts für soziale Bewegungen* 4 (2000), S. 95–140.

67 Sander L. Gilman, *On Blackness without Blacks. Essays on the Image of the Black in Germany,* Boston, 1982.

68 AT 183.

69 Gisela Lebeltzer, »Die ›Schwarze Schmach‹: Vorurteile – Propaganda – Mythos«, *Geschichte und Gesellschaft* 11 (1985), S. 37–58; Keith Nelson, »›The Black Horror on the Rhine‹: Race as a Factor in Post-World War I Diplomacy«, *Journal of Modern History* 42 (1970), S. 606–627; Sally Marks, »Black Watch on the Rhine: A Study in Propaganda, Prejudice and Prurience«, *European Studies Review* 13 (1983), S. 297–334. Zum weiteren Schicksal dieses Personenkreises: Reiner Pommerin, *»Sterilisierung der Rheinlandbastarde«: Das Schicksal einer farbigen deutschen Minderheit 1918–1937,* Düsseldorf 1979.

70 Richard J. Evans, »Hans von Hentig and the Politics of German Criminology«, in Angelika Ebbinghaus und Karl Heinz Roth (Hg.), *Grenzgänge: Deutsche Geschichte des 20. Jahrhunderts im Spiegel von Publizistik, Rechtsprechung und historischer Forschung,* Lüneburg 1999, S. 238–264. Die »Nationalbolschewisten« waren rechtsstehende Radikale, die sich um die

Unterstützung der KPD als der einzigen wirklich revolutionären Kraft in Deutschland bemühten, um die Weimarer Repunlik zu stürzen, um anschließend wieder aufzurüsten und den Versailler Vertrag zu revidieren. Siehe Otto-Ernst Schüddekopf, *Linke Leute von Rechts*, Stuttgart 1960.

71 Kershaw, *Hitler 1889–1936,* S. 236–240; Georg Franz-Willing, *Krisenjahr der Hitlerbewegung 1923,* Preußisch Oldendorf 1975; Helmuth Auerbach, »Hitlers politische Lehrjahre und die Münchner Gesellschaft 1919–1923«, *VfZ* 25 (1977), S. 1–45; Franz-Willing, *Ursprung,* S. 266–299; Ernst Hanfstaengl, *Zwischen Weißem und Braunem Haus: Memoiren eines politischen Außenseiters,* München 1970.

72 Zu Hitlers Meinung über Streicher: Hitler, *Monologe im Führerhauptquartier 1941–1944*, S. 158, 293, 430f.; vgl. Picker, *Hitlers Tischgespräche,* S. 290f. Eine ausgezeichnete Darstellung ist Robin Lenman, »Julius Streicher and the Origins of the NSDAP in Nuremberg, 1918–1923«, in Nicholls und Matthias (Hg.), *German Democracy,* S. 161–174 (dort auch das Urteil über Streichers Gedichte). Eine Untersuchung der Nürnberger SA liefert Eric G. Reiche, *The Development of the SA in Nürnberg, 1922–34,* Cambridge 1986.

73 Anthony Nicholls, »Hitler and the Bavarian Background to National Socialism«, in Nicholls und Matthias (Hg.), *German Democracy*, S. 111.

74 Franz-Willing, *Krisenjahr,* S. 295–318; zu den Umtrieben Ludendorffs siehe Georg Franz-Willing, *Putsch und Verbotszeit der Hitlerbewegung November 1923 – Februar 1925,* Preußisch Oldendorf 1977, S. 9–65.

75 Fest, *Das Gesicht,* S. 103–118; Richard Overy, *Hermann Göring: Machtgier und Eitelkeit,* München 1986 (1984); Alfred Kube, »Hermann Göring: Zweiter Mann im ›Dritten Reich‹, in Smelser und Zitelmann (Hg.), *Die Braune Elite I,* S. 69–83, charakterisiert Göring als »spätimperialistischen« Konservativen; siehe auch Kube, *Pour le mérite und Hakenkreuz: Hermann Göring im Dritten Reich,* 2. Aufl., München 1987 (1986), S. 4–21; Stefan Martens, *Hermann Göring: »Erster Paladin des Führers« und »Zweiter Mann im Reich«,* Paderborn 1985, S. 15–19; Werner Maser, *Hermann Göring: Hitlers janusköpfiger Paladin: Die politische Biographie,* Berlin 2000, S. 13–55.

76 Franz-Willing, *Krisenjahr,* schildert im Detail die Entwicklung der NSDAP im Jahre 1923. Harold J. Gordon, *Hitlerputsch 1923: Machtkampf in Bayern 1923–1924,* Frankfurt am Main 1971, gibt eine erschöpfende Darstellung des politischen Hintergrundes, S. 31–167 (Teil I: Die streitenden Parteien im Machtkampf), besonders S. 53–86. Dokumentarische Informationen liefert Ernst Deuerlein (Hg.), *Der Hitler-Putsch: Bayerische Dokumente zum 8./9. November 1923,* Stuttgart 1962, S. 153–308; kürzer in Deuerlein (Hg.), *Der Aufstieg,* S. 184–202.

77 Karl Alexander von Müller, »Zeugenaussage beim Hitlerprozeß«, zitiert nach Deuerlein (Hg.), *Der Aufstieg,* S. 192–196.

78 Die Vorgänge sind vielfach beschrieben worden; siehe z. B. Kershaw, *Hitler 1889–1936,* S. 259–267; Gordon, *Hitlerputsch 1923,* S. 244–327; Franz-Willing, *Putsch und Verbotszeit,* S. 66–141; Deuerlein (Hg.), *Der Hitler-Putsch,* besonders S. 308–417, 487–515. Zu Görings Rolle: Maser, *Hermann Göring,* S. 58–78.

79 Bernd Steger, »Der Hitlerprozeß und Bayerns Verhältnis zum Reich 1923/24«, *VfZ* 23 (1977), S. 441–466.
80 Deuerlein (Hg.), *Der Aufstieg,* S. 205–230; das vollständige Verhandlungsprotokoll sowie der Urteilstext finden sich in Lothar Gruchmann und Reinhard Weber (Hg.), *Der Hitler-Prozeß 1924: Wortlaut der Hauptverhandlung vor dem Volksgericht München I,* 2 Bde., München 1997, 1999. Siehe auch Otto Gritschneder, *Bewährungsfrist für den Terroristen Adolf H.: Der Hitler-Putsch und die bayerische Justiz,* München 1990, und ders., *Der Hitler-Prozeß und sein Richter Georg Neithardt: Skandalurteil von 1924 ebnet Hitler den Weg,* München 2001.
81 Zitiert nach Tyrell, *Führer befiehl,* S. 67; Hitlers vollständige Ausführungen vor Gericht in Jäckel und Kuhn (Hg.), *Hitler,* S. 1061–1216; ferner Deuerlein (Hg.), *Der Aufstieg,* S. 203–228.
82 Zur Entstehung und zum Aufbau des Buches: Kershaw, *Hitler 1889–1936,* S. 299–326.
83 Hitler, *Mein Kampf,* S. 372.
84 Ebd., S. 742, 743. Die zentrale Bedeutung dieser Ideen für Hitlers Weltanschauung betont Eberhard Jäckel, *Hitlers Weltanschauung: Entwurf einer Herrschaft,* Stuttgart 1991.
85 Hitler, *Reden, Schriften, Anordnungen,* 6 Bde., München 1992–1998, Bd. II A, S. 195-197; Martin Broszat, »Betrachtungen zu ›Hitlers Zweitem Buch‹«, *VfZ* 9 (1981), S. 417–429.
86 Einzelheiten zu dem Buch, seinem Aufbau und seinem Schicksal bei Werner Maser, *Hitlers Mein Kampf: Geschichte, Auszüge, Kommentare,* München 1966; Hermann Hammer, »Die deutschen Ausgaben von Hitlers ›Mein Kampf‹«, *VfZ* 4 (1956), S. 161–178, rekonstruiert die Publikationsgeschichte. Die Auffassung, daß Hitler ein machthungriger Opportunist ohne konsequente Ziele gewesen sei, bildete den Kern der klassischen »Studie in Tyrannei« von Alan Bullock, *Hitler 1889–1945,* Augsburg 2000 (1953); für die Konsequenz von Hitlers Gedankensystem plädierte erstmals Hugh Trevor-Roper, »The Mind of Adolf Hitler«, in Hitler, *Hitler's Table-Talk,* S. VII–XXXV. Die Schwankungen der Hitlerschen Außenpolitik und der ihr zugrunde liegenden Ziele analysiert Geoffrey Stoakes, *Hitler and the Quest for World Dominion,* Leamington Spa 1987.
87 Longerich, *Der ungeschriebene Befehl,* S. 35–41.
88 Kershaw, *Hitler 1889–1936,* S. 279ff.; Broszat, *Der Staat Hitlers,* S. 13–16.
89 Kershaw, *Hitler 1889–1936,* S. 281ff. Siehe auch die ausführliche Darstellung der NSDAP in dieser Zeit in Franz-Willing, *Putsch und Verbotszeit,* S. 162–285.
90 Donald Cameron Watt, »Die bayerischen Bemühungen um Ausweisung Hitlers 1924«, *VfZ* 6 (1958), S. 270–280. Siehe allgemein David Jablonsky, *The Nazi Party in Dissolution: Hitler and the Verbotszeit 1923–1925,* London 1989, und Deuerlein (Hg.), *Der Aufstieg,* S. 231–254.
91 Deuerlein (Hg.), *Der Aufstieg,* S. 245.
92 Fest, *Das Gesicht,* S. 197; Longerich, *Die braunen Bataillone,* S. 51f.
93 Kershaw, *Hitler 1889–1936,* S. 345ff.
94 Odo Kissenkoetter, »Gregor Straßer: NS-Parteiorganisator oder Weimarer

Politiker?«, in Smelser und Zitelmann (Hg.), *Die Braune Elite I,* S. 273–285.

95 Gregor Strasser an Oswald Spengler, 8. Juli 1925, zitiert nach Anton M. Koktanek, *Oswald Spengler: Briefe 1913–1936,* München 1963.

96 Orlow, *The History of the Nazi Party,* Bd. I, S. 66f.; allgemeiner Udo Kissenkoetter, *Gregor Strasser und die NSDAP,* Stuttgart 1978; Peter D. Stachura, *Gregor Strasser and the Rise of Nazism,* London 1983; und Klepsch, *Nationalsozialistische Ideologie.*

97 Elke Fröhlich, »Joseph Goebbels: Der Propagandist«, in Smelser und Zitelmann (Hg.), *Die Braune Elite I,* S. 52–68; Ralf Georg Reuth, *Goebbels: Eine Biographie,* München 1995, S. 11–75; und Michael Kai, *Vom Poeten zum Demagogen: Die schriftstellerischen Versuche Joseph Goebbels',* Köln 1999. Eine eindringliche neue Einschätzung von Goebbels' Charakter im Lichte seines Tagebuchs gibt Joachim C. Fest, »Joseph Goebbels: Eine Porträtskizze«, *VfZ* 43 (1995), S. 565–580. Zu diesem Tagebuch selbst siehe Elke Fröhlich, »Joseph Goebbels und sein Tagebuch: Zu den handschriftlichen Aufzeichnungen von 1924 bis 1941«, *VfZ* 35 (1987), S. 489–522. Nicht überzeugen kann die Kritik Bernd Sösemanns, »Die Tagesaufzeichnungen des Joseph Goebbels und ihre unzulänglichen Veröffentlichungen«, *Publizistik* 37 (1992), S. 213–244; Fröhlichs Transkriptionen waren nicht als textkritische Edition gedacht, sondern sollten lediglich die Tagebücher der historischen Forschung zugänglich machen.

98 Hugh Trevor-Roper, *Hitlers letzte Tage,* Frankfurt am Main u.a. 1965, S. 52 (mit einem Zitat Speers in demselben Sinne); Fröhlich, »Joseph Goebbels«, S. 48.

99 Elke Fröhlich (Hg.), *Die Tagebücher von Joseph Goebbels: Sämtliche Fragmente,* Teil I: *Aufzeichnungen 1924–1941,* 1: *27.6.1924 – 31.12.1930,* München 1987, S. 48 (23. Juli 1924).

100 Fröhlich (Hg.), *Die Tagebücher,* Tl. I/1, S. 134f. (14. Oktober 1925).

101 Ebd., S. 140f. (6. November 1925); siehe allgemeiner auch Reuth, *Goebbels,* S. 76–147.

102 Fröhlich (Hg.), *Die Tagebücher,* Tl. I/1, S. 161f. (15. Februar 1926).

103 Kershaw, *Hitler 1889–1936,* S. 348–359; Reuth, *Goebbels,* S. 76–107; Helmut Heiber (Hg.), *Joseph Goebbels: Das Tagebuch 1925/26,* Stuttgart 1960, S. 60.

104 Fröhlich (Hg.), *Die Tagebücher,* Tl. I/1, S. 171ff. (13. April 1926) und 174f. (19. April 1926).

105 Kershaw, *Hitler 1889–1936,* S. 355ff.; Deuerlein (Hg.), *Der Aufstieg,* S. 255–302. Das Wort »Gau« sollte bewußt an frühmittelalterliche Grafschaftseinteilungen in Deutschland erinnern.

106 Kershaw, *Hitler 1889–1936,* S. 356f.; Orlow, *The History of the Nazi Party,* Bd. I, S. 69–75.

107 Noakes und Pridham (Hg.), *Nazism,* Bd. I, S. 36–56; Erwin Barth, *Joseph Goebbels und die Formierung des Führer-Mythos 1917 bis 1934,* Erlangen 1999.

108 Zu Goebbels' Wirken in Berlin siehe Reuth, *Goebbels,* S. 108–268; zur Namensschmähung siehe Dietz Bering, *Kampf um Namen. Bernhard Weiß gegen Joseph Goebbels.* Stuttgart 1991.

109 Zitiert in Reuth, *Goebbels,* S. 114.

110 Hoover Institution, Stanford (Kalifornien): NSDAP Hauptarchiv, Mikrofilm Rolle 6 Akte 141: Brief von Max Amann an Gustav Seifert, 27. Oktober 1925.

111 Noakes und Pridham (Hg.), *Nazism,* Bd. I, S. 58.

112 Gerhard Schulz, *Zwischen Demokratie und Diktatur: Verfassungspolitik und Reichsreform in der Weimarer Republik,* Berlin 1963–1992, Bd. II: *Deutschland am Vorabend der Großen Krise,* Berlin 1987, S. 149–307; Robert G. Moeller, »Winners as Losers in the German Inflation: Peasant Protest over the Controlled Economy 1920–1923«, in Gerald D. Feldman u. a. (Hg.), *Die deutsche Inflation: Eine Zwischenbilanz,* Berlin 1982, S. 255–288.

113 Shelley Baranowski, *The Sanctity of Rural Life: Nobility, Protestantism and Nazism in Weimar Prussia,* New York 1995, S. 120–123.

114 John E. Farquharson, *The Plough and the Swastika: The NSDAP and Agriculture in Germany, 1928–1945,* London 1976, S. 3–12, 25–33; Dieter Hertz-Eichenrode, *Politik und Landwirtschaft in Ostpreußen 1919–1930: Untersuchung eines Strukturproblems in der Weimarer Republik,* Opladen 1969, S. 88f., 329–337.

115 Dieter Gessner, *Agrardepression und Präsidialregierungen in Deutschland 1930–1933: Probleme des Agrarkapitalismus am Ende der Weimarer Republik,* Düsseldorf 1977, S. 191–194; Gessner, *Agrarverbände in der Weimarer Republik: Wirtschaftliche und soziale Voraussetzungen agrarkonservativer Politik vor 1933,* Düsseldorf 1976, S. 234–263.

116 Rudolf Rietzler, »Kampf in der Nordmark«: *Das Aufkommen des Nationalsozialismus in Schleswig-Holstein (1919–1928),* Neumünster 1982; Frank Bajohr (Hg.), *Norddeutschland im Nationalsozialismus,* Hamburg 1993; und die klassische Regionalstudie von Jeremy Noakes, *The Nazi Party in Lower Saxony 1921–1933,* Oxford 1971, besonders S. 104–107.

117 Noakes und Pridham (Hg.), *Nazism,* Bd. I, S. 15, 61; Gottfried Feder, *Das Programm der NSDAP und seine weltanschaulichen Grundgedanken,* München 1934, S. 15–18.

118 Noakes und Pridham (Hg.), *Nazism,* Bd. I, S. 63, Zitat aus: *Völkischer Beobachter* S. 3, 31. Mai 1928 (Reichsausgabe); Orlow, *The History of the Nazi Party,* Bd. I, S. 129–131.

119 Rudolf Heberle, *Landbevölkerung und Nationalsozialismus: Eine soziologische Untersuchung der politischen Willensbildung in Schleswig-Holstein 1918–1932,* Stuttgart 1963, S. 160–171; siehe auch Heberle, *From Democracy to Nazism: A Regional Case Study on Political Parties in Germany,* New York 1970 (1945), ein früher Klassiker der Wählersoziologie. Zu den Bestrebungen, alle Arten von Landwirten zu einer einzigen Interessengruppe zu vereinigen, siehe Jens Flemming, *Landwirtschaftliche Interessen und Demokratie: Ländliche Gesellschaft, Agrarverbände und Staat 1890–1925,* Bonn 1978, S. 323–327.

120 Claus-Christian W. Szejnmann, *Nazism in Central Germany: The Brownshirts in »Red« Saxony,* New York 1999, S. 50f.; Falter u. a., *Wahlen,* S. 98.

121 Geoffrey Pridham, *Hitler's Rise to Power: The Nazi Movement in Bavaria 1923–1933,* London 1973, S. 84–86.

122 Orlow, *The History of the Nazi Party,* Bd. I, S. 173ff. (überschätzt etwas die Kohärenz der nationalsozialistischen Wahlstrategie); Winkler, *Weimar,* S. 344–356.
123 Zu den Zitaten Tyrell, *Vom »Trommler«,* S. 163–173; Tyrell (Hg.), *Führer befiehl,* S. 129f., 163f.; Kershaw, *Hitler 1889–1936,* S. 377.
124 Orlow, *The History of the Nazi Party,* Bd. I, S. 167–171.
125 Ebd., S. 171–173.
126 Claudia Koonz, *Mütter im Vaterland: Frauen im Dritten Reich,* Freiburg i. Br. 1991 (1987), S. 93–102.
127 Jill Stephenson, *The Nazi Organisation of Women,* London 1981, S. 23–74.
128 Peter D. Stachura, *Nazi Youth in the Weimar Republic,* Santa Barbara (Kalifornien) 1975; Laqueur, *Die deutsche Jugendbewegung,* S. 209; Arno Klönne, *Jugend im Dritten Reich: Dokumente und Analysen,* Köln 1982; Hans-Christian Brandenburg, *Die Geschichte der HJ: Wege und Irrwege einer Generation,* Köln 1968; Stachura, *The German Youth Movement.*
129 Daniel Horn, »The National Socialist *Schülerbund* and the Hitler Youth, 1929–1933«, *Central European History* 11 (1978), S. 355–375; Martin Klaus, *Mädchen in der Hitlerjugend: Die Erziehung zur »deutschen Frau«,* Köln 1980.
130 Baldur von Schirach, *Die Feier der neuen Front,* München 1929. Siehe Michael Wortmann, »Baldur von Schirach: Studentenführer, Hitlerjugendführer, Gauleiter in Wien«, in Smelser und Zitelmann (Hg.), *Die Braune Elite I,* S. 246–257.
131 Siehe Arthur D. Brenner, *Emil J. Gumbel: Weimar German Pacifist and Professor,* Boston 2001; Zitat aus *Deutsche Republik* vom 2. Juli 1932 nach Steven P. Remy, *The Heidelberg Myth: The Nazification and Denazification of a German University,* Cambridge (Massachusetts) 2002, S. 11.
132 Geoffrey J. Giles, »The Rise of the National Socialist Students' Association and the Failure of Political Education in the Third Reich«, in Peter Stachura (Hg.), *The Shaping of the Nazi State,* London 1978, S. 160–168; Wortmann, »Baldur von Schirach«, S. 204f.; Kater, *Studentenschaft und Rechtsradikalismus;* Anselm Faust, *Der Nationalsozialistische Deutsche Studentenbund: Studenten und Nationalsozialismus in der Weimarer Republik,* Düsseldorf 1973; Giles, *Students;* Steinberg, *Sabers and Brown Shirts;* Michael Grüttner, *Studenten im Dritten Reich,* Paderborn 1995, S. 19–42, 60.
133 Hans-Gerhard Schumann, *Nationalsozialismus und Gewerkschaftsbewegung: Die Vernichtung der deutschen Gewerkschaften und der Aufbau der »Deutschen Arbeitsfront«,* Hannover 1958.
134 Merkl, *Political Violence,* S. 120, 208, 217, 220, 239, 244, 306, 372f., 427, 515f.
135 Hamel, *Völkischer Verband.*
136 AT 271.
137 Orlow, *The History of the Nazi Party,* Bd. I, S. 271–276.
138 Merkl, *Political Violence,* befaßt sich in seiner Einleitung mit der Zuverlässigkeit dieser Selbstzeugnisse und versucht eine quantitative Analyse; Abel, *Why Hitler,* beurteilt in seiner Einleitung, S. 4–9, ebenfalls die Zuverlässigkeit dieser »Biogramme«. 1936/37 entstandene autobiographische Skizzen

von Nationalsozialisten, die der Partei vor 1933 beigetreten waren, analysiert auch Christoph Schmidt, »Zu den Motiven ›alter Kämpfer‹ in der NSDAP«, in Detlev Peukert und Jürgen Reulecke (Hg.), *Die Reihen fast geschlossen: Beiträge zur Geschichte des Alltags unterm Nationalsozialismus,* Wuppertal 1981, S. 21–44.

139 Merkl, *Political Violence,* S. 446f.

140 AT 140.

141 Ebd., S. 453, 457, 505–509; zur Rolle der nationalsozialistischen Propaganda in dieser Zeit siehe Richard Bessel, »The Rise of the NSDAP and the Myth of Nazi Propaganda«, *Wiener Library Bulletin* 33 (1980); Ian Kershaw, »Ideology, Propaganda, and the Rise of the Nazi Party«, in Peter D. Stachura (Hg.), *The Nazi Machtergreifung, 1933,* London 1983, S. 162–181; und vor allem Paul, *Aufstand der Bilder.*

142 Merkl, *Political Violence,* S. 313–363, 383f.

143 Rudolf Höß, *Kommandant in Auschwitz: Autobiographische Aufzeichnungen,* hg. von Martin Broszat, Stuttgart 1961, S. 39, 45.

144 Ebd., S. 38–51.

145 Jochen von Lang, »Martin Bormann: Hitlers Sekretär«, in Smelser und Zitelmann (Hg.), *Die Braune Elite I,* S. 1–14; Fest, *Das Gesicht,* S. 175–189.

146 Den Begriff »Vorhut des Nationalsozialismus« prägte Waite, *Vanguard;* Merkl, *Political Violence,* verwirft ihn vorschnell.

147 AT 443.

148 Reichardt, *Faschistische Kampfbünde*, S. 59–64, 521–527.

149 AT 382.

150 AT 434 und 464.

151 AT 31.

152 AT 520.

153 AT 415.

154 AT 59.

155 AT 548.

156 AT 8, 31, 32.

157 AT 22; Martin Broszat, »Die Anfänge der Berliner NSDAP 1926/27«, *VfZ* 8 (1960), S. 85–118, hier S. 115–118.

158 Merkl, *Political Violence,* S. 617; Reichardt, *Faschistische Kampfbünde,* S. 326–345.

159 Giles, »The Rise«, S. 163.

160 Merkl, *Political Violence,* S. 699.

161 Max Domarus (Hg.), *Hitler: Reden und Proklamationen 1932–1945,* München 1965, Bd. I, S. 89 (Rede vor dem Industrieclub, Düsseldorf).

162 Turner, *Die Großunternehmer,* S. 118–123, 144–153. Über die Kommunisten: Weber, *Die Wandlung,* Bd. I, S. 294–318.

163 AT 38.

164 AT 416 und 326.

165 AT 4.

166 Zum manichäischen Charakter des Nationalsozialismus siehe besonders Peukert, *Volksgenossen und Gemeinschaftsfremde.*

167 Melita Maschmann, *Fazit: Kein Rechtfertigungsversuch,* Stuttgart 1963.

168 Thomas Krause, *Hamburg wird braun: Der Aufstieg der NSDAP 1921–1923,* Hamburg 1987, S. 102–107, mit überzeugender Kririk an Michael Kater, *The Nazi Party: A Social Profile of Members and Leaders, 1919–1945,* Oxford 1983, S. 32–38. Der parteiinterne Zensus von 1935 nennt für jedes Mitglied das Eintrittsdatum, so daß es möglich ist, für jeden beliebigen Zeitpunkt die Zusammensetzung der NSDAP zu ermitteln. Eine Erörterung der Überschätzung des Arbeiteranteils innerhalb der SA durch manche Historiker findet sich bei Reichardt, *Faschistische Kampfbünde,* S. 310–324.

169 Detlef Mühlberger, »A Social Profile of the Saxon NSDAP Membership before 1933«, in Szejnmann, *Nazism,* S. 211–219; allgemeiner Broszat, *Der Staat Hitlers,* S. 49–53; Detlef Mühlberger, *Hitler's Followers: Studies in the Sociology of the Nazi Movement,* London 1991; und Peter Manstein, *Die Mitglieder und Wähler der NSDAP 1919–1933: Untersuchungen zu ihrer schichtmäßigen Zusammensetzung,* Frankfurt am Main 1990 (1987).

170 Reichardt, *Faschistische Kampfbünde,* S. 267–270, 310–324, 401–432.

171 Josef Ackermann, »Heinrich Himmler. ›Reichsführer-SS‹«, in Smelser und Zitelmann (Hg.), *Die Braune Elite I,* S. 115–133; Alfred Andersch, *Der Vater eines Mörders: Eine Schulgeschichte,* Zürich 1980, über Himmlers Vater. Die grundlegende Arbeit zu Himmlers frühen Jahren ist Bradley F. Smith, *Heinrich Himmler, 1900–1926: Sein Weg in den deutschen Faschismus,* München 1979.

172 Zitiert nach Ackermann, »Heinrich Himmler«, S. 122; siehe auch Josef Ackermann, *Himmler als Ideologe,* Göttingen 1970.

173 Heinz Höhne, *Der Orden unter dem Totenkopf: Die Geschichte der SS,* Gütersloh 1967, S. 41–43.

174 Fest, *Das Gesicht,* S. 156–173; allerdings hat Fest, wie viele andere Autoren, ein übermäßig herablassendes Bild von Himmler. Was immer Himmler sonst noch gewesen sein mag, wankelmütig, kleinbürgerlich und medioker, wie Fest meint, war er nicht. Einige plastische Charakterisierungen Himmlers, zumeist aus dem Rückblick entstanden, bietet Höhne, *Der Orden,* S. 32–35.

175 Ebd., S. 36f.; zu Darré: Gustavo Corni, »Richard Walther Darré: Der ›Blut-und-Boden‹-Ideologe«, in Smelser und Zitelmann (Hg.), *Die Braune Elite I,* S. 15–27; und Horst Gies, *R. Walther Darré und die nationalsozialistische Bauernpolitik 1930 bis 1933,* Frankfurt am Main 1966.

176 Höhne, Der Orden, S. 53–74; Gerald Reitlinger, *Die SS. Tragödie einer deutschen Epoche.* Wien 1957, S. 34–47.

4. Kapitel Auf dem Weg zur Machtergreifung

1 Kirchliches Jugendamt Hamburg, L6, zitiert nach Elizabeth Harvey, »Youth Unemployment and the State: Public Policies towards Unemployed Youth in Hamburg during the World Economic Crisis«, in Evans und Geary (Hg.), *The German Unemployed,* S. 142–170, hier S. 161; Wolfgang Ayass, »Vagrants and Beggars in Hitler's Reich«, in Richard J. Evans (Hg.), *The German Underworld: Deviants and Outcasts in German History,* London 1988, S. 210–237, hier S. 210.

2 Gertrud Staewen-Ordermann, *Menschen der Unordnung: Die proletarische Wirklichkeit im Arbeitsschicksal der ungelernten Großstadtjugend,* Berlin 1933, S. 86, zitiert nach Detlev J. K. Peukert, *Jugend zwischen Krieg und Krise: Lebenswelten von Arbeiterjungen in der Weimarer Republik,* Köln 1987, S. 184.

3 Ruth Weiland, *Die Kinder der Arbeitslosen, Eberswalde 1933,* S. 40–42, zitiert nach Peukert, *Jugend,* S. 184.

4 Staewen-Ordermann, *Menschen der Unordnung,* S. 92, nach Peukert, *Jugend,* S. 181.

5 Peukert, *Jugend,* S. 251–284; Eve Rosenhaft, »The Unemployed in the Neighbourhood: Social Dislocation and Political Mobilisation in Germany 1929–33«, in Evans und Geary (Hg.), *The German Unemployed,* S. 194–227, hier S. 209ff.; dies., »Organising the ›Lumpenproletariat‹: Cliques and Communists in Berlin during the Weimar Republic«, in Richard J. Evans (Hg.), *The German Working Class 1888–1933: The Politics of Everyday Life,* London 1962, S. 174–219; dies., »Links gleich rechts? Militante Straßengewalt um 1930«, in Thomas Lindenberger und Alf Lüdtke (Hg.), *Physische Gewalt: Studien zur Geschichte der Neuzeit,* Frankfurt am Main 1995, S. 239–275; Hellmut Lessing und Manfred Liebel, *Wilde Cliquen: Szenen einer anderen Arbeiterbewegung,* Bensheim 1981.

6 James, *Deutschland in der Weltwirtschaftskrise,* S. 141–151.

7 Vgl. die allgemeine Darstellung von Patricia Clavin, *The Great Depression in Europe, 1929–1939,* London 2000, die das Scheitern einer internationalen Zusammenarbeit hervorhebt.

8 Charles P. Kindleberger, *Die Weltwirtschaftskrise 1929–1939,* München 1973, S. 121–129.

9 Siehe die anschauliche Beschreibung in Piers Brendon, *The Dark Valley: A Panorama of the 1930s,* London 2000, S. 62–65.

10 Charles H. Feinstein u. a., *The European Economy between the Wars,* Oxford 1997, S. 95–99; Theo Balderston, *The Origins and Course of the German Economic Crisis, 1923–1932,* Berlin 1993; Balderston, *Economics,* S. 77–99, betont das mangelnde Vertrauen des Auslands.

11 Feinstein u. a., *The European Economy,* S. 104–109; Brendan Brown, *Monetary Chaos in Europe: The End of an Era,* London 1988.

12 Vgl. allgemein Dieter Gessner, *Agrardepression und Präsidialregierungen,* und Farquharson, *The Plough and the Swastika,* S. 1–12.

13 Dietmar Petzina, »The Extent and Causes of Unemployment in the Weimar Republic«, in Peter D. Stachura (Hg.), *Unemployment and the Great Depression in Weimar Germany,* London 1986, S. 29–48, besonders Tabelle 2, S. 35, basierend auf der nützlichen Materialsammlung von Dietmar Petzina u. a., *Sozialgeschichtliches Arbeitsbuch,* Bd. III: *Materialien zur Geschichte des Deutschen Reiches 1914–1945,* München 1978.

14 Einzelheiten nach Preller, *Sozialpolitik,* S. 440.

15 Helgard Kramer, »Frankfurt's Working Women: Scapegoats or Winners of the Great Depression?«, in Evans und Geary (Hg.), *The German Unemployed,* S. 108–141, besonders S. 112–114.

16 Preller, *Sozialpolitik,* S. 374, 420f.

17 Rosenhaft, »The Unemployed in the Neighbourhood«, eine anschauliche Beschreibung; siehe allgemein Eve Rosenhaft, *Beating the Fascists? The German Communists and Political Violence 1929–1933,* Cambridge 1983, und Klaus-Michael Mallmann, *Kommunisten in der Weimarer Republik: Sozialgeschichte einer revolutionären Bewegung,* Darmstadt 1996, S. 252–261. Zur Kontroverse um Mallmanns Buch: Andreas Wirsching, »›Stalinisierung‹ oder entideologisierte ›Nischengesellschaft‹? Alte Einsichten und neue Thesen zum Charakter der KPD in der Weimarer Republik«, *VfZ* 45 (1997), S. 449–466, und Klaus-Michael Mallmann, »Gehorsame Parteisoldaten oder eigensinnige Akteure? Die Weimarer Kommunisten in der Kontroverse – eine Erwiderung«, *VfZ* 47 (1999), S. 401–415.

18 Anthony McElligott, »Mobilising the Unemployed: The KPD and the Unemployed Workers' Movement in Hamburg-Altona during the Weimar Republic«, in Evans und Geary (Hg.), *The German Unemployed,* S. 228–260; Michael Schneider, *Unterm Hakenkreuz: Arbeiter und Arbeiterbewegung 1933 bis 1939,* Bonn 1999, S. 47–52.

19 Vgl. allgemein Anthony McElligott, *Contested City: Municipal Politics and the Rise of Nazism in Altona, 1917–1937,* Ann Arbor 1998.

20 Mallmann, *Kommunisten,* S. 261–283, 381–394.

21 Jan Valtin, *Tagebuch der Hölle,* Nördlingen 1986 (1941), S. 9–36. Zu der komplizierten Mischung aus Wahrheit und Dichtung in diesem bemerkenswerten und seinerzeit überaus erfolgreichen Buch vgl. Michael Rohrwasser, *Der Stalinismus und die Renegaten: Die Literatur der Exkommunisten,* Stuttgart 1991, und besonders Dieter Nelles, »Jan Valtins ›Tagebuch der Hölle‹ – Legende und Wirklichkeit eines Schlüsselromans der Totalitarismustheorie«, *1999: Zeitschrift für Sozialgeschichte des 20. und 21. Jahrhunderts* 9 (1994), S. 11–45. Das Buch (»ein sozialistischer Klassiker«) erschien (unter seinem originalen englischen Titel *Out of the Night*) noch einmal 1988 in London, herausgegeben von einer kleinen trotzkistischen Gruppe und mit einem ausgezeichneten »Postscript« von Lynn Walsh u. a. versehen, das wertvolle Einzelheiten zu Leben und Werk des Autors enthält (dort S. 659–674). Siehe auch die jüngste Untersuchung von Ernst von Waldenfels, *Der Spion, der aus Deutschland kam: Das geheime Leben des Seemanns Richard Krebs,* Berlin 2003.

22 Jan Valtin, *Tagebuch der Hölle,* S. 38.

23 Ebd., S. 61–74.

24 Ebd., S. 74–308.

25 Dick Geary, »Unemployment and Working-Class Solidarity: The German Experience 1929–33«, in Evans und Geary (Hg.), *The German Unemployed,* S. 261–280.

26 Weber, *Die Wandlung,* S. 243–247; Fowkes, *Communism,* S. 145–170; Weitz, *Creating German Communism,* S. 284–286.

27 Hannes Heer, *Ernst Thälmann in Selbstzeugnissen und Bilddokumenten,* Reinbek 1975; Willi Bredel, *Ernst Thälmann: Beitrag zu einem politischen Lebensbild,* Berlin 1948; Irma Thälmann, *Erinnerungen an meinen Vater,* Berlin 1955.

28 Klemperer, *Leben sammeln,* Bd. II, S. 721 (16. Juli 1931).

29 McElligott, *Contested City*, S. 163; Detlef Schmiechen-Ackermann, *Nationalsozialismus und Arbeitermilieu. Der nationalsozialistische Angriff auf die proletarischen Wohnquartiere und die Reaktion in den sozialistischen Vereinen*, Bonn 1998; ders., »Großstädte und Nationalsozialismus 1930–1945«, in Horst Möller u. a. (Hg.), *Nationalsozialismus in der Region. Beiträge zur regionalen und lokalen Forschung und zum internationalen Vergleich*, München 1996, S. 253–270.

30 Caplan, *Government*, S. 54 (Tabelle 2).

31 Ebd., S. 100–130.

32 Kershaw, *Hitler 1889–1936*, S. 413–417; Günter Bartsch, *Zwischen drei Stühlen: Otto Strasser. Eine Biographie*, Koblenz 1990; Patrick Moreau, *Nationalsozialismus von »links«: Die »Kampfgemeinschaft Revolutionärer Nationalsozialisten« und die »Schwarze Front« Otto Strassers 1930–1935*, Stuttgart 1984.

33 Domarus (Hg.), *Hitler*, Bd. I, S. 88–114.

34 Turner, *Die Großunternehmer*, S. 244–273.

35 Vgl. die eingehenden Schilderungen bei Bracher, *Die Auflösung*, S. 287–389; Dorpalen, *Hindenburg*, S. 163–178, Wheeler-Bennett, *Der hölzerne Titan*, S. 344–357 Winkler, *Der Schein*, S. 726–823.

36 Einen Überblick über die Politik der Reichswehr in dieser Krise gibt Bracher, *Die Auflösung*, S. 229–284; siehe ferner die Zusammenfassung bei Noakes und Pridham (Hg.), *Nazism*, Bd. I, S. 97–100; Bracher u. a., *Die nationalsozialistische Machtergreifung*, Bd. III, S. 1–55; Carsten, *Reichswehr*, S. 341–417; Groener zitiert nach Thilo Vogelsang, *Reichswehr, Staat und NSDAP: Beiträge zur deutschen Geschichte 1930–1932*, Stuttgart 1962, S. 95.

37 Carsten, *Reichswehr*, S. 341f.

38 Ebd., S. 347–355, dort die Zitate; Broszat, *Der Staat Hitlers*, S. 25.

39 Kershaw, *Hitler 1889–1936*, S. 427; Peter Bucher, *Der Reichswehrprozeß: Der Hochverrat der Ulmer Reichswehroffiziere 1929/30*, Boppard 1967, besonders S. 237–280; hier S. 260; Deuerlein, *Der Aufstieg*, S. 328–342, hier S. 337; Reuth, *Goebbels*, S. 176.

40 Ausführliche Einzelheiten bei Bucher, *Der Reichswehrprozeß*.

41 Zitiert nach Carsten, *Reichswehr*, S. 358.

42 Heinrich Brüning, *Memoiren 1918–1934*, hg. von Claire Nix und Theoderich Kampmann, Stuttgart 1970; William L. Patch, jr., *Heinrich Brüning and the Dissolution of the Weimar Republic*, Cambridge 1998, S. 1–13; vgl. die unterschiedlichen Einschätzungen bezüglich der Zuverlässigkeit dieser Erinnerungen: Hans Mommsen, »Betrachtungen zu den Memoiren Heinrich Brünings«, *Jahrbuch für die Geschichte Mittel- und Ostdeutschlands* 22 (1973), S. 270–280; Ernest Hamburger, »Betrachtungen über Heinrich Brünings Memoiren«, *Internationale Wissenschaftliche Korrespondenz zur Geschichte der deutschen Arbeiterbewegung* 8 (1972), S. 18–39; Arnold Brecht, »Gedanken über Brünings Memoiren«, *Politische Vierteljahresschrift* 12 (1971), S. 607–640.

43 Patch, *Heinrich Brüning*, ist eine kenntnisreiche, sorgfältig recherchierte Apologie Brünings, die insoweit Werner Conze aktualisiert; siehe Conzes

Rezension der ersten Auflage von Bracher, *Die Auflösung*, in *Historische Zeitschrift* 183 (1957), S. 378–382; kritischer ist Bracher, *Die Auflösung*, S. 303–528, und ders., »Brünings unpolitische Politik und die Auflösung der Weimarer Republik«, *VfZ* 19 (1971), S. 113–123. Eine ausgewogene Beurteilung über die Bedeutung des Jahres 1930 bietet Hans Mommsen, »Das Jahr 1930 als Zäsur in der deutschen Entwicklung der Zwischenkriegszeit«, in Lothar Ehrlich und Jürgen John (Hg.), *Weimar 1930: Politik und Kultur im Vorfeld der NS-Diktatur*, Köln 1998. Hans Mommsen, *Aufstieg*, S. 354–361, enthält eine kritische und hellsichtige Charakterskizze. Eine gute Biographie aus jüngster Zeit ist Astrid Luise Mannes, *Heinrich Brüning: Leben, Wirken, Schicksal*, München 1999; Herbert Hömig, *Brüning: Kanzler in der Krise der Republik: Eine Weimarer Biographie*, Paderborn 2000, ist eine gewichtige wissenschaftliche Untersuchung zu Brünings politischer Karriere und bemüht sich um eine ausgewogene Sichtweise.

44 Brüning, *Memoiren*, S. 247f.

45 Siehe Fulda, »Press and Politics«, S. 234–242.

46 Bernd Weisbrod, »Industrial Crisis Strategy in the Great Depression«, in Jürgen Freiherr von Krudener (Hg.), *Economic Crisis and Political Collapse: The Weimar Republic, 1924–1933*, New York 1990, S. 45–62; Peter-Christian Witt, »Finanzpolitik als Verfassungs- und Gesellschaftspolitik: Überlegungen zur Finanzpolitik des Deutschen Reiches in den Jahren 1930 bis 1932«, *Geschichte und Gesellschaft* 8 (1982), S. 387–414.

47 Hömig, *Brüning*, S. 211–224.

48 Aldcroft, *Die Zwanziger Jahre*, S. 181–215.

49 Kent, *The Spoils of War*, S. 322–372; Hömig, *Brüning*, S. 235–257, 270–283.

50 Preller, *Sozialpolitik*, S. 165, 440–448.

51 Kindleberger, *Die Weltwirtschaftskrise*, S. 183–185.

52 James, *Deutschland in der Weltwirtschaftskrise*, S. 275–311.

53 Hömig, *Brüning*, S. 345–377.

54 Barry Eichengreen, *Golden Fetters: The Gold Standard and the Great Depression, 1919–1939*, Oxford 1992, S. 270–278, 286.

55 Zu den Plänen einer Verfassungsreform siehe die große Untersuchung von Schulz, *Zwischen Demokratie und Diktatur*.

56 Werner Jochmann, »Brünings Deflationspolitik und der Untergang der Weimarer Republik«, in Dirk Stegmann u. a. (Hg.), *Industrielle Gesellschaft und politisches System: Beiträge zur politischen Sozialgeschichte. Festschrift für Fritz Fischer zum siebzigsten Geburtstag*, Bonn 1978, S. 97–112.

57 Kent, *The Spoils of War*, S. 342f.; Patch, *Heinrich Brüning*, S. 162–164.

58 Carl-Ludwig Holtfrerich, »Economic Policy Options and the End of the Weimar Republic«, in Kershaw (Hg.), *Weimar*, S. 58–91, besonders S. 65–72. Der klassische Essay zum Thema ist der vieldiskutierte Beitrag »Zwangslagen und Handlungsspielräume in der großen Wirtschaftskrise der frühen dreißiger Jahre: Zur Revision des überlieferten Geschichtsbildes« von Knut Borchardt, zuerst erschienen 1979 und wiederabgedruckt in Knut Borchardt, *Wachstum, Krisen, Handlungsspielräume der Wirtschaftspolitik*, Göttingen 1982, S. 165–182; ferner ders., *Perspectives on Modern German Economic History and Policy*, Cambridge 1991.

59 Kindleberger, *Die Weltwirtschaftskrise,* S. 184; Patch, *Heinrich Brüning,* S. 111–115, 156–164, 193, 206–213.
60 Deutsches Volkslied-Archiv, Freiburg im Breisgau, Gr. II (zitiert nach Evans, *Rituale der Vergeltung,* S. 646, Anm. 14).
61 Zu Brünings Notverordnungen und den wirtschaftspolitischen Maßnahmen in der Spätphase seiner Kanzlerschaft siehe Hömig, *Brüning,* S. 429–468.
62 Patch, *Heinrich Brüning,* S. 13, 243f.
63 Nicholls, *Weimar,* S. 179; Winkler, *Der Weg in die Katastrophe,* S. 178–202.
64 Wolfgang Michalka und Gottfried Niedhart, *Die ungeliebte Republik: Dokumente zur Innen- und Außenpolitik Weimars 1918–1933,* München 1980, S. 62, 262, 283f.; Noakes und Pridham (Hg.), *Nazism,* Bd. I, S. 70–81; Paul, *Aufstand der Bilder,* S. 90–95.
65 Hiller von Gaertringen, »Die Deutschnationale Volkspartei«, S. 549–554.
66 Fröhlich (Hg.), *Die Tagebücher,* Bd. I/I, S. 603 (15. September 1930).
67 *Deutsche Allgemeine Zeitung* und *Die Rote Fahne* vom 16. September 1930, zitiert nach Falter, *Hitlers Wähler,* S. 32.
68 Ebd., S. 33.
69 Paul, *Aufstand der Bilder,* S. 90–94; Richard Bessel, *Political Violence and the Rise of Nazism: The Storm Troopers in Eastern Germany 1925–1934,* London 1984, S. 22f.
70 So die Hauptthese von Richard F. Hamilton, *Who Voted for Hitler?,* Princeton 1981. Eine eindringliche Kritik von Hamiltons demographischem Trugschluß bei Krause, *Hamburg wird braun,* S. 176f.; Hamilton registriert eine starke Korrelation zwischen Gegenden mit hohem Durchschnittseinkommen und hohem NSDAP-Stimmenanteil, ohne zu berücksichtigen, daß diese Gegenden zugleich eine hohe Population wohlhabender Juden aufwiesen, die kaum NSDAP gewählt haben dürften; die NSDAP-Stimmen in diesen Gegenden werden eher von kleinen Gewerbetreibenden, Ladenbesitzern, Angestellten und dergleichen gekommen sein.
71 Falter, *Hitlers Wähler,* S. 99, 110, 151–154.
72 Ebd., S. 136–146; Richard J. Evans, »German Women and the Triumph of Hitler«, *Journal of Modern History* 48 (1976), S. 123–175; Helen L. Boak, »›Our Last Hope‹: Women's Votes for Hitler – A Reappraisal«, *German Studies Review* 12 (1989), S. 289–310; Gerhard Schulz (Hg.), *Ploetz Weimarer Republik: Eine Nation im Umbruch,* Freiburg 1987, S. 166.
73 Falter, *Hitlers Wähler,* S. 154–193. Siehe auch die interessante Diskussion über den »Legitimitätsverlust konservativer und liberaler Eliten« bei Rohe, *Wahlen,* S. 140–163. Zu ländlichen Gebieten in Sachsen siehe auch Szejnmann, *Nazism,* S. 76–80; siehe auch oben, S. 298–302.
74 Paul, *Aufstand der Bilder,* S. 93f.
75 Falter, *Hitlers Wähler,* S. 194–230; Falter u.a., *Wahlen,* S. 44.
76 Jürgen Falter, »How Likely were Workers to Vote for the NSDAP?«, in Conan Fischer (Hg.), *The Rise of National Socialism and the Working Classes in Weimar Germany,* Oxford 1996, S. 9–45; Szejnmann, *Nazism,* S. 219–229.
77 Einen guten, knappen Leitfaden durch die kontroverse Literatur mit weiteren Nachweisen bietet Dick Geary, »Nazis and Workers before 1933«, *Australian Journal of Politics and History* 48 (2002), S. 40–51.

78 Falter, *Hitlers Wähler,* S. 230–266; Hans Speier, *German White-Collar Workers and the Rise of Hitler,* New Haven 1986.
79 Thomas Childers, *The Nazi Voter: The Social Foundations of Fascism in Germany, 1919–1933,* Chapel Hill 1981, S. 262–269.
80 Versuche, den Erfolg der Nationalsozialisten mit der ökonomisch rationalen Reaktion unterschiedlicher Bevölkerungsgruppen auf das Programm der NSDAP zu erklären, verfehlen den entscheidenden Punkt (William Brustein, *The Logic of Evil: The Social Origins of the Nazi Party, 1925–1933,* New Haven 1996).
81 Rosenhaft, *Beating the Fascists?,* S. 60–64.
82 Ebd., S. 22f. (gestützt auf Akten des späteren Gerichtsverfahrens); Reuth, *Goebbels,* S. 157–162; Thomas Oertel, *Horst Wessel: Untersuchung einer Legende,* Köln 1988; Bernhard Fulda, »Horst Wessel: Media, Myth and Memory« (noch ungedruckter Vortrag vor dem Research Seminar in Modern European History, Universität Cambridge, November 2003); siehe auch »Ein politischer Totschlag«, *Berliner Tageblatt* 447 (23. September 1930).
83 Tyrell, *Führer befiehl…,* S. 296f. (gestützt auf einen Polizeibericht aus München über einen SA-Aufmarsch im November 1929, mit einer etwas anderen Fassung der dritten Zeile der dritten Strophe. Die hier nicht zitierte vierte Strophe ist eine Wiederholung der ersten.)
84 Reuth, *Goebbels,* S. 162 und 643, Anm. 109.
85 Zum nationalsozialisstischen Märtyrerkult siehe Reichardt, *Faschistische Kampfbünde,* S. 548–560.
86 Tyrell, *Führer befiehl…,* S. 288f.
87 Rosenhaft, *Beating the Fascists?,* S. 6, referiert die Zahlenangaben in Adolf Ehrt, *Bewaffneter Aufstand! Enthüllungen über den kommunistischen Umsturzversuch am Vorabend der nationalen Revolution,* Berlin 1933, S. 166; *Die Rote Fahne,* 21. November 1931; Nationalsozialistischer Deutscher Frontkämpferbund (Hg.), *Der NSDFB (Stahlhelm): Geschichte, Wesen und Aufgabe des Frontsoldatenbundes,* Berlin 1935, S. 58–61; Rohe, *Das Reichsbanner,* S. 342; allgemeiner Diehl, *Paramilitary Politics,* passim.
88 Rosenhaft, *Beating the Fascists?,* S. 6, unter Verwendung derselben Quellen; Rohe, *Das Reichsbanner,* S. 342.
89 Reichardt, *Faschistische Kampfbünde,* S. 59–63.
90 Ebd, S. 67–76.
91 Valtin, *Tagebuch der Hölle,* S. 200.
92 Rosenhaft, *Beating the Fascists?,* S. 8; Diehl, *Paramilitary Politics,* S. 287.
93 Reichardt, *Faschistische Kampfbünde,* S. 252. Zu den Folgen der Amnestie für die gewalttätigen Auseinandersetzungen in einer deutschen Stadt siehe William Sheridan Allen, *»Das haben wir nicht gewollt«: Die nationalsozialistische Machtergreifung in einer Kleinstadt 1930–1935,* Gütersloh 1966 (1965), S. 146f.
94 Peter Lessmannn, *Die preußische Schutzpolizei in der Weimarer Republik: Streifendienst und Straßenkampf,* Düsseldorf 1989; Eric D. Kohler, »The Crisis in the Prussian Schutzpolizei 1930–32«, in George L. Mosse (Hg.), *Police Forces in History,* London 1975, S. 131–150; Hsi-Huey Liang, *Die Berliner Polizei in der Weimarer Republik,* Berlin 1977 (1970); Siegfried

Zalka, *Polizeigeschichte: Die Exekutive im Lichte der historischen Konfliktforschung: Untersuchungen über die Theorie und Praxis der preußischen Schutzpolizei in der Weimarer Republik zur Verhinderung und Bekämpfung innerer Unruhen,* Lübeck 1979; Jürgen Siggemann, *Die kasernierte Polizei und das Problem der inneren Sicherheit in der Weimarer Republik: Eine Studie zum Auf- und Ausbau des innerstaatlichen Sicherheitssystems in Deutschland 1916/19–1933,* Frankfurt am Main 1980; Johannes Buder, *Die Reorganisation der preußischen Polizei 1918–1923,* Frankfurt am Main 1986; Johannes Schwarz, *Die bayerische Polizei und ihre historische Funktion bei der Aufrechterhaltung der öffentlichen Sicherheit in Bayern von 1919 bis 1933,* München 1977. Siehe auch die interessante, wenngleich nicht immer zuverlässige Darstellung des ehemaligen Chefs der Hamburger Ordnungspolizei, Lothar Danner, *Ordnungspolizei Hamburg: Betrachtungen zu ihrer Geschichte 1918–1933,* Hamburg 1958.

95 Eine nützliche kurze Skizze gibt Robert Gellately, *Die Gestapo und die deutsche Gesellschaft: Die Durchsetzung der Rassenpolitik 1933–1945,* Paderborn 1993 (1990), S. 37–43; weiter ausholend Robert J. Goldstein, *Political Repression in Nineteenth-Century Europe,* London 1983.

96 Christoph Graf, *Politische Polizei zwischen Demokratie und Diktatur,* Berlin 1983.

97 Otto Buchwitz, *50 Jahre Funktionär der deutschen Arbeiterbewegung,* Stuttgart 1949, S. 129–136.

98 Thomas Kurz, *»Blutmai«: Sozialdemokraten und Kommunisten im Brennpunkt der Berliner Ereignisse von 1929,* Bonn 1988; Chris Bowlby, »Blutmai 1929: Police, Parties and Proletarians in a Berlin Confrontation«, *Historical Journal* 29 (1986), S. 137–158; zum Hintergrund Eve Rosenhaft, »Working-Class Life and Working-Class Politics: Communists, Nazis, and the State in the Battle for the Streets, Berlin, 1928–1932«, in Richard Bessel und Edgar J. Feuchtwanger (Hg.), *Social Change and Political Development in Weimar Germany,* London 1981, S. 207–240.

99 George C. Browder, *Hitler's Enforcers: The Gestapo and the SS Security Servive in the Nazi Revolution,* New York 1996, S. 23–28.

100 Richard Bessel, »Militarisierung und Modernisierung: Polizeiliches Handeln in der Weimarer Republik«, in Alf Lüdtke (Hg.), *»Sicherheit« und »Wohlfahrt«: Polizei, Gesellschaft und Herrschaft im 19. und 20. Jahrhundert,* Frankfurt am Main 1992, S. 323–343; Theodor Lessing, *Haarmann: Die Geschichte eines Werwolfs und andere Kriminalreportagen,* hg. von Rainer Marwedel, Frankfurt am Main 1989; Evans, *Rituale,* S. 646–652, 714–730.

101 Browder, *Hitler's Enforcers,* S. 28f.; Danner, *Ordnungspolizei,* S. 223.

102 Reichardt, *Faschistische Kampfbünde,* S. 210–253.

103 Eichengreen, *Golden Fetters,* S. 286; Hömig, *Brüning,* S. 525–536.

104 Patch, *Heinrich Brüning,* S. 148f.; Bessel, *Political Violence,* S. 54–66.

105 Höhne, *Der Orden,* S. 64–74.

106 Reichardt, *Faschistische Kampfbünde,* S. 165–199.

107 Herbert, *Best,* S. 111–119; Patch, *Heinrich Brüning,* S. 225–227.

108 Ebd., S. 228f.

109 Ebd., S. 249ff.; Bessel, *Political Violence,* S. 29–31.

110 Patch, *Heinrich Brüning,* S. 251.

111 Bracher, *Die Auflösung,* S. 377–388.

112 Thomas Mergel, *Parlamentarische Kultur in der Weimarer Republik: Politische Kommunikation, symbolische Politik und Öffentlichkeit im Reichstag,* Düsseldorf 2002, S. 179ff.

113 Carsten, *Reichswehr,* S. 326–40, 365–368. Eine brauchbare kurze Charakterisierung Schleichers findet sich bei Henry Ashby Turner, *Hitlers Weg zur Macht: Der Januar 1933,* München 1997 (1996), S. 18f., 34f. Eine scharfsinnige Einschätzung von Schleichers Beziehung zu Groener bei Theodor Eschenburg, »Die Rolle der Persönlichkeit in der Krise der Weimarer Republik: Hindenburg, Brüning, Groener, Schleicher«, *VfZ* 9 (1961), S. 1–29, besonders S. 7–13. Zu der paradoxen Auffassung (wie man sie ähnlich für Brüning vertreten hat), daß Schleicher durch Stärkung der Exekutive lediglich die Demokratie erhalten wollte, siehe Wolfram Pyta, »Konstitutionelle Demokratie statt monarchischer Restauration: Die verfassungspolitische Konzeption Schleichers in der Weimarer Staatskrise«, *VfZ* 47 (1999), S. 417–441.

114 Rohe, *Das Reichsbanner,* S. 360–365.

115 Carsten, *Reichswehr,* S. 369f.

116 Otto Meißner, *Staatssekretär unter Ebert – Hindenburg – Hitler: Der Schicksalsweg des deutschen Volkes 1918–1945, wie ich ihn erlebte,* Hamburg 1950, S. 215ff.

117 Rudolf Morsey, »Hitler als Braunschweiger Regierungsrat«, *VfZ* 8 (1960), S. 419–448.

118 Donna Harsch, *German Social Democracy and the Rise of Nazism,* Chapel Hill 1993, S. 179.

119 *Vorwärts,* 10. März 1932, zitiert nach Winkler, *Der Weg in die Katastrophe,* S. 514.

120 Carlo Mierendorff, »Der Hindenburgsieg 1932«, *Sozialistische Monatshefte* (4. April 1932), S. 297; Erich Matthias, »Hindenburg zwischen den Fronten 1932«, *VfZ* 8 (1960), S. 75–84.

121 Winkler, *Der Weg in die Katastrophe,* S. 519; ferner Alfred Milatz, »Das Ende der Parteien im Spiegel der Wahlen 1930 bis 1933«, in Matthias und Morsey (Hg.), *Das Ende,* S. 743–793, hier S. 761–766.

122 Falter u.a., *Wahlen,* S. 46; Broszat, *Der Staat Hitlers,* S. 44f.

123 Paul, *Aufstand der Bilder,* S. 98.

124 Siehe Bracher, *Die Auflösung,* S. 511–517, mit einer besonnenen Zusammenfassung der anschließenden Kontroverse um diesen Punkt.

125 Gordon A. Craig, »Briefe Schleichers an Groener«, *Die Welt als Geschichte* 11 (1951), S. 122–130; Reginald H. Phelps, »Aus den Groener-Dokumenten«, *Deutsche Rundschau* 76 (1950), S. 1019, und 77 (1951), S. 26–29; Hömig, *Brüning,* S. 537–589.

126 Papens Austrittserklärung aus dem Zentrum, abgedruckt in Georg Schreiber, *Brüning, Hitler, Schleicher: Das Zentrum in der Opposition,* Köln 1932, S. 17ff., zitiert nach Bracher, *Die Auflösung,* S. 536; siehe auch die Bemerkungen bei Bracher, *Die Auflösung,* S. 656, sowie Morsey, »Die Deutsche Zentrumspartei«, S. 306–314. Zu einer kritischen Beurteilung Papens siehe Joachim Petzold, *Franz von Papen: Ein deutsches Verhängnis,* München

1995, und die kritische Erörterung seiner Memoiren bei Theodor Eschenburg, »Franz von Papen«, *VfZ* 1 (1953), S. 153–169.

127 Fest, *Das Gesicht,* S. 214–217; Richard W. Rolfs, *The Sorcerer's Apprentice: The Life of Franz von Papen,* Lanham 1996.

128 Vejas Gabriel Liulevicius, *Kriegsland im Osten: Eroberung, Kolonisierung und Militärherrschaft im Ersten Weltkrieg,* Hamburg 2002 (2000).

129 Eine bissige Charakterisierung der Ideologie von Papens »Neuem Staat« bei Bracher, *Die Auflösung,* S. 536–554.

130 Papen, zitiert nach Walter Schotte, *Der neue Staat,* Berlin 1932, S. 110–124.

131 Evans, *Rituale,* S. 739–771.

132 Fulda, »Press and Politics«, Kapitel 4.

133 Edward W. Bennett, *German Rearmament and the West, 1932–1933,* Princeton 1979, S. 63f., 69.

134 Valtin, *Tagebuch der Hölle,* S. 291–294, übertreibt jedoch wie so oft die mörderischen Absichten und den Grad der Gerüstetheit der Roten Frontkämpfer.

135 McElligott, *Contested City,* S. 192–195; Leon Schirmann, *Altonaer Blutsonntag 17. Juli 1932: Dichtung und Wahrheit,* Hamburg 1994.

136 Lessmann, *Die preußische Schutzpolizei,* S. 349–370.

137 Rohe, *Das Reichsbanner,* S. 431–435.

138 Matthias, »Die Sozialdemokratische Partei Deutschlands«, S. 141–145.

139 Bracher, *Die Auflösung,* S. 559–600; Schulze, *Otto Braun,* S. 745–786; Huber, *Deutsche Verfassungsgeschichte,* Bd. VII, S. 1015–1125 und 1192–1197; Matthias, »Die Sozialdemokratische Partei Deutschlands«, S. 119–150; Schulz, *Zwischen Demokratie und Diktatur,* Bd. III, S. 920–933; Broszat, *Der Staat Hitlers,* S. 89.

140 Ein Beispiel bei Evans, *Rituale,* S. 739f. Allgemeiner Winkler, *Der Weg in die Katastrophe,* S. 646–681, und Rudolf Morsey, »Zur Geschichte des ›Preußenschlags‹ am 20. Juli 1932«, *VfZ* 9 (1961), S. 436–439.

141 Joseph Goebbels, *Vom Kaiserhof zur Reichskanzlei: Eine historische Darstellung in Tagebuchblättern (vom 1. Januar 1932 bis zum 1. Mai 1933),* München 1937 (1934), S. 131–135; zur Wahl in Preußen siehe Winkler, *Der Weg in die Katastrophe,* S. 542–553.

142 Noakes und Pridham (Hg.), *Nazism,* Bd. I, S. 102f.; Martin Broszat, *Die Machtergreifung: Der Aufstieg der NSDAP und die Zerstörung der Weimarer Republik,* München 1984, S. 144–151; Winkler, *Der Weg in die Katastrophe,* S. 681–698.

143 Matthias, »Die Sozialdemokratische Partei Deutschlands«, S. 224ff. (Dokument Nr. 11: Rundschreiben des Gauvorstandes Hannover des Reichsbanners, 5. Juli 1932); Winkler, *Der Weg in die Katastrophe,* S. 515; Harsch, *German Social Democracy,* S. 177–180; Richard Albrecht, »Symbolkampf in Deutschland 1932: Sergej Tschachotin und der ›Symbolkrieg‹ der drei Pfeile gegen den Nationalsozialismus als Episode im Abwehrkampf der Arbeiterbewegung gegen den Faschismus in Deutschland«, *Internationale Wissenschaftliche Korrespondenz zur Geschichte der deutschen Arbeiterbewegung* 22 (1986), S. 498–533.

144 Winkler, *Der Weg in die Katastrophe,* S. 514ff.

145 Simon Taylor, *Germany 1918–1933: Revolution, Counter-Revolution and the Rise of Hitler,* London 1983, S. 112–116; und Hans Bohrmann (Hg.), *Politische Plakate,* Dortmund 1984, S. 247–262.

146 Siehe Rainer Schoch, »Das politische Plakat der Weimarer Republik. Voraussetzungen und Entwicklungstendenzen«, in ders. (Hg.), *Politische Plakate der Weimarer Republik 1918–1933,* Darmstadt 1980, S. 6–13.

147 Goebbelszitat (aus einer Rede vom 31. Juli 1933) nach Paul, *Aufstand der Bilder,* S. 178.

148 Ebd., S. 133–176, 223–247, 253–266.

149 Zu den Wahlen vom Juli 1932 siehe Winkler, *Der Weg in die Katastrophe,* S. 681–692; zusammenfassend Jürgen W. Falter, »Die Wähler der NSDAP 1928–1933: Sozialstruktur und parteipolitische Herkunft«, in Wolfgang Michalka (Hg.), *Die nationalsozialistische Machtergreifung,* Paderborn 1984, S. 47–59.

150 Falter, *Hitlers Wähler,* S. 110–113, 369ff. Zur Attraktion der NSDAP für Arbeiter, insbesondere solche, die noch nicht arbeitslos waren, siehe Dirk Hänisch, »A Social Profile of the Saxon NSDAP-Voters«, in Szejnmann, *Nazism,* S. 219–231.

151 Fröhlich (Hg.), *Die Tagebücher,* Bd. I/II, S. 211f. (1. August 1932).

152 Hannover und Hannover-Drück, *Politische Justiz,* S. 301–310, die Zitate auf S. 306; Paul Kluke, »Der Fall Potempa«, *VfZ* 5 (1957), S. 279–297; Richard Bessel, »The Potempa Murder«, *Central European History* 10 (1977), S. 241–254. Die Notverordnung schuf kein neues Kapitaldelikt; für Mord, aus welchem Beweggrund auch immer, gab es bereits einen entsprechenden Abschnitt im Strafgesetzbuch. Sie war nichts weiter als eine Propagandaübung.

153 Hannover und Hannover-Drück, *Politische Justiz,* S. 308.

154 Ebd., S. 310; Karl-Heinz Minuth (Hg.), *Akten der Reichskanzlei: Weimarer Republik. Das Kabinett von Papen, 1. Juni bis 3. Dezember 1932,* Boppard 1989, S. 146, 491–495. Die legale Befugnis Papens zur Umwandlung der Todesurteile war äußerst fraglich, da sie von Rechts wegen beim preußischen Ministerpräsidenten lag und Papens Anspruch, dessen Vollmachten auszuüben, rechtlich umstritten war. Im März 1933 wurden die Mörder aus der Haft entlassen (Evans, *Rituale,* S. 742ff., 755f.).

155 *Hitler: Reden, Schriften, Anordnungen. Februar 1925 bis Januar 1933,* 5 Bde., Institut für Zeitgeschichte, München 1992–1998, Bd. V/1: *Von der Reichspräsidentenwahl bis zur Machtergreifung, April 1932 – Januar 1933,* S. 304–309.

156 Turner, *Hitlers Weg zur Macht,* S. 26f., im Anschluß an Winkler, *Weimar,* S. 510–524.

157 Christian Striefler, *Kampf um die Macht: Kommunisten und Nationalsozialisten am Ende der Weimarer Republik,* Berlin 1993, besonders S. 177–186; Deuerlein (Hg.), *Der Aufstieg,* S. 402ff. Siehe auch Paul, *Aufstand der Bilder,* S. 104–108.

158 In Werner Jochmann (Hg.), *Nationalsozialismus und Revolution: Ursprung und Geschichte der NSDAP in Hamburg 1922–1933,* Frankfurt am Main 1963, S. 400, 402, 405, 413f.

159 Ebd., S. 405.

160 Ebd., S. 406.
161 Ebd., S. 414, 416, 417.
162 Falter, *Hitlers Wähler,* S. 34–38, 103–107.
163 *Vorwärts,* 13. November 1932, zitiert nach Falter, *Hitlers Wähler,* S. 37.
164 Fröhlich (Hg.), *Die Tagebücher,* Bd. I/II, S. 272 (6. November 1932).
165 Falter, *Hitlers Wähler,* S. 37f., 106f; Thomas Childers, »The Limits of National Socialist Mobilisation: The Election of 6 November 1932 and the Fragmentation of the Nazi Constituency«, in ders. (Hg.), *The Formation of the Nazi Constituency 1919–1933,* London 1986, S. 232–259.
166 Bracher, *Die Auflösung,* S. 644–662; Nicholls, *Weimar,* S. 163–166.
167 Zur Dokumentation siehe Thilo Vogelsang, »Zur Politik Schleichers gegenüber der NSDAP 1932«, *VfZ* 6 (1958), S. 86–118.
168 Fröhlich (Hg.), *Die Tagebücher,* Bd. I/II, S. 276–288 (1. Dezember 1932).
169 Bracher, *Die Auflösung,* S. 662–685; Stachura, *Gregor Strasser;* Kershaw, *Hitler 1889–1936,* S. 491–501; Noakes und Pridham (Hg.), *Nazism,* Bd. I, S. 110–115; Orlow, *The History of the Nazi Party,* Bd. I, S. 291–296; Turner, *Hitlers Weg zur Macht,* S. 39–46 korrigiert frühere Darstellungen.
170 Turner, *Hitlers Weg zur Macht,* S. 75–92; Paul, *Aufstand der Bilder,* S. 109f.
171 Grüttner, *Studenten,* S. 53ff.
172 Noakes und Pridham (Hg.), *Nazism,* Bd. I, S. 109ff.
173 Berghahn, *Der Stahlhelm,* S. 187–246.
174 Theodor Duesterberg, *Der Stahlhelm und Hitler,* Wolfenbüttel 1949, S. 39, zitiert nach Turner, *Hitlers Weg zur Macht,* S. 204; siehe auch Berghahn, *Der Stahlhelm,* S. 246–250.
175 Meißner, *Staatssekretär,* S. 247. Siehe auch Bracher, *Die Auflösung,* S. 705–732; Noakes und Pridham (Hg.), *Nazism,* Bd. I, S. 116–120.
176 Turner, *Hitlers Weg zur Macht,* S. 93f.
177 Lutz Graf Schwerin von Krosigk, *Es geschah in Deutschland: Menschenbilder unseres Jahrhunderts,* Tübingen 1951, S. 147.
178 Ewald von Kleist-Schmenzin, »Die letzte Möglichkeit«, *Politische Studien* 10 (1959), S. 89–92, hier S. 92.

5. Kapitel Die Schaffung des Dritten Reiches

1 *Deutsche Zeitung* 27a (Morgenblatt), 1. Februar 1933, Titelseite, Sp. 2. Zu einer Auswahl von Presseberichten siehe Wieland Eschenhagen (Hg.), *Die »Machtergreifung«. Tagebuch einer Wende nach Presseberichten vom 1. Januar bis 6. März,* Darmstadt 1962.
2 *Berliner Illustrierte Nachtausgabe* 26 (31. Januar 1933, S. 2., Sp. 4); *B.Z. am Mittag* 26 (Erste Beilage, 31. Januar 1933, Bildunterschrift, Sp. 3); Peter Fritzsche, *Wie aus Deutschen Nazis wurden,* München 2002, S. 151–156; Hans-Joachim Hildenbrand, »Der Betrug mit dem Fackelzug«, in Rolf Italiaander (Hg.), *Wir erlebten das Ende der Weimarer Republik: Zeitgenossen berichten,* Düsseldorf 1982, S. 165.
3 Wheeler-Bennett, *Hindenburg,* S. 435. Man braucht wohl nicht darauf hinzuweisen, daß Ludendorff gar nicht anwesend war.

4 *Deutsche Allgemeine Zeitung* 51 (Morgenblatt), 31. Januar 1933, Titelseite.
5 *Berliner Börsen-Zeitung* 51 (Morgenblatt), 31. Januar 1933, Titelseite, Sp. 2.
6 *Deutsche Allgemeine Zeitung* 51 (Morgenblatt), 31. Januar 1933, Titelseite, Sp. 3.
7 *Deutsche Zeitung* 27a (Morgenblatt), 1. Februar 1933, Schlagzeile auf dem Titelblatt.
8 Zit. in Jochmann (Hg.), *Nationalsozialismus und Revolution,* S. 429; Fritzsche, *Wie aus Deutschen,* S. 154.
9 Herbst, *Das nationalsozialistische Deutschland 1933–1945,* S. 59f.
10 Fröhlich (Hg.), *Die Tagebücher,* Bd. I.I, 1931–1936, S. 357–359, Eintragung vom 31. Januar 1933.
11 *Deutsche Zeitung* 26a (Morgenblatt), 31. Januar 1933, Titelseite, Sp. 1–2.
12 Zu zwei mehr oder weniger zufälligen Beispielen siehe Bernd Burckhardt, *Eine Stadt wird braun. Die nationalsozialistische Machtergreifung in der Provinz. Eine Fallstudie,* Hamburg 1980, über die schwäbische Kleinstadt Mühlacker; Allen, *»Das haben wir nicht gewollt«,* S. 153f., über die niedersächsische Stadt Northeim.
13 *Deutsche Zeitung* 26b (Abendblatt), 31. Januar 1933, Titelseite, Sp. 3; *Vossische Zeitung* 52 (Abendblatt), 31. Januar 1933, Sp. 1.
14 Jochmann (Hg.), *Nationalsozialismus und Revolution,* S. 423.
15 Maschmann, *Fazit,* S. 17f.
16 Zit. in *Deutsche Zeitung* 27a (Morgenblatt), 1. Februar 1933, Titelseite, Sp. A.
17 *Deutsche Zeitung* 26b (Abendblatt), 31. Januar 1933, S. 3, Sp. 2: »Wieder zwei Todesopfer der roten Mordbestien«.
18 *Berliner Börsen-Zeitung* 52 (Abendblatt), 31. Januar 1933, S. 2, Sp. 2–3.
19 *Welt am Abend* 26, 31. Januar 1933, S. 1–2.
20 Hans-Joachim Althaus et al., *»Da ist nirgends nichts gewesen außer hier.« Das »rote Mössingen« im Generalstreik gegen Hitler. Geschichte eines schwäbischen Arbeiterdorfes,* Berlin 1983.
21 Allan Merson, *Kommunistischer Widerstand in Nazideutschland,* Bonn 1999 (1985), S. 31–34; Winkler, *Der Weg in die Katastrophe,* S. 867–875.
22 Josef und Ruth Becker (Hg.), *Hitlers Machtergreifung. Dokumente vom Machtantritt Hitlers 30. Januar 1930 bis zur Besiegelung des Einparteienstaates 14. Juli 1933,* München 1992, S. 45.
23 *Die Welt am Abend* 27, 1. Februar 1933, Schlagzeile der Titelseite; *Die Rote Fahne* 27, 1. Februar 1933, Schlagzeile der Titelseite.
24 Jochmann (Hg.), *Nationalsozialismus und Revolution,* S. 421.
25 Camill Hoffmann, Tagebucheintragung vom 30. Januar 1933, zit. in Johann Wilhelm Brügel und Norbert Frei (Hg.), »Berliner Tagebuch, 1932–1934. Aufzeichnungen des tschechischen Diplomaten Camill Hoffmann«, *VfZ* 36 (1988), S. 131–183, hier S. 159.
26 Ministère des affaires étrangères (Hg.), *Documents Diplomatiques Français, 1932–1939,* Reihe 1, Bd. 2, S. 552, François-Poncet an Boncour, 1. Februar 1933. Das ist das zentrale Thema der Darstellung von Gotthard Jasper, *Die gescheiterte Zähmung. Wege zur Machtergreifung Hitlers 1930–1934,* Frankfurt am Main 1986. Die vielfach zitierte »Prophezeiung« General

Ludendorffs zu jener Zeit, Hitler werde Deutschland in den Abgrund stürzen (siehe zum Beispiel Ian Kershaw, *Hitler 1889–1936,* S. 471), war eine nachträgliche Erfindung von Hans Frank. Siehe hierzu Fritz Tobias, »Ludendorff, Hindenburg, Hitler. Das Phantasieprodukt des Ludendorff-Briefes vom 30. Januar 1933«, in Uwe Backes et al. (Hg.), *Die Schatten der Vergangenheit. Impulse zur Historisierung des Nationalsozialismus,* Frankfurt am Main 1990, S. 319–343, und Lothar Gruchmann, »Ludendorffs ›prophetischer‹ Brief an Hindenburg vom Januar/ Februar 1933«, *VfZ* 47 (1999), S. 559–562.

27 Robert J. O'Neill, *The German Army and the Nazi Party 1933–1939,* London 1968, S. 34f.

28 Klaus-Jürgen Müller, *Armee und Drittes Reich 1933–1939: Darstellung und Dokumentation,* Paderborn 1989, S. 47–52 und Dokumente 118 und 263; O'Neill, *The German Army,* S. 35–45; Wolfgang Sauer, *Die Mobilmachung der Gewalt* (Bd. III von Bracher, Schulz und Sauer, *Die nationalsozialistische Machtergreifung),* S. 41–84; Andreas Wirsching, »›Man kann nur Boden germanisieren‹. Eine neue Quelle zu Hitlers Rede vor den Spitzen der Reichswehr am 3. Februar 1933«, *VfZ* 49 (2001), S. 516–550. Die vollständige Fassung der Rede, die in diesem Aufsatz wiedergegeben ist, wurde vor kurzem im ehemaligen KGB-Archiv in Moskau entdeckt und stammte wahrscheinlich von der Tochter Hammersteins, einer Sympathisantin der Kommunisten. Zu ähnlichen Versprechungen Hitlers zu einem etwas früheren Zeitpunkt siehe Thilo Vogelsang, »Hitlers Brief an Reichenau vom 4. Dezember 1932«, *VfZ* 7 (1959), S. 429–437.

29 Martin Broszat, »Die Nationalsozialistischen Konzentrationslager 1933–1945«, in Helmut Krausnick u.a., *Anatomie des SS-Staates,* Olten 1965, S. 9–160, hier S. 12f.; Richard Bessel, *Political Violence and the Rise of Nazism. The Storm Troopers in Eastern Germany 1925–1934,* London 1984, S. 98f.

30 Siegfried Bahne, »Die Kommunistische Partei Deutschlands«, in Matthias und Morsey (Hg.), *Das Ende,* S. 655–739, hier S. 691; Berghahn, *Der Stahlhelm,* S. 252.

31 Matthias, »Die Sozialdemokratische Partei Deutschlands«, S. 101–150.

32 Winkler, *Der Weg in die Katastrophe,* S. 867–875; Zitat S. 867.

33 Broszat, *Der Staat Hitlers,* S. 94.

34 Grzesinski an Klupsch u.a., 24. Februar 1933, Dokument 25 in Matthias, »Die sozialdemokratische Partei Deutschlands«, S. 234.

35 Winkler, *Der Weg in die Katastrophe,* S. 876–878.

36 Martin Kitchen, *The Coming of Austrian Fascism,* London 1980, S. 202–281; Francis L. Carsten, *Faschismus in Österreich: Von Schönerer zu Hitler,* München 1978 (1977), S. 211–229.

37 Winkler, *Der Weg in die Katastrophe,* S. 868.

38 Domarus, *Hitler,* Bd. I, S. 205 und 206.

39 Ebd., S. 211.

40 Ebd., S. 210f.

41 Morsey, »Die deutsche Zentrumspartei«, S. 339–354; Broszat, *Der Staat Hitlers,* S. 249.

42 Domarus, *Hitler,* Bd. I, S. 213.

43 Ebd., S. 140.

44 Ebd., S. 207.
45 Ebd., S. 204–208.
46 Jochmann (Hg.), *Nationalsozialismus und Revolution,* S. 431.
47 Domarus, *Hitler,* Bd. I, S. 208f.
48 Turner, *Die Großunternehmer,* S. 395ff.
49 Paul, *Aufstand der Bilder,* S. 111–113.
50 Bahne, »Die Kommunistische Partei Deutschlands«, Dokument 3, S. 728–731, hier S. 731.
51 Ebd., S. 686–696.
52 Hans Mommsen, »Van der Lubbes Weg in den Reichstag – der Ablauf der Ereignisse«, in Uwe Backes u.a. (Hg.), *Reichstagsbrand. Aufklärung einer historischen Legende,* München 1986, S. 33–57, hier S. 42–47.
53 Harry Graf Kessler, *Tagebücher 1918–1937,* Hg. Wolfgang Pfeiffer-Belli, Frankfurt am Main 1961, S. 707–709.
54 Horst Karasek, *Der Brandstifter: Lehr- und Wanderjahre des Maurergesellen Marinus van der Lubbe, der 1933 auszog, den Reichstag anzuzünden,* Berlin 1980; Martin Schouten, *Marinus van der Lubbe (1909–1934): Eine Biographie,* Frankfurt am Main 1999 (1986); Fritz Tobias, *Der Reichstagsbrand. Legende und Wirklichkeit,* Rastatt 1962.
55 Mommsen, »Van der Lubbes Weg«, S. 33–42.
56 Fröhlich (Hg.), *Die Tagebücher,* Bd. I.II, S. 383.
57 Rudolf Diels, *Lucifer ante Portas. Es spricht der erste Chef der Gestapo,* Stuttgart 1950, S. 93–195, hier S. 192f.
58 Mommsen, »Van der Lubbes Weg«; Karasek, *Der Brandstifter;* Tobias, *Der Reichstagsbrand.* Später versuchten die Kommunisten zu beweisen, daß die Nationalsozialisten hinter dem Brandanschlag gesteckt hätten, doch die Authentizität der Aussagen van der Lubbes und weitere einschlägige dokumentarische Beweise lassen keine Zweifel zu. Außerdem wurden unter den schriftlichen »Beweisen« für eine Urheberschaft der Nationalsozialisten zahlreiche Fälschungen entdeckt. Zu Versuchen, die Verantwortung der Nationalsozialisten zu beweisen, siehe das *Braunbuch über Reichstagsbrand und Hitlerterror,* Paris 1933, und Walter Hofer et al. (Hg.), *Der Reichstagsbrand. Eine wissenschaftliche Dokumentation,* 2 Bde., Berlin 1972 und München 1978; zu einer Darstellung der Mängel dieser Arbeit siehe Backes u.a., *Reichstagsbrand;* Karl-Heinz Janssen, »Geschichte aus der Dunkelkammer. Kabalen um den Reichstagsbrand. Eine unvermeidliche Enthüllung«, *Die Zeit,* 38 (14. September 1979), S. 45–48); 39 (21. September 1979), S. 20–24; 40 (28. September 1979), S. 49–52; 41 (5. Oktober 1979), S. 57–60. Tobias, *Der Reichstagsbrand,* und Hans Mommsen, »Der Reichstagsbrand und seine politischen Folgen«, *VfZ* 12 (1964), S. 351–413. Ein neuerer Versuch zu belegen, daß die Nationalsozialisten hinter dem Brand steckten, stützt sich auf eine Übertreibung von Ähnlichkeiten zwischen früheren Entwürfen der Notstandsbefugnisse und der Reichstagsbrandverordnung: Alexander Bahar und Wilfried Kugel, »Der Reichstagsbrand. Neue Aktenfunde entlarven die NS-Täter«, *Zeitschrift für Geschichtswissenschaft* 9 (1995), S. 823–832, und Jürgen Schmädeke u.a., »Der Reichstagsbrand im neuen Licht«, *Historische Zeitschrift* 269 (1999), S. 603–651. Bislang ist die Schlußfolgerung von To-

bias und Mommsen, daß van der Lubbe der alleinige Täter war, nicht erschüttert worden.

59 Diels, *Lucifer,* S. 193–195.

60 Ebd., S. 194f.

61 Karl-Heinz Minuth (Hg.), *Akten der Reichskanzlei: Die Regierung Hitler 1933–1934,* Bd. 1, Boppard 1983, S. 123; Ulrich Kolbe, »Zum Urteil über die ›Reichstagsbrand-Notverordnung‹ vom 28.2.1933«, *Geschichte in Wissenschaft und Unterricht,* 16 (1965), S. 359–370; Broszat, *Der Staat Hitlers,* S. 92.

62 Minuth, *Regierung Hitler 1933–1934,* S. 128–130; Ulrich Kolbe, »Zum Urteil«, S. 359–370.

63 Minuth, *Regierung Hitler,* S. 128–130; Martin Broszat, »Nationalsozialistische Konzentrationslager«, S. 14–16.

64 Minuth, *Regierung Hitler,* S. 131.

65 Text der Reichstagsbrandverordnung in *RGBl. 1933,* Teil 1, Nr. 17, S. 83. Zu einer neueren Analyse siehe Thomas Reithel und Irene Strenge, »Die Reichstagsbrandverordnung: Grundlegung der Diktatur mit den Instrumenten des Weimarer Ausnahmezustandes«, *VfZ* 48 (2000), S. 413–460.

66 Jochmann (Hg.), *Nationalsozialismus und Revolution,* S. 427.

67 Evans, *Rituale der Vergeltung,* S. 745–752.

68 AT 31.

69 Mason, *Sozialpolitik,* S. 82–88.

70 Bahne, »Die Kommunistische Partei«, S. 693–700; Winkler, *Der Weg in die Katastrophe,* S. 876–889; Weber, *Die Wandlung,* S. 246; *Braunbuch,* S. 184; Broszat, *Der Staat Hitlers,* S. 101f.

71 Merson, *Kommunistischer Widerstand,* S. 48f., 69; Detlev K. Peukert, *Die KPD im Widerstand. Verfolgung und Untergrundarbeit an Rhein und Ruhr, 1933 bis 1945,* Wuppertal 1980, S. 75–78; Siehe auch Horst Duhnke, *Die KPD von 1933 bis 1945,* Köln 1972, S. 202–209, und ders., *Die KPD und das Ende von Weimar: Das Scheitern einer Politik 1932–1935,* Frankfurt am Main 1976, S. 34–42.

72 Diels, *Lucifer ante portas,* S. 222. Siehe auch Hans Bernd Gisevius, *Bis zum bittern Ende,* 2 Bde., Zürich 1946, Bd. 1, S. 146–149.

73 »Bericht des Obersten Parteigerichts an den Ministerpräsidenten Generalfeldmarschall Göring, 13.2.1939«, Dokument ND 3063 PS, in *Der Prozeß gegen die Hauptkriegsverbrecher vor dem Internationalen Militärgerichtshof, Nürnberg,* Nürnberg 1949, Bd. XXXII.

74 Paul, *Aufstand der Bilder,* S. 11–113.

75 Allen, *»Das haben wir nicht gewollt«,* S. 156–160.

76 Fröhlich (Hg.), *Die Tagebücher,* Bd. II.I, S. 387.

77 Allen, *»Das haben wir nicht gewollt«,* S. 161, zu einem charakteristischen lokalen Beispiel.

78 Falter et al., *Wahlen,* S. 41 und 44; ders., *Hitlers Wähler,* S. 38f.

79 Falter, *Hitlers Wähler,* S. 40; zu den Katholiken siehe Oded Heilbronner, *Die Achillesferse des deutschen Katholizismus,* Gerlingen 1998, S. 267–278.

80 Bessel, *Political Violence,* S. 101f.

81 Ulrich Klein, »SA-Terror und Bevölkerung in Wuppertal 1933/34«, in Peukert und Reulecke, *Die Reihen fast geschlossen,* S. 45–61, hier S. 51.

82 Winkler, *Der Weg in die Katastrophe,* S. 890–891; *Braunbuch,* S. 204–205; Schneider, *Unterm Hakenkreuz,* S. 56–73.

83 Dieter Rebentisch und Angelika Raab (Hg.), *Neu-Isenburg zwischen Anpassung und Widerstand. Dokumente über Lebensbedingungen und politisches Verhalten 1933–1934,* Neu-Isenburg 1978, S. 79.

84 Gerlinde Grahn, »Die Enteignung des Vermögens der Arbeiterbewegung und der politischen Emigration 1933–1945«, *1999: Zeitschrift für Sozialgeschichte des 20. und 21. Jahrhunderts* 12 (1997), S. 3 und 13–38; Broszat, *Der Staat Hitlers,* S. 118.

85 Klein, »SA-Terror«, S. 51–53.

86 Broszat, *Der Staat Hitlers,* S. 256.

87 Ebd., S. 136–138.

88 Winkler, *Der Weg in die Katastrophe,* S. 888–893 und 898–900.

89 Ebd., S. 916–918.

90 Ebd., S. 929–932; Broszat, *Der Staat Hitlers,* S. 118f.

91 Harold Marcuse, *Legacies of Dachau. The Uses and Abuses of a Concentration Camp,* 1933–2001, Cambridge 2001, S. 21–23; Hans-Günter Richardi, *Schule der Gewalt. Das Konzentrationslager Dachau, 1933–1945,* München 1983, S. 48–87; Johannes Tuchel, *Organisationsgeschichte und Funktion der »Inspektion der Konzentrationslager« 1933–1938,* Boppard 1991, S. 121–158.

92 Bley, *Kolonialherrschaft,* S. 203–208; Krüger, *Kriegsbewältigung,* S. 138–144; Joachim Zeller, »›Wie Vieh wurden Hunderte zu Getriebenen und wie Vieh begraben‹. Fotodokumente aus dem deutschen Konzentrationslager in Swakopmund/Namibia 1904–1908«, *Zeitschrift für Geschichtswissenschaft* 49 (2001), S. 226–243.

93 Marcuse, *Legacies of Dachau,* S. 21f.; Tuchel, *Konzentrationslager,* S. 35–37; Andrej Kaminski, *Konzentrationslager 1896 bis heute. Eine Analyse,* Stuttgart 1982, S. 34–38. Es gibt keine überzeugenden Beweise, daß Himmler oder Hitler sich die Arbeitslager in Sowjetrußland zum Vorbild genommen hätten.

94 Zur Behauptung, es sei ein improvisiertes Lager gewesen, siehe Broszat, »Nationalsozialistische Konzentrationslager«, S. 11f.

95 Bessel, *Political Violence,* S. 117.

96 Friedrich Schlotterbeck, *Je dunkler die Nacht, desto heller die Sterne. Erinnerungen eines deutschen Arbeiters 1933–1945,* Zürich 1945, S. 30–36.

97 Zahlreiche Fälle ausführlich im *Braunbuch,* zu Jankowski siehe ebd., S. 210f. Siehe auch Diels, *Lucifer ante portas,* S. 222.

98 Günter Morsch, »Oranienburg-Sachsenhausen, Sachsenhausen-Oranieburg«, in Ulrich Herbert u. a. (Hg.), *Die nationalsozialistischen Konzentrationslager: Entwicklung und Struktur,* 2 Bde., Göttingen, 1997, S. 111–134, hier S. 119.

99 Tuchel, *Konzentrationslager,* S. 103; Karin Orth, *Das System der nationalsozialistischen Konzentrationslager,* Hamburg 1999, S. 23–26.

100 Bahne, »Die Kommunistische Partei«, S. 693f. und 699f.; Winkler, *Der Weg in die Katastrophe,* S. 876–889; Broszat, »Nationalsozialistische Konzentrationslager«, S. 19–22; Broszat, Fröhlich und Wiesemann (Hg.), *Bayern in der NS-Zeit,* Bd. 1, S. 240f.

101 Fieberg, *Im Namen* S. 68; *Braunbuch,* S. 332, wo bis Juni 500 Morde angegeben werden.

102 Domarus, *Hitler,* Bd. I, S. 219; Mason, *Sozialpolitik,* S. 85, stellt Hitlers Sorge über diese Ausschreitungen als aufrichtig dar; daneben weist er darauf hin, daß die Führung der NSDAP über Art und Ausmaß der Gewalttaten genau informiert war.

103 Broszat, *Der Staat Hitlers,* S. 110f.

104 Rudolf Morsey (Hg.), *Das »Ermächtigungsgesetz« vom 24. März 1933. Quellen zur Geschichte und Interpretation des »Gesetzes zur Behebung der Not von Volk und Reich«,* Düsseldorf 1992; Michael Frehse, *Ermächtigungsgesetzgebung im Deutschen Reich 1914–1933,* Pfaffenweiler 1985.

105 Matthias und Morsey, *Das Ende,* S. XIII.

106 Klaus-Jürgen Müller, »Der Tag von Potsdam und das Verhältnis der preußisch-deutschen Militär-Elite zum Nationalsozialismus«, in Bernhard Kröner (Hg.), *Potsdam – Stadt, Armee, Residenz in der preußisch-deutschen Militärgeschichte,* Frankfurt am Main, S. 435–449; Fröhlich (Hg.), *Die Tagebücher,* Bd. II, S. 395–397 (22. März 1933); Werner Freitag, »Nationale Mythen und kirchliches Heil: Der ›Tag von Potsdam‹«, *Westfälische Forschungen,* 41 (1919), S. 379–430. Zur Rede Hitlers siehe Domarus, *Hitler,* Bd. I, S. 226–228.

107 Domarus, *Hitler,* Bd. I, S. 225.

108 Bracher, *Stufen der Machtergreifung,* S. 213–236.

109 Junker, *Die deutsche Zentrumspartei,* S. 171–189; Morsey, »Die deutsche Zentrumspartei«, S. 281–453; Josef Becker, »Zentrum und Ermächtigungsgesetz 1933: Dokumentation«, *VfZ* 8 (1961), S. 195–210; Rudolf Morsey, »Hitlers Verhandlungen mit der Zentrumsführung am 31. Januar 1933«, *VfZ* 9 (1961), S. 182–194.

110 Wilhelm Hoegner, *Der schwierige Außenseiter. Erinnerungen eines Abgeordneten, Emigranten und Ministerpräsidenten,* München 1959, S. 92.

111 Becker, »Zentrum«, S. 195–210; Konrad Repgen, »Zur vatikanischen Strategie beim Reichskonkordat«, *VfZ* 31 (1983), S. 506–535; Brüning, *Memoiren,* S. 655–657; Domarus, *Hitler,* Bd. I, S. 237.

112 Winkler, *Der Weg in die Katastrophe,* S. 901–906.

113 Broszat, *Der Staat Hitlers,* S. 117 und Fußnote. Zum Ermächtigungsgesetz im Kontext der Gesetzgebung durch Verordnungen siehe Jörg Biesemann, *Das Ermächtigungsgesetz als Grundlage der Gesetzgebung im nationalsozialistischen Deutschland. Ein Beitrag zur Stellung des Gesetzes in der Verfassungsgeschichte 1919–1945,* Münster 1992 (1985).

114 Winkler, *Der Weg in die Katastrophe,* S. 893–898, Zitat S. 896; Matthias, »Die Sozialdemokratische Partei Deutschlands«, S. 176–180; Hans-Gerd Schumann, *Nationalsozialismus und Gewerkschaftsbewegung. Die Vernichtung der deutschen Gewerkschaften und der Aufbau der »Deutschen Arbeitsfront«,* Hannover 1958, S. 55–59; Hannes Heer, *Burgfrieden oder Klassenkampf. Zur Politik der sozialdemokratischen Gewerkschaften 1930–1933,* Neuwied 1971, S. 101–107; Bernd Martin, »Die deutschen Gewerkschaften und die nationalsozialistische Machtübernahme«, *Geschichte in Wissenschaft und Unterricht* 36 (1985), S. 605–631; Henryk Skrzypcak, »Das Ende der Gewerkschaften«, in Wolfgang Michalka (Hg.), *Die nationalsozialistische Machtergreifung,* Paderborn 1984, S. 97–110.

115 Nationalsozialistische Betriebszellen-Organisation.

116 Winkler, *Der Weg in die Katastrophe,* S. 898–909. Gunther Mai, »Die Nationalsozialistische Betriebszellen-Organisation. Zum Verhältnis von Arbeiterschaft und Nationalsozialismus«, *VfZ* 31 (1983), S. 573–613.

117 Schneider, *Unterm Hakenkreuz: Arbeiter und Arbeiterbewegung 1933 bis 1939,* Berlin 1999, S. 74–106, Zitat S. 89. Winkler, *Der Weg in die Katastrophe,* S. 918–923; Herbst, *Das nationalsozialistische Deutschland,* S. 68–70.

118 Wieland Elfferding, »Von der proletarischen Masse zum Kriegsvolk: Massenaufmarsch und Öffentlichkeit im deutschen Faschismus am Beispiel des 1. Mai 1933«, in Neue Gesellschaft für bildende Kunst (Hg.), *Inszenierung der Macht. Ästhetische Faszination im Faschismus,* Berlin 1987, S. 17–50.

119 Peter Jahn (Hg.), *Die Gewerkschaften in der Endphase der Republik 1930–1933,* Köln 1988, S. 888–892, 897f. und 916.

120 Dieter Fricke, *Kleine Geschichte des Ersten Mai: Die Maifeier in der deutschen und internationalen Arbeiterbewegung,* Frankfurt am Main 1980.

121 Fröhlich (Hg.), *Die Tagebücher,* Bd. I.II, S. 408.

122 Winkler, *Der Weg in die Katastrophe,* S. 927–929; Michael Schneider, *Kleine Geschichte der deutschen Gewerkschaften: Ihre Entwicklung von den Anfängen bis heute,* Bonn 1989, S. 215–223.

123 Fröhlich (Hg.), *Die Tagebücher,* Bd. I.II, S. 416.

124 Winkler, *Der Weg in die Katastrophe,* S. 929–932; Grahn, »Die Enteignung«; Beate Dapper und Hans-Peter Rouette, »Zum Ermittlungsverfahren gegen Leipart und Genossen wegen Untreue vom 9. Mai 1933«, *Internationale Wissenschaftliche Korrespondenz zur Geschichte der deutschen Arbeiterbewegung,* 20 (1984), S. 509–535; Schneider, *Unterm Hakenkreuz,* S. 107–117.

125 Winkler, *Der Weg in die Katastrophe,* S. 832–940; Matthias, »Die Sozialdemokratische Partei Deutschlands«, S. 166–175 (zum Selbstmord von Toni Pfülf siehe ebd., S. 254, Anm. 6); Broszat, *Der Staat Hitlers,* S. 120.

126 Fröhlich (Hg.), *Die Tagebücher,* Bd. I.II, S. 437 (23. Juni 1933).

127 Schüler, *Auf der Flucht erschossen,* S. 241–248.

128 Nähere Einzelheiten bei Max Klinger (d. i. Curt Geyer), *Volk in Ketten,* Karlsbad 1934, vor allem S. 96f.; Winkler, *Der Weg in die Katastrophe,* S. 943–947; Franz Osterroth und Dieter Schuster, *Chronik der deutschen Sozialdemokratie,* Hannover 1963, Bd. 2, S. 319.

129 Bessel, *Political Violence,* S. 42 und 117f.; Paul Löbe, *Der Weg war lang. Lebenserinnerungen von Paul Löbe,* Berlin 1954 (1950), S. 221–229.

130 Beth A. Griech-Polelle, *Bishop von Galen: German Catholicism and National Socialism,* New Haven 2002, S. 9–18.

131 Ebd., S. 31f.; Richard Steigmann-Gall, *The Holy Reich: Nazi Conceptions of Christianity, 1919–1945,* New York 2003, S. 9–18.

132 Hans Müller (Hg.), *Katholische Kirche und Nationalsozialismus: Dokumente 1930–1935,* München 1963, Hirtenbrief S. 130–136; Uniformverbot S. 78ff.

133 Thomas Fandel, »Konfessionalismus und Nationalsozialismus«, in Olaf Blaschke (Hg.), *Konfessionen in Konflikt: Deutschland zwischen 1800 und*

1970: Ein zweites konfessionelles Zeitalter, Göttingen 2002, S, 299–334 hier S. 314f.; Guenter Lewy, *Die katholische Kirche und das Dritte Reich,* München 1965 (1964), S. 39–72 und 113–119; Zitat Steinmann S. 124.

134 Müller, *Katholische Kirche,* S. 168 (Dok. 74, »Aufruf des Führers des CV«, Abdruck in *Academia,* Nr. 3, 15.7.1933, S. 58. Klaus Scholder, *Die Kirchen und das Dritte Reich,* Bd 2, S. 119–268.

135 Morsey, »Die deutsche Zentrumspartei«, S. 383–386; Zitate aus der *Kölnischen Volkszeitung* vom 12. Mai 1933 ebd., S. 386.

136 Broszat, »Nationalsozialistische Konzentrationslager«, S. 24.

137 Lewy, *Die katholische Kirche,* S. 73–112.

138 Morsey, »Die deutsche Zentrumspartei«, S. 387–411; Lewy, *Die katholische Kirche,* S. 15–132.

139 Griech-Polelle, *Bishop von Galen,* S. 45f. und 137–139; Zitat in Peter Löffler (Bearb.), *Bischof Clemens August Graf von Galen. Akten, Briefe und Predigten,* Paderborn u.a. 1996, Band I, S. 31.

140 Matthias und Morsey, »Die Deutsche Staatspartei«, in dies. (Hg.), *Das Ende,* S. 37–97, vor allem S. 55–72; Larry Eugene Jones, *German Liberalism and the Dissolution of the Weimar Party System 1918–1933,* Chapel Hill, NC 1988, S. 462–475 (auch zur DVP).

141 Hans Booms, »Die Deutsche Volkspartei«, in Matthias und Morsey, *Das Ende,* S. 521–539, Zitat S. 538.

142 Hiller von Gaertringen, »Die Deutschnationale Volkspartei«, Zitat S. 596, Anm. 14.

143 Ebd., S. 599–604.

144 Michael Stolleis, *Studien zur Rechtsgeschichte des Nationalsozialismus,* Frankfurt am Main 1994, 5. Kapitel. Schmitt war eine komplexe und schillernde Figur, dessen Ideen weitgefächerte Interpretationen hervorbrachten. Aus der voluminösen Literatur seien genannt: Friedrich Balke, *Der Staat nach seinem Ende. Die Versuchung des Carl Schmitt,* München 1996; Joseph Bendersky, *Carl Schmitt. Theorist for the Reich,* Princeton 1983; Hasso Hofmann, *Legitimität gegen Legalität. Der Weg der politischen Biographie Carl Schmitts,* Neuwied 1964; Andreas Koenen, *Der Fall Carl Schmitt. Sein Aufstieg zum »Kronjuristen des Dritten Reiches«,* Darmstadt 1995; Ingeborg Maus, *Bürgerliche Rechtstheorie und Faschismus. Zur sozialen Funktion und aktuellen Wirkung der Theorie Carl Schmitts,* München 1980 (1976); Reinhard Mehring, *Carl Schmitt zur Einführung,* Hamburg 1992; Volker Neumann, *Der Staat im Bürgerkrieg. Kontinuität und Wandlung des Staatsbegriffs in der politischen Theorie Carl Schmitts,* Frankfurt am Main 1980; Paul Noack, *Carl Schmitt. Eine Biographie,* Berlin 1993; und allgemeiner, Ernst-Wolfgang Böckenförde (Hg.), *Staatsrecht und Staatsrechtslehre im Dritten Reich,* Heidelberg 1985.

145 Hiller von Gaertringen, »Die Deutschnationale Volkspartei«, S. 607–615.

146 Berghahn, *Der Stahlhelm,* S 254–274; Broszat, *Der Staat Hitlers,* S. 121.

147 Hiller von Gaertringen, »Die Deutschnationale Volkspartei«, S. 603–607; Bessel, *Political Violence,* S. 120–122; Berghahn, *Der Stahlhelm,* S. 254–274 und 286.

148 Fröhlich (Hg.), *Die Tagebücher,* Bd. I.II, S. 440.

149 Hans-Georg Stümke, *Homosexuelle in Deutschland. Eine politische Geschichte,* München 1989, S. 102f.

150 Stümke, *Homosexuelle in Deutschland,* S. 102f. Augenzeugenbericht und Zitat in Hans-Georg Stümke und Rudi Finkler, *Rosa Winkel, Rosa Listen. Homosexuelle und »Gesundes Volksempfinden« von Auschwitz bis heute,* Hamburg 1981, S. 163–166. Siehe auch Burkhard Jellonek, *Homosexuelle unter dem Hakenkreuz. Verfolgung von Homosexuellen im Dritten Reich,* Paderborn 1990; Richard Plant, *Rosa Winkel. Der Krieg der Nazis gegen die Homosexuellen,* Frankfurt am Main 1991.

151 Charlotte Wolff, *Magnus Hirschfeld: A Portrait of a Pioneer in Sexology,* London 1986, S. 413f.

152 Grossmann, *Reforming Sex,* S. 149f.; Gaby Zürn, »Von der Herbertstraße nach Auschwitz«, in Angelika Ebbinghaus (Hg.), *Opfer und Täterinnen. Frauenbiographien des Nationalsozialismus,* Nördlingen 1987, S. 91–101, hier S. 93; Annette F. Timm, »The Ambivalent Outsider: Prostitution, Promiscuity, and VD Control in Nazi Berlin«, in Gellately und Stoltzfus (Hg.), *Social Outsiders,* S. 192–211; Christl Wickert, *Helene Stöcker 1869–1943. Frauenrechtlerin, Sexualreformerin und Pazifistin. Eine Biographie,* Bonn 1991, S. 135–140; allgemeiner Gabriele Czarnowski, *Das kontrollierte Paar. Ehe- und Sexualpolitik im Nationalsozialismus,* Weinheim 1991.

153 Grossmann, *Reforming Sex,* S. 136–161.

154 Hong, *Welfare,* S. 261–265; Burleigh, *Tod und Erlösung,* S. 111; Jochen-Christoph Kaiser u. a. (Hg.), *Eugenik, Sterilisation, »Euthanasie«: Politische Biologie in Deutschland 1893–1945,* Berlin 1992, S. 100–102; dies., *Sozialer Protestantismus im 20. Jahrhundert: Beiträge zur Geschichte der Inneren Mission 1914–1945,* München 1989.

155 Ayaß, *»Asoziale«,* S. 57–60.

156 Elizabeth Harvey, *Youth Welfare and the State in Weimar Germany,* Oxford 1993, S. 277–288; Ayaß, *»Asoziale«,* S. 13–23; siehe auch Marcus Gräser, *Der blockierte Wohlfahrtsstaat. Unterschichtjugend und Jugendfürsorge in der Weimarer Republik,* Göttingen 1995, S. 216–230.

157 Wagner, *Volksgemeinschaft,* S. 193–213.

158 Patrick Wagner, *Hitlers Kriminalisten. Die deutsche Kriminalpolizei und der Nationalsozialismus,* München 2002, S. 57f.

159 Nikolaus Wachsmann, »From Indefinite Confinement to Extermination: ›Habitual Criminals‹ in the Third Reich«, in Gellately und Stoltzfus (Hg.), *Social Outsiders*, S. 161–191; Wachsmann, *Hitler's Prisons*, 2. Kapitel.

160 Crew, *Germans on Welfare,* S. 208–212.

161 Broszat, »Nationalsozialistische Konzentrationslager«, S. 23–25.

162 Caplan, *Government*, S. 139–141.

163 *RGBl.,* Bd. 1, S. 175. Näheres über die Anwendung des Gesetzes auf die jüdischen Beamten auf S. 562f.

164 Aufzeichnung von Staatsrat Dr. Schultz (Hamburg) vom 27. April über die Ministerbesprechung vom 25. April, zit. in Hans Mommsen, *Beamtentum im Dritten Reich,* Stuttgart 1966, S. 160–162.

165 Broszat, *Der Staat Hitlers,* S. 254.

166 Caplan, *Government,* S. 143–147; Bracher, *Stufen der Machtergreifung,* S. 244.

167 Bracher, *Stufen der Machtergreifung,* S. 244–246; Fieberg (Hg.), *Im Namen,* S. 87–94; Lothar Gruchmann, »Die Überleitung der Justizverwaltung auf das Reich 1933–1935«, in Bundesministerium der Justiz (Hg.), *Vom Reichsjustizamt zum Bundesministerium der Justiz. Festschrift zum 100jährigen Gründungstag des Reichsjustizamtes,* Köln 1977, S. 119–160; Horst Göppinger, *Die Verfolgung der Juristen jüdischer Abstammung durch den Nationalsozialismus,* Villingen 1963.

168 Fieberg (Hg.), *Im Namen,* S. 76–79 und 272; Gruchmann, »Die Überleitung«.

169 Bracher, *Stufen der Machtergreifung,* S. 264–267; Hayes, *Industry and Ideology,* S. 85–89.

170 Evans, *The Feminist Movement,* S. 255–260; dort die Nachweise für Zitate.

171 Allen, *»Das haben wir nicht gewollt«,* S. 218–235.

6. Kapitel Hitlers Kulturrevolution

1 Josef Wulf, *Musik im Dritten Reich, Eine Dokumentation,* Gütersloh 1963, S. 31; Fritz Busch, *Aus dem Leben eines Musikers,* Zürich 1949, S. 188–209; Erik Levi, *Music in the Third Reich,* London 1994, S. 42f.; *Braunbuch,* S. 164.

2 Michael H. Kater, *Die mißbrauchte Muse. Musiker im Dritten Reich,* München 1998 (1997), S. 233–238, wo die Darstellung in Buschs Erinnerungen korrigiert wird. Zur Machtergreifung der NSDAP in Sachsen siehe Szejnmann, *Nazism,* S. 33f.

3 Gerhard Splitt, *Richard Strauss 1933–1935: Ästhetik und Musikpolitik zu Beginn der nationalsozialistischen Herrschaft,* Pfaffenweiler 1987, S. 42–59; Bruno Walter, *Thema und Variationen – Erinnerungen und Gedanken,* Frankfurt am Main 1950, S. 272–275; Brigitte Hamann, *Winifred Wagner oder Hitlers Bayreuth,* München 2002, S. 117–156.

4 Peter Heyworth, *Otto Klemperer: Dirigent der Republik 1885–1933,* Berlin 1988 (1983), S. 461–470.

5 Levi, *Music,* S. 44f.; Christopher Hailey, *Franz Schreker, 1878–1934: A Cultural Biography,* Cambridge 1993, S. 273 und 288; Schreker war bereits 1932 nach ständigen antisemitischen Schikanen als Direktor der Berliner Hochschule für Musik zurückgetreten.

6 Wulf, *Musik im Dritten Reich,* S. 28.

7 Levi, *Music,* S. 39–41, 86 und 107. Allgemeiner hierzu Reinhold Brinkmann und Christoph Wolff (Hg.), *Driven into Paradise. The Musical Migration from Germany to the United States,* Berkeley 199.

8 Kater, *Die mißbrauchte Muse,* S.171ff. Siehe auch Michael Meyer, *The Politics of Music in the Third Reich,* New York 1991, S. 19–26.

9 Joseph Goebbels, *Revolution der Deutschen. 14 Jahre Nationalsozialismus,* Oldenburg 1933, S. 136f. (Hervorhebung im Original).

10 Minuth, *Regierung Hitler,* Bd. 1, S. 193–195. Siehe auch Wolfram Werner, »Zur Geschichte des Reichsministeriums für Volksaufklärung und Propa-

ganda und zur Überlieferung«, in *Findbücher zu Beständen des Bundesarchivs,* Bd. 15, *Reichsministerium für Volksaufklärung und Propaganda,* Koblenz 1979.

11 Zu der verbreiteten Ansicht, Goebbels sei »Sozialist« gewesen, siehe etwa Jochmann (Hg.), *Nationalsozialismus und Revolution,* S. 407f.

12 Fröhlich (Hg.), *Die Tagebücher,* Bd. I.II, S. 113f. und 393 (15. März 1933); Goebbels, *Die Revolution der Deutschen,* S. 138.

13 Fröhlich, »Joseph Goebbels – Der Propagandist«, S. 61.

14 Domarus; *Hitler,* Bd. I, S. 232.

15 Zit. nach Hans-Georg Reuth, *Goebbels,* München 1990, S. 269.

16 Goebbels, *Die Revolution der Deutschen,* S. 136–139.

17 Ebd., S. 141.

18 Reuth, *Goebbels,* S. 271; Fröhlich (Hg.), *Die Tagebücher,* Bd. II.I, S. 388 (6. März 1933), S. 293 (13. März 1933) und S. 395–397 (22. März 1933); Text der Verordnung in *RGBl. 1933* (Teil I), S. 449; Ansgar Diller, *Rundfunkpolitik im Dritten Reich,* München 1980, S. 89; Zbynek A.B. Zeman, *Nazi Propaganda,* Oxford 1973 (1964), S. 40. Zum Ausbau des Ministeriums siehe Welch, *The Third Reich,* S. 29–31.

19 West, *The Visual Arts,* S. 183f.; Zitat: Hitler, *Mein Kampf,* S. 283.

20 Levi, *Music in the Third Reich,* S. 246, Anm. 5.

21 Sam H. Shirakawa, *The Devil's Music Master. The Controversial Life and Career of Wilhelm Furtwängler*, New York 1992, vor allem S. 54–55, 72–73, 96–100, 238, 307.

22 Furtwänglers musikalische und kulturpolitische Ansichten finden sich in Michael Tanner (Hg.), *Wilhelm Furtwängler, Notebooks 1924–1954,* London 1989; Zitate aus unveröffentlichtem Material in Fred K. Prieberg, *Kraftprobe. Wilhelm Furtwängler im Dritten Reich,* Wiesbaden 1986, S. 30, 144ff., 198, 221.

23 Zu Furtwänglers Leben und Ansichten allgemein siehe Prieberg, *Kraftprobe,* passim; zu Vorbehalten gegenüber diesem Buch siehe Richard Evans, *Rereading,* S. 187–193.

24 *Vossische Zeitung,* 11. April 1933; Abdruck in Wulf, *Musik im Dritten Reich,* S. 81f. Max Reinhardt war ein bekannter Regisseur und Theaterleiter.

25 Levi, *Music in the Third Reich,* S. 199–201.

26 *Berliner Lokal-Anzeiger,* 11. April 1933; Abdruck in Wulf, *Musik im Dritten Reich,* S. 82f.

27 Levi, *Music in the Third Reich,* S. 198–202; Peter Cossé, »Die Geschichte«, in Paul Badde et al. (Hg.), *Das Berliner Philharmonische Orchester,* Stuttgart 1987, S. 10–17.

28 Kater, *Gewagtes Spiel,* S. 45–52.

29 Ebd., S.65–119.

30 Peter Jelavich, *Berlin Cabaret,* Cambridge, Mass., 1993; zu Claire Waldoff und »Hermann« siehe S. 229.

31 Volker Kühn (Hg.), *Deutschlands Erwachen: Kabarett unterm Hakenkreuz 1933–1945,* Weinheim 1989, S. 335. Allgemeiner hierzu Christian Goeschel, »Methodische Überlegungen zur Geschichte der Selbsttötung im Nationalsozialismus«, in Hans Medick (Hg.), *Selbsttötung als kulturelle Praxis,* Göttingen (erscheint 2004).

32 Josef Wulf, *Theater und Film im Dritten Reich. Eine Dokumentation,* Gütersloh 1964, S. 265–306.
33 David Thomson, *The New Dictionary of Film,* 2002 (4. Auflage). Behauptungen in einigen Biographien Marlene Dietrichs einschließlich ihrer eigenen, sie habe Deutschland aus politischen Gründen verlassen und Hitler habe persönlich interveniert und versucht, sie umzustimmen, sollten mit größter Vorsicht behandelt werden.
34 David Welch, »Propaganda and the German Cinema 1933–1945«, unveröff. Diss., London University 1979, Appendix I.
35 Jochen Klepper, *Unter dem Schatten deiner Flügel. Aus den Tagebüchern 1932–1942,* Stuttgart 1956, S. 45 (Zitat) und 65; Josef Wulf, *Presse und Funk im Dritten Reich. Eine Dokumentation,* Gütersloh 1964, S. 277–279 und 280–284; Birgit Bernard, »›Gleichschaltung‹ im Westdeutschen Rundfunk 1933/34«, in Dieter Breuer und Gertrude Cepl-Kaufmann (Hg.), *Moderne und Nationalsozialismus im Rheinland,* Paderborn 1997, S. 301–310.
36 Helmut Heiber (Hg.), *Goebbels-Reden,* Bd. 1, 1932–1939, Düsseldorf 1971, S. 91.
37 Fulda, »Press and Politics«, S. 231–233 und 241f. Siehe allgemein den Überblick bei Norbert Frei und Johannes Schmitz, *Journalismus im Dritten Reich,* 3. überarb. Aufl., München 1999, S. 20–38.
38 Welch, *The Third Reich,* S. 46; Text des Gesetzes in Wulf, *Funk und Presse,* S. 72f.
39 Ebd., S. 19–38.
40 Goebbels, *Revolution der Deutschen,* S. 146.
41 Grossman, *Ossietzky,* S. 224–274.
42 Ebd., S. 267; Chris Hirte, *Erich Mühsam: »Ihr seht mich nicht feige«. Biografie,* Berlin 1985 S. 431–450. Die Meinungen gehen auseinander, ob es Mord oder Selbstmord war; das erstere erscheint wahrscheinlicher.
43 Dieter Distl, *Ernst Toller: Eine politische Biographie,* Schrobenhausen 1993, S. 146–178.
44 Kelly, *All Quiet,* S. 39–56.
45 Inge Jens (Hg.), *Thomas Mann an Ernst Bertram: Briefe aus den Jahren 1910–1955,* Pfullingen 1960, S. 178 (Brief vom 18. November 1933); Robert Faesi (Hg.), *Thomas Mann – Robert Faesi: Briefwechsel,* Zürich 1962, S. 23 (Mann an Faesi, 28. Juni 1933); Klaus Harpprecht, *Thomas Mann: Eine Biographie,* Reinbek 1995, S. 707–750; Kurt Sontheimer, »Thomas Mann als politischer Schriftsteller«, *VfZ* 6 (/1958), S. 1–44; Josef Wulf, *Literatur und Dichtung im Dritten Reich: Eine Dokumentation,* Gütersloh 1963, S. 24.
46 Ritchie, *German Literature,* S. 187–189; Wulf, *Literatur und Dichtung,* passim.
47 Robert E. Norton, *Secret Germany: Stefan George and his Circle,* Ithaca, NY 2002, ist heute die Standardbiographie. Zu Jünger siehe Paul Noack, *Ernst Jünger. Eine Biographie,* Berlin 1998, S. 121–151.
48 Zitiert in Wulf, *Literatur und Dichtung,* S. 132; siehe auch Ritchie, *German Literature,* S. 9f., 48f. und 111–132.
49 Frederic Spotts, *Hitler and the Power of Aesthetics,* London 2002, S. 152; Zitate und Kontext in West, *The Visual Arts,* S. 183f.; Zitat: Hitler, *Mein Kampf,* S. 283.

50 Rosamunde Neugebauer, »›Christus mit der Gasmaske‹ von George Grosz, oder: Wieviel Satire konnten Kirche und Staat in Deutschland um 1930 ertragen?«, in Maria Rüger (Hg.), *Kunst und Kunstkritik der dreißiger Jahre: Standpunkte zu künstlerischen und ästhetischen Prozessen und Kontroversen,* Dresden 1990, S. 156–165.
51 Josef Wulf, *Die Bildenden Künste im Dritten Reich: Eine Dokumentation,* Gütersloh 1963, S. 49–51.
52 Peter Adam, *Arts of the Third Reich,* London 1992, S. 59.
53 Jonathan Petropoulos, *The Faustian Bargain: The Art World in Nazi Germany,* London 2000, S. 217. Siehe auch Brandon Taylor und Wilfried van der Will (Hg.), *The Nazification of Art: Art, Design, Music, Architecture and Film in the Third Reich,* Winchester 1990.
54 Spotts, *Hitler,* S. 153–155.
55 Petropoulos, *The Faustian Bargain,* S. 14–16.
56 Adam, *Arts,* S. 49f.; Wulf, *Die Bildenden Künste,* S. 36; Günter Busch, *Max Liebermann: Maler, Zeichner, Graphiker,* Frankfurt am Main 1986, S. 146 (hier das Zitat); Peter Paret, *An Artist against the Third Reich: Ernst Barlach 1933–1938,* Cambridge 2003, S. 77–92. Liebermanns Begräbnis wurde von der Politischen Polizei streng überwacht; Petropoulos, *The Faustian Bargain,* S. 217.
57 Sean Rainbird (Hg.), *Max Beckman,* London 2003, S. 157–164 und 273f.; Adam, *Arts,* S. 53; Petropoulos, *The Faustian Bargain,* S. 216–221.
58 Wulf, *Die Bildenden Künste,* S. 39–45; Koehler, »The Bauhaus«, S. 292f.; Igor Golomstock, *Totalitarian Art in the Soviet Union , Third Reich, Fascist Italy and the People's Republic of China,* London 1990, S. 21; West, *The Visual Arts,* S. 83–133.
59 Ritchie, *German Literature,* S. 187.
60 Ebd., S. 189; Harpprecht, *Thomas Mann,* S. 722–750.
61 Ritchie, *German Literature,* S. 58–61; Lothar Gall, *Bürgertum in Deutschland,* Berlin 1989, S. 466, auch allgemeiner zu Bassermann und seiner Familie. Johst wurde bald darauf zum zweiten Direktor des Theaters ernannt. Siehe Boguslaw Drewniak, *Das Theater im NS-Staat: Szenarium deutscher Zeitgeschichte 1933–1945,* Düsseldorf 1983, S. 46f.; allgemeiner Glen W. Gadberry (Hg.), *Theatre in the Third Reich, the Prewar Years: Essays on Theatre in Nazi Germany,* Westport, Conn. 1995, und John London (Hg.), *Theatre under the Nazis,* Manchester 2000.
62 Ritchie, *German Literature,* S. 58–61; Zitat in Wulf, *Theater und Film,* S. 189.
63 Knowles (Hg.), *The Oxford Dictionary of Quotations,* S. 418, Zitat 17; zu einer ersten, ausführlichen Darstellung des »Vernichtungskriegs gegen die Kultur« siehe *Braunbuch,* S. 146–181.
64 Hugo Ott, *Martin Heidegger: Unterwegs zu einer Biographie,* Frankfurt am Main 1988, S. 19–127.
65 Ebd., S. 140–148.
66 Martin Heidegger, *Die Selbstbehauptung der deutschen Universität: Rede, gehalten bei der feierlichen Übernahme des Rektorats der Universität Freiburg i. Br. am 27.5.33,* Breslau 1934, S. 5, 7, 14f. und 22.
67 Hans Sluga, *Heidegger's Crisis: Philosophy and Politics in Nazi Germany,* Cambridge, Mass. 1993, S. 1–4; Guido Schneeberger, *Nachlese zu Heideg-*

ger: Dokumente zu seinem Leben und Denken, Bern 1962, S. 49–57. Siehe auch die Biographie von Rüdiger Safranski, *Ein Meister aus Deutschland: Heidegger und seine Zeit,* München 1994.

68 Ott, *Martin Heidegger,* S. 165.

69 Ebd., S. 179.

70 Der einzige Professor, der dem Begräbnis überhaupt beiwohnte, war der Historiker Gerhard Ritter. Siehe Cornelissen, *Gerhard Ritter,* S. 239.

71 Zit. in Ott, *Martin Heidegger,* S. 160; auf S. 161f. findet sich eine Erörterung über die Kasuistik heutiger Bewunderer Heideggers in dem Versuch, derartige Gesinnungen wegzuerklären. Zu einer nützlichen Sammlung von Untersuchungen siehe Bernd Martin (Hg.), *Martin Heidegger und das »Dritte Reich«: Ein Kompendium,* Darmstadt 1989.

72 Remy, *The Heidelberg Myth,* S. 14.

73 Ott, *Martin Heidegger,* S. 224–343.

74 Noakes und Pridham (Hg.), *Nazism,* Bd. II, S. 443f. Zu zwei guten Lokalstudien siehe Uwe Dietrich Adam, *Hochschule und Nationalsozialismus: Die Universität Tübingen im Dritten Reich,* Tübingen 1977, und Notker Hammerstein, *Die Johann Wolfgang Goethe-Universität: Von der Stiftungsuniversität zur staatlichen Hochschule,* 2 Bde., Neuwied 1989, Bd. 1, S. 171–211.

75 Klaus Fischer, »Der quantitative Beitrag der nach 1933 emigrierten Naturwissenschaftler zur deutschsprachigen physikalischen Forschung«, *Berichte zur Wissenschaftsgeschichte,* 11 (1988), S. 83–104, eine geringfügige Revidierung etwas höherer Zahlen in Alan D. Beyerchen, *Wissenschaftler unter Hitler: Physiker im Dritten Reich,* Köln 1980 (1977), S. 70–75, und Norbert Schnappacher, »Das Mathematische Institut der Universität Göttingen« und Alf Rosenow, »Die Göttinger Physik unter dem Nationalsozialismus«, beides in Heinrich Becker et al. (Hg.), *Die Universität Göttingen unter dem Nationalsozialismus: Das verdrängte Kapitel ihrer 250jährigen Geschichte,* München 1987, S. 345–373 und 374–409.

76 Ute Deichmann, *Biologen unter Hitler: Porträt einer Wissenschaft im NS-Staat,* Frankfurt am Main 1995 (1992), S. 48–51.

77 Beyerchen, *Wissenschaftler,* S. 56.

78 Max Born (Hg.), *Albert Einstein – Max Born. Briefwechsel 1916–1955,* Frankfurt am Main 1982 (1969), S. 160.

79 Fritz Stern, *Der Traum vom Frieden und die Versuchung der Macht: Deutsche Geschichte im 20. Jahrhundert,* Berlin 1988 (1987), S. 62–89 (»Fritz Haber: Politik und Wissenschaft«); Margit Szöllösi-Janze, *Fritz Haber 1868–1934: Eine Biographie,* München 1998, S. 643–691.

80 Max Planck, »Mein Besuch bei Hitler«, *Physikalische Blätter,* 3 (1947), S. 143; Fritz Stern, *Einstein's German World,* London 2000 (1999), S. 34–58.

81 Remy, *The Heidelberg Myth,* S. 17f. Allgemeiner hierzu siehe Fritz Köhler, »Zur Vertreibung humanistischer Gelehrter 1933/34«, *Blätter für deutsche und internationale Politik,* 11 (1966), S. 696–707.

82 Beyerchen, *Wissenschaftler,* S. 36–39, 95f. und 266–281.

83 Remy, *The Heidelberg Myth,* S. 24–29; siehe auch Christian Jansen, *Professoren und Politik: Politisches Denken und Handeln der Heidelberger Hochschullehrer 1914–1935,* Göttingen 1992.

84 Noakes und Pridham (Hg.), *Nazism,* Bd. II, S. 250; Turner, *Die Großunternehmer,* S. 401.
85 Remy, *The Heidelberg Myth,* S. 20.
86 Ebd., S. 31.
87 Grüttner, *Studenten,* S. 71–74.
88 Zit. ebd., S. 81–86, Preußisches KM an den Führer der DSt, 16.11.1933, in BA Potsdam REM 1738 Bl. 464.
89 Axel Friedrichs (Hg.), *Die nationalsozialistische Revolution 1933* (Dokumente der deutschen Politik I), Berlin 1933, S. 277; Fröhlich (Hg.), *Die Tagebücher,* Bd. I.II, S. 419 (11. Mai 1933).
90 Verschiedene Versionen der 12 Thesen abgedruckt in Gerhard Sauder (Hg.), *Die Bücherverbrennung: Zum 10. Mai 1933,* München 1983, S. 89–95. Text der Feuersprüche in Wulf, *Literatur und Dichtung,* S. 45f.
91 Clemens Zimmermann, »Die Bücherverbrennung am 17. Mai 1933 in Heidelberg: Studenten und Politik am Ende der Weimarer Republik«, in Joachim-Felix Leonhard (Hg.), *Bücherverbrennung: Zensur, Verbot, Vernichtung unter dem Nationalsozialismus in Heidelberg,* Heidelberg 1983, S. 55–84.
92 Wolfgang Strätz, »Die studentische ›Aktion wider den undeutschen Geist‹«, *VfZ* 16 (1968), S. 347–372 (wo die Initiative zu der Aktion irrtümlich dem Reichspropagandaministerium zugeschrieben wird); Jan-Pieter Barbian, *Literaturpolitik im »Dritten Reich«: Institutionen, Kompetenzen, Betätigungsfelder,* Frankfurt am Main 1993, S. 54–60 und 128–142; Hildegard Brenner, *Die Kunstpolitik des Nationalsozialismus,* Hamburg 1963, S. 186.
93 Leonidas E. Hill, »The Nazi Attack on ›Un-German‹ Literature, 1933–1945«, in Jonathan Rose (Hg.), *The Holocaust and the Book,* Amherst, Mass. 2001, S. 9–46; Sauder, *Die Bücherverbrennung,* S. 9–16; siehe auch Anselm Faust, »Die Hochschulen und der ›undeutsche Geist‹: Die Bücherverbrennung am 10. Mai 1933 und ihre Vorgeschichte«, in Horst Denker und Eberhard Lämmert (Hg.), *»Das war ein Vorspiel nur …« Berliner Kolloquium zur Literaturpolitik im »Dritten Reich«,* Berlin 1985, S. 31–50; Grüttner, *Studenten,* S. 75–77, verweist darauf, daß sich in den Unterlagen der Deutschen Studentenschaft keine Anweisungen des erst vor kurzem gegründeten Reichspropagandaministeriums gefunden haben, und Goebbels gibt in seinen Tagebüchern auch keinen Hinweis darauf, daß er der Initiator der Aktion war.
94 Rebentisch und Raab (Hg.), *Neu-Isenburg,* S. 86f.
95 Zum Wartburgfest siehe Hans-Ulrich Wehler, *Deutsche Gesellschaftsgeschichte,* Bd. 2, S. 334–336; Heines berühmtes späteres Zitat in »Almansor«, *Heinrich Heines sämtliche Werke,* Hg. Oskar Walzel, Leipzig 1911, Bd. 1, S. 314; im Preußen der damaligen Zeit war der Tod in den Flammen noch immer als Strafe für Mord durch Brandstiftung vorgeschrieben, und ein entsprechendes Urteil wurde letztmalig 1813 in Berlin vollstreckt (Evans, *Rituale der Vergeltung,* S. 267).
96 Reichardt, *Faschistische Kampfbünde,* S. 631–643; allgemeiner folge ich hier der kulturellen Deutung des Antisemitismus in Goldhagens *Hitlers willige Vollstrecker,* Kapitel 1 bis 4, auch wenn ich einige der von ihm aufgestellten Behauptungen, vor allem was die Zeit vor 1933 betrifft, im einzelnen nicht teile.

97 Michael Wildt, »Violence against Jews in Germany, 1933–1939«, in David Bankier (Hg.), *Probing the Depths of German Antisemitism: German Society and the Persecution of the Jews 1933–1941*, Jerusalem 2000, S. 181–200, vor allem S. 181f.; Saul Friedländer, *Das Dritte Reich und die Juden, Bd. 1, Die Jahre der Verfolgung 1933–1939*, München 1998 (1997), S. 123–128; Walter, *Antisemitische Kriminalität*, S. 236–243. Zu einer zeitgenössischen Dokumentation siehe Comité des Délégations Juives (Hg.), *Das Schwarzbuch: Tatsachen und Dokumente. Die Lage der Juden in Deutschland 1933*, Paris 1934. Allgemeiner hierzu Shulamit Volkov, »Antisemitism as a Cultural Code: Reflections on the History and Historiography of Antisemitism in Imperial Germany«, *Leo Baeck Institute Year Book*, 23 (1978), S. 25–46.

98 Longerich, *Politik der Vernichtung*, S. 26–30.

99 Lothar Gruchmann, *Justiz im Dritten Reich*, S. 126; Longerich, *Der ungeschriebene Befehl*, S. 44.

100 Haffner, *Geschichte eines Deutschen*, S. 149.

101 Halbmonatsbericht des Regierungspräsidenten von Niederbayern und der Oberpfalz, 30.3.1933, zit. in Broszat, Fröhlich und Wiesemann (Hg.), *Bayern in der NS-Zeit*, Teil A, Bd. 1, S. 432.

102 Friedländer, *Das Dritte Reich und die Juden*, S. 49–52.

103 *Braunbuch*, S. 229; zur Verfolgung der Juden allgemein ebd., S. 222–269.

104 Friedländer, *Das Dritte Reich und die Juden*, S. 31.

105 Minuth (Hg.), *Die Regierung Hitler*, Bd. 1, S. 270f.; Longerich, *Der ungeschriebene Befehl*, S. 45f.

106 Fröhlich (Hg.), *Die Tagebücher*, Bd. I.II, S. 398 (27. März 1933).

107 Moshe R. Gottlieb, *American Anti-Nazi Resistance, 1933–1941: An Historical Analysis*, New York 1982, S. 15–24; Deborah E. Lipstadt, *Beyond Belief: The American Press and the Coming of the Holocaust, 1933–1945*, New York 1986.

108 Fröhlich (Hg.), *Die Tagebücher*, Bd. I.II, S. 398–401; Reuth, *Goebbels*, S. 281; Victor Klemperer, *Ich will Zeugnis ablegen bis zum letzten*, Berlin 1996 (1995), Bd.1, S. 5–39.

109 Longerich, *Politik der Vernichtung*, S. 36–39; allgemeiner Avraham Barkai, *Vom Boykott zur »Entjudung«. Der wirtschaftliche Existenzkampf der Juden im Dritten Reich 1933–1943*, Frankfurt am Main 1988, S. 26–35; Helmut Genschel, *Die Verdrängung der Juden aus der Wirtschaft im Dritten Reich*, Berlin 1966, S. 47–70.

110 Friedländer, *Das Dritte Reich und die Juden*, S. 32–35; Broszat u. a., *Bayern in der NS-Zeit*, Bd. 1, S. 433–435; Klemperer, *Ich will Zeugnis ablegen*, Bd. 1, S. 17.

111 Friedländer, *Das Dritte Reich und die Juden*, S. 37.

112 Longerich, *Politik der Vernichtung*, S. 39–41.

113 Friedländer, *Das Dritte Reich und die Juden*, S. 38–42.

114 Longerich, *Politik der Vernichtung*, S. 41–45.

115 Friedländer, *Das Dritte Reich und die Juden*, S. 46–49.

116 Ebd., S. 49–52.

117 Allen, *»Das haben wir nicht gewollt«*, S. 218–224.

118 Konrad Kwiet und Helmut Eschwege, *Selbstbehauptung und Widerstand: Deutsche Juden im Kampf um Existenz und Menschenwürde 1933–1945,* Hamburg 1984, S. 50–56.

119 Victor Klemperer, *Ich will Zeugnis ablegen,* Bd. 1, S. 5–21.

120 Norbert Frei, »›Machtergreifung‹: Anmerkungen zu einem historischen Begriff«, *VfZ* 31 (1983), S. 136–145. Der Begriff »Machtergreifung« wurde tatsächlich erst durch das maßgebliche Werk von Bracher, Schulz und Sauer, *Die nationalsozialistische Machtergreifung,* in Umlauf gesetzt; doch sie wollten offenkundig mit diesem Begriff die Periode nach dem 30. Januar 1933 bis zum Spätsommer desselben Jahres bezeichnen.

121 Der Begriff des »Machtvakuums« ist ein zentraler Aspekt in Brachers klassischer Darstellung in *Die Auflösung.*

122 Siehe die faszinierenden Spekulationen in Turner, *Hitlers Weg zur Macht,* S. 227–233. Der Autor unterschätzt dabei in meinen Augen den Rassismus und den Antisemitismus des deutschen Offizierskorps und dessen Bedürfnis, »Deutschlands Griff nach der Weltmacht« zu erneuern, den es früher in dem Jahrhundert so stark unterstützt hatte. Es liegt freilich in der Natur dieser »kontrafaktischen« Geschichtsschreibung, daß wir uns am Ende nur auf Vermutungen stützen und nichts darüber wissen können, ob meine eigenen Spekulationen in irgendeiner Weise triftiger sind als die Turners. Zu einigen allgemeinen Überlegungen siehe Richard J. Evans, »Telling It Like It Wasn't«, *BBC History Magazine,* 3 (2002), S. 22–25; siehe auch Heinrich August Winkler (Hg.), *Die deutsche Staatskrise 1930–1933. Handlungsspielräume und Alternativen,* München 1992.

123 Volker Rittberger (Hg.), *1933: Wie die Republik der Diktatur erlag,* Stuttgart 1983, vor allem S. 217–221; Martin Blinkhorn, *Fascists and Conservatives: The Radical Right and the Establishment in Twentieth Century Europe,* London 1990; ders., *Fascism and the Right in Europe 1919–1945,* London 2000; Payne, *A History of Fascism,* S. 14–19.

124 Paul, *Aufstand der Bilder,* S. 255–263; Richard Bessel, »Violence as Propaganda: The Role of the Stormtroopers in the Rise of National Socialism«, in Thomas Childers (Hg.), *The Formation of the Nazi Constituency, 1919–1933,* London 1986, S. 131–146.

125 Geoff Eley, »What Produces Fascism: Pre-Industrial Traditions or a Crisis of the Capitalist State?«, in ders., *From Unification to Nazism,* S. 254–282; Gessner, *Agrarverbände in der Weimarer Republik;* Geyer, »Professionals and Junkers«; Peukert, *Die Weimarer Republik,* S. 266–270.

126 Erdmann und Schulze (Hg.), *Weimar;* Heinz Höhne, *Die Machtergreifung: Deutschlands Weg in die Hitler-Diktatur,* Reinbek 1983, 2. Kapitel (»Selbstmord einer Demokratie«).

127 Joseph Goebbels, *Der Angriff: Aufsätze aus der Kampfzeit,* München 1935, S. 61.

128 Bracher, *Die deutsche Diktatur,* S. 209–218, hier S. 214.

129 Ebd., S. 216f.

130 Thomas Balistier, *Gewalt und Ordnung: Kalkül und Faszination der SA,* Münster 1989.

131 *Der Prozeß gegen die Hauptkriegsverbrecher,* Bd. XXVI, S. 300f. (Dok. 783-PS); Broszat, »Nationalsozialistische Konzentrationslager«, S. 39.

132 Siehe beispielsweise Lothar Gruchmann, »Die bayerische Justiz im politischen Machtkampf 1933/34: Ihr Scheitern bei der Strafverfolgung von Mordfällen in Dachau«, in Broszat, Fröhlich und Wiesemann (Hg.), *Bayern in der NS-Zeit,* Bd.2, S. 415–428.
133 Wachsmann, *Hitler's Prisons,* 2. Kapitel.
134 Haffner, *Geschichte eines Deutschen,* S. 122–149; Dirk Schumann, *Politische Gewalt in der Weimarer Republik: Kampf um die Straße und Furcht vor dem Bürgerkrieg,* Essen 2001, vor allem S. 271–368.
135 Hitler, *Hitler: Reden, Schriften, Anordnungen,* Bd. 3, S. 434–451, Zitat S. 445.
136 Bessel, *Political Violence,* S. 123–125.
137 Ludwig Binz, »Strafe oder Vernichtung?«, *Völkischer Beobachter,* 5. Januar 1929; zit. in R. J. Evans, *Rituale der Vergeltung,* S. 758. (Hervorh. im Original).
138 Hermann Rauschning, *Die Revolution des Nihilismus: Kulisse und Wirklichkeit im Dritten Reich,* Zürich 1938, S. 84.
139 Bracher u. a., *Die nationalsozialistische Machtergreifung,* Bd. 1, S. 21f.
140 Richard Bessel, »1933: A Failed Counter-Revolution«, in Edgar E. Rice (Hg.), *Revolution and Counter-Revolution,* Oxford 1991, S. 109–227; Horst Möller, «Die nationalsozialistische Machtergreifung: Konterrevolution oder Revolution?«, *VfZ* 31 (1983), S. 25–51; Jeremy Noakes, »Nazism and Revolution«, in Noel O'Sullivan (Hg.), *Revolutionary Theory and Political Reality,* London 1983, S. 73–100; Rainer Zitelmann, *Hitler: Selbstverständnis eines Revolutionärs,* Stuttgart 1987; Jacob L. Talmon, *The Origins of Totalitarian Democracy,* London 1952.
141 Bracher u. a., *Die nationalsozialistische Machtergreifung,* Bd. 1, S. 25f.
142 Minuth, *Die Regierung Hitler,* Bd. 1, S. 630.
143 Ebd., S. 634.
144 AT 99.
145 Bracher u. a., *Die nationalsozialistische Machtergreifung,* Bd. 1, S. 48.
146 Leo Trotzki, *Geschichte der russischen Revolution,* 2 Bde., Frankfurt 1982 (1933), Bd. 2.2, S. 951.
147 Domarus, *Hitler,* Bd. I, S. 411f.
148 Richard Löwenthal, »Die nationalsozialistische ›Machtergreifung‹ – eine Revolution? Ihr Platz unter den totalitären Revolutionen unseres Jahrhunderts«, in Martin Broszat u. a. (Hg.), *Deutschlands Weg in die Diktatur,* Berlin 1983, S. 42–74.

Literaturverzeichnis

Abel, Theodore, *Why Hitler Came to Power*, Cambridge, Mass., 1986 (1938).

Abrams, Lynn, *Workers' Culture in Imperial Germany: Leisure and Recreation in the Rhineland and Westphalia*, London 1992.

Ackermann, Josef, *Himmler als Ideologe*, Göttingen 1970.

–, »Heinrich Himmler. ›Reichsführer-SS‹«, in Smelser und Zitelmann (Hg.), *Die Braune Elite I*, S. 115–133.

Adam, Peter, *Arts of the Third Reich*, London 1992.

Adam, Uwe Dietrich, *Hochschule und Nationalsozialismus: Die Universität Tübingen im Dritten Reich*, Tübingen 1977.

Adolph, Hans J. L., *Otto Wels und die Politik der deutschen Sozialdemokratie 1934–1939: Eine politische Biographie*, Berlin 1971.

Afflerbach, Holger, *Falkenhayn: Politisches Denken und Handeln im Kaiserreich, München* 1994.

Albertini, Luigi, *The Origins of the War of 1914*, 3 Bde., Oxford 1952–1957.

Albrecht, Richard, »Symbolkampf in Deutschland 1932: Sergej Tschachotin und der »Symbolkrieg« der drei Pfeile gegen den Nationalsozialismus als Episode im Abwehrkampf der Arbeiterbewegung gegen den Faschismus in Deutschland«, *Internationale Wissenschaftliche Korrespondenz zur Geschichte der deutschen Arbeiterbewegung* 22 (1986), S. 498–533.

Aldcroft, Derek H., *Die Zwanziger Jahre: Von Versailles zur Wall Street 1919–1929*, München 1978 (1977).

Allen, William Sheridan, *»Das haben wir nicht gewollt«: Die nationalsozialistische Machtergreifung in einer Kleinstadt, 1930–1935*, Gütersloh 1966.

Althaus, Hans-Joachim u.a., *»Da ist nirgends nichts gewesen außer hier.« Das »rote Mössingen« im Generalstreik gegen Hitler. Geschichte eines schwäbischen Arbeiterdorfes*, Berlin 1982.

Ambrosius, Lloyd E., *Wilsonian Statecraft: Theory and Practice of Liberal Internationalism during World War I*, Wilmington, Delaware, 1991.

Andersch, Alfred, *Der Vater eines Mörders. Eine Schulgeschichte*, Zürich 1980.

Anderson, Margaret L., *Practicing Democracy: Elections and Political Culture in Imperial Germany*, Princeton 2000.

Angell, Norman, *The Story of Money*, New York 1930.

Angermund, Ralph, *Deutsche Richterschaft 1918–1945: Krisenerfahrung, Illusion, Politische Rechtsprechung*, Frankfurt am Main 1990.

Angress, Werner, *Die Kampfzeit der KPD: 1921–1923*, Düsseldorf 1973 (1963).

Anschütz, Gerhard, *Die Verfassung des Deutschen Reiches vom 11.8.1919*, Berlin 1926.

Arendt, Hannah, *Elemente und Ursprünge totaler Herrschaft*, München 1951.

Aschheim, Steven E., *Brothers and Strangers. The East European Jew in German and German Jewish Consciousness 1800–1923,* Madison 1982.

–, *Nietzsche und die Deutschen: Karriere eines Kults*, Stuttgart 1996 (1992).

Auerbach, Helmuth, »Hitlers politische Lehrjahre und die Münchner Gesellschaft«, *VfZ* 25 (1977), S. 1–45.

Ay, Karl-Ludwig, *Die Entstehung einer Revolution. Die Volksstimmung in Bayern während des Ersten Weltkrieges*, Berlin 1968.

Ayass, Wolfgang, »Vagrants and Beggars in Hitler's Reich«, in Evans (Hg.), *The German Underworld*, S. 210–237.

–, *»Asoziale« im Nationalsozialismus,* Stuttgart 1995.

Ayçoberry, Pierre, *The Nazi Question. An Essay on the Interpretations of National Socialism (1922–1975),* New York 1981.

Bacharach, Walter Zwi, *Anti-Jewish Prejudice in German-Catholic Sermons,* Lewiston 1993.

Badde, Paul, u. a. (Hg.), *Das Berliner Philharmonische Orchester,* Stuttgart 1987.

Baechler, Christian, *Gustav Stresemann (1878–1929): De l'impérialisme à la sécurité collective*, Straßburg 1996.

Bahar, Alexander, and Wilfried Kugel, »Der Reichstagsbrand. Neue Aktenfunde entlarven die NS-Täter«, *Zeitschrift für Geschichtswissenschaft* 43 (1995), S. 823–832.

Bahne, Siegfried, »Die Kommunistische Partei Deutschlands«, in Erich Matthias and Rudolf Morsey (Hg.), *Das Ende der Parteien 1933*, Düsseldorf 1960, S. 655–739.

Bajohr, Frank (Hg.), *Norddeutschland im Nationalsozialismus,* Hamburg 1993.

Balderston, Theo, *The Origins and Course of the German Economic Crisis, 1923–1932,* Berlin 1993.

–, *Economics and Politics in the Weimar Republic*, London 2002.

Balistier, Thomas, *Gewalt und Ordnung. Kalkül und Faszination der SA,* Münster 1989.

Balke, Friedrich, *Der Staat nach seinem Ende. Die Versuchung des Carl Schmitt*, München 1996.

Bandikat, Elfi und Detlef Lehnert, »›Schwarzweißrot gegen Schwarzrotgold‹. Identifikation und Abgrenzung parteipolitischer Teilkulturen im Reichstagswahlkampf des Frühjahres 1924«, in: Detlef Lehnert und Klaus Megerle (Hg.), *Politische Teilkulturen zwischen Integration und Polarisierung. Zur politischen Kultur in der Weimarer Republik*, Opladen 1990, S. 102–142.

Baranowski, Shelley, *The Sanctity of Rural Life. Nobility, Protestantism and Nazism in Weimar Prussia,* New York 1995.

Barbian, Jan-Pieter, *Literaturpolitik im »Dritten Reich«: Institutionen, Kompetenzen, Betätigungsfelder,* Frankfurt am Main 1993.

Barkai, Avraham, *Vom Boykott zur »Entjudung«. Der wirtschaftliche Existenzkampf der Juden im Dritten Reich 1933–1943*, Frankfurt am Main 1988.

Bartov, Omer, *Mirrors of Destruction: War, Genocide, and Modern Identity,* Oxford 2000.

Bartsch, Günter, *Zwischen drei Stühlen: Otto Strasser: Eine Biographie,* Koblenz 1990.

Barth, Erwin, *Joseph Goebbels und die Formierung des Führer-Mythos 1917 bis 1934,* Erlangen 1999.

Becker, Heinrich u.a. (Hg.), *Die Universität Göttingen unter dem Nationalsozialismus: Das verdrängte Kapitel ihrer 250jährigen Geschichte,* München 1987.

Becker, Howard, *Vom Barette schwankt die Feder: Die Geschichte der deutschen Jugendbewegung,* Wiesbaden 1949 (1946).

Becker, Josef, »Zentrum und Ermächtigungsgesetz 1933: Dokumentation«, *VfZ* 8 (1961), S. 195–210.

–, und Ruth Becker (Hg.), *Hitlers Machtergreifung. Dokumente vom Machtantritt Hitlers 30. Januar 1933 bis zur Besiegelung des Einparteienstaates 14. Juli 1933*, 2. Aufl., München 1992.

Bendersky, Joseph, *Carl Schmitt. Theorist for the Reich*, Princeton 1983.

Bennett, Edward W., *German Rearmament and the West, 1932–1933,* Princeton 1979.

Benz, Wolfgang (Hg.), *Jüdisches Leben in der Weimarer Republik,* Tübingen 1998, besonders S. 271–280.

Berg, Nicolas, *Der Holocaust und die westdeutschen Historiker: Erforschung und Erinnerung,* Köln 2003.

Berger, Stefan, *Social Democracy and the Working Class in Nineteenth- and Twentieth-Century Germany,* London 2000.

Berghahn, Volker R., *Der Stahlhelm: Bund der Frontsoldaten 1918–1935,* Düsseldorf 1966.

–, *Der Tirpitz-Plan: Genesis und Verfall einer innenpolitischen Krisenstrategie unter Wilhelm II.*, Düsseldorf 1971.

–, *Germany and the Approach of War in 1914,* London 1973.

– (Hg.), *Militarismus,* Köln 1975.

–, *Militarismus: die Geschichte einer internationalen Debatte.* Hamburg 1986.

Bergmann, Klaus, *Agrarromantik und Großstadtfeindschaft*, Meisenheim 1970.

»Bericht des Obersten Parteigerichts an den Ministerpräsidenten Generalfeldmarschall Göring, 13.2.1939«, Dokument ND 3063-PS in *Der Prozeß,* Bd. XXII, S. 20–29.

Bering, Dietz, *Der Name als Stigma. Antisemitismus im deutschen Alltag 1812–1933.* Stuttgart 1987.

–, *Kampf um Namen. Bernhard Weiß gegen Joseph Goebbels.* Stuttgart 1991.

Bernard, Birgit, »›Gleichschaltung‹ im Westdeutschen Rundfunk 1933/34«, in Dieter Breuer und Gertrude Cepl-Kaufmann (Hg.), *Moderne und Nationalsozialismus im Rheinland,* Paderborn 1997.

Bessel, Richard, »The Potempa Murder«, *Central European History* 10 (1977), S. 241–254.

–, »The Rise of the NSDAP and the Myth of Nazi Propaganda«, *Wiener Library Bulletin* 33 (1980), S. 20–29.

–, *Political Violence and the Rise of Nazism: The Storm Troopers in Eastern Germany 1925–1934,* London 1984.

–, »Violence as Propaganda: The Role of the Storm Troopers in the Rise of National Socialism«, in Thomas Childers (Hg.), *The Formation of the Nazi Constituency, 1919–1933,* London 1986, S. 131–46.

–, »Why did the Weimar Republic Collapse?«, in Kershaw (Hg.), *Weimar*, 120–134.

–, »1933: A Failed Counter-Revolution«, in Edgar E. Rice (Hg.), *Revolution and Counter-Revolution*, Oxford 1991, S. 109–227.
–, »Militarisierung und Modernisierung: Polizeiliches Handeln in der Weimarer Republik«, in Alf Lüdtke (Hg.), *»Sicherheit« und »Wohlfahrt«: Polizei, Gesellschaft und Herrschaft im 19. und 20. Jahrhundert,* Frankfurt am Main 1992, S. 323–343.
–, *Germany after the First World War,* Oxford 1993.
Beyer, Hans, *Von der Novemberrevolution zur Räterepublik in München,* Berlin 1957.
Beyerchen, Alan D., *Wissenschaftler unter Hitler. Physiker im Dritten Reich,* Köln 1980.
Biesemann, Jörg, *Das Ermächtigungsgesetz als Grundlage der Gesetzgebung im nationalsozialistischen Deutschland: Ein Beitrag zur Stellung des Gesetzes in der Verfassungsgeschichte 1919–1945,* Münster 1992 (1985).
Binding, Karl, und Alfred Hoche, *Die Freigabe der Vernichtung lebensunwerten Lebens, Ihr Maß und ihre Form,* Leipzig 1920.
Binion, Rudolph, *Frau Lou: Nietzsche's Wayward Disciple,* Princeton 1968.
Birkenfeld, Werner, »Der Rufmord am Reichspräsidenten. Zu Grenzformen des politischen Kampfes gegen die frühe Weimarer Republik 1919–1925«, *Archiv für Sozialgeschichte* 15 (1965), S. 543–500.
Blackbourn, David, »Roman Catholics, the Centre Party and Anti-Semitism in Imperial Germany«, in Paul Kennedy und Anthony Nicholls (Hg.), *Nationalist and Racialist Movements in Britain and Germany before 1914,* London 1981, S. 106–129.
–, und Geoff Eley, *The Peculiarities of German History: Bourgeois Society and Politics in Nineteenth-century Germany*, Oxford 1984.
–, und Richard J. Evans (Hg.), *The German Bourgeoisie: Essays on the Social History of the German Middle Class from the Late Eighteenth to the Early Twentieth Century,* London 1991.
–, *Populists and Patricians. Essays in Modern German History,* London 1987.
–, *Wenn ihr sie wieder seht, fragt, wer sie sei: Marienerscheinungen in Marpingen,* Reinbek 1997 (1993).
–, *The Fontana History of Germany 1780–1918: The Long Nineteenth Century,* London 1997.
Blaich, Fritz, *Die Wirtschaftskrise 1925/26 und die Reichsregierung: Von der Erwerbslosenfürsorge zur Konjunturpolitik,* Kallmünz 1977.
–, *Der schwarze Freitag: Inflation und Wirtschaftskrise,* München 1985.
Blaschke, Olaf, *Katholizismus und Antisemitismus im Deutschen Kaiserreich,* Göttingen 1997.
–, und Aram Mattioli (Hg.), *Katholischer Antisemitismus im 19. Jahrhundert: Ursachen und Traditionen im internationalen Vergleich,* Zürich 2000.
Blasius, Dirk, *Geschichte der politischen Kriminalität in Deutschland 1800–1980,* Frankfurt am Main 1983.
Bley, Helmut, *Kolonialherrschaft und Sozialstruktur in Deutsch-Südwestafrika 1884–1914,* Hamburg 1968.
Blinkhorn, Martin, *Fascists and Conservatives: The Radical Right and the Establishment in Twentieth-Century Europe,* London 1990.
–, *Fascism and the Right in Europe 1919–1945*, London 2000.

Boak, Helen L., »›Our Last Hope‹: Women's Votes for Hitler – A Reappraisal«, *German Studies Review* 12 (1989), S. 289–310.

Böckenförde, Ernst-Wolfgang (Hg.), *Staatsrecht und Staatsrechtslehre im Dritten Reich*, Heidelberg 1985.

Boemeke, Manfred F., Gerald D. Feldman und Elisabeth Glaser (Hg.), *The Treaty of Versailles: A Reassessment after 75 Years,* 1998.

Boldt, Harald, »Der Artikel 48 der Weimarer Reichsverfassung: Sein historischer Hintergrund und seine politische Funktion«, in Michael Stürmer (Hg.), *Die Weimarer Republik. Belagerte Civitas,* Königstein im Taunus 1980, S. 288–309.

Bollmus, Reinhard, »Alfred Rosenberg: ›Chefideologe‹ des Nationalsozialismus?«, in Smelser und Zitelmann (Hg.), *Die Braune Elite I*, S. 223–235.

Booms, Hans, »Die Deutsche Volkspartei«, in Matthias und Morsey (Hg.), *Das Ende*, S. 521–539.

Borchardt, Knut, »Zwangslagen und Handlungsspielräume in der großen Wirtschaftskrise der frühen dreißiger Jahre: Zur Revision des überlieferten Geschichtsbildes«, in ders., *Wachstum, Krisen, Handlungsspielräume der Wirtschaftspolitik,* Göttingen 1982.

–, *Perspectives on Modern German Economic History and Policy,* Cambridge 1991.

Born, Karl Erich, *Staat und Sozialpolitik seit Bismarcks Sturz 1890–1914: Ein Beitrag zur Geschichte der innenpolitischen Entwicklung des deutschen Reiches 1890–1914,* Wiesbaden 1957.

Born, Max (Hg.), *Albert Einstein – Hedwig und Max Born. Briefwechsel 1916–1955*, Frankfurt am Main 1982 (1969).

Bosworth, Richard J. B., *Mussolini,* London 2002.

Böttger, Marcus, *Der Hochverrat in der höchstrichterlichen Rechtsprechung der Weimarer Republik: Ein Fall politischer Instrumentalisierung von Strafgesetzen?,* Frankfurt am Main 1998.

Bowlby, Chris, »Blutmai 1929: Police, Parties and Proletarians in a Berlin Confrontation», *Historical Journal* 29 (1986), S. 137–158.

Boyer, John W., *Political Radicalism in Late Imperial Vienna: Origins of the Christian Social Movement, 1848–1897,* Chicago 1981.

Bracher, Karl Dietrich, *Die Auflösung der Weimarer Republik: Eine Studie zum Problem des Machtverfalls in der Demokratie,* 3. Aufl., Villingen 1960 (1955).

–, Gerhard Schulz und Wolfgang Sauer, *Die nationalsozialistische Machtergreifung: Studien zur Errichtung des totalitären Herrschaftssystems in Deutschland 1933/34,* Frankfurt am Main 1974 (1960).

–, *Die deutsche Diktatur: Entstehung, Struktur, Folgen des Nationalsozialismus,* Köln 1969.

–, »Brünings unpolitische Politik und die Auflösung der Weimarer Republik«, *VfZ* 19 (1971), S. 113–123.

–, *Die totalitäre Erfahrung,* München 1987.

Brady, Robert, *The Rationalization Movement in Germany: A Study in the Evolution of Economic Planning,* Berkeley 1933.

Brandenburg, Hans-Christian, *Die Geschichte der HJ: Wege und Irrwege einer Generation,* Köln 1968.

Brandt, Willy, *Erinnerungen,* Frankfurt am Main 1989.

Braunbuch über den Reichstagsbrand und Hitler-Terror, Vorw. v. Lord Marley, Frankfurt am Main 1978 (Basel 1933).

Brecht, Arnold, »Gedanken über Brünings Memoiren«, *Politische Vierteljahresschrift* 12 (1971), S. 607–640.

Bredel, Willi, *Ernst Thälmann: Beitrag zu einem politischen Lebensbild*, Berlin 1948.

Brendon, Piers, *The Dark Valley. A Panorama of the 1930s*, London 2000.

Brenner, Arthur D., *Emil J. Gumbel: Weimar German Pacifist and Professor*, Boston 2001.

Brenner, Hildegard, *Die Kunstpolitik des Nationalsozialismus*, Hamburg 1963.

Bresciani-Turroni, Constantino, *The Economics of Inflation: A study of currency depreciation in post-war Germany*, London 1937.

Bridenthal, Renate, und Claudia Koonz, »Beyond *Kinder, Küche, Kirche*: Weimar Women in Politics and Work«, in Renate Bridenthal, Atina Grossmann und Marion Kaplan (Hg.), *When Biology Became Destiny: Women in Weimar and Nazi Germany*, New York 1984, S. 33–65.

Brinkmann, Reinhold, und Christoph Wolff (Hg.), *Driven into Paradise. The Musical Migration from Germany to the United States*, Berkeley 1999.

Brockhaus, Gudrun, *Schauer und Idylle. Faschismus als Erlebnisangebot*, München 1997.

Broszat, Martin, »Die Anfänge der Berliner NSDAP 1926/27«, *VfZ* 8 (1960), S. 85–118.

–, *Zweihundert Jahre deutscher Polenpolitik*, Frankfurt am Main 1972 (1963).

–, »*Nationalsozialistische Konzentrationslager 1933–1945*«, in Helmut Krausnick u.a., *Anatomie des SS-Staates*, Olten 1965, S. 9–160.

–, *Der Staat Hitlers. Grundlegung und Entwicklung seiner inneren Verfassung*, München 1969.

–, Elke Fröhlich und Falk Wiesemann (Hg.), *Bayern in der NS-Zeit*, 6 Bde., München 1977–1983.

–, *Die Machtergreifung: Der Aufstieg der NSDAP und die Zerstörung der Weimarer Republik*, München 1984.

Browder, George C., *Hitler's Enforcers: The Gestapo and the SS Security Service in the Nazi Revolution*, New York 1996.

Brown, Brendan, *Monetary Chaos in Europe: The End of an Era*, London 1988.

Brügel, Johann Wilhelm, und Norbert Frei (Hg.), »Berliner Tagebuch, 1932–1934: Aufzeichnungen des tschechoslowakischen Diplomaten Camill Hoffmann«, *VfZ* 36 (1988), S. 131–183.

Brüning, Heinrich, *Memoiren 1918–1934*, hg. von Claire Nix und Theoderich Kampmann, Stuttgart 1970.

Brustein, William, *The Logic of Evil: The Social Origins of the Nazi Party, 1925–1933*, New Haven 1996.

Bucher, Peter, *Der Reichswehrprozeß: Der Hochverrat der Ulmer Reichswehroffiziere 1929/30*, Boppard 1967.

Buchner, Bernd, *Um nationale und republikanische Identität. Die deutsche Sozialdemokratie und der Kampf um die politischen Symbole der Weimarer Republik*, Bonn 2001.

Buchwitz, Otto, *50 Jahre Funktionär der deutschen Arbeiterbewegung*, Stuttgart 1949.

Buder, Johannes, *Die Reorganisation der preußischen Polizei 1918–1923*, Frankfurt am Main 1986.

Büchner, Ludwig, *Die Macht der Vererbung und ihr Einfluß auf den moralischen und geistigen Fortschritt der Menschheit*, Leipzig 1882.

–, *Darwinismus und Sozialismus* oder *Der Kampf um das Dasein und die moderne Gesellschaft*, Leipzig 1894.

Bullivant, Keith, »Thomas Mann and Politics in the Weimar Republic«, in ders. (Hg.), *Culture and Society in the Weimar Republic*, Manchester 1977, S. 24–38.

Bullock, Alan, *Hitler*, Augsburg 2000 (1953).

Burkert, Hans-Norbert u.a., *»Machtergreifung« Berlin 1933: Stätten der Geschichte Berlins in Zusammenarbeit mit dem Pädagogischen Zentrum Berlin*, Berlin 1982.

Burkhardt, Bernd, *Eine Stadt wird braun: Die nationalsozialistische Machtergreifung in der Provinz. Eine Fallstudie*, Hamburg 1980.

Burleigh, Michael, *Tod und Erlösung: Euthanasie in Deutschland, 1900–1945*, Zürich 2002 (1994).

–, *Die Zeit des Nationalsozialismus: Eine Gesamtdarstellung*, Frankfurt am Main 2000.

–, und Wolfgang Wippermann, *The Racial State: Germany 1933–1945*. Cambridge 1991.

Busch, Fritz, *Aus dem Leben eines Musikers*, Zürich 1949.

Büsch, Otto, *Militärsystem und Sozialleben im alten Preußen 1713–1807: Die Anfänge der sozialen Militarisierung der preußisch-deutschen Gesellschaft*, Berlin 1962.

Butler, Rohan d'Olier, *The Roots of National Socialism 1783–1933*, London 1941.

Campbell, Gergory F., *Confrontation in Central Europe: Weimar Germany and Czechoslovakia*. Chicago 1970.

Caplan, Jane, *Government Without Administration: State and Civil Service in Weimar and Nazi Germany*, Oxford 1988.

–, »The Historiography of National Socialism«, in Michael Bentley (Hg.), *Companion to Historiography*, London 1997.

Carsten, Francis L., *Reichswehr und Politik 1918–1933*, Köln 1965.

–, *Revolution in Mitteleuropa 1918–1919*, Köln 1973.

–, *Faschismus in Österreich: von Schönerer zu Hitler*, München 1978.

–, *August Bebel und die Organisation der Massen*, Berlin 1991.

Cavallie, James, *Ludendorff und Kapp in Schweden. Aus dem Leben zweier Verlierer*, Frankfurt am Main 1995 (1993).

Cecil, Hugh, und Peter Liddle (Hg.), *At the Eleventh Hour: Reflections, Hopes and Anxieties at the Closing of the Great War, 1918*, Barnsley 1998.

Cecil, Robert, *The Myth of the Master Race: Alfred Rosenberg and Nazi Ideology*, London 1972.

Chamberlain, Houston Stewart, *Die Grundlagen des XIX. Jahrhunderts*, 2 Bde., München 1900.

Chickering, Roger, *Imperial Germany and a World Without War: The Peace Movement and German Society, 1892–1914*, Princeton 1975.

–, *We Men Who Feel Most German: A Cultural Study of the Pan-German League 1886–1914*, London 1984.

–, *Das Deutsche Reich und der Erste Weltkrieg*, München 2002 (1998).

Childers, Thomas, *The Nazi Voter. The Social Foundations of Fascism in Germany, 1919–1933*, Chapel Hill 1981.

Childers, Thomas, »The Limits of National Socialist Mobilisation: The Election of 6 November 1932 and the Fragmentation of the Nazi Constituency«, in ders. (Hg.), *The Formation of the Nazi Constituency 1919–1933*, London 1986, S. 232–259.

Clark, Christopher, *Kaiser Wilhelm II*, London 2000.

Clavin, Patricia, *The Great Depression in Europe, 1929–1939*, London 2000.

Coetzee, Marilyn S., *The German Army League: Popular Nationalism in Wilhelmine Germany*, New York 1990.

Cohen, Deborah, *The War Come Home: Disabled Veterans in Britain and Germany, 1914–1918*, Berkeley 2001.

Cohn, Norman, *Die Protokolle der Weisen von Zion: Der Mythos von der jüdischen Weltverschwörung*, Köln 1969 (1967).

Comité des Delegations Juives (Hg.), *Das Schwarzbuch. Tatsachen und Dokumente. Die Lage der Juden in Deutschland 1933*, Paris 1934.

Conze, Werner, Besprechung der ersten Auflage von Bracher, *Die Auflösung der Weimarer Republik*, in *Historische Zeitschrift* 183 (1957), S. 378–382.

Cornelissen, Christoph, *Gerhard Ritter: Geschichtswissenschaft und Politik im 20. Jahrhundert*, Düsseldorf 2001.

Corni, Gustavo, »Richard Walther Darré: Der ›Blut-und-Boden‹-Ideologe«, in Smelser und Zitelman (Hg.), *Die Braune Elite I*, S. 15–27.

Cornwell, John, *Pius XII.: Der Papst, der geschwiegen hat*, München 1999.

Craig, Gordon A., »Briefe Schleichers an Groener«, *Die Welt als Geschichte* 11 (1951), S. 130.

–, *Die preußisch-deutsche Armee 1640–1945: Staat im Staate*, Düsseldorf 1960 (1955).

Crew, David F., *Germans on Welfare. From Weimar to Hitler*, New York 1998.

Crook, Paul, *Darwinism, War and History: The Debate Over the Biology of War from the »Origin of Species« to the First World War*, Cambridge 1994.

Czarnowski, Gabriele, *Das kontrollierte Paar: Ehe- und Sexualpolitik im Nationalsozialismus*, Weinheim 1991.

Dahrendorf, Ralf, *Gesellschaft und Demokratie in Deutschland*, München 1965.

Daim, Wilfried, *Der Mann, der Hitler die Ideen gab: Die sektiererischen Grundlagen des Nationalsozialismus*, Wien 1985 (1958).

Danner, Lothar, *Ordnungspolizei Hamburg: Betrachtungen zu ihrer Geschichte 1918–1933*, Hamburg 1958.

Dapper, Beate, und Hans-Peter Rouette, »Zum Ermittelungsverfahren gegen Leipart und Genossen wegen Untreue vom 9. Mai 1933«, *Internationale Wissenschaftliche Korrespondenz zur Geschichte der deutschen Arbeiterbewegung* 20 (1984), S. 509–535.

Davis, Belinda, »Food Scarcity and the empowerment of the Female Consumer in World War I Berlin«, in Victoria de Grazia und Ellen Furlough (Hg.), *The Sex of Things: Gender and Consumption in Historical Perspective*, Berkeley 1996, S. 287–310.

Dedering, Tilman, »›A Certain Rigorous Treatment of all Parts of the Nation‹: The Annihilation of the Herero in German Southwest Africa 1904«, in Mark Levene und Penny Roberts (Hg.), *The Massacre in History,* New York 1999, S. 205–222.

Dehio, Ludwig, *Deutschland und die Weltpolitik im 20. Jahrhundert,* München 1955.

Deichmann, Ute, *Biologen unter Hitler: Porträt einer Wissenschaft im NS-Staat,* Frankfurt am Main 1995 (1992).

Deist, Wilhelm (Hg.), *Militär und Innenpolitik im Weltkrieg 1914–1918,* Düsseldorf 1970/71.

–, *Flottenpolitik und Flottenpropaganda: Das Nachrichtenbüro des Reichsmarineamts 1897–1914,* Stuttgart 1976.

–, »Censorship and Propaganda in Germany during the First World War«, in Jean-Jacques Becker und Stéphane Audoin-Rouzeau (Hg.), *Les sociétés européennes et la guerre de 1914–1918,* Paris 1990, S. 199–210.

–, »The Military Collapse of the German Empire: The Reality Behind the Stab-in-the-Back Myth«, *War in History* 3 (1996), S. 186–207.

Demeter, Karl, *Das deutsche Offizierkorps in Gesellschaft und Staat 1650–1945,* Frankfurt am Main 1962.

Der Prozeß gegen die Hauptkriegsverbrecher vor dem Internationalen Militärgerichtshof, Nürnberg 1947.

Deuerlein, Ernst, »Hitlers Eintritt in die Politik und die Reichswehr«, *VfZ* 7 (1959), S. 203–205.

– (Hg.), *Der Hitler-Putsch: Bayerische Dokumente zum 8./9. November 1923,* Stuttgart 1962.

– (Hg.), *Der Aufstieg der NSDAP in Augenzeugenberichten,* München 1974.

Diehl, James M., *Paramilitary Politics in Weimar Germany,* Bloomington, Indiana, 1977.

Diels, Rudolf, *Lucifer ante Portas: Es spricht der erste Chef der Gestapo,* Stuttgart 1950.

Dijkstra, Bram, *Idols of Perversity: Fantasies of Female Evil in Fin-de-Siècle Culture,* New York 1986.

Diller, Ansgar, *Rundfunkpolitik im Dritten Reich,* München 1980.

Distl, Dieter, *Ernst Toller. Eine politische Biographie,* Schrobenhausen 1993.

Dobson, Sean, *Authority and Upheaval in Leipzig, 1910–1920: The Story of a Relationship*, New York 2001.

Domarus, Max (Hg.), *Hitler. Reden und Proklamationen 1932–1945*, 4 Bde., München 1965.

Dorpalen, Andreas, *Hindenburg in der Geschichte der Weimarer Republik,* Berlin 1966.

–, *German History in Marxist Perspective: The East German Approach,* Detroit 1988.

Dowe, Dieter, und Peter-Christian Witt, *Friedrich Ebert 1871–1925: vom Arbeiterführer zum Reichspräsidenten,* Bonn 1987.

Drewniak, Boguslaw, *Das Theater im NS-Staat: Szenarium deutscher Zeitgeschichte 1933–1945,* Düsseldorf 1983.

Duhnke, Horst, *Die KPD von 1933 bis 1945,* Köln 1972.

–, *Die KPD und das Ende von Weimar: Das Scheitern einer Politik 1932–1935*, Frankfurt am Main 1976.
Duesterberg, Theodor, *Der Stahlhelm und Hitler*, Wolfenbüttel 1949.
Dülffer, Jost, *Deutsche Geschichte 1933–1945. Führerglaube und Vernichtungskrieg*, Stuttgart 1992.

Ebeling, Frank, *Geopolitik: Karl Haushofer und seine Raumwissenschaft 1919–1945*, Berlin 1994.
Ebert, Friedrich, *Schriften, Aufzeichnungen, Reden*, 2 Bde., Dresden 1936.
Ehlert, Gotthard, *Die wirtschaftliche Zentralbehörde des Deutschen Reiches 1914 bis 1919: Das Problem der »Gemeinwirtschaft« in Krieg und Frieden*, Wiesbaden 1982.
Ehni, Hans-Peter, *Bollwerk Preußen? Preußen-Regierung, Reich-Länder-Problem und Sozialdemokratie 1928–1932*, Bonn 1975.
Ehrt, Adolf, *Bewaffneter Aufstand! Enthüllungen über den kommunistischen Umsturzversuch am Vorabend der nationalen Revolution*, Berlin 1933.
Eisner, Freya, *Kurt Eisner: Die Politik der libertären Sozialismus*, Frankfurt am Main 1979.
Eksteins, Modris, *The Limits of Reason. The German Democratic Press and the Collapse of Weimar Democracy*, Oxford 1975.
Eley, Geoff, *Reshaping the German Right: Radical Nationalism and Political Change After Bismarck*, London 1980.
–, *From Unification to Nazism: Reinterpreting the German Past*, London 1986.
–, »What Produces Fascism: Pre-Industrial Traditions or a Crisis of the Capitalist State?«, in ders., *From Unification to Nazism*, S. 254–284.
–, und James Retallack (Hg.), *Wilhelminism and Its Legacies. German Modernities, Imperialism, and the Meanings of Reform, 1890–1930. Essays for Hartmut Pogge-von Strandmann*, New York 2003.
Elfferding, Wieland, »Von der proletarischen Masse zum Kriegsvolk: Massenaufmarsch und Öffentlichkeit im deutschen Faschismus am Beispiel des 1. Mai 1933«, in Neue Gesellschaft für bildende Kunst (Hg.), *Inszenierung der Macht: Ästhetische Faszination im Faschismus*, Berlin 1987, S. 17–50.
Eliasberg, George, *Der Ruhrkrieg von 1920*, Bonn 1974.
Engelberg, Ernst, *Bismarck*, 2 Bde., Berlin 1985 und 1990.
Enssle, Manfred J., *Stresemann's Territorial Revisionism: Germany, Belgium, and the Eupen–Malmédy Question 1919–1929*, Wiesbaden 1980.
Epstein, Klaus, Besprechung von William L. Shirer, *The Rise and Fall of the Third Reich*, in *The Review of Politics* 23 (1961), S. 130–145; wieder abgedruckt in Klaus Epstein, *Vom Kaiserreich zum Dritten Reich: Geschichte und Geschichtswissenschaft im 20. Jahrhundert. Ein Leitfaden*, hg. von Eberhard Pikart, Detlef Junker und Gerhard Hufnagel, Frankfurt am Main 1972, S. 300–320.
Erdmann, Karl Dietrich, und Hagen Schulze (Hg.), *Weimar: Selbstpreisgabe einer Demokratie. Eine Bilanz heute*, Düsseldorf 1980.
Erger, Johannes, *Der Kapp-Lüttwitz-Putsch: Ein Beitrag zur deutschen Innenpolitik 1919/20*, Düsseldorf 1967.

Eschenburg, Theodor, »Franz von Papen«, *VfZ* 1 (1953), S. 153–169.
–, »Die Rolle der Persönlichkeit in der Krise der Weimarer Republik: Hindenburg, Brüning, Groener, Schleicher«, *VfZ* 9 (1961), S. 1–29.
–, *Die improvisierte Demokratie,* München 1963.
Eschenhagen, Wieland (Hg.), *Die »Machtergreifung«: Tagebuch einer Wende nach Presseberichten vom 1. Januar bis 6. März 1933,* Darmstadt 1982.
Evans, Richard J., »German Women and the Triumph of Hitler«, *Journal of Modern History* 48 (1976), S. 123–175.
–, *The Feminist Movement in Germany 1894–1933,* London 1976.
–, *Sozialdemokratie und Frauenemanzipation im deutschen Kaiserreich,* Bonn 1979.
– (Hg.), *Society and Politics in Wilhelmine Germany,* London 1978.
–, *Tod in Hamburg: Gesellschaft und Politik in den Cholera-Jahren 1830–1910,* Reinbek 1990 (1987).
–, *Rethinking German History: Nineteenth-Century Germany and the Origins of the Third Reich,* London 1987.
–, und Dick Geary (Hg.), *The German Unemployed: Experiences and Consequences of Mass Unemployment from the Weimar Republic to the Third Reich,* London 1987.
–, »Introduction: The Experience of Mass Unemployment in the Weimar Republic« in Evans und Geary (Hg.), *The German Unemployed,* S. 1–22.
– (Hg.), *The German Underworld: Deviants and Outcasts in German History,* London 1988.
– (Hg.), *Kneipengespräche im Kaiserreich: Die Stimmungsberichte der Hamburger Politischen Polizei 1892–1914,* Reinbek 1989.
–, *Im Schatten Hitlers? Historikerstreit und Vergangenheitsbewältigung in der Bundesrepublik,* Frankfurt am Main 1991 (1989).
–, »Bürgerliche Gesellschaft und charismatische Herrschaft«, *Die Zeit,* 13. Oktober 1995, S. 32f.
–, *Rituale der Vergeltung: Die Todesstrafe in der deutschen Geschichte 1532–1987,* Berlin 2001 (1996).
–, Besprechung von Maria Tatar, *Lustmord: Sexual Murder in Weimar Germany* (Princeton 1995), in *German History,* 14 (1996), S. 414f.
–, *Rereading German History. From Unification to Reunification 1800–1996,* London 1997.
–, *Szenen aus der deutschen Unterwelt: Verbrechen und Strafe, 1800–1914,* Reinbek 1997.
–, »Hans von Hentig and the Politics of German Criminology«, in Angelika Ebbinghaus und Karl Heinz Roth (Hg.), *Grenzgänge: Deutsche Geschichte des 20. Jahrhunderts im Spiegel von Publizistik, Rechtsprechung und historischer Forschung,* Lüneburg 1999, S. 238–264.
–, *Der Geschichtsfälscher: Holocaust und historische Wahrheit. Der David-Irving-Prozeß,* Frankfurt am Main 2001.
–, »History, Memory, and the Law: The Historian as Expert Witness«, *History and Theory,* 41 (2002), S. 277–296.
–, »Telling it like it wasn't«, *BBC History Magazine,* 3 (2002) No. 12, S. 22–25.
Eyck, Erich, *Geschichte der Weimarer Republik,* Erlenbach 1957.

Faesi, Robert (Hg.), *Thomas Mann – Robert Faesi: Briefwechsel,* Zürich 1962.

Falter, Jürgen W., »Die Wähler der NSDAP 1928–1933: Sozialstruktur und parteipolitische Herkunft«, in Wolfgang Michalka (Hg.), *Die nationalsozialistische Machtergreifung,* Paderborn 1984, S. 47–59.

– u. a., *Wahlen und Abstimmungen in der Weimarer Republik: Materialien zum Wahlverhalten 1919–1933,* München 1986.

–, *Hitlers Wähler,* München 1991.

–, »How likely were workers to vote for the NSDAP?«, in Conan J. Fischer (Hg.), *The Rise of National Socialism and the Working Classes in Weimar Germany,* Oxford 1996, S. 9–45.

–, »›Die Märzgefallenen‹ von 1933: Neue Forschungsergebnisse zum sozialen Wandel innerhalb der NSDAP-Mitgliedschaft während der Machtergreifungsphase«, *Geschichte und Gesellschaft* 24 (1998), S. 595–616.

Fandel, Thomas, »Konfessionalismus und Nationalsozialismus«, in Blaschke (Hg.), *Konfessionen,* S. 299–334.

Farquharson, John E., *The Plough and the Swastika: The NSDAP and Agriculture in Germany, 1928–1945,* London 1976.

Farr, Ian, »Populism in the Countryside: The Peasant Leagues in Bavaria in the 1890s«, in Richard J. Evans (Hg.), *Society and Politics in Wilhelmine Germany,* London 1978, S. 136–159.

Fattmann, Rainer, *Bildungsbürger in der Defensive: Die akademische Beamtenschaft und der »Reichsbund der höheren Beamten« in der Weimarer Republik,* Göttingen 2001.

Faust, Anselm, *Der Nationalsozialistische Deutsche Studentenbund: Studenten und Nationalsozialismus in der Weimarer Republik,* Düsseldorf 1973.

–, »Die Hochschulen und der ›undeutsche Geist‹. Die Bücherverbrennung am 10. Mai 1933 und ihre Vorgeschichte«, in Horst Denkler und Eberhard Lämmert (Hg.), *Das war ein Vorspiel nur ... Berliner Kolloquium zur Literaturpolitik im »Dritten Reich«,* Berlin 1985, S. 31–50.

Feinstein, Charles H., u. a., *The European Economy Between the Wars,* Oxford 1997.

Feldman, Gerald D., *Army, Industry and Labor in Germany, 1914–1918,* Princeton 1966.

–, »The Origins of the Stinnes-Legien Agreement: A Documentation«, *Internationale Wissenschaftliche Korrespondenz zur Geschichte der deutschen Arbeiterbewegung* 19/20 (1973), S. 45–103.

– (Hg.), *Die deutsche Inflation: Eine Zwischenbilanz,* Berlin u. a. 1982.

– (Hg.), *Die Nachwirkungen der Inflation auf die deutsche Geschichte 1924–1933,* München 1985.

–, *The Great Disorder: Politics, Economic, and Society in the German Inflation, 1914–1924,* New York 1993.

–, »Right-Wing Politics and the Film Industry: Emil Georg Strauss, Alfred Hugenberg, and the UFA, 1917–1933«, in Christian Jansen u. a. (Hg.), *Von der Aufgabe der Freiheit: Politische Verantwortung und bürgerliche Gesellschaft im 19. und 20. Jahrhundert: Festschrift für Hans Mommsen zum 5. November 1995,* Berlin 1995, S. 219–230.

–, *Hugo Stinnes: Biographie eines Industriellen 1870–1924,* München 1998.

Fenske, Hans, »Monarchisches Beamtentum und demokratischer Rechtsstaat: Zum Problem der Bürokratie in der Weimarer Republik«, in *Demokratie und Verwaltung: 25 Jahre Hochschule für Verwaltung Speyer,* Berlin 1972, S. 117–136.

–, »Das ›Dritte Reich‹. Die Perversion der Reichsidee«, in: Bernd Martin (Hg.), *Deutschland in Europa. Ein historischer Rückblick*, München 1992, S. 210–230.

Ferguson, Niall, *Paper and Iron: Hamburg Business and German Politics in the Era of Inflation, 1897–1927,* Oxford 1995.

–, *Die Geschichte der Rothschilds: Propheten des Geldes,* München 2002 (1998).

Fesser, Gerd, *Der Traum vom Platz an der Sonne. Deutsche »Weltpolitik« 1870–1914*, Bremen 1996.

Fest, Joachim C., *Das Gesicht des Dritten Reiches: Profile einer totalitären Herrschaft,* München 1963.

–, »Joseph Goebbels: Eine Porträtskizze«, *VfZ* 43 (1995), S. 565–580.

Fieberg, Gerhard (Hg.), *Im Namen des deutschen Volkes: Justiz und Nationalsozialismus,* Köln 1989.

Field, Geoffrey G., *Evangelist of Race: The Germanic Vision of Houston Stewart Chamberlain,* New York 1981.

Figes, Orlando, *Die Tragödie eines Volkes: Die Epoche der Russischen Revolution 1891–1924*, Berlin 1998 (1996).

Fink, Carole, »Stresemann's Minority Policies, 1924–29«, *Journal of Contemporary History* 14 (1979), S. 403–422.

Fischer, Conan, »Ernst Julius Röhm: Stabschef der SA und unentbehrlicher Außenseiter«, in Smelser und Zitelmann (Hg.), *Die Braune Elite I*, S. 212–222.

–, *The Ruhr Crisis 1923–1924,* Oxford 2003.

Fischer, Fritz, *Griff nach der Weltmacht: Die Kriegszielpolitik des kaiserlichen Deutschland 1914/18,* Düsseldorf 1961.

–, *Krieg der Illusionen: die deutsche Politik von 1911 bis 1914.* Düsseldorf 1969.

Fischer, Klaus, »Der quantitative Beitrag der nach 1933 emigrierten Naturwissenschaftler zur deutschsprachigen physikalischen Forschung«, *Berichte zur Wissenschaftsgeschichte* 11 (1998), S. 83–104.

Flemming, Jens, *Landwirtschaftliche Interessen und Demokratie: Ländliche Gesellschaft, Agrarverbände und Staat 1890–1925,* Bonn 1978.

Fout, John C., »Sexual Politics in Wilhelmine Germany: The Male Gender Crisis, Moral Purity, and Homophobia«, *Journal of the History of Sexuality*, Vol. 2 (1992), S. 388–421.

Fowkes, Ben, *Communism in Germany under the Weimar Republic,* London 1984.

Fraenkel, Ernst, *Der Doppelstaat: Recht und Justiz im »Dritten Reich«,* Frankfurt am Main 1984 (1941).

Frank, Hans, *Im Angesicht des Galgens: Deutung Hitlers und seiner Zeit auf Grund eigener Erlebisse und Erkenntnisse,* 2. Aufl., Neuhaus 1955.

Franz-Willing, Georg, *Ursprung der Hitlerbewegung 1919–1922,* Preußisch Oldendorf 1974 (1962).

–, *Krisenjahr der Hitlerbewegung 1923,* Preußisch Oldendorf 1975.

–, *Putsch und Verbotszeit der Hitlerbewegung November 1923–Februar 1925*, Preußisch Oldendorf 1977.

Frehse, Michael, *Ermächtigungsgesetzgebung im Deutschen Reich 1914–1933*, Pfaffenweiler 1985.

Frei, Norbert, »›Machtergreifung‹. Anmerkungen zu einem historischen Begriff«, *VfZ* 31 (1983), S. 136–145.

–, und Johannes Schmitz, *Journalismus im Dritten Reich*, 3. überarb. Aufl., München 1999.

–, *Der Führerstaat: Nationalsozialistische Herrschaft 1933 bis 1945*, München 2001 (1985).

Freitag, Werner, »Nationale Mythen und kirchliches Heil: Der ›Tag von Potsdam‹«, *Westfälische Forschungen* 41 (1991), S. 379–430.

Frentze, Hans, *Der unbekannte Ludendorff. Der Feldherr in seiner Epoche*, Wiesbaden 1972.

Frevert, Ute, »Bourgeois honour: middle-class duellists in Germany from the late eighteenth to the early twentieth century«, in Blackbourn und Evans (Hg.), *The German Bourgeoisie*, S. 255–292.

–, *Ehrenmänner: Das Duell in der bürgerlichen Gesellschaft*, München 1991.

–, *Die kasernierte Nation: Militärdienst und Zivilgesellschaft in Deutschland*, München 2001.

Fricke, Dieter, »Zur Rolle des Militarismus nach innen in Deutschland vor dem ersten Weltkrieg«, *Zeitschrift für Geschichtswissenschaft*, 6 (1958), S. 1298–1310.

–, *Kleine Geschichte des Ersten Mai: Die Maifeier in der deutschen und internationalen Arbeiterbewegung*, Berlin 1980.

– u. a. (Hg.), *Lexikon zur Parteiengeschichte. Die bürgerlichen und kleinbürgerlichen Parteien und Verbände in Deutschland (1789–1945)*, 4 Bde., Leipzig 1984.

Friedländer, Saul, »Die politischen Veränderungen der Kriegszeit und ihre Auswirkungen auf die Judenfrage«, in Werner E. Mosse (Hg.), *Deutsches Judentum in Krieg und Revolution 1916–1923*, Tübingen 1971, S. 27–65.

–, *Das Dritte Reich und die Juden*, Band 1: *Die Jahre der Verfolgung 1933–1939*, München 2000 (1997).

Friedlander, Henry, *Der Weg zum NS-Genozid: Von der Euthanasie zur Endlösung*, Berlin 1997 (1995).

Friedrich, Carl J., und Zbigniew K. Brzezinski, *Totalitäre Diktatur*, Stuttgart 1957.

Friedrichs, Axel (Hg.), *Die nationalsozialistische Revolution 1933* (= Dokumente der deutschen Politik, Bd. I), Berlin 1933.

Fritzsche, Peter, »Presidential Victory and Popular Festivity in Weimar Germany: Hindenburg's 1925 Election«, *Central European History* 23 (1990), S. 205–224.

–, *Wie aus Deutschen Nazis wurden*, München 2002.

Fröhlich, Elke, »Joseph Goebbels und sein Tagebuch: Zu den handschriftlichen Aufzeichnungen von 1924 bis 1941«, *VfZ* 35 (1987), S. 489–522.

– (Hg.), *Die Tagebücher von Joseph Goebbels. Sämtliche Fragmente*. Teil I: *Aufzeichnungen 1924–1941*, München 1987.

–, »Joseph Goebbels: Der Propagandist«, in Smelser und Zitelmann (Hg.), *Die Braune Elite I*, S. 52–68.

Fulda, Bernhard, »Press and Politics in Berlin, 1924–1930« (Diss., Universität Cambridge, 2003).

–, »Horst Wessel: media, myth and memory« (unveröffentlichtes Referat vor dem Research Seminar in Modern European History, Universität Cambridge, November 2003).

Gall, Lothar, »›Sündenfall‹ des liberalen Denkens oder Krise der bürgerlich-liberalen Bewegung? Zum Verhältnis von Liberalismus und Imperialismus in Deutschland«, in Holl und List (Hg.), *Liberalismus und imperialistischer Staat,* S. 148–158.

–, *Bismarck, der weiße Revolutionär*, Berlin 1980.

–, *Bürgertum in Deutschland,* Berlin 1989.

Galos, Adam, u.a., *Die Hakatisten: Der Deutsche Ostmarkenverein 1894–1934,* Berlin 1966.

Gatzke, Hans W., *Stresemann and the Rearmament of Germany*, Baltimore, MD 1954.

Gay, Peter, *Die Republik der Außenseiter: Geist und Kultur in der Weimarer Zeit, 1918–1933,* Frankfurt am Main 1970 (1969).

Geary, Dick, »Unemployment and Working-class Solidarity: The German Experience 1929–33«, in Evans und Geary (Hg.), *The German Unemployed,* S. 261–280.

–, »Employers, Workers, and the Collapse of the Weimar Republic«, in Kershaw (Hg.), *Weimar*, S. 92–119.

–, »Nazis and Workers before 1933«, *Australian Journal of Politics and History,* 48 (2002) 1, S. 40–51.

Gebhardt, Manfred, *Max Hoelz: Wege und Irrwege eines Revolutionärs,* Berlin 1983.

Geiss, Imanuel (Hg.), *Juli 1914: Die Europäische Krise und der Ausbruch des Ersten Weltkriegs,* München 1965.

–, »Kritischer Rückblick auf Friedrich Meinecke«, in ders., *Studien über Geschichte und Geschichtswissenschaft,* Frankfurt am Main 1972, S. 89–107.

Gellately, Robert, *The Politics of Economic Despair: Shopkeepers and German Politics, 1890–1914,* London 1974.

–, *Die Gestapo und die deutsche Gesellschaft: Die Durchsetzung der Rassenpolitik 1933–1945,* Paderborn 1993 (1990).

–, und Nathan Stoltzfus (Hg.), *Social Outsiders in Nazi Germany,* Princeton 2001.

–, *Hingeschaut und weggesehen. Hitler und sein Volk*, München 2002 (2001).

Genschel, Helmut, *Die Verdrängung der Juden aus der Wirtschaft im Dritten Reich,* Berlin 1966.

Gerlach, Hellmuth von, *Von rechts nach links,* Zürich 1937.

Gerwarth, Robert, »Bismarck in Weimar: Germany's First Democracy and the Civil War of Memories 1918–1933«, Diss. Oxford 2003.

Gessner, Dieter, *Agrarverbände in der Weimarer Republik: Wirtschaftliche und soziale Voraussetzungen agrarkonservativer Politik vor 1933,* Düsseldorf 1976.

–, *Agrardepression und Präsidialregierungen in Deutschland 1930–1933: Probleme des Agrarkapitalismus am Ende der Weimarer Republik,* Düsseldorf 1977.

Geyer, Martin, *Verkehrte Welt: Revolution, Inflation, und Moderne: München 1914–1924,* Göttingen 1998.

Geyer, Michael, »Die Geschichte des deutschen Militärs von 1860–1956. Ein Bericht über die Forschungslage (1945–1975)«, in Hans-Ulrich Wehler (Hg.), *Die moderne deutsche Geschichte in der internationalen Forschung 1945–1975,* Göttingen, 1978, S. 256–286.

–, *Aufrüstung oder Sicherheit: Reichswehr in der Krise der Machtpolitik, 1924–1936,* Wiesbaden 1980.

–, »Professionals and Junkers: German Rearmament and Politics in the Weimar Republic«, in Richard Bessel und Edgar Feuchtwanger (Hg.), *Social Change and Political Development in Weimar Germany,* London 1981, S. 77–133.

Gies, Horst, *R. Walther Darré und die nationalsozialistische Bauernpolitik 1930 bis 1933,* Frankfurt am Main 1966.

Gilbert, Martin und Richard Gott, *The Appeasers*, London 1966.

Giles, Geoffrey J., »The Rise of the National Socialist Students' Association and the Failure of Political Education in the Third Reich«, in Peter Stachura (Hg.), *The Shaping of the Nazi State,* London 1978, S. 160–185.

–, *Students and National Socialism in Germany,* Princeton 1985.

Gilman, Sander L., *On Blackness without Blacks. Essays on the Image of the Black in Germany,* Boston 1982.

Goebbels, Joseph, *Der Angriff: Aufsätze aus der Kampfzeit,* München 1935.

–, *Vom Kaiserhof zur Reichskanzlei: Eine historische Darstellung in Tagebuchblättern (vom 1. Januar 1932 bis zum 1. Mai 1933),* München 1937 (1934).

Göppinger, Horst, *Juristen jüdischer Abstammung im »Dritten Reich«: Entrechtung und Verfolgung*, München 1990 (1963).

Görlitz, Walter, *Hindenburg. Ein Lebensbild,* Bonn 1953.

Goeschel, Christian, »Methodische Überlegungen zur Geschichte der Selbsttötung im Nationalsozialismus«, in Hans Medick (Hg.), *Selbsttötung als kulturelle Praxis,* Göttingen 2004.

Goldbach, Marie-Luise, *Karl Radek und die deutsch-sowjetischen Beziehungen 1918–1923,* Bonn 1973.

Goldhagen, Daniel J., *Hitlers willige Vollstrecker: Ganz gewöhnliche Deutsche und der Holocaust,* Berlin 1996.

Goldstein, Robert J., *Political Repression in Nineteenth-Century Europe,* London 1983.

Golomstock, Igor, *Totalitarian Art in the Soviet Union, Third Reich, Fascist Italy and the People's Republic of China,* London 1990.

Gordon, Harold J., *Die Reichswehr und die Weimarer Republik, 1919–1926,* Frankfurt am Main 1959 (1957).

–, *Hitlerputsch 1923: Machtkampf in Bayern 1923/24,* Frankfurt am Main 1971.

Gottlieb, Moshe R., *American Anti-Nazi Resistance, 1933–1941: An Historical Analysis*, New York 1982.

Gräser, Marcus, *Der blockierte Wohlfahrtsstaat. Unterschichtjugend und Jugendfürsorge in der Weimarer Republik,* Göttingen 1995.

Graf, Christoph, *Politische Polizei zwischen Demokratie und Diktatur,* Berlin 1983.

Grahn, Gerlinde, »Die Enteignung des Vermögens der Arbeiterbewegung und der politischen Emigration 1933 bis 1945«, *1999: Zeitschrift für Sozialgeschichte des 20. und 21. Jahrhunderts* 12 (1997), S. 13–38.

Grathwol, Robert P., *Stresemann and the DNVP*, Lawrence, KA 1980.
Grau, Bernhard, *Kurt Eisner 1867–1919: eine Biographie,* München 2001.
Griech-Polelle, Beth A., *Bishop von Galen: German Catholicism and National Socialism,* New Haven 2002.
Griffin, Roger, *The Nature of Fascism*, London 1991.
–, *International Fascism – Theories, Causes and the new Consensus,* London 1998.
–, »The Primacy of Culture: The Current Growth (or Manufacture) of Consensus within Fascist Studies«, *Journal of Contemporary History*, 37 (2002), S. 21–43.
Grimm, Hans, *Volk ohne Raum,* München 1926.
Gritschneder, Otto, *Bewährungsfrist für den Terroristen Adolf H.: Der Hitler-Putsch und die bayerische Justiz,* München 1990.
–, *Der Hitler-Prozeß und sein Richter Georg Neithardt: Skandalurteil von 1924 ebnet Hitler den Weg,* München 2001.
Groener, Wilhelm, *Lebenserinnerungen. Jugend – Generalstab – Weltkrieg* (hg. von Friedrich Freiherr Hiller von Gaertringen), Göttingen 1957.
Groener-Geyer, Dorothea, *General Groener, Soldat und Staatsmann*, Frankfurt am Main 1954.
Groß, Babette, *Willi Münzenberg. Eine politische Biographie,* Stuttgart 1967.
Grossmann, Atina, »›Girlkultur‹ or Thoroughly Rationalized Female: A New Woman in Weimar Germany«, in Judith Friedlander u. a. (Hg.), *Women in Culture and Politics: A Century of Change,* Bloomington 1986, S. 62–80.
–, *Reforming Sex: The German Movement for Birth Control and Abortion Reform 1920–1950,* New York 1995.
Grossmann, Kurt R., *Ossietzky: Ein deutscher Patriot,* München 1963.
Gruchmann, Lothar, »Die Überleitung der Justizverwaltung auf das Reich 1933–1935«, in *Vom Reichsjustizamt zum Bundesministerium der Justiz. Festschrift zum hundertjährigen Gründungstag des Reichsjustizamts,* Köln 1977.
–, »Die bayerische Justiz im politischen Machtkampf 1933/34: Ihr Scheitern bei der Strafverfolgung von Mordfällen in Dachau,« in Broszat u.a. (Hg.), *Bayern* II, S. 415–428.
–, *Justiz im Dritten Reich 1933–1940: Anpassung und Unterwerfung in der Ära Gürtner,* München 1988.
–, »Ludendorffs ›prophetischer‹ Brief an Hindenburg vom Januar/Februar 1933«, *VfZ* 47 (1999), S. 559–562.
–, und Reinhard Weber (Hg.), *Der Hitler-Prozeß 1924: Wortlaut der Hauptverhandlung vor dem Volksgericht München I,* 2 Bde., München 1997/98.
Grüttner, Michael, »Working-class Crime and the Labour Movement: Pilfering in the Hamburg Docks, 1888–1923«, in Richard J. Evans (Hg.), *The German Working Class 1888–1933: The Politics of Everyday Life,* London 1982, S. 54–79.
–, *Studenten im Dritten Reich,* Paderborn 1995.
Grunwald, Henning, »Political Lawyers in the Weimar Republic«, (Diss., Universität Cambridge, 2002).
Gumbel, Emil Julius, *Vier Jahre politischer Mord*, Berlin 1924.
–, *Verschwörer: Zur Geschichte und Soziologie der deutschen nationalistischen Geheimbünde 1918–1924,* Heidelberg 1979 (1924).

Guratzsch, Dankwart, *Macht durch Organisation: Die Grundlegung des Hugenbergschen Presseimperiums,* Düsseldorf 1974.
Gusy, Christoph, *Die Weimarer Reichsverfassung,* Tübingen 1997.
Guttsman, Wilhelm L., *Workers' Culture in Weimar Germany: Between Tradition and Commitment,* Oxford 1990.

Hänisch, Dirk, »A Social Profile of the Saxon NSDAP Voters«, in Szejnmann, *Nazism*, S. 219–231.
Haffner, Sebastian, *Geschichte eines Deutschen: Die Erinnerungen 1914–1933,* Stuttgart 2000.
Hagen, William W., *Germans, Poles, and Jews: The Nationality Conflict in the Prussian East, 1772–1914,* Chicago 1980.
Hagenlücke, Heinz, *Die deutsche Vaterlandspartei: Die nationale Rechte am Ende des Kaiserreiches,* Düsseldorf 1996.
Hailey, Christopher, *Franz Schreker, 1878–1934: A Cultural Biography,* Cambridge 1993.
Hall, Alex, »By Other Means: The Legal Struggle Against the SPD in Wilhelmine Germany 1890–1900«, *Historical Journal* 17 (1974), S. 365–386.
–, *Scandal, Sensation and Social Democracy. The SPD Press and Wilhelmine Germany 1890–1914,* Cambridge 1977.
Hamann, Brigitte, *Hitlers Wien: Lehrjahre eines Diktators,* München 1996.
–, *Winifred Wagner oder Hitlers Bayreuth,* München 2002.
Hamburger, Ernest, »Betrachtungen über Heinrich Brünings Memoiren«, *Internationale Wissenschaftliche Korrespondenz zur Geschichte der deutschen Arbeiterbewegung* 8 (1972), S. 18–39.
Hamel, Iris, *Völkischer Verband und nationale Gewerkschaft: Der Deutschnationale Handlungsgehilfenverband, 1893–1933,* Frankfurt am Main 1967.
Hamilton, Richard F., *Who Voted for Hitler?,* Princeton 1981.
–, und Holger H. Herwig (Hg.), *The Origins of World War I,* Cambridge 2003.
Hammer, Hermann, »Die deutschen Ausgaben von Hitlers ›Mein Kampf‹«, *VfZ* 4 (1956), S. 161–178.
Hammerstein, Notker, *Die Johann Wolfgang Goethe-Universität: von der Stiftungsuniversität zur staatlichen Hochschule,* 2 Bde., Neuwied 1989.
Hanfstaengl, Ernst, *Zwischen Weißem und Braunem Haus: Memoiren eines politischen Außenseiters,* München 1970.
Hankel, Gerd, *Die Leipziger Prozesse: Deutsche Kriegsverbrechen und ihre strafrechtliche Verfolgung nach dem Ersten Weltkrieg,* Hamburg 2003.
Hannover, Heinrich und Elizabeth Hannover-Drück, *Politische Justiz 1918–1933,* Frankfurt am Main 1966.
Hansen, Ernst W., *Reichswehr und Industrie: Rüstungswirtschaftliche Zusammenarbeit und wirtschaftliche Mobilmachungsvorbereitungen 1923–1932,* Boppard 1978.
Harpprecht, Klaus, *Thomas Mann: Eine Biographie,* Reinbek 1995.
Harris, James F., *The People Speak!, Anti-Semitism and Emancipation in Nineteenth-Century Bavaria,* Ann Arbor 1994.
Harsch, Donna, *German Social Democracy and the Rise of Nazism,* Chapel Hill 1993.

Hartley, Leslie P., *The Go-Between,* London, 1953.

Harvey, Elizabeth, »Youth Unemployment and the State: Public Policies towards Unemployed Youth in Hamburg during the World Economic Crisis«, in Evans und Geary (Hg.), *The German Unemployed*, S. 142–170.

–, »Serving the Volk, Saving the Nation: Women in the Youth Movement and the Public Sphere in Weimar Germany«, in Larry Eugene Jones und James Retallack (Hg.), *Elections, Mass Politics, and Social Change in Modern Germany: New Perspectives,* New York 1992, S. 201–222.

–, *Youth Welfare and the State in Weimar Germany,* Oxford 1993.

Hassell, Ulrich von, *Die Hassell-Tagebücher 1938–1944,* hg. von Friedrich Freiherr Hiller von Gaertringen, Berlin 1989.

Hattenhauer, Hans, »Wandlungen des Richterleitbildes im 19. und 20. Jahrhundert«, in Ralf Dreier und Wolfgang Sellert (Hg.), *Recht und Justiz im »Dritten Reich«,* Frankfurt am Main 1989, S. 9–33.

Hayes, Peter, *Industry and Ideology: I.G.Farben in the Nazi Era,* Cambridge 1987.

Hearnshaw, Fossey J. C., *Germany the Aggressor Throughout the Ages,* London 1940.

Heberle, Rudolf, *Landbevölkerung und Nationalsozialismus: Eine soziologische Untersuchung der politischen Willensbildung in Schleswig-Holstein 1918 bis 1932,* Stuttgart 1963.

–, *From Democracy to Nazism: A Regional Case Study on Political Parties in Germany,* New York 1970 (1945).

Heer, Hannes, *Burgfrieden oder Klassenkampf: Zur Politik der sozialdemokratischen Gewerkschaften 1930–1933,* Neuwied 1971.

–, *Ernst Thälmann in Selbstzeugnissen und Bilddokumenten*, Reinbek 1975.

Heiber, Helmut (Hg.), *Das Tagebuch von Joseph Goebbels 1925/26,* Stuttgart 1960.

Heidegger, Martin, *Die Selbstbehauptung der deutschen Universität: Rede, gehalten bei der feierlichen Übernahme des Rektorats der Universität Freiburg i. Br. am 27. 5. 1933,* Breslau 1934.

Heiden, Konrad, *Geschichte des Nationalsozialismus: Die Karriere einer Idee,* Berlin 1932.

–, *Adolf Hitler: Das Zeitalter der Verantwortungslosigkeit. Eine Biographie,* Zürich 1936.

Heilbronner, Oded, *Catholicism, Political Culture and the Countryside: A Social History of the Nazi Party in South Germany,* Ann Arbor 1998.

Hein, Annette, *»Es ist viel ›Hitler‹ in Wagner«. Rassismus und antisemitische Deutschtumsideologie in den »Bayreuther Blättern« (1878–1938),* Tübingen 1996.

Heinemann, Ulrich, *Die verdrängte Niederlage: Politische Öffentlichkeit und Kriegsschuldfrage in der Weimarer Republik,* Göttingen 1983.

Heitzer, Horstwalter, *Der Volksverein für das katholische Deutschland im Kaiserreich 1890–1918,* Mainz 1979.

Hellwald, Friedrich von, *Culturgeschichte in ihrer natürlichen Entwicklung bis zur Gegenwart,* Augsburg 1875.

Hennig, Diethard, *Johannes Hoffmann: Sozialdemokrat und Bayerischer Ministerpräsident: Biographie,* München 1990.

Hentschel, Volker, *Geschichte der deutschen Sozialpolitik (1880–1980)*, Frankfurt am Main 1983.

Herbert, Ulrich, *Fremdarbeiter: Politik und Praxis des »Ausländer-Einsatzes« in der Kriegswirtschaft des Dritten Reiches*, Bonn 1999 (1985).

–, *Best. Biographische Studien über Radikalismus, Weltanschauung und Vernunft 1903–1989*, Bonn 1996.

– u. a. (Hg.), *Die nationalsozialistischen Konzentrationslager. Entwicklung und Struktur*, 2 Bde., Göttingen 1998.

Herbst, Ludolf, *Das nationalsozialistische Deutschland 1933–1945*, Frankfurt am Main 1996.

Hermand, Jost, und Frank Trommler, *Die Kultur der Weimarer Republik*, München 1978.

Herwig, Holger H., *The First World War: Germany and Austria-Hungary 1914–1918*, London 1997.

Hertz-Eichenrode, Dieter, *Politik und Landwirtschaft in Ostpreußen 1919–1930: Untersuchung eines Strukturproblems in der Weimarer Republik*, Opladen 1969.

–, *Wirtschaftskrise und Arbeitsbeschaffung: Konjunkturpolitik 1925/26 und die Grundlagen der Krisenpolitik Brünings*, Frankfurt am Main 1982.

Heß, Wolf Rudiger (Hg.), *Rudolf Heß: Briefe 1908–1933*, München 1987.

Heyworth, Peter, *Otto Klemperer: Dirigent der Republik 1885–1933*. Berlin 1988 (1983).

Hildebrand, Klaus, »Reich – Großmacht – Nation. Betrachtungen zur Geschichte der deutschen Außenpolitik 1871–1945«, *Historische Zeitschrift*, 259 (1994), S. 369–381.

–, *Das vergangene Reich. Deutsche Außenpolitik von Bismarck bis Hitler 1871–1945*, Stuttgart 1995.

Hildenbrand, Hans-Joachim, »Der Betrug mit dem Fackelzug«, in Rolf Italiaander (Hg.), *Wir erlebten das Ende der Weimarer Republik: Zeitgenossen berichten*, Düsseldorf 1982, S. 165.

Hill, Leonidas E., »The Nazi Attack on ›un-German‹ Literature, 1933–1945«, in Jonathan Rose (Hg.), *The Holocaust and the Book*, Amherst, Mass., 2001, S. 9–46.

Hiller von Gaertringen, Friedrich Freiherr, »Die Deutschnationale Volkspartei«, in Matthias und Morsey (Hg.), *Das Ende*, S. 541–652.

–, »›Dolchstoß-Diskussion‹ und ›Dolchstoßlegende‹ im Wandel von vier Jahrzehnten«, in Waldemar Besson und Friedrich Freiherr Hiller von Gaertrin gen (Hg.), *Geschichts- und Gegenwartsbewusstsein*, Göttingen 1963, S. 122–160.

Hillmayr, Heinrich, *Roter und weißer Terror in Bayern nach 1918: Erscheinungsformen und Folgen der Gewalttätigkeiten im Verlauf der revolutionären Ereignisse nach dem Ende des Ersten Weltkrieges*, München 1974.

Hindenburg, Paul von, *Aus meinem Leben*, Leipzig 1920.

Hirsch, Felix, *Stresemann. Ein Lebensbild*, Köln 1978.

Hirte, Chris, *Erich Mühsam: »Ihr seht mich nicht feige«. Biografie*, Berlin 1985.

Hitler, Adolf, *Mein Kampf: Zwei Bände in einem Band* (578.–582. Aufl.) München 1940 (1925/26).

–, *Monologe im Führerhauptquartier 1941–1944: Die Aufzeichnungen Heinrich Heims,* hg. von Werner Jochmann, Hamburg 1980.
–, *Hitler. Reden, Schriften, Anordnungen: Februar 1925 bis Januar 1933,* hg. vom Institut für Zeitgeschichte, München, 6 Bde., München 1992/98.
Hitzer, Friedrich, *Anton Graf Arco: Das Attentat auf Kurt Eisner und die Schüsse im Landtag,* München 1988.
Hobsbawm, Eric J., *Zeitalter der Extreme: Weltgeschichte des 20. Jahrhunderts,* München 1995 (1994).
Hoegner, Wilhelm, *Der schwierige Außenseiter: Erinnerungen eines Abgeordneten, Emigranten und Ministerpräsidenten,* München 1959.
Höhne, Heinz, *Der Orden unter dem Totenkopf: Die Geschichte der SS,* Gütersloh 1967.
–, *Die Machtergreifung: Deutschlands Weg in die Hitler-Diktatur,* Reinbek 1983.
Hoepke, Klaus-Peter, *Die deutsche Rechte und der italienische Faschismus: Ein Beitrag zum Selbstverständnis und zur Politik von Gruppen und Verbänden der deutschen Rechten,* Düsseldorf 1968.
Hörster-Philipps, Ulrike, *Joseph Wirth 1879–1956. Eine politische Biographie,* Paderborn 1998.
Höß, Rudolf, *Kommandant in Auschwitz: Autobiographische Aufzeichnungen,* Stuttgart 1958.
Hofer, Walther, und Alexander Bahar (Hg.), *Der Reichstagsbrand: Eine wissenschaftliche Dokumentation,* Freiburg im Breisgau 1992 (1972, 1978).
Hofmann, Hasso, *Legitimität gegen Legalität. Der Weg der politischen Biographie Carl Schmitts,* Neuwied 1964.
Holl, Karl und Günther List (Hg.), *Liberalismus und imperialistischer Staat. Der Imperialismus als Problem liberaler Parteien in Deutschland 1890–1914,* Göttingen 1975.
Holtfrerich, Carl-Ludwig, *Die deutsche Inflation 1914–1923: Ursachen und Folgen in internationaler Perspektive,* Berlin 1980.
–, »Economic Policy Options and the End of the Weimar Republic«, in Kershaw (Hg.), *Weimar,* S. 58–91, besonders S. 65–72.
Hömig, Herbert, *Brüning: Kanzler in der Krise der Republik. Eine Weimarer Biographie,* Paderborn 2000.
Hong, Young-Sun, *Welfare, Modernity, and the Weimar State, 1919–1933,* Princeton 1998.
Horn, Daniel, »The National Socialist *Schülerbund* and the Hitler Youth, 1929–1933«, *Central European History* 11 (1978), S. 355–375.
Horne, John, und Alan Kramer, *German Atrocities 1914: A History of Denial,* London 2001.
Hornung, Klaus, *Der Jungdeutsche Orden,* Düsseldorf 1958.
Hosking, Geoffrey, *Rußland: Nation und Imperium 1552–1917,* Berlin 2000 (1997).
Howard, Norman P., »The Social and Political Consequences of the Allied Food Blockade of Germany, 1918–19«, *German History,* 11 (1993), S. 161–188.
Hubatsch, Walter, *Hindenburg und der Staat: Aus den Papieren des Generalfeldmarschalls und Reichspräsidenten von 1878 bis 1934,* Göttingen 1966.
Huber, Ernst Rudolf, *Deutsche Verfassungsgeschichte seit 1789,* Bde. 5–7, Stuttgart 1978–1984.

Hüppauf, Bernd, »Langemarck, Verdun and the Myth of a New Man in Germany after the First World War«, *War and Society*, 6 (1988), S. 70–103.

Hunt, Richard N., *German Social Democracy 1918–1933*, New Haven 1964.

Iggers, Georg G. (Hg.), *Marxist Historiography in Transformation: New Orientations in Recent East German History*, Oxford 1992.

Jablonsky, David, *The Nazi Party in Dissolution: Hitler and the Verbotszeit 1923–1925*, London 1989.

Jacobsen, Hans-Adolf, *Karl Haushofer: Leben und Werk*, 2 Bde., Boppard 1979.

Jacobson, Jon, *Locarno Diplomacy: Germany and the West, 1925–1929*, Princeton 1972.

Jäckel, Eberhard, *Hitlers Weltanschauung: Entwurf einer Herrschaft*, erweiterte und überarbeitete Neuausgabe, Stuttgart 1986 (1969).

–, und Axel Kuhn (Hg.), *Hitler: Sämtliche Aufzeichnungen 1905–1924*, Stuttgart 1980.

Jahn, Peter (Hg.), *Die Gewerkschaften in der Endphase der Republik 1930–1933*, Köln 1988.

Jahr, Christoph, »›Das Krämervolk der eitlen Briten‹. Das deutsche Englandfeindbild im Ersten Weltkrieg«, in ders., Uwe Mai und Kathrin Roller (Hg.), *Feindbilder in der deutschen Geschichte. Studien zur Vorurteilsgeschichte im 19. und 20. Jahrhundert*, Berlin 1994, S. 115–142.

–, *Gewöhnliche Soldaten: Desertion und Deserteure im deutschen und britischen Heer 1914–1918*, Göttingen 1998.

James, Harold, *Deutschland in der Wirtschaftskrise 1924–1936*, Stuttgart 1988 (1986).

–, »Economic Reasons for the Collapse of the Weimar Republic«, in Kershaw (Hg.), *Weimar*, S. 30–57.

Jansen, Christian, *Professoren und Politik. Politisches Denken und Handeln der Heidelberger Hochschullehrer 1914–1935*, Göttingen 1992.

Janssen, Karl-Heinz, »Geschichte aus der Dunkelkammer: Kabalen um den Reichstagsbrand. Eine unvermeidliche Enthüllung«, *Die Zeit* 38 (14. September 1979), S. 45–48; 39 (21. September 1979), S. 20–24; 40 (28. September 1979), S. 49–52; 41 (5. Oktober 1979), S. 57–60.

Jarausch, Konrad H., *Deutsche Studenten 1800–1970*, Frankfurt am Main 1984.

Jasper, Gotthard, *Der Schutz der Republik*, Tübingen 1963.

–, *Die gescheiterte Zähmung: Wege zur Machtergreifung Hitlers 1930–1934*, Frankfurt am Main 1986.

Jászi, Oszkár, *Magyariens Schuld, Ungarns Sühne: Revolution und Gegenrevolution in Ungarn*, München 1923.

Jefferies, Matthew, *Imperial Culture in Germany, 1871–1918*, London 2003.

Jelavich, Peter, *München and Theatrical Modernism: Politics, Playwriting, and Performance 8190–1914*, Cambridge, Mass., 1985.

–, *Berlin Cabaret*, Cambridge, Mass., 1993.

Jellonek, Burkhard, *Homosexuelle unter dem Hakenkreuz: Verfolgung von Homosexuellen im Dritten Reich*, Paderborn 1990.

Jens, Inge (Hg.), *Thomas Mann an Ernst Bertram: Briefe aus den Jahren 1910–1955*, Pfullingen 1960.

Jesse, Eckard (Hg.), *Totalitarismus im 20. Jahrhundert*, Baden-Baden 1996.
Jetzinger, Franz, *Hitlers Jugend: Phantasien, Lügen – und die Wahrheit,* Wien 1956.
Joachimsthaler, Anton, *Hitlers Weg begann in München 1913–1923,* München 2000.
Jochmann, Werner (Hg.), *Nationalsozialismus und Revolution: Ursprung und Geschichte der NSDAP in Hamburg 1922–1933,* Frankfurt am Main 1963.
–, »Brünings Deflationspolitik und der Untergang der Weimarer Republik«, in Dirk Stegmann, Bernd-Jürgen Wendt und Peter-Christian Witt (Hg.), *Industrielle Gesellschaft und politisches System: Beiträge zur politischen Sozialgeschichte. Festschrift für Fritz Fischer zum siebzigsten Geburtstag*, Bonn 1978, S. 97–112.
–, *Gesellschaftskrise und Judenfeindschaft in Deutschland 1870–1945,* Hamburg 1988.
Joll, James, *The Origins of the First World War*, London 1984.
Jones, Larry Eugene, *German Liberalism and the Dissolution of the Weimar Party System, 1918–1933,* Chapel Hill 1988.
–, »›The Greatest Stupidity of My Life‹. Alfred Hugenberg and the Formation of the Hitler Cabinet«, *Journal of Contemporary History* 27 (1992), S. 63–87.
Jünger, Ernst, *In Stahlgewittern. Aus dem Tagebuch eines Stoßtruppführers,* Berlin 1920.
Junker, Detlef, *Die Deutsche Zentrumspartei und Hitler: Ein Beitrag zur Problematik des politischen Katholizismus in Deutschland,* Stuttgart 1969.

Kaes, Anton, Martin Jay, und Edward Dimendberg (Hg.), *The Weimar Republic Sourcebook,* Berkeley 1994.
Kai, Michel, *Vom Poeten zum Demagogen: Die schriftstellerischen Versuche Joseph Goebbels',* Köln 1999.
Kaiser, Jochen-Christoph, *Sozialer Protestantismus im 20. Jahrhundert: Beiträge zur Geschichte der Inneren Mission 1914–1945,* München 1989.
– u. a. (Hg.), *Eugenik, Sterilisation, »Euthanasie«: Politische Biologie in Deutschland 1893–1945,* Berlin, 1992.
Kaminski, Andrej, *Konzentrationslager 1896 bis heute: Eine Analyse,* Stuttgart 1982.
Kampe, Norbert, *Studenten und »Judenfrage« im deutschen Kaiserreich: Die Entstehung einer akademischen Trägerschicht des Antisemitismus,* Göttingen 1988.
Kaplan, Marion A., »The Acculturation, Assimilation, and Integration of Jews in Imperial Germany«, *Leo Baeck Institute Yearbook* 27 (1982), S. 3–35.
Karasek, Horst, *Der Brandstifter: Lehr- und Wanderjahre des Maurergesellen Marinus van der Lubbe, der 1933 auszog, den Reichstag anzuzünden,* Berlin 1980.
Kasischke-Wurm, Daniela, *Antisemitismus im Spiegel der Hamburger Presse während des Kaiserreichs (1884–1914)*, Hamburg 1997.
Kater, Michael H., *Studentenschaft und Rechtsradikalismus in Deutschland 1918–1933. Eine sozialgeschichtliche Studie zur Bildungskrise in der Weimarer Republik,* Hamburg 1975.
–, »The Work Student: A Socio-Economic Phenomenon of Early Weimar Germany«, *Journal of Contemporary History* 10 (1975), S. 71–94.

–, *The Nazi Party: A Social Profile of Members and Leaders, 1919–1945,* Oxford 1983.
–, *Gewagtes Spiel: Jazz im Nationalsozialismus*, München 1998 (1992).
–, *Die mißbrauchte Muse: Musiker im Dritten Reich,* München/Wien 1998 (1997).
Katz, Jacob, *Richard Wagner: Vorbote des Antisemitismus*, Königstein/Ts. 1985.
–, *Vom Vorurteil bis zur Vernichtung: der Antisemitismus 1700–1933,* München 1989.
Kauders, Anthony, *German Politics and the Jews. Düsseldorf and Nuremberg 1910–1933,* Oxford 1996.
Kaufmann, Doris, *Katholisches Milieu in Münster 1928–1933,* Düsseldorf 1984.
Kelly, Andrew, *Filming All Quiet on the Western Front – »Brutal Cutting, Stupid Censors, Bigoted Politicos«*, London 1998, Nachdruck als Taschenbuch unter dem Titel *All Quiet on the Western Front: The Story of a Film,* London 2002.
Kent, Bruce, *The Spoils of War: The Politics, Economics and Diplomacy of Reparations 1918–1932*, Oxford 1989.
Kershaw, Ian, *Popular Opinion and Political Dissent in the Third Reich: Bavaria 1933–1945,* Oxford 1983.
–, »Ideology, Propaganda, and the Rise of the Nazi Party«, in Peter D. Stachura (Hg.), *The Nazi Machtergreifung, 1933,* London 1983, S. 162–181.
– (Hg.), *Weimar: Why did German Democracy Fail?,* London 1990.
–, und Moshe Lewin (Hg.), *Stalinism and Nazism: Dictatorships in Comparison*, Cambridge 1997.
–, *Hitler 1889–1936,* Stuttgart 1998.
–, *Hitler 1936–1945,* Stuttgart 2000.
–, *Der NS-Staat: Geschichtsinterpretationen und Kontroversen im Überblick*, 3., erweiterte Neuausgabe, Reinbek bei Hamburg 2002 (1985).
Kertzer, David, *Unholy War: The Vatican's Role in the Rise of Modern Anti-Semitism,* London 2001.
Kessler, Harry Graf, *Tagebücher 1918–1937,* hg. von Wolfgang Pfeiffer-Belli, Frankfurt am Main 1961.
Kettenacker, Lothar, »Der Mythos vom Reich«, in Karl H. Bohrer (Hg.), *Mythos und Moderne* (Frankfurt am Main 1983, S. 262–289.
Keynes, John Maynard, *Die wirtschaftlichen Folgen des Friedensvertrags*, München 1920 (1919)
Kiesewetter, Hubert, *Industrielle Revolution in Deutschland 1815–1914,* Frankfurt am Main 1989.
Kimmich, Christoph M., *Germany and the League of Nations*, Chicago 1976.
Kindleberger, Charles P., *Die Weltwirtschaftskrise 1929–1939*, München 1973.
Kirkpatrick, Clifford, *Nazi Germany: Its Women and Family Life,* New York 1938.
Kissenkoetter, Udo, *Gregor Strasser und die NSDAP,* Stuttgart 1978.
–, »Gregor Straßer: NS-Parteiorganisator oder Weimarer Politiker?«, in Smelser und Zitelmann (Hg.), *Die Braune Elite I*, S. 273–285.
Kitchen, Martin, *The German Officer Corps 1890–1914,* Oxford 1968.
–, *A Military History of Germany from the Eighteenth Century to the Present Day,* London 1975.

–, *The Silent Dictatorship: The Politics of the German High Command under Hindenburg and Ludendorff, 1916–1918,* London 1976.
–, *The Political Economy of Germany 1815–1914,* London 1978.
–, *The Coming of Austrian Fascism,* London 1980.
Klaus, Martin, *Mädchen in der Hitlerjugend: Die Erziehung zur »deutschen Frau«,* Köln 1980.
Klein, Fritz (Hg.), *Deutschland im Ersten Weltkrieg,* 3 Bde., Berlin 1968–1969.
Klein, Gotthard, *Der Volksverein für das katholische Deutschland 1890–1933: Geschichte, Bedeutung, Untergang,* Paderborn 1996.
Klein, Ulrich, »SA-Terror und Bevölkerung in Wuppertal 1933/34«, in Peukert und Reulecke (Hg.), *Die Reihen,* S. 45–64.
Kleist-Schmenzin, Ewald von, »Die letzte Möglichkeit«, *Politische Studien* 10 (1959), S. 92.
Klemperer, Victor, *LTI. Notizbuch eines Philologen,* Leipzig 1985 (1946).
–, *Leben sammeln, nicht fragen wozu und warum,* 2 Bde.: *Tagebücher 1918–1924; Tagebücher 1925–1932,* hg. v. Walter Nowojski, Berlin 1996.
–, *Curriculum Vitae. Erinnerungen 1881–1918,* 2 Bde., Berlin 1996 (1989).
–, *Ich will Zeugnis ablegen bis zum letzten: Tagebücher 1933 bis 1945,* hg. von Walter Nowojski, Berlin 1999 (1995).
Klepper, Jochen, *Unter dem Schatten deiner Flügel: Aus den Tagebüchern der Jahre 1932–1942,* Stuttgart 1956.
Klepsch, Thomas, *Nationalsozialistische Ideologie: eine Beschreibung ihrer Struktur vor 1933,* Münster 1990.
Kleßmann, Christoph, »Hans Frank: Parteijurist und Generalgouverneur in Polen«, in Smelser und Zitelmann (Hg.), *Die Braune Elite I,* S. 41–51.
Klier, John D., und Shlomo Lambroza (Hg.) *Pogroms: Anti-Jewish Violence in Modern Russian History,* Cambridge 1992.
Klinger, Max (Pseudonym für Curt Geyer), *Volk in Ketten,* Karlsbad 1934.
Klönne, Arno, *Jugend im Dritten Reich: Die Hitler-Jugend und ihre Gegner. Dokumente und Analysen,* Köln 1984.
Kluke, Paul, »Der Fall Potempa«, *VfZ* 5 (1957), S. 279–297.
Knoch, Peter (Hg.), *Kriegsalltag: Die Rekonstruktion des Kriegsalltags als Aufgabe der historischen Forschung und der Friedenserziehung,* Stuttgart 1989.
Knock, Thomas J., *To End All Wars: Woodrow Wilson and the Quest for a New World Order,* New York 1992.
Knowles, Elizabeth (Hg.), *The Oxford Dictionary of Quotations,* 5. Aufl, Oxford 1999.
Kocka, Jürgen, *Klassengesellschaft im Krieg: Deutsche Sozialgeschichte 1914–1918,* Göttingen 1973.
–, »Der ›deutsche Sonderweg‹ in der Diskussion«, *German Studies Review,* 5 (1982), S. 365–383.
–, »German History Before Hitler: The Debate about the German *Sonderweg*«, *Journal of Contemporary History* 23 (1988), S. 3–16.
Köhler, Fritz, »Zur Vertreibung humanistischer Gelehrter 1933/34«, *Blätter für deutsche und internationale Politik* 11 (1966), S. 696–707.
Koehler, Karen, »The *Bauhaus,* 1919–1928: Gropius in Exile and the Museum of Modern Art, N. Y., 1938«, in Richard A. Etlin (Hg.), *Art, Culture and Media under the Third Reich,* Chicago 2002, S. 287–315.

Koenen, Andreas, *Der Fall Carl Schmitt. Sein Aufstieg zum »Kronjuristen des Dritten Reiches«*, Darmstadt 1995.

Können, Erwin, u.a. (Hg.), *Arbeiterklasse siegt über Kapp und Lüttwitz,* 2 Bde., Berlin 1971.

Körber, Andreas, *Gustav Stresemann als Europäer, Patriot, Wegbereiter und potentieller Verhinderer Hitlers*, Hamburg 1999.

Kohl, Horst (Hg.), *Die politischen Reden des Fürsten Bismarck,* 14 Bde., Stuttgart 1892–1905.

Kohler, Eric D., »The Crisis in the Prussian Schutzpolizei 1930–32«, in George L. Mosse (Hg.), *Police Forces in History,* London 1975, S. 131–150.

Kohn, Hans, *Wege und Irrwege: Vom Geist des deutschen Bürgertums*, Düsseldorf 1962 (1961).

– (Hg.), *German History: Some New German Views,* Boston 1954.

Kolb, Eberhard, *Die Weimarer Republik,* München 2002 (1984).

–, »Die Reichsbahn vom Dawes-Plan bis zum Ende der Weimarer Republik«, in Lothar Gall und Manfred Pohl (Hg.), *Die Eisenbahn in Deutschland: Von den Anfängen bis zur Gegenwart,* München 1999, S. 109–164.

Kolbe, Ulrich, »Zum Urteil über die ›Reichstagsbrand-Notverordnung‹ vom 28. 2. 1933«, *Geschichte in Wissenschaft und Unterricht* 16 (1965), S. 359–370.

Koonz, Claudia, *Mütter im Vaterland: Frauen im Dritten Reich*, Freiburg/Br. 1991 (1987).

Koszyk, Kurt, *Deutsche Presse im 19. Jahrhundert: Geschichte der deutschen Presse*, Teil 2, Berlin 1966.

–, *Deutsche Presse 1914–1945: Geschichte der deutschen Presse,* Teil 3, Berlin 1972.

Kotowski, Georg, *Friedrich Ebert. Eine politische Biographie,* I: *Der Aufstieg eines deutschen Arbeiterführers 1871 bis 1917,* Wiesbaden 1963.

Kracauer, Siegfried, *Von Caligari bis Hitler: Ein Beitrag zur Geschichte des deutschen Films*, Hamburg 1958 (1947).

Kramer, Helgard, »Frankfurt's Working Women: Scapegoats or Winners of the Great Depression?«, in Evans und Geary (Hg.), *The German Unemployed*, S. 108–141.

Kraul, Margret, *Das deutsche Gymnasium 1780–1980,* Frankfurt am Main 1984.

Krause, Thomas, *Hamburg wird braun: Der Aufstieg der NSDAP 1921–1933,* Hamburg 1987.

Krekeler, Norbert, *Revisionsanspruch und geheime Ostpolitik der Weimarer Republik*, Stuttgart 1973.

Kreutzahler, Birgit, *Das Bild des Verbrechers in Romanen der Weimarer Republik. Eine Untersuchung vor dem Hintergrund anderer gesellschaftlicher Verbrecherbilder und gesellschaftlicher Grundzüge der Weimarer Republik,* Frankfurt am Main 1987.

Kritzer, Peter, *Die bayerische Sozialdemokratie und die bayerische Politik in den Jahren 1918–1923,* München 1969.

Krohn, Klaus-Dieter, *Stabilisierung und ökonomische Interessen: Die Finanzpolitik des deutschen Reiches 1923–1927,* Düsseldorf 1974.

Krüger, Gerd, »›Ein Fanal des Widerstandes im Ruhrgebiet‹. Das ›Unternehmen Wesel‹ in der Osternacht des Jahres 1923. Hintergründe eines angeblichen

›Husarenstreiches‹«, *Mitteilungsblatt des Instituts fur soziale Bewegungen* 4 (2000), S. 95–140.

Krüger, Gesine, *Kriegsbewältigung und Geschichtsbewußtsein: Realität, Deutung und Verarbeitung des deutschen Kolonialkrieges in Namibia 1904 bis 1907,* Göttingen 1999.

Kruger, Peter, *Die Außenpolitik der Republik von Weimar*, Darmstadt 1985.

Kruse, Wolfgang, »Krieg und Klassenheer: Zur Revolutionierung der deutschen Armee im Ersten Weltkrieg«, *Geschichte und Gesellschaft* 22 (1996), S. 530–561.

Kube, Alfred, *Pour le mérite und Hakenkreuz: Hermann Göring im Dritten Reich,* 2. Aufl., München 1987 (1986).

–, »Hermann Göring: Zweiter Mann im ›Dritten Reich‹«, in Smelser und Zitelman (Hg.), *Die Braune Elite I*, S. 69–83.

Kubizek, August, *Adolf Hitler: Mein Jugendfreund,* Graz 1953.

Kühn, Volker (Hg.), *Deutschlands Erwachen: Kabarett unterm Hakenkreuz 1933–1945,* Weinheim 1989.

Küppers, Heinrich, *Joseph Wirth. Parlamentarier, Minister und Kanzler der Weimarer Republik*, Stuttgart 1997.

Kurz, Thomas, *»Blutmai«: Sozialdemokraten und Kommunisten im Brennpunkt der Berliner Ereignisse von 1929,* Bonn 1988.

Kwiet, Konrad, und Helmut Eschwege, *Selbstbehauptung und Widerstand: Deutsche Juden im Kampf um Existenz und Menschenwürde 1933–1945,* Hamburg 1984.

Lamberti, Marjorie, *State, Society and the Elementary School in Imperial Germany,* New York 1989.

–, »Elementary School Teachers and the Struggle against Social Democracy in Wilhelmine Germany«, *History of Education Quarterly* 12 (1992), S. 74–97.

Lane, Barbara Miller, *Architektur und Politik in Deutschland, 1918–1945*, Braunschweig 1986 (1968).

–, und Leila J. Rupp (Hg.), *Nazi Ideology before 1933: A Documentation,* Manchester 1978.

Lang, Jochen von, »Martin Bormann: Hitlers Sekretär«, in Smelser und Zitelmann (Hrsg.), *Die Braune Elite I*, S. 1–14.

Langbehn, Julius, *Rembrandt als Erzieher; von einem Deutschen,* 38. Aufl., Leipzig 1891 (1890).

–, *Der Rembrandtdeutsche. Von einem Wahrheitsfreund,* Dresden 1892.

Langdon, John W., *July 1914: The Long Debate 1918–1990*, New York 1991.

Lange, Karl, »Der Terminus ›Lebensraum‹ in Hitlers *Mein Kampf«*, *VfZ* 13 (1965), S. 426–437.

Langewiesche, Dieter, *Liberalismus in Deutschland*, Frankfurt am Main 1988.

Langer, Michael, *Zwischen Vorurteil und Aggression: Zum Judenbild in der deutschsprachigen katholischen Volksbildung des 19. Jahrhunderts,* Freiburg 1994.

Laqueur, Walter, *Die deutsche Jugendbewegung: eine historische Studie*, Köln 1962.

–, *Deutschland und Rußland*, Berlin 1965.

–, *Weimar: Die Kultur der Republik*, Frankfurt am Main 1976 (1974).
Large, David Clay, *Hitlers München: Aufstieg und Fall der Hauptstadt der Bewegung*, München 1998 (1997).
–, »›Out with the Ostjuden‹. The Scheunenviertel Riots in Berlin, November 1923«, in Werner Bergmann u.a. (Hg.), *Exclusionary Violence: Antisemitic Riots in Modern Germany*, Ann Arbor 2002, S. 123–140.
Laski, Harold, *The Germans – Are They Human?*, London 1941.
Laubach, Ernst, *Die Politik der Kabinette Wirth, 1921–22*, Lübeck 1968.
Laursen, Karsten, und Jürgen Pedersen, *The German Inflation 1918–1923*, Amsterdam 1964.
Lebeltzer, Gisela, »Die ›Schwarze Schmach‹. Vorurteile – Propaganda – Mythos«, *Geschichte und Gesellschaft* 11 (1985), S. 37–58.
Lee, Marshall M., und Wolfgang Michalka, *German Foreign Policy 1917–1933: Continuity or Break?*, Leamington Spa 1987.
Lehnert, Detlef, *Sozialdemokratie zwischen Protestbewegung und Regierungspartei 1848–1983*, Frankfurt am Main 1983.
Lenman, Robin, »Julius Streicher and the origins of the NSDAP in Nuernberg, 1918–1923«, in Nicholls und Matthias (Hg.), *German Democracy*, S. 161–74.
–, »Art, Society and the Law in Wilhelmine Germany: The Lex Heinze«, *Oxford German Studies* 8 (1973), S. 86–113.
Lepsius, M. Rainer, »Parteisystem und Sozialstruktur: Zum Problem der Demokratisierung der deutschen Gesellschaft«, in Gerhard A. Ritter (Hg.), *Die deutschen Parteien vor 1918*, Köln 1973, S. 56–80.
Lerner, Warren, *Karl Radek: The Last Internationalist*, Stanford 1970.
Lessing, Hellmut, und Manfred Liebel, *Wilde Cliquen. Szenen einer anderen Arbeiterbewegung*, Bensheim 1981.
Lessing, Theodor, *Haarmann: Die Geschichte eines Werwolfs und andere Kriminalreportagen*, hg. von Rainer Marwedel, Frankfurt am Main 1989.
Lessmann, Peter, *Die preußische Schutzpolizei in der Weimarer Republik: Streifendienst und Straßenkampf*, Düsseldorf 1989.
Leuschen-Seppel, Rosemarie, *Sozialdemokratie und Antisemitismus im Kaiserreich: Die Auseinandersetzung der Partei mit den konservativen und völkischen Strömungen des Antisemitismus 1871–1914*, Bonn 1978.
Levi, Erik, *Music in the Third Reich*, London 1994.
Levy, Richard S., *The Downfall of the Anti-Semitic Political Parties in Imperial Germany*, New Haven 1975.
Lewy, Günter, *Die katholische Kirche und das Dritte Reich*, München 1965.
Liang, Hsi-Huey, *Die Berliner Polizei in der Weimarer Republik*, Berlin 1977 (1970).
Lidtke, Vernon L., *The Outlawed Party: Social Democracy in Germany, 1878–1890*, Princeton 1966.
–, *The Alternative Culture: Socialist Labor in Imperial Germany*, New York 1985.
Liepach, Martin, *Das Wahlverhalten der jüdischen Bevölkerung. Zur politischen Orientierung der Juden in der Weimarer Republik*, Tübingen 1996.
Lindenberger, Thomas, und Alf Lüdtke (Hg.), *Physische Gewalt: Studien zur Geschichte der Neuzeit*, Frankfurt am Main 1995.

Link, Arthur S. (Hg.), *The Papers of Woodrow Wilson,* 69 Bde., Princeton 1966.
Lipp, Anne, »Friedenssehnsucht und Durchhaltebereitschaft: Wahrnehmungen und Erfahrungen deutscher Soldaten im Ersten Weltkrieg«, *Archiv für Sozialgeschichte,* 36 (1996), S. 279–292.
Lipstadt, Deborah E., *Beyond Belief: The American Press and the Coming of the Holocaust, 1933–1945,* New York 1986.
Liulevicius, Vejas Gabriel, *Kriegsland im Osten: Eroberung, Kolonisierung und Militärherrschaft im Ersten Weltkrieg,* Hamburg 2002 (2000).
Lloyd George, David, *The Truth About the Peace Treaties,* 2 Bde., London 1938.
Löbe, Paul, *Der Weg war lang: Lebenserinnerungen von Paul Löbe,* Berlin 1954 (1950).
Löwenthal, Richard, »Die nationalsozialistische ›Machtergreifung‹ – eine Revolution? Ihr Platz unter den totalitären Revolutionen unseres Jahrhunderts«, in Martin Broszat u. a. (Hg.), *Deutschlands Weg in die Diktatur,* Berlin 1983, S. 42–74.
Lohalm, Uwe, *Völkischer Radikalismus: Die Geschichte des Deutschvölkischen Schutz- und Trutzbundes, 1919–1923,* Hamburg 1970.
Longerich, *Die braunen Bataillone: Geschichte der SA,* München 1989.
–, *Politik der Vernichtung: Eine Gesamtdarstellung der nationalsozialistischen Judenverfolgung,* München 1998.
–, *Der ungeschriebene Befehl. Hitler und der Weg zur Endlösung,* München 2001.
Low, Alfred D., *The Anschluss Movement 1918–19 and the Paris Peace Conference,* Philadelphia 1974.
Lowry, Bullitt, *Armistice 1918,* Kent, Ohio, 1996.
Lucas, Erhard, *Märzrevolution im Ruhrgebiet,* 3 Bde., Frankfurt am Main 1970/78.
–, *Arbeiterradikalismus: Zwei Formen von Radikalismus in der deutschen Arbeiterbewegung,* Frankfurt am Main 1976.
Ludendorff, Erich, *Kriegführung und Politik,* Berlin 1922.
Lyttelton, Adrian, *The Seizure of Power: Fascism in Italy 1919–1929,* London 1973.

Macartney, Carlile A., *The Habsburg Empire 1790–1918,* London 1968.
Macmillan, Margaret, *Peacemakers: The Paris Conference of 1919 and Its Attempt to End War,* London 2001.
Mai, Günther, »Die Nationalsozialistische Betriebszellen-Organisation. Zum Verhältnis von Arbeiterschaft und Nationalsozialismus«, *VfZ 31* (1983), S. 573–613.
Mallmann, Klaus-Michael, *Kommunisten in der Weimarer Republik: Sozialgeschichte einer revolutionären Bewegung,* Darmstadt 1996.
–, »Gehorsame Parteisoldaten oder eigensinnige Akteure? Die Weimarer Kommunisten in der Kontroverse – Eine Erwiderung«, *VfZ* 47 (1999), S. 401–415.
Mannes, Astrid Luise, *Heinrich Brüning: Leben, Wirken, Schicksal,* München 1999.
Manstein, Peter, *Die Mitglieder und Wähler der NSDAP 1919–1933. Untersuchungen zu ihrer schichtmässigen Zusammensetzung,* Frankfurt am Main 1990 (1987).

Marcuse, Harold, *Legacies of Dachau: The Uses and Abuses of a Concentration Camp, 1933–2001*, Cambridge 2001.

Marks, Sally, »Black Watch on the Rhine: A Study in Propaganda, Prejudice and Prurience«, *European Studies Review* 13 (1983), S. 297–334.

Marquis, Alice G., »Words as Weapons: Propaganda in Britain and Germany during the First World War«, *Journal of Contemporary History* 13 (1978), S. 467–498.

Marr, Wilhelm, *Vom jüdischen Kriegsschauplatz. Eine Streitschrift,* Bern 1879 (1873).

–, *Der Sieg des Judenthums über das Germanenthum vom nicht confessionellen Standpunkt aus betrachtet,* Berlin 1873.

Martens, Stefan, *Hermann Göring: »Erster Paladin des Führers« und »Zweiter Mann im Reich«,* Paderborn 1985.

Martin, Bernd, »Die deutschen Gewerkschaften und die nationalsozialistische Machtübernahme«, *Geschichte in Wissenschaft und Unterricht* 36 (1985), S. 605–631.

– (Hg.), *Martin Heidegger und das »Dritte Reich«: Ein Kompendium,* Darmstadt 1989.

Marx, Karl, «*Der achtzehnte Brumaire des Louis Bonaparte*«, in Karl Marx – Friedrich Engels, *Ausgewählte Schriften in zwei Bänden*, Bd. I, Berlin 1968, S. 222–316.

–, »*Randglossen zum Programm der deutschen Arbeiterpartei*« (Kritik des Gothaer Programms, 1875), in Karl Marx – Friedrich Engels, *Ausgewählte Schriften in zwei Bänden,* Band II, Berlin 1968, S. 11–28.

Maschmann, Melita, *Fazit: Kein Rechtfertigungsversuch*, Stuttgart 1963.

Maser, Werner, *Die Frühgeschichte der NSDAP: Hitlers Weg bis 1924,* Frankfurt am Main 1965.

–, *Hitlers Mein Kampf: Geschichte, Auszüge, Kommentare,* München 1966.

–, *Hindenburg. Eine politische Biographie*, Rastatt 1989.

–, *Hermann Göring: Hitlers janusköpfiger Paladin. Die politische Biographie,* Berlin 2000.

Mason, Tim W., *Nazism, Fascism and the Working Class: Essays by Tim Mason,* hg. von Jane Caplan, Cambridge 1995.

– *Sozialpolitik im Dritten Reich: Arbeiterklasse und »Volksgemeinschaft«*, Opladen 1977.

Massing, Paul W., *Vorgeschichte des politischen Antisemitismus*, Frankfurt am Main 1959 (1949).

Matthias, Erich, »Der Untergang der Sozialdemokratie 1933«, *VfZ* 4 (1956), S. 179–226 und 250–286.

–, »Hindenburg zwischen den Fronten 1932«, *VfZ* 8 (1960), S. 75–84.

–, und Rudolf Morsey (Hg.), *Das Ende der Parteien 1933. Darstellungen und Dokumente,* Düsseldorf 1960.

–, »Die Deutsche Staatspartei«, in Matthias und Morsey (Hg.), *Das Ende*, S. 29–97.

–, »Die Sozialdemokratische Partei Deutschlands«, in Matthias und Morsey (Hg.), *Das Ende*, S. 101–278.

Maurer, Trude, *Ostjuden in Deutschland, 1918–1933,* Hamburg 1986.

Maus, Ingeborg, *Bürgerliche Rechtstheorie und Faschismus. Zur sozialen Funktion und aktuellen Wirkung der Theorie Carl Schmitts*, München 1980 (1976).
Maxelon, Michael-Olaf, *Stresemann und Frankreich. Deutsche Politik der Ost-West-Balance*, Düsseldorf 1972.
Mayer, Arno J., *Politics and Diplomacy of Peacemaking: Containment and Counterrevolution at Versailles 1918–1919,* New York 1969 (1967).
Mazower, Mark, *Der dunkle Kontinent: Europa im 20. Jahrhundert,* Frankfurt am Main 2002 (1998).
McElligott, Anthony, »Mobilising the Unemployed: The KPD and the Unemployed Workers' Movement in Hamburg-Altona during the Weimar Republic«, in Evans und Geary (Hg.), *The German Unemployed*, S. 228–260.
–, *Contested City. Municipal Politics and the Rise of Nazism in Altona, 1917–1937,* Ann Arbor 1998.
Medalen, Charles, »State Monopoly Capitalism in Germany: The Hibernia Affair«, *Past and Present* 78 (Februar 1978), S. 82–112.
Mehring, Reinhard, *Carl Schmitt zur Einführung*, Hamburg 1992.
Meier-Welcker, Hans, *Seeckt*, Frankfurt am Main 1967.
Meinecke, Friedrich, »Bismarck und das neue Deutschland«, in ders., *Preußen und Deutschland im 19. und 20. Jahrhundert,* München 1918.
–, *Die deutsche Katastrophe*, Wiesbaden 1946.
Meiring, Kerstin, *Die christlich-jüdische Mischehe in Deutschland, 1840–1933,* Hamburg, 1998.
Meißner, Otto, *Staatssekretär unter Ebert – Hindenburg – Hitler: Der Schicksalsweg des deutschen Volkes, wie ich ihn erlebte,* Hamburg 1950.
Mergel, Thomas, *Parlamentarische Kultur in der Weimarer Republik: Politische Kommunikation, symbolische Politik und Öffentlichkeit im Reichstag*, Düsseldorf 2002.
Merkl, Peter H., *Political Violence under the Swastika: 581 Early Nazis,* Princeton 1975.
Merson, Allan, *Kommunistischer Widerstand in Nazideutschland.* Bonn 1999 (1985).
Meyer, Folkert, *Schule der Untertanen: Lehrer und Politik in Preußen 1848–1900,* Hamburg 1976.
Meyer, Michael, *The Politics of Music in the Third Reich,* New York 1991.
Michalka, Wolfgang, und Gottfried Niedhart, *Die ungeliebte Republik: Dokumente zur Innen- und Außenpolitik Weimars 1918–1933,* München 1980.
–, und Marshall M. Lee (Hg.), *Gustav Stresemann*, Darmstadt 1981.
Mielke, Siegfried, *Der Hansa-Bund für Gewerbe, Handel und Industrie 1909–1914*, Göttingen 1976.
Mierendorff, Carlo, »Der Hindenburgsieg 1932«, *Sozialistische Monatshefte* (4. April 1932).
Milatz, Alfred, »Das Ende der Parteien im Spiegel der Wahlen 1930 bis 1933«, in Matthias und Morsey (Hg.), *Das Ende*, S. 743–793.
–, *Wähler und Wahlen in der Weimarer Republik,* Bonn 1965.
Miller, Max, *Eugen Bolz,* Stuttgart 1951.
Miller, Susanne, »Das Ringen um ›die einzige großdeutsche Republik‹. Die Sozialdemokratie in Österreich und im Deutschen Reich zur Anschlußfrage 1918/19«, *Archiv für Sozialgeschichte*, XI (1971), S. 1–68.

–, und Heinrich Potthoff, *Kleine Geschichte der SPD 1848–2002*, Bonn 2002 (1971)

Milward, Alan, und Samuel B. Saul, *The Development of the Economies of Continental Europe 1850–1914*, London 1977.

Ministère des affaires étrangères (Hg.), *Documents Diplomatiques Français, 1932–1939*, Ser. 1, Bd. 2.

Minuth, Karl-Heinz (Hg.), *Akten der Reichskanzlei. Weimarer Republik: Das Kabinett von Papen, 1. Juni bis 3. Dezember 1932*, Boppard 1989.

– (Hg.), *Akten der Reichskanzlei. Die Regierung Hitler I: 1933–1934*, 2 Bde., Boppard 1983.

Mitchell, Allan, *Revolution in Bayern 1918/19: Die Eisner-Regierung and die Räterepublik*, München 1967 (1965).

Möller, Horst, »Die nationalsozialistische Machtergreifung. Konterrevolution oder Revolution?«, *VfZ* 31 (1983), 25–51.

Moeller, Robert G., »Dimensions of Social Conflict in the Great War: The View from the German Countryside«, *Central European History*, 14 (1981), S. 142–168.

–, »Winners as Losers in the German Inflation: Peasant Protest over the Controlled Economy«, in Gerald D. Feldman u. a. (Hg.), *The German Inflation: A Preliminary Balance*, Berlin 1982, S. 255–288.

–, »The Kaiserreich Recast? Continuity and Change in Modern German Historiography«, *Journal of Social History* 17 (1984), S. 655–683.

Moeller van den Bruck, Arthur, *Das Dritte Reich*, 3. Aufl., Hamburg 1931 (1923).

Mombauer, Annika, *Helmuth von Moltke and the Origins of the First World War*, Cambridge 2001.

Mommsen, Hans, »Der Reichstagsbrand und seine politischen Folgen«, *VfZ* 12 (1964), S. 351–413.

–, *Beamtentum im Dritten Reich: Mit ausgewählten Quellen zur nationalsozialistischen Beamtenpolitik*, Stuttgart 1966.

–, »Betrachtungen zu den Memoiren Heinrich Brünings«, *Jahrbuch für die Geschichte Mittel- und Ostdeutschlands* 22 (1973), S. 270–280.

–, »Van der Lubbes Weg in den Reichstag – der Ablauf der Ereignisse«, in Uwe Backes u. a., *Reichstagsbrand: Aufklärung einer historischen Legende*, München 1986, S. 33–57.

–, *Der Nationalsozialismus und die deutsche Gesellschaft. Ausgewählte Aufsätze*, Reinbek 1991.

–, *Von Weimar nach Auschwitz: Zur Geschichte Deutschlands in der Weltkriegsepoche*, Stuttgart 1999.

–, *Aufstieg und Untergang der Republik von Weimar 1918–1933*, Berlin 1989.

–, »Das Jahr 1930 als Zäsur in der deutschen Entwicklung der Zwischenkriegszeit«, in Lothar Ehrlich und Jürgen John (Hg.), *Weimar 1930: Politik und Kultur im Vorfeld der NS-Diktatur*, Köln 1998, S. 1–13.

Mommsen, Wolfgang J., »Wandlungen der liberalen Idee im Zeitalter des Imperialismus«, in Holl und List (Hg.), *Liberalismus und imperialistischer Staat*, S. 109–147.

–, *Das Ringen um den nationalen Staat: Die Gründung und der innere Ausbau des Deutschen Reiches unter Otto von Bismarck 1850– 1890*, Berlin 1993.

–, *Bürgerstolz und Weltmachtstreben: Deutschland unter Wilhelm II. 1890 bis 1918,* Berlin 1995.

Moreau, Patrick, *Nationalsozialismus von »links«: die »Kampfgemeinschaft revolutionärer Nationalsozialisten« und die »Schwarze Front« Otto Strassers 1930–1935,* Stuttgart 1984.

Mork, Andrea, *Richard Wagner als politischer Schriftsteller. Weltanschauung und Wirkungsgeschichte,* Frankfurt am Main 1990.

Morsch, Günter, »Oranienburg – Sachsenhausen, Sachsenhausen – Oranienburg«, in Herbert u. a. (Hg.), *Die nationalsozialistischen Konzentrationslager,* S. 111–134.

Morsey, Rudolf, »Die Deutsche Zentrumspartei«, in Matthias und Morsey (Hg.), *Das Ende* , S. 279–453.

–, »Hitler als Braunschweiger Regierungsrat«, *VfZ* 8 (1960), S. 419–448.

–, »Hitlers Verhandlungen mit der Zentrumsführung am 31. Januar 1933«, *VfZ* 9 (1961), S. 182–194.

–, *Der Untergang des politischen Katholizismus: Die Zentrumspartei zwischen christlichem Selbstverständnis und »Nationaler Erhebung« 1932/33,* Stuttgart 1977.

–, »Beamtenschaft und Verwaltung zwischen Republik und ›Neuem Staat‹«, in Karl Dietrich Erdmann und Hagen Schulze (Hg.), *Weimar: Selbstpreisgabe einer Demokratie,* Düsseldorf 1989, S. 151–168.

– (Hg.), *Das »Ermächtigungsgesetz« vom 24. März 1933. Quellen zur Geschichte und Interpretation des »Gesetzes zur Behebung der Not von Volk und Reich«,* Düsseldorf 1992.

Moses, John A., »Die Wirkung der Dolchstoßlegende im deutschen Geschichtsbewußtsein«, in: Bernd Hüppauf (Hg.), *Ansichten vom Krieg. Vergleichende Studien zum Ersten Weltkrieg in Literatur und Gesellschaft*, Königstein 1984, S. 240–256.

Mosse, George L., *Ein Volk, ein Reich, ein Führer: Die völkischen Ursprünge des Nationalsozialismus*, Königstein/Ts. 1979 (1964); später unter dem Titel: *Die völkische Revolution: Über die geistigen Wurzeln des Nationalsozialismus*, Königstein/Ts. 1991.

–, *Die Nationalisierung der Massen: Politische Symbolik und Massenbewegungen in Deutschland von dem Napoleonischen Krieg bis zum Dritten Reich*, Frankfurt am Main 1976 (1975).

–, *Gefallen für das Vaterland. Nationales Heldentum und namenloses Sterben*, Stuttgart 1993.

–, *The Fascist Revolution*, New York 1999.

Mosse, Werner E., *Jews in the German Economy: The German-Jewish Economic Élite 1820–1935,* Oxford 1987.

–, *The German-Jewish Economic Elite 1820–1935: A Socio-Cultural Profile,* Oxford 1989.

Mühlberger, Detlef, »A Social Profile of the Saxon NSDAP Membership before 1933«, in Szejnmann, *Nazism*, S. 211–219.

–, *Hitler's Followers: Studies in the Sociology of the Nazi Movement*, London 1991.

Mühlhausen, Walter, *Friedrich Ebert: Sein Leben, sein Werk, seine Zeit,* Heidelberg 1999.

Müller, Dirk, *Arbeiter, Katholizismus, Staat: Der Volksverein für das katholische Deutschland und die katholischen Arbeiterorganisationen in der Weimarer Republik,* Bonn 1996.

Müller, Fritz Ferdinand, *Deutschland-Zanzibar-Ostafrika: Geschichte einer deutschen Kolonialeroberung 1884–1890,* Berlin 1990 (1959).

Müller, Hans (Hg.), *Katholische Kirche und Nationalsozialismus: Dokumente 1930–1935,* München 1963.

Müller, Ingo, *Furchtbare Juristen: Die unbewältigte Vergangenheit unserer Justiz,* München 1987.

Müller, Klaus-Jürgen, *Armee und Drittes Reich 1933–1939: Darstellung und Dokumentation*, Paderborn 1989.

–, »Der Tag von Potsdam und das Verhältnis der preußisch-deutschen Militär–Elite zum Nationalsozialismus«, in Bernhard Kröner (Hg.), *Potsdam – Stadt, Armee, Residenz in der preußisch-deutschen Militärgeschichte,* Frankfurt am Main 1993, S. 435–449.

Münkler, Herfried, »Das Reich als politische Macht und politischer Mythos«, in ders., *Reich – Nation – Europa. Modelle politischer Ordnung*, Weinheim 1996, S. 11–59.

Myers, Duane P., *Germany and the Question of Austrian Anschluss 1918–1922,* New Haven 1968.

Nahel, Irmela, *Fememorde und Fememordprozesse in der Weimarer Republik,* Köln 1991.

Nationalsozialistischer Deutscher Frontkämpferbund (Hg.), *Der NSDFB (Stahlhelm): Geschichte, Wesen und Aufgabe des Frontsoldatenbundes,* Berlin 1935.

Nelles, Dieter, »Jan Valtins ›Tagebuch der Hölle‹ – Legende und Wirklichkeit eines Schlüsselromans der Totalitarismustheorie«, *1999: Zeitschrift für Sozialgeschichte des 20. und 21. Jahrhunderts* 9 (1994), S. 11–45.

Nelson, Keith, »›The Black Horror on the Rhine‹: Race as a Factor in post-World War I Diplomacy«, *Journal of Modern History* 42 (1970), S. 606–627.

Nettl, John Peter, *Rosa Luxemburg*, 2 Bde., Oxford 1966.

Neugebauer, Rosamunde, »›Christus mit der Gasmaske‹ von George Grosz, oder: Wieviel Satire konnten Kirche und Staat in Deutschland um 1930 ertragen?«, in Maria Rüger (Hg.), *Kunst und Kunstkritik der dreißiger Jahre: 29 Standpunkte zu künstlerischen und ästhetischen Prozessen und Kontroversen*, Dresden 1990, S. 156–165.

Neumann, Franz, *Behemoth: Struktur und Praxis des Nationalsozialismus 1933–1944,* Köln – Frankfurt am Main 1977 (1942).

Neumann, Volker, *Der Staat im Bürgerkrieg. Kontinuität und Wandlung des Staatsbegriffs in der politischen Theorie Carl Schmitts*, Frankfurt am Main 1980.

Nicholls, Anthony J., und Erich Matthias (Hg.), *German Democracy and the Triumph of Hitler: Essays in Recent German History,* London 1971.

Nicholls, Anthony J., »Hitler and the Bavarian Background to National Socialism«, in ders. und Matthias (Hg.), *German Democracy,* S. 129–160.

–, »Die höhere Beamtenschaft in der Weimarer Zeit: Betrachtungen zu Problemen ihrer Haltung und ihrer Fortbildung«, in Lothar Albertin und Werner Link

(Hg.), *Politische Parteien auf dem Weg zur parlamentarischen Demokratie in Deutschland: Entwicklungslinien bis zur Gegenwart,* Düsseldorf 1981, S. 195–207.
–, *Weimar and the Rise of Hitler,* 4. Aufl., London 2000 (1968).
Niedhart, Gottfried, *Die Außenpolitik der Weimarer Republik*, München 1999.
Nieuhuss, Merith, »From Welfare Provision to Social Insurance: The Unemployed in Augsburg 1918–27«, in Evans und Geary (Hg.), *The German Unemployed*, S. 44–72.
Niewyk, Donald L., *The Jews in Weimar Germany,* Baton Rouge 1980.
Nipperdey, Thomas, *Deutsche Geschichte 1800–1866: Bürgerwelt und starker Staat,* München 1983.
–, *Deutsche Geschichte 1866–1918,* Bd. I: *Arbeitswelt und Bürgergeist,* München 1990.
–, *Deutsche Geschichte 1866–1918:* Bd. II: *Machtstaat vor der Demokratie,* München 1992.
Nitschke, August, u. a. (Hg.), *Jahrhundertwende: Der Aufbruch in die Moderne 1880–1930*, 2 Bde., Reinbek 1990.
Noack, Paul, *Carl Schmitt. Eine Biographie*, Berlin 1993.
–, *Ernst Jünger: Eine Biographie,* Berlin 1998.
Noakes, Jeremy, *The Nazi Party in Lower Saxony 1921–1933,* Oxford 1971.
–, »Nazism and Revolution«, in Noel O'Sullivan (Hg.), *Revolutionary Theory and Political Reality*, London 1983, S. 73–100.
–, und Geoffrey Pridham (Hg.), *Nazism 1919–1945,* 4 Bde., Exeter 1983–1998.
–, »Nazism and Eugenics: the Background to the Nazi Sterilization Law of 14 July 1933«, in Roger Bullen u. a. (Hg.), *Ideas into Politics: Aspects of European History 1880–1950,* London 1984, S. 75–94.
Nolan, Mary, *Visions of Modernity: American Business and the Modernization of Germany,* New York 1994.
Nolte, Ernst, *Der Faschismus in seiner Epoche: Die Action Française, der italienische Faschismus, der Nationalsozialismus*, München 1963.
–, *Der europäische Bürgerkrieg 1917–1945: Nationalsozialismus und Bolschewismus,* Frankfurt am Main 1987.
Nonn, Christoph, *Eine Stadt sucht einen Mörder: Gerücht, Gewalt und Antisemitismus im Kaiserreich,* Göttingen 2002.
Norton, Robert E., *Secret Germany: Stefan George and his Circle,* Ithaca, New York, 2002.
Nowak, Kurt, und Gérard Raulet (Hg.), *Protestantismus und Antisemitismus in der Weimarer Republik,* Frankfurt am Main 1994.
Nuß, Karl, *Militär und Wiederaufrüstung in der Weimarer Republik: Zur politischen Rolle und Entwicklung der Reichswehr,* Berlin 1978.

Oertel, Thomas, *Horst Wessel: Untersuchung einer Legende*, Köln 1988.
Offer, Avner, *The First World War; An Agrarian Interpretation*, Oxford 1989.
O'Neill, Robert J., *The German Army and the Nazi Party 1933–1939,* London 1968.
Orlow, Dietrich, *The History of the Nazi Party* I: *1919–1933,* Newton Abbot 1971 (1969).

–, *Weimar Prussia 1918–1925. The Unlikely Rock of Democracy,* Pittsburgh 1986.
–, »Rudolf Heß: Stellvertreter des Führers«, in Smelser und Zitelmann (Hg.), *Die Braune Elite I*, S. 84–97.
Orth, Karin, *Das System der nationalsozialistischen Konzentrationslager,* Hamburg 1999.
Osterroth, Franz, und Dieter Schuster, *Chronik der deutschen Sozialdemokratie,* Hannover 1963.
Ostwald, Hans, *Sittengeschichte der Inflation. Ein Kulturdokument aus den Jahren des Marksturzes,* Berlin 1931.
Ott, Hugo, *Martin Heidegger: Unterwegs zu seiner Biographie*, München 1983.
Overy, Richard J., *Hermann Göring: Machtgier und Eitelkeit*, München 1986 (1984).
Owen, Richard, »Military-Industrial Relations: Krupp and the Imperial Navy Office«, in Evans (Hg.), *Society and Politics*, S. 71–89.

Passmore, Kevin, *Fascism – A Very Short Introduction*, Oxford 2002.
Patch, William L., jr., *Heinrich Brüning and the Dissolution of the Weimar Republic,* Cambridge 1998.
Paul, Gerhard, *Aufstand der Bilder: Die NS-Propaganda vor 1933,* Bonn 1990.
Payne, Stanley G., *Geschichte des Faschismus: Aufstieg und Fall einer europäischen Bewegung*, München 2001 (1995).
Peal, David, »Antisemitism by Other Means? The Rural Cooperative Movement in Late 19th Century Germany«, in Herbert A. Strauss (Hg.), *Hostages of Modernization: Studies on Modern Antisemitism 1870–1933/39: Germany – Great Britain – France,* Berlin 1993, S. 128–149.
Peters, Michael, *Der Alldeutsche Verband am Vorabend des Ersten Weltkriegs (1908–1914)*, Frankfurt am Main 1992.
Petropoulos, Jonathan, *The Faustian Bargain. The Art World in Nazi Germany,* London 2000.
Petzina, Dietmar, u. a., *Sozialgeschichtliches Arbeitsbuch III: Materialien zur Geschichte des Deutschen Reiches 1914–1945,* München 1978.
–, »The Extent and Causes of Unemployment in the Weimar Republic«, in Peter D. Stachura (Hg.), *Unemployment and the Great Depression in Weimar Germany,* London 1986, 29–48.
Petzold, Joachim, *Die Dolchstoßlegende. Eine Geschichtsfälschung im Dienste des deutschen Imperialismus und Militarismus*, Berlin 1963.
–, *Franz von Papen: Ein deutsches Verhängnis,* München 1995.
Peukert, Detlev J. K., *Die KPD im Widerstand: Verfolgung und Untergrundarbeit an Rhein und Ruhr, 1933 bis 1945,* Wuppertal 1980.
–, *Grenzen der Sozialdisziplinierung: Aufstieg und Krise der deutschen Jugendfürsorge 1878 bis 1932,* Köln 1986.
–, »The Lost Generation. Youth Unemployment at the End of the Weimar Republic«, in Evans und Geary (Hg.), *The German Unemployed,* S. 172–193.
–, *Volksgenossen und Gemeinschaftsfremde: Anpassung, Ausmerze, Aufbegehren unter dem Nationalsozialismus*, Köln 1982.
–, *Jugend zwischen Krieg und Krise: Lebenswelten von Arbeiterjungen in der Weimarer Republik,* Köln 1987.

–, *Die Weimarer Republik: Krisenjahre der klassischen Moderne*, Frankfurt am Main 1997 (1991).

Pflanze, Otto, *Bismarck*, Bd. I: *Der Reichsgründer*, Bd. II: *Der Reichskanzler*, München 2001.

Phelps, Reginald H., »Aus den Groener Dokumenten«, *Deutsche Rundschau* 76 (1950), S. 10–19, und 77 (1951), S. 26–29.

–, »›Before Hitler Came‹: Thule Society and Germanen Orden«, *Journal of Modern History* 35 (1963), S. 245–261.

–, »Hitler als Parteiredner im Jahre 1920«, *VfZ* 11 (1963), S. 274–330.

Picker, Henry, *Hitlers Tischgespräche im Führerhauptquartier: Entstehung, Struktur, Folgen des Nationalsozialismus*, Berlin 1997 (1993).

Pikart, Eberhard, »Preußische Beamtenpolitik 1918–1933«, *VfZ* 6 (1958), S. 119–137.

Planck, Max, »Mein Besuch bei Hitler«, *Physikalische Blätter* 3 (1947), S. 143.

Planert, Ute, *Antifeminismus im Kaiserreich: Diskurs, soziale Formation und politische Mentalität*, Göttingen 1998.

– (Hg.), *Nation, Politik und Geschlecht: Frauenbewegungen und Nationalismus in der Moderne*, Frankfurt am Main 2000.

Plant, Richard, *Rosa Winkel: Der Krieg der Nazis gegen die Homosexuellen*, Frankfurt am Main 1991 (1987).

Plewnia, Margarete, *Auf dem Weg zu Hitler: Der völkische Publizist Dietrich Eckart*, Bremen 1970.

Pogge-von Strandmann, Hartmut, »Staatsstreichpläne, Alldeutsche und Bethmann Hollweg«, in ders. und Imanuel Geiss, *Die Erforderlichkeit des Unmöglichen: Deutschland am Vorabend des Ersten Weltkrieges*, Frankfurt am Main 1965.

Pommerin, Reiner, *»Sterilisierung der Rheinlandbastarde«. Das Schicksal einer farbigen deutschen Minderheit 1918–1937*, Düsseldorf 1979.

Post, Gaines, jr., *The Civil-Military Fabric of Weimar Foreign Policy*, Princeton 1973.

Preller, Ludwig, *Sozialpolitik in der Weimarer Republik*, Düsseldorf 1978 (1949).

Pridham, Geoffrey, *Hitler's Rise to Power: The Nazi Movement in Bavaria 1923–1933*, New York 1974.

Prieberg, Fred K., *Kraftprobe: Wilhelm Furtwängler im Dritten Reich*, Wiesbaden 1986.

Proctor, Robert N., *Racial Hygiene: Medicine under the Nazis*, Cambridge, Mass., 1988.

Puhle, Hans-Jürgen, *Agrarische Interessenpolitik und preußischer Konservatismus im wilhelminischen Reich 1893–1914: Ein Beitrag zur Analyse des Nationalismus in Deutschland am Beispiel des Bundes der Landwirte und der Deutsch-Konservativen Partei*, Bonn 1975.

Pulzer, Peter J. G., *Die Entstehung des politischen Antisemitismus in Deutschland und Österreich: 1867–1914*, Gütersloh 1966 (1964).

–, »Der Anfang vom Ende«, in Arnold Paucker (Hg.), *Die Juden im nationalsozialistischen Deutschland 1933–1944*, Tübingen 1986.

–, *Jews and the German State. The Political History of a Minority, 1848–1933*, Oxford 1992.

–, »Jews and Nation-Building in Germany 1815–1918«, *Leo Baeck Institute Year-Book* 41 (1996), S. 199–224.

Pyta, Wolfram, »Konstitutionelle Demokratie statt monarchischer Restauration: Die verfassungspolitische Konzeption Schleichers in der Weimarer Staatskrise«, *VfZ* 47 (1999), S. 417–441.

Rabenau, Friedrich von, *Seeckt – Aus seinem Leben 1918–1936,* Leipzig 1940.

Radkau, Joachim, *Das Zeitalter der Nervosität: Deutschland zwischen Bismarck und Hitler,* München 1998.

Rahden, Till van, *Juden und andere Breslauer: Die Beziehungen zwischen Juden, Protestanten und Katholiken in einer deutschen Großstadt von 1860 bis 1925,* Göttingen 2000.

Rainbird, Sean (Hg.), *Max Beckmann,* London 2003.

Raitz von Frentz, Christian, A *Lesson Forgotten. Minority Protection under the League of Nations: The Case of the German Minority in Poland, 1920–1934,* New York 1999

Rauscher, Walter, *Hindenburg – Feldmarschall und Reichspräsident,* Wien 1997.

Rauschning, Hermann, *Die Revolution des Nihilismus: Kulisse und Wirklichkeit im Dritten Reich,* Zürich 1938.

Rebentisch, Dieter, und Angelika Raab (Hg.), *Neu-Isenburg zwischen Anpassung und Widerstand. Dokumente über Lebensbedingungen und politisches Verhalten 1933–1934,* Neu-Isenburg 1978.

Reichardt, Sven, *Faschistische Kampfbünde. Gewalt und Gemeinschaft im italienischen Squadrismus und in der deutschen SA,* Köln 2002.

Reiche, Eric G., *The Development of the SA in Nürnberg, 1922–1934,* Cambridge 1986.

Reimann, Aribert, *Der große Krieg der Sprachen: Untersuchungen zur historischen Semantik in Deutschland und England zur Zeit des Ersten Weltkriegs,* Essen 2000.

Reimer, Klaus, *Rheinlandfrage und Rheinlandbewegung (1918–1933): ein Beitrag zur Geschichte der regionalistischen Bewegung in Deutschland,* Frankfurt am Main 1979.

Reithel, Thomas, und Irene Strenge, »Die Reichstagsbrandverordnung: Grundlegung der Diktatur mit den Instrumenten des Weimarer Ausnahmezustandes«, *VfZ* 48 (2000), S. 413–460.

Remy, Steven P., *The Heidelberg Myth: The Nazification and Denazification of a German University,* Cambridge, Mass., 2002.

Repgen, Konrad, »Zur vatikanischen Strategie beim Reichskonkordat«, *VfZ* 31 (1983), S. 506–535.

Retallack, James N., *Notables of the Right: The Conservative Party and Political Mobilization in Germany, 1876–1918,* London 1988.

Reulecke, Jürgen, »›Hat die Jugendbewegung den Nationalsozialismus vorbereitet?‹ Zum Umgang mit einer falschen Frage«, in Wolfgang R. Krabbe (Hg.), *Politische Jugend in der Weimarer Republik* (Bochum, 1993), S. 222–243.

–, *«Ich möchte einer werden so wie die …«: Männerbünde im 20. Jahrhundert,* Frankfurt am Main 2001.

Reuth, Ralf Georg, *Goebbels: Eine Biographie,* München 1995.

Richardi, Hans-Günter, *Schule der Gewalt: Das Konzentrationslager Dachau, 1933–1934,* München 1983.

Richarz, Monika, *Jüdisches Leben in Deutschland*, Bd. II: *Selbstzeugnisse zur Sozialgeschichte im Kaiserreich*, Stuttgart 1979.

Richter, Ludwig, »Das präsidiale Notverordnungsrecht in den ersten Jahren der Weimarer Republik: Friedrich Ebert und die Anwendung des Artikels 48 der Weimarer Reichsverfassung«, in Eberhard Kolb (Hg.) *Friedrich Ebert als Reichspräsident: Amtsführung und Amtsverständnis*, München 1997, S. 207–258.

Riebicke, Otto, *Was brachte der Weltkrieg? Tatsachen und Zahlen aus dem deutschen Ringen 1914–18*, Berlin 1936.

Rietzler, Rudolf, *»Kampf in der Nordmark«. Das Aufkommen des Nationalsozialismus in Schleswig-Holstein (1919–1928)*, Neumünster 1982.

Ritchie, James M., *German Literature under National Socialism*, London 1983.

Rittberger, Volker (Hg.), *1933: Wie die Republik der Diktatur erlag*, Stuttgart 1983.

Ritter, Gerhard, *Europa und die deutsche Frage. Betrachtungen über die geschichtliche Eigenart des deutschen Staatsgedankens*, München 1948.

–, »The Historical Foundations of the Rise of National-Socialism«, in Maurice Baumont u. a. (Hg.), *The Third Reich. A Study Published under the Auspices of the International Council for Philosophy and Humanistic Studies with the Assistance of UNESCO*, New York 1955, S. 381–416.

Ritter, Gerhard A., und Susanne Miller (Hg.), *Die deutsche Revolution 1918–1919: Dokumente*, Frankfurt am Main 1968.

–, »Kontinuität und Umformung des deutschen Parteiensystems 1918–1920«, in Kolb (Hg.), *Vom Kaiserreich*, S. 218–243.

–, und Merith Niehuss, *Wahlgeschichtliches Arbeitsbuch. Materialien zur Statistik des Kaiserreichs 1871–1918*, München 1980.

–, *Sozialversicherung in Deutschland und England. Entstehung und Grundzüge im Vergleich*, München 1983.

–, *Die deutschen Parteien 1830–1914: Parteien und Gesellschaft im konstitutionellen Regierungssystem*, Göttingen 1985.

Ritthaler, Anton, »Eine Etappe auf Hitlers Weg zur ungeteilten Macht: Hugenbergs Rücktritt als Reichsminister«, *VfZ* 8 (1960), S. 193–219.

Röhl, John C. G. (Hg.), *From Bismarck to Hitler: The Problem of Continuity in German History*, London 1970.

Röhm, Ernst, *Die Geschichte eines Hochverräters*, München 1928.

Roerkohl, Anne, *Hungerblockade und Heimatfront. Die kommunale Lebensmittelversorgung in Westfalen während des Ersten Weltkrieges*, Stuttgart 1991.

Rohe, Karl, *Das Reichsbanner Schwarz-Rot-Gold. Ein Beitrag zur Geschichte und Struktur der politischen Kampfverbände zur Zeit der Weimarer Republik*, Düsseldorf 1966.

–, *Wahlen und Wählertraditionen in Deutschland*, Frankfurt am Main 1992.

Rohrwasser, Michael, *Der Stalinismus und die Renegaten: Die Literatur der Exkommunisten* (Stuttgart, 1991).

Rolfs, Richard W., *The Sorcerer's Apprentice: The Life of Franz von Papen*, Lanham 1996.

Rosenberg, Alfred (Hg.), *Dietrich Eckart. Ein Vermächtnis*, München 1937 (1928).

–, *Selected Writings,* hg. v. Robert Pois, London 1970.

Rosenberg, Arthur, *Entstehung und Geschichte der Weimarer Republik,* hg. von Kurt Kersten, Frankfurt am Main 1955 (1930, 1935).

Rosenhaft, Eve, »Working-class Life and working-class Politics: Communists, Nazis, and the State in the Battle for the Streets, Berlin, 1928–1932«, in Richard Bessel und Edgar J. Feuchtwanger (Hg.), *Social Change and Political Development in Weimar Germany,* London 1981, S. 207–240.

–, »Organising the ›Lumpenproletariat‹: Cliques and Communists in Berlin during the Weimar Republic«, in Evans (Hg.), *The German Working Class,* S. 174–219.

–, *Beating the Fascists? The German Comunists and Political Violence 1929–1933,* Cambridge 1983.

–, »The Unemployed in the Neighbourhood: Social Dislocation and Political Mobilisation in Germany 1929–33«, in Evans und Geary (Hg.), *The German Unemployed,* S. 194–227.

–, »Links gleich rechts? Militante Straßengewalt um 1930«, in Thomas Lindenberger und Alf Lüdtke (Hg.), *Physische Gewalt: Studien zur Geschichte der Neuzeit,* Frankfurt am Main 1995, S. 239–275.

Rosenow, Ulf, »Die Göttinger Physik unter dem Nationalsozialismus«, in Becker u.a. (Hg.), *Die Universität Göttingen,* S. 374–409.

Roth, Karl Heinz, »Schein-Alternativen im Gesundheitswesen: Alfred Grotjahn (1869–1931) – Integrationsfigur etablierter Sozialmedizin und nationalsozialistischer ›Rassenhygiene‹«, in Karl Heinz Roth (Hg.), *Erfassung zur Vernichtung: Von der Sozialhygiene zum »Gesetz über Sterbehilfe«,* Berlin 1984, S. 31– 56.

Rousso, Henry, *La Hantise du passé: entretien avec Philippe Petit,* Paris 1998.

Ruck, Michael, *Bibliographie zum Nationalsozialismus,* 2 Bde., Darmstadt 2000 (1995).

Runge, Wolfgang, *Politik und Beamtentum im Parteienstaat: Die Demokratisierung der politischen Beamten in Preußen zwischen 1918 und 1933,* Stuttgart 1965.

Rupieper, Hermann J., *The Cuno Government and Reparations 1922–1923: Politics and Economics,* Den Haag 1979.

Ruppert, Karsten, *Im Dienst am Staat von Weimar: Das Zentrum als regierende Partei in der Weimarer Demokratie 1923–1930,* Düsseldorf 1992.

Rürup, Reinhard, »Entstehung und Grundlagen der Weimarer Verfassung«, in Eberhard Kolb (Hg.), *Vom Kaiserreich zur Weimarer Republik,* Köln 1972, S. 218–243.

– (Hg.), *Topographie des Terrors: Gestapo, SS und Reichssicherheitshauptamt auf dem »Prinz-Albrecht-Gelände«: Eine Dokumentation,* Berlin 1987.

Sabrow, Martin, *Der Rathenaumord: Rekonstruktion einer Verschwörung gegen die Republik von Weimar,* München 1994.

Safranski, Rüdiger, *Ein Meister aus Deutschland: Heidegger und seine Zeit,* München 1994.

Sailer, Joachim, *Eugen Bolz und die Krise des politischen Katholizismus in der Weimarer Republik,* Tübingen 1994.

Sauder, Gerhard (Hg.), *Die Bücherverbrennung. Zum 10. Mai 1933,* München 1933.

Sauer, Wolfgang, *Die Mobilmachung der Gewalt,* Bd. 3 von Bracher, Schulz und Sauer, *Die nationalsozialistische Machtergreifung.*

Saul, Klaus, »Der Staat und die ›Mächte des Umsturzes‹. Ein Beitrag zu den Methoden antisozialistischer Repression und Agitation vom Scheitern des Sozialistengesetzes bis zur Jahrhundertwende«, *Archiv für Sozialgeschichte* XII (1972), S. 293–350.

Schade, Franz, *Kurt Eisner und die bayerische Sozialdemokratie,* Hannover 1961.

Schäfer, Hermann, *Regionale Wirtschaftspolitik in der Kriegswirtschaft: Staat, Industrie und Verbände während des Ersten Weltkrieges in Baden*, Stuttgart 1983.

Schairer, Erich, »Alfred Hugenberg«, in *Mit anderen Augen: Jahrbuch der deutschen Sonntagszeitung,* Stuttgart 1929.

Schanbacher, Eberhard, *Parlamentarische Wahlen und Wahlsystem in der Weimarer Republik. Wahlgesetzgebung und Wahlreform im Reich und in den Ländern,* Düsseldorf 1982.

Schappacher, Norbert, »Das Mathematische Institut der Universität Göttingen« in Becker u. a. (Hg.), *Die Universität Göttingen*, S. 345–373.

Schattkowsky, Ralph (Hg.), *Locarno und Osteuropa. Fragen eines europäischen Sicherheitssystems in den 20er Jahren*, Marburg 1994.

Scheck, Raffael, *Mothers of the Nation: Right-Wing Women in German Politics, 1918–1923* (erscheint 2004).

Scheil, Stefan, *Die Entwicklung des politischen Antisemitismus in Deutschland zwischen 1881 und 1912. Eine wahlgeschichtliche Untersuchung,* Berlin 1999.

Schirach, Baldur von, *Die Feier der neuen Front,* München 1929.

Schirmann, Leon, *Altonaer Blutsonntag 17. Juli 1932: Dichtung und Wahrheit,* Hamburg 1994.

Schlotterbeck, Friedrich, *Je dunkler die Nacht, desto heller die Sterne: Erinnerungen eines Arbeiters 1933–1945,* Zürich 1945.

Schmädeke, Jürgen, u. a., »Der Reichstagsbrand im neuen Licht«, *Historische Zeitschrift* 269 (1999), S. 603–651.

Schmelz, Usiel O., »Die demographische Entwicklung der Juden in Deutschland von der Mitte des 19. Jahrhunderts bis 1933«, *Bulletin des Leo Baeck Instituts* 83 (1989).

Schmidt, Christoph, »Zu den Motiven ›alter Kämpfer‹ in der NSDAP«, in Detlev Peukert und Jürgen Reulecke (Hg.), *Die Reihen fast geschlossen: Beiträge zur Geschichte des Alltags unterm Nationalsozialismus,* Wuppertal 1981, S. 21–44.

Schmiechen-Ackermann, Detlef, »Großstädte und Nationalsozialismus 1930–1945«, in Horst Möller u. a. (Hg.), *Nationalsozialismus in der Region. Beiträge zur regionalen und lokalen Forschung und zum internationalen Vergleich,* München 1996, S. 253–270.

–, *Nationalsozialismus und Arbeitermilieu. Der nationalsozialistische Angriff auf die proletarischen Wohnquartiere und die Reaktion in den sozialistischen Vereinen,* Bonn 1998.

Schmuhl, Hans-Walter, *Rassenhygiene, Nationalsozialismus, Euthanasie: Von der Verhütung zur Vernichtung »lebensunwerten Lebens«, 1890–1945,* Göttingen 1987.

Schneeberger, Guido, *Nachlese zu Heidegger. Dokumente zu seinem Leben und Denken,* Bern 1962.
Schneider, Hans, »Das Ermächtigungsgesetz vom 24. März 1933«, *VfZ* 1 (1953), S. 197–221.
Schneider, Michael, *Kleine Geschichte der Gewerkschaften,* Bonn 1989.
–, *Unterm Hakenkreuz: Arbeiter und Arbeiterbewegung 1933 bis 1939,* Bonn 1999.
Schneider, Werner, *Die Deutsche Demokratische Partei in der Weimarer Republik, 1924–1930,* München 1978.
Schoch, Rainer, »Das politische Plakat der Weimarer Republik. Voraussetzungen und Entwicklungstendenzen«, in ders. (Hg.), *Politische Plakate der Weimarer Republik 1918–1933,* Darmstadt 1980, S. 6–13.
Schoenbaum, David, *Zabern 1913. Consensus Politics in Imperial Germany,* London 1982.
Scholder, Klaus, *Die Kirchen und das Dritte Reich,* 2 Bde., Berlin 1977, 1985.
Schönhoven, Klaus, *Die Bayerische Volkspartei 1924–1932,* Düsseldorf 1972.
Schorske, Carl E., *Wien: Geist und Gesellschaft im Fin de Siècle,* Frankfurt am Main 1982 (1980).
Schotte, Walter, *Der neue Staat,* Berlin 1932.
Schouten, Martin, *Marinus van der Lubbe (1909–1934). Eine Biographie,* Frankfurt am Main 1999 (1986).
Schreiber, Georg, *Brüning, Hitler, Schleicher: Das Zentrum in der Opposition,* Köln 1932.
Schüddekopf, Otto-Ernst, *Das Heer und die Republik – Quellen zur Politik der Reichswehrführung 1918 bis 1933,* Hannover 1955.
–, *Linke Leute von Rechts,* Stuttgart 1960.
Schüler, Hermann, *Auf der Flucht erschossen: Felix Fechenbach 1894–1933. Eine Biographie,* Köln 1981.
Schüler, Winfried, *Der Bayreuther Kreis von seiner Entstehung bis zum Ausgang der wilhelminischen Ära,* Münster 1971.
Schüler-Springorum, Stefanie, *Die jüdische Minderheit in Königsberg, Preußen 1871–1945,* Göttingen 1996.
Schulte, Regina, *Sperrbezirke: Tugendhaftigkeit und Prostitution in der bürgerlichen Welt,* Frankfurt am Main 1979.
Schulz, Gerhard, »Artikel 48 in politisch-historischer Sicht«, in Ernst Fraenkel (Hg.), *Der Staatsnotstand,* Berlin 1965, S. 39–71.
Schulz, Gerhard, *Zwischen Demokratie und Diktatur. Verfassungspolitik und Reichsreform in der Weimarer Republik,* 3 Bde., Berlin 1963–1992.
– (Hg.), *Ploetz, Weimarer Republik: Eine Nation im Umbruch,* Freiburg 1987.
Schulze, Hagen, *Freikorps und Republik 1918–1920,* Boppard 1969.
–, *Otto Braun oder Preußens demokratische Sendung,* Frankfurt am Main 1977.
–, *Weimar: Deutschland 1917–1933,* Berlin 1982.
Schumann, Hans-Gerhard, *Nationalsozialismus und Gewerkschaftsbewegung: Die Vernichtung der deutschen Gewerkschaften und der Aufbau der »Deutschen Arbeitsfront«,* Hannover 1958.
Schuster, Kurt G. P., *Der Rote Frontkämpferbund 1924–1929. Beiträge zur Geschichte und Organisationsstruktur eines politischen Kampfbundes,* Düsseldorf 1975.

Schwabe, Klaus (Hg.), *Die Ruhrkrise 1923: Wendepunkt der internationalen Beziehungen nach dem Ersten Weltkrieg,* Paderborn 1985.

–, »Die deutsche Politik und die Juden im Ersten Weltkrieg«, in Hans Otto Horch (Hg.), *Judentum, Antisemitismus und europäische Kultur,* Tübingen 1988, S. 255–266.

Schwarz, Johannes, *Die bayerische Polizei und ihre historische Funktion bei der Aufrechterhaltung der öffentlichen Sicherheit in Bayern von 1919 bis 1933,* München 1977.

Schwarz, Klaus-Dieter, *Weltkrieg und Revolution in Nürnberg. Ein Beitrag zur Geschichte der deutschen Arbeiterbewegung,* Stuttgart 1971.

Schwerin von Krosigk, Lutz Graf, *Es geschah in Deutschland: Menschenbilder unseres Jahrhunderts,* Tübingen 1951.

Service, Robert, *Lenin: A Political Life,* 3 Bde., London, 1985–1995.

Shapiro, Leonard, *Totalitarianism,* London 1972.

Sharp, Alan, *The Versailles Settlement: Peacekeeping in Paris, 1919,* London 1991.

Sheehan, James J., *Der deutsche Liberalismus. Von den Anfängen im 18. Jahrhundert bis zum Ersten Weltkrieg 1770–1914,* München 1983 (1978).

–, *Der Ausklang des alten Reiches: Deutschland seit dem Ende des Siebenjährigen Kriegs bis zur gescheiterten Revolution, 1763–1850,* Berlin 1994 (1989).

Shirakawa, Sam H., *The Devil's Music Master. The Controversial Life and Career of Wilhelm Furtwängler,* New York 1992.

Shirer, William L., *Aufstieg und Fall des Dritten Reiches,* München – Zürich 1963 (1960).

Siggemann, Jürgen, *Die kasernierte Polizei und das Problem der inneren Sicherheit in der Weimarer Republik. Eine Studie zum Auf- und Ausbau des innerstaatlichen Sicherheitssystems in Deutschland 1918/19–1933,* Frankfurt am Main 1980.

Siney, Marion C., *The Allied Blockade of Germany, 1914–1916,* Ann Arbor 1957.

Skrzypczak, Henryk, »Das Ende der Gewerkschaften«, in Wolfgang Michalka (Hg.), *Die nationalsozialistische Machtergreifung,* Paderborn 1984, S. 97–110.

Sluga, Hans, *Heidegger's Crisis: Philosophy and Politics in Nazi Germany,* Cambridge, Mass., 1993.

Smelser, Ronald und Rainer Zitelmann (Hg.), *Die Braune Elite I,* Darmstadt 1989.

Smith, Bradley F., *Heinrich Himmler 1900–1926: Sein Weg in den deutschen Faschismus,* München 1979 (1971).

Smith, Denis Mack, *Mussolini: eine Biographie,* München 1983.

Smith, Helmut Walser, »The Learned and the Popular Discourse of Anti-Semitism in the Catholic Milieu in the Kaiserreich«, *Central European History* 27 (1994), S. 315–328.

–, *Die Geschichte des Schlachters: Mord und Antisemitismus in einer deutschen Kleinstadt,* Göttingen 2002.

Smith, Woodruff D., *The German Colonial Empire,* Chapel Hill 1978.

–., *The Ideological Origins of Nazi Imperialism,* New York 1986.

Snell, John L. (Hg.), *The Nazi Revolution – Germany's Guilt or Germany's Fate?,* Boston 1959.

Söllner, Alfons (Hg.), *Totalitarismus: Eine Ideengeschichte des 20. Jahrhunderts,* Berlin 1997.

Sösemann, Bernd, »Die Tagesaufzeichnungen des Joseph Goebbels und ihre unzulänglichen Veröffentlichungen«, *Publizistik* 37 (1992), S. 213–244.
Sofsky, Wolfgang, *Traktat über die Gewalt*, Frankfurt am Main 1996.
Sontheimer, Kurt, »Thomas Mann als politischer Schriftsteller«, *VfZ* 6 (1958), S. 1–44.
–, *Antidemokratisches Denken in der Weimarer Republik*, München 1978 (1962).
Speier, Hans, *German White-collar Workers and the Rise of Hitler*, New Haven 1986.
Spengler, Oswald, *Der Untergang des Abendlandes. Umrisse einer Morphologie der Weltgeschichte*, Bd. I: *Gestalt und Wirklichkeit*, Wien 1918.
–, *Briefe 1913–1936*, hg. von Anton Koktanek, München 1963.
Splitt, Gerhard, *Richard Strauss 1933–1935: Ästhetik und Musikpolitik zu Beginn der nationalsozialistischen Herrschaft*, Pfaffenweiler 1987.
Spotts, Frederic, *Hitler and the Power of Aesthetics*, London 2002.
Stachura, Peter D., *The German Youth Movement, 1900–1945: An Interpretative and Documentary History*, London 1981.
–, *Gregor Strasser and the Rise of Nazism*, London 1983.
Stackelberg, Roderick, und Sally A. Winkle (Hg.), *The Nazi Germany Sourcebook: An Anthology of Texts*, London 2002.
Staewen-Ordermann, Gertrud, *Menschen der Unordnung: Die proletarische Wirklichkeit im Arbeitsschicksal der ungelernten Großstadtjugend*, Berlin 1933.
Staff, Ilse, *Justiz im Dritten Reich. Eine Dokumentation*, Frankfurt am Main, 1978 (1964).
Stansfield, Agnes, »Das Dritte Reich. A Contribution to the Study of the ›Third Kingdom‹ in German Literature from Herder to Hegel«, *Modern Language Review* 34 (1934) I, S. 156–172.
Stargardt, Nicholas, *The German Idea of Militarism 1866–1914*, Cambridge 1994.
Stark, Gary D., »Pornography, Society and the Law in Imperial Germany«, *Central European History* 14 (1981), S. 200–220.
–, *Entrepreneurs of Ideology. Neo-conservative Publishers in Germany, 1890–1933*, Chapel Hill 1981.
Steakley, James D., *The Homosexual Emancipation Movement in* Germany, New York 1975.
Steger, Bernd, »Der Hitlerprozeß und Bayerns Verhältnis zum Reich 1923/24«, *VfZ* 23 (1977), S. 441–466.
Stegmann, Dirk, *Die Erben Bismarcks: Parteien und Verbände in der Spätphase des Wilhelminischen Deutschlands: Sammlungspolitik 1897–1914*, Köln 1970.
–, »Zwischen Repression und Manipulation: Konservative Machteliten und Arbeiter- und Angestelltenbewegung 1910–1918. Ein Beitrag zur Vorgeschichte der DAP/NSDAP«, *Archiv fur Sozialgeschichte* 12 (1972), S. 351–433.
Steigmann-Gall, Richard, *The Holy Reich: Nazi Conceptions of Christianity, 1919–1945*, New York 2003.
Steinberg, Michael S., *Sabers and Brown Shirts: The German Students' Path to National Socialism, 1918–1935*, Chicago 1977.
Steinle, Jürgen, »Hitler als ›Betriebsunfall in der Geschichte‹«, *Geschichte in Wissenschaft und Unterricht* 45 (1994), S. 288–302.

Steinmetz, Sebald, *Die Philosophie des Krieges*, Leipzig 1907.
Stephenson, Jill, *The Nazi Organisation of Women*, London 1981.
Stern, Carola und Winkler, Heinrich August (Hg.), *Wendepunkte deutscher Geschichte 1848–1945*, Frankfurt am Main 1979.
Stern, Fritz, *Kulturpessimismus als politische Gefahr: Eine Analyse nationaler Ideologie in Deutschland*, Berlin 1963 (1961).
–, *Gold und Eisen: Bismarck und sein Bankier Bleichröder*, Frankfurt am Main 1980 (1977).
–, *Der Traum vom Frieden und die Versuchung der Macht: Deutsche Geschichte im 20. Jahrhundert,* München 1990 (1988).
–, *Einstein's German World,* London 2000 (1999).
Stibbe, Matthew, *German Anglophobia and the Great War, 1914–1918*, Cambridge 2001.
Stoakes, Geoffrey, *Hitler and the Quest for World Dominion*, Leamington Spa 1987.
Stoehr, Irene, »Neue Frau und alte Bewegung? Zum Generationskonflikt in der Frauenbewegung der Weimarer Republik«, in Jutta Dalhoff u. a. (Hg.), *Frauenmacht in der Geschichte,* Düsseldorf 1986, S. 390–400.
Stolleis, Michael, *Studien zur Rechtsgeschichte des Nationalsozialismus*, Frankfurt am Main 1994.
Strachan, Hew, *The First World War*, Bd. 1: *To Arms,* Oxford 2001.
Strätz, Wolfgang, »Die studentische ›Aktion wider den undeutschen Geist‹«, *VfZ* 16 (1968), S. 347–372.
Stresemann, Wolfgang, *Mein Vater Gustav Stresemann*, München 1979.
Striefler, Christian, *Kampf um die Macht: Kommunisten und Nationalsozialisten am Ende der Weimarer Republik,* Berlin 1993.
Stümke, Hans-Georg, und Rudi Finkler, *Rosa Winkel, Rosa Listen: Homosexuelle und »gesundes Volksempfinden« von Auschwitz bis heute,* Hamburg 1981.
Stümke, Hans-Georg, *Homosexuelle in Deutschland. Eine politische Geschichte,* München 1989.
Sütterlin, Ingmar, *Die »Russische Abteilung« des Auswärtigen Amtes in der Weimarer Republik*, Berlin 1994.
Suhr, Elke, *Carl von Ossietzky: Eine Biographie,* Köln 1988.
Suval, Stanley, *The Anschluß Question in Germany and Austria in the Weimar Era. A Study of Nationalism in Germany and Austria 1918–1932*, Baltimore 1974.
–, *Electoral Politics in Wilhelmine Germany,* Chapel Hill 1985.
Szejnmann, Claus-Christian W., *Nazism in Central Germany: The Brownshirts in »Red« Saxony,* New York 1999.
Szöllösi-Janze, Margit, *Fritz Haber 1868–1934: Eine Biographie,* München 1998.

Talmon, Jacob L., *The Origins of Totalitarian Democracy,* London 1952.
Tanner, Michael (Hg.), *Wilhelm Furtwängler, Notebooks 1924–1945,* London 1989.
Tatar, Maria, *Lustmord: Sexual Murder in Weimar Germany,* Princeton 1995.
Taureck, Bernhard H. F., *Nietzsche und der Faschismus: ein Politikum,* Leipzig 2000.

Taylor, Alan John Percivale, *The Course of German History,* London 1945.
–, *Bismarck: Mensch und Staatsmann,* München 1955.
Taylor, Brandon, und Wilfried van der Will (Hg.), *The Nazification of Art: Art, Design, Music, architecture and Film in the Third Reich,* Winchester 1990.
Taylor, Simon, *Germany 1918–1933: Revolution, Counter-Revolution and the Rise of Hitler,* London 1983.
Temperley, Harold (Hg.), *A History of the Peace Conference of Paris* (6 Bde., London 1920–1924.
Tenfelde, Klaus, »1890–1914: Durchbruch der Moderne? Über Gesellschaft im späten Kaiserreich«, in: Lothar Gall (Hg.), *Otto von Bismarck und Wilhelm II. Repräsentanten eines Epochenwechsels?,* Paderborn 2000, S. 119–141.
Thälmann, Irma, *Erinnerungen an meinen Vater,* Berlin 1955.
Thamer, Hans-Ulrich, *Verführung und Gewalt: Deutschland 1933–1945,* Berlin 1986.
Theweleit, Klaus, *Männerphantasien,* 2 Bde., Frankfurt am Main 1978.
Thomas, Richard Hinton, *Nietzsche in German Politics and Society 1890–1918,* Manchester, 1983.
Thompson, Alastair, *Left Liberals, The State, and Popular Politics in Wilhelmine Germany,* Oxford 2000.
Thomson, David, *The New Biographical Dictionary of Film,* 4. Aufl., 2002 (1975).
Thoss, Bruno, *Der Ludendorff-Kreis, 1919–1923: München als Zentrum der mitteleuropäischen Gegenrevolution zwischen Revolution und Hitler-Putsch,* München 1978.
Timm, Annette F., »The Ambivalent Outsider: Prostitution, Promiscuity, and VD Control in Nazi Berlin«, in Gellately und Stoltzfus (Hg.), *Social Outsiders,* S. 192–211.
Thimme, Anneliese, *Gustav Stresemann,* Frankfurt am Main 1957.
Tims, Richard W., *Germanizing Prussian Poland. The HKT Society and the Struggle for the Eastern Marches in the German Empire 1894–1919,* New York 1941.
Tobias, Fritz, *Der Reichstagsbrand: Legenden und Wirklichkeit,* Rastatt 1962.
–, »Ludendorff, Hindenburg, Hitler. Das Phantasieprodukt des Ludendorff-Briefes vom 30. Januar 1933«, in Uwe Backes u. a. (Hg.), *Die Schatten der Vergangenheit: Impulse zur Historisierung des Nationalsozialismus,* Frankfurt am Main 1990, S. 319–343.
Tooze, J. Adam, »Big Business and the Continuities of German History, 1900–1945«, in Panikos Panayi (Hg.), *Weimar and Nazi Germany: Continutities and Discontinuities,* London 2001, S. 173–198.
Toury, Jacob, *Soziale und politische Geschichte der Juden in Deutschland 1847–1871: Zwischen Revolution, Reaktion und Emanzipation,* Düsseldorf 1977.
Trevor-Roper, Hugh R., *Hitlers letzte Tage,* Frankfurt am Main 1965 (1947).
Trotzki, Leo, *Geschichte der russischen Revolution,* Berlin 1931.
Tuchel, Johannes, *Organisationsgeschichte und Funktion der »Inspektion der Konzentrationslager« 1933–1938,* Boppard 1991.
Turner, Henry Ashby, *Gustav Stresemann and the Politics of the Weimar Republic,* Princeton 1965 (1963).
–, *Die Großunternehmer und der Aufstieg Hitlers,* Berlin 1985.
–, *Hitlers Weg zur Macht: Der Januar 1933,* München 1997 (1996).

Tyrell, Albrecht (Hg.), *Führer befiehl: Selbstzeugnisse aus der »Kampfzeit« der NSDAP,* Düsseldorf 1969.

–, *Vom »Trommler« zum »Führer«: Der Wandel von Hitlers Selbstverständnis zwischen 1919 und 1924 und die Entwicklung der NSDAP,* München 1975.

Uhle-Wettler, Franz, *Erich Ludendorff in seiner Zeit. Soldat, Stratege, Revolutionär. Eine Neubewertung,* Berg 1995.

Ullrich, Volker, *Kriegsalltag. Hamburg im Ersten Weltkrieg,* Köln 1982.

–, *Die nervöse Großmacht 1871–1918: Aufstieg und Untergang des deutschen Kaiserreichs,* Frankfurt am Main 1997.

–, *Der ruhelose Rebell: Karl Plättner 1893–1945. Eine Biographie,* München 2000.

Ulrich, Bernd »Die Desillusionierung der Kriegsfreiwilligen von 1914«, in: Wolfram Wette (Hg.), *Der Krieg des kleinen Mannes: Eine Militärgeschichte von unten,* München 1992, S. 110–126.

–, und Benjamin Ziemann (Hg.), *Frontalltag im Ersten Weltkrieg: Wahn und Wirklichkeit,* Frankfurt am Main 1994.

Unruh, Karl, *Langemarck: Legende und Wirklichkeit,* Koblenz 1986.

Usborne, Cornelie, *Frauenkörper – Volkskörper: Geburtenkontrolle und Bevölkerungspolitik in der Weimarer Republik,* München 1994 (1991).

Valtin, Jan (pseud.: i.e. Richard Krebs), *Tagebuch der Hölle,* Köln 1941.

Verhey, Jeffrey, *Der »Geist von 1914« und die Erfindung der Volksgemeinschaft,* Hamburg 2000.

Vermeil, Edmond, *Germany in the Twentieth Century,* New York 1956.

Viereck, Peter, *Metapolitics. From the Romantics to Hitler,* New York 1941.

Vincent, C. Paul, *The Politics of Hunger: The Allied Blockade of Germany, 1914–1919,* Athens, OH 1985

Vogelsang, Thilo (Hg.), »Neue Dokumente zur Geschichte der Reichswehr, 1930–1933«, *VfZ* 2 (1954), S. 397–436.

–, »Zur Politik Schleichers gegenüber der NSDAP 1932«, *VfZ* 6 (1958), S. 86–118.

–, »Hitlers Brief an Reichenau vom 4. Dezember 1932«, *VfZ* 7 (1959), S. 429–437.

–, *Reichswehr, Staat und NSDAP: Beiträge zur deutschen Geschichte 1932–1933,* Stuttgart 1962.

Vogt, Adolf, *Oberst Max Bauer: Generalstabsoffizier im Zwielicht 1869–1929,* Osnabrück 1974.

Volkov, Shulamit, »Antisemitism as a Cultural Code: Reflections on the History and Historiography of Antisemitism in Imperial Germany«, *Leo Baeck Institute Year Book* 23 (1978), S. 25–46.

–, *Jüdisches Leben und Antisemitismus im 19. und 20. Jahrhundert,* München 1990.

–, *Die Juden in Deutschland 1780–1918,* München 1994.

Wachsmann, Nikolaus, »Marching under the Swastika? Ernst Jünger and National Socialism, 1918–33«, *Journal of Contemporary History* 33 (1998), S. 573–589.

– u. a., »›Die soziale Prognose wird damit sehr trübe ...‹: Theodor Viernstein und die Kriminalbiologische Sammelstelle in Bayern«, in Michael Farin (Hg.) *Polizeireport München 1799–1999,* München 1999, S. 250–287.

–, »From Indefinite Confinement to Extermination: ›Habitual Criminals‹ in the Third Reich«, in Gellately und Stoltzfus (Hg.), *Social Outsiders*, S. 165–191.

–, *Hitler's Prisons: Legal Terror in Nazi Germany* (erscheint 2004 in London).

Wagner, Cosima, *Die Tagebücher,* hg. von Martin Gregor-Dellin und Dietrich Mack, München 1977.

Wagner, Patrick, *Volksgemeinschaft ohne Verbrecher: Konzeptionen und Praxis der Kriminalpolizei in der Zeit der Weimarer Republik und des Nationalsozialismus,* Hamburg 1996.

–, *Hitlers Kriminalisten: Die deutsche Kriminalpolizei und der Nationalsozialismus,* München 2002.

Waldenfels, Ernst von, *Der Spion, der aus Deutschland kam: Das geheime Leben des Seemanns Richard Krebs,* Berlin 2003.

Walter, Bruno, *Thema und Variationen: Erinnerungen und Gedanken,* Stockholm 1947.

Walter, Dirk, *Antisemitische Kriminalität und Gewalt: Judenfeindschaft in der Weimarer Republik,* Bonn 1999.

Walworth, Arthur, *Wilson and His Peacemakers: American Diplomacy at the Paris Peace Conference, 1919,* New York 1986.

Waite, Robert G. L., *Vanguard of Nazism. The Free Corps Movement in Postwar Germany 1918–1923,* Cambridge, Mass. 1952.

Walsdorff, Martin, *Westorientierung und Ostpolitik. Stresemanns Rußlandpolitik in der Locarno-Ära*, Bremen 1971.

Watt, Donald Cameron, »Die bayerischen Bemühungen um Ausweisung Hitlers 1924«, *VfZ* 6 (1958), S. 270–280.

Watt, Richard M., *Der Kaiser geht: Deutschland zwischen Revolution und Versailles*, Frankfurt am Main 1971 (1968).

Webb, Steven B., *Hyperinflation and Stabilization in Weimar Germany*, Oxford 1989.

Weber, Hellmuth, *Ludendorff und die Monopole. Deutsche Kriegspolitik 1916–1918*, Berlin 1966

Weber, Hermann, *Die Wandlung des deutschen Kommunismus: Die Stalinisierung der KPD in der Weimarer Republik,* 2 Bde., Frankfurt am Main 1969.

Weber, Max, »Der Nationalstaat und die Volkswirtschaftspolitik«, in ders., *Gesammelte politische Schriften,* 3. Aufl., Tübingen 1971.

Wehler, Hans-Ulrich, *Das deutsche Kaiserrreich 1871–1918*, Göttingen 1973.

–, »›Deutscher Sonderweg‹ oder allgemeine Probleme des westlichen Kapitalismus?«, *Merkur*, 35 (1981), S. 477–487.

–, *Deutsche Gesellschaftsgeschichte,* Bd. 2, *Von der Reformära bis zur industriellen und politischen »Deutschen Doppelrevolution« 1815– 1845/49,* München 1987.

–, *Deutsche Gesellschaftsgeschichte,* Bd. 3, *Von der »Deutschen Doppelrevolution« bis zum Beginn des Ersten Weltkrieges 1849–1914,* München 1995.

Weidenfeller, Gerhard, *VDA: Verein für das Deutschtum im Ausland. Allgemeiner Deutscher Schulverein (1881–1918). Ein Beitrag zur Geschichte des deutschen Nationalismus und Imperialismus im Kaiserreich,* Bern 1976.

Weikart, Richard, *From Darwin to Hitler: Evolutionary Ethics, Eugenics and Racism in Germany*, New York 2004.

Weiland, Ruth, *Die Kinder der Arbeitslosen,* Eberswalde-Berlin 1933.

Weindling, Paul, *Health, Race and German Politics between National Unification and Nazism 1870–1945,* Cambridge 1989.

Weingart Peter, u. a., *Rasse, Blut und Gene: Geschichte der Eugenik und Rassenhygiene in Deutschland*, Frankfurt am Main 1992.

Weisbrod, Bernd, *Schwerindustie in der Weimarer Republik: Interessenpolitik zwischen Stabilisierung und Krise,* Wuppertal 1978.

–, »The Crisis of German Unemployment Insurance in 1928/29 and its Political Repercussions«, in Wolfgang J. Mommsen (Hg.), *The Emergence of the Welfare State in Britain and Germany, 1850–1950,* London 1981.

–, »Industrial Crisis Strategy in the Great Depression«, in Jürgen Freiherr von Krudener (Hg.), *Economic Crisis and Political Collapse: The Weimar Republic, 1924–1933,* New York 1990, S. 45–62.

–, »Gewalt in der Politik. Zur politischen Kultur in Deutschland zwischen den beiden Weltkriegen«, *Geschichte in Wissenschaft und Unterricht* 43 (1992), S. 391–404.

Weiss, Sheila F., *Race Hygiene and National Efficiency: The Eugenics of Wilhelm Schallmayer* , Berkeley 1987.

–, »The race hygiene movement in Germany, 1904–1945«, in Mark B. Adams (ed.,), *The Wellborn Science: Eugenics in Germany, France, Brazil, and Russia,* New York 1990, S. 8–68.

Weitz, Eric D., *Creating German Communism, 1890–1990: From Popular Protests to Socialist State,* Princeton 1997.

Welch, David, »Propaganda and the German Cinema 1933–1945«, Diss., Universität London 1979.

–, *Germany, Propaganda and Total War, 1914–1918: The Sins of Omission,* London 2000.

–, *The Third Reich: Politics and Propaganda*, 2. Aufl., London, 2002 (1993).

Wendt, Bernd-Jürgen, *Deutschland 1933–1945: Das Dritte Reich. Handbuch zur Geschichte,* Hannover 1995.

Werner, Wolfram, »Zur Geschichte des Reichsministeriums für Volksaufklärung und Propaganda und zur Überlieferung«, in ders. (Hg.), *Findbücher zu Beständen des Bundesarchivs*, Bd. XV: *Reichsministerium für Volksaufklärung und Propaganda,* Koblenz 1979.

Wertheimer, Jack, *Unwelcome Strangers: East European Jews in Imperial Germany,* New York 1987.

West, Shearer, *The Visual Arts in Germany 1890–1936: Utopia and Despair,* Manchester 2000.

Wette, Wolfram, *Gustav Noske: Eine politische Biographie,* Düsseldorf 1987.

Wetzell, Richard F., *Inventing the Criminal: A History of German Criminology 1880–1945,* Chapel Hill 2000.

Whalen, Robert W., *Bitter Wounds: German Victims of the Great War, 1914–1939,* Ithaca 1984.

Wheeler-Bennett, John Wheeler, *Der hölzerne Titan: Paul von Hindenburg*, Tübingen 1969 (1936).

–, *Die Nemesis der Macht: Die deutsche Armee in der Politik, 1918–1945*, Düsseldorf 1954 (1953).

Whiteside, Andrew G., *Austrian National Socialism before 1918,* Den Haag 1962.

–, *The Socialism of Fools. Georg von Schönerer and Austrian Pan-Germanism,* Berkeley 1975.

Whitford, Frank, *Das Bauhaus: Selbstzeugnisse von Meistern und Studenten,* Stuttgart 1993 (1984).

Wickert, Christl, *Helene Stöcker 1869–1943: Frauenrechtlerin, Sexualreformerin und Pazifistin. Eine Biographie,* Bonn 1991.

Widdig, Bernd, *Culture and Inflation in Weimar Germany*, London 2001.

Wildt, Michael, »Violence against Jews in Germany, 1933–1939«, in David Bankier (Hg.), *Probing the Depths of German Antisemitism: German Society and the Persecution of the Jews 1933–1941,* Jerusalem 2000, S. 181–209.

–, *Generation des Unbedingten: Das Führungskorps des Reichssicherheitshauptamtes,* Hamburg 2002.

Wilhelm II., *Ereignisse und Gestalten 1878–1918,* Leipzig 1922.

Wilson, Stephen, *Ideology and Experience: Antisemitism in France at the Time of the Dreyfus Affair,* New York 1982.

Wingler, Hans Maria, *Das Bauhaus, 1919–1933: Weimar, Dessau, Berlin und die Nachfolge in Chicago seit 1937*, Bramsche 1975.

–, »Die deutsche Gesellschaft der Weimarer Republik und der Antisemitismus«, in Bernd Martin und Ernst Schulin (Hg.), *Die Juden als Minderheit in der Geschichte*, München 1981, S. 271–289.

Winkler, Heinrich August, »Der deutsche Sonderweg: Eine Nachlese«, *Merkur*, 35 (1981), S. 793–804.

–, »Die deutsche Gesellschaft der Weimarer Republik und der Antisemitismus«, in Bernd Martin und Ernst Schulin (Hg.), *Die Juden als Minderheit in der Geschichte,* München 1981, S. 271–289.

–, *Von der Revolution zur Stabilisierung: Arbeiter und Arbeiterbewegung in der Weimarer Republik 1918 bis 1924,* Bonn 1984.

–, *Der Schein der Normalität: Arbeiter und Arbeiterbewegung in der Weimarer Republik 1924 bis 1930,* Bonn 1985.

–, *Der Weg in die Katastrophe: Arbeiter und Arbeiterbewegung in der Weimarer Republik 1930 bis 1933,* Bonn 1987.

– (Hg.), *Die deutsche Staatskrise 1930–1933. Handlungsspielräume und Alternativen*, München 1992.

–, *Weimar 1918–1933: Die Geschichte der ersten deutschen Demokratie,* München 1993.

–, *Der lange Weg nach Westen: Erster Band: Deutsche Geschichte vom Ende des Alten Reiches bis zum Untergang der Weimarer Republik,* München 2000.

–, *Der lange Weg nach Westen: Zweiter Band: Deutsche Geschichte vom »Dritten Reich« bis zur Wiedervereinigung,* München 2000.

–, *The Long Shadow of the Reich: Weighing up German History,* The 2001 Annual Lecture of the German Historical Institute, London, London 2002.

Wippermann, Wolfgang, »Friedrich Meineckes ›Die deutsche Katastrophe‹. Ein Versuch zur deutschen Vergangenheitsbewältigung«, in Michael Erbe (Hg.),

Friedrich Meinecke heute. Bericht über ein Gedenk-Colloquium zu seinem 25. Todestag am 5. und 6. April 1979, Berlin 1981, S. 101–121.
–, und Loh, Werner (Hg.), *Faschismus kontrovers*, Paderborn 2004.
Wirsching, Andreas, »›Stalinisierung‹ oder entideologisierte ›Nischengesellschaft‹? Alte Einsichten und neue Thesen zum Charakter der KPD in der Weimarer Republik«, *VfZ* 45 (1997), S. 449–466.
–, »›Man kann nur Boden germanisieren‹. Eine neue Quelle zu Hitlers Rede vor den Spitzen der Reichswehr am 3. Februar 1933«, *VfZ* 49 (2001), S. 516–550.
Witt, Peter-Christian, »Innenpolitik und Imperialismus in der Vorgeschichte des 1. Weltkrieges«, in: Karl Holl und Günther List (Hg.), *Liberalismus und imperialistischer Staat*, Göttingen 1975, S. 7–34.
–, »Finanzpolitik als Verfassungs- und Gesellschaftspolitik: Überlegungen zur Finanzpolitik des Deutschen Reiches in den Jahren 1930 bis 1932«, *Geschichte und Gesellschaft* 8 (1982), S. 387–414.
Wohlfeil, Rainer, »Heer und Republik«, in Hans Meier-Welcker und Wolfgang von Groote (Hg.), *Handbuch zur deutschen Militärgeschichte 1648–1939,* Bd. VI, Frankfurt am Main 1970, S. 11–304.
Wolff, Charlotte, *Magnus Hirschfeld: A Portrait of a Pioneer in Sexology,* London 1986.
Woltmann, Ludwig, *Politische Anthropologie,* hg. von Otto Reche, Leipzig 1936.
Wortmann, Michael, »Baldur von Schirach: Studentenführer, Hitlerjugendführer, Gauleiter in Wien«, in Smelser und Zitelmann (Hg.), *Die Braune Elite I*, S. 246–257.
Woycke, James, *Birth Control in Germany 1871–1933,* London 1988.
Wright, Jonathan, *Gustav Stresemann: Weimar's Greatest Statesman,* Oxford 2002.
Wulf, Josef, *Musik im Dritten Reich: Eine Dokumentation,* Gütersloh 1963.
–, *Die Bildenden Künste im Dritten Reich: Eine Dokumentation,* Gütersloh 1963.
–, *Literatur und Dichtung im Dritten Reich: Eine Dokumentation,* Gütersloh 1963.
–, *Theater und Film im Dritten Reich: Eine Dokumentation,* Gütersloh 1964.
–, *Presse und Funk im Dritten Reich: Eine Dokumentation*, Gütersloh 1964.

Zalka, Siegfried, *Polizeigeschichte: Die Exekutive im Lichte der historischen Konfliktforschung. Untersuchungen über die Theorie und Praxis der preußischen Schutzpolizei in der Weimarer Republik zur Verhinderung und Bekämpfung innerer Unruhen,* Lübeck 1979.
Zechlin, Egmont, *Die deutsche Politik und die Juden im Ersten Weltkrieg*, Göttingen 1969.
Zeidler, Manfred, *Reichswehr und Rote Armee 1920–1933: Wege und Stationen einer ungewöhnlichen Zusammenarbeit,* München 1993.
Zeller, Joachim, »›Wie Vieh wurden Hunderte zu Getriebenen und wie Vieh begraben‹. Fotodokumente aus dem deutschen Konzentrationslager in Swakopmund/Namibia 1904–1908«, *Zeitschrift für Geschichtswissenschaft* 49 (2001), S. 226–243.
Zeman, Zbynek A., *Nazi Propaganda*, 2. Aufl., Oxford 1973 (1964).
Ziemann, Benjamin, »Fahnenflucht im deutschen Heer 1914–1918«, *Militärgeschichtliche Mitteilungen* 55 (1996), S. 93–130.

Zimmermann, Clemens, »Die Bücherverbrennung am 17. Mai 1933 in Heidelberg: Studenten und Politik am Ende der Weimarer Republik«, in Joachim-Felix Leonhard (Hg.), *Bücherverbrennung: Zensur, Verbot, Vernichtung unter dem Nationalsozialismus in Heidelberg*, Heidelberg 1983, 55–84.

Zimmermann, Moshe, *Wilhelm Marr: The Patriarch of Anti-Semitism,* New York 1986.

Zimmermann, Peter, »Literatur im Dritten Reich«, in Jan Berg u. a. (Hg.), *Sozialgeschichte der deutschen Literatur von 1918 bis zur Gegenwart,* Frankfurt am Main 1981, S. 361–416.

Zitelmann, Rainer, *Hitler: Selbstverständnis eines Revolutionärs,* Hamburg 1987.

Zürn, Gaby, »Von der Herbertstraße nach Auschwitz«, in Angelika Ebbinghaus (Hg.), *Opfer und Täterinnen: Frauenbiographien des Nationalsozialismus,* Nördlingen 1987, S. 91–101.

Zunkel, Friedrich, *Industrie und Staatssozialismus: Der Kampf um die Wirtschaftsordnung in Deutschland 1914–1918*, Düsseldorf 1974

Landkarten- und Schaubildverzeichnis

Abbildungsverzeichnis

Sachregister

W

Personenregister

I

J

K